REISEVORBEREITUNG

PRAKTISCHE TIPPS

GESCHICHTE DER USA

TEXAS

ROCKY MOUNTAINS

DER SÜDWESTEN

KALIFORNIEN

DER NORDWESTEN

ANHANG

Stefan Loose Travel Handbücher

Wir danken dem Team der Rough Guides in London, ganz besonders Richard Trillo und Chloë Roberts, sowie allen Freunden in den USA, die uns mit Informationen versorgt und unterwegs geholfen haben.

Für die deutsche Auflage recherchierte Gritta Deutschmann.

Schreibt uns!
Wir sind auf Anregungen, Ergänzungen und Korrekturen angewiesen, wenn auch dieses Buch aktuell bleiben soll. Es ist unmöglich, für die nächste Auflage alle Orte erneut zu besuchen. Dieses Buch wurde im Mai 2004 fertig gestellt.
Informationen, möglichst per E-Mail, die von den Lesern kommen, sind sicherlich aktueller.
Zuschriften bitte an:
Stefan Loose Travel Handbücher
Zossener Str. 55/2, 10961 Berlin
✉ info@loose-verlag.de

Kein E-Mail, kein Brief bleibt ungelesen, die brauchbarsten Zuschriften belohnen wir mit einem Freiexemplar aus unserem Verlagsprogramm.

Bitte beachten: Informationen sollten so exakt wie möglich sein, v.a. Ortsangaben, Adressen etc.
Hotels möglichst in einen Plan einzeichnen.
Vielen Dank!

Stefan Loose Travel Handbuch

USA
Der Westen

1. Auflage

Samantha Cook, Tim Perry, Greg Ward

Aktuelle Reisetipps auf 456 Seiten!

USA
Der Westen
Stefan Loose Travel Handbücher
© **Mai 2004**
DuMont Reiseverlag

1. Auflage

Alle Rechte vorbehalten – insbesondere die der Vervielfältigung und Verbreitung in gedruckter Form sowie die zur elektronischen Speicherung in Datenbanken und zum Verfügbarmachen für die Öffentlichkeit zum individuellen Abruf, zur Wiedergabe auf dem Bildschirm und zum Ausdruck beim Nutzer (Online-Nutzung), auch vorab und auszugsweise.

Die in diesem Buch enthaltenen Angaben wurden von den Autoren nach bestem Wissen erstellt und vom Lektorat im Verlag mit großer Sorgfalt auf ihre Richtigkeit überprüft. Trotzdem sind, wie der Verlag nach dem Produkthaftungsrecht betonen muss, inhaltliche und sachliche Fehler nicht vollständig auszuschließen. Deshalb erfolgen alle Angaben ohne Garantie des Verlags oder der Autoren. Der Verlag und die Autoren übernehmen keinerlei Verantwortung und Haftung für inhaltliche und sachliche Fehler. Alle Landkarten und Stadtpläne in diesem Buch sind von den Autoren erstellt worden und werden ständig überarbeitet.

Das Buch basiert auf der englischsprachigen Originalausgabe **USA** von Samantha Cook, Tim Perry, und Greg Ward © 2004;
ISBN 1-85828-262-X, The Rough Guides, 80 Strand, London, WC2R ORL, UK

Gesamtredaktion und -herstellung:
Bintang Buchservice GmbH
Zossener Str. 55/2, 10961 Berlin

Fotos: Bildnachweis s.S. 7
Karten: Klaus Schindler und Anja Linda Dicke
Übersetzung: Anne Dehne, Günter Feigel, Silvia Mayer,
Redaktion: Sabine Bösz, Silvia Mayer, Werner Mlyneck, Thomas Rach, Jessika Zollickhofer
Layout: Gritta Deutschmann
Farbseitengestaltung: Matthias Grimm
Umschlaggestaltung: Gritta Deutschmann, Britta Dieterle

Druck & Weiterverarbeitung:
Westermann Druck Zwickau GmbH

ISBN 3-7701-6154-8

Inhalt

Die Heimat der Bilder ... 8

Reisevorbereitung ... 9

Ein- und Ausreiseformalitäten ... 10
Botschaften und Konsulate ... 10
Informationen ... 11
Klima ... 13
Anreise ... 14
Gesundheit ... 15
Versicherungen ... 16
Geld ... 18
Frauen unterwegs ... 20
Mit Kindern unterwegs ... 20
Reisende mit Behinderungen ... 21

Praktische Tipps ... 23

Übernachtung ... 24
Essen und Trinken ... 27
Transport ... 31
Unterwegs in der Natur ... 40
Sport ... 43
Feste und Feiertage ... 46
Maße und Gewichte ... 47
Post ... 48
Kommunikation ... 48
Kriminalität ... 50
Sonstiges ... 52

Geschichte ... 55

Texas ... 79

Der Südosten ... 82
Houston ... 82
Die Umgebung von Houston ... 88
Galveston ... 88
Corpus Christi ... 90
Padre Island National Seashore ... 91
Laredo ... 92
Zentral-Texas ... 93
San Antonio ... 93
Austin ... 99
Fredericksburg ... 104
Der Nordosten ... 105
Dallas ... 105
Fort Worth ... 111
Der Panhandle ... 114
Der Westen ... 115
Big Bend National Park ... 115
El Paso ... 116

Rocky Mountains ... 119

Colorado ... 122
Denver ... 122
Boulder ... 130
Rocky Mountain National Park ... 131
Aspen ... 134
Glenwood Springs ... 139
Grand Junction ... 140
Colorado National Monument ... 141
Grand Mesa ... 141
Colorado Springs ... 141
Great Sand Dunes National Park ... 143
Durango ... 143
Silverton ... 144
Telluride ... 145
Black Canyon of the Gunnison National Park ... 146
Crested Butte ... 147
Cortez ... 148
Mesa Verde National Park ... 149
Wyoming ... 151
Cheyenne ... 151
Laramie ... 153
Rawlins ... 153
Devils Tower ... 154
Bighorn Mountains ... 154
Cody ... 156
Yellowstone National Park ... 157
Grand Teton National Park ... 164
Jackson ... 166
Montana ... 169
Little Bighorn Battlefield ... 170
Helena ... 170
Glacier National Park ... 172
Idaho ... 175
Craters of The Moon National Monument ... 176
Sun Valley ... 176

Boise	178
Nez Percé National Historic Park	179

Der Südwesten 181

New Mexico	185
Santa Fe	185
Bandelier National Monument	192
Los Alamos	193
Von Santa Fe nach Taos: die Pueblos	194
Chimayó	196
Taos	196
Chama	201
Von Santa Fe nach Albuquerque	201
Albuquerque	201
Ácoma Pueblo	205
Chaco Canyon	205
Gallup	206
Carlsbad Caverns National Park	206
Roswell	208
Lincoln	209
Ruidoso	209
White Sands National Monument	210
Silver City	210
Gila Cliff Dwellings National Monument	211
Arizona	211
Tucson und Umgebung	212
Biosphere 2	216
Nogales	217
Kartchner Caverns State Park	218
Tombstone	218
Bisbee	219
Phoenix	220
Östlich von Phoenix	224
Petrified Forest und Painted Desert	224
Flagstaff	224
Sunset Crater und Wupatki	227
Walnut Canyon National Monument	227
Sedona und Red Rock Country	227
Jerome	229
Montezuma Castle National Monument	229
Grand Canyon	230
South Rim	230
In den Canyon hinab	235
North Rim	238
Indian Country	239
Navajo National Monument	239
Monument Valley	240
Canyon de Chelly	241
Window Rock	243
Hopi-Mesas	243
Utah	246
St George	247
Zion National Park	247
Cedar Breaks National Monument	250
Bryce Canyon National Park	252
Vom Bryce Canyon zum Capitol Reef: Highway 12	253
Capitol Reef National Park	255
Goblin Valley	255
Green River	256
Canyonlands National Park	256
Arches National Park	258
Moab	260
Natural Bridges National Monument	262
Monticello	263
Mexican Hat und Bluff	264
Hovenweep National Monument	264
Lake Powell – Glen Canyon National Recreation Area	265
Salt Lake City	266
Nevada	270
Las Vegas	271
Lake Mead und Hoover Dam	283
Reno und Umgebung	284
Carson City	285
Virginia City	286

Kalifornien 287

San Diego	291
Anza-Borrego Desert State Park	299
Los Angeles	300
Die Wüsten	327
Palm Springs	327
Die Umgebung von Palm Springs	329
Joshua Tree National Park	330
Death Valley National Monument	331
Central Coast	333
Santa Barbara	333
Hearst Castle	335
Big Sur	336
Carmel	341
Santa Cruz	341
Central Valley	343
Sequoia und Kings Canyon National Park	343

Sierra National Forest	347	Port Townsend	410
Yosemite National Park	347	Port Angeles	411
San Francisco	351	Neah Bay	412
Bay Area	374	Olympic National Park	412
Oakland	374	**Cascade Mountains**	413
Berkeley	376	Mount Rainier National Park	413
Marin Headlands	377	Mount St. Helens	415
Sausalito	378	**OREGON**	416
Point Reyes National Seashore	378	**Portland**	416
Goldgräberland	379	Columbia River Gorge und Mount Hood	426
Sacramento	379	**Durch das Willamette Valley nach Süden**	427
Sonora, Columbia, Jamestown		Salem	427
und Mariposa	380	Eugene	427
Grass Valley, Nevada City und Downieville	381	Ashland	428
Lake Tahoe	382	**Die Küste Oregons**	429
Nordkalifornien	384	Astoria	429
Napa Valley	384	Cannon Beach	430
Sonoma Coast und Russian River	386	Newport	430
Mendocino	386	Bandon	431
Humboldt Coast	387	**Zentral- und Ost-Oregon**	432
Redwood National Park	387	Bend und Umgebung	432
Chico	388	Crater Lake National Park	433
Shasta, die Seen und Mount Shasta	388	Joseph und Wallowa Mountains	435
Lassen Volcanic National Park	389	Hells Canyon	435

Der Nordwesten 391

Anhang

WASHINGTON	394	Literatur	438
Seattle	394	Film	441
Puget Sound	405	Index	446
Whidbey Island	405	Abkürzungen der Staaten	453
San Juan Islands	407	Kartenverzeichnis	456
Olympic Peninsula	409		

Bildnachweis

Umschlag vorn und innen:
Manfred Braunger

Farbfotos:
alle (32) Manfred Braunger,
ausser Block I, S. 1 und S. 6 hinten; Block II, S. 6 hinten: Matthias Grimm

s/w-Fotos:
alle (54) Manfred Braunger

Die Heimat der Bilder

Seit fünf Jahrhunderten zieht das „Land der unbegrenzten Möglichkeiten" Reisende mit großen Träumen und Hoffnungen im Gepäck an. Die ersten Pioniere sahen in Amerika ein unermesslich weites, jungfräuliches Gebiet, ein Paradies, mit dem die Ureinwohner offenbar nichts anzufangen wussten und das nur darauf wartete, in die „Neue Welt" verwandelt zu werden. Millionen von Einwanderern aus Europa und Asien folgten nach, um weit weg von den starren Gesellschaftsstrukturen ihrer Heimat eine bessere Zukunft für sich und ihre Nachkommen zu schaffen. Schließlich erlangten auch die hierher verschleppten afrikanischen Sklaven den Status freier Bürger, und Amerika präsentierte sich vor den Augen der Welt als selbstbewusste, einheitliche Nation.

Wer immer die Vereinigten Staaten besucht, bringt bestimmte Vorstellungen mit. Der amerikanische Einfluss war und ist weltweit so prägend, dass man beim ersten Besuch weniger das Gefühl hat, fremden Boden zu betreten, als vielmehr auf Schritt und Tritt Bekanntem zu begegnen. Längst vertraut aus Film und Fernsehen sind uns die Großstadt-Skylines, die gelben Taxis, das Geräusch der amerikanischen Polizeisirenen, die endlosen von Diners gesäumten Highways und die Briefkästen, die einem Peanuts-Comic entsprungen scheinen.

Mit dem vorliegenden Buch möchten wir Reisende zu den „Highlights" der westlichen USA begleiten, wobei jedem die Möglichkeit offensteht, am Rande des Weges noch jede Menge Interessantes zu entdecken. Es gibt kaum ein Land, das sich so bequem bereisen lässt wie die USA. Eine Übernachtungsmöglichkeit findet sich eigentlich immer, denn hier ist man auf Reisende eingestellt, und fast überall wird gutes und billiges Essen serviert. Wie der Besucher die Staaten erlebt, hängt weitgehend von der Wahl des Transportmittels ab. Mit Abstand am besten bewegt man sich im eigenen Fahrzeug. Mietwagen sind billiger als in Europa, an jeder Hauptstraße findet man preiswerte Motels, und die Benzinpreise sind vergleichsweise sehr niedrig. Wer ohne ein eigenes Fahrzeug unterwegs ist, findet in diesem Handbuch detaillierte Angaben über Flug-, Bus- und Bahnverbindungen.

Das dynamische Los Angeles oder das in einer malerischen Bucht am Pazifik gelegene San Francisco bieten sich als Ausgangspunkte für eine Reise durch den Westen an. Kaum eine andere Stadt, vielleicht noch Las Vegas, übt eine ähnliche Anziehungskraft aus. Vor allem im Westen sind es jedoch die Landschaften, die am meisten faszinieren. Die Gletscher von Yosemite, die Thermalquellen von Yellowstone, die Canyons zwischen den roten Felsen von Arizona und Utah sowie die spektakulären Rocky Mountains sind nur einige der landschaftlichen Schätze, die im Schutz von Nationalparks zu bewundern sind.

Besonders spannend ist es auch, die weltweit verbreitete amerikanische Pop-Kultur an ihren Entstehungsorten hautnah zu erfahren. Aus Pop-Songs bekannte Ortsnamen füllen sich plötzlich mit Leben, die Reiseroute des eigenen Lieblings-Romanhelden kann nachvollzogen werden und Filmfans dürfen in der Wüste von Utah ihre Wildwest-Fantasien ausleben.

Angesichts der großartigen Kulissen der Neuen Welt geraten auch alte Europäer ins Schwärmen. Wer sich darauf einlässt, die Andersartigkeit Amerikas zu entdecken statt es sich mit seinen Vorurteilen gemütlich zu machen, findet in den USA einige der aufregendsten Städte der Welt, eine wahrhaft atemberaubende Landschaft, einen ausgeprägten Lokalpatriotismus, den ein oder anderen Mythos – und mehr Geschichte als die Amerikaner sich selbst zugestehen. Zwar gehen die Wurzeln eines Großteils der Bevölkerung auf die Pilgrim Fathers und Puritaner von New England zurück, aber der Kontinent hat eine viel buntere Vergangenheit aufzuweisen, die über die spanische Präsenz in Kalifornien bis zu den majestätischen Felspalästen reicht, welche die Anasazi vor tausend Jahren im Südwesten erbauten.

Reisevorbereitung

→ Ein- und Ausreiseformalitäten 10

→ Botschaften und Konsulate 10

→ Informationen 11

→ Klima 13

→ Anreise 14

→ Gesundheit 15

→ Versicherungen 16

→ Geld 18

→ Frauen unterwegs 20

→ Mit Kindern unterwegs 20

→ Reisende mit Behinderungen 21

Ein- und Ausreiseformalitäten

Visa und Zoll

Für einen Aufenthalt in den USA von maximal 90 Tagen Dauer benötigen Deutsche, Österreicher und Schweizer lediglich einen gültigen maschinenlesbaren (bordeauxfarbenen) Reisepass; ein Visum ist nicht erforderlich. Jede einreisende Person (einschließlich Babys und Kinder) muss einen eigenen Pass vorlegen. Wer jedoch länger als 90 Tage bleiben bzw. in den USA arbeiten oder studieren möchte, muss ein Visum beantragen.

Vor der Einreise muss dann nur noch ein **Visa-Waiver-Formular** ausgefüllt werden, das bereits im Flugzeug verteilt wird. Darin werden Angaben über die erste Unterkunft in den USA sowie das Datum der voraussichtlichen Ausreise verlangt. Eventuell muss ein Nachweis über ausreichende finanzielle Mittel für den Aufenthalt in den USA erbracht werden. Schwierigkeiten kann es geben, wenn jemand angibt, Tuberkulose oder Aids zu haben bzw. HIV-positiv zu sein. Nach der Kontrolle wird ein Teil des Visa-Waiver-Formulars in den Pass geheftet, wo das Papier bis zur Ausreise verbleiben muss. Dasselbe Formular ist auch für die Einreise auf dem Landweg nach Kanada und Mexiko gültig.

Ebenfalls während des Fluges muss man eine **Zollerklärung** *(Customs Declaration)* ausfüllen, die nach der Landung beim Zoll vorgelegt wird. Dort wird u.a. gefragt, ob man frische Lebensmittel dabei hat. Wenn man bejaht, wird der Zollbeamte wahrscheinlich alle einbehalten, vor allem Fleischprodukte und Früchte. Wenn man verneint, wird das Gepäck möglicherweise dennoch durchsucht. Wer die Frage, ob er während des letzten Monats eine Farm besucht hat, bejaht, könnte außerdem seine Schuhe loswerden.

Devisen dürfen in beliebiger Höhe ein- und ausgeführt werden, allerdings müssen Beträge über $5000 deklariert werden. Jeder Besucher ab 17 Jahren kann **zollfrei** 200 Zigaretten und 100 Zigarren (keine kubanischen) sowie ab 21 Jahren zusätzlich einen Liter Alkohol einführen.

Neben Lebensmitteln und anderen Agrarprodukten unterliegen folgende Gegenstände einem **Einfuhrverbot**: Produkte aus Irak, Iran, dem ehemaligen Jugoslawien, Kambodscha, Kuba, Libyen, Nordkorea und Uruguay, pornografische Literatur, Lotterielose, alkoholhaltige Süßigkeiten und präkolumbische Antiquitäten.

Auf dem Einreisestempel wird das Datum vermerkt, bis zu dem man sich legal in den USA aufhalten darf. Einige Tage kann man ohne größere Probleme das **Visum überziehen**, vor allem, wenn man auf dem Weg nach Hause ist. Ist die Ausreise aber um mehr als eine Woche überfällig, hat das langwierige Befragungen durch die Grenzbeamten zur Folge, durch die man leicht den Flug verpassen, Einreiseverbot erhalten und eventuell seinen Freunden und Gastgebern in den USA viel Ärger bereiten kann. Macht man von der visafreien Einreise Gebrauch, ist es nicht möglich, die Aufenthaltsdauer von maximal 90 Tagen zu verlängern.

Um eine **Verlängerung der Aufenthaltserlaubnis** vor Ablauf der Frist zu beantragen, begibt man sich ins nächste Bureau of Citizenship and Immigration Services (BCIS). Die entsprechenden Adressen finden sich in örtlichen Telefonbüchern sowie im Internet unter 💻 www.bcis.gov. Die Beamten gehen automatisch davon aus, dass ein illegales Arbeitsverhältnis vorliegt, so dass man sie vom Gegenteil zu überzeugen hat, etwa durch den Nachweis größerer Geldbeträge oder durch einen unbescholtenen einheimischen Freund, der sich für einen verbürgt.

Botschaften und Konsulate

Vertretungen der USA in Europa

Deutschland

Botschaft der USA: Neustädtische Kirchstr. 4–5, 10117 Berlin, ☎ 030/83050,
💻 www.usembassy.de
Visaabteilung: Clayallee 170, 14195 Berlin,
☎ 030/8324926
Generalkonsulat: Siesmayerstr. 21,
60323 Frankfurt, ☎ 069/75350

Österreich

Botschaft der USA: Boltzmanngasse 16,
1090 Wien, ☎ 01/31339,
💻 www.usembassy.at
Visaabteilung: Gartenbaupromenade 2,
1010 Wien, ☎ 01/5125835

Schweiz
Botschaft der USA: Jubiläumsstr. 93, 3005 Bern, 031/3577011, www.usembassy.ch

Ausländische Vertretungen in den USA
Botschaft von Deutschland:
4645 Reservoir Rd NW, Washington DC 20007, 202/298-8140, 298-4249, www.germany-info.org
Generalkonsulate von Deutschland:
Houston, 1330 Post Oak Blvd, Suite 1850, 713/627-7770, 627-0506
Los Angeles, 6222 Wilshire Blvd, Suite 500, 213/930-2703, 930-2805
San Francisco, 1960 Jackson St, 415/775-1061, 775-0187

Botschaft von Österreich:
3524 International Court NW, Washington DC 20008, 202/895-6700, 895-6750, www.austria.org
Generalkonsulate von Österreich:
Los Angeles, 11859 Wilshire Blvd, Suite 501, 310/444-9310, 477-9897

Botschaft der Schweiz:
2900 Cathedral Avenue NW, Washington DC 20008-3499, 202/745-7900, 387-2564, www.eda.admin.ch/washington
Generalkonsulate der Schweiz:
Houston, Two Allen Center, 1200 Smith St, Suite 1040, 713/650-0000, 650-1321
Los Angeles, 11766 Wilshire Blvd, Suite 1400, 310/575-1145, 575-1982
San Francisco, 456 Montgomery St, Suite 1500, 415/788-2272, 788-1402.

Informationen
Fremdenverkehrsämter

Allgemeine Auskünfte erteilt Visit USA Committee Germany e.V. , Postfach 10 15 51, 64215 Darmstadt, 0190/780078 (1,24 €/Min.), info@vusa-germany.de, www.vusa-germany.de, gegen Einsendung eines frankierten Rückumschlags. Ansonsten wendet man sich an die Fremdenverkehrsämter der einzelnen Bundesstaaten und Regionen, die jedoch nicht alle eine Vertretung im Ausland unterhalten.

In den USA besitzt jeder Bundesstaat ein eigenes Fremdenverkehrsbüro, das zukünftige Besucher mit einer Vielzahl von kostenlosen Landkarten und Informationsbroschüren versorgt. Man kann diese **State Tourist Offices** entweder rechtzeitig vor Reiseantritt anschreiben und sich Material schicken lassen (Adressen s.u.) oder während der Reise durchs Land nach den staatlichen **Welcome Centers** Ausschau halten, die sich normalerweise an den großen Highways in der Nähe der Bundesstaatsgrenzen befinden. Sie vergeben nicht selten ganze Stapel interessanter Discount Coupons für Unterkünfte und Gaststätten.

Zusätzlich verfügt fast jede Stadt nennenswerter Größe über ein oder mehrere **Visitor Centers** (oft *Convention and Visitors Bureau* oder abgekürzt CVB genannt), in denen man sich gründlich informieren kann. Sie sind an entsprechender Stelle im Buch angegeben.

Fremdenverkehrsbüros der einzelnen Staaten
Vertretungen in Deutschland
Arizona, Colorado, New Mexico, Utah,
Get It Across Marketing, Neumarkt 33, 50667 Köln, 2336450;
Arizona: 0221/2336408, arizona@getitacross.de, www.arizonaguide.com;
Colorado: 0221/2336407, colorado@getitacross.de, www.colorado.com;
New Mexico: 0221/2336406, newmexico@getitacross.de, www.newmexico.org;
Utah: 0221/2336406, utah@getitacross.de, www.utah.com
Kalifornien, California Tourism Information Office, Touristikdienst Truber, Schwarzwaldstr. 13, 63811 Stockstadt, 06027/401108, 402819, www.visitcalifornia.com
Nevada, Texas, c/o The Mangum Group, Sonnenstr. 9, 80331 München, 236621-99;

Nevada: ☎ 089/236621-62,
✉ lasvegas@mangum.de,
🖥 www.lasvegasfreedom.de;
Texas: ☎ 089/236621-66,
✉ texas@mangum.de, 🖥 www.traveltex.com
Oregon, Rocky Mountains (Idaho, Montana, Wyoming), **Washington State**, Wiechmann Tourism Service, Scheidswaldstr. 73,
60385 Frankfurt, ☎ 25538100,
✉ info@wiechmann.de;
Oregon: ☎ 069/25538-240,
🖥 www.traveloregon.de;
Rocky Mountains: ☎ 069/25538-230,
🖥 www.rmi-realamerica.com;
Washington State: ☎ 069/25538-240,
✉ info@wiechmann.de, 🖥 www.tourism.wa.gov

State Tourist Offices

Arizona, Arizona Office of Tourism, 1110 W Washington St, Suite 155, Phoenix, AZ 85007,
☎ 1-866/275-5816, 🖥 www.arizonaguide.com
California, California Division of Tourism, PO Box 1499, Sacramento, CA 95812,
☎ 916/856-5200 oder 1-800/GO-CALIF,
🖥 www.gocalif.com
Colorado, Colorado Tourism Office, 1625 Broadway, Suite 1700, Denver, CO 80202,
☎ 303/892-3885 oder 1-800/265-6723,
🖥 www.colorado.com
Idaho, Idaho Travel Council, 700 W State St, Boise, ID 83720,
☎ 208/334-2470 oder 1-800/842-5858,
🖥 www.visitid.org
Montana, Travel Montana, 301 South Park, PO Box 200533, Helena, MT 59620,
☎ 406/841-2870 oder 1-800/847-4868,
🖥 www.visitmt.org
Nevada, Nevada Commission on Tourism, 401 N Carson St, Carson City, NV 89701,
☎ 775/687-4322 oder 1-800/638-2328,
🖥 www.travelnevada.com
New Mexico, New Mexico Dept of Tourism, 491 Old Santa Fe Trail, PO Box 20002, Santa Fe, NM 87501,
☎ 505/827-7400 oder 1-800/733-6396,
🖥 www.newmexico.org
Oregon, Oregon Tourism Commission, 775 Summer St NE, Salem, OR 97310,
☎ 503/986-0000 oder 1-800/547-7842,
🖥 www.traveloregon.com
Texas, Texas Dept of Commerce, Tourism Division, PO Box 141009, Austin, TX 78714-1009,
☎ 512/462-9191 oder 1-800/888-8839,
🖥 www.traveltex.com
Utah, Utah Travel Council, Council Hall, Capitol Hill, Salt Lake City, UT 84114,
☎ 801/538-1030 oder 1-800/200-1160,
🖥 www.utah.com
Washington, Washington State Tourism, PO Box 42500, Olympia, WA 98504,
☎ 360/725-5052 oder 1-800/544-1800,
🖥 www.tourism.wa.gov
Wyoming, Wyoming Division of Tourism, I-25/College Drive, Cheyenne, WY 82002,
☎ 307/777-7777 oder 1-800/225-5996,
🖥 www.wyomingtourism.org

Reiseführer und Landkarten

Von den State Tourist Offices und Welcome Centers erhält man kostenlos Landkarten, die als Orientierungshilfe und für die Routenplanung meist völlig ausreichen. Detailliertere Karten für Wanderungen *(hiking)* gibt es in Campingläden und in den jeweiligen Park Ranger Stations der State Parks sowie der Nationalparks ($1–3).

Empfehlenswert sind außerdem die Landkarten von *Rand McNally*, entweder einzeln für jeden Bundesstaat oder zusammengefasst im *Rand McNally Road Atlas*, der in Deutschland bei Hallwag erschienen ist. Rand McNally ist mit 24 eigenen Läden in den USA vertreten, Informationen über den nächstgelegenen sind unter ☎ 1-800/333-0136-2111 oder 🖥 www.randmcnally.com erhältlich.

Die *American Automobile Association*, kurz AAA oder „Triple A", 4100 E Arkansas Drive, Denver, CO 80222, ☎ 1-877/244-9790, 🖥 www.aaa.com, stellt Mitgliedern internationaler Partnerclubs, dazu gehören u.a. auch der ADAC, ÖAMTC und der TCS, kostenloses Kartenmaterial zur Verfügung und leistet Hilfe rund ums Auto. Die nächstgelegene Filiale kann telefonisch erfragt werden; mitzubringen ist der Mitgliedsausweis oder zumindest eine Kopie der Mitgliedschaft inkl. Mitgliedsnummer.

Klima

Alle Städte in den USA können ganzjährig bereist werden, für Nationalparks und Gebirgszüge müssen Einschränkungen gemacht werden.

Das Klima in den USA ist durch erhebliche Unterschiede gekennzeichnet. Neben den regionalen und saisonalen Schwankungen kann sich das Wetter von Tag zu Tag, wenn nicht sogar von Stunde zu Stunde komplett wandeln. Allgemein lässt sich aber sagen: Je weiter man nach Norden kommt und je höher man steigt, desto kälter wird es. Zudem ist das Klima an der Küste moderater als im Binnenland.

Während die Westwinde trockene Luft über den Kontinent heranführen, die im Sommer extrem heiß und im Winter sehr kalt sein kann, bringen die aus dem Golf von Mexiko kommenden tropischen Luftmassen viel Feuchtigkeit und hohe Temperaturen mit sich. Von keinen Gebirgszügen gehindert können sie das Mississippi-Delta hinauf bis nach Kanada vordringen. Auf der anderen Seite ist dieses Gebiet auch ungeschützt den eisigen Winden aus der Arktis ausgesetzt. Beim Zusammentreffen der beiden Luftmassen kommt es zu extremen Temperaturschwankungen mit Hagelstürmen, Tornados und Blizzards.

Die Temperaturen in den **Rockies** hängen eng mit der jeweiligen Höhenlage zusammen. Jenseits der Berge im Süden liegen die weiten und unwirtlichen Wüsten des **Südwestens**, und viele Landstriche befinden sich im Regenschatten der Californian Ranges. In Städten wie Las Vegas und Phoenix steigt das Thermometer regelmäßig auf über 40 °C, aber die Luftfeuchtigkeit ist für gewöhnlich nicht so hoch, dass die Hitze unerträglich wird. Im Winter kann es klirrend kalt werden und manche Gebiete sind dann durch Schneeverwehungen vom Rest der Welt abgeschnitten – zwischen Oktober und April ist an einen Besuch der Mesa Verde oder des North Rim des Grand Canyon kaum zu denken.

Westlich der Barriere der Cascade Mountains gelangt man an die fruchtbare **nördliche Westküste**, die einzige Region des Landes, in welcher der

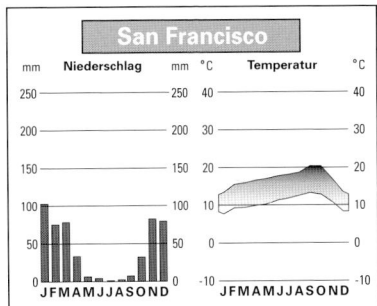

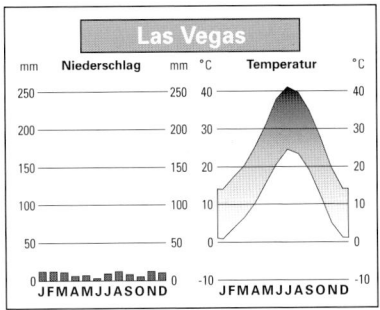

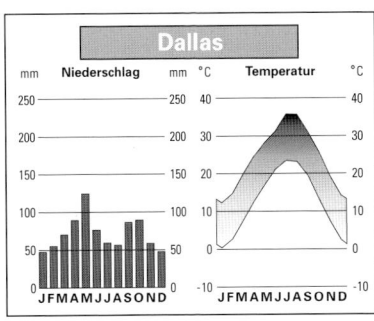

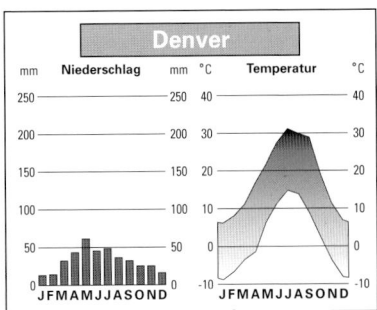

Winter die meisten Regenfälle bringt. Das ganze Jahr über herrscht ein Klima wie in Mitteleuropa: feucht, mild und selten richtig heiß. Das Wetter in **Kalifornien** entspricht mehr oder weniger den Idealvorstellungen der meisten Menschen, jedoch klettert die Quecksilbersäule im Süden erheblich höher als im Norden, wo genügend Schnee fällt, um die Berge zu einem beliebten Skigebiet zu machen. In San Francisco ist es milder und kühler als in seiner Umgebung, während über dem in einem Tal gelegenen Los Angeles oft eine Smogglocke hängt.

Die tägliche **Wettervorhersage** vor Ort ist dem meteorologischen 24-Std.-Dienst im Fernsehen, dem *Weather Channel*, zu entnehmen.

Anreise

Von Europa aus fliegen neben den amerikanischen Gesellschaften auch europäische Airlines wie KLM (in Verbindung mit Northwest), Alitalia, Iberia, Swiss, British Airways, SAS, Lufthansa (in Kooperation mit United) und Air France zu günstigen Tarifen über den Atlantik. Selbst einige asiatische Airlines (Singapore Airlines, Air India, Alia, Pakistan International) nehmen beim Zwischenstopp in Frankfurt Passagiere auf. Die Fluggesellschaften unterscheiden sich beachtlich in den Serviceleistungen, der Flugdauer, den Abflugorten und dem Preis.

Die Wahl eines Fluges sollte nicht allein vom Preis abhängen. Man kann mit der einen Gesellschaft viel länger unterwegs sein als mit der anderen, obwohl sich die reine **Flugdauer** kaum unterscheidet. Non-stop benötigt man etwa . 11 Stunden von Frankfurt nach Los Angeles. Alle europäischen Gesellschaften starten mit einem Zubringerservice ab ihrem Heimatflughafen (British Airways ab London, Air France ab Paris, Lufthansa ab Frankfurt …), und alle amerikanischen Gesellschaften landen immer zuerst dort (z.B. Delta in Atlanta, United in Washington und American Airlines in Chicago). Häufig muss man dann die Maschine wechseln und dazu von einem Terminal zum anderen wandern, was in London, New York und anderen amerikanischen Großflughäfen ein anstrengendes Unternehmen ist. Zudem kann es bei Verspätungen von anderen Anschlussflügen zu längeren Wartezeiten kommen. Wer also nicht unnütz in Wartehallen herumhängen und zusätzliche Transport- und Übernachtungsprobleme vermeiden will, sollte sich möglichst genau informieren. Andererseits lassen einige amerikanische Gesellschaften ohne Aufpreis Zwischenstopps in ihren Heimatflughäfen zu, so dass man ein paar Tage in New York oder Chicago anhängen kann. Auf dem Rückflug nach Europa hat man den Wind im Rücken, daher ist die Flugzeit um ein, zwei Stunden kürzer als auf dem Hinflug.

Der Preiskrieg auf der Nordatlantik-Route hat während der letzten Jahre die Preise purzeln lassen. Günstige Flüge von verschiedenen deutschen Flughäfen an die Westküste sind außerhalb der Saison bereits für ein paar hundert Euro zu haben. Zur **Hauptsaison** wird es natürlich teurer. Vor allem während der Schulferien ist mit beachtlichen Aufschlägen zu rechnen. Zudem sind die Flüge zu Beginn und zum Ende der Sommer- und Weihnachtsferien schon Monate im Voraus ausgebucht, häufig sogar überbucht. Hier helfen nur frühzeitiges Buchen und rechtzeitiges Erscheinen am Flughafen. Weniger Touristen sind im Februar, März, Oktober und November unterwegs.

Je billiger der Flug, desto größer sind meist die Einschränkungen. Guter Service hat seinen Preis, bequeme Sitzplätze und Superservice sind bei Billiganbietern in der Regel nicht zu erwarten. Wer bereits einen Transatlantikflug in einer dieser engen Sardinenbüchsen mit schlechter Belüftung und kaum vorhandenem Service erlebt hat, zahlt beim nächsten Flug vielleicht lieber etwas mehr.

Vom Kauf eines *one-way*-Tickets in die USA ist dringend abzuraten, denn im Vergleich zu einem Rückflugticket ist es alles andere als preiswert und außerdem läuft man Gefahr, bei der Ankunft unter dem Verdacht, in den Staaten bleiben zu wollen, nicht ins Land gelassen zu werden.

Für Flüge innerhalb der USA ist es wichtig, sich vor der Abreise über **Anschlussflüge** und **Air Passes** zu informieren. Delta offeriert günstige Anschlusscoupons, sofern man mit Delta oder einer europäischen Partnergesellschaft über den Atlantik fliegt. Der Skypass von United wird in Verbindung mit der Lufthansa angeboten. Alle Angebote umfassen den Kauf von 3–10 Flugcoupons. Den von United, Mexicana und Air Canada angebotenen **North America Airpass** gibt es abhängig von der

Anzahl der Coupons und der Saison beispielsweise schon für $130. Jeder Coupon ist für eine beliebig lange Flugstrecke innerhalb der 48 aneinander grenzenden Bundesstaaten gültig; für Flüge nach Alaska und Hawaii müssen zusätzliche Coupons gekauft werden. American Airlines, Northwest und Continental bieten Vergleichbares an. Besucher aus dem Ausland können zudem in den Genuss von **Rabatten** auf regulären Inlandsflügen kommen, aber auch hier müssen die Tickets im Voraus im Heimatland gekauft werden. Regionale Fluggesellschaften haben oft attraktive Angebote, fliegen aber nicht auf allen Routen. Zudem gibt es zahllose Sondertarife für bestimmte Flüge, Reisetage oder Personengruppen. Beim Entwirren all dieser Möglichkeiten hilft nur ein gutes Reisebüro.

1A-FLY.DE	www.1a-fly.de
5 vor 12, Lastminute	www.lastminute.de
Del Mundo	www.delmundo.de
Deutsches Reisebüro	www.der.de
Discount-Flug	www.discount-flug.de
Expedia	www.expedia.de
Flug.de	www.flug.de
Flugbörse	www.flugboerse.de
Mc Flight	www.mcflight.de
Nix wie weg	www.nix-wie-weg.de
Offerto	www.offerto.de
Opodo.de	www.opodo.de
Reiseplanung	www.reiseplanung.de
STA Travel	www.statravel.de
Travel Overland	www.traveloverland.de
TUI	www.tui.de

> Gebuchte Flüge müssen bei einigen wenigen Airlines noch spätestens drei Tage vor Abflug rückbestätigt werden, was auch telefonisch geschehen kann. Nicht selten sind die Maschinen überbucht, und die Letzten kommen trotz Rückbestätigung nicht mehr mit. Es empfiehlt sich daher, rechtzeitig am Flughafen zu erscheinen.

Flugbuchung im Internet

Um Flüge online direkt zu buchen, muss man kein Reiseexperte sein. Allerdings werden auf den Seiten der Fluggesellschaften die meisten Tickets nur zum offiziellen IATA-Tarif angeboten. Auch in den endlosen, verwirrenden Listen zahlloser Internet-Reisebüros und Reiseportale (die z.T. auf dieselbe Datenbank zugreifen) sind günstige Offerten eher selten und der Service lässt mitunter zu wünschen übrig, so dass sich die Seiten vor allem zum Recherchieren eignen. Wer dann weiß, welche Airline zu welchem Preis die günstigste Route fliegt und zudem noch Plätze verfügbar hat, kann immer noch den Preis als Obergrenze nehmen und in Reisebüros nach günstigeren Angeboten fahnden. Zudem hat das Reisebüro den Vorteil, dass es dort einen Ansprechpartner gibt, der bei Problemen kontaktiert werden kann.

Wer flexibel ist oder schon bald losfahren möchte, findet jedoch auch Seiten mit Last-Minute-Angeboten oder Sondertarifen für Flüge, Hotelzimmer oder Tickets, die teils nur im Netz von Veranstaltern, Hotels oder Airlines offeriert werden.

Gesundheit

Wer aus Europa kommt, benötigt bei der Einreise in die USA keinerlei **Impfungen**. Dringend angeraten ist allerdings eine zusätzliche **Auslandskrankenversicherung** (s.S. 16). Es gibt in den USA weder eine Versicherungspflicht noch ein ausgebautes staatliches Gesundheitssystem, das im Notfall bereitsteht. Der Krankenwagenfahrer setzt sich erst Richtung Krankenhaus in Bewegung, wenn er von der Zahlungsfähigkeit des Patienten überzeugt ist. Nur wer von der Polizeiambulanz eingeliefert wird, muss aufgenommen werden. Schlimmstenfalls landet man in einem der verhältnismäßig schlecht ausgestatteten *Country Hospitals,* die einzigen, die verpflichtet sind, jeden Patienten zu behandeln.

Die landesweite **Notrufnummer**, unter der auch ein Krankenwagen angefordert werden kann, ist 911. Wer einen **Arzt** benötigt, findet entsprechende Adressen und Telefonnummern in den Gelben Seiten unter *Clinics* oder *Physicians and Surgeons*. Für jede Krankheit gibt es auch in Amerika einen Spezialisten, Hausärzte sind selten.

Wenn nach einer Behandlung die Rechnung geschrieben wird, stellt man fest, dass nicht nur die Ausstattung, sondern auch die **Honorare** der amerikanischen Ärzte und Krankenhäuser Weltspitzenniveau haben, was u.a. mit den hohen Schadenersatzforderungen falsch behandelter Patienten zu tun hat. Das einfache Beratungshonorar beträgt

$50–100 und muss im Voraus entrichtet werden. Ein Bett im Krankenhaus kostet mindestens $300 täglich, und zwar ohne Arzthonorar. Medikamente *(medications)* sind ebenfalls teuer.

Bei kleineren gesundheitlichen Problemen hilft auch ein *drugstore*, eine Mischung aus Drogerie-Supermarkt und **Apotheke** *(pharmacy)*, weiter. Allerdings benötigt man für die meisten Medikamente ein ärztliches Rezept. Man kann u.U. viel Geld sparen, wenn das Rezept auf die allgemeine Bezeichnung und nicht auf den Markennamen ausgestellt ist.

Eines der größten gesundheitlichen Probleme der USA ist **Aids**. Die verhältnismäßig hohe Zahl von HIV-Positiven hat zu einer offenen Diskussion des Problems geführt. Überflüssig zu betonen, dass Sex mit fremden Partnern ohne Kondom absolut unverantwortlich ist.

Touristen plagen sich allerdings in der Regel mit harmloseren Problemen, zum Beispiel mit ihrer Verdauung oder mit dem **Zeitunterschied**. Da bei der Ankunft in den USA ein fünf bis neun Stunden verlängerter Tag durchlebt wird, gerät der körpereigene Rhythmus aus dem Takt, man sollte sich also für die ersten 2–3 Tage nicht allzu viel vornehmen. Wer regelmäßig Medikamente einnehmen muss, sollte sich bei seinem Hausarzt darüber informieren, wie der Einnahmerhythmus an die neue Zeitzone angepasst werden muss.

Versicherungen

Reisekrankenversicherung

Es ist ratsam, auf alle Fälle eine Reisekrankenversicherung abzuschließen. Nur wenige private Krankenkassen schließen den weltweiten Schutz im Krankheitsfall ein. Die meisten Reisebüros und einige Kreditkartenorganisationen bieten aber derartige Versicherungen an. Bei Krankheit – speziell Krankenhausaufenthalten – kann sehr schnell eine erhebliche Summe zusammenkommen, die aus eigener Tasche bezahlt werden müsste. Ist man versichert, kann man die Kosten gegen Vorlage der Rechnungen zu Hause geltend machen. Einschränkungen gibt es natürlich auch hier, besonders bezüglich Zahnbehandlungen (nur Notfallbehandlung) und chronischen Krankheiten (Bedingungen durchlesen).

Die später bei der Versicherung einzureichende **Rechnung** sollte folgende Angaben enthalten:

→ Name, Vorname, Geburtsdatum, Behandlungsort und -datum
→ Diagnose
→ erbrachte Leistungen in detaillierter Aufstellung (Beratung, Untersuchungen, Behandlungen, Medikamente, Injektionen, Laborkosten, Krankenhausaufenthalt)
→ Unterschrift des behandelnden Arztes
→ Stempel

Wer im Ausland schwer erkrankt, wird zu Lasten der Versicherung heimgeholt, aber nur, wenn er plausibel darlegen kann, dass am Urlaubsort keine ausreichende Versorgung gewährleistet ist. Dann geht es mit Linienmaschinen oder auch mit eigens losgeschickten Ambulanzflugzeugen nach Hause. Die meisten Versicherungen haben inzwischen den Passus „wenn medizinisch notwendig" in das Kleingedruckte aufgenommen. Aber gerade die medizinische Notwendigkeit ist nicht immer leicht zu beweisen. Ist der Passus „wenn medizinisch sinnvoll und vertretbar" formuliert, kann man wesentlich besser für eine Rückholung argumentieren.

Die *Europäische Reiseversicherung* versichert Reisende bis 64 Jahre für 10–93 Tage für 6–85 €. Die *Hanse-Merkur* bietet Reisenden bis 64 Jahre eine Krankenversicherung für Trips zwischen 10–62 Tagen für 6 bis 45 € an. Wer länger verreisen möchte, sollte nach Langzeittarifen für bis zu 3 Jahren fragen. Die *Universa* versichert Reisende für ein Jahr auf allen Reisen (auch Geschäftsreisen), nicht länger als zwei Monate dauern, zu einem Preis von 8 € p.P. bzw. 17,50 € ab Eintrittsalter 60. Der Auslandsschutzbrief des *ADAC* für Reisende bis 66 Jahre kostet für 45 Tage 12 €, Nichtmitglieder zahlen 13,30 €. Weitere Anbieter sind *Debeka* (Jahresvertrag für 6 €, mehrmals Aufenthalte von jeweils 60 Tagen möglich), *Europa* und *HUK-Coburg*. Letztere bietet eine günstige Familienversicherung für 19,50 € an.

Die *DKV* ist besonders für Männer, die lange Zeit unterwegs sind, interessant: 35 € im Monat; Frauen zahlen weitaus mehr. Bei Langzeitreisen empfiehlt sich für Frauen: *TAS (Assekuranz)*, mit monatlich gestaffelten Tarifen (z.B. 5 Monate 225 €, 6 Monate 300 €). Auch die ISA (International Service Assekuranz) bietet Tarife für Langzeitreisende. Diese sind mit 64 € für 2 Monate und nur 192 € für 6 Monate besonders günstig. Für Studenten bis zum Alter bis 35 Jahren gibt es Rabatt. Sowohl die TAS als auch die ISA können vom Ausland aus verlängert werden.

Reiserücktrittsversicherung

Bei einer pauschal gebuchten Reise ist eine Rücktrittsversicherung meist im Preis inbegriffen (zur Sicherheit sollte man nachfragen). Wer individuell plant, muss sich um die Absicherung dieses Risikos selbst kümmern. Reisebüros bieten z.T. Versicherungen an oder vermitteln den Abschluss.

Viele Reiserücktrittskostenversicherungen müssen kurz nach der Buchung abgeschlossen werden (in der Regel bis 14 Tage danach). Bei Krankheit oder Tod eines Familienmitglieds oder Reisepartners ersetzt die Versicherung die Stornokosten der Reise. Eine Reiseunfähigkeit wegen Krankheit muss ärztlich nachgewiesen werden.

Die Kosten der Versicherung richten sich nach dem Preis der Reise und der Höhe der Stornogebühren. Sie liegen in der Regel zwischen 15 und 90 € pro Person. Zum Teil gibt es eine Selbstbeteiligung.

Reisegepäckversicherung

Viele Versicherungen bieten die Absicherung des Verlustes von Gepäck an, einige haben sich sogar darauf spezialisiert (z.B. Elvia, ✆ 089/624240, 🖳 www.elvia.de). Allen Versicherungen ist gemein, dass die Bedingungen, unter denen das Gepäck abhanden kommen „darf", sehr eng gefasst sind. Deshalb ist es wichtig, die Versicherungsbedingungen genau zu studieren und sich entsprechend zu verhalten. Bei vielen Versicherungen ist z.B. das Gepäck in unbewacht abgestellten Kraftfahrzeugen zu keinem Zeitpunkt versichert. Kameras oder Fotoapparate dürfen wegen möglicher Mopedräuber nicht über die Schulter gehängt werden, sondern müssen am Körper befestigt sein, sonst zahlt die Versicherung nicht (so Gerichtsurteile). Ohnehin sind Foto- und videotechnische Geräte meist nur bis zu einer bestimmten Höhe oder bis zu einem bestimmten Prozentsatz des Neuwertes versichert, auch Schmuck unterliegt Einschränkungen, ebenso wie Bargeld.

Entscheidet man sich für eine Reisegepäckversicherung, ist darauf zu achten, dass sie Weltgeltung hat, die gesamte Dauer der Reise umfasst und in ausreichender Höhe abgeschlossen ist. Wer eine wertvolle Fotoausrüstung mitnimmt, kann darüber nachdenken, eine Zusatzversicherung abzuschließen (s.u.).

Tritt ein Schadensfall ein, muss der Verlust sofort bei der Polizei gemeldet werden. Eine **Checkliste**, auf der alle Gegenstände und ihr Wert eingetragen sind, ist dabei hilfreich. Ansonsten sollte alles, was nicht ausreichend versichert ist, im Handgepäck transportiert werden.

Eine Reisegepäckversicherung mit einer Deckung von rund 2000 € kostet für 24 Tage ca. 30 €, als Jahresvertrag etwa 60–70 €.

Fotoversicherung

Um hochwertige Fotoausrüstungen voll abzusichern, kann es sinnvoll sein, eine zusätzliche Fotoapparate-Versicherung abzuschließen. Diese ist zwar relativ teuer, aber die Geräte sind so gegen alle möglichen Risiken versichert. Die Kosten richten sich nach dem Wert der Ausrüstung bzw. der Versicherungssumme.

Versicherungspakete

Von verschiedenen Unternehmen werden Versicherungspakete angeboten, die neben der Reisekrankenversicherung eine Gepäck-, Reiserücktrittskosten- und Reise-Notruf- (oder Rat&Tat) Versicherung einschließen. Mit Letzterer erhält man über eine Notrufnummer Soforthilfe während der Reise. Krankenhauskosten werden sofort von der Versicherung beglichen, und bei ernsthaften Erkrankungen übernimmt sie den Rücktransport. Ist der Versicherte nicht transportfähig und muss länger als 10 Tage im Krankenhaus bleiben, kann eine nahe stehende Person auf Kosten der Versicherung einfliegen. Auch beim Verlust der Reisekasse erhält man über den Notruf einen Vorschuss.

Die Pakete sind jedoch, ebenso wie die günstigen Krankenversicherungs-Angebote, auf maximal 5–8 Wochen begrenzt. Da bei längeren Reisen bis zu einem Jahr nur Einzelversicherungen möglich sind und der Versicherungsschutz teurer wird, sollte man in diesem Fall die Leistungen verschiedener Unternehmen vergleichen. Wer sich optimal absichern möchte, schließt eine separate Kranken-, Reise-Notruf- (Rat & Tat-), Unfall- und Gepäckversicherung ab. Bei häufigen Auslandsreisen können die Einzelversicherungen oder das Paket auch für ein ganzes Jahr abgeschlossen werden. Dann besteht auf allen Reisen Versicherungsschutz, sofern diese nicht länger als 6 Wochen dauern.

Entsprechende Versicherungspakete lassen sich bequem über Reisebüros abschließen, wobei die Kosten von der Dauer und dem Wert der Reise abhängen.

Geld

Währung

Die grünen, gleich großen amerikanischen Dollar-Noten, die sich mit Ausnahme des mit Orange- und Blautönen geschmückten $20-Scheins zum Verwechseln ähnlich sehen, gibt es als Noten zu $1, $5, $10, $20, $50 und $100. Zudem werden wenige Banknoten im Wert von $2, $500 und $1000 ausgegeben.

Ein Dollar entspricht 100 Cents, die als Münzen im Wert von 1¢ *(penny)*, 5¢ *(nickel)*, 10¢ *(dime)* und 25¢ *(quarter)* in Umlauf sind. Seltener sind Münzen zu 50¢ *(half-dollar)* und zu einem Dollar.

Für Busse, Telefone, Zigaretten, Waschsalons, Zeitungs- und Cola-Automaten sollte man immer einen Stapel *quarters* (25¢) dabeihaben.

Wechselkurs (Stand Mai 2004)

1 € = US$ 1,19   1 US$ = 0,84 €
1 sFr = US$ 0,77   1 US$ = 1,30 sFr

Aktuelle Wechselkurse unter www.oanda.com

Bargeld

Die Reisekasse in bar mitzunehmen birgt das größte Risiko, da bei Diebstahl alles weg ist. 100-Dollar-Noten werden wegen zahlreicher im Umlauf befindlicher Fälschungen häufig nicht akzeptiert.

Reiseschecks

Sicherheit bieten Reiseschecks (Travellers Cheques), die gegen 1% Provision bei jeder Bank erhältlich sind. US$-Schecks werden überall eingelöst und in vielen Geschäften, Restaurants und Tankstellen wie Bargeld akzeptiert. Hingegen wechseln nur die Hauptfilialen der großen Banken Schecks in anderen Währungen, z.B. die *Bank of America, Citibank, Security Pacific, Wells Fargo* – ein langwieriges, frustrierendes Unterfangen.

Da die Gebühr beim Einlösen pro Scheck berechnet wird, sollte man als Reisekasse lieber weniger Schecks mit einem höheren Wert mitnehmen – als Zahlungsmittel wiederum werden eher $10- oder $20-Schecks angenommen.

Bei Verlust oder Diebstahl werden sie im nächsten Vertragsbüro ersetzt. Wichtig ist, dass für den Nachweis die Kaufabrechnung an einer anderen Stelle aufbewahrt wird als die eigentlichen Schecks. Außerdem hilft eine Aufstellung aller bereits eingelösten Schecks, denn diese werden nicht ersetzt.

Geldkarten

Besitzt man eine Geldkarte oder Euroscheckkarte mit Maestro- oder Cirrus-Symbol plus Geheimzahl, kann man damit an vielen Geldautomaten mit dem entsprechenden Symbol Bargeld abheben, Standorte der Geldautomaten unter www.maestrocard.com/wheretouse oder www.mastercard.com. Umgerechnet wird zum Briefkurs, die Gebühr beträgt pro Transaktion nur knapp 2 €. Der Maximalbetrag kann bei der Hausbank erfragt werden und beträgt meist 500 € pro Tag. Bei einigen Automaten ist der Maximalbetrag aus technischen Gründen geringer.

Kreditkarten

Eine weitere Alternative sind Kreditkarten wie *American Express, Visa, MasterCard* oder *Diner's Card*. Mit der Karte kann man nicht nur Flugtickets, Mietwagen, Einkäufe, Hotel- und Restaurantrechnungen im oberen Preisniveau bargeldlos bezahlen, sondern auch Bargeld abheben. Auszahlungs- und Akzeptanzstellen sowie Geldautomaten (ATM) sind in den USA weit verbreitet. Für die Barauszahlung am Geldautomaten benötigt man die Kreditkarte und die Geheimzahl.

> **Warnung** Die Kreditkarte darf beim Bezahlen nicht aus den Augen gelassen werden, damit kein zweiter Kaufbeleg erstellt werden kann, auf dem später die Unterschrift gefälscht wird! Sie darf auch niemals in einem Safe, der auch anderen zugänglich ist, verwahrt werden. Schon viele Reisende mussten zu Hause den Kontoauszügen entnehmen, dass während ihrer Abwesenheit hemmungslos „eingekauft" worden war.

Es ist ratsam, eine bestimmte Summe als Guthaben auf dem Kreditkarten-Konto zu deponieren, denn sobald der vorgegebene Kreditrahmen überzogen ist, wird die Karte gesperrt. Auf vielen Kreditkarten-Konten werden sogar Zinsen gezahlt, die gar nicht unattraktiv sind. Hier lohnt es auf jeden Fall, sich vorher zu informieren. Verlust oder Diebstahl sind sofort zu melden, damit die Karte gesperrt werden kann (maximale Haftung ca. 50 €). Bei Mietwagen oder Flügen, die mit der Karte bezahlt werden, ist in der Regel automatisch eine Unfallversicherung inklusive.

Informationen und Notrufnummern:
American Express: ☏ 069/97971000 (auch bei Verlust für Ersatzkarten zuständig),
🖥 www.americanexpress.com/germany
Visa: ☏ 069/920110, Standorte der Geldautomaten: 🖥 www.visa.de/tk/atm,
Karte sperren: ☏ 410/581994 (gebührenfrei)
MasterCard: ☏ 069/79330, Standorte:
🖥 www.mastercard.com/atm/,
Karte sperren: ☏ 1-800/2474623

Banken

Die Schalter der Banken sind Mo–Do 9–17 Uhr und Fr 9–18 Uhr geöffnet. Einen Bankschalter gibt es an jedem Flughafen. Hotels tauschen sehr selten Fremdwährung ein, geben aber beim Bezahlen mit US$-Travellers Cheques Wechselgeld heraus.

Überweisungen

Bei Überweisungen von Geld aus Europa schickt die Bank aus den USA ein Fax (Fax-Nummer notieren) an die Heimatbank und fordert den entsprechenden Betrag an. Eine telegrafische Anweisung kostet etwa 30–40 €. Der überwiesene Betrag wird zum Devisenkurs umgerechnet und bar oder in Travellers Cheques gegen eine Gebühr von etwa 10 € ausgezahlt.

Etwas weniger kompliziert und vor allem schneller erfolgt der Geldtransfer über **Moneygram** oder **Western Union**, da bei diesem Vorgang nicht zwei Unternehmen kooperieren müssen. Unmittelbar nach Einzahlung bei einer heimatlichen Zweigstelle kann der Begünstigte das Geld in den USA in Empfang nehmen. Die Gebühren richten sich nach der überwiesenen Summe: Für 1000 € fallen etwa 40 € an.

Weitere Informationen, auch über Zweigstellen weltweit:
Moneygram, ☏ 069/689 7010,
🖥 www.moneygram.com.
Western Union, ☏ 0180/303 0330,
🖥 www.westernunion.com. Wird in Deutschland von allen Zweigstellen der Postbank angeboten.

Reisekosten

Das Reisen in den USA kann, je nachdem welche Preise man von zu Hause gewohnt ist und in welchen Gegenden man sich bewegt, ein nicht ganz billiges Vergnügen sein. Die Unterbringung wird wahrscheinlich als höchster Posten zu Buche schlagen. In ländlichen Gebieten kostet ein durchschnittliches Motelzimmer etwa $40 pro Nacht, ein Hotel- oder Motelzimmer in der Stadt normalerweise ab ca. $60. Zahlreiche Jugendherbergen bieten Schlafsaalbetten schon für $10–20, aber wer zu zweit oder zu dritt unterwegs ist, hat am Ende auch nicht viel gespart. Zelten ist natürlich billig: Ein Platz kostet weniger als $20 pro Nacht und ist manchmal sogar kostenlos, aber in Ballungsräumen kann man kaum ein Zelt aufstellen.

Was die Verpflegung anbelangt, so lässt es sich mit $20 pro Tag einigermaßen, mit ungefähr $35–40 schon gut auskommen. Die darüber hinausgehenden Ausgaben hängen davon ab, wie viele Touren, Taxifahrten, Kneipenbesuche und andere Vergnügungen auf dem Programm stehen. Wer von allem viel in Anspruch nimmt, sollte pro Tag mit mindestens $60 rechnen, vor allem in großen Städten.

Wenn der Besuch zahlreicher Nationalparks und Monuments auf dem Programm steht, lohnt sich der Kauf eines National Parks oder Golden Eagle Pass. Die Gebühr von $50–65 schließt sämtliche Mitreisenden im Fahrzeug ein.

Mit einem Mietwagen für ungefähr $150 pro Woche lässt sich das Land sehr viel einfacher bereisen – und bei mehreren Personen zudem nicht teurer – als mit öffentlichen Verkehrsmitteln. Außerdem bietet sie die Möglichkeit, statt in den teuren Downtownhotels in den überall vorhandenen preiswerten Motels entlang der Interstates abzusteigen. Zu beachten gilt, dass Fahrer unter 25 Jahren häufig einen Zuschlag von $20 pro Tag zahlen müssen. In fast allen Bundesstaaten wird auf nahezu alles, was in Läden verkauft wird, eine Verkaufssteuer von bis zu 10% aufgeschlagen, s. S. 54.

Frauen unterwegs

Allein reisende Frauen können sich in den USA ziemlich unproblematisch bewegen. Trotzdem sind Frauen hier denselben Diskriminierungen ausgesetzt, die wir aus europäischen Ländern kennen.

Die Städte in den USA können erstaunlich sicher erscheinen, einfach weil überall Menschen sind, trotzdem gelten dieselben **allgemeinen Verhaltensregeln** wie in jeder Stadt der Welt. Es ist z.B. nicht ratsam, durch unbeleuchtete Straßen zu gehen. Wenn es keinen Bus gibt, sollte frau sich besser ein Taxi nehmen. Frauen, die selbstsicher auftreten, spüren meistens weniger Aggressionen als andere, denen man schon von weitem ansieht, dass sie unsicher sind und sich verloren fühlen. In Bars und Clubs wird eine Frau, die allein ist, meist respektiert, und nur Unverbesserliche werden aus ihrem Solo-Auftritt schließen, dass sie „zu haben" ist. In kleinen, ländlichen Regionen hat man leider längst nicht so eine aufgeschlossene Einstellung gegenüber Frauen wie in den Metropolen. Zunehmender Beliebtheit erfreuen sich die Mobiltelefone, die frau für wenig Aufpreis mit dem Mietwagen ausleihen kann – ein potenzieller Lebensretter. Frauen sollten in den USA niemals **trampen** oder Tramper mitnehmen. Wenn jemand am Straßenrand ein vermeintliches Problem mit einem liegen gebliebenen Fahrzeug hat und anderen Fahrzeugen signalisiert anzuhalten, sollte man tunlichst weiterfahren – die Straßenpolizei wird nicht lange auf sich warten lassen und sich der Angelegenheit annehmen.

Wenig genutzte öffentliche Verkehrsmittel sind nachts zu meiden. Menschenleere Bushaltestellen müssen zwar nicht unbedingt gefährlich sein, tragen aber auch nicht zu einem Gefühl der Sicherheit bei. Es ist empfehlenswert, sich mit anderen Frauen zusammenzutun. Im *Greyhound* sollten Frauen versuchen, nahe beim Fahrer zu sitzen.

Sollte es wirklich zum Allerschlimmsten gekommen sein, gibt es in praktisch jeder Stadt eine Vergewaltigungs-, Krisen- und Beratungsstelle (*Rape Counselling Service*). Wenn nicht, wird der örtliche Sheriff einen Bericht aufnehmen und die Frau notfalls ins Hotel begleiten lassen.

In **Krisensituationen** (Vergewaltigung) hilft auch die *National Organization for Women*, eine zentrale Organisation für Frauenangelegenheiten, die sich nicht zuletzt um frauenfreundlichere Gesetze verdient gemacht hat. NOW-Filialen sind den örtlichen Telefonbüchern zu entnehmen. Spezielle **Adressen für Frauen** sind in den jeweiligen regionalen Kapiteln zu finden.

Veranstalter von Reisen für Frauen in den USA:

Call of the Wild, 2519 Cedar St, Berkeley, CA 94708, ✆ 510/849-9292 oder 1-888/378-1978, 🖳 www.callwild.com. Bewährter Veranstalter von Abenteuertouren für alle Frauen, z.B. Besuche von Ruinen amerikanischer Ureinwohner, Rucksackwanderungen durch kalifornische Nationalparks, Skiwanderungen, Yoga und Trips nach Hawaii.

Outward Bound, 100 Mystery Point Rd, Garrison, NY 10524, ✆ 914/424-4000 oder 1-888/882-6863, 🖳 www.outwardbound.com. Ganzjähriges Veranstaltungsprogramm, darunter Kanu- und Schlittenfahrten, Wüsten- und Canyonwanderungen.

Womanship, 137 Conduit St, Annapolis, MD 21401, ✆ 410/267-6661 oder 1-800/342-9295, 🖳 www.womanship.com. Segeltörns und -kurse für Frauen jeden Alters, z.B. zum Nordwestpazifik.

Mit Kindern unterwegs

Kinder unter zwei Jahren reisen im Flugzeug fast kostenlos, allerdings ohne Anspruch auf einen Sitzplatz, was einen Transatlantikflug zum Alptraum werden lassen kann. Zwei- bis zwölfjährige Kinder bezahlen meist die Hälfte; dasselbe gilt für Flug-, Zug- oder Busreisen innerhalb der USA.

Mit dem Bus reist es sich im Land am billigsten, aber für Kinder stellt dies die größte Strapaze dar. Kinder unter zwei Jahren fahren kostenlos und ohne Anspruch auf einen Sitzplatz; Kinder unter zwölf Jahren zahlen die Hälfte des regulären Preises.

Große Entfernungen lassen sich am bequemsten mit der Bahn zurücklegen. Die meisten Langstreckenzüge verfügen über Schlafabteile. Das ist nicht billig, stellt aber für viele Kinder wahrscheinlich ein besonderes Reiseabenteuer dar. Die Fahrpreisermäßigungen sind denen in Bus oder Flugzeug vergleichbar.

Mit Kindern jeglichen Alters zu reisen, ist in den USA überraschend problemlos. Hotels und Restaurants sind sehr kinderfreundlich, denn Amerikaner sitzen häufig mit der ganzen Familie im Restaurant. Es gibt eigentlich immer einen *high chair* für die Jüngsten und selten eine Bedienung, die nicht ein freundliches Wort für die Kleinen übrig hätte. Nur auf den Besuch von Bars und anderen Lokalen, in denen Alkohol ausgeschenkt wird, muss man in Begleitung minderjähriger Kinder verzichten. State und National Parks bieten Aktivitäten für Kinder an, und viele Wanderwege sind auch für kurze Spaziergänge gut geeignet. Die Vergnügungsparks in Kalifornien sind für Kinder im entsprechenden Alter natürlich *das* Erlebnis schlechthin. In Vergnügungsparks und Einkaufszentren sollte man wenn möglich mit dem Kind für den Fall des Falles einen Treffpunkt ausmachen. Kinder, die sich nicht auf Englisch verständigen können, sollten ein Namensschild um dem Hals tragen, z.B. in Form eines SOS-Anhängers der generell auf Reisen zu empfehlen ist, auch im Flugzeug.

Die meisten Familien entscheiden sich fürs Auto. Damit die Fahrt mit Kind und Kegel nicht in Stress ausartet, sollte man sich keine unerreichbaren Ziele setzen, viel zu essen und zu trinken mitnehmen, alle paar Stunden eine Pause machen, zeitig vor Sonnenuntergang am Zielort ankommen und möglichst nicht während der Rushhour durch Großstädte fahren. Mietwagenfirmen stellen normalerweise für $4–5 pro Tag einen Kindersitz zur Verfügung – der im Übrigen für Kinder unter vier Jahren gesetzlich vorgeschrieben ist. Allerdings ist es ratsam, sich rechtzeitig zu vergewissern, oder aber selbst einen mitzubringen, da die Nachfrage manchmal höher als das Angebot ist.

Auch Wohnmobile (RVs) eignen sich gut – man hat Küche und Betten ständig dabei und ist trotzdem mobil (s.S. 32).

Rascals in Paradise, One Daniel Burnham Court, Suite 105-C, San Francisco, CA 94109, ✆ 415/921-7000, 🖳 www.rascalsinparadise.com, organisiert spezielle Programme für Reisen mit Kindern in den USA und im Ausland. Die Aktivitäten reichen dabei von Wanderungen und Ausritten bis zu Radtouren und Wassersport.

Von ***Travel with Your Children***, 40 Fifth Ave, New York, NY 10011, ✆ 212/477 5524 oder 1-888/822-4388, gibt es den nützlichen Newsletter *Family Travel Times* (🖳 www.familytraveltimes.com) sowie entsprechende Reiseliteratur, u.a. *Great Adventure Vacations with Your Kids*.

Reisende mit Behinderungen

In den USA ist man auf Rollstuhlfahrer und Körperbehinderte viel besser eingestellt als in den meisten europäischen Ländern. Alle öffentlichen Gebäude, einschließlich der Hotels und Restaurants, lassen sich per Rollstuhl „betreten" und verfügen über Behindertentoiletten, fast alle Bürgersteige sind an den Straßenecken abgeflacht, und viele öffentliche Transportmittel besitzen Einstiegshilfen – in den U-Bahnen gibt es Aufzüge, viele Busse können „in die Knie gehen", und die Angestellten erweisen sich in der Regel als hilfsbereit. Die meisten internationalen Fluggesellschaften tun ihr Bestes, um Behinderten die Reise zu erleichtern. Wer auf ständige Hilfe angewiesen ist, kann normalerweise kostenlos eine Begleitperson mitbringen. Es ist ratsam, Sonderwünsche mindestens einen Tag im Voraus anzumelden. Fast alle *Amtrak*-Züge verfügen über besondere Abteile für Behinderte. Blinde, taube oder aus einem anderen Grund auf einen Begleithund angewiesene Reisende können diesen kostenlos mitnehmen; allerdings muss 24 Stunden vorher Bescheid gegeben werden.

Besondere Zuginformationen für Schwerhörige gibt es unter ✆ 1-800/523-6590.

Eine Fahrt mit *Greyhound* ist dagegen nicht empfehlenswert. Hat man es tatsächlich bewerkstelligt, einen Rollstuhl in den Bus zu hieven, der dafür nicht ausgerüstet ist, fährt die Begleitperson allerdings umsonst mit, sofern man eine ärztliche Bestätigung der Notwendigkeit einer Begleitung vorweisen kann. Die Angestellten der *Intercity*-Busse sind gesetzlich dazu verpflichtet, Behinderten samt Rollstuhl beim Einsteigen behilflich zu sein.

Größere Autoverleihfirmen, z.B. *Avis* und *Dollar*, bieten ohne Aufpreis **Mietwagen** mit Handschaltung an, allerdings nur in der teuersten Kategorie.

Die American Automobile Association, ✆ 1-877/244-9790, 🖥 www.aaa.com, gibt für behinderte Autofahrer die Broschüre **Handicapped Driver's Mobility Guide** heraus.

Eine nationale Hilfsorganisation für behinderte Reisende ist z.B. *SATH, die Society for Accessible Travel and Hospitality,* 347 5th Ave, #610, New York, NY 10016, ✆ 212/447-7284, 🖥 www.sath.org, eine gemeinnützige Gruppe der Reiseindustrie.

Mobility International USA, PO Box 10767, Eugene, OR 97440, ✆ 503/343-1284, 🖥 www.miusa.org, erteilt Mitgliedern ($35 pro Jahr) Infos und führt Austauschprogramme für Behinderte durch.

Directions Unlimited, 720 N Bedford Rd, Bedford Hills, NY 10507, ✆ 914/241-1700 oder 1-800/533-5343, und *Wheels Up!,* ✆ 1-888/389-4335, 🖥 www.wheelsup.com, bieten ermäßigte Flugpreise sowie Tourpakete für Behinderte und geben einen kostenlosen monatlichen Newsletter heraus. *Disabled Outdoors* gibt außerdem alle 3 Monate eine gleichnamige Zeitschrift heraus, die Einrichtungen für Behinderte nennt, die die amerikanische Wildnis erkunden möchten.

Twin Peaks Press hat u.a. folgende Führer produziert: *Travel for the Disabled* ($20), *Wheelchair Vagabond* ($15), *Directory of Accessible Van Rentals* ($10) und *Directory for Travel Agencies for the Disabled* ($20).

In Deutschland sind nähere **Informationen** über Behindertenreisen über die neben stehenden Organisationen erhältlich.

Die Nationale Koordinationsstelle Tourismus für Alle (NatKo), Kötherhofstr. 4, 55116 Mainz, ✆ 06131-250410, 📠 214848, ✉ home@natko.de, 🖥 www.natko.de, der acht deutsche Behindertenverbände angehören, berät Anbieter bei der Verwirklichung behindertengerechter Unterkünfte, Programme usw. und nennt Behinderten hilfreiche Adressen für die Reiseplanung, die sich auch in einer von der NatKo herausgegebenen Broschüre finden. Dem Verband gehören u.a. die folgenden drei Vereine an:

Behindertenorganisationen

Bundesarbeitsgemeinschaft Hilfe für Behinderte (BagH), Kirchfeldstr. 149, 40215 Düsseldorf, ✆ 0211/310060, 📠 3100648, ✉ info@bagh.de, 🖥 www.bagh.de

Gibt eine Liste von Telefonnummern und Adressen spezialisierter Reiseveranstalter heraus.

Bundesarbeitsgemeinschaft der Clubs Behinderter und ihrer Freunde (BAG cbf), Eupener Str. 5, 55131 Mainz, ✆ 06131/225514, 📠 238834, ✉ bagcbfmainz@aol.com, 🖥 www.bagcbf.de

Verschickt gegen Rückporto (1,44 €) eine Adressenliste aller bekannten Behinderten-Reiseveranstalter.

Bundesverband Selbsthilfe Körperbehinderter e.V. (BSK)

Altkrautheimer Str. 17, Postfach 20, 74236 Krautheim an der Jagst, ✆ 06294/68303, 📠 68107, 🖥 www.bsk-ev.de

Hilft mit Informationen und Ratschlägen für Reisen mit Behinderung weiter und gibt jährlich ein *Reise-Abc* (5 €) mit allgemeinen Reisetipps heraus.

Praktische Tipps

- → Übernachtung 24
- → Essen und Trinken 27
- → Transport 31
- → Unterwegs in der Natur 40
- → Sport 43
- → Feste und Feiertage 46
- → Maße und Gewichte 47
- → Post 48
- → Kommunikation 48
- → Kriminalität 50
- → Sonstiges 52

Übernachtung

Das Übernachten ist meist der teuerste Posten in der Reisekasse. Billig übernachtet man nur in Hostels, wo ein Schlafsaal-Bett in der Regel für $10–20 zu haben ist. In weniger von Touristen überlaufenen Gegenden bekommt man einfache Motel- und Hotelzimmer mit etwas Glück schon für $40 für zwei Personen, ein weiteres Bett für eine dritte Person im gleichen Zimmer kostet meist $15 zusätzlich. Wer allein unterwegs ist, wird es schwerer haben, denn *Singles* (Einzelzimmer) sind in der Regel Doppelzimmer, die zu einem etwas niedrigeren Preis angeboten werden.

Es ist üblich, das Zimmer im Voraus zu bezahlen, zumindest für die erste Nacht. Bargeld und US$-Travellers Cheques werden akzeptiert, doch es ist üblicher, bei der Ankunft einen Kreditkartenbeleg zu unterschreiben, in den bei der Abreise nur noch der Endbetrag eingetragen werden muss. Reservierungen – in den Touristengebieten im Sommer ein Muss – werden nur bis 17 oder 18 Uhr gehalten, im Falle einer vorher angekündigten späten Ankunft auch länger.

Hotels und Motels

Schier endlose Aneinanderreihungen von Motels säumen die Highways in jede größere Stadt, kaum minder groß ist die Auswahl entlang der wichtigen Straßen quer durch das Land.

Im Prinzip gibt es kaum einen Unterschied zwischen Hotels und Motels. Während Erstere meist zentral liegen und kompakt gebaut sind, findet man Letztere vor allem an großen Ausfallstraßen, die Parkplätze meist direkt vor der Zimmertür, um den kürzesten Weg zwischen Kofferraum und Bett zu gewährleisten. Nur in der allerbilligsten Kategorie entsprechen die Zimmer nicht immer dem üblichen Standard von 1–2 Doppelbetten, Farbfernseher, Telefon, Badezimmer mit Wanne oder Dusche und einem Stapel weißer Handtücher. An dieser Einrichtung ändert sich eigentlich wenig, ob man nun $40 oder $60 zahlt. Bei mehr als $60 ist das Zimmer ein wenig größer und die Einrichtung luxuriöser, sind die Handtücher dicker, die Desinfektionsmittel etwas besser parfümiert, und wahrscheinlich gibt es auch einen Swimming Pool für Gäste.

Die wenigsten der billigen Hotels und Motels nehmen den Konkurrenzkampf mit den allgegenwärtigen *diners* auf, die Frühstück servieren. Deshalb gibt es nur in wenigen ein **Frühstück**, obwohl in der Lobby (Rezeption) oft kostenlos Kaffee in Styropor-Bechern ausgeschenkt wird, manchmal bekommt man dazu klebrige *donuts* und Obst oder Müsli – das Ganze firmiert dann als „kontinentales Frühstück".

Am billigsten sind meistens die unabhängigen, als Familienunternehmen geführten Motels, doch es spricht einiges dafür, ein paar Dollar mehr auszugeben und in den Ablegern der landesweiten Motelketten zu übernachten. Hat man nach einigen Tagen *on the road* festgestellt, dass einem eine bestimmte Kette besonders zusagt, kann man über deren zentrale Reservierungsnummer (s.u.) Zimmer reservieren und vielleicht sogar als „Stammgast" eine Preisermäßigung bekommen.

Im ganzen Land sind die folgenden Hotel-, Motel- und Hostelketten vertreten. Viele geben ein kostenloses Verzeichnis ihrer Häuser heraus.

Best Western, ab***,
☏ 1-800/780-7234, 🖥 www.bestwestern.com;
Baymont Inns & Suites***,
☏ 1-866/999-1111, 🖥 www.baymontinns.com;
Comfort Inns***–*****,
☏ 1-877/424-6423, 🖥 www.comfortinns.com;
Courtyard by Marriott, ab*****,
☏ 1-800/321-2211, 🖥 www.courtyard.com;
Days Inn****–*****,
☏ 1-800/329-7466, 🖥 www.daysinn.com;
Econolodge**–****,
☏ 1-877/424-6423, 🖥 www.econolodge.com;
Embassy Suites Hotel, Luxus,
☏ 1-800/362-2779, 🖥 www.embassysuites.com;
Fairfield Inns****–*****,
☏ 1-800/228-2800, 🖥 www.fairfieldinn.com;
Hallmark Inns**–***,
☏ 1-888/448-4449, 🖥 www.hallmarkinns.com;
Hampton Inns****–*****,
☏ 1-800/426-7866, 🖥 www.hamptoninn.com;
Hilton Hotels, ab*****,
☏ 1-800/774-1500, 🖥 www.hilton.com;
Holiday Inns, ab*****,
☏ 1-800/465-4329, 🖥 www.holiday-inn.com;
Howard Johnson**–****,
☏ 1-800/446-4656, 🖥 www.hojo.com;
La Quinta Inns****,
☏ 1-866/725-1661, 🖥 www.laquinta.com;

Marriott Hotels, Luxus,
📞 1-888/236-2427, 💻 www.marriott.com;
Motel 6**,
📞 1-800/466-8356, 💻 www.motel6.com;
Ramada Inns, ab****,
📞 1-800/272-6232, 💻 www.ramada.com;
Red Carpet Inns**,
📞 1-800/251-1962, 💻 www.reservahost.com;
Red Roof Inns***,
📞 1-800/843-7663, 💻 www.redroof.com;
Renaissance Hotel*****, 📞 1-888/236-2427,
💻 www.renaissancehotels.com;
Rodeway Inns***,
📞 1-800/228-2000, 💻 www.rodeway.com;
Sheraton, ab*****,
📞 1-888/625-5144, 💻 www.sheraton.com;
Select Inns**,
📞 1-800/641-1000, 💻 www.selectinn.com;
Sleep Inns***,
📞 1-800/753-3746, 💻 www.sleepinn.com.

Wir haben die Hotels in folgende Kategorien eingeteilt, wobei die **Preise** ohne die lokale Steuer angegeben sind und jeweils für ein **Doppelzimmer außerhalb der Hochsaison** gelten.

Preiskategorien (Angaben beziehen sich auf ein Doppelzimmer)	
*	bis $35
**	bis $50
***	bis $75
****	bis $100
*****	bis $130

Unsere Kategorien sind nur ein Anhaltspunkt, denn Zimmerpreise können sehr variabel sein. Je nach Saison, Feiertag, Wochentag oder Anderem gibt es Preiserhöhungen oder Rabatte. Große Feste oder Veranstaltungen treiben die Preise nach oben. Hingegen haben an Wochenenden, wenn die Geschäftsleute zu Hause sind, die luxuriösen Stadthotels Probleme, ihre Zimmer zu füllen und bieten dann nicht unerhebliche Preisabschläge. Erhebliche Rabatte bis zu fantastischen Angeboten von $20-Zimmern in Mittelklasse-Motels versprechen Coupons, die die Regale der Touristeninformationsbüros und Welcome Centers füllen. Es empfiehlt sich aber, das Kleingedruckte zu lesen, denn häufig ist das Angebot auf wenige Tage (nur Di–Do) begrenzt.

Bed and Breakfast

In den USA ist Bed and Breakfast im Gegensatz zu England eine Luxuskategorie. Bed and Breakfast Inns sind oft liebevoll restaurierte historische Gebäude. Selbst die größten haben nicht mehr als 10 Zimmer, statt Fernseher und Telefon gibt es Blumensträuße, Plüsch und Polstermöbel. Kleinere Inns verfügen oft nur über einige schlicht möblierte Zimmer bei einer Familie oder ein Apartment.

Das Frühstück – dass es überhaupt eines gibt, unterscheidet das B&B schon vom Hotel oder Motel – fällt gewöhnlich recht üppig aus: 5 Gänge sind keine Seltenheit. Die Preise für ein Doppelzimmer variieren je nach Lage und Saison von etwa $50 bis zu satten $200. Der durchschnittliche Preis für ein Zimmer mit einem eigenen Bad beginnt bei $60 oder $70. Bed and Breakfast Inns sind oft monatelang im Voraus ausgebucht, es empfiehlt sich also, rechtzeitig zu reservieren. In manchen Regionen gibt es lokale Reservierungsbüros.

YMCA, YWCA und Hostels

Zwar sind Hostels in den USA dünner gesät als Jugendherbergen in Europa, doch Unterkünfte für Rucksackreisende und Budgettraveller sind im Vormarsch. Sofern man zu zweit oder zu mehreren reist, schläft es sich hier allerdings kaum billiger als in einem Motel, daher ist ein Hostel vor allem für diejenigen geeignet, die eine Vorliebe für Jugendherbergsbetrieb und Gesellligkeit haben. Allerdings sind viele Hostels mit öffentlichen Transportmitteln nicht erreichbar, und in den Städten liegen sie oft weit von den Sehenswürdigkeiten entfernt. Dasselbe gilt erst recht für ländliche Gegenden, doch da kann die Abgeschiedenheit gerade den besonderen Reiz ausmachen.

Zum offiziellen **HI-AYH**-Netzwerk (*Hostelling International–American Youth Hostels,* 📞 1-800/909-4776) gehören über 150 Hostels in größeren Städten und ländlichen Gegenden überall in den USA. Die meisten städtischen Herbergen sind rund um die Uhr geöffnet, während es in ländlichen Gebieten manchmal eine nächtliche Ausgangssperre und begrenzte Tagesaufenthaltsdauer gibt. Die Jahresmitgliedschaft beträgt derzeit $28, für eine Übernachtung zahlt man zwischen $12 und $29 (Nichtmitglieder etwa $3 mehr). Ein komplettes Verzeichnis der Häuser gibt es im Internet unter 💻 www.hiayh.org.

Es gibt auch eine wachsende Zahl **unabhängiger Hostels**, die entweder den strengen Kriterien der Organisation nicht genügen oder es einfach vorziehen, selbstständig zu bleiben. Viele sind nichts weiter als ehemalige Motels, deren „Schlafsäle" aus ein paar Stockbetten in einem muffigen Raum bestehen, der bei Bedarf auch als Privatzimmer vermietet wird; andere können recht einladend und bestens ausgestattet sein. Einige dieser Herbergen haben sich lose unter dem Dachverband der AAIH *(American Association of Independent Hostels)* zusammengeschlossen.

Die **YMCAs** bzw. **YWCAs** (*Ys*, ausgesprochen *Wais*) bieten meist sowohl Männern als auch Frauen Unterkunft, nur in wenigen Fällen sind die YWCAs Frauen vorbehalten. Die Preise für ein Bett in den Ys liegen zwischen $12 im Schlafsaal und $70 im Einzel- oder Doppelzimmer. Leider befinden sich einige Ys in alten Gebäuden und unsicheren Gegenden, doch verfügen sie dafür oft über einen Fitnessraum, Swimming pool und eine preiswerte Cafeteria.

Vor allem während der Hauptreisezeit sollte man rechtzeitig buchen; Hinweise hierzu sind telefonisch oder per E-Mail vom jeweiligen Hostel erhältlich. Manche Herbergen erlauben den Gebrauch des eigenen Schlafsacks, aber offiziell müssen sie auf die Benutzung eines Leinenschlafsacks bestehen (was die meisten auch tun), den es normalerweise an Ort und Stelle auszuleihen gibt. Theoretisch beträgt die Höchstaufenthaltsdauer drei Tage, doch diese Regel wird nicht streng befolgt, sofern das Haus nicht ausgebucht ist. Nur wenige versorgen die Gäste mit Mahlzeiten, aber die meisten verfügen über Kochgelegenheiten.

Hostels sind nicht allzu beständig. Sie ziehen oft um oder machen einfach dicht. Anderseits tauchen jedes Jahr neue auf, und es ist daher ratsam, auf den schwarzen Brettern der Herbergen nach entsprechenden Hinweisen zu suchen. Im *Hostel Handbook for the USA and Canada*, das jedes Jahr im Mai herauskommt, sind 400 Unterkünfte aufgeführt. Man bekommt es gegen $5 bei Jim Williams, *Sugar Hill House International House Hostel*, 722 St Nicholas Ave, New York, NY 10031, ℡ 212/926-7030, 🖥 www.hostelhandbook.com.

Hostelling North America, ein weiterer Jugendherbergsführer für die USA und Kanada, wird kostenlos an Leute abgegeben, die in einem HI-AYH-Hostel übernachten, oder kann für $3 angefordert werden beim HI National Office, 8401 Colesville Road, Suite 600, Silverspring, MD 20910, ℡ 202/495-1240, 🖥 www.hiayh.org.

Vom Deutschen Jugendherbergswerk ist das *Internationale Jugendherbergsverzeichnis* für Übersee erhältlich. Es enthält u.a. Adressen von mehr als 4200 Herbergen in über 60 außereuropäischen Ländern. Man kann es für 8,70 € in allen Jugendherbergen kaufen oder im Internet unter 🖥 www.jugendherberge.de bestellen. Informationen über die nächstliegende Ausgabestelle erteilt der jeweilige Landesverband. Hier kann man auch die Mitgliedschaft beantragen, die bis zum 27. Geburtstag 10,50 € und für Familien und Partner 18 € pro Jahr kostet. Eine Mitgliedschaft im Schweizer Jugendherbergsverband kostet bis zum Alter von 18 Jahren 22 sFr pro Jahr; ab 18 Jahren 33 sFr, Familien zahlen 44 sFr. In Österreich ist die Mitgliedschaft im Jugendherbergsverband für Heranwachsende bis 18 Jahre kostenlos. Personen, die älter als 18 Jahre sind, zahlen 15 €. Kontaktadressen:

DJH Service GmbH,
Bismarckstr. 8, 32756 Detmold,
℡ 05231-74010, 📠 740149, ✉ service@djh.de,
🖥 www.jugendherberge.de
Österreichisches Jugendherbergswerk,
Helfersdorferstr. 4, 1010 Wien,
℡ 01-5331833, 📠 01-533183385,
✉ oejhw@oejhw.or.at, 🖥 www.oejhw.or.at
Schweizer Jugendherbergen,
Schaffhauser Str. 14, 8042 Zürich,
℡ 01-3601414, 📠 3601460,
✉ marketing@youthhostel.ch,
🖥 www.youthhostel.ch

Wer wissen will, ob es in einer bestimmten Stadt Jugendherbergen gibt, kann es unter 🖥 www.hostels.com herausfinden. Unter 🖥 www.iyhf.org gibt es auch eine Übersicht über **Rabatte**, die Besitzern eines Jugendherbergsausweises in 30 Ländern gewährt werden (z.B. Ermäßigungen auf Leihwagen, Shopping-Touren, Reisemedikamente u.Ä.).

Camping

In den Staaten macht man Campingurlaub auf einem **Campground**; ein *campsite* ist die Stelle, an der das Zelt oder das Wohnmobil aufgestellt wird. Campgrounds befinden sich in landschaftlich reizvollen Regionen. In jedem Bundesstaat gibt es Listen der dortigen Campingplätze; sie aufzuführen, würde die Grenzen des Buches sprengen.

Die ideale Art, die sagenhaften Landschaften hautnah (und preisgünstig) zu erleben, besteht darin, mit dem Mietwagen herumzufahren und auf staatlichen oder bundesstaatlichen Campingplätzen zu übernachten, die meistens erheblich ruhiger und landschaftlich reizvoller gelegen sind als kommerziell betriebene. Ein Zeltplatz auf einem typischen öffentlichen Campingplatz kostet kaum mehr als $8. Wenn zu bestimmten Jahreszeiten kein Wasser vorhanden ist, ist das Übernachten oftmals sogar kostenlos. Kommerziell betriebene Campingplätze, von denen es in der Nähe großer Städte geradezu wimmelt, verlangen meist $15–22, gleichen allerdings eher Freilufthotels mit Läden, Restaurants usw. Es gibt zwar eine Menge Campingplätze, aber auch eine große Nachfrage: Wer in der Hochsaison zelten möchte, sollte daher entweder rechtzeitig buchen oder die begehrtesten Gegenden meiden.

Camping im Hinterland der Nationalparks ist für gewöhnlich kostenlos, erfordert aber ein Permit. Im Übrigen sollte man bei solchen Unternehmen richtig vorbereitet sein, genug Proviant und Wasser dabeihaben, die *Park Rangers* informieren, auf Klapperschlangen und Bären achten und dafür sorgen, möglichst wenige Spuren in der Natur zu hinterlassen. Man sollte immer versuchen, an bereits genutzten Plätzen zu zelten.

Wer wild zeltet, benötigt einen kleinen Kocher, da dieser die Energie sinnvoller nutzt als ein Lagerfeuer. Die in Europa üblichen blauen Gaskartuschen findet man äußerst selten, deshalb lohnt es sich nicht, einen solchen Kocher mitzuschleppen, und der Transport von Gasflaschen ist im Flugzeug sowieso verboten. Empfehlenswerter ist ein Benzinkocher, den man an jeder Tankstelle auffüllen kann. Für Spirituskocher ist das Auftreiben von *fondue fuel* oder *denaturated alcohol solvent* in einem Hardware Shop von Nöten. Ebenso verhält es sich mit Petroleumlampen, für die es im Hardware Shop *lamp oil* zu kaufen gibt. In jedem größeren Kaufhaus, Campinggeschäft oder auf größeren Campingplätzen in den USA werden Campingkocher für $15–25 angeboten.

Gibt es keine Toiletten, sollten menschliche Fäkalien mindestens 30 m von der nächsten Wasserquelle entfernt vergraben werden. Abfälle nimmt man entweder mit oder verbrennt sie.

Essen und Trinken

Fastfood mag zwar der nachhaltigste Beitrag Amerikas für die moderne kulinarische Welt sein, doch das Land kann darüber hinaus ein erstaunlich vielfältiges und vor allem qualitativ hochwertiges Angebot an Speisen bieten. In den Städten lässt sich praktisch zu jeder Tages- und Nachtzeit etwas für den individuellen Geschmack finden, und entlang der Highways und an jeder Hauptstraße werben Restaurants, Fastfood-Lokale und Coffeeshops mit flackernden Neonreklamen und besonderen Angeboten um Gäste.

Unabhängig von der Art des Essens und des Lokals zeichnet sich der Service in der Regel durch Enthusiasmus aus – was nicht zuletzt der Institution des **Trinkgelds** zu verdanken ist. Das Bedienungspersonal ist auf Trinkgelder angewiesen und verdient damit das meiste des eigentlichen Arbeitslohns. Ein Trinkgeld von 15–20% auf den Rechnungsbetrag (ohne Steuer) ist üblich und in großen Städten die untere Grenze.

Frühstück

Ein Frühstück, das normalerweise billig ($3–6) und sehr reichhaltig ist, bekommt man bis gegen 11 Uhr im Diner oder in einem besserer Qualität im Café oder Coffeeshop. Gut ist das Frühstück bei *Dennis*. Es gibt viele so genannte *specials* (Sonderangebote), die aber nur zu bestimmten Tageszeiten angeboten werden (z.B. von 6–8 Uhr).

Ein Frühstück besteht überall im Land in erster Linie aus **Eiern**. Selbige gibt es in jeder nur erdenklichen Zubereitung, und die erste Frage der Bedienung beim Bestellen ist folglich *How do you want your eggs?* Ein in der Pfanne einseitig angebratenes Spiegelei nennt man *sunny side up*, wird es gewendet und kurz angebraten, so dass die Oberfläche des Eigelbs etwas angehärtet ist, heißt das *over easy* und durchgebraten *over*. Für ein Omelette, das gern mit Zutaten wie z.B. Tomaten gefüllt wird, werden normalerweise drei Eier verwendet. Dazu gibt es *ham* (Schinken), *bacon* (Frühstücksspeck), der kross gebraten und in dünnen Scheiben serviert wird, oder *sausages* bzw. *sausage patties* (würzige, ziemlich fette Würstchen) sowie *hash browns* (gebratene Kartoffelstreifen).

Beim **Toast** hat man die Wahl zwischen *rye* (Roggen-), *wholewheat* (Weizen-) oder *white* (Weißbrot), auch wenn der Unterschied nicht immer wahrnehmbar ist. Alternativen zu diesen Brotsorten sind Bagels und Muffins. Vollkorn-Fans werden außer in den Großstädten harte Zeiten erleben.

Wer noch Hunger verspürt, kann sich Waffeln oder *pancakes* (dünne Pfannkuchen) dazubestellen, die mit viel zerlassener Butter und Ahornsirup gegessen werden. Bei gesundheitsbewussten Amerikanern sind *pancakes* mit Äpfeln, Bananen, Orangen, Ananas, Erdbeeren oder anderen Früchten beliebt – gekrönt von einer dicken Portion Schlagsahne!

Heruntergespült wird all das mit viel **Kaffee**. Wer eine Tasse Kaffee bestellt, bekommt meist kostenlos nachgeschenkt – eine gute Sitte, bloß ist der Kaffee mit Ausnahme von Louisiana manchmal ein bisschen dünn. Meist hat man die Wahl zwischen *regular* und *decaff* (entkoffeiniert). Zum Kaffee gibt es Zucker oder Süßstoff und ein Kännchen *cream*, oft auch nur ein Tütchen *creamer*, garantiert *nondairy*. In den mittlerweile überall verbreiteten Coffeeshop-Ketten gibt es ganz guten Kaffee in unzähligen Varianten, außerdem Milchmixgetränke, verschiedene Tees und kleine Snacks.

Tee wird seltener getrunken als Kaffee und ist von der Qualität her meist nicht berauschend. Besonders so genannter *English tea* ist oft eine Enttäuschung; es lohnt sich schon eher, die große Palette von Kräutertees durchzuprobieren, z.B. Apfel und Zimt, *Emperors* (ein sehr pikantes Gewürz), Ginseng, Pfefferminze oder Kamille. Tee wird meist schwarz oder mit Zitrone serviert.

Brunch, eine Kreuzung zwischen Frühstück und Mittagessen, gibt es meist am Wochenende, vor allem sonntags, zwischen 11 und 14 Uhr. Für einen festen Preis (ab $10) kann man sich bei Cocktails und Schampus nach Lust und Laune am Buffet bedienen. Wer tagsüber gern Alkohol trinkt, ist hier richtig.

Mittagessen und Snacks

Die meisten Amerikaner unterbrechen zwischen 11.30 und 14.30 Uhr ihre Arbeit zum Mittagessen. In dieser Zeit werden vielerorts preiswerte **Menüs** angeboten. Chinesische Restaurants offerieren Buffets mit Reis- und Nudelgerichten ($5–7) oder *dim sum*, kleine gefüllte Teigtaschen. In japanischen Lokalen gibt es Sushi zur Mittagszeit oft viel günstiger als sonst ($8–12). Mexikanisches Essen ist zu jeder Tages- und Nachtzeit sehr preiswert, schon für $5–6 bekommt man ein reichhaltiges Mittagessen. In *All-you-can-eat*-Läden kann man für einen festen Preis so viel essen, wie man will, in anderen wird nach Gewicht bezahlt.

Natürlich gibt es auch **Pizza**; viele Ketten (z.B. *Pizza Hut, Pizzaland* oder *Shakey's*) offerieren eine große Auswahl, alle zu ähnlichen Preisen. Für eine Zwei-Personen-Pizza sollte man mit $8–11 rechnen. Pizza wird in den USA mit den Fingern gegessen. Es gibt drei Größen: *small, medium* und *large*, wobei Letztere wirklich riesig ist.

Sollte es zu heiß für ein warmes Essen sein, bietet sich die Salatbar in einem **Deli** (ursprünglich die Abkürzung für Delikatessen) an. Einige Salatbars, z.B. bei *Sizzlers*, haben gigantische Ausmaße und offerieren auch Suppen, Tacos und kleine warme Mahlzeiten. Kleine Snacks zum Mitnehmen bekommt man in Delis für $3–5, vor allem ein endloses Sortiment von Sandwiches *to go* (zum Mitnehmen), die nach Kundenwünschen mit jeder erdenklichen Kombination von Wurst, Käse, Meeresfrüchten, Pasta und Salaten belegt werden. In jedem größeren Ort ist *Subway* mit einem reichhaltigen Standard-Sandwich-Sortiment vertreten.

Imbissstände auf der Straße bieten Hamburger, Hot Dogs und Mini-Pizza für $1–2 an. In den meisten Shopping Malls findet man darüber hinaus internationale Imbissstände, die zwar etwas teurer sind, aber meist ein gutes Angebot haben.

Mexikanische **Restaurantketten** verkaufen ein Essen für ca. $5 (z.B. *El Pollo Loco* und *Taco Bell*). Die Burgerketten sind zahlreich und allgegenwärtig. Inzwischen bieten die meisten Burgerketten auch amerikanisches Frühstück. Allen Ketten-Restaurants gemeinsam ist die verschwenderische Verwendung von Plastik, der Einheitsgeschmack der nicht sehr fantasievoll zubereiteten Gerichte und der Bann alkoholischer Getränke.

Einige Seafood-Restaurants verkaufen **Fish and Chips**: Der Fisch wird normalerweise paniert und dann frittiert, und die Chips sind gewöhnlich in Streifen geschnittene Kartoffeln. An der nördlichen

Pazifikküste sollte man einmal **clam chowder** probieren, eine sämige Suppe aus Schalentieren und Kartoffeln, die pro Teller ca. $3–4 kostet.

In vielen amerikanischen Bars, vor allem in den Großstädten, trifft man nicht nur durstige Menschen, sondern auch hungrige, die es auf die an der Theke aufgestellten **Hors d'oeuvres** abgesehen haben. Diese Snacks gibt es an Wochentagen zwischen 17 und 19 Uhr vielerorts gratis zum Drink. Für den Preis eines Drinks kann man sich mit Seafood oder Pasta satt essen. Die **Happy Hour** erfüllt einen ähnlichen Zweck; zu einer bestimmten Stunde, meist gegen 17 Uhr, gibt es alle Getränke zum halben Preis.

Eis können Amerikaner in unvorstellbaren Mengen konsumieren – kein Wunder bei dem Angebot an *flavors* und *toppings*. *Baskin & Robbins* ist z.B. eine der guten Eisdielen-Ketten. Natürlich gibt es hier auch *low fat*-Eis, das (angeblich) nicht dick macht. Das beliebteste Dessert ist *frozen yoghurt* (ca. $1,50 pro Becher), der mit Früchten, süßen Soßen, Süßigkeiten oder Nüssen dekoriert wird – unbedingt probieren!

Regionale und Nationalitätenküchen

Neben vielen exotischen Spezialitäten gibt es natürlich jede Menge Lokale, die traditionelles **amerikanisches Essen** servieren, und zwar in den üblichen großen Portionen. Die Vorspeise ist meist ein **Salat** mit vielen frischen Zutaten, zu dem eine Auswahl an Dressings angeboten wird: *Italian dressing* besteht aus Essig und Öl, Knoblauch und Gewürzen; *French dressing* ist eine cremig-weiße, etwas säuerliche Kräutersauce. *Thousand Islands,* eine cremig-rote Soße mit Paprika, Tomatenmark und Zwiebeln, schmeckt besonders gut zu Meeresfrüchten; *Blue Cheese* ist eine mit Schimmelkäse hergestellte, deftige Soße, und *Ranch Dressing* ist dickflüssig und sehr würzig. Damit sind die Möglichkeiten in der Regel erschöpft, zur Not kann man den Salat auch ohne Dressing *(dry)* bestellen oder das Dressing in einem kleinen Schälchen extra kommen lassen. In vielen Restaurants steht eine Salatbar, an der man sich selbst bedienen kann.

Klassische amerikanische **Hauptgerichte** bestehen meist aus großzügig bemessenen Steaks, aus Hamburgern, Hühnchen oder gegrillten Ribs. Gebratenen Truthahn isst man nur zu *Thanksgiving,* dem Erntedankfest im November; ansonsten wird er kalt als Aufschnitt serviert. Als Beilage gibt es meist Pommes frites oder eine Backkartoffel, Letztere mit saurer Sahne und Schnittlauch oder Butter. Beim Hamburger ist es wie beim Steak, es gibt ihn *rare* (blutig/englisch), *medium* (halb durch) oder *well done* (durchgebraten).

Nicht selten ist es lohnender, die uniformen Standardgerichte einmal links liegen zu lassen und die überall im Land vorhandenen regionalen **Spezialitäten** und Nationalitätenküchen zu probieren. Vor allem im Mittleren Westen und in Texas spielt Rindfleisch eine große Rolle, während an der nördlichen Pazifikküste die Speisekarten von Fisch und Seafood dominiert werden.

Im Mittelpunkt der **Cajun-Küche**, die ihre Wurzeln in den Bayous Louisianas hat und ursprünglich auf die Verwertung von Speiseresten zurückgeht, stehen rote Bohnen und Reis, stets scharf gewürzt und angereichert mit nicht ganz alltäglichem Seafood wie Flusskrebs und Wels.

Traditionelles Essen aus dem Schwarzen Süden – auch als **Soul Food** bekannt – findet man auch in Kalifornien. Während für manche *grits* (Maisgrütze mit Butter) zum Frühstück vielleicht etwas gewöhnungsbedürftig ist, können andere Gerichte sehr schmackhaft und unglaublich sättigend sein. Gemüse wie Kohl, Augenbohnen, Auberginen und Okra (einem Hauptbestandteil des Cajun-Gumbo) wird mit Brathuhn, Roastbeef oder *hogjaw* (Schweineschnauze) serviert. *Chitterlings* (oder *chitlins*) sind eine Delikatesse aus Innereien vom Schwein. Zu Fleischgerichten wird normalerweise Maisbrot gereicht, das man in die dicke Soße stippt; zu gebratenem Fisch gibt es *hush puppies*, ausgebackene Maisbällchen mit winzigen Zwiebelstücken. **Barbecue** – mariniertes Fleisch, meist vom Schwein oder Rind, und mit einer Reihe von kräftigen, scharfen Soßen aufgetischt – stammt aus den Südstaaten, ist aber auch in Texas sehr schmackhaft.

Der **California cuisine**, geht es mehr um Gesundheit und Ästhetik als um den vollen Magen. Sie gilt als Weiterentwicklung der französischen *Nouvelle cuisine* unter Verwendung der großen Vielfalt frischer heimischer Zutaten. Es wird nur das gegessen, was der Körper braucht und verarbeiten kann. Halbreifes Gemüse wird z.B. gedünstet, um Vitamingehalt und Geschmack zu bewahren, und natürlich auch um der optischen Wirkung willen. Meeresfrüchte kommen aus Austernfarmen, der Fisch direkt aus dem Meer und das wenige Fleisch, das die *California cuisine* verwendet, stammt aus artgerechter Tierhaltung. Das Ergebnis sind kleine, aber zauberhaft arrangierte Portionen und hohe Preise: Für ein Menü mit mehreren Gängen und Wein sollte man mit mindestens $50 rechnen.

Ein Ableger der *California cuisine* ist die so genannte New New Mexican oder **Santa Fe-Style-Küche**, in der ebenfalls nur knackfrische und außergewöhnliche Zutaten verwendet werden. Die scharfen Gewürze erinnern an das spanisch-mexikanische Erbe der Wüstenregion des Südwestens.

Mexikanisches Essen ist so weit verbreitet, dass es schon fast als einheimisch gelten darf, insbesondere in Südkalifornien. Im Gegensatz zum original mexikanischen Essen werden mehr frische Zutaten verwendet, doch nach wie vor sind Reis und Feuerbohnen die Grundlage aller Gerichte, Letztere oftmals *refried*, d.h. gekocht, zerstampft, gebraten und varientenreich mit Tortillas, dünnen Mehlmaiskuchen, serviert. Diese werden um die anderen Zutaten gewickelt *(burritos)*, gefüllt und gebacken *(tacos)*, gefüllt und überbacken *(enchiladas)* oder dünn und knusprig gebacken mit Salat gefüllt *(tostadas)*. Dazu gibt es meist Tortilla-Chips und eine scharfe Soße. Vegetariern empfiehlt sich *Chili relleno*, eine mit Käse gefüllte, gebratene, grüne Paprikaschote.

> **Vegetarier** Zumindest in den Großstädten der USA stellt es kaum ein Problem dar, Vegetarier zu sein, und auch die meisten kleineren Ortschaften verfügen über mindestens ein Naturkost- oder vegetarisches Café. In ländlichen Gegenden muss man sich allerdings auf eine etwas einseitige Diät aus Eiern, Käsesandwiches (vorsichtshalber darum bitten, den Käse nicht mit Schinken zu garnieren), Salat und Pizza gefasst machen. Auch gebackene Bohnen sowie Kidneybohnen und Reis enthalten für gewöhnlich kleine Schweinefleischwürfel. Von den großen Fast-food-Ketten eignen sich für Vegetarier die mexikanisch angehauchte *Taco Bell* mit guten, fleischlosen *tostadas* und *burritos* sowie *Subway* mit preiswerten, aber sättigenden Sandwiches am besten.

Die etwas weniger scharfe Version der mexikanischen Küche, **Tex-Mex**, stammt aus Texas. Das typische Gericht dieser kulinarischen Variante ist Bohnen-Chili mit Rindfleisch.

Die Auflistung regionaler Besonderheiten ließe sich endlos fortsetzen. In vielen ländlichen Regionen, insbesondere in Nevada, gibt es überraschend viele **baskische Restaurants**. Überall vertreten sind außerdem die **chinesische Küche**, die häufig ebenso preiswert wie die mexikanische ist. Wesentlich teurer, aber ungemein angesagt ist **japanisches Essen**, das man an der Küste und in allen großen Städten findet. **Italienisch** ist beliebt, und häufig sind die Restaurants auf eine bestimmte Küche einer italienischen Region spezialisiert. Die **französische Kochkunst** wiederum ist in der Regel kostspielig und kaum außerhalb größerer Städte vertreten. **Thailändisches**, **koreanisches** und **indonesisches Essen** ist preiswerter, aber ebenfalls hauptsächlich in den großen Städten zu finden.

Getränke

Amerikanische **Bars** und *cocktail lounges* bestehen nicht selten aus langen, düster beleuchteten Tresen mit einer Hand voll Gästen auf Barhockern, einem Barkeeper mit Guru-Qualitäten und ein paar Tischen und Sitzecken für diejenigen, die sich nicht an dem alkoholisierten Geplauder an der Bar beteiligen wollen. Eine ausgesprochene Trinkerstadt mit vielen Lokalen ist San Francisco. Aber auch andernorts muss man in der Regel nicht lange nach einer angenehmen Kneipe suchen. Um **Alkohol** trinken oder kaufen zu dürfen, muss man 21 Jahre alt sein. Mitunter wird die Vorlage eines Ausweises verlangt, selbst wenn man schon wesentlich älter aussieht.

Jeder Bundesstaat regelt in eigenen, nicht immer nachvollziehbaren Gesetzen (den *blue laws*) wann, wo und unter welchen Bedingungen Alkohol gekauft werden darf. Weit verbreitet, und von vielen Bundesstaaten auch eingehalten, ist das sonntägliche Verkaufsverbot. In manchen „trockenen" Gegenden ist Alkohol gar gänzlich verboten. In einigen wenigen Bundesstaaten – etwa in Utah (dank der mormonischen Mehrheit) – darf der Alkoholgehalt im Bier maximal 3,2% betragen; normales Bier hat fast doppelt so viel. Es bleiben jedoch noch genügend liberalere Gegenden, wo Alkohol zwischen 6 und 4 Uhr an sieben Tagen der Woche gekauft und konsumiert werden kann.

Die beliebtesten amerikanischen **Biere** sind leichte, mit reichlich Kohlensäure versetzte, einheimische Marken wie *Budweiser, Miller* und *Coors,* doch es gibt jede Menge Alternativen. Das in San Francisco gebraute *Anchor Steam* ist kräftig und herzhaft, und man kann es fast überall kaufen. Das seltenere *Red Tail Ale* zählt zu den besten in den USA erhältlichen Bieren. Die in Fort Collins, Colorado, beheimatete *New Belgium Brewing Company* produziert einige sehr gute Biere, darunter *Fat Tire.*

Kleinstbrauereien und *brewpubs,* in denen ausgezeichnetes, hausgebrautes Bier ausgeschenkt wird, findet man inzwischen praktisch in jeder größeren Stadt und jedem Ort mit einem College. Fast alle bieten auch eine reichhaltige Auswahl preiswerter und herzhafter Speisen an.

Kalifornien, in geringerem Maße auch Oregon, Washington und ein paar andere Bundesstaaten (Texas, Ohio und sogar Hawaii) sind für ihre **Weine** berühmt. Die besten kalifornischen Weine kommen aus dem Napa und Sonoma Valley, darunter kräftige rote wie Merlot, Pinot Noir und Cabernet Sauvignon, aber auch erfrischende weiße wie Chardonnay und Sauvignon Blanc. Gut trinkbare und bezahlbare Rotweine keltern z.B. die Weingüter *Frog's Leap, Beaulieu, Bontera* und *Terre Rouge,* für Weißwein empfehlen sich *Andrew Murray, Ridge* und *Bighorn.* In Oregon gibt es gute rote von *Cristom* und *Foris,* gute weiße von *Adelsheim* und *WillaKenzie.* Lob verdienen in Washington die Rotweine von *Chatter Creek* und *Barnard Griffin,* und die Weißweine von *Chateau Ste Michelle* und *Paul Thomas.* Auf angebotene Touren und Weinproben für Besucher wird in den jeweiligen Regionalkapiteln hingewiesen.

Transport

Wohl kein Land der Erde ist so stark motorisiert wie die USA. Das Auto ist ein alltäglicher Gebrauchsgegenstand, genau wie Kühlschrank und Fernseher, und darauf darauf zu verzichten wäre für dieses „Volk auf Rädern" eine absurde Idee. Auf dem Lande und in den kleineren Städten lassen sich viele Gebiete ohne Auto schlicht und einfach nicht bereisen, während es in den Ballungsgebieten der großen Städte ein Nahverkehrsnetz gibt, wenn auch vielfach nur andeutungsweise. Nicht-Autofahrer brauchen trotz allem nicht völlig entmutigt zu sein. In den USA kommt man trotz der erheblichen Entfernungen auch mit anderen Verkehrsmitteln voran, mit etwas Zeit und Planung sogar in den dünn besiedelten Landstrichen.

Zwischen den größeren Städten gibt es in der Regel gute Busverbindungen. *Greyhound,* die wichtigste US-Busgesellschaft, hat jedoch einige Strecken eingestellt. *Amtrak,* die Eisenbahngesellschaft, unterhält ein Schienennetz, das oft durch landschaftlich sehr reizvolle Regionen führt.

Mietwagen

Mietwagen sind die angenehmste und mit Sicherheit effektivste Art zu reisen. Europäer dürfen mit ihrem gültigen Führerschein in den USA Auto fahren, es empfiehlt sich aber, einen internationalen **Führerschein** dabeizuhaben. Die *drivers license* wird bei vielen Gelegenheiten, z.B. bei der Anmeldung im Motel, als Identitätsnachweis verwendet, und bei Kontrollen kann die Polizei wenigstens den englischen Text lesen. Wer jünger als 25 ist, kann Probleme haben, einen Wagen zu mieten, und wird bei vielen Autovermietungen eine höhere Versicherung sowie einen Zuschlag von ca. $20 pro Tag bezahlen müssen.

Autovermietungen erwarten in der Regel eine **Kreditkarte** als Sicherheit. Einige wenige Firmen akzeptieren auch eine Kaution in bar, dann aber mindestens $200. Vor allem die billigeren Firmen verlangen oft einen amerikanischen Führerschein. Es empfiehlt sich, bei den Autovermietungen anzurufen und die Bedingungen zu erfragen. Es ist preisgünstiger und sicherer, wenn man schon vor der Abreise bei einer der größeren Firmen (z.B. *Alamo, Avis, Budget, Dollar, Hertz, Holiday Autos* oder *Thrifty)* einen Wagen reservieren lässt, vor allem in der Hochsaison. Wer bereits vor Ort ist, kann die gebührenfreien Telefonnummern anrufen und die Preise vergleichen. Die Konkurrenz ist groß, möglicherweise lässt sich durch Handeln ein Preisnachlass erzielen. Bei vielen kann man den Wagen in einer anderen Stadt wieder abgeben, doch das kostet eine saftige *drop-off charge,* die durchaus eine Wochenmiete betragen kann. Gezahlt wird erst, wenn man den Wagen wieder abgibt. Den in Europa genannten Preis sollte man sich bestätigen lassen und dieses Papier sowie die Reservierungsnummer mitbringen, wenn man den Wagen abholt. Man sollte sich zudem vergewissern, dass der Tank wie vertragsgemäß vereinbart voll ist. Dafür muss das Fahrzeug aber auch mit vollem Tank zurückgegeben werden; wenn nicht, wird man extra zur Kasse gebeten.

Reservierungen ab Deutschland

Alamo, 01805/462526, 🖥 www.alamo.de
Avis, ☏ 01805/217702, 🖥 www.avis.de
Budget, ☏ 01805/244388,
🖥 www.budgetrentacar.de
Hertz, ☏ 0180/5333535, 🖥 www.hertz.de
Sixt, ☏ 01805/252525, 🖥 www.sixt.com

Gebührenfreie Nummern in den USA

Alamo, ☏ 1-800/462-5266, 🖥 www.alamo.com
Avis, ☏ 1-800/230-4898, 🖥 www.avis.com
Budget, ☏ 1-800/527-0700,
🖥 www.budgetrentacar.com
Dollar, ☏ 1-800/800-3665, 🖥 www.dollar.com
Enterprise, ☏ 1-800/325-8007,
🖥 www.enterprise.com
Hertz, ☏ 1-800/654-3001, 🖥 www.hertz.com
Holiday Autos, ☏ 1-800/422 7737,
🖥 www.holidayautos.com
National, ☏ 1-800/227-7368,
🖥 www.nationalcar.com
Rent-a-Wreck, ☏ 1-800/944-7501,
🖥 www.rent-a-wreck.com
Thrifty, ☏ 1-800/847-4389, 🖥 www.thrifty.com

Die meisten Firmen haben am Flughafen einen Schalter. Falls nicht, findet man sie in den *yellow pages*. Zudem stehen auch zahlreiche kleinere, lokale Firmen zur Auswahl, deren Autos allerdings nicht immer ganz neu und zuverlässig sind. Viele dieser Firmen (*Rent-a-Heap, Rent-a-Wreck* und andere) unterbieten die großen Autovermieter zwar um einiges, aber bei längeren Reisen zahlt man im Endeffekt bei den großen weniger, weil man bei ihnen eine bestimmte Anzahl Meilen (meist 100 am Tag) umsonst bekommt oder bei langen Mietzeiten sogar *free mileage* hat.

Die einzige erforderliche **Versicherung** ist die Unfallversicherung *(Collision Damage Waiver,* manchmal auch *Liability Damage Waiver, LDW)*, die normalerweise schon im Preis enthalten ist, wenn man diesen außerhalb der USA entrichtet hat. Damit ist das eigene Fahrzeug versichert (gegen damit verursachte Schäden an *anderen* Fahrzeugen ist es ohnehin in jedem Fall versichert). Die Beiträge zur Unfallversicherung schlagen mit $10–15 pro Tag zu Buche. Einige Kreditkartengesellschaften bieten dem Benutzer automatisch eine CDW. Die Mietwagenfirmen wollen oft noch eine Haftpflichtversicherung verkaufen, die in Kraft tritt, falls man mit einem Mietwagen einen Mitmenschen verletzt. Ihre Angestellten sind entsprechend geschult und verstehen es, dem Kunden solch einen Fall in den schwärzesten Farben auszumalen. Diese Versicherung kostet meistens ungefähr genauso viel wie die CDW, und rechnet man die beiden Versicherungen und die Steuern zusammen, kann sich ein Betrag ergeben, der noch einmal so hoch ist wie der eigentliche Mietpreis. Es lohnt sich daher, das Kleingedruckte in der vor der Reise abgeschlossenen Reiseversicherung zu studieren, da diese normalerweise das Risiko eines selbst verursachten Personen- oder Sachschadens abdeckt.

Eine Alternative zum Mieten ist der so genannte *driveaway*, d.h. die Überführung eines Privatwagens von einem Ort zum anderen im Auftrag des Besitzers. Generell gelten dieselben Bedingungen wie für Mietwagen, zusätzlich müssen eventuelle Reparaturkosten übernommen werden. Die meisten Anbieter verlangen einen Bürgen, der im Abfahrts- oder im Zielort beheimatet ist. Man muss den Wagen nicht sofort zum entsprechenden Ziel fahren, aber 400 Meilen (ca. 650 km bzw. 6 Std. Fahrt) am Tag gelten als Norm. Die meisten Angebote gibt es für einen *driveaway* zwischen der Westküste und New York. Nachzuschlagen in den *yellow pages* unter *Automobile Transporters* oder bei einer der 60 Filialen von *Auto Driveaway*, Zentralstelle: 310 S Michigan Ave in Chicago, IL 60604, ☏ 312/341-1900 oder ☏ 1-800/346-2277, 🖥 www. autodriveaway.com.

Auch **Wohnmobile**, die in den Staaten *recreational vehicles (RVs)* heißen, können ab etwa $900 pro Woche gemietet werden. Dazu kommen Kilometer-, Benzin- und eventuell die Rückführkosten, falls man nur eine Strecke fahren möchte. Es gibt nur überraschend wenige Mietfirmen, Amerikaner tendieren wohl eher zum Kauf derartiger Fahrzeuge. Nur in den seltensten Fällen ist es erlaubt, ein Wohnmobil am Straßenrand zu parken und dort

Quartier aufzuschlagen; in der Regel ist das Übernachtung nur in ausgewiesenen RV-Parks gestattet, wo ein Stellplatz bis zu $20 pro Nacht kostet. Wiederum ist es billiger, von Europa aus im Voraus zu reservieren. Die *Recreational Vehicle Dealers Association*, 3930 University Drive, Fairfax VA 22030, ✆ 703/591-7130, 🖳 www.rvda.org, gibt eine Broschüre und Adressenliste entsprechender Verleihfirmen heraus.

Straßenverkehr

Entfernungen werden in Amerika in *miles* (Meilen) angegeben; eine Meile sind etwa 1,6 km. Unseren Autobahnen entsprechen die sechsspurigen **Interstate Highways**. Amerikaner wechseln gern und häufig die Spur, oft ohne zu blinken, und überholen rechts *und* links. Große Schilder über der Fahrbahn kündigen die Teilung einer Straße an. *Exits* (Abfahrten) sind ausgeschildert, in seltenen Fällen ist die Abfahrt auch auf der linken Spur. **State Highways** und **US Highways** sind etwas schmaler und ändern häufig ihren Namen, wenn sie durch Städte führen.

Für einige Straßen und Brücken werden Mautgebühren verlangt. In Wohngebieten sind die Straßen fast immer im rechtwinkligen Raster angelegt. Nicht nur in Wohngebieten kommt es vor, dass an einer **Kreuzung** oder Einmündung an jeder Straße ein *4-Way Stop*, auch *All-Way Stop*-Schild steht. Wer zuerst ankommt, fährt in diesem Fall auch zuerst weiter. Bei längeren Schlangen geht es auf diese Weise automatisch reihum. Im Zweifelsfall verständigt man sich durch Handzeichen. An einer roten Ampel darf man normalerweise rechts abbiegen, wenn kein Verkehr von links kommt, es sei denn, ein Schild „*no turn on red*" verbietet dies ausdrücklich.

Gesetzlich ist jeder gehalten, sich dem allgemeinen Verkehrsfluss anzupassen, dieser rauscht aber manchmal mit 80 mph dahin, obwohl die **Höchstgeschwindigkeit** *(speed limit)* je nach Staat 55–75 mph (88–121 km/h) beträgt. Einzig in Montana gibt es keine Geschwindigkeitsbeschränkung.

Falls man von der Polizei angehalten wird, sollte man im Wagen bleiben und nicht ins Handschuhfach greifen, da Polizisten glauben könnten, man hätte eine Waffe dabei.

Verkehrsverstöße kommen vors Gericht, wo die Höhe der Strafe vom Richter festgelegt wird.

Kleinere Delikte sind z.B. Parken oder Wenden auf der Autobahn oder an Stellen mit durchgezogener Linie, sich auf den Vordersitzen nicht anzuschnallen oder den Tank leerzufahren. Beim Falschparken (z.B. neben den rot markierten Randsteinen oder zu nahe am Feuerhydranten – Mindestabstand 3 Meter) kann es vorkommen, dass das Auto abgeschleppt wird oder die Räder blockiert werden – ein Aufkleber auf der Windschutzscheibe weist dann darauf hin, wo die $30 Strafe zu zahlen sind.

Im Interesse der eigenen **Sicherheit** empfiehlt es sich, vor allem nachts die belebten Highways nicht zu verlassen und unsichere Viertel zu meiden. Um sich vor Überfällen zu schützen, verriegeln Amerikaner im Stadtverkehr ihre Autos von innen. Es ist nicht ratsam, Tür oder Fenster zu öffnen, wenn sich jemand dem Wagen nähert, um (angeblich) nach dem Weg zu fragen. Wertsachen möglichst außer Sichtweite verstauen!

Busse

> **Greyhound Discovery Pass** Mit dem *Discovery Pass* kann man während eines bestimmten Zeitraumes unbegrenzt mit jedem *Greyhound* fahren: 7 Tage kosten $219, 10 Tage $279, 15 Tage $349, 21 Tage $399, 30 Tage $459, 45 Tage $519 und 60 Tage $649. Es sind auch kombinierte Pässe für die USA und Kanada erhältlich. Mehr Informationen dazu im Internet unter 🖳 www.greyhound.com. Der *Discovery Pass* kann nicht verlängert werden.
> Beim ersten *Greyhound*-Trip wird ein Datum aufgestempelt, von dem an die Karte gültig ist. In Deutschland erhält man die Tickets u.a. bei *MESO Amerika-Kanada-Reisen GmbH*, Wilmersdorfer Str. 94, 10629 Berlin, ✆ 030/8814122, 🖳 www.meso-berlin.de, und bei vielen STA-Reisebüros.

Mit dem Bus reist man in Amerika am billigsten. Die größte Busgesellschaft *Greyhound*, ✆ 1-800/229-9424, 🖳 www.greyhound.com, verbindet fast alle nennenswerten Städte des Landes. In ländlichen Gegenden kann es vorkommen, dass der Bus nur einmal am Tag vorbeikommt. Angehalten wird nur für kurze Essenspausen an Fastfood-Stationen oder für einen Fahrerwechsel. Und letztlich sind *Greyhound*-Busse gar nicht so unbequem, wie man zunächst vermuten würde.

Allein reisende Frauen sollten aus Sicherheitsgründen einen Platz möglichst nahe beim Fahrer wählen und versuchen, noch bei Tageslicht am Zielort anzukommen, denn viele Bushaltestellen liegen in ziemlich üblen Gegenden. Früher gab es in jeder Ortschaft nennenswerter Größe eine eigene *Greyhound*-Haltestelle, inzwischen haben in manchen das Postamt oder eine Tankstelle diese Funktion samt Fahrkartenverkauf übernommen, und viele müssen komplett auf eine Busanbindung verzichten. Reservierungen, entweder persönlich am Busbahnhof oder über die kostenlose Telefonnummer, sind nicht obligatorisch, aber empfehlenswert. Die Fahrpreise für kürzere Entfernungen liegen durchschnittlich bei 12¢ pro Meile, auf längeren Strecken werden häufig Rabatte eingeräumt; so kostet z.B. die Hin- und Rückfahrt von Los Angeles nach San Francisco $126, bis nach New York und zurück aber nur $250. Auf langen Strecken ist eine Busfahrt kaum billiger als ein Flugticket, und wenn man den Zeitaufwand bedenkt (von einer Küste zur anderen sind es nonstop ca. 65 Stunden), ist das Busfahren nur dann zu empfehlen, wenn man viele Orte besuchen möchte und einen Discovery Pass (s.u.) kauft. Für die Streckenplanung muss man auf die in größeren Busbahnhöfen kostenlos erhältlichen Fahrpläne für einzelne Abschnitte zurückgreifen, da die von *Greyhound* herausgegebene Gesamtübersicht normalen Reisenden nicht zur Verfügung gestellt wird.

Auf Langstrecken gibt es Alternativen zum *Greyhound*: **Green Tortoise**, deren Busse mit Kojen, Kühlschränken und Stereoanlage ausgestattet sind, verkehren an der Westküste zwischen Los Angeles, San Francisco und Seattle, im Sommer fahren sie auch für derzeit $499–539, Verpflegung nicht inbegriffen, von hier quer durch den Kontinent bis New York und Boston.

Während dieser etwa 12-tägigen Tour bleibt ausreichend Zeit für Wanderungen, Kanutouren und den Besuch heißer Quellen. Reservierungen im Zentralbüro, 494 Broadway, San Francisco, CA 94133, ✆ 415/956-7500 oder 1-800/867–8647, 🖥 www.greentortoise.com.

Eisenbahn

Mit der Bahn reist man zwar bequem, aber selten ist sie das schnellste Verkehrsmittel, um von A nach B zu gelangen.

Das Eisenbahnnetz ist recht lückenhaft – beliebte Reiseziele wie Santa Fe und sogar ganze Bundesstaaten fehlen komplett –, zudem ist eine Zugfahrt teurer als der *Greyhound*-Bus oder gar das Flugzeug. Eine gewöhnliche Fahrkarte von New York nach Los Angeles kostet z.B. rund $150 (einfach), allerdings gibt es auch Sonderangebote, insbesondere außerhalb der Saison, d.h. von Sep–Mai. Dann kann man für weniger als $250 von Küste zu Küste und wieder zurück fahren.

> Ausländischen Besuchern stehen je nach gewählter Region (siehe Karte) verschiedene Rail Passes zur Auswahl. Der gewünschte *Rail Pass* kann in *Amtrak*-Bahnhöfen gegen Vorlage des Ausweises erworben werden, oder man bestellt ihn in hiesigen Reisebüros, die ihn direkt von der *Amtrak*-Vertretung in Berlin (**MESO Amerika-Kanada-Reisen GmbH**, Wilmersdorfer Str. 94, 10629 Berlin, ✆ 030/8814122, ✉ 030/8835514, 🖥 www.meso-berlin.de) oder Hamburg (**North America Travel House**, CRD International, Stadthausbrücke 1–3, 20355 Hamburg,
>
> ✆ 040/3006160, ✉ 040/30061655, 🖥 www.crd.de) anfordern. Hier werden auch alle Fahrkarten und Pässe gegen eine Bearbeitungsgebühr von 13–15 € pro Person ausgestellt. Auf der Internet-Seite von Amtrak, 🖥 www.amtrak.com, werden weitere internationale Verkaufsstellen genannt. Eine rechtzeitige Buchung ist vor allem für Langstrecken zu empfehlen.
>
> Die Hochsaison beginnt mit dem Memorial Day-Wochenende (Ende Mai) und gilt bis zum Labor Day (erster Montag im September), die Nebensaison die restliche Zeit.

Gültigkeit u. Preise:	15 Tage (Hochsaison)	15 Tage (Nebensaison)	30 Tage (Hochsaison)	30 Tage (Nebensaison)
National	$440	$295	$550	$385
West	$325	$200	$405	$270

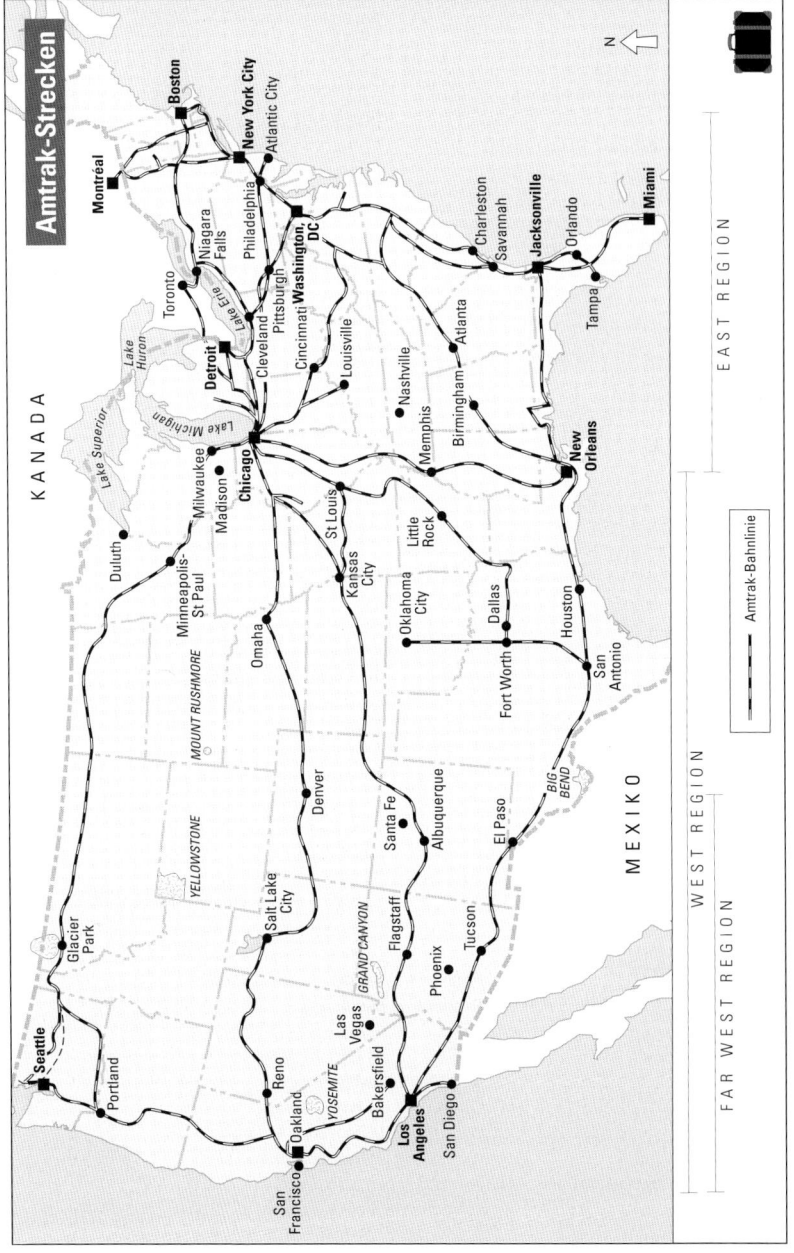

Außerdem bietet *Amtrak* so genannte *All Aboard America*-Tarife an, die drei Aufenthalte entlang der Strecke erlauben. Ausländische Reisende können die preisgünstigen, oben aufgeführten Pässe erstehen.

Reservierungen sind unumgänglich, am besten so früh wie möglich, denn alle Passagiere müssen einen Sitzplatz vorweisen, und manche Züge sind oft komplett ausgebucht. Schlafwagenabteile kosten für 1–2 Personen ungefähr $300 pro Nacht (drei volle Mahlzeiten inkl.), und für die komfortablen *Metroliner*-Waggons werden nochmals Zuschläge erhoben. Für *Amtrak*-Informationen und Reservierungen wählt man in den USA die ✆ 1-800/USA-RAIL – die Bahnhöfe sind *nicht* zuständig!

Eine weitere Informationsmöglichkeit ist die *Amtrak*-Website 🖥 www.amtrak.com. *Amtrak* besitzt zwar das Monopol für den Langstrecken-Schienenverkehr, aber viele *historic* oder *scenic railways*, manche davon mit Dampflokomotiven, bemühen sich, die gute alte Zeit der Eisenbahn wieder aufleben zu lassen. Einige sind reine Touristenattraktionen, die zwei- oder dreistündige Rundfahrten durch landschaftlich reizvolle Gegenden anbieten, aber manche bringen Besucher in ansonsten nur schwer zugängliche Gebiete in der Wildnis.

Die Preise hierfür variieren je nach Länge der Fahrt erheblich, durchschnittlich ist mit ca. $30 für einen halben und bis zu $60 für einen ganzen Tag zu rechnen. Amtrak unterhält auch auf den Zugfahrplan abgestimmte *Thruway*-Busse; sie gewährleisten die Verbindung zu einigen Städten, die sich auf ihrem Schienennetz nicht erreichen lassen. Dieses Netz ist allerdings sehr unübersichtlich.

Beliebte historische Linien

Cumbres and Toltec in Chama, New Mexico, ✆ 1-888/286-2737, 🖥 www.cumbrestoltec.com;
Durango & Silverton Narrow Gauge Railroad in Colorado, ✆ 1-800/872-4607, 🖥 www.durangotrain.com;
Big Trees and Roaring Camp Railroad in Santa Cruz, Kalifornien, ✆ 831/335-4484, 🖥 www.roaringcamprr.com;
Skunk Train, ✆ 707/964-6371 oder 1-800/777 5865, 🖥 www.skunktrain.com, in Kalifornien zwischen Fort Bragg und Willits;
Mount Hood Railroad, ✆ 541/386-3556 oder 1-800/872-4611, 🖥 www.mthoodrr.com, bei Portland in Oregon.

Flugzeug

Fliegen ist wesentlich billiger als man meint, oftmals preiswerter als die Bahn und manchmal nur wenig teurer als der Bus. Wer gut vorausplant und die Flugtickets bereits zu Hause kauft, kann bei Flügen innerhalb der Staaten bis zu 30% sparen. Viele amerikanische Fluglinien bieten so genannte Air Passes an, mit denen man bei Inlandsflügen hohe Rabatte bekommt. Sie müssen schon zu Hause gekauft werden (s.S. 14, Anreise).

Die Preise der einzelnen Fluggesellschaften unterscheiden sich kaum, doch über jedes gute Reisebüro, insbesondere in solchen für Studenten und jüngere Kunden wie *Council Travel* und *STA*, ist meist ein wesentlich günstigerer Tarif zu bekommen. Standby-Tarife gibt es nur selten, und die besten Preisnachlässe werden meist angeboten, wenn das Ticket mindestens zwei Wochen vor Abflugdatum gekauft und bezahlt wird. In der Regel sind dies Tickets, die nicht erstattet werden und sich auch nur schwer umbuchen lassen.

Die wichtigsten Airlines

(Telefonnummern gebührenfrei innerhalb der USA)
America West, ✆ 1-800/235-9292; 🖥 www.americawest.com
American Airlines, ✆ 1-800/433-7300; 🖥 www.aa.com
American Trans Air, ✆ 1-800/435-9282; 🖥 www.ata.com
Continental Airlines, ✆ 1-800/523-3723; 🖥 www.continental.com
Delta, ✆ 1-800/221-1212; 🖥 www.delta.com
JetBlue, ✆ 1-800/538-2583, 🖥 www.jetblue.com
Northwest, ✆ 1-800/225-2525; 🖥 www.nwa.com
Southwest, ✆ 1-800/435-9792; 🖥 www.southwest.com
United Airlines, ✆ 1-800/241-6522; 🖥 www.ual.com
US Airways, ✆ 1-800/428-4322; 🖥 www.usairways.com
Virgin Atlantic, ✆ 1-800/862-8621; 🖥 www.virgin-atlantic.com

Radsportler beim Cabrillo-Denkmal/Point Loma/San Diego, Kalifornien

Trampen

Trampern raten wir für gewöhnlich, ihren gesunden Menschenverstand walten zu lassen, doch in den USA kann dessen Urteil nur negativ ausfallen, so dass wir unter allen Umständen vom Trampen abraten.

Radfahren

In vielen Großstädten gibt es Radwege und Stadtbusse, in denen Fahrräder mitgenommen werden können. Reizvoller ist es aber in ländlichen Gebieten. Dort sind die Straßen normalerweise gut in Schuss und besitzen einen breiten Seitenstreifen. *Greyhound* befördert verpackte Fahrräder für $15; *Amtrak* verlangt für jede Fahrt $5, allerdings muss vorher reserviert und das Fahrrad als verpacktes Gepäckstück aufgegeben werden. Fahrräder können für $15–30 pro Tag oder zu günstigeren Wochenpreisen gemietet werden, Mountainbikes sind etwas teurer. Vermietungen findet man in Strand- und Universitätsnähe oder in Gebieten, die sich gut zum Radfahren eignen.

Zahlreiche Gesellschaften organisieren mehrtägige Radtouren. Die größte ist die gemeinnützige Organisation *Adventure Cycling Association* (früher *Bikecentennial*), sie gibt für jeweils $11 Karten zu verschiedenen, 400 Meilen langen Routen heraus, auf denen alles eingetragen ist, was ein Radler unterwegs braucht. Auch *Backroads Bicycle Tours* und der *HI-AYH* veranstalten Gruppenfahrten, Adressen s.u. Viele Bundesstaaten geben eigene Informationsbroschüren für Radfahrer heraus.

Wichtig sind gute Landkarten, etwas Werkzeug, ein Fahrradhelm (in einigen Staaten und Gemeinden gesetzlich vorgeschrieben) und eventuell eine Radlerhose. Auf den Interstates sind Fahrräder verboten.

Der Verkehr ist das größte Problem, vor allem Wohnmobile, deren Fahrer oftmals die Breite ihre Gefährts nicht richtig einschätzen können. Vorsicht vor den riesigen Holztransportern, deren Fahrtwind einen förmlich auf die Straße zieht!

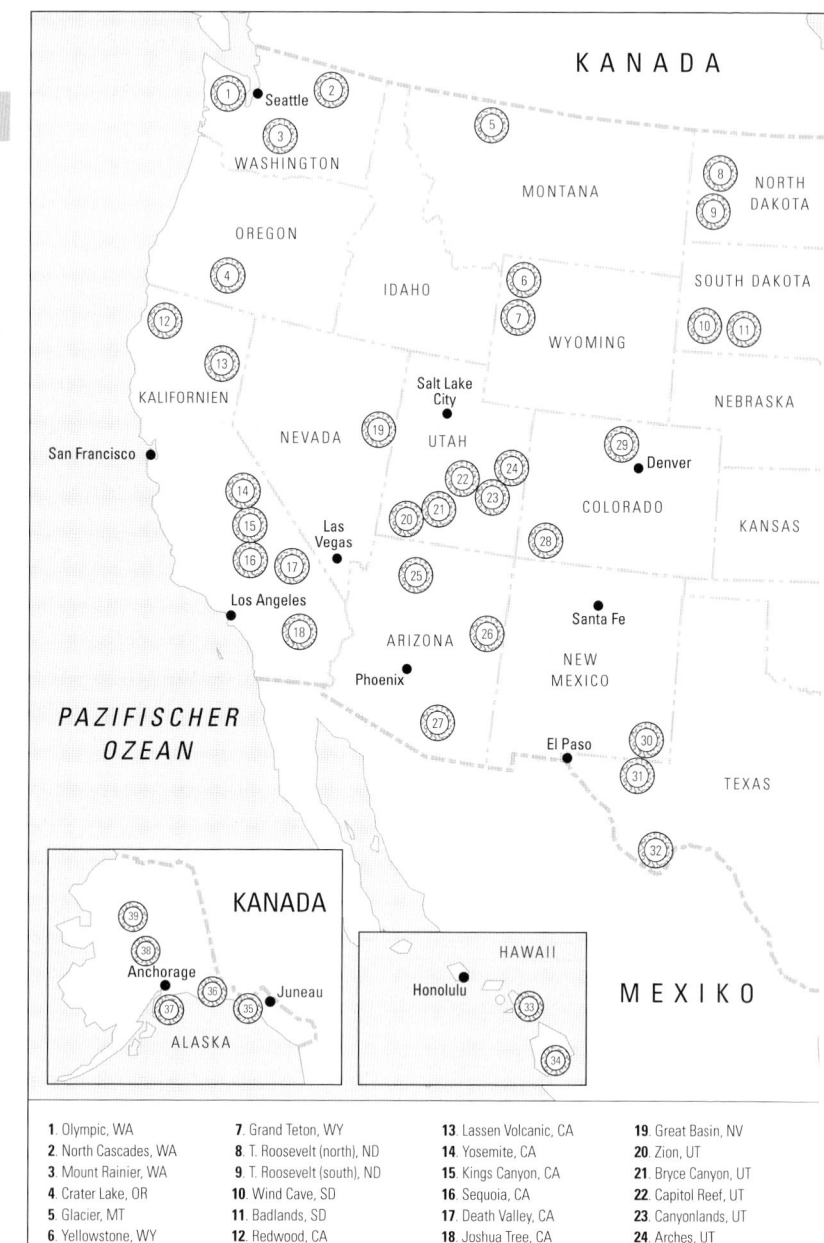

1. Olympic, WA	**7.** Grand Teton, WY	**13.** Lassen Volcanic, CA	**19.** Great Basin, NV
2. North Cascades, WA	**8.** T. Roosevelt (north), ND	**14.** Yosemite, CA	**20.** Zion, UT
3. Mount Rainier, WA	**9.** T. Roosevelt (south), ND	**15.** Kings Canyon, CA	**21.** Bryce Canyon, UT
4. Crater Lake, OR	**10.** Wind Cave, SD	**16.** Sequoia, CA	**22.** Capitol Reef, UT
5. Glacier, MT	**11.** Badlands, SD	**17.** Death Valley, CA	**23.** Canyonlands, UT
6. Yellowstone, WY	**12.** Redwood, CA	**18.** Joshua Tree, CA	**24.** Arches, UT

US National Parks

Nationalparks
Detaillierte Beschreibung im Text

25. Grand Canyon, AZ	**31.** Guadalupe Mtns, TX	**37.** Kenai Fjords, AK	**43.** Mammoth Cave, KY
26. Petrified Forest, AZ	**32.** Big Bend, TX	**38.** Denali, AK	**44.** Great Smoky Mtns, TN
27. Saguaro, AZ	**33.** Haleakala, HI	**39.** Gates of the Arctic, AK	**45.** Shenandoah, VA
28. Mesa Verde, CO	**34.** Hawaii Volcanoes, HI	**40.** Voyageurs, MN	**46.** Hot Springs, AR
29. Rocky Mountain, CO	**35.** Glacier Bay, AK	**41.** Isle Royale, MI	**47.** Everglades, FL
30. Carlsbad Caverns, NM	**36.** Wrangell-St Elias, AK	**42.** Acadia, ME	

Weitere Informationen
Hostelling International-American Youth Hostels, 8401 Colesville Rd, Suite 600, Silver Spring, MD 20910, ✆ 301/495-1240, 🖥 www.hiayh.org; ***Adventure Cycling Association***, 150 E Pine St, PO Box 8308, Missoula MT 59807, ✆ 406/721-1776 oder 1-800/755-2453, 🖥 www.adv-cycling.org; ***Backroads Bicycle Tours***, 801 Cedar St, Berkeley, CA 94710-1800, ✆ 510/527-1555 oder 1-800/462-2848, 🖥 www.backroads.com.

Unterwegs in der Natur

Naturfreunden bieten die USA großartige Landschaften und viel Wildnis mit dichten Wäldern, tiefen Schluchten und hohen Bergen. Besonders im Westen des Landes lässt sich die ganze atemberaubende Schönheit der weiten amerikanischen Landschaft erleben, sei es in den Rockies, den roten Felswüsten im Südwesten oder in den drei Westküstenstaaten.

National Parks und Monuments

Der National Park Service verwaltet sowohl die National Parks als auch die National Monuments. Er leidet an permanentem Geldmangel, und die meisten seiner Visitor Centers und anderen Einrichtungen stammen daher augenscheinlich noch aus den 50er Jahren. Doch die Rangers leisten hervorragende Arbeit, versorgen Besucher mit Informationen und Ratschlägen, unterhalten die Pfade und organisieren Aktivitäten wie kostenlose geführte Wanderungen und Vorträge am Lagerfeuer.

Theoretisch schützt ein **National Park** ein landschaftlich besonders schönes Gebiet und umfasst vielgestaltiges Terrain mit herausragenden Beispielen bestimmter Landschaftsformationen sowie einzigartiger Flora und Fauna. Am bekanntesten sind die Yellowstone mit seinen sprühenden Geysiren und den Wapiti- sowie Bisonherden, der Yosemite mit seinen schroffen Granitfelswänden und herabstürzenden Wasserfällen und der atemberaubende wie farbenprächtige Grand Canyon, der so tief ist, dass man kaum den Fluss sehen kann, der ihm seine Gestalt verliehen hat. Ein **National Monument** hingegen ist viel kleiner und konzentriert sich u.U. nur um eine einzige archäologische Ausgrabungsstätte oder ein geologisches Phänomen, wie z.B. den Devil's Tower in Wyoming.

Nationalparks eignen sich normalerweise wunderbar zum Wandern – fast alle besitzen ein ausgedehntes Netz an Wanderpfaden – doch sie sind meist zu weitläufig, um sie ausschließlich zu Fuß zu erkunden. Sogar in den seltenen Fällen, in denen ein Park mit öffentlichen Transportmitteln erreichbar ist, braucht man mit ziemlicher Sicherheit doch einen eigenen fahrbaren Untersatz, um in das Gelände vordringen zu können. Die meisten Parks und Monuments verlangen Eintrittspreise von $4–20 für ein Fahrzeug inkl. sämtlicher Passagiere. Man kann aber auch für $50 den **National Parks Pass** erstehen, der einem namentlich genannten Fahrzeugführer sowie sämtlichen Mitfahrern ein Jahr lang den Zutritt zu (fast) allen Nationalparks und Monuments erlaubt. Der edlere **Golden Eagle Pass** ($65) gilt ohne Ausnahme in allen Parks.

Hotelähnliche Unterkünfte gibt es nur in einigen der größeren Parks, doch jeder Park bzw. jedes Monument verfügt in der Regel zumindest über einen guten Campingplatz. Häufig findet man unweit der Parkgrenzen eine Ansammlung von Motels. Mit einem kostenlosen Permit in der Tasche dürfen Backpacker normalerweise auch wild zelten, d.h. in Gegenden, zu denen keine Straße führt. In sehr gut besuchten Parks wird jedoch nur eine begrenzte Zahl an Permits vergeben.

> Infos zu den Nationalparks (Erklärungen zu den Hauptattraktionen, aktuelle Öffnungszeiten, beste Besuchszeiten, Eintrittspreise, Wanderwege, Einrichtungen für Besucher) erhält man im Internet unter 🖥 www.nationalparks.org.

Sonstige Naturschutz- und Erholungsgebiete

Nationalparks und Monuments sind oft von nicht mehr ganz ursprünglichen **National Forests** umgeben, die ebenfalls staatlicher Verwaltung unterstehen, aber längst nicht so streng geschützt werden. Zwar befinden sich auch hier oft einladende, ländliche Campingplätze, doch handelt es sich um „Land of Many Uses", was bedeutet, dass in begrenztem Rahmen Holzschlag oder eine andere Art der Nutzung erlaubt ist, z.B. als Skigebiet.

Verschiedene weitere Behörden verwalten eine ganze Reihe von Naturschutzgebieten, Flussregionen, Erholungsgebieten usw. Größter Teilhaber ist das *Bureau of Land Management* (BLM), eine Unterabteilung der US-Regierung. Umweltschützer streiten seit langem und ohne absehbares Ende mit Bauunternehmen, Ranchern und der Förderindustrie über die Nutzung bzw. den angeblichen Missbrauch des bundeseigenen Landes.

Die dem jeweiligen Bundesstaat unterstehenden **State Parks** und **State Monuments** sind oft ausgesprochene Naherholungsgebiete – eingerichtet zum Schutz weniger Aufsehen erregender Stätten – und verfügen daher über bessere Campingplätze als die Nationalparks.

Wandern

Wenn der *Park Ranger* ein *Wilderness Permit* ausstellt, kann man sich gleich nach dem neuesten Wetterbericht und anderen hilfreichen Infos erkundigen. Auch im Sommer kann in den Bergen Schnee fallen, Tauwetter löst leicht Lawinen aus und kann eine Flussdurchquerung plötzlich lebensgefährlich werden lassen. Wer eine mehrtägige Wanderung vorhat, sollte auf jeden Fall die nötige Ausrüstung, genug zu essen, Wasser, Landkarten und viel Vernunft mitbringen.

Es ist ratsam, sich unterwegs regelmäßig auf **Zecken** (*ticks*) zu untersuchen. Diese unangenehmen Blutsauger, die sich gerne auf Menschen herabfallen lassen, übertragen oft Bakterien. Wer gebissen worden ist, kann einen *Park Ranger* um Rat fragen. Eine Zeckenart übeträgt **Borreliose** (Lyme-Krankheit), eine ernste Erkrankung, die das Gehirn angreifen kann. Eine allabandliche Untersuchung der Haut sei daher dringend angeraten. In Wassernähe können auch Mücken zum Problem werden.

Meiden sollte man vor allem die **Poison Oak** (amerikanischer Lacksumach), ein allergieauslösender Busch mit dreiständigen Blättern und einer glatten, glänzenden Oberfläche. Er wächst an der Westküste in der Nähe von Eichen. Wer mit *Poison Oak* in Berührung gekommen ist, sollte so bald wie möglich Körper und Kleidung mit Seife und kaltem Wasser waschen und sich nicht kratzen!

Unangenehme Folgen hat auch der Kontakt mit dem ähnlich aussehenden und im ganzen Land verbreiteten **Poison Ivy** (Giftefeu). Am besten beherzigt man bei beiden Pflanzen den allgemeinen Rat: „Finger weg von Pflanzen mit dreizähligen Blättern!"

Ein wachsendes Problem stellt der im Wasser lebende Parasit *Giardia lamblia* dar, der über fäkal verunreinigtes Wasser oder Lebensmittel aufgenommen wird und **Giardiasis** verursacht, eine Infektion des Verdauungstraktes. Die Symptome treten ein bis zwei Wochen nach der Infektion auf: Durchfälle, Bauchkrämpfe, Blähungen, Müdigkeit, Gewichtsverlust und Erbrechen. Bei ausbleibender Behandlung (Antibiotika) verschlimmert sich das Krankheitsbild, daher sollte unverzüglich ein Arzt aufgesucht werden. Aus Bächen und Flüssen sollte man deshalb niemals Wasser trinken, sofern es nicht mindestens fünf Minuten abgekocht oder entkeimt worden ist. Entkeimungsfilter gibt es auch in Campingläden.

Bergwandern

Bei Gebirgstouren in größeren Höhen, wie z.B. den über 4000 m hohen Rockies oder in der kalifornischen Sierra Nevada, sind besondere Vorsichtsmaßnahmen einzuhalten. Noch im Juli kann Schnee fallen, und im Frühjahr herrscht Lawinengefahr, ganz zu schweigen vom Schmelzwasser, das harmlose Bäche in lebensgefährliche Wildwasser verwandelt. Auch mit plötzlichen Wetterumschwüngen ist zu rechnen.

Die durch den niedrigeren Sauerstoffgehalt der Luft verursachte Höhenkrankheit kann selbst durchtrainierte Sportler befallen. Deshalb sollte man die ersten Tage über 2000 m ruhig beginnen, viel Wasser, keinen Alkohol trinken, kohlenhydratreich essen und sich gegen die zunehmende Sonnenstrahlung schützen.

Wüstenwandern

Nur wer gut vorbereitet ist, kann sich in der Wüste sicher fühlen. Es gibt viele Gefahren, vor allem bei Wanderungen außerhalb der State Park-Grenzen, denen man mit einer guten Planung und gesunden Menschenverstand beggenen sollte. Auch Autofahrer sollten überlegt handeln und die **Vorsichtsmaßnahmen** beachten: jemanden über eine Wüstentour informieren, einen Zettel mit den wichtigsten Informationen und dem voraussichtlichen Zeitpunkt der Rückkehr hinterlassen, Wasser und Proviant für zwei zusätzliche Tage mitnehmen, und niemals ohne eine gute Landkarte starten. Man sollte versuchen, einen großen Teil der Strecke bereits am frühen Morgen zurückzulegen, mittags

Winzige Insel in der Emerald Bay des Lake Tahoe, Kalifornien

wird es zu heiß zum Wandern. Steigt das Thermometer über 35 °C, sollte man gar nicht erst aufbrechen (im Death Valley in Kalifornien sind schon 60 °C gemessen worden). In fast allen Parks müssen sich Wanderer vor dem Start eintragen, was vor allem für diejenigen wichtig ist, die alleine losgehen. Wer sich verlaufen hat, sucht sich ein schattiges Plätzchen und wartet ab, denn nicht rechtzeitig zurückgekehrte Wanderer werden die Ranger früher oder später suchen.

Lange Hosen und ein langärmeliges Hemd oder eine Bluse sind in der Wüste die beste Bekleidung, mit kurzen Hosen und T-Shirts setzt man sich zu sehr der Sonne aus. Das wird vielen erst bewusst, wenn es zu spät ist. Breitkrempige Hüte und Sonnenbrillen bewahren vor Kopfschmerzen, die durch das grelle Wüstenlicht auftreten können. Eine weitere Gefahr bilden so genannte **flash floods**, plötzliche Überschwemmungen. Nach sintflutartigen Niederschlägen können sich ausgetrocknete Flussbetten von einer Minute zur anderen in tosende Ströme verwandeln – also *nie* in einem ausgetrockneten Flussbett zelten und ein überflutetes Gebiet erst durchqueren, wenn das Wasser zurückgewichen ist.

In der Wüste ist unbedingt darauf zu achten, reichlich **Wasser** mitzunehmen – und zu trinken. Eine 8-stündige Wanderung unter typischen Sommerbedingungen, d.h. Temperaturen von über 35°C, würde eine Flüssigkeitsaufnahme von sage und schreibe 15 Liter Wasser erfordern. Es kann gefährlich sein, erst dann zu trinken, wenn man sich durstig fühlt. Schwindelgefühle, Appetitmangel und fehlender Durst können erste Symptome einer lebensbedrohlichen Dehydrierung sein, und wenn dazu noch Schwäche und Übelkeit auftreten und man nicht schwitzen kann, sollte dringend ein Arzt aufgesucht werden. Man sollte immer genau wissen, ob es auf der geplanten Strecke Wasser gibt; die Parkrangers wissen über den aktuellen Stand der Dinge Bescheid. Trotzdem muss man natürlich für alle Fälle ausreichend Wasser mitnehmen.

Wer einen Ausflug mit dem Auto plant, sollte 8 Liter Wasser pro Person sowie Leuchtsignale, einen Erste-Hilfe-Kasten, Schlangenbiss-Set, Streichhölzer und ein Kompass dabeihaben. Sinnvoll sind außerdem eine Schaufel, Reifenpumpe und ein Ersatzkanister mit Benzin. Einen überhitzten Motor schaltet man nicht aus, sondern stellt den Wagen mit der geöffneten Motorhaube in den Wind und gießt Wasser auf den Kühler. Dabei die Klimaanlage abschalten und die Heizung aufdrehen, damit sich der Motor schnell abkühlt. Im Notfall sollte man sich nicht vom Auto entfernen, denn es ist schwieriger eine umherirrende Person als ein Auto zu finden.

Wilde Tiere

Von den meisten Tieren, denen man auf Wanderungen begegnet, geht keine Gefahr aus. Nur Bären, Berglöwen und Klapperschlangen könnten Probleme bereiten. Deswegen ist es wichtig, einige Verhaltensregeln zu kennen.

Bären wird man höchstens innerhalb der Nationalparks begegnen. In diesem Fall darf man nicht schnell weglaufen, sondern sollte vorsichtig den Rückzug antreten. Auch wenn sie kuschelig aussehen – es sind vor allem die Lebensmittel, die ihre Begierde wecken. Beim Zelten sollte daher alles Essbare in luftdichten Behältern aufbewahrt werden. Am besten hängt man Lebensmittel sowie Abfälle in etwas Entfernung vom Zeltplatz an einen hohen Ast, der kräftig genug für das Gewicht der Lebensmittel, nicht aber für das eines Bären ist. Niemals sollte man sich dazu hinreißen lassen und versuchen, Bären zu füttern; nicht selten betteln sie, doch einmal auf diese Art verköstigt, werden sie aggressiv, wenn ihr Verlangen nicht gestillt wird. Zwischen eine Mutter und ihr Junges zu geraten, ist ebenfalls absolut zu vermeiden. Die Jungtiere mögen niedlich sein, zornige Mütter sind es mit Sicherheit nicht.

Obwohl die Wüsten Heimat einer ganzen Anzahl **giftiger Tierarten** sind, haben Menschen von ihnen kaum etwas zu befürchten. Wenn man sich an bestimmte, einfache Regeln hält, dürfte eigentlich nichts passieren. Man sollte Tiere nicht anfassen, beim Spazierengehen die Augen offenhalten, beim Klettern aufpassen, wo man hingreift, Schuhe, Kleidung und Bettzeug vor Gebrauch ausschütteln und sich zurückziehen, sobald man ein gefährliches Tier sieht, damit es sich nicht bedroht fühlt und sich in Ruhe aus dem Staub machen kann.

Egal, ob Schlange, Spinne oder Skorpion: Wer gebissen oder gestochen worden ist, sollte eine kalte Kompresse um die Wunde legen, die entsprechende Stelle abbinden, damit sich das Gift nicht weiter verbreiten kann, viel Wasser trinken und so schnell wie möglich professionellen Rat einholen (notfalls beim *Ranger,* besser noch beim Arzt). Niemals die Stelle aufschneiden oder/und aussaugen. Es ist nicht verkehrt, ein *snakebite kit* (Schlangenbiss-Set) dabeizuhaben, das es in den meisten Ausrüstungsläden gibt.

Sport

Abgesehen vom Spaß, den man als Zuschauer bei einem Baseballspiel oder einem Footballmatch haben wird, vermittelt der Besuch von Sportveranstaltungen ganz besondere Eindrücke einer Stadt und ihrer Bewohner. Die spektakulärsten Auftritte bleiben zwar fast immer den Profiteams vorbehalten, aber auch Begegnungen renommierter College-Mannschaften, Baseballspiele kleinerer Vereine und sogar freitagabends ausgetragene Footballspiele von Highschool-Teams bieten auf leichte und kurzweilige Weise Einblicke in die Mentalität eines Orts.

Baseball

Angesichts der Fülle der in der Oberliga ausgetragenen Spiele – insgesamt 162 an der Zahl, und im Sommer normalerweise ca. fünf pro Woche –, ist Baseball der Sport, in dessen Genuss Reisende am leichtesten kommen. Stadien wie LAs prachtvolles Dodger Stadium machen das Erlebnis perfekt. Daneben ist Baseball mit Eintrittspreisen ab ca. $10 für einen Sitzplatz eines der preiswertesten Sportspektakel, und Karten sind in der Regel problemlos zu bekommen.

American Football

Ganz anders **Profi-Football**: Eintrittskarten sind horrend teuer, zudem fast unmöglich zu bekommen (sofern das Team nur einigermaßen gut ist), und die meisten Spiele werden in anonymen, bunkerartigen Stadien ausgetragen. In einer Bar vor dem Fernseher hat man sicherlich mehr davon.

PRAKTISCHE TIPPS

Baseball – die Regeln Baseball ähnelt in vielem dem deutschen Schlagball. Es gibt vier Stationen *(Bases)*, die aus einer schlichten Markierung am Boden bestehen und rautenförmig angeordnet sind *(the Diamond)*. Die unterste ist die *Home Base*, das Schlagmal für jeden Spieler. Ein Spieler der Schlagmannschaft tritt mit dem Schläger *(Baseball Bat)* an die Home Base und versucht, den Ball zu treffen, den der Werfer der gegnerischen Mannschaft *(Pitcher)* vom niedrigen Wurfhügel *(Pitcher's Mound)* an ihm vorbeizuwerfen versucht. Dreimal darf der Schlagmann danebenhauen (einmal daneben = *Strike one)*, danach ist er „aus" *(Strike out)*. Hinter dem Schlagmann hockt der Fänger der gegnerischen Mannschaft *(Catcher)*, und hinter diesem steht der Schiedsrichter *(Umpire)*. Falls ein Wurf nicht den Regeln entspricht, die besagen, dass der geworfene Ball zwischen den Knien und der Brust des Schlagmannes die Home Base überqueren muss (die *Strike Zone)*, so wird er vom Schiedsrichter für ungültig erklärt (ungültiger Wurf = *one Ball)*. Nach vier ungültigen Würfen darf der Schlagmann zur nächste Station *(First Base)* laufen, dies nennt man einen *Walk*. Sollte der Schlagmann jedoch erfolglos versuchen, einen ungültigen Wurf zu treffen, so wird dieses ebenfalls gegen ihn, also als *Strike* bewertet.

Wird der Ball getroffen und von der gegnerischen Mannschaft direkt aus der Luft gefangen, so ist der Schlagmann sofort *out*. Wird der Ball aber nicht gefangen, hat der Schlagmann die Chance, die erste, vielleicht sogar die zweite oder dritte *Base* zu erreichen. Die Feldmannschaft bemüht sich unterdessen, den Ball zu der *Base* zu werfen, die der Schlagmann zu erreichen versucht. Ist der Ball vor dem Spieler da, ist dieser aus. Erreicht aber der Spieler die *Base* vor dem Ball, so kann er dort bleiben *(safe)*. Danach kommt der nächste Schlagmann an die *Home Base* und das Ganze wiederholt sich. Wird der Ball getroffen, kann der bereits an einer Base postierte, erste Spieler versuchen weiter aufzurücken, vielleicht sogar bis zur *Home Base*, um somit einen Punkt zu machen *(Run)*.

Jede Mannschaft hat neun Spieler, die jeweils in der gleichen Reihenfolge schlagen und feste Positionen auf dem Feld haben. Nachdem die Feldmannschaft es geschafft hat, drei Schlagmänner auszuspielen, werden die Positionen gewechselt; die Feldmannschaft wird nun zur Schlagmannschaft und umgekehrt. Nachdem alle Spieler einmal geschlagen haben, ist ein Durchgang *(Inning)* des Spieles abgeschlossen. Insgesamt gibt es in einem Spiel neun Innings. Sollte es danach unentschieden stehen, werden so lange *Extra Innings* gespielt, bis eine Mannschaft mehr Punkte hat und als Sieger den Platz verlässt. Ein durchschnittliches Baseballspiel dauert 2–3 Stunden.

Imponierend am Baseball ist erst einmal der *Pitcher*, der den Ball mit einer unglaublichen Treffsicherheit über die *Home Base* wirft, manchmal mit Geschwindigkeiten von weit über 100 km/h (der Weltrekord liegt bei 175 km/h!). Auch die Feldspieler werfen mit einer Kraft und Genauigkeit, die beeindruckt. Dann fasziniert die Geschwindigkeit, mit der

College-Football bietet weit mehr Spannung, Stimmung und billigere Preise. Wer Großveranstaltungen wie die Neujahrsspiele in der Rose Bowl live miterleben möchte, muss auf ein Wunder hoffen, um an Karten zu kommen. Ist man gerade in der entsprechenden Gegend, lohnen große Spiele wie Nebraska gegen Oklahoma, Michigan gegen Ohio State oder Notre Dame gegen ein beliebiges Team in jedem Fall.

Basketball

Starke Emotionen entfesselt auch Basketball. Die nicht enden wollenden, aber durchweg spannenden Playoff-Runden der Profis ziehen sich bis in den Juni. Das einmonatige College-Turnier, genannt „March Madness", gilt vielen als das aufregendste Sportspektakel des Landes.

Hockey

Hockey wurde lange Zeit nur in Kanada und im hohen Norden der USA gespielt, doch jetzt hat das

44 Sport

die Schlagmänner rennen. Sie sehen eigentlich wie unbewegliche Muskelprotze aus, aber wenn es darum geht, einen *Run* zu erzielen, laufen sie allesamt Spitzenzeiten. Am erstaunlichsten sind für viele jedoch die gewaltigen Schläge. Gelingt es einem Spieler, den Ball über den Begrenzungszaun zu schlagen, der ungefähr 130 m von der *Home Base* entfernt die Zuschauerränge vom Spielfeld trennt, so hat er einen *Home Run* erzielt und darf gemächlich alle drei Feldstationen ablaufen, um zur *Home Base* zurückzukehren und einen Punkt zu machen. Sollten in einer solchen Situation bereits Spieler der schlagenden Mannschaft an allen drei Feldstationen postiert sein, dürfen auch diese aufrücken und jeweils einen Punkt machen. So kann im besten Falle ein *Home Run* gleich vier Punkte bringen, was dann im Baseballjargon *Grand Slam* heißt.

American Football – die Regeln

Der in den USA enstandene *American Football* besitzt mehr Ähnlichkeit mit Rugby als mit seinem internationalen Namensvetter – in Amerika als *Soccer* bekannt. Die Footballregeln sind eigentlich relativ einfach. Das Spielfeld selbst ist 100 x 40 Yards (ca. 95 x 37 m) groß. Hinzu kommen die beiden Torfelder *(End Zones)* an den jeweiligen Enden des Spielfeldes. In jeder Mannschaft gibt es elf Spieler. Das Spiel beginnt mit einem *Kickoff* – eine Mannschaft tritt den Ball der anderen zu, und wenn dieser ihn gefangen hat, geht's los. Vier Versuche hat die angreifende Mannschaft, um 10 Yards voranzukommen. Schafft sie es, so hat sie einen *First Down* erzielt, der es ihr ermöglicht, vier weitere Chancen zu nutzen, um nochmals 10 Yards zu gewinnen. Das sieht folgendermaßen aus: Der *Quarterback* bekommt den Ball, und während er von der einen Hälfte seiner Mannschaft geschützt wird, schwärmt die andere Hälfte aus, um von ihm einen Pass zu erhalten. Kommt der Pass an, dann läuft der Fänger so weit er kann in Richtung der gegnerischen *End Zone*. Wird er zu Boden gebracht, fängt es hier für dieselbe Mannschaft von vorne an (wieder vier Versuche, um 10 Yards Raum zu gewinnen). Kommt der Pass gar nicht an, geht es von der letzten Wurfstelle aus weiter. Die gegnerische Mannschaft bekommt den Ball und somit die Möglichkeit, selbst 10 Yards an Raum zu gewinnen, wenn ein Pass abgefangen wird *(Interception)* oder es der angreifenden Mannschaft nicht gelingt, in vier Versuchen die erforderlichen 10 Yards voranzukommen. Gelangt ein angreifender Spieler mit dem Ball in die gegnerische End Zone, hat er einen *Touchdown* erzielt (6 Punkte). Die Mannschaft, die den *Touchdown* schafft, hat anschließend die Chance, ein Feldtor *(Field Goal* – 3 Punkte) zu erzielen, indem ein Spieler den Ball mit dem Fuß durch die obere Hälfte des hohen, hölzernen Tores schießt.

Die reine Spielzeit beträgt eine Stunde und ist unterteilt in vier 15-minütige Spielabschnitte mit einer 15-minütigen Pause zur Halbzeit. Da aber – wie beim Eishockey – die Uhr nur dann tickt, wenn auch wirklich gespielt wird, kann ein Footballspiel über drei Stunden dauern.

Hockeyfieber auch das übrige Land erreicht. Eintrittskarten, vor allem für Spiele der erfolgreicheren Mannschaften, sind heiß begehrte Mangelware.

Skifahren

Der Freizeitsport, man glaubt es kaum, der von den meisten Amerikanern betrieben wird. Man findet im ganzen Land hervorragende Skigebiete. Jene im Osten können sich allerdings kaum mit denen der Rockies wie Vail und Aspen in Colorado und der Sierra Nevada in Kalifornien messen. Liftkarten sind für $20–50 pro Tag zu haben, Ausrüstung gibt es für ca. $20 pro Tag zu mieten.

Ein preiswerte Alternative zum alpinen Skisport ist der **Langlauf**. In den Bergen entlang der Westküste sowie in den Rockies laden zahllose Ski-Lodges zu einem Aufenthalt ein. Neben Unterkunft in rustikalem Ambiente bieten sie Ausrüstung und Kurse ab $10 pro Tag inkl. Skier, Schuhe und Stöcke an, daneben auch Pauschaltouren inkl. aller Kosten am Wochenende für ca. $150.

Feste und Feiertage

Gesetzliche Feiertage

1. Jan	**New Year's Day**
dritter Mo im Jan	**Martin Luther King's Birthday**
dritter Mo im Feb	**President's Day**
letzter Mo im Mai	**Memorial Day**
4. Juli	**Independence Day**
erster Mo im Sep	**Labor Day**
zweiter Mo im Okt	**Columbus Day**
11. Nov	**Veteran's Day**
vierter Do im Nov	**Thanksgiving**
25. Dez	**Christmas Day**

Von nationalen Feiertagen abgesehen, finden nur wenige Festlichkeiten zur gleichen Zeit in der gleichen Gegend statt, dafür gibt es aber ein buntes Durcheinander von regionalen und örtlichen Veranstaltungen: Kunstgewerbeausstellungen, Frühlingsfeste, ethnische Karnevals, Musikfestivals, Rodeos, Sandburgenbau-Wettbewerbe und vieles mehr.

Independence Day (4. Juli), der Unabhängigkeitstag, ist der wichtigste nationale Feiertag in den USA, an dem das ganze Land praktisch zum Stillstand kommt. Man betrinkt sich und schaut sich den Fahnenappell, die imposanten Feuerwerke, Paraden, Schönheitswettbewerbe oder sonstige Veranstaltungen an, die zu Ehren der 1776 unterschriebenen Unabhängigkeitserklärung stattfinden.

Halloween (31. Oktober) ist kein offizieller Feiertag und wird auch nicht von allen gefeiert, obwohl es noch immer eines der beliebtesten Feste des Landes ist. In traditionellen Gebieten laufen zu Halloween Kinder gruselig kostümiert durch die nächtlichen Straßen, um an den Türen ihrer Nach-

---

Feste und Festivals Ausführlichere Informationen zu den genannten Veranstaltungen sowie die genauen Termine sind im jeweiligen Ortskapitel aufgeführt, Auskünfte erteilen auch die jeweiligen örtlichen Stellen. Umfassende Veranstaltungskalender für bestimmte Regionen können darüber hinaus von den jeweiligen State Tourist Offices (s.S. 11) angefordert werden.

Januar
Elko, NV: Cowboy Poetry Gathering

Februar
Fort Worden, WA: Hot Jazz Festival

März
Austin, TX: South by Southwest Music and Media Conference
Butte, MT: St Patrick's Day
Los Angeles, CA: Academy Awards (die äOscarsÖ)

April
Santuario de Chimayó, NM: Easter Pilgrimage

Mai
Flagstaff, AZ: Zuni Crafts Show
Los Angeles, CA: Cinco de Mayo (5. Mai)

San Antonio, TX: International Conjunto Festival

Juni
Fort Worth, TX: Chisholm Trail Round-up
Hardin, MT: Little Bighorn Days
Telluride, CO: Bluegrass Festival

Juli
Cheyenne, WY: Cheyenne Frontier Days
Elko, NV: National Basque Festival
Flagstaff, AZ: Hopi Crafts Show und Navajo Crafts Show (bis August)

August
Gallup, NM: Inter-tribal Indian Ceremonial
San Antonio, TX: Texas Folklife Festival
Santa Fe, NM: Indian Market

September
Fort Worth, TX: Pioneer Days
Los Angeles, CA: Gründungstag von Los Angeles (4. September) und LA County Fair
Lubbock, TX: Panhandle South Plains Fair
Monterey, CA: Monterey Jazz Festival
Pendleton, OR: Pendelton Round-up
Santa Fe, NM: Fiestas de Santa Fe

October
Albuquerque, NM: Heißluftballon-Wettfahrt
Tombstone, AZ: Helldorado Days

barn zu klingeln und Süßigkeiten zu erbitten. Mittlerweile wird das Fest auf diese Art nur noch in ländlichen Regionen gefeiert. In manchen Städten finden zu Halloween riesige Schwulenfeten statt, bei denen man(n) sich bizarr verkleidet.

Thanksgiving Day (vierter Donnerstag im November) entspricht unserem Erntedankfest und ist ein Familienfest, zu dem die studierenden Sprösslinge ins heimische Nest zurückkehren, um sich dort mit gebratenem Truthahn vollzustopfen und der ersten amerikanischen Siedler zu gedenken.

An der gesamten Küste ist das **Beobachten der Wale** *(whale watching)* Anlass für große Feste. Die Grauwale ziehen im November und Dezember aus der heimischen Arktis Richtung Süden nach Baja California in Mexico, wo ihre „Kinderstuben" sind, und im Februar und März zurück nach Norden.

An gesetzlichen **Feiertagen** bleiben Banken und Ämter (auch Postämter) in der Regel geschlossen. Nicht wenige Geschäfte und Lebensmittelläden haben außer am 25. Dezember, an Neujahr und Thanksgiving auch an Feiertagen geöffnet. Viele Bundesstaaten haben zusätzliche eigene Feiertage, und in einigen Gegenden ist Karfreitag ein halber Feiertag. Die Touristensaison im Sommer beginnt traditionell am Memorial Day und endet mit dem Labor Day; einige Touristenattraktionen haben nur während dieser Zeit geöffnet.

Maße und Gewichte

Für europäische Touristen, die metrische Systeme gewohnt sind, ist das amerikanische System nur schwer zu durchschauen. *12 inches* ergeben *1 foot* und *3 feet* sind *1 yard*. *1 mile* besteht aus genau 5280 *feet*, also 1760 *yards*. 1,2 miles bedeuten als Entfernungsangabe natürlich nicht 1 *mile* und 2 *yards*, sondern eben eins-komma-zwei Meilen.

Doch damit nicht genug, das Gewicht wird in *ounces* und *pounds* angegeben (1 *ounce* = 28,35 g, 1 *pound* 453 g), wobei 16 *ounces* 1 *pound* ergeben. Flüssigkeiten wiederum werden in *pints, quarts* und *gallons* abgemessen, wobei 2 *pints* 1 *quart* ergeben, 4 *quarts* = 1 *gallon* (1 *pint* = 0,47 l, 1 *quart* = 0,94 l, 1 *gallon* = 3,785 l). Jeder, der einmal versucht hat, den Benzinverbrauch seines Autos von *gallon/mile* auf Liter/100 km umzurechnen, wird das Dezimalsystem bis an sein Lebensende preisen! Auf vielen Straßenkarten sind neben Meilen allerdings auch Kilometer angegeben.

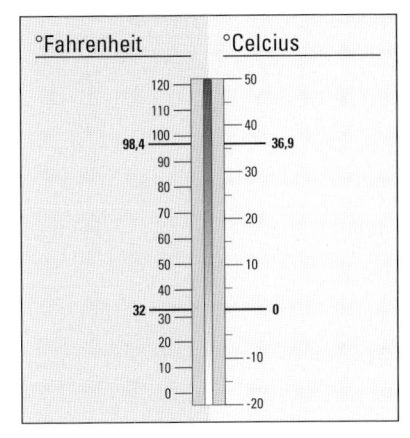

Temperaturen werden stets in Fahrenheit angegeben, wobei der Fahrenheit-Nullpunkt bei −32 ° Celsius liegt und der Siedepunkt (100 °C) bei +212 °F. Wasser gefriert bei 32 °F (= 0 °C), 70 °F (21 °C) ist eine angenehme Temperatur, doch es kann im Sommer im Landesinneren oft heißer als 100 °F (38 °C) werden. Zur genaueren Bestimmung von Temperaturen gilt folgende Formel: Grad Fahrenheit − 32 : 9 x 5 = Grad Celsius. Alles klar?

Längenmaße:

0,39 inches (in)	=	1 Zentimeter (cm)
1 inch (in)	=	2,54 Zentimeter (cm)
3,28 feet (ft)	=	1 Meter (m)
1 foot (ft)	=	0,31 Meter (m)
1,09 yards (yd)	=	1 Meter (m)
1 yard (yd)	=	0,91 Meter (m)
0,62 miles (mi)	=	1 Kilometer (km)
1 mile (mi)	=	1,61 Kilometer (km)

Hohlmaße:

8,45 gills (gl)	=	1 Liter (l)
1 gill (gl)	=	0,12 Liter (l)
2,11 pints (pt)	=	1 Liter (l)
1 pint (pt)	=	0,47 Liter (l)
1,06 quarts (qt)	=	1 Liter (l)
1 quart (qt)	=	0,95 Liter (l)
0,26 gallons (gal)	=	1 Liter (l)
1 gallon (gal)	=	3,79 Liter (l)

Flächenmaße:

0,16 square inches	=	1 cm²
1 square inch	=	6,45 cm²
10,76 square feet	=	1 m²
1 square foot	=	0,09 m²
1,2 square yards	=	1 m²
1 square yard	=	0,84 m²
0,25 acres	=	1 m²
1 acre	=	4047 m²

Gewichte:

0,04 ounces (oz)	=	1 Gramm (g)
1 ounce (oz)	=	28,35 Gramm (g)
2,20 pounds (lb)	=	1 Kilogramm (kg)
1 pound (lb)	=	0,45 Kilogramm (kg)
0,16 stones (st.)	=	1 Kilogramm (kg)
1 stone (st.)	=	6,35 Kilogramm (kg)
0,08 quarters (qt)	=	1 Kilogramm (kg)
1 quarter (qt)	=	11,4 Kilogramm (kg)

Post

Die Schalter der Postämter haben zumeist Mo–Fr 9–17 Uhr und Sa 9–12 Uhr geöffnet.

Luftpost dauert nach Europa etwa eine Woche. **Postkarten** und **Aerogramme** kosten 70¢, **Briefe** 80¢ die Unze (ca. 4 Blatt Papier oder 28g).

Innerhalb der USA kosten Briefe bis zu einer Unze 37¢. **Adressiert** wird ein Brief in folgender Reihenfolge: Name; Straße (wobei die Hausnummer vor dem Straßennamen kommt), Stadt und Abkürzung des Bundesstaates (Kalifornien z.B. CA) und zum Schluss eine fünfstellige Zahl, der Zip Code. Diese amerikanische Variante der Postleitzahl ist sehr wichtig, denn jedes Postzustellamt hat einen anderen Zip Code, und ohne diesen können sich Briefe um Wochen verspäten oder gar verloren gehen. Den örtlichen Zip Code kann man dem Telefonbuch entnehmen oder im Internet auf der Seite des US Postal Service, 🖳 www.usps.com, finden.

Postlagernde Sendungen, in den USA *General Delivery* genannt, kann man an alle Postämter des Landes mit dem Zusatz *c/o General Delivery* senden lassen, wobei der *Zip Code* hier noch wichtiger ist als sonst. Ein Brief wird nur 30 Tage aufbewahrt und dann zurückgeschickt, deshalb sollte man den Absender angeben.

Kommunikation

Telefon

Abgesehen von sehr ländlichen Gegenden, findet man praktisch an jeder Ecke ein öffentliches Telefon. Das Telefonnetz der USA wird von zahlreichen örtlichen Gesellschaften betrieben, die größten darunter sind *AT&T, Sprint* und *Verizon*. Vor allem Dienstleistungsfirmen verwenden auch Buchstaben als „Nummern", man wählt z.B. 1-800/USA-RAIL für Amtrak-Informationen. Die Buchstaben sind auf den Tasten zu finden. Bei Problemen hilft der *operator* – man wählt einfach eine 0. Bei öffentlichen Telefonen, die in der Regel auch funktionieren, können 25¢-, 10¢- oder 5¢-Münzen eingeworfen werden.

Der Preis eines **Ortsgespräches** *(local call)* von einem öffentlichen Telefon beträgt im Allgemeinen 50¢, manchmal auch nur 25¢. **Non-local Calls** *(zone calls)* mit siebenstelligen Nummern, die in derselben Vorwahlzone liegen, bei denen aber eine 1 vorgewählt werden muss, sind etwas teurer. Für **Ferngespräche** *(long-distance calls)* ist eine Menge Kleingeld nötig. Man wählt zuerst und wirft das Geld erst dann ein, wenn eine Tonbandstimme die erforderliche Summe für das Zustandekommen der Verbindung nennt. Der *operator* schaltet sich in das Gespräch ein, wenn Münzen nachgeworfen werden müssen. *Non-local calls* und Ferngespräche sind zwischen 18 und 8 Uhr billiger als sonst und von 23–8 Uhr am günstigsten. Die Tarife stehen auf den vorderen Seiten des Telefonbuchs.

Die **Telefonbücher**, *White Pages* genannt, sind überhaupt eine gute Informationsquelle; oft gibt es auf den ersten Seiten einen brauchbaren Stadtplan. Das Branchenfernsprechbuch heißt *Yellow Pages*.

In den USA gibt es ein System dreistelliger regionaler **Vorwahlnummern**, so genannter *area codes*. Dabei ist zu beachten, dass vor dem *area code* grundsätzlich eine 1 vorgewählt werden muss. Verwirrend ist, dass innerhalb der Grenzen mancher Städte unterschiedliche Vorwahlnummern gelten. In diesem Buch findet sich daher zu jedem einzelnen Ort und ggf. zu jedem Stadtviertel der jeweilige *area code*.

Bei **Internationalen Ferngesprächen** *(overseas calls)* kann von privaten wie öffentlichen Telefonen direkt durchgewählt werden. Am kostspieligsten sind Direktgespräche vom Hotelzimmer aus, die oft zum höchstmöglichen Tarif abgerechnet und dann noch mit einem Aufschlag von bis zu

40% versehen werden. Bei Problemen hilft der *international operator* (✆ 0). Am billigsten telefoniert man nach Europa werktags zwischen 18 und 7 Uhr, wenn der Preis ca. $5 für die ersten drei Minuten beträgt.

Idealerweise lässt man sich von zu Hause zurückrufen – Webseiten wie 🖥 www.billiger-telefonieren.de listen die aktuell günstigsten Netzanbieter für internationale Gespräche, über die man in die USA schon ab etwa 0,02 €/Minute telefonieren kann. Allerdings kann die Qualität der Verbindung je nach Anbieter variieren.

Die Telekom bietet die in über 80 Ländern benutzbare **T-Card Privat**, die entweder über die Kreditkarte oder eine Bankverbindung abgerechnet wird. Die Bereitstellungsgebühr beträgt 8 €, die jedoch in den ersten drei Monaten abtelefonierbar sind. Ein Gespräch aus den USA nach Deutschland kostet 0,50 € pro Minute. Es wird über eine kostenfreie, länderspezifische Zugangsnummer vermittelt; die Kartennummer sowie die gewünschte Rufnummer werden von einer automatischen „deutschsprachigen" Sprachbox abgefragt. Um Missbrauch vorzubeugen, sollte man den PIN-Code unbedingt geheim halten und ihn nicht in Hörweite eines Fremden durchgeben. Man kann die Karte auch zu Hause lassen und sich nur die Code-Nummer notieren. Zudem bietet die Zugangsnummer die Möglichkeit, mit **Deutschland Direkt** R-Gespräche zu führen, sofern sich der Angerufene bereit erklärt, die Kosten zu übernehmen, ideal für Notfälle. Die Kosten für den Anruf betragen pro Vermittlung 3,99 € plus Gebühren von 0,50 € pro Minute.

T-Card / Deutschland Direkt der Telekom
erhältlich in allen Telekomläden.
Beratungshotline: T-Card ✆ 01805/330 0223,
Deutschland Direkt ✆ 01805/330226,
🖥 www.detecardservice.de
Zugangsnummer(n) für
USA: 1-800/292-0049 (AT&T) (Deutschland direkt 0,50 € pro Minute)
USA: 1-800/766-0049 (MCI)
USA: 1-800/927-0049 (Sprint)
Zugangsnummer für Deutschland: 0800/3300222

In der Form einer **Guthabenkarte** oder *prepaid phone card* gibt es auch die **T-Card-Holiday** im Wert von 10 € oder 20 €.

Auch mit *prepaid phone cards* anderer Gesellschaften oder mit **Kreditkarte** und Geheimzahl kann man bargeldlos telefonieren. Der Vorteil liegt in erster Linie in der bequemen Handhabung – die Tarife sind nicht unbedingt günstiger als bei Gesprächen von einer öffentlichen Telefonzelle und können mit den (uhrzeitabhängigen) Sondertarifen vieler lokaler Anbieter nicht konkurrieren. Da Kreditkarteninhaber die Karten amerikanischer Gesellschaften kostenlos erhalten, sollte man sich zumindest für den Notfall damit ausstatten.

Internationale Vorwahlen
Aus den USA:
Deutschland 01149
Österreich 01143
Schweiz 01141
USA aus Deutschland, Österreich und der
Schweiz 001

Viele Behörden, Autovermietungen, Hotels und andere Dienstleistungsunternehmen haben eine *toll-free number*, d.h. der Anruf ist kostenlos. In ein öffentliches Telefon werden 10¢ eingeworfen, die nach dem Einhängen des Hörers wieder herauskommen. Gebührenfreie Nummern beginnen immer mit der Vorwahl 800 bzw. 1-800, zunehmend auch ✆ 1-888 oder 1-877.

Keineswegs kostenlos, sondern meistens empfindlich teuer, sind Gespräche mit der Vorwahl 1-900 auf den so genannten *pay-per-call lines,* bei denen es fast immer entweder um Sportnachrichten oder Telefonsex geht.

Mobiltelefone

In vielen außereuropäischen Ländern kann man mittlerweile mit dem eigenen Handy telefonieren. *D1, D2, E-Plus* und O_2 kooperieren mit zahlreichen Netzwerkbetreibern in der ganzen Welt. Wer sein Mobiltelefon in die USA mitnehmen möchte, sollte sich vor der Reise bei seiner Telefongesellschaft erkundigen, ob der Handy-Vertrag das so genannte „International Roaming" einschließt und über welches Netz das Mobiltelefon vor Ort betrieben werden kann. Für Handys mit Prepaid-Karten gelten Sonderregelungen.

Beim **Roaming** bucht sich das Handy automatisch ins Netz des ausländischen Mobilfunk-Anbieters ein, mit dem die heimische Handy-Gesellschaft zusammenarbeitet (der Name erscheint auf dem Display). Man ist dann im Ausland unter seiner regulären Handy-Nummer erreichbar. Geht ein Anruf ein, wird er von der Handy-Gesellschaft zu Hause in eben dieses Netz weitergeleitet. Doch die Erreichbarkeit hat ihren **Preis**: Bei eingehenden Anrufen aus Europa zahlt der Anrufer in der Regel nur den heimischen Tarif, während die Kosten, die für die Vermittlung ins fremde Netzes anfallen, zu Lasten der eigenen Rechnung gehen – je nach Land derzeit zwischen 0,70 € und 1,50 € pro Minute. Zudem berechnen einige ausländische Netzbetreiber zusätzlich noch Gebühren von bis zu 1,50 € pro Minute. Ein Anruf von zu Hause kann also leicht 2–3 € pro Minute kosten. Ankommende SMS sind dagegen fast immer kostenlos.

Auch wer vom Ausland via Handy zu Hause anruft, muss sich auf hohe Kosten einstellen. Derzeit sind für eine Minute je nach Land bis zu 5 € zu berappen (SMS bis zu 0,70 €). Bei Gesprächen innerhalb des fremden Netzes werden in der Regel die landesüblichen Tarife berechnet. Infos zu Tarifen, Prepaid-Handys und Netzwerk-Kooperationen unter

D1, ✆ 2202 (Handy) oder 01803/302202, 🖳 www.t-mobile.de
D2, ✆ 1212 (Handy) oder 0800/1721212, 🖳 www.vodafone.de
E-Plus, ✆ 1111 (Handy) oder 01803/177177, 🖳 www.eplus.de
O₂, 🖳 www.o2online.de

Wer mit seinem Handy im Ausland telefonieren möchte, muss sich auch darüber informieren, ob das Handy in den richtigen Frequenzbereichen (GSM 900, GSM 1800 oder GSM 1900) funkt. Das ist je nach Handy und Land verschieden.

Und noch ein Tipp: In manchen Ländern stehen mehrere Roaming-Netze zur Auswahl, doch nicht immer bucht sich das Handy in das günstigste Netz ein. In diesem Fall sollte man sich über die Tarife der Anbieter informieren und notfalls manuell unter dem Menüpunkt „Netze" oder „Netzwahl" ins preiswertere Netz wechseln.

Internet und E-Mail

Zweifellos am einfachsten und billigsten ist die Kommunikation via E-Mail. Viele Provider bieten inzwischen die Möglichkeit, die eigene **E-Mail-Adresse** auch über das Web, also von jedem beliebigen Computer mit Internet-Anschluss abzurufen. Man sollte dies vor Abreise zu Hause ausprobieren und sich die erforderlichen Angaben (Kennwort) notieren. Wem sich diese Möglichkeit nicht bietet, der kann auf **Webmail** zurückgreifen: Auf zahlreichen Internet-Seiten, darunter Yahoo, 🖳 www.yahoo.com, Web.de, 🖳 www.web.de, oder Hotmail, 🖳 www.hotmail.com, kann man sich eine kostenlose Webmail-Adresse einrichten, auf die ebenfalls unterwegs von jedem Internet-Café zugegriffen werden kann. Es empfiehlt sich, vor der Reise einmal die Homepage des Anbieters anzuklicken. Viele Grafiken und Werbebanner wirken sich erheblich auf Übertragungszeit aus. Auch muss man sein Account bei einigen Anbietern mit einem Code aktivieren, der erst ein bis zwei Wochen nach der Anmeldung versandt wird.

Einrichtungen mit **Internet-Zugang** gibt es in den USA fast überall. Die günstigsten Preise findet man häufig in Backpacker-Hostels, aber auch Motels, Hotels und B&Bs sind nicht selten mit Computern ausgestattet, wobei die höherpreisigen Unterkünfte meist keine extra Gebühr verlangen. Vielerorts stehen für Laptops geeignete Anschlüsse zur Verfügung. Alternativ kann man eines der zahlreichen **Internet-Cafés** besuchen. Unter 🖳 www.worldofinternetcafes.de findet sich eine Auflistung von Internet-Cafés in aller Welt.

Auf der Webseite 🖳 www.kropla.com findet man nützliche Infos über den Zugang ins Internet mit einem Laptop, eine weltumfassende Auflistung der Landesvorwahlen sowie Angaben über elektrische Systeme in verschiedenen Ländern.

Kriminalität

Niemand wird behaupten, in den USA gäbe es keine Kriminalität. Außerhalb der Metropolen wird man damit allerdings weniger in Berührung kommen als in den Großstädten. Aber auch der schlechte Ruf, den z.B. Los Angeles in dieser Beziehung „genießt", ist mitunter übertrieben, denn zumindest tagsüber ist man hier verhältnismäßig sicher, sofern man sich nicht in die falschen Viertel verirrt. Nachts hingegen gibt es durchaus Gegenden, die absolut gemieden werden sollten. Manchmal liegen sie nur einen Block von der Touristenmeile entfernt. In den Städten sind alle größeren Touristenviertel und Gegenden für Nachtschwärmer hell beleuchtet und von reichlich Polizei überwacht. Mit umsichtiger Planung und einem wachsamen Auge auf die eigenen Habseligkeiten lassen sich in der Regel Probleme von vornherein vermeiden.

Überfälle

Am ehesten werden Touristen in Amerika das Opfer eines Raubüberfalls *(mugging)*. Es gibt kein zuverlässiges Rezept, wie man sich in einer solchen Situation verhalten soll. Um Hilfe rufen, flüchten oder kämpfen sind einige Möglichkeiten, aber die meisten Amerikaner würden ohne viel Aufsehen ihr Geld herausgeben.

Es gibt einige **Verhaltensregeln**, die dazu beitragen, dass man gar nicht erst in eine solche Situation kommt. Klar ist, dass man nicht mit Bargeld protzen sollte. Auch sollte man es vermeiden, an jeder Straßenecke auf den Stadtplan (oder in dieses Buch) zu sehen, da das ein klares Erkennungszeichen für den orientierungslosen Touristen ist. Selbst wenn man panische Angst hat, sollte man das möglichst nicht zeigen. Dunkle Straßen sollte man meiden, besonders wenn deren Ende nicht richtig zu sehen ist. Nachts geht man auf dem Bürgersteig nahe der Straße, um im Notfall auf die Fahrbahn rennen und auf sich aufmerksam machen zu können.

Eine weitere Gefahrenquelle sind Diebstähle in Motel- oder Hotelzimmern. Wer ausgeht, sollte niemals Wertsachen im Zimmer liegen lassen. Wenn man im Zimmer ist, muss man die Tür sorgsam verriegeln und sie nicht jedem, der anklopft, öffnen. Wenn sich verdächtige Personen als Hotelpersonal ausgeben, kann man sich an der Rezeption telefonisch erkundigen.

Sollte es zum Schlimmsten kommen und man wird mit einer Pistole oder, was häufiger vorkommt, mit einem Messer bedroht, dann ist es vor allem wichtig, ruhig zu bleiben. Es ist vielleicht keine schlechte Idee, eine Extrabrieftasche mit kleinen Scheinen ($50) getrennt von den anderen Besitztümern dabeizuhaben, die ohne allzu großen Verlust herausgegeben werden kann. Trotz des anschließenden Schockzustandes sollte man versuchen, so schnell wie möglich ein Telefon zu finden und die landesweite **Notrufnummer** ✆ **911** anzurufen, oder – wenn möglich – mit Hilfe eines Taxis zur nächsten Polizeiwache zu gelangen. Hier wird ein Bericht verfasst. Das Aktenzeichen unbedingt aufschreiben, um es später der Versicherung oder der Travellers-Cheques-Firma zur Schadensregelung mitzuteilen. In einer großen Stadt kann man bei *Travelers Aid* anrufen, um Trost und Rat zu erhalten. Die Telefonnummern sind in den jeweiligen regionalen Kapiteln angegeben.

Zu Übergriffen auf Touristen in **Mietwagen** kommt es zwar nicht mehr so häufig wie noch vor einiger Zeit, Vorsicht ist dennoch ratsam. In größeren Städten sollten sich am Wagen keinerlei Hinweise wie beispielsweise ein spezielles Nummernschild befinden, die ihn leicht als Mietfahrzeug identifizieren. Unter keinen Umständen sollte man in der Stadt in unbeleuchteten oder scheinbar verlassenen Gegenden anhalten, vor allem nicht, wenn jemand auf einen vorgeblichen Schaden am Fahrzeug aufmerksam macht und zum Anhalten auffordert. Gleiches gilt im Falle eines Auffahrunfalls von hinten – keinesfalls sofort anhalten, sondern bis zur nächsten, gut beleuchteten, belebten Stelle fahren und ✆ 911 anrufen. Es empfiehlt sich, die Türen von innen zu verriegeln und die Fenster nie mehr als einen Spalt zu öffnen. Fenster und Türen sollten auch geschlossen bleiben, wenn sich jemand dem Wagen nähert, um angeblich nach dem Weg zu fragen. Wertgegenstände sind außer Sichtweite, am besten im Kofferraum oder im Handschuhfach zu verstauen.

Verlust von Pass und Travellers Cheques

Generell sollten Wertsachen nicht im Zimmer, sondern im Hotelsafe verwahrt werden. Am schlimmsten ist der Verlust des **Reisepasses**; ohne ihn kommt man nicht nach Hause, aber einen neuen zu bekommen ist oftmals sehr schwierig. In diesem Fall sollte man sich sofort an das nächste Konsulat wenden und um die Ausstellung eines **behelfsmäßigen Ausweises** bitten. Adressen s. S. 11.

Ein weiteres, häufig auftretendes Problem, sind verloren gegangene **Travellers Cheques** (s. S. 19). Die Firma, die sie ausgestellt hat, muss sofort telefonisch benachrichtigt werden. Sofern kein Verdacht auf Betrug besteht, erhält man innerhalb von wenigen Tagen neue Schecks, manchmal sogar etwas Bargeld zur Überbrückung.

Tipp: Alle wichtigen Reisedokumente zu Hause einscannen und an die eigene Web-Mail-Adresse schicken, evtl. auch Geheimzahlen, Telefonnummern, Reisescheckmmern etc. So können diese im Notfall unterwegs abgerufen werden.

Sonstiges

Adressen – Straßen in größeren Städten sind meistens rasterförmig angelegt und bilden regelmäßige Häuserblocks. Die Hausnummer wird vom Block, in dem das Haus steht, abgeleitet; jeder Block hat eine andere Anfangsnummer. Blocknummern beginnen bei 1, meist im Zentrum der Stadt. Entsprechend wäre z.B. *620 S Cedar* sechs Blocks südlich (dieses entnimmt man dem *S*) des Zentrums der Stadt. In diesem Block ist es dann das zwanzigste Haus. Daher ist es sehr wichtig, sich solche Buchstaben wie „NW" oder „SE" genau zu merken, denn 3620 SW Washington Boulevard ist vom 3620 NE Washington Boulevard schrecklich weit entfernt.

Arbeiten – Eine Arbeitserlaubnis ist nur über das Bureau of Citizenship and Immigration Services zu bekommen. Genaueres zu den aktuellen Bedingungen sowie Adressen des BCIS sind bei den US-Botschaften und Konsulaten im Heimatland zu erfahren, doch für jeden, der weder Verwandte (d.h. Eltern oder Kinder über 21 Jahren) noch zukünftige Arbeitgeber bzw. Versorger in den USA vorzuweisen hat, stehen die Chancen alles andere als gut.

Im Gegensatz zu früher findet man kaum noch illegale Arbeit, denn die Regierung droht jedem Betrieb, der illegale Arbeiter beschäftigt, mit einem Bußgeld von bis zu $10 000. Die Situation gleicht der in Deutschland: Ohne Papiere bekommt man höchstens schlecht bezahlte Hilfsjobs.

Au pair – Bewerber für ein Au-pair-Visum müssen mindestens 200 Std. Erfahrung in der Betreuung von Kindern, 24 Std. Schulung in Kindesentwicklung sowie 8 Std. Schulung in Kindersicherheit nachweisen. Potenzielle Gastfamilien müssen eine schriftliche Erklärung über die im Rahmen des Au-Pair-Aufenthalts zu leistenden Arbeiten abgeben.

Das *American Institute for Foreign Study* vermittelt junge Männern und Frauen im Alter zwischen 18 und 26 Jahren im Rahmen seines Progamms *Au Pair in America,* ☏ 207/581-7322, 🖥 www.aifs.com/aupair/. Für die Vermittlung wird eine Gebühr von $75 erhoben, ferner $100 für Versicherung und $400 Kaution; das Geld deckt die Kosten für den Auswahlprozess, ein Visum sowie den Flug in die USA. Der Lohn vor Ort beträgt ca. US$139 pro Woche, mehr wenn eine fachspezifische Ausbildung oder mehr als 2 Jahre Erfahrung belegt werden können. Am Ende des einjährigen Aufenthalts erhält man die geleiste Kaution wieder zurück.

Ausweise – sollte man immer dabeihaben. Führerscheine, Pässe und Kreditkarten werden in den USA allgemein als Ausweis akzeptiert. Wer ohne Führerschein beim Autofahren erwischt wird, wandert dafür ins Gefängnis.

Datum – wird in den USA größtenteils anders geschrieben als in Europa: Der 1/8/04 ist der 8. Januar, *nicht* der 1. August 2004.

Deutsche Sender – Mit einem guten Weltempfänger ist die **Deutsche Welle** über Kurzwelle auf verschiedenen Frequenzen zu empfangen. Die aktuellen Frequenzen sind erhältlich von der Deutschen Welle, Abt. Ausstrahlungsmanagement, 50588 Köln, ☏ 0221/3893208, 📠 3893220, ✉ tb@dw-world.de, 🖥 dw-world.de.

Die Deutsche Welle strahlt ihr 24-stündiges Fernsehprogramm **DW TV** in Deutsch, Englisch und Spanisch sowie verschiedene Hörfunkprogramme über den Satelliten AsiaSat 2 aus. Einige Hotels speisen das Programm in das hoteleigene Netz ein. Zu jeder vollen Stunde wird ein halbstündiges Nachrichtenjournal ausgestrahlt, zur geraden Weltzeit-Stunde in Englisch, zur ungeraden in Deutsch, außer um 21 und 2 Uhr, wo es in Spanisch läuft. Es folgen halbstündige Features mit deutschlandbezogenen Themen in der jeweiligen Sprache.

Neuerdings sendet zudem der **German Channel** ein Programm aus Beiträgen öffentlich-rechtlicher Sender sowie der Deutschen Welle, wobei sein Schwerpunkt mehr im Unterhaltungsbereich liegt.

Drogen – Die strengere Vorgehensweise gegen Drogenmissbrauch in den vergangenen Jahren zeigt überall Auswirkungen. Während früher der Konsum von Marihuana recht locker gehandhabt wurde, geht man heute gegen Dealer und Konsumenten weitaus konsequenter vor, und die Mindeststrafe für Drogenbesitz liegt bei $200. Wer mit mehr als einer Unze (28,3 g) Haschisch erwischt wird, muss mit einer hohen Geld- und eventuell einer Gefängnisstrafe wegen Drogenhandels rechnen. Deshalb lässt man am besten die Finger vom Stoff. Bei harten Drogen ist die Toleranzschwelle des Staates noch niedriger.

Eintrittskarten – Eintrittskarten für Musik-, Theater- und Sportveranstaltungen sowie Reservierungen für Campingplätze organisiert *Ticketron*, das ein Büro in jeder Stadt hat. Mit einer gültigen Kreditkartennummer kann man telefonisch vorbestellen.

Elektrizität – Achtung: die Stromspannung in den USA beträgt 110 V! Zudem sind die Stecker anders als in Europa, und einige der Adapter, die es in Europa gibt, passen trotz aller Versprechungen nicht in die Steckdose.

Flughafengebühren – Die Flughafengebühr ist immer im Preis des Flugtickets enthalten.

Goethe-Institute – Die Goethe-Institute verfügen über eine gut sortierte Bibliothek sowie aktuelle deutschsprachige Zeitungen und Zeitschriften. Wer daran interessiert ist, kann hier Deutsch sprechende Amerikaner kennen lernen. Zudem werden Ausstellungen, Konzerte, Theater- und Filmvorführungen organisiert.
Los Angeles (Kalifornien), 5750 Wilshire Boulevard, ✆ 323/525-3388, ℡ 934-3597,
🖳 www.goethe.de/losangeles;
San Francisco (Kalifornien), 530 Bush Street,
✆ 415/263-8760, ℡ 391-8715,
🖳 www.goethe.de/sanfrancisco;

Jugend- und Studentenermäßigungen – Die diversen offiziellen und quasi-offiziellen **Jugend- und Studentenausweise** machen sich schnell bezahlt. Vollzeitstudenten und Schüler unter 35 Jahren können sich den Internationalen Studentenausweis, die **International Student Identity Card (ISIC)**, in allen studentischen Reisebüros ausstellen lassen; die jeweils von September bis Dezember des folgenden Jahres gültige Karte kostet 9,20 € und Vergünstigungen gibt es in erster Linie bei Flug- und Bahntickets sowie bei Eintrittspreisen in Museen, Theatern und anderen Sehenswürdigkeiten. Siehe auch Infos unter 🖳 www.isic.de.

Darüber hinaus bieten verschiedene Reiseveranstalter und Unterkünfte (in Zusammenarbeit mit anderen Hostels) eigene Karten an, die ähnliche Ermäßigungen garantieren. ISIC-Studentenausweise werden allerdings als Altersbescheinigung in Bars oder *Liquor Stores* oft nicht akzeptiert.

Lesben und Schwule – Amerika besitzt eine riesige Homosexuellenszene, die sich vor allem auf die Großstädte konzentriert. San Francisco ist wahrscheinlich die größte Schwulen-/Lesbenstadt der Welt und allgemein genießen Homosexuelle beiderlei Geschlechts entlang der Westküste eine Freizügigkeit, von der man anderswo kaum zu träumen wagt.

Je weiter man ins „Landesinnere" vordringt, desto weniger liberal sind die Ansichten, und homosexuelle Traveller tun gut daran, eine gewisse Zurückhaltung zu üben.

Wie überall ändert sich das Gesicht der Szene schnell, aber wir haben versucht, die einschlägigen Adressen in den größeren Städten anzugeben. Als beste Informationsquellen für die gesamten USA empfehlen sich die in jedem guten Buchladen der USA erhältlichen Veröffentlichungen von *Damron*, PO Box 422458, San Francisco, CA 94142 ✆ 415/255-0404 oder 1-800/462-6654, 🖳 www.damron.com. Dazu gehören der *Men's Travel Guide*, ein Jahrbuch im Taschenbuchformat mit umfassenden Listen von Hotels, Bars, Clubs etc. für schwule Männer ($19), *Women's Traveller* mit einer ähnlichen Auflistung für Lesben ($17), der *Damron City Guide*, der über Unterkünfte und Unterhaltung in den größeren Städten ($22) informiert und *Damron Accommodations* mit einer detaillierten Auflistung von mehr als 1000 Unterkünften weltweit für Lesben und Schwule ($20). Wer auf der Website online bestellt, erhält die Bücher 20% billiger.

Gay Yellow Pages, PO Box 533, Village Station, New York, NY 10014, ✆ 212/674-0120, 🖳 www.gayellowpages.com, produziert ein nützliches Verzeichnis von Dienstleistungsunternehmen für Schwule in den USA und Kanada ($16).

Kriminalität 53

The Advocate (Liberation Publications, PO Box 4371, Los Angeles, CA 90078, 🖳 www.advocate.com) ist ein alle zwei Monate erscheinendes, US-weites Gay-Magazin ($3), das allgemeine Infos und Anzeigen bringt.

Die *International Gay & Lesbian Travel Association,* 4331 N Federal Hwy #304, Fort Lauderdale, FL 33308, ✆ 1-954/776-2626, 🖳 www.iglta.org, bietet Schwulen und Lesben auf Reisen eine Fülle von Adressen, Tipps und Informationen.

Steuer – Man sollte immer darauf vorbereitet sein, dass auf den angegebenen Preis einer Ware oder eines Hotelzimmers noch die Verkaufssteuer *(sales tax)* aufgeschlagen wird. Die Steuer wird nicht auf alle Waren in gleicher Weise erhoben und unterscheidet sich zudem regional. In Teilen Kaliforniens beträgt die Verkaufssteuer über 8%, während es in Montana und Oregon überhaupt keine Verkaufssteuer gibt. Auf die meisten Hotelrechnungen werden 5 bis 15% Steuern aufgeschlagen. Wenn man einen Mietwagen in den USA mietet, ist zusätzlich zur Mietgebühr die Steuer zu bezahlen. Bereits im Ausland gebuchte Mietwagen und Hotelcoupons sind von dieser Steuer befreit.

Stockwerke – Das Erdgeschoss wird in den USA als 1. Stockwerk gezählt: Wer in Deutschland im 1. Stock steht, befindet sich in Amerika bereits im *Second Floor.*

Studieren – Studenten haben die besten Chancen auf einen längeren USA-Aufenthalt. Eine Möglichkeit besteht darin, im Rahmen eines Austauschprogrammes in die Staaten zu kommen. Man erhält ein J-1 Visum und damit eine Sozialversicherungsnummer sowie die Genehmigung, einen Sommerferienjob anzunehmen. Die überwiegende Mehrheit dieser Genehmigungen wird jedoch nur für die Arbeit in einem amerikanischen *Summer Camp* ausgestellt, d.h. einen Sommer lang Knochenarbeit für $500 und danach einen Monat frei, um das Geld auf den Kopf zu hauen. Wer an einer amerikanischen Universität studieren möchte, sollte sich direkt mit der entsprechenden Uni in Verbindung setzen. Wird man angenommen, erhält man ein Visum für die gesamte Studienzeit.

Toiletten – können manchmal zum Problem werden. Öffentliche WCs gibt es kaum. Bars, Restaurants und Fast-food-Ketten sind im Notfall die besten Anlaufstellen, obwohl ihre Toiletten offiziell nur für Kunden gedacht sind. Vor allem Frauen müssen sich erst einmal daran gewöhnen, dass die Toilettentüren bereits einen halben Meter über dem Boden enden.

Trinkgelder – *Tips* sollten immer gegeben werden, es sei denn, die Bedienung war wirklich inakzeptabel, was praktisch nie vorkommt. In Bars und Restaurants wird 15–20 % des Rechnungsbetrages (ohne Steuer) zusätzlich auf dem Tisch gelassen, ein Taxifahrer darf ebenfalls Trinkgeld in dieser Höhe erwarten. Ein Hotelportier, der mehrere schwere Koffer ins Obergeschoss gewuchtet hat, ist mit $3–5 zu entlohnen.

Zeitzonen – Das Gebiet der USA erstreckt sich über vier Zeitzonen auf dem Kontinent. Die *Eastern Standard Time* (EST) an der Ostküste liegt sechs Stunden hinter der MEZ, d.h. um 10 Uhr in New York ist es in Berlin 16 Uhr. Die *Central Standard Time* (CST), deren Grenze von Chicago nach Süden verläuft und im Westen Texas sowie die Great Plains einschließt, liegt eine Stunde hinter der Ostküstenzeit (10 Uhr in New York ist 9 Uhr in Dallas). Die *Mountain Standard Time* (MST) umfasst die Rocky Mountains sowie einen Großteil der südwestlichen Bundesstaaten und liegt zwei Stunden hinter der Ostküstenzeit (10 Uhr in New York ist 8 Uhr in Denver). An der Westküste (einschließlich Nevada) gilt die *Pacific Standard Time* (PST), drei Stunden hinter New York (10 Uhr im Big Apple ist 7 Uhr in LA).

Zigaretten – Das Land, das der Welt den Glimmstengel beschert hat, zeigt sich inzwischen wie keine andere Nation über die gesundheitlichen Schäden des Rauchens besorgt. Restaurants sind meist in Bereiche für Raucher und Nichtraucher unterteilt, in Kalifornien ist das Rauchen in Restaurants und Bars inzwischen gänzlich verboten. Striktes Rauchverbot gilt landesweit in öffentlichen Verkehrsmitteln sowie in Flugzeugen.

Geschichte der USA

Die Geschichte Amerikas umfasst wesentlich mehr als nur die der Vereinigten Staaten. Die folgenden Seiten beschränken sich aufgrund der gebotenen Kürze jedoch auf einen kurzen Abriss der Bevölkerungsentwicklung und politischen Geschichte jener ungleichen Regionen, aus denen sich die heutigen Vereinigten Staaten von Amerika zusammensetzen. Darüber hinaus werden aber viele Einzelheiten der nachfolgend beschriebenen Ereignisse und Themen in den jeweiligen Regionalkapiteln behandelt. Die Literaturliste (s.S. 438) enthält interessante Quellen für diejenigen, die sich in detaillierterer Form mit einzelnen Themen beschäftigen möchten.

Die ersten Bewohner

Die erste definitiv nachweisbare Spur menschlicher Existenz auf dem amerikanischen Kontinent reicht gerade einmal 14 000 Jahre zurück, als die wahren Pioniere Nordamerikas, nomadische Jäger und Sammler aus Sibirien, erstmals ihren Fuß auf das Gebiet des heutigen **Alaska** setzten. Während der letzten Eiszeit, als der Meeresspiegel fast 100 m niedriger lag als in der heutigen Beringstraße, war der eurasische Kontinent vorübergehend durch eine „**Landbrücke**" (tatsächlich handelte es sich um eine riesige Ebene, die in der Nord-Süd-Ausdehnung knapp 1000 km maß) mit Amerika verbunden.

Zu jener Zeit gehörte Alaska de facto eher zu Asien als zu Nordamerika, da es durch unüberwindbare Gletscherfelder von Kanada und den südlicheren Gebieten abgeschnitten war. Wie bei einer Luftschleuse war die Region zu unterschiedlichen Zeiten in verschiedenen Richtungen „geöffnet": Den ersten, aus dem Westen kommenden Migranten, die sich gar nicht darüber im Klaren waren, dass sie Asien verlassen hatten, war zunächst der Weg nach Osten versperrt. Im Anschluss war möglicherweise über mehrere Generationen die Verbindung zurück nach Asien blockiert, aber dafür hatte sich eine neue Passage in östlicher Richtung geöffnet.

Mit der Eisschmelze wurde schließlich eine ganz neue Route nach Nordamerika frei, die aber nicht aus einem Korridor an der Pazifikküste bestand, sondern östlich des Rocky Mountains bis in die Great Plains verlief.

Die Motivation für die Migrationsbewegungen nach Süden war sicherlich nicht der Drang zur Erforschung neuer, allem Anschein nach nicht gerade vielversprechender Regionen, sondern die Jagd auf große Säugetiere, insbesondere das **Mammut**, das in Eurasien schon so gut wie ausgestorben war. Die Neuankömmlinge stießen auf reiche Jagdgründe, denn Amerikas indigene „**Megafauna**" bestand aus Mammuts, Mastodonten, Riesenfaultieren und Bisons mit gewaltig langen Hörnern, die bis dahin allesamt ihre Evolution durchlaufen hatten, ohne einen Angst- oder Schutzmechanismus gegen menschliche Jäger zu entwickeln.

Innerhalb von 1000 Jahren siedelten sich in Nord- und Südamerika insgesamt zehn Millionen Menschen an. Das hört sich zunächst nach einer phänomenalen Vermehrungsrate an, die ihren Ursprung aber möglicherweise in einer recht kleinen Gruppe menschlicher Siedler hatte. Um jene Bevölkerungszahl zu erreichen, bedurfte es lediglich einer Gemeinde von 100 Menschen, die auf dem neuen Kontinent ankam, sich dann 13 km pro Jahr vorarbeitete und dabei ein Bevölkerungswachstum von jährlich 1,1% zu verzeichnen hatte. Das massenhafte **Aussterben** der amerikanischen Megafauna trifft zeitlich derart exakt mit dem Eintreffen der Einwanderer zusammen, dass der Mensch mit Sicherheit dafür verantwortlich gemacht werden kann. Die Neuankömmlinge löschten die riesigen Tiere an einem bestimmten Ort auf einen Schlag aus, um dann auf der Suche nach neuer Beute weiterzuziehen.

Ganz abgesehen von den ökologischen Auswirkungen hatte das Aussterben der großen Landsäugetiere aber noch zahlreiche weitere Konsequenzen. So waren beispielsweise die zukünftigen amerikanischen Zivilisationen nicht in der Lage, diejenigen großen Tierarten zu domestizieren, denen in der „Alten Welt" eine entscheidende wirtschaftliche Bedeutung zukam. Ohne Rinder, Pferde, Schafe, Ziegen oder ähnliche Nutztiere fehlten ihnen die Mittel, große Siedlungen mit Nahrung und Kleidung zu versorgen, es mangelte ihnen an Zugtieren für Pflüge oder Fahrzeuge mit Rädern, und es fehlten Tiere für den Transport und damit auch das Potenzial für neue Eroberungen. Erschwerend kam hinzu, dass die meisten menschlichen Krankheiten, die später aus anderen Teilen der Welt nach Amerika eingeschleppt wurden, mit domestizierten Tieren in Verbindung standen und die amerikanischen Ureinwohner keine Möglichkeit gehabt hatten, Abwehrkräfte gegen jene Krankheiten zu entwickeln; auf der anderen Seite gab es auch keine indigenen Krankheiten, die den Invasoren etwas hätten anhaben können.

Mindestens drei verschiedene **Einwanderungswellen** schwappten über Alaska nach Nordamerika, in deren Gefolge sich die Neuankömmlinge jeweils in einer weniger ertragreichen Umgebung ansiedelten als ihre Vorgänger und sich den dortigen Bedingungen anpassten. Die zweite ereignete sich vor etwa 5000 Jahren durch die „**Na-Dené**" oder Athapasken – die Vorfahren der Haida im Nordwesten sowie der Navajo und Apachen im Südwesten. Die dritte Einwanderungswelle fand ihre Nische weitere 2000 Jahre später im Eis des arktischen Nordens und bestand aus den Vorfahren der **Aleuten** und der **Inuit**.

Die erste bekannte Siedlungsstätte auf dem Gebiet der heutigen Vereinigten Staaten datiert 12 000 Jahre zurück und wurde bei Meadowcroft im Südwesten Pennsylvanias entdeckt. 500 Jahre später war im Südwesten des nordamerikanischen Kontinents eine Zivilisation vorherrschend, die von den Archäologen als **Llanokultur** (früher Cloviskultur) bezeichnet wird; ihre unverwechselbaren Pfeilspitzen wurden erstmals in Clovis im heutigen US-Bundesstaat Neu-Mexiko identifiziert. Nachfolgende Untergruppen beinhalten unter anderem die Landwirtschaft betreibenden Algonquin im heutigen Neuengland sowie Stämme wie die Chumash und Makah, die an den Küsten des Pazifischen Ozeans im amerikanischen Nordwesten Jagd auf Fische, Otter und sogar Wale machten.

Doch nirgendwo gab es eine Zivilisation, die sich in punkto Wohlstand und kultureller Entwicklung mit Teotihuacán oder Tenochtitlán, den großartigen Städten des alten Mexiko, hätte messen können. Der Einfluss jener weit entfernten Kulturen färbte aber auch nach Norden ab. Der Anbau von Feldfrüchten wie Bohnen, Kürbisse und Mais begünstigte die Entstehung großer Gemeinden, und auch den religiösen Kulten des Nordens, einschließlich derer, die rituelle Menschenopfer forderten, werden Gemeinsamkeiten mit zentralamerikanischen Glaubensvorstellungen zugeschrieben. Die so genannten **Moundbuilders** (Hügelbauer) aus dem **Ohio**- und dem **Mississippi**-Tal errichteten Stätten wie den Great Serpent Mound im heutigen Ohio und Poverty Point in Louisiana. Die auffälligste dieser frühen Zivilisationen, die heute als **Hopewell** bezeichnete Kultur, erlebte ihre Glanzzeit etwa zwischen 100 und 400 n.Chr. Später entwickelte sich die Stadt **Cahokia** vor den Toren des heutigen St. Louis zum größten präkolumbischen Zentrum Nordamerikas. Das Stadtzentrum Cahokias wurde von einem riesigen Hügel beherrscht, auf dem eine Art Tempel thronte; ihre absolute Blüte erlebte sie zwischen 1050 und 1250.

In den Wüsten des **Südwestens** hatte die Hohokam-Siedlung Snaketown in der Nähe des heutigen Phoenix (Arizona) bereits mit denselben Bewässerungsproblemen zu kämpfen, von denen die Region auch heute noch geplagt wird. In der Nähe führten die **Vorfahren der Pueblo-Indianer** eine Existenz als Korbmacher und entwickelten um 200 n.Chr. die Töpferkunst. Sie wohnten in ummauerten Dörfern, die später als Pueblos bezeichnet wurden, möglicherweise um sich vor der Bedrohung durch die zur Sprachfamilie der Athapasken zählenden Invasoren zu schützen, darunter auch die von Norden her vorstoßenden Apachen. Die „Städte" der Vorfahren der Pueblo-Indianer wie Pueblo Bonito in Neu-Mexikos Chaco Canyon – ein ehemaliges Zentrum des Türkishandels mit den mächtigen Azteken – und der „Klippenpalast" bei Mesa Verde in Colorado zählen zu den beeindruckendsten Hinterlassenschaften der amerikanischen Ureinwohner. Auch wenn die Vorfahren der Pueblo-Indianer ab dem 12. Jh. als homogene Gruppe nicht mehr zu identifizieren sind – wahrscheinlich zersplitterten sie nach einer verheerenden Dürre in mehrere Untergruppen –, werden viele der von ihnen unmittelbar erbauten Siedlungen auch heute noch genutzt. Selbst Jahrhunderte der Migration, Kriege und Regierungswechsel vermochten die Wüstenfarmer in den **Hopi Mesas** von Arizona und die Bewohner der Pueblos **Taos** und **Acoma** in Neu-Mexiko nicht aus ihren Siedlungen zu vertreiben.

Die Schätzungen bezüglich der Gesamtbevölkerungszahl der amerikanischen Ureinwohner zum Zeitpunkt der Ankunft der Europäer gehen weit auseinander. Während die wissenschaftlichen Zahlen für Nordamerika von zwei bis zwölf Millionen Einwohnern ausgehen, kann für den gesamten amerikanischen Kontinent ein mittlerer Wert von rund 50 Millionen Menschen zugrunde gelegt werden, wobei den fünf Millionen in Nordamerika etwa 400 verschiedene Sprachen zugeschrieben werden.

Erste Kontakte mit Europäern

Das größte europäische Seefahrervolk des frühen Mittelalters, die **Wikinger**, gründeten um 982 eine Kolonie in Grönland, die unter der energischen Führerschaft von Erik dem Roten zur Ausgangsbasis für Seereisen entlang der geheimnisumwitterten Küste nach Westen wurde. **Leif Eriksson** alias „Leif der Glückliche" verbrachte den Winter 1001/1002 an einem Ort, der inzwischen als L'Anse aux Meadows im nördlichen Neufundland identifiziert wurde. Die klimatischen Verhältnisse mögen damals wesentlich günstiger gewesen sein als heute, doch ist es nach wie vor unklar, was es mit den „Trauben" auf sich haben mag, nach denen er das Land **Vinland** nannte. In den folgenden zwölf Jahren wurden weitere Expeditionen in Angriff genommen, die weiter nach Süden führten, möglicherweise sogar bis in das heutige Maine. Doch nach wiederholten Zusammenstößen mit dem Volk, das die Wikinger als **Skrälinge** oder „Wichte" bezeichneten – wahrscheinlich handelte es sich um Inuit, die zu jener Zeit ebenfalls Neuankömmlinge in diesen Breiten waren –, sahen sie sich veranlasst, ihre Pläne für eine dauerhafte Besiedlung aufzugeben.

Weitere fünf Jahrhunderte gingen ins Land, bis es am 12. Oktober 1492 zum entscheidenden Ereignis für den Kontakt Amerikas mit der Außenwelt kam, als **Christoph Kolumbus** im Auftrag der spanischen Krone in San Salvador auf den Bahamas landete. Nur vier Jahre später „entdeckte" der englische Seefahrer John Cabot offiziell Neufundland, und schon bald errichteten besonders Fischer aus Großbritannien provisorische Lager in einer Region, die später als Neuengland bekannt wurde, um dort im Winter ihren Fang zu räuchern.

Im Laufe der folgenden Jahre wurden diverse Expeditionen unternommen, um die amerikanische Ostküste zu kartografieren. So segelte beispielsweise 1524 der Italiener **Giovanni Verrazano** an der Küste Maines entlang, die er wegen des feindseligen und herablassenden Verhaltens seiner Ureinwohner als „Land der bösen Menschen" bezeichnete, und erreichte schließlich die Mündung des Flusses, der einmal den Namen Hudson River erhalten sollte. Anfangs bestand die große Hoffnung darin, von Nordosten her einen Seeweg zu finden, der nach China führen sollte – die sagenumwobene **Nordwestpassage**. Der Franzose **Jacques Cartier** war der Ansicht, der St.-Lorenz-Strom könnte jene Passage sein, und erforschte ab den 30er Jahren des 16. Jhs. in diversen Expeditionen die Region um die Großen Seen. Seinem Versuch, jenes Gebiet zu besiedeln, war kein Erfolg beschieden; einige unerschrockene Fallensteller und Händler wagten sich aber sogar noch tiefer Richtung Westen vor.

Weiter südlich hatten sich die Spanier 1513 langsam von der Karibik Richtung Norden vorgearbeitet, bis eine von **Ponce de León** geleitete Expedition auf der Suche nach dem Jungbrunnen im heutigen Palm Beach landete und der Region den Namen **Florida** gab. In den folgenden Jahren konzentrierten die Spanier ihre Aufmerksamkeit dann auf die lukrative Eroberung Mexikos, machten aber 1548 unter Panfilo de Narvaez wieder kehrt, erlitten allerdings im Golf von Mexiko Schiffbruch. Einer von Narvaz Unteroffizieren, **Cabeza de Vaca**, überlebte und verbrachte die folgenden sechs Jahre mit drei Schiffskameraden auf einer außergewöhnlichen Odyssee durch Texas und den Südwesten. Mal als Sklaven gehalten, mal als Propheten verehrt, gelangten sie schließlich 1534 wieder zurück nach Mexiko, wo sie von goldenen Städten tief in der Wüste berichteten, die als die **Sieben Städte von Cíbola** bekannt wurden.

Einer von Cabeza de Vacas Gefährten war ein schwarzafrikanischer Sklave namens **Estevanico der Mohr**, ein Riese von Gestalt, der enormen Eindruck auf die Ureinwohner machte, denen sie unterwegs begegneten. Um nicht wieder in die Sklaverei zurückkehren zu müssen, erklärte er sich dazu bereit, die Route für eine neue Expedition auszukundschaften. Nachdem er sich allein, nur von zwei kolossalen Windhunden begleitet, auf den Weg ins Landesinnere gemacht hatte, wurde er 1539 in Zuni Pueblo ermordet. Im darauf folgenden Jahr erbrachte **Francisco Vázquez de Coronado** mit einer kompletten Expeditionsmannschaft den enttäuschenden Beweis, dass die Sieben Städte von Cíbola gar nicht existierten. Sie erreichten den Grand Canyon und trafen unterwegs auf die Hopi und andere Pueblo-Indianer. Hernán Cortés, der Eroberer des Aztekenreiches, hatte inzwischen den Umriss der Halbinsel Baja California vermessen, und 1542 segelte Juan Cabrillo die Küste Richtung Norden bis nach Kalifornien hinauf, verfehlte aber die Bucht von San Francisco wegen des dort vorherrschenden Nebels.

Auch wenn die in Nordamerika gefundenen Schätze nicht mit den geplünderten Reichtümern der Azteken und Inkas mithalten konnten, so kam es doch immer wieder zu weniger spektakulären Entdeckungen, die der Wirtschaft im alten Europa neuen Aufschwung brachten, darunter auch neuartige Nahrungsmittel wie die Kartoffel oder die reichen Kabeljaufischgründe im Nordatlantik. Die Spanier errichteten als erste europäische Nation eine dauerhafte Niederlassung in den heutigen Vereinigten Staaten, als sie 1565 an der Küste Floridas die Siedlung **St Augustine** gründeten, die 1586 von Sir Francis Drake in Schutt und Asche gelegt wurde. 1598 gelang es den Spaniern, die Pueblo-Indianer zu unterwerfen und die Kolonie Neu-Mexiko am Rio Grande zu gründen. Es handelte sich dabei eher um ein missionarisches als um ein militärisches Unternehmen, dessen Fortbestand stets gefährdet war, da die neue Kolonie durch riesige Wüstengebiete vom restlichen Mexiko getrennt war.

Ungeachtet dessen wurde 1609 mit dem Bau der neuen Hauptstadt **Santa Fe** begonnen.

Das Wachstum der Kolonien

Die starke Rivalität zwischen England und Spanien im ausgehenden 16. Jh. erstreckte sich auf große Teile der Welt. Englische Abenteurer und Freibeuter forderten die spanische Vorherrschaft an beiden Küsten Nordamerikas immer wieder aufs Neue heraus. Sir Francis Drake sicherte sich 1579 sein Anrecht auf Kalifornien, fünf Jahre bevor **Sir Walter Raleigh** im Namen der jungfräulichen Königin Elizabeth I. die Kolonie **Virginia** an der Ostküste in Besitz nahm. Die 1585 von ihm abgesetzten Kolonisten gründeten die kurzlebige Siedlung **Roanoke**, die heute als geheimnisumwitterte „Verlorene Kolonie" in Erinnerung ist.

Die amerikanischen Ureinwohner, denen die allerersten Siedler begegneten, waren anfangs nur selten feindselig gestimmt. Bis zu einem gewissen Punkt waren die europäischen Neuankömmlinge auch darauf angewiesen, Freundschaft mit den Einheimischen zu schließen. Die meisten hatten die Reise über den Atlantik gewagt, um religiöse Freiheit oder wirtschaftlichen Wohlstand zu erlangen, hatten aber weder die Erfahrung noch die Neigung, sich eine Existenz auf der banalen Grundlage des Ackerbaus für den Eigenbedarf aufzubauen. Die erste dauerhafte Siedlung in Virginia, **Jamestown**, wurde am 24. Mai 1607 von Captain John Smith gegründet, der sich beklagte: „Das Meer mag voller Fische sein, die Luft voller Vögel, der Wald voller Tiere, doch sie sind so wild und ihre Reviere so groß, und wir sind so schwach und so unwissend, dass wir ihnen kaum etwas anhaben können." So kam es nicht überraschend, dass sechs von sieben Kolonisten das erste Jahr ihrer Ankunft in der Neuen Welt nicht überlebten.

Mit der Zeit erlernten die Siedler jedoch die Methoden für einen erfolgreichen Anbau der seltsamen Feldfrüchte, die in diesen ungewohnten Breiten gediehen. Für die britische Regierung war die Gründung der Kolonien ein rein kommerzielles Unterfangen, das Pflanzen und Früchte hervorbringen sollte, die auch in der Heimat angebaut werden konnten; dass die Kolonisten auch persönliche Ziele verfolgen könnten, wurde gar nicht erst in Erwägung gezogen. Nach anfänglichen Misserfolgen mit Zucker und Reis fand Virginia schließlich seine Bestimmung, als im Jahre 1615 die erste **Tabakernte** eingefahren wurde (der dafür verantwortliche Großpflanzer John Rolfe ist heute besser als Ehemann von Pocahontas bekannt). Eine erfolgreiche Tabakplantage erforderte vor allem zwei Dinge im Übermaß: erstens Land, was den Druck erhöhte, die einheimischen Indianer zu enteignen, und zweitens Arbeitskräfte. Doch kein Engländer, der etwas auf sich hielt, ging nach Amerika, um für andere zu schuften. Und als 1619 das erste Schiff mit 20 afrikanischen **Sklaven** in Jamestown landete, konnte dessen Kapitän eine rege Nachfrage für seine Fracht verzeichnen. Zu jener Zeit arbeiteten in Südamerika bereits eine Million Sklaven für ihre weißen Herren.

Die als „**Pilgerväter**" in die Geschichte eingegangenen 102 **Puritaner** gingen Ende 1620 mit ihrem Schiff Mayflower in Cape Cod vor der Küste des heutigen Boston an Land und gründeten schon bald eine eigene Kolonie in Plymouth. Allein im ersten Winter starben 50 von ihnen, und möglicherweise hätte kein einziger überlebt, wäre es nicht zu der zufälligen Begegnung mit dem außergewöhnlichen **Squanto** gekommen. Der amerikanische Ureinwohner war bereits zwei Mal entführt und nach Europa verschleppt worden, doch beide Male war ihm die Flucht zurück in die Heimat gelungen. Während seiner Streifzüge durch Europa hatte er vier Jahre als Kaufmann in London gearbeitet und zeitweilig auch in Spanien gelebt. Nachdem er erst vor kurzem wieder nach Hause gekommen war und feststellen musste, dass sein gesamter Stamm in der Zwischenzeit von den Pocken dahingerafft worden war, beschloss er, sich mit den Engländern zusammenzutun. Unter seiner Anleitung gelang es den Neuankömmlingen schließlich, ihre erste Ernte einzufahren, die entsprechend mit dem großen **Thanksgiving** (Entedankfest) gefeiert wurde, das auch heute noch einen enormen Stellenwert in der amerikanischen Gesellschaft genießt.

Von größerer Bedeutung für die Geschichte Neuenglands war jedoch 1630 die Gründung einer neuen Kolonie etwas weiter nördlich an der Küste namens Naumkeag (später Salem) durch die englische Handelsgesellschaft Massachusetts Bay Company. Ihr Gouverneur **John Winthrop** zog aber schon bald weiter, um auf der Halbinsel Shawmut eine neue Hauptstadt zu gründen, nämlich die Stadt **Boston** mit einer eigenen Universität, der University of Harvard. Seine Utopie von einer „Stadt auf einem Hügel" erstreckte sich allerdings nicht auf ein Teilen dieses Paradieses mit den Indianern; er argumentierte, die Ureinwohner hätten das Land nicht „unterworfen", und es handle sich daher um ein „Vakuum", über das auch die Puritaner nach ihren eigenen Vorstellung verfügen dürften. Der Glaube half so manchem Siedler, die anfänglichen Entbehrungen zu ertragen, doch der Kolonie als Ganzes gelang es nicht, ihre starke religiöse Identität zu bewahren. Die Hexenprozesse von Salem 1692 hatten erheblichen Anteil an der Abkehr von der Vorstellung, die Neue Welt wäre dem alten Europa moralisch überlegen. Erste Splittergruppen verließen schon bald darauf die Gegend, um weiter südwestlich die konkurrierenden Siedlungen Providence und Connecticut zu gründen.

Zwischen 1620 und 1642 verließen insgesamt 60 000 Emigranten ihre englische Heimat Richtung Amerika, das waren 1,5 % der Gesamtbevölkerung. Die Neuankömmlinge auf der Suche nach Arbeitsmöglichkeiten ließen sich meistens in den schon etablierten Kolonien nieder, wo sie zu einer Verwässerung des religiösen Eifers der Puritaner beitrugen. Gruppen auf der Suche nach geistiger Freiheit tendierten hingegen zu einem gründlichen Neuanfang. So entstand **Maryland** 1632 als Zufluchtsort für Katholiken, und fünfzig Jahre später wurde **Pennsylvania** von den Quäkern gegründet.

Die Engländer waren jedoch nicht allein in Amerika. Nachdem Sir Henry Hudson 1609 erneut Manhattan entdeckt hatte, „kauften" die **Holländer** 1624 diesen Landstrich, wenngleich es sich bei den Indianern, die das Geld entgegennahmen, um nomadisierende Stämme handelte, die ebenso wenig Anspruch auf das Land hatten wie die Käufer. Die 1625 gegründete holländische Kolonie Neu-Amsterdam bestand gerade einmal vierzig Jahre, bevor sie von den Engländern erobert und in **New York** umbenannt wurde. Zu jener Zeit hatten sich bereits viele Holländer am Unterlauf des Hudson River niedergelassen.

Unterdessen hatten die **Franzosen** 1673 von ihrer Ausgangsbasis an den Großen Seen die Entdecker Joliet und Marquette entsandt, um den Lauf des Mississippi zu erforschen. Sie kehrten zurück, nachdem sie sich davon überzeugt hatten, dass der Strom tatsächlich in den Golf von Mexiko mündete, und ihre Reise ebnete den Weg für die Gründung der ebenso riesigen wie unklar definierten Kolonie **Louisiana** im Jahre 1699. Die Grundstein für die Stadt **New Orleans** an der Mündung des Mississippi wurde 1718 gelegt.

Während die Spanier sich in Florida fest etabliert hatten, liefen die Dinge im Südwesten nicht ganz so erfolgreich. Mit der blutigen **Pueblo-Revolte** von 1680 gelang es den Pueblo-Indianern, die Spanier vollständig aus Neu-Mexiko zu vertreiben. Letztere kehrten jedoch zwölf Jahre später in umso stärkerer Zahl zurück, und in der Folge begann sich eine seltsame religiöse und kulturelle Synthese aus traditionellen und hispanischen Elementen herauszubilden. Abgesehen von einigen Überfällen durch Stämme aus dem Norden war die Präsenz der Spanier zu jener Zeit nicht ernsthaft gefährdet.

Mit der Ankunft von Ausländern veränderten sich auch die Verhältnisse im „wilden" Hinterland. Die als *frontier* bezeichnete Siedlungsgrenze im Osten wurde stetig weiter nach Westen verschoben, indem die Kolonisten den Indianern das Land wegnahmen, sei es mit oder ohne Begründung durch einen „Aufstand" oder eine „Rebellion" zur Rechtfertigung des Blutvergießens. Der größte Todfeind der amerikanischen Urbevölkerung waren jedoch die **Pocken**, die sich schon lange vor den Europäern ihren Weg tief ins Innere des Kontinents gebahnt hatten. (Einige Wissenschaftler äußern die Vermutung, dass die amerikanischen Ureinwohner keine vergleichbaren „neuen" Krankheiten hatten, mit denen sie die Neuankömmlinge hätten anstecken können, weil ihre Vorfahren sehr lange Zeit mit der Durchquerung der Arktis bei Minustemperaturen verbracht hatten.)

Während die Bevölkerungszahl der Indianer immer weiter abnahm, kam es auch zu großen Wanderbewegungen, die dadurch begünstigt wurden, dass zu jener Zeit das **Pferd** in den Großen Ebenen Einzug hielt. Die ursprünglichen Bewohner der Region waren sesshafte Bauern gewesen, die aber auch Büffel jagten, indem sie sie über steile Felsvorsprünge in die Tiefe stürzen ließen. Pfeil und Bogen hatten die Indianer bereits im 5. Jh. erfunden, doch erst die Verfügbarkeit von Pferden, die sie wahrscheinlich von den Spaniern eroberten, verschaffte ihnen die Möglichkeit einer völlig neuen, nomadischen Lebensweise. Stämme wie die Cheyenne oder Apachen vertrieben ihre Feinde, rissen die Herrschaft über riesige Landgebiete an sich und bemächtigten sich mit Begeisterung der europäischen Feuerwaffen, als diese kurz darauf eingeführt wurden. Alle Faktoren zusammen sorgten für die Entstehung einer sehr dynamischen, aber durch und durch instabilen Kultur, die völlig auf den Handel mit Europäern angewiesen war, um die Bedürfnisse des täglichen Lebens befriedigen zu können.

Die Amerikanische Revolution

Im **18. Jahrhundert** florierten die amerikanischen Kolonien. In den Städten Boston, New York und ganz besonders **Philadelphia** hatte sich eine wohlhabende, gebildete und eloquente Mittelklasse herausgebildet. Diese Gesellschaftsschicht war immer weniger gewillt, die Ungerechtigkeiten in der Beziehung zwischen den Kolonien und dem Mutterland widerspruchslos hinzunehmen. Den Amerikanern war es zwar gestattet, untereinander Handel zu treiben, doch darüber hinaus durften sie ihre Produkte nur an Großbritannien verkaufen, während der gesamte transatlantische Warenverkehr mit britischen Handelsschiffen abgewickelt werden musste.

Eine vollständige Unabhängigkeit wurde zwar erst gegen Ende des Jahrhunderts als ausdrückliches Ziel formuliert, doch der Hauptfaktor, der eine Autonomie in den Bereich des Möglichen rückte, waren die wirtschaftlichen Auswirkungen des innereuropäischen Konfliktes, der als der **Siebenjährige Krieg** in die Geschichte einging. Offiziell dauerte der Krieg in Europa von 1756 bis 1763, doch in Nordamerika waren die Kämpfe zwischen England, Frankreich und Spanien bereits etwas früher ausgebrochen.

Nachdem die Engländer 1755 massenhaft französische Siedler aus Akadien in Neuschottland vertrieben hatten (die sich dann in einer monumentalen Wanderung nach Louisiana aufmachten, wo sie bis heute unter der Bezeichnung **Cajuns** leben), machten sich die Briten daran, ganz Kanada zu erobern. General Wolfe bereitete dem Krieg ein Ende, indem er 1759 die **Kapitulation von Québec** erzwungen hatte. Die Franzosen traten Louisiana aber lieber an Spanien ab, statt es in die Hände der Engländer fallen zu lassen. Gleichzeitig übernahm Großbritannien die Kontrolle über Florida, das aber bereits ein Jahr später wieder an Spanien zurückfallen sollte. Während alle europäischen Monarchen aufgrund angehäufter Schulden praktisch handlungsunfähig waren, wurde den Briten schließlich klar, dass sich der Kolonialismus in Amerika nicht so profitabel betreiben ließ wie in jenen Teilen der Welt, wo man die einheimische Urbevölkerung dazu zwingen konnte, für ihre Herren aus Übersee zu arbeiten.

Mitbestimmt wurde die Szenerie damals von einem Ernst zu nehmenden Widersacher, dem so genannten **Irokesenbund**. Zeugnisse der Irokesenkultur, zu deren Kennzeichen unter anderem militärisches Expansionsstreben und sogar Menschenopfer zählten, finden sich in der Region um die Großen Seen seit etwa 1000 n.Chr. Die südlichen Irokesen befanden sich ständig im Konflikt mit den Algonquin und den Huron und hatten sich daher im 18. Jh. zu einer Liga aus fünf Stämmen bzw. Nationen zusammengeschlossen. Beteiligt waren die Seneca, die Cayuga, die Onondaga, die Oneida und die Mohawk, die allesamt im Norden des heutigen US-Bundesstaates New York beheimatet waren. Die sowohl von den Franzosen als auch von den Engländern umworbenen Irokesen verfolgten über den Großteil des Jahrhunderts einen unabhängigen Kurs gegenüber beiden Nationen.

Bei Verhandlungen mit den Kolonisten im Jahre 1744 hatte ein von den streitbaren Vertretern Pennsylvanias, Virginias und Marylands unbeeindruckter Onondaga-Häuptling empfohlen: „Wenn ihr so verfahrt wie unserer weisen Vorfahren, werdet ihr zu neuer Kraft und Stärke gelangen." Benjamin Franklin, der den Verhandlungen beiwohnte, schrieb daraufhin 1751 sinngemäß, dass ungebildete Wilde wohl kaum in der Lage gewesen wären, eine derartige Union zu schmieden, die bereits seit Generationen Bestand habe und unauflöslich erscheine; und ebenso unwahrscheinlich wäre es wohl, dass sich eine ähnliche Union zwischen zehn oder zwölf englischen Kolonien als impraktikabel erweisen würde.

Kurz nach Beendigung des Siebenjährigen Krieges kam es 1763 zu einem erfolglosen Aufstand des von Häuptling **Pontiac** angeführten Stammes der Ottawa, der die geldknappen Engländer zu dem Schluss kommen ließ, dass Amerika dringend eine eigene stehende Armee benötigte und man von den Kolonisten ja wohl erwarten könnte, die notwendigen Finanzmittel dafür aufzubringen.

1765 führten die Briten das so genannte **Stempelsteuergesetz** ein, das eine direkte Abgabe an die britische Krone auf sämtliche juristische Dokumente und Druckerzeugnisse in den Kolonien vorsah. In der festen Überzeugung, es dürfe keine Besteuerung ohne politische Repräsentation geben (*No taxation without representation*"), trafen sich Delegierte aus neun Kolonien im Oktober 1765 zu einer Protestversammlung gegen die Stempelsteuer. Zu jenem Zeitpunkt war der für das Gesetz verantwortliche britische Premierminister jedoch bereits von König George III. entlassen worden, und die umstrittenen Stempel wurden nur ein einziges Mal kurzzeitig in Georgia ausgegeben, bevor das Gesetz 1766 endgültig wieder aufgehoben wurde.

Im Jahr 1767 versuchte sich der britische Schatzkanzler Townshend in der Heimat politisch zu profilieren, indem er unter der Ankündigung „Ich traue mich, Amerika zu besteuern!" ein Programm von Einfuhrzöllen auf bestimmte Waren in die Wege leitete. Daraufhin sahen sich die von **Samuel Adams** beeinflussten Kaufleute von Massachusetts zu einem Boykott gegen englische Produkte veranlasst, dem sich mit Ausnahme von New Hampshire alle anderen Kolonien anschlossen. Am 5. März 1770 wurden Townshends Gesetze durch den neuen Premierminister Lord North wieder außer Kraft gesetzt. Zufällig hatte am gleichen Tag aber eine mit Steinen werfende Menge das Zollhaus in Boston umstellt. Dabei kam es zum so genannten **Bostoner Massaker**, als fünf Menschen durch Schüsse von Wachmännern getötet wurden. Dennoch nahmen die meisten Kolonien in der Folge den Handel mit Großbritannien wieder auf, sodass die große Krise noch einige Jahre Aufschub erhielt.

Im Mai 1773 entlastete Lord North mit dem **Teegesetz** die hoch verschuldete Ostindische Kompanie von ihren Zöllen auf Exporte nach Amerika, während die Amerikaner weiterhin Abgaben auf die Einfuhr von Tee zahlen mussten. Massachusetts rief die anderen Kolonien auf, sich gemeinsam zur Wehr zu setzen, und seine Bürger führten am 16. Dezember die so genannte **Boston Tea Party** an, enterten drei mit Tee beladene Schiffe und warfen 342 Kisten mit der wertvollen Fracht ins Meer. Der Kommentar von John Adams dazu lautete: „Mit einer Landung des Schiffes hätten wir uns von dem Grundsatz verabschiedet, dass es eine Besteuerung nur bei parlamentarischer Vertretung geben kann."

Das empörte britische Parlament machte sich daraufhin an die Verabschiedung mehrerer Gesetze, die in ihrer Gesamtheit von den Amerikanern als nicht hinnehmbare Zwangsmaßnahme empfunden wurden und die unter anderem die Schließung des Bostoner Hafens und die Auflösung der Regierung von Massachusetts vorsahen. Thomas Jefferson verurteilte das neue Gesetzespaket als den systematischen Versuch, Amerika in die Sklaverei zu zwingen. Als Reaktion darauf fand am 5. Mai 1774 in Philadelphia der **Erste Kontinentalkongress** statt, an dem Vertreter aller Kolonien außer Georgia teilnahmen.

Am 18. April 1775 kam es schließlich zum Ausbruch des Krieges, als General Gage, der neu eingesetzte Gouverneur von Massachusetts, 400 britische Soldaten entsandte, um das Waffendepot in **Concord** zu zerstören, damit das Arsenal nicht in die Hände der Rebellen fallen konnte. Der Silberschmied **Paul Revere** wurde von den Bostoner Bürgern auf seinen legendären Kurierritt nach

Concord geschickt, um die dortigen Rebellen zu warnen. Die anrückenden Engländer wurden daraufhin bei Lexington von 77 amerikanischen Patrioten, den so genannten „Minutemen", zu einem ersten Gefecht gestellt.

Der Kongress machte sich daran, in Boston eine Armee auf die Beine zu stellen und entschied sich um des Erhalts der Union willen für einen Oberbefehlshaber aus den Südstaaten namens **George Washington**. Während der Krieg wütete, bildeten alle Kolonien ihre eigenen Regierungen, erklärten sich zu eigenständigen Staaten und überließen ihren Politikern die Definition der Gesellschaft, die sie zu bilden beabsichtigten. Die Ideen des Druckschriftenverfassers Thomas Paine – ganz besonders das Pamphlet *Common Sense* (Gesunder Menschenverstand) – hatten, zusammen mit den Vorstellungen des Irokesenbundes, einen großen Einfluss auf die amerikanische **Unabhängigkeitserklärung**. Die von Thomas Jefferson verfasste Schrift wurde am 4. Juli 1776 vom Kontinentalkongress in Philadelphia angenommen. Die ursprünglich von Jefferson, der selbst Sklavenhalter war, eingearbeiteten Klauseln gegen die Sklaverei wurden mit Rücksicht auf die Südstaaten gestrichen; erhalten blieb dagegen ein Absatz, in dem die Geschäfte des Königs mit „unbarmherzigen indianischen Wilden" angeprangert wurden.

Für die Briten nahm der Amerikanische Unabhängigkeitskrieg zunächst einen recht erfolgreichen Verlauf. General Howe überquerte mit einer rund 20 000 Mann starken Armee den Atlantik, nahm New York und New Jersey ein und überwinterte von 1777 auf 1778 in Philadelphia. Das Lager von Washingtons Armee befand sich nicht weit entfernt in Valley Forge, wo seine Soldaten bei eisigen Temperaturen beinahe den Kältetod starben. Schon bald wurde jedoch eine bedeutende Tatsache offenkundig: Je länger es den Amerikanern gelang, eine große Entscheidungsschlacht zu vermeiden, desto wahrscheinlicher würden die Engländer ihre Linien auf dem Vormarsch durch den riesigen und fremden Kontinent auseinanderziehen müssen. So wurde beispielsweise der Expedition von General Burgoyne, die in Kanada aufgebrochen war, auf ihrem Marsch nach Neuengland von den Rebellen per Guerillataktik derart zugesetzt, dass er sich im Oktober 1777 schließlich gezwungen sah, bei Saratoga zu kapitulieren.

Während die logistische Überforderung der Briten in diesem Krieg immer offensichtlicher wurde, eilten andere europäische Mächte den Amerikanern mit Freuden zu Hilfe. Benjamin Franklin führte eine äußerst erfolgreiche Delegation nach Frankreich an, um ausländische Unterstützung zu erbitten, und schon bald wurde die junge amerikanische Flotte von den Franzosen und den Spaniern dabei unterstützt, die britischen Verbindungen auf dem Seeweg abzuschneiden. Das Ende der Auseinandersetzungen nahte, als Cornwallis, der Nachfolger Howes, den Befehl erhielt, sich bei Yorktown zu verschanzen, bis die Royal Navy ihm zu Hilfe kommen würde, doch die Franzosen riegelten die Chesapeake Bay komplett ab und verhinderten so das Eintreffen von Verstärkungstruppen. Cornwallis ergab sich der Kontinentalarmee am 17. Oktober 1781, nur 15 Meilen von Jamestown entfernt, dem Standort der ersten englischen Siedlung auf dem amerikanischen Kontinent.

Der darauf folgende **Frieden von Paris** garantierte den Amerikanern ihre Unabhängigkeit zu großzügigen Konditionen. Die Engländer überließen ihre verbündeten amerikanischen Ureinwohner, einschließlich der Irokesen, der Rache der Sieger, und George Washington marschierte im November 1783 in New York ein, nachdem die Briten die Stadt verlassen hatten. Florida verblieb weiterhin in spanischem Besitz.

Der Kongress der Vereinigten Staaten trat erstmals 1789 zusammen und läutete die spätere Tradition ein, den siegreichsten Generälen der Nation auch die politische Macht zu übertragen, indem er George Washington zum ersten Präsidenten wählte. Eine weitere Ehrung erhielt der erfolgreiche Befehlshaber durch die Benennung der neuen Hauptstadt **Washington D.C.**, deren Standort mit Absicht an der Grenze zwischen Nord- und Südstaaten gewählt wurde.

Das 19. Jahrhundert

Im ersten Jahrhundert ihres Bestehens expandierten sowohl die Fläche als auch die Einwohnerzahl der neuen **Vereinigten Staaten von Amerika** mit geradezu phänomenaler Geschwindigkeit. Die weiße Bevölkerung Nordamerikas betrug 1800 etwa fünf Millionen, dazu kamen eine Million afrikanische Sklaven, von denen 30 000 im Norden lebten.

Die Verfassung Mit der 1787 unterzeichneten und ein Jahr später ratifizierten Verfassung der Vereinigten Staaten von Amerika wurde die folgende Regierungsform festgelegt:
Die gesamte Legislative wurde dem Kongress der Vereinigten Staaten übertragen. Die untere der beiden Kammern, das Repräsentantenhaus, sollte alle zwei Jahre neu gewählt werden. Seine Mitglieder setzten sich entsprechend der Bevölkerungszahl der „freien Bürger" eines jeden Einzelstaates plus „drei Fünftel aller anderen Bürger" (gemeint waren die Sklaven) zusammen. In das Oberhaus, den Senat, entsandte jeder Einzelstaat zwei Senatoren, die nicht direkt gewählt wurden, sondern durch die Legislativen der jeweiligen Einzelstaaten. Jeder Senator trat eine Amtszeit von sechs Jahren an, wobei alle zwei Jahre die Amtszeit eines Drittels der Senatoren ausläuft.
Die Exekutive oblag dem Präsidenten, der gleichzeitig als oberster Befehlshaber der Land- und Seestreitkräfte fungierte. Er sollte alle vier Jahre gewählt werden, und zwar von so vielen „Wahlmännern" aus jedem Einzelstaat, wie der Zahl der Senatoren und Repräsentanten jenes Staates entsprach. Jeder Einzelstaat durfte selbst entscheiden, auf welche Weise die Wahlmänner bestimmt wurden, wobei sich fast alle für direkte allgemeine Wahlen entschieden. Dennoch hält sich bis heute die Unterscheidung zwischen der Anzahl der „allgemeinen Stimmen", die ein Präsidentschaftskandidat im ganzen Land erzielt, und der Anzahl der in jedem Einzelstaat erzielten „Wahlmännerstimmen", die über das tatsächliche Ergebnis entscheidet. Ursprünglich galt auch die Regelung, dass der Kandidat mit dem zweitbesten Ergebnis bei den Wahlen automatisch Vizepräsident wurde.
Der Präsident konnte gegen die Beschlüsse des Kongresses ein Veto einlegen, das jedoch seinerseits durch eine Zweidrittelmehrheit in beiden Häusern wieder überstimmt werden konnte. Das Repräsentantenhaus wurde ermächtigt, in Fällen von Verrat, Bestechung oder „anderen schweren Straftaten und Vergehen" ein Amtsenthebungsverfahren (impeachment) gegen den Präsidenten einzuleiten, woraufhin der Senat ihn mit Zweidrittelmehrheit des Amtes entheben konnte.
Die Judikative wurde einem Obersten Gerichtshof, dem so genannten Supreme Court, übertragen, wobei der Kongress über die Anzahl der Gerichte untergeordneter Instanzen entscheiden konnte.
Die Verfassung wurde bis heute durch 27 Verfassungszusätze, die so genannten Amendments, modifiziert. Für bedeutende Änderungen sorgten folgende Zusätze: Nr. 12, mit dem 1804 getrennte Wahlen für Präsident und Vizepräsident eingeführt wurden; Nr. 14 und 15, mit denen 1868 bzw. 1870 Männer schwarzer Hautfarbe das Wahlrecht erhielten; Nr. 17, mit dem 1913 allgemeine und direkte Wahlen der Senatoren eingeführt wurden; Nr. 18, mit dem 1920 das Wahlrecht für Frauen eingeführt wurde; Nr. 22, mit dem 1951 die Präsidentschaft auf maximal zwei Amtszeiten beschränkt wurde; Nr. 24, mit dem 1964 die Einzelstaaten daran gehindert wurden, mittellose afroamerikanische Bürger durch eine Kopfsteuer an ihrem Wahlrecht zu hindern; und Nr. 26, mit dem 1971 das Mindestalter für Wahlberechtigte auf 18 Jahre herabgesetzt wurde.

Von jener Gesamtbevölkerung waren 86% innerhalb eines 50 Meilen breiten Streifens an der Atlantikküste angesiedelt. Es gab aber keine Metropole in den USA, die es mit Mexiko-Stadt hätte aufnehmen können, das bereits knapp 100 000 Einwohner zählte. New York und Philadelphia erreichten jene Marke aber schon 20 Jahre später, und 50 Jahre darauf hatte New York schon die Millionengrenze überschritten.

Die Politik der Engländer war dahin gegangen, die Siedler davon abzuhalten in Gebiete westlich der Appalachen vorzudringen, wo sie sich außerhalb britischer Kontrolle befänden und sich daher versucht fühlen könnten, eine unabhängige Existenz aufzubauen. Für George Washington jedoch war eine derartige Politik lediglich ein „Notbehelf zur Beruhigung der Indianer". Abenteurer wie **Daniel Boone** machten sich ab den 70er Jahren des

18. Jhs. an die Überquerung der Berge und drangen bis nach Tennessee und Kentucky vor. Schon bald fuhren auch die ersten behelfsmäßigen Flöße – gebaut aus den Brettern, die später zum Bau von Holzhütten dienten – den Ohio hinunter, den einzigen Richtung Westen fließenden Fluss auf dem nordamerikanischen Kontinent.

1801 gaben die Spanier Louisiana wieder an Frankreich zurück, allerdings unter der ausdrücklichen Zusicherung der Franzosen, das Land dauerhaft in Besitz zu halten. Doch Napoleon erkannte schon bald, dass er nicht genügend Soldaten für eine Verteidigung seiner amerikanischen Besitzungen aufbringen konnte und entschloss sich daher, das Beste aus der misslichen Lage zu machen und verkaufte das Territorium 1803 für 15 Millionen Dollar an die Vereinigten Staaten. Die im Rahmen dieses **Louisiana Purchase** erworbenen Landgebiete erstreckten sich weit über die Grenzen des heutigen Louisiana hinaus, und Präsident Thomas Jefferson entsandte umgehend die Forscher **Lewis und Clark** zur Vermessung des Territoriums. Mit Hilfe von Sacagawea, ihrer angeheuerten Führerin vom Stamm der Schoschonen, folgten sie dem Lauf der Flüsse Missouri und Columbia bis zum Pazifischen Ozean; in ihrem Gefolge kamen Fallensteller und Jäger, um in der Wildnis der Rocky Mountains ihr Glück zu versuchen. Die **Russen** hatten zu jener Zeit bereits die Pazifikküste im Nordwesten des amerikanischen Kontinents erreicht und mehrere befestigte Außenposten errichtet, wo sie mit Biber- und Otterfellen handelten.

Die Versuche der Engländer, eine transatlantische Handelsblockade zu verhängen, die ursprünglich als Schachzug gegen Napoleon gedacht war, eröffneten der aufstrebenden Nation die erste Gelegenheit, ihre militärischen Muskeln spielen zu lassen. Auch wenn es einem britischen Überfallkommando gelang, Washington D.C. einzunehmen und das Weiße Haus niederzubrennen, so bot der **Krieg von 1812** aber in erster Linie einen Vorwand, gegen die mit den Engländern verbündeten amerikanischen Ureinwohner vorzugehen. So wurde **Tecumseh**, Häuptling der Shawnee, in der Nähe von Detroit geschlagen, und **Andrew Jackson** rückte am südlichen Mississippi gegen die Creek vor.

Jacksons Feldzug gegen die Seminolen in Florida versetzte die USA in die Lage, die spanische Regierung zu stürzen und die Abtretung des Gebietes zu verlangen. Jackson wurde zur Belohnung zum ersten Gouverneur des neuen Staates ernannt und später zum Präsidenten der Vereinigten Staaten gewählt. Während seiner Amtszeit in den 30er Jahren des 19. Jhs. ging Jackson sogar noch weiter und machte sich daran, die amerikanischen Ureinwohner aus allen Staaten östlich des Mississippi zu vertreiben. Die unfruchtbare Region, die später Oklahoma heißen sollte, wurde als „Indianerterritorium" ausgewiesen und zum neuen Siedlungsgebiet für die „Fünf zivilisierten Stämme" erklärt. Zu den Creek und den Seminolen sowie den Choctaw und den Chickasaw aus Mississippi kamen schließlich noch diejenigen Cherokee aus der unteren Appalachen-Region, die ihren vier grauenhafte Monate dauernden Zwangsmarsch, den so genannten **Trail of Tears**, überlebt hatten.

Für die Bürger der jungen Republik war es nur ein kleiner Schritt von der Erkenntnis, ihr Land könnte sich irgendwann über den gesamten Kontinent ausdehnen, bis zu der Vorstellung, man habe eine quasi religiöse Verpflichtung, jenes Land in Besitz zu nehmen. Vereinfacht lief diese Doktrin unter dem Schlagwort „**Manifest Destiny**" mehr oder weniger auf die Überzeugung „Macht geht vor Recht" hinaus, doch in der Praxis ließen sich unzählige Pioniere von der Vorstellung inspirieren, sie würden den Willen Gottes erfüllen, und machten sich auf den Weg über die Großen Ebenen, um sich im Westen des Landes eine neue Existenz aufzubauen.

Inzwischen hatte Mexiko seine Unabhängigkeit von Spanien erlangt. Die spanischen Besitzungen im Südwesten des nordamerikanischen Kontinents hatten nie genügend Einwanderer angelockt, um sich zu ausgewachsenen Kolonien entwickeln zu können, und so übernahmen nun die in immer größerer Zahl eintreffenden Amerikaner langsam die Vorherrschaft gegenüber den hispanischen Siedlern.

In **Texas** rebellierten die Amerikaner 1833 unter Führung von General Sam Houston, und kurze Zeit nach der legendären Niederlage in der Schlacht von Fort **Alamo** im Jahre 1836 besiegten sie schließlich die von General Santa Ana angeführte mexikanische Armee. Texas wurde zur eigenständigen und unabhängigen Republik erklärt.

Der darauf folgende **Mexikanische Krieg** war von Seiten der Amerikaner ein Akt unverfrorener Aggression. In dem Konflikt kämpften die führenden Figuren des Amerikanischen Bürgerkriegs noch Seite an Seite für das gleiche Ziel. Der Krieg endete nicht nur mit der Annexion von Texas, sondern auch von Arizona, Utah, Colorado, Nevada, New Mexico und 1848 schließlich auch Kalifornien. Eine symbolische Zahlung der USA von 15 Millionen Dollar an die mexikanische Regierung wurde in Anlehnung an den Louisiana Purchase getätigt. Die Kontroverse um die Frage, ob die Sklaverei in den neuen Staaten für legal erklärt werden sollte, verkam zu einer rein akademischen Diskussion, als praktisch an dem Tag, als der Krieg zu Ende war, die Nachricht aus Kalifornien eintraf, dass in der Sierra Nevada Gold gefunden worden war. Der folgende **Goldrausch** sorgte für die Entstehung der ersten größeren Stadt in Kalifornien, San Francisco, und für eine massive Einwanderung freier weißer Siedler in ein Land, das für eine auf Plantagen basierende Wirtschaft völlig ungeeignet war.

Die Befürworter von *Manifest Destiny* hatten ihre Aufmerksamkeit bis dahin kaum auf den **Pazifischen Nordwesten** gerichtet, der auf dem Papier noch zu Britisch-Kanada gehörte. Doch als 1841 der Oregon Trail den Weg in diese Region bahnte, waren die Amerikaner gegenüber den englischen Siedlern schon bald in der Überzahl. 1846 wurde die Grenze in einem überraschend freundschaftlichen Vertrag entlang des 49. Breitengrads fixiert, wo sie im Osten Kanadas ebenfalls verlief, während die gesamte Insel Vancouver Island den Engländern überlassen wurde.

Der Amerikanische Bürgerkrieg

Die nationale Einheit der Vereinigten Staaten von Amerika stand von Anfang an auf wackligen Füßen. Es war sehr große Sorgfalt darauf verwandt worden, eine **Verfassung** zu schaffen, die gleichzeitig dem Bedürfnis nach einer starken Bundesregierung und dem Streben der Einzelstaaten nach größtmöglicher Autonomie gerecht werden sollte. Um dies zu erreichen, wurde der Kongress aus zwei separaten Kammern zusammengesetzt – einem **Repräsentantenhaus**, in dem die Anzahl der Vertreter eines jeden Einzelstaates nach dessen Einwohnerzahl festgelegt wurde, und einem **Senat**, in dem jeder Einzelstaat, ungeachtet seiner Größe, zwei Mitglieder hatte. So gelang es, auch wenn die Verfassung rein theoretisch keine Aussage zum Thema der **Sklaverei** machte, die Befürchtungen der weniger bevölkerungsstarken Staaten des Südens zu verringern, wo die Sklaven zwar kein Wahlrecht hatten, wo aber ein Sklave nur als Dreifünftel einer Person zählte, wenn es um die Festlegung der Anzahl der pro Einzelstaat gewählten Repräsentanten ging. In den Südstaaten ging nämlich die Angst um, die Wähler im Norden könnten sie zur Abschaffung ihrer *peculiar institution* („eigentümliche Institution"), wie die Sklaverei verharmlosend genannt wurde, zwingen und so ihre gesamte Wirtschaft in den Ruin treiben.

Nach und nach wurde jedoch offenkundig, dass dieses System nur funktionieren konnte, wenn es gleich viele „freie" Staaten wie Sklaven haltende Staaten gab. In der Praxis konnte dieses Gleichgewicht nur gewahrt werden, indem man jedes Mal, wenn ein neuer Staat in die Union aufgenommen wurde, noch einen weiteren Staat mit entgegengesetzter Einstellung zur Sklaverei aufnahm. Infolge jener Umstände gab die Aufnahme eines jeden neuen Staates stets Anlass für endlose Intrigenspiele. Der **Missouri-Kompromiss** von 1820, unter dem Missouri als Sklaven haltender und Maine als freier Staat aufgenommen wurden, war noch recht unkompliziert im Vergleich zu den Ausweichmanövern und taktischen Spielchen beim Gerangel um die Aufnahme von Texas, denn der Mexikanische Krieg wurde im Norden vielfach als bloße Landnahme zur Schaffung neuer Sklavenstaaten verurteilt.

Abolitionistische Ansichten waren aber bis Mitte des 19. Jhs. selbst im Norden nicht sehr weit verbreitet. Bestenfalls hegten die Nordstaatler, nachdem die Sklavenimporte aus Afrika 1808 beendet worden waren, vage Hoffnungen, dass sich die Sklaverei als Anachronismus erweisen und irgendwann von selbst verschwinden würde. Wie sich herausstellte, erfuhren die Plantagen im Süden einen enormen Rentabilitätsschub durch die Erfindung der Baumwollentkörnungsmaschine und die erhöhte Nachfrage nach fertig produzierten Baumwollerzeugnissen als Folge der **Industriellen Revolution**. Die Situation veränderte sich schließlich durch das schnelle Wachstum der Nation als Ganzes, wodurch es immer schwieriger wurde, die politische Balance zwischen Nord- und Südstaaten aufrechtzuerhalten.

1854 spitzte sich die Lage zu, als der **Kansas-Nebraska Act** Guerilla-Aktionen und Scharmützel zwischen rivalisierenden Siedlern auslöste, weil jenes Kompromissgesetz für beide Einzelstaatenkandidaten die Selbstbestimmung in der Sklavenfrage vorsah. Im gleichen Jahr wurde die **Republikanische Partei** gegründet, die es sich zum Ziel setzte, eine weitere Ausbreitung der Sklaverei zu verhindern. Entflohene ehemalige Sklaven wie Frederick Douglass lösten inzwischen mit ihren Berichten große moralische Entrüstung bei ihrer Zuhörerschaft im Norden aus, während der zu Herzen gehende, die Sklaverei anprangernde Roman *Onkel Toms Hütte* von Harriet Beecher Stowe eine bis dahin beispiellose Zahl von Lesern fand.

Im Oktober 1859 führte **John Brown**, ein weißbärtiger und furchtloser, aus den blutigsten Nahkämpfen von Kansas hervorgegangener Veteran, einen spektakulären Überfall auf ein US-Waffenlager in Harpers Ferry (heute West Virginia) an, um Waffen für einen Sklavenaufstand zu beschaffen. Er wurde jedoch schnell von den Streitkräften unter dem Kommando von Robert E. Lee gefasst und binnen weniger Wochen gehängt. Kurz vor seinem Tod sagte er noch: „Ich bin jetzt fest davon überzeugt, dass die Verbrechen dieses schuldigen Landes nie anders gesühnt werden können als mit Blut."

Der republikanische Präsidentschaftskandidat für die Wahlen von 1860 war der weitgehend unbekannte **Abraham Lincoln** aus Kentucky. Er gewann in keinem einzigen Südstaat, doch da die Demokraten in eine nördliche und eine südliche Fraktion gespalten waren, wurde er mit 39 % der Gesamtstimmen gewählt. Nur wenige Wochen später, am 20. Dezember, trat South Carolina als erster Staat aus der Union aus. Am 4. Februar 1861 wurden die **Konföderierten Staaten von Amerika** ausgerufen, denen sich Mississippi, Florida, Alabama, Georgia, Louisiana und Texas anschlossen. Ihr erster (und einziger) Präsident war der ebenfalls aus Kentucky stammende **Jefferson Davis**; bei der Amtseinführung bemerkte sein Vizepräsident, die neue Regierung sei „die erste in der Weltgeschichte, die auf der großen physischen und moralischen Wahrheit basiert, dass der Neger dem weißen Mann nicht ebenbürtig ist". Lincoln trat sein Amt im März 1861 an und verkündete: „Es ist nicht meine Absicht, direkt oder indirekt gegen die Institution der Sklaverei in den Staaten vorzugehen, wo sie bereits besteht. Ich glaube, dass ich kein Recht dazu habe, und ich habe auch kein entsprechendes Bedürfnis."

Nur wenige Wochen später brach der **Bürgerkrieg** aus. Die ersten Schüsse fielen am 12. April, als die Unionstruppen mit viel zu großer Verspätung ihren Stützpunkt Fort Sumter im Hafen von Charleston (South Carolina) mit Nachschub versorgen wollten, dabei aber von den Konföderierten unter Beschuss genommen und schließlich zur Aufgabe gezwungen wurden. Lincolns unmittelbare Reaktion bestand darin, eine Armee gegen den Süden aufzustellen, woraufhin sich Virginia, Arkansas, Tennessee und North Carolina der Konföderation anschlossen. Innerhalb eines Jahres hatten beide Armeen insgesamt 600 000 Soldaten unter Waffen stehen. Robert E. Lee hatte das Kommando von beiden Seiten angeboten bekommen und entschied sich für die Konföderierten, während George McLellan erster Oberbefehlshaber der Unionstruppen wurde.

Obwohl die beiden rivalisierenden Hauptstädte Washington D.C. und Richmond (Virginia) nur einhundert Meilen voneinander entfernt lagen, erreichten die Kriegshandlungen während der folgenden vier Jahre fast alle Regionen südlich von Washington und östlich des Mississippi.

Verfolgt man das Auf und Ab der militärischen Feldzüge – von den Siegen der Konföderierten in den ersten Jahren über Grants erfolgreiche Belagerung von Vicksburg 1863 und Shermans verheerenden „Marsch zum Meer" 1864 bis zu Lees endgültiger Kapitulation in Appomattox im April 1865 –, so verliert man leicht die Tatsache aus den Augen, dass der Ausgang des Krieges nicht in erster Linie ein Ergebnis von Feldherrnkunst, sondern vielmehr von wirtschaftlicher (und militärischer) Stärke war. Der **Union** mit 23 Nordstaaten und über 22 Millionen Menschen stand die **Konföderation** mit elf Südstaaten und nur neun Millionen Menschen gegenüber.

An potenziellen Kämpfern konnte der Norden anfangs auf 3,5 Millionen weiße Männer im Alter zwischen 18 und 45 Jahren zurückgreifen (später wurden auch Afroamerikaner rekrutiert), während der Süden nur rund eine Million potenzielle Soldaten aufbieten konnte. Letztlich kämpften rund 2,1 Millionen Männer für die Union und 900 000 für die Konföderierten. Von den 620 000 im Krieg gefallenen Soldaten kam ein überproportional großer Anteil von 258 000 aus dem Süden, das war ein Viertel der männlichen weißen Bevölkerung im Soldatenalter.

Unterdessen war der Norden nicht nur in der Lage, seinen Handel mit den anderen Weltnationen fortzuführen, weil die industrielle und landwirtschaftliche Produktion aufrechterhalten werden konnte, sondern schnürte den Konföderierten auch noch mit einer vernichtenden **Seeblockade** die Luft ab. Die Südstaaten finanzierten ihre Kriegsanstrengungen in erster Linie durch den Neudruck von Papiergeld im Wert von 1,5 Milliarden Dollar, das aber weder durch Reserven noch durch neue Einnahmen gestützt werden konnte und auf Grund der Inflation praktisch seinen gesamten Wert verlor.

Trotz alledem waren die Konföderierten einem Sieg zeitweise viel näher, als gemeinhin angenommen wird. Den Südstaatentruppen unter General **Robert E. Lee** gelang es wiederholt, den Gegner auszumanövrieren und auf Gebiete der Union vorzudringen; dadurch ergab sich in jedem der drei aufeinander folgenden Jahre von 1862 bis 1864 eine handfeste Möglichkeit, die Moral der Nordstaatentruppen zu brechen, wodurch dort möglicherweise Kriegsgegner an die politische Macht gekommen wären und einem Frieden zugestimmt hätten.

Der Amerikanische Unabhängigkeitskrieg hatte bereits gezeigt, wie ein solcher Konflikt gewonnen werden konnte: Die Union musste, wollte sie den Krieg für sich entscheiden, in den Süden einmarschieren, ihn besetzen und die Südstaatentruppen schlagen, während der Süden lediglich so lange hätte durchhalten müssen, bis der Norden der Kriegsanstrengungen überdrüssig geworden wäre.

Die unerschrockene Taktik der konföderierten Generäle Lee und Jackson, die ständig Gegenangriffe initiierten und den Feind in Gefechte verwickelten, mag im Einklang mit den edelsten romantischen Traditionen des Alten Südens gestanden haben, hat aber letztlich wohl auch zu dessen Niederlage beigetragen. Die unerbittliche und unnachgiebige Strategie des totalen Krieges der Unionsbefehlshaber Grant und Sherman sorgte letztlich für eine langsame Zermürbung des Widerstands im Süden. Eine besondere Ironie liegt in der Tatsache, dass die Konföderierten, hätten sie um Frieden ersucht, bevor Lee ihnen neue Hoffnung einflößte, auf dem Verhandlungsweg die Abschaffung der Sklaverei möglicherweise hätten verhindern können. Doch je länger der Krieg dauerte, desto mehr Sklaven flohen in die Nordstaaten, während schwarze Soldaten an der Front für die Union kämpften, sodass die Sklavenbefreiung schließlich unvermeidlich wurde. Lincoln traf die politische Entscheidung, die im Einklang mit seiner moralischen Überzeugung stand, im Jahre 1862 mit der Verkündigung seiner **„Emanzipationserklärung"**, während der **13. Verfassungszusatz**, mit dem die Sklaverei endgültig abgeschafft wurde, noch bis 1865 auf sich warten ließ.

Abraham Lincoln fiel nur wenige Tage nach Beendigung des Krieges einem Attentat zum Opfer. Seine Ermordung war auch Ausdruck der tiefen Verbitterung weiter Teile der Bevölkerung, die einen erfolgreichen **Wiederaufbau** höchstwahrscheinlich auch dann verhindert hätte, wenn Lincoln am Leben geblieben wäre. Nachdem männliche Schwarze 1870 das Wahlrecht erhalten hatten, gab es eine kurze Periode, während der in den Südstaaten auch politische Vertreter mit schwarzer Hautfarbe gewählt wurden, doch da nicht ernsthaft versucht wurde, ehemaligen Sklaven den Erwerb von Grundbesitz zu ermöglichen, kam es zu einer raschen Verschlechterung der Rassenbeziehungen im Süden. Weiße Überlegenheit propagierende Organisationen wie der Ku-Klux-Klan, der nominell ein Geheimbund war, aber unverschämt öffentlich auftrat, sorgten dafür, dass den Afroamerikanern im Süden ihr Wahlrecht praktisch wieder genommen wurde. Wer aktiv an Reformen in den Südstaaten mitarbeitete, geriet entweder als *carpetbagger* (ein Opportunist aus dem Norden, der sich im Süden persönlich zu bereichern versuchte) oder als verräterischer *scalawag* (ein Kollaborateur aus dem Süden) in Verruf. Die Nachwirkungen des Amerikanischen Bürgerkriegs dauerten alles in allem beinahe hundert Jahre. Während sich die Südstaaten selbst zu einem Jahrhundert rückständigen Provinzdaseins verdammten, brach für die übrigen wiedervereinigten Staaten eine Periode der Expansion und des Wohlstands an.

Die Indianerkriege

Mit der Fertigstellung der transkontinentalen Eisenbahn 1867 wurde *Manifest Destiny* eine unbestreitbare Tatsache. Unter den ersten, die nach Westen zogen, befanden sich Soldaten der Bundesarmee, in der Veteranen der Union und der Konföderierten unter derselben Fahne gegen die noch verbliebenen amerikanischen Ureinwohner zu Felde zogen. Ein Vertrag nach dem anderen wurde abgeschlossen, nur um sofort wieder gebrochen zu werden, wenn es zweckdienlich erschien, was meistens bei der Entdeckung von Gold oder anderen Edelmetallen der Fall war.

Doch die Indianer waren durchaus in der Lage zurückzuschlagen, wenn die Weißen zu weit gingen oder sie regelrecht in die Verzweiflung trieben. Die Niederlage, die **General George Custer** 1876 bei Little Bighorn von **Sitting Bull** und seinen Siouxund Cheyenne-Kriegern beigebracht wurde, rief den geballten Zorn der Regierung hervor. Binnen weniger Jahre wurden Anführer wie **Crazy Horse** von den Oglala-Sioux und **Geronimo** von den Apachen zur Kapitulation gezwungen und ihr Volk in Reservate gesteckt. Ein letzter Akt des Widerstands war der visionäre und messianische Kult der **Geistertanzbewegung**, deren Anhänger die Überzeugung teilten, sie könnten durch die korrekte Einhaltung ihrer Rituale ihre verlorene Existenz zurückerlangen in einem Land, das auf wundersame Weise von den weißen Eindringlingen befreit war. Auch die Verfolgung derartiger Ziele wurde als feindseliger Akt interpretiert, und seinen Höhepunkt erreichte der militärische Kleinkrieg gegen die Bewegung 1890 im Massaker von **Wounded Knee** in South Dakota.

Eine bedeutende Strategie im Kampf gegen die Plains-Indianer bestand darin, sie auszuhungern, bis sie sich schließlich ergaben. Das erreichten die Weißen dadurch, dass sie die riesigen Büffelherden und damit die wichtigste Nahrungsquelle der Indianer vernichteten. General Philip Sheridan drückte es folgendermaßen aus: „Um eines dauerhaften Friedens willen (...) tötet, häutet und verkauft den Büffel, bis er ausgelöscht ist. Dann könnt ihr eure Prärien mit buntgescheckten Milchkühen und fröhlichen Cowboys besiedeln."

Sehr viel tiefgreifendere Auswirkungen auf den Gang der Geschichte als die Aktivitäten der bis heute mythologisch verklärten Cowboys zeitigten jedoch die hart der schuftenden Bergarbeiter in den Minen und der immer weiter um sich greifenden Familienfarmen.

Industrialisierung und Einwanderung

Das ausgehende 19. Jahrhundert stand im Zeichen massiver **Einwanderung** aus allen Teilen der Welt nach Nordamerika, wobei die Immigration aus Europa an der Ostküste in etwa derjenigen aus Asien an der Westküste entsprach. Wie in der Kolonialzeit neigten nationale Gruppierungen dazu, Enklaven in bestimmten Regionen zu bilden, beispielsweise Farmer aus Skandinavien in Minnesota und den nördlichen Ebenen, Schafhirten aus dem Baskenland in Idaho und Bergarbeiter aus dem englischen Cornwall in Colorado.

Im Südwesten zählte dagegen die harte Arbeit des Einzelnen weniger als die kollektive Anstrengung der Gemeinschaft. Die **Mormonen** waren vor der religiösen Verfolgung im Osten quer durch die Vereinigten Staaten bis nach Utah geflohen und wurden so die ersten weißen Siedler, die sich in der gnadenlosen Wüste durchzuschlagen versuchten.

Das schnellste Wachstum vollzog sich in den **Großstädten** der Nation, ganz besonders in New York, Chicago und Boston. Aufgrund ihrer industriellen und wirtschaftlichen Stärke lockten die Metropolen nicht nur Einwanderer aus ganz Europa an, sondern auch aus dem Alten Süden – vor allem ehemalige Sklaven, die jetzt zumindest ihren Aufenthaltsort frei wählen durften.

Die territorialen Grenzen der USA reichten nun von Küste zu Küste und hatten damit beinahe ihre heutigen Ausmaße erreicht, vor allem als Außenminister William Seward 1867 zustimmte, der krisengeschüttelten russischen Regierung für 7,2 Millionen Dollar das Territorium **Alaska** abzukaufen. Der Kauf wurde zunächst als „Sewards Torheit" verspottet, doch es dauert nicht lange, bis die Amerikaner auch hier ihre glückliche Hand bewiesen, als dort große Goldfunde gemacht wurden.

Die diversen US-Präsidenten jener Zeit ab dem siegreichen General Grant (der zunehmend den Boden unter den Füßen verlor) sind heute mehr oder weniger in der Anonymität verschwunden, wenn man sie mit den Großindustriellen und Financiers vergleicht, die in der amerikanischen Wirtschaftswelt die Fäden zogen. Zu jenen „**Räuberbaronen**" gehörten Männer wie John D. Rockefeller, der bereits siebzig Prozent der Ölvorkommen auf der Welt kontrollierte, bevor überhaupt jemand begriffen hatte, dass es lohnenswert war, sie zu kontrollieren; oder Andrew Carnegie, der ein Vermögen anhäufte, indem er das Bessemer-Verfahren in die Stahlproduktion einführte; oder auch J.P. Morgan, dem es um die grundlegendste aller Waren ging, nämlich um Geld. Der Erfolg jener Männer basierte auf der Bereitschaft der Regierung zur Kooperation beim Widerstand gegen die Entwicklung einer starken Arbeiterbewegung. Mehrere aufeinander folgende und von der breiten Öffentlichkeit wahrgenommene Arbeitskämpfe – beispielsweise der Eisenbahnerstreik 1877, der Bergarbeiterstreik in Tennessee 1891 und der Stahlarbeiterstreik in den Hütten von Pittsburgh 1892 – wurden gewaltsam niedergeschlagen.

Das 19. Jh. stand außerdem im Zeichen der Entwicklung einer eigenständigen amerikanischen Stimme in der **Literatur**, die es zunehmend überflüssig machte, dass Besucher aus England wie Charles Dickens und die Trollopes (Mutter und Sohn) der Welt die Vereinigten Staaten „erklärten". Von den 30er Jahren des 19. Jhs. an erschien eine ganze Reihe neuer Schriftsteller auf der Bildfläche, die ihre neue Welt aus einem eigenen Blickwinkel beschrieben. Die Ergebnisse waren sehr vielfältig und beinhalteten die selbstbeobachtenden Essays eines Henry Thoreau, die morbiden Visionen eines Edgar Allan Poe, die monumentalen Romane eines Herman Melville und die unbezähmbare Poesie eines Walt Whitman, dessen endlos überarbeitetes Hauptwerk *Grashalme* eine Lobeshymne auf die junge Republik darstellte.

Praktisch jede führende Persönlichkeit aus dem Amerikanischen Bürgerkrieg verfasste mindestens einen Band äußerst lesenswerter Memoiren, während so unterschiedliche Berühmtheiten wie Buffalo Bill Cody und der Schausteller P.T. Barnum ihre lebendigen Autobiographien veröffentlichten. Seine großartigste Ausdrucksform fand das schier grenzenlose nationale Selbstbewusstsein in der kraftvollen Alltagssprache von **Mark Twain**, dessen Schilderungen vom Leben an der Siedlungsgrenze – ob in den journalistisch geprägten Werken *Durch dick und dünn* und *Leben auf dem Mississippi* oder in Romanen wie *Huckleberry Finn* – dem Rest der Welt den vielleicht nachhaltigsten Eindruck des amerikanischen Charakters vermittelten.

Viele Amerikaner betrachteten den 1890 von der Zensusbehörde verkündeten offiziellen „Abschluss" der Besiedlung im Westen als gleichbedeutend mit dem Verlust ihrer göttlichen Bestimmung *Manifest Destiny* und machten sich daher auf die Suche nach neuen, noch weiter entfernten Grenzen. Ihren Höhepunkt erreichten jene **imperialistischen Unternehmungen** 1898 mit der Annexion des Königreiches von **Hawaii**, die selbst der damalige Präsident Cleveland mit den Worten „gänzlich ohne Berechtigung (…) nicht nur Unrecht, sondern eine Schande" verurteilte, sowie der Eroberung von Kuba und den Philippinen während des **Spanisch-Amerikanischen Krieges**, der **Theodore Roosevelt** in das Amt des Präsidenten verhalf. Sein Wahlspruch war zwar das afrikanische Sprichwort *Speak softly and carry a big stick* (Sprich leise, aber hab stets einen Knüppel zur Hand) doch war er, um der Wahrheit die Ehre zu geben, nicht gerade als Freund der leisen Töne bekannt.

Während seiner Präsidentschaft tat Roosevelt einiges, um die Spaltungen und Risse innerhalb der Nation zu kitten. Neue Gesetze, die für eine Eindämmung der schlimmsten Exzesse der Räuberbarone und des wuchernden Kapitalismus sorgten, linderten die Unzufriedenheit in der Bevölkerung, ohne die wirtschaftliche Basis ernsthaft zu gefährden oder der Arbeiterbewegung zu viel Macht zu verleihen. Das 20. Jh. war erst ein Jahrzehnt alt, da waren die Vereinigten Staaten endgültig davon überzeugt, das stärkste und reichste Land der Erde zu sein, auch wenn sich der Rest der Welt dessen noch nicht ganz bewusst war.

Das 20. Jahrhundert

Die ersten Jahre des 20. Jhs. brachten viele Neuerungen mit sich, die später typisch für das moderne Amerika sein sollten. Allein im Jahr 1903 gelang Wilbur und Orville Wright der erste erfolgreiche Flug mit einem motorisierten **Flugzeug**, und Henry Ford gründete seine Firma Ford Motor Company. Dank Fords enthusiastischer Übernahme des Fließbandes, der neuesten technischen Errungenschaft auf dem Gebiet der Massenproduktion, startete die Stadt Detroit mit Volldampf in die neue Ära der **Automobilindustrie**, die sich rasch zum bedeutendsten Wirtschaftszweig in Amerika entwickelte. Zu jener Zeit zogen die Musikrichtungen **Jazz** und **Blues** die Aufmerksamkeit der gesamten Nation auf sich. 1911 wurde in Hollywood das erste Studio zur Produktion von **Kinofilmen** eingerichtet, und der erste große Kassenschlager kam 1915 in Form einer schamlosen Verherrlichung des Ku-Klux-Klan mit dem Film *Die Geburt einer Nation* von D.W. Griffith.

Anfang des 20. Jhs., in einer Zeit des wachsenden **Radikalismus**, wurden die Nationale Vereinigung zur Förderung der farbigen Bevölkerung *(National Association for the Advancement of Colored People, NAACP)* und der sozialistische Arbeiterbund *International Workers of the World* (die so genannten „Wobblies") ins Leben gerufen, während die Kampagne für das Frauenwahlrecht ebenfalls in den Blickpunkt des öffentlichen Interesses rückte. Schriftsteller wie Upton Sinclair, dessen Roman *Der Dschungel* die Bedingungen auf den Schlachthöfen von Chicago beschreibt, und Jack London sprachen den Massen aus der Seele. Angesichts der damaligen Fortschritte im Bildungswesen könnte es sich um die Zeit mit dem höchsten Bildungsstand in der bisherigen Geschichte der USA gehandelt haben.

Präsident Wilson schaffte es, die Vereinigten Staaten einige Jahre lang aus dem **Ersten Weltkrieg** herauszuhalten, doch als die Zeit gekommen war, griffen die USA ein. Nach den Wirren der Oktoberrevolution in Russland und dem Kriegsende engagierten sich die Vereinigten Staaten für die Überwachung des Friedens. Wilson führte den Vorsitz bei den Nachkriegsverhandlungen, die 1919 zum Versailler Vertrag führten, doch aufgrund isolationistischer Tendenzen in der Heimat verzichteten die USA darauf, dem Völkerbund beizutreten, der auf Anregung Wilsons zur Wahrung des Weltfriedens gegründet worden war.

In den Vereinigten Staaten wurde 1920 der 18. Verfassungszusatz verabschiedet, der den Verkauf und die Verbreitung von Alkohol unter Strafe stellte, während der 19. Verfassungszusatz schließlich allen amerikanischen Frauen das Wahlrecht einräumte. Wie es überhaupt dazu kam, dass die **Prohibition** sich derart durchsetzen konnte, erscheint auch heute noch ein wenig rätselhaft, denn in den pulsierenden Metropolen der „Wilden Zwanziger" wurde sie alles andere als mit Begeisterung aufgenommen. Das Alkoholverbot führte zu keinem spürbaren Anstieg der Moral im Lande, stattdessen entwickelte sich insbesondere Chicago zu einem Zentrum der Bandenkriege zwischen Schwarzhändlern und Gangstern wie Al Capone und seinen Rivalen.

Die beiden auf Wilson folgenden republikanischen Präsidenten taten nicht viel mehr als sich zurückzulehnen und zuzuschauen, wie die Wilden Zwanziger sich entfalteten. Zumindest bis zu seinem frühzeitigen Tod erfreute sich **Warren Harding** außerordentlicher Beliebtheit bei der Bevölkerung, doch ging er schließlich als einer der unfähigsten US-Präsidenten in die Geschichte ein, auch weil seine engsten Mitarbeiter sich besonders in Filz und Korruption hervortaten.

Ob **Calvin Coolidge** überhaupt irgend etwas getan hat, lässt sich auch nicht mehr mit Bestimmtheit sagen. Was in Erinnerung blieb, ist seine teilnahmslose Laisser-faire-Haltung, sein im Durchschnitt vierstündiger Arbeitstag und ein Ausspruch, den er kurz nach seiner Amtseinführung von sich gab: „Vier Fünftel unserer Probleme würden sich von selbst erledigen, wenn wir uns einfach nur zurücklehnten und gar nichts täten."

Weltwirtschaftskrise und New Deal

Bis Mitte der 20er Jahre hatten sich die Vereinigten Staaten zu einer industriellen Großmacht entwickelt, die für über die Hälfte aller weltweit produzierten Waren verantwortlich zeichnete. Nachdem die Nation zunächst den Weg in eine neue Ära des Wohlstands gebahnt hatte, zog sie jedoch plötzlich den Rest der Welt mit in den Strudel des wirtschaftlichen Zusammenbruchs. Im Nachhinein ist es schwierig nachzuvollziehen, was genau zur „Großen Depression" führte, denn die Folgen waren einfach zu weitreichend, um nur eine einzige Ursache gehabt zu haben. Zu den möglichen Faktoren zählen überzogene amerikanische Investitionen in die krisengeschüttelte europäische Wirtschaft nach dem Ersten Weltkrieg, in Verbindung mit hohen Zöllen auf Importe, die eine echte ökonomische Erholung in Europa verhinderten.

Konservative Kommentatoren jener Zeit interpretierten den katastrophalen **Börsencrash an der Wall Street** vom Oktober 1929 eher als Symptom einer bevorstehenden Wirtschaftskrise denn als eine ihrer Ursachen, doch das bereits an Aberglaube grenzende Vertrauen in die Börse vor dem Zusammenbruch weist die typischen Merkmale klassischer Spekulationsbooms auf wie dem so genannten „Südseeschwindel" Großbritanniens im 18. Jh. Allein am „Schwarzen Freitag" kam es zu derartigen Massenverkäufen von Aktien, dass ein Gesamtverlust von zehn Milliarden Dollar zu verzeichnen war – das war mehr als die Hälfte der gesamten Geldmenge, die zu jener Zeit in den USA im Umlauf war. Innerhalb der folgenden drei Jahre schrumpfte die industrielle Produktion um 50%, die Staatseinnahmen sanken um 38% und die Zahl der Arbeitslosen stieg von 1,5 auf 13 Millionen.

Das nationale Selbstbewusstsein, auf welch wackligen Füßen es auch stehen mochte, spielt seit jeher eine entscheidende Rolle in der Geschichte der Vereinigten Staaten, und Präsident Hoover war nicht der Mann, der es hätte wiederherstellen können. Die Situation besserte sich erst 1932, als der aus einer Patrizierfamilie stammende **Franklin Delano Roosevelt** als Präsidentschaftskandidat für die Demokraten antrat und mit seiner Ankündigung eines umfassenden innenpolitischen Reformpakets einen überwältigenden Wahlsieg verzeichnen konnte. Bei seiner Amtseinführung Anfang 1933 stand das amerikanische Bankensystem vor dem totalen Kollaps. Roosevelt benötigte die inzwischen sprichwörtlichen „einhundert Tage", um die Stimmung im Land mit Hilfe strenger neuer Gesetze und Richtlinien grundlegend zu verändern.

Unter Ausnutzung der Vorteile des neuen Mediums Radio bediente sich Roosevelt der so genannten „Fireside Chats" (Plaudereien am Kamin), um Amerika die Krise auszureden. Zu seinen ersten Einsichten zählte die Erkenntnis, dass die Zeit reif war für ein Bierchen, und somit erklärte er das Experiment der Prohibition für beendet. Seine Politik des **New Deal** hatte zahlreiche Ausprägungen und bestand auch in der Einführung einiger neuer Exekutivbehörden, doch ein allgemeines Merkmal war der massiv zunehmende Einfluss der amerikanischen Bundesregierung, der erst in der Gegenwart scheinbar wieder etwas zu bröckeln beginnt.

Zu den Errungenschaften von Roosevelts Innenpolitik gehören die für die Einleitung des wirtschaftlichen Aufschwungs zuständige Behörde *National Recovery Administration,* die für die Schaffung von zwei Millionen neuer Arbeitsplätze verantwortlich war, die Einführung einer Arbeitslosenversicherung mit dem *Social Security Act* (den Roosevelt mit den Worten kommentierte „kein verdammter Politiker wird jemals mein Sozialprogramm kippen"), die Arbeitsbeschaffungsbehörde *Public Works Administration,* unter deren Federführung Staudämme und Highways im ganzen Land errichtet wurden, und die Bundeskörperschaft *Tennessee Valley Authority,* die als staatliches Stromerzeugungsunternehmen die wohl größte Annäherung an den institutionalisierten Sozialismus in der Geschichte der USA darstellt. Komplettiert wurde das Paket durch Maßnahmen zur Legitimierung der Rolle der Gewerkschaften und zur Revitalisierung der durch Erosion entstandenen und als „Dust Bowl" (Staubschüssel) bezeichneten Trockengebiete in den Großen Ebenen.

Anfangs sah sich Roosevelt selbst als Populist, der in der Lage war, Unterstützung aus allen Bereichen der Gesellschaft zu mobilisieren. 1936 stellten aber selbst führende Arbeitgeber – und der Oberste Gerichtshof – klar, dass er sogar in ihren Augen mehr als genug für die Ankurbelung der Wirtschaft getan hatte. Roosevelt brachte es insgesamt auf vier aufeinander folgende Amtszeiten, was zuvor noch keinem Präsidenten gelungen war, und zementierte im Laufe seiner politischen Karriere seinen Ruf als Anwalt für die Rechte des kleinen Mannes.

Nachdem die Arbeitsbeschaffungsmaßnahmen des New Deal gegriffen und Amerika wieder auf die Füße verholfen hatten, wurden die industrielle Produktion und das technologische Know-how im **Zweiten Weltkrieg** unter dem enormen Erfolgsdruck des Siegenmüssens in neue Sphären katapultiert. Auch diesmal hielten sich die USA zunächst aus dem Krieg heraus, bis sie schließlich quasi zur Teilnahme gezwungen wurden, nachdem Japan alles in die Waagschale geworfen und im Dezember 1941 einen Präventivschlag auf den amerikanischen Marinestützpunkt Pearl Harbor auf Hawaii geführt hatte. Sowohl im Pazifik als auch in Europa sollten sich das Leistungspotenzial und die wirtschaftliche Stärke der Amerikaner schließlich durchsetzen. Roosevelt starb Anfang 1945, nachdem er auf der Jalta-Konferenz mit Stalin und Churchill das Fundament für die Nachkriegsaufteilung gelegt hatte. Daher war es seinem Nachfolger Harry Truman vorbehalten, die schicksalsschwere Entscheidung bezüglich des Abwurfs der neu entwickelten Atombombe auf Hiroshima und Nagasaki zu treffen.

Der Kalte Krieg

Nach dem siegreichen Ende des Krieges zeigte Amerika keine Bestrebungen, seine isolationistische Haltung aus den 30er Jahren wieder aufzunehmen. Mit reichlich hoffnungsfroher Rhetorik beteiligte sich Truman am Aufbau der **Vereinten Nationen** und implementierte den **Marshallplan** zur Beschleunigung des europäischen Wiederaufbaus, der wesentlich erfolgreicher verlief als ähnliche Bestrebungen 25 Jahre zuvor. Doch dann verkündete Winston Churchill 1946 in Missouri, dass Europa nunmehr von einem „**Eisernen Vorhang**" geteilt würde, und Josef Stalin wurde beinahe über Nacht vom Verbündeten zum Feind.

Der folgende **Kalte Krieg** sollte mehr als vier Jahrzehnte andauern und wurde zeitweise mit erbitterter Härte – wenngleich häufig in Stellvertreterkriegen – in den verschiedensten Regionen der Erde ausgefochten, während in den Kampfpausen gigantische wirtschaftliche Ressourcen in die Anhäufung immer destruktiverer Waffenarsenale gepumpt wurden. Zu einer der schlimmsten Episoden kam es gleich in den Anfangsjahren, als Truman noch im Amt war, mit dem Ausbruch des **Koreakrieges** 1950. Der Streit über die willkürliche Aufteilung der koreanischen Halbinsel in die beiden getrennten Staaten Nord- und Südkorea führte schon bald zu einer Pattsituation zwischen den USA und China, während Russland (zumindest theoretisch) auf seine Chance lauerte. Nach zwei Jahren endete das blutige Kräftemessen ohne zählbares Ergebnis, außer dass Truman inzwischen von dem genialen **Dwight D. Eisenhower** abgelöst worden war, dem bislang letzten Kriegsheld, der zum amerikanischen Präsidenten aufstieg.

Die Eisenhower-Jahre werden häufig als eine von inhaltsloser Selbstgefälligkeit gekennzeichnete Ära betrachtet. Nachdem Senator **Joseph McCarthy**, der sowohl das US-Außenministerium als auch Hollywood als fanatische antikommunistische Geißel geplagt hatte, sich schließlich mit seinen Attacken gegen das Militär selbst diskreditiert hatte, schien das Amerika der Mittelklasse in den Vorstädten mit Absicht in einen tiefen Dämmerschlaf zu fallen. Dabei nahmen grundlegende gesellschaftliche Veränderungen langsam Gestalt an. Im Zweiten Weltkrieg hatten viele Frauen und Angehörige ethnischer Minderheiten Arbeitsstellen in Fabriken bekommen und sich an regelmäßige Lohneinnahmen gewöhnt, und zahlreiche Amerikaner aus ärmlichen Gegenden erkannten somit plötzlich, dass ein besserer Lebensstil in anderen Regionen ihres Landes für sie durchaus erreichbar war.

Dank des Ausbaus des **nationalen Highway-Netzes** und der enormen Zunahme privater Kraftfahrzeuge sahen sich viele US-Bürger ermutigt, den Amerikanischen Traum an einem Ort ihrer Wahl zu verwirklichen. In Kombination mit der zunehmenden Mechanisierung auf den Baumwollplantagen des Südens führte dies zu einer erneuten **Massenabwanderung** von Schwarzen aus den ländlichen Südstaaten in die urbanen Zentren des Nordens, und in geringerem Ausmaß auch Richtung Westen. In **Kalifornien** hatten die Städte ein rapides Wachstum zu verzeichnen, wobei besonders die Luft- und Raumfahrtindustrie in Los Angeles Tausende Arbeitswillige anlockte.

Ebenfalls in den 50er Jahren erreichte das **Fernsehen** schließlich jeden Haushalt des Landes. Zusammen mit der Schallplatte sorgte es für die Entstehung einer Unterhaltungsindustrie, die zunächst auf eine Gleichschaltung der Massen zugeschnitten zu sein schien, sich aber schon bald als ideale Medien zur Befriedigung der Bedürfnisse von ganz unterschiedlichen Konsumenten erwiesen, die bis dahin kaum als solche identifiziert worden waren. Von 1954 an rückte dann die **Jugendkultur** immer mehr in den Blickpunkt der Öffentlichkeit: Elvis Presley nahm *That's Alright Mama* auf, Marlon Brando spielte eine übellaunige Hauptrolle in *Die Faust im Nacken,* und James Dean glänzte in *Denn sie wissen nicht, was sie tun.*

Die Bürgerrechtsbewegung

Die **Rassentrennung** in öffentlichen Einrichtungen, die im Süden des Landes auch nach Beendigung des Bürgerkriegs die Norm geblieben war, wurde schließlich 1954 vom Obersten Gerichtshof in dem Rechtsstreit Brown gegen die Schulbehörde von Topeka für illegal erklärt. Doch genau wie ein Jahrhundert zuvor betrachteten die Südstaaten das Thema eher als eine Angelegenheit der Staatenrechte und nicht der Menschenrechte, und wer das Gesetz einzuführen versuchte oder auch nur seine Stimme gegen die Nichteinführung erhob, hatte mit schwersten Repressalien zu rechnen.

Als sich die Afroamerikanerin Rosa Parks im Dezember 1955 in einem Bus in Montgomery (Alabama) weigerte, ihren Sitzplatz einem weißen Mann zu überlassen, führte dies zu einem erfolgreichen Massenboykott und brachte den 27-jährigen Geistlichen **Martin Luther King** an die Spitze der Bürgerrechtsbewegung. Zu einer weiteren Konfrontation kam es 1957 an der Central High School in Little Rock (Arkansas), woraufhin sich der zögernde Präsident Eisenhower schließlich gezwungen sah, die Nationalgarde aufmarschieren zu lassen, um die die Aufhebung der schulischen Rassentrennung in einem unwilligen Einzelstaat gewaltsam durchzusetzen.

Die mit äußerst knappem Vorsprung ausgegangene Wahl von **John F. Kennedy** zum Präsidenten im Jahre 1960 markierte den Anfang großer Veränderungen in der amerikanischen Politik, auch wenn seine Maßnahmen im Nachhinein gar nicht so radikal erscheinen mögen. Mit 43 Jahren war er der jüngste amerikanische Präsident aller Zeiten, auch der erste katholische, und er war im wahrsten Sinne des Wortes bereit, nach den Sternen zu greifen. So setzte er alles daran, die USA beim Wettlauf ins All zum Sieg zu führen, nachdem man bis dahin beschämenderweise hinter der Sowjetunion hergehinkt war. Die beiden folgenden Jahrzehnte sollten jedoch insgesamt von Desillusionierung, Niederlagen und Verzweiflung gekennzeichnet sein. Waren die Jahre unter Eisenhower einfach nur langweilig gewesen, so sollten die 60er aufregender werden, als es den Amerikanern lieb war.

Der Glanz und Glamour ausstrahlende Kennedy war zu Lebzeiten zwar tatsächlich ein beliebter Präsident gewesen, doch nach seiner Ermordung wurden er und seine Regierungszeit praktisch mit einem eher ungerechtfertigten Heiligenschein versehen. Einen großen politischen Erfolg hatte er allerdings unbestritten zu verzeichnen, als es 1962 zur so genannten **Kubakrise** kam. Nachdem das US-Militär russische Raketenstützpunkte auf der Karibikinsel glücklicherweise noch entdeckt hatte, bevor die Raketen abschussbereit waren, konnte Kennedy den russischen Ministerpräsidenten Chruschtschow schließlich dazu bewegen, die Raketen wieder abzuziehen. Das vorangegangene Jahr war dagegen für Kennedy weniger erfolgreich verlaufen, als er die gescheiterte Invasion Kubas in der **Schweinebucht** zu verantworten hatte und Amerika noch tiefer in den andauernden Kampf gegen den Kommunismus in Vietnam verstrickte, indem er immer mehr „Berater", darunter auch Kommandotruppen der US-Streitkräfte, nach Saigon entsandte.

Ein propagandistisch hervorragend vermarkteter Sympathiebekundungs-Anruf bei der Ehefrau von Martin Luther King, während ihr Mann eine seiner zahlreichen Freiheitsstrafen in den Gefängnissen der Südstaaten verbüßte, mag eine Rolle bei Kennedys Wahlerfolg gespielt haben, doch ansonsten identifizierte sich der Präsident nicht unbedingt mit den **Bürgerrechtlern**. Dennoch konnte die Bewegung zunehmend Erfolge verbuchen, auch dank weltweiter Fernsehübertragungen von solchen Auswüchsen wie den Übergriffen der Polizei von Birmingham auf friedliche Demonstranten im Jahr 1963. Der große Moment der Bewegung kam im Spätsommer desselben Jahres, als Martin Luther King bei einer Großdemonstration in Washington seine elektrisierende Rede „I Have a Dream" (Ich habe einen Traum) hielt. King bekam später den Friedensnobelpreis, weil er sich stets bedingungslos für Mahatma Gandhis Prinzip des gewaltlosen Widerstands ausgesprochen und sich daran gehalten hatte.

Ein wohl gleichermaßen wichtiger Faktor hinsichtlich der Tatsache, dass auch die amerikanische Mittelschicht damals erkannte, etwas an der Rassendiskriminierung ändern zu müssen, war die radikalere und beunruhigendere Rhetorik des Bürgerrechtlers **Malcolm X**, der die Meinung vertrat, auch Menschen schwarzer Hautfarbe besäßen sehr wohl das Recht, sich gegen jegliche Form von Übergriffen zu verteidigen.

Nachdem Kennedy im November 1963 einem Attentat zum Opfer gefallen war, brachte sein Nachfolger **Lyndon B. Johnson** einige Gesetze auf den Weg, die den entscheidenden Forderungen der Bürgerrechtsbewegung Rechnung trugen. Doch selbst zu jener Zeit ebbte der gewaltsame Widerstand der weißen Bevölkerung in den Südstaaten nicht ab, und nur über die langwierige, gewissenhafte und gefährliche Arbeit der Massenregistrierung schwarzer Wähler im Süden konnten die dortigen Politiker zum Nachgeben gebracht werden.

Bei den Wahlen von 1964 konnte Johnson einen erdrutschartigen Sieg verzeichnen, doch seiner Vision von einer „**Großen Gesellschaft**" sollte keine rosige Zukunft beschieden sein. Stattdessen hatte er mit den außenpolitischen Schwierigkeiten des Kriegs in **Vietnam** zu kämpfen, wo das Engagement der Vereinigten Staaten jedes vernünftige Maß überschritt und kaum noch zu kontrollieren war. Der Widerstand gegen den Krieg in der Bevölkerung wuchs umso stärker, je mehr amerikanische Todesopfer in Vietnam zu beklagen waren, und aufgrund der drohenden Einberufung zum Kriegsdienst nahm die rebellische Stimmung innerhalb der amerikanischen Jugend zu. Besonders in San Francisco hörte man gern auf das Motto des Psychedelikpropheten Timothy Leary *Turn On, Tune In, Drop Out* (Mach an, mach mit, brich aus). Im „Summer of Love" 1967 verwandelten sich die einzelgängerischen Beatniks der 50er Jahre auf wundersame Weise in eine ganz neue Generation von Hippies.

Bereits in den Anfangstagen der Bürgerrechtsbewegung hatte Martin Luther King immer wieder gepredigt, dass Gerechtigkeit innerhalb der Gesellschaft nur durch wirtschaftliche Gleichstellung zu erreichen sei. Diese Botschaft erhielt eine neue Dringlichkeit, als 1965 bzw. 1967 in den Ghettos von Los Angeles und Detroit Rassenunruhen ausbrachen und die Black Panthers auf der Bildfläche erschienen, eine bewaffnete Widerstandstruppe in der Tradition des in der Zwischenzeit ermordeten Malcolm X. Während Martin Luther King den Vietnamkrieg verurteilte, musste Muhammad Ali seinen Titel als Schwergewichtsweltmeister im Profiboxen wieder abgeben, weil er sich mit den Worten „Mich hat noch kein Vietcong Nigger genannt" geweigert hatte, der Armee beizutreten.

1968 drohte das gesellschaftliche Gefüge in den Vereinigten Staaten vollends auseinander zu brechen. Kurz nachdem Johnson seine Kandidatur für die Wahlen Ende des Jahres wegen seiner rapide schwindenden Beliebtheit zurückziehen musste, wurde Martin Luther King in einem Motel in Memphis erschossen. Als nächstes fiel JFK's Bruder **Robert Kennedy** einem Attentat zum Opfer, nachdem er sich für die Benachteiligten des Landes stark gemacht und sich um die Präsidentschaftskandidatur der Demokraten beworben hatte. Es bedurfte keiner Verschwörungstheorien um zu erkennen, dass die vielen Toten einen dunklen Schatten auf die Seele Amerikas geworfen hatten.

Von Richard Nixon bis Jimmy Carter

Irgendwie – vielleicht weil die brutale Niederschlagung der Antikriegsdemonstrationen bei der Democratic Convention in Chicago das Schreckgespenst der Anarchie wieder hervorgebracht hatte – endete das von Trauer und Elend geprägte Jahr 1968 mit der Wahl des Republikaners **Richard Nixon** zum Präsidenten. Nixon war im Alter von noch nicht einmal 40 Jahren bereits Eisenhowers Vizepräsident gewesen und hatte nach seiner Niederlage bei den Gouverneurswahlen in Kalifornien 1962 vor der Presse erklärt, sich aus dem politischen Leben zurückzuziehen.

Nun war er wieder da, und schon bald zeigte sich, dass er mit seinen unzähligen vermeintlichen Feinden noch Rechnungen zu begleichen hatte, vor allem mit einigen Medienvertretern. Dank seiner tadellosen konservativen Referenzen gelang es Nixon, harmonischere Beziehungen zwischen den USA und China herzustellen, doch der Krieg in Vietnam zog sich weiter dahin und hatte bereits 57 000 Amerikaner das Leben gekostet.

Als die USA schließlich mit der geheimen und illegalen Bombardierung Kambodschas begannen, um den Sieg zu erzwingen, erreichte die Opposition in der Heimat einen neuen Höhepunkt, sodass es letztlich einfacher erschien, die ursprünglichen Ziele gegen einen „ehrenhaften Frieden" einzutauschen. Das Ende des Krieges kam 1972, als Henry Kissinger und Le Duc Tho der Nobelpreis für die Aushandlung eines Friedensvertrages verliehen wurde, wobei zumindest Le Duc Tho die Größe besaß, die Auszeichnung abzulehnen 1975 zogen sich die Amerikaner schließlich endgültig aus Saigon zurück.

Während Nixons erster Amtszeit fanden sich viele US-Bürger aus allen möglichen Bevölkerungsschichten, die durch die Ereignisse der 60er Jahre politisiert worden waren, in **gesellschaftlichen Bewegungen** zusammen. Feministinnen kämpften gemeinsam für das Recht auf Abtreibung und einen Verfassungszusatz zur Gleichberechtigung, homosexuelle Männer schlugen in der New Yorker *Stonewall Bar* zurück, nachdem die Polizei zum x-ten Male eine Razzia durchgeführt hatte, die amerikanischen Ureinwohner formierten sich zur Indianerbewegung *American Indian Movement*, und selbst Gefängnisinsassen versuchten sich zu organisieren, was in blutigen Fehlschlägen wie der Stürmung des Gefängnisses von Attica 1971 endete.

Nixon beauftragte diverse Bundesbehörden mit der Überwachung der neuen Radikalen, doch der größte Albtraum der Regierung waren nach wie vor die Antikriegsdemonstranten. Die zunehmend haarsträubenderen verdeckten Operationen gegen echte und potenzielle Widersacher kulminierten 1972 in dem verpfuschten Versuch eines Einbruchs in das Nationale Hauptquartier der Demokraten in dem Washingtoner Gebäudekomplex **Watergate**. Zwei Jahre dauerten die Ermittlungen, bis Nixons Rolle bei der nachfolgenden Vertuschung schließlich bewiesen werden konnte. 1974 erklärte er seinen **Rücktritt**, bevor der Senat ein Amtsenthebungsverfahren einleiten konnte. Nachfolger wurde **Gerald Ford**, der nicht gewählt, sondern zuvor von Nixon zum Vizepräsidenten ernannt worden war.

Nachdem die Republikaner ihren Kredit zunächst verspielt hatten, wurde **Jimmy Carter**, der Gouverneur von Georgia, 1976 als rechtschaffener Außenseiter mit sauberer Vergangenheit zum neuen Präsidenten gewählt. Sein Sieg im Jahr des 200-jährigen Bestehens der Vereinigten Staaten war ein Beispiel dafür, wie weit es das Land innerhalb eines Jahrzehnts im Vergleich zu den letzten beiden Jahrhunderten gebracht hatte: Einen bedeutenden Teil der Wählerschaft des Südstaaten-Demokraten neuer Prägung machte die erst kürzlich mit dem Wahlrecht ausgestattete schwarze Bevölkerung des Südens aus. Doch Carters enthusiastische Versuche, seine baptistischen Prinzipien auf Themen wie globale Menschenrechte anzuwenden, wurden schon bald als naiv, wenn nicht gar als „unamerikanisch" verunglimpft.

Ein Unglück folgte auf das nächste: So hatte Carter die Nachricht zu überbringen, dass dem Land nach der Bildung des OPEC-Kartells durch die Erdöl exportierenden Länder eine **Energiekrise** bevorstand. Noch schlimmer wirkte sich aus, dass nach dem Sturz des Schahs im Iran Mitarbeiter der US-Botschaft in Teheran von islamischen Revolutionären als Geiseln genommen wurden. Carters fehlgeschlagene Versuche zur Befreiung der Geiseln wurde von den Republikanern kurzerhand ausgenutzt, um die schwachen Führungsqualitäten des Präsidenten anzuprangern, und ließen seine Hoffnungen auf eine Wiederwahl 1980 praktisch auf den Nullpunkt sinken. Sein Nachfolger wurde eine völlig andere Persönlichkeit, nämlich der ehemalige Hollywood-Schauspieler **Ronald Reagan**.

Die Jahre von Reagan bis Bush

Mit Reagan kam ein ganz neuer Präsidententyp ins Weiße Haus. Im Gegensatz zu seinem quasi arbeitssüchtigen Vorgänger Jimmy Carter machte er eine Tugend aus seinem lockeren Verständnis des Präsidentenamtes, getreu seinem scherzhaften Ausspruch: „Harte Arbeit soll ja noch niemanden umgebracht haben, aber warum soll ich das Risiko eingehen?" Jene Laisser-faire-Haltung wurde besonders in seiner inländischen Wirtschaftspolitik offenkundig, unter der die Menschen alle Freiheiten besaßen, so viele Reichtümer anzuhäufen, wie es eben ging.

Dank der allgemeinen Wahrnehmung, dass Reagan kaum mitbekam, was um ihn herum geschah, blieb seine Beliebtheit auch nach einer Reihe von Skandalen ungebrochen, darunter auch die komplizierte **Iran**-**Contra**-**Affäre** mit illegalen Waffenverkäufen an den Iran, mit deren Erlösen die antikommunistischen Contra-Rebellen in Nicaragua unterstützt wurden. Als Reagan schließlich mit dem Beweis konfrontiert wurde, dass seine beharrliche Aussage, keine Waffen gegen Geiseln getauscht zu haben, falsch war, wartete er mit einer außergewöhnlichen Entschuldigung auf: „Von meinem Herzen und meinen guten Absichten her bin ich nach wie vor davon überzeugt, dass es wahr ist, auch wenn die Fakten und die Beweislage etwas anderes sagen".

Reagans nachhaltigste Leistung datiert aus seiner zweiten Amtszeit, als ihm die Wählerschaft – nicht zuletzt wegen seiner Referenzen als überzeugter Kalter Krieger – größeren Spielraum einräumte, als ein demokratischer Präsident möglicherweise erhalten hätte, um eine Phase der **Entspannungspolitik** mit **Michail Gorbatschow** einzuleiten, dem neuen Staatspräsidenten der von Reagan zuvor als „Reich des Bösen" titulierten Sowjetunion. Eine weniger glücklicher Hinterlassenschaft für seine Nachfolger war die Explosion der **Staatsverschuldung** infolge einer Kombination aus umfangreichen **Steuersenkungen**, einer Deregulierung der Finanzmärkte, dem Zusammenbruch des Bausparkassensystems und vor allem dem enormen Anstieg der Verteidigungsausgaben, u.a. für die Finanzierung von Reagans Lieblingsprojekt, dem Weltraumraketenabwehrsystem SDI *(Strategic Defense Initiative)*, im Volksmund als „Star Wars" bezeichnet.

Als erster direkt gewählter Vizepräsident seit 150 Jahren zog **George Bush** 1988 ins Weiße Haus ein. Trotz seiner großen Erfahrung in der Außenpolitik (er war u.a. eine Zeit lang Direktor des CIA) tat Bush nicht viel mehr, als voller Erstaunen mit anzusehen, wie sich die Domino-Theorie plötzlich in ihr Gegenteil verkehrte. In Osteuropa brach ein kommunistisches Regime nach dem anderen zusammen, bis schließlich sogar die große Sowjetunion in ihre Einzelteile zerfiel. Unter Bushs Führung wurden im Februar 1991 die irakischen Invasoren mit der **Operation Wüstensturm** aus Kuwait vertrieben – einem Unternehmen, das nur 100 Stunden dauerte und so gut wie keine Menschenleben auf amerikanischer Seite kostete. Mit dem Sieg in Kuwait hatte Bushs Beliebtheit ihren Höhepunkt erreicht, sodass seiner Wiederwahl nichts im Wege zu stehen schien.

Allein die von den Wählern nach Beendigung des Wettrüstens sehnsüchtig erwartete „**Friedensdividende**", d.h. das Freiwerden enormer finanzieller Mittel aus Rüstungsprojekten für zivile Zwecke, wurde niemals Wirklichkeit. Paul Tsongas, ein Bewerber der Demokraten um die Präsidentschaftskandidatur von 1992, brachte es auf den Punkt: „Der Kalte Krieg ist vorbei, und Japan hat gewonnen." Zwischen 1980 und 1990 hatten die USA die erstaunliche Wandlung vom größten Gläubiger der Welt zum größten Schuldner der Welt vollzogen. Die Staatsverschuldung hatte sich von 908 Milliarden auf 2,9 Billionen Dollar verdreifacht, wobei die meisten Geldmittel aus Japan kamen, das nicht einmal annähernd so hohe Militärausgaben zu verzeichnen hatte. Der Wahlkampf von 1992 konzentrierte sich eher auf innen- als auf außenpolitische Themen, und zwölf Jahre republikanischer Regierung endeten mit der Wahl des Gouverneurs von Arkansas, **Bill Clinton**.

Clinton und das Ende des Jahrhunderts

Die ersten beiden Amtsjahre des neuen Präsidenten waren dadurch gekennzeichnet, dass es ihm nicht gelang, bestimmte Wahlversprechen einzulösen, allen voran die Reformierung des Gesundheitswesens. Das nutzten die Republikaner aus, um 1994 die Mehrheit im Kongress zu übernehmen, mit dem Ergebnis von zwei Jahren Stillstand in der Gesetzgebung. Dank seines feinen Gespürs für Stimmungen innerhalb der Bevölkerung gelang es Clinton, den Republikanern einen Großteil der Schuld an der Ineffektivität der Administration in die Schuhe zu schieben, und so wurde er mit überraschender Leichtigkeit wiedergewählt.

Als weitaus schwieriger erwies es sich dagegen, im Amt zu bleiben, als 1998 seine Affäre mit der Praktikantin Monica Lewinsky im Weißen Haus ans Licht der Öffentlichkeit gelangte. Die umfassenden Untersuchungen von Sonderermittler Kenneth Starr führten schließlich zur demütigenden **Amtsanklage** *(impeachment)*, die allerdings mit einem Freispruch endete, da dem Senat wahrscheinlich dämmerte, dass Clintons Verfehlungen von der amerikanischen Bevölkerung nicht als so gravierend angesehen wurden, um eine Amtsenthebung zu rechtfertigen. Clinton hatte seine moralische, nicht aber seine tatsächliche Autorität eingebüßt, und so stolperte die Nation ohne effektive Führung langsam ins 21. Jahrhundert.

Das neue Jahrtausend

Als Clinton aus dem Präsidentenamt schied, boomte die Wirtschaft am Ende eines beispiellosen, zehnjährigen Schubs nachhaltigen Wachstums, mit dem das Haushaltsdefizit weit über die optimistischsten Erwartungen hinaus gesenkt werden konnte. Der Aktienindex Dow Jones war seit dem Amtsantritts Clintons um über 260% gestiegen. Seinem früheren Vizepräsidenten **Al Gore** gelang es indes nicht, Kapital aus diesen wirtschaftlichen Rekordergebnissen zu schlagen. Er schien sich so sehr für die charakterlichen Verfehlungen seines ehemaligen Chefs zu schämen, dass er es tatsächlich schaffte, die Präsidentschaftswahlen 2000 zu verlieren.

Clintons Wahlsieg von 1996 geht nach allgemeiner Überzeugung auf das Konto seiner als „**Triangulation**" bezeichneten Strategie, unter der er auch Elemente aus dem Programm des politischen Gegners aufgriff, um mehr Wählerstimmen aus der politischen Mitte auf sich zu vereinigen; sowohl Gore als auch sein republikanischer Widersacher **George W. Bush** folgten Clintons Beispiel und nahmen das Zentrum des politischen Spektrums so exakt ins Visier, dass als Ergebnis wohl nichts anderes als ein **Unentschieden** dabei herauskommen konnte.

Die endgültige Entscheidung hing von einer obligatorischen Neuzählung der Stimmen in Florida ab, wo die Angelegenheit allerdings durch diverse Unregelmäßigkeiten und Fehler noch verkompliziert wurde, sodass die letztinstanzliche Entscheidung schließlich dem konservativen **Supreme Court** oblag, der Bush zum Wahlsieger erklärte. Zu jener Zeit erwartete man, dass der Vorwurf einer „gestohlenen" Wahl seine Präsidentschaft ernsthaft beeinträchtigen würde, während der Oberste Gerichtshof ebenfalls an Ansehen verlor, weil seine Entscheidung vielerorts als keineswegs unvoreingenommen beurteilt wurde.

Unabhängig vom Wahlausgang stand in jedem Fall eine **Rezession** ins Haus, denn das Platzen der Internet-Blase hatte zu jener Zeit Hunderte von Hightech-Unternehmen in die Pleite getrieben. Bush zeigte jedoch in den ersten Monaten nach seinem Amtsantritt wenig Engagement, den Abwärtstrend zu stoppen und legte auch eine erschreckende Gleichgültigkeit gegenüber den Sorgen seiner ausländischen Verbündeten und Nachbarn an den Tag. Während er die Steuern und Staatsausgaben senkte, brachte er die Umweltschützer gegen sich auf, indem er den Ausstieg der USA aus dem 1997 verabschiedeten Klimaprotokoll von Kyoto gegen die globale Erwärmung erklärte und die Hoffnung äußerte, das Naturschutzgebiet der Arktis *(Arctic National Wildlife Refuge)* für die Förderung der dortigen Öl- und Gasvorkommen erschließen zu können.

Doch es sollte noch viel schlimmer kommen, als die grauenhaften Ereignisse vom **11. September 2001** der heimischen Wirtschaft und vor allem dem Nationalstolz der Amerikaner einen verheerenden Schlag versetzten. Über 3000 Menschen starben bei dem schlimmsten **Terrorangriff** in der Geschichte der Vereinigten Staaten, als zwei entführte Flugzeuge in die Zwillingstürme des **World Trade Center** in New York City und ein weiteres in das Washingtoner **Pentagon** gesteuert wurden und explodierten. (Ein viertes entführtes Flugzeug stürzte in Pennsylvania ab, nachdem die Passagiere und die Besatzung versucht hatten, es wieder unter Kontrolle zu bringen.)

Die Angriffe wurden schnell als das Werk der Terrororganisation al-Kaida unter Führung des aus Saudi-Arabien stammenden Terroristen **Osama bin Laden** enttarnt, und wenige Wochen später erklärte Präsident Bush den zeitlich unbegrenzten Krieg gegen den Terrorismus.

Bush sah sich mit einer neuen, veränderten Welt konfrontiert, in der die Ausgaben für die Aufrechterhaltung von Schutzmaßnahmen und militärischer Einsatzbereitschaft unermesslich erschienen, wobei die Kosten der Vernachlässigung jener Maßnahmen jedoch noch höher ausfallen könnten. Bush lag nichts ferner, als vor dieser Herausforderung zurückzuschrecken, und so schrieb er kurzerhand das traditionelle Regelwerk der Diplomatie und des internationalen Rechts um und erklärte im Juni 2002, dass die USA das Recht besäßen, **Präventivangriffe** zu führen: „Wenn wir warten, bis Bedrohungen voll und ganz Gestalt annehmen, werden wir zu lange gewartet haben. [...] Wir müssen die Schlacht zum Feind bringen, ihre Pläne durchkreuzen und den schlimmsten Bedrohungen begegnen, bevor sie auftreten." Bis Ende 2003 wurde so mit Hilfe von US-geführten Invasionen die Kontrolle in **Afghanistan** (2001) und im **Irak** (2003) übernommen. Während von bin Laden bislang noch jede konkrete Spur fehlt, wurde der irakische Ex-Diktator **Saddam Hussein** im Dezember 2003 verhaftet.

Wohin der **Krieg gegen den Terror** als nächstes führen wird, vermag momentan niemand mit Sicherheit zu sagen. Wir leben in gefährlichen Zeiten.

Texas

Menil Collection, Houston Die beste Kunstgalerie Houstons beherbergt eine außergewöhnliche Sammlung an Kunstwerken von der Antike bis in die Moderne. Dazu gehört auch die düstere Rothko Chapel.

Johnson Space Center, Houston Besucher von *Mission Control*, dem Kontrollzentrum für das Apollo-Raumfahrtprogramm, können ihre Fantasie ins Weltall schicken.

River Walk, San Antonio Texas hat kaum etwas Romantischeres zu bieten als einen Spaziergang am Flussufer im Herzen von San Antonio.

Sixth Floor Museum, Dallas Beim Blick von hier aus auf die Dealey Plaza drängt sich unweigerlich die Frage auf, ob es wirklich Oswald war, der J.F. Kennedy erschoss.

Starlight Theater, Terlingua Eine herrliche Wüstenbar in einer winzigen Geisterstadt in West-Texas, bei der die ‚Stars' auf der Bühne und die am Himmel um die Aufmerksamkeit des Publikums konkurrieren.

In Texas zehrt man bis heute von der ruhmreichen Erinnerung daran, zwischen 1836 und 1845 eine eigenständige Nation gewesen zu sein, und wird nicht müde zu betonen, dass Texas anders ist als der Rest der Vereinigten Staaten. Aufgrund seiner gewaltigen Ausmaße – 800 Meilen von Ost nach West und fast 1000 Meilen von Nord nach Süd – bestehen bedeutende Unterschiede geografischer Natur, aber die gemeinsame Geschichte, Kultur und Ideologie sorgen für einen engen Zusammenhalt. Der Schlüssel zur texanischen Mentalität ist der Begriff „Unabhängigkeit": deren Stellenwert lässt sich z. B. am grundsätzlichen Misstrauen der Texaner gegen jegliche Form von Regierung und dem Nichtvorhandensein gewerkschaftlicher Organisationen ermessen. Wie es sich eine alte Umweltschutzkampagne so treffend auf die Fahne geschrieben hat: „Don't mess with Texas!" (frei übersetzt: „Hände weg von Texas!").

Das Bild, das man sich als Durchschnittsbesucher im Vorfeld vom „echten" Texas zurecht gelegt hat, erweist sich schnell als falsch. In Wirklichkeit ist Texas einer der vielfältigsten und kosmopolitischsten Staaten im amerikanischen Staatenbund, und jedes der größeren Touristenziele weist ganz eigene Charakterzüge auf. So vermittelt die sehr spanisch anmutende Stadt San Antonio mit ihrer mexikanischen Einwohnerschaft und historischen Bedeutung ein völlig anderes, eher beschauliches Gefühl als die hektischen Großstädte Houston oder Dallas, während sich Austin einer lebhaften Musik- und Intellektuellenszene erfreut, die in Texas ihresgleichen sucht.

Die landschaftlichen Unterschiede sind ebenfalls gewaltig: Der sumpfige, waldreiche Osten scheint eher zum Bundesstaat Louisiana zu gehören als zum lieblichen Hill Country im Zentrum oder den landschaftlich genutzten Ebenen des Panhandle im äußersten Norden, und die subtropische Golfküste hat mit den gebirgigen Wüsten im Westen von Texas kaum etwas gemein. Ebenso dramatisch sind die Klimaunterschiede: Im Panhandle schneit es oft, während beispielsweise die feuchte Hitze von Houston ohne eine voll aufgedrehte Klimaanlage kaum auszuhalten ist.

In einem sind sich die Texaner jedoch stets einig, nämlich darin, dass bei ihnen alles größer und besser ist als anderswo. Dieser Chauvinismus wird allerdings durch einen feinen Sinn für Selbstironie sowie das herrschende Kulturgemisch in der Regel auf ein erträgliches Maß reduziert. Auf die viel gerühmte texanische Freundlichkeit ist Verlass, denn es wäre einfach unpatriotisch, sich Besuchern gegenüber ablehnend zu verhalten. Schließlich erhielt Texas seinen Namen nach dem indianischen Wort „tejas" („Freund"), und wer Texas besucht, insbesondere den Panhandle oder die kleineren Gemeinden im Hill Country, sollte daher keinesfalls menschenscheu sein.

Transport

Die Entfernungen in Texas sind so gewaltig, dass man sie am besten mit dem Auto bewältigt. Selbst in größeren Städten wie Dallas oder Houston ist man ohne eigenes Fahrzeug aufgeschmissen.

Greyhound-Busse verkehren hauptsächlich zwischen den größeren Städten im Osten und der Zentralregion, aber es gibt auch Busverbindungen zur Golfküste, dem Rio-Grande-Tal und nach West-Texas sowie einige wenige zum Panhandle.

Amtrak–Züge fahren durch Texas: Der Texas Eagle verkehrt zwischen Chicago und San Antonio und hält dabei in Dallas und Austin; der Sunset Limited verkehrt zwischen Orlando und Los Angeles und hält dabei in Houston, Alpine und El Paso. Ein *Amtrak Thruway*-Bus verbindet San Antonio mit Laredo.

Fliegen ist zeitsparend und kann recht billig sein. *Southwest* und kleinere lokale Fluggesellschaften unterbieten sich oft gegenseitig – da lohnt ein Preisvergleich.

An öffentlichen Verkehrsmitteln innerhalb der Städte selbst herrscht allerdings in Texas ein eklatanter Mangel. Es hat sich als äußerst schwierig erwiesen, in einem Staat mit großen Entfernungen und niedrigen Benzinpreisen die Autofahrer zum Umsteigen auf öffentliche Verkehrsmittel zu bewegen. Vom Trampen muss abgeraten werden. Radfahren ist nur in Städten wie Austin und San Antonio ratsam.

Geschichte

Zu den ersten Bewohnern von Texas zählten die indianischen Caddo im Osten und die Stämme der nomadischen Coahuiltec weiter südlich. Die Comanchen, die im 17. Jh. von den Rockies her kamen, sahen sich bald in Gefechte mit goldhungrigen Spaniern verwickelt. Vor dem Hintergrund einer Bedrohung durch die von Louisiana aus nach Westen drängenden Franzosen begannen die Spanier im 18. Jahrhundert mit dem Bau von Missionen und Festungen.

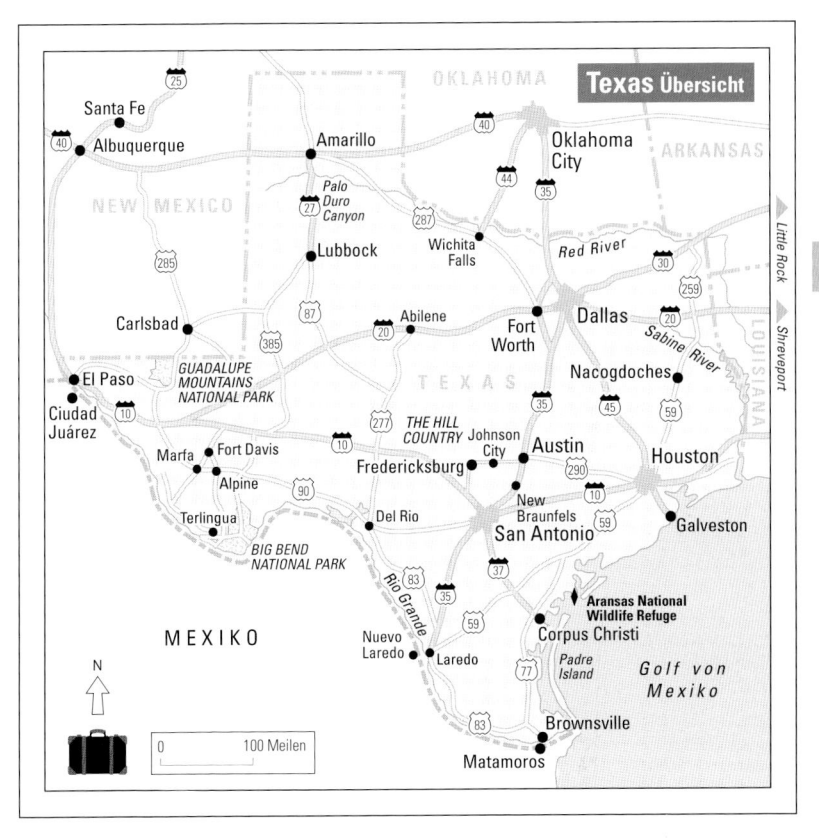

Als Mexiko 1821 die Unabhängigkeit von Spanien erlangte, übernahm es die spanischen Nordamerika-Besitzungen, darunter Texas. Anfänglich herrschte in Mexiko eine große Bereitschaft zur Öffnung des Landes, und Siedler wurden mit offenen Armen aufgenommen. So etablierte Stephen Austin, der „Vater von Texas", mehrere angloamerikanische Kolonien in den Tälern des Brazos und Colorado. Das mexikanische Regierungsoberhaupt General Santa Ana sah jedoch die Einheit Mexikos bald durch die angloamerikanischen Autonomieansprüche gefährdet, und seine zunehmend restriktiven Maßnahmen führten schließlich zur acht Monate dauernden texanischen Revolution von 1835–36.

Heutzutage pilgern Abertausende von Touristen nach San Antonio, dem Ort, an dem die legendäre Schlacht von El Alamo stattgefunden hat, die – obwohl aus militärischer Sicht eine Niederlage – zur Unabhängigkeit von Texas führte. Von diesem Konflikt zeugen heute noch gängige Straßennamen wie Crockett, Travis und Bowie, allesamt Helden von Alamo. Der General, unter dessen Führung die erschöpften Mexikaner schließlich bei San Jacinto vernichtend geschlagen wurden, hieß Houston.

Die kurzlebige Republik Texas, die Teile des heutigen Oklahoma, New Mexico, Colorado, Kansas und Wyoming einschloss, verlieh dem Bundesstaat seine Identität. Erst 1845 schloss sich Texas der Union an, unter der Bedingung, auf Wunsch wieder austreten zu können. So steht es noch heute in der Verfassung, und es ist deshalb wohl kaum überraschend, dass Texaner einen unglaublichen Stolz auf ihren Staat an den Tag legen. Texanische Schulkinder kennen sich mit den Helden der Schlacht von El Alamo genausogut aus wie mit den Helden der Amerikanischen Revolution, und der Lone Star, der einzelne Stern, ziert so gut wie alles in Texas.

Dem Einfluss der Siedler aus den Südstaaten und deren auf Sklavenarbeit basierender Baumwollproduktion ist es zu verdanken, dass Texas sich unter die Reihen der Konföderierten mischte. Doch fand auf texanischem Boden keine einzige größere Bürgerkriegsschlacht statt, und das Gebiet blieb daher relativ unversehrt.

Während der Rekonstruktion strömten Siedler aus Nord und Süd hierher, und der Spruch *Gone to Texas* wurde zum geflügelten Wort für jeden, der vor dem Gesetz, einer Schuldenlast oder einer unglücklichen Liebesgeschichte geflohen war. Es war auch die Zeit der großen Rindertrails, bei denen freilebende Longhorns im Süden und Westen von Texas zusammengetrieben und nach Kansas auf die Eisenbahn verfrachtet wurden.

Die Vorliebe der Texaner, wie der Amerikaner überhaupt, für Cowboyromantik wurzelt in jener Ära und hält sich bis heute; die typische Cowboykleidung, d.h. Stetson, Stiefel und Bandana, machen praktisch die Nationaltracht aus, vor allem in Fort Worth und im Westen.

Neben Ackerbau und Viehzucht spielte das Erdöl eine bedeutende Rolle. Nach dem ersten großen Ölfund in Spindletop an der Golfküste 1901 schwenkte die texanische Wirtschaft – und Kultur – sozusagen über Nacht von der Landwirtschaft zur Industrialisierung um. Städte schossen aus dem Boden, und Farmer, die bis dahin gedacht hatten, ihr Land tauge nur als Viehweide, verkauften ihren Besitz für mehrere Millionen Dollar.

Heute produziert Texas ein Drittel des Öls der Vereinigten Staaten, und der Anblick der Ölpumpen, die von der Ferne wie pickende Riesenvögel wirken, ist aus dem Landschaftsbild nicht mehr wegzudenken.

Der Südosten

Houston

Houston ist eine gewaltige, ungezähmte Metropole. Zur Zeit des Ölbooms erlebte sie einen ungeheuren Aufschwung und dann ein ebensolches Trauma, als zu Beginn der 80er Jahre die Ölkrise ausbrach. Houston kann recht ungemütlich sein, sehr schwül, und erstickt fast im Verkehrsgewühl. Nichtsdestotrotz sprüht die Stadt vor Leben, und ihr unverhüllter texanischer Stolz sowie die Weigerung, sich selbst allzu ernst zu nehmen, verleihen ihr einen – wenngleich etwas perversen – Charme, und die gut ausgestatteten Museen sowie das bewegte Nachtleben sorgen dafür, dass keine Langeweile aufkommt.

1837 gründeten zwei Brüder aus New York auf einem sumpfigen Fleckchen Erde die Stadt in der Hoffnung, sie würde die Hauptstadt der neugeborenen Republik Texas werden, doch dieser Titel ging 1839 an das vielversprechendere Austin. Irgendwie gelang es Houston dennoch, sich als Handelszentrum über Wasser zu halten, und als 1901 das Erdöl zu fließen begann, wurde hier der Grundstock zu riesigen Privatvermögen gelegt.

Zu den berühmtesten Philanthropen, die für den Ausbau der Innenstadt Houstons verantwortlich zeichnen, gehört Ima Hogg. Sie verordnete der Stadt allerdings in erster Linie kosmetische Operationen, während die krassen sozialen Unterschiede fortbestehen. So herrscht neben protzigem Reichtum nackte Armut, nicht zuletzt unter den Schwarzen, die während der 60er Jahre des 20. Jhs. aus dem ländlichen Süden in die Stadt zogen.

Da man an einem Tag unmöglich sehr viel von Houston sehen kann, sollte man sich auf die Innenstadt oder den Museum District konzentrieren, die beide zu Fuß erkundet werden können. Von ihrer freundlichsten Seite zeigt sich die Stadt im Montrose-Viertel.

Downtown

Seit der Ölkrise hat der Wolkenkratzer-Bauboom nachgelassen, doch die surrealistische Skyline von Houston ist auch so eindrucksvoll genug und ragt wie ein Wahrzeichen seines einstigen Höhenfluges in den Himmel.

Von den Aussichtsplattformen des **Chase Tower**, 600 Travis St, und des Texaco Plaza hat man einen guten Blick über die Stadt, die sich endlos ausdehnt.

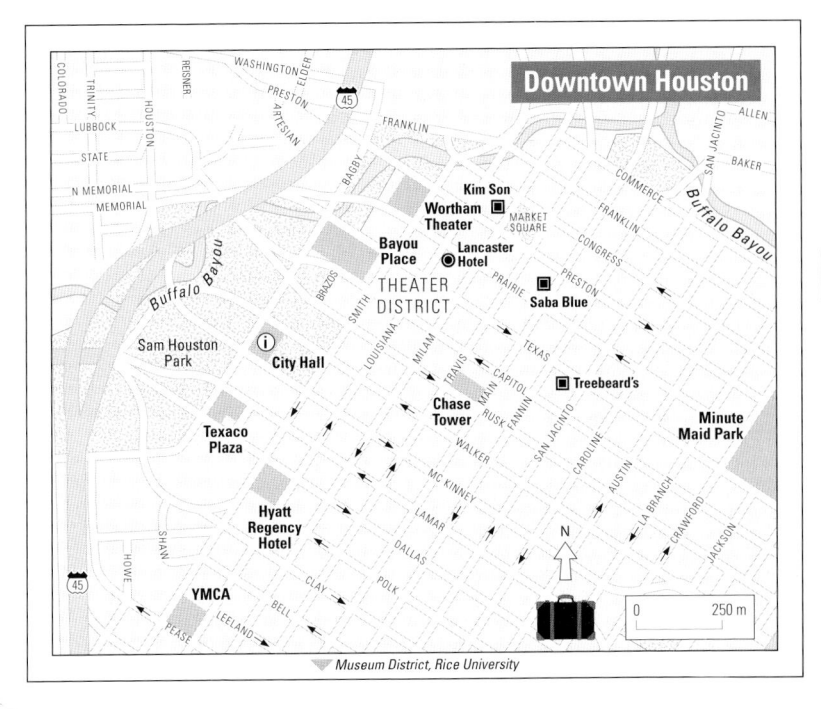

Die meisten Leute flüchten vor der Hitze von Houston in die unterirdischen Passagen zwischen dem *Hyatt Regency* und den Banken der Main St. Wer Houston sehen möchte, sollte das verwirrende System der visuell unattraktiven Passagen meiden, auch wenn die Houstoner von den Geschäften und Restaurants unter der Erde schwärmen.

Eine Folge der unter die Erdoberfläche gegangenen, geschäftigen Welt ist eine surreale Isolation oberhalb: nur wenige Fußgänger kommen lange genug herauf ans Tageslicht um die verschiedenen modernen Skulpturen zu würdigen, die an den Bürgersteigen aufgestellt wurden (wie z.B. der Mirós vor dem Chase Tower).

Der **Sam Houston Park**, Mo-Sa 10-16, So 13-17 Uhr, $6, in der Bagby St zu Füßen der Wolkenkratzer, beherbergt einige restaurierte Bauten, darunter eine Kirche, und am **Market Square** stehen noch ein paar Originalgebäude aus den Anfangszeiten der Stadt.

Das Wortham Theater Center, 500 Texas St, 237-1439, lohnt einen Besuch. Die wunderbare Inneneinrichtung und die perfekte Akustik sind atemberaubend, besonders wenn man bedenkt, dass das Ganze 70 Millionen Dollar gekostet hat. Leider kann man diese nur im Rahmen einer Theateraufführung würdigen.

Museum District und Rice University Area

Fünf Meilen südwestlich der Innenstadt befindet sich das Museums- und Universitätsviertel, eine ruhige Gegend, in der man interessante Ausstellungen besuchen, angenehm spazierengehen und in guten Buchhandlungen stöbern kann.

Die **Menil Collection**, 1515 Sul Ross St, befindet sich in einem fantastischen, zweckmäßigen Gebäude, das von Renzo Piano entworfen wurde (Piano war auch am Bau des Centre Pompidou in Paris beteiligt). Die erlesenen Werke, die von den Ölmillionären John und Dominique de Menil zusammengetragen wurden, reichen von paläolithischen Steingravuren, die um 15 000 v.Chr. entstanden, bis zu zeitgenössischen Kunstwerken. ✆ 525-9400, 🖳 www.menil.org; ⏱ Mi–So 11–19 Uhr. Eintritt frei.

Ein kurzer Spaziergang in östlicher Richtung führt zur kleinen Rothko Chapel, 3900 Yupon St, Ecke Sul Ross St, ✆ 524-9839, 🖳 www.rothkochapel.org. Sie enthält vierzehn von den Menils in Auftrag gegebene, düstere Wandgemälde des 1970 verstorbenen Künstlers Mark Rothko. ⏱ tgl. 10–18 Uhr.

Der abgebrochene Obelisk auf dem kleinen Platz vor der Kapelle ist Dr Martin Luther King Jr. gewidmet. Schräg gegenüber befindet sich das **Byzantine Fresco Chapel Museum**, 4011 Yupon St, ein moderner Bau, in dem zypriotische Fresken aus dem 13. Jh. untergebracht sind. ✆ 521-3990, 🖳 www.menil.org/byzantine.html; ⏱ Mi–So 11–18 Uhr, Eintritt frei.

Das große **Museum of Fine Arts**, Bissonet St, Ecke Main St, beherbergt eine Auswahl von Kunstwerken verschiedener Epochen, wobei die Renaissance besonders gut repräsentiert ist. ✆ 639-7300, 🖳 www.mfah.org; ⏱ Di–Mi 10–17, Do 10–21, Fr und Sa 10–19, So 12.15–19 Uhr; Eintritt $7, Do frei. Draußen im Cullen Sculpture Garden erheben sich direkt über den Skulpturen von Matisse und Rodin die Wolkenkratzer.

Der drei Meilen südlich von Downtown gelegene **Hermann Park** bildet eine angenehme grüne Oase; dazu gehören ein japanischer Meditationsgarten und das ausgezeichnete **Houston Museum of Natural Science.** Es umfasst u.a. die *Cullen Hall of Gems and Minerals* mit seiner faszinierenden Sammlung funkelnder Diamanten und anderer Edelsteine. ✆ 639-4629, 🖳 www.hmns.org; ⏱ Mo und Mi–Sa 9–18, Di 9–20, So 11–18 Uhr; Eintritt $6, Di nach 14 Uhr frei. Im **Cockrell Butterfly Center** ($5 extra), einem dreistöckigen Gewächshaus, kann man zwischen exotischen Schmetterlingen umherspazieren.

Im Park gibt es außerdem ein **IMAX-Kino** ($7 extra). Nach Einbruch der Dunkelheit sollte man den Park meiden.

Ein paar hundert Meter weiter lohnt das **Contemporary Art Museum**, 5216 Montrose Blvd, schon allein wegen seiner riesigen, fensterlosen Fassade aus gewelltem Stahl einen Besuch. ✆ 284-8250, 🖳 www.camh.org; ⏱ Di und Mi 10–17, Do 10–21, Fr und Sa 10–17, So 12–17 Uhr, Eintritt frei.

Das **Holocaust Museum Houston**, 5401 Caroline St, ist ebenfalls in einem außergewöhnlich gestalteten Gebäude untergebracht: einem dreieckigen gläsernen Keil, aus dem ein massiver schwarzer Schornstein ragt. Ununterbrochen läuft *Voices*, ein äußerst beklemmender Film. Die Installationen drehen sich um Konzentrationslager und Überlebende, die hier in der Gegend wohnen. ✆ 942-8000, 🖳 www.hmh.org; ⏱ Mo–Fr 9–17, Sa und So 12–17 Uhr, Eintritt frei.

Die legendäre **Astrodome** am Kirby Drive, etwa drei Meilen südlich vom Museum District, war bei seiner Errichtung 1965 das erste kuppelüberdachte und klimatisierte Stadion der Welt; der Name „Astroturf" stammt von hier, da er hier zuerst ausgelegt wurde. Die *Oilers* von der NFL waren im Astrodome beheimatet, bevor sie vor ein paar Jahren nach Nashville übersiedelten. Seit 1999, als die *Astros* ihre letzte Baseballsaison hier abhielten, wird das Stadion nur noch ab und zu für Lastwagenrennen und Ausstellungen genutzt.

Galleria und Umgebung

Das supermoderne Einkaufszentrum Galleria befindet sich unmittelbar westlich des Loop in der Westheimer Road und umfasst etwa dreihundert Boutiquen, Kinos, Restaurants, eine Skateboardarena und einen Fitnessclub (inkl. Hallentennis). Gegenüber sprudelt das Wasserfallkunstwerk *Wall of Water* vor der schwarzen Glasfront des **Williams Tower**.

Montrose

An der Kreuzung von Smith St mit Elgin St beginnt das lässige, witzige Montrose-Viertel voller Tätowierläden, ausgefallener Kleidungsgeschäfte, experimenteller Kunstgalerien und Kuriositätenshops. Die Teenies, die früher am Samstagabend die Straßen bevölkerten, hat man vertrieben, aber zahlreiche Schwulenbars und -treffs sind geblieben.

Übernachtung

Preiswerte Hotels konzentrieren sich in der Nähe des Astrodome-Stadions und außerhalb des Loop. Wer motorisiert ist, sollte es am I-45 oder am I-10 versuchen.

Eine gute Alternative sind einige über die ganze Stadt verteilte Bed-and-Breakfasts und Inns mit

Das erste auf dem Mond gesprochene Wort war „Houston"

ihrer heimeligen Atmosphäre – sehr angenehm in einer potenziell abweisenden Stadt wie Houston.

Grant Palm Court Inn**, 8200 S Main St, ✆ 668-8000 oder 1-800/255-8904. Zuverlässiges Motel nahe Astrodome mit einem kleinen Pool, aber recht großen Zimmern.

Houston International Hostel*, 5302 Crawford St, ✆ 523-1009, 🖥 www.houstonhostel.com. In der Nähe des Hermann Parks in hübscher Umgebung gelegen. Bett im Schlafsaal für Mitglieder $12, ansonsten $14.

Lancaster Hotel*****, 701 Texas Ave, ✆ 228-9500, 🖥 www.lancaster.com/hotel.htm. Kleines Hotel mit englischem Touch im Theatre District. Sehr teuer; am Wochenende gehen die Zimmerpreise etwas herunter.

Lovett Inn****, 501 Lovett Blvd, ✆ 522-5224 oder 1-800/779-5224, 🖥 www.lovettinn.com, historisches Gebäude in schattiger Straße am Rand von Montrose, erstklassiger, sehr freundlicher Service.

Magnolia Hotel*****, 1100 Texas Ave, ✆ 221-0011 oder 1-888/915-1110. restauriertes 20er Jahre-Hotel in Downtown; modern und üppig ausgestattet.

Sara's Bed and Breakfast****, 941 Heights Blvd, ✆ 868-1130 oder 1-800/593-1130. Keine vier Meilen nordwestlich der Downtown, nahe Memorial Park. Viktorianisches Haus mit Blick auf die Innenstadt und Veranda.

YMCA*, 1600 Louisiana Ave, ✆ 659-8501. Zentrale Lage. Saubere Zimmer um $30 (plus $10 Schlüsselpfand), Gemeinschaftsbäder, etwas besser als der übliche Standard.

Essen

Die zahlreichen Einwanderer Houstons haben für eine abwechslungsreiche Küche gesorgt. Besonderes Augenmerk verdienen die mexikanischen, vietnamesischen und indischen Restaurants, abgesehen von den vielen guten Delis wie den 16 Ablegern von *Antone's Deli*, wo riesige Salatportionen und Sandwiches für jeden Geschmack angeboten werden.

Benjy's, 2424 Dunstan Rd, nahe Kirby Rd, ✆ 522-7602. Moderne amerikanische Küche mit Ethno-Touch in der Nähe der Rice University.

Black Labrador, 4100 Montrose Ave, ✆ 529-1199. Offene Kamine, Eichenbalken, englisches Pubfood, z.B. *shepherd's pie* und importiertes Bier *Yorkshire bitter*.

Goode Company, 5109 Kirby Rd (Straße zum Astrodome), ✆ 522-2530. Tolles Barbecue und einfallsreiche Küche; Möglichkeit, draußen zu sitzen.

Kim Son, 2001 Jefferson St, ✆ 222-2461, oder 300 Milam St, ✆ 222-2790. Riesiges vietnamesisches Restaurant; die Speisekarte ist ellenlang. Besonders günstig ist das Mittags-Buffet.

La Strada, 5161 San Felipe, ✆ 850-9999. Leckere italienische Gerichte mit texanischem Einschlag nahe Downtown.

La Tapatia, 1749 Richmond Ave, ✆ 521-3144. Dieser mexikanische Diner mag auf den ersten Blick wenig einladend wirken, aber bei den Einwohnern von Montrose ist er wegen der hier servierten riesigen und billigen Portionen sehr beliebt.

Ruggles Grill, 903 Westheimer Rd, ✆ 524-3839. Eines der besten Restaurants zum Ausgehen am Abend in Montrose, erlesene regionale Küche, Hauptgerichte um $18. Reservierung empfehlenswert.

Saba Blue, 416 Main St, ✆ 228-7222. In hippem Ambiente wird hier *Fusion Cuisine* serviert (d.h. westliches Essen mit stark asiatischem Einschlag, oder umgekehrt, wie z.B. Kalamares, Wasabi und Thunfisch mit Sesamkruste), In der Mitte der revitalisierten Downtown gelegen.

This Is It, 207 W Gray St, ✆ 659-1608. Große Portionen Soulfood zu kleinen Preisen in Downtown.

Treebeard's, 1117 Texas St, bei The Cloister, ✆ 229-8248, in Downtown. Billiges, schmackhaftes Cajun-Essen, gut für eine Mittagspause geeignet; die Gemüseplatten sind den mittelmäßigen Fleischeintöpfen vorzuziehen.

Unterhaltung und Kultur

An Freizeitmöglichkeiten fehlt es nicht; man braucht nur die Angebote in der kostenlosen *Houston Press* durchzulesen, 🖥 www.houstonpress.com.

Cajun und Zydeco spielen seit Anfang der 60er in Houston eine große Rolle, denn damals überschwemmte eine Einwandererwelle aus dem ländlichen Louisiana die Stadt. Neben einer starken Blues- gibt es auch eine tief verwurzelte texanische Country-Tradition. In der Gegend von Montrose treffen sich Schwule, und die meisten Clubs sind die Domäne von Männern.

THEATER, KONZERTE UND KINOS – ***Miller Outdoor Theater***, 2020 Hermann Drive im Hermann Park, ✆ 284-8354, an Sommerabenden kostenlose Symphonie- und andere Konzerte, Ballett- und Opernvorstellungen. Außerdem das Juneteenth Blues Festival und ein Shakespeare Festival im August.

Der **Theatre District** von Downtown bietet einige Alternativen, u.a. das bekannte ***Alley Theater***, 615 Texas Ave, ✆ 228-8421, 🖥 www.alleytheatre.org, wo verbilligte Last-minute-Karten erhältlich sind.

In der gleichen Straße befindet sich das ***Wortham Theater Center*** (s.S. 83), in dem die Oper von Houston sowie Ballettgruppen untergebracht sind.

Bayou Place, Bagby St zwischen Texas St und Capitol St, ein ehemaliges Kongresszentrum, ist nun eine recht neue und noch immer expandierende Anlage voller Restaurants und Unterhaltungsangeboten wie z.B. das *Angelika Film Center*, ✆ 225-5232, 🖥 www.angelika.com, ein Schachtelkino, in dem viele Art Movies gezeigt werden. Dazu gehört auch ein gutes Coffeehouse, das bis spät in die Nacht geöffnet ist.

Noch avantgardistischer ist ***Aurora Picture Show***, ✆ 868-2101, 🖥 www.aurorapictureshow.org: in einer umgemodelten alten Holzkirche gibt es Undergroundfilme zu sehen.

BARS UND CLUBS – ***Big Easy Social and Pleasure Club***, 5731 Kirby Drive, ✆ 523-9999. Der beste Blues der ganzen City, ab und zu auch Zydeco Nights. In der Nähe der Rice University.

Emo's, 2700 Albany St, ✆ 523-8503. Am Rande von Montrose, nicht leicht zu finden, bringt aber die besten nationalen und internationalen alternativen Bands. Das Bier ist billiger als anderswo.

Engine Room, 1515 Pease St, ✆ 654-7846. Billiardtische und ein aggressives Indie-Programm ziehen ein bunt gemischtes Publikum an.

The Last Concert Café, 1403 Nance St, ✆ 226-8563. Östlich von Downtown in einem abgelegenen Künstlerviertel. Gutes, billiges Tex-Mex-

Essen; hinten im Garten spielen Live-Bands Rock und Roots.
McGonigel's Mucky Duck, 2425 Norfolk St, ℡ 528-5999. Ein toller Folk Club, in dem landesweit bekannte Musiker auftreten; mittwochs gibt's eine umwerfende Jam Session irischer Musik.
Rudyard's, 2010 Waugh Drive, ℡ 521-0521. Hier spielen gute Indie Bands und es ist immer viel los, was für die mürrische Bedienung entschädigt.
Sam's Boat and Sam's Place, 5720 Richmond Ave, ℡ 781-2628. Der heißeste Nightlife Spot in Richmond – die Bar sieht von außen tatsächlich wie ein Boot aus.
Spotlight Karaoke, 5901 Westheimer Rd, ℡ 266-7768. Eine beliebte Karaokebar, in der die Zeit etwa im Jahr 1978 stehen geblieben zu sein scheint; eine tolle Auswahl an Songs und ein enthusiastisches Publikum.

Sonstiges

GOETHE-INSTITUT – 3120 Southwest Freeway, Suite 100, ℡ 528-2787, ✆ 528-4023.

INFORMATIONEN – *Tourist Office*, Erdgeschoss der City Hall, 901 Bagby St, ℡ 227-3100 oder 1-800/365-7575, 🖳 www.houston-spacecityusa.com; ⌚ tgl. 9–16 Uhr. In einem großen Raum mit vielen Touch-Screen-Computern und anderen visuellen Darbietungen.

KONSULATE – s.S. 11.

TOUREN – *Gray Line Tours*, ℡ 670-3254, 🖳 www.grayline.com, und ***Texas Bus Lines***, ℡ 523-8888, bieten verschiedene Stadtrundfahrten im Bus ab $25 an.

VORWAHL – 713.

Nahverkehrsmittel

Das Zentrum von Houston liegt an der Kreuzung von I-10 (San Antonio – New Orleans) und I-45 (Dallas – Galveston), und die meisten Sehenswürdigkeiten befinden sich innerhalb des Loop 610.

Ohne eigenen fahrbaren Untersatz ist der Bewegungsradius in Houston sehr stark eingeschränkt. Das feuchte Klima sowie die riesigen Entfernungen laden nicht zum Spazierengehen ein.
In Anbetracht der horrenden Verkehrsstaus werden jedoch verstärkt Versuche unternommen, das öffentliche Verkehrsnetz zu einer wirklichen Alternative auszubauen. 2004 wird ein S-Bahnsystem, das Downtown mit den wichtigsten Touristenzentren verbindet, seinen Betrieb aufnehmen.

STADTBUSSE – Die *Metro*-Busse werden vor allem von Pendlern genutzt.
Im ***Customer Service Center***, 813 Dallas Ave, ⌚ Mo–Fr 7.30–17.30 Uhr, gibt es Pläne, auf denen die Buslinien eingezeichnet sind.
Eine einfache Fahrt kostet $1 (umsteigen kostenlos). Die Straßenbahnbenutzung in Downtown ist gratis. Nähere Informationen gibt es unter ℡ 635-4000 oder 🖳 www.ridemetro.org.

TAXIS – sind mit $4 für die erste Meile und $1,65 für jede weitere Meile teuer. Am zuverlässigsten ist ***Yellow Cabs***, ℡ 236-1111.

Transport

BUSSE – Der große, moderne *Greyhound*-Busbahnhof befindet sich in der 2121 Main St. Wenn es sich machen lässt, sollte man tagsüber hier ankommen – die Umgebung des Bahnhofs wirkt nicht sehr vertrauenerweckend.

EISENBAHN – *Amtrak* hält in der 902 Washington Avenue im Westen der Downtown. Bei der Ankunft empfiehlt es sich, die Kamera schussbereit zu halten, denn die Aussicht auf die Skyline der Innenstadt ist toll.
Der Bahnhof ist allerdings klein, abgelegen, und nur selten kommt ein Taxi vorbei. Darum sollte man möglichst einen Zug nehmen, der Houston bei Tageslicht erreicht.

FLÜGE – Der **George Bush Intercontinental Airport**, 23 Meilen nördlich der Innenstadt, ℡ 281/230-3000, wird vor allem von *Continental Airlines* angeflogen. Eine Taxifahrt kostet $35–45. Der kleinere **William P. Hobby Airport**, ℡ 640-3000, sieben Meilen südöstlich der Innenstadt und unmittelbar westlich des I-45, wickelt Inlandflüge ab und ist vor allem ein wichtiges Drehkreuz der Billigfluglinie *Southwest Airlines*. Eine Taxifahrt nach Downtown kostet $25 – von der Galleria hierher jedoch $35.

Von beiden Flughäfen fährt der **Airport Express Shuttle**, ✆ 523-8888, ($19–24 vom Intercontinental und Hobby Airport) zu den Hotels der Innenstadt und der Galleria.

Außerdem verkehren etwa halbstündlich *Metro*-Busse nach Downtown: vom Intercontinental die Linien 101 oder 102 Mo–Fr 5.30–24, Sa und So 5.20–0.30 Uhr, für $1,50; vom Hobby die Linien 101 oder 50; tgl. 5–24 Uhr, für $1,50.

Ein **Auto zu mieten** ist sinnvoll – alle größeren Verleihfirmen sind am Flughafen vertreten.

Die Umgebung von Houston
San Jacinto Battleground

Der San Jacinto Battleground, 22 Meilen südöstlich von Houston, abseits des I-10, war Schauplatz einer 18-minütigen Schlacht, die 1836 zwei Monate nach der von El Alamo stattfand und während derer die Mexikaner vernichtend geschlagen wurden. Hier steht das mit 174 Metern **höchste Denkmal der Welt**.

Interessanter als dessen Aussichtsplattform ($3) ist das **Museum of History** im Inneren, wo tgl. 9–17 Uhr der emotionsgeladene halbstündige Film *Texas Forever!* gezeigt wird. ✆ 281/479-2421, 🖥 www.sanjacinto-museum.org; ⏱ tgl. 9–18 Uhr, Eintritt $3,50.

NASA / Johnson Space Center

Seit dem Start von Gemini 4 im Jahr 1965 liegt die Kontrolle über die Raumfahrt in den Händen des Johnson Space Center der NASA, 25 Meilen südlich von Houston abseits des I-45, erreichbar mit Bus 246 ab Downtown. Mit Stolz bemerken die Einheimischen, dass das erste Wort, das auf dem Mond gesprochen wurde, „Houston" war. Da hier gearbeitet wird, ist es keine Touristenattraktion im herkömmlichen Sinne, aber auf drei verschiedenen Straßenbahntouren bekommt man einen Eindruck von Teilen des Geländes.

Am besten beginnt man mit den Exponaten zum Anfassen, die im **Space Center Houston** zu sehen sind, ✆ 281/244-2100, 🖥 www.spacecenter.org. Besucher werden mit Astronautenhelmen versehen, können Felsstücke vom Mond und Raketen besichtigen, sich unter die Astronauten und Wissenschaftler in der Cafeteria mischen und sich mit ausgefallenen *Space-age*-Souvenirs eindecken. ⏱ im Sommer tgl. 9–19, sonst Mo–Fr 9–17, Sa und So 10–19 Uhr; $18.

Galveston

1890 war die betriebsame Hafenstadt Galveston – an der Nordspitze von Galveston Island (Südende des I-45) – viel größer als Houston, und so mancher europäische Neuankömmling beschloss, gleich in der so genannten „Queen of the Gulf" zu bleiben. Doch nach dem Bau des Houston Ship Canals im Anschluss an die Hurrikane von 1900, die über 6000 Menschenleben gekostet und viel Land weggeschwemmt hatten, ging die Küstenstadt ihrem Niedergang entgegen. Der hübsche Historic District und die Beliebtheit des Ortes bei Houstonern auf der Suche nach einem Sommerausflugsziel haben Galveston in einem gewissen Ausmaß wiederbelebt, aber noch immer haftet der Stadt etwas Sprödes an; anscheinend hat sie noch immer an der psychischen Last der Tragödien der Vergangenheit zu tragen.

The Strand in der Innenstadt, die „Wall Street des Südwestens" aus dem 19 Jh., ist mit Gaslaternen, schicken Geschäften, Restaurants und Galerien aufgepeppt worden.

Nicht weit davon entfernt befindet sich das **Texas Seaport Museum** am Pier 21, abgehend von der Water St, mitten in einem Geschäfte- und Restaurantkomplex. Seine Ausstellung ist dem Hafen und dessen Bedeutung für Handel und Einwanderung im 19. Jh. gewidmet. ✆ 763-1877, 🖥 www.tsm-elissa.org, ⏱ tgl. 10–17 Uhr; $6 inkl. Zutritt zu *Elissa*, einem Segelschiff von 1877.

Zwischen der Straße The Strand und den Stränden im Süden stehen überall alte Bauten, z.B. der pompöse **Bishop's Palace**, 1402 Broadway Avenue, ⏱ im Sommer Mo–Sa 10–17 Uhr, So 12–17 Uhr, ansonsten tgl. 12–16 Uhr, Eintritt $6.

In der aus der Vorkriegszeit stammenden **Ashton Villa**, 2328 Broadway, werden Filme über den Hurrikan von 1900 gezeigt und zu jeder vollen Stunde gibt es eine Führung. ⏱ Mo–Sa 10–16, So 12–16 Uhr, Eintritt $5.

Das älteste Gebäude der Stadt ist **Michel B. Menard Home**, 1605 33rd St, ein imposantes Holzhaus aus dem Jahre 1838, das eine gute Sammlung amerikanischer Antiquitäten enthält. ◎ Fr–So 12–16 Uhr; $6. Das alte Santa Fe-Depot an der 25th St, Ecke Strand, ist jetzt ein sehenswertes **Railroad Museum**. ◎ tgl. 10–16 Uhr, Eintritt $5.

Am westlichen Stadtrand, an der Abfahrt der 61st St vom I-45, liegen die **Moody Gardens**, ein botanisches Testgelände, auf dem man gut ein paar Stunden verbringen kann. Das Herzstück der Anlage bilden drei riesige Glaspyramiden: In der Rainforest Pyramid befinden sich exotische Pflanzen, Vögel und Fische aus aller Welt, die Discovery Pyramid ist ein gutes naturwissenschaftliches Museum mit einem IMAX-Kino, und in der eindrucksvollen Aquarium Pyramid ist eines der größten Aquarien der Welt untergebracht. ✆ 1-800/582-4673, 🖥 www.moodygardens.com; ◎ Im Sommer tgl. 10–21, im Winter Mo–Do und So 10–18, Fr und Sa 10–21 Uhr, Eintritt $10 für eine Sehenswürdigkeit, Tageskarte für alle Sehenswürdigkeiten $30.

Zur Anlage, die immer noch erweitert wird, gehört auch ein Park, und angenehme Wanderwege führen am Ufer des reizvollen **Offat's Bayou** entlang, auf dem Raddampfer zu Rundfahrten einladen.

Die **Strände** am Seawall Boulevard sind steinig und zum Schutz vor den Gezeiten und Hurrikanen hinter einem zehn Meilen langen Wall verborgen. Der von Downtown am bequemsten erreichbare Strand, der Stewart Beach Park, ist oft ziemlich überlaufen. Ein bisschen ruhiger geht es unter der Woche am breiten R. A. Apfell Park weiter östlich zu, am Wochenende ist hier eine geschäftige Bar in Betrieb und es gibt Live-Musik. Beide Strände verlangen $5 Parkgebühr.

Übernachtung

Im Sommer und an Wochenenden sind die Hotelzimmer teuer, aber zu anderen Zeiten kann man preiswert unterkommen. Am Seawall Boulevard sinken die Zimmerpreise manchmal unter $40 pro Nacht.

Im East End Historic District finden sich einige nette **B&Bs**; The Strand ist von dort aus zu Fuß erreichbar.

Commodore on the Beach**-*****, 3618 Ship's Mechanic Row, ✆ 763-2375 oder 1-800/231-9921, 🖥 www.commodoreonthebeach.com. Die billigen, aber völlig akzeptablen Zimmer bieten Ausblick auf den Golf; es gibt auch einen großen Pool in Strandnähe.

Gaido's Seaside Inn**, 3802 Seawall Blvd, ✆ 762-9625 oder 1-800/525-0064. Eine ruhige, beliebte Unterkunft. Dazu gehört auch ein gutes Fischrestaurant.

Hotel Galvez*,** ab***, 2024 Seawall Blvd, ✆ 765-7721. Zum stilvollen, 1911 erbauten Hotel gehört ein schön gestalteter Pool mit einer Bar, zu der man hinschwimmen kann.

Garden Inn**, 1601 Ball St, ✆ 770-0592 oder 1-888/770-7298. Sehr hübsches viktorianisches B&B aus dem Jahre 1887; gut ausgestattete Zimmer und eine Hängematte im Garten. Im Historic District gelegen.

Motel 9**, 1002 Seawall Blvd, ✆ 763-8561. Eines der besten im unteren Preisbereich.

Queen Anne B&B**, 1915 Sealy Ave, ✆ 763-7088 oder 1-800/472-0930, 🖥 www.galvestonqueenanne.com. Angenehmes B&B aus dem Jahre 1905. Sechs Gästezimmer mit Bad.

Tremont Hotel*,** ab***, 2300 Ship's Mechanic Row, ✆ 763-0300. Ins Auge fallendes Gebäude und das beste Hotel am Ort. Geschmackvoll dekoriert im viktorianischen Stil.

Essen und Unterhaltung

Essen gehen in Galveston bedeutet meistens, eines der zahlreichen bescheidenen Seafood-Restaurants am Seawall Boulevard aufzusuchen – sie sind alle nicht besonders großartig, aber die frischen, meist köstlich zubereiteten Fischgerichte und das superkitschige Dekor wirken seltsam betörend. Abends spielen in einigen Lokalen Cover Bands, und in der Post Office St zwischen der 20. und 23. Straße gibt es einige gute, geschäftige Bars.

***21*,** 2102 Post Office St, ✆ 762-2101. In dieser eleganten, unterkühlt gestylten Bar werden 20 verschiedene Arten von Martinis serviert.

***Casey's*,** 3802 Seawall Blvd, ✆ 762-9625. Das Seafood aus dem Golf ist hier billiger als in den meisten anderen Restaurants.

***Clary's*,** 8509 Teichman Rd, abseits des I-45 draußen am Offat's Bayou, ✆ 740-0771, köstliches frisches Seafood, nicht billig.

Old Quarter Acoustic Cafe, 413 20th St, ✆ 762-9199, fetzige Folkmusic.
Phoenix, 220 Tremont St, ✆ 763-4611. Bäckerei und beliebter Ort zum Frühstücken. Die leckeren *beignets* (Donuts im Louisiana-Stil; ohne Loch in der Mitte) probieren!
Yaga's Café, 2314 The Strand, ✆ 762-6676, leckeres, auf karibische Art zubereitetes Seafood. Abends Reggae und Calypso-Musik.

Sonstiges

INFORMATIONEN – Es gibt zwei *Visitor Centers*: 2215 The Strand und 2428 Seawall Blvd. Beide ✆ 1-888/425-4753, 🖥 www.galveston.com, ⏱ tgl. 8.30–17 Uhr.

NAHVERKEHRSMITTEL – *Trolleys*, ✆ 797-3900, 🖥 www.islandtransit.net, verbinden tgl. 10–18.30 Uhr die beiden Visitor Centers mit allen Sehenswürdigkeiten. Eine Rundfahrt kostet $1.

VORWAHL – 409.

Transport

Greyhound braucht für die 50 Meilen von und nach HOUSTON ca. 1 1/2 Std. und kommt in der 714 25th St an, zu erreichen per Taxi vom Zentrum für $6.

Corpus Christi

Den Badeort Corpus Christi erreicht man von Houston oder Galveston über die Küstenstraße Hwy-35 bzw. auf dem I-37 von San Antonio aus. Die ursprüngliche Handelsniederlassung wurde 1919 von einem Hurrikan zerstört, kam aber wieder auf die Beine. Heute lebt Corpus Christi von einem militärischen Ausbildungszentrum, der Ölindustrie und der Schifffahrt.

Außer Angeln, Segeln und anderem Wassersport auf der anderen Seite des Channel bei Padre Island, s. S. 91, gibt es nicht viel zu tun. Die umfangreiche Sammlung des **South Texas Institute for the Arts**, 1902 N Shoreline Blvd, enthält Werke von Monet und Picasso, ✆ 825-3500, 🖥 www.stia.org; ⏱ Di–Sa 10–17, So 13–17, jeden 1. Di im Monat bis 21 Uhr, Eintritt $3.

Ein Stück weiter am 2710 N Shoreline Boulevard liegt das große **Texas State Aquarium**, das einem allerdings im Vergleich zu dem Superaquarium in Galveston beengt vorkommt. ✆ 881-1200 oder 1-800/477-GULF, 🖥 www.texasstateaquarium.org; ⏱ im Sommer Mo–Sa 9–18, So 10–18, ansonsten bis 17 Uhr, Eintritt $12.

Daneben liegt die **USS Lexington** vor Anker, ein Flugzeugträger aus dem 2. Weltkrieg. Es ist ganz interessant darauf herumzuspazieren; die wenigen Exponate an Bord sind jedoch nicht sonderlich bemerkenswert. 🖥 www.usslexington.com; ⏱ im Sommer tgl. 9–18, sonst bis 17 Uhr; $10.

Das **Corpus Christi Museum of Science and History**, 1900 N Chaparral St, zeigt eine naturgeschichtliche Ausstellung. ✆ 883-2862; ⏱ im Sommer tgl. 9–18 Uhr, ansonsten nur bis 17 Uhr, Eintritt $10.

Im Eintrittsgeld inbegriffen ist ein Besuch der nur ein kurzes Stück Fußweg vom Museum entfernten **Columbus Fleet**, die im Hafen vor Anker liegt: originalgetreue Nachbauten der *Pinta* und *Santa Maria*.

Übernachtung

Billige Motels säumen die Leopard St im Nordwesten, sie liegen allerdings weitab vom Schuss und sind nur für Autobesitzer geeignet.
*Bayfront Inn*******, 601 N Shoreline Blvd, ✆ 883-7271 oder 1-800/456-2293, preiswert.
*Omni Bayfront********, 900 N Shoreline Blvd, ✆ 887-1600 oder 1-800/843-6664, 🖥 www.omnihotels.com, Zimmer mit Blick auf die Bucht.

Essen

Die meisten Restaurants der Innenstadt findet man im Water Street Market, 309 N Water St, dort serviert die *Water Street Oyster Bar*, ✆ 881-9448, frische Meeresfrüchte.

Landry's, ein „schwimmendes Restaurant" am T-Head von Peoples Street, ✆ 882-6666. bietet Seafood nach Cajun-Art.

Snoopy's, 1313 S Padre Island Drive, jenseits des JFK Causeway, ✆ 949-8815. Himmlisches gebratenes Seafood; superlecker z. B. auch die Jalapeño Peppers gefüllt mit Krabbenfleisch.

Originalgetreue Nachbauten der Columbus Fleet in Corpus Christi

Sonstiges

INFORMATIONEN – *Visitor Center*, 1823 N Chaparral St, ✆ 881-1888 oder 1-800/766-2322, 🖥 www.corpuschristi-tx-cvb.org. ⊙ tgl. 9–17 Uhr.

VORWAHL – 361.

Transport

FÄHRE, TROLLEY, TRAM – Eine **Fähre** fährt vom South Texas Institute for the Arts zum Texas State Aquarium ($3); ein **Trolley** verbindet tgl. außer So tagsüber die wichtigsten Sehenswürdigkeiten mit den Hotels; $0,50, ✆ 289-2600, und im Sommer bietet die *Beach Shuttle Tram* eine kostenlose Verbindung von Downtown zum Strand.

BUSSE – *Greyhound* kommt in der 702 N Chaparral St, Downtown, an.

Padre Island National Seashore

Padre Island National Seashore ist leider kein unverfälschtes Paradies mehr; die Dünenlandschaft wird nach und nach zugebaut. Doch die Insel eignet sich immer noch zum Beobachten von Vögeln wie zum Strandwandern und Campen, auch wenn das Wasser nicht besonders sauber ist. Ausführliche Infos gibt es im **Visitor Center**, 20402 Park Rd 22, ✆ 949-8068, 🖥 www.nps.gov/pais. ⊙ tgl. im Sommer 8.30–18, ansonsten bis 16.30 Uhr.

Der tgl. rund um die Uhr geöffnete Park ist einfach mit dem Auto zu erreichen. Eine Taxifahrt ab Corpus Christi kostet etwa $30, z.B. mit *Star Taxi*, ✆ 884-9451. Die Eintrittskarte (pro Auto $10) ist eine Woche gültig. Man kann umsonst am Strand zelten oder aber auf dem einfachen Campingplatz *Bird Island Basin* für $5 bzw. auf dem etwas besser ausgestatteten *Malaquite Beach Campground* für $8.

Da die Insel von einem unpassierbaren Kanal durchzogen wird, ist der teurere, touristischere Südteil South Padre Island nur vom Festland her in ca. drei Stunden Fahrzeit ab Corpus Christi zugänglich.

Laredo

Der staubige Schmugglerort Laredo, mehr als hundert Meilen von der Küste entfernt, hat schon bessere Tage gesehen, aber immerhin ist es der am schnellsten wachsende Ort in ganz Texas. 1836 marschierten die Truppen von General Santa Ana hier durch, und 1840 war die Stadt Mittelpunkt der mexikanischen Separatisten unter Zapata.

Über die Grenze nach Mexiko Von der San Agustin Plaza in Laredo aus ist es nur ein kurzer Spaziergang über die Brücke bis zur typisch mexikanischen Grenzstadt **Nuevo Laredo**. Die meisten Besucher entrichten die eher symbolische Grenzgebühr (US$6), um mal schnell zum Abendessen nach Mexiko zu gehen oder dort einen Wochenendeinkauf zu tätigen. **Ausländer** müssen für den Abstecher im Besitz eines Passes, eines gültigen US-Visums sowie eines Rückflugtickets von den USA direkt ins Heimatland sein. Zwischen den vielen Souvenirläden und Restaurants auf der Hauptstraße Avenida Guerrero in der Nähe der Brücke herrscht lebhaftes Treiben. Die meisten Geschäfte und Lokale akzeptieren US-Dollars. Das Zentrum von Nuevo Laredo, die Main Plaza, liegt sieben Blocks die Avenida Guerrero hinunter.
Im Zentrum, an der Avenida Ocampo, Ecke Calle del Belde, befindet sich die *El Dorado Bar*, ℡ 871/120015, die erste von zahlreichen Kneipen, in der die Texaner während der Prohibition ihren Alkoholdurst stillen konnten. Inzwischen ist sie ein bisschen heruntergekommen. Deshalb sollte man für *cabrito* (Ziegenfleisch vom Holzkohlengrill), Guacamole und kaltes Bier besser das *El Rancho*, 2124 Avenida Guerrero, ℡ 871/148753, aufsuchen. Teurer, aber köstlich ist das Essen im *Victoria 3020*, 3020 Victoria St, ℡ 871/133020, mit einer umfangreicheren Speisekarte mexikanischer Gerichte und einem Patio. Das Nachtleben von Nuevo Laredo ist nicht unbedingt anziehend; nach dem Abendessen kann man getrost den Rückweg antreten, sollte sich aber auf eine gründliche Einhaltung aller Formalitäten an der US-Grenze gefasst machen.

Das **Regierungsgebäude** von Zapatas kurzlebiger Republik am Rio Grande steht noch heute in der Zaragoza St im historischen Stadtteil und beherbergt inzwischen das kleine **Republic of the Rio Grande Museum**, ⊙ Di–Sa 9–16, So 13–16 Uhr, Eintritt $1.

San Agustin Plaza, die Stelle, an der sich die erste spanische Niederlassung befand, wurde im alten Stil wieder hergerichtet, ebenso wie **El Mercado**, einst das Herzstück von Laredo, an der San Agustin Avenue.

Übernachtung

La Quinta****, 3610 Santa Ursula Ave, ℡ 722-0511, 🖳 www.laquinta.com, etwa zwei Meilen nördlich von Downtown, hat einen Pool im Freien und ein kleines Hallenbad.
La Posada*****, 1000 Zaragoza St, östlich der Gateway Bridge, ℡ 722-1701, 🖳 www.laposadahotel-laredo.com, zentraler gelegen. Im Speisesaal gibt es ein umfangreiches Mittagsbüfett und leckere Steaks.

Essen

Toños, 1202 E Del Mar Blvd, ℡ 717-4999, besonders zur Mittagszeit gut besuchtes Tex-Mex-Restaurant.
Cotulla-Style Pit Bar-B-Q, 4502 McPherson St, ℡ 724-5747, gut gewürztes BBQ mit regionalem Flair und andere mexikanische Gerichte.

Sonstiges

INFORMATIONEN – *Visitor Center*, 501 San Agustin Ave, ℡ 795-2200 oder 1-800/361-3360. ⊙ Mo–Fr 8–17, Sa 9–15 Uhr.

VORWAHL – 956.

Transport

Greyhound-Busse kommen in der 610 Salinas St an.

Zentral-Texas

San Antonio

Die bezaubernde Stadt San Antonio weist weder die futuristische Skyline einer Ölstadt auf, noch liegt sie in einer Wildwest-Landschaft. Sie entspricht folglich in keiner Weise dem typischen Bild von Texas. Und doch hat San Antonio in der Geschichte des Staates eine entscheidende Rolle gespielt. Obwohl hier die bunte soziale und ethnische Mischung von Texas zum Ausdruck kommt und z.b. deutsche Einflüsse in der Architektur spürbar sind, ist der vorherrschende Ton hispanisch. Katholizismus, zahllose Tex-Mex-Restaurants und spanische Werbetafeln in der ehemaligen Hauptstadt der mexikanischen Provinz Texas zeugen von einer langen Geschichte „texikanischer" Kultur.

San Antonio, 1691 von spanischen Missionaren gegründet, wurde durch die legendäre Schlacht von El Alamo im März 1836 berühmt: 1835 hatte das überwiegend von Angloamerikanern bewohnte Texas gegen die mexikanische Zentralregierung rebelliert, woraufhin General Santa Ana eine Strafexpedition gegen die Aufständischen anführte, die sich in der zur Festung ausgebauten Mission El Alamo verschanzt hatten. Zwar siegten die Mexikaner, doch die texanische Unabhängigkeit war nicht mehr aufzuhalten, und so wurde Alamo zum „Geburtsort der Revolution". Danach blieb Texas zehn Jahre lang eine eigenständige Republik.

Nach dem Bürgerkrieg entwickelte sich San Antonio zu einer wüsten *Sin City* im Herzen des texanischen Öl- und Rinderreiches. Bei schweren Überschwemmungen in den 20er Jahren des 20. Jahrhunderts wurde ein großer Teil der Innenstadt zerstört, doch ein gut durchdachtes Wiederaufbauprogramm legte den Grundstock für eine Zukunft als Touristenziel. San Antonio ist inzwischen die neuntgrößte Stadt der USA, dennoch hat es sich eine angenehme Atmosphäre bewahrt, eine Mischung aus kleinstädtischer Wärme, Respekt vor Andersartigkeit und einer gehörigen Portion Selbstbewusstsein.

The Alamo

The Alamo, ✆ 225-1391, 🖥 www.thealamo.org, ist die bekannteste einer Reihe katholischer Missionen, welche die Spanier Anfang des 18. Jhs. entlang des San Antonio River errichteten. Jede Mission war in Form einer kleinen Befestigungsanlage um die Kirche, das religiöse und soziale Zentrum, erbaut. Die spanische Oberherrschaft sollte durch die „Bekehrung" der Coahuiltec-Indianer gewährleistet werden; in Wirklichkeit benutzte man diese als billige Arbeitskräfte und Soldaten. Von 1745 bis 1775 blühten die Missionen, doch auf Dauer konnten sie den Überfällen der Apachen und Comanchen nicht standhalten und wurden daher im frühen 19. Jh. aufgegeben.

Von der ersten spanischen Mission, die 1718 als San Antonio de Valero erbaut wurde, sind nur das restaurierte Kirchengebäude und die Long Barracks, heute ein Museum, übrig geblieben. Die Bezeichnung „Pueblo del Alamo" wurde erst 1801 eingeführt, als die Missionare ab- und mexikanische Kavallerietruppen eingezogen waren. Die Schlacht in der zum Fort ausgebauten Mission, von der zahlreiche Filme und Lieder erzählen, fand am 6. März 1836 statt. 13 Tage lang hielten 189 Männer die Festung, bis sie von den zahlenmäßig überlegenen mexikanischen Soldaten getötet wurden. Nur wenige waren geborene Texaner spanischer Abstammung. Die Mehrheit der Helden von Alamo waren Freiwillige, Abenteurer und Kolonisten aus anderen Staaten, die sich in Texas niederlassen wollten und die unter dem Schlachtruf „Sieg oder Tod!" ihren Traum von einem unabhängigen Texas verteidigten.

Eine Busladung von Touristen nach der anderen fällt hier ein, und es herrscht ein schreckliches Gedränge, aber zum besseren Verständnis der texanischen Mentalität trägt eine Pilgerfahrt nach Alamo sicherlich bei. In der Kapelle sind einige bewegende Erinnerungsstücke aus der Schlacht ausgestellt.

Um einen ersten Eindruck von der Bedeutung zu verschaffen, die The Alamo im Bewusstsein der Texaner einnimmt, sollte man vor dem Besuch das Einkaufszentrum Rivercenter Mall ansteuern. Im dortigen **IMAX-Kino** wird auf einer riesigen Leinwand ein 45-minütiger Film über die Schlacht gezeigt. Als objektiv kann man ihn nicht gerade bezeichnen, aber es fällt schwer sich dem emotionsgeladenen, patriotischen Finale zu entziehen. Eintritt $9, Informationen über das Programm ✆ 225-4629.

Das Haupt-**Visitor Center** für die Reihe von Missionen befindet sich neben der Mission San Jose, ✆ 932-1001, und umfasst auch einen Kinosaal, ein kleines Museum und einen Geschenkeladen, ⊕ tgl. 9–17 Uhr.

Weitere Missionen

Der **Mission Trail** zieht sich über eine Strecke von zehn Meilen von der Alamo St nach Süden, die S St. Mary's St hinab bis zur Mission Road. Die Missionen Concepción und San José sind mit dem Texas Trolley vom Alamo Visitor Center erreichbar, ✆ 212-5395; $28; zum Besuch der Missionen San Juan und Espada ist ein Auto erforderlich.

Jede der erhalten gebliebenen vier Missionen wurde restauriert und konzentriert sich auf jeweils einen speziellen Aspekt des Missionslebens. ⊕ tgl. 9–17 Uhr, Eintritt frei. In den Kirchen werden noch immer Gottesdienste abgehalten.

Die zwischen 1731 und 1751 erbaute **Mission Concepcion**, 807 Mission Road, besitzt ungewöhnliche Zwillingstürme und Überreste farbenfroher Fresken. Ausstellungsstücke berichten von der religiösen Bedeutung der Missionen.

Die 1720 erbaute **Mission San José**, 6701 San Jose Drive, ist berühmt für ihre wunderbaren Steinmetzarbeiten, besonders das Rosenfenster. Jeden Sonntag um 12 Uhr findet eine Mariachi-Messe statt. Hier wird auf die Bedeutung der Missionen als Zentren des Sozialgefüges und als Bollwerke gegenüber feindlichen Angriffen eingegangen.

Die eine der beiden kleineren, abgelegeneren Missionen, die **Mission San Juan**, 9101 Graf Road, enthält Ausstellungsstücke zum Thema Landwirtschaft sowie einen einzigartigen Glockenturm, und auch die **Mission San Francisco de la Espada**, 10040 Espada Road, beschäftigt sich mit den Bauerngehöften, die zu den Missionen gehörten.

Stadtrundgang

Seit den Zeiten der Missionen bestimmte der **San Antonio River** die Geschicke der Stadt. Nach den verheerenden Überschwemmungen während der 20er Jahre und den folgenden Ölfunden gab es Pläne, den Fluss auszubetonieren. 1939 begann man stattdessen mit dem Bau des **Paseo del Rio** oder **River Walk**, des heute unbestrittenen ästhetischen und kommerziellen Zentrums von San Antonio. Beiderseits des jadegrünen Wassers erstreckt sich ein zweieinhalb Meilen (21 Blocks) langer, gepflasterter, baumbestandener Fußweg, zu dem Stufen von der Hauptstraße hinunterführen und an dem viele Restaurants und Bars liegen. An verschiedenen Stellen kann man ein Wassertaxi besteigen, aber unterhaltsamer und billiger ist ein Spaziergang. Während der Ferien herrscht auf dem Riverwalk oft ein regelrechtes Gedränge; die kürzlich eröffnete, zwölf Meilen lange Erweiterung führt hoffentlich dazu, dass sich die Spaziergänger ein bisschen mehr verteilen.

Außer der Hauptsehenswürdigkeit **The Alamo** (s.o.) bietet in der Downtown das surreale **Buckhorn Museum**, 318 E Houston St eine herrlich verkitschte Americana-Ausstellung. Während San Antonios Glanzzeit als Rinderstadt brachten Cowboys, Fallensteller und Viehhändler Rinderhörner in den ursprünglichen *Buckhorn Saloon*, um dafür einen Drink zu kassieren. Die Bar wurde schließlich komplett nach Downtown verlegt, wo es nun Platz für eine separate Ausstellung für Tausende von Rinderhörnern und ausgestopften Tieren gibt, u.a. „Blondie", ein unvergessliches, zweiköpfiges Lamm. ⊕ So–Do 10–17, Fr und Sa 10–18 Uhr; $10.

La Villita („das Städtchen") am River Walk, gegenüber dem Hemisfair Park, bezeichnet das ursprüngliche Siedlungsgebiet von San Antonio, wo von Mitte bis Ende des 18. Jhs. *mexican squatters*, d.h. Landbesetzer, lebten. Erst als die auf einer Anhöhe gelegene ungeordnete Ansammlung von Stein- und Adobehäusern den Überschwemmungen von 1819 standzuhalten vermochte, entwickelte sie sich zu einer angesehenen Gegend. Heute ist sie ein *National Historic District*, eine Art Künstlerviertel, und besteht in erster Linie aus überteuerten Geschäften. Nichtsdestotrotz lohnt sie einen Besuch, vor allem am Abend, wenn der Rummel nachgelassen hat und ein Hauch von Vergangenheit spürbar ist.

Einen lebhaften Kontrast zu La Villita stellt der 25 Blocks umfassende **King William Historic District** im Südwesten zwischen dem Fluss und S St. Mary's St dar, wo die eleganten Häuser deutscher Kaufleute aus dem späten 19. Jh. noch immer erhalten sind.

Das beste von mehreren Museen im Hemisfair Park ist das **Institute of Texan Cultures**, 801 S Bowie St. Es informiert über die vielen verschiedenen Kulturen, die in Texas zusammentreffen. ⊕ Di–So 9–17 Uhr, Eintritt $6,50. Auch das erweiterte **Mexican Cultural Institute** ist einen Besuch wert – es umfasst nun sieben Einzelgalerien

San Antonio

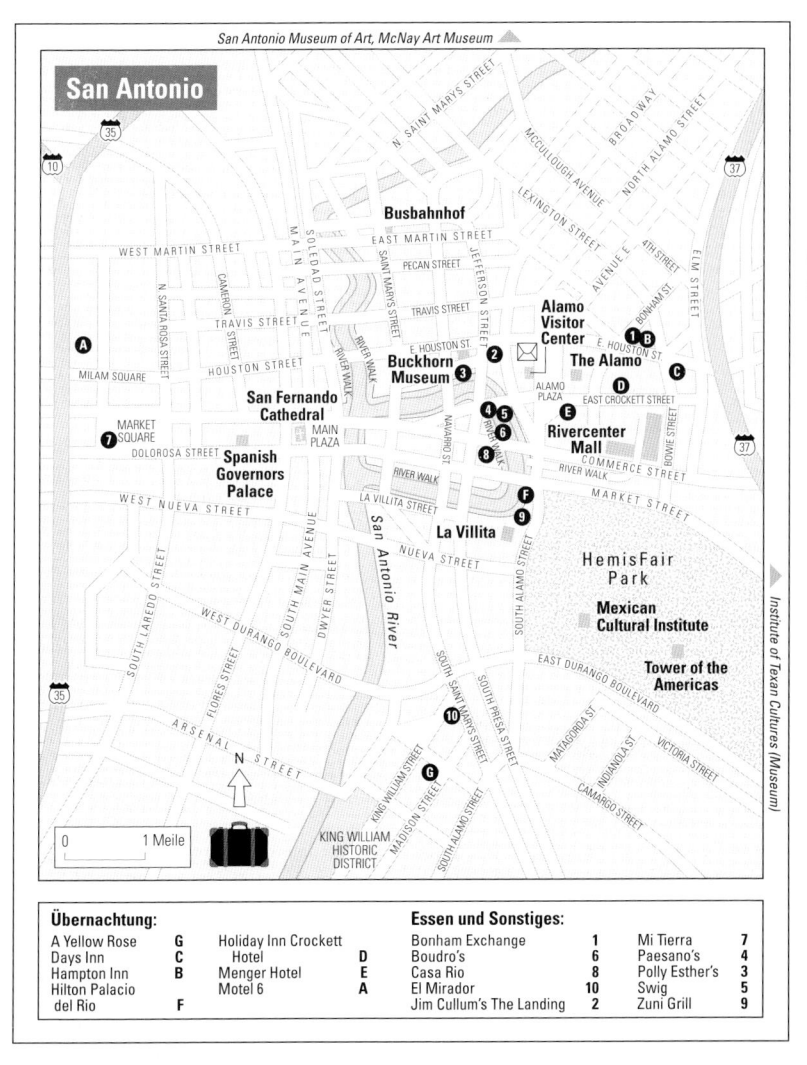

Übernachtung:

A Yellow Rose	G
Days Inn	C
Hampton Inn	B
Hilton Palacio del Rio	F
Holiday Inn Crockett Hotel	D
Menger Hotel	E
Motel 6	A

Essen und Sonstiges:

Bonham Exchange	1
Boudro's	6
Casa Rio	8
El Mirador	10
Jim Cullum's The Landing	2
Mi Tierra	7
Paesano's	4
Polly Esther's	3
Swig	5
Zuni Grill	9

und ein Theater, widmet sich aber nach wie vor dem gleichen Thema: historischer und zeitgenössischer mexikanischer Kunst. ⏲ tgl. 10–17 Uhr, Eintritt frei.

Der hässliche, 190 m hohe **Tower of the Americas** weiter östlich ist allenfalls wegen des Ausblicks vom Observation Deck erwähnenswert. ⏲ So–Do 9–22, Fr und Sa 9–23 Uhr, Eintritt $3.

Westlich des Flusses befindet sich die 1731 erbaute **San Fernando Cathedral**, 115 Main Plaza, die älteste Kathedrale der Vereinigten Staaten. Ungeachtet der Beteuerungen des Tourist Office glaubt niemand ernsthaft, dass die Helden von Alamo wirklich hier begraben liegen. Samstags zur Mariachi-Messe um 17.15 Uhr kann die Kirche die Besucher kaum fassen.

Der **Spanish Governors Palace**, zwei Blocks nach Westen, 105 Plaza de Armas, beherbergte zu Missionszeiten die spanischen Beamten. „Palast" ist ein reichlich großspuriger Name für das einstöckige Gebäude, aber der Steinplattenboden, die niedrigen Türen und das Dachgebälk, die Heiligenbilder und geschnitzten Holzverzierungen verleihen ihm eine wunderbare Atmosphäre, und es vermittelt einen guten Einblick in das Leben der Angehörigen der staatlichen und religiösen Obrigkeit in diesem abgelegenen Vorposten. ◎ Mo–Sa 9–17, So 10–17 Uhr, Eintritt $1,50.

Der **Market Square**, ein paar Häuserzeilen weiter nordwestlich, datiert von 1840. Er ist mit seinen Straßenrestaurants und dem lebhaften Treiben nach wie vor das Herz der Stadt. El Mercado, das Innere der Markthalle, soll angeblich einem typisch mexikanischen Markt nachempfunden sein, aber wer jemals in Mexiko war, wird kaum Übereinstimmungen finden können. ◎ im Sommer tgl. 10–20, ansonsten bis 18 Uhr.

Einen Besuch lohnt das schöne **McNay Art Museum**, 6000 N New Braunfels Ave am Austin Highway. Die Millionärin und Volkskünstlerin Marion Koogler NcNay ließ die hübsche Villa im maurischen Stil in den 50er Jahren des 20. Jhs. erbauen, um darin ihre Kunstsammlung unterzubringen. ◎ Di–Sa 10–17, So ab 12 Uhr, Eintritt frei. Die Busse Nr. 11 (Nacogdoches) und Nr. 14 (Thousand Oaks) verbinden das Museum mit Downtown.

Auf dem Weg dorthin fährt Bus Nr 11 beim **San Antonio Museum of Art**, 200 W Jones Ave, vorbei, das sich auf dem Gelände der alten *Lone Star Brewery* befindet. Der interessanteste Teil des Museums ist ein neuer Flügel, das *Rockefeller Center for Latin American Art*, mit einer hervorragenden Ausstellung über lateinamerikanische Volkskunst. ◎ Di 10–21, Mi–Sa 10–17, So 12–17 Uhr; Eintritt $6; Di 15–21 Uhr frei.

Übernachtung

Ein Spaziergang bei Mondschein am Fluss entlang zurück zum Hotel zählt mit zum Schönsten, was San Antonio zu bieten hat, darum sollte man versuchen, eine Unterkunft im Zentrum zu finden; allerdings ist die Innenstadt die Domäne der Luxushotels.

Um ein bezahlbares Zimmer zu finden, braucht man ein Auto. Unmittelbar nördlich vom Brackenridge Park, am Austin Highway, gibt es zahlreiche Motels zu erschwinglichen Preisen, ebenso am I-35 nach Norden Richtung Austin – besonders bequem Richtung Flughafen.

Days Inn****** (Alamo-Riverwalk), 902 E Houston St, ✆ 227-6233, 🖥 www.daysinn.com. Bietet den üblichen Standard eines Kettenmotels. Zwei Gebäudeblocks von The Alamo und River Walk entfernt.

Hampton Inn Riverwalk*********, 414 Bowie St, ✆ 225-8500, 🖥 www.hamptoninn.com. Gute, saubere Zimmer in zentraler Lage.

HI-San Antonio***–*****, 621 Pierce St, ✆ 223-9426, 🖥 www.hiayh.org. Gegenüber von Fort Sam Houston, 2 Meilen nördlich vom Zentrum; Bus Nr. 11 oder Nr. 15. Liegt zwar weiter draußen, aber die freundlichen Besitzer machen das wieder wett; Swimming Pool und Küche sind weitere angenehme Extras. Im Sommer telefonische Reservierung erforderlich. Dorm-Bett $17 ($19 für Nicht-Mitglieder), Privatzimmer $60.

Hilton Palacio del Rio, $130–200, 200 South Alamo St, ✆ 222-1400, 🖥 www.hilton.com. Ein luxuriöses, historisches Hotel am River Walk, für die World Fair von 1968 errichtet. Die Lobby ist vollgestopft mit „texikanischer" Kunst und Memorabilia.

Holiday Inn Crockett Hotel, ab *********, 320 Bonham St, ✆ 225-6500, 🖥 www.hotelsanantoniotx.com. Altes Hotel mit moderner Einrichtung, ausgezeichnete Lage direkt gegenüber von The Alamo.

Menger Hotel, $130–160, 204 Alamo Plaza, ✆ 223-4361, 🖥 www.historicmenger.com. Das berühmteste Hotel von Texas während der Zeit der großen Viehtrecks; Teddy Roosevelt rekrutierte hier im Jahr 1898 seine „Rough Riders" für den Spanisch-Amerikanischen Krieg.

Motel 6 San Antonio Downtown*******, 211 N Pecos St, ✆ 225-1111, 🖥 www.motel6.com. Saubere, wenn auch etwas abgewohnte Zimmer in der Nähe vom Market Square. Kleiner Pool.

A Yellow Rose*********, 229 Madison St, ✆ 229-2903, 🖥 www.ayellowrose.com. Ein sehr freundliches B&B mit wunderschönen, mit Antiquitäten bestückten Zimmer im King William Historic District, dem B&B-Zentrum von San Antonio.

The Alamo, San Antonio; Texas

Isleta Mission, El Paso; Texas

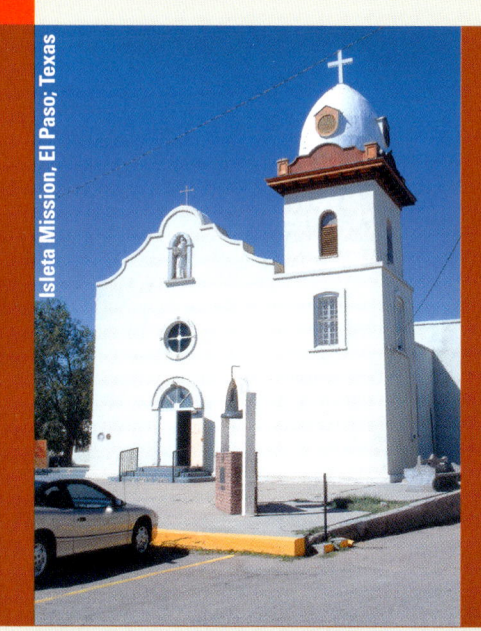

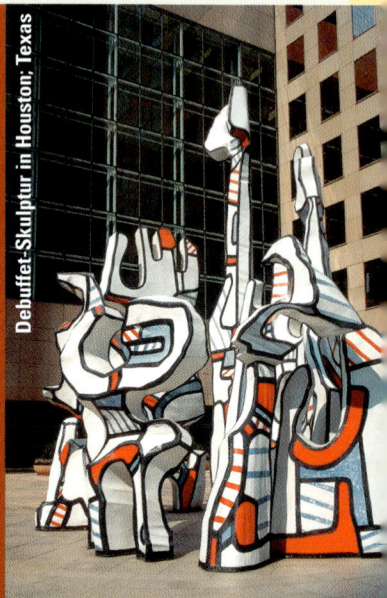

Debuffet-Skulptur in Houston; Texas

Mesa Verde, Cliff Palace; Colorado

An der Route 66; Texas

RIO GRANDE

Menschen in den Rockys

Jenny Lake; Wyoming

Jackson Hole; Wyoming

Kasinos in Reno und Las Vegas; Nevada

Grand Canyon; Arizona

Ranchzufahrt, Taos; New Mexico

Fußgängerbrücke über den San Antonio River am River Walk

Essen

In San Antonio gibt es gutes Tex-Mex-Essen aller Preisklassen. Viele Besucher begeben sich schnurstracks zu den mexikanischen Restaurants am River Walk. So angenehm es auch sein mag, im Freien am Fluss zu dinieren, sollte man jedoch während des Aufenthalts andere Möglichkeiten nicht außer Acht lassen. Auch im Zentrum finden sich viele gute Gaststätten, und in der River Center Mall am Fuß der Treppen zum Fluss wimmelt es von Imbissbuden.

Boudro's, 421 E Commerce St, ✆ 224-8484. Eines der besten Lokale am River Walk. Erwähnenswert sind die leckeren, etwas aus dem Rahmen fallenden Vorspeisen (z.B. Wachteln). Unbedingt eine Prickly Pear Margarita probieren!

Casa Rio, 430 E Commerce St, ✆ 225-6718. Älteste Gaststätte am River Walk, billiges, aber ausgezeichnetes mexanisches Essen: ein riesiges „deluxe dinner" kostet um die $7.

El Mirador, 722 S St. Mary's St, ✆ 225-9444. Herrliches mexikanisches Frühstück und Mittagessen um $5. Zu den Spezialitäten gehören *xocetl* (Hühner-) und *azteca* (scharfe Tomaten-) Suppe. Abends kostspieligere Südwest-Küche. Sonntags und im August geschlossen.

The Guenther House, 205 E Guenther St, ✆ 227-1061. Feines Gebäck und Kuchen, außerdem gutes Frühstück und Mittagessen. In einem Mühlen-Museum im King William Historic District.

Mi Tierra, 218 Produce Row, ✆ 225-1262. Großer Laden in einem geschäftigen Gebäude am Old Market Square; rund um die Uhr geöffnet.

Paesano's, 111 W Crockett St, ✆ 227-2782. Lebendiges italienisches Restaurant am River Walk in der Nähe des *Hard Rock Café*. Die ausgezeichneten *shrimps paesano* probieren!

Zuni Grill, 511 River Walk, ✆ 227-0864. Einfallsreiche Südstaatenkost in einem der elegantesten Lokale am River Walk. Hauptgerichte um $14.

Unterhaltung

In den Restaurants am River Walk gibt es oft zahmen Live-Jazz, Flamenco oder Rockmusik. Die meisten Studentenkneipen und Bars befinden sich in der N St. Mary's St, gleich hinter dem Busbahnhof in Richtung Kunstmuseum.

Im Freilufttheater **Arneson River Theatre**, gegenüber von La Villita, werden im Sommer mexikanische Folkmusik und Tänze geboten.
Bonham Exchange, 411 Bonham St, ℡ 271-3811. Beliebter, gemischter Lesben-/Schwulenclub mit guten House und Garage DJs.
Floore Country Store, 14464 Old Bandera Rd, Downtown von Helotes, ℡ 695-8827. Altes Country-Tanzlokal, Tanzboden im Freien.
Gruene Hall, 1281 Gruene Rd, Gruene, ℡ 832/629-5077, green ausgesprochen, eine Kleinstadt, 30 Meilen nordöstlich von Downtown San Antonio, wird von der ältesten noch verbliebenen Tanzhalle von Texas dominiert; am Wochenende Auftritte von Top-Countrystars.
Jim Cullum's The Landing, 123 Losoya St, unter dem *Hyatt Regency*, ℡ 325-2495. Ein Club, in dem seit über 30 Jahren jeden Abend traditioneller Jazz geboten wird.
Polly Esther's, 212 College St, ℡ 220-1972. Gehört zwar zu einer Kette, ist aber dennoch definitiv ein toller Laden; ein super-energiegeladenes Publikum strömt von hier auf den River Walk.
Swig, 111 W Crockett St, ℡ 476-0005. Hier gibt's die besten Martinis der Stadt, und das jazzig-elegante Lokal ist ein Treffpunkt der *beautiful people*.
Tycoon Flats, 2926 N St. Mary's St, ℡ 737-1929. Live-Musik, Eintritt frei. Gutes vegetarisches Essen. Mo geschlossen.
White Rabbit, 2410 N St Mary's St, ℡ 737-2221. Der Hauptveranstaltungsort für Indie-Bands auf Tournee zieht ein junges, ausgelassenes Publikum an.

Festivals

Dank seiner zahlreichen romantischen Ecken eignet sich San Antonio hervorragend als Festkulisse. Das größte Ereignis des Jahres ist die 10-tägige **Fiesta San Antonio** im April, während der die siegreiche Schlacht von San Jacinto mit Umzügen, Musik und Essenständen gefeiert wird; ℡ 227-5191, 🖵 www.fiesta-sa.org.
Das **Tejano Conjunto Festival**, das jeden Mai im Rosedale Park und im Guadalupe Cultural Arts Center, westlich der Innenstadt, Guadalupe St, abgehalten wird, hat sich der deutsch-mexikanischen Volksmusik – einer Spezialität von Süd- und Zentral-Texas – verschrieben; ℡ 271-3151, 🖵 www.guadalupeculturalarts.org.

Jedes Jahr im Juni werden während des **Texas Folklife Festival** beim Institute of Texan Cultures auf zehn Bühnen die unterschiedlichen Musikrichtungen vorgestellt, die in Texas zu hören sind; von Gospel bis zu libanesischer Musik.

Beim **San Antonio Stock Show & Rodeo** Anfang Februar steht die Cowboy- und *King of the Hill*-Kultur im Mittelpunkt. Zwei Wochen lang Rodeo- und Countrymusic-Veranstaltungen; ℡ 225-5851, 🖵 www.sarodeo.com.

Veranstaltungshinweise kann man dem kostenlosen Wochenblatt *Current* entnehmen, 🖵 www.sacurrent.com.

Sonstiges

FAHRRÄDER – *Abel's Mobile Bicycle Shop*, 1119 Ada St, ℡ 533-9927.

INFORMATIONEN – *Visitor Center*, 317 Alamo Plaza, gegenüber von The Alamo, ℡ 207-6748 oder 1-800/447-3372, 🖵 www.sanantoniocvb.com. ⏱ tgl. 8.30–18 Uhr.

POST – Postamt in Downtown: 615 E Houston St, direkt bei The Alamo, ℡ 212-8046; Zip Code 78205. ⏱ Mo–Fr 8.30–17.30 Uhr.

TOUREN – Die Ausgabe von $22 für eine dreieinhalbstündige Bustour mit *Gray Line*, ℡ 226-1706, 🖵 www.grayline.com, lohnt sich nur dann, wenn man auch die abgelegensten Missionen besuchen möchte. Der *VIA*-Bus Nr. 42 von The Alamo hält auch bei der San José Mission.
Die sehr vergnüglichen **Bootsfahrten**, die in 35 Minuten gemächlich am River Walk entlang führen, starten unterhalb der Brücken von Commerce Street und Market Street. Teilnahme $6, Informationen unter ℡ 244-5700.

VORWAHL – 210.

Nahverkehrsmittel

Genaue Infos über die Transportmittel innerhalb der Stadt sind beim *Visitor Center* (s.o.) erhältlich oder telefonisch beim **VIA Metropolitan Transit Service**, ℡ 362-2020, 🖵 www.viainfo.net.

STADTBUSSE – Busse sind zuverlässig und kosten nur $0,80 für jede Fahrt innerhalb des I-410 Loop. Viele Downtown-Linien verkehren bis 22.30 Uhr. Eine Tageskarte (Day Tripper Pass) kostet $2 und gilt für alle Busse, auch Express-Busse, sowie die Trolleys. Erhältlich sind sie beim VIA Downtown Information Center, 112 Soledad St.

TROLLEY – Die auf altmodisch getrimmten grünen Trolleys bedienen vier Routen in Downtown und bringen Besucher für $0,50 von der Alamo Plaza zu den größeren Sehenswürdigkeiten der Stadt.

Transport

BUSSE – *Greyhound* kommt in der 500 N St. Mary's St an.

EISENBAHN – *Amtrak*-Züge laufen den Bahnhof in der zentral gelegenen 350 Hoefgen St an.

FLÜGE – Internationale Flüge landen am **San Antonio International Airport**, nördlich des I-410 Loop, innerhalb dessen die meisten Sehenswürdigkeiten liegen, ✆ 207-3450, 🖥 www.sanantonio.gov/airport.
Der **SA Trans Shuttle**, ✆ 1-800/868-7707, fährt vom Flughafen in 20 Minuten nach Downtown ($9 einfach, $16 Rückfahrkarte; Abfahrt alle 10–15 Min. zwischen 4 und 1 Uhr). Mit dem normalen City-Bus kostet die gleiche Fahrt zwar nur $0,75, dauert aber fast eine Stunde.
Eine Taxifahrt, z.B. mit *Yellow Cabs*, ✆ 226-4242, kostet ca. $15.

Austin

Als Mirabeau B. Lamar, seines Zeichens Präsident der Republik Texas, 1839 vorschlug, die Hauptstadt vom sumpfigen, ungesunden Houston nach Austin zu verlegen, befand sich hier, am Ufer des Colorado River, nur eine winzige Siedlung. Die ersten Gebäude mussten noch unter Waffenschutz und den feindseligen Blicken von auf den umliegenden Hügeln lauernden Comanchen errichtet werden, aber die Stadt wuchs und gedieh unaufhaltsam.

Austin macht nicht viel Aufhebens von seinem Status als Bundesstaats-Hauptstadt. Seit den 60er Jahren ist es Anlaufpunkt für Maler, Musiker und Schriftsteller. Viele Besucher kommen nur der lebendigen Musikszene wegen, denn die lokalen Musiker sind berühmt für ihre innovative Bearbeitung von Texas' Country, Folk und R&B.

Diese Stadt ist eine der wenigen in Texas, die sich gut mit dem Fahrrad erkunden lässt. Auch wenn Austin die Probleme einer expandierenden, modernen Großstadt nicht ganz umgehen konnte – aufgrund des raschen Bevölkerungswachstums sind hässliche Vororte entstanden, die nicht ganz zu Austins beschaulicher Kleinstadtatmosphäre passen – fühlt man sich als Fremder in Austin weniger bedroht als in vielen anderen großen Städten. Dies gilt insbesondere für allein reisende Frauen. Das mag nicht zuletzt an den rund 50 000 Studenten liegen, die die hiesige Universität bevölkern. Die ausgedehnten Parks der Stadt laden zum Wandern und Radfahren ein, und Austin ist auch ein guter Ausgangspunkt für Erkundungen des grünen Hill Country im Westen.

Sehenswürdigkeiten

Die Skyline wird von der hohen roten Kuppel des **State Capitol**, 13th St, Ecke Congress Ave, beherrscht. Die Leuchter, Läufer und selbst die Türangeln zieren Lone Stars und „Texas"-Motive, die sich auch im Anbau mit seinen marmornen Hallen fortsetzen. ☉ tgl. 9–17 Uhr; alle 15 Min. Führungen, Eintritt frei.

Auf der **Congress Avenue**, die an Geschäften aus den 50er Jahren des 20. Jh. und umgemodelten Bürohäusern vorbei vom Capitol zum Fluss hinunter führt, kann man angenehm spazierengehen.

Ein großer Teil des städtischen Nachtlebens spielt sich in der **Sixth Street** ab, die vom I-35 nach Westen bis zur Congress St führt. Sie ist auch unter dem Namen Old Pecan St bekannt und wird von Galerien und schicken Läden gesäumt.

Unmittelbar westlich vom Lamar Boulevard, zwischen Fifth St und Sixth St, steht die 600-jährige **Treaty Oak**. Es ist die letzte der Council Oaks, eines Eichenhains, der den einheimischen Indianern als Treffpunkt für Ratsbesprechungen diente. Leider wurde der Baum 1989 von Unbekannten vergiftet, so dass nur noch ein Drittel von ihm übrig blieb.

Das **Bob Bullock Texas State History Museum** weiter nördlich, neben der University of Texas (s.u.) an der Ecke von Martin Luther King Jr Boulevard und der North Congress Avenue, enthält alle möglichen Ausstellungsgegenstände, die sich auf Texas beziehen, u.a. das Tagebuch von Stephen F. Austin, der als der Gründer des Staates betrachtet wird, und eine Bibel, die Sam Houston Jr während des Bürgerkriegs das Leben rettete; die in den Seiten stecken gebliebene Kugel ist noch immer zu sehen. ⊙ Mo–Sa 9–18 Uhr; $5,50.

Im **Elisabet Ney Museum**, 304 E 44th St, einem Gebäude, dessen Architektur deutschen Einfluss aufweist, kann man das letzte Atelier der berühmtesten Bildhauerin Austins besichtigen. ⊙ Mi–Sa 10–17, So ab 12 Uhr, Eintritt frei.

Der **Zilker Park** südwestlich des Zentrums am Flussufer, gegenüber vom *Amtrak*-Bahnhof, ist einer der schönsten Parks der Stadt. Im Zilker Park gibt es Wander- und Radwege, kostenlose Paddelboote und eine Mini-Eisenbahn (tgl. 10–19 Uhr, $2,75). Eine der Hauptattraktionen ist der **Barton Springs Pool**, ein über 300 m langes, türkisblaues Becken, das von Pekanbäumen gesäumt wird. ⊙ tgl. 5–22 Uhr, Eintritt Mo–Fr $2,50, Sa und So $2,75.

Im Westteil erstreckt sich der Tierpark des **Austin Nature and Science Center**, ✆ 327-8181, ⊙ Mo–Sa 9–17, So 12–17 Uhr, Eintritt frei.

An der Robert E. Lee Rd, südlich des Barton Springs Pool, liegt der **Umlauf Sculpture Garden**, eine Oase des Friedens mit über 100 Skulpturen. ✆ 445-5582, 🖥 www.umlaufsculpture.org; ⊙ Mi–Fr 10–16.30, Sa und So 13–16.30 Uhr, Eintritt $3,50.

Und schließlich befindet sich weiter nördlich am Colorado River noch der **Mayfield Park**, ein friedliches Idyll mit Wasserlilien und Pfauen. Vom nahen **Mount Bonnell** hat man einen herrlichen Blick über die Stadt und Umgebung.

Das **Austin Museum of Art** ist dabei, von seiner früheren Heimstatt in 3809 W 35th St in Laguna Gloria zu einer festen Niederlassung in Downtown umzuziehen. In der Zwischenzeit ist ein Teil der Sammlung unter einer anderen Adresse zu sehen, nämlich in der 823 Congress Ave, ⊙ Di–Sa 10–18, Do bis 20, So 12–17 Uhr; $3; ✆ 495-9224, 🖥 www.amoa.org.

Dank einer eigenen Ölquelle, dem Bohrloch Santa Rita No. 1 am San Jacinto Boulevard, ist die **University of Texas** eine der reichsten der Welt. Im **Harry Ransom Center**, dessen Sammlung von Manuskripten zeitgenössischer Autoren alle vergleichbaren bei weitem übertrifft, dürfen die Studenten nur unter strengster Bewachung arbeiten. Die **Kunstgalerie** im Center, in der Südwestecke des Campus, beherbergt u.a. eine Gutenberg-Bibel sowie zeitgenössische Kunstwerke. ⊙ Mo–Fr 9–17, Sa 9–12 Uhr, Eintritt frei. Studenten bieten häufig Führungen durch das Hauptgebäude des Campus und seinen Turm an; Informationen und Buchung ✆ 475-6633.

Die **Guadalupe St**, die von der Westecke des Campus am Martin Luther King Boulevard nach Norden zur 24th St führt, macht eines der Zentren des studentischen Lebens aus. An der Straße, auch *The Drag* genannt, befinden sich jede Menge Cafés, Boutiquen und Buchläden.

Das **LBJ Library and Museum** am Nordostrand des Campus, 2313 Red River St, erzählt die Geschichte des bisher einzigen aus Texas stammenden Präsidenten der USA, Lyndon Baines Johnson. Dabei kommt jedoch nicht zur Sprache, dass er die Senatswahlen 1948 nur gewann, weil sich drei Tage nach dem Sieg seines Gegenspielers einige Stimmzettel für ihn „fanden", die vorher übersehen worden waren – alle in derselben Handschrift ausgefüllt. ✆ 721-0200, 🖥 www.lbjlib. utexas.edu; ⊙ tgl. 9–17 Uhr, Eintritt frei.

Übernachtung

Die billigen Hotels befinden sich entlang des I-35 und der Congress Avenue, aber mit B&Bs, die es in vielen Stadtteilen gibt, ist man besser bedient. ***Austin Motel****, 1220 S Congress Ave, ✆ 441-1157, 🖥 www.austinmotel.com. Einfache Zimmer direkt südlich der Congress Ave Bridge, sehr beliebt bei in der Stadt gastierenden Musikern, da gegenüber Austins bestem Veranstaltungsort für Country Music, dem *Continental Club*, gelegen. ***Carrington's Bluff*****, 1900 David St, ✆ 479-0638. Zentral gelegenes, gutes, allerdings etwas ländliches B&B, einen Block vom Lamar Blvd, Ecke Martin Luther King Blvd. Schattige Veranda, freundliche Besitzer und Gourmet-Frühstück. ***Driskill Hotel***, ab*****, 604 Brazos St, ✆ 474-5911, 🖥 www.driskillhotel.com. Luxuriöses historisches Hotel in der Nähe der 6. Straße, wo die Action ist. Schickes, gutbetuchtes Publikum.

Austin

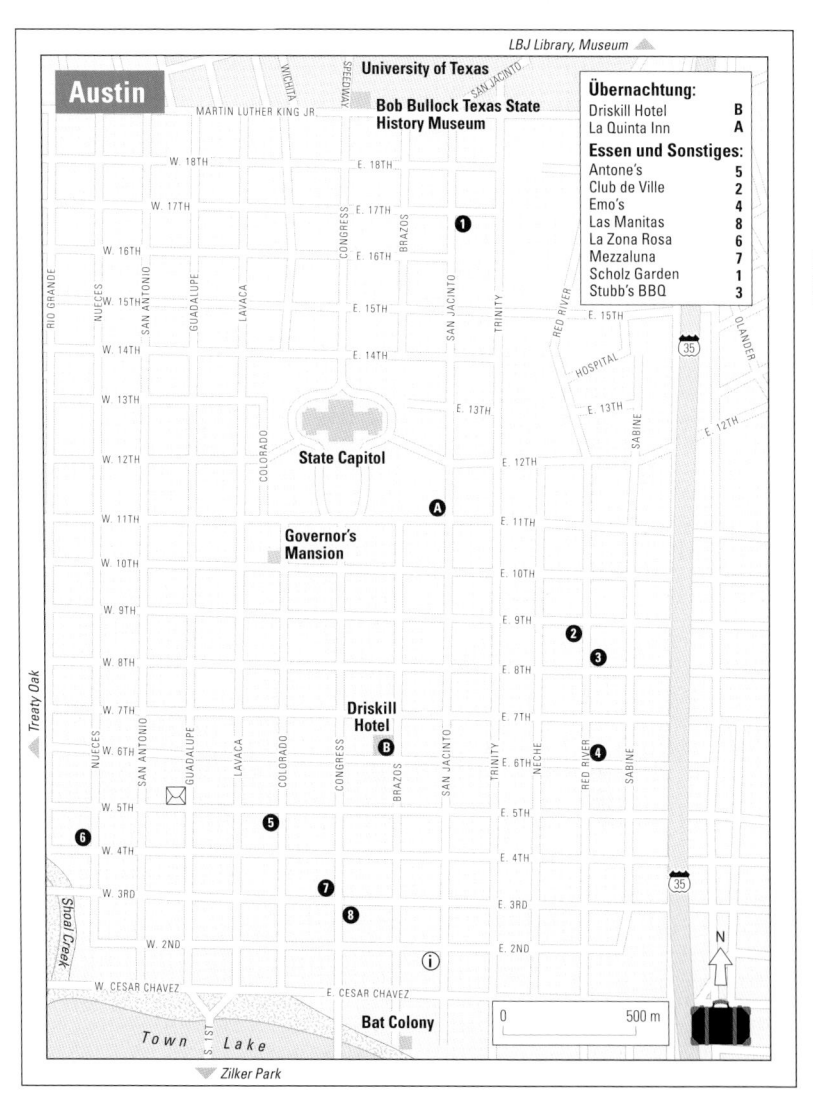

Übernachtung:
Driskill Hotel	B
La Quinta Inn	A

Essen und Sonstiges:
Antone's	5
Club de Ville	2
Emo's	4
Las Manitas	8
La Zona Rosa	6
Mezzaluna	7
Scholz Garden	1
Stubb's BBQ	3

HI-Austin*, 2200 Lakeshore Blvd, ✆ 444-2294 oder 1-800/725-2331, 🖳 www.hiaustin.org. Direkt am Town Lake. Mitglieder zahlen $17 pro Nacht, Nicht-Mitglieder $20.

La Quinta Inn Austin Capitol****, 300 E 11th St, ✆ 476-1166, 🖳 www.laquinta.com. Komfortable Zimmer; Swimming Pool. Ganz in der Nähe vom Capitol.

Hotel San Jose, ab*********, 13165 Congress Ave, ✆ 444-7322, 🖳 www.sanjosehotel.com. Schickes Hotel mit Zen-Ambiente; wunderschöne Parkanlage und ein kleiner Pool.

Woodburn House***, 4401 Avenue D, 458-4335, www.woodburnhouse.com. Kleines B&B in der Gegend des Hyde Park, in Spaziernähe zur Uni. Reservierung und Kaution erforderlich.

Essen

Das progressive Austin weist sehr viel mehr vegetarische und Naturkostrestaurants auf als normalerweise in Texas üblich. In Universitätsnähe, vor allem an der Guadalupe St, gibt es viele gute Restaurants, deren Preise auf Studentenbörsen zugeschnitten sind. Das Restaurant mit den meisten Gästen ist höchstwahrscheinlich das empfehlenswerteste. Auch viele Musikkneipen servieren ordentliches Essen.

El Sol y La Luna, 1224 S Congress Ave, 444-7770. Ein nettes, von einer Familie geführtes mexikanisches Restaurant an dem belebten Straßenabschnitt voller Läden und Clubs direkt südlich von Downtown. Besonders gut zum Frühstücken.

Jovita's, 1619 S First St, 477-7825. Zuverlässiges Tex-Mex-Essen, manchmal Auftritte erstklassiger hiesiger Countrymusiker wie Don Walser.

Las Manitas, 211 Congress Ave, 472-9357. Authentische, preiswerte mexikanische Gerichte mitten in Downtown. Nur Frühstück und Mittagessen – frühzeitig hingehen.

Magnolia Café, 2000 S Congress Ave, 445-0000, und 2304 Lake Austin Blvd, 478-8645. Besonders belebt zur Frühstückszeit, aber rund um die Uhr geöffnet.

Mezzaluna, 310 Colorado St, 472-6770, traditionelle italienische Küche im Warehouse District zwischen Sixth Street und Fluss, annehmbare bis saftige Preise.

Salt Lick, 18300 Farm Road 1826, 894-3117. Wer sich nach dem besten Grillrestaurant der Stadt erkundigt, wird unweigerlich auf dieses Lokal verwiesen, obwohl es etwas weiter draußen im Hill Country liegt. Hervorragende *Ribs*, mariniert in einer nahezu perfekten BBQ-Soße.

Scholz Garden, 1607 San Jacinto Blvd, 474-1958. Große Portionen deutscher Würstchen und Tex-Mex in einer Institution von Austin, auch gute Live-Musik.

Stubb's BBQ, 801 Red River St, 480-8341. Rinderbrust, Würstchen und Rippchen nach texanischer Zubereitungsart. Auf den Bühnen im Freien und drinnen im Saal spielen landesweit bekannte Bands.

Threadgill's, 6416 N Lamar Blvd, 451-5440. Eine Institution in Austin, seitdem Kenneth Threadgill die erste Bierausschanklizenz nach der Prohibition erhielt. Echte Hausmannskost und ein Gratis-Nachschlag köstliches Gemüse. Ab und zu Live-Musik. Downtown-Ableger, 301 W Riverside Drive, 472-9304. Ein absolutes Muss.

West Lynn Café, 1110 W Lynn St, 482-0950. Vegetarische Gerichte aus aller Welt in stilvoller Umgebung. Eines der beliebtesten Restaurants der Stadt.

Unterhaltung

Was das Nachtleben von Austin angeht, so hat man die Qual der Wahl. Vor allem in der **Sixth St** beherbergt fast jedes Gebäude einen Club oder eine Bar; allerdings oft gnadenlos kommerzialisiert. Abseits der Sixth St lassen sich dagegen ein paar tolle Kneipen finden. Man kann auch ein Taxi nach außerhalb nehmen.

Veranstaltungshinweise sind den folgenden drei ausgezeichneten Blättern zu entnehmen: *Daily Texan,* die UT-Zeitung (Do), www.dailytexanonline.com; Donnerstags-Beilage „Xlent" des *Austin American-Statesman,* www.austin360.com; *Austin Chronicle* (Fr), www.auschron.com.

Performing Arts Center, 23rd St, Ecke Robert Dedman Drive, 471-1444, www.utpac.org, Auftrittsort von Größen aus den Bereichen Theater und Tanz.

LIVE-MUSIK – Obwohl Austins *folk revival* in den Sechzigern aufsehenerregend genug war, um Janis Joplin auf dem Weg von Port Arthur, Texas, zu Starruhm in Kalifornien zu katapultieren, hat sich die Stadt erst in den 70er Jahren einen eigenen Namen als Zentrum der *outlaw country music* gemacht. Willie Nelson and Waylon Jennings, enttäuscht von Nashville, initiierten eine Musikrichtung, die sentimentalen Country and Western wieder aufleben ließ, versetzt mit einem scharfen Schuss Rock 'n' Roll. Die Zuhörer in Austin, weit entfernt von den raubeinigen, trinkfreudigen Massen in West-Texas, erwiesen sich als ein dankbares, Experimenten aufgeschlossenes Publikum. Der Austin Sound von heute ist eine Mischung aus Country, Folk, Blues, Psychedelic und „alternativen" Klängen. Die Tradition schwarzer texanischer Bluesmusiker wie Blind Lemon Jefferson und Blind Willie Johnson ist ebenso lebendig wie der rockige Bar Blues von Stevie Ray Vaughan.

Es gibt auch eine lebendige Folkmusikszene traditioneller Art oder mit ein bisschen Punk, zu hören während des alljährlichen **Kerrville Folk Festival** in *Rod Kennedy's Quiet Valley Ranch* in Kerrville, ✆ 257-3600, 100 Meilen westlich von Austin am I-10.

Antone's Blues Club, 213 W Fifth St, ✆ 263-4146, ist *der* Ort für Live-Blues: heiß, stickig und voll. Jeden Abend Auftritte berühmter lokaler und nationaler Künstler.

The Backyard, 13101 W Hwy 71, ✆ 263-4146, 🖥 www.thebackyard.net. In dem abgelegenen Club treten ansprechende Bands auf; die Musik tendiert in Richtung Folk und Country.

The Broken Spoke, 3201 S Lamar Blvd, ✆ 442-6189. Unprätentiöses Restaurant und stampfende Countrymusik mit den üblichen Effekten, allerdings weit außerhalb des Zentrums. Es zieht die besten Country & Western-Musiker von Texas an. Jeden Abend ab 21 Uhr Tanz in der scheunenartigen Tanzhalle.

Cactus Café, The Texas Union, 24th St, Ecke Guadalupe St, University of Texas, ✆ 475-6515. Einer der beliebtesten Treffs von Austin. Durchgehend gute Country-, Rock- und Folkmusik; regelmäßig Auftritte neuer Talente.

Club de Ville, 900 Red River St, ✆ 457-0900. Die ausgezeichneten Cocktails und der schöne Patio sind die Hauptpluspunkte dieser schicken Bar, nur einige Minuten von der geschäftigen Sixth Street entfernt.

Continental Club, 1315 S Congress Ave, ✆ 441-2444, die beste Adresse, um lautstarken Country, vorgetragen von hervorragenden Sängern, nach Austin-Art zu hören.

Emo's, 603 Red River St, ✆ 477-EMOS. Sprungbrett für Austins beste alternative Bands; freundliches, tätowiertes und gepierctes Publikum. Die Eintrittspreise variieren, Leute unter 21 Jahre zahlen mehr.

La Zona Rosa, 612 W 4th St, ✆ 263-4146. Tolle Roots-Bands.

Symphony Square, Red River Rd, Ecke 11th St, ✆ 476-6064. Roh gezimmertes Amphitheater unten am Fluss. Im Sommer werden gute Jazz- und klassische Konzerte aufgeführt.

Sonstiges

FAHRRÄDER – *Bicycle Sport Shop*, 1426 Toomey Rd, ✆ 477-3472, ⊙ Mo–Fr 10–19, Sa 9–18, So 11–17 Uhr.

FESTIVALS – In der dritten Märzwoche findet das 10-tägige **South by Southwest Festival** mit den besten Bands von nah und fern statt, dazu Hunderte und Aberhunderte von Filmen. Ein Sammelticket *(pass)* für sämtliche Musik-, Film- und andere Veranstaltungen kostet $475 (im Voraus zu zahlen); ein Sammelticket nur für Musikveranstaltungen $325. Informationen unter ✆ 467-7979 oder 🖥 www.sxsw.com.

INFORMATIONEN – *Visitor Center*, 201 E Second St, ✆ 478-0098 oder 1-800/926-2282, 🖥 www.austintexas.org, ⊙ Mo–Fr 8.30–17, Sa und So 9–17 Uhr.

State Tourist Information Center im Foyer des State Capitol, ✆ 305-8400, u.a. gibt es eine Videovorführung und wechselnde Ausstellungen, die sich auf Texas beziehen. ⊙ tgl. 9–17 Uhr.

POST – *Post Office*, 510 Guadalupe St, ✆ 494-2210, Zip Code 78701, ⊙ Mo–Fr 7–18.30, Sa 8–15 Uhr.

TOUREN – Die Stadt lässt sich gut und angenehm zu Fuß erkunden. Das Visitor Center bietet von März–Nov kostenlose, geführte Stadtrundgänge, die am Südeingang des Capitols beginnen; Sa um 14, So um 9 Uhr. Näheres unter ✆ 478-0098.

VORWAHL – 512.

Nahverkehrsmittel

Austin erstreckt sich 20 Meilen in Nord-Süd-Richtung und 18 Meilen in Ost-West-Richtung.

Ranch westlich von Austin

Im Osten verläuft der I-35, der Dallas mit San Antonio verbindet. Südlich der City fließt der Colorado River. Austin besitzt ein gutes öffentliches Nahverkehrssystem.

TROLLEY – *Dillo,* von METRO betrieben, verkehrt kostenlos in der Innenstadt. Es gibt fünf Routen, drei davon fahren auch hinaus bis zur University of Texas. Wochentags alle 10–40 Min. zwischen 6.30 und 20.30 Uhr; am Wochenende ist der Fahrplan stark eingeschränkt.

STADTBUSSE – Die *Capital METRO*-Busse verbinden die Innenstadt mit anderen Stadtteilen und dem Campus (einfache Fahrt $0,50; Expressbusse $1). Zusätzlich gibt es Shuttle Busse – offiziell für Studenten, aber sie werden von jedermann genutzt – erkennbar am Langhornemblem neben der Streckennummer. Die Busse verkehren Mo–Fr 5.30–0.30 Uhr, Sa und So ist der Busverkehr stark eingeschränkt. Fahrpläne sind beim Customer Service Center in der 801 Congress Ave erhältlich (Mo–Fr 8–17 Uhr), telefonische Auskunft bei der *METRO Information Line,* ✆ 474-1200.

TAXI – *Yellow Checker Cabs,* ✆ 452-9999.

Transport

Der **Austin-Bergstrom International Airport,** ✆ 530-2242, liegt acht Meilen südwestlich von Downtown an der Kreuzung von Highway 71 und 183. Nach Downtown gelangt man mit Bussen von *SuperShuttle,* ✆ 258-3826, 🖥 www.supershuttle.com, für $10; mit dem **Taxi** (ca. 20 Minuten; $25), oder für spottbillige $0,50 mit dem **Stadtbus** Nr. 100, der jede Stunde zur Uni und nach Downtown fährt (Mo–Fr 5–23, Sa 7–23, So 8–12.30 Uhr).

Fredericksburg

Der „deutsche" Ort Fredericksburg liegt mitten im **Hill Country**, das sich nördlich und westlich von Austin und San Antonio erstreckt und vorwiegend von Apachen und Comanchen bewohnt war, bevor nach Texas' Beitritt zu den Vereinigten Staaten deutsche und skandinavische Siedler auftauchten. In den kleinen Städten der Umgebung, wie New Braunfels und Luckenbach, wird vereinzelt noch eine Art Deutsch gesprochen.

Fredericksburg, mit seinen „Biergärten" und Pfefferkuchenhäuschen, unterscheidet sich im Grunde wenig von jener Stadt, die sechshundert unternehmungslustige Deutsche 1846 gründeten. Es gelang ihnen, gute Beziehungen zu den ansässigen Comanchen zu knüpfen und – eine große Ausnahme in der Besiedlungsgeschichte – auch beizubehalten. Mit harter Arbeit und Ausdauer trotzten die Bewohner allen Epidemien und dem Bürgerkrieg.

Von dem damaligen harten Leben legen die kleinen Friedhöfe im Hill Country beredt Zeugnis ab. Wer mit dem Auto unterwegs ist, sollte einmal anhalten und die Inschriften und Jahreszahlen auf den verwitterten Grabsteinen studieren.

Am Wochenende bevölkern Tagesausflügler aus San Antonio und Austin die Main St mit ihren Galerien und Souvenirshops, vielen Tea Rooms und Biergärten.

Das **Pioneer Museum**, 309 W Main St, umfasst mehrere Gebäude, u.a. eine Kirche und einen Laden. Weitere Informationen bei der *Gillespie Country Historical Society*, ✆ 997-2835, 🖳 www.pioneermuseum.com. ⊙ Mo–Sa 10–16, So 13–17 Uhr, Eintritt frei.

Zum **National Museum of the Pacific War**, 340 E Main St, ✆ 997-4379, 🖳 www.nimitz-museum.org, gehört das *Nimitz Steamboat Hotel*, das tatsächlich einem Dampfschiff ähnelt. Das Museum bietet einen historischen Lehrpfad, der an Flugzeugen, Panzern und Geschützen vorbeiführt, sowie einen japanischen Ziergarten. ⊙ tgl. 10–17 Uhr, Eintritt $5.

Übernachtung

Das CVB versorgt Besucher mit Details zu den preiswerten Hotels entlang der E Main St.
Sunday House*****, 501 E Main St, ✆ 997-4484, 🖳 www.sundayhouseinn.com, ist eine der luxuriöseren Möglichkeiten, mit Pool.
Bed & Breakfast ist das große Geschäft im historischen Fredericksburg; bei **B&B of Fredericksburg**, 619 W Main St, 🖳 www.bandbfbg.com, bekommt man eine komplette Liste.
Einen Campingplatz gibt es im **Lady Bird Johnson Municipal Park**, drei Meilen auf dem Hwy-16 S nach Südwesten, oder in der **Enchanted Rock State Natural Area**, 18 Meilen nördlich an der Ranch Road 965.

Essen

Die meisten der zahlreichen Restaurants und Bäckereien entlang der Main St servieren ein billiges Mittagsmenü.
Dietz Bakery, 218 Main St, ✆ 997-3250, die älteste Bäckerei der Stadt, produziert knuspriges Brot und leckere Kuchen.
Friedhelm's Bavarian Inn, 905 Main St, ✆ 997-6300, spezialisiert auf handfestere Mahlzeiten, z.B. Knödel und Sauerkraut. Mo geschlossen.

Sonstiges

INFORMATIONEN – *CVB*, am Market Square, 106 N Adams St, ✆ 997-6523, 🖳 www.fredericksburg-texas.com, ⊙ Mo–Fr 8.30–17, Sa 9–12 und 13–17, So 13–17 Uhr.

VORWAHL – 830.

Transport

Ankunft und Abfahrt der *Greyhound*-Busse in der 758 S Washington St.
Fredericksburg hat, wie der Rest des Hill Country, keine *Amtrak*-Anbindung.

Der Nordosten

Dallas

Im Gegensatz zur landläufigen Meinung gibt es in der standesbewussten Stadt Dallas kein Öl. Seit ihrer Gründung als Handelsposten im Jahr 1841 durch den aus Tennessee stammenden Rechtsanwalt John Neely Bryan und seinen Freund Joe Dallas aus Arkansas haben Generationen von erfolgreichen Geschäftsleuten Wohlstand angehäuft. Zuerst verschoben sie Viehherden, später Ölreserven.

In den 50er Jahren des 19. Jhs. musste eine Gruppe europäischer Siedler – die La Reunion-Kooperative, bestehend aus französischen Intellektuellen und Künstlern – nach einer Reihe von Dürresommern und harten Wintern einpacken und weiterziehen. Allerdings hinterließ sie ein reiches Erbe an Kunst und verfeinerter Kultur, dessen sich die Stadt bis heute rühmt.

Die Macht des Geldes zeigte sich ganz deutlich Ende der 50er Jahre des 20. Jhs., als die Finanzgrößen von Dallas ihren Einfluss gegen die Rassentrennung geltend machten. Rassistisch eingestellte Restaurantbesitzer und Busfahrer wurden mittels klingender Münze dazu gebracht, sich den politischen Veränderungen nicht zu widersetzen, und so blieben Dallas größere Rassenunruhen erspart. Allerdings erlitt das Image der Stadt 1963 durch die Ermordung von Präsident John F. Kennedy einen empfindlichen Schlag.

Erst der Bau des gigantischen Dallas/Fort Worth International Airport in den 60er Jahren und die Erfolge der Fernsehserie *Dallas* sowie des Footballteams *Cowboys* in den Siebzigern, verbesserten den lädierten Ruf der Stadt. Doch dann gab es erneut einen Crash: Arbeitslosigkeit und das Ende der Ewings, die nicht länger über die Mattscheibe flimmerten, forderten – von einer erschreckenden Kriminalitätsrate ganz abgesehen – ihren Tribut. Aber der Geist der Glücksritter ist nach wie vor ungebrochen. Nach einer Erfolgsserie in der Mitte der 90er Jahre schien es für eine Weile mit den *Cowboys* bergabzugehen, aber nun sind sie unter der Führung von Coach Bill Parcells wohl wieder auf dem Weg nach oben.

Dallas liegt im ständigen Konkurrenzstreit mit Houston, schaut hinab auf seine Nachbarstadt Fort Worth und bildet sich einiges auf seine „gehobene Bildung" sowie seinen „traditionellen Wohlstand" ein. Es ist letztendlich eine äußerst konservative Stadt. Trotz alledem kann man sich in Dallas vergnügen – man muss nur wissen, wo.

Die City

Die Innenstadt von Dallas ist ein einziges Loblied auf den Kommerz. Viele der Wolkenkratzer dienen als unverkennbare Wegweiser, z.B. der rote, neonbeleuchtete *Mobil Pegasus* auf dem 1921 erbauten Magnolia Building, an der Akard St, Ecke Commerce St, der nachts über die Stadt zu galoppieren scheint, oder die 72-stöckige **Bank of America**.

Das **Neiman Marcus Kaufhaus** steht immer noch da, wo die Geschwister Carrie Neiman und Herbert Marcus es 1907 erbauen ließen. ⊙ Mo–Sa 10–18, Do bis 20 Uhr.

Der Mord an Präsident Kennedy Am 22. November 1963 um 12.30 Uhr grüßte John F. Kennedy vom offenen Wagen aus die Zuschauermenge in Dallas, als plötzlich Schüsse über die Dealey Plaza hallten – jene Schüsse, die den Präsidenten töteten und das Ende der Ära „Camelot" bedeuteten.
Nach ein paar Stunden hatte man den Standort des Schützen im nahe gelegenen Texas Schoolbook Depository ausfindig gemacht, und einer der dortigen Angestellten, **Lee Harvey Oswald**, wurde verhaftet.
Zwei Tage später wurde er seinerseits in einer Polizeiwache in Dallas von dem Nachtclubbesitzer **Jack Ruby** erschossen. Ruby sagte aus, er habe Kennedys Frau Jackie davor bewahren wollen, beim Gerichtsverfahren gegen Oswald eine Aussage machen zu müssen.
Die **Warren Commission**, die als erste das Verbrechen untersuchte, kam zu dem Ergebnis, dass Oswald ein Einzeltäter war, aber bis heute sind die Gerüchte nicht verstummt, wonach der Mord auf das Konto einer viel größeren Organisation gehe.
Die meisten Verfechter einer Konspirationstheorie sind sich einig, dass Oswald – ein Ex-*Marine,* der nach Russland desertiert und später mit einer russischen Ehefrau zurückgekommen war – tatsächlich die tödlichen Schüsse abgegeben hat, sehen ihn jedoch als Marionette eines großen Komplotts: wahlweise das Werk der Mafia, des KGB, von Exil-Kubanern oder gar von Instrumenten der US-Regierung.
Die Aussagen von Augenzeugen, die Schüsse am berühmten Grassy Knoll, an der Nordseite der Elm St, gehört haben wollen, ließen sich nicht eindeutig bestätigen, und 1988 schloss das Justice Department schließlich die Akte mit dem Argument, es gebe keinen „überzeugenden Beweis" für irgendeine Verschwörung.

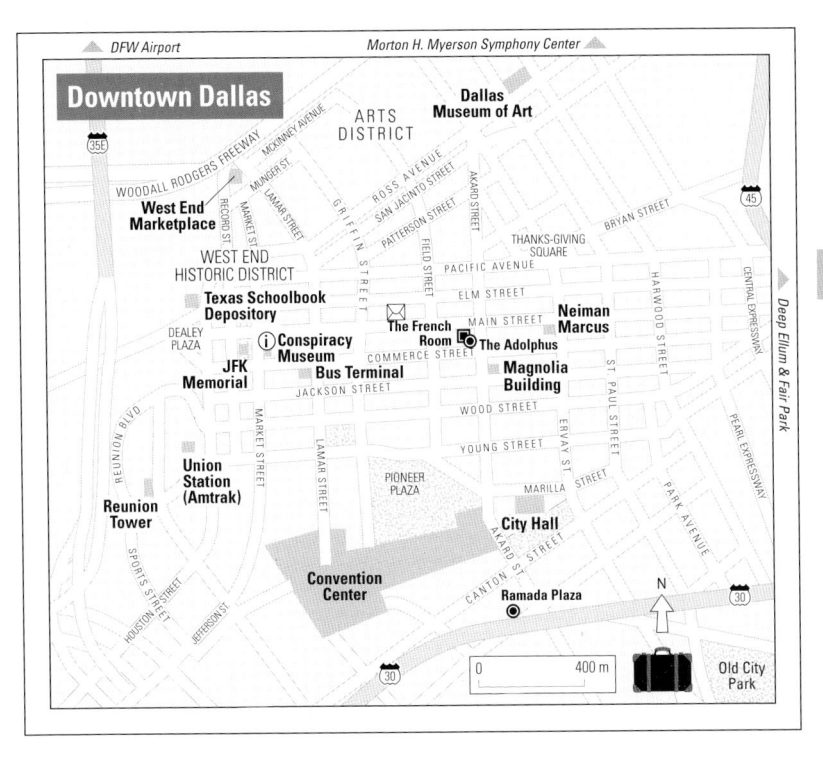

Das **Center for World Thanksgiving** am Thanksgiving Square an der Kreuzung von Akard St, Ervay St, Bryan St und Pacific Ave, mit seinem stillen Garten, den Springbrunnen und der Kapelle ist eine kleine Oase des Friedens. ⏰ Mo–Fr 9–17, Sa und So 13–17 Uhr. Südlich vom Square thront die auf dem Kopf stehende Pyramide der **City Hall**.

Im Arts District, nördlich von Downtown, kann man die umfangreiche Sammlung des **Dallas Museum of Art**, 1717 N Harwood St, besichtigen. 📞 922-1200, 💻 www.dm-art.org, ⏰ Di–So 11–17, Do bis 21 Uhr. Eintritt $6.

Das **Morton H. Meyerson Symphony Center**, 2301 Flora St, zwei Blocks östlich vom Museum, beherbergt das Symphonie-Orchester.

Die Touristen treffen sich vor der Kulisse der restaurierten, aus rotem Backstein erbauten Lagerhäuser des **West End Historic District**, Lamar St, Ecke Munger St, wo 1841 die ursprüngliche Siedlung Dallas ihren Anfang nahm. Anziehungspunkte sind die achtzig Geschäfte und zwanzig Restaurants. Der überdachte Marktplatz ist zu einer Vergnügungsmeile mit Souvenirshops, Fastfood-Läden und einem *Planet Hollywood* geworden.

Ein paar Blocks südwestlich von hier liegt die **Dealey Plaza**, die als Kulisse des Mordes an Kennedy in die Geschichte einging (s. Kasten links). Einen Block westlich der Dealey Plaza, im Dallas Historical Plaza an der Main St, Ecke Market St, steht ein offenen Ehrengrabmal, das von Philip Johnson entworfen wurde und einen flachen Granitblock umschließt – das **Kennedy Memorial**.

Das **Conspiracy Museum**, gleich daneben in der 110 S Market St, lohnt die Ausgabe nicht. Mit seiner CD-ROM-Technologie versucht es Eindruck zu schinden, hat aber in Wirklichkeit nichts anderes zu bieten als die üblichen, amateurhaften, handgezeichneten Schaubilder. ⏰ tgl. 10–18 Uhr, Eintritt $7.

Das Texas Schoolbook Depository in der 411 Elm St heißt heute Dallas County Administration Building und beherbergt im vorletzten Stockwerk ein Museum, das **Sixth Floor Museum**, ℡ 747-6660 oder 1-888/485-4854, 🖥 www.jfk.org ⏰ tgl. 9–18 Uhr, Eintritt $10, mit Audiotour $13. Hier kann man sich den historischen, unscharfen 8-mm-Film ansehen, der damit endet, dass Kennedy in den Armen von Jackie sein Leben aushaucht.

Von der Aussichtsplattform auf dem 50. Stock (nach amerikanischer Lesart dem 51. Stock) des **Reunion Tower**, 300 Reunion Blvd, an der Westseite der Downtown neben der *Amtrak* Station, eröffnet sich ein guter Überblick über die Innenstadt, ⏰ tgl. 10–22.30 Uhr; Eintritt $2, und die *Dome Lounge* im Tower eignet sich hervorragend, um ein Getränk zu sich zu nehmen.

Am I-30, in der Nähe der Harwood Street, befindet sich in der 1717 Gano St der erste Park von Dallas, der **Old City Park**. Er ist heute sowohl Freizeitgebiet als auch Museumsdorf. Hier ist die Geschichte der Stadt von 1840 bis 1910 in Form von über dreißig alten Gebäuden, die aus Ortschaften im Norden von Texas hergebracht wurden, dargestellt. Die Öffnungszeiten sowie Häufigkeit und Beginn der Führungen variieren je nach Jahreszeit; nähere Auskünfte unter ℡ 421-5141, 🖥 www.oldcitypark.org; Eintritt $7.

Deep Ellum

Dieser ausgefallenste Stadtbezirk, fünf Häuserblocks östlich von Downtown, zwischen den Eisenbahntrassen und dem I-30, rings um Elm St und Main St, hebt sich von der Muffigkeit des übrigen Dallas ab. In den 20er Jahren war er für seine Jazz- und Bluesclubs berühmt; heute findet man hier Avantgarde-Galerien, Theater, verrückte Bekleidungsgeschäfte und hervorragende Restaurants und Clubs. Zum Missfallen der Anwohner schießen die Preise in dem Maße in die Höhe, in dem das Viertel an Beliebtheit gewinnt.

Fair Park

Weiter südöstlich von Deep Ellum wird im **Fair Park**, der seine Entstehung der texanischen Weltausstellung 1936 verdankt, alljährlich im Oktober die dreiwöchige, gut besuchte State Fair of Texas – die größte Messe dieser Art in den USA – abgehalten, ℡ 565-9931, 🖥 www.bigtex.com.

Zum Park gehören das **Dallas** Aquarium, ℡ 670-5656, 🖥 www.dallas-zoo.org, ⏰ tgl. 9–16.30 Uhr, Eintritt $3, und einige gute **Museen**. Lohnend ist das **African-American Museum**, ℡ 565-9026, dessen Wanderausstellungen sich meist um afrikanische Kunst drehen. Die interessante Dauerausstellung umfasst eine erstklassige Kollektion kunsthandwerklicher Arbeiten und vermittelt eine detaillierte Biografie des jeweiligen Künstlers. ⏰ Di–Fr 12–17, Sa 10–17, So 13–17 Uhr, empfohlene Spende $2.

Das Schmuckstück des Parks ist das **Hall of State Building**, ein Art déco-Gebäude mit Bronzestatuen, blauen Kacheln, Mosaiken und Wandgemälden.

Southfork Ranch

Die Southfork Ranch, ehemalige Residenz der Ewings, der Protagonisten der TV-Seifenoper *Dallas*, liegt ca. 25 Meilen nordöstlich von Dallas abseits des I-75 an der 3700 Hogge Drive in **Parker**. Die Ranch wurde in eine Art Museum verwandelt, in dem das Gewehr zu sehen ist, mit dem der JR erschossen wurde. ⏰ tgl. 9–17 Uhr, Eintritt $8.

Übernachtung

In Dallas sind Zimmer sehr teuer, auch wenn die schicken Hotels im Zentrum manchmal mit günstigen Wochenendtarifen werben. Die Motels der bekannten Ketten konzentrieren sich entlang der Freeways. Sehr viele findet man z.B. am LBJ Freeway in der Nähe der Galleria Mall, ca. 12 Meilen nördlich der Innenstadt.

Bed and Breakfast kann über **B&B Texas Style**, ℡ 979/696-9222 oder 1-800/899-4538, 🖥 www.bnbtexasstyle.com, arrangiert werden.

The Adolphus, $200–250, 1321 Commerce St, ℡ 742-8200, 🖥 www.hoteladolphus.com. Wunderbares, altes Hotel in Downtown, das 1912 erbaut wurde und damals als das schönste Bauwerk westlich von Venedig galt. Bei weitem die angenehmste Übernachtungsmöglichkeit von Dallas.

American Dream Bed and Breakfast***, Marsh Lane, abseits des I-635, Ausfahrt 24, ℡ 357-6536 oder 1-800/373-2690, 🖥 www.dallas-bed-breakfast.com. Angenehmes B&B in günstiger Lage unweit von Downtown

und dem DFW-Flughafen. Superaufmerksame Gastgeber.
Best Western Market Center**, 2023 Market Center Blvd, ✆ 741-9000 oder 1-800/275-7419, 💻 www.bestwestern.com. Kettenmotel zwei Meilen von Downtown. Frühstück inkl.
La Quinta Dallas North Central**, 10001 N Central Expressway, Ecke Hwy-75, ✆ 361-8200, 💻 www.laquinta.com. In der Nähe des beliebten Einkaufszentrum Galleria und dem Vergnügungs- und Einkaufsviertel Lower Greenville. Annehmbare Preise.
The Mansion on Turtle Creek, über $250, 2821 Turtle Creek Blvd, ✆ 559-2100, 💻 www.mansiononturtlecreek.com. Super-Luxusklasse auf einem Hügel in einem Park.
Ramada Plaza**, 1011 S Akard St, ✆ 421-1083, 💻 www.ramada.com. Angenehme Zimmer, beheizter Pool, in der Nähe des Convention Center.
Stoneleigh Hotel, $160–200, 2927 Maple Ave, ✆ 871-7111. Stilvolles, komfortables Hotel, drei Meilen von Downtown im Turtle Creek-Viertel.
Ein ***Campingplatz***, ✆ 972/219-3550, befindet sich im hübschen Lake Park am Kingfisher Trail, eine Meile östlich des I-35 in Lewisville.

Essen

Die meisten preiswerteren und weniger ausgefallenen der fünftausend Restaurant von Dallas konzentrieren sich in der Lower Greenville Avenue, nordöstlich von Downtown parallel zum I-75, und dem angesagteren Deep Ellum. Selbst die hervorragende *New American Cuisine,* die hier aufgetischt wird, reißt kein allzu großes Loch in die Reisekasse.
Cafe Brasil, 2815 Elm St, ✆ 747-2730. Köstliche Omeletts, Crêpes und *enchiladas*. Am Wochenende rund um die Uhr geöffnet.
El Fenix, 1601 McKinney Ave, ✆ 747-1121. Die Lage im Metroplex sollte niemanden davon abhalten, das bewährte Tex-Mex-Lokal aufzusuchen. Unbedingt die Tortillasuppe probieren!
Firehouse, 1928 Greenville Ave, ✆ 826-2468. Auf der Speisekarte stehen ungewöhnliche, wenn auch nicht ganz billige Gerichte wie z.B. Antilopensteak. In der Mitte von Lower Greenville gelegen.
The French Room, The Adolphus, 1321 Commerce St, ✆ 742-8200. Zählt zu den besten Restaurants in ganz Texas. Hervorragende französische Küche und exquisite Ausstattung (Kronleuchter aus handgefertigtem Kristall, Marmorfußboden usw.) – dementsprechende Preise.
Gloria's, 600 W Davis St, ✆ 948-3672. Preiswerte, erstklassige Gerichte aus der Küche El Salvadors.
Green Room, 2715 Elm St, ✆ 748-7666. Postmodernes Dekor, im Untergeschoss neueste amerikanische Küche, im Obergeschoss Pizza, vom Dach eine tolle Aussicht über Deep Ellum bis nach Downtown.
Mia's, 4322 Lemmon Ave, ✆ 526-1020. Mexikanischer Familienbetrieb, sehr beliebt bei den Cowboys von Dallas.
Monica's Aca y Alla, 2914 Main St, ✆ 748-7140, begehrter Treff in Deep Ellum, auf dem Holzgrill zubereitetes „neues" mexikanisches Essen mit einem Touch Mittelmeer- und asiatische Küche. Am Wochenende, wenn Live-Bands Salsa und Mambo spielen, geht's hier hoch her.
Samba Room, 4514 Travis Walk, ✆ 522-4137. Attraktives, kubanisch inspiriertes Lokal mit schönem Patio; fantastische *Mojitos*.
Sonny Bryan's Smokehouse, 2202 Inwood Rd, ✆ 357-7120. Dies ist das ursprüngliche Restaurant der landesweit beliebten Grillrestaurantkette, das noch immer wie ein Schuppen aussieht. Man sollte hier früh auftauchen – das Fleisch kann schon am frühen Nachmittag ausverkauft sein.

Unterhaltung

Das interessanteste Nachtleben von Dallas spielt sich hauptsächlich in zwei Stadtvierteln ab: in **Deep Ellum**, wo das innovative, zwischen trendigen Clubs angesiedelte **Pegasus Theater**, 3916 Main St, ✆ 821-6005, 💻 www.pegasustheatre.org, Avantgarde-Theaterstücke aufführt, und im etwas raueren **Lower Greenville**. Überall all sonst sind die Veranstaltungen sehr formell.
Zu den üblichen Vergnügungen gehört ein Besuch des Dallas Symphony Orchestra im ***Morton H. Meyerson Symphony Center***, 2301 Flora St, ✆ 670-3600, 💻 www.dallassymphony.com, oder

des **Dallas Black Dance Theater**, 2627 Flora St, ℡ 871-2376, 🖥 www.dbdt.com.
Im Juni und Juli gibt es im Samuell-Grand Park, östlich von Downtown, nahe der Kreuzung von I-30 und Hwy-87, die kostenlosen Aufführungen „Shakespeare in the Park", ℡ 559-2778, 🖥 www.shakespearedallas.org.
Wer mal einen richtigen Wildwestabend erleben möchte, fährt zum weit außerhalb der Stadt gelegenen **Mesquite Championship Rodeo** am I-635 beim Military Parkway hinaus, ⊙ April–Oktober Fr und Sa ab 20 Uhr, Informationen unter ℡ 285-8777, 🖥 www.mesquiterodeo.com, $10–28.
Veranstaltungshinweise sind jeden Donnerstag dem Dallas Observer, 🖥 www.dallasobserver. com, oder jeden Freitag der Dallas Morning News, 🖥 www.dallasnews.com, zu entnehmen. Telefonische Veranstaltungstipps unter ℡ 571-1301.
Adair's, 2624 E Commerce St, ℡ 939-9900, Countrymusic-Bar, die sowohl ältere als auch junge Fans von Honky-tonk anzieht.
Bar of Soap, 3615 Parry Ave, ℡ 823-6617. Pub mit Waschsalon am Rande von Deep Ellum, gegenüber dem Fair Park. ⊙ tgl. 15–2 Uhr.
Club Clearview, 2803 Elm St, ℡ 939-0077. Äußerst cooler Tanzclub mit zahllosen Bars und einer tollen Dachterrasse in einem ehemaligen Lagerhaus von Deep Ellum. Viele berühmte Bands treten hier auf.
Club Dada, 2720 Elm St, ℡ 744-DADA. Berühmter Deep-Ellum-Club, Live-Bands und *club nights*. Sonntags ist *open mic* – jeder kann am Mikrofon seine Künste darbieten.
Muddy Waters, 1518 Greenville Ave, ℡ 823-1518. Gilt als die beste Bluesbar der Stadt. Am Wochenende Live-Musik.
New West, 6532 E Northwest Highway, ℡ 361-6083. Gute *Tejano*-Musik und ein entspanntes Publikum. Eine willkommene Abwechslung zur manchmal etwas zu geschäftigen Szene in Deep Ellum.
Sons of Hermann Hall, 3414 Elm St, ℡ 747-4422. Toller Country Music-Veranstaltungsort herkömmlichen Stils, in dem die alten texanischen Meister auftreten und jüngere Musiker ihnen Tribut entrichten.
Trees, 2709 Elm St, ℡ 748-5009. Ein ehemaliges Lagerhaus in Deep Ellum, das zur Musikkneipe umfunktioniert wurde. Präsentiert vorzugsweise aufsteigende Indie-Bands.

Sonstiges

INFORMATIONEN – *Visitor Center*, im „Old Red" Courthouse, 100 S Houston St, ℡ 571-1300, 🖥 www.dallascvb.com. ⊙ tgl. 9–18 Uhr. Telefonisch rund um die Uhr bei der *Events Hotline*, ℡ 571-1301.

KONSULATE – s. S. 11.

POST – Hauptpostamt, 1201 Main St, ℡ 752-5654, Zip Code 75202, ⊙ Mo–Fr 6–16, Sa 6–14 Uhr.

VORWAHL – 214.

Nahverkehrsmittel

Dallas liegt innerhalb des Inner Loop 12 (oder Northwest Highway) und des Outer Loop I-635 (der zum LBJ Freeway wird). In einer Stadt von solcher Größe ist man mit einem eigenen fahrbaren Untersatz am besten bedient, obwohl die Hauptattraktionen der Innenstadt durchaus zu Fuß besucht werden können.

STADTBUSSE – *DART*, das *Dallas Area Rapid Transit System*, ℡ 979-1111, 🖥 www.dart.org, betreibt Stadtbusse innerhalb der Stadtgrenze für $1,25 („Express"-busse und -züge $2,25) sowie einen schnellen Schienennahverkehr, der Downtown und das Dallas Convention Center mit dem West End und verschiedenen Sehenswürdigkeiten verbindet ($1,25 innerhalb der Stadtgrenze, $2,25 Express; Tageskarten $2,50). Die Busse und Züge von DART verkehren tgl. von 5–0.30 Uhr.

TROLLEY – Der **McKinney-Trolley**, ℡ 855-0006, 🖥 www.mata.org, verkehrt tgl. 10–22 Uhr alle 30 Min. zwischen dem Dallas Museum of Art in Downtown und dem nördlich davon gelegenen historischen Viertel um die McKinney Ave. Kostenlos; aber eine Spende wird gern gesehen.

Transport

BUSSE – Der *Greyhound*-Busbahnhof befindet sich in der 205 S Lamar St in Downtown.

EISENBAHN – Der *Amtrak*-Bahnhof liegt westlich von Downtown in der 400 S Houston St. **Trinity Railway Express**, ✆ 817/215-8600, 🖥 www.trinityrailwayexpress.org, Verbindung zur Schwesterstadt Fort Worth ($2,25).

FLÜGE – Dallas erreicht man gleich über zwei große Flughäfen:
Dallas/Fort Worth (DFW), ✆ 972/574-8888, 🖥 www.dfwairport.com, ist so groß wie Manhattan und rangiert hinsichtlich des Verkehrsaufkommens an zweiter Stelle in der Welt. Er liegt ca. 17 Meilen entfernt zwischen den beiden Städten.
Es verkehren zahlreiche Pendelbusse mit unterschiedlicher Zielrichtung, z.B. *Super Shuttle*, ✆ 817/329-2000, 🖥 www.supershuttle.com, und *Discount Shuttle*, ✆ 817/267-5150, alle verlangen etwa $16 für eine Fahrt nach Downtown.
Die Fahrt mit einem Taxi kostet ungefähr $40; *Yellow/Checker*, ✆ 426-6262.
Love Field, ✆ 670-6080, der andere größere Flughafen, befindet sich ca. 9 Meilen nordwestlich von Dallas und wird vorwiegend von *Southwest Airlines* angeflogen. Eine Fahrt mit dem Shuttle Bus nach Downtown kostet $9, mit dem Taxi etwa $15, mit dem Stadtbus Nr. 39 nur $1.

Fort Worth

Ja, Dallas hat tatsächlich etwas, was Forth Worth nicht hat – eine echte Stadt in nur dreißig Meilen Entfernung.

Amon Carter, Verleger und Philantrop, Fort Worth

Fort Worth, oftmals als eine Art arme Verwandte von Dallas angesehen, besitzt in Wirklichkeit mehr Leben und Energie als seine 30 Meilen östlich gelegene große Schwester. Im Gegensatz zum relativ kosmopolitischen Dallas ist Fort Worth eine der wenigen Städte von Texas, die sich noch etwas vom Wilden Westen bewahrt hat. In den 70er Jahren des 19. Jhs. war hier der letzte Halt des großen Viehtrecks, des Chisholm Trails, nach Kansas; nach der Fertigstellung der Eisenbahnlinie wurde Fort Worth ein großer Viehmarkt. Auch heute noch ist der Viehhandel von großer wirtschaftlicher Bedeutung für die Stadt und rangiert gleich hinter der Luftfahrt- und Verteidigungsindustrie. Fort Worth sieht es nicht als nötig an, sich mit seinen zahlreichen hervorragenden Museen zu brüsten – im Gegensatz zu dem um sein Image ängstlich bemühten Dallas. Gemessen am Wohlstand von Fort Worth (im Gebiet von Western Hills sollen - proportional zur Größe – mehr Millionäre wohnen als irgendwo sonst in den USA) ist die Stadt überraschend geruhsam und entspannt.

Die Hauptsehenswürdigkeiten befinden sich alle in dem Dreieck mit Downtown an der „Spitze" und dem Cultural District zwei Meilen weiter westlich sowie den Stockyards zwei Meilen nördlich. Das Herzstück der Stadt bildet der **Sundance Square**, zwischen First St und Sixth St, mit seinen Läden, Restaurants und Bars. Den Platz dominieren die beiden gläsernen **City Center Towers**, die Bass gehören, und die sehr geschmackvoll gestaltete **Nancy Lee & Perry R. Bass Performance Hall**, ✆ 212-4325, 🖥 www.basshall.com. Viele trompe l'oeil-Wandbilder schmücken die Wände – wie z.B. eines über den Chisholm Trail an der Fourth Street zwischen Main St und Houston St. In der **Sid Richardson Collection of Western Art**, 309 Main St, befindet sich eine kleine, aber exzellente Sammlung des Spätwerks voin Remington und einige elegische Cowboy-Szenen aus dem Frühwerk von Charles Russell. ✆ 332-6554, 🖥 www.sidrmuseum.org. ⏰ Di und Mi 10–17, Do und Fr 10–20, Sa 11–20 und So 13–17 Uhr; Eintritt frei.

Outlaws wie Sundance Kid oder Bonnie und Clyde ließen sich ein paar Häuserblocks weiter südlich, unmittelbar nördlich des I-30 nieder, wo ursprünglich der Stadtkern lag. Bis in die 50er Jahre des 20. Jhs. war **Hell's Half Acre** ein berüchtigtes Viertel; jetzt ist allerdings nicht mehr viel los.

Der **Cultural District**, zwei Meilen westlich der Innenstadt, ist ein anregendes Stadtviertel voller Museen und Kunstgalerien. Die sehenswerteste Sammlung ist wahrscheinlich die im kleinen **Kimbell Art Museum**, 3333 Camp Bowie Blvd, mit präkolumbischen und afrikanischen Stücken neben Gemälden von Gauguin, Cézanne, Picasso und Monet. ✆ 332-8451, 🖥 www.kimbellart.org; ⏰ Di–Do 10–20, Fr 12–20, Sa 10–17, So 12–17 Uhr, Eintritt frei bzw. ca. $5 für Sonderausstellungen. Amerikanische Kunst gibt es im **Amon Carter Museum** zu sehen, 3501 Camp Bowie Blvd, ✆ 738-1933, 🖥 www.cartermuseum.org; ⏰ Di–Sa 10–17, So 12–17 Uhr, Eintritt frei.

Das **Modern Art Museum of Fort Worth**, 1309 Montgomery St, ist auf abstrakte Kunst des 20. Jhs. spezialisiert, ✆ 738-9215, 💻 www.mamfw.org; ◐ Di–Fr 10–17, Sa 11–17, So 12–17 Uhr; Eintritt frei.

Weiter südlich liegt das viele Themen umspannende **Fort Worth Museum of Science and History** mit einem Planetarium und einem IMAX-Kino. Zu den beliebtesten Abteilungen zählen die kinderfreundliche *ExploraZone*, wo man sich mit Hilfe der interaktive Exponate mit naturwissenschaftlichen und technischen Themen beschäftigen kann, sowie *DinoDig*, wo Besucher sich in Amateur-Paläontologen verwandeln und in der „outdoor discovery zone" nach Dinosaurierknochen graben können. ✆ 255-9300 oder 1-888/255-9300, 💻 www.fwmsh.org; ◐ Mo–Do 9–17.30, Fr und Sa 9–20, So 12–17.30 Uhr; Eintritt $13.

Das lebendige, interaktive **Cattle Raiser's Museum** befindet sich in 1301 West Seventh St, ✆ 332-8551, 💻 www.cattleraisersmuseum.org , ◐ Mo–Sa 10–17, So 13–17 Uhr; Eintritt $3. 2004 soll es in den Cultural District umziehen, direkt neben das **National Cowgirl Museum and Hall of Fame**, 1720 Gendy St, ✆ 336-4475, 💻 www.cowgirl.net, das 163 „Frauen mit Pioniergeist" gewidmet ist – Cowgirls, Bäuerinnen, aber auch Künstlerinnen wie Georgia O'Keeffe. Eintritt $6.

Die zehn Häuserblocks umfassende **Stockyard Area**, rings um die Exchange Ave, zwei Meilen nördlich der Downtown, vergegenwärtigt mit ihren hölzernen Gehsteigen und alten Ladenfassaden auf plastische Art jene Zeit, als die Schlachthöfe Fort Worth zur „reichsten Kleinstadt der Welt" machten. Das Viertel ist aber keineswegs nur eine Wildwest-Kulisse für auf Cowboyromantik versessene Touristen. Den täglichen Viehtrieb der etwa 15 texanischen Langhorn-Rinder (deren Hörner eine Spannweite von bis zu knapp zwei Metern haben) die East Exchange Avenue hinunter sollte man sich nicht entgehen lassen; es ist natürlich eine Schauveranstaltung, aber eine interessante. Abhängig vom Wetter stampft die Herde normalerweise um 11.30 Uhr vom Korral hinter dem Livestock Exchange Building los und kommt gegen 16 Uhr zurückgetrampelt. Die wahrscheinlich beste Aussicht auf das Spektakel bietet sich vom Eingang des Visitor Center aus.

Die Stockyard Area ist das Mekka all jener, die schon immer einmal wie ein Western-Held gekleidet sein wollten. Ihre Träume werden in *Fincher's Rodeo-Ausrüstungs-* und *M. L. Leddy's* Sattelgeschäft wahr. *Maverick Trading Post* bietet alles, was ein Cowgirl braucht. Man sollte den Einkauf zuerst erledigen – ehe einem das hier ausgeschenkte gute, kalte Bier der Stadt Blicke und Sinne trübt.

In den Stockyards finden keine Viehauktionen mehr statt; wer etwas über vergangene Zeiten erfahren möchte, kann dafür das riesige, 1902 erbaute **Livestock Exchange Building**, 131 E Exchange Ave, besuchen, in dem das **Stockyards Collections Museum** untergebracht ist, das mit Ausstellungsstücken zum Thema Fleisch vollgepackt ist; ◐ Mo–Sa 10–17 Uhr; Eintritt frei.

Übernachtung

Fort Worth hat zahlreiche Unterkünfte der mittleren Preiskategorie zu bieten, sogar im Zentrum. Wer buntes Treiben sucht, nächtigt in der Gegend der Schlachthöfe oder um den Sundance Square. Gewöhnlichere Motels findet man entlang des I-35 nördlich und südlich der Stadt.

Clarion Hotel**, 600 Commerce St, ✆ 332-6900 oder 1-800/252-7466. Helle, komfortable Zimmer in bester Lage, nur ein paar Schritte von Sundance Square und dem Busbahnhof.

Etta's Place B&B, $130–160, 200 W Third St, ✆ 255-5760. Zehn wunderschöne Zimmer am Sundance Square, Frühstück mit 3 Gängen, mehrere Patios und Lounges, nach der Freundin von Sundance Kid benannt.

Miss Molly's Bed and Breakfast**, 109 1/2 W Exchange Ave, ✆ 626-1522 oder 1-800/996-6559. Putzig eingerichtete Unterkunft im Herzen der Schlachthöfe; etwas für Leute mit einer Vorliebe für Cowboy-Kitsch. Freundliche Gastgeber und Gourmet-Frühstück.

Park Central Hotel*, 1010 Houston St, ✆ 336-2011, 💻 www.parkcentralhotel.com. Zentrale Lage, günstig für Abstecher nach Downtown, mit Fitnesscenter und Swimming Pool.

Ramada Plaza, $130–160, 1701 Commerce St, ✆ 335-7000, 💻 www.ramada.com, anonyme, aber preiswerte Alternative am Rande von Downtown.

Stockyards Hotel, $130–160, 109 E Exchange Ave, ✆ 625-6427 oder 1-800/423-8471. Historisches Hotel, laut Überlieferung Lieblingsabsteige von Bonnie und Clyde.

Essen

Wer Steak liebt, kommt in Fort Worth voll auf seine Kosten. Das Fleisch ist deftig, frisch und wird mit Hingabe zubereitet, besonders in der Umgebung der Schlachthöfe, wo sich viele gute Restaurants befinden, deren Hausmannskost bei Viehhändlern und Touristen gleichermaßen Anklang findet; viel mexikanische und Tex-Mex-Küche. Vegetarier haben das Nachsehen und begeben sich besser in die vornehmeren Restaurants der Innenstadt.

Angelo's Barbecue, 2533 White Settlement Rd, ℘ 332-0357. Das ehrwürdige Westside Restaurant gilt als das beste der Stadt; ⊙ zum Mittag- und Abendessen.

Angeluna, 215 E 4th St, ℘ 334-0080. Schmackhafte karibisch-asiatische Südstaaten-Küche; direkt gegenüber der Bass Hall.

Cattlemen's Steak House, 2458 N Main St, ℘ 624-3945. Dezente Beleuchtung und lebensgroße Bilder preisgekrönter Stiere an den Wänden. Seiner Steaks und Margaritas wegen eine Institution.

J&J Oyster Bar, 612 N University Drive, ℘ 335-2756. Altbewährter Favorit im Cultural District; die frischen Krebse und Austern probieren.

Joe T. Garcia's Mexican Dishes, 2201 N Commerce St, ℘ 626-4356. Landesweit berühmtes mexikanisches Restaurant, Tortilla und Fajita-Gerichte für ca. $10. Tische im Freien neben dem Pool.

Das *Café* im Kimbell Art Museum, 3333 Camp Bowie Blvd, ist ein angenehmer Ort zum Mittagessen und für einen Happen zwischendurch.

Mi Cocina, 509 Main St, ℘ 877-3600. Ernährungsbewusste Tex-Mex-Küche in moderner, erlesener Umgebung.

Star Café, 111 W Exchange Ave, ℘ 624-8701. In dem mit Neonröhren beleuchteten Café bekommt man die billigsten Steaks der ganzen Stadt. Besonders lecker: *chicken-fried steak*.

Unterhaltung

Das Nachtleben von Fort Worth hat eigentlich für jeden Geschmack etwas. Die Stadt ist durch und durch kosmopolitisch – hier kippen Gelegenheitsarbeiter in ungezwungener Runde Schulter an Schulter mit modisch gekleideten Jazzfreunden ihr Bier. In den Bars kann man sich relativ sorglos vergnügen, und es gibt viele Lokale mit Live-Musik. Die Anmachkneipen in der Nähe der Schlachthöfe sollte man allerdings tunlichst meiden. Veranstaltungshinweise bieten *Fort Worth Weekly*, 🖳 www.fwweekly.com, oder *Fort Worth Star-Telegram*, 🖳 www.star-telegram.com.

Die **Nancy Lee & Perry R. Bass Performance Hall** in Downtown beherbergt das städtische Orchester, Theater, die Oper und Tanzgruppen. Auch Gastauftritte.

8.0, 111 E Third St, ℘ 336-0880, Sundance Square. Sehr populäre, überschwänglich dekorierte Downtownbar, mit Tischen im Freien.

Billy Bob's Texas, 2520 Rodeo Plaza, ℘ 624-7117. Riesiger Vergnügungskomplex unten in den Stockyards, mit Rodeos (Fr und Sa um 21 und 22 Uhr), Bars, Restaurants und Geschäften sowie Konzerten bekannter Künstler. ⊙ bis 2 Uhr. Jeden Abend Live-Musik ($3–10). Touren Mo–Sa um 11, 14 und 16, So um 14 und 16 Uhr.

Casa Mañana Theater, 3101 Lancaster Ave, ℘ 332-6221. Bietet alternative Theater- und Comedy-Aufführungen im Cultural District, zudem verschiedene Shows, die auch für Kinder geeignet sind.

Flying Saucer, 111 E 4th St, ℘ 336-7468. Gute L age am Sundance Square, mehr als 200 Biere stehen zur Auswahl. Di–So gibt's Live-Musik.

J&J Blues Bar, 937 Woodward Ave, ℘ 870-BEER. Blues-Kneipe an der Westside; Live-Musik Do–Sa.

J&Js Hideaway, 3305 W 7th St, ℘ 877-3363. Die angenehme Bar im Cultural District bietet sich als Zufluchtsort an, wenn man dem in Fort Worth omnipräsenten Wildwest-Thema mal entkommen möchte.

White Elephant Saloon, 106 E Exchange Ave, ℘ 624-1887. Ein rauher, authentischer *stockyards saloon* mit einer *Cowboy Hall of Fame*. ⊙ Mo–Do bis Mitternacht, am Fr und Sa bis 2 Uhr. Am Fr $4 Eintritt.

Festivals

Cowtown Coliseum, E Exchange Ave, Stockyards, dort werden sowohl Konzerte als auch Rodeos abgehalten. ℘ 625-1025, 🖳 www.

cowtowncoliseum.com. Die Eintrittskarten variieren; Preisbeispiel: Championship Rodeo Fr und Sa um 20 Uhr $12,50.

Chisholm Trail Round Up (Mitte Juni) und **Pioneer Days** (September) sind zwei sehr vergnügliche Western-Veranstaltungen, die jedes Jahr in den Stockyards stattfinden.

Sonstiges

INFORMATIONEN – Fort Worth hat drei *Visitor Centers*: 130 E Exchange Ave, **Stockyards**, ℡ 624-4741, 🖳 www.stockyardsstation.com, ⏰ tgl. 9–18 Uhr. Stadtrundgänge kosten $6, Details telefonisch erfragen. Im CVB, 415 Throckmorton St, **Downtown**, ℡ 336-8791 oder 1-800/433-5747, ⏰ Mo–Fr 8.30–17, Sa 10–16 Uhr. Im Will Rogers Memorial Center, 3401 W Lancaster Ave, **Cultural District**, ℡ 882-8588, ⏰ Mo–Do 9–17, Fr und Sa 9–18, So 9–16 Uhr.

VORWAHL – 817.

Nahverkehrsmittel

Der I-30, die Hauptverkehrsstraße zwischen Fort Worth und Dallas, durchschneidet die Stadt in Ost-West-Richtung; der Loop 820 umgrenzt sie.

STADTBUSSE – Das Nahverkehrssystem von Fort Worth, ***The T***, ℡ 215-8600, 🖳 www.the-t.com, betreibt einen Busservice für die ganze Stadt (Fahrkarte $1,25). Der *Longhorn Trolley* ist eher für Touristen gedacht und verkehrt zwischen den Hauptsehenswürdigkeiten und einigen Hotels in Downtown (Fahrkarte $2,50). Der *Trinity Railway Express*, ℡ 215-8600, 🖳 www.trinityrailwayexpress.org, verbindet Fort Worth mit Dallas ($2,25)

TAXI – Der Sundance Square in Downtown und das Gebiet der Stockyards werden bewacht und sind auch nach Einbruch der Dunkelheit ziemlich sicher. Wer trotzdem lieber ein Taxi nehmen möchte, kann ***Yellow Cab Co***, ℡ 534-5555, anrufen.

Transport

BUSSE – Der *Greyhound*-Busbahnhof befindet sich in der 901 Commerce St neben dem Convention Center.

EISENBAHN – ***Santa Fe Depot***, 1501 Jones St, südöstlich von Downtown, ℡ 332-2931, ist der Bahnhof für *Amtrak*-Züge – ein schönes, rot angestrichenes Gebäude Baujahr 1899. Die Züge verkehren 4x wöchentl.

FLÜGE – **DFW International Airport**, 17 Meilen nordöstlich von Fort Worth. Flughafentransport mit dem ***Airporter Express***, ℡ 334-0092, tgl. von 5–24 Uhr, während der Hauptverkehrszeit alle 30 Min., $15 einfach. Ein Taxi kostet etwa $45.

Der Panhandle

Die Einwohner des Panhandle, des südlichsten Teils der Great Plains, welcher den pfannenstielähnlichen Norden von Texas einnimmt, nennen die Region „das wahre Texas", und sicher entspricht die Landschaft dem weit verbreiteten Bild von Texas. Als im 16. Jahrhundert die Expedition des Spaniers Francisco Vázquez de Coronado hier durchkam, steckten die Goldsucher Stöcke in den Boden, um in der endlosen Gleichförmigkeit den Rückweg finden zu können. Daher rührt die Bezeichnung **Llano Estacado** – „mit Stöcken versehene Ebene" –, die noch heute gebräuchlich ist. Nachdem die Büffel, und mit ihnen die Indianer, vertrieben worden waren, enthüllte das unwirtliche Panhandle in den 70er Jahren des 19. Jhs. nach und nach gewaltige Bodenschätze. Helium und Öl haben die Gegend seitdem neben der Landwirtschaft reich gemacht.

Obwohl es wenig typische Touristenattraktionen gibt, besitzt der Panhandle einen ländlichen Charme, der sich wohltuend von den touristischen Städten im Osten unterscheidet. Musik spielt eine besonders wichtige Rolle in dieser Gegend, die Songschreiber wie Buddy Holly, Roy Orbison, Waylon Jennings, Mac Davis und Joe Ely hervorgebracht hat, allerdings zieht es die meisten Musiker eher in kosmopolitische Städte wie Austin. Das große **Buddy Holly Music Festival** in Lubbock, Buddy's Geburtsort, zieht Anfang September große texanische Namen wie Joe Ely und Tanya Tucker an.

Das Interessanteste am Panhandle sind die stolzen, gastfreundlichen Menschen, die noch immer im Kampf mit den Naturgewalten stehen, und natürlich die romantische, karge Landschaft mit dem **Palo Duro Canyon** und den verstreuten Mesquite-Bäumen unter einem unendlichen Himmel.

Der Westen
Big Bend National Park

Der riesige, kaum besuchte Park mit Bergen voller Pinienwälder und kakteenbestandener Wüste erstreckt sich bis zur scharfen Biegung des Rio Grande südlich von Marathon. Nach einer Erzählung der Apachen, die vor dreihundert Jahren die Chisos-Indianer von hier vertrieben, soll der Große Geist in dieser atemberaubend schönen Landschaft jene Steine deponiert haben, die bei der Erschaffung der Welt übriggeblieben waren.

Big Bend war der Zufluchtsort von Glücksrittern und Schmugglern und die letzte Herausforderung für hartgesottene Pioniere, die gegen Ende des 19. Jhs. die reichhaltigen Zinnobervorräte ausbeuteten und in klingende Münze verwandelten. Heute befinden sich an manchen Stellen Campingplätze und Trailer Parks, aber der Großteil des Parks ist kaum erschlossen, und die Ruinen primitiver Behausungen bezeugen den Sieg der Natur über die Besiedlungsversuche vergangener Zeiten.

Die Tierwelt konnte sich dagegen erfolgreicher behaupten, z.B. Kojoten, Erdkuckucks und Pekaris – eine besondere Wildschweinart mit spitzem Rüssel. Die Höhen- und Temperaturunterschiede haben ein kontrastreiches Nebeneinander von Wüsten- und Bergpflanzen und -tieren hervorgebracht. Trotz der Trockenheit schießen jedes Jahr im April farbenfrohe Blumen aus der Erde, und die Kakteen blühen in leuchtenden Farben.

Im Park selbst gibt es nur wenige Möglichkeiten, den Fluss zu sehen, es sei denn, man nimmt einen anstrengenden Marsch auf sich. Die Hauptstraße verläuft durch die Wüste nördlich der Ausläufer der Chisos Mountains. Westlich des *Headquarter,* bei **Panther Junction**, geht eine schmale Straße ab, auf der man nach sechs Meilen zu den alpinen Wiesen des von schroffen, aber nicht besonders hohen Bergen eingeschlossenen **Chisos Basin** hinauf gelangt. Die einzige Lücke in der Felswand stellt **The Window** dar. Dieses „Fenster" mit Blick über die Wüste lässt sich auf einem relativ gut zu bewältigenden Pfad erreichen.

Eine 20 Meilen lange Fahrt von Panther Junction nach Südosten endet im **Rio Grande Village** am Fluss. Kurz davor kann man zu einigen heißen Quellen abbiegen und einen kurzen Badeaufenthalt einlegen.

Innerhalb des Parks rauscht der Fluss durch drei gewaltige Schluchten. Die am weitesten westlich gelegene, der **Santa Elena Canyon**, wird mit Vorliebe für Raftingtouren genutzt. Ausgangspunkt ist Lajitas.

In einige der seit langem verlassenen Minen am Rande von Big Bend kehrt neuerdings durch den Alternativtourismus wieder Leben ein. Vor allem **Terlingua**, eine äußerst anziehende kleine Geisterstadt auf den Hügeln am Hwy-170, ist bevölkert mit Abenteurern, die für die ansässigen Rafting-Gesellschaften arbeiten, und mit Einzelgängern, die sich von der Einsamkeit der Wüste angesprochen fühlen.

Übernachtung

Die motelähnliche *Chisos Mountains Lodge***** in Chisos hat Balkonzimmer mit toller Aussicht, Reservierung erforderlich unter ✆ 477-2291, 🖳 www.chisosmountainslodge.com. Das dazugehörige Restaurant ist überraschend gut und serviert amerikanische und Südwest-Gerichte. Die Küche schließt um 20 Uhr.

Campingplätze werden nach dem *first-come first-served*-System vergeben.
Camping Permits in Rio Grande Village und beim Chisos Basin; $10.
Zahlreiche primitive Campingplätze ohne sanitäre Anlagen etc. findet man entlang der 36 ausgeschilderten Wanderwege. Für sie benötigt man ein *wilderness permit* aus Panther Junction. Zur lebensnotwendigen Ausrüstung für solch einen Abstecher gehören eine hervorragende Landkarte, ein Kompass, eine Taschenlampe und ein Erste-Hilfe-Kasten.

Essen

In der Nähe des Friedhofs von **Terlingua** steht mit dem Rücken zu eindrucksvollen Ruinen das wunderbare *Starlight Theater*, *Bar and Restaurant*, ✆ 371-2326, der beste Ort für ein kühles Bier und einen faszinierenden Blick über die Wüste. Im Sommer finden allabendlich Theatervorstellungen unter dem Sternenhimmel statt.

Sonstiges

INFORMATIONEN – Im *Headquarter* des Parks in **Panther Junction**, ✆ 477-2251, wo die Eintrittsgebühr von $15 pro Fahrzeug entrichtet werden muss, findet man Orientierungshilfen und eine tagsüber geöffnete Tankstelle. ⊙ tgl. 8–17 Uhr.
In **Rio Grande Village** gibt es ein weiteres *Visitor Center*, einen Supermarkt mit dazugehörigen Duschen, einen Waschsalon und eine tagsüber geöffnete Tankstelle.
Chisos Basin bietet die einzige überdachte Unterkunft (s. Übernachtung), außerdem ein *Visitor Center*, einen Lebensmittelladen und eine Post.

VORWAHL – 915.

Touren

Eine ganztägige Raftingtour im Santa Elena Canyon ist nicht unter $125 zu haben, Raftingtrips in weiter entfernten Canyons kosten bis zu $150. *Far Flung Adventures*, gleich neben dem *Starlight* in Terlingua, organisiert sämtliche Touren zum Big Bend und vielen Flüssen im Südwesten, außerdem unvergessliche mehrtägige Fahrten mit bekannten texanischen Musikern, ✆ 371-2325 oder 1-800/359-4138, ⌨ www.farflung.com.

Anreise

Die interessanteste Strecke führt von Westen zum Big Bend. Man kann zwar nicht ständig am Fluss entlangfahren, aber der Hwy-170, die River Road, die man über den Hwy-67 erreicht, führt ca. 30 Meilen östlich von Ojinaga durch eine atemberaubende Wüstenlandschaft und über steile Anhöhen. Kurz bevor man bei Study Butte an die Grenzen des Parks stößt, kommt man durch die beiden hübschen Orte Lajitas und Terlingua.

El Paso

Als Texas noch Tejas hieß, war El Paso („der Schritt") – die zweitälteste europäische Siedlung Nordamerikas – der wichtigste Übergang am Rio Grande. So ist es bis heute geblieben. Zusammen mit den 1,7 Millionen Einwohnern der mexikanischen Stadt Ciudad Juárez auf der anderen Seite des Flusses stellt die 600 000 Einwohner zählende Stadt El Paso die größte binationale und bilinguale Metropole Nordamerikas dar. Die Stadt an sich mag kein Touristenziel sein, aber auf dem Weg nach Mexiko, New Mexico und Arizona kommen hier zahlreiche Besucher durch.

Den eigentlichen Reiz von El Paso und das, was ihm seinen unverwechselbaren Charakter verleiht, macht seine Grenze zu Mexiko aus. In der Vergangenheit suchten Outlaws beiderseits der Grenze Zuflucht, und auch heute noch nutzen einige diesen Fluchtweg. Ungelernte Arbeiter aus dem Süden strömen auf der Suche nach Arbeit in den Norden, während US-Firmen klammheimlich ihren Giftmüll im Süden abladen. Die Grenze selbst, d.h. der Rio Grande, hat ihren Teil zu den Meinungsverschiedenheiten beigetragen, denn der Fluss änderte im 19. Jh. oftmals seinen Verlauf und wurde erst in den 60er Jahren des 20. Jhs. in ein festes Bett gezwängt.

Chamizal National Memorial, ein attraktiver Park abgehend vom Paisano Drive an der Ostseite von Downtown, wurde zur Erinnerung an die Beilegung des Grenzkonflikts angelegt und eignet sich gut für ein Picknick. ⊙ tgl. 9–17 Uhr; Eintritt frei.

Das **Border Patrol Museum**, 4315 Transmountain Rd am Hwy-54, verdeutlicht mit einer kleinen, aber interessanten Ausstellung die Arbeit der Grenzschützer und den Erfindungsreichtum der Schmuggler. ⊙ Di–So 9–17 Uhr; Eintritt frei.

Die **Cordova Bridge** führt über den Fluss ins mexikanische **Ciudad Juárez**, das einen größeren, sehenswerten Park und eine ansehnliche Zahl guter Museen aufzuweisen hat. Wer im Besitz eines *multiple entry*-Visums für die USA sowie eines

Blick auf die Innenstadt von El Paso, Texas

Rückflugtickets von den USA ins Heimatland ist und sich nicht weiter als 25 km von der Grenze entfernt, kann ohne besonders umständliche Formalitäten mexikanische Luft schnuppern.

Der zwischen El Paso und Juárez verkehrende Border Jumper-Trolley fährt jede Stunde vom Visitor Center ab. Mit $13 ist die Rückfahrkarte zwar recht teuer, aber dafür macht der Trolley eine ziemlich umfassende Tour durch die wichtigsten Einkaufs- und Restaurantgegenden der mexikanischen Stadt.

Übernachtung

Die Preise in El Paso sind im Großen und Ganzen sehr akzeptabel, und es gibt eine gute Auswahl von Hostels über alte Downtown Hotels, stilvolle Etablissements bis hin zu den üblichen Kettenmotels entlang des I-10.

Camino Real****, 101 S El Paso St, ✆ 534-3000, 🖥 www.caminoreal.com. Die luxuriöseste Unterkunft in El Paso. Auch wer nicht hier übernachtet, sollte wenigstens das elegante Southwestern Restaurant oder die romantische *Dome Bar* mit rosa und schwarzem Marmor und der bunten Tiffany-Kuppel aufsuchen.

Gardner Hotel & Hostel*–**, 311 E Franklin St, ✆ 532-3661. Ein etwas älteres Hotel mit viel Atmosphäre. Das Zimmerangebot reicht von Dorms über EZ mit Gemeinschaftsbad bis hin zu sauberen DZ mit Bad und WC. In der Hostel-Abteilung kostet ein Bett $13 für Mitglieder; Nicht-Mitglieder zahlen einen Dollar mehr.

Microtel Inn***, 2001 Airway Blvd, ✆ 772-3650, 🖥 www.microtelinn.com. Ein preiswertes Kettenmotel in der Nähe des Flughafens und eine gute Ausgangsbasis für den Mission Trail östlich von Downtown.

Sunset Heights B&B Inn****, 717 W Yandell Drive, ✆ 544-1743. Das freundliche, viktorianische B&B, nur einige Minuten von Downtown entfernt, wartet mit einem sättigenden Frühstück auf.

Travelodge City Center**, 409 E Missouri Ave, ✆ 544-3333, 🖥 www.travelodge.com, bietet große, gemütliche Zimmer und ein mexikanisches Restaurant.

Essen und Unterhaltung

Es überrascht nicht, dass Mexikaner in der Restaurantszene überwiegen. An Nachtleben hat El Paso nur ein paar uninteressante Clubs und Bars zu bieten. Die schöne *Dome Bar* im Hotel *Camino Real* ist wahrscheinlich der beste Ort für einen Drink, ansonsten kann man über die Grenze ins mexikanische Ciudad Juárez wechseln.

Azulejos Camino Real, im Camino Real-Hotel, 101 S El Paso St, ✆ 534-3020. Zweifellos das angenehmste Speiselokal der Stadt; Tex-Mex und Regionalküche. Die Preise reflektieren die teure Downtown-Lage.

Cattleman's Steakhouse, Indian Cliffs Ranch, Fabens, TX, ✆ 544-3200. Ein legendäres Restaurant etwa 25 Meilen östlich von El Paso. Das Essen ist hervorragend, und wer mag, kann auch auf der Ranch herumspazieren. Auf der I-10 in Richtung Osten fahren, Ausfahrt 49 nehmen, dann rechts abbiegen und 5 Meilen nach Norden fahren.

H&H Coffee Shop & Car Wash, 701 E Yandell Drive, ✆ 533-1144. Die zwei Geschäfte arbeiten gut zusammen; morgens werden hier superleckere *huevos rancheros* serviert. Das Lokal soll sich bei Präsident Bush und diversen Gouverneuren besonderer Beliebtheit erfreuen.

Puerto Vallarta Grill, 1611 Montana Ave, ✆ 544-8169. Unscheinbarer, aber sehr beliebter Mexikaner; viel Seafood.

Sonstiges

INFORMATIONEN – *Visitor Center*, 5 Civic Center Plaza im Convention Center Complex, Downtown, ✆ 534-0601 oder 1-800/351-6024, 🖳 www.visitelpaso.com, verfügt über detaillierte Informationen zu El Paso und Ciudad Juárez. ⏲ tgl. 8–17 Uhr.

VORWAHL – 915.

Transport

BUSSE – Der *Greyhound*-Busbahnhof befindet sich in der 200 W San Antonio Ave.

EISENBAHN – *Amtrak* hält in der von Daniel Burnham entworfenen Union Station, 700 San Francisco St, westlich der Innenstadt.

FLÜGE – Der Flughafen liegt ca. 20 Autominuten nordöstlich von Downtown. Vom Flughafen in die Stadt gelangt man mit *Sun Metro*-Bus Nr 33 für $1, Mo–Sa bis 21, So bis 19 Uhr, ✆ 533-3333 oder per Taxi. für ca. $15. Die meisten Hotels im Zentrum bieten einen kostenlosen Zubringerservice.

Rocky Mountains

Durango & Silverton Narrow Gauge Railroad, CO Per Dampfeisenbahn geht es in Serpentinen durch eine spektakuläre Gebirgslandschaft hinauf zum Bergwerksstädtchen Silverton.

Black Canyon of the Gunnison National Park, CO Urtümliche schwarze Felsen erheben sich drohend über dem wilden Gunnison River.

Yellowstone National Park, WY Der älteste National Park Amerikas ist ein einzigartiges Naturphänomen mit seinen zahlreichen Geysiren, Wasserfällen, und Canyons sowie dem größten Bergsee des Kontinents.

Jackson Hole, WY Tagsüber ideal zum Bergsteigen, Mountainbiken oder Skilaufen in den Grand Tetons und abends zum Absacken oder Tanzbeinschwingen in einem Cowboyschuppen.

Going-to-the-Sun Road, Glacier National Park, MT Eine fünfzig Meilen langen Strecke aus lauter Haarnadelkurven – und hinter jeder eröffnet sich ein noch atemberaubenderer Ausblick.

Sawtooth Mountains, ID Von den insgesamt 81 faszinierenden Bergzügen Idahos sind die Gipfel der Sawtooth Mountains die landschaftlich allerschönsten.

Die Rocky Mountains zu erkunden ist ein schier unerschöpfliches Vorhaben. Das Gebirge erstreckt sich über 1000 Meilen von der kanadischen Grenze durch die Staaten Montana, Idaho, Wyoming und Colorado bis in die Wüste von New Mexico. Die landschaftliche Vielfalt reicht von schneebedeckten Gipfeln bis zu Geysiren, Lavaströmen, kargen Tälern und riesigen Sanddünen. Büffel, Bären, Elche und andere Wildtiere bereichern die eindrucksvolle Bergwelt ebenso wie die unübersehbaren Hinterlassenschaften von Indianern, Goldgräbern, Cowboys und Outlaws, die hier im Laufe des 19. Jhs. um die reichen Naturschätze der Region kämpften.

Anders als die Vorfahren der Pueblo-Indianer, die bis 1300 n.Chr. als Felsenbewohner den Süden Colorados bevölkerten, lebten die meisten Ureinwohner der Region als Nomaden und zogen mit ihren Stämmen jagend durch den westlichen Teil der Great Plains – das Weideland mit den größten Büffelherden des Kontinents. Im 16. Jh. suchten Spanier im Süden Colorados nach Gold. Sie waren die ersten Weißen, die sich in die Rocky Mountains wagten.

Erst nach dem Verkauf des Territoriums im Rahmen des Louisiana Purchase 1803 an die USA begann man, die Region kartografisch zu erfassen. Den Anfang machten 1805 Lewis und Clark mit ihrer Expedition durch Montana und Idaho. Ihre Berichte von Unmengen von Wild lockten die legendären „Mountainmen" in die Rockies. Sie reduzierten den Bestand an Bibern innerhalb kürzester Zeit auf ein absolutes Minimum und verschwanden wieder, sobald der Boom der Pelzindustrie abgeflaut war.

Die ersten dauerhaften Siedlungen von Weißen entstanden erst, als man 1858 bei Denver auf Gold stieß. Auf der Suche nach wertvollen Erzen durchkämmten Spekulanten innerhalb von zehn Jahren jede zugängliche Schlucht und jeden Bach der vier Staaten. Mit dem Bau transkontinentaler Eisenbahnlinien, dem Abschlachten von Millionen von Büffeln und der Gründung riesiger Viehfarmen für die Versorgung der Goldgräbercamps war der Konflikt mit den Indianern vorprogrammiert. Angeführt von so brillanten Taktikern wie Sitting Bull und Crazy Horse brachten Sioux und Cheyenne der US Army vor allem bei Little Bighorn entscheidende Niederlagen bei. Ein massiver Einsatz des Militärs gegen Ende der 70er Jahre des 19. Jhs. brach jedoch den Widerstand der Indianer.

Die große Mehrheit derer, die sich nun in den Rocky Mountains niederließen, betrachteten die Berge einzig als Ausbeutungsobjekt. Sie kamen, nahmen sich, was sie brauchen konnten, und verschwanden wieder. Die meisten der kleinen Gemeinden in dieser abgelegenen Region leben auch heute noch ausschließlich von Kohlebergbau, Öl oder anderen Bodenschätzen. Nur allzu oft lässt sich der Wandel der Zeit zwischen Aufschwung und Niedergang an den abgeblätterten Fassaden der Häuser ablesen.

Jeder der vier Staaten hat seinen unverwechselbaren Charakter. Colorado mit 50 Gipfeln über 4000 m ist der gebirgigste, bevölkerungsreichste und wegen seiner leichten Zugänglichkeit auch meistbesuchte Staat der Rocky Mountains. Denver, die einzige Metropole der Rockies und das Eingangstor zu einigen der besten Skiorte des Landes, erweist sich als freundliche und kultivierte Stadt. Kaum vom Touristenrummel berührt ist das weite, fruchtbare Montana mit seinen Flüssen, Seen und kleinen Dörfern.

Abseits des speienden, gurgelnden Yellowstone, des benachbarten Grand Teton Park und der Bighorn Mountains gibt es in der Halbwüste von Wyoming, dem Staat mit den niedrigsten Bevölkerungsdichte in den USA, nur wenig zu entdecken. Das gebirgige, weltabgeschiedene Idaho umfasst einige der letzten noch unerforschten Flecken der Rocky Mountains.

Zwischen Anfang Juni und Anfang September ist mit Temperaturen von 20–38° C zu rechnen, je nachdem, wo genau man sich in den Rocky Mountains befindet, ob in der hochgelegenen Wüste von Wyoming, in den Ebenen von Idaho oder in den Bergen Colorados.

In den verschiedenen Gebirgsregionen schwanken die Temperaturen ebenfalls beträchtlich, und auch hier gilt: je höher, desto kühler. In höheren Regionen bedarf es einer Phase der Akklimatisierung; auch sollte man die Kraft der Sonne nicht unterschätzen: Einige Regionen von Wyoming und Colorado bekommen pro Jahr mehr Sonne als San Diego oder Miami Beach. Die Zeit der Schneeschmelze im Frühling eignet sich am wenigsten für eine Reise in die Rocky Mountains. Im frühen

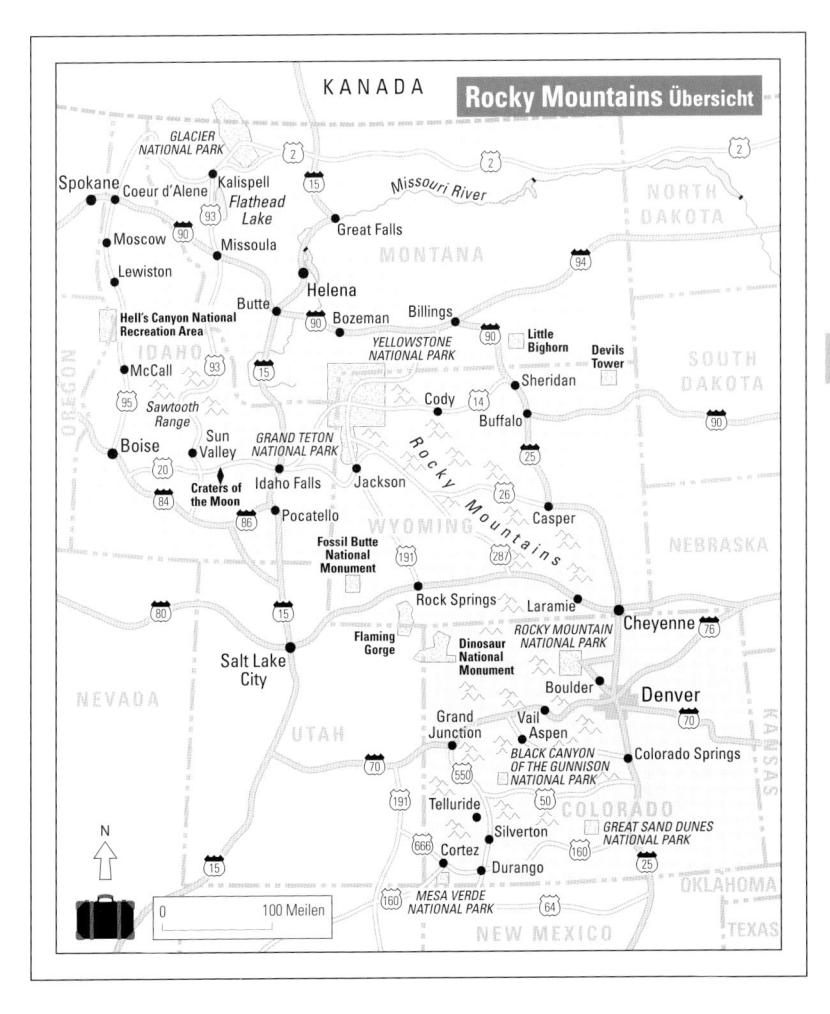

Herbst vergoldet das Espenlaub die Berghänge, doch ist es oft schon ab Oktober recht kühl zum Wandern oder für andere sportliche Aktivitäten. Die meisten Skipisten sind von Ende November bis Ende März – manchmal sogar bis in den Mai/Juni hinein – geöffnet. Der kälteste Monat ist der Januar mit Temperaturen um minus 18 °C.

Der Reiz einer Reise in die Rockies besteht nicht darin, möglichst jeden Nationalpark und jede größere Stadt zu besichtigen. Vielmehr sollte man es sich nicht entgehen lassen, einmal einer der schmalen Gebirgsstraßen zu folgen, die sich über Berg und Tal schlängeln. Es lohnt sich, das Auto stehen zu lassen und zumindest einen kleinen Teil der Region mit dem Fahrrad zu erkunden, denn in den Rockies befinden sich einige der schönsten und anspruchsvollsten Radwandergebiete Nordamerikas.

Colorado

Zwischen den endlosen Hochebenen im Osten und den gewaltigen Gebirgszügen im Westen breitet sich eine landschaftliche Vielfalt aus, die Colorado zu einem der abwechslungsreichsten Staaten der USA macht. Die indianischen Ureinwohner jagten im Sommer in den üppigen Tälern des Nordens und kehrten im Winter in die Prärien zurück. Im Süden lebten die Vorfahren der Pueblo-Indianer vom Maisanbau auf den Tafelbergen der Mesa Verde und hatten bedeutenden Anteil an der frühen Kultur des Südwestens. Während die Vereinigten Staaten den Osten und den Norden des heutigen Colorado 1803 durch den Louisiana Purchase erwarben, fiel der Süden erst 45 Jahre später durch den Krieg mit Mexiko an die USA.

Schon im 16. Jh. kamen Spanier auf der Suche nach Gold durch die Region; 1806 wagte sich US-Colonel Zebulon Pike auf einer Erkundungsreise in die Berge. Eine ernsthafte Bedrohung für die Indianer entstand jedoch erst, als man 1858 westlich von Denver auf Gold stieß. Damals gehörte Colorado noch zum Gebiet von Kansas. 1861 erhielt die Region den Status eines selbstständigen Territoriums und wurde 1876 schließlich ein eigener Staat. Die Indianer nutzten die Unruhen des Bürgerkrieges zu einem Gegenschlag, wurden jedoch bald überwältigt. Von nun an bis zum Ende des 19. Jhs. erlebte Colorado eine Zeit des Aufschwungs. Die Gold- und Silberminen in den Bergen waren zwar längst nicht so ergiebig wie die in Kalifornien, doch sie reichten aus, um den Lebensstil grundlegend zu ändern.

Denver, am östlichen Rand der Rocky Mountains, ist die bei weitem größte Stadt der Region. Nördlich der Metropole liegen die beliebtesten Reiseziele des Staates, vor allem die Universitätsstadt Boulder und der spektakuläre Rocky Mountains National Park. Die meisten der Wintersportorte, die Colorado zum begehrtesten Skigebiet des ganzen Landes gemacht haben, schmiegen sich an die Berge westlich von Denver: Summit County zieht die meisten Besucher an, Vail gilt als bestes Skigebiet, und Aspen ist bekannt für seine Après-Skiszene. Der südöstliche Teil Colorados besteht überwiegend aus flachem Farmland, nur über der freundlichen Stadt Colorado Springs thront der Pikes Peak. Nach Südwesten hin findet man in den Bergen alte Minenstädte wie Crested Butte und Durango, die nun eine Phase der Erneuerung erleben, während im Mesa Verde National Park die eindrucksvollen Felsenwohnungen der Vorfahren der Pueblo-Indianer zu sehen sind. Ganz im Westen des Bundesstaates liegen die mit roten Felsen übersäten Wüsten des Colorado Plateaus, wo das trockene Klima die außergewöhnlichen Natursklupturen im Colorado National Monument bewahrt hat.

Transport

Der mit Abstand größte Flughafen Colorados ist Denver. Zubringerbusse und eine Art Pendelflugverkehr verbinden ihn mit allen größeren Städten und Wintersportorten. Denver ist auch der Knotenpunkt für *Greyhound*-Verbindungen in die Nachbarstaaten. Eine *Amtrak*-Strecke verläuft mitten durch Colorado. In beiden Richtungen passieren die Züge bei Tageslicht den wunderschönen Glenwood Canyon. Die *Durango & Silverton Narrow Gauge Railroad* führt über eine landschaftlich sehr reizvolle Strecke im Südwesten.

Freunde des Radsports schätzen Colorado als eines der weltweit besten Radwandergebiete. Das *State Department of Transportation*, ✆ 303/757-9982, gibt ausgezeichnetes Karten- und Informationsmaterial für Radtouren in Colorado heraus.

Denver

Die Wolkenkratzer der „Mile High City" markieren den Übergang von den Great Plains zum amerikanischen Westen. Denver, das Tor zu den Rocky Mountains, ist selbst ganz und gar flach. Die majestätischen Berggipfel ragen erst etwa 15 Meilen westlich der Hochhäuser von Downtown in den Himmel, sind aber immerhin deutlich zu sehen. Der Wohlstand der Stadt basiert seit eh und je in erster Linie auf reichen Bodenschätzen. Obwohl die Vorkommen an Mineralien allmählich erschöpft sind, schaffte es Denver, seine Rolle als wichtigstes Handelszentrum und Hauptverkehrsknotenpunkt von Colorado zu behaupten.

Die Stadt entstand 1858 genau an der Stelle, an der in Colorado die ersten, kleinen Mengen Gold entdeckt wurden. Ohne Rücksicht auf die Ansprüche vor allem der Arapahoe, die seit 1851 durch den *Fort Laramie Treaty* als die rechtmäßigen Besitzer der Region galten, rückten die Goldsucher in Scharen an.

Colorado Rockies

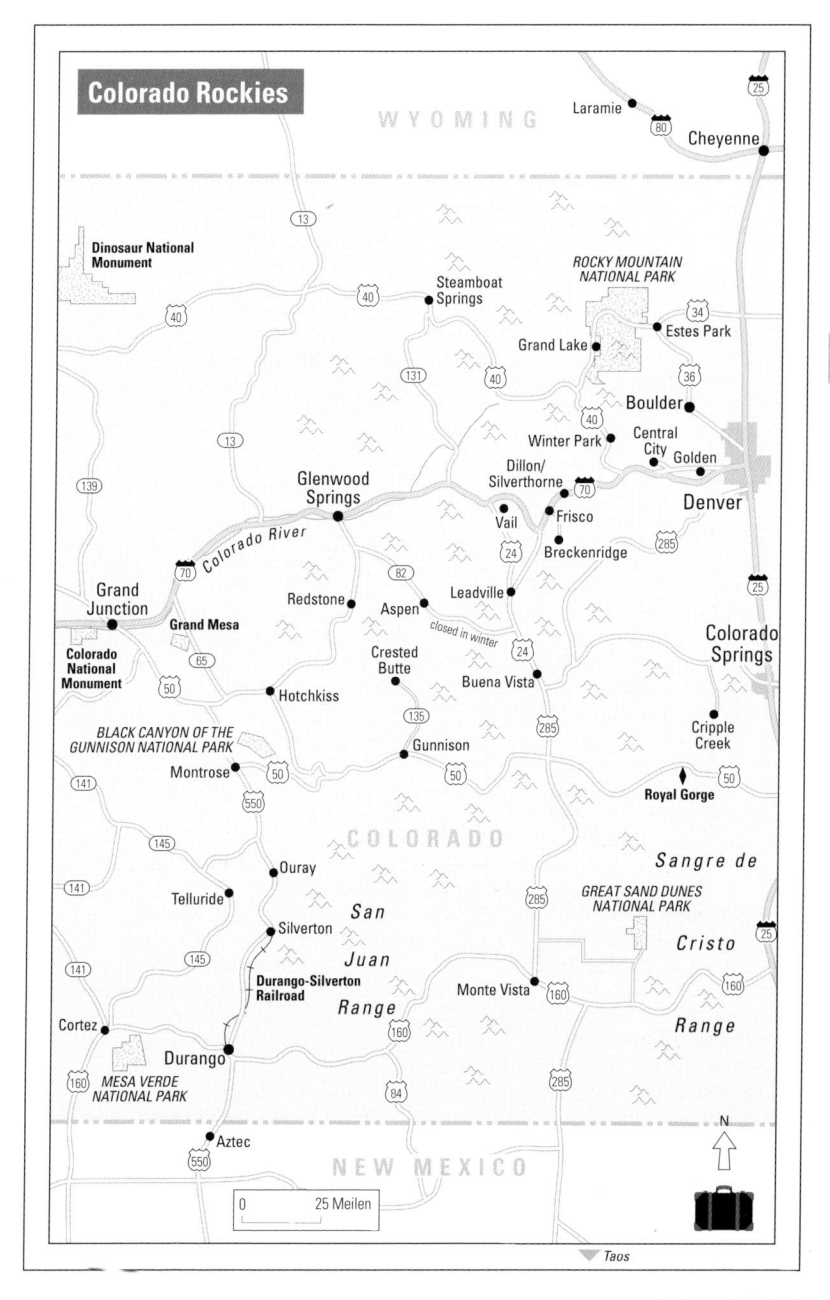

Denkmal vor dem State Capitol in Denver

In Denver selbst fand man allerdings nur sehr wenig Gold. Innerhalb kürzester Zeit wimmelte es in der jungen Stadt von verdrossenen Glückssuchern, die sich wieder aus dem Staub machten, sobald sie von den ungeheuren Goldfunden in Central City hörten. Denver überlebte trotzdem. Durch größere Silberfunde in den Bergen wuchs die Stadt weiter und lockte die zwielichtigsten Typen an. Einer von ihnen war Jefferson „Soapy" Smith, der in Denver durch den Verkauf von Seife zu Wucherpreisen – er behauptete, in einigen der Seifenstücke seien Hundert-Dollar-Noten versteckt – zu seinem Spitznamen kam. Als die ersten Eisenbahnen einen großen Bogen um Denver machten, was für andere Gemeinden den Untergang bedeutete, taten sich die Bürger der Stadt zusammen und bauten selbst eine Schienenverbindung.

Die Menschen in Denver sind von erfrischender Freundlichkeit, und irgendwo in dieser Stadt mit ihren 2,4 Millionen Einwohnern scheint immer etwas los zu sein. Für den Tourismus spielen die eigenen Sehenswürdigkeiten gegenüber dem weiten Umland jedoch eine untergeordnete Rolle.

Die **16th Street** in **Downtown** ist Mittelpunkt des täglichen Lebens und wurde inzwischen in eine Fußgängerzone umgewandelt, in der nur noch Busse fahren dürfen. Zudem findet man eine ganze Zahl von Galerien, Brewpubs, Geschäften und Lofts in dem wiederbelebten Viertel zwischen der 14th und 20th Street und der Wynkoop und Larimer Street, **LoDo** bzw. **Lower Downtown** genannt.

Im heutigen Bezirk **Larimer Square** rund um die Market Street, zwischen 14th und 15th Street, baute William Larimer die erste Blockhütte von Denver. Sie fiel wenige Jahre später einem Großfeuer zum Opfer. Seit diesem Brand durften in Denver nur noch Steingebäude errichtet werden. Der Larimer Square wurde im viktorianischen Stil restauriert und lockt mit Geschäften, Restaurants und Bars.

An der 13. Stufe der zum Eingang des **State Capitol** führenden Treppen, am Broadway, Ecke E Colfax Ave, verkündet eine Tafel, dass man sich hier genau eine Meile über dem Meeresspiegel befindet. Wer sich umdreht und in Richtung Westen schaut, wird mit einer Aussicht auf die sich am Horizont türmenden Rockies belohnt. Das State Capitol selbst ist offensichtlich eine Kopie des Kapitols von Washington DC. Bei einer der informativen Gratisführungen hat der Besucher Gelegenheit, in die Kuppel zu steigen und von dort einen noch besseren Ausblick zu genießen. Führungen: Sep–Mai Mo–Fr 9.15-14.30, Juni–Aug 9–15.30 Uhr.

Neben dem **Civic Center Park**, direkt vor dem Kapitol, befinden sich zwei der reizvollsten Museen der Stadt. Das **Denver Art Museum**, 100 W 14th Avenue, besitzt neben Malerei aus aller Welt eine beachtliche Sammlung indianischen Kunsthandwerks. Zu sehen sind u.a. einige sehr schöne Stücke von den Ureinwohnern der Great Plains und den Navajo sowie präkolumbische Kunst. ✆ 720/865-5000, 🖥 www.denverartmuseum.org; ⏱ Di–Sa 10–17, So 12–17 Uhr. Eintritt $5, Sa Eintritt frei.

Die interessantesten Ausstellungsstücke des **Colorado History Museum**, 1300 Broadway, befinden sich in seinem Untergeschoss. Mehrere in den 30er Jahren des 20. Jhs. entstandene Dioramen veranschaulichen historische Szenen in faszinierender Detailliertheit. Die Themenvielfalt reicht vom Leben der Vorfahren der Pueblo-Indianer auf der Mesa

Downtown Denver

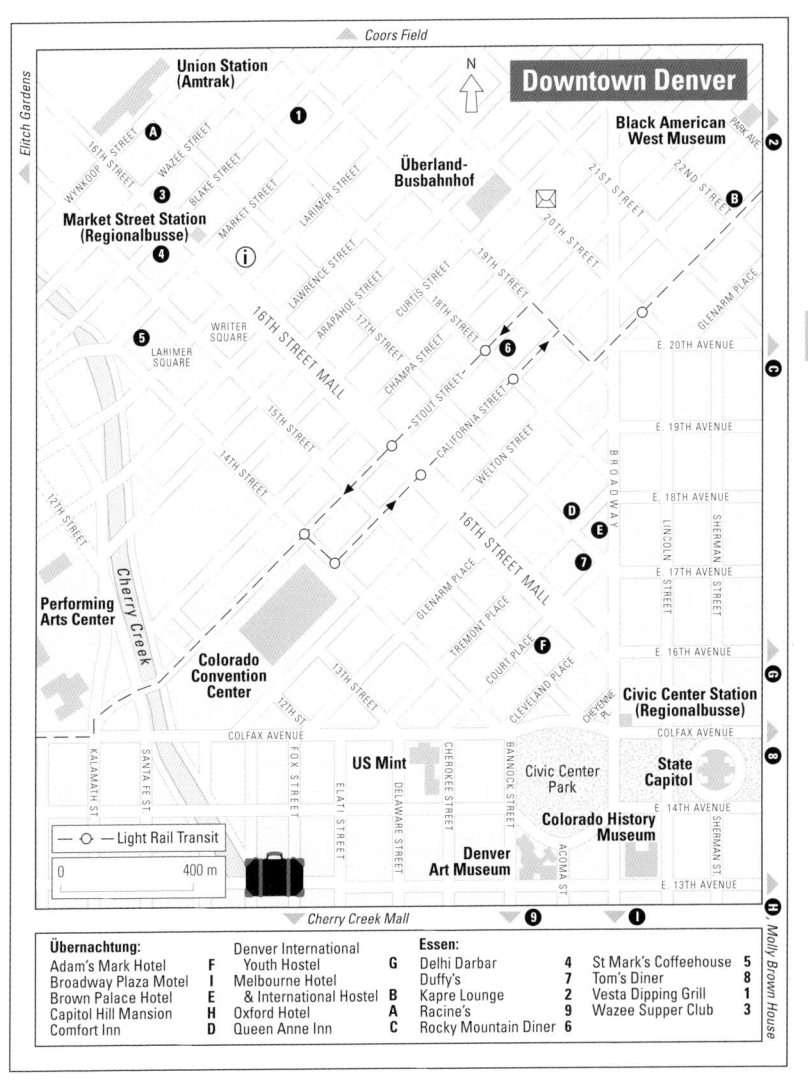

Map labels:
- Coors Field
- Union Station (Amtrak)
- Black American West Museum
- Elitch Gardens
- Überland-Busbahnhof
- Market Street Station (Regionalbusse)
- Writer Square
- Larimer Square
- Performing Arts Center
- Cherry Creek
- Colorado Convention Center
- 16th Street Mall
- US Mint
- Civic Center Park
- State Capitol
- Colorado History Museum
- Denver Art Museum
- Civic Center Station (Regionalbusse)
- Cherry Creek Mall
- Molly Brown House
- ROCKY MOUNTAINS
- Light Rail Transit
- 0   400 m

Streets: 16th Street, Wynkoop Street, Wazee Street, Blake Street, Market Street, Larimer Street, Lawrence Street, Arapahoe Street, Curtis Street, Champa Street, Stout Street, California Street, Welton Street, Glenarm Place, Tremont Place, Court Place, Cleveland Place, Cheyenne Pl., 13th Street, 14th St., 15th Street, 17th Street, 18th Street, 19th Street, 20th Street, 21st Street, 22nd Street, Park Ave., E. 20th Avenue, E. 19th Avenue, E. 18th Avenue, E. 17th Avenue, E. 16th Avenue, E. 14th Avenue, E. 13th Avenue, Colfax Avenue, Broadway, Lincoln Street, Sherman Street, Kalamath St., Santa Fe Dr., Fox Street, Elati Street, Delaware Street, Cherokee Street, Bannock Street, Acoma St., 12th St.

Übernachtung:		Essen:	
Adam's Mark Hotel	F	Delhi Darbar	4
Broadway Plaza Motel	I	Duffy's	7
Brown Palace Hotel	E	Kapre Lounge	2
Capitol Hill Mansion	H	Racine's	9
Comfort Inn	D	Rocky Mountain Diner	6
Denver International Youth Hostel	G	St Mark's Coffeehouse	5
Melbourne Hotel & International Hostel	B	Tom's Diner	8
Oxford Hotel	A	Vesta Dipping Grill	1
Queen Anne Inn	C	Wazee Supper Club	3

Verde bis zum Handel zwischen Trappern und Indianern im frühen 19. Jh. Gezeigt werden außerdem ein Modell der Stadt Denver von 1860 und ein umfangreiches Fotoarchiv über die Anfänge des Westens. ☏ 866-3682, 🖥 www.coloradohistory.org; ⏱ Mo–Sa 10–16.30, So 12–16.30 Uhr. Eintritt $5.

Bei der **US Mint**, nur wenige Schritte nach Nordwesten in der 320 W Colfax Ave, prasseln Millionen frisch geprägter Münzen aus den Pressen, aber alles, was ein Besucher zu Gesicht bekommt, sind die Türmchen außen am Gebäude, auf denen Maschinengewehre befestigt sind; sie wurden auf dem Höhepunkt der Wirtschaftskrise angebracht. ◐ Mo–Fr 8–15 Uhr.

Im **Molly Brown House**, 1340 Pennsylvania Ave, wohnte Molly Brown, die den Untergang der *Titanic* überlebte (zuvor hatte sie schon einen Taifun im Pazifik überstanden) und Geld für die Überlebenden und deren Familien sammelte. Molly, ein armes irisches Mädchen, zog in den Westen, heiratete einen Millionär und bewegte sich schließlich in den höchsten Kreisen von Denver. Nachdem die *Titanic* ihr zu beachtlicher Bekanntheit verholfen hatte, wurde sie Frauenrechtlerin und bewarb sich um einen Sitz im Senat. Leider erfährt man während der Führungen mehr darüber, was die Browns alles besaßen und wie es den Denkmalschützern gelang, das Haus zu erhalten, als über das Leben dieser außergewöhnlichen Frau. ◐ Juni–Aug Mo–Sa 10–15.30, So 12–15.30 Uhr; Sep–Mai Mo geschlossen, Eintritt $6,50.

Die schwarze Gemeinde von Denver lebt vor allem im alten Viertel **Five Points**, nordöstlich von Downtown, das in den 70er Jahren des 19. Jahrhunderts zur Unterbringung schwarzer Eisenbahnbauer errichtet wurde. Das **Black American West Museum**, 3091 California Street, ℘ 292-2566, belegt die dauerhafte Präsenz von Schwarzen in der Stadt, die vermutlich ein Drittel der Cowboys ausmachten. Viele von ihnen waren durch den Bürgerkrieg befreite Sklaven, die den Süden verlassen hatten und hier Arbeit auf den Ranches fanden. ◐ im Sommer Mo–Fr 10–17, Sa und So 12–17, den Rest des Jahres Mi–Fr 10–14, Sa und So 12–17 Uhr, Eintritt $6.

Zwei bis drei Meilen östlich von Downtown in Richtung Flughafen liegt der weitläufige **City Park** mit dem **Denver Museum of Nature and Science**, 2001 Colorado Blvd, ℘ 322-7009, 🖳 www.dmns.org. Wie die meisten Museen dieser Art sieht es seine Aufgabe nicht allein darin, Dinosaurierskelette und Ausstellungen über Wildtiere zu zeigen, sondern beschäftigt sich auch mit der Kultur der Indianer – ein zwar sehr faszinierendes Thema, das in diesem Zusammenhang allerdings fehl am Platz scheint. ◐ tgl. 9–17 Uhr. Eintritt: Museum $9, Planetarium $8, IMAX $8, für alle drei zusammen $16.

Ganz in der Nähe befindet sich ein großer **Zoo**, ℘ 376-4800, 🖳 www.denverzoo.org, mit mehr als 4000 Tieren, u.a. zwei gewaltige Tiefland-Gorillas, die in einem großen, mit vielen Bäumen bestandenen Gehege untergebracht sind. ◐ tgl. Apr–Okt 9–18; sonst 10–17 Uhr. Eintritt im Sommer $11, im Winter $9.

Der Themenpark **Six Flags Elitch Gardens**, am Westrand von Downtown, 2000 Elitch Circle, ℘ 595-4386, 🖳 www.sixflags.com/elitchgardens, nahe der Innenstadt (erreichbar über einen Radweg entlang des Cherry Creek), umfasst einen herrlichen **Water Park**. Zudem gibt es ein paar haarsträubende Fahrattraktionen, darunter den *Mind Eraser*, der mit einer Geschwindigkeit von über 100 km/h durch Spiralen rast, den *Tower of Doom*, bei dem es im freien Fall über 20 m abwärts geht, und den *Sidewinder*, der um eine unglaublich enge Achse wirbelt – scheint die Fahrt überstanden, geht es erst richtig los, und zwar rückwärts. ◐ im Sommer Do–So 10–22, Mo–Mi 10–20 Uhr, ansonsten unterschiedliche Öffnungszeiten; Eintritt $36.

Wer lieber einen gemütlichen Einkaufsbummel macht, kann dies in der glitzernden **Cherry Creek Mall**, wenige Meilen südöstlich von Downtown tun, nach der 16th Street Mall Denvers beliebtestes Einkaufszentrum. Gegenüber dem Haupteingang der Mall füllt eine der besten Buchhandlungen der USA vier außerordentlich gut sortierte Etagen – der *Tattered Cover Bookstore*, 2955 E First Avenue, ℘ 322-7727.

Sehr geruhsam sind die **Denver Botanical Gardens**, 1005 York St, ℘ 720/865-3500, 🖳 www.botanicgardens.org, wo wunderschön zusammengestellte Pflanzen gedeihen. In einem Steingarten sind z.B. Gebirgspflanzen aus der Region zu sehen. ◐ Okt–Apr tgl. 9–17, das restliche Jahr über Sa–Di 9–20, Mi–So 9–17 Uhr; Eintritt $4–8,50.

Etwa 20 Meilen westlich von Downtown, hoch über der Brauereistadt Golden auf dem Lookout Mountain, befinden sich **Buffalo Bill's Memorial Museum and Mountain Parks** – die letzte Ruhestätte von William Cody, dem berühmten Büffeljäger, Kundschafter der Armee und Schausteller. Er starb 1915 in Denver (Einzelheiten s.S. 156). Das Museum vermittelt mit einer umfassenden Ausstellung einen guten Eindruck von Buffalo Bills Leben; zu den gruseligeren Gegenständen zählt eine Pistole, deren Handgriff aus einem menschlichen Knochen gefertigt wurde. ◐ Mai–Okt tgl. 9–17; Nov–Apr Di–So 9–16 Uhr. Eintritt $3.

Die Hauptattraktion in der Umgebung von Denver ist der Rocky Mountain National Park im Nordwesten. Auf der Karte mögen die Entfernungen innerhalb des Parks relativ gering erscheinen; ihn als Tagesausflug von Denver besuchen zu wollen, wäre jedoch eine Fehlplanung. Teile der sich durch den Nationalpark windenden Straße können oft nur sehr langsam und vorsichtig befahren werden.

Übernachtung

Denver verfügt über eine beachtliche Anzahl zentraler Unterkünfte – von Jugendherbergen bis zu Motels und gemütlichen B&Bs. Wer es sich leisten kann, logiert in einem der prachtvollen, traditionsreichen Hotels von Downtown. Die Agentur **B&B Colorado**, PO Box 6061, Boulder, CO 80306, ✆ 494-4994, vermittelt B&B zu angemessenen Preisen in Denver und dem restlichen Colorado.

Adam's Mark Hotel, $130–200, 1550 Court Place, ✆ 893-3333, 🖳 www.adamsmark.com. Riesiges, luxuriöses Hotel bei der Mall in der 16th Street.

Broadway Plaza Motel***, 1111 Broadway, ✆ 893-0303. Preiswertes, einfaches, aber freundliches Motel. Große, saubere Zimmer mit Telefon und Kabel-TV, kostenloser Parkplatz. Die Downtown ist zu Fuß erreichbar.

Brown Palace Hotel, $200–250 und darüber, 321 17th St, ✆ 297-3111 oder 1-800/321-2599, 🖳 www.brownpalace.com. Sehr schön restauriertes Nobelhotel in Downtown aus dem Jahr 1892, mit eleganten Speisesälen und vielen Serviceeinrichtungen.

Capitol Hill Mansion, ab*****, 1207 Pennsylvania St, ✆ 839-5221, 🖳 www.capitolhillmansion.com. Luxuriöses B&B in alter viktorianischer Villa.

Comfort Inn Downtown*****, 401 17th St, ✆ 296-0400. Komfortables Kettenmotel in zentraler Lage. Gutes „kontinentales" Frühstück. Gäste haben Zugang zu einigen Einrichtungen des Brown Palace Hotel.

Denver International Youth Hostel, 630 E 16th Ave, ✆ 832-9996, 🖳 www.youthhostels.com/Denver. Die Jugendherberge liegt vier Blocks vom State Capitol entfernt in einer Gegend, die als nicht ganz sicher gilt. Dorm-Bett $9. Bürozeiten 8–10 und 17–22.30 Uhr. Keine Sperrstunde.

Hampton Inn DIA****, 6290 Tower Rd, nicht weit vom Flughafen, ✆ 371-0200, 🖳 www.hamptoninn-suites.com. Ein angenehmer Übernachtungsort. Preis schließt kleines Frühstück und Airport Shuttle ein.

Melbourne Hostel*, 607 22nd St, ✆ 292-6386, 🖳 www.denverhostel.com. Heruntergekommenes Hostel in unsicherer Gegend in Fußnähe vom Zentrum. Dorm-Bett $13–16. Keine Schließzeiten.

Oxford Hotel, $160–200, 1600 17th St, ✆ 628-5400 oder 1-800/228-5838. Prachtvolles Western-Hotel von 1891.

Queen Anne Inn, $75–200, 2147 Tremont Place, ✆ 296-6666, 🖳 www.queenannebnb.com. Zentrales und sehr gastfreundliches B&B. Jedes der vierzehn Zimmer in diesem Haus aus dem Jahr 1879 ist geschmackvoll und individuell eingerichtet.

Essen

Neben einer ganzen Reihe von Steak- und Grill-Restaurants nach Western-Art findet der Besucher in Denver eine große Auswahl internationaler Speiselokale. Besonders gut mit Restaurants ausgestattet ist der zentral gelegene Larimer Square, wo es für fast jeden Geschmack etwas gibt. Auch einige der Brewpubs servieren gute Mahlzeiten.

Casa Bonita, 6715 W Colfax Ave, ✆ 232-5115. Ziemlich weit draußen gelegenes „wildes" mexikanisches Restaurant mit Schießereien, verlassenen Minen und anderen Abenteuern. Sehr unterhaltsam – besonders für Kinder. Der einzige Schwachpunkt ist das Essen, aber wenigstens ist es nicht teuer.

Cherry Cricket, 2641 E 2nd Ave, ✆ 322-7666. Eine „Sports Bar": die Gäste folgen gebannt den Übertragungen von Sportveranstaltungen auf TV-Bildschirmen, während sie sich (mehr oder weniger) volllaufen lassen. 120 Biersorten. Die Burger und die mexikanischen Gerichte sind ausgezeichnet. In der Nähe der Cherry Creek Mall. ⏲ 11–24 Uhr.

Delhi Darbar, 1514 Blake St, ✆ 595-0680. Sehr annehmbares indisches Essen in lockerer Atmosphäre; besonders preisgünstig ist das Lunch Buffet.

Duffy's Shamrock, 1635 Court Place, ✆ 534-4935. In diesem Kneipenrestaurant in Downtown bekommt man u.a. Sandwiches, Steaks und Seafood bis 1.30 Uhr.

Kapre Lounge, 2729 Welton St, ✆ 295-9207. Besonders leckere Grillhähnchen nach Südstaatenart in einem etablierten Soulfood-Restaurant von Five Points.

The Palace Arms, 321 17th St, ✆ 297-3111. Kleines Luxusrestaurant im *Brown Palace Hotel*, ausstaffiert mit Antiquitäten aus der Zeit Napoleons. Auf der Speisekarte stehen u.a. Wildspezialitäten der Saison.

Racine's, 850 Bannock St, ✆ 595-0418. Das im ehemaligen Ausstellungsraum eines Autohauses direkt südlich der Downtown gelegene Billigrestaurant ist eine Institution in Denver. Hier gibt es zum Frühstück hervorragende Eierspeisen, fantasievoll zubereitete Pasta-Gerichte, leckere Sandwiches und später am Tag gut gewürzte mexikanische Vorspeisen.

Rocky Mountain Diner, 800 18th St, ✆ 293-8383. „Kontinentales" Essen in gehobener Western-Atmosphäre.

St Mark's Coffeehouse, 1416 Market St, ✆ 446-2925. Hinter der schmalbrüstigen Fassade dieses Cafés versteckt sich ein großer Raum mit Kunstgegenständen, ⊕ von 7–24 Uhr. Ausgezeichneter Espresso.

Tom's Diner, 601 E Colfax Ave, Ecke Pearl St, ✆ 861-7493. Toller Billigdiner in einem zwielichtigen Stadtteil. Rund um die Uhr wird in riesigen Portionen das übliche Diner-Essen serviert.

Vesta Dipping Grill, 1822 Blake St, ✆ 296-1970. Attraktives Restaurant in renoviertem Lagerhaus in LoDo, bietet leckeres Essen in ungewöhnlichen Kombinationen; viele Pastagerichte sowie mediterrane, asiatische und mexikanische Dips, in die man Fleisch oder Gemüse tunkt.

Wazee Supper Club, 1600 15th St, ✆ 623-9518. Altbewährtes Speiselokal in LoDo, serviert gute, preiswerte Hamburger, Deli-Sandwiches und hervorragende Pizzas, außerdem Bier. Eines der wenigen Lokale, die bis in die frühen Morgenstunden geöffnet sind, meist bis 2 Uhr.

Unterhaltung

Das Geschäft geht zwar immer noch glänzend für die Brewpubs in Denvers Downtown, aber die rapide Ausbreitung von „Sports Bars" in LoDo, v.a. in der Nähe vom Coors Field, hat dazu geführt, dass sich das betriebsamste Nachtleben nun in diesem Viertel abspielt. Wer Sports Bars nichts abgewinnen kann, findet jedoch genügend andere zwanglose oder auch schicke Lokale. Die meisten schließen gegen 1 Uhr.

Aktuelle **Veranstaltungstips** sind der kostenlosen, mittwochs erscheinenden *Westword*, dem kostenlosen Monatsmagazin *Freestyle* oder der Wochenend-Beilage der *Denver Post* zu entnehmen.

Im bemerkenswerten **Red Rocks Amphitheater**, ✆ 640-2637, 🖥 www.redrocksonline.com, 12 Meilen westlich von Downtown Denver, haben bis heute Tausende von Rockbands und Klassik-Orchestern auf der Bühne gestanden – u.a. The Moody Blues oder U2, die hier ihr Album *Under a Blood Red Sky* aufnahmen. Die Freilichtbühne zwischen zwei 120 m hohen, roten Sandsteinfelsen, die am frühen Morgen und am späten Abend zu glühen scheinen, verfügt über 9000 Sitzplätze. Tagsüber kann der Red Rocks Park kostenlos besichtigt werden.

Denvers ganzer Stolz ist der moderne **Denver Performing Arts Complex**, 14th St, Ecke Curtis St, ✆ 893-4100 oder 1-800/641-1222, 🖥 www.denvercenter.org, die Heimstatt der *Denver Center Theater Company*, des *Colorado Symphony Orchestra*, der *Opera Colorado* und des *Colorado Ballet*. Der Komplex besteht aus acht Theatersälen und der für ihre hervorragende Akustik bekannten Symphony Hall. Jeden Abend werden Veranstaltungen geboten.

Karten sowohl man über *Ticketmaster*, ✆ 830-8497, sowie *Ticketman*, ✆ 430-1111. Billige *last-minute-deals* gibt es bei persönlichen Erscheinen im *Ticket Bus*, der an der Ecke von 16th St und Curtis St parkt. ⊕ tgl. 10–18 Uhr.

Breckenridge Brewery, 2220 Blake St, ✆ 297-3644. Gemütlicher Brewpub gegenüber von Coors Field. Gäste können beim Bierbrauen zuschauen. Gutes Kneipenessen.

Brendan's, 2009 Larimer St, ✆ 308-9933. In der kleine Kellerkneipe in LoDo ist regelmäßig Live-Blues zu hören, ab und zu auch „große" Namen. Eintritt kostet selten mehr als $10. So und Mo geschlossen.

Comedy Works, 1226 15th St, ✆ 595-3637. Vom Larimer Square abgehend. Der beste Comedy Club in Denver und *die* Adresse für namhafte Komiker. Mo geschlossen.

Cruise Room Bar, The Oxford Hotel, 1600 17th St, ✆ 628-5400. Die Bar ist ein Nachbau der Art déco-Bar des Kreuzfahrtschiffes Queen Mary und schon allein wegen der Atmosphäre einen Besuch wert.

The Church, 1160 Lincoln St, ✆ 832-3528. Die ehemalige Kathedrale beherbergt jetzt einen Dance Club mit Wine Bar, Sushi Bar und drei Tanzflächen, fast immer proppenvoll. Meist werden Hard House oder Garage gespielt, insgesamt jedoch sind Musik und Publikum sehr gemischt. Eintritt $5–15.

El Chapultepec, 20th St, Ecke Market St, ✆ 295-9126. Winziger Club nahe Coors Field. Tgl. Live-Jazz, gelegentlich Auftritte international bekannter Musiker.

Funky Buddha Lounge, 776 Lincoln St, ✆ 832-5075. Hier werden die neuesten Scheiben aufgelegt und die Klientel ist in die angesagtesten Outfits gehüllt.

Grizzly Rose, 5450 N Valley Highway, ✆ 295-1330. Renommierte, riesige Country- und Western-Kneipe, in der jeden Abend Bands auftreten, darunter viele international bekannte. 10 Autominuten nördlich der Downtown: den I-25 (Exit 215) nehmen. Eintritt $5–10.

Herman's Hideaway, 1578 S Broadway, ✆ 777-5840. Einer der begehrtesten Rockclubs von Denver in einer netten kleinen Bar unmittelbar südlich des I-25. Mi–Sa Live-Musik.

Mario's Double Daughters Salotto, 1632 Market St, ✆ 623-3505. Stilvolle Bar, die Cocktails mit putzigen Namen serviert. Pizza holt man sich von Two-Fisted Mario's nebenan.

Mercury Café, 2199 California St, ✆ 294-928. Wenn beim Merc gerade mal kein Jazz gespielt wird, gibt es Swing Dancing, Dichterlesungen oder andere Unterhaltungsangebote. Zum Club gehört auch ein preiswertes Restaurant mit gesundem Essen, hauptsächlich vegetarisch.

Polly Esthers, 2301 Blake St, ✆ 382-1976. Ein Dauerbrenner; in dem riesigen Club werden auf zwei Stockwerken Hits der 70er und 80er Jahre gespielt. Eintritt $5–10.

The Soiled Dove, 1949 Market St, ✆ 299-0100. Angesagte Bar mit oft voll besetzter Dachterrasse; Blick auf die Market St. Fast jeden Abend Live-Musik, das Angebot umfasst lokal bis landesweit bekannte Größen von Jazz bis Rock und allem dazwischen.

The Stampede, 2430 S Havana St, Ecke Park Rd, ✆ 337-6909. Ein Anmachschuppen im Vorort Aurora. Das Herzstück dieser Country and Western-Kneipe bildet die wuchtige Bartheke.

Wynkoop Brewing Co, 1634 18th St, ✆ 297-2700, in LoDo gegenüber der Union Station. Gutes Bier aus eigener Herstellung und lebendige Atmosphäre, kleinere Mahlzeiten. Im Obergeschoss eine elegante Billardhalle, Live-Unterhaltung in der Comedy Lounge.

Sonstiges

INFORMATIONEN – **Visitor Center**, 918 16th St, ✆ 892-1112, 🖳 www.denver.org, umfangreiches Infomaterial über die Stadt. ⏰ Mo–Fr 8–17 Uhr, unterschiedliche Öffnungszeiten am Wochenende. **Colorado Division of Parks and Recreation**, ✆ 866-3437, Informationen für Radfahrer; Landkarten für Radtouren in der City und in den Bergen.

POST – Das Hauptpostamt befindet sich in der 951 20th St. Zip Code 80202. ⏰ Mo–Fr 8–17 Uhr.

TOUREN – **Gray Line**, ✆ 289-2841, 🖳 www.coloradograyline.com, bietet von Mitte Mai bis Mitte Oktober Busfahrten durch den National Park und Umgebung an.

VORWAHL – 303.

Nahverkehrsmittel

In Downtown Denver kommt man im Allgemeinen gut ohne öffentliche Verkehrsmittel zurecht. Wer es eilig hat, setzt sich in einen der kostenlosen Busse, die tgl. 6–1 Uhr entlang der ansonsten autofreien 16th St verkehren.

RTD-Busse mit guten Verbindungen nach Boulder und zum Flughafen fahren von der unterirdischen Market Street Station, Market St, Ecke 16th St, ab. Einfachticket Mo–Fr 6–9 und 16–18 Uhr $1,25; sonst $1,15.

Zusätzlich gibt es eine **Stadtbahn**, die auf einer Strecke von 5 Meilen durch Downtown fährt, vom I-25 und Broadway über die 16th Street Mall und hoch nach Five Points im Nordosten; gleiche Preise wie Busse.

Von Juni bis September kann man auch eine Tageskarte für den *Cultural Connection Trolley* kaufen, der die wichtigsten Sehenswürdigkeiten Denvers miteinander verbindet. Er verkehrt alle 30 Min. zwischen 9.30 und 22 Uhr, Tageskarte $3. Informationen über das *RTD* -Netz und Fahrplanauskunft unter ✆ 299-6000 oder 🖥 www.rtd-denver.com.

Transport

BUSSE – Zahlreiche Busse fahren vom Flughafen Denver zu vielen der beliebtesten Ferienorte Colorados, daher braucht man nicht unbedingt ein Auto zu mieten. Es gibt Busse nach Aspen, Boulder, Colorado Springs, Estes Park (zum Rocky Mountain National Park), Steamboat Springs, Summit County, Vail und Winter Park. So früh wie möglich buchen.

Der zentral gelegene *Greyhound*-Busterminal befindet sich in der 1055 19th St.

EISENBAHN – Die *Amtrak*-Züge halten an der Nordwestseite von Downtown in der schönen alten Union Station in der Wynkoop St.

FLÜGE – Der riesige Denver International Airport liegt 24 Meilen nordöstlich von Downtown. Regelmäßig verkehrende *RTD SkyRide*-Busse fahren nach Downtown (einfach $8, Rückfahrkarte $13) und Boulder (einfach $10, Rückfahrkarte $16). Die Busse fahren beim East Terminal vom Ausgang 506 ab, vom West Terminal von Ausgang 511. Ferner bieten einige private Shuttlebus-Unternehmen ihre Dienste an; die Fahrten können im Terminal gebucht werden.

Boulder

Dank der lockeren, optimistischen Atmosphäre und zahlreicher toller Lokale eignet sich Boulder, nur 27 Meilen nordwestlich von Denver, gut als Ausgangsbasis für Tagesausflüge in die Berge.

In der Fußgängerzone der Pearl Street in Downtown kann man bei verschiedenen Geschäften Mountainbikes ausleihen.

Übernachtung

Hotel Boulderado, $100–160, 2115 13th St, ✆ 442-4344, 🖥 www.boulderado.com. Auch wer nicht hier wohnt, kann in dem hübschen Hotel nahe der Pearl St etwas trinken und abends kostenlos Jazz hören.

Pearl Street Inn, $130–160, 1820 Pearl St, ✆ 444-5584, 🖥 www.pearlstreetinn.com, ganz in der Nähe, elegantes B&B in einem liebevoll restaurierten Gebäude.

Foot of the Mountain****, 200 W Arapahoe Ave, ✆ 442-5688, freundliches Motel im Blockhüttenstil, 9 Blocks von Downtown neben dem Boulder Creek.

Youth Hostel**, 1107 12th St, nahe beim Campus, ✆ 442-0522, 🖥 www.boulderhostel.com, nette Jugendherberge in einem viktorianischen Haus, Dorm-Bett $17. Es gibt auch zahlreiche Privatzimmer (EZ $39, DZ $45).

Essen und Unterhaltung

In Downtown gibt es jede Menge Bars und Restaurants, besonders in der Umgebung der Pearl St. Die Zeitung *Boulder Weekly* listet zahlreiche Restaurants, Bars und Kneipen auf.

May Wah Cuisine, 2500 Baseline Rd, ✆ 499-8225, preiswertes Chinarestaurant; besonders günstig ist das Mittagessen.

14th St Bar and Grill, 1400 Pearl St, ✆ 444-5854, auf der Speisekarte stehen fantasievolle, ungewöhnliche Gerichte; ausgefallenes Dekor.

Flagstaff House, 1138 Flagstaff Rd, ✆ 442-4640, sehr gehobene Preisklasse. Die oft wechselnde Speisekarte umfasst „Rocky Mountain Cuisine", d.h. überwiegend Wildspezialitäten.

Q's Restaurant, im *Hotel Boulderado*, serviert innovative Gerichte wie z.B. Hummer-Gnocchi und Lachs mit Misoglasur.

Ferner beherbergt das Hotel *Boulderado* auch zwei begehrte Abendlokale: die **Corner Bar**, in der bis Mitternacht preiswerte, ebenfalls kreative Gerichte zu haben sind, und wo man in gemütlichen Sesseln oder im Patio sitzt, und **die Catacombs**, in denen allabendlich Live-Blues, Jazz und Acoustic geboten wird. Letztere ist übrigens eine der drei Bars in Boulder, wo geraucht werden darf.

West End Tavern, 926 Pearl St, ✆ 444-3535, Live-Jazz und Comedy, selbstgebrautes Bier und von der Dachterrasse eine tolle Aussicht in die Berge.
Round Midnight, 1005 Pearl St, ✆ 442-2176, ist wohl der beste Tipp zum Tanzengehen. Am Wochenende wird es hier brechend voll.

Sonstiges

INFORMATIONEN – Das freundliche *Visitor Center* befindet sich in der 2440 Pearl St, ✆ 442-2911 oder 1-800/444-0447, ◷ Mo–Do 8.30–17, Fr 8.30–16 Uhr.

VORWAHL – 303.

Transport

Boulders städtischer Shuttlebus **HOP** verbindet Downtown, die Universität und das Studentenviertel The Hill: alle 7–20 Min., Mo–Fr 7–3, Sa 9–3, So 10–18 Uhr, Fahrkarte $1,15.
Regionale Busse halten am *Transit Center*, 14th St, Ecke Walnut St, ✆ 442-1044. Es bestehen regelmäßige Verbindungen von DENVER und dem dortigen Flughafen: ungefähr stündlich. Nahbereich $1,15, nach Denver $3,50; zum Flughafen $10.
Boulder Airporter, ✆ 444-0808, pendelt stdl. von 6.10–23.10 Uhr zwischen dem Denver International Airport und Downtown für $19.

Rocky Mountain National Park

Der Rocky Mountain National Park ist ein nur 25 x 15 Meilen kleiner Abschnitt des mächtigen Gebirgszuges und kann daher nicht die ganze Pracht der Rockies enthalten. Er misst ein Zehntel des Yellowstone Nationalparks, lockt aber dieselben Besuchermassen an – etwa 3,5 Millionen Menschen pro Jahr. Da die meisten im Hochsommer kommen, zieht sich zeitweise eine schier endlose Blechkarawane über die einzige Hauptstraße. Trotz alledem zählt die Strecke entlang der nordamerikanischen Wasserscheide in Höhen von oft weit über 3000 Metern zu den unvergesslichen Erlebnissen einer Reise durch Colorado.

Ein Drittel des Parks liegt oberhalb der Baumgrenze. Die weiten Flächen arktischer Tundra und ewigen Schnees haben den Bergen den Beinamen *Never Summer Mountains* eingebracht. In gemäßigteren Höhen wechseln sich dichte Wälder mit saftiggrünen und von Blumen übersäten Bergwiesen ab. Der Vergleich mit den europäischen Alpen drängt sich auf – eine Assoziation, der die Motels und Restaurants im ungeschickt imitierten schweizerischen und bayrischen Stil noch ein wenig nachhelfen.

Zwar führten Trails der Indianer durch diese Bergregion, und im Sommer kamen die Ute, um in den Bergen zu jagen, doch dauerhafte Siedlungen hat es hier nie gegeben. Auch die frühen Goldgräber zogen erfolglos wieder ab. Schließlich erklärte man die Region 1915 zum Nationalpark. Ursprünglich sollte ein wesentlich größeres Gebiet von Wyoming bis zum Pikes Peak unter Naturschutz gestellt werden, doch nach zähen Verhandlungen mit Vertretern der mächtigen Holzwirtschaft und des Bergbaus einigte man sich auf die heute bestehenden Grenzen.

Anreise

Von Osten kommt man durch das Städtchen **Estes Park** – 65 Meilen nordwestlich von Denver und 90 Meilen südwestlich von Cheyenne. Ende des 19. Jahrhunderts war Estes Park noch das Jagdrevier des irischen Grafen Dunraven. Heute widmet sich die Stadt der Aufgabe, die Besucher des Nationalparks mit Unterkunft und Verpflegung zu versorgen. Der Ort selbst hat nichts Reizvolles zu bieten, doch dank Estes Park bleiben die unausweichlichen Begleiterscheinungen des Massentourismus in dieser Region auf ein Tal beschränkt.

Der Westeingang liegt 85 Meilen von Denver entfernt und ist vom I-70 zu erreichen, indem man auf den US-40 abbiegt. Unweit der Abzweigung befindet sich die ehemalige Minensiedlung **Georgetown**, eines der am besten erhaltenen viktorianischen Minenstädtchen in Colorado. Der Ort ist hauptsächlich als Startpunkt der **Georgetown Loop Railroad** bekannt. Eine Dampflokomotive aus den 1920er Jahren fährt von hier auf einer insgesamt sechs Meilen langen Strecke nach Silver Plume und zurück; dabei arbeitet sie sich auf zahlreichen Serpentinen langsam den Berg hoch und überwindet eine Steigung von sechs Prozent. Die Fahrt führt auch über eine Schwindel erregende Brücke über den Clear Creek. Abfahrt in der Rose

Ausblick von der Trail Ridge Road im Rocky Mountain National Park

Street, im Sommer tgl. alle 85 Min. zwischen 10.45 und 17 Uhr; Fahrkarte $15,50; 303/569-2403 oder 1-800/691-4386.

Der US-40 führt über den **Berthoud Pass** nach **Grand Lake** – der Ort ist weitaus einfacher als Estes Park. Er liegt hoch oben in den Bergen und besteht aus einer einzigen Straße am Seeufer, die mit Unterkünften und Restaurants gesäumt ist.

Im Park

Als Teil der US-34 verbindet die **Trail Ridge Road** Estes Park und Grand Lake. Sie gilt als die am höchsten gelegene Straße der Welt und bietet eine Vielzahl von eindrucksvollen Aussichtspunkten. An mehreren Parkplätzen beginnen kurze Wanderwege. Entlang der 45 Meilen langen Strecke gibt es weder Tankstellen noch Restaurants oder andere Einrichtungen. Die Fahrt dauert ungefähr drei bis vier Stunden. im Allgemeinen ist die Trail Ridge Road von Ende Mai bis Mitte Oktober geöffnet. Während der restlichen Zeit des Jahres besteht keine Möglichkeit, den Nationalpark zu durchqueren.

Mit zunehmenden Schneefällen wird die Straße auch in den niederen Regionen unpassierbar; sie ist jedoch aus Richtung Osten immer bis **Many Peaks Curve** und aus Richtung Westen bis zum **Colorado River Trailhead** befahrbar. Der meiste Schnee fällt normalerweise im März und April. Die absoluten Highlights der Strecke sind die Straßenabschnitte beiderseits des Alpine Visitor Center; die Ausblicke auf die Gipfel der Umgebung und die alpine Tundra sind dort einfach atemberaubend. Das **Alpine Visitor Center** liegt auf halbem Weg an der Trail Ridge Road beim Fall River Pass, Mai–Aug 9–17; Sep 10–16 Uhr.

Die meisten Leute sehen den Nationalpark nur von der Trail Ridge Road aus. Seine Schönheit erschließt sich jedoch erst dann so richtig, wenn man aus dem Auto aussteigt und wandert. Es stehen Dutzende hervorragender Wanderwege zur Auswahl. Bei der Planung überlegt man sich also am besten, was am meisten interessiert: z.B. Tiere in freier Wildbahn zu beobachten oder die kontinentale Wasserscheide zu überqueren, und wählt eine entsprechende Route aus. Die Parkranger geben gern entsprechende Auskünfte. Besucher sollten sich immer vor Augen halten, wie empfindlich das Ökosystem der Hochtundra ist und daher auf den vorgesehenen Wanderwegen bleiben. Auch das eigene „System" ist in dieser Höhe einigen Strapazen ausgesetzt: Besucher des Nationalparks haben nicht selten mit Dehydratation und Höhenkrankheit zu kämpfen. Man sollte also seine Kräfte nicht überschätzen und auf eine regelmäßige, ausreichende Flüssigkeitszufuhr achten.

Das *Alpine Visitor Center* markiert das Zentrum des Parks und beherbergt eine sehenswerte Ausstellung über die Hochgebirgslandschaft.

Hierher führt auch die nicht asphaltierte und nur im Sommer geöffnete **Old Fall River Road**, die älteste der im Park angelegten Straßen (nur in Ost-West-Richtung befahrbar), durch ein von Gletschern geformtes Tal. Von der Talsohle bietet sich zwar kein Panorama auf die umliegenden Gipfel, da die Straße aber wesentlich ruhiger als die Trail Ridge Road ist, besteht hier eher die Möglichkeit, Tiere in freier Wildbahn zu sehen. Im Park leben Elche, Kojoten, Pumas, Biber und ca. 30 Braunbären, die allerdings den Kontakt mit Menschen meiden. Die südlichen und zentralen Bereiche des Nationalparks sind fast undurchdringlich und nur im Rahmen gut organisierter Expeditionen zu erreichen.

Hinter dem Parkeingang bei Estes Park führt eine ganzjährig geöffnete Nebenstraße in Richtung Süden zu zwei kleinen Bergseen. Am Weg liegt das **Moraine Park Museum**, in dem es eine interessante Ausstellung zur Naturgeschichte des Parks zu sehen gibt. ◐ nur im Sommer tgl. 9–17 Uhr. Um den Autoverkehr zu entlasten, wird im Sommer alle 30 Min. ab etwa 5 Uhr bis 22 Uhr ein kostenloser Zubringerbus eingesetzt. Aktuellen Fahrplan bei den Visitor Centers erfragen! Er pendelt zwischen dem Parkplatz Glacier Basin und dem wenige Meilen entfernten, wunderbaren **Bear Lake**. Der etwas tiefer gelegene **Sprague Lake** wurde landschaftlich umgestaltet, um auch Behinderten den Zugang zu ermöglichen.

Übernachtung

Die einzigen Unterkünfte **innerhalb des Nationalparks** bieten die fünf offiziellen Campingplätze *Moraine Park, Glacier Basin, Aspenglen, Longs Peak* und *Timber Creek* ($18 pro Tag). Alle sind jeden Tag schon früh voll; im Sommer ist für Moraine Park und Glacier Basin unbedingt eine Reservierung unter ✆ 301/722-1257 oder 1-800/365-2267, 🖥 reservations.nps.gov, erforderlich. Bei den anderen Campingplätzen gilt das Prinzip *first-come first-served* – also so früh wie möglich ankommen.

Im Allgemeinen wird ein Aufenthalt von maximal einer Woche erlaubt; Longs Peak gewährt lediglich 3 Tage.

Wer abseits der offiziellen Plätze campen möchte, benötigt eine Genehmigung ($15) von den Park Headquarters, ✆ 586-1206, oder vom Kawuneeche Visitor Center. Sie gilt im Sommer ebenfalls für maximal 7 Nächte.

ESTES PARK – verfügt über eine stattliche Auswahl an Unterkünften aller Art. Über freie Plätze informiert die *Chamber of Commerce*.
Alpine Trail Ridge Inn***-****, 927 Moraine Ave, ✆ 586-4585 oder 1-800/233-5023.
Lazy T Motel***-****, 1340 Big Thompson Ave, ✆ 586-4376 oder 1-800/530-8822.
Stanley Hotel, $160–200, 333 Wonderview Ave, ✆ 586-3371 oder 1-800/976-1377, berühmtes Haus, Baujahr 1909, in traumhafter Gebirgslage.
Colorado Mountain School*, 341 Moraine Ave, ✆ 586-5758; hat Betten für $20 in sehr beengten Schlafsälen. Keine Kochgelegenheit.

GRAND LAKE – besitzt eine sehr empfehlenswerte Jugendherberge:
Shadowcliff Lodge**, hoch oben im Wald an der Tunnel Rd, ✆ 627-9220; ◐ nur Juni–Sep, Dorm-Betten ($14–20) und saubere, angenehme Motelzimmer ($40–45).
Es gibt einige erschwingliche Motels, z.B.
Western Riviera Motel & Cabins****, auf attraktivem Gelände am See, 419 Garfield St, ✆ 627-3580.
Im Sommer verlangen einige Unterkünfte in Grand Lake einen Mindestaufenthalt von drei Nächten.

Essen

ESTES PARK – ***Molly B***, 200 Moraine Ave, ✆ 586-2766. Eines von zahllosen Restaurants. Zwanglose Atmosphäre und große Auswahl an Gerichten aller Preisklassen.
Baldpate Inn, 4900 S Hwy-7, ✆ 586-6151, offeriert ein empfehlenswertes Buffet mit herzhaften

Suppen, frisch gebackenem Brot und Salaten für $11. Reservierung erforderlich.

GRAND LAKE – *EG's Garden Grill*, 1000 Grand Ave, ✆ 627-8404, am Boardwalk. Eines der besseren Speiselokale:hervorragendes Essen mit mediterranem Einschlag zu annehmbaren Preisen in freundlichen Ambiente. Es gibt auch einen Biergarten (Happy Hour Mo–Sa 17–19 Uhr). *Grand Lake Lodge*, 15500 US-34, ✆ 627-3185. Das hervorragende Frühstücksbuffet für nur $7,95 sollte man sich nicht entgehen lassen. ⊙ Juni–Mitte Sep.

Sonstiges

BEHINDERTE – Rund um den **Sprague Lake** führt ein asphaltierter und rollstuhlgerechter Weg. Außerdem gibtes behindertengerechte Zeltplätze für 12 Personen und sechs Rollstühle; Details sind bei der Nationalpark-Verwaltung zu erfragen. Vom Parkplatz beim Glacier Basin fährt zwischen 7 und 19 Uhr alle 20 Min. ein Shuttle Bus zum Sprague Lake.

EINTRITT – Der Eintrittspreis für den Rocky Mountain National Park beträgt $15 pro Pkw, Fußgänger und Fahrräder $5.

INFORMATIONEN – Die Parkverwaltung und das zentrale *Visitor Center*, ✆ 586-1206, liegen einige Meilen nördlich von **Estes Park** an der US-36. ⊙ Juni–Aug tgl. 8–21 Uhr, Sep–Mai tgl. 8–17 Uhr. Unter der Rufnummer ✆ 586-1333 erteilt man Auskunft über das zu erwartende Wetter.
Die *Chamber of Commerce* in Estes Park, 500 Big Thompson Ave, ✆ 586-4431 oder 1-800/443-7837, 🖳 www.estesparkresort.com, informiert über freie Unterkünfte. ⊙ Mai–Sep Mo–Fr 8–20, Sa 9–17, So 9–17; Okt–Apr Mo–Fr 8–17, Sa 9–17, So 10–16 Uhr.
Eine Meile nördlich von **Grand Lake** befindet sich das *Kawuneeche Visitor Center*, ✆ 627-3471, ⊙ tgl. Mai–Sep 8–17; Okt–Apr 8–16.30 Uhr.

VORWAHL – 970.

Transport

Mit öffentlichen Verkehrsmitteln gelangt man vom Denver International Airport mit dem Service von **Estes Park Shuttle**, ✆ 586-5151 oder 1-800/950-3274, für $39 nach Estes Park. Nicht-Motorisierte können den Park entweder im Rahmen einer Tour von Estes Park aus besuchen, inkl. Eintritt (nicht immer im angegebenen Preis enthalten) ca. $70 für einen Tag bzw. $35 für einen halben Tag, oder aber von Denver aus, z.B. mit *Gray Line*, s.S. 129.

Aspen

Glaubt man den Boulevardblättern, ist Aspen – 200 Meilen westlich von Denver – ausschließlich eine Domäne der Filmstars und Superreichen. Dabei können sich im Sommer durchaus auch Normalsterbliche mit durchschnittlichem Geldbeutel einen Aufenthalt in diesem Wintersportort der Elite – Domizil von Cher, Jack Nicholson und anderen Berühmtheiten – leisten. Im Winter erweist sich ein Besuch allerdings als wesentlich kostspieligeres Vergnügen. Aber auch dann kann man auf den weniger teuren Skihängen der Aspen Highlands die Kosten in erträglichem Rahmen halten.

Nach ihrer Gründung 1879 rückte die von Bergen umschlossene Stadt schnell auf die weltweit führende Position in der Silbergewinnung. Als der Silbermarkt 14 Jahre später zusammenbrach, drohte der Stadt der Ruin. Zwar gab es nun in Aspen geschmackvolle Villen, prachtvolle Hotels und ein Opernhaus, es lebten jedoch 1930 nicht einmal mehr 700 Einwohner in der Stadt. Die finanziellen Mittel für den Bau des ersten Skilifts 1936 verdankt die Stadt dem WPA-Programm zur Bekämpfung der Armut. Aufgrund der vielfältigen Landschaft und starken Schneefälle in der Region rechneten sich Unternehmer gute Chancen für einen florierenden Wintersportort aus. Der erste Sessellift entstand 1947 auf dem Aspen Mountain, seitdem wurden drei weitere Berge für den Skisport erschlossen. Im Laufe der 60er Jahre kam dann der Jet Set.

Die Bebauung unterliegt in Aspen strengen Beschränkungen. Nicht einmal *McDonalds* darf mit einer Neonreklame für sich werben. Während der letzten zehn Jahre sind allerdings mehr und mehr Wohnbauten im skandinavischen Stil entstanden.

Essen und Sonstiges:

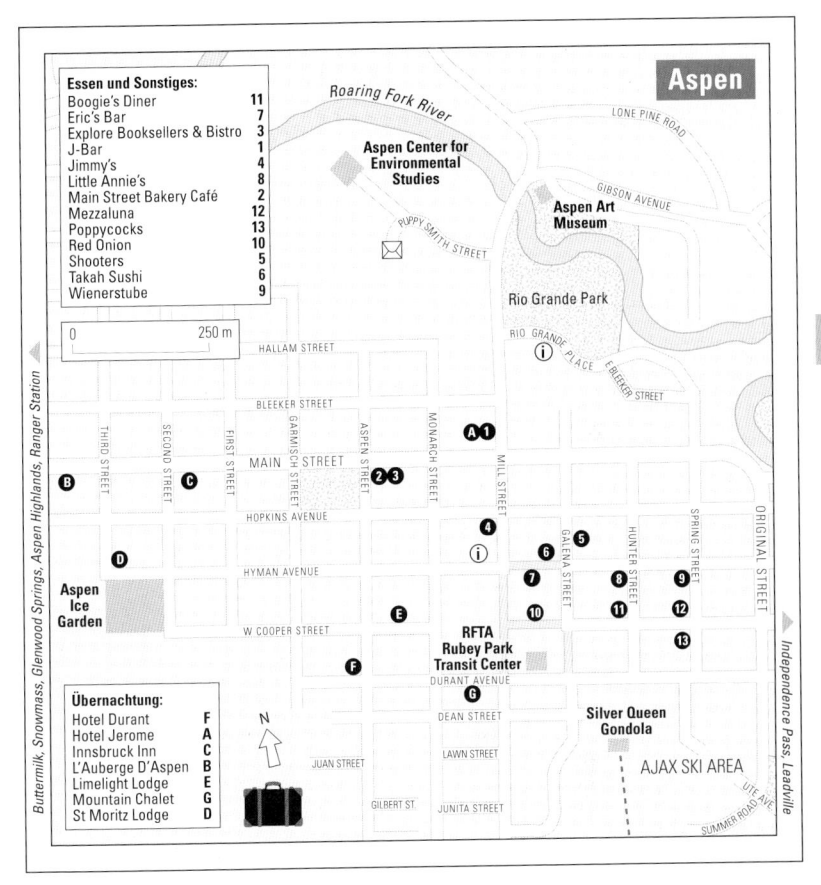

Boogie's Diner	11
Eric's Bar	7
Explore Booksellers & Bistro	3
J-Bar	1
Jimmy's	4
Little Annie's	8
Main Street Bakery Café	2
Mezzaluna	12
Poppycocks	13
Red Onion	10
Shooters	5
Takah Sushi	6
Wienerstube	9

Übernachtung:

Hotel Durant	F
Hotel Jerome	A
Innsbruck Inn	C
L'Auberge D'Aspen	B
Limelight Lodge	E
Mountain Chalet	G
St Moritz Lodge	D

Einige interessante Geschäfte und Galerien verlocken zu einem Bummel, und entlang der in Fußgängerzonen umgewandelten Straßen kann man gemütlich sitzen und die Schickeria an sich vorüberziehen lassen. Das **Aspen Historical Society Museum**, 620 W Bleeker Street, ℡ 925-3721, 🖳 www.heritageaspen.org, bietet im Sommer Führungen durch die Stadt und nahe gelegene Geisterstädte (ab $10).

Das **Aspen Art Museum**, 590 N Mill St, ℡ 925-8050, bietet wechselnde Ausstellungen, Vorträge und andere Veranstaltungen. Auf dem Programm des **Aspen Center for Environmental Studies**, 100 S Puppy Smith St, ℡ 925-5756, stehen naturkundliche Ausflüge zu den höheren Bergen im Elk Mountain-Gebirge.

Sportliche Aktivitäten

Die vier Berge rund um Aspen werden von der *Aspen Ski Co* bewirtschaftet, ℡ 925-1220 oder 1-800/525-6200, 🖳 www.aspensnowmass.com; Auskunft über Wetter- und Schneebedingungen unter ℡ 1/888-ASPENSNO Während sich der über Downtown ragende **Aspen Mountain** nur für Fortgeschrittene eignet, sind Anfänger in der ausgezeichneten Skischule auf dem **Buttermilk Mountain** am besten aufgehoben. Auf den weitläufigen Pisten des **Snowmass** tummeln sich vor allem

Fortgeschrittene, aber es gibt ein extra Übungsgelände für Anfänger. **Aspen Highlands** wartet mit ein paar neuen, superschnellen Liften und Abfahrten unterschiedlicher Schwierigkeitsgrade auf. Skipässe kosten für das gesamte Skigebiet $68 pro Tag. Skier, Stiefel und Stöcke oder Schneeschuhe kann man für ca. $18 pro Tag mieten. Die billigste Variante sind fünfzig Meilen Langlauf-Loipen.

Wer nicht auf Schnee warten will, kann sich mit „mountain boarding" vergnügen – Unterricht auf diesen mit Rädern versehenen Snowboards erteilt die *Ski & Snowboard School of Aspen* im Juni und August; ✆ 877/282-7736.

Im Sommer wird aber vor allem Rad gefahren; *Aspen Velo Bicycles,* 465 N Mill St, ✆ 925-1495 oder 1-888/925-1495, verleiht eine große Auswahl an Rädern und organisiert Touren.

Auf dem **Roaring Fork River** kommen die Freunde des Wildwassersports auf ihre Kosten. Einige Abschnitte des Flusses sind jedoch ausgesprochen gefährlich – jeden Sommer gibt es mehrere Todesopfer. *Blazing Paddles,* ✆ 923-4544, 🖳 www.blazingadventures.com, ist zwar mit Preisen von $78 für einen halben Tag auf dem Wasser nicht der preiswerteste Veranstalter, hatte aber bisher nur wenige Unfälle zu verzeichnen.

Von der 601 Dean Street führt die Silver Queen Gondel auf den Gipfel des **Ajax Mountain** (im Sommer tgl. zwischen 10 und 16, im Winter zwischen 9 und 16 Uhr; $20), wo stündlich zwischen 11 und 15 Uhr naturkundliche Führungen beginnen. Manchmal werden hier oben auch kostenlose Mittagskonzerte und Vorträge abgehalten, außerdem gibt es ein gutes Restaurant.

Noch eindrucksvoller ist die Landschaft in der Umgebung der grau-violetten Zwillingsgipfel von **Maroon Bells**, die sich 15 Meilen südwestlich majestätisch über dem tiefblauen Maroon Lake erheben. Von 8.30–17 Uhr darf die Straße nur von Campern mit Genehmigung, behinderten Reisenden und *RFTA*-Bussen befahren werden. Letztere verkehren tgl. von 9–16.30 Uhr im 30-Min.-Takt vom *Rubey Park Transit Center*. Eine Hin- und Rückfahrt kostet $5, ein Kombiticket für Bus und Gondel $19.

Die *Ranger Station*, 806 W Hallam Rd, ✆ 925-3445, informiert über Wanderwege und Campingplätze; ⊙ Mo–Fr 8–16.30 Uhr.

Übernachtung

Stay Aspen Snowmass Central Reservations, ✆ 925-4444 oder 925-9000, vermittelt Unterkünfte aller Preisklassen und Pauschalangebote für Unterkunft plus Skipass.

Die Zimmerpreise schwanken selbst während der Wintermonate beträchtlich und erreichen in der letzten Novemberwoche, in den ersten beiden Dezemberwochen sowie in den ersten beiden Aprilwochen – den *value seasons* – ihren Tiefststand.

Zwischen Mitte Dezember und dem 4. Januar wird kaum ein DZ für weniger als $140 zu finden sein.

Entlang der Maroon Creek Road südlich von Aspen befinden sich einige Campingplätze und in Richtung Independence Pass gibt es noch ein paar kleinere. Auskunft und Buchung beim *US Forestry Service,* ✆ 877/444-6777, 🖳 www.reserveusa.com.

Durant*****, 122 E Durant St, ✆ 925-8500, 🖳 www.preferredlodging.com. Das kleine, zwei Blocks vom Stadtzentrum entfernte Hotel ist eine der preiswertesten Unterkünfte in Aspen; es gibt eine Hot Tub, einen gemütlichen Gemeinschaftsraum und „kontinentales" Frühstück. Im Winter $160–200.

Jerome, über $250, 330 E Main St, ✆ 920-1000 oder 1-800/331-7213, 🖳 www.hoteljerome.com. Das ansehnliche, während des Silberbooms der 1880er Jahre erbaute Hotel dient als Orientierungspunkt im Ort. Die geräumigen Zimmer sind mit Tapeten und Möbeln im Stil jener Zeit ausgestattet, aber auch mit allen modernen Annehmlichkeiten. Auch wer nicht in diesem Hotel übernachtet, sollte mal einen Blick in die elegante Lobby werfen.

Innsbruck Inn, ab****, 233 W Main St, ✆ 925-29880, 🖳 www.preferredlodging.com. Helle, einfache Zimmer in einer Lodge im Alpenstil, nur einige Blocks vom Zentrum. Kleines Frühstück inkl. Im Winter $160–200.

L'Auberge D'Aspen, ab*****, 435 W Main St, ✆ 925-8297, 🖳 www.preferredlodging.com. Idyllische kleine Cabins, bestens ausgestattet mit Küchen und offenen Kaminen; nicht weit vom Stadtzentrum. Im Winter $160–200.

Im Stadtzentrum von Aspen

Limelite Lodge****–*****, , 228 E Cooper Ave, ✆ 970/925-3025 or 1-800/0832, 🖥 www.limelite-lodge.com, nicht weit von der Innenstadt. Bietet das beste Preis-Leistungsverhältnis im Ort, mit zwei beheizten Schwimmbädern und gemütlichen, nicht zu kleinen Zimmern. „Kontinentales" Frühstück inkl.

Mountain Chalet****, 333 E Durant Ave, Snowmass, ✆ 925-7797, 🖥 www.mtchalet.com. Freundliche Unterkunft im Lodgestil, geräumige Zimmer, Pool, Hot Tub, Fitnessraum und ausgezeichnetes Frühstücksbuffet. Winter $160–200.

St Moritz Lodge***–*****, 334 W Hyman Ave, ✆ 925-3220 or 1-800/817-2069, 🖥 www.stmoritzlodge.com. Fungiert als inoffizielle Jugendherberge; die Dorms und Privatzimmer zählen zu den preisgünstigsten im Ort und sind deshalb oft ausgebucht. Kleiner beheizter Pool und gemütlicher Gemeinschaftsraum. Kleines Frühstück inkl. Fünf Blocks von Downtown. Winter $130–160.

Essen

Die meisten Cafés und Restaurants sind relativ teuer, doch aufgrund des Konkurrenzdruckes gibt es auch einige gute preiswerte Adressen. Neue Lokale machen schneller auf und zu als man Bücher drucken kann. Hier daher nur ein paar bewährte Favoriten. Übrigens gibt es auch in vielen Bars gutes, relativ preiswertes Essen, s.u.

Boogie's Diner, 534 E Cooper Ave, ✆ 925-6610. Billiger Diner im 50er Jahre-Stil im 1. Stock eines lichten Atriums. Guter Hackbraten und umwerfende Milchshakes, außerdem auch einige fantasievoll zubereitete Tofu-Gerichte.

Explore Booksellers and Bistro, 221 E Main St, ✆ 925-5336. Toller Buchladen mit kreativer vegetarischer Küche, leckerem Kuchen, gutem Espresso und einer schattigen Dachterrasse.

Little Annie's, 517 E Hyman Ave, ✆ 925-1098. Beliebtes, schlichtes Restaurant im Saloon-Stil. Mittags Kartoffelpuffer und herzhafte Eintopfgerichte. Abends riesige Forellen, Hähnchen-, Rindfleisch- oder Grillplatten für ca. $15.

Main Street Bakery Café, 201 E Main St, ✆ 925-6446. Innovative New American Cuisine und beachtliche Weinkarte, lockere Umgebung. Sehr beliebt ist das umfangreiche, obsthaltige Frühstück.
Mezzaluna, 624 E Cooper Ave, ✆ 925-5882. Norditalienische Küche inkl. Holzofenpizza; Mittag- und Abendessen. Mittlere Preislage.
Poppycocks, 609 E Cooper Ave, ✆ 925-1245. Leckere Crepes und Smoothies. ⏰ tgl. 7–2 Uhr.
Takah Sushi, 420 E Hyman Ave, ✆ 925-8588. Überwältigende Sushi und pan-asiatische Küche, gut besucht und freundlich, sehr zu empfehlen, aber ganz schön teuer.
Wienerstube, 633 E Hyman Ave, ✆ 925-3357. Hat das beste Frühstück, z.B. österreichische Würstchen und Wiener Gebäck. ⏰ tgl. 7–14.30 Uhr.

Unterhaltung und Kultur

In der Hauptstadt des Après-Ski ist das ganze Jahr über etwas los. Das Nachtleben muss nicht teuer sein. Über Sonderangebote informieren verschiedene gratis ausliegende Zeitungen. Im Sommer finden in Downtown mehrere Festivals der Extraklasse statt.
Eines davon ist das **Dance Aspen Festival** von Juli bis Anfang August, ✆ 925-7718, bei dem interessante zeitgenössische Darbietungen gezeigt werden. *Das* Ereignis des Jahres ist jedoch das **Aspen Music Festival**, ✆ 925-9042, zwischen Ende Juni und Ende August, wenn Musiker und Dirigenten aus aller Welt nach Aspen strömen.
Eric's Bar, 315 E Hyman Ave, ✆ 920-6707. In der schicken Lounge, dem Billardzimmer oder in der Cigar Bar von *Eric's* treffen sich nach Feierabend die Angestellten der Hotels und Restaurants.
J-Bar, 330 E Main St, im *Jerome Hotel*, ✆ 920-1000. Traditionsreiche und von gut betuchten Hotelgästen frequentierte Bar.
Jimmy's, 205 S Mill St, ✆ 925-6020. Spritzige Atmosphäre, hervorragendes Essen, eine ebensolche Weinkarte und gelegentliches Salsa-Tanzen sind der Grund, weshalb Jimmy's bei vielen Einheimischen beliebt ist, auch bei den „oberen Zehntausend".
Red Onion, Cooper St Mall, ✆ 925-9043. Die älteste Bar von Aspen serviert umfangreiche mexikanische Gerichte und leckere Hamburger. Beliebter Après-Ski-Treff.
Shooters, 220 S Galena St, ✆ 925-4567. Belebte Country and Western-Bar, die dienstags eine gut besuchte Disco veranstaltet, bei der *keine* C&W-Musik gespielt wird.
Woody Creek Tavern, Upper River Rd, Woody Creek, ✆ 923-4585. Über den Hwy-82 sieben Meilen nördlich von Aspen; von der River Road die erste Straße links. Einfache Kneipe, in der Pferdeknechte und Rockstars gleichermaßen ihr Bierchen schlürfen, die Tex-Mex-Küche genießen und Billard spielen.

Sonstiges

INFORMATIONEN – Aspens *Visitor Center* befindet sich am 425 Rio Grande Place, ✆ 925-1940 oder 1-800/290-1324, 🖥 www.aspenchamber.org. ⏰ Mo–Fr 9–17 Uhr.
Die Gratisausgaben der *Aspen Daily News* liefern nicht nur jede Menge Klatsch, sondern auch nützliche Hinweise über Sonderangebote der verschiedenen Bars und Restaurants.

VORWAHL – 970.

Nahverkehrsmittel

Die ***Roaring Fork Transit Agency***, ✆ 925-8484, unterhält einen kostenlosen Linienverkehr innerhalb der Stadt und fährt den Flughafen sowie umliegende Gebiete an. Der Hauptterminal, das Rubey Park Transit Center, liegt im Zentrum an der Durant Avenue.

Transport

Die kürzeste Strecke von Denver nach Aspen führt über den Independence Pass am Hwy-82. Da der Pass im Winter geschlossen ist, bleibt dann nur der Umweg von 70 Meilen über Glenwood Springs.
Der **Flughafen** liegt vier Meilen nördlich der Stadt am Hwy-82 und ist mit lokalen Bussen zu erreichen. Wer nach Denver einfliegt, zahlt für den Weiterflug nach Aspen lediglich um $60. Wer rechtzeitig gebucht hat, kann einen Bus von

Supershuttle, ✆ 1-800/258-3826, von Tür zu Tür nehmen, $10,75.
Viele Fluggesellschaften bedienen den Eagle County Airport bei Vail, 80 Autominuten von Aspen entfernt, auch mit dem *Colorado Mountain Express* zu erreichen ($53).

Glenwood Springs

Das geschäftige, touristische Städtchen Glenwood Springs liegt am Ende des beeindruckenden Glenwood Canyon, 160 Meilen westlich von Denver und in leicht erreichbarer Nähe von Vail und Aspen. Da Glenwood Springs nur ein kleines Stückchen nördlich der Mündung des Roaring Fork River in den Colorado River liegt, bietet der Ort zahlreiche Möglichkeiten der Freizeitgestaltung.

Lange Zeit benutzten die Ute-Indianer die hiesigen heißen Quellen als einen Ort der Entspannung. Doch um 1880 kamen skrupellose Spekulanten, die sich über alle Verträge hinwegsetzten und einen Kurort aufbauten.

Im Norden des Stadtzentrums, auf der anderen Seite des Eagle River befindet sich die Hauptattraktion des Ortes, der **Glenwood Hot Springs Pool**, 410 N River St, ✆ 945-6571, 🖥 www.hotspringspool.com, schon von Weitem an seinem stechenden Schwefelgeruch auszumachen. Der angeblich weltweit größte heiße Mineralquellen-Pool verfügt über eine lustige Wasserrutsche. ⏱ im Sommer tgl. 7.30–22, ansonsten tgl. 9–22 Uhr, Eintritt $8.

Gleich daneben, in der 709 E Sixth St, liegen die natürlichen, unterirdischen Dampfbäder der **Yampah Spa Vapor Caves**, ✆ 945-0667, 🖥 www.yampahspa.com, ⏱ tgl. 9–21 Uhr, Eintritt $9,75.

Die **Glenwood Caverns**, 508 Pine St, ✆ 945-4CAV oder 1-800/530-1635, 🖥 www.glenwoodcaverns.com, bestehen aus zwei Meilen labyrinthischer Tropfsteinhöhlen mit zahlreichen seltsamen Stalagmiten-und Stalaktitenformationen. Einstündige Führungen $15; bei der 3-stündigen „Wild Tour" für $50 kriecht man zuweilen auf dem Bauch. Die Wild Tour muss vorgebucht werden.

Übernachtung

HI-Glenwood Springs Hostel*, nahe Downtown, 1021 Grand Ave, ✆ 945-8545 oder 1-800/9- HOSTEL, bietet Betten in einem geräumigen Dorm für $12–14, billige Zimmer, eine Küche, eine umfangreiche Plattensammlung und jede Menge freundlicher Auskünfte. Das Hostel organisiert Touren und Wildwasserrafting-Trips. Von 10–16 Uhr geschlossen.
First Choice Inn of Glenwood Springs***_****, 51359 Sixth St, ✆ 945-8551 oder 1-800/332-2233, am Westende des Ortes, ist eines von mehreren preiswerten Motels. Dieses bietet einen herrlichen Ausblick auf die Berge, Waschmaschinen für Gäste und ein gutes, im Preis enthaltenes Frühstück.

Essen

Daily Bread Café and Bakery, Downtown, 729 Grand Ave, ✆ 945-6253, serviert leckeres Frühstück, Suppen und Salate.
Fiesta Guadalajara, 503 Pine St, ✆ 947-1670. Ein guter Mexikaner in der Nähe der Hot Springs; Familienbetrieb. Zahlreiche sättigende Gerichte; Menüs um $9.
Glenwood Canyon Brewpub, 402 Seventh St, ✆ 945-1276, im *Hotel Denver*, einen Block vom Fiesta Guadalajara entfernt. Gutes Bier aus eigener Brauerei.

Sonstiges

INFORMATIONEN – *Visitor Center*, 1102 Grand Ave, ✆ 945-6589, 🖥 www.glenscape.com vergibt den sehr nützlichen *Glenwood Springs Official Guide*. Rund um die Uhr geöffnet.

TOUREN – *Colorado Whitewater Rafting*, I-70 Exit 114, ✆ 945-8477, organisiert gute Floß- und Wildwasserfahrten entlang eines ziemlich ruhigen, 20 Meilen langen Abschnitts des Colorado River. Preisbeispiel: halber Tag $39.
Den White River National Forest, der die Stadt umgibt, durchziehen Wanderpfade und Mountainbike-Wege, die an Wasserfällen vorbeiführen. Das nahe gelegene, familienfreundliche **Sunlight Mountain Resort**, ✆ 945-7491, erreichbar per Shuttle von Glenwood Springs für $1, bietet dagegen preiswerte Möglichkeiten für Skifahrer.

VORWAHL – 970.

Transport

BUSSE – Regelmäßig verkehrende *RFTA*-Busse, ✆ 925-8484, verbinden die Stadt tgl. zwischen 6 und 22 Uhr mit ASPEN, Fahrtdauer 1 Std., Fahrkarte $6.

Greyhound-Busse befahren den nicht besonders aufregenden I-70 und halten ganz in der Nähe der Innenstadt beim *Ramada Inn*, 124 W 6th St.

EISENBAHN – *Amtrak*-Züge halten in der 413 7th St, am Ende einer *scenic route* durch die Canyons und Täler von Zentral-Colorado.

Grand Junction

Die Umgebung von Grand Junction, 246 Meilen westlich von Denver am I-70 gelegen, bietet Gelegenheit zu einer Vielzahl an Aktivitäten. Auf einer Strecke von nur 50 Meilen vollzieht sich der Übergang von sattgrünen, alpinen Wiesen zu karger Wüstenlandschaft. Grand Junction entstand nach 1880 mit dem Bau einer Eisenbahnlinie und lebt heute vornehmlich von der Öl- und Gasindustrie. Downtown ist reizvoller, als es die Fabriken und Lagerplätze entlang des I-70 Business Loop vermuten lassen. Schattige Boulevards umgeben das kleine historische Viertel mit seinen vielen Läden.

Der in Colorado befindliche Teil des Dinosaur National Monument liegt 90 Meilen nördlich von Grand Junction am Hwy-139, aber in der Stadt selber gibt es **Dinosaur Journey**, 362 Main Street, ✆ 1-888/488-3466, 🖥 www.dinosaurjourney.org. Es zeigt realistische Modelle und gigantische Knochen, die man bei Ausgrabungen in der Umgebung fand. ☼ im Sommer tgl. 9–17; ansonsten Di–Sa 10–16.30 Uhr. Eintritt $7.

Die Hauptattraktion der Gegend ist jedoch das Netz an Wanderpfaden, von denen viele durch knochentrockenes, wild-romantisches Wüstenterrain führen. Wanderer fühlen sich besonders von der bemerkenswerten Landschaft des **Colorado National Monument** angezogen, während Mountainbike-Fahrer die Mountainbike-Trails von **Fruita** vorziehen. Beide Sportarten lassen sich hier das ganze Jahr über betreiben; allerdings sind sie in den Wintermonaten wegen des milderen Wetters angenehmer. Informationen über Mountainbike-Trails sowie Mietfahrräder (um $28 pro Tag) bekommt man bei *Over the Edge Sports*, 202 E Aspen Ave, ✆ 858-7220, einen Block östlich des Kreisverkehrs im Zentrum von Fruita, sowie bei mehreren Läden in Grand Junction, z.B. *Bicycle Outfitters*, 248 Ute Ave, ✆ 245-2699.

Summit Canyon Mountaineering, 549 Main St, ✆ 243-2847, sowie *Harleys*, 2747 Crossroads Blvd, ✆ 245-0812, verleihen Bergsteigerausrüstung und informieren über Klettermöglichkeiten im Umland.

In Grand Junction bietet sich die Gelegenheit, den in Colorado angebauten Wein zu kosten. Informationen zu den 13 Weingütern im Grand Valley, einem Tal in der Umgebung, sind im Visitor Center erhältlich.

Übernachtung

Die Motels entlang des I-70 vermieten preiswerte Zimmer, z.B.

Best Western Horizon Inn***, 754 Horizon Drive, ✆ 245-1410, üblicher, zuverlässiger Standard. Pool, Jacuzzi und „kontinentales" Frühstück.

HI-Grand Junction*–**, 337 Colorado Ave, ✆ 242-9636 oder 1-800/430-4555, im historischen *Hotel Melrose* in Downtown, Dorm-Bett $12, Zimmer ab $30.

Daniel's Motel**, 333 North Ave, ✆ 243-1084, einfach, sauber und billig; nicht weit vom Zentrum.

Essen

Blue Moon Bar & Grill, 120 N Seventh St, ✆ 242-5406, Sandwiches, Salate und anderes typisches Kneipenessen. Preiswert.

Rockslide Brew Pub, 401 Main St, ✆ 245-2111. Gutes Bar-Food: sättigende Burger und Salate, dazu eine gute Auswahl an Bieren aus hauseigener Brauerei.

Main St Café, 504 Main St, ✆ 242-7225, authentischer Diner im 50er-Jahre-Stil; gut zum Frühstücken.

Sonstiges

INFORMATIONEN – *Visitor Center*, 740 Horizon Drive, ✆ 244-1480 oder 1-800/962-2547, 🖥 www.visitgrandjunction.com. Infos z.B. über Touren und Nachtleben. Freundliches, hilfsbereites Personal.

VORWAHL – 970.

Transport

Vom *Greyhound*-Busbahnhof, 230 S 5th St, bestehen Verbindungen nach DENVER, DURANGO und SALT LAKE CITY.
Amtrak-Bahnhof, 2nd St, Ecke Pitkin Avenue.

Colorado National Monument

Nur vier Meilen westlich von Grand Junction haben die Kräfte von Wind und Wasser im Laufe von Jahrmillionen das Colorado National Monument erschaffen – einen Canyon mit steinernen Säulen, Kuppeln, Rundbögen und balancierenden Felsen. Die Wüste erstrahlt in warmen Rot- und Brauntönen, in zartem Violett und Orange, und lässt Pinien, Yucca, Beifuß und Wacholder gedeihen. Für $5 pro Pkw kann man sieben Tage lang durch die bizarre Landschaft streifen.

Die schönsten der zahlreichen Aussichtspunkte an der 23 Meilen langen, kurvenreichen Straße **Rim Rock Drive** sind der **Book Cliff View** und die **Parade of the Monoliths**, die von der Straße über das Hinweisschild zum *Window Rock Trail* zu erreichen ist. Der **John Otto's Trail** – einer von mehreren kurzen Wanderwegen – führt in einer Stunde zu einem spektakulären Aussichtspunkt mit Blick auf eine Gruppe von Monolithen. Ausgedehntere Wanderungen führen auf den Grund des Canyons.

Wer in der Wildnis campen möchte, muss einen Mindestabstand von einer Viertelmeile zur Straße halten oder schlägt sein Zelt für $8 auf dem *Saddlehorn Campground* auf.

Das **Visitor Center** im Norden des Parks, ☏ 970/858-3617, 🖳 www.nps.gov/colm/index.htm, erteilt Informationen über die Wanderwege im Park, ☉ Juni–Aug 8–19; Sep–Mai 9–17 Uhr.

Grand Mesa

Die Grand Mesa, 30 Meilen östlich von Grand Junction am Hwy-65, erreichbar via I-70, ist mit 3000 m der größte Tafelberg der Welt. Er entstand im Laufe von 600 Millionen Jahren durch die Erosion des weicheren Gesteins, das einen breiten erstarrten Lavastrom umgab. Seine ganzen Ausmaße kann man nur aus einer Entfernung von 30 Meilen so richtig bewundern, doch wer den kurvigen Hwy-65 bis zum Plateau hochfährt, sieht sich von einer schönen Landschaft mit Pinien und mehr als 200 Seen umgeben. **Lands End Road**, eine 11 Meilen lange Schotterstraße, endet bei einem wunderbaren Aussichtspunkt: links Seen, Ebenen, Sandhügel und kleinere Mesas, die den dichten Wald von der Wüste rechts trennen, und weit hinten am Horizont die schneebedeckten Gipfel der San Juan-Berge.

Das Personal des **Visitor Center** in der Nähe der Kreuzung von USFS Rd 121 und Hwy-65 bei Cobbet Lake an der Südseite der Mesa, erteilt Auskunft über gute Orte zum Mountainbike-Fahren und darüber, wo es im Winter die besten Gelegenheiten zum Skilanglauf oder zu Ausflügen mit Schneeschuhen gibt.

Übernachtung und Essen

An der Ostseite der Mesa, beim Alexander Lake, gibt es hübsche Campingplätze (nur im Sommer geöffnet), Details im *Ranger Office*, 764 Horizon Drive in Grand Junction, ☏ 970/242-8211; außerdem ein Motel und einfache Cafés.
*Llama's B&B*****, am Hwy-65, ☏ 970/856-6836, am Fuß der Mesa, 5 Meilen nördlich von Cedaridge, sehr gastfreundlich, bereitet ausgezeichnetes Frühstück, das auf einer Sonnenterrasse serviert wird.

Colorado Springs

70 Meilen südlich von Denver am I-25 liegt Colorado Springs. Eisenbahnmagnat William Jackson Palmer gründete hier 1871 einen Nobelferienort für den englischen Adel. Die vornehmen Engländer kamen denn auch in Scharen, so dass die Stadt bald den Beinamen „Little London" erhielt. Verglichen mit dem liberalen Denver ist Colorado Springs eher eine Bastion des Konservatismus. Die starke Präsenz des Militärs, eine Reihe fundamentalistischer Religionsgruppierungen, das exklusive Colorado College und eine wohlhabende anglo-amerikanische Gemeinde tragen dazu bei, dass die Vision Palmers auch weiterhin lebendig bleibt.

In der **Pro Rodeo Hall of Fame**, 101 Pro Rodeo Drive, unweit der I-25, Ausfahrt 147, ☐ www.prorodeo.com, kann man sich anhand von Schaukästen und Videos genauer über die einzelnen Disziplinen des Rodeo informieren. ☉ tgl. 9–17 Uhr, Eintritt $6.

Weitere lokale Museen sind das **Colorado Springs Fine Arts Center**, 30 W Dale St, ☐ www.csfineartscenter.org, mit einer Sammlung von indianischer Kunst bis hin zu post-modernen Stücken. ☉ Di–Fr 9–17, Sa 10–17, So 13–17 Uhr, Eintritt frei; das **Western Museum of Mining and Industry**, östlich der Ausfahrt 156A vom I-25, das Bergbaugerätschaften ausstellt, ☉ Mo–Sa 9–16, So 12–16 Uhr, Eintritt $7; und das **Colorado Springs Pioneer Museum**, 215 S Tejon St, mit einer der Lokalgeschichte gewidmeten Ausstellung. Ein Teil davon ist in einem restaurierten Gerichtsgebäude untergebracht, in dem einige Szenen der Perry Mason-Serie gedreht wurden. ☉ Di–Sa 10–17, So 13–17 Uhr, Eintritt frei.

Die meisten Autofahrer preschen leider ohne auszusteigen am unglaublichen **Garden of the Gods** vorbei, einem Gelände voller bizarrer, durch Erosion entstandener roter Sandsteinformationen. Der „Garten der Götter" befindet sich am Westrand der Stadt unweit der US-24W, Ausfahrt Ridge Road.

Das **Visitor Center** an der Ostgrenze des Parks, ✆ 634-6666, ☐ www.gardenofgods.com, hat Informationen über Wanderwege und Mountainbike Trails. ☉ tgl. 9–17 Uhr.

Etwa 45 Meilen vom Stadtzentrum liegt die **Royal Gorge**, ein Schwindel erregender, 320 m tiefer Felseinschnitt. Auf dem Boden der Schlucht tost der Arkansas River, der von der höchsten Hängebrücke der Welt überspannt wird. Die Anfahrt führt von Colorado Springs auf dem Hwy-115 nach Süden, dann auf dem US-50 nach Westen. Die Royal Gorge ist das ganze Jahr über von 10 bis ca. 17 Uhr geöffnet; Eintritt $19. ✆ 1-888/333-5597, ☐ www.royalgorgebridge.com. Die wacklige Holzbrücke ist nichts für Leute mit Höhenangst, und dasselbe gilt für die anderen Attraktionen: eine Gondelbahn quer über den Abhang, eine Zahnradbahn zum Boden der Schlucht (mit 45 Grad Steigung die steilste der Welt), und der *Skycoaster* – ein Turm, von dem man eine Art Bungee Jump über den Arkansas River machen kann (im Sommer tgl., zu anderen Jahreszeiten nur am Wochenende; $15 zusätzlich zum Eintrittspreis).

Pikes Peak

Obwohl es allein in Colorado 30 höhere Gipfel gibt, ist Pikes Peak, westlich von Colorado Springs, der wohl bekannteste Berg. Seine Berühmtheit verdankt er vor allem der atemberaubenden Aussicht von seinem Gipfel, die Katherine Lee Bates zu ihren Worten in *America The Beautiful* inspirierte. Ohne ihn selbst jemals erstiegen zu haben, fertigte Zebulon Pike 1806 die erste Karte des 4301 m hohen Berges an. Gegen Ende des Jahrhunderts transportierten bereits Fuhrwerke reiche Touristen auf den Pikes Peak.

Heute erreicht man den Gipfel entweder über eine lange Wanderung oder mit dem Auto auf einer schwierigen Bergstraße. ☉ im Sommer 7–19, Rest des Jahres 9–17 Uhr; $10 p.P. oder $35 pro Fahrzeug; ✆ 385-7325 oder 1-800/318-9505, ☐ www.pikespeakcolorado.com.

Eine faszinierende Alternative bietet die **Pikes Peak Cog Railway**, ✆ 685-5401, ☐ www.cograilway.com, die sich von Mitte Mai bis November mit einer durchschnittlichen Steigung von 258 m pro Meile ihren Weg auf den Gipfel bahnt. Ab 3500 m verläuft die Strecke durch karge Tundra. Vom rauen, windumtosten Gipfel erkennt man im Norden das 70 Meilen entfernte Denver. Im Westen erheben sich gigantische, schneebedeckte Gipfel so weit das Auge reicht, während sich im Osten die endlose Prärie ausbreitet. Die 90-minütige Fahrt beginnt im sechs Meilen westlich von Colorado Springs gelegenen Manitou Springs, 515 Ruxton Ave, und kostet $26,50. Reservierungen sind zu empfehlen.

Übernachtung

Old Town Guesthouse, 115 S 26th St, ✆ 632-9194 oder 1-888/375-4210, ☐ www.oldtownguesthouse.com. Elegantes Guesthouse; freundlicher, aufmerksamer Service.

Garden of the Gods Campground**, 3704 W Colorado Ave, ✆ 475-9450, gepflegt und immer gut belegt, hat im Sommer Cabins für 2 Pers. ($40) und einen Campingplatz ($28).

Essen

Olive Branch, 23 S Tejon Ave, ✆ 475-1199. Ausgezeichnetes vegetarisches Restaurant in Downtown.

Phantom Canyon Brewing Co, 2 E Pikes Peak Ave, ☏ 635-2800, authentisches Kneipenessen und viele Biere aus eigener Brauerei.
Henri's Mexican, 2427 W Colorado Ave, Old Colorado City, ☏ 634-9031. 4 Meilen westlich von Downtown. Serviert Hausmannskost und erstklassige Margaritas.
Meadow Muffins, 2432 W Colorado Ave, Old Colorado City, ☏ 633-0583. Eine der besten Bars der Stadt, in der Nähe von *Henri's Mexican*. Gute Hamburger, Sandwiches und Salate, Film-Memorabilia an den Wänden, manchmal Live-Musik, Fr und Sa bis 2 Uhr geöffnet.

Sonstiges

INFORMATIONEN – Ein *Visitor Center*, ☏ 635-7506 oder 1-800/368-4748, befindet sich in der 104 Cascade St, ⊙ im Sommer tgl. 9–17, sonst tgl. 10–16 Uhr.

VORWAHL – 719.

Transport

BUSSE – Man kann sich einen Platz im *Colorado Springs Shuttle* nach DENVER, ☏ 578-5232, für $27 reservieren lassen.
Die Haltestelle der *Greyhound*-Busse befindet sich in Downtown, 120 S Weber St.

FLÜGE – Vom Denver International Airport aus gibt es zahlreiche preiswerte Flugverbindungen nach Colorado Springs.

Great Sand Dunes National Park

Der Great Sand Dunes National Park umfasst etwa 50 Quadratmeilen Sanddünen, die sich vor den zerklüfteten Sangre de Cristo-Bergen auftürmen, 170 Meilen südwestlich von Colorado Springs am I-25 und Hwy 160. In Millionen von Jahren blies der Wind feine Sandpartikel von den San Juan-Bergen nach Osten, die sich am Fuß der Sangre de Cristo-Berge ablegten. Es ist ein seltsamer, unheimlich anmutender und zugleich wunderschöner Ort.

Der Wind weht jeden Tag, Fußabdrücke bleiben also nicht lange erhalten. Aber nur 30 cm unter der Oberfläche ist der Sand feucht, so dass sich die Form der Sanddünen seit Jahrhunderten nicht wesentlich verändert hat. In den Sanddünen leben einige Tiere, die nur hier heimisch sind: eine Grillenart *(giant sand-treader camel cricket)* und eine kleine Rattenart *(kangaroo rat)*. Die meisten Besucher gehen nur bis zum „Strand" am Medano Creek, der an der Süd- und Ostseite der Dünen verläuft. Aber der sehr beschwerliche Aufstieg auf die Dünen lohnt die Mühe – zum einen natürlich wegen der Aussicht, aber auch wegen der wundervollen Rutschpartie (Rutschbrett o.ä. nicht vergessen). Auch ein Spaziergang auf den sandigen Pfaden zwischen den Dünen und den Bergen und eine Übernachtung auf einem der Backcountry-Zeltplätze sind sehr lohnenswert.

Das **Visitor Center** befindet sich drei Meilen hinter dem Parkeingang, ☏ 719/378-6300, 🖳 www.nps.gov/grsa, Gebühr $4 pro Fahrzeug. Dahinter liegt die **Mosca Picnic Area** – die meistgenutzte Ausgangsbasis für die Dünen. Eine Nacht im Zelt mitten auf den Dünen ist ein unvergessliches Naturerlebnis (und noch Wochen später wird Sand aus dem Gepäck rieseln ...) Dafür und für die sieben einfachen Zeltplätze ist ein kostenloses *backcountry permit* erforderlich, erhältlich beim Visitor Center. Die meisten Leute zelten jedoch auf dem *Pinyon Flats Campground* ($10), dem einzigen mit dem Auto erreichbaren Zeltplatz im Park, der aus diesem Grund oft mit Wohnmobilen vollgestellt ist. Er wird nach dem *first-come, first-served*-Prinzip gemanagt und ist im Juli und August oft voll belegt.

Der *Great Sand Dunes Oasis Store* vor dem Parkeingang, ☏ 719/378-2222, hat Duschen, Waschmaschinen und Zeltplätze sowie einige einfache Cabins***. Die *Great Sand Dunes Lodge***** dahinter, 7900 Hwy-150 N, ☏ 719/378-2900, 🖳 www.gsdlodge.com, verfügt über nette Zimmer mit Blick auf die Dünen, ein Hallenbad und ein Restaurant, das um 19 Uhr schließt. Das nächste Restaurant befindet sich im 30 Meilen entfernten Alamosa: *East West Grill*, 408 4th St, ☏ 307/589-4600; es serviert u.a. Salate und asiatische Nudelgerichte.

Durango

In Durango beginnt und endet die über 200 Meilen lange Rundfahrt über den San Juan Skyway durch die Berge. Er führt in Richtung Norden über den US-550 und zurück über Hwy-145 und US-160.

Wegen des hohen Goldgehalts im Schotterbelag der US-550 unmittelbar nördlich von Durango trägt dieser Teil der Strecke den Beinamen **Million Dollar Highway**. Der San Juan Skyway windet sich über atemberaubende Gebirgspässe wie den 3358m hohen **Red Mountain Pass**, der aufgrund seines Mineralgehalts tatsächlich rot ist.

Durango ist die größte Stadt im Südwesten Colorados und der beste Ausgangspunkt für Ausflüge in die Four Corners-Region. Sie wurde 1880 als Eisenbahnknotenpunkt für die 45 Meilen nördlich gelegene Goldgräbersiedlung Silverton gegründet. Die von einer Dampflok gezogenen Waggons schnaufen noch immer auf der gleichen atemberaubenden Route durch das Animas Valley, nur transportieren sie heutzutage keine Säcke voller Gold mehr, sondern Touristen.

Die **Durango & Silverton Narrow Gauge Railroad**, 970/247-2733, www.durangotrain.com, fährt ab dem Bahnhof in der 479 Main Ave im Süden der Stadt zwischen Mai und Oktober bis zu 4x tgl. nach Silverton und zurück. Vom Zugfenster bietet sich eine spektakuläre Aussicht auf Espenwald, den klaren Animas River und die Felsen. Der Zug fährt allerdings sehr langsam; wer Zeit sparen will, kann den Bus nach Silverton auf dem Million Dollar Highway nehmen und mit dem Zug zurückfahren. Die Züge fahren alle morgens ab; Fahrtdauer ca. 3 1/2 Std. für die einfache Strecke. Rückfahrkarte $60. Fahrkarten mindestens zwei Wochen vorher reservieren.

Durango ist eine der jüngsten Boomtowns des Westens und zieht jede Menge Computerfachleute an. Dazu kommen noch die Studenten des **Fort Lewis College** sowie die zahlreichen Sport- und Naturbegeisterten, die Gebrauch von den vielen Trails und Wandermöglichkeiten machen, und so entsteht das Gesamtbild einer recht lebhaften Stadt.

Übernachtung und Essen

Die zahllosen Motels nördlich der Stadt entlang der Main Ave heben im Sommer die Preise an:
Siesta**–***, 3475 Main Ave, 247-0741, gutes Preis-Leistungsverhältnis.
End O' Day Motel***, 350 E 8th Ave, 247-1722, klein, gemütlich, nur zehn Minuten zu Fuß von Downtown.

Scrubby Oaks****, 1901 Florida Rd, 247-2176. 3 Meilen östlich gelegenes B&B mit Blick auf die Berge.
Strater Hotel****, 699 Main Ave, 247-4431 oder 1-800/247-4431, www.strater.com. Das beste Hotel am Platz. Im Sommer $130–200.
Carver's Bakery & Brewpub, 1022 Main Ave, 259-2545, ab 6.30 Uhr gibt's Frühstück, zum Mittag- und Abendessen Gerichte aus der Südwest-Küche; sobald die Gäste abgefüttert sind findet der Brewpub seine eigentliche Bestimmung.
Steamworks Brewing Co, 801 E Second Ave, 259-9200, ein weiteres nettes Brewpub mit gutem Essen.

Sonstiges

INFORMATIONEN – Das **Visitor Center**, 247-0312 oder 1-800/525-8855, www.durango.com, nahe des Bahnhofs, verfügt über Unterkunftslisten. im Sommer Mo–Fr 8–19, Sa 10–18, So 11–17 Uhr; ansonsten Mo–Fr 8–18, Sa 8–17, So 10–16 Uhr.

VORWAHL – 970.

Transport

Greyhounds der Strecke DENVER–ALBUQUERQUE halten an der 275 E Eighth Ave.

Silverton

Die Eisenbahnfahrt von Durango her endet in Silverton, einem von hohen Bergen umgebenen Städtchen mit reizvoller Atmosphäre. Die hiesigen Zink- und Kupferminen haben erst 1991 den Betrieb eingestellt; seither hat die Bevölkerungszahl abgenommen. Die verbliebenen Einwohner konnten sich bislang erfolgreich dagegen wehren, durch Legalisierung des Glücksspiels den Ort in eine Touristenfalle verwandeln zu lassen.

Übernachtung und Essen

Silverton lebt zwar von Tourismus, abends geht es aber trotzdem ziemlich ruhig zu, da die meisten Leute dem Ort nur auf einem Tagesausflug mit der Dampfeisenbahn einen Besuch abstatten.

Die Durango & Silverton-Bahn verkehrt nur noch für Touristen

Triangle Motel***, 848 Greene St, ✆ 387-5780, am Südende der Stadt, preiswert, bietet 2-Zimmer-Apartments und einen Jeepverleih.
Grand Imperial Hotel***, $75–160, 1219 Greene St, ✆ 387-5527 oder 1-800/341-3340, Ein Hotel ganz alten Stils, mit vierzig alten Zimmern voller Antiquitäten.
Silverton Hostel, 1025 Blair St, ✆ 387-0115, Hostel mit Blechwänden. Dorm-Bett $11. Check-in tgl. 8–10 und 16–20 Uhr.
Romero's, 1151 Green St, ✆ 387-0123, fröhliche mexikanische Cantina, gutes, authentisches Essen und fantastische Salsa-Musik.

VORWAHL – 970.

Telluride

120 Meilen nordwestlich von Durango, am Hwy.-145, liegt in einem weiten, von hohen Bergen umgebenen Tal (einem der schönsten der Rockies), noch eine ehemalige Goldgräberstadt – Telluride. In dieser Stadt lebte für kurze Zeit der junge Butch Cassidy, der 1889 hier seine erste Bank überfiel. Heute ist Telluride eher als schicker Wintersportort bekannt, der mit Aspen um Beliebtheit bei der Highsociety wetteifert. Zum Glück ist es dem Ort gelungen seinen Charakter zu wahren, wie an den schmucken Gebäuden an der Main Street zu sehen ist, die alle als *National Historic District* unter Denkmalschutz stehen.

Die etwa 1200 Einwohner umfassende Bevölkerung scheint hauptsächlich aus jungen, kerngesunden, ziemlich mittellosen Lebenskünstlern zu bestehen, die aber über Ski- und Snowboarding-Ausrüstungen der Spitzenklasse verfügen.

Die meisten der besser betuchten Besucher tummeln sich zwei Meilen oberhalb des Ortes in **Mountain Village**. Zwischen den beiden Orten verkehrt das ganze Jahr über eine kostenlose Gondelbahn.

Im Sommer kann man hier wunderbar wandern. Eine drei Meilen (hin und zurück) lange Wanderstrecke führt vom Ende des Tals, wo der Highway bei der Pioneer Mill endet, zu den 111 m hohen **Bridal Veil Falls**, dem höchsten Wasserfall

Colorados. Im Winter sind fast die Hälfte der Skipisten in Telluride nur für erfahrene Skiläufer geeignet. Mit der jüngsten Erschließung des Prospect Bowl hat sich das zur Verfügung stehende Skigelände nahezu verdoppelt.

Übernachtung

Die Zimmerpreise sind im Sommer weit niedriger als während der Skisaison, steigen aber zum **Bluegrass Festival** im Juni, zum **Jazz Festival** Anfang August und zum **Film Festival** Anfang September kräftig an.

Telluride Central Reservations (s.u. Informationen) übernimmt die Zimmerreservierung für alle Unterkünfte. Wer in einer der angeschlossenen Lodges übernachtet, erhält im ersten Monat der Saison kostenlose Liftkarten. Gäste, die in einer der sieben Nachbarstädte Quartier beziehen, dürfen zum halben Preis Ski laufen.

New Sheridan Hotel**, 231 W Colorado Ave, 728-4351 oder 1-800/200-1891, überraschend preiswert, bietet eine gemütliche Bibliothek und eine Hot Tub auf dem Dach sowie Bar und Restaurant (auch vegetarische Gerichte). Im Winter $130–160.

Victoria Inn***, 401 W Pacific Ave, 728-6601 oder 1-800/611-9893, hat saubere Zimmer im Motelstil.

Essen

Eddie's, 300 W Colorado Ave, 728-5335. Eine Sports Bar; gute italienische Küche und selbst gebrautes Bier.

Smugglers Brewpub and Grille, San Juan Ave, Ecke Pine St, 728-0919, gut besuchte Kneipe mit leckerem Essen und hausgebrauten Bieren.

Sonstiges

INFORMATIONEN – *Telluride Central Reservations*, 666 W Colorado Ave, 728-4431 oder 1-800/525-3455, www.telluridemm.com, ist nicht nur das offizielle Informationsbüro der Stadt, sondern vermittelt auch Unterkünfte und Touren. ⊕ im Sommer tgl. 9–19 Uhr; ansonsten Mo–Fr 9–17 Uhr.

VORWAHL – 970.

Black Canyon of the Gunnison National Park

Der Black Canyon of the Gunnison National Park 250 Meilen südwestlich von Denver macht seinem düsteren Namen alle Ehre. Der Blick auf die massiven, steil abfallenden, dunklen Felswände der engen Schlucht und das Wildwasser des Gunnison River unten in der Tiefe zählt zu den gewaltigsten und am bedrohlichsten wirkenden Berglandschaften, die man sich vorstellen kann. In zwei Jahrmillionen hat hier der Fluss eine bis zu 800 m tiefe Spalte in die Felsen geschnitten. Das zum Vorschein gekommene kristalline Gestein ist mehr als 1,7 Milliarden Jahre alt. Die von Zitterpappeln gesäumte Straße, die auf den oberen Rand des Canyons zuführt, windet sich in die Höhe, bis der Baumbestand plötzlich aufhört, die Straße flach ausläuft und die Landschaft sich dramatisch verändert: blanke schwarze Felsen, und nur hier und da klammert sich eine Kiefer an einen Felsvorsprung.

Bei der **Painted Wall** – Felsklippen, die senkrecht 685 m zum wilden Gunnison River abfallen – nisten Falken. Eine sechs Meilen lange Straße *(Rim Drive)* führt an zwölf markierten Aussichtspunkten entlang; an einigen davon ist der Canyon erheblich tiefer als breit. Die schmalste Stelle befindet sich beim **Chasm View**, wo die Entfernung vom Südzum Nordrand der Schlucht 335 m beträgt, die Felswände aber 555 m zum Gunnison River am Boden der Schlucht abfallen. Im Winter kann man das Gelände mit Schneeschuhen und auf Langlaufskiern erforschen, im Sommer bieten sich Angeln, Wandern, Kayakfahren und Klettern (nur für Fortgeschrittene) als Betätigungsmöglichkeiten an.

Das **Visitor Center** am Südrand, 970/641-2337, ⌨ www.nps.gov/blca, erteilt Auskunft über die zwei Campingplätze am Nord- und am Südrand des Canyons (keine Reservierung; *first-come first-served*). Außerdem sind Informationen zur nahe gelegenen *Curecanti National Recreation Area* mit ihrer gut zum Windsurfen geeigneten Bay of Chickens, und zu der v.a. für Angler und Jäger interessanten *Gunnison Gorge National Conservation Area*. Das Besucherzentrum ist das ganze Jahr von 8.30–16 Uhr geöffnet. Vom Süden gelangt man über die US-50 zum Nationalpark, vom Norden über den Hwy-92.

Crested Butte

Ende der 50er Jahre des 20. Jhs., als die Kohlevorkommen erschöpft waren, schien für das wunderschöne viktorianische Minendorf Crested Butte, 150 Meilen nordöstlich von Telluride und 230 Meilen südwestlich von Denver, das Ende gekommen. Doch in den Sechzigern wurde der 3380 m hohe Mount Crested Butte in ein erstklassiges Skiresort und zwei Jahrzehnte später in ein Paradies für Mountainbiker verwandelt, und jetzt darf es sich rühmen, der ganzjährig bestbesuchte Luftkurort Colorados zu sein. Der alte Ortskern besteht aus bunt gestrichenen Holzhäusern und kleinen Läden. Bauvorschriften der Gemeinde sorgen dafür, dass sich die Chalets und Ferienwohnungen für die Ski- und Mountainbikefahrer auf die drei Meilen weiter entfernte, in den Hügeln versteckte Resortgegend beschränken. Der rasche Übergang von Fast-Geisterstadt zum Sport-Eldorado hat viele junge Leute aus dem gesamten Westen angezogen, denen der Ort jetzt seine unbeschwerte Atmosphäre verdankt. Trotz der hübschen, gut erhaltenen viktorianischen Innenstadt kommen die meisten Leute nur wegen der hervorragenden Ski- und Mountainbike-Pisten der Umgebung nach Crested Butte und halten sich nicht lange im Ort auf.

Bei Anhängern beider Sportarten ist Butte für seine extremen Abfahrten bekannt, und Lifte fahren zu abgelegenen Hängen, die an anderen Wintersportorten nur per Hubschrauber erreichbar wären.

So überrascht es nicht, dass Crested Butte Austragungsort der US-Profi-Meisterschaften im Skifahren und Snowboarding ist. Aber die Berge um Crested Butte bieten auch einige sehr gute, lange Abfahrten für weniger Fortgeschrittene. 14 Sessellifte verbinden 86 Abfahrten, die wegen der (relativen) Abgeschiedenheit des Feriengeländes meist nicht sehr bevölkert sind. Ein Skipass kostet $55 pro Tag. Die Langlaufloipen ziehen Tausende an, und viele fußkranke Sportler ruhen beim Snowmobiling ihre Beine aus.

Im Sommer gibt es hier mehr Mountainbikes als Autos, insbesondere während der **Fat Tire Week** im Juli, einem der ältesten Festivals in diesem jungen Sport. Örtlicher Überlieferung zufolge entwickelte sich das Festival aus einem in den 70er Jahren ausgetragenen Rennen, bei dem die Teilnehmer mit einfachen Rädern, die zum Zeitungsaustragen benutzt wurden, über den 21 Meilen langen, felsigen **Pearl Pass** nach Aspen strampelten. Diese Strecke ist mit dem Rad immer noch befahrbar und 190 Meilen kürzer als die befestigte Straße. Näher bei Creste Butte liegen jedoch auch ein paar tolle Mountainbikepfade, z.B. der herrliche **401-Trail** mit seinen weiten Ausblicken; der durch dichtes Waldgelände führende **Dyke Trail** und der lange, abwechslungsreiche, stellenweise schwierige **Deadman's Gulch**.

Das *Visitor Center* stellt eine nicht sehr detaillierte Landkarte und eine Routenbeschreibung der wichtigsten Trails zur Verfügung. Die hiesigen Fahrradgeschäfte, darunter The Alpineer, 419 6th St, ℡ 970/349-5210, 🖥 www.alpineer.com, haben jede Menge Karten und Leihräder auf Lager.

Übernachtung

Besucher von Crested Butte können wahlweise im Skigebiet oder im alten Ortskern übernachten und werden höchstwahrscheinlich ohnehin jeden Tag zwischen den beiden Gebieten pendeln. In den zumeist viel teureren Unterkünften im Resortgebiet zu übernachten lohnt sich also eigentlich nur für Skihasen, die viel Wert darauf legen, morgens die ersten auf der Piste zu sein. *Crested Butte Vacations*, ℡ 349-2222 oder 1-800/544-8448, reserviert Unterkünfte und informiert über günstige Pauschalangebote. Im Winter müssen Zimmer unbedingt vorgebucht werden.

*Claim Jumper B&B*****, 704 Whiterock Ave, ℡ 349-6471. Das historische Holzblockhaus ist eines der tollsten B&Bs in Colorado mit sechs ganz unterschiedlich eingerichteten Zimmern.
*Forest Queen Hotel & Restaurant****, 127 Elk Ave, ℡ 349-5336, ebenfalls ein historisches Gebäude, Baujahr 1881; sieben saubere, einfache Zimmer im Ortskern von Crested Butte.
*Crested Butte International Hostel**, 615 Teocalli Ave, ℡ 349-0588 oder 1-888/389-0588, Dorm-Bett im Sommer $17, im Winter $24 (wenn man überhaupt eins bekommt – im Winter oft ausgebucht). Groß und freundlich.

Essen

Crested Butte hat erstaunlich viele Feinschmeckerlokale aufzuweisen, die sehr viel preiswerter sind als die in den mondäneren Nachbarorten.

Gutes Essen zu erschwinglichen Preisen ist leicht zu finden; selbst in der Umgebung der Skilifte gibt es Lokale, die ein sättigendes und akzeptables Mittagessen für rund $5 servieren. Am späten Nachmittag trifft man sich zum Après-Ski bei *Rafters*, direkt an den Skiliften. Am frühen Abend versammeln sich die meisten Besucher in Downtown, in einfachen Kneipen wie *Kochevars* und *The Talk of the Town*.

Le Bosquet, 6th St, Ecke Bellevue Ave, in der Majestic Plaza, ℡ 349-5808. Hier wird teuer, aber ausgezeichnet und fantasievoll französisch gekocht.

Powerhouse, 130 Elk Ave, ℡ 349-5494. Das mexikanische Essen ist mit dem von **Donita's Cantina** in Nr. 330 vergleichbar, aber das ungewöhnliche Ambiente dieses Lokals macht den Unterschied: Es befindet sich in einem restaurierten Kraftwerk aus den 1880er Jahren. Wuchtige Bartheke, 65 Sorten Tequila im Angebot.

Idlespur Brewpub, 226 Elk Ave, ℡ 349-5026. Großes Brewpub in einer Art Kellergewölbe, serviert herzhaftes Kneipenessen zu erschwinglichen Preisen. Im Winter brennt ein wärmendes Feuer im offenen Kamin.

Sonstiges

INFORMATIONEN – Das *Visitor Center*, ℡ 349-6438 oder 1-800/545-4505, 🖳 www.cbinterative.com, befindet sich in der Elk Ave, Ecke Sixth St. ⌚ tgl. 9–17 Uhr.

VORWAHL – 970.

Transport

Crested Butte ist nicht leicht zu erreichen, v.a. im Winter und Frühling, wenn die Straßen durch Schnee und Lawinen unbefahrbar sein können. In Crested Butte selbst ist ein Auto überflüssig, denn alle 15 Min. verkehren auf der drei Meilen langen Strecke zwischen der Stadt und dem Resort Busse.

FLÜGE – Die meisten Skifahrer fliegen ein und landen auf dem Gunnison Airport: 10x tgl. von DENVER, mindestens einmal wöchentlich von ATLANTA, DALLAS und HOUSTON. Vom Flughafen gelangt man mit dem *Alpine Express*, ℡ 641-5074, für $40 (hin und zurück) zu den 28 Meilen entfernten Unterkünften.

Cortez

Cortez liegt im äußersten Südwesten von Colorado, 25 Meilen nördlich vom **Four Corners Monument**, das am Schnittpunkt der Bundesstaatsgrenzen von Colorado, New Mexico, Arizona und Utah errichtet wurde. Der Ort erstreckt sich hauptsächlich entlang des US-160; Besucher auf dem Weg von oder zu den Canyonlands von Nord-Arizona legen hier gern einen Zwischenstopp ein, um den nahe gelegenen **Mesa Verde National Park** zu besuchen.

Weiter im Südwesten, und von weither sichtbar, erhebt sich der riesige **Sleeping Ute Mountain**, der einem mit vor der Brust gekreuzten Armen schlafenden Indianer gleicht. Abgesehen von dieser dramatischen Hintergrundkulisse hat Cortez jedoch nichts von Interesse zu bieten.

Übernachtung und Essen

Zwei annehmbare Motels sind:

Aneth Lodge***, 645 E Main St, ℡ 565-3453 oder 1-877/263-8454, einfach, aber sauber.

Budget Host Inn***, 2040 E Main St, ℡ 565-3738. Nicht umwerfend, aber o.k.

Dry Dock Restaurant, 200 W Main St, ℡ 564-9404, gutes Seafood. Zum Restaurant gehört auch ein hübscher Garten.

Main Street Brewery, 21 E Main St, ℡ 564-9112. In diesem Brewpub wird das übliche Kneipenessen aufgetischt.

Francisca's, 125 E Main St, ℡ 565-4093, die beste Adresse für authentisches mexikanisches Essen.

Sonstiges

INFORMATIONEN – Das *Visitor Center*, 928 E Main St, ℡ 565-4048 oder 1-800/253-1616, erteilt Informationen über ganz Colorado. ⌚ tgl. 8–18 Uhr.

VORWAHL – 970.

Mesa Verde National Park

Als einziger Nationalpark in den USA dient der Mesa Verde National Park nicht dem Erhalt der Natur, sondern der Bewahrung archäologischer Schätze. Die eindrucksvolle Stätte ist so abgelegen, dass die weitläufigen Ruinen der Vorfahren der Pueblo-Indianer erst ab 1888 erforscht wurden, nachdem ein Landwirt sie auf seinem Grundstück entdeckt hatte. Der Nationalpark befindet sich auf den Hochplateaus im Südwesten Colorados, etwas abseits der US-160, auf halbem Weg zwischen Cortez und Mancos.

Zwischen der Zeitenwende (Jahr 1 nach christlicher Zeitrechnung) und 1300 n.Chr. breitete sich die Kultur der Vorfahren der Pueblo–Indianer über weite Teile der heute als „Four Corners" bekannten Region aus. Anfangs wohnten sie in einfachen Erdgruben, doch bis ihre Kultur auf mysteriöse Weise unterging, hatten sie das baumeisterliche Geschick entwickelt, das für den Bau der außergewöhnlichen Felswohnstätten der Mesa Verde erforderlich war. Die meisten der am besten erhaltenen Relikte der Vorfahren der Pueblo-Indianer verteilen sich über die Staaten New Mexico, Arizona und Utah. (Weitere Hintergrundinformationen und eine vollständige Liste aller zu besichtigenden Wohnstätten der Vorfahren der Pueblo-Indianer s.S. 193).

An ihrem Südrand zerfurchen steile Canyons das dicht bewaldete Hochplateau der Mesa Verde. Vermutlich waren die Vorfahren der Pueblo–Indianer die einzigen Menschen, die je in dieser Region lebten. Spuren menschlicher Zivilisation vor 500 n.Chr. und nach 1300 n.Chr. wurden nie gefunden. Das Volk, das hier im 6. Jh. die ersten Grubenhäuser errichtete, lebte vom Maisanbau, hielt Truthähne und beherrschte das Töpferhandwerk. Mehrere hundert Jahre später verließen die Vorfahren der Pueblo-Indianer die Grubenhäuser und begannen mit dem Bau mehrstöckiger Wohnungen und ganzer Siedlungen in den Nischen der Felswände hoch über dem Grund der Canyons.

Was sie zur Änderung ihrer Lebensweise bewegte, ist nicht genau bekannt. Jüngste Forschungsergebnisse legen jedoch nahe, dass die Kultur dieses Volkes nicht ganz so friedfertig war wie bisher angenommen. Auf jeden Fall war der Ackerboden von Mesa Verde irgendwann ausgelaugt, und man nimmt an, dass die Vorfahren der Pueblo-Indianer deshalb die Siedlungen hier verließen, in das Gebiet des heutigen New Mexico weiterzogen und dort die Pueblos gründeten, wo ihre Nachfahren heute noch leben.

Da im Hochsommer starker Besucherverkehr herrscht, eignen sich die Monate Mai, September und Oktober am besten für eine Besichtigung von Mesa Verde. Der Park bleibt das ganze Jahr über geöffnet. Die meisten Ruinen sind jedoch im Winter nicht zugänglich. Tankstellen, Restaurants und Unterkünfte sind nur von Ende April bis Mitte Oktober geöffnet.

Die Zufahrtstraße nach Mesa Verde führt südlich des US-160, zehn Meilen östlich von **Cortez**, steil nach oben. Hinter dem Schlagbaum, an dem die Eintrittsgebühr von $10 pro Fahrzeug zu entrichten ist, schlängelt sie sich noch 15 Meilen weiter bis zum *Far View Visitor Center* (s.u., Informationen), in dem Navajo-, Hopi- und Pueblo-Kunsthandwerk und -Schmuck ausgestellt ist.

Kurz dahinter teilt sich die Straße und führt zu den beiden bedeutendsten Ansammlungen von Ruinen – **Chapin Mesa** im Süden und **Wetherill Mesa** im Westen.

Für die Besichtigung jeder der wichtigsten Ruinenstätten muss im Visitor Center ein Ticket für jeweils $1,75 gekauft werden. Es gilt nur innerhalb eines genau angegebenen Zeitraums. Der **Cliff Palace** auf der Chapin Mesa ist normalerweise von Ende April bis Anfang November tgl. 9–17 Uhr geöffnet. Gleiche Öffnungszeiten gelten für das **Balcony House** von Ende April bis Mitte Oktober. Bei starkem Andrang können nicht beide am gleichen Tag besucht werden. Auf der Wetherill Mesa, für gewöhnlich zwischen Ende Mai und Anfang September zugänglich, finden tgl. 9–16 Uhr Führungen durch das Long House statt.

Das **Archeological Museum**, vom Visitor Center aus 6 Meilen in Richtung Chapin Mesa, verfügt über eine hervorragende Pueblo-Ausstellung und verkauft außerhalb der Saison Eintrittskarten, wenn das Visitor Center im Spätherbst die Pforten schließt. ⏱ im Sommer tgl. 8–18.30, sonst 8–17 Uhr.

Dies ist auch der Ausgangspunkt des kurzen, steilen Wanderweges zum **Spruce Tree House** hinab, der einzigen Ruine, die im Winter besichtigt werden kann: ein ordentliches kleines Dorf mit dreistöckigen Gebäuden, die nahtlos in einen Felsvorsprung eingelassen sind. Davor liegen offene Plazas.

Spruce Tree House, einst Felswohnstätte der Pueblo-Indianer

on. Wer nicht ebenso schwindelfrei ist, wie es die Vorfahren der Pueblo-Indianer waren, verzichtet besser auf eine Besichtigung.

Am Ende der anstrengenden 12-Meilen-Fahrt nach **Wetherill Mesa** (Straße ◎ Ende Mai–Anfang Sep tgl. 8–16.30 Uhr, keine Campervans und Fahrräder) startet ein kostenloser Minizug um die Spitze der Mesa zum **Long House**. Diese zweitgrößten Ruinen von Mesa Verde liegen in der größten Höhle des Parks. Eine einstündige Tour führt ungefähr 60 Stufen zur zentralen Plaza hinab, die von 150 Räumen und 21 *kivas* (unterirdische Zeremonialkammern) umgeben ist.

Übernachtung und Essen

Die meisten Besucher übernachten im nahen Cortez oder in Durango. Im Park selbst befinden sich ein nur im Sommer geöffnetes Hotel und mehrere Campingplätze.

Far View Motor Lodge*****, Box 277, Mancos, CO 81328, ☎ 529-4421 oder 1-800/449-2288, 🖳 www.visitmesaverde.com, in der Nähe des Visitor Center. Von den Balkons bietet sich eine herrliche Aussicht, die Abwesenheit von Telefonen und TVs sorgt für Ruhe und Frieden. Im hauseigenen Restaurant *Metate Room* stehen u.a. ungewöhnliche Wildgerichte (Büffel- und Elchfleisch) auf der Speisekarte, serviert mit Bohnen, Fladenbrot und Mais.

Morefield Campground, ☎ 529-4421. Großer Campingplatz ($10), 4 Meilen vom Parkeingang entfernt. ◎ Ende Apr–Mitte Okt.
Einige kommerzielle Campingplätze befinden sich in der Nähe.

Spruce Tree Terrace, in der Nähe des Chapin Mesa Museums, bietet das ganze Jahr über warme Küche.

Hinter dem Museum teilt sich die **Ruins Road** in zwei 6 Meilen lange, einspurige Straßen, ◎ von April bis Anfang November tgl. ab 8 Uhr bis Sonnenuntergang. Wer es eilig hat, nimmt am besten nur die östliche zum **Cliff Palace**, der größten erhaltenen Felswohnstätte der Vorfahren der Pueblo-Indianer, 30 m unterhalb eines ausgebleichten Felsüberhanges versteckt. In den 217 Räumen des Cliff Palace lebten einst über 200 Menschen. Auch wer kein Tourticket (s.o.) besitzt, hat vom Felsvorsprung unterhalb des Parkplatzes, wo sich die Gruppen sammeln, eine sagenhafte Aussicht. Die Ruinen und verlassenen Plazas lassen besonders an ruhigen Tagen Bilder einer verlorenen und nur schemenhaft bekannten Welt erahnen. An den Mauern sind hier und da noch verblasste Zeichnungen zu erkennen.

Ein Stück weiter liegt **Balcony House**, einer der wenigen Komplexe von Mesa Verde, die eindeutig der Verteidigung dienten. Der Zugang ist sehr schwierig und von oben nicht zu sehen. Im Verlauf der Tour muss man lange Leitern hoch oder herunterklettern und durch einen schmalen, niedrigen Gang kriechen – und das alles mit starrem Blick auf den bedrohlich tiefen Jackson Soda Canyon.

Sonstiges

INFORMATIONEN – *Far View Visitor Center*, ☎ 529-4461, ca. 15 Meilen vom Parkeingang. ◎ Ende Apr–Ende Okt tgl. 8–17 Uhr.

VORWAHL – 970.

Wyoming

Im neuntgrößten, aber mit nur 460 000 Einwohnern am dünnsten besiedelten Staat der USA gibt es angeblich mehr Pronghorn-Antilopen als Menschen. Das trockene Wyoming ist das klassische Land der Cowboys. Rodeos, Country & Western-Tanzsäle und Ranchwear-Geschäfte beschwören die Tage des „Wilden Westens" herauf.

Vorherrschendes Touristenziel ist das nördliche Wyoming. Die vor Erdwärme brodelnde Landschaft des Yellowstone National Park und die zerklüftete Bergwelt des ebenso eindrucksvollen Grand Teton National Park locken Jahr für Jahr mehr als drei Millionen Besucher in den äußersten Nordwesten von Wyoming. Zwischen Yellowstone und South Dakota im Osten liegen die wilden Bighorn Mountains und der vulkanische Devils Tower.

Der spärliche Bestand an Büffeln im alten Wyoming hatte zu blutigen Stammeskriegen um die Jagdgründe geführt. So lebten in dieser Region auch nur etwa 10 000 Indianer. Dennoch konnten die Sioux, Cheyenne und Blackfoot bedeutende Siege die US-Armee erringen, bevor sie nach 1870 endgültig den weißen Siedlern weichen mussten. Nun brachen unter den Siedlern – Rinder- und Schafzüchter – heftige Kämpfe um die Weiderechte auf dem kargen Grasland aus.

Dass ausgerechnet das raue, stark von Männern dominierte Wyoming 1869 als erster Staat der Vereinigten Staaten – ein halbes Jahrhundert vor dem Rest der Nation – das allgemeine Frauenwahlrecht einführte, scheint verwunderlich. Dieser Erfolg war denn auch weniger einer Massenbewegung von Frauen zu verdanken, als viel mehr dem geschickten Taktieren einer Hand voll einflussreicher Frauen: Sie konnten den Gouverneur davon überzeugen, dass das Stimmrecht für Frauen mehr Siedler anlocken und somit die Entwicklung des Staates vorantreiben würde. Ein Jahr später traten in Wyoming die ersten Schöffinnen der Nation ihr Amt an, und 1924 stellte der „Staat der Gleichheit" den ersten weiblichen US-Gouverneur. Durch den Mangel an für die Bewässerung von Ackerland so wichtigen Flüssen waren sowohl der Landwirtschaft als auch dem Bevölkerungswachstum enge Grenzen gesetzt. Anfang des 20. Jhs. übernahm der Abbau von Brennstoffen und Mineralien die Rolle der Viehzucht als wirtschaftliche Existenzgrundlage.

Transport

Greyhound-Busse verkehren im Süden entlang des I-80. Alle übrigen Gebiete werden spärlich von regionalen Busgesellschaften bedient. Um ein Reiseziel zu erreichen, ist oft ein beträchtlicher Zeit- und Organisationsaufwand erforderlich – ein eigener fahrbarer Untersatz ist definitiv die beste Wahl. Den größten Flughafen hat Jackson, aber auch Casper und Cheyenne werden angeflogen.

Cheyenne

Innerhalb der südlichen zwei Drittel von Wyoming ist nur die 50 000 Einwohner zählende Hauptstadt Cheyenne von größerem Interesse. Im Gegensatz zur eintönigen Halbwüste in weiten Teilen der Region ist Cheyenne von fruchtbaren Grasland umgeben. Die Geschäftsverbindungen der Stadt mit Omaha oder Denver sind stärker als ihre wirtschaftlichen Bande innerhalb des Staates – ein Umstand, den die Ölstadt Casper weiter nördlich bei ihren vielen erfolglosen Versuchen, Sitz der Regierung zu werden, immer wieder betonte. Westlich von Cheyenne bietet das kleinere Laramie eine angenehme Westernatmosphäre.

Der Anblick von Cheyenne bei der Anfahrt von Osten wird wohl vielen Reisenden lange in Erinnerung bleiben. Die Stadt liegt in einer weiten Bodensenke, umgeben von kurzem, von der Sonne gebleichtem Grasland, und im Hintergrund erheben sich die schneebedeckten Berge der Rockies. Der Himmel scheint auf einmal weiter und höher und lässt die grünen Vororte der Stadt und alles andere unter sich winzig klein erscheinen. Im Rahmen eines kurzen Spaziergangs erschließt sich die Vielfalt dieser Stadt, die ihre Existenz der Eisenbahn, der politischen Geschichte des Bundesstaates und letztendlich auch der Atomwaffenindustrie verdankt.

Als die Union Pacific Railroad im Jahre 1867 diesen Ort erreichte, mussten Soldaten die *„Hell on Wheels"*-Typen mit Gewalt vetreiben. Diese Bande von Glücksspielern, Schwarzbrennern und trinkfesten Revolverhelden war den Eisenbahnbauern immer einen Schritt voraus. Sie steckten sich Land ab, das sie dann für teures Geld an die Bahngesellschaft verkauften, und zogen anschließend zum nächsten geplanten Bahnhof weiter.

Der Rangierbahnhof und das schöne historische Bahnhofsgebäude von *Union Pacific* befinden sich heute am Ostrand von Downtown. Seit der Errichtung eines Forts zum Schutz der Eisenbahn verfügt Cheyenne über eine hohe Militärpräsenz. 1957 baute man das alte Fort am Westrand der Stadt zu einem Stützpunkt für interkontinentale Raketen aus. Und wie die Ranchwear-Geschäfte und Honky Tonks an jeder Ecke verraten, wird auch die Cowboy-Kultur in Ehren gehalten.

Das Geschäfts- und Vergnügungszentrum von Cheyenne ist die **Sixteenth St** oder auch Lincolnway. Ein Spaziergang von fünf Minuten über die grüne Capitol Avenue in Richtung Norden führt zum **Wyoming State Museum** in der Nr. 2320 – unweit des wenig eindrucksvollen Wyoming State Capitol –, das sich mit der Geschichte des Wilden Westens auseinandersetzt. Juni–Aug Mo–Fr 8.30–17, Sa 9–16, So 12–16 Uhr; Sep–Mai Mo–Fr 8.30–17, Sa 12–16 Uhr. Eintritt frei.

Fünf Autominuten von Downtown entfernt veranschaulicht das **Cheyenne Frontier Days Old West Museum**, 4501 N Carey Ave, die Eisenbahngeschichte der Stadt. Zu sehen sind einige prächtige, alte Lokomotiven, doch in der Hauptsache wird hier mit Fotos, alten Kleidern und nostalgischen Videos den Wild-West-Zeiten gehuldigt. Mo–Fr 9–17, Sa und So 10–17 Uhr. Eintritt $3.

Mit dem 9-tägigen Festival **Cheyenne Frontier Days** Ende Juli feiert die Stadt die Kultur der Cowboys mit dem größten Rodeo der Welt. Außerdem finden Konzerte bekannter Country-Stars, Umzüge, Planwagen-Rennen und Luftfahrtausstellungen statt; zur Frühstückszeit werden kostenlose Pancakes ausgeteilt. 778-7222 oder 1-800/227-6336, www.cfdrodeo.com.

Während der restlichen Zeit des Jahres muss der Besucher mit dem **Old Cheyenne Gunfight** auf der Cheyenne Depot Plaza vor dem Union Pacific Depot-Gebäude vorlieb nehmen, wo Revolverhelden Ereignisse aus dem turbulenten ersten Jahrzehnt der Stadt nachspielen. Die Vorstellungen finden von Mitte Juni bis 1. August von Mo bis Fr um 18 Uhr und Sa um 12 und 18 Uhr statt. Eintritt frei.

Übernachtung

Die im Allgemeinen niedrigen Übernachtungspreise verdoppeln sich während der *Frontier Days*. Preiswerte Motels säumen den West Lincolnway, z.B. das

Atlas Motel*-***, 1524 West Lincolnway, 632-9214.
Plains Hotel****, 1600 Central Ave, 638-3311. Preiswerte Zimmer in einem historischen Hotel in Downtown.
Die beste Adresse unter den Unterkünften gehobeneren Standards ist
Nagle Warren Mansion, ab*****, 222 E 17th St, 637-3333 oder 1-800/811-2610, www.naglewarrenmansion.com, ein hervorragendes, luxuriös ausgestattetes B&B.
AB Camping, 1503 W College Drive, 634-7035, Stellplatz ($13). 1. Apr–15. Okt.

Essen und Unterhaltung

Es herrscht kein Mangel an Restaurants. Fast überall entsprechen die Portionen dem großen Appetit eines Cowboys.
Los Amigos, 620 Central Ave, 638-8591. Schmackhafte mexikanische Küche.
Sanford's, 115 E 17th St, 634-3381, große, belebte Microbrauerei, leckeres Essen, bunt gemischtes Publikum. Im Untergeschoss Comedy und Live-Musik.
Terry Bison Ranch, rund 10 Meilen von der Stadt, 634-4171, Steaks, Burger und herzhafte Western-Mahlzeiten. Mai–Okt.

Sonstiges

INFORMATIONEN – Das *Visitor Center*, One Depot Square, 121 W 15th St, Suite 202, 778-3133 oder 1-800/426-5009, www.cheyenne.org, händigt einen kostenlosen detaillierten Stadtplan aus und veranstaltet 2-stündige Trolley-Stadtrundfahrten für $8. 1. Okt bis 30. Apr Mo–Fr 8–17, 1. Mai bis 30. Sep Mo–Fr 10–18, Sa 9–18, So 10–16 Uhr.
Wyoming Travel Information Center, I-25, Ecke College Drive, 777-2883 oder 1-800/225-5996, bietet allgemeine Informationen über den Bundesstaat. tgl. 8–17 Uhr, in den Ferien geschlossen.

VORWAHL – 307.

Transport

Greyhound-Busse, ℡ 634-7744 oder 1-800/231-2222, fahren nach Osten und Westen auf dem I-80 sowie Richtung Süden nach DENVER.
Powder River Transportation, ℡ 635-1327, fährt durch den Osten von Wyoming nach COLORADO, MONTANA und SOUTH DAKOTA.
Beide Gesellschaften teilen sich den Busbahnhof am 222 Deming Drive neben der Central Ave, ein paar Blocks südlich der Innenstadt.

Laramie

Laramie liegt 50 Meilen westlich von Cheyenne am I-80. Etwas länger dauert die Fahrt über die Happy Jack Road (Hwy-210), durch die von bizarr geformten Felsen übersäte Prärie.

Die Stadt selbst scheint sich auf den ersten Blick nicht von anderen Städten im ländlichen Wyoming zu unterscheiden. Doch hinter den viktorianischen Fassaden ihrer reizvollen Downtown verbergen sich auf Rockmusik spezialisierte Plattenläden, vegetarische Cafés und Secondhand-Buchläden – im Land der Rodeos alles andere als gang und gäbe und ohne die University of Wyoming, deren Campus sich östlich des Stadtzentrums erstreckt, wohl auch nicht denkbar.

Im Mittelpunkt des **Wyoming Territorial Park**, 975 Snowy Range Rd, ℡ 1-800/845-2287, 🖥 www.wyoprisonpark.org, westlich der Stadt, steht das penibel restaurierte Gefängnis mit informativen Ausstellungen über den Wilden Westen, das Leben von Frauen in Wyoming und Steckbriefen der ehemaligen Häftlinge. Einer von ihnen war der berühmte Butch Cassidy, der um 1896 wegen Viehdiebstahls hier 18 Monate lang hinter Gittern saß. ⏲ Mitte Mai bis Sep tgl. 10–18 Uhr, Eintritt $5.

Das **Wyoming Children's Museum and Nature Center**, 968 N 9th St, ℡ 745-6332, ist ein Museum zum Anfassen, u.a. kann man dort Gold waschen, durch einen Biberbau kriechen und ein paar Reptilien betrachten. ⏲ Di–Do 9–12 und 15–17, Sa 9–13 Uhr. Eintritt $3, Kinder $2.

Das **Visitor Center** der University of Wyoming, 1408 E Ivinson Ave, ℡ 766-4075, hat nähere Informationen zu den eintrittsfreien Museen und anderen Sehenswürdigkeiten auf dem Campus, z.B. das Anthropology Museum, das Museum of Geology, das University Art Museum und das Rocky Mountain Herbarium. ⏲ Mo–Fr 8–17 Uhr.

Übernachtung

Travel Inn**-***, 262 N 3rd St, ℡ 745-4853 oder 1-800/227-5430. Downtown, preiswert.
Motel 6**, 621 Plaza Lane, ℡ 742-2307, ist noch preisgünstiger, obendrein sauber und sehr angenehm.

Essen

Corona Village, 421 Boswell Drive, ℡ 721-0167; landestypisches, billiges mexikanisches Essen.
Jeffrey's Bistro, 123 Ivinson Ave, ℡ 742-7406, zahlreiche gute vegetarische Gerichte sowie Salat- und Sandwich-Teller (Vorspeisen $6–10).
Lovejoy's Bar and Grill, 101 Grand Ave, ℡ 745-0141, der Studententreff serviert guten Espresso, Bagels, Muffins und Tagesgerichte.
Buckhorn Bar, 114 Ivinson Ave, ℡ 742-3554. Von Studenten, Yuppies und Radlern bevölkerte Bar im Frontier-Stil; Live-Rockmusik.
Cowboy Saloon, 108 S 2nd St, ℡ 721-3165. Freundlicher Club mit Country & Western Bands.

Sonstiges

INFORMATIONEN – *Visitor Center*, 210 Custer St, ℡ 745-4195 oder 1-800/445-5303, 🖥 www.laramie-tourism.org, ⏲ Mo–Fr 8–17 Uhr.

VORWAHL – 307.

Transport

Die Haltestelle der *Greyhound*-Busse befindet sich bei der Tumbleweed Express-Tankstelle in der Bluebird Lane, 2,5 Meilen östlich der Innenstadt unweit der Grand Ave.

Rawlins

Eigentlich gäbe es keinen Grund, in dem winzigen Prärieort Rawlins, runde 100 Meilen westlich von Laramie, anzuhalten, wäre da nicht das sehenswerte **Wyoming Frontier Prison**, Fifth St, Ecke Walnut St, ℡ 307/324-4422. Das riesige, unheimliche Gebäude mit seinen düsteren Zellen, dem abblätternden Verputz und den dumpf hallenden Gängen diente bis 1981 als Gefängnis. Der Rundgang an sich ist schon beklemmend genug, nicht zuletzt der faszinierenden Lebensgeschichten und Anekdoten wegen, die die Guides auf unnachahmliche Art zu erzählen wissen, doch beim Anblick der Gaskammer, die von 1937 bis 1965 in Betrieb war, läuft es jedem eiskalt über den Rücken.

Führungen Juni–Aug tgl. jede volle Std. von 8.30–17.30 Uhr, ansonsten nur nach Voranmeldung, Eintritt $4,25.

Unmittelbar westlich von Rawlins, im **Great Divide Basin**, liegt die kontinentale Wasserscheide. Theoretisch sollte sich hier das Regenwasser stauen, das zu keinem der beiden Ozeane abfließen kann, doch leider verdunstet es zum großen Teil, und deshalb erstreckt sich die ziegelsteinrote Hölle der **Red Desert** so weit das Auge reicht.

Devils Tower

Im Jahr 1906 erklärte der Kongress Devils Tower zum ersten *National Monument* der Vereinigten Staaten. Doch erst durch Steven Spielbergs *Unheimliche Begegnung der Dritten Art* wurde der 264 m hohe Vulkankegel als Landeplatz der Außerirdischen wirklich berühmt. Der Felsen thront auf einem dicht bewaldeten, gute 180 m hohen Berg über den Ufern des Belle Fourche River und ähnelt einem gigantischen Baumstumpf. Im stetig wechselnden Licht von Sonne und Mond wirkt er mal verschrumpelt, mal faszinierend schön.

Einer Legende der Sioux zufolge formte sich Devils Tower, als drei junge Mädchen auf der Flucht vor einem hungrigen Bären auf einen Felsbrocken sprangen. Angesichts der Not der Mädchen ließ der Große Geist den Felsen höher und höher wachsen und rettete den Mädchen so das Leben. Die Kerben an den Seiten der Säule sind die Spuren der verzweifelten Versuche des Bären, auf den Felsen zu klettern.

Wanderwege führen um Devils Tower herum. Sie beginnen am *Visitor Center*, ℡ 307/467-5283, am Fuß des Felsens, drei Meilen vom Haupteingang entfernt. ⊙ Mitte Juni–Mitte Sep tgl. 8–19.45, Mitte Sep–Mitte Juni hängt die Öffnungszeit vom Wetter ab. Ungeachtet aller Appelle von Seiten indianischer Gemeinden, ihre heilige Stätte nicht zu entweihen, wird man mit ziemlicher Sicherheit Ignoranten antreffen, die sich hier als Bergsteiger versuchen. Der Eintrittspreis für das National Monument beträgt $8 pro Pkw (7 Tage gültig). Für $12 pro Nacht kann man bis Oktober sein Zelt aufschlagen. Wer zu spät kommt, muss mit einem kommerziellen, mehr als doppelt so teuren Campingplätze in der Umgebung vorlieb nehmen. Verpflegung gibt es im *KOA Kampground Longhorn Café* am Haupteingang, ℡ 307/467-5395, u.a. gute Büffelburger. ⊙ im Sommer tgl. 7–21, Frühjahrsende und Herbstanfang 9–15 Uhr.

Devils Tower liegt in der Nordwestecke von Wyoming, nahe der Grenze zu South Dakota und Montana, und ist über den I-90 zu erreichen.

Bighorn Mountains

Die spektakulärste der drei Strecken durch die Bighorn Mountains ist der US-14A von Burgess Junction, 50 Meilen westlich des viktorianischen Sheridan. Unvermittelt ragen die Bighorns mehr als 2700 m hoch aus dem flachen Land – teils dicht bewaldet, teils oberhalb der Baumgrenze und kahl. Die Straße schlängelt sich auf die Medicine Mountain hinauf, an dessen windumtoster Westseite der mysteriöse **Medicine Wheel**, ein geometrisch perfekter Steinkreis mit 28 Speichen und einem Umfang von 74,68 Metern, den Forschern Rätsel aufgibt. Der ursprüngliche Zweck dieses größten, noch intakten Monuments seiner Art ist unbekannt. Auch die Legenden der Indianer enthalten keine Anhaltspunkte. Es wird jedoch vermutet, dass es sich bei den Erbauern dieses „Rades" um Sonnenanbeter oder frühe Astronomen handelt. Die gefahrenreiche, nicht asphaltierte Zufahrtsstraße endet eine Meile vor dem Medizinrad (ab hier geht es nur noch zu Fuß weiter) und ist im Winter wegen Schneefalls (meist Nov–Mai) nicht passierbar. Manchmal kann das Wheel auch wegen religiöser Zeremonien der Indianer nicht zugänglich sein.

Mit einem Gefälle von 10–20% führt der US-14A nun an der Westseite des Berges wieder hinunter. Der Bau dieser Teilstrecke soll pro Meile mehr als jede andere Straße in den USA gekostet haben. Enge Haarnadelkurven ziehen sich an steilen Felswänden entlang und erfordern die ganze Aufmerksamkeit des Fahrers. Fast am Fuß des Berges angelangt, bietet sich die schönste Aussicht der gesamten Fahrt: beim ersten Blick auf das ganz und gar flache und an drei Seiten von steilen Bergen eingeschlossene **Bighorn Basin** scheint es, als habe man ein urzeitliches Land entdeckt. Der US-14A ist meistens zwischen November und Mai wegen Schneeverwehungen unpassierbar, manchmal auch darüber hinaus.

Butch Cassidy und Sundance Kid Butch Cassidy und Sundance Kid sind zweifellos die beiden bekanntesten Männer, die in den Rocky Mountains im Norden Colorados und Süden Wyomings umherzogen. In den Augen der Nachwelt stehen sie nicht nur als Symbole für den „guten alten" Wilden Westen, sondern verkörpern auch die romantische Vorstellung vom Leben als Gesetzlose, bei dem die Übertretung der Gesetze als ein Ausdruck persönlicher Freiheit angesehen wird. Es ist nicht zuletzt dem Hollywoodfilm aus dem Jahre 1969 *Butch Cassidy and the Sundance Kid* (in den Hauptrollen: Paul Newman und Robert Redford) geschuldet, dass die Erinnerung an diese beiden Bankräuber und Viehdiebe in den Rockies immer noch fortlebt.

Butch Cassidy wurde am 6. April 1866 unter dem Namen **George LeRoy Parker** in dem Städtchen Beaver, Utah, geboren. Parker übernahm den Namen seines „Mentors" Mike Cassidy, eines Landwirtschaftsgehilfen, der ihn in die Kunst des Viehdiebstahls einweihte. Der Spitzname „Butch" stammt aus seiner Zeit als Metzger in Rock Springs, Wyoming. 1889 überfiel er in Telluride, Colorado, zum ersten Mal eine Bank. Danach tat er sich mit einer Bande Gleichgesinnter zusammen, die unter dem Namen **Wild Bunch** zu Berühmtheit gelangt war. Zu ihnen gehörte ein gewisser **Harry Longabaugh**, auch unter dem Namen Sundance Kid bekannt, der seinen Spitznamen einem Gefängnisaufenthalt in Sundance, Wyoming, verdankte. Das Arsenal krimineller Aktivitäten der Wild Bunch war groß und umfasste u.a. Pferdediebstähle, Banküberfälle, Eisenbahnraub und Überfälle auf die Lohngeldkassen der Minenarbeiter. Sie beschenkten sich untereinander überaus großzügig, wobei ganze Vermögen den Besitzer wechselten, verteilten aber auch aus vollen Händen Geld an wildfremde, bedürftige Menschen, was ihnen einen Ruf als die Robin Hoods des Wilden Westens einbrachte.

Bei der Obrigkeit kam diese Verklärung einer Diebesbande als heldenhafte Menschenfreunde nicht so gut an, daher wurden Männer des Gesetzes – und Gewehrs – angeheuert, die ihnen das Handwerk legen sollten. Im Winter zog sich *The Wild Bunch* nach **Brown's Hole**, einem breiten Tal in einer abgelegenen Ecke im Nordwesten von Colorado zurück; manchmal besuchten sie auch die Städtchen Baggs, Rock Springs und Green River in Süd-Wyoming. Dort sah man ihnen nach, dass sie bei ihren Gelagen in den Saloons gern über die Stränge schlugen, denn am Ende entschädigten sie die Wirte für jeden zerbrochenen Stuhl und jedes durch eine Gewehrkugel verursachte Loch überreichlich in barer Goldmünze. Doch ihr Faible für rauschende Feste und Eitelkeit sollten ihnen schließlich zum Verhängnis werden. Bei einem Besuch in Fort Worth, Texas, ließen sich fünf der Männer in todschicken Anzügen und Derby-Hüten fotografieren. Sie sahen darin so umwerfend gut aus, dass der Fotograf ihr Foto stolz in seinem Schaufenster aushängte, wo es prompt von einem Detektiv der berühmten Agentur Pinkerton's gesichtet wurde.

Butch und Sundance hatten das Leben auf der Flucht bald gründlich satt und nahmen 1902 ein Schiff nach Südamerika. Dort versuchten sie sich im Goldschürfen; nebenbei raubten sie ab und zu eine Bank oder einen Zug aus. Bis zu diesem Punkt blieb Hollywood der wirklichen Geschichte treu. Butch Cassidy starb aber nicht, wie der Film zeigte, 1909 im Kugelhagel bolivianischer Soldaten; möglicherweise erlitt Harry Longabaugh dieses Schicksal.

Josie Morris, eine alte Freundin von Butch aus den Tagen in Brown's Hole, hat das letzte Wort: Sie versichert, dass Butch sie nach seiner Rückkehr aus Südamerika besuchte, und dass er als alter Mann irgendwann in den 1940er Jahren in Johnny, Nevada, gestorben sei.

Buffalo Bill Die Abenteuer des William Frederick „Buffalo Bill" Cody, der 1846 in Iowa geboren wurde, scheinen so fantastisch, dass man ihn für eine Gestalt aus einem Wildwestroman halten könnte.

Weil sein Vater ermordet wurde, war er schon als Elfjähriger gezwungen, seine Familie zu ernähren und nahm einen Job als Meldereiter bei der Armee an. Schon bei einem seiner ersten Einsätze entkam Cody einem Hinterhalt und machte als „jüngster Indianer-Killer der Prärie" von sich reden. Vier Jahre später belieferte er als jüngster Reiter des *Pony Express* die Westküste mit Post.

Nach dem Bürgerkrieg, in dem er auf der Seite der Unionstruppen gekämpft hatte, versorgte er die Bauarbeiter der transkontinentalen Eisenbahn mit Büffelfleisch. In nur 18 Monaten erlegte Cody mehr als 4200 Tiere und kam so zu seinem lebenslangen Spitznamen. Anschließend trat er im Jahr 1868 als Kundschafter wieder in die Dienste der Armee und errang im Laufe der folgenden zehn Jahre den Rang eines Oberst sowie eine Ehrenmedaille des Kongresses. Als Kundschafter erlebte Cody den Kampf gegen die Sioux, in dessen Verlauf er Häuptling Yellow Hand tötete – und skalpierte.

Gegen 1870 hatten die Berichte von Codys Heldentaten den Osten erreicht, so dass es auch nach dem Ende der Indianerkriege genügend Arbeit für ihn gab. Nun begleitete er Yankees und reiche Touristen aus Europa auf der Büffeljagd. Aus den schauspielerischen Vorstellungen, die er für seine wohlhabenden Gäste organisierte, entwickelte sich die weltberühmte **Wild West Show** – uraufgeführt im Jahr 1883. Bestandteile des spektakulären Volksfestes waren im Allgemeinen die Inszenierung einer berühmten Indianerschlacht, Kunstreiter, eine Büffelherde und ein paar Clowns. Cody selbst demonstrierte seine Geschicklichkeit im Schießen und Reiten. Zehn von den 30 Jahren ihres Bestehens verbrachte die Zirkustruppe in Europa. In feinste Seide gekleidet und mit gepflegtem Schnurrbart fand Cody Einlass in die High Society. Er logierte in den besten Hotels und dinierte mit Staatsoberhäuptern.

In seinem späteren Leben drängte ein nun geläuterter Cody die US-Regierung, alle mit den Indianern geschlossenen Verträge einzuhalten, und setzte sich für ein Ende des skrupellosen Abschlachtens von Büffeln und anderen Tieren ein.

Obwohl die Wild West Show bis zu $1 000 000 im Jahr eingebracht haben muss, war Cody am Ende geschäftlich nicht mehr erfolgreich. Im Januar 1915 starb er mittellos 69-jährig im Haus seiner Schwester in Denver. Sein Grab befindet sich auf dem Lookout Mountain bei Golden, Colorado (s.S. 126).

Cody

1896 überredete eine Städtebaugesellschaft „Buffalo Bill" Cody, seinen Namen für eine neu gegründete Siedlung zur Verfügung zu stellen – wohl wissend, dass das Einverständnis des berühmtesten Mannes im gesamten Westen sowohl Siedler als auch Touristen anlocken würde. Auch heute noch ist der Tourismus im Sommer ein einträgliches Geschäft für Cody. Trotz all seiner Attraktionen in Verbindung mit Buffalo Bill hat sich das amüsante (wenn auch überteuerte und ziemlich schäbige) Städtchen die Atmosphäre einer ländlichen Siedlung des Westens bewahrt. Kaum jemand würde hier den Geburtsort des avantgardistischen Malers Jackson Pollock vermuten.

Die breite, staubige Durchgangsstraße Sheridan Avenue mit ihren Souvenir- und Ranchwearshops ist während der alljährlichen **Cody Stampede**, am 4. Juli-Wochenende Schauplatz von Umzügen und Rodeos. Zwischen Juni und August findet jeden Abend um 20.30 Uhr im Open-Air-Stadion Stampede Park an der Straße nach Yellowstone, 421 W Yellowstone Ave, ein **Rodeo** statt, Eintritt $13. Infos unter ✆ 587-5155.

Im Westen der Stadt stehen in der **Old Trail Town**, 1831 DeMaris Drive, ✆ 307/587-5302, mehrere Gebäude der Umgegend aus der Zeit von 1879–1901; sie wurden Stein für Stein abgetragen und hier wiederaufgebaut. Dazu gehören einige Blockhütten und Saloons, in denen Butch Cassidy und Sundance Kid ihr Unwesen getrieben hatten. Auch der berühmte *Mountain Man* Jeremiah Liver Eatin' Johnston liegt hier begraben. ⊙ Mai–Sep 8–20 Uhr, Eintritt $5.

In Cody befinden sich auch einige der landesweit besten Geschäfte für Cowboy-Artikel; ein Besuch lohnt sich auch dann, wenn man nichts kaufen will. *Seidel's*, 1200 Sheridan Ave, ✆ 307/587-1200, verkauft hervorragend verarbeitete Gürtel und Gürtelschnallen, u.a. aus Silber oder Bronze, auf denen Käufer ihren Namen eingravieren lassen können. *Wayne's*, 1250 Sheridan Ave, ✆ 307/587-5234, ist *die* Adresse für Cowboystiefel.

Buffalo Bill Historical Center

Das aus mehreren Museen bestehende Buffalo Bill Historical Center, 720 Sheridan Avenue, ✆ 587-4771, 🖥 www.bbhc.org, verfügt über eine der umfassendsten Sammlungen über den Westen der Vereinigten Staaten. Am Beispiel der Lebensgeschichte von William Cody zeichnet das **Buffalo Bill Museum** mit vielen anschaulichen Ausstellungsstücken die Zeiten des Pony Express, des Bürgerkriegs, der Indianerkriege und der Wild West Shows nach.

Das **Plains Indian Museum** befasst sich mit dem Leben der indigenen Stämme des Westens. Seine sehr gute Sammlung informiert über die Kleidung und Lebensweise, Zeremonien und Geschichte der Plains-Indianer.

In der reizvollen, umfangreichen **Whitney Gallery of Western Art** stehen u.a. die gegensätzlichen Werke von Frederic Remington und Charles M. Russel im Mittelpunkt. Während Remington die Indianer als Wilde auf dem Weg in den Fortschritt darstellt, lässt das Werk Russels durchweg Achtung vor ihrem traditionellen Leben erkennen.

Die größte (bekannte) Sammlung von Feuerwaffen aus amerikanischer Herstellung wird im **Cody Firearms Museum** zur Schau gestellt; interaktive Computer erklären ihre Funktion und ihre Sicherungssysteme. ⊙ tgl. Apr 10–17, Mai 8–20, Juni–Mitte Sep 7–20, Mitte Sep–Okt 8–17, Nov–März Di–Sa 10–17 Uhr. Eintritt $15, gültig für 2 Tage, die für diese umfangreiche Sammlung auch durchaus benötigt werden.

Übernachtung

Irma****–*****, 1192 Sheridan Ave, ✆ 587-4221 oder 1-800/745-4762, 🖥 www.irmahotel.com, das Vorzeige-Westernhotel von Cody, wurde 1902 nach der Tochter von Buffalo Bill benannt und beherbergt eine wunderbare, aus Kirschbaumholz gefertigte Bartheke – ein Geschenk von Königin Victoria an Buffalo Bill.
Skyline Motor Inn**–****, hoch über der Stadt an der Durchgangsstraße, 1919 17th St, ✆ 587-4201 oder 1-800/843-8809, ist das empfehlenswerteste der preiswerten Motels in Cody.

Essen

Auf der Sheridan Avenue ist abends einiges los. Nach dem zünftigen Essen im durchgängig gut besuchten Restaurant vom *Hotel Irma* kann man einen Abstecher in den *Proud Cut Saloon*, 1227 Sheridan Ave, machen.

Cassie's, 214 Yellowstone Ave. Hier fühlt man sich in Cowboykluft wahrscheinlich am wohlsten: Das Unterhaltungsangebot umfasst Country Rock-Bands und Unterricht in *line-dancing*. Es wird auch Abendessen serviert, in Anbetracht des Ambientes allerdings für erstaunlich viel Geld.

Peter's Café Bakery, 1191 Sheridan Ave, ist der morgendliche Treffpunkt für eine Tasse Kaffee oder ein richtiges Frühstück.

Sonstiges

INFORMATIONEN – *Visitor Center*, 836 Sheridan Ave, ✆ 587-2777, 🖥 www.codychamber.org, bietet Informationen und Zimmerreservierungen. ⊙ im Sommer Mo–Sa 8–19, So 10–15 Uhr, sonst Mo–Fr 8–17 Uhr.

TOUREN – *Powder River*, bei Daylight Donuts, 1452 Sheridan Ave, ✆ 1-800/442-3682, führt Tagesausflüge in den Yellowstone durch. Raftingtouren auf dem Shoshone bietet z.B. *Wyoming River Trips*, ✆ 587-6661 oder 1-800/586-6661.

VORWAHL – 307.

Yellowstone National Park

Der Yellowstone National Park, der älteste Nationalpark Amerikas, zieht Jahr für Jahr Millionen von Besuchern an. Nirgendwo sonst auf der Welt kann man so viele Geysire auf einem Fleck sehen, überall blubbert es und schießen Fontänen aus der Erde. Hinzu kommen ein Wasserfall von der doppelten Höhe der Niagara-Fälle, ein Canyon, der größte

Die Geschichte des Nationalparks Das Gebiet des heutigen Yellowstone National Park hatte den Indianern Jahrhunderte lang als Jagdgebiet gedient. Bei der Ankunft des weißen Mannes waren jedoch viele von ihnen Krankheiten zum Opfer gefallen und die Zahl der Tiere hatte sich wieder vermehrt. Als erster weißer Mann wagte sich 1807 John Colter in die brodelnde Wildnis. Seine Berichte von explodierenden Geysiren und schäumenden Kesseln wurden allgemein als „Colters Hölle" verspottet. Nachdem mehr und mehr Trapper, Kundschafter und Goldsucher in den Yellowstone vorgedrungen waren, entsandte 1870 schließlich auch die Regierung mehrere Forscherteams. Nur zwei Jahre später erklärte man Yellowstone zum ersten Nationalpark der Vereinigten Staaten und schützte damit seine Naturschätze vor Jägern, Goldsuchern und der Holzwirtschaft.

In den ersten Jahren seines Bestehens sah sich die Parkverwaltung mit immer neuen Problemen konfrontiert. Der Kongress setzte sich zwar mit Elan für den Schutz der Region ein, stellte aber keine finanziellen Mittel zur Verfügung. Verantwortungslose Touristen kippten Seife in die Geysire und zerstörten damit das komplizierte geothermische System. Banditen raubten mit reichen Ausflüglern besetzte Postkutschen aus, und schließlich kamen bei einem Überfall der Nez Percé-Indianer (s.S. 180) zwei Touristen ums Leben. 1886 übertrug der Kongress der Armee die Kontrolle über den Nationalpark. Gleichzeitig mit dem neu gegründeten National Park Service hielt 1917 das Automobil Einzug im Yellowstone. Seither spitzt sich der Konflikt zwischen den Besucher-Interessen und dem Erhalt eines intakten Ökosystems mehr und mehr zu. Die Ausrottung von Raubtieren wie Pumas und Wölfen hat dazu geführt, dass sich das Rotwild bis zum Hungertod vermehrte. Eine Lockerung der Bestimmungen über das Füttern von Bären hatte zur Folge, dass sich viele Tiere an die Menschen gewöhnten und sich in der Wildnis nicht mehr selbst versorgen konnten. Diese Entwicklung wurde gestoppt, die Bären haben sich inzwischen wieder tief in die Wälder zurückgezogen.

1995 wurde, trotz vehementer Proteste ansässiger Bauern, die um ihr Vieh fürchteten, wieder ein Rudel Wölfe im Park angesiedelt. Die Aktion war ein voller Erfolg: die Zahl der Tiere hat sich von den ursprünglichen 14 auf etwa 150 vermehrt, die in ungefähr 10 Rudeln im Großraum Yellowstone umherstreifen.

Der Großbrand von 1988, der 36% des Parks zerstörte, brachte die Nationalparkverwaltung ins Kreuzfeuer der Kritik. Während der damalige Präsident Reagan bestürzt darauf reagierte, dass man die Naturschätze bewusst den Flammen überließ, bestätigen Umweltschützer die Notwendigkeit natürlicher Brände für den Erhalt des Ökosystems der Wälder. Inzwischen ist auf den Hängen ein dichter Teppich an Schößlingen emporgesprossen; der Wald regeneriert sich also langsam wieder. Der Sommer 2003 brachte erneut Waldbrände mit sich, die fast so zahlreich wie 1988 waren, aber längst nicht so zerstörerisch.

Bergsee des Kontinents und von Wildblumen übersäte Wiesen – der Lebensraum einer vielfältigen Tierwelt. Kurzum, der Yellowstone National Park ist ein einzigartiges Naturphänomen.

Der Park misst ca. 60 mal 50 Meilen und erstreckt sich von der Nordwestecke Wyomings noch ein Stückchen nach Idaho und Montana hinein. Das Zentrum bildet ein 2000 m hohes Plateau, die Caldera eines mächtigen Vulkanausbruchs, der sich vor 600 000 Jahren ereignete. Hier drängen sich mehr als die Hälfte aller Geysire der Erde, dazu Tausende von dampfenden Erdspalten, gurgelnden Schlammlöchern und heißen Quellen.

Ein Besuch im Yellowstone stellt eine außergewöhnliche Erfahrung dar, eine Sinfonie aus Farben, Klängen und Gerüchen, hervorgerufen von den Farbtönen des Grand Canyon of the Yellowstone, dem klaren Yellowstone Lake, den blumenübersäten Wiesen und den regenbogenfarbigen Teichen der Geysire; dem unterirdischen Rumpeln, Gurgeln und Zischen, den Nebelschwaden von den dampfenden Berghängen sowie dem konstanten Geruch nach Schwefeldampf.

Dazu kommen die seltenen Tiere: Elche, Bären und Bisons. Für all das sollte man mindestens drei Tage einplanen.

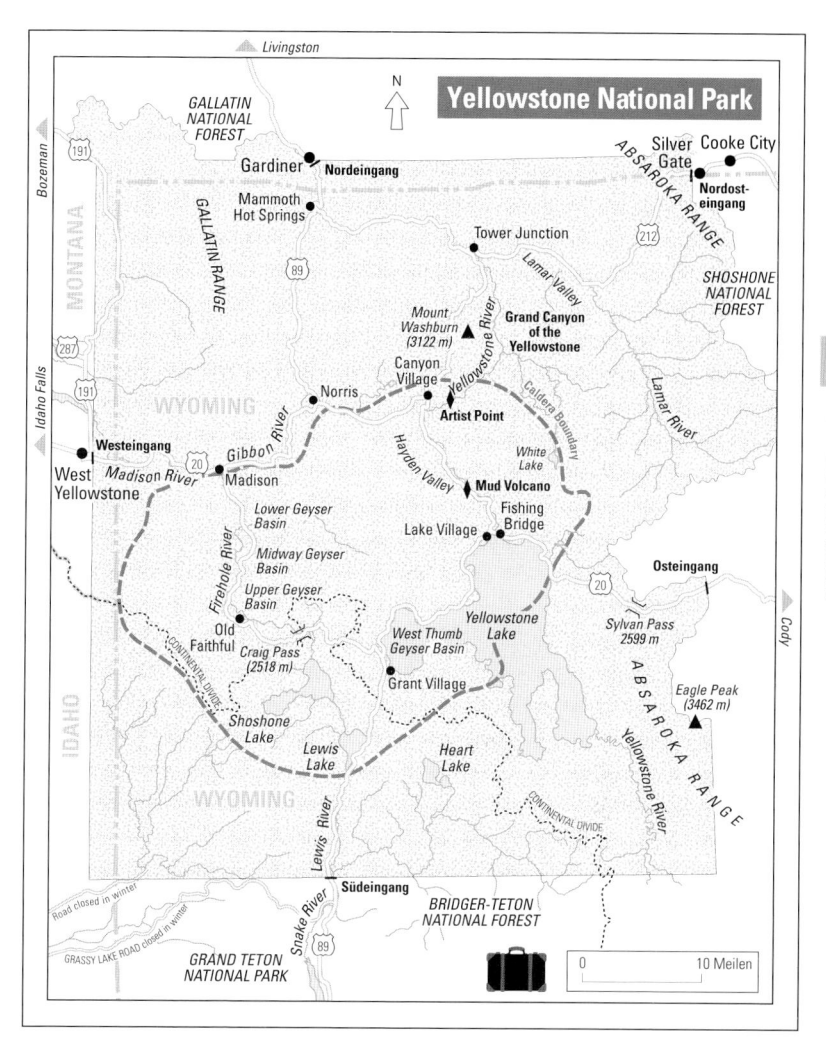

Zwei der fünf Haupteingänge des Parks befinden sich in Wyoming – bei Cody im Osten und im Grand Teton National Park im Süden. Von Montana ist der Park über West Yellowstone im Westen, Gardiner im Norden und Cooke City im Nordosten zu erreichen. Im Winter ist nur der Nordeingang geöffnet.

Alle großen Attraktionen des Nationalparks liegen jeweils wenige hundert Meter beiderseits der 142 Meilen langen **Loop Road**, die in einer weiten Schleife durch den Park führt und von allen fünf Parkeingängen aus erreichbar ist. Die Geschwindigkeitsbegrenzung von 45 Meilen pro Stunde auf der Loop Road wird mit Radargeräten überwacht.

Aufgrund der vielen Bisons und anderen großen Tiere, die hier frei umherwandern und leicht mit einem Pkw zusammenstoßen können, ist es ohnehin empfehlenswert sich an die vorgeschriebene Geschwindigkeit zu halten. Wegen des unterschiedlichen Verkehrsaufkommens lässt sich die Fahrtdauer schlecht vorausberechnen. Doch auch wenn die Zeit drängt, haben der Besucher mehr vom Yellowstone, wenn sie sich auf ein oder zwei Bereiche des Parks konzentrieren. Das Fahrrad stellt nur am frühen Morgen eine reizvolle und sichere Alternative zum Auto dar. Radwege für Mountainbikes gibt es nicht. Zwar führen Wanderwege über beträchtliche Entfernungen entlang der Canyons und Geysire, doch sollte man seine Kräfte für ausgedehnte Touren im faszinierenderen Grand Teton National Park schonen.

Die folgende Beschreibung der Sehenswürdigkeiten beginnt mit dem Old Faithful und folgt der Loop Road im Uhrzeigersinn bis in die Umgebung des Yellowstone Lake – beide im südlichen Bereich des Parks.

Das Land der Geysire: Vom Old Faithful bis zu den Mammoth Hot Springs

Mehr als ein Jahrhundert lang war der **Old Faithful** der zuverlässigste Geysir des Parks, denn seine Eruptionen erfolgten regelmäßig alle 50 Minuten. Das hat dazu geführt, dass in respektvoller Entfernung an der vom Firehole River abgewandten Seite ein Halbkreis aus Sitzbänken errichtet wurde. Dahinter befinden sich Besuchereinrichtungen, darunter der gigantische, aus Holz erbaute *Old Faithful Inn*. Heute gibt der Geysir durchschnittlich alle 78 Minuten eine „Vorstellung" für das erwartungsfreudige Publikum, die Wartezeit kann aber zwischen einer halben Stunde bis zu zwei Stunden schwanken. Das benachbarte *Visitor Center* und die Lobby des Inns verfügen über einen ungefähren Zeitplan. Als Vorbote eines Ausbruchs tritt mehrfach Wasser über den Rand, dann steigt nach ein paar Minuten eine Wassermenge von über 40 000 Litern als Säule 30–55 m in die Höhe.

Vom Old Faithful führen Holzstege zu Dutzenden anderer Geysire im Upper Basin. Durchschnittlich zweimal täglich wird der **Grand Geyser** aktiv. Innerhalb von 12 bis 20 Minuten erfolgt eine Serie von vier gewaltigen Ausbrüchen, in deren Verlauf die Fontäne eine Höhe von bis zu 60 Metern erreicht. Zu weiteren Highlights am Ufer des Firehole River, an dem für gewöhnlich Büffel grasen, zählt die fluoreszierende **Grand Prismatic Spring** des **Midway Geyser Basin**, die insbesondere am späten Nachmittag, wenn sich die Silhouetten von Menschen und Büffelherden scharf gegen die Dampfwolken abzeichnen, einen atemberaubenden Anblick bietet.

30 Meilen nördlich des Old Faithful liegt das weniger überlaufene **Norris Geyser Basin**. Zwei separate Pfade führen durch eine Urzeitlandschaft mit zischenden Erdlöchern und Höllenschlünden. **Steamboat**, der höchste Geysir der Erde, schleudert fast kochend heißes Wasser über 90 Meter hoch in den Himmel. Es ist unvorhersehbar, wann genau die volle Eruption erfolgt, doch mehrmals täglich produziert er zumindest eine 3–12 m hohe Fontäne. Die 12–18 m hohen Eruptionen des **Echinus Geyser**, dem größten, bekannten Geysir der Welt mit säurehaltigem Wasser, setzen hingegen im Abstand von 35–75 Minuten ein. Im 8 m tiefen Teich **Emerald Spring** vermischt sich von der Mitte her leuchtend blaues Wasser mit gelblichem und bildet nach außen hin einen smaragdgrünen Ring.

Bei **Mammoth Hot Springs** an der Nordspitze der Loop Road befindet sich eine der seltsamsten Landschaften des Parks: ein von Dampfschwaden umhüllter Berg, der mit terrassenförmigen Ablagerungen in den verschiedensten Schattierungen von Grau-, Grün-, Gelb-, Braun- und Orangetönen überzogen ist. Diese Ablagerungen aus Travertin entstanden durch aufsteigendes Wasser, das unterirdische Kalkschichten und Mineralien an die Oberfläche spülte, wo sich Schicht auf Schicht stufenförmig ablagerte.

Die Tower und Roosevelt Areas

Hier befindet sich einer der höchsten Berge des Parks: **Mount Washburn**, dessen Aussichtsturm über eine angenehme Tageswanderung oder eine zermürbende Radtour zu erreichen ist. Ein leichter zu bewältigender Pfad führt zum Fuß des Tower Fall hinab.

Auf dem Weg zur Nordosteinfahrt des Parks verläuft die US-212 von Tower Junction durch das fast menschenleere **Lamar Valley**. Der **Lamar River** fließt gemächlich durch mit Blumen übersäte Wiesen, auf denen man vor dem Hintergrund der Berge grasende Elch- und Büffelherden beobachten kann. Vorbei an den schneebedeckten Gipfeln der **Beartooth Mountains** verlässt die Straße den Park.

Der Grand Canyon des Yellowstone River

Über eine Länge von 24 Meilen tost der Yellowstone River durch den 469 m tiefen Grand Canyon of the Yellowstone. Unterwegs stürzt der Fluss über zwei schmale, aber imposante Wasserfälle: die 33 m hohen **Upper Falls** und die **Lower Falls** mit einer Höhe von 94 m. Beide Seiten des Canyons bieten herrliche Aussichten, kurze Wanderwege und eindrucksvolle Landschaften. Da sich nahe der Nordseite zusätzlich mehrere Imbissstände und Souvenirshops befinden, zieht es die meisten Besucher hierher. Wer Bären in freier Wildbahn sehen möchte, sollte im Morgengrauen oder in der Abenddämmerung an der Straße südlich von Tower Junction warten.

Vom **Artist Point** am Südrand blickt man aus einer Höhe von 213 m auf den zwischen den mineralhaltigen Felswänden wirbelnden Fluss. Ganz in der Nähe führt **Uncle Tom's Trail** tief in den Canyon hinein zu einer leicht schwingenden Plattform, die sich fast in Reichweite der Lower Falls befindet. Wenige Meilen weiter südlich wird der Fluss breiter und schlängelt sich durch das sumpfige **Hayden Valley**. Hier sammeln sich Büffel, Elche und Rotwild. Daher ist das Tal für Wanderungen nicht geeignet.

Der penetrante Schwefelgeruch macht das Gebiet rund um den **Mud Vulcano** zur unangenehmsten Thermalregion des Parks. Zwischen schäumenden Becken mit widerlich braunem und gelbem Schlamm windet sich ein Holzsteg vorbei an verkümmerten Bäumen zu den eine Meile entfernten, tristen Ufern des **Sour Lake** – im Allgemeinen ein trostloser Anblick.

Yellowstone Lake

Der größte Bergsee Nordamerikas, der tiefe und meistens trügerisch ruhige Yellowstone Lake, füllt die östliche Hälfte der Yellowstone-Senke. Er liegt fast 2400 m über dem Meeresspiegel und damit so hoch, dass er sechs Monate im Jahr zugefroren ist, aber im Sommer wimmelt es hier von bootsfahrenden Touristen. Bootstouren beginnen an der Bridge Bay Marina in der Nähe von Lake Village. Beim **West Thumb Geyser**, nördlich von Grant Village, ergießen sich Warmwasserpools in die ruhigen Gewässer des Sees.

Übernachtung

IM NATIONALPARK – *Amfac Parks and Resorts*, PO Box 165, Yellowstone National Park, WY 82190, 307/344-7311, www.travelyellowstone.com, betreibt alle Unterkünfte innerhalb des Nationalparks. Reservierungen sind an langen Wochenenden mit nationalen Feiertagen unbedingt erforderlich und für die Monate Juli und August dringend zu empfehlen.

Zwar findet man außerhalb des Nationalparks weitaus preiswertere Unterkünfte, doch hat es seinen Reiz, auf dem Parkgelände zu übernachten. Zimmer mit TV gibt es hier jedoch nicht, und das Nachtleben endet meist schon um Mitternacht. Alle Anlagen verfügen über eine Lodge mit einem nur abends bis 21.30 Uhr geöffneten Restaurant. Einige sind zusätzlich mit einem Waschsalon, einem Lebensmittelgeschäft, einem Souvenirladen und einer Tankstelle ausgestattet.

Canyon Lodge and Cabins***-****, eine halbe Meile abseits des Grand Canyon des Yellowstone. A-frame-Hütten, alle mit Bad.

Grant Village****, am südwestlichen Ufer des Yellowstone Lake. Ziemlich spartanische Zimmer mit Bad. Die südlichste Unterkunft im Park.

Lake Yellowstone Hotel and Cabins****-*****, prächtiges Hotel im Kolonialstil und dunkle, schmuddelige Hütten mit Bad. Ein abendlicher Drink im *Sun Room* mit Blick auf den See rundet den Tag ab.

Mammoth Hot Springs Hotel & Cabins***-****, am Nordrand des Parks. Hütten mit Bad, Hotelzimmer mit oder ohne Bad und preiswertere Hütten ohne Dusche und WC.

Old Faithful Inn and Lodge***-*****, gilt als die schönste Lodge in ganz USA und ist entsprechend beliebt. Verschiedene Preisklassen, einfache Hütten mit und ohne Bad.

Old Faithful Snow Lodge and Cabins*****, neben dem *Mammoth Hot Springs Hotel* die einzige Unterkunft, die auch im Winter geöffnet hat. Die 1998 errichtete Lodge wirkt wie ein modernes Hotel, die Cabins hingegen sind eher einfach, aber immerhin haben sie Du/WC und sind gut gegen die Kälte isoliert. ☉ Mai–Mitte Okt und Mitte Dez–Mitte März.

IN DER UMGEBUNG – Die Kleinstädte vor den Toren des Parks im Westen und im Norden bieten eine größere Auswahl an preiswerten Unterkünften und außerdem Bars und Cafés, die auch abends noch geöffnet sind.

West Yellowstone, die größte der Ortschaften, breitet sich mit ihren T-Shirt-Geschäften, Souvenirläden und Schnellrestaurants vor dem Westeingang des Parks aus.

Der Ort **Gardiner** befindet sich am Nordwesteingang, nur fünf Meilen von den Mammoth Hot Springs entfernt. Hier sind die Preise meistens etwas höher als anderwo.

Die größere Siedlung **Cooke City** liegt zehn Meilen vom nordöstlichen Parkeingang entfernt am US-212. Alle im folgenden genannten Unterkünfte liegen in Montana und haben die Vorwahl 406.

Die nächstgelegenen größeren Städte in der weiteren Umgebung befinden sich in Wyoming: **Jackson** (s.S. 166) 70 Meilen weiter südlich und **Cody** (s.S. 156) 52 Meilen östlich.

High Country Motel**, US-212, Cooke City, ✆ 838-2271. Einfache, preiswerte Motelzimmer, einige mit Küchenzeile ($10 Aufpreis).

Hillcrest Cottages****, 200 Scott St, Gardiner, ✆ 848-7353. Bequeme Cottages mit Kochnische. Gutes Preis-Leistungsverhältnis, insbesondere bei den größeren, in denen bis zu 6 Pers. unterkommen.

Hoosier's Motel***, US-212, Cooke City, ✆ 838-2241. Modernes Motel mit hauseigener, sehr beliebter Bar. ☉ Mitte Mai bis Okt.

Round Up Motel and Dude Motor Inn****, 3 Madison Ave, West Yellowstone, ✆ 646-7301 oder 1-800/833-7669, ✉ roundup@wyellowstone.com. Saubere und gepflegte Zimmer; auch einige Studios mit zwei Schlafzimmern und Küchenzeile. In einem ruhigeren Viertel, aber trotzdem nur einen Block von der Action entfernt.

Sleepy Hollow Lodge****, 124 Electric St, West Yellowstone, ✆ 646-7707, ✉ sleepyhollow@wyellowstone.com. Attraktive Blockhütten mit komplett ausgestatteten Küchen und Angelzubehör. Gutes Preis-Leistungsverhältnis.

Stage Coach Inn*****, 209 Madison Ave, West Yellowstone, ✆ 646-7381 oder 1-800/842-2882, ✉ sci@wyellowstone.com. Historisches Gebäude, eines der ältesten der Stadt. Gemütliche Zimmer, angenehme Lobby und Leseecke, Hot Tub und Sauna sowie gutes Restaurant. Das ganze Jahr über geöffnet; außerhalb der Saison tolle Sonderangebote (Zimmer teilweise unter $40).

West Yellowstone International Hostel at Madison Hotel*-**, 139 Yellowstone Ave, ✆ 746-7745 oder 1-800/838-7745. Eines der wenigen Hostels in Montana. Das attraktive Holzhaus Baujahr 1912 hat 4-Bett-Dorms (Bett $20) und Privatzimmer für etwa $50. ☉ Ende Mai bis Anfang Okt.

Yellowstone Village Inn***-****, Main St, Ecke 2nd St, Gardiner, ✆ 848-7417 oder 1-800/228-8158, 🖥 www.yellowstoneVinn.com. 40 sehr einfache, aber saubere und bequeme Zimmer mit Kochecke. Es gibt auch ein Hallenbad und auf Wunsch die Möglichkeit zu Ausritten, Angeln und Rafting.

CAMPING – **Im Nationalpark**: Die Organisation **Xanterra** betreibt fünf der zwölf Campingplätze im Yellowstone, einer davon nur für Wohnmobile. Die anderen sieben werden nach dem *first-come, first-served*-Prinzip geführt. Im Juni, Juli und August muss man dort frühmorgens erscheinen – die meisten sind schon um 11 Uhr voll belegt. Um sicherzugehen überhaupt einen Stellplatz für Zelt oder Auto zu bekommen, ist es ratsam, sich zumindest für die erste Übernachtung im Park auf einem der Zeltplätze einzubuchen, die eine Reservierung akzeptieren: Bridge Bay, Canyon, Grant Village, Madison und Fishing Bridge, ✆ 307/344-7311; falls man für den gleichen Tag reservieren will: ✆ 307/344-7901, 🖥 www.travelyellowstone.com.

Zeltplätze kosten $10–15 pro Nacht; Stellplätze für RVs ab $27. Alle Zeltplätze sind mit Toiletten ausgestattet, nicht alle haben auch Duschen. ☉ der Plätze von Mitte Mai/Anfang Juni bis Sep/Okt oder sogar bis Nov. Die Benutzung von Generatoren ist auf den folgenden Zeltplätzen nicht gestattet: Indian Creek, Pebble Creek, Slough Creek und Tower Fall.

Wer wild zelten *(backcountry camping)* möchte, benötigt ein Permit. Es ist kostenlos bei den Visitor Centers, Informationsständen und Rangerbüros erhältlich und kann frühestens 48 Std. vor Beginn der Campingreise abgeholt werden.

Außerhalb: Kommerzielle Campingplätze befinden sich in den benachbarten Ortschaften und National Forests wie **Gallatin**, ✆ 307/344-7381, im Nordwesten und **Shoshone**, ✆ 307/527-6241, im Osten.

Essen

Die Snackbars und Restaurants im Nationalpark sind nicht gerade billig, aber in Anbetracht der Lage halten sich die Preise noch einigermaßen in Grenzen. Lebensmittel in den General Stores sind ziemlich teuer. Eine abwechslungsreiche Speisekarte darf man in den Restaurants nicht erwarten.

Restaurants finden sich im *Old Faithful Inn*, *Old Faithful Snow Lodge*, *Roosevelt Lodge*, *Lake Yellowstone Hotel*, *Mammoth Hot Springs Hotel*, *Canyon Lodge* und *Grant Village*, wobei die im *Old Faithful Inn* und im *Lake Yellowstone Hotel* in puncto Lage und Ambiente deutlich hervorstechen. Vorspeisen kosten ab $14; es gibt Steaks und Braten, aber auch Burger oder Caesar Salad ($8) sowie Desserts ($4–5) und eine beschränkte Auswahl an Weinen und Bieren.

Im Sommer ist eine Tischreservierung zum Abendessen unbedingt erforderlich im *Old Faithful Inn*, ✆ 307/545-4999, *Lake Yellowstone Hotel*, ✆ 307/242-3899, und *Grant Village*, ✆ 307/242-3499. Die Restaurants sind auch zum Frühstück und Mittagessen geöffnet. Meist gibt es ein Frühstücksbuffet mit frischem Obst, Getreideflocken, Plunderstückchen, Eiern usw. (ab $7).

Die Ortschaften vor den Toren des Parks bieten eine größere Auswahl und niedrigere Preise; mit kulinarischen Höhenflügen darf allerdings nicht gerechnet werden:

Nancy P's, 29 Canyon St, West Yellowstone, ✆ 406/646-9737. Gutes Frühstück.

Rustlers's Roost, 234 Firehole Ave, West Yellowstone, ✆ 406/646-7622. Wildgerichte (auch Elch und Bison) ab $15.

Town Café, Park St, Gardiner, ✆ 406/848-7322, freundlich und belebt; offeriert ein sättigendes Frühstück.

Beartooth Café, Cooke City. Das stilvolle Café serviert vermutlich das beste Frühstück, die besten Hamburger und das preiswerteste Abendessen aller Restaurants in den umliegenden Ortschaften.

Sonstiges

EINTRITT – Der Eintrittspreis von $20 pro Pkw und $10 für Fußgänger oder Radfahrer gilt für sieben Tage und berechtigt auch zum Besuch des Grand Teton National Park.

INFORMATIONEN – Das *Park Headquarters* befindet sich bei Mammoth Hot Springs, unweit des Nordeingangs, ✆ 307/344-2263. ⏰ Juni bis Sep tgl. 8–19, Okt bis Mai tgl. 9–17 Uhr. Den Wetterbericht bringt der Radiosender auf 1610 AM. Aktuelle Veranstaltungen und Bestimmungen sind der kostenlosen Zeitung *Yellowstone Today* zu entnehmen.

Weitere nur im Sommer geöffnete Centers verteilen sich im Abstand von ungefähr 20 Meilen über die Loop Road. Hier sind Genehmigungen für Wanderungen ins Hinterland und hervorragende Broschüren ($0,50) mit eingezeichneten Trails und Sehenswürdigkeiten erhältlich. Jedes *Visitor Center* widmet dem Park eine umfangreiche Ausstellung zu einem bestimmten Thema – Naturgeschichte und die Geschichte des Menschen in Yellowstone (Mammoth Hot Springs), Erdwärme (Old Faithful and Norris), der National Park Service (Norris), die Wildnis und die Waldbrände von 1988 (Grant Village), Tierwelt (Fishing Bridge) und Bisons (Canyon).

VORWAHL – in Wyoming 307, in Montana 406.

Transport

Folgende Busgesellschaften fahren den Yellowstone National Park an:

Karst Stage, ✆ 406/586-8567, verkehren von BOZEMAN über WEST YELLOWSTONE oder GARDINER.

Powder River Coach, ✆ 1-800/442-3682, fahren von CODY. Auch Touren und Rundfahrten.

Amfac/TW Services, ✆ 307/344-7311, Verbindungen ab WEST YELLOWSTONE, GARDINER und BILLINGS. Auch Tagesrundfahrten im Sommer.

4X4, ✆ 1-800/517-8243, bietet ähnlichen Service von GARDINER, COOKE CITY, WEST YELLOWSTONE und BOZEMAN aus. Ebenso

Buffalo Bus Co., ✆ 406/646-9353 oder 1-800/426-7669, von WEST YELLOWSTONE.

Greyhound fährt bis BOZEMAN und WEST YELLOWSTONE. Nähere Auskünfte unter ✆ 402/330-8552 oder 1-800/229-9424.

Grand Teton National Park

Der Grand Teton National Park erstreckt sich über 50 Meilen zwischen Yellowstone und Jackson, ist weit weniger überlaufen und ebenso imposant wie sein berühmter Nachbar. Zwar erreichen die Berge nicht die Ausmaße wie in anderen Teilen der Rocky Mountains, doch bietet die Seenkette vor der Kulisse der schroff emporragenden, über 2000 m hohen Felswände einen spektakulären Anblick. Der Snake River schlängelt sich durch das von Beifuß-Sträuchern bedeckte Jackson Hole – ein flaches, von Bergen eingeschlossenes Tal.

Die Shoshonen nannten die Berge „*Teewinot*" – die „Vielgipfligen". Ihr heutiger Name bedeutet „Großer Busen" und ist eine Erfindung einsamer französisch-kanadischer Trapper der 30er Jahre des 19. Jhs. Ein Teil des Grand Teton wurde 1929 zum Nationalpark erklärt. Erst nach 21 Jahren rechtlichen Gerangels erweiterte man den Park gegen den Protest der einheimischen Rancher auf seine gegenwärtige Größe. In der Zwischenzeit hatte John D. Rockefeller jun. weite Teile des Jackson Hole aufgekauft und übereignete sie der Regierung. Rockefeller, der Inhaber der *Grand Teton Lodge Company*, behielt sich das Exklusivrecht auf die Betreibung von Einrichtungen im Park vor.

Über die Tetons führt keine Straße. Die Straßen entlang der Ostflanke wurden aber so gebaut, dass man die Berge nicht aus dem Auge verliert; hinter jeder Kurve bietet sich ein atemberaubender Blick. Zwei lohnenswerte Abstecher führen über den **Jenny Lake Scenic Loop** zu einem Aussichtspunkt mit Blick auf den **Grand Teton Mountain** sowie über eine schmale Straße auf den **Signal Mountain**, von dem aus man eine herrliche Aussicht auf die fünf Hauptgipfel des Grand Teton und Jackson Hole hat.

Ein bequemer und beliebter Wanderweg verläuft entlang der sandigen Ufer des **Leigh Lake**, über dem sich majestätisch der 3842 m hohe **Mount Moran** erhebt. Die in Kaskaden herabstürzenden Wasser der **Hidden Falls** sind entweder über einen zwei Meilen langen Spaziergang um das Südufer des Jenny Lake oder mit dem Schiff – für $5 hin und zurück – und anschließendem Fußweg von knapp 800 m zu erreichen.

Abenteuerlicher ist die Wanderung von den Hidden Falls durch den U-förmigen **Cascade Canyon** zum neun Meilen entfernten See mit dem treffenden Namen **Lake Solitude**. Eine ebenfalls anstrengende Wanderung führt von den **Lupine Meadows** direkt südlich des Jenny Lake über fünf Meilen vorbei an kleinen Gletscherseen, wie Amphitheater und Surprise Lake, bis zur Baumgrenze.

Übernachtung

Grand Teton Lodge Co, ✆ 543-2811 oder 1-800/628-9988, 🖳 www.gtlc.com, betreibt alle Touristeneinrichtungen innerhalb des Nationalparks. Während der Sommermonate sind Zimmerreservierungen ratsam.

Jackson Lake Lodge, $160–250. Die Preise der Zimmer hängen davon ab, ob mit oder ohne Aussicht auf die Berge.

Colter Bay Village Cabins**, im Hochsommer gibt es hier auch *tent cabins* aus Holz und Stoff für $32 – jede ist mit zwei Etagenbetten ausgestattet (also 4 Schlafplätze; Bettwäsche kann man ausleihen) sowie einem Bullerofen, der Holz verbrennt, und einem Grill im Freien.

Signal Mountain Lodge, $75–200, ✆ 733-5470, 🖳 www.signalmtnlodge.com. Die Units im Motelstil mit zwei Doppelbetten und Kühlschrank präsentieren sich etwas nüchterner. Schöner sind die rustikalen Blockhütten mit zwei Doppelbetten und Bad.

CAMPING – Auf allen fünf Campingplätzen ($12) innerhalb des Parks gilt: Wer zuerst kommt, mahlt zuerst. Reservierungen nicht möglich. Alle nur im Sommer geöffnet.

Die Visitor Centers und die Stationen an den Parkeingängen informieren über freie Plätze, Auskunft vom Band unter ✆ 739-3603. Im Juli und August füllen sich in der Regel *Jenny Lake* (nur Zelte, 49 Plätze) um 8 Uhr, *Signal Mountain* (86 Plätze) um 10 Uhr, *Colter Bay* (306 Plätze) um 12 Uhr, *Lizard Creek* (60 Plätze) um 14 Uhr und *Gros Ventre* (360 Plätze) am Abend.

Wer sein Zelt abseits der Campingplätze aufschlagen will, benötigt eine Genehmigung, kostenlos erhältlich in den Visitor Centers Moose

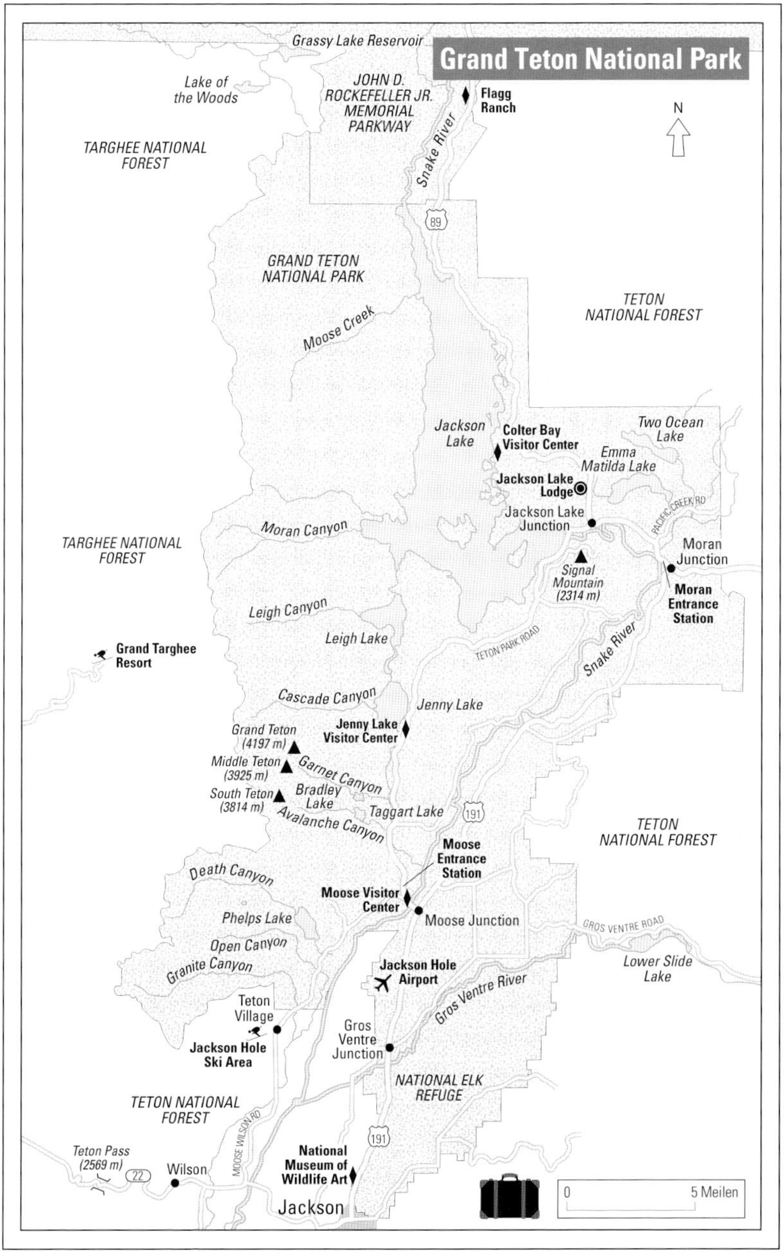

Grand Teton National Park
Grassy Lake Reservoir
Lake of the Woods
JOHN D. ROCKEFELLER JR. MEMORIAL PARKWAY
Flagg Ranch
N
TARGHEE NATIONAL FOREST
Snake River
89
GRAND TETON NATIONAL PARK
TETON NATIONAL FOREST
Moose Creek
Jackson Lake
Colter Bay Visitor Center
Two Ocean Lake
Emma Matilda Lake
Jackson Lake Lodge
Jackson Lake Junction
PACIFIC CREEK RD
Moran Canyon
TARGHEE NATIONAL FOREST
Moran Junction
Signal Mountain (2314 m)
Moran Entrance Station
Leigh Canyon
Leigh Lake
TETON PARK ROAD
Snake River
Grand Targhee Resort
Cascade Canyon
Jenny Lake
Jenny Lake Visitor Center
Grand Teton (4197 m)
Middle Teton (3925 m)
Garnet Canyon
South Teton (3814 m)
Bradley Lake
Taggart Lake
191
Avalanche Canyon
TETON NATIONAL FOREST
Moose Entrance Station
Death Canyon
Moose Visitor Center
Phelps Lake
Moose Junction
GROS VENTRE ROAD
Open Canyon
Lower Slide Lake
Granite Canyon
Jackson Hole Airport
Gros Ventre River
Teton Village
Gros Ventre Junction
Jackson Hole Ski Area
NATIONAL ELK REFUGE
TETON NATIONAL FOREST
MOOSE WILSON RD
191
Teton Pass (2569 m)
22
Wilson
National Museum of Wildlife Art
Jackson
0
5 Meilen

Bay und Colter Bay sowie beim Rangerbüro Jenny Lake, in der Nähe des Jenny Lake Visitor Center gelegen.

Essen

Die Parkrestaurants und Snackbars, v.a. in Colter Bay, sind gut, aber nicht billig.
Dornan's Original Moose Chuckwagon, ℡ 733-2415. Außerhalb des Parks, vor dem Südeingang in Moose. Serviert ein All-you-can-eat-Pfannkuchen-Frühstück und Rippchen am Abend für wenig Geld.
Blue Heron Lounge in der Jackson Lake Lodge. Ein Drink am frühen Abend mit Blick auf die stetig wechselnden Farben des Mount Moran entspannt Leib und Seele.

Sonstiges

EINTRITT – Der Eintrittspreis für den Park beträgt $20 pro Pkw und $10 für Fußgänger oder Radfahrer und berechtigt auch zum Besuch des Yellowstone.

FAHRRÄDER – Besonders gut geeignet für Streifzüge durch den Nationalpark ist das Fahrrad. Verleihfirmen gibt es in Jackson ($25–30).

INDIAN ARTS MUSEUM – Das Museum in Colter Bay, ℡ 739-3594, beherbergt eine umfangreiche Kunsthandwerksammlung der Plains-Indianer. ⏲ im Sommer tgl. 8–20, im Frühling und Herbst tgl. 8–17 Uhr, Eintritt frei.

INFORMATIONEN – *Visitor Center*, unweit der Hauptstraße in Moose, ℡ 739-3399, im Süden, ⏲ tgl. von Memorial Day bis Labor Day 8–19, sonst 8–17 Uhr; ein weiteres in Colter Bay, ℡ 739-3594, am Ostufer des Jackson Lake, auf halber Höhe der Hauptstraße, ⏲ Mitte Mai bis Ende Sep tgl. 8–20 Uhr.
Kleinere **Informationsbüros** befinden sich in Jenny Lake, ℡ 739-3343, ⏲ Juni–Sep tgl. 8–19 Uhr, und Flagg Ranch, ℡ 1-800/443-2311, ⏲ Juni–Sep tgl. 9–18 Uhr.
Über das Veranstaltungsprogramm der Ranger, Trails und Einrichtungen informiert die kostenlose Parkzeitung *Teewinot*.

KLETTERN – Im Park gibt es ausgezeichnete Klettermöglichkeiten. Das **Jenny Lake Visitors Center**, ℡ 739-3343, erteilt Auskunft.
Climber's Ranch, innerhalb des Nationalparks an der Teton Park Road gelegen, ℡ 733-7271, bietet von Juni bis Sep schlichte Unterkunft für Kletterer in Dorms (Bett $9).

TOUREN – Wer die Landschaft vom Wasser aus genießen möchte, nimmt an einer Floßfahrt über den Snake River (Einzelheiten s.S. 168, Jackson) teil oder mietet sich ein Ruderboot in Colter Bay oder Signal Mountain ($25).

VORWAHL – 307.

WINTERSPORT – Im Winter stehen alle Wanderwege für den Skilanglauf zur Verfügung. Verschiedene Anbieter in Jackson vermieten Schneemobile.

Transport

Sowohl von JACKSON als auch von YELLOWSTONE fahren Zubringerbusse zum Grand Teton National Park.

Jackson

Am Südrand des Jackson Hole, zehn Meilen vor der Südeinfahrt des Parks, liegt Jackson. Das Städtchen präsentiert sich im aufgesetzt wirkenden Wildwest-Stil. Designerläden und über 30 Galerien vermitteln einen Hauch von Luxus. Im Sommer werden allabendlich außer sonntags um 18.15 Uhr Schießereien aus den Tagen des Wilden Westens auf dem zentralen Platz in Downtown wirkungsvoll in Szene gesetzt.

Jackson ist das Sprungbrett zu zwei der besten Skigebiete in Wyoming. **Snow King**, ℡ 733-5200 oder 1-800/522-5464, 🖳 www.snowking.com, ist Jacksons familienfreundlicher Hausberg, dessen Abfahrten abends mit Flutlicht bestrahlt werden. **Jackson Hole Mountain Resort**, ℡ 733-2292 oder 1-888/333-7766, 🖳 www.jacksonhole.com, hingegen umfasst ein gewaltiges Bergmassiv mit fast senkrechten Steilwänden und einem Terrain, das sich nur für fortgeschrittene Skifahrer oder extrem Waghalsige eignet.

Von der Snow King Avenue, sechs Blocks vom zentralen Platz in Downtown entfernt, führt ein Sessellift für $8 auf den 2363 m hohen **Snow King Mountain**. Betriebszeiten: im Hochsommer tgl. 9–20 Uhr. Bergab geht's zu Fuß, per Fahrrad oder für $6 mit der **Alpine Slide** – eine abenteuerliche Rutschpartie.

Von **Teton Village**, auf halbem Weg in Richtung Teton Park, fährt eine Bergbahn auf den 3211 m hohen Gipfel des **Rendezvous Mountain** mit herrlichem Panorama über das Tal und die Berge. Betriebszeiten: tgl., Juni–Aug 9–19, Mai und Sep 9–17 Uhr. Fahrpreis $17.

Übernachtung

Die Zimmerpreise sinken im Winter um ca. 25%.
The Alpine House, $130–160, 285 N Glenwood St, ✆ 739-1570 oder 1-800/753-1421, 🖥 www.alpinehouse.com. Freundliches B&B mit 21 hellen Gästezimmern. Im Winter günstige Pauschalangebote inkl. Lift- oder Loipenpass. Im Winter*****.
Antler Inn****-****, 43 W Pearl St, ✆ 733-2535. Sehr zentral gelegen, trotzdem einigermaßen ruhig. Mit Sauna. Einige Zimmer mit offenem Kamin.
Best Western Lodge at Jackson Hole, $130–160, 80 S Scott Lane, Teton Village, ✆ 739-9703 oder 1-800/458-3866. Manche Zimmer mit Kamin, Küchenzeile und Hot Tub. Hervorragendes „kontinentales" Frühstück inkl., außerdem Pool und Jacuzzi.
Bunkhouse in the Anvil Motel**, 215 N Cache St, ✆ 733-3668. Motel der mittleren Preislage; auch Betten in einem riesigen, ziemlich trostlosen Dorm ($22); keine Kochmöglichkeiten. Motel im Winter***.
Hostel X****-***, Teton Village, ✆ 733-3415, 🖥 www.hostelx.com. Ausgezeichnetes Hostel am Hang mit Dorms (im Sommer $19) und Privatzimmern ($52 für 1–2 Pers., $65 für 3–4 Pers.). Offener Kamin in der Lounge, TV- und „Games"-Zimmer, kostenloser Kaffee/Tee, aber keine Kochgelegenheiten.
Virginian Lodge****-****, 750 W Broadway, ✆ 733-2792 oder 1-800/262-4999. Die 170 Gästezimmer sind ziemlich schlicht, aber dafür gibt es einen großen Pool draußen und eine Hot Tub mitten auf dem begrünten Hinterhof. Zur Anlage gehören auch ein Restaurant, ein Saloon, ein Liquor Store und eine Waschküche.
The Wort Hotel, über $250, 50 N Glenwood St, ✆ 733-2190 oder 1-800/322-2727, 🖥 www.worthotel.com. Das altehrwürdige, luxuriöse Hotel kombiniert altmodischen Charme und Stil mit modernen Annehmlichkeiten, zu denen zwei Hot Tubs, ein Grill-Bistro und eine attraktive Bar gehören: *The Silver Dollar*. Im Winter $160–250.
Wagon Wheel Campground, 525 N Cache St, hinter dem *Wagon Wheel Motel*, ✆ 733-4588; Zelte $15, RVs $45.

Essen und Unterhaltung

Da Jackson permanent Touristen anzieht, hat es das bunteste Nachtleben von Wyoming.
Anthony's, 62 S Glenwood St, ✆ 733-3717. Italienische Küche; fantasievoll und preisgünstig.
Bubba's Bar-B-Que Grill, 515 W Broadway, ✆ 733-2288, serviert billiges Abendessen (u.a. Rippchen, Steaks, Sandwiches). Das Frühstück ist auch bei Einheimischen sehr beliebt; viele bestellen eine doppelte Portion der tellergroßen Blaubeerpfannkuchen.
The Bunnery, 130 N Cache St, ✆ 733-5474. Das Bäckerei-Café offeriert tolles Frühstück, vielerlei Backwaren, Espresso, gefüllte Omeletts und dergleichen.
Cadillac Grill, 55 N Cache St, ✆ 733-3279. Schickes Art déco-Restaurant am Main Square. Riesige Hamburger, Hauptmahlzeiten mit Büffel-, Eber-, Karibu- und Antilopenfleisch sowie Seafood-Gerichte von $15–22. Reservierung empfohlen.
Harvest Natural Foods Café, 130 W Broadway, ✆ 733-5418. Bioladen mit Esstheke: Burger garantiert ohne Ham, Tofu und Vitamreiches zum Mitnehmen oder gleich Essen.
Mangy Moose, Teton Village, ✆ 733-4913. Legendärer Après-Ski-Treffpunkt in Jackson Hole; die „Drinks auf die Schnelle" gehen meist in lärmige Abendsessions mit Live-Rock oder Live-Reggae über (dann Eintrittsgebühr $5–10). Im Restaurant eine Treppe höher gibt es sättigende, simple Sachen wie Burger, Hähnchen und Pasta, und *Moose's Belly* unten bietet morgens ein nicht gerade überwältigendes „Skiers' Breakfast Buffet" für $7.

Million Dollar Cowboy Bar, 25 N Cache St, ☏ 733-2207. Sehr touristische Bar im Western-Stil mit Pferdesätteln als Sitzplätzen, einer großen Tanzfläche und Karaoke. Die hier servierten Steaks sind natürlich riesig. Eintritt $3.

Mountain High Pizza Pie, 120 W Broadway, ☏ 733-3646. Preiswerte Pizza, Calzone und Salate.

Old Yellowstone Garage, 175 Center St, ☏ 734-6161. Dieses Restaurant zählt zu Jacksons besten; superprofessionelle Bedienung und tgl. wechselnde, italienisch inspirierte Speisekarte. Sonntags gibt's ein All-you-can-eat-Buffet für $10. Tischreservierung unbedingt erforderlich.

Pearl Street Bagels, 145 W Pearl Ave, ☏ 739-1218. Wie der Name verheißt, werden hier Bagels verkauft, von herzhaften (z.B. Tomaten-Kräuter) bis hin zu süßen mit Zimt und Rosinen. ⏰ tgl. 6.30–18 Uhr.

The Rancher, 20 E Broadway, ☏ 733-3886. Jeden Di ist hier „a dollar a drink"-Abend.

The Silver Dollar Bar, 50 N Glenwood St, ☏ 733-2190. Schicke, dennoch sehr legere Bar, in der Sangeskünstler und Klavierspieler unterschiedlicher Qualität auftreten. Auf dem Tresen sind 2032 Silberdollars eingebettet. Eintritt frei.

Snake River Brewery, 265 S Millward St, ☏ 739-BEER. Besonders beliebt wegen seines billigen Mittagessens ($6).

Thai Me Up, 75 E Pearl St, ☏ 733-0005. Das einzige Thai-Restaurant am Ort serviert rote, grüne und gelbe Currys sowie Seafood und Nudelgerichte (Vorspeisen $12–16).

Sonstiges

INFORMATIONEN – *Wyoming Information Center*, 532 N Cache St, ☏ 733-3316, 🖥 www.jacksonholechamber.com, hat eine Fülle von Informationen über den gesamten Bundesstaat. ⏰ im Sommer tgl. 8.–19.30, sonst 9–17 Uhr. In der Nähe befinden sich die

Bridger-Teton National Forest Headquarters, 340 N Cache St, ☏ 739-5500, die über Wanderwege und Campmöglichkeiten Auskunft geben. ⏰ Mo–Fr 8–16.30 Uhr.

TOUREN – Das *Visitor Center* vergibt stapelweise Angebote von Veranstaltern, die Busrundfahrten und Ausflüge in die Parks anbieten, z.B.

Gray Line, 330 N Glenwood St, ☏ 733-4325 oder 1-800/443-6133, holt Passagiere vom Hotel ab, veranstaltet ganztägige **Busrundfahrten** durch die beiden Nationalparks Teton und Yellowstone ($60).

Teton Mountain Bike Tours, ☏ 733-0712 oder 1-800/733-0788, veranstaltet halbtägige, geführte Radtouren in die Umgebung für $55, Ausrüstung inkl.

Zwei der zahlreichen Veranstalter von **Floß**- und **Wildwasserfahrten** über den Snake River (halbtags um $40, ganztags $60) sind

Dave Hansen Whitewater, 455 N Cache St, ☏ 733-6295 oder 1-800/732-6295, 🖥 www.davehansenwhitewater.com, und

Jackson Hole Whitewater, 650 W Broadway, ☏ 733-1007 oder 1-800/700-7238.

Leisure Sports, 1075 Hwy-89 S, ☏ 733-3040, vermietet Flöße, Kajaks, Schlauchboote sowie Fahrräder zu annehmbaren Preisen.

VORWAHL – 307.

Nahverkehrsmittel

Innerhalb von Jackson Hole verkehren Busse von **START**, ☏ 733-4521, 🖥 www.startbus.com, die auch ins 12 km weiter nordwestlich gelegene Teton Village fahren.

Transport

BUSSE – *Jackson Hole Express*, ☏ 733-1719 oder 1-800/652-9510, bietet tgl. zwei direkte Shuttle Dienste zwischen dem internationalen Flughafen in Salt Lake City und Jackson (Fahrzeit ca. 5 Std.; $47 einfach); Ankunft und Abfahrt in Jackson beim MiniMart am West Broadway.

FLÜGE – Der Flughafen liegt 8 Meilen nördlich, der Zubringerservice von *All Star Transportation*, ☏ 733-2888, kostet $8. Taxi $20.

Montana

Montana ist das Land des Big Sky: Der weite, blaue Himmel bildet eine perfekte Ergänzung zur herrlichen Landschaft vor allem im Westen des Staates. Mit den schneebedeckten Gipfeln, reißenden Flüssen, wunderschönen Gletschertälern, dichten Wäldern und tiefblauen Seen des Glacier National Parks im äußersten Norden endet der US-amerikanische Teil der Rockies. Im Gegensatz dazu bestehen die beiden östlichen Drittel des Staates aus im Sommer verdorrter und im Winter von eisigen Schneestürmen heimgesuchter Prärie. Grizzly-Bären, Elche und Bighorn-Schafe sind hier in größerer Anzahl vertreten als irgendwo sonst in Nordamerika. Wer aber hier nur von Cowboys besiedeltes Land erwartet, wird eines Besseren belehrt. Das Leben findet eher in Kleinstädten statt, und jede besitzt ihren eigenen Charakter.

Trapper und Goldgräber, die sich, getrieben von der Hoffnung auf Profit, als Erste auf den Weg in dieses ungastliche Land machten, zogen bald weiter. Als jedoch weiße Siedler in die Jagdgründe der Indianer vordrangen, war der Konflikt unausweichlich. Für die US-Armee lautete die Devise, die Indianer durch Aushungern zu unterwerfen. So erklärte General Philip Sheridan: „Lasst sie (die professionellen Jäger) um eines dauerhaften Friedens willen die Büffel töten, enthäuten und verkaufen, bis sie ausgerottet sind. Dann können die gescheckte Kuh und der feiernde Cowboy in eure Prärien einziehen." Ende der 70er Jahre des 19. Jhs. war der Weg für die Siedler geebnet und der Büffelbestand von rund 20 Millionen auf wenige Hundert reduziert.

Doch der gescheckten Kuh und dem lustigen Cowboy standen harte Zeiten bevor. Viele Herden fielen dem eisigen Winter von 1886 zum Opfer. Auf die bankrotten Rancher folgten Farmer, die ihr Glück mit dem Anbau von Weizen versuchten. Ihnen erging es oft nur wenig besser. Aufgrund von Heuschreckenplagen, Trockenperioden, fallenden Weizenpreisen und der Erosion der Ackerkrume mussten in den 20er Jahren des 20. Jhs. viele Farmen aufgegeben werden. Als einziger US-Staat verzeichnete Montana in dieser Zeit sinkende Bevölkerungszahlen.

Inzwischen hat der Weizenanbau wieder Fuß gefasst und bildet mit Holzwirtschaft und Kohlebergbau die Wirtschaftsgrundlage von Montana. Auch der Tourismus zählt zu den bedeutenden Erwerbsquellen. Wegen des rauen Klimas beschränkt sich die Saison auf die Zeit von Juni bis September.

Bevor sich Rancher und Farmer in der Prärie Ost-Montanas ansiedelten, gehörte die weite Ebene vor allem den Büffeln. Ein früher Reisender berichtete von einer Riesenherde, die drei Nächte lang an ihm vorübergezogen sei. Die Indianer verteidigten das Land mit aller Kraft und errangen am legendären Little Bighorn einen ihrer bedeutendsten Siege über die US-Armee.

In seinem westlichen Drittel zeigt sich Montana von seiner schönsten Seite. Von Big Timber verläuft der I-90 zwischen schroffen Berghängen vorbei am Yellowstone nach Westen. Unterwegs gibt es zahlreiche Möglichkeiten für Aktivitäten im Freien sowie belebte Ortschaften. Nur zwei der einstigen Goldgräbercamps haben sich zu dauerhaften Siedlungen entwickelt: Helena, die Hauptstadt des Staates, und die Arbeiterstadt Butte, die ihren Wohlstand hauptsächlich dem Kupferbergbau verdankt. Zusammen beschwören sie den Zauber vergangener Tage herauf: Die Hinterlassenschaften der profitgierigen, entbehrungsreichen Zeiten des Goldrausches wirken hier eindringlicher als in allen herausgeputzten Geisterstädten der Rockies zusammen.

Transport

In Anbetracht von Größe und Bevölkerungszahl des Staates sind die Verkehrsverbindungen nicht schlecht. Züge von *Amtrak* durchqueren den Norden und halten östlich und westlich des Glacier National Park. *Greyhound* und regionale Busgesellschaften wie *Intermountain* (befahren das Gebiet nördlich von Butte und Missoula bis Glacier) and *Rimrock* fahren Städte entlang des I-90 und des I-15 an. *Delta Airlines* und *Northwest* unterhalten die meisten Flüge nach Montana und landen in sieben Städten. Am besten geeignet für eine Reise durch Montana ist das Auto. Auf den *Interstates* kommt man relativ schnell voran. Im Westen von Montana führt praktisch jede Ausfahrt in einsame Berglandschaften, zu interessanten Sehenswürdigkeiten oder kleinen Gemeinden. Das westliche Montana eignet sich auch bestens für ausgedehnte Radtouren. Spezielle Radwanderkarten gibt es bei der Organisation *Adventure Cycling*, deren nationales Hauptquartier in Missoula liegt.

Generalleutnant Custer und die Schlacht von Little Bighorn Ruhm und Niederlage des Generallleutnants Custer suchen in der US-Armee ihresgleichen. Nachdem er 1861 in Westpoint graduiert hatte, begann seine wechselvolle Karriere, zu deren Höhepunkten die Ernennung zum jüngsten Generalmajor der US-Armee zählte. Traurige Berühmtheit erlangte Custer, als er zuließ, dass seine Soldaten 1868 fast 100 Frauen und Kinder der Cheyenne abschlachteten.

Am 25. Juni 1876 traf Custers Einheit als erste im Little Bighorn Valley ein. Statt auf Verstärkung zu warten, beschloss der ehrgeizige Custer, im Alleingang ein Indianerdorf am Little Bighorn River zu überfallen. Da er 800 weitere Soldaten erwartete, teilte er sein 600 Mann starkes Kommando, um von drei Seiten anzugreifen. Ohne zu bemerken, dass seine beiden Flanken zum Rückzug gezwungen wurden, setzte Custers Trupp zum Sturm an. Bevor die Soldaten das Indianerlager erreicht hatten, strömten mindestens 2000 Sioux und Cheyenne aus einer Schlucht und umzingelten den Trupp. Der anschließende Kampf dauerte nicht einmal eine Stunde und hinterließ keinen weißen Überlebenden, auch Custer hatte keine Chance zum Entkommen. Archäologen haben bewiesen, dass an der Legende von *Custer's Last Stand* – der heroischen Verteidigung, in deren Verlauf Custer der letzte aufrechte Reiter gewesen sein soll – nichts Wahres sein kann. Die weißen Soldaten wurden systematisch und mühelos vom Leben in den Tod befördert. Dies war der bedeutendste Sieg der Indianer im Westen – angeführt von Sitting Bull – und zugleich die letzte große Demonstration ihres Widerstandes. Ein wütender Präsident Grant nannte es ein Massaker und sammelte alle verfügbaren Streitkräfte zu einer massiven Militärintervention, die bis zum Ende des Jahrzehnts den endgültigen Sieg über die Indianer der Great Plains herbeiführte.

Little Bighorn Battlefield

Im Juni 1876 wurden Sondereinheiten der US-Armee in den Südosten Montanas abkommandiert, um die Sioux und Cheyenne zu unterwerfen. Eine Schüsselfunktion übernahm bei diesem Einsatz die Seventh Cavalry unter Generallleutnant George Armstrong Custer. Das Schlachtfeld liegt 56 Meilen südöstlich von Billings, der Eingang befindet sich eine Meile östlich des I-90 am US-212. Für nicht motorisierte Besucher finden Busrundfahrten für $10 statt (außer im Winter). Als Ausgangspunkt für eine Besichtigung des Schlachtfeldes eignet sich die Kleinstadt **Hardin**, 13 Meilen nordwestlich des Little Bighorn Valley.

Im Mittelpunkt des National Monument steht der **Friedhof**. Ein Sandsteinobelisk ragt über das Massengrab der 265 Soldaten, die hier starben – Custer selbst liegt auf dem Gelände der West Point Military Academy begraben. Weiße Marmortafeln kennzeichnen die Stellen, an denen die einzelnen Soldaten vermutlich gefallen sind. Im *Visitor Center*, ✆ 406/638-2621, veranschaulichen Dioramen den Hergang der Schlacht, ⊕ Mitte Apr bis Mai 8–18; Juni–Aug 8–20, den Rest des Jahres 8–16.30 Uhr. Eintritt $10 pro Pkw; der Friedhof kann kostenlos besucht werden.

Übernachtung und Essen

Western Motel***-****, in Hardin, 831 W 3rd St, ab Hwy-313, ✆ 406/665-2296.
The Purple Cow, Hwy-47 N, ✆ 406/665-3601, gemütliches Lokal mit leckerer Hausmannskost.

Helena

1864 beschlossen entmutigte Goldsucher, die erfolglos das Gelände des heutigen Stadtgebietes von Helena durchkämmt hatten, einen letzten Versuch entlang einer Schlucht zu wagen. Sie wurden tatsächlich fündig: Aus der **Last Chance Gulch** – inzwischen die attraktive Hauptstraße der Stadt – holte man Gold im Wert von mehr als 20 Millionen Dollar heraus. Zeitweise lebten über 50 Millionäre in der Stadt, ihre palastartigen Villen stehen noch heute im Westen von Helena.

Die Hauptstadt von Montana, die gerade mal 30 000 Einwohner hat, erstreckt sich am Fuß zweier Berge mit schönem Blick auf das goldbraune **Prickly Pear Valley** ungefähr auf halbem Weg zwischen den Nationalparks Yellowstone und Glacier.

Gräberfeld auf dem Little Big Horn Battlefield

Das architektonische Paradestück von Helena ist das klassizistische **State Capitol** auf einem von Grünflächen umgebenen Hügel zwischen Sixth und Montana Avenue. Im Innern sind riesige Wandgemälde aus der Geschichte Montanas zu sehen. ◐ tgl. von 8–18 Uhr, Eintritt frei.

Im ausgezeichneten **Montana Historical Society Museum**, 225 N Roberts Street, sind Arbeiten des Cowboy-Künstlers Russel sowie eine Ausstellung von alten Fotos über das Leben der Pioniere zu sehen. ◐ Juni–Aug Mo–Fr 8–18, Sa und So 9–17; sonst Mo–Fr 8–17, Sa 9–17 Uhr. Eintritt frei.

Ebenfalls einen Besuch lohnt das **Holter Museum of Art**, 12 E Lawrence St, das Gemälde, Skulpturen, Fotografien und Keramik ausstellt. ◐ Juni–Sep Mo–Sa 10–17, So 12–17, Okt–Mai Di–Fr 11.30–17, Sa und So 12–17 Uhr; Eintritt frei.

In der **Archie Bray Foundation**, 2915 Country Club Ave, ✆ 406/443-3502, westlich der Innenstadt, kann man renommierten Keramikkünstlern beim Arbeiten zuschauen. ◐ Mo–Sa 10–17 Uhr.

Die majestätischen, mit roten Ziegeln gedeckten Türme der **Cathedral of St Helena**, 530 N Ewing Street, ragen 70 m hoch in den Himmel. Kunstvolle Buntglasfenster, Altäre aus weißem Marmor und Blattgold zieren das Innere.

16 Meilen nördlich von Helena beginnen unweit des I-15 zweistündige Bootsfahrten durch die **Gates of the Mountains** ✆ 458-5241, 🖥 www.gatesofthemountains.com. Der Missouri River zwängt sich hier durch rund 400 m hohe, schroffe Felswände, die plötzlich am Nordufer eines stillen Sees aufragen. Dieser dramatische Flussabschnitt erhielt seinen Namen von Meriwether Lewis (von der Lewis und Clark-Expedition). Die Bootsfahrten kosten $10 und finden tgl. von Juni–Sep statt.

Die Gegend bietet ausgezeichnete Möglichkeiten zu ausgedehnten Wanderungen. Das *Helena National Forest Office*, ✆ 449-5201, hat Landkarten und Informationen über Zeltplätze.

Übernachtung

Budget Inn Express**, 524 Last Chance Gulch, ✆ 442-0600 oder 1-800/862-1334. Komfortable Zimmer und günstige Lage in Downtown.

The Barrister Bed & Breakfast****, 416 N Ewing St, ✆ 443-7330 oder 1-800/823-1148. Die schöne

viktorianische, neben der Kathedrale gelegene Villa war früher das Pfarrhaus.
Helena Campground and RV Park, 5820 N Montana Ave, ✆ 458-4714, ✉ 458-6001, etwa 3,5 Meilen nördlich der Stadt; Zeltplatz um $22.

Essen

Den Nordteil von Last Chance Gulch nimmt eine belebte Fußgängerzone ein, die mit Skulpturen zum Thema Bergbau und Brunnen geschmückt ist; dort finden sich auch Bars, Straßencafés und Restaurants.
The Bagel Co, 735 N Last Chance Gulch, ✆ 449-6000, ⏰ Mo–Sa ab 6, So ab 7 Uhr zum Frühstück.
Bert and Ernie´s, 361 Last Chance Gulch, ✆ 443-5680. Nobelrestaurant mit beliebter Saloon-Bar.
Windbag Saloon, 19 Last Chance Gulch, ✆ 443-9669. Eine der besten Kneipen der Stadt. Serviert anständiges Guinness, leckere Hamburger und Steaks.
On Broadway, 106 Broadway, ✆ 443-1929, etwas kostspieliger, bietet hervorragende italienische Küche und Weine.

Sonstiges

INFORMATIONEN – ***Visitor Center***, 225 Cruse Ave, ✆ 442-4120, ⏰ Mo 9–17, Di–Fr 8–17 Uhr. Dort ist eine kostenlose Visitors Map erhältlich. Der kostenlosen *Lively Times* sind Infos zu aktuellen Veranstaltungen zu entnehmen.
Helena National Forest Ranger Station, 2001 Poplar St, ✆ 449-5490, hilft mit Informationen und Karten, auf denen Wanderwege und Campingmöglichkeiten eingezeichnet sind.

VORWAHL – 406.

Transport

Helenas Busbahnhof, ✆ 442-5860, befindet sich in der 3122 Prospect Ave.
Die Busgesellschaften *Rimrock* und *Intermountain Transport* verbinden Helena mit allen größeren Städten in Montana. *Rimrock* hat Anschluss an *Greyhound*.

Glacier National Park

2000 Seen und Flussläufe von über tausend Meilen Länge schlängeln sich durch dichte Wälder und saftige Wiesen, die sich wie ein Teppich aus Blau- und Grüntönen unterhalb der Gipfel des Glacier National Park ausbreiten. Im Park, der ein Paradies für Bighornschafe, Bergziegen, Grizzlybären, Wölfe und Pumas ist, befinden sich noch immer 50 kleine Gletscher. Dennoch verdankt der Glacier Park nicht ihnen seinen Namen, sondern den Eisströmen, die vor Tausenden von Jahren seine weiten Täler formten. Die kühle Luft, die mit Eiszapfen bedeckten Wasserfälle und der ewige Schnee erwecken den Eindruck, als wäre der nördliche Polarkreis nicht mehr weit. Tatsächlich liegt der Nationalpark südlicher als London.

Der Park ist das ganze Jahr über geöffnet. Die Verbindungsstraße zwischen Ost- und Westeingang, die Going-to-the-Sun Road, kann im Allgemeinen nur zwischen Mitte Juni und Mitte Oktober befahren werden. Die Eintrittsgebühr beträgt $10 pro Pkw und gilt für 7 Tage. Selbst wenn die Straße gesperrt und die Visitor Centers geschlossen sind, lohnt es sich, wenigstens bis zum Lake McDonald oder St Mary's Lake zu fahren.

Der Glacier Park ist mit dem benachbarten und weitaus kleineren **Waterton Lakes National Park**, ✆ 403/859-2224, in Kanada verbunden. Beide Nationalparks zusammen bilden den Waterton-Glacier International Peace Park, verfügen jedoch über getrennte Bestimmungen und Gebühren. Wer Waterton besuchen möchte, muss durch die Passkontrolle und zahlt $4 Eintritt.

Fahrt durch den Park

Eine Fahrt von Westen nach Osten über die 50 Meilen lange **Going-to-the-Sun Road** kann mehrere Stunden in Anspruch nehmen. Nach der noch recht verhaltenen Anfahrt über die Ausläufer der Berge steigt die Straße stetig an. Jede Kurve gibt den Blick auf einen anderen Bergriesen frei. Am Ostufer des sich über 10 Meilen ausbreitenden **Lake McDonald** nehmen die Steigungen schwindelerregende Ausmaße an. Das herabströmende Wasser der Schneeschmelze wird über die Fahrbahn gespült. Am **Logan Pass** in 2036 Metern Höhe überquert die Straße die **kontinentale Wasserscheide**. Die Gipfel, die noch vom Tal aus unbezwingbar schienen, wirken hier wie bloße Hügel aus Eis. Nach weiteren vier Meilen zeigt sich der **Jackson Glacier**, einer der wenigen Gletscher, die von der Straße aus zu sehen sind.

Hat man den Osteingang erreicht und folgt dem US-89 etwa fünf Meilen in südöstlicher Richtung, bietet sich ein überwältigender Anblick der Great Plains, die sich von hier bis zum 1600 Meilen entfernten Chicago erstrecken.

Wanderwege

Der Glacier National Park ist ein Paradies für Wanderer; hinter jeder Wegbiegung eröffnet sich ein weiterer, atemberaubender Ausblick. Am **Avalanche Creek**, westlich der Wasserscheide, beginnen mehrere kurze Wanderwege. Der **Trail of the Cedars** (1 Meile) führt durch dunkle Wälder zu einer Wand aus leuchtend rotem Sandstein. Von dort geht es weiter über einen allmählich ansteigenden, vier Meilen langen Pfad vorbei an mehreren Wasserfällen zum von Gletschern gespeisten **Avalanche Lake**.

Der beliebteste Wanderweg verläuft vom Logan Pass 1 1/2 Meilen durch von schroffen Gipfeln eingeschlossene Bergwiesen zum stillen **Hidden Lake**.

Nördlich des Osteingangs folgt ein zwei Meilen langer Trail den Ufern des **Swiftcurrent Lake**, von dem eine interessante Wanderung zum neun Meilen entfernten **Iceberg Lake** führt. Dieser See verdankt seinen Namen den Eisblöcken, die selbst im Hochsommer auf seiner Oberfläche treiben.

Vom **St Mary Lake** aus kann man durch einen Tannenwald anderthalb Meilen hinauf zu den rauschenden **St Mary Falls** und weiter zu den größeren **Virginia Falls** wandern. In Kombination mit einer morgendlichen Bootsfahrt vom Kai Rising Sun aus zum Anfang des Wanderweges ist dieses einer der schönsten Ausflüge.

Unten am ruhigen südöstlichen Rand des Parks führt der 2 Meilen lange **Aster Park Trail** durch einige der traumhaftesten Ecken des Glacier. Er beginnt an dem von Bergmassiven eingerahmten **Two Medicine Lake**, führt durch einen Fichtenwald, über Blumenwiesen und an ein paar Biberteichen vorbei, und dann steil hoch durch den Wald zu einem kleinen Vorsprung. Dort eröffnet sich ein wunderbarer Ausblick auf die mächtigen Berge Sinopah und Rising Wolf sowie die stillen Seen im Tal.

Übernachtung

IM PARK – *Glacier Park Inc.* – Mai bis Sep: East Glacier Park, MT 59434, ✆ 226-5551; sonst: *Viad Corporate Center*, Phoenix, AZ 85077, ✆ 602/207-6000, betreibt alle Unterkünfte innerhalb des Parks. Im Allgemeinen beginnen die Zimmerpreise bei über $80.

Swiftcurrent Motor Inn**-****, Many Glacier, in Nordosten. Auch einfache Hütten, ◷ Juni–Sep.
Rising Sun Motor Inn****-*****, im 7 Meilen vom Osteingang entfernten St Mary, am See, ◷ Juni–Sep.
Village Inn, $100–160, in Apgar, mit herrlichem Blick auf den Lake McDonald, Mitte Mai bis Sep.
Lake McDonald Lodge, $100–160, ganz in der Nähe, hat ein paar preisgünstigere Motelzimmer, die allerdings ebenso wie die besseren in der Logde selbst schon lange im Voraus reserviert werden müssen. ◷ Juni–Sep.
Prince of Wales Hotel, über $200, Waterton, ◷ Mai–Sep.
Many Glacier Hotel, $130–200, ◷ Juni–Mitte Sep.

AUSSERHALB – *Glacier Park Lodge*, $130–250, großes Haus abseits der US-2 an der Ostecke des Parks, wird ebenfalls von *Glacier Park Inc.* gemanagt. Es ist die eleganteste Unterkunft; die Zimmer sind relativ gewöhnlich, aber die aus Balken erbaute Eingangshalle lohnt einen Blick. Veranda mit Bergpanorama. Gutes Restaurant und Swimming Pool. ◷ Mitte Mai bis Sep. In unmittelbarer Nähe des hübschen Two Medicine Lake-Gebietes gelegen, also nur nach einer langen Fahrt von den Eingängen bei St Mary und Many Glacier erreichbar.
Belton Chalet, $130–160. Zwei Meilen außerhalb des Westeingangs gelegen. Das sehr schön restaurierte Chalet aus dem Jahre 1910 hat geschmackvoll mit historischen Möbeln ausgestattete Zimmer; kein Telefon oder TV stören den Frieden.
Izaak Walton Inn*****, Essex, ✆ 888-5700. An der Südgrenze des Parks, auf halber Höhe zwischen Ost- und Westeingang. In diesem schönen Gebäude von 1939 wohnten einst Arbeiter der Eisenbahngesellschaft. Direkt vor der Tür liegt der *Amtrak*-Bahnhof.

Backpacker Inn*, East Glacier Park in der Nähe des *Amtrak*-Bahnhofs, ✆ 226-9392. Das einfache Hostel befindet sich hinter *Serrano's Mexican Restaurant* und hat Dorms (Bett $10–12).
Northfork Hostel*-**, Polebridge, ✆ 888-5241. Dorm-Bett $15, Cabins ab $30, Teepee-Zelte ab $10. Ein sehr gemütliches Hostel; aber kein Strom.
Infos über sonstige Unterbringung in der näheren Umgebung gibt es bei **Glacier Country**, ✆ 1-800/338-5072. Beliebte Übernachtungsorte westlich vom Park sind u.a. Whitefish und Kalispell.

CAMPING – Die 13 Campingplätze ($12–17) auf dem Gelände des Parks füllen sich in den Monaten Juli und August schon am späten Vormittag. Reservierungen sind nicht möglich; wer zuerst kommt, mahlt zuerst. Die Visitor Center informieren über Lage und Verfügbarkeit von Plätzen. Auskünfte auch unter ✆ 888-7800.
Die meisten Campingplätze sind nur von Ende Mai bis Mitte September geöffnet. Auf den nachstehend genannten ist auch primitives Wintercamping mit stark eingeschränkter Versorgung möglich – es gibt vielleicht noch nicht einmal Wasser: Apgar, Bowman Lake, Kintla Creek, Logging Creek, Many Glacier, Quartz Creek, St Mary und Two *Medicine*. Zeltplatz dann $6.
Wer wild campen möchte, benötigt eine Genehmigung von einem der Visitor Center.

Essen

Das Essen, das die Hotels im Park servieren, ist nicht umwerfend. Die beste Küche in der Nähe – abgesehen von den Lodges – hat
Serrano's, 29 Dawson Ave, ✆ 226-9392, East Glacier Park. Hervorragende mexikanische Gerichte und selbstgebrautes Bier, ⓒ Mitte Apr–Mitte Okt.
Whistlestop Café, am Strand des Hwy-49 neben *Brownie's*, sehr gemütlich. Auf der Speisekarte stehen viele leckere Gerichte, u.a. köstliche *Huckleberry Pie*.
Two Sisters Café, Hwy-89, Babb, im Nordosten von Glacier, ✆ 732-5535. Das lustige Café ist schon von weitem an dem „Aliens Welcome"-Schild auf dem Dach zu erkennen und bietet hervorragendes Essen.

Sonstiges

INFORMATIONEN – Ein *Visitor Center* findet man gleich hinter dem Westeingang des Parks in Apgar, am Ufer des McDonald Lake, 20 Meilen östlich von Whitefish und knapp 35 Meilen südlich der kanadischen Grenze. ⓒ Mai–Okt zu unterschiedlichen Zeiten, mindestens aber tgl. 9–16.30 Uhr, im Sommer bis 8 Uhr.
Am östlichen Haupteingang bei St Mary, 70 Meilen westlich von Shelby, liegt das zweite *Visitor Center*, ⓒ tgl. Ende Mai–Ende Juni und Anfang Sep–Mitte Okt 8–17; Ende Juni–Anfang Juli 8–21; Anfang Juli–Anfang Sep 7–21 Uhr.
Ein weiteres *Visitor Center* befindet sich am Logan Pass an der Going-to-the-Sun Road, ⓒ Anfang Juni–Mitte Okt; unterschiedliche Zeiten, aber mindestens tgl. 10–17 Uhr.
Informationsservice unter ✆ 888-7800; 🖳 www.nps.gov/glac.

TOUREN – Vor den großen Lodges fahren rote *jammer* **Sightseeingbusse** (der Name stammt von der Notwendigkeit, dauernd auf die Bremsen zu steigen) ab und quer durch den Park, Mai–Okt; ✆ 888-9817.
Sie bieten auch **Shuttlebusse** vom *Amtrak*-Bahnhof in West Glacier zum *Village Inn* und zur *Lake McDonald Lodge*,
Shuttles für Wanderer vom *Many Glacier Hotel* zu den Ausgangspunkten für Wanderungen wie Logan Pass, The Loop und Siyeh Bend sowie verschiedene One-way-Strecken und Verbindungen.
Sun Tours, ✆ 226-9220 oder 1-800/786-9220. Die geführten Wanderungen mit Angehörigen der Blackfoot-Indianer vermitteln eine historische Perspektive.
Auf allen größeren Seen verkehren **Boote**. Auf dem Lake McDonald und dem St Mary Lake werden Ausflugsfahrten bei Sonnenuntergang angeboten. Eine einstündige Fahrt kostet $8–10 p.P. Bootsverleihe vermieten Kanus, Ruderboote und Außenborder.
Rafting: Sowohl ***Glacier Raft Co.***, ✆ 888-5454 oder 1-800/235-6781, 🖳 www.glacierraftco.com, als auch ***Wild River Adventures***, ✆ 1-800/700-7056, vor dem Westgate, bieten Halbtagestouren für ca. $40 und Tagestouren für ca. $70 auf

dem Mittelarm des Flathead River an, der entlang der Parkgrenze verläuft.

VORWAHL – 406.

Transport

An der Südgrenze des Parks verläuft der US-2, der ganzjährig geöffnet ist und eine reizvolle Alternativstrecke darstellt.
Für Besucher, die mit öffentlichen Transportmitteln anreisen, ist es nicht einfach, den eigentlichen Park zu besichtigen: Siehe Touren.

BUSSE – Ein Bus von *Intermountain Transport*, 563-5246, verkehrt im Sommer recht häufig zwischen dem Park und Missoula, Kalispell, Whitefish und dem im Osten gelegenen Great Falls.

EISENBAHN – *Amtrak*-Züge folgen der gleichen Route wie der US-2. Sie halten in West Glacier, von dort ist es ein kurzer Fußweg bis zum Westtor, und im Süden bei East Glacier (30 Meilen südlich von St Mary) sowie Essex Park.

Idaho

Das unwirtliche Idaho wurde als letzter der 50 Staaten von Weißen erforscht. Obwohl viele seiner Landschaften es durchaus verdienen würden, zu Nationalparks erklärt zu werden, standen die Bewohner Idahos solchen Vorschlägen bisher eher ablehnend gegenüber. Und erst seit kurzem wird das Potential des Staates für Abenteuerurlaub einigermaßen ausgeschöpft.

In Idaho gibt es mit Ausnahme der freundlichen, im Süden gelegenen Bundesstaatshauptstadt Boise keine größeren Städte. Die Region ist vor allem etwas für Naturliebhaber. Außer Wandern und Bergsteigen bieten sich Möglichkeiten zum Angeln und Wildwasserrafting.

Im Gegensatz zu seinen Nachbarstaaten verfügt Idaho nicht über ein reiches Erbe aus den Tagen des Wilden Westens. Lewis und Clark erklärten im Jahr 1805 das verwirrende Labyrinth von Gipfeln und reißenden Flüssen im zentralen Idaho zur schwierigsten Etappe ihrer langen Reise von St Louis zum Pazifik. Nur mit Hilfe ihrer Shoshonen-Führer gelang ihnen die Durchquerung, und bis heute führt keine Ost-West-Straße durchs Landesinnere.

Der Goldrausch der 60er Jahre des 19. Jhs. und die Gebietsansprüche der Weißen beschleunigten das blutige Ende der Indianer. 1863 starben an den Ufern des Bear River 400 Männer, Frauen und Kinder der Shoshonen, und die Nez Percé wurden vertrieben (s.S. 190). Gegen Ende der 70er Jahre des 19. Jhs. existierte das „Indianerproblem" bereits nicht mehr.

Idaho besteht praktisch aus zwei Landesteilen, jeweils nördlich und südlich der Wildnis im Herzen des Staates. Der dicht bewaldete Norden mit seinen Gletscherseen und Ferienzentren verfügt seit eh und je über gute Handelsbeziehungen mit Spokane im Staat Washington. Im Süden haben Bewässerungsanlagen, die in den 80er Jahren des 19. Jhs. gebaut wurden, das Ödland beiderseits des Snake River in fruchtbare Felder verwandelt; deshalb steht auf Idahos Autonummernschildern auch „Famous Potatoes". Die Weltabgeschiedenheit und geringe Bevölkerungszahl von nur einer Million Einwohnern haben Idaho größtenteils aus den Schlagzeilen der jüngeren US-Geschichte herausgehalten; die Abgelegenheit hat jedoch ein paar besonders ungebetene Gäste angelockt: militante Neonazis und obskure Sekten.

Bei einer Fahrt über die Interstates scheint es, als würde Idahos Süden nur aus Gemüsefeldern und einigen Stein- oder Sandwüsten bestehen. Einzig die Hauptstadt Boise sorgt für reizvolle Abwechslung. Folgt man dem US-20 ins Landesinnere, erreicht man die Felsen der spektakulären Sawtooth Mountains.

Die undurchdringliche Landschaft der Sawtooth, Salmon River und Clearwater Mountains macht eine Reise durch Zentral-Idaho unmöglich. Nur zwei Straßen verbinden den Norden und den Süden des Staates: Die eine führt von Idaho Falls über die östlichen Gebirgsausläufer gen Norden; die andere, schönere, ist der US-95 über Hwy-55 ab Boise. Bis kurz vor Lewiston noch karg und unfruchtbar, verwandelt sich die Landschaft dann in ländliches Idyll. Hier lebten für Hunderte von Jahren die Nez Percé-Indianer von Büffeljagd, Beerensammeln und Fischfang. Als man in der Region auf Gold stieß, leitete das ihren blutigen Rückzug ein.

Hoch im Norden breitet sich der Idaho Panhandle aus, dessen dichte Wälder von zahllosen tiefen Gletscherseen durchsetzt sind. Die Urlaubsorte an den größeren Seen, wie Coeur d'Alene und Sandpoint, laden zu einem ein- oder zweitägigen Zwischenstopp ein.

Transport

Zwischen dem Norden und dem Süden Idahos verkehren kaum Busse. Für ausgedehnte Reisen ist ein Auto erforderlich. Nur eine *Amtrak*-Bahnlinie durchzieht den Bundesstaat, die Seattle und Chicago miteinander verbindet, und es gibt einen Bahnhof in Sandpoint im Norden Idahos. Spokane liegt schon im Bundesstaat Washington, ist aber nicht weit von der Grenze zu Idaho entfernt.

Boise verfügt über einen Regionalflughafen. Für Reisen in den Norden oder Süden Idahos erweisen sich jedoch im Allgemeinen die Flughäfen von Spokane bzw. Salt Lake City als günstiger.

Craters Of The Moon National Monument

Die unheimliche Landschaft, 90 Meilen westlich von Idaho Falls und weniger als 20 Meilen südwestlich von Arco, wirkt auf den ersten Blick wie von einer schwarzen Rußschicht bedecktes Ödland. Doch bei genauerer Betrachtung kommt eine Fülle surreal geformter Lavakegel, -krater und -höhlen zum Vorschein. Hier und da klammert sich ein Beifußbusch in den kargen Boden. Der scharfe Wind zwingt die spärlichen Bäume zu bonsaiartigen Verrenkungen. Diese bizarre Landschaft entstand, weil aus einer in der Erdkruste klaffenden Spalte seit 13 000 Jahren in regelmäßigen Abständen Lava strömt – also nicht durch einen Vulkan. Der nächste Ausstoß ist nach Meinung von Wissenschaftlern demnächst fällig.

Eine 7 Meilen lange Rundstraße, ⏱ von Ende April bis Mitte November, führt durch die Lavafelder, wo Wanderwege unterschiedlicher Schwierigkeitsgrade zu einigen Kegeln und Monolithen abzweigen. Wer den Park auf eigene Faust entdecken will, sollte auf den Wegen bleiben, da die Felsen messerscharf sind und Temperaturen von bis zu 90 °C erreichen können.

Das *Visitor Center*, ✆ 208/527-3257, befindet sich am US-20, ⏱ tgl. im Sommer 8–18, sonst 8– 16.30 Uhr. Eintritt für den Park: $5 pro Pkw, $3 pro Fahrrad. Für $10 können Besucher zwischen Mai und Oktober ein Zelt auf dem Campingplatz *Lava Flow* aufschlagen. Ranger veranstalten im Sommer regelmäßig Führungen durch Lavatunnel.

Sun Valley

Obwohl man heute die gesamte Gegend des Wood River Valley als Sun Valley bezeichnet, darf sich eigentlich nur der 150 Meilen westlich von Idaho Falls und ebenfalls 150 Meilen östlich von Boise gelegene Wintersportort so nennen. Er verdankt seine Entstehung in den 30er Jahren des 20. Jhs. dem Vorsitzenden der Union Pacific Railroad, Averell Harriman. Als er feststellte, dass seine Gesellschaft gezwungen war, einen Schienenverkehr für Passagierzüge zu bieten, kam er zu dem Entschluss, dass ein alpines Skifahrerzentrum ein guter Touristenanziehungspunkt wäre. Sein Scout, der österreichische Skichampion Graf Schaffgotsch, machte sich auf die Suche nach einer Stelle mit trockenem Pulverschnee. Nachdem Aspen als zu hoch gelegen verworfen wurde, entschied er sich für die Mulde unterhalb von Dollar Mountain und Bald Mountain an den relativ gemächlichen Ausläufern der Sawtooths, in der Nähe des ehemaligen Schafzüchterdorfes **Ketchum**. 1936 wurde hier der erste Sessellift der Welt in Betrieb genommen, und das Resort erwies sich als sofortiger Erfolg.

Saison ist in Sun Valley von Ende November bis April; außer Möglichkeiten zum Abfahrtslauf (Tagesliftkarte $66 am Bald Mountain, $26 am Dollar Mountain) gibt es auch Langlaufloipen.

Ketchum selbst ist ein turbulentes kleines Städtchen mit vielen Unterkünften und eine Oase des Nachtlebens in der ansonsten dünn bevölkerten Region. Im Sommer kann man auf dreißig Meilen ausgezeichneter Radwege Rad fahren und auf den Flüssen weiter nördlich Raftingtouren unternehmen.

Ernest Hemingway verbrachte seine letzten beiden Lebensjahre in Ketchum; sein schlichtes Grab ist auf dem Dorffriedhof zu finden.

Übernachtung

In der Hochsaison im Sommer und Winter sind Zimmer überall teuer. Wer in Hailey, 12 km süd-

Auf dem Friedhof von Ketchum ist Ernest Hemingway begraben

lich von Ketchum, übernachtet, kann ordentlich Geld sparen.

Sun Valley Lodge, Sommer und Winter $160–250, Frühling und Herbst****, ✆ 622-4111 oder 1-800/786-8259, mit 600 Zimmern, ist in der Hochsaison sehr teuer, aber im Frühjahr und Herbst jeden Cent wert. Das gleiche Management betreibt auch das **Sun Valley Inn**, Sommer und Winter $100–200.

Lift Tower Lodge*****, 703 S Main St, Ketchum, ✆ 726-5163 oder 1-800/462-8646. Komfortabel und einladend.

River Street Inn, ab*****, 100 River St, ✆ 726-3611, luxuriöse Unterkunft mit gemütlichen Zimmern und Hot Tub. Ausgezeichnetes Frühstück.

Best Western Tyrolean Lodge*****, ✆ 726-5336 oder 1-800/333-7912, relativ luxuriös.

Zum Campen eignet sich die Naturlandschaft der Sawtooth National Recreation Area am besten. Das Headquarters, ✆ 726-7672 oder 1-800/260-5970, 8 Meilen außerhalb von Ketchum, informiert über einfache Campingplätze und Wanderwege.

Essen

Dining Room, Sun Valley Lodge, ✆ 622-2150, serviert die besten Mahlzeiten.

Ketchum Grill, 520 East Ave, ✆ 726-4460 oder 726-7434, bietet zahlreiche vegetarische Gerichte.

Cristina's, 520 Second St E, ✆ 726-4499, ist das gastronomische Highlight der Gegend, vor allem mittags, wenn im Patio Deli-Aufschnitt und asiatische Salate serviert werden.

Whiskey Jacques, 206 N Main St, ✆ 726-3200, guter Kneipentreff.

Grumpy's, 860 Warm Springs Rd, sehr beliebte Bierkneipe, serviert auch Burger.

Sonstiges

INFORMATIONEN – Ketchums **Visitor Center**, 4th St, Ecke Main St, ✆ 726-3423 oder 1-800/634-3347, 🖥 www.visitsunvalley.com, reserviert auch Zimmer, ⏱ tgl. 9–17 Uhr.

VORWAHL – 208.

Nahverkehr

In Ketchum verkehren von 7.30–24 Uhr kostenlose Stadtbusse.

Boise

Das erstaunlich grüne Boise – ausgesprochen *Beusi* – am I-84 liegt 350 Meilen nordwestlich von Salt Lake City und 490 Meilen südöstlich von Seattle. In Anbetracht der Lage inmitten des dürren Südwestens von Idaho ist Boise eine überraschend geschäftige und sympathische Kleinstadt.

Die Stadt entwickelte sich im Schutz des Fort Boise, das 1862 zur Sicherung des Oregon Trails errichtet wurde. Nachdem sie den Namen übernommen hatten, den ursprünglich französische Trapper dem Gebiet gaben, pflanzten die ersten Bewohner von Boise der Bedeutung dieses Namens entsprechend (*les bois* = „die Wälder") Hunderte von Bäumen.

Als Ausgangspunkt für einen Rundgang durch die kompakte, freundliche Downtown bietet sich vor allem das **State Capitol**, Jefferson Street, Ecke Capitol Boulevard, im Zentrum an. Dieser gedrungene Nachbau des Kapitols von Washington DC beherbergt eine Ausstellung von Edelsteinen – darunter der nur in Indochina und Idaho vorkommende rote Sterngranat.

Der benachbarte **Old Boise Historic District** präsentiert sich nach umfassender Restaurierung nun als ein elegantes Viertel mit Backsteinhäusern, Läden und Restaurants.

Das **Idaho Basque Museum and Cultural Center**, 607–611 Grove Street, ist in einem ehemaligen Wohnheim für frisch immigrierte Basken aus den westlichen Pyrenäen untergebracht. Die Basken kamen nach Zentral-Idaho, um in der felsigen, ihrer Heimat ähnlichen Region als Schäfer zu arbeiten. Das Museum zeigt das kulturelle Erbe der Basken und veranstaltet regelmäßig Volkstanzabende. ◐ Di–Fr 10–16, Sa 11–15 Uhr, Eintritt $1.

Zu Recht ist die Stadt stolz auf ihren **Green Belt** – ein Grüngürtel aus neun verschiedenen Parks, die über Spazierwege von etwa 19 Meilen Länge miteinander verbunden sind. Diese führen kreuz und quer über den trägen **Boise River**. Die grüne Stadtlandschaft steht in auffallendem Kontrast zur hügeligen Wüste rund um Boise.

Das **Idaho Historical Museum** im Julia Davis Park beschäftigt sich mit der Geschichte der Indianer und der Basken sowie mit der Zeit, als Goldsucher aus China in den 70er und 80er Jahren des 19. Jhs. die von Weißen schon verlassenen Minen noch einmal durchkämmten. Die Bundesstaatsobrigkeit, die sich aus unverbesserlichen Konföderierten zusammensetzte, die nach dem Bürgerkrieg aus dem Süden geflohen waren, verlangte von den Chinesen $4 pro Monat – damals eine beträchtliche Summe – Aufenthaltsgebühr. ◐ Mo–Sa 9–17, So 13–17 Uhr.

Über die Warm Springs Avenue erreicht man das in die hügelige Wüstenlandschaft eingebettete **Old Idaho Penitentiary**, 2445 Old Penitentiary Road, ✆ 334-2844. Die eindrucksvolle Zitadelle wirkt wie ein einsamer Vorposten, liegt aber nur eine Meile von Downtown entfernt. Sie wurde 1870 als Gefängnis für Banditen, Räuber, Viehdiebe und andere Desperados des Westens errichtet und erfüllte diese Funktion bis 1974. Bei einer Besichtigung sind enge Einzelzellen und die Todeskammer zu sehen, in der 1957 die in Idaho letzte Hinrichtung durch den Strang stattfand.

Bei den einfühlsamen Restaurierungsarbeiten vermied man es, die ursprüngliche Brutalität dieses Ortes zu beschönigen. Ein kleines Museum zeigt konfiszierte Waffen und Fahndungsfotos ehemaliger Insassen. Einer von ihnen war Harry Orchard, der 1905 ein Attentat auf den Gouverneur von Idaho verübte und hier seine Strafe absaß, bis er 1954 im Alter von 88 Jahren starb. ◐ im Sommer tgl. 10–18, sonst 12–17 Uhr. Eintritt $5.

Neben der Strafanstalt liegen die **Idaho Botanical Gardens** mit ihren neun verschiedenen Themen gewidmeten Abteilungen. ◐ Mitte Apr bis Mitte Okt Mo–Fr 10–17, Sa und So 10–17 Uhr.

Übernachtung

The Grove Hotel, $130–160, 245 S Capitol Blvd, ✆ 333-8000 oder 1-800/426-0670. Luxusunterkunft mit großen, gut ausgestatteten Zimmern, von denen viele einen tollen Ausblick auf die City und auf die Berge im Hintergrund bieten.
Owyhee Plaza Hotel**, 1109 Main St, ✆ 343-4611 oder 1-800/233-4611, ein älteres, renoviertes Hotel mitten in Downtown. Swimming Pool und kostenloser Zubringerbus zum Flughafen.

Sands Motel**, 111 W State St, ✆ 343-2533. Für Leute mit begrenzter Reisekasse. Die Zimmer sind ein bisschen schäbig und es kann etwas laut sein, aber die Innenstadt ist von hier gut zu Fuß erreichbar.
Idaho Heritage Inn B&B****, 109 W Idaho St, ✆ 342-8066, 🖥 www.idheritageinn.com. Das schönste B&B am Ort, in einem ansprechenden viktorianischen Gebäude, das einst Governor Chase Clark und später Senator Frank Church als Wohnsitz diente.
On The River RV Park, 6000 N Glenwood St, ✆ 375-7432 oder 1-800/375-7432, zwei Meilen westlich von Downtown. Schattige Zeltplätze ($20) zwischen dem Greenbelt und dem Boise River.

Essen

Milford's Fish House, im Eighth St Marketplace, 405 S 8th St, ✆ 342-8382, serviert leckeren, frischen Fisch und hat ein umfangreiches Angebot an Bieren.
Goldy's, 108 S Capitol Blvd, ✆ 345-4100. Sehr beliebt bei Einheimischen; kann sich hier ein Frühstücksmenü nach Wunsch zusammenstellen.
Aladdin, 111 Broadway, ✆ 368-0880, ägyptische Küche, Fr und Sa abends gibt es Bauchtanz.
Bar Gernika, 202 Capitol Blvd, ✆ 344-2175, baskische Spezialitäten und eine gute Auswahl an Tapas.
Bittercreek Alehouse, 246 N 8th St, ✆ 345-1813, gut besuchte Kneipe mit einer Riesenauswahl an Bieren.
Grape Escape Wine Bar, 800 W Idaho St, ✆ 368-0200, lateinamerikanische Küche zu fairen Preisen.
Bardenay Restaurant & Distillery, 610 Grove St, ✆ 426-0538. Amerikas erster legale Schnapsbrennerei mit Ausschank produziert Gin, Rum und Vodka und bietet zudem eine hervorragende Küche.
The Big Easy, 416 9th St, ✆ 367-1212, eines der besten Lokale in Idaho, um Live-Rock zu hören.

Sonstiges

INFORMATIONEN – Das *Visitor Center* befindet sich im Boise Center neben der Grove Plaza, ✆ 344-5338, 🖥 www.boise.org, ⏰ Apr–Sep Mo–Fr 10–18 Uhr, Okt–März Mo–Fr 10–15.30 Uhr.

VORWAHL – 208.

Transport

Busse von Greyhound und *Boise–Winnemucca/Northwestern Stage Lines* halten in der 1212 W Bannock St.
Boise Urban Services (BUS), ✆ 336-1010, betreibt einen lokalen Busservice mit einem relativ ausgedehnten Streckennetz. Die Fahrkarte kostet $0,75, am Sa nur $0,35.

Nez Percé National Historic Park

Dieser Park mit 24 historischen Stätten erstreckt sich über 12 000 Quadratmeilen im Norden von Zentral-Idaho.

Das *Visitor Center* in Spalding, ✆ 208/843-2261, 10 Meilen östlich von Lewiston, beherbergt das **Museum of Nez Percé Cultur**, das eindrucksvoll Kultur und Kunsthandwerk der Nez Percé veranschaulicht, aber kaum Hintergrundwissen liefert. ⏰ im Sommer tgl. 8–17.30, ansonsten 8–16.30 Uhr, Eintritt frei.

70 Meilen weiter südlich am US-95 liegt das **White Bird Battlefield** – der Schauplatz der ersten großen Schlacht während des Rückzugs der Nez Percé, in der die Indianer, ohne eigene Verluste zu erleiden, 34 Soldaten der US-Armee töteten. Weitere Ausstellungen über die Geschichte der Nez Percé bietet das Wallowa County Museum in Joseph, Oregon (s.S. 435).

Familienfriedhof im Nez Percé National Historic Park

Die Nez Percé-Indianer Die ersten Weißen, die den Nez Percé-Indianern begegneten, waren 1805 die von Hunger und Krankheiten geschwächten Teilnehmer der Expedition von Lewis und Clark. Die Indianer gewährten den Forschern Schutz und versorgten sie mit Lebensmitteln, bis sie in Richtung Westen weiterziehen konnten.

Länger als ein halbes Jahrhundert bestand zwischen den Nez Percé – diesen Namen hatten französisch-kanadische Trapper den Indianern gegeben, weil sie Muschelschmuck an ihren Nasen trugen – und Weißen ein fast freundschaftliches Verhältnis. Doch die ersten Goldfunde und die Gier der Weißen nach Land sollten das bald ändern. 1863 überredete die Regierung einige Abtrünnige des Stammes, einen Vertrag zu unterzeichnen, in dem sie auf drei Viertel ihres Stammeslandes verzichteten. Als sich Anfang der 70er Jahre des 19. Jhs. die ersten Siedler in den Jagdgründen des Wallowa Valley niederlassen wollten, weigerte sich die Mehrheit der Nez Percés unter der Führung von **Chief Joseph**, den Vertrag anzuerkennen. Nach einigem Zögern setzte die Regierung dem Stamm 1877 eine Frist von 30 Tagen, um das Land zu verlassen. Die Indianer baten um Fristverlängerung, um ihr Vieh zusammentreiben zu können und den Snake River nicht in der gefährlichsten Jahreszeit überqueren zu müssen. Der verantwortliche General wies die Bitte jedoch zurück. Die aufkommenden Spannungen führten zu blutigen Auseinandersetzungen, in deren Verlauf mehrere Siedler getötet wurden – die ersten Weißen, die je von den Nez Percés angegriffen worden waren. Als sich die Armee zum Sturm auf die Indianer zu sammeln begann, brachen diese zu ihrem berühmten **Rückzug der Nez Percé** auf. Rund 250 Krieger – unter ihrem Schutz doppelt so viele Frauen, Kinder und alte Leute – schalteten durch häufige, geschickte Angriffe Armeekolonnen von vielfacher Stärke aus und entkamen jedes Mal um Haaresbreite. Doch nach vier Monaten und 1700 Meilen – nur 30 Meilen vor der relativen Sicherheit der kanadischen Grenze – hatte die Armee die Nez Percé in die Enge getrieben, und Chief Joseph sah sich zu seiner viel zitierten Kapitulationsrede gezwungen: „Hört mich an, meine Häuptlinge! Ich bin müde, mein Herz ist krank und traurig. Ich werde von dort, wo die Sonne jetzt steht, niemals mehr kämpfen." Man hatte den Indianern gesagt, sie würden in ein Reservat in Idaho gebracht. Stattdessen führte man sie in ein Sumpfgebiet in Oklahoma, wo viele der Malaria zum Opfer fielen.

Chief Josepf starb 1904 im Colville Reservat in Washington. Einige Jahrzehnte später durften die Nez Percé in den Nordwesten zurückkehren. Heute leben etwa 1500 Nez Percé in einem Reservat zwischen Lewiston und Grangeville.

Der Südwesten

Santa Fe, NM Großartige Museen, eine faszinierende Geschichte, stimmungsvolle Hotels – New Mexicos Hauptstadt sollte man auf keinen Fall verpassen.

Havasupai Reservation, AZ Der kaum bekannte Ausläufer des Grand Canyon mit seinen atemberaubenden, türkisfarbenen Wasserfällen ist seit jeher die Heimat amerikanischer Ureinwohner.

Monument Valley, AZ Die Bilder der bizarren Sandsteinmonolithen gingen zwar inzwischen um die ganze Welt, doch bei ihrem Anblick verschlägt es nach wie vor jedem Besucher die Sprache.

Canyon de Chelly, AZ Die Ruinen der von den Vorfahren der Pueblo-Indianer in den Fels gehauenen *cliff dwellings* finden sich in jeder Ecke des steilwandigen Canyons.

Hwy-12, UT Der landschaftlich wunderschöne Hwy-12 führt mitten durch die Sandsteinwüste Utahs und zählt zu den faszinierendsten Fernstraßen der Vereinigten Staaten.

Bellagio, Las Vegas, NV Das prunkvollste Hotel von Las Vegas muss man gesehen haben, um glauben zu können, dass es so etwas tatsächlich gibt.

Der Südwesten

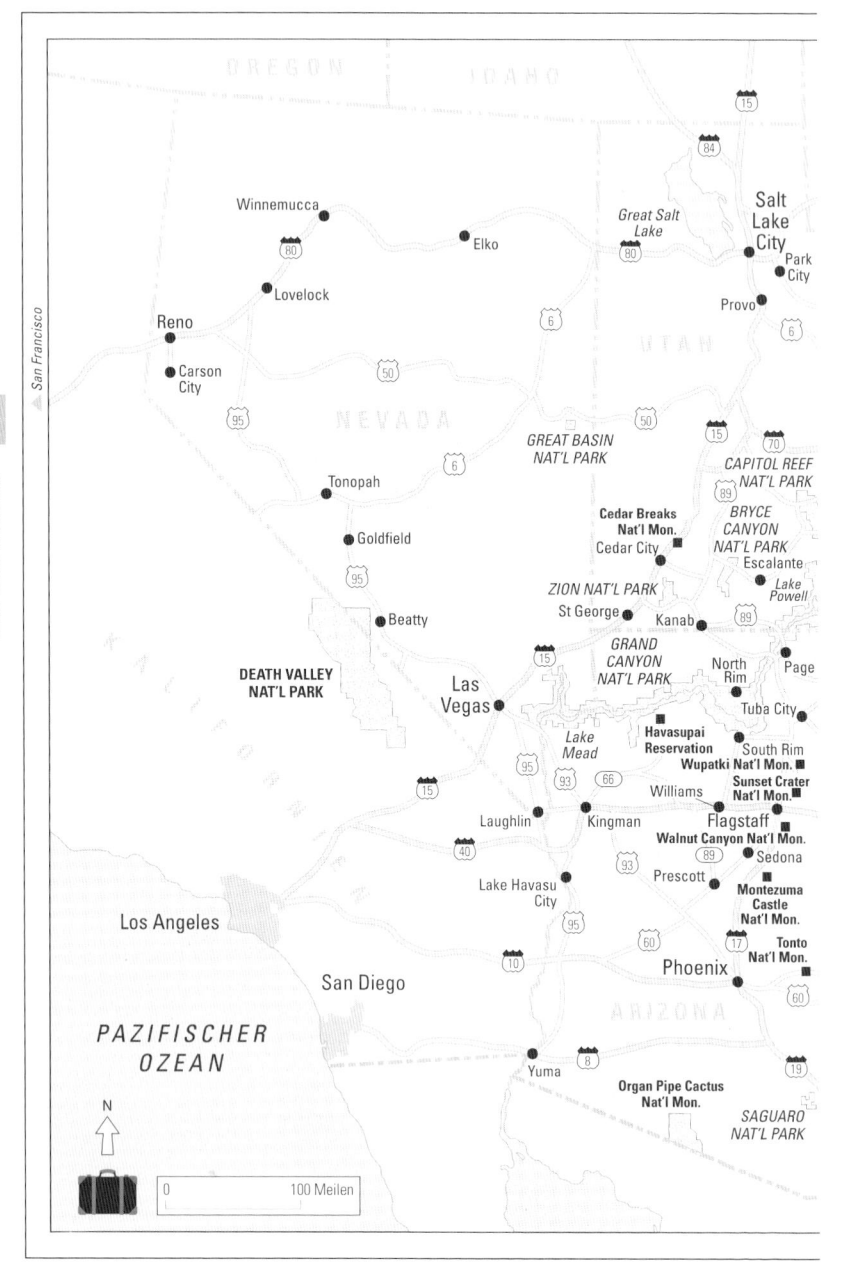

Der Südwesten Übersicht

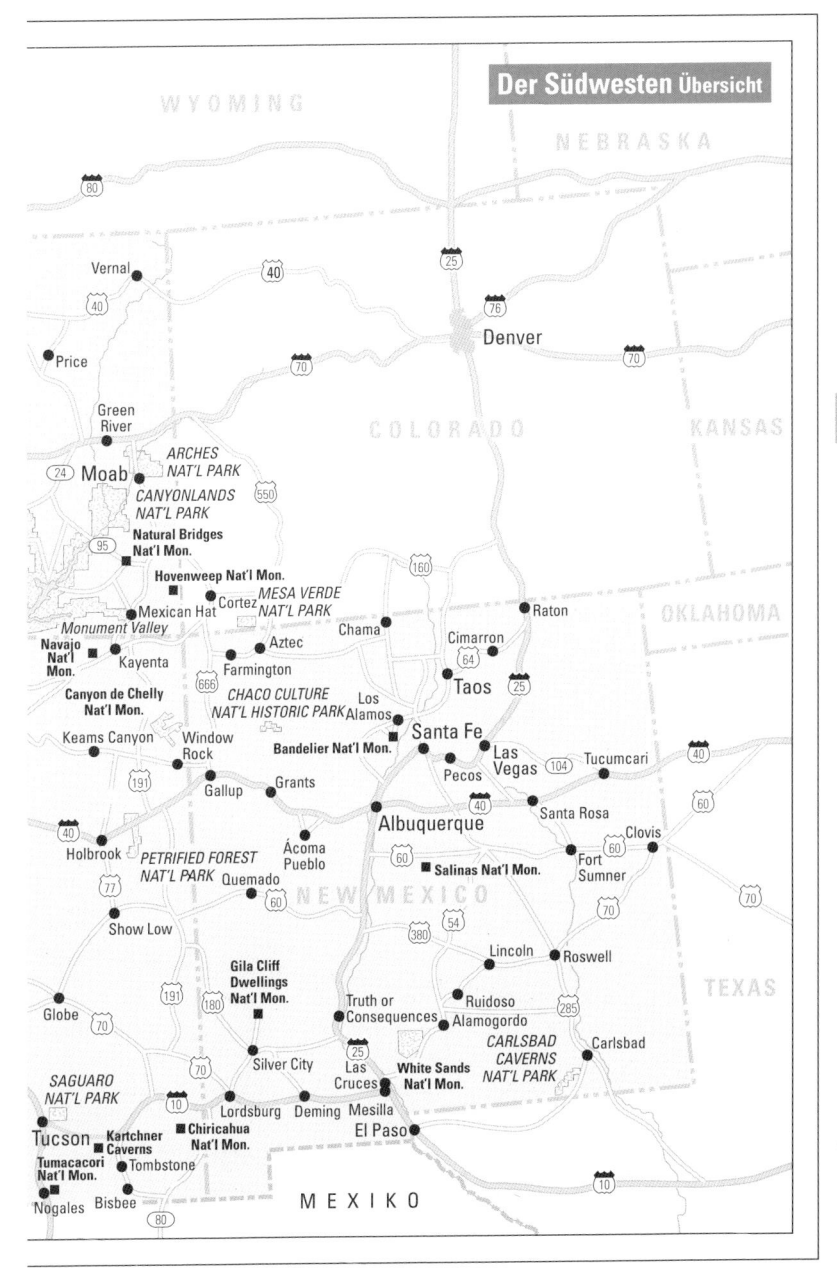

Die vier spärlich besiedelten Wüstenstaaten im Südwesten der USA, New Mexico, Arizona, Utah und Nevada, sind absolut einzigartig. Auf einem von tiefen Schluchten durchzogenen Hochplateau gelegen, erstrecken sie sich von Texas bis Kalifornien über eine unberührte Landschaft, deren Variationsbreite von turmhohen, dunkelroten Sandsteinmonolithen bis zu schneebedeckten Berggipfeln reicht. Die raue Schönheit der Szenerie, in die sich die Zeugnisse indianischer Kulturen wunderbar einfügen, ist überwältigend. Unter den ersten Bewohnern befanden sich die **Vorfahren der Pueblo-Indianer**, deren früherer Name „**Anasazi**" mittlerweile in Verruf geraten ist (s.S. 193). Die Überreste ihrer vor rund 700 Jahren verlassenen Klippenpaläste und Felsenstädte finden sich in der gesamten Region, während ihre direkten Nachfahren, die **Pueblo-Indianer** in New Mexico und die **Hopi** in Arizona, nach wie vor in derselben Region einen ganz ähnlichen Lebensstil pflegen.

Es wird angenommen, dass weniger sesshafte Stämme, darunter die **Navajo** und **Apachen**, vom 14. Jh. an in den Südwesten kamen. Sie übernahmen hiesige Landbau- und Fertigungstechniken und besetzten große Teile des Gebietes, das ihnen aber bald von Gruppen europäischer Einwanderer streitig gemacht wurde, zunächst von einem Trupp spanischer Entdecker, der 1540 unter der Führung von Coronado auftauchte und zwei Jahre lang nach den mythischen El Dorado-ähnlichen Städten aus Gold suchte. Sechzig Jahre später gründeten spanische Siedler die Provinz New Mexico, eine nur vage definierte Region, die nicht nur den gesamten Südwesten, sondern auch zahlreiche der heutigen Gebiete Kaliforniens und Colorados umfasste. Viele der damals gegründeten Missionen sind immer noch intakt. Erst 1848 – als New Mexico dreißig Jahre lang ein vernachlässigtes Anhängsel des mittlerweile unabhängigen Staates Mexiko gewesen war – wurde die Region gewaltsam den Vereinigten Staaten angegliedert. Unmittelbar danach zogen Scharen fremder Goldsucher unterwegs nach Kalifornien durch das Gebiet.

In der Folge kam es zu immer blutigeren Auseinandersetzungen zwischen der US-Regierung und den Ureinwohnern. 1864 wurde das Volk der Navajo eingekesselt und auf die kargen Ebenen im Osten New Mexicos verbannt (sie durften später nach Nordost-Arizona zurückkehren), und die Apachen lieferten sich erbitterte Gefechte mit der US-Kavallerie. Deren Ziel war es, das indianische Territorium neuen amerikanischen Siedlern zugänglich zu machen, doch gelang es kaum einem Weißen, dem unfruchtbaren Boden eine Existenz abzuringen. Eine Ausnahme stellten die Mormonen (oder „Kirche Jesu Christi der Heiligen der Letzten Tage") dar. Auf der Flucht vor religiöser Verfolgung ließen sie sich Ende der 40er Jahre des 19. Jhs. im Becken des Great Salt Lake mit seinen alkalihaltigen Böden nieder. In harter Arbeit und unter kooperativer Nutzung der beschränkten Wasserressourcen etablierten sie schließlich einen eigenständigen Staat mit verstreuten Gemeinden im gesamten Südwesten.

Trotz des gemeinsamen Erbes hat sich jeder der vier Staaten seine Besonderheit bewahrt. In New Mexico sind die Spuren früher Besiedlung am augenfälligsten: Die indianischen Pueblos im Norden existieren dicht neben größeren Städten wie Santa Fe, Taos oder Albuquerque, die sich um weitläufige, im typisch spanischen Kolonialstil angelegte Plazas konzentrieren. In Arizona ist die Geschichte des Wilden Westens am lebendigsten erhalten. Mehr als ein Drittel des Staates gehört Indianervölkern – vor allem Apachen, Hopi und Navajo –, von denen die meisten in der atemberaubenden Wüstenlandschaft zwischen dem Canyon de Chelly und Monument Valley leben.

Das schluchtenreiche Gebiet von Nord-Arizona und selbst der sagenhafte Grand Canyon bereiten den Besucher nicht auf die menschenleere, überwältigende Landschaft von Süd-Utah vor, wo sich eine Reihe von Nationalparks und Naturdenkmälern befindet, deren bekannteste Zion und Bryce Canyons sind. Moab im Osten, eingezwängt zwischen den majestätischen Canyonlands und den surrealen Arches, hat sich inzwischen zu einem begehrten Reiseziel jugendlicher Naturschwärmer entwickelt. Nevada ist dagegen ziemlich öde; die Leuchtreklamen von Las Vegas locken zwar Millionen Glücksspieler an, doch abgesehen von seinen Kasinos hat der Bundesstaat Besuchern nicht viel zu bieten. Neun Monate im Jahr darf man im Südwesten mit Sonne und Wärme rechnen. Die meisten Touristen kommen im Sommer, obwohl das keine günstige Zeit ist, denn die Hitze kann unerträglich werden und im Spätsommer bringen Gewitter plötzliche Überschwemmungen und Waldbrände. Der angenehmste Reisemonat dürfte der Oktober sein, wenn der Touristenstrom abgeflaut ist und die Bäume in den Canyons und an den Berghängen sich bunt färben. Im Winter liegt auf den höheren Bergen Schnee, deshalb kann man in Nord-Utah und im Sangre-de-Cristo-Gebirge von New Mexico hervorragend Ski laufen, während im Frühling die sonst so unwirtliche Wüste ein Blütenmeer hervorbringt. Es ist wichtig zu wissen, dass die Höhenunterschiede empfindliche Temperaturschwankungen verursachen. So kann es oben in den Bergen bis zu 20 °C kälter sein als in der Ebene.

Die unberührte Natur des Südwestens lädt mehr als die meisten anderen Landesteile zum Campen und Wandern ein. Man muss jedoch sorgfältig planen und unbedingt auf die Härten der Wüste vorbereitet sein. Ohne eigenes Fahrzeug sind viele der faszinierendsten Ecken der Region schlicht unerreichbar. Die öffentlichen Transportmittel verkehren fast ausschließlich zwischen den großen Städten, wo man nicht allzuviel Zeit verbringen sollte. Trampen ist nicht einfach und vor allem im Sommer eine schweißtreibende Angelegenheit, aber nicht unmöglich.

New Mexico

New Mexico, das nacheinander von Indianern, Spaniern, Mexikanern und Yankees besiedelt wurde, zählt zu den Landesteilen mit dem buntesten Völker- und Kulturengemisch. Die Neuankömmlinge bauten jeweils auf die Errungenschaften der Vorgänger auf, wobei der Einfluss der Amerikaner aus dem Norden und Osten, die erst spät hierherkamen, eher gering war. Die indianischen Völker New Mexicos, vor allem die Pueblo-Indianer, Nachfahren der früher als „Anasazi" bezeichneten Ureinwohner, beweisen Sinn für kulturelle Kontinuität. Nach dem Pueblo-Aufstand von 1680, der die Spanier vorübergehend nach Mexiko zurückdrängte, verlief die Missionierung hier weniger brutal als anderswo. Die Padres „bekehrten" die Indianer, ohne deren traditionellen Lebensstil zu zerstören, indem sie die indianischen Gottheiten und religiösen Zeremonien in den katholischen Gottesdienst einbezogen. Noch heute werden viele Pueblo-Siedlungen von einer großen, fast immer aus Adobeziegeln erbauten Kirche beherrscht, die oft direkt neben der Kiva steht, dem unterirdischen zeremoniellen Rundbau des Pueblo.

Die Amerikaner, denen die Mexikaner New Mexico 1848 abtraten, betrachteten das Gebiet als Ödland und kümmerten sich folglich nicht groß darum, bis New Mexico 1912 den Status eines US-Bundesstaates erhielt. Während des Zweiten Weltkriegs war er die Operationsbasis des streng geheimen Manhattan Project und damit Atomwaffen-Versuchsgelände. Seither befinden sich hier die wichtigsten Waffenforschungszentren Nordamerikas.

Die meisten Einwohner arbeiten allerdings nach wie vor auf dem Land: in den Minen und in der Landwirtschaft. In zunehmendem Maße gewinnt auch der Tourismus an Bedeutung.

Transport
Amtrak-Züge fahren durch Albuquerque, Haltestelle der transkontinentalen *Greyhound*-Busse und Sitz des einzigen größeren Flughafens. Ein paar Gesellschaften bieten Bustouren in die Gegend um Santa Fe und Taos an, doch mit dem eigenen Fahrzeug ist man wie immer am besten dran.

Santa Fe

In den letzten zwanzig Jahren rangierte Santa Fe stets unter den beliebtesten touristischen Attraktionen der USA und wurde mehrfach zum begehrtesten Reiseziel in den Vereinigten Staaten gewählt. 1609, zehn Jahre vor der Ankunft der Pilgrim Fathers in Plymouth Rock, gründeten spanische Missionare Santa Fe. In der Hauptstadt New Mexicos, die sich über ein Hochplateau am Fuße der gewaltigen Sangre de Cristo-Berge erstreckt, stehen noch die Adobe-Häuser und Barockkirchen seiner Erbauer. Zudem ziehen neuere Museen und Kunstgalerien Kunstliebhaber aus aller Welt an. Mehr als eineinhalb Millionen Touristen fallen alljährlich in die nur 60 000 Einwohner zählende Stadt ein. Da ist es nicht verwunderlich, dass von Santa Fe ein bisschen der Lack abblättert; Alteingesessene trauern um das Verlorene, und Neuankömmlinge fragen sich, worum hier eigentlich so viel Wirbel gemacht wird. Doch trotz allem hat Santa Fe noch viel Liebenswertes an sich.

Die lang gezogenen Siedlungen am Stadtrand, die den Besucher empfangen, vermitteln einen denkbar ungünstigen Eindruck. Danach muss man sich erst daran gewöhnen, dass laut rigoroser Baubestimmungen jedes Gebäude im Zentrum wie ein spanischer Kolonialpalast auszusehen habe – eine Welt, in der sich ein wunderbares altes Adobe-Haus als mehrstöckiges Parkhaus entpuppen kann, und eine Tankstelle, die nicht wie ein indianisches Gebetshaus aussieht, gesetzeswidrig wäre.

Die Plaza

Das Leben in Santa Fe dreht sich immer noch um die alte Plaza, besonders während des alljährlichen **Indian Market**. Am Wochenende nach dem dritten Donnerstag im August finden sich Käufer und Kunsthandwerker aus aller Welt ein. Zudem wird hier am Labor-Day-Wochenende die **Fiesta de Santa Fe** gefeiert.

Als die Yankees 1848 die Stadt übernahmen, ließen sie die Adobe-Häuser verfallen, denn sie zogen Holzhäuser vor, doch viele wurden dank einer Konservierungskampagne in den 30er Jahren gerettet. Fast jedes Gebäude in Sichtweite der Plaza, das nicht aus Lehmziegeln erbaut war, wurde der Pueblo-Revival-Mode entsprechend – mit mehr oder weniger glücklichem Ergebnis – umgerüstet. Jetzt sieht Santa Fe zumindest im Stadtkern seinem spanischen Original ähnlicher als noch vor hundert Jahren. Ein Beispiel der neuen Altbauweise nimmt die gesamte Nordflanke der Plaza ein: der **Palace of the Governors**, ein niedriges, ursprünglich mit Grasnarben gedecktes Gebäude, das 1610 als Hauptquartier der spanischen Kolonialverwaltung errichtet wurde und damit das älteste öffentliche Gebäude der USA ist. Das gut erhaltene Innere, um einen offenen Hof herum angelegt, zeigt Ansichten der Geschichte des spanischen New Mexico und beherbergt neben einer sensationellen altamerikanischen Kunstsammlung auch einen gut sortierten Buchladen. Heute ist der Bau Bestandteil des Museum of New Mexico. Unter den Arkaden haben sich indianische Kunsthandwerksverkäufer niedergelassen.

An der Nordwestecke der Plaza steht das dem Palace of Governors angegliederte **Museum of Fine Arts**. Der Schwerpunkt der Wechselausstellungen liegt auf modernen Gemälden und Skulpturen hiesiger Künstler.

Größere Anziehungskraft auf die meisten Besucher hat allerdings Santa Fes Vorzeigestück, das Georgia O'Keeffe Museum, eine Straße nordwestlich in der 217 Johnson St, ✆ 946-1000, 🖥 www.okeeffemuseum.org. Es beherbergt die größte O'Keeffe-Sammlung der Welt, darunter viele Wüstenlandschaften, die in der Nähe von Abiquiu entstanden, 40 Meilen nordwestlich von Santa Fe, wo die Künstlerin von 1946 bis zu ihrem Tod im Jahr 1986 lebte. Innerhalb der Dauerausstellung in den ersten beiden Galerien bilden ein paar weniger bekannte New Yorker Stadtlandschaften einen überraschenden Kontrast zu den sonnengebleichten Schädeln und stilisierten Blumen, die in Galerien überall im Südwesten verkauft werden. Ein Großteil des Museums ist jedoch den Wanderausstellungen zu verschiedenen Aspekten von O'Keeffe's Arbeit vorbehalten. Sie sind jeweils drei bis vier Monate lang zu sehen, sodass keine Aussagen getroffen werden können, was zu einer bestimmten Zeit in dem Museum gerade zu sehen ist. ⊙ Juli–Okt Mo–Do und Sa–So 10–17, Fr 10–20 Uhr, Nov–März Mi geschlossen, Eintritt $8, Fr 17–20 Uhr frei, Besucher unter 16 Jahren frei.

Im Südwesten, auf der anderen Seite des schmalen Santa Fe River drei Blocks die Guadalupe Street entlang, befindet sich ein weniger großes und berühmtes, aber gleichermaßen attraktives Viertel, das sich um die kleine Kirche **Santuario de Guadalupe** konzentriert. In den Zeiten der spanisch-mexikanischen Vorherrschaft markierte die Ende des 18. Jahrhunderts fertig gestellte Kapelle die letzte Station des Camino Real von Mexico City her. ⊙ Mai–Okt Mo–Sa 9–16, Nov–April Mo–Fr 9–16 Uhr, Spende. Ihre unmittelbare Umgebung entwickelte sich später zum Hauptverkehrsknotenpunkt von Santa Fe, denn hier kamen die Züge der Denver- und Rio-Grande-Bahnlinie an. Alte Lagerhäuser und kleine Fabriken, wie z.B. das **Sanbusco Center** an der Montezuma Avenue, wurden umgebaut und beherbergen jetzt Boutiquen, Gemäldegalerien und Restaurants.

Weiter flussaufwärts, von der Plaza zwei Häuserblocks nach Osten, stößt man oben an der San Francisco Street auf die **St. Francis Cathedral**, die Erzbischof Lamy, der in Frankreich erzogene Titelheld des Romans von Willa Cather *Der Tod kommt zum Erzbischof*, 1869 nach europäischem Vorbild erbauen ließ.

Downtown Santa Fe

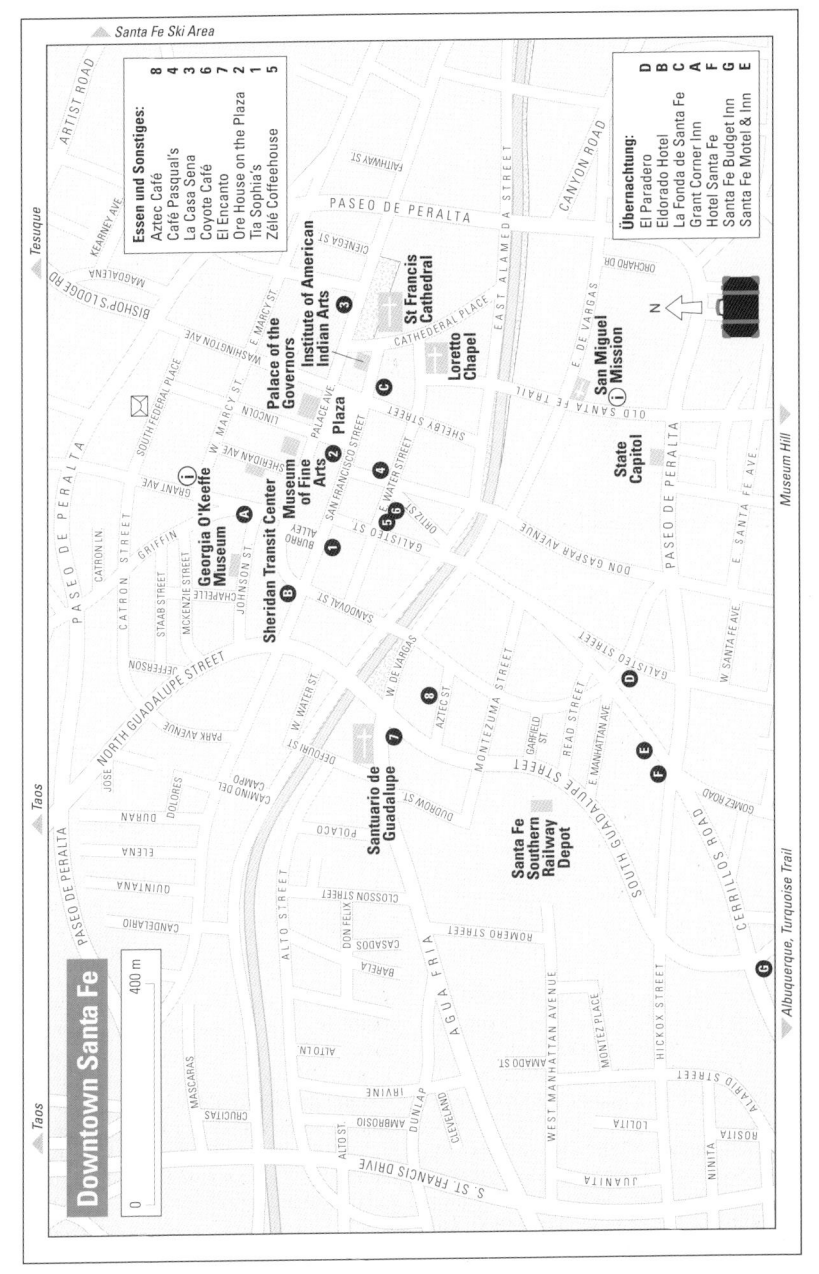

Essen und Sonstiges:
- Aztec Café — 8
- Café Pasqual's — 4
- La Casa Sena — 3
- Coyote Café — 6
- El Encanto — 7
- Ore House on the Plaza — 2
- Tia Sophia's — 1
- Zélé Coffeehouse — 5

Übernachtung:
- El Paradero — D
- Eldorado Hotel — B
- La Fonda de Santa Fe — C
- Grant Corner Inn — A
- Hotel Santa Fe — F
- Santa Fe Budget Inn — G
- Santa Fe Motel & Inn — E

DER SÜDWESTEN

Adobe Was den meisten Besuchern New Mexicos besonders auffällt, ist die Adobe-Architektur, die sich in Wohnhäusern, Kirchen und selbst in Einkaufszentren und Motels zeigt. Adobe-Ziegel sind eine sonnengetrocknete Mischung aus Erde, Sand, Kohle und Gras oder Stroh. Zum Hausbau werden sie mit einem Mörtel aus ganz ähnlicher Zusammensetzung verbunden und anschließend mit Lehm und Stroh verputzt. Welchen Farbton das fertige Bauwerk annimmt, bestimmt die jeweilige farbliche Beschaffenheit des Bodens, weshalb die Gebäude in New Mexico regional unterschiedliche Tönungen aufweisen. Adobe ist jedoch alles andere als ein pflegeleichtes Baumaterial: Es muss alle paar Jahre frisch verputzt werden, und wenn Grundwasser einzieht, weicht es auf, so dass viele Bauten in sporadischen Abständen mittels Steinblöcken in ihren Grundfesten erneuert und stabilisiert werden müssen.

Heutzutage ist vieles, was wie Adobe aussieht, in Wirklichkeit angestrichener Zement oder Beton. Die „Jagd" nach authentischen alten Adobe-Bauten wie dem abgelegenen Sanctuario de Chimayo an der „High Route" zwischen Taos und Santa Fe, der unglaublichen Kirche San Francisco de Asis in Ranchos de Taos oder den vielgeschossigen Wohnstätten von Taos Pueblo kann durchaus im Mittelpunkt einer Reise durch New Mexico stehen.

Einen Häuserblock weiter, am Beginn des Old Santa Fe Trail, steht die **Chapel of Loretto**, berühmt für ihre *Miraculous Staircase*, die ohne Nägel oder andere sichtbare Hilfsmittel konstruiert ist. Als die Kirche noch im Bau war, wurde ihr Architekt ermordet – angeblich von einem Vetter Lamys –, und so blieb das Kirchenschiff jahrelang ohne Zugang zum obigen Chorraum, bis der Legende entsprechend die Gebete der Nonnen erhört wurden und ein unbekannter Zimmermann auftauchte, die Treppe errichtete und wieder verschwand. ⏲ Sommer Mo–Sa 9–18, So 10.30–17, Winter Mo–Sa 9–17, So 10.30–17 Uhr, Eintritt $2,50, Kinder unter 7 Jahren frei.

Zwei Häuserzeilen Richtung Süden, auf dem Old Santa Fe Trail über den Fluss, liegt die alte **San Miguel Mission** aus dem Jahr 1610. ⏲ Mo–Sa 9–17, So 13.30–16 Uhr, Eintritt $1. Vom Original sind nur noch ein paar massive Adobe-Wände übrig geblieben; der Rest ist größtenteils dem Pueblo-Aufstand von 1680 zum Opfer gefallen. Die Kapelle formt den Mittelpunkt des alten Arbeiterbezirks Barrio de Analco, heute mit seinen vielen 200 Jahre alten Häusern eines der begehrtesten Wohnviertel von Santa Fe.

Östlich der Innenstadt zieht sich die von Galerien und hübschen Adobe-Häusern gesäumte **Canyon Road**, angeblich die älteste Straße der USA, am Hang entlang.

Museen in den Vororten

Auf einer sanften Anhöhe, zwei Meilen südöstlich der Innenstadt und mit weiter Aussicht auf die Hügel und Berge, die fast die ganze Stadt umschließen, befindet sich die zweite Museenansammlung, erreichbar mit dem Bus Nr. 10 von Santa Fe Trails. Das unterhaltsame **Museum of International Folk Art**, ebenfalls eine Abteilung des *Museum of New Mexico*, zeigt eine gewaltige Sammlung von Tonfiguren und -modellen sowie Spielzeug aus aller Welt. Im Geschenkeladen des Museums gibt es einige ungewöhnliche ethnische Souvenirs zu kaufen.

Das **Museum of Indian Arts and Culture** präsentiert auf der anderen Seite der attraktiv gestalteten Plaza als Teil des *Museum of New Mexico* eine ausgezeichnete Sammlung indigener Töpferwaren, angefangen bei Stücken von den Vorfahren der Pueblo-Indianer bis zu Arbeiten der Revivalists des 20. Jhs.; daneben werden die zeitgenössischen Kulturen des amerikanischen Südwestens auf faszinierende Weise und in allen Einzelheiten dargestellt.

Im gleichen Komplex eröffnete 2002 das **Museum of Spanish Colonial Art**, ✆ 982-2226, 🖥 www.spanishcolonial.org. Es zeigt traditionelle religiöse Kunstwerke aus der hispanischen Welt, die ganz typisch sind für die Bildersprache von Santa Fe, darunter die so genannten *santos* (naive Malereien) und *bultos* (aus Holz geschnitzte Heiligenfiguren). Das Museum unternimmt zwar einen tapferen Versuch, die koloniale Kunst in einen globalen Kontext zu setzen, bleibt jedoch vorerst weit hinter den beeindruckenderen Exponaten des benachbarten *Folk Art Museum* zurück. ⏰ tgl. außer Mo 10–17 Uhr, Eintritt $6, Besucher unter 16 Jahren frei.

Fünfzehn Meilen südwestlich der Stadt und drei Meilen von der Ausfahrt 276 des I-25 entfernt liegt die noch aus dem 18. Jh. stammende „Schwalbenranch" oder **Rancho de las Golondrinas**, ✆ 471-2261, 🖥 www.golondrinas.org.

Museum of New Mexico Ein vier Tage gültiges **Kombi-Ticket** für $15 verschafft Zutritt zu den vier führenden Museen in Santa Fe, die zusammen unter dem Dach des *Museum of New Mexico* vereint sind: der *Palace of the Governors*, das *Museum of Fine Arts*, das *Museum of Indian Arts and Culture* und das *Museum of International Folk Art*. Ansonsten kostet jedes einzelne Museum $7 Eintritt, ⏰ tgl. außer Mo 10–17, Fr auch zwischen 17 und 20 Uhr bei freiem Eintritt. Zur Zeit der Recherche beinhaltete das Ticket auch das neue *Museum of Spanish Colonial Art* als Einführungsangebot, das aber nicht mehr lange Bestand haben dürfte. Das *Georgia O'Keeffe Museum* ist dagegen nicht im Ticket enthalten. Weitere Informationen unter ✆ 476-5100 oder 🖥 www.museumofnewmexico.org.

Neben dem Hauptgebäude aus Adobe, einst ein befestigter Außenposten auf dem Camino Real, beherbergt das Freilichtmuseum eine Wassermühle, eine Kapelle und mehrere historische spanische Gebäude. Alles in allem handelt es sich um ein sehr hübsches Ausflugsziel. ⏰ Juni–Sep Mi–So 10–16 Uhr, Führungen nach Reservierung auch im April, Mai und Okt, Eintritt $5.

Übernachtung

Selbst im Winter lässt sich in Spaziernähe der Innenstadt kein Zimmer unter $60 finden, und im Sommer – wenn oft jedes Bett in der Stadt belegt ist – sind mindestens $100 zu berappen. An der Cerrillos Road (US-85) befinden sich die meisten Motels und das einzige Hostel der Stadt. Bei der Zimmersuche hilft *Santa Fe Central Reservations*, ✆ 983-8200 oder 1-800/776-7669, 🖥 www.santafecentralres.com.

El Paradero****, 220 W Manhattan Ave, ✆ 988-1177, 🖥 www.elparadero.com. Umgebautes Farmgebäude aus der spanischen Ära nahe Guadalupe Street. Von den relativ schlichten Zimmern haben 12 ein eigenes Bad, zwei teilen sich ein Gemeinschaftsbad.

El Rey Inn****, 1862 Cerrillos Rd, am St. Michael's Drive, ✆ 982-1931 oder 1-800/521-1349, 🖥 www.elreyinnsantafe.com. Charaktervollstes

der Motels an der Cerrillos Rd. Stilvolle Südwest-Zimmer, nette Apartments und Pool.
***Eldorado Hotel**,* über $250, 309 W San Francisco St, ℡ 988-4455 oder 1-800/955-4455, 🖥 www.eldoradohotel.com. Formvollendetes und geschmackvoll gefliestes Nobelhotel ein paar Gehminuten westlich der Plaza mit geräumigen und gut ausgestatteten Zimmern. Swimming Pool auf dem Dach, Whirlpool und Fitness Center.
***Grant Corner Inn**,* $130–160, 122 Grant Ave, ℡ 983-6678 oder 1-800/964-9003, 🖥 www.grantcornerinn.com. Das B&B neben dem Georgia O'Keeffe Museum wirkt als Schindelbau in der Innenstadt etwas deplatziert. Recht luxuriös, tolles Frühstück; nur zwei Häuserblocks von der Plaza entfernt. Nicht alle Zimmer mit Bad.
***Hotel Santa Fe**,* $130–160, 1501 Paseo de Peralta, Ecke Cerrillos Rd, ℡ 982-1200 oder 1-800/825-9876, 🖥 www.hotelsantafe.com. Attraktives, sehr komfortables Adobe-Hotel, so gerade noch zu Fuß von der Plaza aus zu erreichen. In Besitz und unter Leitung von Picuris-Pueblo-Indianern; gutes eigenes Restaurant.
***La Fonda de Santa Fe**,* über $250, 100 E San Francisco St, ℡ 982-5511 oder 1-800/523-5002, 🖥 www.lafondasantafe.com. Wunderschönes altes Inn an der Südostecke der Plaza, genau am Ende des Santa Fe Trail. Ausgestattet mit handbemalten Wänden und Mosaikglas. Jedes der reichlich ausgestatteten Zimmer ist individuell gestaltet; es gibt ein gutes Restaurant, eine Lounge mit Live-Entertainment und eine Dachgartenbar.
Santa Fe Budget Inn***, 725 Cerrillos Rd, Ecke Don Diego, ℡ 982-5952 oder 1-800/288-7600, 🖥 www.santafebudgetinn.com. Das am zentralsten gelegene Kettenmotel (ca. eine Meile von der Plaza entfernt) bietet große, saubere und funktionelle, aber recht fantasielose Zimmer.
Santa Fe International Hostel**–***, 1412 Cerrillos Rd, Ecke Alta Vista, ℡ 988-1153. Altmodische Jugendherberge in einem schäbigen Motel, ein paar Meilen außerhalb, kann im Winter kalt und klamm sein. Bett im Schlafsaal $16, EZ $35, DZ $45.
Santa Fe Motel & Inn****, 510 Cerrillos Rd, Ecke Paseo de Peralta, ℡ 982-1039 oder 1-800/930-5002, 🖥 www.santafemotelinn.com. Angenehmes, ziemlich kleines, ruhiges Adobe-Motel nahe Downtown. Neben dem Hotel *Santa Fe*, aber keine Verwandtschaft.
Silver Saddle****, 2810 Cerrillos Rd, Ecke Siler Rd, ℡ 471-7663, 🖥 www.motelsantafe.com. Lebhaftes, schlichtes, überraschend charaktervolles Motel weit außerhalb der Innenstadt.
Die einladendsten Campingplätze in der Nähe befinden sich im **Santa Fe National Forest** (nur im Sommer), ℡ 753-7331, der nach 7 Meilen nordöstlich der Stadt am Hwy-475 beginnt.

Essen

Seit den 80er Jahren, als es einer erfolgreichen Werbekampagne gelang, Gerichte wie mit Banane überbackener Meeresbarsch als typisch südwestliche Küche zu verkaufen, gilt Santa Fe als kulinarische Oase. Es gibt hier heute angeblich mehr Qualitätsrestaurants pro Kopf als in jeder anderen Stadt der USA. Es werden Gaumenfreuden angeboten, die man so schnell nicht vergisst, auch ohne dafür metertief in die Tasche zu greifen. Die Bandbreite der internationalen Restaurants ist begrenzt, dafür entschädigt die einfallsreiche regionale Küche.
***Aztec Cafe**,* 317 Aztec St, ℡ 820-0025. Belebter Szene-Treffpunkt im Viertel nahe der Galisteo Street mit schwarzem Brett für Traveller und einem hübschen Patio. Kaffee, Gebäck, Snacks und manchmal Live-Musik.
***Café Pasqual's**,* 121 Don Gaspar Ave, ℡ 983-9340. Liebenswertes, sehr lebendiges (neu-)mexikanisches Restaurant mit erstklassigem Essen (einschließlich Frühstück) in attraktiv gefliestem Speisesaal einen Block südlich der Plaza. Als Hauptgericht gibt es z.B. *mole enchiladas* mit Hühnchen ($19) oder schwarze Miesmuscheln mit Zitronengras ($24). Als Appetitanreger ist der köstliche *Pigs and Figs Salad* mit Bacon, Feigen und Mozzarella zu empfehlen ($13).
***Coyote Café**,* 132 W Water St, ℡ 983-1615, nahe der Plaza, angesagt wie eh und je, ist das Vorzeigeobjekt von Starkoch Mark Miller. Die à la carte Preise sind teilweise halsabschneiderisch, z.B. Hauptgerichte wie gebratener Meerbarsch mit roter Bananenkruste oder in Kreuzkümmel gebratene Entenbrust für $25–32, doch manchmal gibt es auch ein festes Abendmenü für ca. $40. Billiger ist das Dachgartencafé.

El Encanto, 416 Agua Fria, ℡ 988-5991. Stilvolles mexikanisches Restaurant mit wahlweise zwanglosem oder formalen Dinner im ehemaligen Kloster des Santuario de Guadalupe. Die Spezialität sind *botanas,* das mexikanische Pendant zu *tapas*. Unter den Hauptgerichten für $13–20 befindet sich auch ein köstliches, in Folie gegartes Thunfisch-Steak mit Oliven und Kapern. So geschlossen.

La Casa Sena, 125 E Palace Ave, ℡ 988-9232. Charmantes Hofrestaurant einen Block von der Plaza entfernt mit interessanten Südwest-Spezialitäten. Die Hauptgerichte um die $10 sind am günstigsten, doch das feste Abendmenü für $42 ist ebenfalls durchweg zu empfehlen. Das benachbarte *La Cantina* ist etwas billiger, und das dortige Personal trällert bei der Arbeit Lieder aus Broadway-Musicals.

La Plazuela, La Fonda de Santa Fe, 100 E San Francisco St, ℡ 982-5511. Das entzückende und wunderschön dekorierte mexikanische Restaurant ist täglich zu allen Mahlzeiten geöffnet. Dank der Glasdecke fühlt man sich wie unter freiem Himmel. Die üblichen mexikanischen Gerichte sind überdurchschnittlich gut zubereitet und nicht zu teuer.

Mu du noodles, 1494 Cerrillos Rd, ℡ 983-1411. Überwiegend, aber nicht ausschließlich vegetarische Küche nahe der Jugendherberge. Die Gerichte aus verschiedenen asiatischen Regionen sind nicht immer authentisch, aber lecker. ☉ tgl. außer So; nur Abendessen.

Ore House on the Plaza, 50 Lincoln Ave, ℡ 983-8687. Restaurant vom Typ „Nueva Latina", dessen Speisekarte vom grünen Chili-Eintopf für $5 bis zum raffinierten Dinner für $28 reicht. Unschlagbare Lage an der Plaza.

Tia Sophia's, 210 W San Francisco St, ℡ 983-9880. Der sehr preiswerte mexikanische Diner serviert scharfe Speisen westlich der Plaza und erfreut sich großer Beliebtheit bei der einheimischen Bevölkerung. ☉ tgl. außer Mo 7–14 Uhr.

Zélé Coffeehouse, 201 Galisteo St, ℡ 982-7835. Das große Downtown-Café serviert Gebäck, Omelettes, Sandwiches und geniales Granola-Müsli, dazu ausgezeichnete Säfte und Mixgetränke. Es gibt sogar ein paar Tische im Freien.

Kultur und Unterhaltung

Das Nachtleben von Santa Fe entspricht eher dem einer Kleinstadt, doch während der sommerlichen Touristenhochsaison lebt die Kulturszene auf. Eine ausführliche Aufstellung der aktuellen Veranstaltungen ist dem kostenlosen Wochenblatt *Reporter* oder der Freitagsbeilage *Pasatiempo* der Zeitung *New Mexican* zu entnehmen.

Das **Lensic Performing Arts Center**, ein auf faszinierende Weise umgestaltetes ehemaliges Kino in der 211 W San Francisco St, ℡ 988-7050, veranstaltet das ganze Jahr über Konzerte und Theateraufführungen von auswärtigen und lokalen Ensembles.

Die alljährlich mit Spannung erwartete Saison der **Santa Fe Opera** findet von Ende Juni bis einschließlich August in einem herrlichen Freilufttheater 7 Meilen nördlich von Santa Fe statt, ℡ 986-5900 oder 1-800/280-4654, 🖥 www.santafeopera.org.

Einige der alten Hotels – z.B. die Lounge unten und die Bar auf dem Dach des La Fonda an der Plaza (s. Übernachtung) – bieten eine sehr angenehme Umgebung für einen abendlichen Drink, doch ganz gewöhnliche Kneipen gibt es überraschend wenige.

Catamount Bar, 125 E Water St, ℡ 988-7222. Zentrale Bar mit vielen unterschiedlichen Bieren vom Fass und an den meisten Abenden Live-Rock oder -Blues.

Cowgirl Hall of Fame, 319 S Guadalupe St, ℡ 982-2565. Sehr gut besuchtes Restaurant und Bar der Marke *Country & Western* mit regelmäßigen Live-Konzerten.

The Dragon Room, Pink Adobe, 406 Old Santa Fe Trail, ℡ 983-7712. Vornehme Bar in einem romantischen, 300 Jahre alten Adobe-Restaurant mit Blick auf die San Miguel Mission. Exzentrische Einrichtung und interessantes Stammpublikum.

El Farol, 808 Canyon Rd, ℡ 983-9912. Historische Bar, serviert spanische Tapas zu musikalischer Unterhaltung von Blues bis Flamenco.

Evangelo's, 200 W San Francisco St, ℡ 982-9014. Die einzige ganz normale Kneipe in der Nähe der Plaza mit Billardtisch, Musikbox und gelegentlich Live-Musik.

The Paramount and Bar B, 331 Sandoval St, ✆ 982-8999. Das coole und glamouröse ehemalige Restaurant ist mittlerweile Santa Fes beste Club-Adresse zum Tanzen und für alternative Live-Musik. Die kleinere *Bar B* präsentiert eigene Spezialveranstaltungen.

Sonstiges

FAHRRÄDER – vermietet *Sun Mountain Bike Company*, 107 Washington Ave, ✆ 820-2902.

INFORMATIONEN – Das *City Visitor Center*, zwei Straßen nordwestlich der Plaza in der Lobby des Convention Center, 201 W Marcy St, ✆ 955-6200 oder 1-800/777-2489, 🖥 www.santafe.org, ⊙ Mo–Fr 8–17 Uhr, bietet eine sehr begrenzte Auswahl an Broschüren.
Das *New Mexico Department of Tourism*, 491 Old Santa Fe Trail, ✆ 827-4000 oder 1-800/545-2040, 🖥 www.newmexico.org, vergibt stapelweise Material über den Bundesstaat, ⊙ Juni–Aug tgl. 8–19, sonst 8–17 Uhr. Im Sommer hat auch ein kleiner Informationskiosk auf der Plaza geöffnet.

VORWAHL – 505.

Nahverkehrsmittel

STADTBUSSE – Fast alles von Interesse ist von der Plaza im Herzen der Altstadt aus leicht zu Fuß erreichbar, doch wer zu den Motels an der Cerrillos Road oder zu den Museen hinaus möchte, wird wahrscheinlich auf den Busservice von *Santa Fe Trails*, ✆ 955-2001, zurückgreifen. Zentralbusbahnhof im Sheridan Transit Center, eine Straße nordwestlich der Plaza an der Sandoval Street. Er verkehrt Mo–Fr 6–23, Sa 8–20 Uhr; Pauschaltarif $0,50. Bus Nr. 2 fährt die Cerrillos Road hoch; die Buslinie M verkehrt zwischen der Plaza und den außerhalb gelegenen Museen.

TAXI – Santa Fes einzige Taxigesellschaft ist *Capital City Cabs*, ✆ 438-0000.

Transport

BUSSE – Am *Greyhound*-Busbahnhof, 858 St. Michaels Drive, ✆ 471-0008, weit entfernt von der zentralen Plaza, kommen Busse aus dem gesamten Südwesten an. 4x tgl. verkehren Busse von und nach ALBUQUERQUE ($13).

EISENBAHN – *Amtrak*-Züge halten 1x tgl. in der 17 Meilen entfernten Stadt Lamy, von wo aus Anschlussbusse von *Lamy Shuttle*, ✆ 982-8829, nach Santa Fe fahren ($10 einfach).

FLÜGE – Den Flughafen von Santa Fe fliegen nur kleine Propellermaschinen an. Die meisten Besucher von außerhalb fliegen nach Albuquerque und mieten entweder am Flughafen einen Wagen für die einstündige Fahrt nach Santa Fe oder nehmen einen Shuttle-Van für ca. $25 von *Santa Fe Shuttle*, ✆ 243-2300 oder 1-888/833-2300, 🖥 www.santafeshuttle.com, bzw. *Twin Hearts Express*, ✆ 751-1201 oder 1-800/654-9456, 🖥 www.twinheartsexpress.com.

Bandelier National Monument

In den bewaldeten Mesas des Pajarito Plateau, 35 Meilen nordwestlich von Santa Fe, liegen in einem 50 Quadratmeilen großen Gebiet mit Nadelwald und tiefen Schluchten die von den Vorfahren der Pueblo-Indianer stammenden Felswohnungen und Ruinen des Bandelier National Monuments. Sie wurden am Ende der Anasazi-Periode, um 1300 n.Chr. errichtet und nach dem Archäologen Adolph Bandelier benannt, der in den 80er Jahren des 19. Jhs. als Erster von der Existenz dieses Ortes berichtete. Man nimmt an, dass um 1300 mehrere nomadisierende Gruppen verschiedener Stämme auf der Flucht vor Trockenheit und Eindringlingen hier eine neue Siedlung gründeten und ihre Kulturen im Laufe der Zeit miteinander verschmolzen. Höchstwahrscheinlich waren die Bewohner von Bandelier die direkten Vorfahren der heutigen Pueblo-Indianer.

Hinter dem Visitor Center beginnt ein asphaltierter, 1,5 Meilen langer Rundweg durch den Frijoles Canyon. Den ersten Stopp legt man bei den Überresten von Tyuoni ein, einem kreisförmig und ursprünglich mehrstöckig angelegten Dorf, von dem nur noch das Erdgeschoss und die Grundmauern erhalten sind. Ein Seitenpfad führt hoch zu Dutzenden von runden Felswohnungen, die aus dem weichen Vulkangestein gehauen wurden.

Die Vorfahren der Pueblo-Indianer Nur wenige Besucher sind auf die gewaltigen Ausdehnungen und die Schönheit der Wüstenstädte und Felspaläste gefasst, welche die Vorfahren der Pueblo-Indianer überall auf den Hochplateaus der „Four Corners" hinterlassen haben, wo Colorado, New Mexico, Arizona und Utah zusammentreffen.

Gegen 10 000 v.Chr. kamen die ersten Menschen in den Südwesten. Sie traten ungefähr um die Zeitenwende zum ersten Mal als die „Korbflechter" *(basketmakers)* – so benannt nach ihren geflochtenen Sandalen und Gefäßen – am San Juan River in Erscheinung und lebten in Erdhöhlen, die mit Balken und Lehm gedeckt waren. Im Laufe der Zeit wurden sie zunehmend sesshafter und entwickelten sich zu erfahrenen Bauern und Töpfern. Nach den ersten freistehenden überirdischen Häusern bauten sie mehrstöckige Pueblos, in denen Hunderte von Familien Unterkunft fanden, jede in einer Art eigenem Apartment.

Die erstaunlichen, festungsähnlichen Felspaläste *(cliff dwellings)*, die um 1100 n.Chr. in äußerst schwer zugänglicher Lage über tiefen Schluchten gebaut wurden, waren die ersten Anlagen, die auch Verteidigungszwecke erfüllen sollten.

Gegen Ende des 13. Jhs. nahmen die Auseinandersetzungen um die knappen Ressourcen an Schärfe zu, und neuere Forschungen legen den Schluss nahe, dass Kriege und sogar Kannibalismus eine Rolle dabei spielten, dass die Gruppen schließlich auseinander fielen. Auf ihrem Weg nach Osten vereinigten sie sich mit anderen versprengten Grüppchen, aus denen schließlich die heutigen Pueblo-Indianer hervorgingen. Darin liegt auch der Grund für die jüngste Namensänderung, bei der das Navajo-Wort „Anasazi" („alte Feinde") durch den neutraleren Begriff „Ancestral Puebloans" („Vorfahren der Pueblo-Indianer") abgelöst wurde.

Zu den wichtigsten Stätten gehören neben dem **Bandelier National Monument**:
Mesa Verde. Herrliche Felspaläste hoch oben in den Canyons von Colorado, s.S. 149.
Chaco Canyon. Größtes, ausgereiftestes Pueblo mit freistehenden Häusern weit draußen in der Wüste, s.S. 205.
Wupatki. Mehrere kleine, von verschiedenen Stammesgruppen erbaute Pueblo-Gemeinden, s.S. 227.
Walnut Canyon. Zahlreiche Häuser am Felsen über dem Walnut Creek, s.S. 227.
Betatakin. In einer riesigen Felshöhle gelegene Gemeinde an den Hängen einer Schlucht im Navajo National Monument, s.S. 239.
Canyon de Chelly. Eindrucksvolle *cliff dwellings* in einer Sandsteinschlucht, jetzt in Navajo-Besitz, s.S. 241.
Hovenweep. Rätselhafte Türme hoch über einer Schlucht, s.S. 264.

Sonstiges

EINTRITT – $10 pro Fahrzeug.

INFORMATIONEN – Im *Visitor Center*, 505/672-3861, www.nps.gov/band, am Ende der schmalen, kurvenreichen Straße vom Hwy-4 herab, bietet ein ausgezeichneten Überblick über die Anasazi-Stätte. Im Sommer tgl. 8–18, sonst bis 16.30 Uhr.

Wer will, kann in ein paar dieser Höhlen hineinklettern und aufs Tal hinunterschauen.

Auf dem Hauptweg geht es weiter zum **Long House**, einer ca. 250 m langen Reihe von zwei- und dreistöckigen Häusern, die sich an die Canyonwand lehnen. Die meisten Obergeschose sind eingefallen, aber man kann immer noch die Löcher sehen, in denen die Dachbalken befestigt waren, sowie diverse Steinschnitzereien, meist figürliche Darstellungen oder abstrakte Symbole.

Eine halbe Meile von hier gibt es bei **Ceremonial Cave** eine rekonstruierte Kiva auf einem ca. 45 m hohen Felsvorsprung. Der Zugang erfolgt über mehrere wackelige Leitern und steile, in den Fels gehauene Stufen.

Los Alamos

Wer von Osten her nach Bandelier fährt, kommt am Los Alamos National Laboratory vorbei, dem führenden Atomforschungszentrum der USA und gleichzeitig ein Forschungszentrum für Solar- und Geothermalenergie.

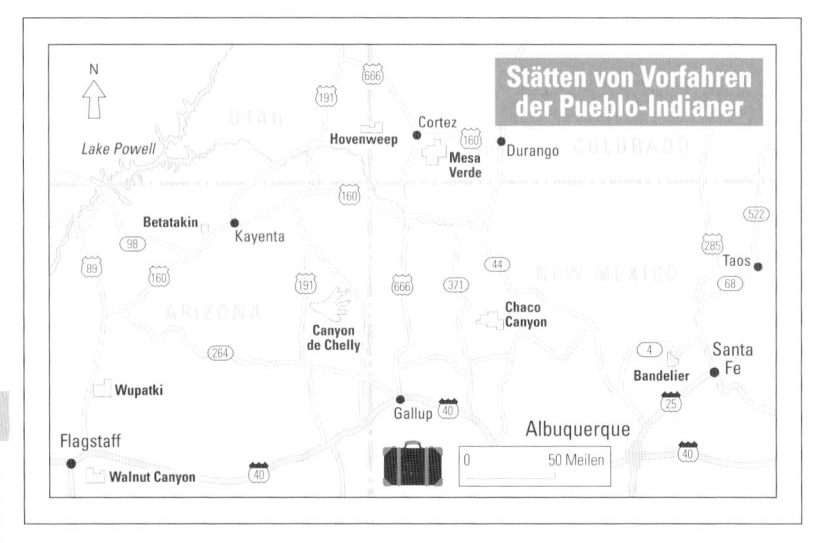

Die Arbeiten in diesem hervorragend ausgestatteten Wissenschaftszentrum dienen militärischen Zwecken, daher ist der größte Teil des Geländes für Besucher tabu. Eine Ausnahme bildet das kleine, sehr einseitige **Bradbury Science Museum**, in dem die Geschichte der Atombombe dargestellt wird. Erstaunlich und ärgerlich zugleich ist, dass den Menschen, die hier arbeiten, anscheinend nicht bewusst ist, dass nicht jeder gelernt hat, die Bombe zu lieben. ⌚ Di–Fr 9–17, Sa–Mo 13–17 Uhr, Eintritt frei.

Wie die ähnlichen Ruinen von Bandelier, wurde die alte Siedlung Puyé am Südrand des Pajarito Plateaus angelegt und war zwischen 1250 und 1550 bewohnt. Zwei Reihen von Wohnräumen wurden hoch oben in die Steilwand gegraben, die so weich ist, dass man sie mit hölzernen Werkzeugen aushöhlen konnte. Direkt darüber, oben auf der Mesa wurde ein großes Pueblo errichtet. Der Pfad vom *Visitor Center* aus nach oben ist anfangs leicht begehbar, doch wer die Felswohnstätten ausgiebig erkunden möchte, muss zumindest eine steile Leiter und ein paar in den Fels gehauen Stufen erklimmen. Die scheinbar gemütlichen kleinen Höhlenwohnungen waren ursprünglich nur die hinteren Räume größerer Anlagen. Vor jedem Innenraum befanden sich mehrere Räume mit Adobe-Wänden, wie die zahllosen Löcher beweisen, in denen früher Dachbalken steckten.

Von Santa Fe nach Taos: die Pueblos

Die schnellste Straßenverbindung zwischen Santa Fe und Taos führt auf dem US-84 bis zum Rio Grande und dann übergangslos weiter auf dem Hwy-68 am Fluss entlang nach Nordosten. Der US-84 verläuft durch das Herzstück der nördlichen Pueblos, einer Ansammlung winziger Tewa-sprachiger Gemeinden, die über fünfhundert Jahre alt sind.

Bei **Pojoaque**, zwölf Meilen nördlich von Santa Fe, führt eine Abzweigung fünf Meilen nach Osten zum wunderschön auf einem Hügel gelegenen **Nambé Pueblo**. Abgesehen von einer großen Kiva ist auf der alten Plaza nicht mehr viel erhalten, aber die dreistöckigen **Nambé Falls**, vier Meilen weiter, lohnen einen Besuch. ⌚ März, Sep und Okt tgl. 7–19 Uhr, April und Mai 7–20, Juni und August 6–20 Uhr; Eintritt $5, Fotogenehmigung $10. Neben dem Pool unten kann man zwischen März und September für $20 ein Zelt aufschlagen.

Die Pueblos Die ersten Spanier, die 1540 das heutige New Mexico erforschten, trafen ungefähr 100 000 sesshafte Bewohner an, verteilt auf rund hundert Dörfer und Städte. Sie nannten sie die Pueblo-Indianer; *pueblo* ist das spanische Wort für „Dorf". Schon bald rührte sich Widerstand gegen die Einführung des Katholizismus und die unverschleierte Versklavung der Pueblo-Arbeiter. Während des Pueblo-Aufstands von 1680 verbündeten sich die verschiedenen Stämme und schüttelten das Kolonialregime ab. Zahlreiche Priester und Soldaten wurden ermordet und der Rest nach Mexiko zurückgeschickt. Als die Spanier 1693 wiederkehrten, wehrten sich die Pueblos jedoch kaum, und seither haben sie überraschend harmonisch mit den Spaniern zusammengelebt, indem sie Elemente des katholischen Glaubens in ihre eigene Religion integrierten, ohne ihre traditionellen Bräuche und Gottheiten aufzugeben.

Es gibt noch immer ungefähr 40 000 Pueblo-Indianer in New Mexico, die in neunzehn autonomen Pueblos mit unterschiedlichen Gesetzen und Regierungsformen leben. Alle Pueblos sind bis zu einem gewissen Grad modernisiert, und die jüngst entdeckte Einnahmequelle aus der Spielsucht hat dazu geführt, dass viele Pueblos ein Kasino eingerichtet haben, normalerweise neben den großen Highways und in großer Entfernung von den Siedlungen. Dennoch halten alle an den „alten Bräuchen" fest. Die Geburts- oder Sterbetage der Heiligen, größere katholische Feiertage wie Ostern und Pfingsten und sogar der 4. Juli werden mit einer seltsamen Mischung aus traditionell indianischen und katholischen Riten begangen. Trotz ihrer faszinierenden Geschichte sind die meisten Pueblos eigentlich nicht die Touristenattraktionen, als die sie vielfach verkauft werden. Die bekanntesten, **Taos** und **Ácoma**, haben sich ihre herkömmliche defensive Architektur erhalten, doch die übrigen sind zumeist staubige Adobe-Weiler mit einer zentralen Plaza, über die der Wind fegt. Wer nicht gerade an einem Festtag kommt oder ein spezialisierter Einkäufer auf der Suche nach Pueblo-Kunsthandwerk ist, kann von einem Besuch enttäuscht sein. Darüber hinaus wird Gästen, die sich danebenbenehmen, deutlich gezeigt, dass ihre Anwesenheit nicht erwünscht ist.

Auf gar keinen Fall sollte man Orte „erforschen" wollen, an denen Fremde nichts zu suchen haben, wie religiöse Stätten, Kivas oder Privathäuser.

Fünfzehn dieser Pueblos konzentrieren sich am Ufer des Rio Grande nördlich von Albuquerque. Seit langem besteht eine Trennung zwischen den sieben südlichen Pueblos, im Süden von Santa Fe gelegen, von denen die meisten Keresan-sprachig sind, und den acht nördlichen Pueblos, in denen zumeist Tewa gesprochen wird. Letztere haben sich mit Taos Pueblo zur Organisation der **Eight Northern Indian Pueblos**, ☏ 852-4265 oder 1-800/793-4955, 🖥 www.8northern.org, zusammengeschlossen. Besucher müssen sich bei einem *Visitor Center* anmelden. Manche verlangen einen Eintrittspreis vor ca. $3–10. Generell werden bis zu $25 für das Fotografieren verlangt, $15–50 für Videoaufnahmen und bis zu $100 für das Anfertigen von Zeichnungen. Finden Tänze oder Feste statt, wird kein Zuschlag erhoben, oft ist das Fotografieren dann aber untersagt.

Der Hauptgrund für einen Besuch des **Santa Clara Pueblo**, fünf Meilen nördlich von Pojoaque und ebenso weit westlich von Española, sind die ehemaligen Wohnstätten: die atemberaubenden **Puyé Cliff Dwellings** im Santa Clara Canyon, elf Meilen westlich des Pueblo. In Folge von Waldbränden ist eine Besichtigung derzeit jedoch nicht möglich, aktuelle Infos unter ☏ 505/753-7330.

Wie die bekannteren Ruinen von Bandelier wurde die alte Siedlung Puyé am Südrand des Pajarito Plateaus angelegt und war zwischen 1250 und 1550 bewohnt. Zwei Reihen von Wohnräumen wurden hoch oben in die Steilwand gegraben, die so weich ist, dass man sie mit hölzernen Werkzeugen aushöhlen konnte. Direkt oberhalb auf der Mesa wurde ein großes Pueblo errichtet. Der Pfad vom Visitor Center aus nach oben ist anfangs leicht begehbar, doch wer die Felswohnstätten ausgiebig erkunden möchte, muss zumindest eine steile Leiter und ein paar in den Fels gehauene Stufen erklimmen. Die scheinbar gemütlichen kleinen Höhlenwohnungen waren ursprünglich nur die hinteren Räume größerer Anlagen. Vor jedem Innenraum befanden sich mehrere Räume mit Adobewänden, wie die zahllosen Löcher beweisen, in denen früher Dachbalken steckten. Die faszinierenden Felszeichnungen über den Eingängen kennzeichneten wahrscheinlich die einzelnen Wohnungen.

Chimayó

Im Bergdorf Chimayó, 25 Meilen nördlich von Santa Fe an der Kreuzung des Hwy-503 mit dem Hwy-76, steht das 1813–1816 erbaute **Sanctuario de Chimayó**, die berühmteste spanische Kolonialkirche New Mexicos. ⊕ von Mai bis Sep tgl. 9–18, Okt bis April 9–16 Uhr. Bis heute ist der Ort das „Lourdes von Amerika". Das schöne Adobe-Bauwerk mit zwei Türmen liegt hinter einem von Mauern umgebenen Hof. Eine Grube im Fußboden einer kleineren Seitenkapelle neben der schlichten Hauptkirche beherbergt die „heilige Erde", den Grund für die Verehrung dieses Ortes.

In der kleineren, schmuckloseren **Santo Niño Chapel** befindet sich die winzige Statue – eher eine Puppe – des Santo Niño, des Heiligen Kindes, dem schwangere Frauen Opfergaben, wie z.B. Babyschuhe, bringen.

Übernachtung und Essen

Zwei Etablissements machen eine Übernachtung zum Vergnügen: **Rancho de Chimayó******, am Hwy-503, ℡ 351-4444, ist wohl das beste traditionelle New Mexican-Restaurant im Bundesstaat. Am Ortsrand befindet sich die
Casa Escondida****, PO Box 142, Chimayó, NM 87522, ℡ 351-4805 oder 1-800/643-7201, 🖥 www.casaescondida.com, ein sehr geschmackvolles **B&B**, dessen acht komfortable Zimmer alle mit eigenem Bad ausgestattet sind.

Taos

Das Örtchen Taos ist eine der ältesten indianischen Siedlungen der Vereinigten Staaten. Gleichzeitig ist es geprägt von seiner kolonialen Vergangenheit und heute Treffpunkt von (Möchtegern-) Künstlern und Esoterik-Anhängern. Nur 6000 Menschen leben in den drei Teilen, die den Ort ausmachen: Taos selbst, um die alte Plaza herum, das weitläufige Ranchos de Taos, drei Meilen weiter südlich gelegen, und das indianische Dorf Taos Pueblo, zwei Meilen weiter nördlich.

Außer Museen, Galerien und Läden, die sich mit denen von Santa Fe messen können, hat sich das Städtchen noch etwas Gelassenheit, Charme und die Atmosphäre eines Schmelztiegels aus Pueblo-, hispanischer und amerikanischer Kultur bewahrt.

Taos' Reputation als Künstlerkolonie wurde zu Ende des 19. Jhs. mit der Ankunft des Malers Joseph Henry Sharp begründet. Zu ihm gesellten sich bald zwei junge New Yorker, Bert Phillips und Ernest L. Blumenschein. Die drei Männer formten den Kern der 1915 gebildeten Taos Society of Artists. Bald danach tauchte hier die reiche Erbin und Kunstmäzenin Mabel Dodge auf und ehelichte einen Indianer des Pueblo, woraufhin sie zu Mabel Dodge Luhan wurde. Sie verehrte den englischen Romancier D. H. Lawrence und schrieb ihm Briefe. Dieser wiederum stattete Taos in den frühen 20er Jahren drei Besuche ab. Nach seinem Tod ließ sich seine Witwe Frieda in Taos nieder.

Seither haben immer wieder neue Generationen von Künstlern und Schriftstellern Taos entdeckt. Die berühmteste war Georgia O'Keeffe, die Ende der 20er mehrere Jahre hier blieb. Insbesondere ihre Darstellungen der Kirche von Ranchos de Taos übten einen bestimmenden Einfluss auf die zeitgenössische Malerei des Südwestens aus.

Taos Plaza

Die spanische Plaza, noch immer das Herz der Stadt, ist heute von Souvenirgeschäften, Galerien und Restaurants im Stil der typischen abgerundeten Pueblos aus rotbraunen Adobe-Ziegeln umringt. Ausgesprochene Sehenswürdigkeiten gibt es kaum, höchstens das kleine Museum außerhalb des Hotels *La Fonda de Taos*, in dem naive erotische Bilder von D.H. Lawrence zu sehen sind, Eintritt $3.

Einige der besten Lokalitäten zum Essen und Trinken sowie eine Anzahl von Kunsthandwerksläden und Galerien befinden sich in der Bent Street, einen Häuserblock nördlich der Plaza. Die Straße erhielt ihren Namen nach dem ersten amerikanischen Gouverneur von New Mexico, **Charles Bent**,

Downtown Taos

Übernachtung:
Best Western Kachina Lodge de Taos	A
El Monte Lodge	G
Historic Taos Inn	B
Indian Hills Inn	F
La Doña Luz	E
La Fonda de Taos	D
Mabel Dodge Luhan House	C

Essen:
Apple Tree Restaurant	1
Bent Street Deli & Café	2
Byzantium	5
Caffe Tazza	4
Eske's	3

Flughafen, Taos Ski Valley

Taos Pueblo

Governor Bent House and Museum

Courthouse

Kit Carson Home and Museum

GUADALUPE PLAZA

Ernest L. Blumenschein Home and Museum

DER SÜDWESTEN

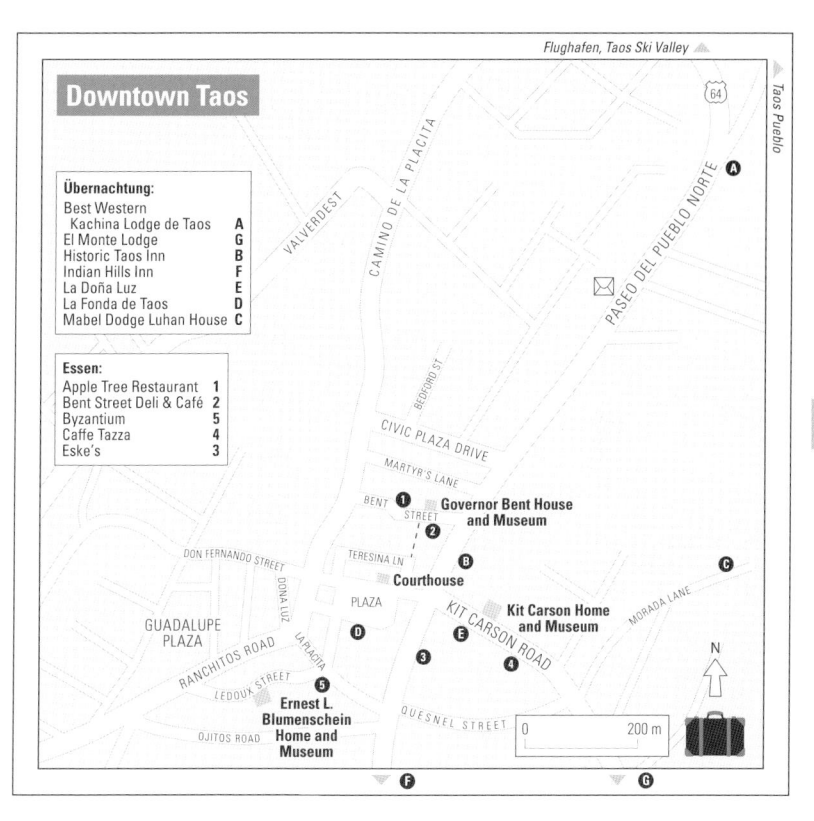

dessen Haus, in dem er 1847 ermordet wurde, in ein chaotisches kleines Museum umgewandelt wurde. ◷ April–Okt tgl. 9.30–17, Nov–März 10–16 Uhr, Eintritt $2.

Unmittelbar östlich der Plaza, auf der anderen Seite des Hwy-68 am Ende des einzigen noch erhaltenen hölzernen Fußweges von Taos, steht das Adobe-Haus des Trappers und zeitweiligen US-Kavallerie-Offiziers **Kit Carson**, der Mitte des 19. Jahrhunderts hier lebte. Heute beherbergt es ein Museum mit Pferdesätteln u.ä. ◷ April–Okt tgl. 9–17, Nov–März 10–16 Uhr, Eintritt $5. Das ein Jahr gültige Ticket für $20 verschafft Zutritt zu diesem und sechs anderen Museen in Taos, einschließlich der großen, die nachfolgend beschrieben werden. Zwei Häuserblocks südlich der Plaza steht in der Ledoux Street das 1790 erbaute, oftmals restaurierte Haus des Künstlers und Sammlers **Ernest L. Blumenschein**, Mitbegründer der Künstlerkolonie von Taos, die in den 20er Jahren des 20. Jhs. entstand. Die Ausstellung umfasst Gemälde und Möbel. ◷ April–Okt tgl. 9–17, Nov–März 11–16 Uhr, Eintritt $5.

Millicent Rogers Museum

Das Millicent Rogers Museum zwei Meilen nördlich der Abzweigung nach Taos Pueblo ist über eine Schotterstraße zu erreichen. Seine ausgezeichnete Kunsthandwerkssammlung reicht von Töpferwaren der Vorfahren der Pueblo-Indianer und Mimbres über zeitgenössische Schwarz-auf-Schwarz-Keramiken der Töpferin Maria Martinez aus San Ildefonso Pueblo bis zu Hopi-*kachinas* (s.S. 244) und wunderbaren Webteppichen der Navajo. Eindrucksvolle Stücke zeigen, wie sich die religiöse Kunst der spanischen Kolonialisten in der „heidnischen" Neuen Welt breitmachte. ☉ April–Okt tgl. 10–17, Nov–März 10–17 Uhr, Mo geschlossen, Eintritt 6.

Ranchos de Taos

Von der Plaza Richtung Süden erstrecken sich beiderseits des Hwy-68 die Ranchos de Taos, die ursprünglich eine separate Bauerngemeinde bildeten, welche die Stadt Taos mit Lebensmitteln versorgte. Jede Ranch besaß ihr eigenes Haupthaus, die Hacienda. Eines davon, die **Martínez Hacienda**, zwei Meilen südwestlich der Plaza an der Ranchitos Road, ist als Kolonialmuseum restauriert worden. Sie wurde 1804 von einem der ersten Bürgermeister Taos' erbaut. ☉ ☉ April–Okt tgl. 9–17, Nov–März 10–16 Uhr, Eintritt 5.

Die massive Adobe-Kirche **San Francisco de Asis** an der kleinen, unbefestigten Plaza von Ranchos blickt auf den vorbeirauschenden Verkehr am Hwy-68. Um 1776 gebaut, zählt sie zu den architektonischen Meisterwerken der Kolonialzeit New Mexicos und war eines der beliebtesten Objekte von Georgia O'Keeffe. Innen befindet sich ein wunderbar verzierter Seitenaltar. An der angesichts des nahen Highway überraschend stillen Plaza befinden sich einige Restaurants und Souvenirgeschäfte.

Taos Pueblo

Taos Pueblo liegt zwei Meilen nördlich der Plaza, eine halbe Meile östlich des Hwy-68. Die mehrstöckigen Adobe-Gebäude sind seit rund 800 Jahren bewohnt, und der beeindruckende Komplex ist das größte noch intakte indianische Dorf der USA. Diejenigen Bewohner, die noch in Hlauuma, dem Nordhaus, und Hlaukwima, dem Südhaus leben – durch den Rio Pueblo de Taos voneinander getrennt, der vom heiligen, für Außenstehende unzugänglichen Blue Lake herabfließt –, haben nur wenige Konzessionen an die moderne Welt gemacht. Sie verzichten auf Toiletten, fließendes Wasser und Strom.

Vor einem Besuch empfiehlt sich die Kontaktaufnahme mit *Taos Pueblo Tourism*, ✆ 758-1028, 🖥 www.taospueblo.com. Sollte das Dorf geöffnet sein, parkt man sein Fahrzeug am Rand der Plaza und entrichtet das Eintrittsgeld von 10 p.P. plus 5 für Foto- bzw. 20 für Videokamera. Der Eintritt beinhaltet eine von Dorfbewohnern durchgeführte **Führung** durch das Pueblo, die in regelmäßigen Abständen stattfindet. Die Führungen beschränken sich auf die begrenzten öffentlichen Areale, doch darüber hinaus dürfen auch Streifzüge auf eigene Faust unternommen werden.

Die meiste Zeit des Jahres lebt man im Pueblo relativ unbehelligt von den Touristen, aber bei den regelmäßig im Sommer stattfindenden Festen und Tänzen herrscht Hochbetrieb. Die größten Veranstaltungen sind die **Corn Dances** im Juli sowie die **Fiesta der San Gerónimo** Ende September, zu denen zahlreiche Schaulustige strömen. Das Dorf ist im Allgemeinen Mo–Sa 8–17 und So 8.30–17 Uhr für Besucher geöffnet, schließt aber häufig anlässlich von Stammesveranstaltungen wie Festen oder Beerdigungen und bleibt von Mitte Februar bis Anfang April generell geschlossen.

Übernachtung

Taos hat Übernachtungsmöglichkeiten für jeden Geschmack und zu Preisen weit unter denen von Santa Fe. Allerdings sind die Unterkünfte dank des hiesigen Skigebietes im Winter nicht billiger als im Hochsommer.

Taos Central Reservations, ✆ 758-9767 oder 1-800/821-2437, 🖥 www.taoswebb.com/plan/tcr, nimmt Buchungen entgegen.

Hochsaison in Taos ist von Weihnachten bis Mitte April und von Mitte Juni bis Mitte Oktober; Nebensaison von Mitte April bis Mitte Juni und von Mitte Oktober bis Dezember.

Abominable Snowmansion Hostel/HI-Taos**-*, Taos Ski Valley Rd, Arroyo Seco, ✆ 776-8298, 🖥 www.taoswebb.com/hotel/snowmansion. Angenehme, freundliche, unabhängige HI-AYH Herberge plus Skilodge an einer sehr engen Straßenkurve. Bürozeiten tgl. 8–11 und 16–22 Uhr; Schlafsaalbett 17–22; Zeltplatz und preiswerte Zimmer.

Best Western Kachina Lodge de Taos****, 413 Paseo del Pueblo Norte, ✆ 758-2275 oder 1-800/522-4462, 🖥 www.kachinalodge.com. Großes, geschmackvolles, familienfreundliches Motel an der Abzweigung nach Taos Pueblo mit gutem

Taos Pueblo, das größte noch intakte indianische Dorf der USA

Restaurant, Live-Musik, im Sommer jeden Abend Pueblo-Tanzvorführungen.

El Monte Lodge*, 317 Kit Carson Rd, ✆ 758-3171 oder 1-800/828-8267. Ländliches Motel aus den 30er Jahren des 20. Jhs. eine halbe Meile östlich der Plaza. Komfortable Unterkünfte mit eigenem Bad in einem Komplex aus Adobe-Cottages.

Historic Taos Inn, ab***, 125 Paseo del Pueblo Norte, ✆ 758-2233 1-888/458-8267, 🖳 www.taosinn.com. Weitläufiges, zentral gelegenes Hotel mit hinreißender Südwest-Atmosphäre; jedes der 37 Zimmer ist individuell zum Thema Pueblo gestaltet.

Indian Hills Inn*, 233 Paseo del Pueblo Sur, ✆ 758-4293 oder 1-800/444-2346, 🖳 www.taosnet.com/indianhillsinn. Das einzige halbwegs billige Highway-Motel, das von der Plaza aus zu Fuß zu erreichen ist. Tipp: Zimmer weit weg von der Straße verlangen.

La Doña Luz**–*****, 114 Kit Carson Rd, ✆ 758-4874 oder 1-800/758-9187, 🖳 www.ladonaluz.com. Kolonialspanisch anmutende Zimmer unterschiedlicher Standards in einem friedlichen Adobe-B&B ein kleines Stückchen östlich der Plaza.

La Fonda de Taos, $130–160, 108 South Plaza, ✆ 758-2211 oder 1-800/833-2211, 🖳 www.hotellafonda.com. Das 30er-Jahre-Hotel an der Plaza war lange Zeit ein Wahrzeichen von Taos, wurde komplett modernisiert und bietet jetzt 24 luxuriöse Suiten mit typischer Südwest-Einrichtung und gefliesten Badezimmern.

Mabel Dodge Luhan House***, 240 Morada Lane, ✆ 751-9686 oder 1-800/846-2235, 🖳 www.mabeldodgeluhan.com. Fantastischer, 200 Jahre alter B&B-Komplex aus Adobe unweit nordöstlich der Plaza an der Kit Carson Lane. Die reizenden Zimmer sind nach kreativen ehemaligen Gästen wie Willa Cather und Ansel Adams benannt. Zwei Räume, eines davon ein lichtdurchflutetes Solarium, teilen sich ein Badezimmer, dessen Fenster von D.H. Lawrence bemalt wurden. Preisgünstigere Übernachtung mit modernerer Ausstattung bietet die Lodge im neueren Flügel.

Die besten Campingplätze sind die neun nur im Sommer geöffneten im **Carson National Forest**, ✆ 758-8851, zu erreichen über die Kit Carson Road nach Osten, bis diese in den US-64 übergeht.

Essen und Unterhaltung

Für ein ausschweifendes Nachtleben ist Taos zu klein, aber es hat immerhin eine beachtliche Auswahl an Restaurants aller Preisklassen sowie mehrere Cafés.

Wer ein gemütliches Plätzchen für einen Drink sucht, findet es am ehesten in der **Adobe Bar** des *Taos Inn*, s.o.

Apple Tree Restaurant, 123 Bent St, ✆ 758-1900. Restaurant im Café-Stil in einem alten Adobe-Haus nördlich der Plaza. Die überwiegend aus der Küche New Mexicos stammenden Hauptgerichte, darunter *fajitas* mit gegrillter Ente oder Mangohühnchen-Enchiladas, kosten $12–16. Die Terrasse eignet sich auf lauen Sommerabenden wunderbar zum Draußensitzen.

Bent Street Deli & Café, 120 Bent St, ✆ 758-5787. Luftiges Lokal, zum Teil im Freien, unmittelbar nördlich der Plaza. Preiswertes Frühstück, Sandwich-Mittagessen und schmackhafte Abendgerichte für weit unter $20. Überraschend gute Küche. So geschlossen.

Byzantium, 112 La Placita, Ecke Ledoux St, ✆ 751-0805. Das romantisch-vornehme Hofrestaurant südwestlich der Plaza serviert zum Mittagessen leckere Salate und Sandwiches. Ein Großteil der abendlichen Speisekarte hat asiatischen Einschlag, z.B. Seafood Cakes ($11), Ente in grünem Curry ($23), Schweinelende mit Kräuterkruste oder Gemüsepastete. Di und Mi geschlossen.

Caffe Tazza, 122 Kit Carson Rd, ✆ 758-8706, Angesagtes, zentrales Café mit sonniger Terrasse, serviert Kaffee und Vegetarisches.

Doc Martin's, Taos Inn, 125 Paseo del Pueblo Norte, ✆ 758-1977. Herrliche, einfallsreiche New Mexico-Küche in einem romantischen alten Adobe-Inn an der Hauptstraße gleich östlich der Plaza. Die meisten Abendgerichte, wie z.B. Lachs mit *piñon*-Kruste oder geräucherte Lammkeule gibt es für $16–23 (außer Fr und Sa, wenn zum Abendessen ein festes 3-Gänge-Menü für ca. $20 angeboten wird).

Eske's, 106 Des Georges Lane, ✆ 758-1517, Mikrobrauerei, die auch einfache Stews und Snacks anbietet, ⏱ tgl. bis 22.30 Uhr.

Island Coffees and Hawaiian Grill, 1032 Paseo del Pueblo Sur, ✆ 758-7777. Das nette und sehr preiswerte Café mit Hawaii-Thema in der Nähe des *Visitor Center* serviert Kona-Kaffee, Nudelgerichte, Currys und Sandwiches. Außerdem supergünstiger Internet-Zugang.

Taos Pizza Outback, 712 Paseo del Pueblo Norte, ✆ 748-3112. Schwer zu findende Pizzeria eine Meile nördlich der Stadt mit gastfreundlichem Ambiente und riesigen Portionen ausgezeichnetem Essen. Die Pizza Calzone für $9 ist sensationell.

Sonstiges

FAHRRÄDER – **Gearing Up**, 129 Paseo del Pueblo Sur, ✆ 751-0365.

INFORMATIONEN – **Visitor Center**, zwei Meilen südlich der Stadt an der Kreuzung von Hwy 68 und US-64, ✆ 758-3873 oder 1-800/732-8267, 🖳 www.taoschamber.com, bestens mit Infomaterial ausgestattet, ⏱ tgl. 9–17 Uhr.

POST – nördlich der Plaza, 318 Paseo del Pueblo Norte, ✆ 758-2081, ⏱ Mo–Fr 8–16, Sa 9–13 Uhr.

VORWAHL – 505.

Nahverkehrsmittel

Im kompakten Zentrum von Taos bewegt man sich am besten zu Fuß. Die stündlich verkehrenden **Busse** von **Red Chile**, ✆ 751-4459, befahren eine 12 Meilen lange Route am Highway (einfache Fahrt $0,50, Tageskarte $1). **Historic Taos Trolley Tours**, ✆ 751-0366, 🖳 www.taostrolleytours.com, steuert die Hauptsehenswürdigkeiten an. Abfahrt Mai–Okt 2x tgl. ab *Visitor Center* und Plaza, Ticket $33.

Transport

Zwei Busse täglich von **Greyhound** und **TNM&O** aus ALBUQUERQUE ($25) und SANTA FE ($17) halten am Taos Bus Center, ✆ 758-1144, bei der

Chevron-Tankstelle gegenüber dem Visitor Center am Hwy.-68.
Twin Hearts Express, ℡ 751-1201 oder 1-800/654-9456, 🖥 www.twinheartsexpress.com, verbindet den Flughafen von ALBUQUERQUE und Taos, einfach $40, hin und zurück $75.

Chama

Das winzige Chama liegt 85 Meilen nordwestlich von Taos am die aufsehenerregende Rio Grande Gorge Bridge überquerenden US-64 – hinter Abiquiu und den roten Felsen in der Umgebung der Ghost Ranch. Der Ort ist Ausgangspunkt für Bahnfahrten mit der **Cumbres and Toltec Scenic Railroad**, vom Memorial Day-Wochenende bis Mitte November, ℡ 756-2151 oder 1-888/286-2737, 🖥 www.cumbrestoltec.com, ⊕ Ende Mai bis Ende Okt. Der Zug fährt in dieser Zeit täglich 64 Meilen von Chama durch die High-Brazos-Berge an der Los Piños Gorge entlang nach Antonito in Colorado, eine Bahnstrecke, die bereits 1880 gebaut wurde. Man kann entweder in Chama um 8.30 Uhr einen Bus nach Antonito in Colorado nehmen und mit der Bahn zurückfahren ($60) oder aber an einem Tag für $45 um 10 Uhr mit dem Zug bis Osier, das ungefähr auf halber Strecke liegt, und zurück fahren.

Übernachtung

Am Fluss südlich der Stadt liegen moderne, aus Holz gebaute **Lodges**, z.B. das komfortable **Vista del Rio*****, 2595 US-84/64, ℡ 505/756-2138 oder 1-800/939-9943.
Gandy Dancer****, 299 Maple St, ℡ 756-2191 oder 1-800/424-6702, 🖥 www.gandydancerbb.com, B&B mit drei Zimmern in einer alten Villa unweit des Bahnhofs.

Von Santa Fe nach Albuquerque

Wer sich auf die 60 Meilen lange Fahrt Richtung Südwesten von Santa Fe nach Albuquerque macht, kann unter zwei Strecken wählen. Der Interstate, I-25, ist schnell und landschaftlich durchaus reizvoll, doch was Atmosphäre und Old-West-Charme anbelangt, kann er sich mit dem Turquoise Trail nicht messen, der sich seinen Weg zwischen den Sandía und Ortiz Mountains im Osten bahnt.

Der Turquoise Trail

Der „Turquoise Trail" (Hwy.-14), geht vom I-25 ab und führt durch die Sandia- und Ortiz-Berge, an zwei ehemaligen Minencamps vorbei, die sich bis heute als eigenständige Städte behaupten konnten. Jahrhundertelang waren die staubigen Hügel in der Umgebung der ersten dieser Städte, **Cerrillos**, für ihre reichen Vorkommen an Türkisen bekannt, und noch immer sind Märchen von „verschwundenen Minen" mit unermesslichen Schätzen im Umlauf.

Cerrillos hat Touristen nur den **Casa Grande Trading Post**, eine ehemalige Hacienda, zu bieten. Er beherbergt das **Turquoise Mining Museum** und den **Petting Zoo**, eine Mischung aus Ramschladen und Kuriositätenmuseum.

Coronado State Monument

Wer auf dem I-25 unterwegs ist, sollte einen Zwischenstopp am **Coronado State Monument** einlegen, 18 Meilen nördlich von Albuquerque, eine Meile westlich des Interstate, am gegenüberliegenden Ufer des Rio Grande. Die Spanier unter Francisco de Coronado verbrachten im Kuaua den Winter des Jahres 1540. Damals bestand das blühende Pueblo aus weit über tausend Wohnräumen; heute ist es eine Ruine, von der nur ein paar erodierte Adobe-Mauern freigelegt wurden. Im Mittelpunkt steht eine restaurierte Kiva, deren Wände mit Reproduktionen farbenfroher Wandgemälde geschmückt sind. Die verblichenen Originale, die im *Visitor Center* aufbewahrt werden, zeigen unter anderem Jagdszenen. ⊕ tgl. 8.30–17 Uhr, Eintritt April–Okt $4, Nov–März $2.

Das Dorf **Algodones**, fünf Meilen südwestlich von San Felipe am Fluss, ist ein friedlicher Ausgangspunkt für einen Besuch sowohl von Santa Fe als auch von Albuquerque. *Hacienda Vargas*****, 1431 El Camino Real, ℡ 505/867-9115 oder 1-800/261-0006, 🖥 www.haciendavargas.com, ist eines der gemütlichsten ländlichen B&Bs in ganz New Mexico, untergebracht in einem wunderschönen, aus Adobe erbauten Handelsposten.

Albuquerque

Die mit einer halben Million Einwohner einzige Metropole des Bundesstaates liegt mitten im Herzen New Mexicos. Hier überqueren die wichtigste Ost-West-Straßenverbindung und die Eisenbahnschienen den Rio Grande und kreuzen auch die alte Straße nach Süden, Richtung Mexiko. Zwar brausen viele Touristen vom Flughafen direkt nach Santa Fe hoch, ohne Albuquerque eines Blickes zu würdigen, doch die Stadt hat einiges, das für sie spricht. Wie Phoenix ist sie in den letzten fünfzig Jahren ein wenig zu schnell gewachsen, um noch gemütlich zu sein, und die Architektur mag vielerorts einfallslos sein. Doch im Stadtkern ist die ursprüngliche spanische Niederlassung noch erkennbar, und die bunte, kosmopolitische Einwohnerschaft verleiht ihr eine in dieser Gegend seltene kulturelle Lebendigkeit. Auch die Lage zwischen dem pappelbestandenen Rio Grande und den majestätischen, leuchtenden Sandia Mountains ist herrlich. Besondere Highlights für Besucher stellen die intakte spanische Plaza, der neonbeleuchtete Abschnitt der Route 66 auf der Central Avenue und das ausgezeichnete Indian Pueblo Cultural Center dar. Jedes Jahr im Oktober findet in Albuquerque die größte Fesselballon-Rallye der USA statt, die mehr als 100 000 Besucher anzieht.

Old Town

Ist man einmal die Central Avenue hoch und runter gefahren und hat sich die bunten Neonlichter und die 40er-Jahre-Architektur dieses zwanzig Meilen langen Abschnittes der Route 66 angesehen, begibt man sich am besten nach Old Town, dem auf Hochglanz gebrachten spanischen Herzstück der Stadt, das bereits auf den Plakaten am vorbeiführenden Interstate zu Recht als „verdammt alt und historisch" angepriesen wird. Hier befindet sich die **Main Plaza**, deren Schatten spendende Bäume von den Zwillingstürmen der aus Lehmziegeln gebauten **Kirche San Felipe de Neri** überragt werden. Das Angebot an Attraktionen ist beschränkt, aber zum Herumschlendern und Essen eignet sich die Gegend hervorragend. Es gibt ein paar verrückte Läden, z.B. das mit lebendigen Klapperschlangen aufwartende **Rattlesnake Museum** südöstlich der Plaza in der 202 San Felipe St NW, ⏰ Mo–Fr 12–18, Sa 10–18, So 13–17 Uhr, Eintritt $2.

Immer noch auf der Central Avenue, einen halben Block westlich der Plaza, beherbergt das *Old Town Shopping Center* das umwerfende kleine **Turquoise Museum**, das sich von außen kaum von den anderen Läden des Einkaufszentrums unterscheidet. Es entpuppt sich jedoch als ein schwer gesicherter Schmucksafe, angefüllt mit seltenen und wunderbaren Türkisen. ⏰ Mo–Sa 9.30–18 Uhr, Eintritt $2.

Für einen Besuch im **New Mexico Museum of Natural History**, 1801 Mountain Road NW, vier Blocks nordöstlich der Plaza, sollte man sich ein paar Stunden Zeit nehmen, vor allem mit Kindern. Hier gibt es lebensgroße, bewegliche Dinosauriermodelle, einen simulierten Vulkanausbruch und die Nachbildung einer Schneehöhle aus der Eiszeit sowie eine gute, überschaubare Sammlung von Fossilien und Dinosaurierknochen zu sehen. ⏰ tgl. 9–17 Uhr, im Januar und September Mo geschlossen, Eintritt $4.

In der Nähe befindet sich das **National Atomic Museum**, ☎ 245-2137, App. 105, 🖥 www.atomicmuseum.org, mit seiner „beeindruckenden Sammlung amerikanischer Atomwaffen". Seinen neuen Standort in der 1905 Mountain Rd NW erhielt es, nachdem es zuvor in der Kirtland Air Force Base untergebracht war, wo allerdings zunehmend Sicherheitsbedenken auftraten. Inhaltlich geht es um die Geschichte der Nuklearwissenschaften und -waffen, von den frühen Entdeckungen der Madame Curie bis zu modernen Robotern wie der Distanzwaffe „Fireant". ⏰ tgl. 9–17 Uhr, Eintritt $2.

Indian Pueblo Cultural Center

Das Indian Pueblo Cultural Center, 2401 12th Street NW, ☎ 843-7270, 🖥 www.indianpueblo.org, einen Block nördlich des I-40, umfasst ein ausgezeichnetes Museum sowie einen Markt für Kunsthandwerk. Es wird als Kooperative von verschiedenen Pueblo-Indianern aus New Mexico betrieben. Das moderne Gebäude ist im traditionellen Pueblostil hufeisenförmig um einen Innenhof angelegt.

Es handelt sich um das einzige größere Museum New Mexicos, das von Indianern verwaltet wird. Die Ausstellung beginnt mit einer ausführlichen Darstellung der gemeinsamen historischen Wurzeln mit den Vorfahren der Pueblo-Indianer, während sich die letzten Exponate dem Verrat durch die spanischen Invasoren widmen, die sich, obwohl sie von den Indianern mit offenen Armen empfangen worden waren, als erbarmungslose Unterdrücker aufführten. Im Gegensatz zu anderen Museen endet die Geschichts(be)schreibung hier mit dem Pueblo-Aufstand von 1680.

Über das heutige Leben der Pueblo-Indianer informieren verschiedene Videofilme; außerdem verkaufen die Geschäfte im Obergeschoss hervorragende Keramikwaren, und im Café kann man sich mit Spezialitäten aus der Pueblo-Küche stärken. ⏱ tgl. 9–16.30 Uhr, Eintritt $4, Kunsthandwerksmarkt ⏱ tgl. 9–17.30 Uhr, Eintritt frei.

Sandia Crest

Im Osten von Albuquerque ragen die bewaldeten, über 3000 m hohen Gipfel des **Sandia Crest** empor, von wo man insbesondere nach Sonnenuntergang eine herrliche Aussicht auf die Lichter der Stadt hat. Im Sommer ist es hier oben gut 10 °C kühler als im Tal. Wer die landschaftlich reizvollen, aber sehr kurvenreichen zwanzig Meilen von Albuquerque her nicht mit dem Wagen zurücklegen möchte, kann die **Sandia Peak Tramway** nehmen, ☎ 298-8518, mit 2,7 Meilen die längste Seilbahn der Welt. Sie fährt im Nordosten der Stadt am Ende der Tramway Road ab. ⏱ Sommer tgl. 9–21, Winter während der Skisaison Mo, Di, Do–So 9–20, Mi 12–20, übrige Jahreszeiten 17–20 Uhr, Eintritt $15.

Übernachtung

Entlang der 20 Meilen langen Central Avenue, der alten Route 66, weisen Dutzende von Neonschildern auf Motels für $30 pro Nacht hin. Wer für eine Weile auf das Auto verzichten will, muss für eine Unterkunft in der Old Town – wo es nur wenige gibt – oder in Downtown ein bisschen mehr Geld ausgeben. Ableger der größeren Hotelketten befinden sich entlang der Interstates. Auf die Hotelrechnung werden in Albuquerque fast 11 % Steuern aufgeschlagen.

Aztec Motel*, 3821 Central Ave NE, ☎ 254-1742. Albuquerques ältestes Motel an der Route 66 besticht durch ein toll restauriertes Neonschild und seine Einrichtung mit volkstümlichen Kunstgegenständen. Die meisten Bewohner sind Dauergäste, doch auch für Touristen ist es eine sichere und stilvolle, wenngleich schlichte Unterkunft.

Barcelona Suites Hotel****, 900 Louisiana Blvd NE, ☎ 255-5566 oder 1-877/227-7848, 🖥 www.barsuites.com. Geräumiges, nur aus Suiten bestehendes Hotel drei Meilen östlich der Innenstadt und zwei Blocks südlich des I-40. Alle Einheiten haben Küchen, außerdem gibt es ein Hallenbad und einen Swimming Pool unter freiem Himmel.

Casas de Sueños, ab****, 310 Rio Grande Rd SW, ☎ 247-4560, 🖥 www.casasdesuenos.com. Eines der angenehmsten B&Bs von New Mexico. Schön möblierte, exotische Cottages und kleinere Zimmer, ganz in der Nähe der Old Town.

Comfort Inn – Airport***, 2300 Yale Blvd SE, ☎ 243-2244 oder 1-800/221-2222. Seinen Preis wertes Motel, kostenloser Shuttle vom/zum Flughafen, Frühstück inkl.

El Vado Motel**, 2500 Central Ave SW, ☎ 243-4594. Klassisches Adobe-Route-66-Motel nahe der Old Town.

La Posada de Albuquerque****, 125 Second St NW, ☎ 242-9090 oder 1-800/777-5732, 🖥 www.laposada-abq.com. Historisches Hotel in günstiger Downtown-Lage, wurde 1939 von Conrad Hilton im mexikanischen Stil erbaut. Große, aufwändig renovierte Zimmer mit antiken Holzmöbeln, schöner holzvertäfelter Lobby, ausgezeichnetem Restaurant und geräumiger, angenehmer Bar.

Monterey Nonsmokers Motel***, 2402 Central Ave SW, Albuquerque NM 87104, ☎ 243-3554 oder 1-877/666-8379, 🖥 www.nonsmokersmotel.com. Sauberes Motel mit 15 Zimmern, zwei Straßen westlich der Old Town, für dogmatische Nichtraucher, mit Pool und Waschsalon.

Route 66 Hostel*, 1012 Central Ave SW, ☎ 247-1813, ✉ ctaylor939@aol.com. Albuquerques einziges Hostel, ein freundliches Haus am Rande der Old Town, eine Meile westlich von Downtown, Schlafsaalbetten $15, Küchenbenutzung und sehr schlichte, aber preiswerte DZ. Bürozeiten tgl. 7.30–10.30 und 16–23 Uhr.

Essen

Die Köche von Santa Fe mögen vielleicht versuchen, die Küche des Südwestens zu reformieren, doch in Albuqerque bleibt man bei Altbewährtem: riesige Portionen mexikanischer Gerichte. Esslokale überall in der Stadt kochen echt neumexikanisch und wetteifern darum, die bestgewürzten *chiles rellenos* und *enchiladas* zuzubereiten.

Artichoke Café, 424 Central Ave SE, ☎ 243-0200. Schlichtes, aber klassisches Restaurant mitten in Downtown, auch Tische im Freien. Gute, vielfältige, moderne amerikanische Küche mit kalifornischem Einschlag, meist weit unter $20. ⊙ tgl. außer So.

Conrad's, La Posada de Albuquerque, 125 2nd St NW, ℡ 242-9090. Klassischer, modernisierter Art-déco-Hoteldiner aus den 30er Jahren des 20. Jhs. Teure, aber ausgezeichnete, spanisch beeinflusste Gerichte, Spezialität ist eine köstliche Seafood-Paella mit Hummer und Safranreis. ⊙ tgl. zu allen Mahlzeiten.

Flying Star, 3416 Central Ave SE, ℡ 255-6633. Das lebendige und stets volle Café im Uni-Viertel serviert gemischte internationale Gerichte für eine vorwiegend studentische Klientel. Die riesige Speisekarte beinhaltet Frühstücksspezialitäten, Salate und Diner-Specials wie vietnamesische Nudeln oder Pasta Pomodoro für $8. ⊙ tgl. 6 Uhr bis spät.

Frontier, 2400 Central Ave SE, ℡ 266-0550. Altbewährtes, rund um die Uhr geöffnetes Diner gegenüber der Universität, zieht ständig eine bunte Kundschaft an, die sich Burger, Burritos und großartige vegetarische Enchiladas einverleibt.

High Finance, 40 Tramway Rd NE, ℡ 243-9742. Teures Seafood- und Steak-Restaurant in unvergleichlicher Lage auf der Bergstation der Sandia Peak Tramway (s.S. 202).

Kanome, 3128 Central Ave SE, ℡ 265-7773. In dem hellen und modernen asiatischen Diner nahe der Universität kosten nur wenige thailändische, chinesische oder japanische Hauptgerichte über $10. ⊙ tgl. nur zum Abendessen.

Unterhaltung

Die Innenstadt von Albuquerque hat in den letzten Jahren durch die Eröffnung mehrerer **Kneipen** und **Diskotheken**, von denen viele auch als kleine Theater- oder Konzertbühnen fungieren, eine Belebung erfahren. Kostenlose Magazine wie das wöchentlich erscheinende *Alibi* enthalten sämtliche Informationen zum aktuellen Geschehen in der Stadt.

Assets Grille & Southwest Brewing Company, 6910 Montgomery Blvd NE, ℡ 889-6400. Belebte Kneipe mit Tischen drinnen und draußen, serviert auch italienische Gerichte. So geschlossen.

Caravan East, 7605 Central Ave NE, ℡ 265-7877. Riesiger Schuppen, wo Reingeschmeckte mit den Stadtcowboys Twostep tanzen (oder es wenigstens versuchen) können.

Club Rhythm and Blues, 3523 Central Ave NE, ℡ 256-0849, 🖥 www.clubrb.com. In dieser Musikkneipe im Uni-Viertel treten Bands der Musikrichtungen Latin, Swing, Jazz und Blues auf. So geschlossen.

El Rey Theatre, 620 Central Ave SW, ℡ 243-7546. Live-Musik von Salsa bis Country und alles, was dazwischen liegt. Der benachbarte *Golden West Saloon* ist die bevorzugte Adresse von Albuquerques Metal-Freaks.

KiMo Theatre, 423 Central Ave NW, ℡ 848-1370. Wunderbares städtisches „Pueblo Deco"-Theater, Ende der 20er Jahre erbaut, bietet ein erlesenes Programm aus Oper, Tanz und Theatervorstellungen, auch Kinderfilmvorführungen und regelmäßig Live-Konzerte.

The Launchpad, 618 Central Ave SW, ℡ 764-8887, 🖥 www.launchpadrocks.com. Disco mit Live-Indie, -Reggae und -Blues, außerdem mehrere Pool-Billard-Tische.

Sonstiges

INFORMATIONEN – Das ***Tourist Office*** im *Albuquerque Convention Center,* 401 Second St, ℡ 842-9918 oder 1-800/284-2282, 🖥 www.itsatrip.org, vergibt kostenlose Magazine und Broschüren. ⊙ Mo–Fr 9–17 Uhr.
Weitere Informationskioske befinden sich in der Old Town, auf der Plaza Don Luis an der Romero NW, ⊙ April–Okt tgl. 9–17, Nov–März 9.30–16.30 Uhr, und am Flughafen, ⊙ tgl. 9.30–20 Uhr.

VORWAHL – 505.

Transport

BUSSE – *Greyhound Busterminal*, 300 Second St SW, ℡ 243-4435, 5 Min. zu Fuß südlich von Downtown, geräumige Gepäckschließfächer. 4x tgl. Verbindungen nach SANTA FE, einfach $12, und nach TAOS, einfach $22. Außerdem halten hier die Langstreckenbusse der Ost-West-Verbindungen.

EISENBAHN – Der kleine Amtrak-Bahnhof liegt gleich hinter *Greyhound*, an der 214 First St. Es verkehren zwei Züge täglich – einer Richtung Westen nach LOS ANGELES und einer Richtung Osten nach CHICAGO.

FLÜGE – Albuquerque's Internationaler Flughafen Sunport liegt 4 Meilen südöstlich von Downtown. Alle Mietwagenfirmen besitzen Schalter am Flughafen.
Flughafentransport: *Yellow Cab*, ✆ 883-4888, ein Taxi ins Zentrum kostet rund $10.
Checker Airport Express, ✆ 765-1234, bringt Passagiere zu ähnlichen Preisen bis zum Hotel.

Ácoma Pueblo

Das herrliche Ácoma Pueblo liegt zwei Meilen südlich des I-40, fünfzehn Meilen östlich von Grants und 50 Meilen westlich von Albuquerque.

Die landschaftlich reizvollste Zugangsstraße ist die von Westen her, wenn man den I-40 über die Abfahrt 102 verlässt. Wenn die im Sonnenlicht glänzende Mesa in Sichtweite kommt, wird deutlich, weshalb die Spanier damals von goldenen Städten sprachen.

Ácoma hat wiederholt Einwandererwellen aufgenommen, ohne dabei seine unverwechselbare Identität zu verlieren. Für die Bewohner ist Tourismus schon lange kein Fremdwort mehr – sie betreiben ein großes Kasino am Rande des Interstate und waren Ausrichter von Miss-America-Wahlen –, daher fühlen sich Besucher von „Sky City" meistens nicht so unwohl in ihrer Haut wie in manchen anderen Pueblos. Dennoch ist Ácoma ganz und gar authentisch und vermittelt ein Gefühl ungebrochener Tradition, das fast jeden Reisenden sprachlos macht.

Sky City darf nur im Rahmen einer organisierten einstündigen Tour besichtigt werden. Die Busse fahren in regelmäßigen Abständen vor dem kleinen *Visitor Center*, ✆ 505/470-0181 oder 1-800/747-0181, 🖥 www.skycitytourism.com, am Fuß der über 100 m hohen Mesa ab. ⏱ April–Okt tgl. 8–19, Nov–März 8–16 Uhr, Eintritt $10 plus $10 für Fotoerlaubnis, keine Videostative erlaubt.

Der Bus hält an der **Mission San Esteban del Rey**, einer wuchtigen Adobe-Kirche, die 1640 fertig gestellt wurde. Das Bauwerk ist schon deshalb beeindruckend, weil es so wenig in die Umgebung passt. Die Bewohner von Ácoma fühlten sich daher offenbar nie zur Nachahmung angeregt, sondern bauten weiterhin ihre mehrstöckigen Adobe-Häuser. Nur dreizehn Familien leben dauerhaft auf der Mesa, denn die meisten Ácomaner zieht es nach unten ins Dorf, wo es Strom, fließendes Wasser und vor allem Arbeit gibt. Allerdings kommen Dorfbewohner tagsüber hoch, um Töpferwaren und Fladenbrot zu verkaufen, und bewahren sich ihre Familienhäuser noch zur gelegentlichen Nutzung.

Chaco Canyon

Auf den ersten Blick scheint die lange, holprige Anfahrt zu den Ruinen der Vorfahren der Pueblo-Indianer im Chaco Canyon, nördlich des I-40 zwischen Grant und Gallup, die Anstrengung nicht wert zu sein. Zwar gilt die Stätte, die als Chaco Culture National Historical Park geschützt ist, als die größte präkolumbische Siedlung Nordamerikas, doch bietet sie nicht die Dramatik und landschaftlichen Reize kleinerer Ansiedlungen wie z.B. die im Canyon de Chelly. Die breite Schlucht mit ihren niedrigen Wänden liegt unspektakulär inmitten einer Hochebene, und der Chaco Wash, der sie durchzieht, ist oft völlig ausgetrocknet.

Doch hat man sich erst mal damit abgefunden, dass man den Zuhausegebliebenen von hier nicht die absolut umwerfenden Fotos mitbringen wird, stellt man fest, dass es auch im Chaco Atemberaubendes zu sehen gibt. Mehr als 3600 separate Stätten sind in der Schlucht ausfindig gemacht worden; die dreizehn wichtigsten sind Besuchern zugänglich. Sechs von ihnen, an der Nordwand des Canyons aufgereiht, sind das, was als „große Häuser" bezeichnet wird – mehrstöckige Wohnkomplexe, deren festungsähnliche Wände bis zu 800 Räume umgaben.

Die Eingangstore zu der acht Meilen langen Rundstraße durch den Canyon befinden sich unmittelbar nördlich des Visitor Center und sind auch zu den gleichen Zeiten geöffnet. Der wichtigste Haltepunkt am Wege ist **Pueblo Bonito** („hübsches Dorf" auf Spanisch), das entlang eines bequemen, eine halbe Meile langen Spazierweges besichtigt werden kann. Pueblo Bonito, das umfangreichste „große Haus", war angeblich das höchste Bauwerk Amerikas aus der Zeit vor der Einführung von Stahlträgern im Jahr 1898. Die Arbeiten an diesem vierstöckigen, D-förmigen Gebäude, das beinahe exakt in Ost-West-Richtung ausgerichtet ist, begannen im Jahr 850 und dauerten 300 Jahre.

Die zentrale Plaza umfasste mindestens drei „große Kivas" – Zeremonialräume, von denen man annimmt, dass sie nicht von individuellen Clans oder Familien, sondern von der gesamten Gemeinde genutzt wurden. Von hier aus kann man die eigentlichen Wohnräume des Pueblo begehen. Die Zimmerflucht mit einer Abfolge säuberlich gezimmerter Türrahmen stellt das bekannteste Fotomotiv des Chaco dar.

Übernachtung

Der einfache *Gallo Campground*, ein kurzes Stück östlich des Visitor Center, ist die einzige Unterkunftsmöglichkeit im Park. ⊙ April–Okt, Übernachtung $10, Gegen 15 Uhr meistens belegt.

Sonstiges

EINTRITT – Der Eintritt zum Chaco Canyon kostet $8 pro Auto und $4 für Fußgänger, Rad- oder Motorradfahrer.

INFORMATIONEN – *Visitor Center*, ✆ 505/786-7014, 🖳 www.nps.gov/chcu. ⊙ im Sommer tgl. 8–18, Winter tgl. 8–17 Uhr.

Transport

Beide Hauptzufahrtsstraßen zum Chaco Canyon erfordern eine 20 Meilen lange Fahrt über raue, aber befahrbare Staubstraßen. Sie sind ganzjährig geöffnet, doch ist es nicht ratsam, sie während oder nach einem heftigen Regenguss in Angriff zu nehmen. Egal, ob man von Süden über den Hwy.-57 von Seven Lakes herkommt oder von Norden bzw. Osten von Nageezi am Hwy.-44 – man landet auf jeden Fall an der Südostecke des Parks am *Visitor Center*.

Gallup

Gallup an der Route 66 liegt nur eine halbe Autostunde von der Grenze zu Arizona entfernt. Wer auf dem I-40 unterwegs ist und den Ort gegen Abend ansteuert, findet ein paar äußerst billige Motels, kann aber auch im interessanten **El Rancho** übernachten (s.u.).

Die Navajo und andere Indianer finden sich hier alljährlich am zweiten Wochenende im August im Red Rock State Park, 4 Meilen östlich von Gallup, zum **Inter-Tribal Indian Ceremonial** zusammen, dem größten Treffen dieser Art überhaupt. Vier Tage lang werden Tänze und Kunsthandwerk gezeigt, und als Höhepunkt zieht am Samstagmorgen ein farbenprächtiger Umzug durch die Stadt.

Übernachtung

Blue Spruce Lodge*, 1119 E Hwy-66, ✆ 863-5211, und
Colonial*, 1007 Coal St, ✆ 863-6821, sind wahrscheinlich die billigsten Motels.
El Rancho Hotel***–****, 1000 E 66 Ave, ✆ 863-9311, 🖳 www.elranchohotel.com, wurde 1937 vom Bruder des Hollywood-Regisseurs D. W. Griffith erbaut, um den Stars bei Dreharbeiten in der Umgebung von Gallup eine standesgemäße Unterkunft zu bieten. Heute kann man die signierten Fotos der Filmgrößen in der geräumigen Lobby studieren, einen Imbiss im hübschen Restaurant einnehmen und für nicht allzuviel Geld die Nacht im *Ronald Reagan Room*, *Marx Brothers Room* oder *Mae West Room* verbringen. Einige Gästezimmer befinden sich im ursprünglichen Farmhaus, die übrigen in einem zweistöckigen Motelgebäude an der Seite.

Carlsbad Caverns National Park

Der Carlsbad Caverns National Park besteht aus einem Abschnitt der Guadalupe Mountains, der von einem so dichten Netz aus Höhlen und Tunneln durchzogen ist, dass er praktisch hohl ist. Die unterirdische Wunderwelt, im klassischen Parkservice-Stil mit Betonpfaden und elektrischem Licht gezähmt, wurde zur Galerie gemacht, in die Trauben von Touristen strömen, um die unglaublichen Kalksteinformationen zu bewundern. Bevor man aber beschließt, es ihnen gleichzutun, muss man wissen, dass der Park äußerst abgelegen ist – er liegt 300 Meilen südöstlich von Albuquerque und 150 Meilen nordöstlich von El Paso, Texas.

Zum **Parkhauptquartier** fährt man von der Stadt Carlsbad auf dem US-62/180 20 Meilen nach Südwesten. Die schmale, kurvige Straße endet am Visitor Center.

Aufzüge bringen Besucher direkt hinunter ins Herzstück der Carlsbad Cavern, den **Big Room**, 120 m tief im Berg und 220 m unterhalb des *Visitor Center* gelegen, im Sommer ab 8.30, der letzte hoch um 18.30 Uhr, im Winter ab 8.30, der letzte hoch um 16.55 Uhr. Ein besseres Gefühl für die Tiefe der Höhle bekommt, wer nicht den Aufzug nimmt, sondern auf der **Natural Entrance Route** nach unten wandert, letzter Einlass im Sommer um 15.30, Winter 14 Uhr. Dieser steile Fußweg führt ein Stückchen vom *Visitor Center* entfernt in Spitzkehren in den mit Guano verkrusteten Rachen der Höhle. Nach einer Viertelstunde sind die ersten Tropfsteingebilde erreicht, und nach einer weiteren der Big Room selbst.

Der Big Room ist 550 m lang und 75 m hoch und voller Stalaktiten, Stalagmiten und zahlloser Gebilde aus glitschigem Tropfstein. Der vorherrschende Grundton ist Grau, nur selten weisen mineralienreichere Stellen einen rötlichen oder bräunlichen Schimmer auf. Die meisten Besucher brauchen ungefähr eine Stunde, um den einigermaßen ebenen Pfad rund um die Höhle zurückzulegen. Egal, wie das Wetter oben ist – und im Hochsommer kann das Thermometer über 40 °C klettern –, hier unten herrscht immer eine Temperatur von 14 °C, daher tut warme Kleidung mitzubringen. An den Big Room grenzt der **Underground Lunchroom**, eine geräumige Nebenhöhle ohne Gesteinsformationen, die in den 50ern ausbetoniert wurde, um einen Souvenirladen mit Imbiss zu schaffen, der unverdauliche Gerichte in Styroporbehältern und Souvenirs aus der Eisenhower-Ära verkauft. Mit heutigen Augen betrachtet, ist die Einrichtung absurd, doch ihre Beliebtheit bei den Besuchern spricht gegen eine Schließung.

Das Schönste an dem Fußmarsch nach unten war früher, dass der Pfad durch wunderbare Seitenhöhlen wie den **King's Palace** führte, die durchsichtige „Draperien" aus Kalkstein aufweisen. Diese sind allerdings nur noch im Rahmen geführter Touren zu besichtigen, die im Big Room beginnen,

🕒 Sommer tgl. 9, 11, 13 und 15, Winter 10 und 14 Uhr, Eintritt 8. Weitere Führungen, deren Zeiten im Visitor Center zu erfragen sind, umfassen den **Left Hand Tunnel** ($7), den wesentlich anspruchsvolleren Abstieg zur **Spider Cave** oder die **Hall of the White Giant** (jeweils $20). Eine weitere Alternative ist die 2-stündige Tour zur 25 Meilen südwestlich des Visitor Center gelegenen **Slaughter Canyon Cave**, genaue Zeiten unter ✆ 785-2232 erfragen (im Sommer normalerweise tgl. 8 und 11 Uhr, im Frühjahr und Herbst Sa–So 8 und 11 Uhr, Winter Sa–So 10 Uhr, Eintritt $15). Die Anfahrt von White's City führt 5 Meilen auf dem US-62/180 nach Süden, dann fährt man elf Meilen auf dem Hwy.-418 nach Westen und steigt zu guter Letzt die steile halbe Meile zum Höhleneingang zu Fuß hoch.

> **Die Fledermäuse von Carlsbad** Im Sommer beherbergen die Schlupfwinkel der Carlsbad Caverns rund eine Million mexikanischer Freischwanz-Fledermäuse. Jeden Abend steigen sie in der Abenddämmerung oder ein bisschen später mit geradezu ohrenbetäubendem Flügelrauschen in spiralförmigen schwarzen Wolken aus der Höhlenöffnung auf und überziehen bis zu ihrer Rückkehr vor dem Morgengrauen den Wüstenhimmel auf der Suche nach Nahrung. Die Parkbesucher betrachten das Schauspiel von den Rängen des Amphitheaters am Höhleneingang aus, während Ranger Erläuterungen geben mit dem Tenor: „Fledermäuse sind nicht so schrecklich, wie Sie vielleicht denken".

Übernachtung und Essen

WHITE'S CITY – Zum privat betriebenen Touristenkomplex gehören neben einem kleinen Aquapark das Pseudo-Adobe ***Best Western Cavern Inn*******, beiderseits des Highway, ✆ 785-2291 oder 1-800/228-3767, 🖥 www.whitecity.nm, der ***White's City RV Park***, mit Zeltstellplätzen, und das ***Velvet Garter Restaurant***. Reservierungen: 17 Carlsbad Caverns Hwy, White's City NM 88268.

CARLSBAD – Die Stadt, 25 Meilen nördlich, bietet nicht viel mehr als eine Reihe von Motels, z.B.:

Holiday Inn****, 601 S Canal St, ✆ 885-8500 oder 1-800/742-9586, ✉ holidayinn1@pccnm.com, gehört zu den zentral gelegenen.
Super 8***, 3817 National Parks Hwy, ✆ 887-8888 oder 1-800/800-8000, sauber und angenehm, ist eines der preiswerteren Motels, die den US-62/180 Richtung Südwesten säumen.
Firehouse Grill & Club, 222 W Fox St, ✆ 234-1546, umfangreiche Speisekarte mit Seafood, Pasta und Steaks.

Sonstiges

EINTRITT – Fast alle Besucher besuchen ausschließlich die Haupthöhle Carlsbad Cavern, und der Eintritt von $6 p.P. für 3 Tage gilt auch nur für diese Höhle; *Golden Eagle*-Pässe werden nicht anerkannt.

INFORMATIONEN – Der Komplex umfasst das Park Headquarter, ein Restaurant, einen Souvenirshop und eine Kinderkrippe sowie das ***Visitor Center***, ✆ 785-2232, 🖥 www.nps.gov/cave, wo der Eintritt entrichtet wird und Informationen zum jeweiligen Tagesprogramm an Touren erhältlich sind. ⏲ Juni bis Mitte Aug tgl. 8–19, Mitte Aug bis Mai 8–17 Uhr. Informationen auf dem Postweg unter: *Carlsbad Caverns National Park*, 3225 National Parks Hwy, Carlsbad NM 88220.

VORWAHL – 505.

Transport

Um zu den Höhlen von Carlsbad zu kommen, muss man auf jeden Fall den endlos erscheinenden Llano Estacado durchqueren, jene unfruchtbare Ebene, die sich über den Südosten New Mexicos bis zum Panhandle von Texas erstreckt. Der Vorteil der Route vom texanischen El Paso hierher liegt darin, dass sie durch den Guadalupe Mountains National Park führt, ein sehenswertes Pendant zu Carlsbad, wo man sehr gut campen kann.

Roswell

75 Meilen nördlich von Carlsbad liegt das kleine Bauernstädtchen Roswell, bekannt als der Ort, in dessen Nähe angeblich in der Nacht des 4. Juli 1947 ein außerirdisches Raumschiff eine Bruchlandung machte. Die hiesige Luftwaffenbasis ließ verlauten, dass das Wrack eines UFOs geborgen worden sei. Obwohl die Aussage schon am nächsten Tag zurückgenommen wurde und es jetzt hieß, es habe sich um einen Wetterballon gehandelt, war die Verbreitung der Geschichte nicht mehr aufzuhalten. Als 100 000 Alien-Fans 1997 in Roswell einfielen, um mit einem sechstägigen Fest den 50. Jahrestag des „Ereignisses" zu feiern, enthüllte die amerikanische Regierung, der Ballon habe die Atmosphäre nach Anzeichen sowjetischer Nukleartests durchsucht. UFO-Gläubige lassen sich jedoch nicht beirren – im Gegenteil, ihre Fantasie wird durch TV-Serien wie *Roswell* und *Taken* sogar noch beflügelt.

Entgegen seiner Absicht entlarvt das **International UFO Museum**, 114 N Main St, ✆ 625-9495, 🖥 www.iufomrc.org, die ganze Geschichte als durchsichtigen Schwindel. Das Paradestück der Ausstellung ist ein Modell der „Autopsie eines Außerirdischen". Es wurde für den Film *Roswell* angefertigt, und es drängt sich einem die Vermutung auf, dass es sich dabei um dieselbe Autopsie handelt, die auch in dem grobkörnigen „Dokumentarfilm" zu sehen ist, der 1995 kurzzeitig internationale Schlagzeilen machte. ⏲ tgl. 9–17 Uhr, Eintritt frei.

Im Gegensatz dazu erfreut sich das **Roswell Museum**, 100 W 11th St, einer ausgezeichneten, vielfältigen Ausstellung ganz ohne außerirdische Leichenfledderei. Seine aufregendste Abteilung ist dem Pionier der Raketentechnik, Robert Goddard (1882–1945), gewidmet. Die anderen historischen Ausstellungsstücke reichen von Rüstungen der spanischen Eroberer bis zum Raumanzug des Astronauten Harrison Schmitt. Daneben gibt es auch eine erstklassige Gemäldegalerie mit Landschaftsdarstellungen des Südwestens, gemalt von Henriette Wyeth und Peter Hurd, und einem einsamen Georgia O'Keeffe: *Ram's Skull With Brown Leaves*. ⏲ Mo–Sa 9–17, So 13–17 Uhr, Eintritt frei.

Übernachtung

Best Western Sally Port Inn****, 2000 N Main St, ✆ 622-6430 oder 1-800/548-5221, 🖥 www.bestwestern.com, ist das hübscheste Motel der Stadt und verfügt auch über ein gutes Restaurant.

Super 8***, 3575 N Main St, ☎ 622-8886 oder 1-800/800-8000, einfacher und billiger, ebenso das
Frontier Motel**, 3010 N Main St, ☎ 622-1400 oder 1-800/678-1401, 🖥 www.frontiermotelroswell.com.

Sonstiges

INFORMATIONEN – *Visitor Center*, 426 N Main St, ☎ 624-0889, 🖥 www.roswell-nm.com, ⏱ Mo–Sa 9–17 Uhr.

VORWAHL – 505.

Lincoln

Eine der großen Legenden unter den zahllosen Wildwesthelden ist ein Junge aus Brooklyn, ein Kleinkrimineller mit dem Namen William Bonney, besser bekannt als **Billy the Kid**. Seine ersten Schlagzeilen machte er als Achtzehnjähriger während des **Lincoln County War**, der 1878 in der Grenzstadt Lincoln ausbrach, am Hwy-380 zwischen Carlsbad und Albuquerque. Damals kämpften rivalisierende Farmer und Händler um die Kontrolle über die Stadt und die Hunderte von Quadratmeilen Weideland. Die altersschwachen Häuser mit Blendfassaden aus jener Zeit entlang der Main Street stehen heute wie die gesamte Ortschaft als **Lincoln State Monument**, ☎ 505/653-4372, unter Denkmalschutz. ⏱ tgl. 8.30–17 Uhr (nicht alle Gebäude sind den ganzen Winter geöffnet). Die preiswerteste Art der Besichtigung der verschiedenen historischen Objekte bietet ein Kombi-Ticket, das an den jeweiligen Gebäuden für $6 verkauft wird, ansonsten $3,50 für jedes einzelne Objekt.

Das moderne **Lincoln County Historical Center** am östlichen Ortsende erzählt von Hispanics, Cowboys, „Buffalo Soldiers" – dem schwarzen Kavallerieregiment, das im nahen Fort Stanton stationiert war – von Apachen und vom Lincoln County War. Billy the Kids berühmtem Gefängnisausbruch wurde im **Lincoln County Courthouse** ein Denkmal gesetzt. Während er in diesem Gefängnis auf seine Exekution wartete, schoss er sich den Weg frei und floh nach Fort Sumner, wo Sheriff Pat Garrett ihn erwischte.

Am ersten Augustwochenende findet das dreitägige **Old Lincoln Days Festival** statt. Dann strömen Besucher herbei und die Straßen füllen sich mit Pulverdampf.

Übernachtung und Essen

Wortley Pat Garrett Hotel***, PO Box 96, Lincoln, NM 88338, 653-4300 oder 1-8777/WORTLEY, neben dem Courthouse, gehörte einst Sheriff Pat Garrett. Es bietet 8 schlichte, aber angenehme Hotelzimmer. Im Speisesaal werden zur Mittagszeit einfache Stews und Sandwiches serviert. ⏱ Ende April bis Mitte Okt.
Casa de Patrón B&B****, PO Box 27, Lincoln, NM 88338; ☎ 653-4676 oder 1-800/524-5202, 🖥 www.casapatron.com. Die teureren Zimmer befinden sich in einem separaten, aber weniger stimmungsvollen Neubau.

Sonstiges

EINTRITT – Besucher dürfen jederzeit die Hauptstraße entlangschlendern, doch der Zutritt zu den historischen Stätten ist nur mit einem Sammelticket für $5 möglich. ⏱ tgl. 8.30–17 Uhr.

VORWAHL – 505.

Ruidoso

Die kühlen, bewaldeten Sacramento Mountains, dreißig Meilen südwestlich von Lincoln, stellen im heißen Sommer ein reizvolles Wochenendausflugsziel dar. An einer kurvigen Straße durch dichte Kiefern- und Tannenwälder liegt Ruidoso, die größte Stadt in der Gegend und einer der schnellsten wachsenden Ferienorte des Südwestens. Dutzende von Motels sowie Mountainlodges säumen den Ruidoso River, den „lauten Fluss", auf mehreren Meilen.

Die Saison auf der **Rennbahn Ruidoso Downs**, östlich der Stadt, dauert 77 Tage und findet ihren Höhepunkt am Labor Day beim *All-American Futurity*, einem der lukrativsten Rennen der Welt. Das **Hubbard Museum of the American West**, ☎ 505/378-4142, 🖥 www.zianet.com/museum, neben der Bahn, dokumentiert die Geschichte des Pferdes und seine Bedeutung für den Menschen. ⏱ tgl. 9–17 Uhr, Eintritt $5.

Im Winter dreht sich alles um das Abfahrtsskigebiet nordwestlich der Stadt, **Ski Apache**, ✆ 505/336-4565, 🖥 www.skiapache.com, mit Hängen in bis zu 3600 m Höhe. Eine Liftkarte kostet rund $45 pro Tag. Es wird zwar von den Mescalero-Apachen betrieben, ist aber nicht ihr angestammtes Land; sie haben es mitsamt der Infrastruktur käuflich erworben.

Übernachtung und Essen

Das **Visitor Center** (s. unten) gibt eine Broschüre heraus, auf der Dutzende Motels angeführt sind, doch wenn ein wichtiges Rennen stattfindet, übertrifft die Nachfrage das Angebot.
Apache Motel**, 344 Sudderth Ave, ✆ 257-2986 oder 1-800/426-0616 🖥 www.ruidoso.net/apache, zählt zu den preiswerteren Unterkünften, ebenso
Super 8**, unweit des US-70 in der 100 Cliff Drive, ✆ 378-8180 oder 1-800/800-8000.
Die Möglichkeiten zum Essengehen reichen von der noblen französischen Küche im
La Lorraine, 2523 Sudderth Drive, ✆ 257-2954 (Mi–Sa Mittagessen, Mo–Sa Abendessen, So geschlossen) bis zum Sandwich mit Kaffee im nahe gelegenen
Books and Beans, 2501 Sudderth Drive, ✆ 630-2326 (nur Mittagstisch, So geschlossen).

Sonstiges

INFORMATIONEN – **Visitor Center**, 720 Sudderth Ave, ✆ 257-7395 oder 1-800/253-2255, 🖥 www.ruidoso.net, ⌚ Mo–Sa 9–17, So 13–16 Uhr.

VORWAHL – 505.

White Sands National Monument

In einem breiten Tal westlich von Ruidoso und den Sacramento Mountains liegt White Sands, eine 250 Quadratmeilen umfassende Dünenlandschaft mit bis zu 15m hohen, sich ständig verändernden, blendend weißen Hügeln. Was wie feiner weißer Sand aussieht, sind in Wirklichkeit aus Gipsablagerungen entstandene winzige Kristalle, die aus dem Lake Lucero stammen.

Das White Sands National Monument umfasst nur die Südhälfte der Dünen, denn ein Großteil der Gipswüste befindet sich leider auf dem Gelände des White Sands Missile Range, einem Waffentestgebiet, Pilotenausbildungslager und Landeplatz der Space Shuttles, und darf nicht betreten werden.

Bester Ausgangspunkt für den Besuch ist das *Visitor Center* direkt am US-70, ✆ 505/479-6124, 🖥 www.nps.gov/whsa, wo man sich über die Entstehungsgeschichte der Dünen sowie ihre einzigartige Flora und Fauna informieren kann. ⌚ im Sommer tgl. 8–19, im Winter bis 17 Uhr. Durch die Dünen führt eine acht Meilen lange Asphaltstraße. Es gibt Parkplätze, wo man den Wagen abstellen kann, um auf die Dünen zu klettern. Es gibt keine öffentlichen Transportmittel zum Park. Eintritt $3.

Silver City

Die wenig besuchten vulkanischen Mogollan- und Mimbres-Berge, halb Wüste, halb bewaldet, erheben sich bis auf eine Höhe von mehr als 3000m aus der unfruchtbaren Ebene im Südwesten New Mexicos. Abgesehen von einigen Kupferminen gehört das Gebiet zum Gila National Forest. Diese Berge zählen zu den abgelegensten Regionen der USA und haben sich seit der Zeit, als sie die Heimat von Apachenkriegern wie Cochise und Geronimo waren, kaum verändert.

Die größte Ortschaft ist Silver City, auf halber Höhe der Berge, 45 Meilen nördlich des I-10 an der Kreuzung mit dem US-180 aus Deming und dem Hwy-90 von Lordsburg her gelegen. 1804 kamen die Spanier hierher, versklavten die Mimbreño-Indianer und erschlossen die **Kupfermine Santa Rita** im Osten der Stadt unterhalb des Monolithen Kneeling Nun.

1870 erlebte Silver City einen Aufschwung als raues Silberminencamp. Das hervorragende **Silver City Museum** am 312 W Broadway berichtet über die wechselvolle Geschichte von Silver City und beherbergt auserlesene Stücke von Casas-Grandes-Töpferwaren, herrliche Navajo-Teppiche und Korbflechtereien aller wichtigen Indianervölker des Südwestens. ⌚ Di–Fr 9–16.30, Sa und So 10–16 Uhr; Eintritt frei.

Übernachtung und Essen

Draußen vor der Stadt liegt die **Bear Mountain Guest Ranch******, ✆ 505/538-2538, 1-877/620-2327, 🖥 www.bearmountainlodge.com. Die große Ranch aus den 1920ern wurde von der Organisation *Nature Conservancy* zu einem B&B umgestaltet und eignet sich hervorragend als Ausgangsbasis für Aktivitäten wie Vogelbeobachtung, Radfahren, Mountainbiking oder Skilanglauf.

Palace Hotel**, 106 W Broadway, ✆ 505/388-1811, 🖥 www.zianet.com/palacehotel. Kleines, schön restauriertes Hotel aus dem 19. Jh. mit historischen Einrichtungsgegenständen. Tolle Atmosphäre und sehr günstige Preise.

In der Bullard Street gibt es ein paar nette Saloons und Cafés, z.B. das *Jalisco Café*, 100 S Bullard St, ✆ 505/388-2060.

Gila Cliff Dwellings National Monument

Der landschaftlich reizvolle, kurvenreiche Hwy-15 führt Richtung Norden von Silver City aus auf dem 50 Meilen und zwei Stunden langen Weg in die Berge hinauf zum Gila Cliff Dwellings National Monument, vorbei an dem malerischen Minencamp Pinos Altos. Vom kleinen *Visitor Center*, ✆ 505/536-9461, 🖥 www.nps.gov/gicl, am Ende der Straße aus windet sich ein Pfad eine Meile am Fluss entlang und dann am Rande einer Schlucht hinauf. ⏱ im Sommer tgl. 8–17, sonst tgl. 8–16.30 Uhr, Eintritt frei.

Erst auf halbem Weg erblickt man das alte Pueblo, das vor 700 Jahren von den **Mogollon** aufgegeben wurde. Was von unten wie drei getrennte Höhlen aussieht, stellt sich beim Hinaufklettern als eine tiefe Nische mit drei Eingängen heraus. Hinter den mit Steinbrocken und Lehm versiegelten Eingängen verbergen sich ungefähr vierzig miteinander verbundenen Wohnräume, die hinten auf eine gemeinsame Plaza hinausgehen.

Architektonisch sind sie vielleicht nicht so beeindruckend wie die Felspaläste von Mesa Verde (s. S. 149), aber immerhin kann man sie im Alleingang erforschen, nachdem die Zugänge wieder geöffnet wurden, und sich seine eigenen Vorstellungen von den ursprünglichen Bewohnern machen.

Arizona

Arizona hat etwas, was kein anderer Bundesstaat bieten kann und wovon seine Tourismusindustrie enorm profitiert: den Grand Canyon. Zwar ist das ganze Land voller elementarer Naturschönheiten, aber der Grand Canyon ist eines der wenigen Weltwunder, das die meisten Menschen einmal im Leben mit eigenen Augen sehen möchten. Da mag es überraschen, festzustellen, dass Arizona noch viele weitere interessante Reiseziele bereithält, deren Faszination nicht wie beim Grand Canyon in ihrer Unnahbarkeit liegt, sondern die als Zeugnisse früherer Kulturen beeindrucken.

Über ein Drittel dieses Bundesstaates gehört den indianischen Ureinwohnern, die hier schon seit Jahrhunderten leben und außerhalb der Städte die Mehrheit der Bevölkerung ausmachen. Im Nordosten Arizonas befindet sich das so genannte Indian Country, ein unabhängiger Staat innerhalb der USA. Es ist ein Reservat der Navajo, das sowohl die aufsehenerregenden Felspaläste des Canyon de Chelly und Dutzende anderer wunderbar gelegener Ruinen der Vorfahren der Pueblo-Indianer als auch die Felsen des Monument Valley umfasst. Inmitten des Navajo-Gebietes liegt das Reservat eines der traditionsbewusstesten und am wenigsten angepassten indianischen Völker, der Hopi. Die Abgeschiedenheit ihrer Siedlungen hoch oben auf den Mesas lässt niemanden unberührt.

Die dritte große indianische Bevölkerungsgruppe ist die der Apachen, die in den rauen, wildromantischen Bergen im Südosten leben. Sie kapitulierten als letzter Indianerstamm vor der Übermacht der weißen Invasoren und zählen heute zu den wohlhabendsten indianischen Völkern Arizonas.

Außerhalb der Reservate liegen Wildweststädte wie Tombstone, in denen noch etwas von der rauen, aber ehrlichen Mentalität der einstigen Pioniere spürbar ist. Nicht umsonst war Arizona der letzte der südlichen Bundesstaaten, der sich der Union anschloss – und zwar erst 1912.

Auch dass er neben New Hampshire der einzige ist, der sich weigert, den alljährlichen Martin-Luther-King-Feiertag zu begehen, zeigt sein notorisches Außenseitertum. Die größeren Städte Arizonas sind eher trist und bieten Touristen wenig Beeindruckendes.

Transport

Arizona ist besser mit öffentlichen Verkehrsmitteln ausgestattet als andere Teile des Südwestens, aber auch hier bewegt man sich am einfachsten mit einem eigenen fahrbaren Untersatz. Fast unmöglich ist es, das Hinterland – insbesondere die Reservate – ohne ein eigenes Fahrzeug zu besuchen.

Die *Greyhound*-Busse halten in allen größeren Städten und den meisten Ortschaften entlang der Interstates, und zwei transkontinentale *Amtrak*-Bahnstrecken verlaufen durch Arizona (via Tucson und Phoenix im Süden oder via Flagstaff weiter nördlich). Den größten Flughafen hat Phoenix, und zu vielen größeren Städten der Umgebung werden preiswerte Kurzflüge angeboten.

Tucson und Umgebung

Unter den Spaniern und Mexikanern war Tucson (sprich: „Tuußn") ein kolonialer Außenposten und danach sowohl unter US- als auch den Konföderiertenregierungen Regionshauptstadt. Heute ist Tucson – kaum 60 Meilen auf dem länderübergreifenden I-10 nördlich von Mexiko gelegen – eine moderne Mini-Metropole mit rund 750 000 Einwohnern, die sich einige historische Stadtteile bewahrt hat. Halb Universitäts-, halb Rentnerstadt, zählt sie zu den attraktiveren der großen Städte des Südwestens – was allerdings nicht viel bedeutet. Das kompakte Zentrum mit einigen freundlichen Restaurants lässt sich zu Fuß erkunden und bietet dank der 35 000 Studenten von der University of Arizona sogar ein passables Nachtleben. Tucson stellt einen guten Ausgangspunkt für Ausflüge in die wunderbare Landschaft der Umgebung dar.

Der historische Kern

Tucson besitzt zwei historische Zentren: Downtown entlang des normalerweise knochentrockenen Santa Cruz River beiderseits der Congress Street, und das Viertel rings um den Campus der University of Arizona, eine Meile weiter östlich. Tucson wurde im späten 18. Jh. von katholischen Missionaren gegründet, die aus der damaligen spanischen Kolonie Mexiko kamen, um die Pima-Indianer zu christianisieren. Aus jener Zeit ist kaum etwas erhalten geblieben, abgesehen von zahlreichen Fundstücken, die jetzt in vielen alten Adobe-Häusern im und um den Bezirk **El Presidio** mit seinen Cafés, Galerien und B&Bs, zwei Häuserzeilen nördlich vom Broadway, ausgestellt sind. Der Zugang zu einem Großteil von El Presidio führt auch über das **Tucson Museum of Art**, 140 N Main Ave, ✆ 624-2333, 🖥 www.tucsonarts.com. Im Hauptgebäude werden wechselnde Ausstellungen moderner Malerei und Bildhauerei gezeigt, während das benachbarte Adobe-Haus eine ausgezeichnete Sammlung präkolumbischer Stücke präsentiert. ⏰ Juni–Aug Di–Sa 10–16, So 12–16, Sep–Mai Mo–Sa 10–16, So 12–16 Uhr, Eintritt $5, So frei.

Im ältesten Haus des Bezirks, **La Casa Cordova**, sind heute Ausstellungsstücke zum mexikanischen Erbe der Stadt untergebracht.

Drei Straßen südlich steht, vom Komplex des Tucson Convention Center geschluckt, das aus Adobe erbaute **Sosa-Carrillo-Frémont House**, 151 S Granada Ave, einziges Überbleibsel eines Stadtviertels, das in den 60ern im Zuge der Stadterneuerung abgerissen wurde. Das 1858 für den Kaufmann Leopoldo Carrillo gebaute Haus beherbergte vorübergehend den ehemaligen Entdeckungsreisenden John C. Frémont, der hier ab 1878 als Gouverneur von Arizona residierte. Obwohl vielfach umgebaut, bietet es doch einen anschaulichen Eindruck von der kultivierteren Seite des Wilden Westens. ⏰ Mi–Sa 10–16 Uhr, Eintritt frei.

Neben der Innenstadt von Tucson ist das **Universitätsviertel** von Interesse, das sich zwischen der Sixth Street und dem Speedway Boulevard eine Meile östlich von Downtown erstreckt. Ein Highlight auf dem Campus ist das zweigeteilte **Arizona State Museum**, ✆ 621-6302, 🖥 www.statemuseum.arizona.edu. Der Nordflügel beherbergt die faszinierende Ausstellung *Paths of Life*, die die Geschichte und den Glauben aller größeren indianischen Völker des Südwestens beleuchtet. ⏰ Mo–Sa 10–17, So 12–17 Uhr, Eintritt frei.

Die zweite große Attraktion auf dem Campus ist das **Center for Creative Photography**, ✆ 621-7968, 🖥 www.creativephotography.org, mit Arbeiten von Ansel Adams und anderen modernen Meistern. ⏰ Mo–Fr 9–17, Sa und So 12–17 Uhr, Eintritt $2.

Halb Zoo, halb Park, lohnt das **Arizona-Sonora Desert Museum**, 🖥 www.desertmuseum.org, 14 Meilen westlich der Universität im Tucson Mountain Park. Die Exponate im Innern, darunter eine begehbare Höhle und Mine, veranschaulichen

Großraum Tucson

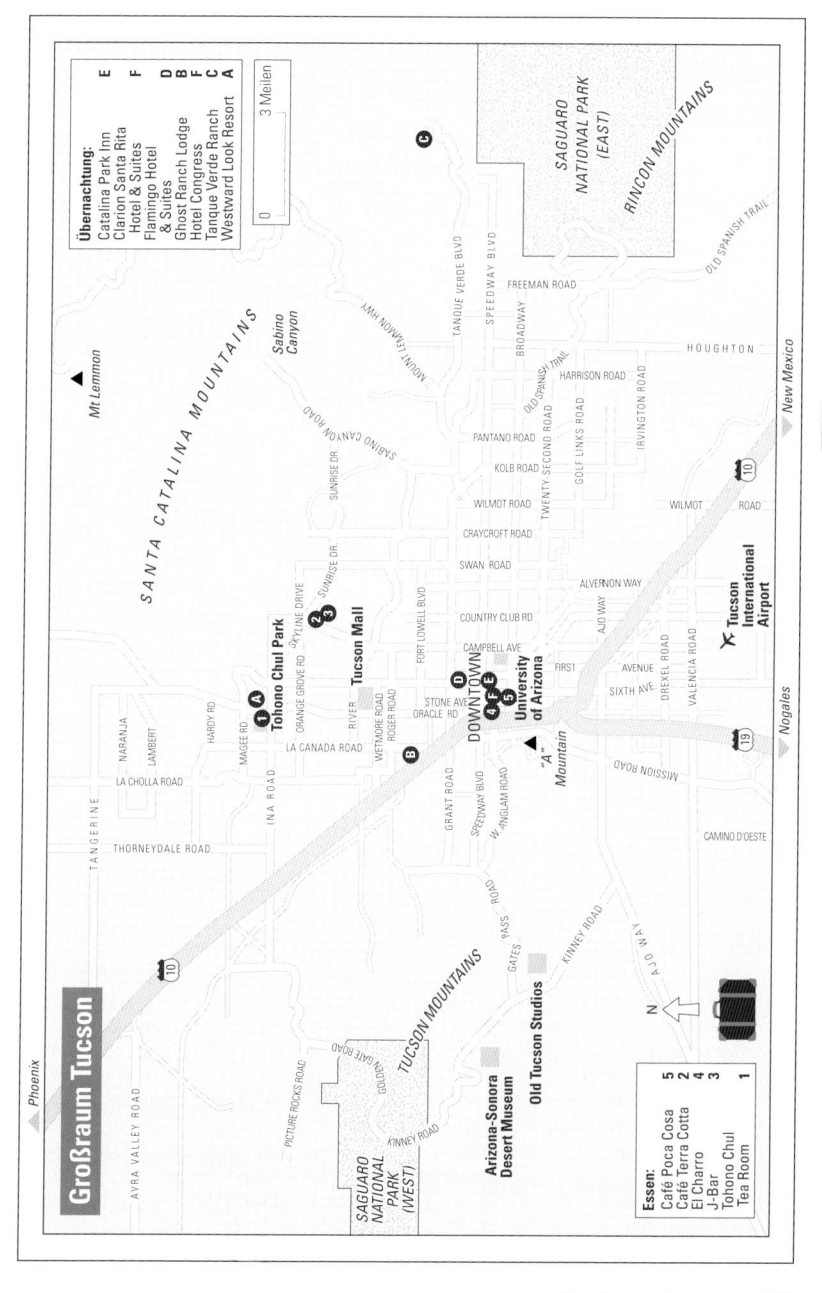

Essen:
- Café Poca Cosa 5
- Café Terra Cotta 2
- El Charro 4
- J-Bar 3
- Tohono Chul Tea Room 1

Übernachtung:
- Catalina Park Inn E
- Clarion Santa Rita Hotel & Suites F
- Flamingo Hotel & Suites D
- Ghost Ranch Lodge B
- Hotel Congress F
- Tanque Verde Ranch C
- Westward Look Resort A

DER SÜDWESTEN

Großraum Tucson 213

die Geologie und Geschichte der Region, und eine Reihe von Glaskäfigen ist mit Taranteln, Klapperschlangen und anderen gruseligen Kriechtieren angefüllt. In Gehegen entlang des Rundweges draußen – im Hochsommer eine schweißtreibende Tour – sind in gelungenen Nachbildungen ihrer natürlichen Umgebung Dickhornschafe, Berglöwen, Jaguare und andere selten zu sehende Wüstenbewohner untergebracht, und ein Rudel Präriehunde geht seinen treibt sich ebenfalls hier herum. Das Museum dient auch als Tierrettungsstation: Fast alle hier lebenden Tiere hatten irgendeine Verletzung, bevor sie hier landeten, und hätten nicht überlebt. ◷ Okt–Feb tgl. 8.30–17, März–Sep tgl. 7.30–17 Uhr, Eintritt Nov–April $10, Mai–Okt $9, Kinder von 6–12 Jahren $1,75.

Saguaro National Park

Tucson wird zu beiden Seiten von den zwei Abteilungen des Saguaro National Park eingerahmt, der Besuchern die seltene, faszinierende Möglichkeit bietet, durch eigenartige „Wüstenwälder" aus monumentalen, vielarmigen Saguarokakteen zu spazieren. Der Saguaro kann 15 m hoch und acht Tonnen schwer werden, aber dafür braucht er unendlich viel Zeit. Ein zehnjähriger Kaktus ist 30 cm hoch, ein fünfzigjähriger ungefähr 2 m. Mit 75 Jahren wächst ihm der erste von möglicherweise vierzig „Armen", und mit ungefähr 150 Jahren hat er seine volle Größe erreicht. Den mächtige Saguarokaktus findet man vorwiegend in der Sonora-Wüste. Da Tucson in der Nähe des nordöstlichen Ausläufers dieser Wüste liegt, ist die Region eine der wenigen Stellen des Wilden Westens, an der von Natur aus Saguaros wachsen – ganz egal, was in Westernstreifen so gezeigt wird. Beide Abschnitte werden gewöhnlich im Rahmen kurzer Ausflüge von der Stadt her besucht; im Sommer ist es viel zu heiß, um mehr zu unternehmen, als sich unter einem besonders bizarren Riesen ablichten zu lassen, und es gibt auch keine Unterkünfte, noch nicht einmal einen festen Campingplatz.

Der Tucson Mountain District des Saguaro National Park erstreckt sich vom Desert Museum nach Norden, ungefähr 15 Meilen westlich der Downtown Tucsons jenseits der Berge; der Eintritt ist frei. Hinter dem *Red Hills Visitor Center*, ✆ 733-5158, ▢ www.nps.gov/sagu, ◷ tgl. 8.30–17 Uhr, beginnt der neun Meilen lange **Bajada Loop Drive**, der zwar nicht gänzlich asphaltiert, aber mit normalen Fahrzeuge immer befahrbar ist. Besonders lohnenswert ist eine Fahrt zum Signal Hill wegen seiner Felszeichnungen und der vorzüglichen Ausblicke bei Sonnenuntergang.

Um den östlichen Teil des Saguaro National Park, den **Rincon Mountain District** zu erreichen, fährt man 17 Meilen von der Stadt aus nach Osten, zuerst auf dem Broadway Boulevard und dann auf dem Old Spanish Trail. Kurze Pfade wie der eine Viertelmeile lange **Desert Ecology Trail** gehen vom acht Meilen langen **Cactus Forest Drive** ab, ◷ April–Okt tgl. 7–19, Nov–März 7–17 Uhr. Beim *Visitor Center* am Ende der Straße, ✆ 733-5153, ◷ tgl. 8–17 Uhr, ist die Eintrittsgebühr von $6 pro Fahrzeug oder $3 p.P. zu entrichten. Nationalpark-Pässe werden sowohl verkauft als auch akzeptiert.

Mission San Xavier del Bac

Neun Meilen südlich der Downtown von Tucson, westlich des I-19, steht San Xavier del Bac, eine der am besten erhaltenen Missionskirchen der USA, wie ein Wüstenwunder an der Grenze des unwirtlichen San Xavier Reservates. Wieviel beeindruckender muss sie erst vor zweihundert Jahren gewirkt haben, als sie für christliche Missionare und Apachen-Krieger gleichermaßen die Entschlossenheit der Spanier symbolisierte, die Urvölker des Südwestens zu unterwerfen und zu bekehren. Der Jesuitenpater Eusebio Kino ließ sie 1700 am Ufer des Santa Cruz River in der Nähe des Pima-Dorfes Bac erbauen. 1767 wurde sie von Apachen zerstört und zwischen 1783 und 1797 von Franziskanern wieder errichtet. Zwar zieht die Kirche einen endlosen Strom von Touristen an, doch die beste Zeit für eine Besichtigung – mit aller gebotenen Zurückhaltung – ist am Sonntagmorgen. Dann werden vier verschiedene Messen gefeiert, die von zahlreichen indianischen Kirchgängern aus dem Reservat besucht werden.

Übernachtung

Tucson weist eine große Bandbreite an Unterkünften auf, darunter zahlreiche, erschwingliche Hotels und Motels im Zentrum und einige einladende B&Bs sowohl im historischen Zentrum als auch in der Wüste weiter draußen. Davon abgesehen gibt es auch nicht zu wenig luxuriöse Ferienfarmen und -hotels. Auch hier fallen die Preise mit steigenden Temperaturen, und manche Hotels haben nur in der Winter- und Frühjahrs-Hochsaison geöffnet.

Catalina Park Inn**–*****, 309 E First St, ✆ 792-4541 oder 1-800/792-4885, 🖥 www.catalinaparkinn.com. Sehr schönes, aber nicht übertrieben historisches B&B gegenüber einem ruhigen Park. Die Universität und die belebte Fourth Avenue sind zu Fuß zu erreichen.

Clarion Santa Rita Hotel & Suites**–*****, 88 E Broadway Blvd, ✆ 622-4000 oder 1-800/252-7466. Das große, sehr zentral gelegene Hotel bietet überraschend günstige Preise für die Innenstadt. Recht stilvoll mit seinen Fliesen und Stuckarbeiten, außerdem im Erdgeschoss das gute mexikanische *Café Poca Cosa* (s.u.).

Flamingo Hotel & Suites*, 1300 N Stone Ave, ✆ 770-1910 oder 1-800/300-3533, 🖥 www.flamingohoteltucson.com. Attraktiv renoviertes Motel knapp eine Meile nördlich von Downtown.

Ghost Ranch Lodge**–*****, 801 W Miracle Mile, ✆ 791-7565 oder 1-800/456-7565, 🖥 www.ghostranchlodge.com. Bezaubernd altmodisches Motel/Ferienhotel, rund 10 Meilen nördlich des Zentrums. Auf „south-of-the-border" (d.h. mexikanisch) gemacht, mit einem Garten voller Kakteen und überraschend niedrigen Preisen.

Hotel Congress**–*****, 311 E Congress St, ✆ 622-8848 oder 1-800/722-8848, 🖥 www.hotcong.com. Zentrales, lässiges Hotel, leicht zu Fuß vom Bahnhof aus erreichbar, mit echten Art-déco-Möbeln. Herbergsbetten, $18 für JH-Mitglieder (keine Reservierung möglich) und einfache Zimmer. Kleines Café und belebte Bar im Untergeschoss, abends eine der meistbesuchten Musikkneipen der Stadt. Wahlweise Dorm oder Privatzimmer.

Tanque Verde Ranch, über $250, 14301 E Speedway Blvd, ✆ 296-6275 oder 1-800/234-3833, 🖥 www.tanqueverderanch.com. Arizonas authentischste Luxusranch neben dem Saguaro National Park, 20 Meilen östlich von Downtown, unwiderstehlich romantisch, Luxusunterbringung in individuellen Casitas inkl. VP und Ausritten. Im Stall stehen über 100 Reitpferde.

Westward Look Resort, ab*****, 245 E Ina Rd, ✆ 297-1151 oder 1-800/722-2500, 🖥 www.westwardlook.com. Geschmackvoll modernisierte, historische Ferienanlage im Norden der Stadt mit großen Zimmern und Suiten.

Essen

In Downtown Tucson ist nach 21 Uhr kaum noch etwas geöffnet, doch die Stadt hat eine gute Auswahl an Speiselokalen zu bieten. In den zentralen Vierteln überwiegen mexikanische und Wildwest-Steakhäuser, während sich die eleganteren Restaurants weiter nördlich in den Ausläufern der Berge konzentrieren, und dort ganz besonders in den Ferienanlagen.

Café Poca Cosa, 88 E Broadway Blvd, ✆ 622-6400. Der moderne Südwesten: durchgestyltes Café in Downtown mit Tischen im Freien. Gute mexikanische Küche, Hauptgerichte mittags unter $10, abends um $17. So geschlossen.

Café Terra Cotta, 3500 Sunrise Drive, ✆ 577-8100. Fantasievolle Southwestern-Cuisine, ein gutes Stück nördlich von Downtown in den Ausläufern der Berge. Die Speisekarte reicht von Gourmet-Pizza bis zu mit Chilis gegrilltem Fleisch, alles unter $20.

Cup Café, Hotel Congress, 311 E Congress St, ✆ 798-1618. Jazziges Downtown-Café aus den 30ern, aber mit neuer Espressobar. Umfangreiche Speisekarte, ⏰ tgl. von 7 Uhr bis nach Mitternacht.

El Charro, 311 N Court Ave, ✆ 622-1922. Seit 1922 in einem El Presidio-Gebäude untergebracht, behauptet von sich, das älteste mexikanische Restaurant der Vereinigten Staaten zu sein, mittlerweile mit einer gut besuchten Bar. Zu den preiswerten Spezialitäten gehören leckere Chimichangas.

J-Bar, im *Westin La Paloma Resort*, 3770 E Sunrise Blvd, ✆ 615-6000. Hervorragende Southwest- und mexikanische Küche von Tucsons Starkoch Janos Wilder, aber nur halb so teuer wie sein Nobelrestaurant *Janos* nebenan. Schon der Ausblick macht einen Abstecher in die nördlichen Bergausläufer lohnenswert. So geschlossen.

Tohono Chul Tea Room, Tohono Chul Park, 7366 N Paseo del Norte, ✆ 797-1222. Einladendes Adobe-Café in einem kleinen Wüstenpark am Nordrand der Stadt. ⏰ tgl. 8–17 Uhr, ideal zum

Frühstücken, für ein leichtes Mittagessen oder Nachmittagstee mit Scones.

Nachtleben

Das Nachtleben von Tucson spielt sich vor allem in den Cafés und Nachtclubs an der Congress St in Downtown ab. In der Nähe der Universität gibt es mehrere Studentenkneipen und in den Außenbezirken ein halbes Dutzend Country-and-Western-Saloons. Eine Übersicht ist der kostenlosen *Tucson Weekly* zu entnehmen.
Club Congress, im *Hotel Congress*, 311 E Congress St, ✆ 622-8848. Hektisch und trendy, lange geöffnet und mit Live-Musik an zwei Abenden pro Woche.
Gentle Ben's Brewing Co, 865 E University Blvd, ✆ 624-4177. Bier vom Fass und einfache Speisen, regelmäßig rappelvoll mit Studenten.
The Maverick, King of Clubs, 4702 E 22nd St, ✆ 748-0456. Altmodischer Country-Schuppen etwas außerhalb des Zentrums. Jede Menge Western-Hüte und jeden Abend außer Mo Live-Musik.
Rialto Theatre, 318 E Congress St, ✆ 740-0126, 🖥 www.rialtotheater.com. Das ehemalige Cabaret aus den 20er Jahren ist nach seiner Wiedereröffnung der heißeste Veranstaltungsort für große Konzerte.

Sonstiges

INFORMATIONEN – *Visitor Center*, 100 S Church Ave in Downtown, ✆ 624-1817 oder 1-800/638-8350, 🖥 www.visittucson.org. ⊙ Mo–Fr 8–17, Sa und So 9–16 Uhr.

TOUREN – *Great Western Tours*, ✆ 572-1660, 🖥 www.gwtours.net, veranstaltet Touren in die Umgebung, z.B. zur San Xavier Mission ($30) oder nach Tombstone und Bisbee ($95).
Old Pueblo Tours, ✆ 795-7448, 🖥 www.oldpueblotours.com. Bietet 2-stündige Stadtrundfahrten für $25 an.

VORWAHL – 520.

Nahverkehrsmittel

Alles, was in Tucson von Interesse ist, lässt sich von Downtown aus zu Fuß erreichen. Wem aber ein Spaziergang zu schweißtreibend ist, der kann für $0,25 den **Fourth Avenue Trolley** zur Universität nehmen.
Allstate Cab, ✆ 798-1111.

Transport

BUSSE – *Greyhound* hält fast direkt im Zentrum, 2 S Forth Ave.

EISENBAHN – Der *Amtrak*-Bahnhof, Downtown, 400 E Toole Ave. Hier halten 3x wöchentlich Züge in beiden Richtung zwischen LOS ANGELES und Städten weiter östlich, Anschlussbusse fahren nach Norden Richtung Phoenix.

FLÜGE – In Tucson enden weniger Langstreckenflüge als in Phoenix. Von und zum Airport, ✆ 573-8000, 8 Meilen südlich der Downtown, verkehren regelmäßig langsame *Sun-Tran*-Busse der Linien 11 oder 6 für $1 sowie Shuttleminibusse von **Arizona Stagecoach**, ✆ 889-1000, 🖥 www.azstagecoach.com, für $15.

Biosphere 2

Rund 30 Meilen nördlich von Tucson ragt am Meilenstein 96,5 des Hwy-77 bei Oracle eine giantische Plexiglaskugel aus der Wüste. Der 1991 fertig gestellte Komplex Biosphere 2, ✆ 520/838-6100, 🖥 www.bio2.edu, besteht aus den fünf separaten „Biomen" (in sich geschlossene Ökosysteme) Regenwald, Sumpf, Savanne, Wüste und einem 7,5 m tiefen Ozean. Der als funktionierendes Modell von Biosphere 1, dem Planeten Erde, konzipierte Komplex bekam nach dem Vorbild der biblischen Arche Noah 4000 Pflanzen- und Tierarten zugeteilt.

Acht „Biosphärer" wurden am 2. September 1991 in der Biosphere 2 luftdicht eingeschweißt. Ihre „Mission" bestand darin, zwei volle Jahre in der Isolation zu überleben. Dies haben sie mehr oder weniger geschafft, doch vieles, was an die Außenwelt durchsickerte, entbehrte nicht einer gewissen Ironie: Die hungrigen Biosphärer pflanzten schon bald Bananen und Papayas, wo eigentlich unberührter Regenwald erhalten bleiben sollte, und zerstörten Teile der Wüste, um Sauerstoff zu gewin-

Das Riesenlaboratorium Biospere 2 nördlich von Tucson

nen, während es sich als unmöglich herausstellte, den Ozean sauber zu halten. Nachdem eine zweite, noch absurdere Mission nach sechs Monaten abgebrochen werden musste, wurde der Komplex schließlich von der Columbia University übernommen.

Während seiner wenigen Glanztage war Biosphere 2 eines der begehrtesten Touristenziele Arizonas. Jetzt, da niemand mehr dort eingeschlossen ist, hat auch der Andrang nachgelassen, doch die Teilnahme an der zweieinhalbstündigen Führung (tgl. 10–16 Uhr, $13) lohnt sich immer noch. Die meiste Zeit verbringt man damit, in die Gewächshäuser zu spähen, um irgendein Lebewesen zu entdecken, das größer als eine Ameise ist, doch den Besuchern sind auch die futuristischen Wohnräume zugänglich, die sich an die Rückseite des Hauptgebäudes anschließen. Für zusätzliche $10 führt die Tour „World of Discovery" zudem ins Innere der Treibhäuser und bietet Nahansichten der riesigen „Lunge", die den gesamten Komplex mit Sauerstoff versorgt.

Auf dem Gelände befinden sich auch das ganztägig geöffnete Café *Cañada del Oro*, das auf einer hübschen Terrasse gutes Essen serviert, sowie das preisgünstige *Biosphere 2 Hotel*****, ✆ 520/838-6139 oder 1-800/828-2462.

Nogales

Zwanzig Meilen südlich von Tumacácori, eine Autostunde von Tucson entfernt, liegt die größte Grenzstadt zwischen Arizona und Mexiko. Es sind eigentlich zwei Städte, eine auf jeder Seite der Grenze. Zusammen sind sie unter dem Namen Ambos Nogales (die beiden Nogales) bekannt. Ausgesprochene Sehenswürdigkeiten sucht man vergebens, aber der Kontrast zwischen den ordentlichen Straßen auf amerikanischer und den weiß getünchten, willkürlich an den Hang gesetzten Häusern auf mexikanischer Seite springt sofort ins Auge. Nogales, Arizona, ist eine verschlafene kleine Gemeinde, Nogales in Mexiko dagegen ist im Grunde ein einziger lebhafter Straßenmarkt.

Die Grenzformalitäten beschränken sich auf ein Minimum, zurück in die Staaten ist ein Visum nur erforderlich, wenn man weiter als 21 km nach Mexiko vordringt. Wer unter dem Visa Waiver Scheme (s.S. 10) eingereist ist, wird keine Probleme haben. Das eigene Fahrzeug sollte auf der US-Seite stehen gelassen werden (kurz vor der Grenze gibt es zahlreiche billige Parkplätze). Es ist nicht nötig, Geld zu wechseln, denn US-Dollars werden auch jenseits der Grenze problemlos angenommen.

Übernachtung und Essen

In Arizona wird man kein Motel finden, das weniger als eine Meile von der Grenze entfernt ist. **Best Western Siesta Motel****, 673 N Grand Ave, ✆ 520/287-4671 oder 1-888/215-4783, ist das am nächsten gelegene.

Die meisten Besucher essen in einem der zahllosen Cafés und Speiselokale an der belebten Hauptstraße auf mexikanischer Seite.

La Roca, im Felsen unmittelbar östlich der Eisenbahnschienen, ein paar Straßen von der Grenze in der Calle Elias 91, ist ein eleganteres Restaurant und bietet dennoch Seafood-Hauptgerichte für unter $20.

Kartchner Caverns State Park

Arizonas jüngster State Park, Kartchner Caverns, liegt sieben Meilen südlich von Benson und hat die 1974 entdeckten Höhlen in den Whetstone Mountains zum Mittelpunkt. Im Gegensatz zu den Carlsbad Caverns sind sie sozusagen „lebendig", d.h. sie wachsen noch. Eine Anfahrt durch das halbe Land würde sich nur wegen der Höhlen allerdings kaum lohnen, und angesichts der Tatsache, dass eine vierköpfige Familie $50 allein an Eintrittsgeld hinblättern muss, handelt es sich um ein empfindlich teures Vergnügen.

Der Zutritt zum Park kostet $10 pro Fahrzeug, wobei die Höhlen aber nur im Rahmen von **Führungen** zu besichtigen sind, für die weitere $14 pro Erwachsener und $6 pro Kind (7–13 Jahre) zu berappen sind. Da sie meistens ausgebucht sind, sollte eine **Reservierung** so weit wie möglich im Voraus vorgenommen werden (nur telefonisch Mo–Fr 8–17 Uhr unter ✆ 520/586-2283). Bei der Buchung ist der volle Betrag per Kreditkarte zu zahlen (keine Rückerstattung bei Nichtteilnahme), wobei Datum oder Uhrzeiten im Nachhinein noch geändert werden können. Eine telefonische Reservierung für den gleichen Tag ist nicht möglich, doch per Bandansage wird darüber informiert, mit welcher Wahrscheinlichkeit es ohne Reservierung noch Plätze erhältlich sind. Wer keine Karte mehr bekommt, muss sich mit den Exponaten im großen **Discovery Center** zufrieden geben, ⏱ tgl. 7.30–18 Uhr, Parkinformationen unter ✆ 520/586-4110 oder 🖥 www.pr.state.az.us.

Die 45-minütigen Führungen finden täglich alle 20 Minuten von 8.40 bis 16.40 statt. Sie schlängeln sich durch die zwei oberen Kammern der Höhlen, den **Throne Room** und den **Rotunda Room**.

Das spektakulärste Merkmal ist die **Streifenfärbung** der Höhlenwände, die im Laufe der Äonen durch Überflutungen entstand und durch eine dramatische Sound-und-Lightshow in Szene gesetzt wird. Dabei gilt es, alle Eindrücke im Kopf zu behalten, denn Fotografieren oder Filmen ist nicht erlaubt.

Tombstone

Inmitten der unberührten Wildnis im Südosten Arizonas liegen zahlreiche, noch gut erhaltene Geisterstädte, zumeist am landschaftlich sehr schönen US-80. Wer den weitaus weniger interessanten, aber schnelleren I-10 wählt, sollte sich zumindest eine Stunde Zeit für einen Abstecher zum ausgezeichneten **Amerind Foundation Museum** nehmen, einem der besten anthropologischen Museen Nordamerikas. Es befindet sich direkt am I-10, 65 Meilen östlich von Tucson am Exit 318. ⏱ Juni–Aug Mi–So 10–16, Sep–Mai tgl. 10–16 Uhr, Eintritt $3.

Die wahrscheinlich berühmteste Stadt des Wilden Westens liegt 22 Meilen südlich des I-10 am US-80, 67 Meilen südöstlich von Tucson. Mehr als ein Jahrhundert ist vergangen, seitdem seine Tage als Bergbaustadt zu Ende gingen, doch „The Town Too Tough to Die" wusste sich touristisch zu vermarkten. Mit ihren staubigen Straßen, hölzernen Gehwegen und den schwingenden Saloontüren ist sie überraschend unverändert geblieben. Die meisten Erwachsenen haben schon zu viele Nachbildungen und Filmkulissen gesehen, um dem Echten noch etwas abgewinnen zu können, und so sieht sich Tombstone auf den Versuch reduziert, Kinder mit schäbigen Dioramen und täglichen Show-Feuergefechten bei Laune zu halten.

1877 als Silberminen-Boomtown entstanden, zählte sie auf dem Höhepunkt ihrer Berühmtheit immerhin mehr als 10 000 Einwohner, aber 1890 war sie bereits wieder verlassen. Die meisten der Gebäude datieren aus den frühen 80ern des 19. Jahrhunderts. An den Straßenecken stehen zerfallende Planwagen, und Schilder an den hölzernen Gehwegen weisen auf die Schauplätze berühmt gewordener Schießereien hin. Obwohl sich das Feuergefecht am O.K. Corral in Wirklichkeit in der Fremont Street ereignete, bleibt der **O.K. Corral**, 520/457-3456, www.ok-corral.com, die Hauptattraktion für Besucher. tgl. 8.30–17 Uhr, Eintritt $2,50 bzw. $4,50 mit Revolvergefecht um 14 Uhr.

Ein paar Häuserblocks auf der Allen Street weiter steht das **Bird Cage Theater**, das früher für Unterhaltung jeder Art diente. Sieben abgeschirmte „Vogelkäfige" in der Art von Theaterlogen, die angeblich von Prostituierten benutzt wurden, hängen zu beiden Seiten der Haupthalle herab. Heute beherbergt das staubige und voll gestopfte Theater eine kunterbunte Kuriositätensammlung, und eine Treppe tiefer sind die alten Spieltisch- und Bordellzimmer zu sehen. Die Ausstellungsstücke sind zwar wirklichkeitsgetreu, doch bei vielen der improvisierten Schilder lässt die historische Genauigkeit zu wünschen übrig. tgl. 8–18 Uhr, Eintritt $3,50.

Mancher Besucher entscheidet sich stattdessen für den in unmittelbarer Nähe der Hauptstraße gelegenen **Tombstone Courthouse State Historic Park** in der Toughnut Street, Ecke Third Street. Der ehemalige Sitz des Cochise County Court beherbergt noch immer den unveränderten Gerichtssaal, in dem seinerzeit mehrere berühmte Prozesse stattfanden. Zu den exzellenten Exponaten zählen auch zwei detaillierte, unterschiedliche Versionen der Ereignisse am O.K. Corral. tgl. 8–17 Uhr, Eintritt $2,50.

Vieles steht unter Denkmalschutz. Zwar lebt Tombstone in erster Linie vom Tourismus, aber die Saloons, Bars und Cafés werden auch von Cowboys und Ranchern aufgesucht, was dem Ort mehr Realität verleiht. Die beste Besuchszeit ist während der **Helldorado Days** Ende Oktober, wenn sich die Straßen mit zugereisten Möchtegern-Revolverhelden füllen, die Kutschenüberfälle simulieren.

Übernachtung und Essen

Best Western Lookout Lodge****, eine Meile nördlich der Stadt am US-80 W, 520/457-2223 oder 1-877/652-6772, www.tombstone1880.com/bwlookoutlodge. Direkt gegenüber vom Friedhof Boot Hill.

Tombstone Motel***, 502 E Fremont St, 520/457-3478 oder 1-888/455-3478, www.tombstonemotel.com. Zentral gelegenes Motel.

Crystal Palace, Fifth, Ecke Allen, einer der Saloons mit „rauer" Atmosphäre, in denen Burger und Bier serviert wird, ebenso

Big Nose Kate's, 417 E Allen St, wo sich Gäste am Kartenspiel beteiligen können.

Bisbee

Bisbee, 25 Meilen südlich von Tombstone in eine schmale Schlucht gezwängt, wetteifert mit Jerome, nahe Sedona, um den Ruf als schönstes viktorianisches Städtchen Arizonas. Wie Jerome gelangte es innerhalb eines Jahrhunderts mit der beständigen Förderung von Kupfer zu Wohlstand. Die soliden Backsteingebäude legen immer noch beredtes Zeugnis von jenen Tagen ab, als Bisbee mit 20 000 Einwohnern die größte Stadt zwischen New Orleans und San Francisco war. Phelps Dodge schloss 1975 ihre Mine, nachdem sie Metall im Wert von über sechs Milliarden Dollar gewonnen hatte. Als die Kumpel wegzogen, kamen Künstler und Rentner, bewahrten die Originalarchitektur Bisbees und verwandelten die Stadt in eine lebhafte, freundliche kleine Gemeinde, die Touristen anzieht, ohne sich anzubiedern. Es macht Spaß, durch die schmalen, mit Galerien und Antiquitätengeschäften gesäumten Straßen im Zentrum Bisbees zu schlendern, und wer sich auch für die geschichtlichen Hintergründe interessiert, sollte das **Bisbee Mining and Historical Museum**, 5 Copper Queen Plaza, besuchen. tgl. 10–16 Uhr, Eintritt $4, unter 18 Jahren frei.

Übernachtung und Essen

Copper Queen Hotel****, im Herzen der Stadt, 11 Howell Ave, 520/432-2216 oder 1-800/247-5829 in AZ, www.copperqueen.com, altehrwürdiges Haus und die beste Unterkunft; Bar und gutes Restaurant mit Terrasse.

Phoenix

Die größte Stadt Arizonas und sechstgrößte Stadt der USA wartet nicht gerade mit touristischen Attraktionen auf. Bei ihrer Gründung in den 60er Jahren des 19. Jhs. bot sie vielversprechende Perspektiven. Das drückend heiße, kleine Bauernstädtchen im Salt River Valley besaß ein wunderbar funktionierendes Bewässerungssystem der Ureinwohner. Innerhalb eines Jahrhunderts hatte sich Phoenix zu etwas entwickelt, das der Schriftsteller Edward Abbey als „the blob that is eating Arizona" bezeichnete, ein Ort, der genügend Geld und politischen Einfluss besaß, um gegen jeden gesunden Menschenverstand inmitten einer praktisch wasserlosen Wüste eine Riesenstadt aus dem Boden zu stampfen. Heute erstreckt sich die Hauptstadt Arizonas und ihr Finanz- und Wirtschaftszentrum über das ganze Tal. Über eine Million Menschen leben innerhalb der Stadtgrenzen und mehr als zwei Millionen im Einzugsgebiet, das sich über das ganze Tal ausdehnt und die Nachbarstädte **Scottsdale**, **Mesa** und **Tempe** geschluckt hat. Das ist womöglich erst der Anfang: Spekulanten behaupten, dass sich die Megalopolis eines Tages über 150 Meilen erstrecken und von Wickenburg bis Tucson reichen wird.

Der Aufstieg der Stadt wurde durch ihren anfänglichen Ruf als gesunde Oase gefördert, ein Ort, an dem die Wüste gezähmt und in eine Idylle verwandelt worden war. Zwar strömen Rentner immer noch in Scharen in Enklaven wie Sun City, doch inzwischen genießt Phoenix zu Recht den Ruf der unangenehmsten Stadt des Südwestens – eine Art Las Vegas ohne Kasinos oder L.A. ohne Strand. Und vor allem ist es heiß hier. Zwischen Juni und August liegen die durchschnittlichen Tagestemperaturen über 38 °C. Im Winter, wenn das Thermometer selten unter 18 °C fällt, kommen viele Touristen nach Phoenix. Für das Privileg, sich in den luxuriösen Ferien- und Kurhotels in Scottsdale die Knochen wärmen zu lassen, legen sie beträchtliche Summen hin. Statt Sightseeing stehen eher Golf, Tennis und Shopping auf der Tagesordnung.

Downtown Phoenix – rings um die Kreuzung Central Avenue und Washington Street – ist zu heiß, zu heruntergekommen und zu weitläufig, als dass man dort umherschlendern wollte. Zum Leben erwacht die Gegend nur, wenn die Arizona Diamondbacks, Gewinner der Baseball World Series, ein Spiel im Bank One Ballpark haben.

Die spärlichen Überreste an Architektur des 19. Jhs. machen den **Heritage Square** von Phoenix aus, ein paar Straßen südlich des Arizona Center an der 115 N Sixth Street. Unter Denkmalschutz stehen aber keine Adobe-Bauernhäuser, sondern ein paar schrullige viktorianische Wohnhäuser, die heute Teestuben und Spielzeugmuseen beherbergen. Einen besseren Eindruck von den Anfangstagen der Stadt vermittelt das gegenüberliegende, neue **Phoenix Museum of History**, 105 N Fifth St. ◷ Mo–Sa 10–17, So 12–17 Uhr, Eintritt $5. Zwanzig glühend heiße Häuserblocks weiter westlich überragt die glitzernde Kupferkuppel des ausgedienten **Arizona State Capitol** die umgebenden Gebäude. Die Dokumente in dem langweiligen Museum sind Zeugnisse der Geschichte Arizonas. ◷ Jan–Mai Mo–Fr 8–17, Sa 10–15, Juni–Dez Mo–Fr 8–17 Uhr, Eintritt frei.

Zwei interessante Museen liegen ungefähr eine Meile nördlich von Downtown. Das **Phoenix Art Museum**, 1625 N Central Ave, ✆ 257-1222, 🖥 www.phxart.org. Nach dem umfangreichen Umbau steht nunmehr genügend Platz für die Präsentation der Dauerausstellung zur Verfügung, darunter Gemälde von Georgia O'Keeffe und Rufino Tamayo, außerdem Werke von Russell, Remington und einigen mittelgewichtigen Altmeistern sowie interessante Sonderausstellungen. ◷ Di, Mi und Fr–So 10–17, Do 10–21 Uhr, Eintritt $7, Do 17–21 Uhr Eintritt frei.

Eine der wenigen Attraktionen ist das Heard Museum, 22 E Monte Vista Rd, ✆ 252-8848, 🖥 www.heard.org. Es wurde ebenfalls erheblich vergrößert, befindet sich aber immer noch in den herrlichen alten Gebäuden aus der Zeit seiner Gründung. Das Museum liefert eine faszinierende Einführung in die Kultur der indianischen Völker des Südwestens, mit Schwerpunkt auf Kunst und Kunstgewerbe. Besondere Betonung gilt den Hohokam mit zahlreichen Artefakten aus der ehemaligen großen Stadt „La Ciudad", die sich im 12. Jh. an der Stätte des heutigen Phoenix ausbreitete. Die ausgezeichnete Töpfereisammlung reicht von Mimbres-Schalen bis zu modernen Hopi-Keramiken. Das absolute Highlight ist ein Raum voller Kachina-Pup-

Downtown Phoenix

Übernachtung:
Budget Lodge Motel   C
Metcalf House Hostel   B
San Carlos Hotel   D
YMCA   A

Essen:
Alice Cooper'stown   3
Pizzeria Bianco   2
Sam's Cafe   1

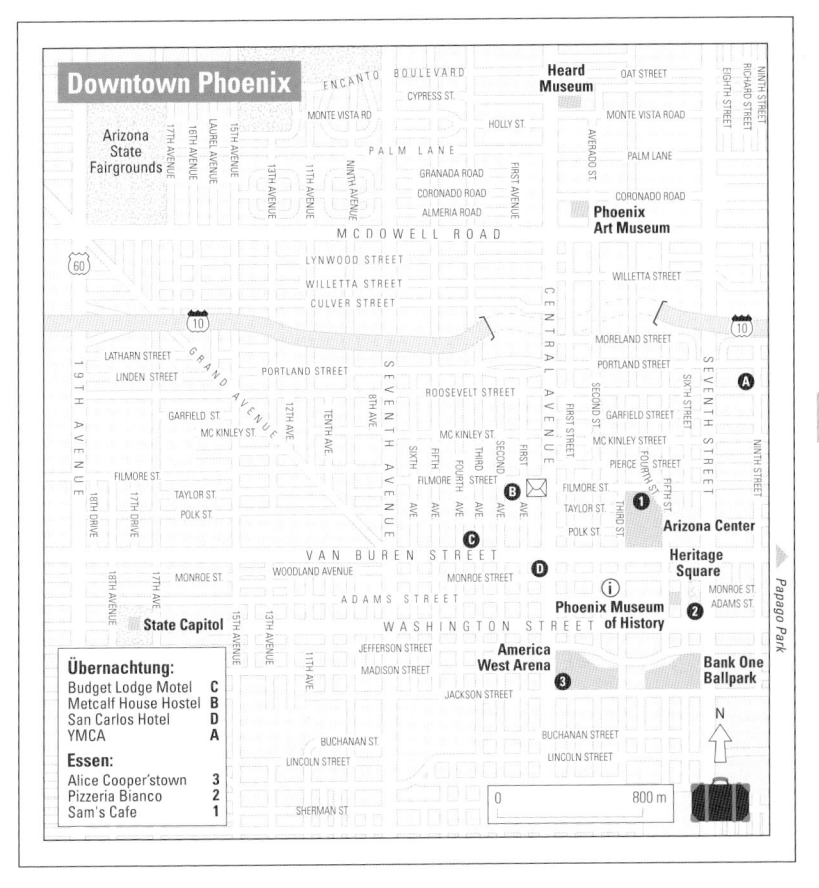

pen, deren Anordnung dem heiligen Kalender der Hopi folgt. ◷ tgl. 9.30–17 Uhr, Eintritt $7.

Im Papago Park am südlichen Ende von Scottsdale befindet sich der faszinierende **Desert Botanical Garden** mit einer Sammlung von Kakteen und Wüstenpflanzen aus aller Welt. Zu den Hauptattraktionen zählen stachellose „Totempfahlkakteen" von den Galápagos-Inseln und „lebendige Steinpflanzen" aus Südafrika. Separate Bereiche sind Schmetterlingen (am interessantesten im August und September) und Kolibris gewidmet, von denen allein in Arizona fünfzehn indigene Arten leben. ◷ Okt–April tgl. 8–20, Mai–Sep 7–20 Uhr, Eintritt $7,50.

Wer in der sommerlichen Hitze etwas Abkühlung braucht, findet sie im Osten der Stadt im **Water Park** *Big Surf*, 1500 N McClintock Ave. ◷ Mai–September; Mo–Sa 10–18, So 11–19 Uhr, Eintritt $17,50.

Auch wenn man dies auf den ersten Blick nicht glauben mag, ist es Phoenix doch gelungen, einige der großen Architekten anzuziehen. Der berühmteste ist Frank Lloyd Wright, der das Biltmore Hotel gestaltete und die folgenden 25 Jahre bis zu seinem Tod 1959 fast ausschließlich hier verbrachte. Sein Winterstudio, **Taliesin West**, 114th St, Ecke Frank Lloyd Wright Blvd, ✆ 860-2700, 🖳 www.franklloydwright.org, in der Nordostecke von

Scottsdale, ist heute eine Ausbildungsstätte für Architekten und ein Designstudio. Es finden regelmäßig Multimedia-Shows über Wrights Leben und Werk statt. Die Besichtigung ist nur im Rahmen einer Führung möglich. ⊙ Juni–Sep tgl. 9–16, Juli und Aug Mo und Do–So 9–16, Okt–Mai 10–16 Uhr. Das Studio ist nur im Rahmen einer Führung zu besichtigen. Zur Auswahl stehen die einstündige „Panorama Tour" ($17,50) oder die 90-minütige „Insight Tour" ($22), die beide in regelmäßigen Abständen angeboten werden, zwischen Februar und Mitte April sogar mindestens halbstündlich.

Weniger bekannt, doch in vieler Hinsicht fesselnder, ist die **Cosanti Foundation**, ✆ 1-800/752-3187, 🖥 www.cosanti.com, vier Meilen weiter westlich in der 6433 Doubletree Rd., ⊙ Mo–Sa 9–17, So 11–17 Uhr, $1 Spende. Die Gebäude wurden von Paolo Soleri entworfenen, einem ehemaligen Schüler Wrights, und besitzen einen sehr viel organischeren Charakter als Taliesin. In Künstlerwerkstätten werden Glocken gefertigt und Bronzestatuen gegossen, ein kleines Museum zeigt Zeichnungen und Modelle von Soleris Lebenswerk: **Arcosanti**, ✆ 520/632-7135, ein umweltfreundliches Weltraumprojekt, das sich und die geplanten 5000 Bewohner eines Tages selbst versorgen soll. Es erhebt sich eine Autostunde nach Norden, eine Meile östlich des I-17 bei Cordes Junction majestätisch aus der Wüste. Tagsüber werden 3-stündige Führungen angeboten, Spende $5. Ein geräumiges Café serviert gesundes, leckeres Essen.

Übernachtung

Phoenix ist so riesig, dass es sich lohnt, ein bisschen mehr Geld auszugeben, um in der Gegend unterzukommen, die auf dem Besichtigungsprogramm steht. Seltsamerweise zählt Downtown Phoenix nicht zu den teuersten Übernachtungsgegenden, denn billige Motels säumen die etwas mitgenommene W Van Buren Street ein paar Straßen nördlich des Zentrums. Im Winter sind die Zimmerpreise erheblich höher, da dann Sonnenhungrige aus allen Teilen der USA einfallen und insbesondere die eleganten Hotelanlagen von Scottsdale bevölkern.

Arizona Biltmore Resort & Spa, über $250, 24th St, Ecke Missouri Ave, ✆ 955-6600 oder 1-800/950-0086, 🖥 www.arizonabiltmore.com. Die überaus luxuriöse Ferienanlage mit 500 Zimmern wurde in den 30er Jahren von Frank Lloyd Wright konzipiert. Die Art-déco-Verzierungen blieben auch nach der Renovierung erhalten.

Budget Lodge Motel**, 402 W Van Buren St, ✆ 254-7247. Recht annehmbare Zimmer zu sehr annehmbaren Preisen; nicht weit von Downtown, aber in der Gegend bewegt man sich sicherer im Auto als zu Fuß.

Days Inn Scottsdale Fashion Square Resort***–****, 4710 N Scottsdale Rd, ✆ 947-5411 oder 1-800/325-2525, 🖥 www.scottsdaledaysinn.com. Das zweistöckige Motel mit Swimming Pool gegenüber der Fashion Square Mall ist nicht gerade superattraktiv, doch die Zimmer sind absolut akzeptabel und teilweise sehr preisgünstig.

Econo Lodge Scottsdale Inn Resort***, 6935 Fifth Ave, Scottsdale, ✆ 480/994-9461 oder 1-800/528-7396, 🖥 www.econolodge.com. Motel mit gutem Preis-Leistungs-Verhältnis und Swimming Pool, nur paar Gehminuten vom Einkaufsviertel Scottsdale entfernt.

Fiesta Inn, ab****, 2100 S Priest Drive, Tempe, ✆ 480/967-1441 oder 1-800/528-6481, 🖥 www.fiestainnresort.com. Ferienanlage im alten Stil, nicht so luxuriös wie diejenigen in Scottsdale, aber auch nicht so teuer. Große Zimmer, dazu Restaurant, Swimming Pool, Tennisplätze und Whirlpool.

Metcalf House Hostel*, 1026 N Ninth St, oberhalb der Roosevelt St, ✆ 254-9803. 15 Fußminuten nördlich des Arizona Center in Downtown. Keine telefonische Reservierung, aber normalerweise ist ein Bett zu bekommen. Keine Ausgangssperre, billiger Fahrradverleih. Dorm-Betten $12, für Nicht-Mitglieder $15.

San Carlos Hotel, ab****, 202 N Central Ave, ✆ 253-4121 oder 1-866/253-4121, 🖥 www.hotelsancarlos.com. Stilvolles, zentral gelegenes 20er-Jahre-Hotel mit geschmackvollen, preiswerten Zimmern, freundlichem Café und Pool auf dem Dach.

Tempe Mission Palms Hotel, ab***, 60 E Fifth St, Tempe, ✆ 480/894-1400 oder 1-800/547-8705, 🖥 www.missionpalms.com. Sehr komfortables Hotel mit Southwestern-Thema und Swimming Pool auf dem Dach in Tempes neu belebtem Viertel um die Mill Avenue.

*Tempe Super 8 Motel**–***, 1020 E Apache Blvd, ℡ 967-8891 oder 1-800/800-8000. Motelkette, eine halbe Meile von der Universität und 5 Meilen vom Flughafen entfernt.

*YMCA**, 350 N First Ave, ℡ 253-6181. Etwas schäbige EZ für Männer und Frauen, mit Gemeinschaftsbad. Zentrale Lage, sehr günstige Wochentarife, keine Reservierung möglich.

Essen

In den letzten Jahren sind die meisten Restaurants im Großraum Phoenix in die Malls zurückgewichen, daher ist es nicht leicht, ein gutes Speiselokal mit eigenständigem Charakter zu finden, sofern man nicht bereit ist, viel Geld in den Restaurants der Luxushotels hinzulegen. Aber die Lokale in den Einkaufszentren sind keineswegs schlecht, und es sind ganz verschiedene Küchen dort vertreten. Abgesehen von ein, zwei Straßen im Zentrum Scottsdales ist kein Viertel der Riesenstadt klein genug, um im Rahmen eines Spaziergangs auf Lokalsuche zu gehen, doch mit dem Auto lassen sich immer noch kleine Diner finden, vor allem mexikanische.

Alice Cooper'stown, 101 E Jackson St, ℡ 253-7337. Kombination aus Grillrestaurant und Sportbar in Besitz des Rockstars. Das Essen ist gut, die Atmosphäre freundlich, und das Personal bedient in Alice-Make-up. In Downtown neben der America West Arena.

Ed Debevic's Short Orders Deluxe, 2102 E Highland Ave, ℡ 956-2760. Burger, Pommes, Cokes etc., inmitten einer 150%-igen Retro-Americana-Kulisse, inkl. Mini-Jukebox auf jedem Tisch.

House Of Tricks, 114 E Seventh St, ℡ 480/968-1114. Winziges, romantisches, modern-amerikanisches Lokal im Universitätsviertel mit einer Großauswahl an vegetarischen Gerichten. So geschlossen.

Monti's La Casa Vieja, 3 W First St, ℡ 480/967-7594. Tempes ältestes Gebäude, ein Adobe-Haus, erbaut neben der Fährenanlegestelle des Salt River im Jahr 1873, ist heute ein im Western-Stil eingerichteter, gemütlicher Diner, der die üblichen Steak- und Hühnchengerichte zu außergewöhnlich niedrigen Preisen auftischt. tgl.

Pizzeria Bianco, Heritage Square, 623 E Adams St, ℡ 258-8300. Gute Pizza in bester Downtown-Lage. Mo geschlossen.

Malee's on Main, 7131 E Main St, Scottsdale, ℡ 480/947-6042. Das sehr beliebte und verlässlich gute Thai-Restaurant in Downtown Scottsdale serviert alle Klassiker wie Thai-Nudeln oder Hühnchen in grüner Currysauce zu vernünftigen Preisen.

Roxsand, Biltmore Fashion Park, 2594 E Camelback Rd, ℡ 381-0444. Auserlesenes, futuristisches Restaurant in einer schicken Mall mit Hauptgerichten aus den besten Küchen der Welt – vor allem asiatischen – ab ca. $20. Tgl. Mittag- und Abendessen.

Roy's, 7001 N Scottsdale Rd, Scottsdale, ℡ 480/905-1155. Hinreißendes pazifisches Speiselokal in einem sehr schicken Restaurantviertel. Die fleischbetonten Hauptgerichte liegen bei $20–25, z.B. gegrillte Schweinerippchen nach Szechuan-Art, Lammrücken oder hawaiianische Fischgerichte. Nur zum Abendessen geöffnet.

Sam's Cafe, Arizona Center, 455 N Third St, ℡ 252-3545. Hektischer Treff in einem Downtown-Einkaufszentrum mit Tischen im Patio, trotz des Andrangs ein toller Ort, um moderne Southwestern-Cuisine zu altmodischen Preisen auszuprobieren.

Todai Seafood Buffet, Biltmore Fashion Park, 2502 E Camelback Rd, ℡ 381-0444 oder 957-9123. Vorzügliches japanisches Buffet Marke *all you can eat*, u.a. mit Sushi, Sashimi, Nudeln und Grillfleisch. Mittagessen $13–15, Abendessen $22–24.

Sonstiges

INFORMATIONEN – *Visitor Center*, Adams Street, Ecke Second Street, ℡ 254- oder 1-877/225-5749, 🖥 www.phoenixcvb.org. Ein Ableger befindet sich in der 24th Street, Ecke Camelback Road an der Nordostecke des Biltmore Fashion Park. Mo-Sa 10–21, So 12–18 Uhr.

Scottsdale Visitor Center, 7343 Scottsdale Mall, ℡ 480/945-8481 oder 1-800/877-1117, 🖥 www.scottsdalecvb.com. Mo-Fr 8.30–18, Sa 10–16, So 11–16 Uhr.

VORWAHL – 602.

Transport

BUSSE – *Greyhound-Busbahnhof*, 2115 E Buckeye Rd, ✆ 389-4200, in der Nähe des Flughafens. *Arizona Shuttle Services*, ✆ 520/795-6671 oder 1-800/888-2749, 🖥 www.arizonashuttle.com, verkehrt vom Flughafen Richtung Süden nach Tucson ($24).

FLÜGE – Vom *Sky Harbor International Airport*, 3273-3300, 🖥 www.phxskyharbor.com, drei Meilen östlich, verkehren die *Red Line*-Busse des Verkehrsverbundes *Valley Metro*, ✆ 253-5000, Mo–Sa zur Downtown (Mo–Sa), auch nach Mesa und Tempe (Mo–Fr).

SuperShuttle, ✆ 244-9000 oder 1-800/BLUE VAN, 🖥 www.supershuttle.com, und andere Unternehmen fahren mit bequemen Tür-zu-Tür-Shuttlebussen zu Zielorten in Downtown (bis $10) und nach Scottsdale ($20).

Östlich von Phoenix

Östlich von Phoenix erheben sich die **Superstition Mountains**. An Sommerwochenenden drängt sich auf dem Hwy-88, bekannt unter dem Namen Apache Trail und Hauptstrecke durch diese Berge, Stoßstange an Stoßstange. Der Hwy-88 zweigt ungefähr zehn Meilen östlich der Innenstadt von Phoenix vom US-60 ab. Trotz der zahlreichen Dämme entlang des Salt River ist es eine angenehme Fahrt, die an vielen Picknick- und Campingplätzen vorbeiführt.

Unmittelbar hinter dem Weiler Tortilla Flat und kurz vor den Felswohnungen des **Tonto National Monument** geht die Asphaltstraße in einen besseren Feldweg über. Hier befinden sich die Überreste eines großen Pueblo, das in der Mitte des 15. Jhs. von Salado-Indianern erbaut wurde. Die Ruinen sind auf drei verschiedene Höhlen verteilt. ⏱ tgl. 8–17 Uhr, $3 p.P. Der Hwy-88 trifft bei der alten Minenstadt **Globe**, am Westrand des zwei Hektar großen Apachen-Reservates wieder auf den US-60.

Petrified Forest und Painted Desert

Am I-40, zwölf Meilen östlich von Holbrook (an der alten Route 66) und rund einhundert Meilen vor Flagstaff, liegt der **Petrified Forest National Park**. Dieser rund 180 Millionen Jahre alte versteinerte Wald wurde durch den Erosionsprozess nach und nach freigelegt, und die ehemaligen Holzzellen haben sich in farbenprächtige Quarzkristalle verwandelt. In den beiden *Visitor Center*s am Nord- bzw. Südeingang, dreißig Meilen voneinander entfernt, kann man mit Diamanten geschnittenes, poliertes versteinertes Holz betrachten. Vor Ort sind die abgestorbenen schwarzen Bäume allerdings weniger schön. Hier und da wurden Wege durch das Terrain angelegt; der beste ist wahrscheinlich der **Long Logs Walk** in der Nähe des Südeingangs.

Im nördlichen Teil des Nationalparks erstreckt sich der **Painted Desert** mit dem zentralen *Visitor Center*, ✆ 928/524-6228, 🖥 www.nps.gov/pefo, und dem Eingang, ⏱ Sommer tgl. 7–19, Winter 8–17 Uhr, Eintritt $10 pro Fahrzeug. Die Reihen von Sanddünen nehmen zu unterschiedlichen Tageszeiten verschiedene Farbschattierungen an.

Flagstaff

Die lebendigste und attraktivste Stadt im Norden Arizonas liegt äußerst spektakulär im Schatten der Bergkette San Francisco Peaks, auf halber Strecke zwischen New Mexico und Kalifornien. Flagstaff erstreckt sich an den Interstates I-40 und I-17 und fungiert nicht nur als Versorgungspunkt für Touristen auf dem Weg zum nur 80 Meilen nordwestlich gelegenen Grand Canyon, sondern auch als eigenständiges, absolut lohnenswertes Reiseziel.

Die **Downtown**, wo kaum ein Gebäude mehr als drei Stockwerke in die Höhe ragt, versprüht den Charme des Wilden Westens. Ihre Hauptdurchgangsstraße, die Santa Fe Avenue, war früher die Route 66 und davor der Pioniertreck nach Westen. Bei einem Bummel durch das nur wenige Blocks umfassende Zentrum tut sich auf wunderbare Weise die Vergangenheit wieder auf. Zu der urigen Atmosphäre trägt auch die Tatsache bei, dass die Innenstadt noch immer von den Gleisen der Santa Fe Railroad in zwei Hälften geteilt und das Leben in Flagstaff bei Tag und bei Nacht auch vom Stampfen der durchbrausenden Züge geprägt wird.

Die ersten weißen Siedler kamen 1876 aus Boston, angezogen von dem fruchtbaren, mineralienreichen Land, um bald darauf enttäuscht nach Prescott weiterzuziehen. Immerhin blieben sie lange genug, um den Jahrestag der Unabhängigkeit Amerikas mit einer flatternden Stars-and-Stripes-Fahne zu begehen. Diese Fahnenstange wurde zum Wahrzeichen auf dem Weg nach Westen, so dass die langsam anwachsende Stadt den Namen Flagstaff erhielt.

Die Stadt war von Anfang an kosmopolitisch, denn in den Sägewerken und der Viehbranche waren zahlreiche schwarze und hispanische Arbeiter beschäftigt, und Navajo- und Hopi-Indianer kamen aus den nahen Reservaten herbei, um Handel zu treiben.

Museum of Northern Arizona

Drei Meilen nordwestlich von Flagstaff am US-180, aber abseits der lokalen Busrouten, liegt das außergewöhnliche **Museum of Northern Arizona**, ✆ 774-5213, 🖥 www.musnaz.org, das über Geografie, Flora und Fauna informiert, den Schwerpunkt aber auf das Leben der Indianer legt. Es bietet einen hervorragenden Überblick über die Vergangenheit der Vorfahren der Pueblo-Indianer und die Kultur der heutigen Navajo, Havasupai und Hopi. Darüber hinaus unterstützt das Museum traditionelles und zeitgenössisches indianisches Kunsthandwerk, dessen Qualität das Angebot andernorts oft bei weitem übertrifft. Die beste Zeit für einen Besuch ist während einer der *Indian Craftsmen Exhibitions* im Sommer. Bei den alljährlichen **Native American Marketplaces** sind sämtliche Objekte käuflich zu erwerben. Das Fest der Hopi findet am Wochenende vor dem 4. Juli statt, das der **Navajo** Anfang August, das der Zuni Anfang September und das der Pai später im September. ☉ tgl. 9–17 Uhr, Eintritt $5, unter 18 Jahren $2.

Durch einen kleinen Canyon beim Museum führt ein **Naturpfad**. An der Straße zurück in die Stadt passiert man das **Coconino Center for the Arts**, eine Galerie und Konzerthalle für Künstler aus der Umgebung, und direkt dahinter die von einer Kooperative betriebene **Art Barn** mit einer großen Auswahl an käuflichem Kunsthandwerk.

Das heutige Flagstaff ist mit einer Bevölkerung von gut 50 000 Einwohnern eine ideale Ausgangsbasis für Reisende. Neben zahlreichen Hotels, Restaurants, Bars und Geschäften im Zentrum reihen sich an den Interstates die Ableger der nationalen Restaurant- und Motelketten aneinander, während sich Jugendherbergen und billige Diner an den Bedürfnissen der Touristen mit kleinerem Geldbeutel ausrichten.

Übernachtung

Die meisten Ableger der bekannteren Motelketten konzentrieren sich ein ganzes Stück außerhalb und östlich der Stadt, entlang der Butler Avenue und Lucky Lane, aber es ist sehr viel angenehmer, näher bei der Stadt zu nächtigen.

DuBeau International Hostel*, 19 W Phoenix Ave, ✆ 774-6731 oder 1-800/398-7112, 🖥 www.dubeau.com. Gastfreundliche, unabhängige Jugendherberge unmittelbar südlich der Bahnschienen. Die umgestalteten Motelzimmer mit eigenem Bad dienen als 4-Bett-Dorms ($16 p.P. im Sommer, $14 im Winter), private DZ kosten $35. Ein Shuttlebus fährt für $18 einfache Fahrt zum Grand Canyon, komplette Tagesausflüge gibt es für $43.

Econolodge West***, 2355 S Beulah Blvd, ✆ 774-2225 oder 1-800/490-6562, 🖥 www.travelsouthwest.com. Recht nettes Motel der bekannten Kette, ein weißer Schindelbau mit großen Zimmern und Suiten südlich von Downtown in der Nähe des Interstate.

Grand Canyon International Hostel*, 19 S San Francisco St, ✆ 779-9421 oder 1-888/442-2696, 🖥 www.grandcanyonhostel.com. Unabhängige Jugendherberge unter derselben freundlichen Leitung wie das nahe gelegene *DuBeau* und mit dem gleichen Angebot an Touren. Dorm-Bett $16 im Sommer, $12 im Winter, EZ $25.

The Inn at Four Ten****, 410 N Leroux St, ✆ 774-0088 oder 1-800/774-2008, 🖥 www.inn410.com. Die ehemalige Ranch ist heute ein mit antiken Möbeln eingerichtetes B&B und bietet neun Zimmer mit eigenem Bad.

Monte Vista***–****, 100 N San Francisco St, ✆ 928/779-6971 oder 1-800/545-3068, 🖥 www.hotelmontevista.com. Kleines, restauriertes Hotel der 20er Jahre in Downtown mit viel Atmosphäre. Die Zimmer mit und ohne Bad sind nach berühmten Gästen benannt, von Bob Hope bis Michael Stipe. Am Wochenende klettern die Preise um bis zu $20 nach oben.

Super 8 West***, 602 W Route 66, ✆ 774-4581 oder 1-888/324-9131. Elegantes Kettenmotel mit gutem Preis-Leistungs-Verhältnis neben einer Barnes & Noble Buchhandlung, knapp eine Meile südwestlich von Downtown. Die Zimmer gruppieren sich um einen Swimming Pool.

Essen

In Flagstaff ist genügend Geld im Umlauf, um mehrere hochrangige Restaurants am Leben zu erhalten. Die Umgebung der San Francisco Street, beiderseits der Eisenbahnlinie, ist wahrscheinlich die lebhafteste nächtliche Vergnügungsmeile zwischen Las Vegas und Santa Fe. Hier gibt es jede Menge vegetarischer Cafés, Espressobars und Pubs.

Alpine Pizza, 7 N Leroux St, ℡ 779-4109. Lautstarker Studententreff in Downtown mit Pizza und Bier.

Beaver Street Brewery & Whistle Stop Cafe, 11 S Beaver St, ℡ 779-0079. Fantasievolle Sandwiches und Salate, Holzofenpizza und Barbecue im Biergarten unter freiem Himmel, auch hausgebraute Biere.

Black Barts, 2760 E Butler Ave, ℡ 779-3142. Angenehmes Steakhouse im Westernstil am Ostrand der Stadt mit appetitanregendem Grillgeruch und Angestellten, die zwischen dem Auftragen der Gerichte Tanz- und Gesangsvorstellungen geben. Steaks, Ribs und Huhn vom Grill für $16–23.

Dara Thai, 14 S San Francisco St, ℡ 774-0047. Großes Thai-Restaurant unmittelbar südlich der Bahnschienen mit tollem Service. Ein Teller köstliche Pad-Thai-Nudeln kostet mittags nur $6, abends $8.

Downtown Diner, 7 E Aspen Ave, ℡ 774-3492. Klassischer Route-66-Diner einen Block nördlich der Hauptstraße. Kunstleder-Sitzecken, deftige Burger und herzhafte Sandwiches.

Flagstaff Brewing Company, 16 E Route 66, ℡ 773-1442. Beliebtes Pub in Downtown mit ein paar Tischen im Freien, großen Fenstern und Mi–Sa Live-Musik.

Macy's European Coffee House & Bakery, 14 S Beaver St, ℡ 774-2243. Nicht nur vortrefflicher Kaffee, sondern auch himmlisches Gebäck; außerdem sättigende vegetarische Gerichte wie Pizza mit schwarzen Bohnen und sogar Couscous zum Frühstück.

The Museum Club, 3404 E Route 66, ℡ 526-9434. Früher war in diesem Blockhaus ein Museum mit ausgestopften Tieren untergebracht, inzwischen hat es sich in einen Saloon mit Countrymusik verwandelt, der ganzen Horden tanzwütiger Cowboys zur zweiten Heimat geworden ist. ◎ tgl. 12–1 Uhr.

Sonstiges

AUTOVERMIETUNGEN – Die preiswertesten Mietwagen gibt es bei *Budget Rent-a-Car*, 175 W Aspen Ave, ℡ 813-0156. *Avis, Hertz, Enterprise* und *National* haben ebenfalls Filialen in der Stadt.

FAHRRÄDER – *Absolute Bikes*, 18 N San Francisco St, ℡ 779-5969, 🖳 www.absolutebikes.net, verleiht Mountainbikes, ◎ Mo–Sa 9–18 Uhr.
Cosmic Cycles, 113 S San Francisco St, ℡ 779-1092, verleiht Mountainbikes für $20 pro Tag oder $75 pro Woche. ◎ Mo–Sa 9–18 Uhr.

INFORMATIONEN – *Visitor Center*, im Bahnhof mitten im Stadtzentrum, ℡ 774-9541 oder 1-800/842-7293, 🖳 www.flagstaffarizona.org, sehr hilfsbereit. ◎ Mo–Sa 7–18, So 7–17 Uhr.

TOUREN – Die beiden Jugendherbergen *DuBeau* und *Grand Canyon* (s.S. 225) veranstalten preiswerte Touren für Rucksackreisende.
Nava-Hopi, s.S. 234, Grand Canyon Village, führen auch zahlreiche Tagestouren von Flagstaff aus durch, darunter zum Grand Canyon für $38 per Bus, $64 für eine Kombination aus Bus- und Zugfahrt via Williams; nach Sedona und Jerome für $38, zu den Hopi-Mesas für $62, ins Monument Valley für $74 und Floßfahrten im Marble Canyon für $89.
Die Hostels arrangieren preiswerte Ausflüge für Backpacker.
Flagstaff Jeep Tours, ℡ 522-0592, veranstalten Geländefahrten mit Jeeps in der Umgebung, dabei gibt es auch Möglichkeiten zum Wandern, ab $19 pro Person.
American Dream Tours, ℡ 527-3369, führen Touren zum Grand Canyon mit deutschsprachiger Reiseleitung durch.

VORWAHL – 928.

Transport

BUSSE – *Open Road Tours und Transportation*, ℡ 226-8060 oder 1-800/766-7117, 🖳 www.openroadtours.com. Die Gesellschaft mit Standort am Bahnhof bietet zwei Busverbindungen täglich über WILLIAMS zum GRAND CANYON

(Erwachsene $69, Kinder unter 12 Jahre $35). Abfahrt in Flagstaff um 8.30 und 15 Uhr.
Greyhound, 399 S Malpais Lane, ✆ 774-4573 oder 1-800/231-2222, ein paar Blocks südlich von Downtown, fährt 4x tgl. nach PHOENIX, außerdem Richtung Westen nach LAS VEGAS, LOS ANGELES, SAN DIEGO und SAN FRANCISCO sowie Richtung Osten nach ALBUQUERQUE.

EISENBAHN – Die täglich Richtung Osten und Westen verkehrenden *Amtrak*-Züge halten am Bahnhof im Stadtzentrum.

Sunset Crater und Wupatki

Das **San Francisco Volcanic Field** mit seinen rund vierhundert Vulkanen liegt nördlich von Flagstaff, von den Hopi Mesas aus gesehen am westlichen Horizont. Verschiedene Wanderpfade führen zu den Gipfeln der San Francisco Mountains, und im Sommer kann man den Sessellift ◉ Mitte Mai bis Mitte Sep tgl. 10–16, Mitte Sep bis Mitte Okt Fr–So 10–16 Uhr, $9) vom **Arizona Snowbowl** fast bis zum Gipfel des über 3700 m hohen Mount Agassiz nehmen, von wo aus es allerdings nicht mehr weitergeht. Im Winter verwandelt sich die Region kurzfristig in ein betriebsames Skigebiet.

Einige der Vulkane sind möglicherweise noch immer aktiv, doch der letzte Ausbruch, der des **Sunset Crater**, zwölf Meilen von Flagstaff am US-89 gelegen, ereignete sich um 1066 n. Chr. Das Betreten des Kraterrandes ist inzwischen zu gefährlich und wurde daher untersagt, aber es gibt einen Wanderweg von einer Meile, den Lava Flow Trail, durch die *Ice Caves* und Lavatunnel am Fuß des Kraters. Ganz in der Nähe befindet sich ein *Visitor Center*, ✆ 928/526-0502, 🖥 www.nps.gov/sucr, ◉ tgl. 8–17 Uhr, $3 p.P. Gegenüber dem Center liegt der Bonito Campground, ✆ 928/527-0866, ◉ Ende Mai bis Mitte Okt, Stellplatz $10.

Zwölf Meilen weiter nördlich liegen die indianischen Ruinen des **Wupatki National Monument**, 679-2365, 🖥 www.nps.gov/wupa, wo verschiedene indianische Stämme harmonisch zusammenlebten. Nach dem Ausbruch des Sunset Craters, der für die Entstehung einer neuen, fruchtbaren Bodenschicht sorgte, gesellten sich zu den hier ansässigen Sinagua viele andere Indianer, darunter auch Vorfahren der Pueblo-Indianer. Als nach ungefähr 150 Jahren die Fruchtbarkeit der Lavaerde erschöpft war, zogen sie gemeinsam weiter. Die als Wupatki, d.h. „hohes" oder „großes Haus", bezeichnete Fundstätte ist die größte von unzähligen anderen Ruinen, von denen viele noch gar nicht ausgegraben sind. Sie könnten durchaus noch solche Überraschungen bereithalten wie den steinernen Ballspielplatz, der hier 1965 freigelegt wurde und an die großen zentralamerikanischen Zivilisationen erinnert. ◉ tgl. 8–19 Uhr, im Winter nur bis 17 Uhr, Eintritt $3 p.P. einschließlich Sunset Crater.

Walnut Canyon National Monument

Zwischen 1100 und 1250 n. Chr. beherbergte der Walnut Canyon, zehn Meilen östlich von Flagstaff unmittelbar südlich des I-40 gelegen, eine wohlhabende Sinagua-Gemeinde. An den Wänden des Canyons kann man immer noch Hunderte von Felswohnungen sehen, zu deren Bau natürliche Höhlen im Felsen erweitert und mit Trennwänden versehen wurden. Eintritt $4 pro Auto.

Im *Visitor Center*, ✆ 928/526-3367, 🖥 www.nps.gov/waca, ◉ Juni–Aug tgl. 8–18, März–Mai und Sep–Nov 8–17, Dez–Feb 9–17 Uhr, Eintritt $3, ermöglicht das große Sichtfenster einen herrlichen Rundblick. Ein kurzer Pfad mit steilen Stufen führt vom *Visitor Center* hinunter und über einen engen Dammweg zu einer Felsenbrücke hoch über dem Creek. Unterwegs kann man in einige Sinagua-Wohnungen klettern. Wer mag, kann die lange Strecke wandern, muss allerdings wissen, dass es keine Unterkunftsmöglichkeit und nur eine unzureichende Versorgung mit Lebensmitteln am Canyon gibt.

Sedona und Red Rock Country

Der US-89A windet sich von Flagstaff nach Süden durch den reizvollen **Oak Creek Canyon** und erreicht nach 28 Meilen **Sedona**, an der Schwelle des sagenhaften **Red Rock Country**. Gewaltige Mesas und dunkelrote Sandsteinkolosse ragen drohend aus dem Wüstenboden, der Kulisse zahlreicher Wildwestfilme unter der Regie von Zane Grey.

Der kometenhaft auf- und abgestiegene Bergbauort **Jerome** blickt von einem Berghang im Süden herab, und am I-17 Richtung Phoenix liegen weitere, gespenstische Sinagua-Ruinen. Obwohl Reiseveranstalter seine wunderbare Lage zwischen Canyonlandschaften preisen, trägt das New-Age-Pilgerziel Sedona absolut nichts zur Verschönerung der Umgebung bei. Mit pseudohistorischen Gebäuden entlang der schmalen Hauptstraße ist die Stadt eher ein architektonisches Fiasko als eine Augenweide. Noch vor fünfzig Jahren eine kleine Mormonensiedlung, stellt sie jetzt ein wichtiges künstlerisches und spirituelles Zentrum dar, das ein neues Santa Fe werden könnte. Ob man die Stadt liebt oder eher hasst, hängt wahrscheinlich davon ab, ob man zu den Menschen gehört, die an Engel, die Kraft von Kristallen und alles Mystische glauben – bzw. ob man bereit ist, die weit überhöhten Preise zu bezahlen, die das Privileg begleiten, sich zu den Gläubigen gesellen zu dürfen.

1902 von Theodore Schnebly gegründet und nach seiner Frau Sedona benannt, blieb die Ortschaft die meiste Zeit des 20. Jahrhunderts hindurch eine kleine bäuerliche Siedlung, die auf den meisten Landkarten nicht verzeichnet war. In den 40ern zog der deutschfranzösische Surrealist Max Ernst hierher, und Hollywood-Regisseure begannen ab den 50ern, in der Gegend Filme zu drehen. Sedonas großer Durchbruch kam jedoch 1981, als Page Bryant, Autorin und Psychologin, die Nachricht „channelte", Sedona sei das „Herz-Chakra des Planeten". Seitdem sie ihren ersten Vortex ausfindig gemacht hat – ein Punkt, an dem angeblich psychische und elektromagnetische Energien zur Erreichung persönlicher und planetarer Harmonie kanalisiert werden können – wuchs und gedieh die Stadt als ein Anziehungspunkt für New-Age-Anhänger aller Kaliber. Wer wenig Zeit hat, kann im Rahmen einer Rundfahrt über den US-89A fast alle Sehenswürdigkeiten mitnehmen, wenn auch nur aus einiger Entfernung. Die besten Abschnitte liegen südlich am Hwy-179 innerhalb des Coconino National Forest.

Der am nächsten gelegene Vortex befindet sich auf der **Airport Mesa**. Wenn man auf dem Weg nach Süden vom Hwy-89A nach links auf die Airport Road einbiegt, ungefähr eine Meile hinter der Straßengabelung im Zentrum, „Y" genannt, liegt der Vortex zwischen dem zweiten und dritten Gipfel, gleich hinter dem Viehgatter.

Ein Stück weiter, hinter dem Flughafen, überblickt der **Shrine of the Red Rocks** das gesamte Tal.

Vortex-Touren im Red Rock Country Da die freigeistige Mehrheit der Bewohner Sedonas sich weigert, Steuern zu bezahlen, sind nur wenige der Nebenstraßen, die von den großen Highways abgehen, asphaltiert. Das deckt sich natürlich hervorragend mit dem florierenden Geschäft der Geländetouren, besonders der so genannten Vortex-Touren in dieser Region.

Earth Wisdom Tours, ✆ 282-4714 oder 1-800/482-4714, 🖳 www.earthwisdomtours.com. Erklären ihren Tourgästen ab $45 „die uralten Geheimnisse des Medizinrads".

Pink Jeep Tours, ✆ 282-5000 oder 1-800/873-3662, 🖳 www.pinkjeep.com. Man begegnet ihnen überall in Sedona. 1- bis 3-stündige Geländefahrten für $35–90 p.P.

Aber auch vom Highway aus lässt sich ein Großteil der schönsten Landschaft betrachten, und viele der Jeepstraßen sind mühelos mit normalen Pkws befahrbar. Wer nicht unbedingt wissen möchte, welche Felsen tatsächlich elektromagnetische Stimmgabeln sind, die im Gleichklang mit Alpha Centauri schwingen, braucht sich eigentlich keiner organisierten Tour anzuschließen.

Legends of Sedona Ranch, ✆ 282-6826 oder 1-800/848-7728. Für diejenigen, die wirklich ins Gelände möchten: „Where horses are free ... but rides ain't", eine Stunde ca. $40.

Übernachtung und Essen

Sedona ist ein kostspieliges Pflaster zum Übernachten, relativ günstig ist allerdings:

Los Abrigados Lodge***, 270 N US-89A, ✆ 282-7125 oder 1-800/521-3131, 🖳 www.ilxresorts.com, eine kürzlich renovierte Unterkunft.

Sedona Motel****, 218 Hwy-179, PO Box 1450, ✆ 282-7187. Kleines, relativ preisgünstiges Motel in idealer Lage unweit des „Y".

Enchantment Resort, $200–250, 525 Boynton Canyon Rd, ✆ 282-2900 oder 1-800/826-4180, ✆ 282-9249, 🖳 www.enchantmentresort.com. Extrem luxuriöse Anlage mit vier Pools im Boynton Canyon, 8 Meilen westlich der Stadt.

Coffee Pot Restaurant, 2050 W Hwy-89A, ✆ 282-6626. Der große, klassische Diner serviert sämtliche Burger, mexikanischen Ge-

richte und gebratenen Leckereien, die man sich vorstellen kann.
Fournos, 3000 W Hwy-89A, ✆ 282-3331. Angenehmes kleines griechisches Restaurant mit authentischen Gerichten. ⊙ Do–Sa abends, So zum Brunch ab 12 Uhr. Reservierung erforderlich.
Savannah, 350 Jordan Rd, ✆ 282-7959, vornehmes Restaurant unmittelbar nördlich des „Y".

Sonstiges

INFORMATIONEN – *Visitor Center*, Hwy-89A, Ecke Forest Rd, ✆ 282-7722 oder 1-800/288-7336, 🖥 www.visitsedona.com oder 🖥 www.sedonachamber.com, unmittelbar nördlich des „Y", vergibt umfangreiche Listen von Unterkünften und Tourveranstaltern. ⊙ Mo–Sa 8.30–17, So 9–15 Uhr.

VORWAHL – 928.

Jerome

Die ehemalige Bergwerkstadt Jerome liegt hoch über dem Verde Valley am US-89A, rund 30 Meilen südlich von Sedona. Sie lässt sich schon von weitem ausmachen, da neben dem riesigen Buchstaben „J" an der Bergwand oberhalb der Stadt ein großes Stück des Berges fehlt, der einer Kupfermine im Weg war. Der Boden hier ist reich an Erzen – dicke Kupferadern mit Gold und Silber durchsetzt. Zudem werden Unmengen an Kalkstein zu Zement verarbeitet. Mit dem Abbau im großen Stil begann 1876 die **United Verde Mine**, die teilweise vom New Yorker Eugene Jerome finanziert wurde (einem Cousin von Winston Churchills Mutter Jennie Jerome). Er bestand darauf, dass die neue Siedlung seinen Namen erhielt. Bevor die beschwerliche Straße fertig gestellt worden war, verband nur die Eisenbahn Jerome mit der weltgrößten Kupferschmelze in Clarkdale.

Seit Anfang der 50er Jahre stellten die Minengesellschaften ihre Aktivitäten ein und Jerome verkam bis in die 70er Jahre hinein zu einer Geisterstadt. Mittellose Künstler und Kunsthandwerker, die in die leerstehenden Häuser eingezogen waren, leben und arbeiten immer noch hier. Die Stadt, die einen ungeahnten Aufschwung genommen hat, ist eine Touristenfalle, lohnt aber dennoch einen Besuch.

Da es viel zu teuer gewesen wäre, Bauholz hierher zu befördern, wurden am steilen Hang Steinhäuser errichtet, die meistens zwei Stockwerke vorn und vier oder fünf hinten besitzen. Bei der Sprengung von Tunneln, die eine Länge von mehr als 200 Meilen erlangten, rutschte die Stadt im Jahr durchschnittlich um über 10 cm nach unten. Das **Sliding Jail** an der Hull Avenue kam erst 60 m unterhalb seines ursprünglichen Standortes zur Ruhe.

Die meisten Geschäfte verkaufen Souvenirs, doch einige bieten auch interessantes Kunsthandwerk, z.B. die *Knapp Gallery* an der Lower Main Street, und die *Made in Jerome Pottery*, gleich daneben.

Übernachtung und Essen

Inn at Jerome***, 309 N Main St, ✆ 520/634-5094 oder 1-800/634-5094, 🖥 www.innatjerome.com. Fünf thematisch unterschiedlich gestaltete B&B-Zimmer mit und ohne Bad. Der Komplex beinhaltet außerdem eine Bar, ein Café und den *Jerome Grille*.
English Kitchen, 119 Jerome Ave, ✆ 520/634-2132, operiert hier schon seit 1899. Unter dem chinesischen Besitzer war es eine Opiumhöhle, später hielten im Untergeschoss die Wobblies ihre Versammlungen ab. Heute wird tgl. außer Mo Frühstück und Mittagessen serviert. Von der Terrasse hat man einen herrlichen Blick übers Tal.

Montezuma Castle National Monument

In idyllischer Lage über dem Beaver Creek und unmittelbar östlich des I-17, rund 25 Meilen von Sedona, liegt das Montezuma Castle National Monument, in dessen Mittelpunkt eine wunderbare Felswohnung der Sinagua steht, ✆ 928/567-3322, 🖥 www.nps.gov/moca. Das fünfstöckige Bauwerk im Felsen darf allerdings nicht mehr betreten werden. Ein noch größeres „Gebäude" ganz in der Nähe, das gegen 1400 ausbrannte, kann dagegen genauer inspiziert werden. Es besaß 45 Zimmer und hatte kleine Nischen in den Wänden. ⊙ Sommer tgl. 8–19, Winter 8–17 Uhr, Eintritt $3.

Im *Visitor Center* beim Castle, ✆ 602/567-3322, ⊙ im Sommer 8–19 Uhr, ansonsten bis 17 Uhr, kann man sich umfassend über die Sinagua informieren. Eintritt $2.

Grand Canyon

Fast fünf Millionen Menschen pilgern alljährlich zum Grand Canyon – mit vollem Namen *The Grand Canyon of the Colorado*. Weder Hochglanzfotos noch Filme können den Besucher wirklich auf den Anblick dieser grandiosen Schlucht vorbereiten. Ein gewaltiger Abgrund, über 1600 m tief, zwischen vier und achtzehn Meilen breit und mit einer atemberaubenden Fülle an Farbschattierungen und Formationen.

Von den Aussichtspunkten am Rand der Schlucht bietet sich ein grandioser Ausblick auf die ständig wechselnde Kulisse, denn je nach Tageszeit und Lichteinfall verändert sich das Bild. Man kann zu Fuß oder auf dem Rücken eines Maultieres zum Boden der Schlucht hinabsteigen oder eine Raftingtour auf den Stromschnellen des Colorado River unternehmen; man kann eine Nacht in der Phantom Ranch auf dem Grund des Canyons verbringen oder unter den Wasserfällen der idyllischen Havasupai Reservation schwimmen, aber dem Grand Canyon näherkommen kann man nicht: Er bleibt immer ungreifbar.

Bis in die 20er Jahre des 20. Jahrhunderts blieb der Durchschnittsbesucher hier zwei bis drei Wochen. Heute sind es wahrscheinlich nur zwei oder drei Stunden. Die Mehrzahl der Schaulustigen zieht es zum **South Rim**, der mit Auto, Bahn, Bus oder Flugzeug am einfachsten zu erreichen ist und die meisten touristischen Einrichtungen bietet – insbesondere das Grand Canyon Village – und außerdem das ganze Jahr über offen ist. Der aufgrund seiner Abgeschiedenheit interessantere **North Rim** liegt 300 m höher und ist von Mitte Oktober bis Mai in der Regel wegen Schneefalles geschlossen. Die wenigsten Leute besuchen beide Seiten, da sie zwei anstrengende Wandertage bzw. 215 Meilen Autostraße voneinander entfernt sind. Es kann durchaus passieren, dass über dem Canyon ein Nebelschleier liegt und er überhaupt nicht zu sehen ist!

Viele Leute führen das auf die 250 Tonnen Schwefeldioxyd zurück, die täglich von der Navajo Generating Station, 70 Meilen flussaufwärts bei Page, in die Luft geblasen werden.

South Rim

Wenn über eine Reise zum Grand Canyon gesprochen wird, ist fast immer sein südlicher Rand gemeint, der so genannte **South Rim** – noch genauer: jener 30 Meilen lange Abschnitt des South Rim, der von einer Asphaltstraße erschlossen wird. Dort liegt auch die kleine Gemeinde **Grand Canyon Village**, wo zwischen Kiefernwald und Canyon-Rand die **Unterkünfte**, die **Restaurants** und das **Visitor Center** des Parks liegen. Der Grund, warum neun von zehn Besuchern ausgerechnet hierher kommen, liegt nicht darin, dass dies ein einzigartiger Ort für eine Besichtigung des Grand Canyon wäre, sondern in der einfachen Tatsache, dass sich die touristische Infrastruktur zufällig an diesem Ort entwickelte, nachdem die Eisenbahn vor einem Jahrhundert hier ankam.

Als Ausgangsbasis eignet sich Grand Canyon Village so gut wie jeder andere Ort. Der Canyon kann von unzähligen Aussichtspunkten bewundert werden, die sich nicht nur im Ort befinden, sondern auch entlang der acht Meilen langen **Hermit Road** Richtung Westen und des 23 Meilen langen **Desert View Drive** in östlicher Richtung. Das Dorf selbst ist angenehmer, als man vermuten würde, und wenn die Tagesausflügler wieder weg sind, ist es hier selten so überfüllt, wie in einigen Horrorgeschichten berichtet wird.

Die meisten Besucher kommen mit dem Wagen von Süden her und biegen am I-17 entweder in Williams oder Flagstaff ab. Die letzten zwanzig Meilen führen durch dichten Wald. Da es im Umkreis von fünfzig Meilen keine billigeren Übernachtungsmöglichkeiten gibt, sehen sich viele Besucher gezwungen, hier zu nächtigen.

Übernachtung

Sämtliche **Reservierungen** für die Lodges am Süd- und Nordrand, die Phantom Ranch und RV-Camping laufen über ***Xanterra Parks & Resorts***, PO Box 699, Grand Canyon, AZ 86023 (am gleichen Tag ✆ 638-2631, im Voraus 303/297-2757 oder 1-888/297-2757, 🖥 www.grandcanyonlodges.com.
Die besten Zimmer sind oft schon ein Jahr im Voraus ausgebucht, und wer im Sommer ohne Reservierung ankommt, hat praktisch keine Chance auf eine Unterkunft.

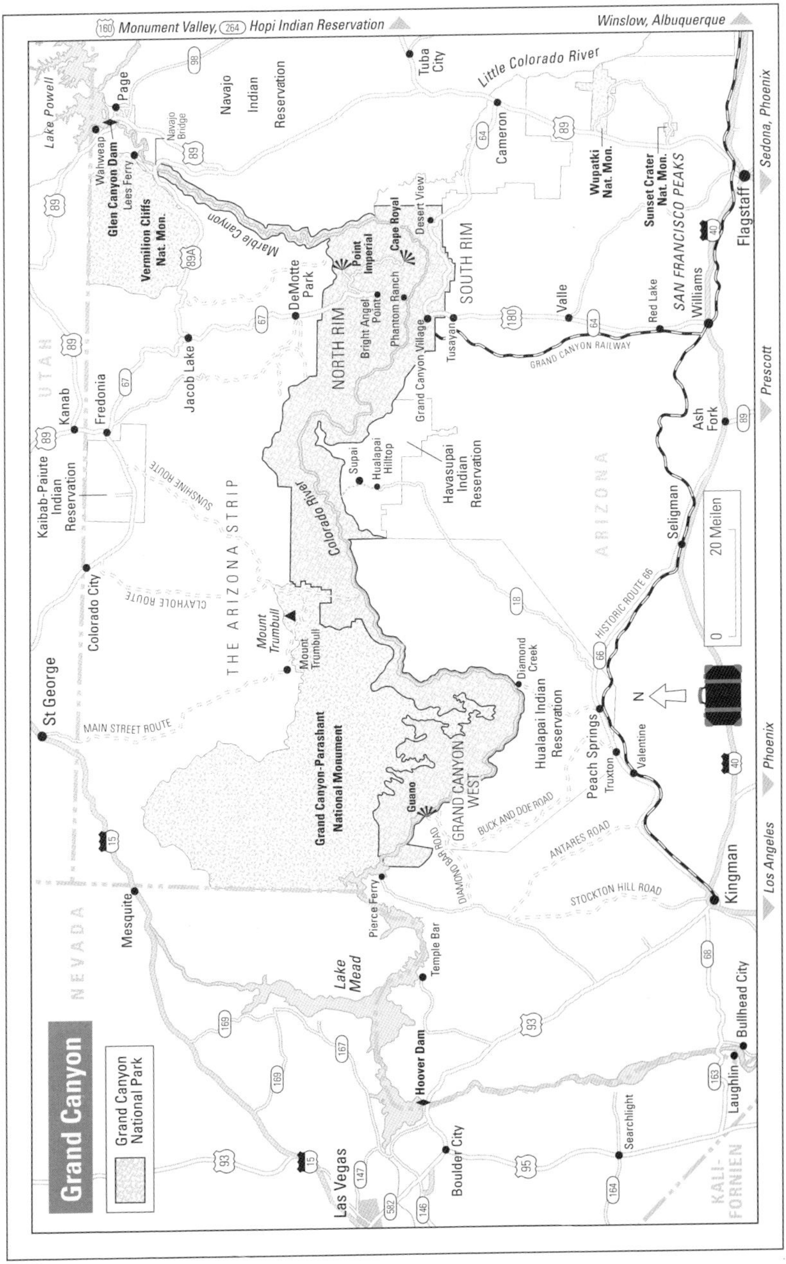

DER SÜDWESTEN

Entstehung und Geschichte des Canyons Im Laufe unermesslich langer Zeit hat sich Gesteinsschicht um Gesteinsschicht abgelagert, jede mit eigenen Fossilien bestückt, aus denen sich die jeweilige Entstehungszeit ablesen lässt, und durch die verschiedenen Farben leicht zu unterscheiden. Die Felsen beiderseits vom Bett des Colorado River zählen zu den ältesten, freiliegenden Formationen der Welt. Doch wie der Grand Canyon genau entstanden ist, bleibt ein Rätsel. Untersuchungen zeigen, dass der Canyon immer tiefer wird, allerdings nur ca. 15 m in einer Million Jahren. Seine fantastischen Sand- und Kalksteinformationen wurden aber nicht allein vom Fluss freigelegt, sondern sind das Resultat des Windes und der extremen Temperaturdifferenzen. Clarence Dutton, ein Student der Vergleichenden Religionswissenschaften, der 1881 die erste geologische Studie über den Canyon verfasste, hat den einzelnen Formationen Namen gegeben: Brahma Temple, Vishnu Temple usw.

Auch wenn der Canyon alles andere als fruchtbar erscheint, beherbergt er doch eine artenreiche Wüstenfauna: Wildschafe und Kaninchen, Adler, Geier und Berglöwen sowie Spinnen, Skorpione und Schlangen. Menschen haben hier zwar niemals eine große Rolle gespielt, aber anhand von Fundstücken lassen sich ihre Spuren bis 2000 v. Chr. zurückverfolgen, und später sind mit Sicherheit die Vorfahren der Pueblo-Indianer hier gewesen. 1540 – nur zwanzig Jahre nachdem Cortéz die Azteken besiegte – zog ein Trupp Spanier auf der Suche nach Gold durch die Gegend, und 1776 verbrachte ein gewisser Pater Garcés geraume Zeit mit den Havasupai.

John Wesley Powell rüstete 1869 und 1871–72 verschiedene Expeditionen entlang des unerforschten Colorado-Flusses aus, woraufhin der Grand Canyon erstmals zu allgemeiner Berühmtheit gelangte. Es wurden ein paar Versuche unternommen, Minen auszubeuten, doch das Tourismusgeschäft erwies sich als sehr viel lukrativer.

Noch 1963 existierten Pläne, den Colorado einzudämmen und die Schlucht auf einer Länge von 150 Meilen zu überfluten, auch der Glen-Canyon-Damm bedroht in starkem Maße das ökologische Gleichgewicht am unteren Flusslauf.

LODGES – Alle Lodges im Grand Canyon Village sind etwa gleich teuer und befinden sich unter der Leitung des Parkkonzessionärs *Amfac;* es gibt keine preiswerte Alternative. Das herrliche, 1905 erbaute *El Tovar Hotel******, die Zimmer und Hütten der *Bright Angel Lodge****–****, die *Thunderbird Lodge***** und die *Kachina Lodge***** haben nur wenige Zimmer ohne großartigen Ausblick, aber nach 20 Uhr ist es ohnehin dunkel. Etwas weiter weg liegen die *Maswik Lodge****–***** und die *Yavapai Lodge***** (bei der Information Plaza).

CAMPINGPLÄTZE – *Mather Campground,* $12, ✆ 638-7888, bei der Information Plaza im Dorf, verfügt über einen Münzwaschautomaten. Zumindest ein Teil hat das ganze Jahr über geöffnet. Stellplätze für bis zu zwei Fahrzeuge und sechs Personen kosten $15 pro Nacht von April bis Nov, wo eine Reservierung dringend anzuraten ist – bis zu fünf Monate im Voraus möglich über *Spherics,* am gleichen Tag ✆ 638-2611, im Voraus 1-800/365-2267, von außerhalb der USA ✆ 301/722-1257, oder online unter 🖥 www.reservations.nps.gov. Von Dez bis März werden keine Reservierungen vorgenommen, und die Übernachtungsgebühr sinkt auf $10.
Man kann auch im Canyon selbst campen, jedoch keinesfalls ohne vorher ein Permit beim *Backcountry Reservations Office,* ⏱ tgl. 8–12 und 13–17 Uhr, Auskunft Mo–Fr 13–17 Uhr ✆ 638-7875, nahe der *Maswik Lodge* eingeholt zu haben; der Erlaubnisschein kostet $10 plus $5 p.P. und Übernachtung.

AUSSERHALB – Sind sämtliche Unterkünfte im Park belegt, ist die am nächsten gelegene Alternative das nicht gerade überwältigende Angebot im Dorf **Tusayan**:
Grand Hotel****, ✆ 638-3333, 🖥 www.gcanyon.com. Recht neues und stilvolles Hotel.
Seven Mile Lodge***, ✆ 638-2291, hat die preiswertesten Zimmer.
Der zumindest bei Familien beliebteste kommerzielle Campingplatz außerhalb des Parks ist *Flintstone's Bedrock City*****, ✆ 635-2600, mit einem kleinen, prähistorischen Themenpark, 22 Meilen südlich an der Kreuzung von Hwy.-64 und Hwy.-180. ⏱ Mitte März bis Okt,

Zelt $12, Wohnmobil-Stellplatz mit Anschlüssen $16.

Essen

Da der Canyon abgelegen und wasserarm ist, sind die Essenspreise überdurchschnittlich hoch; wer knapp bei Kasse ist, bringt daher am besten Verpflegung mit.
Die *Yavapai* und *Maswik* Lodges haben Cafeterias, in denen man bis 21 bzw. 22 Uhr gute, einfache Mahlzeiten bekommen kann.
Bright Angel Lodge besitzt ein eigenes Restaurant und darüber hinaus das *Arizona Steakhouse,* beide bis 22 Uhr geöffnet, Hauptgerichte $15–25.
El Tovar, dessen Räume auf den Canyon hinausgehen, serviert hervorragendes Essen, allerdings zu gepfefferten Preisen.

Sonstiges

EINTRITT – pro Fahrzeug $20, Fußgänger und Radfahrer $10, 7 Tage gültig.

INFORMATIONEN – Der Neubau der großen **Canyon View Information Plaza** steht ein gutes Stück von der Ortsmitte entfernt bei Mather Point und war ursprünglich als zentrale Station für die geplante Schmalspureisenbahn gedacht, hat sich aber inzwischen zur Hauptinformationsstelle für Besucher entwickelt. Neben Orientierungstafeln und leicht verständlich ausgeschilderten Wanderwegen gibt es hier einen guten Buchladen und ein *Visitor Center,* ✆ 638-7888, 🖥 www.nps.gov/grca, wo hilfsbereite Ranger Auskünfte erteilen. Der ganze Komplex sieht toll aus, verfügt jedoch seltsamerweise über keine Parkplätze. ⏱ Mai bis Mitte Okt tgl. 8–18, Mitte Okt bis April 8–17 Uhr.

TOUREN – *Xanterra,* über die Lodges am South Rim zu erreichen oder unter ✆ 638-2631, veranstaltet mindestens 2x tgl. vom Village aus kurze **Busfahrten** am Rand der Schlucht entlang. Westlich: $15,50, östlich: $27,50. Außerdem Sunrise- und Sunset-Trips zum Yavapai Point für $12, **Muli-Trips** zum Plateau Point für $121 und zur Phantom Ranch ab $338.

Western River Expeditions, ✆ 801/942-6669 oder 1-800/453-7450, 🖥 www.westernriver.com, bietet mehrtägige **Wildwasserfahrten** durch den Canyon an, die in der Regel aber schon auf Jahre hinaus ausgebucht sind. Eintägige **Floßtouren** werden dagegen im Grand Canyon National Park angeboten. Für eine kurzfristige **Flusstour** gibt es noch zwei weitere Alternativen an zwei verschiedenen Enden des Canyons:

Aramark-Wilderness Adventures, ✆ 645-3279. Der Veranstalter mit Sitz in Page (Arizona) bietet für $59 Tagesausflüge an, die unterhalb des Staudamms am **Glen Canyon** beginnen und **Lees Ferry** zum Ziel haben.

Hualapai River Runners, Hualapai Reservation, ✆ 769-2219 oder 1-888/255-9550, 🖥 www.river-runners.com. Die vom Stamm der Hualapai veranstalteten Tagesausflüge beginnen am **Diamond Creek** und kosten stolze $262,50.

Rundflüge im Flugzeug kosten ab ca. $75 pro halbe Stunde (Kinder $45). Wer viel Geld auszugeben bereit ist, kann die Dauer entsprechend selbst bestimmen. Anbieter:

Air Grand Canyon, ✆ 638-2686 oder ✆ 1-800/247-4726, 🖥 www.grandcanyonairlines.com;

Grand Canyon Airlines, ✆ 638-2359 oder 1-866/235-9422, 🖥 www.grandcanyonairlines.com.

Rundflüge im Hubschrauber kosten ab ca. $100 pro halbe Stunde:

AirStar, ✆ 638-2622 oder 1-800/962-3869, 🖥 www.airstar.com;

Papillon Helicopters, ✆ 638-2419 oder 1-800/528-2418, 🖥 www.papillon.com, bietet auch Tagesausflüge für $442 in die Havasupai Reservation an.

Alle Veranstalter haben ihre Büros im oder beim Flugplatz Tusayan.

VORWAHL – 928.

Transport

Die Pläne zur Neuregelung der angespannten Verkehrssituation im Nationalpark wurden bislang erst minimal umgesetzt, und es hat den Anschein, als würden sie irgendwann wieder in der Schublade verschwinden. Der Planung zufolge sollten Privatfahrzeuge völlig aus der Canyon-Region verbannt und die Besucher stattdessen mit einer **Schmalspurbahn** zu den verschiedenen Aussichtspunkten transportiert werden. **Grand Canyon Village** ist aber nach wie vor ebenso für Privatfahrzeuge zugänglich wie die vom Ort Richtung Osten nach Desert View führende Straße. Anders verhält es sich dagegen mit der Richtung Westen nach **Hermit's Rest** führenden Strecke und der kurzen Zufahrtsstraße zum **Yaki Point** (dem ersten Aussichtspunkt östlich von Mather Point und der Anfang des beliebten Wanderwegs **South Kaibab Trail**), die nur von Dezember bis Februar von Privatfahrzeugen befahren werden dürfen.

Kostenlose **Shuttlebusse** verkehren auf drei Routen. Die schwerfällige **Village Route** schlängelt sich mühsam vom Grand Canyon Village zur Information Plaza, die **Kaibab Trail Route** verbindet die Plaza mit Yaki Point und die acht Meilen lange **Hermit's Rest Route** führt in westlicher Richtung zu acht verschiedenen Aussichtspunkten für den Grand Canyon.

BUSSE – Wer mit einem der 2x tgl. in FLAGSTAFF ankommenden *Amtrak*-Züge reist, kann für $12,50 einen der beiden Anschlussbusse von ***Nava-Hopi***, ✆ 774-5003 oder 1-800/892-8687, zum Grand Canyon Village nehmen. Abfahrt in Flagstaff um 8 Uhr (Zwischenstopp in Williams um 8.50 Uhr) und 14.45 Uhr, Ankunft 10.10 bzw. 16.40 Uhr. Zurück: ab *Bright Angel Lodge* um 10.30 und 17 Uhr, Ankunft in Flagstaff 12.30 bzw. 19 Uhr (Williams 6.15 Uhr).

EISENBAHN – Die aus Williams kommende ***Grand Canyon Railway***, ✆ 773-1976 oder 1-800/843-8724, 🖥 www.thetrain.com, ist landschaftlich nicht gerade ausgesprochen reizvoll, macht aber trotzdem Spaß. Abfahrt in Williams tgl. 10 Uhr, Ticket ab $55 hin und zurück.

FLÜGE – Auf dem kleinen, sechs Meilen vom South Rim entfernten Flugplatz von Tusayan am Rand des Parks, der überwiegend von „flight-seeing" Tourveranstaltern genutzt wird, s.o, landen auch Linienmaschinen, insbesondere aus LAS VEGAS, z.B. *Scenic Airlines*, ✆ 702/638-3300 oder 1-800/634-6801, 🖥 www.scenic.com, ab $60 einfach.

Erkundung des South Rim

Die Tatsache, dass ein Besuch des South Rim heutzutage in der Regel an der Canyon View Information Plaza in **Mather Point** beginnt und nicht mehr im Grand Canyon Village, ist nicht unbedingt als Nachteil zu werten. In Wirklichkeit ist das Panorama des Grand Canyon, das sich jenseits von Mather Point entfaltet, sogar noch umfassender im Vergleich zu den Ausblicken, die man vom Village aus genießen kann. Vor allem die Aussicht Richtung Osten ist einfach fantastisch – man kann sich kaum eine bessere Stelle vorstellen, um einen **Sonnenaufgang** über dem Grand Canyon zu erleben.

Der am Canyon-Rand verlaufende Fußweg bei Mather Point hat mehrere Aussichtspunkte, von denen auch der Colorado River zu sehen ist. Ein Wanderweg führt von der Information Plaza nach links (also in westlicher Richtung) am Canyon-Rand entlang und erreicht nach etwa zehn Minuten den **Yavapai Point**. Von dort aus sind zwei verschiedene Abschnitte des Flusses zu sehen, einer davon mit der Hängebrücke über dem Colorado und der Phantom Ranch am Fluss (s.S. 236).

Wer sich von dem Naturschauspiel losreißt, das sich von den Panoramafenstern der nahe gelegenen **Yavapai Observation Station** aus bietet, kann anhand der aufschlussreichen Ausstellungsstücke dieses Museums die wissenschaftlich wahrscheinliche Entstehungsgeschichte des Canyons verfolgen.
🕓 Sommer tgl. 8–20, Winter 8–17 Uhr, Eintritt frei.

Der **West Rim Drive** und der East Rim Drive erstrecken sich von der Information Plaza bzw. vom Grand Canyon Village in beiden Richtungen über mehrere Meilen am South Rim entlang. Parallel zum West Rim Drive verläuft der **Rim Trail** als Fußweg unmittelbar am Rand des Canyons. Man kann nicht sagen, dass ein bestimmter Aussichtspunkt der „beste" wäre, aber insgesamt sind es einfach zu viele, um an jedem anzuhalten. Der **Sonnenuntergang** wirkt vor allem am westlich gelegenen Hopi Point besonders magisch.

Herrliche Aussichten hat man auch bei einer Fahrt über den **East Rim Drive**. **Desert View**, 23 Meilen von Grand Canyon Village entfernt, ist mit rund 2300 m der höchstgelegene Punkt des Südrands. Von hier aus sieht man das ausgedehnte Flachland der Navajo Nation, im Nordosten die Vermillion und Echo Cliffs, 90 Meilen entfernt den wuchtigen, grauen Navajo Mountain sowie im Westen die gigantischen Gipfel der Vishnu und Buddha Temples. Die seltsame Konstruktion am äußersten Rand des Canyon ist der **Desert View Watchtower**, den Fred Harvey 1932 in einer Mischung indianischer Baustile errichten und mit Hopi-Zeichnungen schmücken ließ.

In den Canyon hinab

Jede Wanderung in den Grand Canyon hinab bietet nicht bloß einen anderen Blickwinkel auf den Canyon, sondern führt vielmehr durch ganz unterschiedliche Landschaften, von denen jede ihr eigenes Klima, ihre eigene Tierwelt und unverkennbare Bodengestalt besitzt. Zwar bietet der Canyon eine einmalige Naturerfahrung, doch darf man nie vergessen, dass es eine lebensgefährliche Gegend ist, vor der selbst erfahrene Wanderer höchsten Respekt haben.

Der South Rim liegt 2100 m über dem Meeresspiegel, eine Höhe, die den meisten Menschen an sich schon zu schaffen macht. Darüberhinaus beginnen alle Wanderungen mit einem langen, steilen Abstieg, der gehörig auf die Kniegelenke geht. Wer keinen Campingplatz gebucht hat, muss den ganzen Weg wieder zurück, egal wie verschwitzt und entkräftet er ist.

Die goldene Regel für Tagesausflüge ist, dass der Aufstieg (Rückweg) mindestens doppelt so viel Zeit benötigt wie der Abstieg. Die Durchschnittstemperatur im Canyon liegt im Sommer über 38 °C, und ein 8-stündiger Marsch in dieser Hitze bedeutet, dass man die unglaubliche Menge von fünfzehn Liter Flüssigkeit zu sich nehmen muss. Man sollte auf jeden Fall mindestens einen Liter Wasser pro Person dabeihaben und wesentlich mehr, falls es entlang des gewählten Pfades kein Trinkwasser gibt. Auch an genügend Essen sollte man denken.

Aus Platzgründen können wir hier nur den beliebtesten Wanderweg beschreiben, den Bright Angel Trail. Viele andere, wie z.B. der Hermit, stammen aus der Zeit vor 1928, als der aufsässige Ralph Cameron anhand gefälschter Schürfrechte den Zugang zum Bright Angel und vielen anderen Stellen am Canyonrand blockierte, und der Park Service andere Pfade ausfindig machen musste, auf denen die Besucher zum Colorado hinunter geführt werden konnten. Diese Wege sind inzwischen meist zugewachsen oder durch Erdrutsche blockiert, deshalb sollte man sich unbedingt sachkundig machen, bevor man loszieht.

Bright Angel Trail

Jedes Jahr erkunden Tausende von Besuchern zu Fuß oder auf dem Rücken eines Maultiers den Bright Angel Trail, dessen Ausgangspunkt bei dem Holzhaus im Dorf, dem ehemaligen Fotostudio *Kolb*, liegt. Der Pfad geht in Spitzkehren 9,6 Meilen lang hinab zur **Phantom Ranch** am Fluss, doch die Parkranger geben Wanderern einen eindringen Rat: nie versuchen, am gleichen Tag hin und zurück zu marschieren. Auf der Landkarte sieht der Weg gar nicht so weit aus, ist aber körperlich anstrengender als ein Marathonlauf. Die längste Tageswanderung führt zum **Plateau Point** am Rande des Tonto Plateau, einer Aussichtsstelle mit Blick über die Inner Gorge, und eine Sackgasse – für die 12 Meilen lange Strecke hin und zurück braucht man mindestens acht Stunden. Im Sommer wird am Trail Wasser verkauft.

Der erste Teil des Weges wurde vor hundert Jahren von Minenarbeitern entlang einer alten Havasupai-Route angelegt. Während der ersten Meile passiert man zwei kurze Tunnel. Fast fünf Meilen weiter unten liegt der üppige **Indian Gardens**, wo es eine Ranger Station und einen Campingplatz mit Wasser gibt. Hier gabelt sich der Pfad: ein Weg führt zum Plateau Point, der andere über **Devil's Corkscrew** hinunter durch Sanddünen und am **Garden Creek** vorbei zum Colorado. Dann folgt er mehr als eine Meile lang dem Fluss, bis er schließlich Phantom Ranch erreicht.

Phantom Ranch

Eine Übernachtung am Boden der Schlucht in der 1922 erbauten Phantom Ranch stellt ein unvergessliches Erlebnis dar. Die Hütten sind ausschließlich für Teilnehmer der zweitägigen Mauleselexkursionen reserviert, die $338 pro Person mit einer Übernachtung und $461 für die nur im Winter durchgeführten Ausflüge mit zwei Übernachtungen kosten (Buchung über *Xanterra*, s.S. 230). Die Betten in den Schlafsälen mit jeweils zehn Stockbetten für $28 sind normalerweise über *Amfac* lange im Voraus ausgebucht, doch kann man sich gleich bei der Ankunft am South Rim am Schalter von *Bright Angel* nach eventuell stornierten Plätzen erkundigen.

Unter gar keinen Umständen sollte man ohne Reservierung aufbrechen. Selbst mit Reservierung muss man sich am Tag vor dem Aufbruch noch einmal rückversichern. Alle Nahrungsmittel kommen auf dem gleichen Weg zur Phantom Ranch wie die Besucher, also im Zuge eines eintägigen Fußmarsches oder Maultierrittes, daher sind die Mahlzeiten teuer. Das Frühstück kostet mindestens $17, ein Abendessen nicht unter $21.

Die hiesige Hängebrücke stammt aus dem Jahr 1928. Das Delta des **Bright Angel Creek** ist hier fast einen Kilometer breit und mit Geröllbrocken übersät. Das gesamte am South Rim benötigte Wasser kommt heute über eine Pipeline vom North Rim und wird auf der nahe gelegenen, 1960 errichteten Silver Bridge über den Fluss geleitet.

Havasupai Indian Reservation

Dieses Reservat ist eine Welt für sich. In den 30er Jahren hat ein Anthropologe es als „den einzigen Flecken in den USA, wo die Kultur der Ureinwohner noch fast im Urzustand erhalten ist", bezeichnet. Inzwischen hat sich einiges verändert, aber mit seinen türkisfarbenen Wasserfällen und den Schluchten ist dieses zauberhafte Stück Erde etwas ganz Besonderes. Früher verbrachten die Havasupai den Sommer auf dem Boden des Canyons und den Winter auf den Hochplateaus. Als 1882 das Reservat eingerichtet wurde, erhielten sie nur das Land unten in der Schlucht. Erst 1975 gab die amerikanische Regierung ihnen 10 000 ha weiter oben dazu, so dass einige Havasupai ihre ursprüngliche Lebensweise wieder aufnehmen konnten.

Der Havasu Canyon ist ein Seitenarm des Grand Canyon, etwa 35 Meilen Luftlinie, aber fast 200 Straßenmeilen vom Grand Canyon Village entfernt. Man zweigt bei Seligman oder Kingman vom Interstate auf die AZ-66 ab, die sich serpentinenartig zwischen den beiden Ortschaften nach Norden windet, versorgt sich mit Lebensmitteln und Benzin und nimmt dann die Abzweigung Arrowhead Hwy.-18.

Bislang stießen alle Pläne zum Bau einer Straße in den Havasu Canyon oder einer Seilbahn in den Canyon hinunter auf Widerstand, nicht zuletzt deshalb, weil die fünf- oder sechshundert Havasupai davon leben, Besucher in die Schlucht zu begleiten. Stattdessen endet die Straße bei **Hualapai Hilltop**. Von dort aus führt ein 8 Meilen langer Zickzackpfad eine Anhöhe hinab und durch den wunderbaren, wasserlosen Hualapai Canyon zum Dorf **Supai**. Der Ritt auf einem Maultier nach unten kostet $70, hin und zurück $120. Wandern ist kostenlos, doch bei der Ankunft in Supai müssen Besucher $20 Eintritt entrichten.

Hinter Supai wird der Weg komplizierter. Er führt zu einer Reihe atemberaubender Wasserfälle, darunter **Havasu Falls**, ideal zum Schwimmen, und **Mooney Falls**, benannt nach einem erfolglosen Glücksritter, der in den 90er Jahren des 19. Jhs. hier angeblich drei Tage lang an einem Ast hing, bevor er schließlich in den Tod stürzte.

Übernachtung

Zwischen den Havasu und Mooney Falls erstreckt sich ein ***Campingplatz***, ✆ 928/448-2141, $10, und in Supai liegt die ***Havasupai Lodge*******, ✆ 928/448-2111, im Winter geschlossen. Hier gibt es auch ein Café, einen Supermarkt und das einzige Postamt in den USA, das noch per Postzug bedient wird. Hin und wieder wird Supai von plötzlichen Überschwemmungen heimgesucht, dann machen sowohl der Campingplatz als auch die Lodge dicht.

North Rim

Die 215 Meilen lange befahrbare Strecke von Grand Canyon Village zum North Rim führt auf der AZ-64 den East Rim Drive entlang bis Desert View und dann an einem Aussichtspunkt vorbei in die Schlucht des Little Colorado, bevor sie nach 50 Meilen bei **Cameron** auf den US-89 trifft. Im *Cameron Trading Post* findet man die beste Auswahl indianischen Kunsthandwerks im gesamten Grand Canyon. Fünfzehn Meilen nördlich von Cameron befindet sich die Kreuzung mit dem US-160, der via Tuba City nach Nordosten zum Monument Valley und nach Colorado führt. Weitere 40 Meilen Richtung Norden zweigt der US-89 rechter Hand auf die Mesa ab, nach Page und zum Glen Canyon Dam (s.S. 264), linker Hand führt der US-89A nach Westen bis **Jacob Lake**. Dort zweigt die AZ-67 nach Süden zum North Rim ab. Von hier sind es auf der im Winter gesperrten Straße 41 Meilen bis zum Canyon.

Höher, öder, den Elementen stärker ausgesetzt und weniger gut erschlossen, sieht der **North Rim** des Grand Canyon kaum ein Zehntel der Besucher des South Rim. Das heißt zwar nicht, dass man hier allein auf weiter Flur ist, dennoch fühlt man sich ein bisschen wie ein Entdecker in unberührter Wildnis. Im Prinzip ähnelt die Infrastruktur der des South Rim: einige alte Perservice-Gebäude dort, wo die Hauptstraße den Canyon erreicht, und einige Straßen am Rande der Schlucht mit zahlreichen Aussichtspunkten. Nur auf einem Wanderweg herrscht nennenswerter Betrieb, auf dem **North Kaibab Trail**, der dem Bright Angel Creek zur Phantom Ranch hinab folgt.

Die touristischen Einrichtungen am North Rim konzentrieren sich um den **Bright Angel Point**, ⊙ vom 15. Mai bis 15. Oktober. Der Park bleibt auch danach für Tagesbesucher geöffnet, doch dann gibt es weder Lebensmittel noch Unterbringung oder Benzin, und Besucher müssen darauf gefasst sein, jeden Moment den Park verlassen zu müssen. Beim ersten größeren Schneefall, der in den letzten Jahren meist bis Dezember auf sich warten ließ, wird er ganz geschlossen.

Übernachtung und Essen

CAMERON – Hier gibt es ein gutes *Motel*****, ☎ 679-2231 oder 1-800/338-7385, 🖥 www.camerontradingpost.com, mit Restaurant.

LEES FERRY – Bevor 1929 die Navajo Bridge gebaut wurde, gab es seit 1872 6 Meilen nördlich einen Fährservice. Heute starten hier Raftingtrips. Der Ort bietet einen *Campingplatz*, ☎ 355-2334, und zurück am US-89A unter den Vermilion Cliffs einige Motels:
Marble Canyon Lodge***, ☎ 355-2225 oder 1-800/726-1789,
Cliff Dweller's Lodge***, ☎ 355-2228, und die wunderschön gelegene, rustikale
Lees Ferry Lodge***, ☎ 355-2231 oder 1-800/451-2231, 🖥 www.leesferrylodge.com – alle mit Restaurants.

JACOB LAKE – Hier gibt es das *Jacob Lake Inn*****, ☎ 643-7232, 🖥 www.jacoblake.com, und einen *Campingplatz*.
Kaibab Lodge***, im Sommer ☎ 638-2389, im Winter ☎ 526-0924, oder 1-800/525-0924, 🖥 www.canyoneers.com, liegt 27 Meilen südlich, 14 Meilen vom Canyon entfernt. ⊙ Mitte Mai bis Mitte Okt.

NORTH RIM – *Grand Canyon Lodge******, hat Hütten am Rande der Schlucht, aber nur wenige mit Blick auf den Canyon. Reservierung bei *Xanterra* (am gleichen Tag ☎ 638-2611, im Voraus ☎ 303/297-2757, oder 1-888/297-2757, 🖥 www.grandcanyonnorthrim.com.
Die Lodge verfügt über ein gutes Restaurant mit Saloon und Espressobar. Der Informationsschalter informiert über Ausritte mit Maultieren, ☎ 435/679-8665, 🖥 www.onpages.com/canyonrides, 1 Std. für $20, halbtags $45, Tagesausflüge für $95.
Etwas über eine Meile nördlich liegt der *North Rim Campground*, ☎ 340-9033, Stellplatz $15. Backpacker brauchen nicht zu reservieren:
Spherics, am gleichen Tag ☎ 638-2611, im Voraus ☎ 1-800/365-2267, oder von außerhalb der USA ☎ 301/722-1257, 🖥 www.reservations.nps.gov.

VORWAHL – 928.

Indian Country

Die Wüsten von Nordost-Arizona, gemeinhin als „Indianerland" bekannt, weisen in einer atemberaubenden Landschaft einige der faszinierendsten präkolumbischen Ruinen Nordamerikas auf. Navajo Nation, das größte Indianerreservat der USA, nimmt in der Region den weitesten Raum ein. Die ehemals nomadisierenden **Navajo** haben sich von jeher als anpassungsfähig erwiesen und leben inzwischen in gewisser Weise den American Way, d.h. sie fahren Kleinlaster und tragen Baseballmützen. Dennoch ist es keine leere Floskel, wenn behauptet wird, dass es sich um ein eigenständiges Land handelt, denn die Navajo besitzen ihre eigene Polizei und Rechtssprechung, und obwohl sie der englischen Sprache mächtig sind, ist die Umgangssprache Navajo, eine Sprache, die so kompliziert ist, dass sie während des Zweiten Weltkrieges als Geheimcode des US-Militärs benutzt wurde. Sie ist in der Region noch immer Lingua franca. Das Reservat hat sogar seine eigene Zeitzone.

Als zu Beginn des 19. Jhs. die weißen Neuankömmlinge mit Macht ins Land strömten, hatten die Navajo, die sich selbst *dineh*, „die Menschen", nennen, schon jahrhundertelang ein sesshaftes Leben in Arizona geführt; nun verloren sie innerhalb einer Generation so gut wie alles. Mit der Machtübernahme der Yankees, die die Mexikaner ablösten, verschlechterte sich die Situation der Navajo noch und erreichte ihren Tiefpunkt 1864, als Kit Carson alle Navajo, derer er habhaft werden konnte, zusammentrieb und nach Fort Sumner in New Mexico verbannte. Ein paar Jahre später durften die Navajo zurückkommen, und die US-Regierung garantierte ihnen einen Großteil des Territoriums, das sie heute innehaben. Die meisten der über 250 000 Navajo leben in kleinen Weilern und sind Viehhirten oder Kleinbauern. Daneben gibt es aber auch viele Künstler, die ihre Produkte an kleinen Ständen entlang der Highways und in Touristenorten verkaufen.

Ein Besuch des Indian Country kann ein faszinierendes Erlebnis sein, doch ist es wichtig, viel Feingefühl zu zeigen und die Menschen und Orte, auf die man trifft, unbedingt zu respektieren. Die Vorfahren der Pueblo-Indianer, die ersten Bewohner der Region, sind zwar längst verschwunden, aber ihre zahlreichen Relikte sind für ihre Nachkommen auch heute noch von großer Bedeutung. Mit dem Fotoapparat oder sonstwie ungebeten in das Privatleben der Menschen einzudringen, ist eine grobe Missachtung ihrer Würde – dass beispielsweise die Hopi das Fotografieren rundweg verboten haben, resultiert größtenteils daher, dass die Belästigung unerträglich wurde.

Was den praktischen Teil des Besuchs anbelangt, darf man keine auf Touristen ausgerichtete Infrastruktur erwarten. Die Städte sind erst in jüngster Zeit entstanden und bieten nur eine Hand voll einfacher Gaststätten und noch weniger Motels oder gar Hotels. Wer auf einen gewissen Luxus nicht verzichten kann, ist in der Nähe des I-40 Richtung Süden besser aufgehoben. Nähere Informationen beim **Navajo Nation Tourism Office**, ℡ 928/871-6436, 🖥 www.discovernavajo.com.

Navajo National Monument

Das Navajo National Monument im nordwestlichen Viertel der Reservation schützt zwei der größten und schönsten *Cliff-Dwellings* von Arizona. Hinter dem nützlichen *Visitor Center*, ℡ 672-2700, 🖥 www.nps.gov/nava, ⏱ im Sommer tgl. 8–18, sonst 8–17 Uhr, Eintritt zum Monument frei, am Ende des asphaltierten Hwy-564, zehn Meilen nördlich des US-160, führt ein 10-minütiger Fußpfad über das Plateau zu einem Aussichtspunkt. Hier erblickt man über eine Schlucht hinweg den 135 Räume umfassenden, gut erhaltenen Felspalast **Betatakin**, der in einer natürlichen Vertiefung am Ende des Canyon auf halber Höhe an einem über 200 m hohen, leuchtend roten Sandsteinfelsen errichtet wurde. Durch das ausgezeichnete Fernrohr lassen sich die erstaunlich gut erhaltenen Ruinen in allen Einzelheiten betrachten – so gut, dass man meinen könnte, es sei vor sieben Jahren und nicht vor sieben Jahrzehnten aufgegeben worden. Die Leitern sind jüngeren Datums, aber die Dachbalken stammen noch von der Originalkonstruktion aus dem 13. Jahrhundert. Nach Betatakin gelangt man nur im Rahmen einer unvergesslichen, 6-stündigen Führung in Begleitung von Rangern hinab. Treffpunkt von Mai bis September tgl. um 8.15 Uhr im *Visitor Center*. Die Teilnehmerzahl ist begrenzt, und es werden keine Vorbestellungen entgegengenommen, deshalb ist es ratsam, sehr früh am Morgen einzutreffen oder aber auf dem einladenden, kostenlosen Campingplatz im Wald beim *Visitor Center* zu übernachten.

Im Sommer lässt sich auch ein Besuch der größeren Stätte der Vorfahren der Pueblo-Indianer, Keet Seel, bewerkstelligen. Die 17 anstrengenden Meilen vom *Visitor Center* hin und zurück sind nicht an einem Tag zu bewältigen. Daher müssen Wanderer die Nacht auf dem kleinen Campingplatz bei den Ruinen verbringen. Dafür ist ein Permit erforderlich, das mindestens einen Tag im Voraus beim *Visitor Center* abgeholt werden muss.

Übernachtung und Essen

Da die meisten Besucher nur auf der Durchreise vorbeikommen, gibt es wenige Übernachtungsmöglichkeiten. **Tuba City**, westlich des Monument gelegen, besitzt das
Quality Inn Tuba Trading Post****, ☎ 283-4545 oder 1-800/644-8383. In der Kohle- und Uranstadt Kayenta, 22 Meilen nordöstlich des Monuments an der Kreuzung von US-160 und US-163, gibt es das ähnlich anonyme, aber durchaus akzeptable *Best Western Wetherill Inn*****, ☎ 697-3231, 🖥 www.gouldings.com, und das **Holiday Inn** ****, ☎ 697-3221, 🖥 www.sixcontinentshotels.com, mit einem ausgezeichneten, preiswerten Restaurant.

VORWAHL – 928.

Monument Valley

Die klassische Wildwestlandschaft mit gewaltigen, sich auftürmenden Sandsteinformationen und furchteinflößenden Felssäulen, die aus einer endlosen Ebene aus windverwehtem roten Sand aufragen, zählt zu den überwältigendsten Eindrücken einer Amerikareise. Erst wenn man das Monument Valley, 24 Meilen nördlich von Kayenta und 25 Meilen südwestlich von Mexican Hat, erreicht hat, wird einem klar, wie sehr unsere Vorstellung vom Westen Amerikas von diesem einzigen Fleckchen Erde geprägt ist. Natürlich finden sich solche Landschaften auch anderswo, aber nirgends ist sie dermaßen perfekt arrangiert. Obwohl sich seit den frühesten Tagen Hollywood-Filmemacher dieser Kulissen bedienten – hier machte John Ford John Wayne zum Star –, ist der Anblick dieses majestätischen Ortes immer noch atemberaubend. Auch ist die Kultur der **Navajo** hier noch äußerst lebendig und vom Tourismus wenig beeinflusst, somit kann Monument Valley durchaus den Höhepunkt einer Reise durch den Südwesten darstellen.

Die beiden größten und eindrucksvollsten Monolithen – einer im Osten, der andere im Westen – sind **The Mittens**, „die Fäustlinge", unschwer zu erkennen an ihren herausragenden „Daumen". Der höhere von beiden ragt rund 300 m über dem Wüstenboden empor, und zu seinen Füßen haben sich Sanddünen gebildet. Ringsum weisen mehr als ein Dutzend weitere Felsnadeln in den Himmel. Daneben gibt es andere kunstvolle Felsformationen sowie ein paar kleinere, herrlich gelegene Ruinen der Vorfahren der Pueblo-Indianer. Die bizarren Felsen sind schon aus der Ferne kostenlos am US-163 zu sehen, und der vier Meilen lange Umweg zum **Monument Valley Tribal Park**, ☎ 435/727-3353, lohnt sich. ⏱ Mai–Sep tgl. 7–19, Okt–April 8–17 Uhr, Eintritt $5.

Hinter dem *Visitor Center* beginnt eine unbefestigte Straße durch das Monument Valley. Für die 17 holprigen Meilen, die mit einem normalen Pkw zu schaffen sind, braucht man etwas über eine Stunde. ⏱ im Sommer tgl. 8–18, sonst 8–16.30 Uhr. Unterwegs darf man zwar anhalten und aussteigen, aber nicht in der Gegend herumwandern. Sehr zu empfehlen sind die von Navajo geführten Jeeptouren oder Ausritte, die von der Hauptstraße wegführen. Eine 2-stündige Jeepfahrt kostet bei Buchung im *Visitor Center* mindestens $25 p.P. Teurer sind die Touren von der *Goulding's Lodge* (s.u.).

Sie legen Aufenthalte bei Filmdrehorten wie dem **Totem Pole** (auf den Clint Eastwood *Im Auftrag des Drachen* klettern musste) und bei Webern in einem Navajo *hogan* ein (einem achteckigen, traditionellen Wohnraum).

Übernachtung und Essen

Haskeneini, ☎ 928/727-3312, ein ganz ordentliches Restaurant beim *Visitor Center*, nicht weit von dem ungeschützten
Mitten View Campground, keine Reservierung möglich, Wasser nur im Sommer, Stellplatz im Sommer $10, im Winter $5.
Goulding's Monument Valley Lodge, $130–160, 6 Meilen westlich in Utah, ☎ 435/727-3231,

Filmlandschaft im Monument Valley

🖳 www.gouldings.com, ist die einzige Unterkunft in der Nachbarschaft, ein Handelsposten aus den 20ern, inzwischen mit teuren Motelzimmern, aber herrlichen Ausblicken, recht gutem Restaurant, Gemischtwarenladen, Tankstelle, kleinem Filmmuseum und eigenem Campingplatz (gleiche Telefonnummer, Sommer $24, Winter $15).

Canyon de Chelly

Östlich der Ortschaft Chinle, 60 Meilen südwestlich von Kayenta und 70 Meilen nördlich des I-40, erheben sich abrupt zwei Sandsteinwände aus dem Wüstenboden: die 300 m hohen Felsen des **Canyon de Chelly National Monument**, durch die sich der Chinle Wash schlängelt. Hier und da steht ein Navajo-Hogan zwischen Obstbäumen, Schafe grasen hinter rohgezimmerten Zäunen und seit langem verlassene Adobe- und Felswohnungen der Vorfahren der Pueblo-Indianer schmiegen sich in die Felswände.

Es gibt zwei stark zerklüftete Hauptcanyons, die sich ein paar Meilen flussaufwärts gabeln; nach Süden zieht sich der **Canyon de Chelly** (sprich: „de schey") und nach Norden der **Canyon del Muerto**. Von beiden zweigen kleinere Schluchten ab. Das gesamte Labyrinth erstreckt sich auf einer Länge von 30 Meilen nordwärts bis in die Chuska Mountains hinein.

Canyon de Chelly ist ein wunderbarer Ort und kann sich leicht mit jedem Nationalpark des Südwestens messen. Dass er relativ unbekannt ist, verdankt er zum großen Teil der Anwesenheit der Navajo, für die der Canyon von großer symbolischer Bedeutung ist, auch wenn sie die *cliff dwellings* nicht selbst erbaut haben.

Besucher müssen sich mit einem Blick von den Aussichtspunkten entlang der beiden „Rim Drives" in die Schlucht hinab begnügen. Es führt keine Straße hinein, und abgesehen von einem kurzen Spazierweg darf man den Boden der Schlucht nur in Begleitung eines Navajo-Guides betreten.

Rim Drives

Am *Visitor Center* gehen zwei „Randstraßen" ab, von denen aus sich sagenhafte Ausblicke über die Schlucht eröffnen. Für jede der Rundstraßen sollte man mit zwei Stunden Fahrt rechnen. Übrigens sind vor einigen Jahren mehrmals aus Autos Sachen gestohlen worden, deshalb sollten die üblichen Vorsichtsmaßnahmen eingehalten werden.

Der erste unverzichtbare Haltepunkt entlang des **South Rim Drive** ist der **Junction Overlook**, der nach vier Meilen hoch über dem Schnittpunkt der beiden Canyons liegt. Der Canyon de Chelly verengt sich in der Ferne hinter einer Felssäule, und zu Füßen des Aussichtspunktes befindet sich ein *hogan*. Zwei Meilen weiter – inzwischen ist der Canyon 160 m tief – präsentieren sich beim **White House Overlook** die ausgesprochen fotogenen Ruinen des White House. Es ist die einzige Stelle, an der man auf eigene Faust in den Canyon steigen darf. Der Abstieg dauert 30 bis 45 Minuten, der Rückweg ungefähr eine Stunde. Der wunderbare, aber nicht ganz ungefährliche Weg, der schwindelerregend schmal aus dem glatten Fels gehauen ist, führt in die Nähe der Ruinen. Die höchsten, abenteuerliche 18 m hoch gelegenen Felsnischen ließen sich früher über die Dächer der mittlerweile verschwundenen Wohnungen erreichen. Besucher dürfen sich nur 100 Yards (ca. 90 m) von der Stätte entfernen.

Vom 12 Meilen weiter am South Rim Drive gelegenen **Sliding House Overlook** sind weitere Ruinen der Vorfahren der Pueblo-Indianer zu erblicken, die zu den Navajo-Feldern hinabzurutschen scheinen. Nach acht Meilen endet die Straße über dem eindrucksvollen **Spider Rock**, zwei rund 250 m hohe Felsnadeln, die ungefähr 60 m an den Rand der Schlucht heranreichen.

Der **North Rim Drive** führt 20 Meilen den Canyon del Muerto hoch zur **Massacre Cave**, wo eine spanische Expedition 1805 unter der Leitung von Leutnant Narbona rund einhundert Navajo-Frauen, Kinder und Greise getötet haben soll. Die „Höhle" ist eher ein schmaler, exponierter Felssims, auf dem das Häufchen Menschen von den Spaniern unschwer ausgemacht und abgeschossen werden konnte. Vom **Mummy Cave Overlook** aus ist das House Under The Rock mit seinem zentral gelegenen Turm im Stil von Mesa Verde zu sehen – die beeindruckendste Ruine des Monuments.

Beim **Antelope House Overlook** gibt es zwei Aussichtsstellen. Eine befindet sich gegenüber vom Navajo Fortress, der abgelegenen, natürlichen Festung, welche die Navajo 1863 nach drei Monaten aufgeben mussten. Von der anderen aus sieht man die Ruinen der beiden viereckigen Türme des Antelope House weit unten und an der gegenüberliegenden Seite des trockenen Flussbettes **The Tomb of the Weaver**, wo die in Goldadlerfedern gewickelte Leiche eines alten Mannes gefunden wurde.

Geschichtliches zum Canyon de Chelly Die ersten historisch überlieferten Bewohner des Canyon waren die Vorfahren der Pueblo-Indianer, die hier um 300 n.Chr. eine Existenz als Korbflechter führten. Innerhalb eines Jahrhunderts entwickelten sie sich von Erdhöhlenbewohnern zu Erbauern eleganter Felspaläste und Herstellern wunderbarer Gefäße und Webarbeiten. In der Folge, nachdem die Vorfahren der Pueblo-Indianer die Region verlassen hatten (s.S. 193), kamen einige Jahrhunderte lang im Sommer die Hopi hierher, um den Boden zu bestellen; im Winter zogen sie sich auf ihre Mesas im Osten zurück. Sie wurden jedoch nach und nach von den zuwandernden Navajo verdrängt.
Ab 1583 sahen sich die Navajo ständig in blutige Auseinandersetzungen mit den Spaniern verwickelt, hielten ihnen aber Stand, und auch die US-Armee schaffte es nicht, die Navajo zu vertreiben. Doch selbst diverse Feuerpausen und Verträge, die zwischen der US-Regierung und den Navajo vereinbart wurden, konnten dem Landhunger der Siedler New Mexicos keinen Einhalt gebieten.
Mit der Einkesselung und der brutalen Deportation der Navajo 1864, dem „Long Walk", schien das Ende des Volkes gekommen, denn Kit Carson ließ selbst noch die wenigen Zurückgebliebenen auf dem Navajo Rock aushungern und vernichtete ihre Häuser und Viehherden. Die Gefangenschaft der Navajo in Fort Sumner war jedoch so barbarisch, dass der Kongress ihnen schließlich die Rückkehr erlaubte.
Bis heute bearbeiten noch 25 Navajo-Familien im Sommer den Boden des Canyon de Chelly; es sind die matrilinearen Nachkommen jener Frauen, zwischen denen dieses Gebiet in den 70er Jahren des 19. Jhs. neu aufgeteilt worden war.

In die Canyons

Die *Thunderbird Lodge*, das *Visitor Center* und der *Canyon Hiking Service*, Thunderbird Lodge Road, 1/4 Meile südöstlich vom *Visitor Center*, organisieren Touren in den Canyon und zu den Flüssen, die im Sommer völlig austrocknen, im Frühjahr dagegen einen Meter oder tiefer sein können.

Meistens finden die Touren in offenen Lastwagen statt, und die Hitze kann ein Problem werden; im Winter werden sie in Armeefahrzeugen durchgeführt. Um bis Spider Rock (s.S. 242) zu kommen, muss man eine Ganztagstour für $63,50 buchen, doch auch während eines Halbtagsausfluges für $39 kann man eine ganze Menge einschließlich der White House Ruins sehen.

Übernachtung und Essen

Die Unterkunftsmöglichkeiten sind beschränkt, und es ist daher unbedingt notwendig, rechtzeitig zu reservieren.
Thunderbird Lodge***, ✆ 674-5841 oder 1-800/679-2473, ⌨ www.tbirdlodge.com, nahe beim Eingang zum Canyon, ist die einladendste. Die Lodge organisiert die üblichen Sightseeing Tours und besitzt eine akzeptable Cafeteria.
Chinle Holiday Inn**, $100-130, ✆ 674-5000, ✉ holidayinncdc@cybertrails.com. Etwas weiter Richtung Chinle gelegen und mit weitaus besserer Küche.
Der kostenlose, dürftig ausgestattete **Cottonwood Campground** auf dem Gelände des Monuments bietet hübsche Zeltplätze zwischen Bäumen neben der *Thunderbird Lodge*.
Zwei weitere Motels, jedes mit eigenem Restaurant, befinden sich an der Straße zwischen Chinle und den Canyons:

Sonstiges

Chinle bietet eine Tankstelle, ein *Taco Bell*, ein *Kentucky Fried Chicken*, ein Postamt und eine Wäscherei.

INFORMATIONEN – Das *Canyon de Chelly Visitor Center*, ✆ 674-5500, ⌨ www.nps.gov/cach, an der Straße von Chinle her, umfasst eine informative Ausstellung und kann Fremdenführer für besondere Wander- oder motorisierte Touren bereitstellen. ⊙ Mai–Sep tgl. 8–18, sonst 8–17 Uhr.

TOUREN – Das *Visitor Center* veranstaltet auch äußerst empfehlenswerte, 4-stündige **Gruppenwanderungen** über 4,5 Meilen für $15 p.P. Der genaue Zeitplan variiert, doch gibt es meistens eine Tour am Vormittag über den White House Trail und eine am Nachmittag in den Canyon del Muerto. Die speziellen **Nachtwanderungen** dauern nur zwei Stunden, sind aber etwas teurer.
Justin's Horse Rentals, ✆ 674-5678, und ***Tsotsonii Ranch***, ✆ 674-8425, organisieren Ausritte für $10 pro Std. plus $15 für den Führer.

VORWAHL – 928.

Window Rock

Das politische Zentrum des Navajo-Reservates liegt weit draußen am Ostrand, an der Grenze zu New Mexico. Fünfzig Jahre lang befand es sich in Fort Defiance, bis es in den 30er Jahren nach **Window Rock** verlegt wurde. Hier ist der Sitz des Navajo Tribal Council, der gewählten Regierung. Wer sich für die Kultur der Navajo interessiert, ist hier jedoch fehl am Platz. Immerhin gibt es eine Tankstelle, ein Postamt und ein Motel, das ***Navajo Nation Inn******, 48 W Hwy-264, ✆ 928/871-4108 oder 1-800/662-6189, und im nahe gelegenen **Navajo Tribal Museum** kann man sich über die historischen Hintergründe informieren sowie qualitativ hochwertiges Kunsthandwerk betrachten. ⊙ im Sommer Mo–Fr 8–20, Sa 10–16, sonst Mo–Fr 8–17 Uhr, Spende.

Hopi-Mesas

Das Volk der Hopi nimmt in den USA eine Ausnahmestellung ein, denn es lebt seit über 800 Jahren ununterbrochen an ein und demselben Ort. In dieser Zeit sind viele Fremde gekommen und gegangen, zuweilen geblieben, aber die Dörfer auf der **First**, **Second** und **Third Mesa** haben sich hier über die Zeit gehalten, wenn auch nicht unverändert.

Für Außenstehende ist nicht ersichtlich, weshalb die Hopi, denen doch der ganze Südwesten offenstand, ausgerechnet diese drei öden, wenig einladenden Felsausläufer am Südrand der **Black Me-**

Hopi-Zeremonien Die Hopi verspüren in kleiner Weise das Bedürfnis oder gar die Verpflichtung, Außenstehenden ihren Glauben und dessen Ausübung nahezubringen. Aus diesem Grunde haben sie auch Versuche abgewehrt, ihre Sprache schriftlich niederzulegen oder in Schulen zu lehren. Daher wurde die Hopi-Religion wiederholt missverständlich interpretiert, und die Hopi mal als barbarische Teufelsanbeter, mal als New Age-Gurus dargestellt.

Die Zeremonien der Hopi-Religion unterscheiden sich von Clan zu Clan und von Dorf zu Dorf. Das grundlegende gemeinsame Element ist die Rolle der **Kachinas**. Diese „Geistboten", die möglicherweise die Geister von Toten repräsentieren, leben auf den San Francisco Berggipfeln nördlich von Flagstaff.

Es gibt mehr als dreihundert verschiedene Kachinas. Einst besuchten sie persönlich die Mesas, jetzt werden sie bei Zeremonien von maskierten Tänzern dargestellt. Nicht jedes Dorf folgt dem gleichen Zeremonienkalender, doch im Allgemeinen erscheinen die Kachinas jedes Jahr Anfang Februar anlässlich der Powamuya-Zeremonie, dem Bohnen-Tanz. Während der Wachstumszeit der Feldfrüchte kommen sie immer wieder zu Besuch, bis sie nach der Niman-Zeremonie, dem „Heimtanz" im Juli, nach Hause zurückkehren.

Die Hopi beten die Kachinas nicht an, sondern sie dienen vor allem Kindern als Vorbilder. Jedes Hopi-Baby erhält während seiner ersten Niman-Zeremonie einen *tihu* – das, was Außenstehende eine Kachina-Puppe nennen. Mädchen bekommen bei jeder späteren Powamuya- und Niman-Zeremonie eine weitere. Einen Großteil des 20. Jahrhunderts hindurch wurden Hopi-Zeremonien als Touristenattraktionen vermarktet. Obwohl bereits 1916 das Fotografieren verboten wurde, zogen Gelegenheiten wie der **Snake Dance**, bei dem Mitglieder des Clans der Schlange mit lebendigen Schlangen zwischen den Zähnen tanzen, bis zu 2500 Zuschauer an. In jüngerer Zeit sind die Hopi dazu übergegangen, Nicht-Indianer auszuschließen. 1989 verbannten die Bewohner der Second Mesa sämtliche Außenstehenden von ihren Zeremonien, und nachdem 1992 ein Marvel-Comic herauskam, in dem die Kachinas als gewalttätige Rächer dargestellt wurden, schlossen sich auch die Dörfer der First Mesa an.

Es ist kaum anzunehmen, dass Fremde bei Kachina-Tänzen zugelassen werden, höchstens bei gesellschaftlichen Tanzveranstaltungen zwischen August und Januar, wenn die Kachinas nicht anwesend sind. Sie finden auf den Plazas der Dörfer gewöhnlich am Wochenende statt, damit auch Hopi, die außerhalb des Reservates leben, teilnehmen können. Die Zeiten werden meistens erst ein paar Tage im Voraus bekanntgegeben. Nähere Informationen beim *Cultural Center* (s.u.). Wer Gelegenheit erhält, daran teilzunehmen, sollte Kleidung tragen, die den gesamten Körper bedeckt, sich abseits halten und die Tänzer und das Publikum weder fotografieren noch zeichnen oder ausfragen.

sa im nordöstlichen Arizona als Heimat gewählt haben. Dafür gibt es zwei Erklärungen. Zum einen bietet das Black Mesa lebensnotwendige Ressourcen: Zwar gibt es hier keinen ganzjährig wasserführenden Fluss, doch die Wasserader tief unten im Fels besitzt genau die richtige Neigung, um einen zwar spärlichen, aber stetigen Wasserfluss zu gewährleisten. Zudem bezieht sich das „Black" auf die Kohlelagerstätten, die den Hopi unbegrenzt Brennmaterial liefern.

Zum anderen sahen sich die Hopi, bedrängt von ihren Navajo-Nachbarn, zum Rückzug in ihre Dörfer hoch oben auf den Mesas gezwungen. Ursprünglich hatten sie in einem weiteren Umkreis gejagt und Ackerbau betrieben. Die Hopi sind berühmt für ihre Geschicklichkeit, mit der sie jeden kostbaren Tropfen Wasser für ihre Mais-, Bohnen- und Kürbiskulturen auf den von Hand bestellten Terrassen nutzen, eine aus der Not geborene karge, mühevolle Art sich zu ernähren.

Dass sie überhaupt und mitsamt ihrer alten Glaubensregeln und Zeremonien überleben können, fasziniert Außenstehende schon seit langem. Besucher werden freundlich aufgenommen, doch die Hopi sind keineswegs gewillt, sich als Touristenattraktion vermarkten zu lassen. Inzwischen besteht zum Glück auch keine Notwendigkeit dafür, da sie endlich erhebliche Summen aus der Verpachtung von Minen erhalten.

Im Reservat gibt es mehrere Geschäfte und Galerien, die Töpferwaren, Körbe, Silberschmuck und handgeschnitzte Kachina-Puppen verkaufen. Wer jedoch in der Erwartung herkommt, großartig herumgeführt zu werden oder gar spirituelle Erleuchtung zu finden, wird wahrscheinlich enttäuscht abziehen und vielleicht sogar von dem abgestoßen sein, was nach außen hin eine ziemlich ärmliche Existenz aussieht.

Ein Besuch der Hopi-Mesas

Zuerst begibt man sich in das moderne Pseudo-Pueblo **Hopi Cultural Center** unterhalb der Second Mesa, ein Museum, ☏ 734-6650, ⓘ im Sommer Mo–Sa 8–17, So 9–16, sonst Mo–Fr 8–17 Uhr, Eintritt $3.

Sofern nicht gerade eine für Touristen zugelassene Veranstaltung stattfindet, kann man nur **Walpi** im Rahmen einer organisierten Tour besuchen. Für Hopi-Verhältnisse ist Walpi nicht besonders alt. Es wurde gleich nach dem Pueblo-Aufstand von 1680 in aller Eile zusammengeflickt, als die Bewohner der First Mesa angesichts eines möglichen Überfalles der Spanier oder Navajo beschlossen, in eine sicherere Gegend umzuziehen. Der Ort, den sie wählten, überwältigt: Er liegt ganz allein an der schmalen Südspitze der Mesa und ist mit den anderen First Mesa-Dörfern nur durch einen halsbrecherischen Felsgrat verbunden, zu dessen beiden Seiten ein 100m tiefer Abgrund gähnt. Die ungefähr 35 Bewohner leben noch immer ohne Strom und Wasserleitung.

Übernachtung

Im Cultural Center befindet sich eine Cafeteria und ein ***Motel****, ☏ 734-2401, 🖥 www.hopionline.com. Im Sommer sind die zweckmäßig eingerichteten Zimmer mindestens eine Woche im Voraus ausgebucht.

Sonstiges

TOUREN – Sie starten regelmäßig im kleinen **Community Center** von Sichomovi, ☏ 737-2262, ⓘ Sommer Mo–Fr 9–18, Winter Mo–Fr 9.30–16 Uhr, Eintritt $5. Die Teilnehmer der Tour brechen zu einem halbstündigen Rundgang durch Walpi auf.

Je nach Jahreszeit ist man entweder mit ungefähr zwanzig Leuten oder fast alleine unterwegs. Es besteht ausreichend Gelegenheit, Fragen zu stellen und Töpferwaren, Kachina-Puppen und frisch gebackenes *piiki*, ein Fladenbrot aus schwarzem Maismehl, zu kaufen.

VORWAHL – 928.

Anreise

Um nach Walpi zu gelangen nimmt man den Hwy-264 bis zur modernen Ortschaft POLACCA am Fuße der First Mesa und fährt dann ungefähr eine Meile die kurvenreiche Teerstraße hoch bis SICHOMOVI.

Utah

Die unvergleichlich schöne Landschaft von Utah bietet für jeden Geschmack etwas: von farbenfrohen Canyons über endlose Wüstenebenen bis hin zu undurchdringlichen Wäldern und schneebedeckten Bergen.

Der Bundesstaat besteht zum größten Teil aus frei zugänglicher Natur und eignet sich daher hervorragend zum Wandern und Skilaufen, für Mountainbike-Touren, Wildwasserrafting und andere Unternehmungen im Freien.

In Süd-Utah, wo über 3000 m hohe, von dichten Wäldern bedeckte Berggipfel über schwindelerregenden Schluchten thronen, die von einigen der gewaltigsten Flüsse Nordamerikas in den roten Sandstein gegraben wurden, gibt es mehr Nationalparks als sonstwo in den USA. Ernst zu nehmende Stimmen plädieren sogar dafür, die gesamte Region in einen einzigen großen Nationalpark zu verwandeln. Die über Asphaltstraßen erreichbaren Ziele wie der Zion direkt am I-15 oder der Bryce Canyon locken die meisten Besucher an, aber weniger bekannte Parks wie Arches und Canyonlands sind mindestens genauso sehenswert, und riesige Teile dieser Wüste, in der faszinierende präkolumbische Felsmalereien und Ruinen der Vorfahren der Pueblo-Indianer versteckt liegen, sind noch weiße Flecken auf der touristischen Landkarte. Wer die Sehenswürdigkeiten gefahrlos besichtigen möchte, muss allerdings gut vorbereitet und genügsam sein.

Wer Zeit hat, sollte die Region auf dem Wasserweg erkunden, so wie es die ersten Entdeckungsreisenden taten. Das Land ist hart und unwegsam, deshalb dringen nur wenige Leute ins Innere vor, und wenn, dann vor allem mit Geländewagen, zu Fuß oder zunehmend auch mit dem Mountainbike.

Auch der Nordwesten besitzt seine Besonderheit: Er ist, abgesehen von der Wasatch Front, einer alpinen Felswand, die über Salt Lake City thront, flach und trocken.

Die Hauptstadt Utahs eignet sich gut für einen Zwischenaufenthalt und ist vor allem für Skiläufer attraktiv, denn Alta, Snowbird und die Ferienanlagen in der Umgebung von Park City bieten mit die besten Bedingungen in ganz Nordamerika.

Die ersten englischen Siedler – die Mormonen – kamen 1847 unter der Führung von Brigham Young in die Gegend des Salt Lake und errichteten gewaltige Bewässerungsanlagen, die ihnen eine bäuerliche Lebensweise ermöglichten. Anfänglich stießen sie bei den Autoritäten im Osten auf Argwohn und Widerstand. So verweigerte ihnen der Kongress 1850 nach einer ersten Anfrage die Anerkennung als Staat. Er störte sich unter anderem an dem von den Mormonen gewählten Staatsnamen Deseret („Honigbiene"), denn der Begriff entstammt dem für die Mormonen heiligen *Book of Mormons* und trägt somit religiöse Bedeutung (das Staatssymbol Utahs ist ein Bienenkorb, das Symbol für Fleiß). Wesentlicher waren jedoch das politische Engagement der mormonischen People's Party, die mormonische Praxis der Polygynie und der ökonomischen Begünstigung von Glaubensbrüdern. Möglicherweise hätte sich der Konflikt zu einem Krieg gegen die Mormonen ausgeweitet, wenn nicht der Amerikanische Bürgerkrieg dazwischengekommen wäre. Als die mormonische Kirche 1890 beschloss, die Polygynie abzuschaffen, entspannte sich die Lage, und 1896 bekamen sie schließlich das Staatsrecht.

Ungeachtet der anfänglichen Auflehnung Brigham Youngs gegen die Ausbeutung von Minen, stellten sich die mormonischen Geschäftsleute als sehr minenfreundlich und antikonservativ heraus. Erst seit Anfang 1980 – als der Uranboom definitiv vorüber war – wird der Tourismus als wichtiger Wirtschaftsfaktor akzeptiert. Die steigenden Besucherzahlen haben sogar dazu geführt, dass die berüchtigten Antialkoholgesetze etwas gelockert wurden, so dass jetzt in lizenzierten Restaurants Bier, Wein und Longdrinks erhältlich sind.

In den meisten Städten gibt es mindestens ein Restaurant mit Lizenz zum Ausschank von Bier, Wein und Cocktails an Restaurant-Gäste, bisweilen auch mit Lizenz zum Ausschank von Bier in einer angegliederten Bar oder Lounge. Bier wird auch in einigen anderen Lokalen serviert, doch wer den Wunsch nach Hochprozentigerem verspürt, muss Mitglied in einem „Privatclub" werden, wobei die meisten eine temporäre Mitgliedschaft gegen eine symbolische Gebühr gewähren. Alkoholische Getränke zum Mitnehmen werden nur in den so genannten State Liquor Stores verkauft.

Heute sind 70% der zwei Millionen Einwohner Utahs Mormonen, Anhänger der Church of Jesus Christ of Latter-day Saints (LDS). Am deutlichsten ist der mormonische Einfluss in der präzisen Anlage der Ortschaften und Städte, in denen selbst Wohnstraßen so breit wie Autobahnen und Block für Block durchnummeriert sind. Je länger man bleibt, desto mehr kuriose Eigenarten stellt man fest.

Transport

Ohne eigenen Wagen kann man sich in Utah kaum bewegen. *Amtrak* und *Greyhound* fahren lediglich Salt Lake City und einige Provinzstädte an. Immerhin bieten einige Veranstalter Bustouren zu den Nationalparks an, und für Leute mit Lust am Abenteuer hält Süd-Utah unschlagbare Mountainbikerouten und Reviere für Wildwasserrafting bereit (Veranstalter s.S. 262).

St George

St George am I-15 ist neben dem rund 50 Meilen entfernten Cedar City die größte Stadt in Süd-Utah. Beide stellen gute Ausgangspunkte für Ausflüge dar, lohnen jedoch kaum einen längeren Aufenthalt. St George war das Winterquartier von Brigham Young und anderen Mormonenführern, die wegen des vergleichsweise milden Klimas in den Süden Utahs kamen.

Die angenehme Stadt am Fuß eines rotbraunen Felsens konzentriert sich um den sehenswerten **LDS Temple** aus dem Jahr 1877 an der 440 South, Ecke 300 East Street.

Wer von der I-15 anreist, findet unmittelbar jenseits der Staatengrenze das **Utah Visitor Center**, ℡ 435/673-4542, 🖥 www.utah.com. ☉ Sommer tgl. 8–21, Winter 8–17 Uhr.

Übernachtung und Essen

Am St George Boulevard gibt es jede Menge Motels, z.B. **Dixie Palm****, 185 E St George Blvd, ℡ 435/673-3531. Weitere gute Restaurants findet man im gut besuchten Ancestor-Square-Gebäude, z.B. die **Pizza Factory**, 1 W St George Blvd, ℡ 435/628-1234. So geschlossen.

Transport

Busse von **St George Shuttle**, ℡ 435/628-8320 oder 1-800/933-8320, halten auf Anfrage auf ihrem Weg nach LAS VEGAS und SALT LAKE CITY.

Zion National Park

Mit seinen schroffen Felsen, bewaldeten Flusstälern und rauschenden Wasserfällen ist der Zion Nationalpark wohl der schönste Park Utahs. Auf den ersten Blick ist er auch derjenige, der am wenigsten „südwestlich" anmutet. Sein Herzstück, der Zion Canyon, ist eine üppige, grüne Oase, die einer völlig anderen Welt anzugehören scheint als die desolaten Canyonlands oder die Mondlandschaft des Bryce. Ebenso wie der kalifornische Yosemite Canyon, besteht er aus einer spektakulären Schlucht, begrenzt von mächtigen Felswänden und erfüllt vom Geräusch fließenden Wassers, und ebenso wie im Yosemite kann es im Sommer klaustrophobisch eng werden, wenn die Zufahrtsstraßen mit Fahrzeugen und die begrenzten Einrichtungen mit schwitzenden Touristen verstopft sind.

Leider besuchen viele Touristen den Zion Canyon nur in einem kurzen Halbtagsabstecher vom Interstate auf dem Weg zwischen Las Vegas (158 Meilen südwestlich) und Salt Lake City (320 Meilen nordöstlich). So schön der Scenic Drive durch den Canyon auch sein mag, der Zion verdient mehr Aufmerksamkeit als nur eine Durchfahrt. Schon der kürzeste Spazierweg führt von den Massen weg, und auf einer Tageswanderung gelangt man aus der trügerischen Frische des Tales auf die Wüsten-Hochebene dahinter. Des Weiteren gibt es zwei weniger stark befahrene Straßen – die Kolob Canyons Road und die Kolob Terrace Road – zu abgelegeneren Teilen des Parks.

Der mit Abstand größte Betrieb herrscht im Sommer. Und dies trotz Temperaturen bis zu 40 °C und der heftigen Gewitter im August, Ende Juli und Anfang September. Wer es einrichten kann, sollte im April oder Mai herkommen, um die Frühjahrsblüte zu sehen – obwohl dann auch die Moskitos am aktivsten sind – oder im September und Oktober, um die herbstliche Laubfärbung am Flussufer zu genießen. Der Eintritt zum Nationalpark (sieben Tage Gültigkeit in allen Abschnitten des

Parks) beträgt $20 pro Auto und $10 für Motorradfahrer, Radfahrer und Fußgänger.

Zion Canyon

Im Zion Canyon ragen mächtige Mauern aus Navajo-Sandstein fast eine halbe Meile hoch, über die den nördlichen Nebenfluss des Virgin River säumenden Holundersträucher und Baumwollbüsche hinaus. Welchen Respekt die Gegend den ersten Mormonen einflößte, spiegelt nicht nur die Wahl des biblischen Namens Zion für den Canyon wider, sondern zeigt sich auch an den Namen, die sie den majestätischen Felsen entlang des sechs Meilen langen asphaltierten **Scenic Drive** vom Parkeingang gaben, wie Court of the Patriarchs, Great White Throne oder Angel's Landing.

Der Scenic Drive endet am Fuß des **Temple of Sinawava**, von wo der einfache, schöne **Riverside Walk** eine halbe Meile den Canyon hoch führt bis der Fluss die ganze Talsohle ausfüllt (ein schöner Badeplatz im Sommer). Die Strömung ist zu stark, um von hier aus durch den Fluss weiter hinauf Richtung **The Narrows** zu waten, wo der Canyon zwischen 250 m hohen Sandsteinwänden bis auf ca. 6 m zusammenschrumpft. Hierher gelangen Wanderer nur zu bestimmten Jahreszeiten (beim Visitor Center fragen) von einer abgelegenen Stelle, 30 Meilen weiter nördlich, 8 Meilen flussabwärts durch den eisigen Fluss. Weniger ambitionierte Spaziergänger werden wahrscheinlich einen Ausflug zum **Weeping Rock** vorziehen, der nur eine Viertelstunde von der Straße entfernt ist. Eine Meile vor der *Zion Lodge* geht vom gleichen Trail eine anstrengendere, interessantere Route ab, die durch den engen **Hidden Canyon** führt. Nach einem ordentlichen Regenguss verwandelt sich der Eingang dieser Schlucht in einen Wasserfall. Direkt gegenüber der Lodge führt ein kurzer, nicht sehr steiler Pfad (ein Rundgang von zwei Meilen) zu den **Emerald Pools**, drei Teichen mit wunderbar klarem Wasser. Der schönste und am weitesten entfernte besitzt sogar einen kleinen Sandstrand.

Ausgesprochen lohnenswert, aber nur etwas für Sportliche, ist die Halbtagswanderung zum **Angel's Landing**, einem schmalen, weißen Felsvorsprung hoch über dem Boden des Canyons. Der Wanderweg ist anfänglich derselbe wie der zu den Emerald Pools und windet sich dann scharf durch die angenehme Kühle des **Refrigerator Canyon** zum Westrand hoch; auf dem letzten Stück muss man über einen schwindelerregenden, 1,5 m langen Felsnacken klettern, von dem es rechts und links steil in die Tiefe geht. Immerhin gibt es ein Stahlseil zum Festhalten. Der Weg hin und zurück dauerte gute vier Stunden. Backpacker können noch zwanzig Meilen weiter bis in die Gegend der Kolob Canyons (s.u.) wandern.

Fährt man an der Abzweigung des Scenic Drive weiter auf dem Hwy-9, gelangt man auf das trockene Hochplateau östlich vom Zion Canyon, das einen reizvollen Kontrast zu der vegetationsreichen Virgin-River-Schlucht darstellt. Am eindrucksvollsten ist der **Great Arch**, am besten von den Halteplätzen an der Straße vor dem eine Meile langen Tunnel zu sehen. Der Naturpfad **Canyon Overlook** hinter dem Tunnel bietet eine gute Einführung in die Flora und Fauna des Parks.

Kolob Canyons

Die Kolob Canyons liegen nur drei Meilen abseits des I-15 und zwanzig Meilen südlich von Cedar City, werden aber deutlich weniger besucht als Zion Canyon. Wie überall in Zion stehen die **Red Rock Canyons** im Mittelpunkt des Interesses, die hier im Kolob roter und deren Bäume grüner zu sein scheinen als weiter unten.

Von der fünf Meilen langen Asphaltstraße, die zum *Visitor Center* hoch führt, hat man eine herrliche Aussicht, aber erst ein Spaziergang auf einem der beiden Hauptwege zeigt, worin das Besondere dieses Ortes liegt. Der erste und kürzere beginnt zwei Meilen vom *Visitor Center* entfernt und folgt in einem fünf Meilen langen Rundgang dem Taylor Creek zum **Double Arch Alcove**, einem natürlichen, von zwei Sandsteinbögen überdachten Amphitheater. Eine Viertelmeile weiter rauscht ein kleiner Wasserfall. Der andere Pfad geht vier Meilen vom *Visitor Center* an der Nordseite des Parkplatzes bei Lee Pass ab und ist sehr gut ausgeschildert. An den La Verkin Falls vorbei gelangt man nach sieben Meilen zum **Kolob Arch**, der mit einer Spanne von mehr als 90 m dem Landscape Arch (s. S. 260) als größtem natürlichen Felsbogen der Welt Konkurrenz macht. In den Kolob Canyons gibt es keine permanenten Campingplätze, dafür teilen die Rangers den Wanderern aber ca. 25 Stellplätze täglich in der freien Natur zu (Informationen dazu beim Visitor Center).

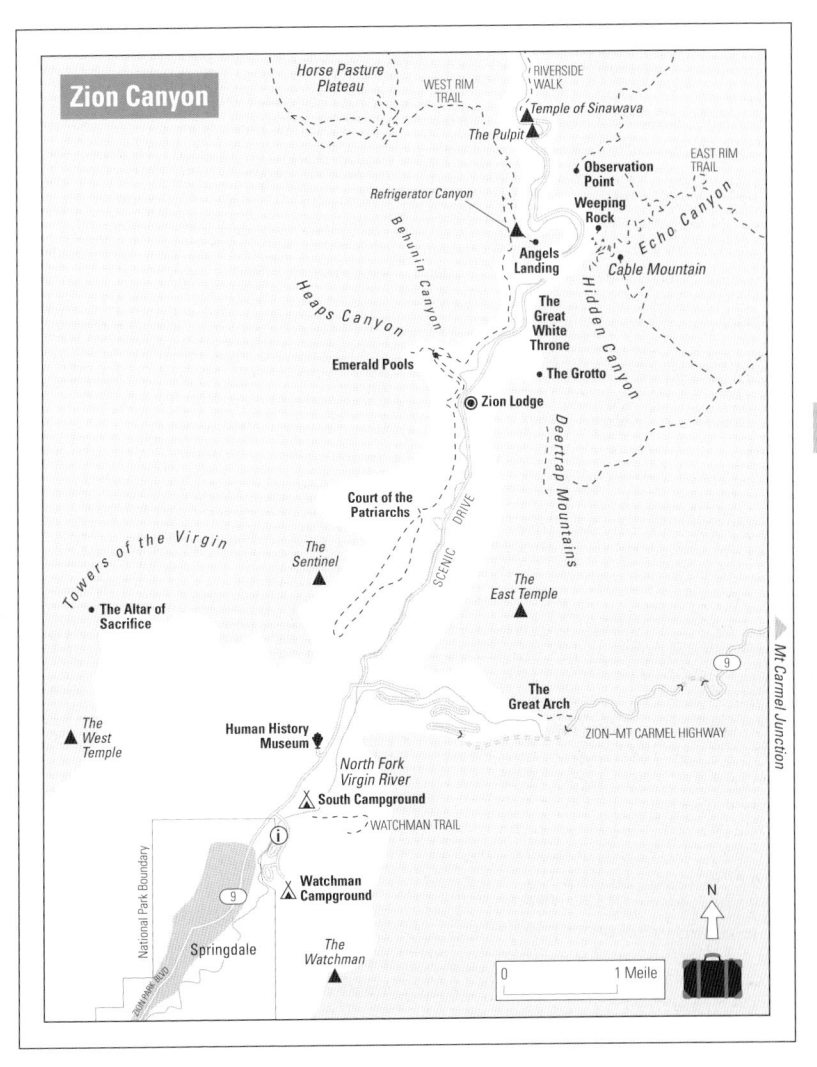

Übernachtung und Essen

IM ZION NATIONAL PARK – gibt es Übernachtungsmöglichkeiten und Essen nur in der ***Zion Lodge*****, ☏ 772-3213, Reservierung über *Xanterra*, ☏ 303/297-2757 oder 1-888/297-2757, 🖥 www.xanterra.com oder 🖥 www.zionlodge.com, in einer hügeligen, schattigen Gartenanlage in der Nähe des Great White Throne gelegen und ganzjährig geöffnet. Die Lodge ist oft mit Pauschaltouristen belegt. Wer kein Zimmer bekommt, sollte wenigstens zum Mittagessen auf der Terrasse hereinschauen. Die Lodge ist außerdem Ausgangspunkt für regelmäßig stattfindende, einstündige **Ausritte**, ✆ 679-8665, 🖳 www.onlinepages.net/canyonrides, $20 p.P.

Zwei gute **Campingplätze** liegen direkt gegenüber vom *Visitor Center,* Übernachtung jeweils $14:

Watchman Campground nimmt im Sommer Reservierungen entgegen unter ✆ 1-800/365-2267, 🖳 www.reservations.nps.gov. Am nur im Sommer geöffneten ***South Campground*** gilt die Devise: Wer zuerst kommt, zeltet zuerst; es empfiehlt sich also, frühzeitig einzutreffen.

IN SPRINGDALE – Die besten Alternativen zur Unterkunft in der Park-Lodge befinden sich in dem freundlichen Kleinstädtchen Springdale, das sich drei schattige Meilen lang am Ufer des Virgin River unmittelbar südlich des Parkeinganges erstreckt.

El Rio Lodge**, 995 Zion Park Blvd, ✆ 772-3205 oder 1-888/772-3205, 🖳 www.elriolodge.com. Freundlich und preiswert, in Spaziernähe mehrerer Restaurants.

Zwei modernere und teurere Alternativen, das ***Best Western Zion Park Inn*******, 1215 Zion Park Blvd, ✆ 1-800/934-7275 oder 772-3200, 🖳 www.zionparkinn.com, und das äußerst stilvolle ***Desert Pearl Inn********, 707 Zion Park Blvd, ✆ 772-8888 oder 1-888/828-0898, 🖳 www.desertpearl.com, bieten gute Ausblicke und Swimming Pools.

Spotted Dog Café, 428 Zion Park Blvd, ✆ 772-3244, ist das nobelste Restaurant am Ort, und liegt ganz in der Nähe des

Bit and Spur Saloon, 1212 Zion Park Blvd, ✆ 772-3498, der belebtesten Bar im Umkreis mehrerer Meilen. Gegenüber dem *Zion Park Inn* gelegen; serviert nur zum Abendessen sehr gute mexikanische Speisen.

Zion Pizza & Noodle Co, 868 Zion Park Blvd, ✆ 772-3815, hat eine hübsche Terrasse und preiswerte Gerichte.

Sonstiges

Während der Hwy-9 das ganze Jahr über für den Verkehr freigegeben ist, darf der Scenic Drive nur im Winter von Privatfahrzeugen befahren werden. Von April bis Okt müssen alle Besucher, mit Ausnahme von Gästen der *Zion Lodge* (s.S. 249), ihre Fahrzeuge entweder in Springdale oder am *Visitor Center* stehen lassen.

Kostenlose **Shuttlebusse** verkehren im Sommer auf zwei verschiedenen Rundstrecken – einer zwischen Springdale und *Visitor Center* mit neun Haltestellen unterwegs und der andere zwischen *Visitor Center* und dem Ende des Scenic Drive mit ebenfalls neun Haltestellen, darunter auch die *Zion Lodge*.

INFORMATIONEN – Das große, neue ***Visitor Center***, ✆ 772-3256, 🖳 www.nps.gov/zion, liegt direkt hinter der Einfahrt zum Nationalpark, ⊙ April–Okt tgl. 8–19, Nov–März 8–17 Uhr.

Kolob Canyon Visitor Center, ✆ 586-9548, ⊙ Mai–Sep tgl. 8–19, Okt–April 8–18 Uhr.

VORWAHL – 435.

Cedar Breaks National Monument

Die kürzeste Strecke zwischen Zion und Bryce am Virgin River entlang und dann auf dem US-89 über die Hochebene von Long Valley nach Norden ist schon spektakulär genug, wird aber von der längeren durch den Dixie National Forest noch übertroffen: Auf halbem Wege zwischen Cedar City und US-89 zweigt der Hwy-148 vom Hwy-9 scharf nach Norden ab und führt durch die Ausläufer des Cedar Breaks National Monument, wo Erosion den weichen Sandstein zu märchenhaften Gebilden geschliffen hat. In gewisser Weise ist Cedar Breaks nur eine kleinere Ausführung des Bryce Canyon im Osten, aber da der größte Teil von Cedar Breaks über 3000 m hoch liegt, sind die Straßen oft bis in den Juni hinein durch Schneewehen blockiert. Den besten Ausblick hat man von **Point Supreme** aus, von Süden aus eine Meile in den Park hinein. Dort gibt es eine Snackbar und ein *Visitor Center*, ✆ 435/586-9451, 🖳 www.nps.gov/cebr, ⊙ Mai–Sep tgl. 8–18 Uhr, Eintritt $3 p.P.

Östlich von Cedar Breaks führt der Hwy-143 Richtung Osten durch Pinienwälder und an Lavafeldern vorbei hinab zum Ufer des Panguitch Lake und weiter ins breite Sevier River Valley mit der blitzsauberen, bäuerlichen Mormonenstadt **Panguitch**, in der es acht Tankstellen gibt.

Süd-Utah

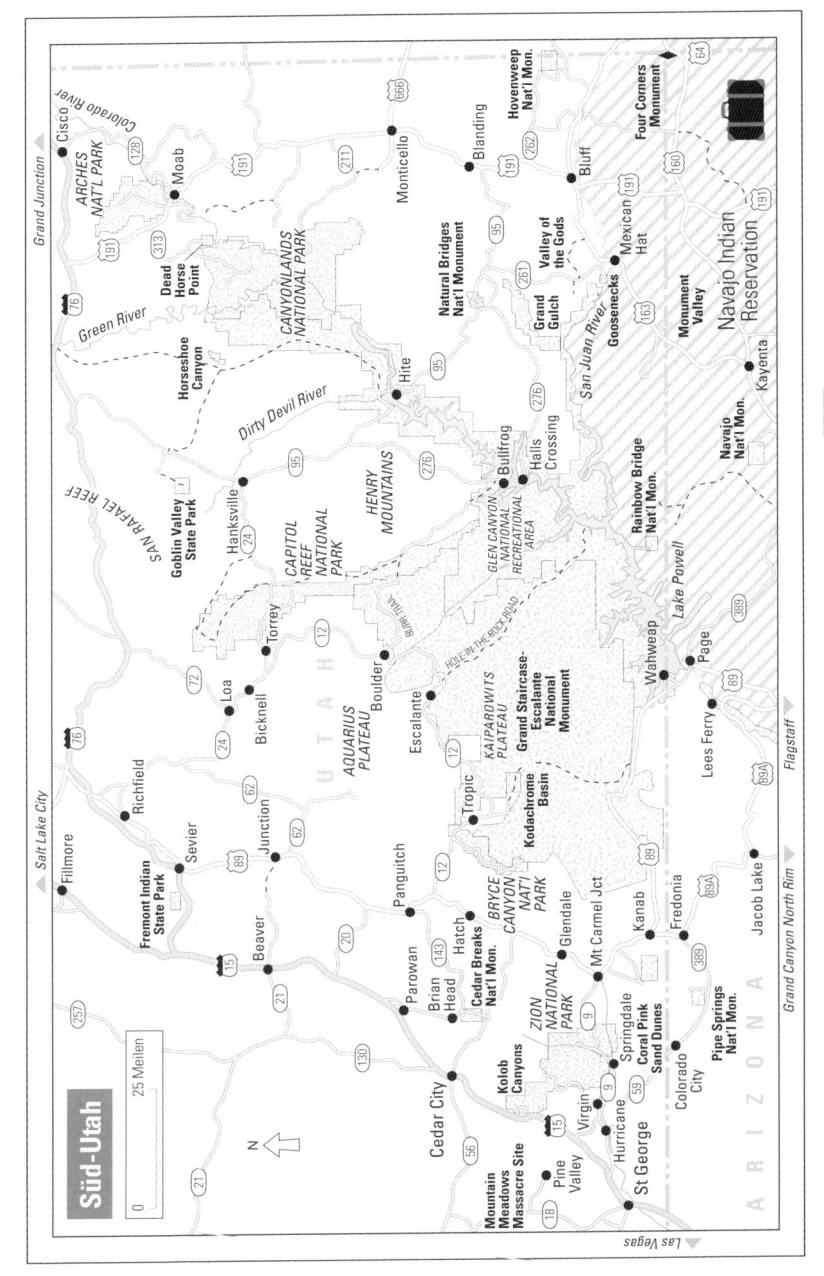

DER SÜDWESTEN

Übernachtung

Panguitch hat über 20 Budgetmotels, z.B. ***Marianna Inn******, 699 N Main St, ☎ 435/676-8844 oder 1-800/331-7407, 🖥 www.mariannainn.com.

Bryce Canyon National Park

Nur wenige Flecken der Erde können sich in ihrer Gruseligkeit mit dem Bryce Canyon messen. Er wurde nach dem mormonischen Siedler Ebenezer Bryce benannt, der fast daran verzweifelte, sich in dieser Ödnis über Wasser halten zu müssen, und ist eigentlich gar kein Canyon, sondern eine Abbruchkante an einer geologischen Störung. Entlang eines zwanzig Meilen langen Riffs am Ostrand des dicht bewaldeten Paunsaugunt Plateaus, 2400 m über dem Meeresspiegel, sind sukzessive Schichten unglaublich vielfarbigen Gesteins in Gelb- und Rottönen, flammendem Orange und Weiß in verschiedenen Schattierungen übereinander gerutscht bzw. abgewaschen und zu den seltsamsten Steingebilden geschliffen worden. Die erodierten Sandsteinformationen sind wie in Cedar Breaks im Westen dank einer Kombination aus eiskalten Wintern – zweihundert Nächte im Jahr sinkt die Temperatur unter den Gefrierpunkt – und feuchtheißen Sommern entstanden. Pilzförmige, überkragende Felstürme, die so genannten *hoodoos*, blicken in eine Schlucht hinab, deren leuchtende Farbschattierungen die des Grand Canyon bei weitem übertreffen. Den umwerfendsten Anblick bietet **Thor's Hammer**, den man vom Sunset Point aus sehen kann. Am besten kommen die Figuren im Winter vor dem Hintergrund einer weißen Schneedecke zur Geltung.

Die Zufahrtsstraße zum Park zweigt ca. 20 Meilen östlich von Panguitch vom Hwy-12 ab. Der Eintritt beträgt $20 pro Fahrzeug und Woche. Zwar wurde im Jahr 2000 ein kostenloser Shuttlebusbetrieb im Park eingeführt, doch die Besucher dürfen alle Aussichtspunkte noch immer das ganze Jahr über auch mit dem eigenen Fahrzeug ansteuern. Die Busse verkehren von Mitte Juni bis Mitte August auf einer einzigen Route, die den Komplex Ruby's Inn an der Kreuzung von Hwy-12 und Hwy-63 mit den Aussichtspunkten im Bryce Amphitheater verbindet. Wer nicht weiter vordringen möchte – was auf die meisten Besucher zutrifft, selbst auf ambitionierte Wanderer –, kann genauso gut den Bus nehmen und auf das Auto verzichten. Wer dagegen noch weiter nach Süden bis zum Rainbow Point möchte, ist auf ein eigenes Fahrzeug angewiesen.

Die zwei beliebtesten Aussichtsplattformen im landschaftlich überaus reizvollen Bryce Amphitheater im Herzen des Parks befinden sich beiderseits der Bryce Canyon Lodge (s.u.): Der nördlichere **Sunrise Point** liegt rund 300 m vom Parkplatz entfernt und ist etwas weniger überlaufen als der **Sunset Point,** wo die meisten Tourbusse anhalten. Ein Netz von Wanderwegen führt vom Canyon-Rand steil abwärts in den Kessel des Amphitheaters, wobei zu beachten ist, dass man den gleichen Weg wieder hochklettern muss, den man heruntergegangen ist. Vom Sunset Point verläuft ein hübscher, drei Meilen langer Wanderweg steil nach unten durch die kühlen Canyons der Wall Street, dann durch ein Becken namens Queen's Garden und schließlich wieder nach oben zum Felsrand am Sunrise Point.

Sunrise und Sunset Points hin oder her – die beste Aussicht bei Sonnenauf- und -untergang ist die vom **Bryce Point** am Südende des Amphitheaters. Von hier aus fällt der Blick nicht nur über die steinernen Gebilde des Bryce Canyon, sondern über das gesamte Gebiet bis zu den Henry Mountains im Osten und zum Escalante Range im Norden. Die Straße steigt anschließend weitere 20 Meilen Richtung Süden an; ungefähr auf halber Strecke zum **Rainbow Point** liegt die **Natural Bridge**, ein über 25m langer Felsbogen.

Das unmittelbar hinter dem Eingang gelegene ***Visitor Center***, ☎ 435/834-5322, 🖥 www.nps.gov/brca, ist eine wertvolle Informationsquelle bezüglich aktueller Witterungs- und Wanderbedingungen. ⌚ Mitte Juni bis Mitte Sep tgl. 8–20, Mai bis Mitte Juni und Mitte Sep bis Okt 8–18, Nov–April 8–16.30 Uhr.

Übernachtung und Essen

Die mit Abstand beste Unterkunft ist die ehrwürdige ***Bryce Canyon Lodge********, Reservierung am gleichen Tag ☎ 435/834-5361, ansonsten über *Xanterra*, ☎ 303/297-2757, 🖥 www.brycecanyonlodge.com oder 🖥 www.amfac.com, ☎ 303/297-2757 oder aber 1-888/297-2757,

Kuriose Felsformationen im Bryce Canyon National Park, Utah

🖥 www.xanterra.com bzw. 🖥 www.brycecanyonlodge.com. 90 m vom Canyonrand entfernt zwischen Sunrise und Sunset Point. Zur Anlage gehören DZ und nur etwas teurere, rustikale Hütten, außerdem ein Restaurant, Lebensmittelgeschäft, Waschsalon und Duschen.
🕐 April–Okt.

An der nördlichen Zufahrt zum Park stehen am Hwy-12 zwei unansehnliche **Motels**, die beide in Besitz derselben Kette und ganzjährig geöffnet sind:

Best Western Ruby's Inn**–****, ☏ 435/834-5341 oder ☏ 1-800/468-8660, 🖥 www.rubysinn.com. Große Unterkunft mit furchtbarem Restaurant.

Bryce View Lodge***, ☏ 435/834-5180 oder 1-888/279-2304, 🖥 www.bryceviewlodge.com. Billiger, neuer und mit einem Namen versehen, der nicht hält, was er verspricht.

Im Park gibt es zwei **Campingplätze**, beide in der Nähe des *Visitor Center*. Sowohl der **Sunset Campground** beim Sunset Point als auch der **North Campground** in der Nähe des *Visitor Center* funktionieren nach dem *first-come-first-served*-System und kosten $10 pro Nacht. Ein etwas luxuriöserer Campingplatz befindet sich bei *Ruby's Inn* ($15,50).

Backpacker haben die Wahl unter Dutzenden von Plätzen unterhalb des Canyonrandes, alle südlich von Bryce Point gelegen. Unbedingt erforderlich sind dafür das kostenlose Permit, erhältlich beim *Visitor Center*, und Wasservorräte.

Vom Bryce Canyon zum Capitol Reef: Highway 12

Mit dem Rücken zum gewaltigen Amphitheater des Bryce Canyon liegt 8 Meilen östlich des Parkeinganges am Hwy-12 **Tropic**, so als würden die eindrucksvollen geologischen Phänomene hoch über dem Ort eher Unbehagen als Begeisterung bewirken. Die bodenständigen Bewohner der mormonischen Bauerngemeinde kümmern sich wenig um Touristen, obwohl die restaurierte Holzhütte von

Ebenezer Bryce Touristen anlockt. Gleich daneben steht das *Bryce Pioneer Village**–****, Motel und Restaurant, ✆ 435/679-8546 oder 1-800/222-0381, 🖥 www.bpvillage.com. Eine unbeschilderte, zwei Meilen lange Straße führt von der Hütte zur Parkgrenze, von dort sind es noch zwei Meilen zu Fuß hinauf zu den wichtigsten Formationen.

Danach führt der Hwy-12 um den Rand des Table Cliff Plateau und hinab in die abgeschiedenen Schluchten des **Escalante River**, dem letzten noch nicht gänzlich erforschten Flusssystem auf dem Festland der USA. Es ist eines der schönsten Wandergebiete des Südwestens. Schon ein paar hundert Meter abseits der Hauptstraße betritt man eine Wildnis, wie sie nur wenige Wanderer je zu Gesicht bekommen.

Escalante, 33 Meilen östlich von Cannonville, war nichts weiter als ein Nest am Straßenrand, bis es 1996 plötzlich Aufschwung bekam, als Präsident Clinton überraschend ankündigte, das große Grand Staircase-Escalante National Monument (Eintritt frei) ins Leben zu rufen.

Das **Visitor Center**, ✆ 435/826-5499, 🖥 www.ut.blm.gov/monument, liegt am westlichen Ortsrand und ist eine wahre Schatzgrube an aktuellen Informationen zu allen öffentlich zugänglichen Gebieten in der Umgebung. Es informiert auch über Wander- oder Mountainbiketouren ins Hinterland. ⏱ Mitte März bis Okt tgl. 7.30–17.30, Nov bis Mitte März Mo–Fr 8–16.30 Uhr.

Die am leichtesten zugängliche Attraktion der Gegend ist der **Calf Creek**, 16 Meilen östlich von Escalante. Dort führt ein gut ausgeschilderter, knapp drei Meilen langer Pfad flussaufwärts zu einem wunderschönen, schattigen Tal mit einem 37 m hohen Wasserfall. Es gibt auch einen hübschen Campingplatz ($7) ohne jegliche Einrichtungen.

Anstrengendere Wanderungen beginnen entlang der staubigen, meistens aber passierbaren Hole-in-the-Rock Road, die 5 Meilen östlich der Ortschaft vom Hwy-12 abgeht. Nach 26 Meilen ist das Ende der Dry Fork Road erreicht, von wo eine rund eine Meile lange Wanderung zu drei schmalen und sturmgepeitschten **Slot Canyons** („Schlitz-Canyons") führt, darunter der ebenso zerbrechlich wie graziös wirkende Peek-a-Boo Canyon und der geradezu Furcht erregende Spooky Canyon. Vom Hurricane Wash, 34 Meilen weiter, kann man nach einer fünf Meilen langen Wanderung den Coyote Gulch erreichen und nach weiteren fünf Meilen, vorbei an Sandsteinbrücken und -bögen, den Escalante River.

Bei normalen Bedingungen sollten Fahrzeuge mit Zweiradantrieb nicht weiter fahren als bis zum **Dance Hall Rock**, der nach insgesamt 36 Meilen ins Blickfeld rückt. Es handelt sich um ein herrliches „Amphitheater", das hier von der Natur in die glatten Felsen modelliert wurde.

Die beste Wahl unter den Motels von Escalante ist fraglos das *Prospector Inn****, 380 W Main St, ✆ 435/826-4653, 🖥 www.prospectorinn.com. Nebenan befindet sich das nette und sehr gute *Prospector Restaurant*, 400 W Main St, ✆ 435/826-4658.

Bevor Mitte der 80er der Hwy-12 bis zum Capitol Reef hin asphaltiert wurde, endete er bei **Boulder**, 30 Meilen hinter Escalante. Der **Anasazi State Park**, der die ausgegrabenen und teilweise rekonstruierten Überreste eines Dorfes der Vorfahren der Pueblo-Indianer bewahrt, liegt auf einer kleinen Anhöhe über dem Boulder Creek, ⏱ Mitte Mai bis Mitte Sep tgl. 8–18, Mitte Sep bis Mitte Mai 9–17 Uhr, Eintritt $5 pro Fahrzeug, $3 p.P.

Von Boulder aus nach Osten wurde die ehemalige Schotterpiste des **Burr Trail** bis auf 20 Meilen asphaltiert – eine umstrittene Maßnahme. Damit sind nun die südlichen Ausläufer des **Capitol Reef National Park** bis hinab zum **Lake Powell** besser zu erreichen.

An der Kreuzung von Hwy-12 und Burr Trail steht die moderne *Boulder Mountain Lodge*****, ✆ 435/335-7460 oder 1-800/556-3446, 🖥 www.boulder-utah.com, mit 20 komfortablen Zimmern und einem vernünftigen Restaurant. Die beste Adresse zum Essen liegt aber ein paar Meter weiter östlich, ist täglich zu allen Mahlzeiten geöffnet und nennt sich *Boulder Mesa Restaurant*, 155 E Burr Trail Rd, ✆ 435/335-7447.

Nördlich von Boulder windet sich der Hwy-12 durch eine herrliche Landschaft zum Aquarius Plateau hinauf. Unterwegs eröffnen sich nach Osten hin traumhafte Ausblicke über goldene und rote Sandsteinformationen.

Bei **Oak Creek**, 15 Meilen weiter, liegt ein schöner Campingplatz, ✆ 435/425-3702 ($9).

Capitol Reef National Park

Der Name Capitol Reef klingt eher nach einem Korallenriff vor der Küste Australiens, doch seine roten Felswände und tiefen Schluchten sind aus einem Guss mit der umliegenden Utah-Wüste. Die größte Attraktion ist eine schroffe, über 300 m hohe Felswand aus verschiedenen Schichten von Sedimentgestein; ein Abschnitt erinnerte einen frühen Reisenden an die Kuppel des Capitols in Washington. Die über hundert Meilen lange, nur wenige Meilen breite **Waterpocket Fold** entstand aufgrund desselben geologischen Prozesses, der auch das Colorado Plateau emporhob, und die vielen, deutlich erkennbaren Sedimentablagerungen zeugen von einer über 200 Millionen Jahre dauernden erdgeschichtlichen Bewegung. An zahlreichen Stellen haben sich Flüsse tief in die Bodenfalte gefressen; manche dieser Schluchten sind so eng und zerklüftet, dass man nur zu Fuß hineingelangen kann.

Die einzige Asphaltstraße durch den Park, der Hwy-24, durchzieht die Nordhälfte der Waterpocket Fold und folgt dem tiefen Canyon des Fremont River. Unterhalb der wuchtigen, an ein Schloss erinnernden Felsformation The Castle liegt das **Visitor Center**, ✆ 435/425-3791, 🖥 www.nps.gov/care, ⏰ Juni–Sep tgl. 8–19, Okt–Mai bis 16.30 Uhr. Außerdem gibt es dort einen zauberhaften Campingplatz ($10 pro Nacht) inmitten der Kirschen-, Apfel- und Pfirsichplantagen der verlassenen Mormonengemeinde Fruita. Während der Saison darf man sich hier so viel Obst pflücken, wie man verzehren kann.

Im Osten thront der **Goosenecks Overlook** über den Schluchten des Sulphur Creek, und noch weiter östlich sind jenseits der ehemaligen Schule von Fruita die außergewöhnlichen **Fremont Petroglyphs** zu besichtigen: Figuren von Dickhorn-Schafen und Fremont-Indianern, die vor tausend Jahren in den Stein gemeißelt wurden. Wer die Künstler waren, erfährt man in einem 5-minütigen Radiospot auf Kanal AM 1540.

Rund viereinhalb Meilen weiter führt eine der schönsten Tageswanderungen vom Capitol Reef am steinigen Flussbett entlang durch den **Grand Wash**, einen schönen, meist ziemlich kühlen Canyon, nach oben. Da es nur wenige asphaltierte Wege gibt, lassen sich die herrlichen Schluchten des Hinterlandes nur nach einer meilenlangen Fahrt auf staubigen Holperstraßen erreichen. Das beste Transportmittel dürfte ein Mountainbike sein, zu mieten bei *Pedal Pusher*, 151 W Main St, Torrey, ✆ 435/425-3378 oder 1-800/896-5773. Der beliebte **Scenic Drive** (Gebühr $5) führt vom *Visitor Center* über zwölf Meilen Richtung Süden am Grand Wash vorbei zur **Capitol Gorge** und zurück.

Abenteuerlicher ist die 60 Meilen lange Rundfahrtstrecke durch die Gegend des **Cathedral Valley** im Norden. Außerdem kann man einen 125 Meilen langen Trip durch den Südteil des Parks machen: vom Fuß der vulkanischen Henry Mountains auf dem Burr Trail durch den Muley Twist Canyon, der sich gut zum Übernachten eignet, und dann nach Westen bis nach Boulder. Detaillierte Karten und Beschreibungen erhält man im *Visitor Center*.

Übernachtung und Essen

Die einzige Übernachtungsmöglichkeit in dieser Gegend bietet neben dem Campingplatz im Park (s.o.) das schnell wachsende Städtchen **Torrey**, 11 Meilen in westlicher Richtung, das im Winter jedoch praktisch seine Pforten schließt.

Sand Creek Hostel & Bunkhouse*, 540 W Main St, ✆ 435/425-3577 (Mitte Okt bis März geschlossen), florierender kleiner Komplex, der Zelt-/RV-Stellplätze für $9, Dorm-Betten für $10 und zwei preiswerte Privathütten für $28 anbietet.

Best Western Capitol Reef Resort***, 2600 E Hwy-24, ✆ 435/425-3761 oder 1-888/610-9600, gut ausgestattetes, modernes Motel östlich der Stadt mit großartigen Ausblicken und gutem Swimming Pool.

Wer von den langweiligen Motelrestaurants die Nase voll hat, findet im *Café Diablo*, 599 W Main St, ✆ 435/425-3070, ein überraschend fantasievolles Dinner-Restaurant.

Goblin Valley

Nach fünfzig ziemlich tristen Meilen auf dem Hwy-24 nach Osten erreicht man die winzige Kreuzung bei Hanksville und ungefähr 20 Meilen weiter Richtung Norden rechts die Abzweigung auf eine 32 Meilen lange Schotterstraße, die zu einem wahren anthropologischen und künstlerischen Wunderwerk führt – den Felszeichnungen des **Horseshoe Canyon**, einer abgeschiedenen Unterabteilung des Canyonlands National Park. Die meisten stellen lebensgroße menschliche Figuren dar, und alle sind ausgezeichnet erhalten.

Zurück auf dem Hwy-24 zweigt kaum eine halbe Meile weiter nördlich eine Seitenstraße nach Westen zum **Goblin Valley State Park** (Eintritt $5) ab, wo Tausende von gnomähnlichen Figuren aus dem weichen Entrada-Sandstein herausragen. Der Carmel Canyon Trail windet sich über eine Meile durch die vielen Gebilde, die oft Augen und andere menschliche Züge aufzuweisen scheinen; in dem Kino-Ulk *Galaxy Quest* aus dem Jahr 2000 wird das gesamte Tal künstlich zum Leben erweckt.

Wer den Ort bei Mondschein, wenn er ganz besonders gespenstisch aussieht, erleben möchte, übernachtet am besten für $10 auf dem gut ausgestatteten Campingplatz, ✆ 1-800/322-3770.

Green River

Die langweilige Stadt am Green River, unmittelbar östlich der Hwy-24-Kreuzung am I-70 gelegen, ist auf einer Strecke von 200 Meilen die größte Ortschaft. Es gibt einen guten Grund, hier anzuhalten: das **John Wesley Powell River History Museum**, 885 E Main St. Es erzählt von den Reisen des ersten wirklichen Erforschers der Canyonlands, John Wesley Powell. ⏰ im Sommer tgl. 8–20, ansonsten 8–17 Uhr, Eintritt $2.

Vom Museum, das auch als *Visitor Center* dient, werden im Sommer *Rafting Trips* flussabwärts zum **Crystal Geyser** durchgeführt, einer eiskalten, 30 m hohen Fontäne. Am Memorial Day legen Hunderte von Booten im Konvoi zu einer Wochenendkreuzfahrt auf dem Green River bis zum Zusammenfluss mit dem Colorado und dann flussaufwärts nach Moab ab.

Übernachtung und Essen

Green River beherbergt einige preiswerte Motels und eine etwas bessere Unterkunft, das ***Best Western River Terrace********, 880 E Main St, ✆ 435/564-3401 oder 1-800/528-1234, 🖥 www.bestwestern.com, mit Pool, Blick auf den Fluss und ordentlichem Restaurant.

Canyonlands National Park

Der Canyonlands National Park, der größte und schönste Nationalpark von Utah, ist genauso schwer zu beschreiben, wie er sich auf der Landkarte definieren lässt. Während der Grand Canyon nur ein mächtiger Riss in einer ansonsten relativ ebenen Landschaft ist, bestehen die Canyonlands aus einem unüberschaubaren Gewirr von Schluchten, Plateaus, Spalten und Rissen, übersät mit Felssäulen und -nadeln, durchsetzt von Felsbögen und -höhlen und nur über eine Hand voll schmaler Stichstraßen erreichbar.

Die 527 Quadratmeilen, die der Park umfasst, sind nur das Herzstück einer viel größeren Wildnis, die sich in jeder Himmelsrichtung bis zum Horizont erstreckt. Für die Entdeckungsreisenden des 19. Jahrhunderts war dies der Inbegriff der Ödnis. Erst seitdem in den 50er Jahren Uransucher mehr oder weniger wahllos Pfade in das unwegsame Gelände sprengten, gewann es eine gewisse Bedeutung. Selbst nachdem 1964 der Canyonlands Park eingerichtet wurde, vergingen noch einige Jahrzehnte, ohne dass eine nennenswerte Anzahl von Touristen den Weg hierher gefunden hätte.

Die Canyonlands konzentrieren sich um den Y-förmigen Zusammenfluss des **Green** und **Colorado River**, tief in der Wüste, 40 Meilen südwestlich von Moab. Es gibt nur eine einzige Stelle, von der man den Zusammenfluss der beiden Ströme sehen kann, eine fünf Meilen lange Wanderung von der Straße entfernt.

Da kein Weg zu den Flüssen hinabführt, und schon gar keiner über sie hinweg, teilt sich der Park in drei größere Abschnitte. **The Needles**, östlich des Colorado, ist ein bewaldetes Wunderland mit Sandsteinsäulen und verborgenen Wiesen, sehr beliebt bei leidenschaftlichen Wanderern und Offroad-Fans, während **The Maze**, ein praktisch unzugängliches Labyrinth aus unwegsamen, wasserlosen Schluchten westlich des Colorado und des Green River selbst für erfahrene Kletterer eine gewaltige Herausforderung darstellt. Im Keil des „Y" zwischen den beiden liegt die hohe, trockene Mesa der **Island In The Sky**, von der aus sich gewaltige Ausblicke über den ganzen Park und darüber hinaus eröffnen; mehrere Aussichtsstellen sind leicht per Auto erreichbar. Die Entfernung zwischen den einzelnen Abschnitten beträgt jeweils mindestens hundert Meilen.

Canyonlands ist kein Ort, der sich für eine Stippvisite anbietet. Die Übernachtungsmöglichkeiten beschränken sich auf wenige Campingplätze, eine Rundstraße gibt es nicht, und will man auch nur einen oberflächlichen Blick auf einen einzigen Abschnitt werfen, muss man schon einen ganzen Tag dafür veranschlagen. Wer sich von den lebensfeindlichen Bedingungen nicht davon abschrecken lässt, etwas mehr Zeit außerhalb des Wagens zu verbringen – im Sommer steigt die Quecksilbersäule regelmäßig über 40 °C, und auf den meisten Pfaden gibt es kein Wasser und kaum Schatten –, für den stellt Island In The Sky das lohnendste Ziel dar. Wer dagegen eine lange Tageswanderung bevorzugt, begibt sich am besten zu den Needles (s.S. 258).

Island In The Sky und Dead Horse Point

Eine gute Straße führt vom US-191, 21 Meilen südlich des I-70, zu Island In The Sky hinauf. Dort bietet sich ein hunderte von Meilen weiter Ausblick über abgeflachte Mesas, die bis zu 600 m tief zum Fluss hin abfallen. Vier Meilen hinter dem *Visitor Center*, ✆ 435/259-4712, ⊙ Sommer tgl. 8–18, Winter 8–16.30 Uhr, beginnt der Mesa Arch Trail, der lohnendste Kurzwanderweg der Gegend. Er führt eine Meile lang rings um die Mesa-Hügel zum Rande des Abgrunds, wo der lange, schmale Felsbogen Mesa Arch einen außergewöhnlichen Ausblick auf die 35 Meilen nordöstlich gelegenen **La Sal Mountains** einrahmt. Den besten Überblick bietet der **Grand View Point** nach weiteren 5 Meilen am Südende der Hauptstraße. Hier eröffnet sich eine hundert Meilen weite Sicht über unterschiedliche Schichten nackten Sandsteins, die sich mal zu Bergen auftürmen, mal zu gähnenden Schluchten abfallen.

Der einzige Campingplatz von Island In The Sky, der wasserlose *Willow Flat Campground* ($5), liegt gleich hinter dem Green River Overlook und ist erreichbar, indem man kurz hinter dem Beginn des Mesa Arch-Wanderweges nach rechts abbiegt. An der Strecke zu Island-in-the-Sky geht einige Meilen vor dem *Visitor Center* eine Straße Richtung Südosten zum kleineren, aber ebenfalls atemberaubenden **Dead Horse Point** ab, der am Ende einer schmalen Mesa mit Blick auf den tief unten gelegenen Colorado River liegt. Cowboys benutzten die Mesa als natürlichen Korral. Sie pferchten die eingefangenen Wildpferde hinter einem Holzzaun ein, der teilweise noch steht. Einmal wurde eine Herde hier vergessen und kam um – daher der Name. Da Dead Horse Point als Utah State Park ausgewiesen ist, haben die Nationalparkpässe hier keine Gültigkeit, und es müssen $5 Eintritt bezahlt werden. Zwei Meilen vom Dead Horse Point entfernt gibt es ein *Visitor Center*, ✆ 435/259-2614, ⊙ im Sommer tgl. 8–18, sonst tgl. 8–17 Uhr; Eintritt $4, und einen Campingplatz, Stellplatz $11, Reservierung nur Mitte März bis Mitte Okt für $5 extra unter ✆ 1-800/322-3770.

The Needles und Newspaper Rock

Die zahlreichen Sandsteinfinger und engen Schluchten im Südosten des Parks, **The Needles**, die ihren Namen nach den Tausenden farbenprächtiger Felsnadeln, -höckern und *hoodoos* erhielten, sind das Ziel vieler Backpacker, denn im Gegensatz zu Island-in-the-Sky kann man hier in die Canyonlandschaft eintauchen, statt sie nur von oben und aus der Ferne zu bewundern.

Die Straße endet bei den pilzförmigen *hoodoos* am **Big Spring Canyon Overlook**. Von hier führt ein 11 Meilen langer Rundweg zum **Confluence Overlook**, 300 m über dem Zusammenfluss des Green River mit dem Colorado. An manchen Aussichtspunkten zweigen kurze Wanderwege ab; einer der schönsten ist der beim **Pothole Point**, eine Meile vor dem Big Spring Canyon.

Eine lange Tages- oder angenehme 2-tägige Wanderung mit Übernachtung beginnt in der Nähe des *Squaw Flat Campground* ($10) und führt durch die schmale Klamm des Joint Trail zur grünen Wiese des **Chesler Park**. Der einzige Weg innerhalb des Parks zum Fluss führt über den heißen, trockenen Pfad durch den Lower Red Canyon zum **Spanish Bottom** hinunter, wo die reißenden Stromschnellen des Cataract Canyons beginnen. Auf keinen Fall sollte man versuchen, den Fluss zu durchschwimmen.

Das *Visitor Center*, ✆ 435/259-4711, nahe der Parkgrenze, hält aktuelle Infos bereit und erteilt *Backcountry Permits* für das Campieren in der Wildnis. ⊙ Sommer tgl. 8–18, Winter 8–16.30 Uhr.

Die 35 Meilen lange Fahrt vom US-191 ab auf dem Hwy-211 nach Needles hinein zählt zu den schönsten in Utah. Nach 12 Meilen ist **Newspaper**

Rock erreicht, die sehenswerteste vieler ähnlich benannter Stellen. Im Laufe der Jahrhunderte haben hier Jäger und Durchreisende kleine Felszeichnungen hinterlassen, auf denen Rotwild, Antilopen, Bärentatzen und menschliche Figuren dargestellt sind. Auf der anderen Seite der Straße liegt ein hübscher, kostenloser Campingplatz.

The Maze

Nur ganz wenige Besucher wagen sich in die raue Abgeschiedenheit des Maze-Bereichs im westlichen Drittel des Parks jenseits des Colorado und Green River. The Maze ist berühmt für seine alten Felsmalereien (s.S. 256, Horseshoe Canyon) und verzweigten Canyons, die nur per Jeep oder auf langen, trockenen Wanderwegen erreichbar sind. Wen dies reizt, der hält bei der Hans Flat Ranger Station, ✆ 435/259-2652, 46 Meilen östlich vom Hwy-24, um sich beraten zu lassen, ⏰ tgl. 8–16.30 Uhr.

Sonstiges

EINTRITT – Der Eintrittspreis zum Canyonlands National Park beträgt $10 pro Fahrzeug, $5 für Radfahrer oder Fußgänger, und gilt sieben Tage lang in sämtlichen Abschnitten des Parks.

PERMITS – Nur eine begrenzte Anzahl von Besuchern darf eine oder mehr Nächte im Hinterland verbringen, und jede Gruppe benötigt ein Permit. Backpacking Permits kosten $10 und gelten in The Needles und Island In The Sky für bis zu sieben Personen, in The Maze für fünf Personen. Ein Erlaubnisschein für **Geländefahrzeuge** oder **Mountainbikes** inklusive Camping in freier Natur, gültig für bis zu drei Fahrzeuge (mit insgesamt 15 Personen in Island In The Sky, 10 in den Needles, 9 in The Maze), kostet $30. Das Eintagesgespermit für $5 wird auch von Radfahrern und Geländewagenfahrern verlangt, die in den Needles den Salt Creek, Horse oder Lavender Canyon befahren wollen.

Reservierungen sind für die begehrtesten Gegenden unumgänglich, insbesondere während der Hauptsaison, also im Frühling und Herbst. Sie müssen mindestens drei Tage im Voraus getroffen werden und werden für das folgende Kalenderjahr ab dem ersten Montag im August angenommen. Die Permits müssen persönlich – erforderlich ist die Anwesenheit jedes Gruppenmitgliedes – beim jeweiligen Park Visitor Center mindestens eine Stunde vor Schließung abgeholt werden.

Antragsformulare und Informationen zu den umfangreichen Parkregeln bei: **National Park Service Reservations Office**, 2282 S West Resource Blvd, Moab UT 84532-8000; ✆ 435/259-4351, Mo–Fr 8–16 Uhr; oder persönlich bei einem der Park Visitor Center. Die Internet-Adresse des Parks lautet 🖥 www.nps.gov/cany.

Arches National Park

Der Arches National Park am US-191 ist eine Besonderheit in dieser an Naturwundern reichen Gegend und einer der unwirtlichsten Flecken unseres Planeten. Massive, rote und goldene Sandsteinfinger ragen aus der nackten Wüstenebene empor, aber es sind die mehr als 1500 durch Erosion entstandenen Steinbögen, die dem Park seinen Namen geben. Abgesehen von der Asphaltstraße, die sich durch das Gebiet windet, zeugt absolut nichts von menschlichen Einflüssen. Bei Vollmond, während der Dämmerung oder vor dem Hintergrund eines entfernten Gewitters glaubt man, dass die Landschaft ein Eigenleben führt.

Es ist durchaus möglich, innerhalb weniger Stunden durch den Park zu brausen, aber das wäre eine Schande – Besucher sollten sich mindestens einen Tag nehmen. Eine 20 Meilen lange Straße führt vom US-191 aus steil nach oben am *Visitor Center* vorbei, ✆ 435/719-2299, 🖥 www.nps.gov/arch, ⏰ Mitte April bis Anfang Okt tgl. 7.30–18.30, Mitte März bis Mitte April und beide mittleren Wochen im Okt 7.30–17.30, Ende Okt bis Mitte März 8–16.30 Uhr, Eintritt $10 pro Auto, $5 für Motorräder, Radfahrer und Fußgänger. Der erste mögliche Halt ist am Beginn des Wanderweges zur **Park Avenue**, ein einfach zu begehender, eine Meile langer Pfad, der zu einer felsigen, ausgewaschenen Erdspalte hinunterführt.

Bleibt man auf der Straße oben, hat man vom **La Sal Mountains Viewpoint** aus einen herrlichen Blick bis zu den Gipfeln in der Ferne, die sich mehr als 3650 m über der Wüste erheben, und zu den nähergelegenen, gewaltigen roten **Courthouse Towers**. Danach folgt die Straße der **Great Wall**, einer zehn Meilen langen, lachsfarbenen Sandstein-

Arches National Park

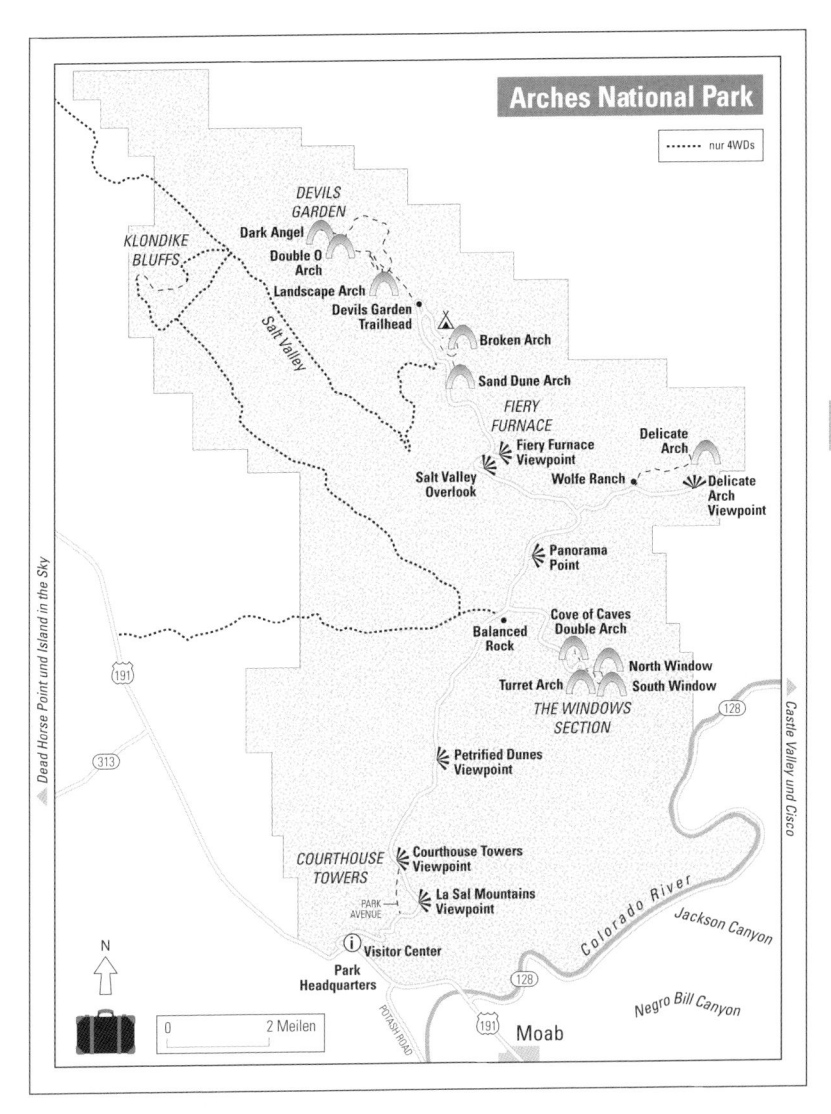

...... nur 4WDs

wand. Vom **Balanced Rock**, einem 15 m hohen Felsblock, der auf einer 22 m hohen Steinsäule „balanciert", zweigt nach rechts ein 2 Meilen langer Weg durch die Windows-Sektion ab. Dort verläuft ein eine halbe Meile langer Trail durch eine dichte Ansammlung gewaltiger Steinbögen.

Ein zweiter Pfad führt dahinter vom Hauptweg ab zum **Double Arch**, einem Steinbogen-Paar, das einen dritten Bogen darüber stützt.

Hinter Balanced Rock fällt die Hauptstraße auf einer Länge von zwei Meilen steil ab, am Panorama Point und der Abzweigung zur **Wolfe Ranch** vorbei, wo eine 100 Jahre alte Holzhütte den Ausgangspunkt des drei Meilen langen, den Elementen ausgesetzten Rundtrips zum **Delicate Arch** markiert, einem freistehenden Felsbogen am Rande eines tiefen Canyon, der mit Abstand beeindruckendsten Formation des Parks. Drei Meilen hinter der Wolfe-Ranch-Abzweigung befindet sich das Labyrinth der tiefen, schroffen Mini-Canyons des **Fiery Furnace** genannten Abschnitts. Im Frühling, Sommer und Herbst finden hier regelmäßig von Rangern geführte Wanderungen statt, Ticket $8, Vorabreservierung im *Visitor Center.*

Die Straße verläuft zum Anfangs- bzw. Endpunkt des **Devil's Garden Trail**, einem eine Meile langen Spazierweg zum Aussichtspunkt des eindrucksvollen, 100 m hohen **Landscape Arch**, der inzwischen vom Einsturz bedroht und abgesperrt ist. An kurzen Seitenwegen liegen weitere Bögen. Wer sie alle sehen und vom **Double O Arch** über den längeren, primitiveren Pfad zurückkehren möchte, muss knapp über 7 Meilen laufen.

Der einzige Campingplatz (Wasser nur Mitte März–Okt, Übernachtung $10) im Arches National Park liegt gegenüber vom Trailhead zu Devil Garden. Während der Saison sind alle Stellplätze schon am frühen Morgen besetzt; eine Reservierung ist nicht möglich.

Mit einem Permit vom *Visitor Center* für *Backcountry Camping* darf man im Park eine Meile abseits der Straße und 100 m von jedem Wanderweg entfernt campen.

Moab

Der Ende des 19. Jahrhunderts gegründete Ort Moab war bis in die fünfziger Jahre kaum mehr als ein Fleck auf der Landkarte, bis Charlie Steen in den nahe gelegenen Bergen Uran entdeckte. Als der Boom schließlich vorüber war, gaben auch die Minenbesitzer und Geschäftsleute ihre Landansprüche auf, und die Stadt verschrieb sich dem Tourismus. Im Laufe der letzten zwanzig Jahre entwickelte sie sich zum Aktivurlaub-Reiseziel Nummer eins des Südwestens.

Moab ist weder eine attraktive noch eine große Stadt – sie hat knapp zehntausend Einwohner. Ansprechend ist seine Lage. Mit zwei Nationalparks und Millionen von Hektar frei zugänglichem Gelände vor der Tür stellt Moab eine ideale Ausgangsbasis für Naturliebhaber dar. Zuerst war es ein Eldorado für Mountainbiker, die sich vom legendären Slickrock Bike Trail (s. S. 262, Kasten) anlocken ließen. Dann tauchten die Geländewagenfahrer auf, und Rafting-Anbieter zogen nach. Inzwischen wimmelt es im Ort das ganze Jahr über von Outdoor-Sportlern im farbenfrohen Lycra-Dress.

Im Gegensatz zum ländlichen Utah, das die meisten Besucher als gnadenlos langweilig empfinden, ist Moab dank seiner Motels, Restaurants und Bars eine Oase in der Wüste. Touristen sind begeistert, da es die einzige Stadt in Süd-Utah ist, in der auch nach Einbruch der Dunkelheit noch Leben herrscht und man es eine Woche lang aushalten kann, ohne hundertmal den gleichen Gesichtern zu begegnen.

Übernachtung

Wer schon einige Zeit in Utah verbracht hat, wird bei der Ankunft in Moab über die glitzernden Motel-Neonschilder staunen. Bei unserer letzten Zählung gab es 28 Motels und ein Dutzend B&Bs in der Stadt, doch zwischen Mitte März und Oktober (wo kaum etwas unter $60 zu finden ist) sind fast sämtliche der über 1000 Zimmer abends belegt, daher ist eine Reservierung unbedingt angezeigt.

Moab / Canyonlands Central Reservations, ☎ 259-5125 oder 1-800/505-5343, 🖳 www.moab.net/reservations, ist bei der Zimmersuche behilflich.

Aarchway Inn****, 1551 N Hwy-191, ☎ 259-2599 oder 1-800/341-9359, 🖳 www.moab-utah.com/aarchway/inn.html. Gut ausgestattetes Motel mit hübschem Swimming Pool unweit des Colorado River am nördlichen Ende der Stadt.

Best Western Greenwell Inn****, 105 S Main St, ☎ 259-6151 oder 1-800/528-1234, 🖳 www.quintstar.com/greenwell. Das zentrale und moderne Hotel bietet geräumige und geschmackvoll eingerichtete Zimmer mit gutem Preis-Leistungs-Verhältnis.

Gonzo Inn*****, 100 W 200 South, ☎ 259-2515 oder 1-800/464-4696, 🖳 www.gonzoinn.com. Noble, aber gleichzeitig selbstbewusst „szenige" Unterkunft mit Retro-Kitsch-Dekor, schrulliger Kunst und eigener Espresso-Bar.

Inca Inn Motel**, 570 N Main St, ☎ 259-7261, 🖳 www.moab-utah.com/inca/inn.html. Saube-

res, minimal ausgestattetes, aber durchaus akzeptables Budget-Motel.
Lazy Lizard International Hostel*, 1213 S Hwy-191, ℡ 801/259-6057, 🖥 www.gj.net/~lazylzrd. Freundliche, private Herberge, ein gutes Stück südlich der Innenstadt, Übernachtung in 6-Bett-Schlafsälen für $8, Camping $6, Privathütte $22, außerdem Whirlpool, Küchenbenutzung und Internet-Zugang.
Moab Valley Inn****, 711 S Main St, ℡ 259-4419 oder 1-800/831-6622, 🖥 www.moabvalleyinn.com. Modernes, großes und gut ausgestattetes Motel im südlichen Zentrum, mit Pool, Whirlpool sowie Auto- und Geländewagenverleih.
Slickrock Campground, 1301 N-Hwy 191, ℡ 259-7660 oder 1-800/448-8873, 🖥 www.slickrockcampground.com. Moabs größter Campingplatz, eine Meile nördlich der Stadt, sehr hübsch, schattig und bestens ausgestattet. Stellplatz $16.
Sand Flats Recreation Area, 1924 S Roadrunner Hill, ℡ 259-6111. Die Anlage des *Bureau of Land Management* oben auf der Mesa östlich der Stadt, nahe Slickrock Bike Trail, ist kaum erschlossen und liegt etwas abseits der Massen. Stellplatz $8.

Essen

Moab bietet mit Abstand die größte Bandbreite an Restaurants von ganz Süd-Utah, sogar für Vegetarier. Selbst Alkohol ist zu haben: Es gibt zwei Pubs und eine Winzerei. Überall in der Stadt eröffnen Coffeebars. Zu beachten ist, dass viele lokale Restaurants eine Servicegebühr von 15% aufschlagen, weil die ausländischen Gäste einfach nicht genügend Trinkgeld geben wollen.
Buck's Grill House, 1393 N Hwy-191, ℡ 259-5201. Das an eine Palisade erinnernde Äußere lässt nicht vermuten, dass es sich bei diesem Restaurant um ein recht anspruchsvolles Lokal handelt, das leckere und qualitativ hochwertige Southwestern-Küche, z.B. Wildhuhn oder Schweinerippchen, zu sehr günstigen Preisen serviert. Tgl. nur zum Abendessen geöffnet.
Center Café, 60 North 100 West, ℡ 259-4295. Teures, aber exquisites Restaurant, Gourmet-Küche mit asiatisch-pazifischem Einschlag. Hauptgerichte ($20–30) reichen von Lachs bis Lamm. Nur abends geöffnet, zwischen Dez und Feb geschlossen.
Eddie McStiff's, 57 S Main St, ℡ 259-2337. Zentral gelegenes Pub neben dem Visitor Center. Interessante Biere, darunter Erdbeer- und Blaubeerbier, außerdem abwechslungsreiche und preiswerte Speisekarte mit Salaten, Pizza und Pasta.
Jailhouse Café, 101 N Main St, ℡ 259-3900. Das sehr beliebte Café im Zentrum hat nur zum Frühstück geöffnet, wochentags bis 12 und am Wochenende bis 13 Uhr. Das ganze Jahr über Sitzplätze drinnen und draußen, dazu tolle Spezialitäten wie Ingwer-Pancakes und Eggs Benedict.
Mondo Café, 59 S Main St, ℡ 259-5911. Angesagter Ganztagstreff neben Eddie McStiff's (s.o.), Espresso, Gebäck, Sandwiches. ⏱ tgl. 7.30–22 Uhr.
Sunset Grill, 900 N Hwy-191, ℡ 259-7146. Charlie Steens einstiges Luxushaus auf dem Berg ist jetzt ein feines Restaurant mit Fleisch- und Seafood-Gerichten für $13–21, ausgezeichneten Desserts und atemberaubendem Ausblick. Nur Abendessen, So geschlossen.

Sonstiges

INFORMATIONEN – Das ausgezeichnete *Visitor Center* für Moab und Grand County liegt mitten in der Stadt an der Center Ecke Main St, ℡ 259-8825 oder 1-800/635-6622, 🖥 www.discovermoab.com. Stapelweise Informationen über Moab und die nahe gelegenen Parks. ⏱ im Sommer tgl. 8–21, im Winter 9–12 und 13–17 Uhr.

VORWAHL – 435.

Transport

Shuttlebusse von **ARK Bighorn Express**, ℡ 801/328-9920 oder 1-888/655-7433, 🖥 www.goark.com, verkehren tgl. zwischen SALT LAKE CITY und Moab und fahren weiter bis MONTICELLO. Der am nächsten gelegene *Amtrak*-Bahnhof befindet sich in Green River.

Aktivurlaub im Südosten Utahs Die meisten Anbieter von Abenteuerausflügen ins Hinterland auf den reißenden Flüssen Süd-Utahs haben sich in Moab niedergelassen. Das Angebot reicht von Halbtagsausflügen bis zu wochenlangen Exkursionen. Auf diese Art gelangt man nicht nur zu ansonsten schwer erreichbaren Stellen, sondern erlebt auch die Natur einmal ganz anders als vom Wagen aus oder zu Fuß.

River Trips – Zu dem Dutzend lizenzierten Unternehmen, die ab etwa $45 von Moab aus eintägige **Motorbootfahrten** den Colorado River hinab anbieten, gehören:

Adrift Adventures, ℡ 259-8594 oder 1-800/874-4483, 🖳 www.adrift.net,

Western River Expeditions, ℡ 801/942-6669 oder 1-800/453-7450, 🖳 www.westernriver.com,

Tag-a-Long Expeditions, ℡ 259-8946 oder 1-800/453-3292, 🖳 www.tagalong.com.

Die kurzen Fahrten beginnen nordwestlich von Moab bei Fisher Towers und enden nachmittags in der Nähe der Stadt; viele Anbieter verleihen auch 2-Personen-Kajaks. Kajaks, Kanus und Flöße sind langsamer, aber leiser, billiger und rundherum angenehmer als Motorboote. Längere (zwei bis sieben Tage dauernde) Trips derselben Veranstalter führen durch den Cataract Canyon und andere wildromantische Teile der Canyonlands.

Mountainbiking – Während sich die Gegend um Moab ideal für Mountainbike-Touren eignet, sollten sich nur erfahrene Mountainbiker an die berühmteste Strecke, den **Slickrock Bike Trail**, wagen. Er beginnt ca. drei Meilen östlich von Moab oben auf der Mesa und beschreibt einen zehn Meilen langen, sehr anstrengenden Kreis über unebene Sandsteinfelsen. Währenddessen eröffnet sich ein Blick auf die La Sal Mountains und den Colorado River. Es ist wichtig, einen Schutzhelm zu tragen, viel Wasser mitzunehmen und Augen und Ohren offenzuhalten, denn auf dem Trail sind auch Motorräder zugelassen. Entspannender sind Touren auf unbefestigten Wegen durch das mit roten Felsen gespickte Gebiet von Kane Creek westlich der Stadt.

Fahrradverleih und geführte Touren bieten u.a.

Rim Tours, 94 W 100 North St, ℡ 259-5223 oder 1-800/626-7335, 🖳 www.rimtours.com, Kaibab Adventure Outfitters, 391 S Main St, ℡ 259-7423 oder 1-800/451-1133, 🖳 www.kaibabtours.com,

Poison Spider, ℡ 259-7882 oder 1-800/635-1792, 🖳 www.poisonspiderbicycles.com.

Jeep Tours – Die meisten der Hunderte von Meilen umfassenden Jeep-Trails um Moab wurden vor langen Jahren von Minenarbeitern angelegt, und seither hat man sich nicht mehr um ihren Zustand gekümmert. Im *Visitor Center* gibt es kostenlose Landkarten und Wegbeschreibungen zu den bevorzugten Strecken.

Vierradgetriebene Jeeps oder Pick-ups für etwa $100 pro Tag vermittelt

Slickrock 4x4 Rentals, 284 N Main St, ℡ 259-5678 oder 1-888/238-5337.

Jeep-Touren mit Führer bieten für ca. $100 pro Person und Tag

Nichols Expeditions, ℡ 259-3999 oder 1-800/648-8488, 🖳 www.nicholsexpeditions.com, und *Tag-a-Long Expeditions* (s. unter River Trips).

Rundflüge – Von einem kleinen Flugplatz 20 Meilen nördlich von Moab am US-91 steigen Maschinen der *Redtail Aviation*, ℡ 259-7421 oder 1-800/842-9251, und *Slickrock Air Guides*, ℡ 259-6216, 🖳 www.slickrockairguides.com, zu unvergesslichen Flügen über die Canyonlands und noch weiter auf, die den Preis von $100 p.P. für einen einstündigen Flug wirklich wert sind.

Natural Bridges National Monument

Der Hwy-95, eine der schönsten und am wenigsten befahrenen Straßen Süd-Utahs, führt vom Capitol Reef mehr als 100 Meilen Richtung Südosten, bis er schließlich die mit Beifuß bewachsenen Ebenen des San Juan County erreicht. Während der Fahrt durch rote Canyons, über den Dirt Devil und Colorado River empfiehlt sich ein Zwischenhalt beim Natural Bridges National Monument, 40 Meilen

Biegung des Colorado River nördlich von Moab bei Pottash

westlich des US-191. Hier treffen drei Canyons aufeinander. An jeder „Kreuzung" haben die Flüsse, welche die Schluchten aushöhlten, Löcher in den Sandstein gegraben und so auch die natürlichen Brücken entstehen lassen. Die gewaltigste ist die **Sipapu Bridge** mit einer Länge von 80 m an der Basis und einer Höhe von über 60 m. Man kann sie von der acht Meilen langen, asphaltierten Rundstraße aus betrachten oder in den Canyon hinabsteigen.

Danach erreicht man die fast ebenso hohe, aber doppelt so dicke **Kachina Bridge**, an deren Fuß sich Felsmalereien befinden, die von den Vorfahren der Pueblo-Indianer stammen. Die älteste und grazilste Brücke ist Owachomo, 1,5 Meilen den Armstrong Canyon hoch.

Im **Visitor Center**, drei Meilen abseits vom Hwy-95, ☎ 692-1234, 🖥 www.nps.gov/nabr, gibt es Wanderführer für $1 und eine Diashow zur Entstehung der Brücken sowie eine kurze Übersicht über die Stätten der Vorfahren der Pueblo-Indianer. ⏰ März–Okt tgl. 8–17, Nov–Feb 9–16.30 Uhr.

Wer gut zu Fuß ist, kann auf einem 8 Meilen langen Rundgang alle drei Brücken und jede Menge Ruinen besuchen, aber Camping ist nur auf dem kleinen Campingplatz beim *Visitor Center* für $10 erlaubt, wo es auch das einzige Trinkwasser gibt. Eintritt in den Park $6 pro Auto.

Monticello

Die kleine Stadt Monticello liegt 56 Meilen südlich von Moab am US-191 und 16 Meilen hinter der Abzweigung zum Needles-Teil der Canyonlands, s.S. 258.

Übernachtung und Essen

Zu den zahlreichen preiswerten Motels gehören **Canyonlands Motor Inn****, 197 N Main St, ☎ 587-2266 oder 1-800/952-6212, und **MD Ranch Cookhouse**, 380 S Main, ☎ 587-3299, serviert leckere Standardgerichte.

Sonstiges

INFORMATIONEN – über Monticello und die Parks der Umgebung gibt es beim *Visitor Center* im Courthouse, 117 S Main St, ℅ 587-3235 oder 1-800/574-4386, ✉ www.southeastutah.org, ◔ April–Okt Mo–Fr 8–17, Sa und So 10–17; Nov–März Mo–Fr 8–17 Uhr.

VORWAHL – 435.

Mexican Hat und Bluff

Von Natural Bridges führt der Hwy-261 ca. 25 Meilen nach Süden bis zu einer Stelle am Rand der Cedar Mesa, die wie eine Sackgasse aussieht. Von dort geht die Straße in eine Schotterstraße über, die hoch über den Sandsteintürmen des **Valley of the Gods** verläuft, wo übrigens ein Großteil des Films *Thelma und Louise* gedreht wurde. Dann führt eine über zwei Meilen lange Haarnadelkurvenstrecke 300m steil den **Moki Dugway** hinab.

Unten angelangt zieht sich nach 6 Meilen der sehr schlecht ausgeschilderte Hwy-316 über eine Art Tal zu einem weiteren Aussichtspunkt über dem San Juan River im **Goosenecks State Reserve** hoch.

Zurück am Hwy-261 liegt unmittelbar südlich **Mexican Hat**. Das ehemalige Goldminencamp, in dem es einst von Glücksrittern wimmelte, ist heute ein verschlafenes Nest, das in erster Linie als River-Rafting-Zentrum fungiert. Seinen Namen erhielt es von dem witzigen **Sandstein-Hoodoo** nördlich des Ortes, der einem mexikanischen Sombrero ähnelt.

Der Ort besteht aus nicht viel mehr als einer Ansammlung von Gebäuden am Ufer des Flusses, aber er ist durchaus angenehm und stellt eine günstige Ausgangsbasis für einen Ausflug ins 20 Meilen südlich gelegene Monument Valley dar.

Viele der in Mexican Hat endenden Flussfahrten starten in **Bluff**, zwanzig Meilen flussaufwärts. Die Straße zwischen beiden Städten, der US-163, folgt nicht genau dem Flusslauf, ist aber trotzdem sehr aufregend.

In den Seitenstraßen von Bluff stehen zahlreiche mormonische Pionierhäuser.

Übernachtung und Essen

MEXICAN HAT – *San Juan Inn****, ℅ 683-2220 oder 1-800/447-2022. Das empfehlenswerteste Motel, altbewährt, neben der Highway-Brücke 15 m oberhalb des Nordufers des San Juan an den Hang geschmiegt. Das *Olde Bridge Bar and Grill* hat ein umfangreiches Angebot, von Navajo Tacos bis Steaks, auch kaltes Bier.
Mexican Hat Lodge***, ℅ 683-2222, ✉ mueller@sanjuan.net, besitzt auch ein nettes Steakhouse.

BLUFF – Am südlichen Ende der Stadt liegt das ausgezeichnete neue Motel **Desert Rose Inn*****, 701 W Hwy-191, ℅ 672-2303 oder 1-888/475-7673, ✉ www.desertroseinn.com, mit 30 attraktiv eingerichteten Zimmern. Essen kann man u.a. im **Twin Rocks Café**, ℅ 672-2341, und im **Cottonwood Steakhouse**, ℅ 672-2282.

VORWAHL – 435.

Hovenweep National Monument

Inmitten des Streifens Niemandsland an der Grenze von Utah und Colorado liegen die abgeschiedenen, gespenstisch anmutenden Ruinen der Vorfahren der Pueblo-Indianer im Hovenweep National Monument: 25 Meilen östlich des US-191 am Hwy-262, der auf halbem Wege zwischen Bluff und Blanding abgeht, und 35 Meilen westlich von Cortez, Colorado, s.S. 148, gibt es im Hovenweep sechs verschiedene Ansammlungen von Ruinen, die an den Rändern nicht allzu tiefer Schluchten liegen und vor den gewaltigen Bergen in der Ferne zwergenhaft erscheinen. Leicht erreichbar ist nur der Little Ruin Canyon hinter dem schicken neuen *Visitor Center*, ℅ 970/562-4282, ✉ www.nps.gov/hove, ◔ März–Okt tgl. 8–18, Nov–Feb 8–17 Uhr, Eintritt $6 pro Fahrzeug, $3 p.P.

Ein Rundwanderweg über eine Meile bietet gute Ausblicke auf die größten Ruinen, darunter auf das **Hovenweep Castle**, das um 1200 n.Chr. errichtet wurde.

Im oder um den Hovenweep gibt es weder Motels noch Benzin oder Lebensmittel, doch der 31 Plätze umfassende **Campingplatz** neben der Ranger Station ist das ganze Jahr über geöffnet: $10, keine Reservierung möglich.

Lake Powell – Glen Canyon National Recreation Area

Die gewaltigen Ströme und Schluchten Süd-Utahs finden ihr unvermitteltes Ende an der Grenze zu Arizona, wo der Glen-Canyon-Damm ihnen mit einem riesigen Stausee, dem Lake Powell, Einhalt gebietet.

John W. Powell war der erste Weiße, der die Canyonlands erforschte, und zugleich vielleicht der erste Mensch überhaupt, der auf dem Colorado River durch den Grand Canyon fuhr. Die wilden Strömungen, mit denen er damals zu kämpfen hatte, sind jetzt für immer unter dem stillen blauen Gewässer begraben, und auf den gezähmten Flussläufen des Colorado, Green, Dirty Devil, San Juan und Escalante Rivers tummeln sich heute Hausboote.

Die Errichtung des Glen-Canyon-Dammes in den früher 60er Jahren rief zahllose engagierte Umweltschützer und Ethnologen auf den Plan – allerdings ohne Erfolg. Unzählige von den Vorfahren der Pueblo-Indianer angefertigte Felsmalereien verschwanden auf ewig in den Tiefen des blauen Sees, mit dem inmitten wüster Sandsteininseln eine eigenartige, ganz und gar unnatürliche Landschaft geschaffen wurde. Doch trotz aller Vorbehalte besitzt der Stausee einen gewissen Reiz.

Die Küstenlinie des Lake Powell ist ganze 1960 Meilen lang, also länger als die Pazifikküste der USA, und zum See gehören 96 überflutete Seitenschluchten. Die Wasserhöhe ist erheblichen Schwankungen unterworfen, deshalb sind die Felsen rundherum die meiste Zeit des Jahres meterhoch über der Wasseroberfläche ausgelaugt, während ein schmutziger Rand auf dem goldfarbenen Sandstein den Wasserhöchststand anzeigt. Die meisten Sommerfrischler bringen ihre eigenen Boote mit oder mieten sich eines bei einer der drei Anlegestellen.

Wer nur auf der Durchfahrt ist, hält am besten bei der **Wahweap Marina**, einem gewaltigen Freizeitkomplex unmittelbar am US-89 zwischen Zion und Grand Canyon. Diese Gesellschaft vermittelt auch Hausboote an der Wahweap oder anderen Anlegestellen am Lake Powell; die Boote haben Schlafgelegenheiten für vier oder mehr Personen und kosten im Winter ab $650, im Sommer $1100.

Eine Besichtigung des Glen Canyon Dam selbst, zwischen Page und Wahweap, beginnt am Westufer im *Carl Hayden Visitor Center*, ✆ 928/608-6404, www.nps.gov/glca, ⏱ Okt–April tgl. 8–17, Mai–Sep 7–19 Uhr. Aufgrund von Sicherheitsbedenken wurden die kostenlosen Führungen über den Staudamm nach dem 11. September 2001 eingestellt. Aktuelle Informationen hält das Visitor Center bereit.

Die billigste Aussicht auf die Wasserfläche des Lake Powell bietet sich von der Fähre aus im oberen Drittel des Sees zwischen Halls Crossing und Bullfrog Marina, $12 pro Auto. Von hier aus führt der Burr Trail nach Westen Richtung Capitol Reef, s. S. 254f, und der Hwy-276 nach Nordosten zu den Natural Bridges (s. S. 252).

Übernachtung und Essen

Wahweap Lodge, $130–160, ✆ 928/645-2433 oder 1-800/528-6154, www.visitlakepowell.com, besitzt angenehme, aber teure Zimmer mit Blick auf den See und serviert das beste Essen der Gegend.
Bei jeder der Marinas gibt es einen Campingplatz.

Rainbow Bridge National Monument Das beeindruckende, extrem abgeschiedene Rainbow Bridge National Monument, ✆ 928/645-2433 oder 1-800/528-6154, www.visitlakepowell.com, die größte natürliche Brücke der Welt, lässt sich im Rahmen organisierter Bootstouren von Wahweap und Bullfrog aus besichtigen. Von allen genannten Orten liegt es rund 50 Meilen auf dem Wasserweg entfernt. Man erreicht es nur durch eine schmale, gewundene, ein bis zwei Meilen lange Seitenschlucht des Forbidding Canyon am Ende der Fahrt.
Von der Bootsanlegestelle an einem schmuddeligen, schaumbedeckten Teich sind es zehn Minuten zu Fuß bis zur gigantischen, 90 m hohen Sandsteinbrücke, die für die Navajo religiöse Bedeutung besitzt. Durch den fein geschliffenen Bogen hindurch fällt der Blick auf den Navajo Mountain. Die obere Schicht der Brücke besteht aus Navajo-Sandstein, die Basis jedoch aus härterem Kayentagestein, das sich vom Wasser nicht so leicht glätten lässt. Ganzer Tag $109, halber Tag $83.

Die preiswertesten Übernachtungsmöglichkeiten in der Nähe von Lake Powell befinden sich jenseits der Grenze zu Arizona in **Page**. Hier gibt es die üblichen Diner und Kettenmotels, einschließlich eines *Motel 6***, 637 S Lake Powell Blvd, ✆ 928/645-3919 oder 1-800/466-8356, 🖥 www.motel6.com.

Salt Lake City

Im Vergleich zu den faszinierenden Landschaften der Südhälfte Utahs hat der unwirtliche Norden mit seinen Kohleminen und dem salzhaltigen Great Basin, das sich über Nevada hinweg bis nach Kalifornien zieht, Besuchern wenig zu bieten. Als Trennungslinie zwischen der vergleichsweise vegetationsreichen Ost- und der knochentrockenen Westhälfte von Nord-Utah fungiert die Wasatch Front, die Salt Lake City, die weitaus größte und einzige kosmopolitische Stadt Utahs, im Osten überragt und im Winter als eines der besten **Skigebiete** der USA gilt.

Der erstaunend freundliche und wohltuend ruhige Ort lohnt einen mehrtägigen Aufenthalt auf der Durchreise, denn aufgrund seiner wunderbaren Lage bietet er im Frühjahr und Sommer Gelegenheit, herrliche Wander- oder Fahrradausflüge zu unternehmen, und im Winter Ski zu laufen. Salt Lake Citys Gastgeberrolle bei den **Olympischen Winterspielen 2002** brachte erhebliches internationales Prestige und hatte eine groß angelegte Bautätigkeit sowohl in der Stadt selbst als auch in den umliegenden Skigebieten zur Folge. Beim Zuschlag für Salt Lake City blieb allerdings ein fader Nachgeschmack von Schieberei und Korruption zurück. Museen oder kulturelle Angebote sind dagegen ziemlich rar, weshalb die meisten Amerikaner etwas auf Salt Lake City herabschauen.

Temple Square und Downtown

Das geografische und religiöse Zentrum ist Temple Square, das Hauptquartier der Mormonenkirche oder Kirche Jesu Christi der Heiligen der Letzten Tage („Church of Christ of Latter-Day Saints" – LDS). Den Mittelpunkt bildet der monumentale Tempel, der nach vierzig Jahren unermüdlicher Bautätigkeit 1893 fertig gestellt wurde. Das Gebäude aus Granitstein ist mit 63 m nicht der höchste, aber das sehenswerteste der Stadt. Allerdings dürfen nur Mormonen hinein, die es aber auch nur zu Anlässen wie Hochzeiten oder Taufen betreten.

Spaziert man jedoch über den Temple Square, wird man im Handumdrehen von einem der zahlreichen wartenden Mormonen geschnappt und zur Teilnahme an einer kostenlosen, 45-minütigen Besichtigungstour um den Platz gedrängt. Abgesehen von **Denkmälern** für die Mormonenpioniere gehört auch das muschelförmige **Mormon Tabernacle** zu jeder Führung. Kein einziges Schmuckstück ziert das Innere, das den weltberühmten Tabernacle Choir beherbergt. Die sagenhafte Akustik demonstriert ein Angestellter respektlos durch Zerreißen einer Zeitung und indem er einen Nagel fallen lässt.

Am Sonntag um 9.30 Uhr ist während der Radioaufnahme der Eintritt zum Mormon Choir frei, ebenso bei der Chorprobe jeden Donnerstag um 20 Uhr.

Hauptanliegen der Führungen ist es, Interesse am mormonischen Glauben zu wecken. Auf Unterschiede zum Christentum wird dabei nicht eingegangen, stattdessen sieht man ein Video, das Weichzeichner-Szenen aus dem Alten Testament zeigt. Die Tour endet beim nördlichen der beiden *Visitor Centers* am Square, wo eine ganze Reihe von Computern verschwommene Antworten auf Fragen wie „Was ist der Sinn des Lebens?" und „Wer war Joseph Smith?" bereit halten. Im südlichen *Visitor Center* gibt es einen überraschend guten, kostenlosen Film über die Ankunft der ersten mormonischen Siedler in Salt Lake City zu sehen.

Einen Block östlich des Temple Square am South Temple Boulevard befindet sich das **Beehive House**, ein schlichtes weißes Haus im New England-Stil mit grünen Fensterläden und einer umlaufenden Veranda. Es wurde 1854 von dem Mormonenführer Brigham Young erbaut und beherbergt heute ein kleines Museum, das sich mit Youngs Leben beschäftigt und im Stil jener Zeit restauriert wurde. Mindestens jede halbe Stunde findet eine kostenlose, 20-minütige Führung statt, der man sich anschließen muss, wenn man viel vom Haus sehen möchte. ⏰ Sommer Mo–Sa 9.30–18.30, So 10–13, Winter Mo–Sa 9.30–16.30, So 10–13 Uhr, Eintritt frei.

Die **Family History Library**, ✆ 240-2331 oder 1-800/453-3860 App. 22331, 🖥 www.familysearch.org, auf der gegenüberliegenden Seite

Salt Lake City

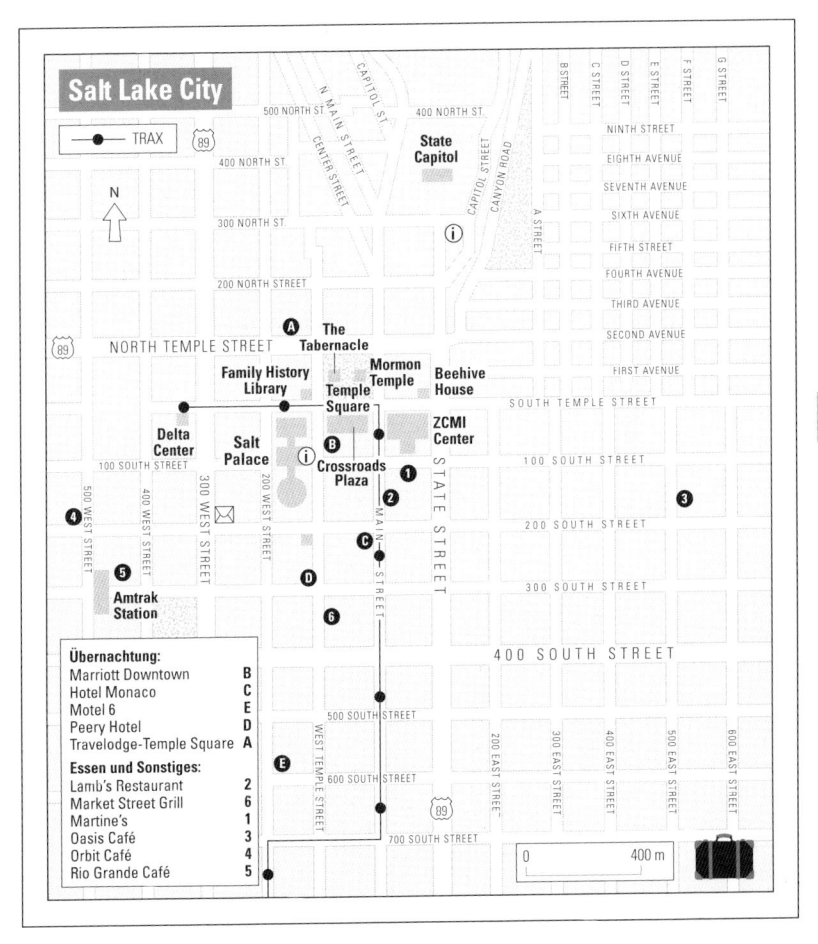

Übernachtung:
Marriott Downtown	B
Hotel Monaco	C
Motel 6	E
Peery Hotel	D
Travelodge-Temple Square	A

Essen und Sonstiges:
Lamb's Restaurant	2
Market Street Grill	6
Martine's	1
Oasis Café	3
Orbit Café	4
Rio Grande Café	5

des West Temple Boulevard vom Temple Square, wurde von der LDS-Kirche eingerichtet, damit ihre Anhänger Nachforschungen über ihren Familienstammbaum anstellen und ihre Vorfahren post mortem mormonisch taufen lassen konnten. Die Bücherei steht aber Mitgliedern aller Glaubensrichtungen offen und besitzt sicher die umfangreichste genealogische Sammlung der Welt. Sie ist ausgesprochen benutzerfreundlich, und mit Hilfe von CD-ROMs und Computerdateien kann man die Geburten- und Sterbedaten aus sechzig Ländern in vielen Fällen bis über 500 Jahre zurückverfolgen. Es genügt der Name und Geburtsort einer Person sowie ein paar zusätzliche Stichworte, um sie ausfindig zu machen. Aus Datenschutzgründen sind aber zumeist nur Angaben über Menschen vergangener Jahrhunderte zugänglich. Die Angestellten sind unaufdringlich und kommen nur, wenn ihre Hilfe erwünscht wird. ◷ Mo 7.30–17, Di–Sa 7.30–22 Uhr, Eintritt frei.

Daneben befindet sich das **Museum of Church History and Art**, das die Darstellung des mormonischen Glaubens in Kunst und Kunstgegenständen dokumentiert, ⊙ Mo–Fr 9–21, Sa, So 10–19 Uhr, Eintritt frei.

Das Gebiet südwestlich des Temple Square ist raschen Veränderungen unterworfen, seitdem 1991 das neue Kongresszentrum und Sportstadion (Heimstätte des Basketballteams *Utah Jazz*) Salt Palace eingerichtet wurde. Das umliegende Stadtviertel mit seinen Lagerhäusern entlang der Union-Pacific-Schienen füllt sich jetzt mit Designershops und Kunstgalerien – ein Beweis, dass auch Mormonen Yuppies sein können. Weiter westlich allerdings, entlang dem I-15, befindet sich noch immer die heruntergekommenste Ecke der Stadt, Refugium durchziehender Säufer und einer steigenden Zahl von Obdachlosen.

Das Museum der **Utah Historical Society** im Bahnhof, 300 S Rio Grande Ave, ist eher mittelmäßig und lohnt nicht unbedingt einen Besuch. ⊙ Mo–Fr 8–17, Sa 10–14 Uhr, Eintritt frei.

Capitol Hill

Angesichts der Lage von Salt Lake City erstaunt es, dass die Mormonen ihren Tempel nicht auf dem Hügel nördlich des heutigen Temple Square errichteten. Stattdessen ließ sich dort oben die Regierung des 1896 in die Vereinigten Staaten aufgenommenen Bundesstaates Utah nieder. Offenbar waren die Mormonenführer nach dem langen Konflikt zwischen Mormonenkirche und US-Staat, der um 1870 und früher beinahe zu einem Angriff der US-Armee auf die Mormonen geführt hätte, schließlich bereit, sich der Regierung zu unterwerfen.

Das **Utah State Capitol** wurde wie alle anderen nach dem Vorbild des US-Capitols erbaut. Seine Korridore zieren zahlreiche Ausstellungsstücke aus der Geschichte Utahs. ⊙ im Sommer Mo–Sa 8–20, im Winter Mo–Sa 8–18 Uhr, Eintritt frei.

In der Umgebung des Capitols, dem heutigen **Capitol Hill**, stehen ein paar sehr schöne Häuser aus dem 20. Jh., und Dutzende viktorianische Bauten säumen die Main Street und Quince Street in nordwestlicher Richtung. *Walking Tour Maps* für dieses Viertel gibt es bei der Utah Heritage Foundation, 355 Quince Street.

Übernachtung

Salt Lake City ist reich an Übernachtungsmöglichkeiten. In Downtown reichen sie von preiswerten Motels und B&B Inns bis zu luxuriöseren Hotels, und in der Nähe des Flughafens und der Interstates findet man die üblichen Unterkünfte mittlerer Preisklasse. Es gibt derart viele Kapazitäten für Geschäftsreisende, dass am Wochenende teilweise echte Schnäppchen zu machen sind.

Brigham Street Inn**, 1135 E South Temple Blvd, ✆ 364-4461 oder 1-800/417-4461. Luxuriöses, ruhiges B&B, ein paar Blocks östlich von Downtown Richtung Berge.

Holiday Inn Airport*, 1659 W North Temple Blvd, UT 84116, ✆ 533-9000 oder 1-800/HOLIDAY, 🖳 www.bristolhotels.com. Bestens ausgestattetes, ausgezeichnetes Hotel zu sehr annehmbaren Preisen, kostenloser Airportshuttle und nicht zu weit von Downtown entfernt.

Motel 6*, 176 W 600 South St, ✆ 531-1252. Preiswertes Motel in Downtown unweit des Bahnhofs.

Peery Hotel**, 110 W 300 South St, ✆ 521-4300 oder 1-800/331-0073, 🖳 www.peeryhotel.com. Restauriertes Wahrzeichen von Downtown, Baujahr 1910, wurde 1999 komplett renoviert und bietet sehr geschmackvolle und komfortable Zimmer.

Salt Lake City Marriott Downtown, $130–160, 75 S West Temple Blvd, ✆ 531-0800 oder 1-800/228-9290. Sehr zentrales, stilvolles und attraktiv eingerichtetes Hotel mit Blick auf das *Visitor Center* und gutem Swimming Pool.

Travelodge-Temple Square*, 144 W North Temple Blvd, ✆ 533-8200. Zentralste und preiswerteste der drei hiesigen Travelodges.

Essen

Zwar hat Salt Lake City eine durchaus reichhaltige Auswahl an Restaurants aufzuweisen, doch gibt es keine ausgesprochene „Essecke". Wer gerne Speisekarten vergleicht, kann dies noch am besten in Downtown, ein, zwei Blocks beiderseits der West Temple Street, südlich und östlich des Salt Palace.

Blick in die 200 South Street in Salt Lake City

Bambara, im *Hotel Monaco*, 15 W 200 South, ✆ 363-5454. Schickes und teures Restaurant in Downtown mit fabelhafter Speisekarte, u.a. Büffel-Carpaccio, Crab Cakes und Lammlende auf Puy-Linsen.

Lamb's Restaurant, 169 S Main St, ✆ 364-7166. Leckeres Frühstück und äußerst preiswerte Tagesgerichte in einem der ältesten Restaurants von Utah. ◷ Mo–Sa tagsüber.

Market Street Grill, 48 Market St, ✆ 322-4668. Schwerpunkt ist frisches Seafood, besonders Austern, es gibt aber auch Steaks. Spezielle Mittagsgerichte $9, komplettes Dinner $15–30.

Martine's, 22 E 100 South, ✆ 363-9328. Formales, schummrig beleuchtetes und vornehmes Southwestern-Restaurant in zentraler Lage mit Blick auf die ZCMI-Mall. Die meisten Gerichte auf der Speisekarte können wahlweise als „tapa" (Vorspeise) oder als Hauptgericht bestellt werden. So geschlossen.

Oasis Café, 151 S 500 East, ✆ 322-0404. Das noble, aber preiswerte Café serviert sehr gutes Essen (Hauptgericht abends $16–22) mit einer Großauswahl an appetitlichen vegetarischen Speisen. Abends Live-Acoustic oder -Jazz.

Orbit Café, 540 W 200 South, ✆ 322-2808. Der große, postmoderne Diner serviert leckere Sandwiches und internationale Spezialitäten zum Mittagessen sowie raffiniertere Speisen zu später Stunde (Fr und Sa bis 4 Uhr morgens).

Rio Grande Cafe, 270 S Rio Grande, ✆ 364-3302. Stilvolle mexikanische Cantina im ehemaligen Rio-Grande-Bahnhof, drei Häuserzeilen westlich von Downtown.

Ruth's Diner, 2100 Emigration Canyon Rd, ✆ 582-5807. Preiswertes Essen im Lokal oder Patio, oft bei Live-Musik, in und um alte Eisenbahnwaggons in einer schmalen Schlucht, nur drei Meilen östlich der Stadt. Umfangreiche Auswahl an frisch zubereiteten Gerichten, herrliche Salate und das beste Frühstück von ganz Utah. Raffiniertere und teurere Speisen kredenzt das unter derselben Leitung befindliche **Santa Fe** nebenan.

Unterhaltung

In Salt Lake City werden nach Sonnenuntergang keineswegs die Bürgersteige hochgeklappt. Viele Kneipen tarnen sich als Privatclubs, in denen man gegen eine geringe Gebühr für zwei Wochen Mitglied werden und bis zu fünf Gäste mitbringen kann. Inzwischen gibt es aber auch eine Hand voll *brewpubs*, die keine Mitgliedschaft erfordern.

Gute Adressen für einen Abend auf der Piste:
Dead Goat Saloon, 165 S West Temple Blvd, ✆ 328-4628. Rauer, halbunterirdischer Saloon, an den meisten Abenden laute Live-Musik.

Red Rock Brewing Company, 254 S 200 West St, ✆ 521-7446. Zwei Dutzend hausgebraute Biersorten und eine abwechslungsreiche Speisekarte, ⊙ tgl. mindestens bis Mitternacht.

Squatters Pub, 147 West Broadway, ✆ 363-2739. Legerer, freundlicher Brewpub, der tgl. bis 1 Uhr morgens verschiedene Biere ausschenkt, dazu werden einfache Speisen serviert.

Zephyr Club, 301 S West Temple Blvd, ✆ 355-2582. Salt Lake Citys populärster Veranstaltungsort für Live-Musik, wo an den meisten Abenden bekanntere Namen aus Jazz, Blues, Country oder Rock für eine exklusive Klientel aufspielen. Eintritt $5–15.

Nähere Informationen über Clubs und Theater sowie das musikalische Angebot findet man in kostenlosen Veranstaltungszeitungen wie *City Weekly* oder über den Radiosender KRCL 91FM.

Sonstiges

FAHRRÄDER – *Utah Ski & Golf*, 134 W 600 South St, ✆ 355-9088.

INFORMATIONEN – *Visitor Center*, im *Salt Palace Convention Center,* ✆ 521-2822 oder 1-800/541-4955, 🖥 www.visitsaltlake.com, ⊙ Sommer Mo–Fr 8–18, Sa und So 9–17, Winter Mo–Fr 8–17, Sa und So 9–17 Uhr. Weitere Informationsstellen gibt es im Terminal 2 am Flughafen, ⊙ tgl. außer Sa 9–21 Uhr, und in Downtown, 90 S West Temple Blvd, ✆ 521-2868, ⊙ Mo–Fr 8–17, Sa 9–16 Uhr. Infos über den Bundesstaat Utah sind beim **Utah Travel Council**, in der imposanten *Council Hall* in der 300 N State St erhältlich, ✆ 538-1030. ⊙ im Sommer Mo–Fr 9–18 Uhr.

POST – Postamt, 250 W 200 South St, ✆ 532-5902, *Zip Code* 84101, ⊙ Mo–Fr 8–17.30, Sa 8–13.30 Uhr.

TOUREN – *Gray Line*, ✆ 521-7060, bietet zahlreiche Bustouren an. Ihr Programm reicht von Halbtags- oder Tagstouren bis zu mehrtägigen Ausflügen in die Nationalparks.

VORWAHL – 801.

Transport

BUSSE – Betreibergesellschaft der Stadtbusse und TRAX-Straßenbahnen ist die **Utah Transit Authority**, ✆ 743-3882, 🖥 www.rideuta.com. Fahrten in einem begrenzten Bereich der Innenstadt sind kostenlos.
Der *Greyhound*-Busbahnhof liegt zentral, 160 W South Temple St, ✆ 355-4684.

EISENBAHN – *Amtrak,* 320 S Rio Grande Ave, ✆ 364-8562, ebenfalls im Zentrum.

FLÜGE – *Salt Lake City International Airport*, ✆ 575-2400, liegt nur vier Meilen westlich von Downtown.
Super Express, ✆ 566-6400, unterhält rund um die Uhr einen Shuttleservice. Die erste Person zahlt $10 zu jeder gewünschten Adresse in Downtown, jeder zusätzliche Passagier $5. Ein Taxi in die Stadt kostet ungefähr $15.
Xpress Shuttles, ✆ 596-1600 oder 1-800/397-0773 (24 Std. im Voraus reservieren), bietet billigere Shuttle-Vans nach Downtown an, während **Canyon Transportation**, ✆ 255-1841, die umliegenden Skigebiete bedient. **Autovermietungen** sind am Flughafen vertreten.

Nevada

Nevada besteht fast nur aus endlosen, sonnengebleichten Wüstengegenden und ist zweifellos der eintönigste aller US-Bundesstaaten. Nur hin und wieder unterbricht eine Bergkette die Ebenen, auf denen nichts anderes wächst als Beifuß. Da es an Regen und fruchtbarem Boden mangelt, ist die Wildnis unberührt geblieben. Die hiesigen Flüsse besitzen keinen Zugang zum Ozean, daher wird das Gebiet Great Basin genannt. Das Land ist von besonderer Faszination, auch wenn seine Schönheit nicht leicht greifbar ist. Über allem liegt diese typisch amerikanische Atmosphäre von endloser Weite, Freiheit und Abenteuer.

Abgesehen von den riesigen Flächen, auf denen Rinder und Schafe weiden oder Bergbau betrieben wird, dient ein Großteil Nevadas dem US-Militär als Testgelände für Flugzeuge und Waffensysteme, darunter Stealthfighters und Atombomben.

Nevada ist der größte und zugleich der am dünnsten besiedelte Staat des Südwestens. Es gibt ein paar Geisterstädte und viele andere winzige Ortschaften, manche mit starkem baskischen Einfluss. Die Hauptstrecke durch Nevada, der I-80, verläuft zwischen dem Salt Lake City und Reno, an Dutzenden von Kleinstädten mit eigenartigen Namen wie Winnemucca, Elko und Battle Mountain vorbei, die in erster Linie aus Kasinos, Motels, Bars und Bordellen bestehen – Nevada ist der einzige Bundesstaat, in dem Prostitution erlaubt ist (abgesehen von Las Vegas).

Die andere Hauptstraße, der US-50, steht in dem Ruf, die einsamste Schnellstraße Amerikas zu sein. Sie ist älter und langsamer als der I-80 und folgt fast derselben Route wie der alte Pony Express in den 60er Jahren des 19. Jahrhunderts. Sie führt auch am einzigen Nationalpark Nevadas, dem Great Basin National Park in den Bergen im Osten, vorbei, bevor sie in Reno auf den I-80 trifft und dann nach Südwesten um den wunderbaren Lake Tahoe (s. S. 382) führt.

Die dritte und letzte Hauptstraße ist der US-95, der Reno mit Las Vegas verbindet und sowohl in der Nähe vom Death Valley (s. S. 331) als auch an der bekanntesten Geisterstadt Nevadas, Goldfield, vorbeikommt.

Millionen Menschen kommen hier nur auf dem Weg von und nach Kalifornien durch. Wer tatsächlich Nevada besuchen will, hat meist nur ein Ziel: die Spielsalons. Sobald man die Bundesstaatsgrenze überschritten hat und in irgendeiner Ortschaft anhält, sieht man sich von allen Seiten und von kitschigen Bauwerken mit flackernden Neonschildern umgeben, auf denen die höchsten Jackpots und die besten Chancen angepriesen werden. Nirgendwo ist dies penetranter in der surrealen Oase Las Vegas in der Südecke Nevadas. Doch auch in den kleineren, weniger künstlichen Städten Reno und Carson City, der Hauptstadt des Bundesstaates, dreht sich alles um die Spielkasinos. Ein erfreulicher Nebeneffekt des florierenden Glücksspielgewerbes ist die Tatsache, dass Zimmer und vor allem Restaurants sehr preiswert sind; deshalb lohnt es sich auch für Besucher, die nicht spielen möchten, hier eine Übernachtung einzulegen.

Transport

Da es außerhalb von Las Vegas und Reno in Nevada praktisch nichts gibt, ist es nicht verwunderlich, dass man die riesigen, unbewohnten Gegenden des Bundesstaates ohne eigenen Wagen kaum besuchen kann.

Amtrak fährt Las Vegas nicht mehr an, doch in Reno halten immer noch jeden Tag die Züge auf dem Weg zwischen San Francisco und Salt Lake City.

Sowohl Las Vegas als auch Reno verfügen über eigene Flugplätze.

Las Vegas

Wie ein Eldorado der Neuzeit erglänzt inmitten der eintönigen Wüste Nevadas die bewegteste, aufregendste Stadt der Welt: Las Vegas. Zu Beginn des 20. Jahrhunderts existierte sie noch nicht einmal, und heute beherbergt sie über eine Million Menschen und vierzehn der fünfzehn größten Hotels der Welt, deren mit allen Schikanen versehenen Kasinos jährlich 37 Millionen Touristen anlocken. Seit den 50er Jahren häufen sich in Las Vegas die Superlative, doch es ruht sich keine Minute auf seinen Lorbeeren aus. Wer zum ersten Mal in die Stadt kommt, erwartet in der Regel Kitsch pur, doch die Kasinobesitzer sind viel zu clever, um sentimental auf die alten Tage zurückzublicken. Natürlich treiben sich in Las Vegas noch ein paar Elvis-Imitatoren herum, doch weitaus charakteristischer für die Stadt ist ihr stetiges Bemühen um **Innovation**. Schon lange bevor sich die Möglichkeit andeutet, es könnte ein Quäntchen vom Reiz des Neuen verloren gegangen sein, fallen die Schmuckstücke von gestern der Abrissbirne zum Opfer und müssen Platz für noch extravagantere Attraktionen machen. Vor ein paar Jahren, als „Fantasy" gefragt war, schossen am legendären **Strip** König-Arthur-Schlösser und ägyptische Pyramiden aus dem Boden. Heute gibt sich Vegas nur noch mit ganzen Städten zufrieden und hat Miniaturausgaben von New York, Paris, Monte Carlo und Venedig vorzuweisen.

Zwar hat in Las Vegas seit seinen frühen Tagen als Tummelplatz zwielichtiger Gestalten eine Säuberungsaktion stattgefunden, doch ist es längst kein Familienurlaubsziel, wie manchmal behauptet wird. Mehrere Kasinos haben Themenparks oder Rummelplatzattraktionen installiert, um das kleine, nicht mit dem Glücksspiel verbundene Vakuum zu füllen, doch da nur fünf Prozent der Besucher Kinder mitbringen, drängen sich fast ausschließlich Erwachsene um die feuerspuckenden Vulkane und kämpfenden Piraten am Strip. Auch ist Vegas nicht mehr so billig wie es einmal war. Ein gutes, preiswertes Zimmer lässt sich zwar immer noch finden, und die Buffet-Preise sind unschlagbar günstig, doch die Kasinobesitzer haben mittlerweile entdeckt, dass Leute, die ohne mit der Wimper zu zucken, jede Nacht Hunderte von Dollar am Spieltisch verlieren, genauso ungerührt Höchstpreise in Firstclass-Restaurants und -hotels zahlen.

Diese heiße, flache, zersiedelte Stadt scheint nur eine einzige Bestimmung zu kennen: die Las Vegas muss man einfach gesehen haben, aber nach ein paar Tagen ist die Luft raus und die meisten Besucher ziehen weiter.

Wer nur zum Spielen nach Las Vegas gekommen ist, braucht nicht viele Informationen: Der Eintritt zu den rund um die Uhr geöffneten Kasinos ist frei; es gibt einarmige Banditen, Video-Poker, Würfelspiele, Roulettetische und vieles mehr. Bei den Kasinobetreibern am beliebtesten sind natürlich Gäste, die alles auf eine Karte setzen, also bei einem Spiel den ganzen Einsatz riskieren.

Der Name Las Vegas – auf Spanisch „die Wiesen" – bezeichnete ursprünglich eine Reihe natürlicher Quellen. Im Jahr 1900 lebten dreißig Menschen in dem Tal. Das Jahr 1905 brachte mit der Fertigstellung der Eisenbahnlinie zwischen Salt Lake City und Los Angeles, die inzwischen wieder stillgelegt wurde, die entscheidende Veränderung. Nevada war zwar der erste Bundesstaat, der 1909 das Glücksspiel verbot, doch 1931 wurde es wieder zugelassen, und die Arbeiter, die mit dem Bau des Hoover Dam beschäftigt waren, strömten in Massen nach Vegas, um dort ihren sauer verdienten Lohn zu verspielen. Das Wasserkraftwerk versorgte die noch junge Stadt mit überreichlich billigem Strom und Wasser. Hotel-Kasinos wie das gewagte, 65 Zimmer umfassende El Rancho tauchten Anfang der 40er auf. Der Gangsterboss Bugsy Siegel brachte 7 Mill. Dollar zusammen und eröffnete im Dezember 1946 das Flamingo am Strip.

In den 50ern boomte Las Vegas. Das Militär hatte Einzug gehalten – die Atompilze der Bombentests in der Wüste waren von der Stadt aus zu sehen, und Schaulustige fuhren zum Picknicken hinaus, um sich das Spektakel aus der Nähe anzusehen. Bald kamen auch die großen Namen wie Frank Sinatra, der 1951 im *Desert Inn* debütierte, und Liberace, der 1955 für eine Gage von $50 000 im *Riviera* auftrat. Nun zog es die Stars wie Bienen zum Honigtopf Vegas, während anderswo in Amerika die Nachtclubs dichtmachen mussten, und die Stadt wurde zur unbestrittenen Hauptstadt des Entertainment.

1966 begann das Ende der Halbweltherrschaft in Vegas, nachdem Howard Hughes TWA für 500 Millionen Dollar verkauft und sich ins Desert Inn zurückgezogen hatte. Als die Besitzer sich über seine Zurückhaltung gegenüber dem Glücksspiel empörten, kaufte er einfach das Hotel, und sein sauberes Image ermunterte andere Geschäftsleute, es ihm gleichzutun.

Bald darauf kam Elvis; der junge Rock'n' Roller hatte schon 1956 im *New Frontier* Erfolge gefeiert, aber 1969 begann seine traumhafte fünfjährige Karriere im *International* (heute *Las Vegas Hilton).*

Nach endlosen Razzien und mit verdeckten Operationen gelang es der Bundespolizei schließlich in den 80er Jahren, die Mafia aus Vegas zu vertreiben, sodass sich die Stadt mit Hilfe neuer Megadollars auf der Grundlage hochspekulativer Wertpapiere neu erfinden konnte. Durch Steve Wynns Erfolg mit dem Mirage, das ab 1989 eine ganz neue Generation von Besuchern anlockte, fühlten sich plötzlich mehrere Nachahmer auf den Plan gerufen. So begannen die 90er Jahre mit einer wahren Flut von Kasino-Neubauten, darunter auch das Excalibur und das MGM Grand – ein Boom. Das prunkvolle Quintett Bellagio, Mandalay Bay, the Venetian, Paris und das renovierte Aladdin folgten dem Luxor und dem New York–New York ins neue Millennium. Doch hinter allem Glanz und Glimmer stellt das Glücksspiel das tragende Element dar, das diese Überdimensionierung ermöglicht, und die Ausbreitung von Kasinos überall in den USA scheint Las Vegas' Vormachtstellung nicht anzukratzen.

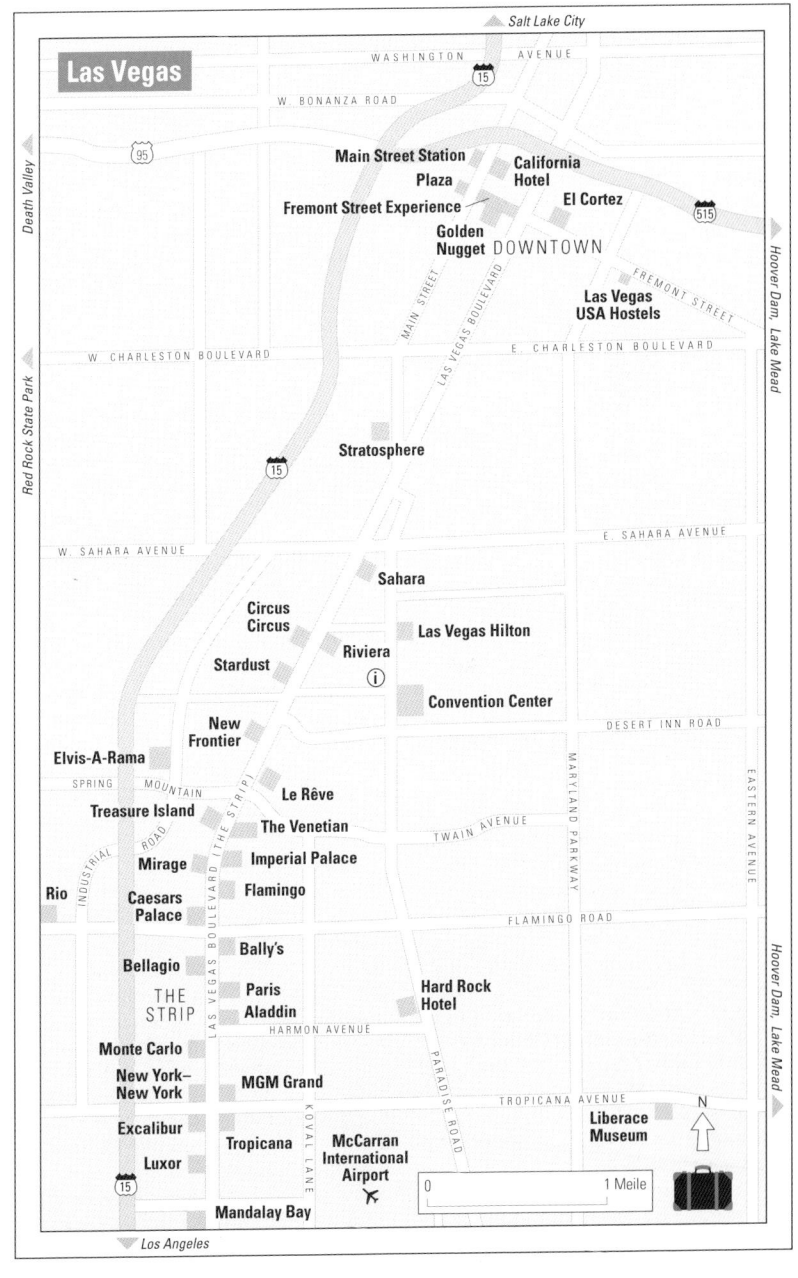

Las Vegas

Salt Lake City

WASHINGTON AVENUE
W. BONANZA ROAD

Death Valley — (95)

Main Street Station
Plaza
Fremont Street Experience
California Hotel
El Cortez
Golden Nugget DOWNTOWN
FREMONT STREET
Las Vegas USA Hostels

Red Rock State Park

W. CHARLESTON BOULEVARD — E. CHARLESTON BOULEVARD

MAIN STREET
LAS VEGAS BOULEVARD

(15) **Stratosphere**

W. SAHARA AVENUE — E. SAHARA AVENUE

Sahara
Circus Circus
Las Vegas Hilton
Stardust **Riviera** ⓘ
Convention Center

New Frontier
DESERT INN ROAD

Elvis-A-Rama
SPRING MOUNTAIN ROAD
Le Rêve
Treasure Island
The Venetian
TWAIN AVENUE
MARYLAND PARKWAY
EASTERN AVENUE
Mirage
Imperial Palace
Rio INDUSTRIAL ROAD
Caesars Palace
Flamingo
FLAMINGO ROAD

Bellagio
Bally's
THE STRIP
Paris
Hard Rock Hotel
Aladdin
HARMON AVENUE
Monte Carlo
New York–New York
MGM Grand
PARADISE ROAD
TROPICANA AVENUE

Excalibur
Tropicana
Liberace Museum
Luxor
McCarran International Airport
KOVAL LANE
(15)
Mandalay Bay

N ↑

0 — 1 Meile

Los Angeles

DER SÜDWESTEN

Hoover Dam, Lake Mead

Kein Ort der Welt versteht es so raffiniert, den Gigantismus für das todernste Geschäft des Geldmachens zu nutzen, wie der **Las Vegas Strip**. Es ist kaum vorstellbar, dass es einmal eine Zeit gab, zu der Las Vegas eine ganz gewöhnliche Stadt war und der Las Vegas Boulevard eine staubige Durchgangsstraße, gesäumt von langweiligen Stadtrandmotels. Nach sechs Jahrzehnten wild gewordenen Kapitalismus', in deren Verlauf jedes neue Kasino-Hotel sich bemühte, sämtliche Nachbarn gnadenlos auszustechen, scheint der Strip nun gefangen in einer hyperaktiven, hektischen Suche nach immer neuen Überraschungen und Glanzstücken, und jedes neue Spielzeug landet, kaum erstanden, schon wieder auf dem Müll.

Jedes Kasino ist ein eigener Kosmos, der dem purem Vergnügen dient und sich selbst genügt. Gewaltige Förderbänder transportieren Fußgänger beinahe gegen ihren Willen ins Innere; und ist man einmal drin, scheint es kein Entkommen mehr zu geben. Der Betrieb reißt bei Tag und Nacht nicht ab, und in diesen versiegelten, fensterlosen Höhlen verliert man schnell jedes Gefühl für Zeit und Raum. Selbst wenn es einem gelingt, auf die Straße hinaus zu gelangen, flüchtet man tagsüber angesichts der sengenden Hitze wahrscheinlich sofort wieder ins Kühle. Für einen Besuch des Strip eignen sich der Abend und die Nacht viel besser, wenn er sich von seiner grellsten und lebhaftesten Seite zeigt.

Der südliche Strip

Da der Strip zur Wüste hin verläuft, entstanden die neuesten Kasinos zumeist an seinem südlichen Ende, nicht weit westlich des Flughafens. Am Ende befindet sich der glitzernde und vergoldete Turm des vage an Myanmar erinnernden **Mandalay Bay**. Das 1999 gebaute Hotel wurde mit dem Profit seiner Nachbarn Luxor und Excalibur finanziert und ist noch exklusiver. Die ausgezeichneten Restaurants und der Konzertsaal House of Blues sorgen abends und nachts für Leben, während tagsüber im Grunde nur das Aquarium Shark Reef (☉ tgl. 10–23 Uhr, Eintritt $15, Kinder unter 12 Jahre $10) im hinteren Bereich des Geländes für Besucher interessant ist. Der dampfende und halb unter Wasser liegende „Tempelkomplex" beherbergt Krokodile, Quallen und natürlich Haie. Das Vergnügen ist teuer angesichts der Tatsache, dass man schnell alles gesehen hat, und die so genannten „Korallen" sind in Wirklichkeit nur ein buntes Arrangement aus Plastik.

Einen Block nördlich des Mandalay Bay steht die 36-stöckige Bronze- und Glaspyramide **Luxor**. Thema der Anlage ist die ägyptische Archäologie, angefangen mit der Sphinx, die den Haupteingang bewacht und in regelmäßigen Abständen den benachbarten Teich mit Laserstrahlen aus ihren Augen zum „Kochen" bringt, bis zur exakten Wiedergabe des Grabgewölbes von Tutenchamun im Inneren der Pyramide. Der Komplex ist ein Muss auf jedem Besichtigungsplan und die stärkste Annäherung an Disneyland in Las Vegas. Auf der Spitze erstrahlt die stärkste Glühbirne, die jemals hergestellt wurde.

Der Architekt des Luxor, Veldon Simpson, hatte zuvor schon das unmittelbar nördlich gelegene und weniger raffinierte **Excalibur** entworfen. Das mit Zugbrücke und Türmchen sowie entsprechend gekleideten Angestellten gnadenlos auf Mittelalter getrimmte Haus ist meistens mit Pauschaltouristen völlig ausgebucht.

Seine kurze Phase als größtes Hotel der Welt, von 1990 bis 1993, endete mit der Eröffnung des 5000 Zimmer umfassenden **MGM Grand** – ebenfalls eine Erfindung von Simpson – auf der gegenüberliegenden Straßenseite. Seine Hauptattraktion, das Löwengehege, befindet sich in der Nähe des Vordereingangs und ist eine Art bewaldeter Zoo, wo echte Löwen unter einer durch natürliches Licht gefluteten Kuppel um eine Tempelruine herumlungern. ☉ tgl. 11–23 Uhr, Eintritt frei, Erinnerungsfoto mit süßem Löwenbaby $20 (tgl. außer Di 11–17 Uhr).

Das Excalibur und das MGM Grand sind nicht die einzigen Giganten mit Blick auf die Kreuzung von Las Vegas Boulevard und Tropicana Avenue, angeblich die verkehrsreichste Straßenkreuzung der gesamten USA. Die Nordwestecke, schräg gegenüber dem fast schon altmodischen Tropicana, wird von einer peinlich genauen Nachbildung des „Big Apple" namens **New York-New York** eingenommen. Über eine 100 m lange Brooklyn Bridge betritt der Besucher ein Manhattan im Kleinformat mit einer Skyline aus zwölf verschiedenen Wolkenkratzern, vor denen selbstverständlich die Freiheitsstatue steht. Das Innere wurde ebenso sorgfältig bis ins letzte Detail gestaltet und enthält eine reizende Nachbildung des Central Park bei Sonnenuntergang.

Casino Hotel New York am südlichen Strip in Las Vegas

In einer Hinsicht übertrifft es selbst New York: Für $10 kann man das Ganze bei einer Geschwindigkeit von 100 km/h während einer Fahrt mit dem haarsträubenden Manhattan Express Roller Coaster besichtigen.

Der zentrale Strip

Nördlich des *MGM Grand* eröffnete im August 2000 das 1,4 Milliarden Dollar teure **Aladdin** als erstes Megakasino der Stadt im neuen Jahrtausend – in Wirklichkeit war es das aber letzte Ausläufer des Baubooms der 90er Jahre. Das Projekt litt von Anfang an unter Finanzierungsproblemen und musste nach den Terrorangriffen vom September 2001 Konkurs anmelden, auch wenn es nach wie vor geöffnet ist. Dabei sind es eigentlich ausgerechnet jene Faktoren, die den Komplex in finanzielle Schwierigkeiten brachten, die den Reiz der Anlage ausmachen: Gäste können im riesigen Einkaufszentrum **Desert Passage** bummeln, sich im Konzertsaal mit 7000 Plätzen Konzerte anhören und in ihr Hotelzimmer gelangen, ohne durch das Kasino laufen zu müssen. Das direkt neben dem *Aladdin* stehende **Paris** wurde 1999 gebaut und ist das Werk derselben Architekten, die auch das *New York-New York* gestalteten. Der auf halbe Größe zurechtgestutzte Eiffelturm steht mit gespreizten Beinen über dem Arc de Triomphe und der Pariser Oper, was das Ganze etwas komprimiert erscheinen lässt, doch auch in diesem Fall ist die Liebe zum Detail eine wahre Freude. Außerdem beherbergt der Komplex eine feine Auswahl an erstklassigen französischen Restaurants. Per Aufzug geht es durch das Dach des Kasinos auf die Spitze des Eiffelturms, von dem sich atemberaubende Ausblicke auf die Stadt eröffnen, die bei Dunkelheit noch faszinierender wirkt. ⏲ tgl. 10–24 Uhr, Eintritt $9.

Der Eiffelturm wurde dreisterweise so positioniert, dass er das gegenüber liegende **Bellagio** direkt im Visier hat. Steve Wynn, der Besitzer des *Mirage*, wollte 1998 damit den Versuch unternehmen, das beste Hotel zu bauen, das die Welt jemals gesehen hat.

Das *Bellagio* ist zweifelsohne ein echtes Wunderwerk, doch Wynn hatte sich mit diesem sinnlosen Ziel zu stark unter Druck gesetzt und verkaufte seinen Anteil an dem Objekt bereits nach zwei Jahren weiter.

Heiraten in Las Vegas Hinter dem Ruf des Geldes steht für einen Besuch von Las Vegas gleich an zweiter Stelle die Absicht, sich zu verehelichen. Jedes Jahr werden hier mehr als 100 000 Ehen geschlossen, viele davon praktisch ohne jegliches Zeremoniell: Braut und Bräutigam kurbeln zum Jawort lediglich das Autofenster herunter.

Wer hier heiraten möchte, muss kein amerikanischer Staatsbürger, jedoch mindestens 18 Jahre alt und unverheiratet sein, einen Ausweis mit Lichtbild dabeihaben und vor der Trauung für $50 Cash eine Lizenz im Clark County Marriage License Bureau, 200 S Third St, ℡ 455-4415, 💻 www.co.clark.nv.us, erwerben, 🕒 Mo–Do 8–24 und Fr ab 8 Uhr durchgehend bis So um 24 Uhr.

Einige Hochzeitskapellen werben mit einem Spottpreis von manchmal nur $50 für eine einfache Zeremonie, doch bei solchen Preisen ist nicht einmal der Priester enthalten, der dann schnell mal $40 „extra" kostet. Als absolutes Minimum müssen $100 veranschlagt werden, wobei die Angelegenheit dann wahrscheinlich in etwa so romantisch ausfallen wird wie das Einchecken in einem Hotel und auch vom Zeitaufwand her durchaus damit zu vergleichen ist. Den vollen Service mit allem Drum und Dran bekommt man für ca. $600. Zu den neueren Optionen zählen das Jawort inmitten von Piraten an Bord der HMS Britannia vor dem Treasure Island, ℡ 894-7700; auf dem Deck der *USS Enterprise* am *Hilton*, ℡ 697-8750; auf einer Gondel im Canale Grande des *Venetian*, ℡ 414-4253, oder im mittelalterlichen Kostüm im *Excalibur*, ℡ 597-7278.

Die **Candlelight Wedding Chapel**, 2855 Las Vegas Blvd S, ℡ 735-4179 oder 1-800/962-1818, 💻 www.candlelightchapel.com ist eine lebhafte kleine Kapelle gegenüber vom Circus Circus, wo das Hochzeitspaket für $179 einen Strauß Nelken beinhaltet und das für $499 ein Strumpfband.

Bei **Graceland Wedding Chapel**, 619 Las Vegas Blvd S, ℡ 474-6655 oder 1-800/824-5732, 💻 www.gracelandchapel.com, agiert ein Elvis-Imitator als Trauzeuge, übergibt die Braut oder singt ein Ständchen, nur die Trauung darf er nicht persönlich vornehmen.

Die 50 Jahre alte Kapelle **Little Church of the West**, 4617 Las Vegas Blvd S, ℡ 739-7971 oder 1-800/821-2452, bewegt sich ständig weiter den Strip hinunter und befindet sich gegenwärtig etwas südlich vom Mandalay Bay. Sie gehört zu den friedlicheren Lokalitäten von Vegas, in denen man sich das Jawort geben darf – falls es das ist, was man sucht.

In der **Little White Chapel**, 1301 Las Vegas Blvd S, 3382-5943 oder 1-800/545-8111, 💻 www.alittlewhitechapel.com, heirateten Bruce Willis und Demi Moore. Jeden Tag durchgehend geöffnet und für ganz Eilige mit der überdachten Durchfahrt „Tunnel of Love" versehen.

Die thematische Gestaltung der Kasinos von Las Vegas hat seit jeher spielerischen Charakter. Das *Luxor* sollte beispielsweise nie jemanden ernsthaft auf die Idee bringen, man befände sich im alten Ägypten – es geht einzig und allein um den Spaß an der Illusion. Doch inzwischen scheint die Schaffung einer Illusion allein nicht mehr auszureichen, und so versucht das *Bellagio* noch authentischer zu sein als das Original. Das Problem ist nur, dass es sich nicht in Europa befindet, sondern in Las Vegas, und daher voll gestopft ist mit Spielautomaten (zugegeben – sie sind wie Schmuckstücke in die Marmortresen eingelassen, aber letztlich sind es doch nur Spielautomaten). Der stattliche Hauptblock des Hotels mit seiner geschwungenen Fassade in blauen und cremefarbenen Pastelltönen steht etwas abseits des Strip hinter einem gut drei Hektar großen künstliche See, in dem halbstündlich Hunderte Unterwasserspringbrunnen ihre Fontänen in die Luft schießen und dabei ein mit lauter Musik und bunten Lichtern choreografiertes Busby-Berkeley-Ballett auf die Wasseroberfläche zaubern.

Ansonsten ist man im *Bellagio* besonders stolz auf die Via Bellagio, eine überdachte Mall mit unglaublich schicken Designerboutiquen, und natürlich auf den üppigen Wintergarten, dessen Blumenbeete unter einem Belle-Epoque-Baldachin aus kupfergerahmtem Glas alle paar Wochen mit Zierblumen der Saison neu bepflanzt werden.

Vom Bellagio aus gesehen auf der anderen Seite der Flamingo Road, an der Kreuzung, wo 1996 der

Rapper Tupac Shakur aus einem Auto heraus erschossen wurde, stellt der altbewährte **Caesar's Palace** immer noch Las Vegas in seiner besten Ausprägung dar. Ist man durch den römischen Eingangspavillon über die Marmortreppen und automatischen Rolltreppen an lebensgroßen Repliken von Caravaggios David vorbei endlich in das Innere des Palastes vorgedrungen, wundert man sich über gar nichts mehr, schon gar nicht über die Kellnerinnen in Kleopatra-Kostümen und die männlichen Angestellten, die als römische Zenturios herumlaufen. Über den teuren Restaurants und Geschäften wölbt sich die blaue Dachkuppel des Forum, die in schneller Folge den Wechsel der Tageszeiten simuliert, von Sonnenaufgang bis Sonnenuntergang und wieder zurück, während die computeranimierten Figuren auf den reich verzierten Springbrunnen in regelmäßigen Abständen zum Leben erwachen. Noch verrückter ist der 3-D-Imax-Simulator **Race for Atlantis** (⊙ Mo–Do und So 10–23, Fr und Sa 10–24 Uhr, Eintritt $10), der eigentlich gar nicht so viel bietet fürs Geld – der Fahrgast wird von einem 4-minütigem, zweitklassigen Science-Fiction-Film mehr oder weniger in seine Einzelteil zerlegt –, doch die meisten Kids verlassen den Simulator mit einem alles andere als unzufriedenem Gesichtsausdruck.

Am Bürgersteig südlich des *Caesar's Palace* drängen sich nachts die Massen, um vor dem **Mirage** dem viertelstündlich erfolgenden, nicht besonders überzeugenden Vulkanausbruch beizuwohnen, in dessen Verlauf Wasser und Feuer in das Becken unten gespieen werden. Im Innern dösen zwei weiße Tiger von Siegfried und Roy wie benommen in einem Gehege mit Glasfront vor sich hin. Weitere Exemplare sind im **Secret Garden & Dolphin Habitat** im Garten zu besichtigen (⊙ Mo, Di, Do und Fr 11–17, Sa–So 10–17 Uhr. Delphine Mo–Fr 11–19, Sa–So 10–19 Uhr, Eintritt $10, Kinder unter 10 Jahre frei. Mi nur Delphinbereich geöffnet, Eintritt $5). Gleich nebenan befindet sich die Galeere und eine britische Fregatte, auf der kostümierte Angestellte alle 90 Minuten nach Einbruch der Dunkelheit und bei freiem Eintritt vor dem Treasure Island lautstarke Gefechte abhalten.

Abseits des Strip in der 3401 Industrial Road befindet sich das Museum **Elvis-A-Rama** mit einer faszinierenden Sammlung von Elvis-Memorabilia und stündlichen Auftritten von Elvis-Imitatoren, die im Eintrittspreis enthalten sind. ⊙ Mo–Sa 10–18, So 10–17 Uhr, Eintritt $10.

Auf der anderen Seite des Strip ragt die Fassade eines weiteren Neulings in die Höhe, des 1999 erbauten **Venetian**. Der Venedig-Komplex beinhaltet neben sechs liebevoll nachgebauten venezianischen Gebäuden auch die Rialto- und die Seufzerbrücke. Im Kasino selbst liegt die Betonung auf dem Einkaufsparadies Grand Canal Shoppes, das über ein mit lebhaften Fresken (Nachbildungen venezianischer Originale) verziertes Treppenhaus zugänglich ist. Der groteske Nachbau des Canale Grande mit Gondeln und trällernden Gondolieri ($12,50 pro Fahrt) ist typisch Las Vegas und somit völlig unwiderstehlich – kaum zu glauben, aber der Kanal befindet sich im Obergeschoss!

Im Herbst 2001 eröffneten im *Venetian* gleich zwei verschiedene Guggenheim-Kunstmuseen, deren ultramodernes Design aus der Feder des niederländischen Architekten Rem Koolhaas stammt. Das große **Guggenheim Las Vegas**, ein spektakulärer und flexibler Komplex für Wanderausstellungen, ist bereits wieder geschlossen und wird demnächst sicher durch etwas noch Aufregenderes ersetzt. Das **Guggenheim Hermitage** hat noch geöffnet und liefert die dringend benötigten Einnahmen für das legendäre Staatliche Hermitage Museum im russischen St. Petersburg, dessen Schätze hier in halbjährlich wechselnden Ausstellungen gezeigt werden. Ansonsten lag die Betonung der bisherigen Ausstellungen auf Impressionismus und Kubismus, wobei auch Monet, Picasso und Van Gogh stark vertreten waren. ⊙ tgl. 9–20.30 Uhr, Eintritt $15, Kinder unter 13 Jahre $7.

Das *Venetian* beherbergt außerdem den ersten US-Ableger von Madame Tussaud's berühmtem Wachsfigurenkabinett, das hier **Celebrity Encounter** heißt, weil die Besucher mit den Figuren posieren, sie berühren, liebkosen und nachäffen dürfen. Unter den Berühmtheiten befinden sich u.a. Siegfried und Roy, Liberace, Tom Jones und Frank Sinatra. Das ganze Vergnügen ist absurd teuer, und die computeranimierten Schaustücke können nicht annähernd mit den kostenlosen Darbietungen im *Caesars* konkurrieren. ⊙ Mo–Do und So 11–19, Fr und Sa 11–22 Uhr, Eintritt $15, Kinder unter 13 Jahre $10.

Der nördliche Strip

Eine weitere Meile nördlich versucht das auf Familien ausgerichtete **Circus Circus** seine Gäste mit Zirkusdarbietungen anzulocken: ein Trapez-Artist hier, ein Feuerschlucker da, und dazu der überdachte Themenpark **Adventuredome**, wo man getrennt für jede Achterbahn oder Flussfahrt zahlen oder sich eine Tageskarte für $19 (Personen über 1,20 m Körpergröße) bzw. $14 (unter 1,20 m) kaufen kann. ◐ Mo–Do 11–18, Fr 11–24, Sa und So 10–24 Uhr.

Wer eine Abkühlung braucht, kann sich in die Wasserrutschen des einzigen Aquaparks von Las Vegas stürzen: **Wet 'n' Wild**, 2601 S Las Vegas Blvd, ◐ Sommer tgl. 10–20 Uhr, Eintritt $27.

Eine halbe Meile östlich des *Circus Circus* steht in der 3000 Paradise Road das **Las Vegas Hilton** mit seiner Attraktion **Star Trek Experience**. In Museumsatmosphäre erzählen wortreiche Hochglanzexponate die Enterprise-Chronologie mitsamt des Dritten Weltkriegs 2053 und Spocks Geburt 2230, während winzige Ferengi zwischen den Besuchern umherwuseln. Seinen Höhepunkt erreicht das Ganze mit einer Brechreiz verursachenden Simulatorfahrt durch die Tiefen des Raumes, die in einer Shoppingzone endet, die man auch ohne zu bezahlen hätte betreten können. Dort gibt es Star-Trek-Souvenirs zu kaufen, u.a. eine Lederjacke für weit über $2000. ◐ tgl. 11–23 Uhr, Eintritt $25.

1996 eröffnete eine halbe Meile stadteinwärts des *Circus Circus* das **Stratosphere**. Mit 344 m ist Stratosphere das höchste Gebäude westlich des Mississippi, von der Aussichtsplattform im Freien und dem Aussichtsraum im Inneren, fast ganz oben, eröffnen sich sagenhafte Ausblicke über die Stadt, Eintritt $5. Wer dem Himmel noch näher kommen will, kann zwei absolut verrückte Fahrten unternehmen: die höchste Achterbahn der Welt ($5) umkreist den Sphere, und der Big Shot ($8) katapultiert Abenteuerlustige noch um weitere 50 m höher, wonach es im freien Fall wieder abwärts geht.

Downtown

Während der Strip ständig verschönert und umgemodelt wird, wurde die **Innenstadt** vergleichsweise vernachlässigt. Die seit jeher als „Glitter Gulch" (Glitzerschlucht) bezeichnete Gegend umfasst mehrere kompakte Straßenzüge mit weniger auffälligen Kasinos. Ihre aktuelle Neugestaltung konzentriert sich derzeit auf die komplette Überdachung von fünf Blocks der Fremont Street, der Hauptstraße von Downtown, zwischen Main Street und Las Vegas Boulevard. Diese so genannte **Fremont Street Experience** ist ein in allen Neonfarben strahlendes „Himmelsgewölbe" mit über zwei Millionen farbigen Glühbirnen, die allabendlich zwischen 20 und 24 Uhr jeweils stündlich ein computergesteuertes, kostenloses Spektakel bieten.

Liberace Museum

Die paar Museen von Las Vegas darf man getrost vergessen, mit einer großen Ausnahme: das **Liberace Museum**, zwei Meilen östlich des Strip in der 1775 E Tropicana Ave, ✆ 798-5595, 🖥 www.liberace.org. Gemeinhin hat man den 1987 verstorbenen Liberace als glitzernden Schnulzenkönig der heftigeren Sorte in Erinnerung, aber seine Karriere ist zumindest interessant. Er fing als Pianist in den Spelunken des heimischen Milwaukee an und war schon ein Jahrzehnt später das Idol kreischender Jugendlicher und das Opfer der skrupellosen amerikanischen Regenbogenpresse. Dies alles erzählt eine vergilbende Sammlung von Zeitungsausschnitten und Familienfotos, zusammen mit juwelenbesetzten Wachteleiern mit eingebauten Miniaturklavieren, mit Bergkristallen verzierten Pelzmänteln, chromblitzenden Autos usw. ◐ Mo–Sa 10–17, So 13–17 Uhr, Eintritt $7.

Übernachtung

Obwohl es in Las Vegas weit über 125 000 Motel- und Hotelzimmer gibt, ist es ratsam, ein Zimmer zu reservieren. Dies empfiehlt sich vor allem für Leute, die sparsam reisen wollen oder an einem Freitag oder Sonnabend eintreffen, denn an jedem Wochenende fallen über 200 000 Menschen in der Stadt ein. Mittlerweile trifft es nicht mehr zu, dass die Hotels in Las Vegas ohne weiteres unglaubliche Schnäppchenpreise anbieten. Es mag stimmen, dass passionierte Spieler ihre Unterkunft teilweise nicht bezahlen müssen, aber als passioniert gilt man erst ab einem Einsatz von mehreren Tausend Dollar.

Die **Zimmerpreise** regeln sich ausschließlich durch Angebot und Nachfrage. Selbst wer mehrere aufeinander folgende Tage in ein und dem-

selben Zimmer nächtigt, zahlt pro Übernachtung unterschiedliche Preise, je nach Wochentag und Veranstaltungskalender der Stadt. Der einzig sichere Weg zu einem günstigen Zimmer ist die Anreise **unter der Woche** statt am Wochenende. Freitags und samstags ziehen die Preise enorm an, d.h. um $30 bis $50 in einem billigeren Hotel und um $100 in den berühmten Kasinos. Darüber hinaus verweigern viele Hotels das Einchecken am Samstag. Die **Las Vegas Convention & Visitors Authority** bietet unter ✆ 1-800/332-5334 einen Auskunfts- und Reservierungsservice an.
Aladdin, ab****, 3667 Las Vegas Blvd S, ✆ 785-5555 oder 1-877/333-9474, 🖥 www.aladdincasino. com. Wesentlich überschaubarer als die meisten seiner riesigen Nachbarn. Jedes einzelne der 2600 geräumigen Zimmer liegt in Fahrstuhlnähe. Erstklassige Möglichkeiten zum Essen und Einkaufen.
Bellagio, $160–250, 3600 Las Vegas Blvd S, ✆ 693-7111 oder 1-888/987-6667, 🖥 www.bellagiolasvegas.com. Extrem luxuriöse Zimmer mit feudalen Möbeln und Marmorbädern. Faszinierender Swimming-Pool-Komplex und einige der besten Restaurants der Stadt.
Caesar's Palace, ab****, 3570 Las Vegas Blvd S, ✆ 731-7110 oder 1-800/634-6661, 🖥 www.caesars.com. War in den 60ern das luxuriöse Aushängeschild im Herzen des Strip und bietet auch heute noch das Nonplusultra an pseudorömischer Pracht mit erstklassigen Restaurants und Geschäften.
California Hotel*, 12 Ogden Ave Ecke First St, Las Vegas NV 89101, ✆ 385-1222 oder 1-800/634-6255, 🖥 www.thecal.com. Fast alle Gäste in diesem Downtown-Kasino der mittleren Preisklasse kommen aus Hawaii, daher gibt es in den Bars und Restaurants vor allem hawaiianische Gerichte und Getränke. Die Zimmer sind schlicht, aber durchaus akzeptabel.
Circus Circus**–****, 2880 Las Vegas Blvd S, ✆ 734-0410 oder 1-800/444-2472, 🖥 www.circuscircus.com. Das bewährte Hotel am Strip wird vor allem von preisbewussten Reisegruppen favorisiert. Kinder lieben das Themenpark und die (fast) nonstop dargebotenen Zirkusvorführungen, Erwachsene die niedrigen Zimmerpreise.
Las Vegas USA Hostels*–**, 1322 E Fremont St, ✆ 385-1150 oder 1-800/550-8958, 🖥 www. usahostels.com. Gepflegte, unabhängige Jugendherberge in einem düsteren Viertel zehn Blocks östlich von Downtown. Dorm-Betten $13, DZ $38, außerdem guter Pool, Internet-Zugang und Shuttlebusse. Das freundliche Personal vermittelt Stadtrundfahrten, Touren in Nationalparks und einmal wöchentlich eine Disco-Nacht. Keine Sperrstunde.
Luxor Las Vegas*****, 3900 Las Vegas Blvd S, ✆ 262-4000 oder 1-800/288-1000, 🖥 www.luxor. com. Eine Übernachtung in dieser riesigen Rauchglaspyramide zählt zu den ganz großen Erlebnissen in Las Vegas. Alle 2000 Zimmer sind auf attraktive Weise nach dem Thema Ägypten gestaltet und bieten fantastische Ausblicke.
MGM Grand*****, 3799 Las Vegas Blvd S, ✆ 891-7777 oder 1-800/929-1111, 🖥 www.mgmgrand.com. Das Warten auf den Service, ganz besonders beim Einchecken, kann im größten Hotel der Welt zu einer echten Geduldsprobe werden, aber der Standard der Zimmer ist angesichts des Preises gut. Außerdem beherbergt der Komplex einige der besten Restaurants von Las Vegas.
New York–New York, ab****, 3790 Las Vegas Blvd S, ✆ 740-6050 oder 1-800/693-6763, 🖥 www.nynyhotelcasino.com. Die Zimmer im mitreißendsten Spaßkasino am Strip sind sehr schön, aber etwas klein. Einrichtung und Dekor mit Art-déco-Elementen.
Paris-Las Vegas, ab*****, 3655 Las Vegas Blvd S, ✆ 946-7000 oder 1-888/266-5687, 🖥 www.parislasvegas.com. Im extravaganten Hotel-Kasino mit Thema Frankreich liegt die Qualität von Zimmern und Service etwas unterhalb jener der meisten anderen Luxushotels der Stadt, aber Lage, Ausblick und allgemeine Atmosphäre sind hervorragend.
The Venetian, $160–250, 3355 Las Vegas Blvd S, ✆ 414-1000 oder 1-888/283-6423, 🖥 www.venetian.com. Selbst bei den Standardzimmern in diesem Luxusmonster am Strip handelt es sich um Suiten, die antike Betten mit Baldachin auf Podesten und geräumige Wohnzimmer haben.

Essen

Noch vor gut einem Jahrzehnt wurde die Restaurantszene in Las Vegas von der Vorstellung bestimmt, die Besucher wären nicht bereit, ihr Geld in Feinschmeckerlokalen zu lassen, und die einzigen Qualitätsrestaurants waren damals einige noble italienische Speiselokale weit abseits des Strip. Inzwischen hat sich die Situation jedoch geändert; die großen Kasinos konkurrieren darum, die kulinarischen Superstars aus dem ganzen Land dazu zu bewegen, Ableger in Las Vegas zu eröffnen. Heutzutage besuchen viele Touristen die Stadt, um in den besten Restaurants der Vereinigten Staaten zu speisen, ohne Monate im Voraus einen Tisch reservieren oder astronomische Preise bezahlen zu müssen. Die nachfolgend aufgeführten Restaurants stellen nur einen Bruchteil des Gesamtangebots dar, denn besonders auf dem Strip ist die Auswahl mittlerweile geradezu überwältigend. Folglich ist es auch kein Problem, ein gutes Restaurant zu finden, das jedem Geschmack und Geldbeutel gerecht wird. Aus diesem Grund sind die nachfolgend beschriebenen Restaurants am oberen Ende der Skala angesiedelt, d.h. es handelt sich um Lokale, die ein außergewöhnliches kulinarisches Erlebnis versprechen.

BUFFETS – Fast alle Kasinos bieten ein Buffet der Sorte *all you can eat* an. Die besten sind ungefähr so, als hätte man uneingeschränkten Zugang zu allen Speisen im Fastfood-Bereich einer exklusiven Mall, d.h. man bekommt einen ordentlichen Imbiss, aber keine großartige Zubereitung geboten. Die besten Buffets finden sich meist in den Kasinos etwas abseits des Strip und außerhalb von Downtown, weil diese neben den Touristen auch auf einheimische Gäste angewiesen sind. Im Gegensatz dazu lassen die Buffets in den größten Strip-Kasinos wie *Excalibur* und *MGM Grand* häufig viele Wünsche offen. Eine neuere Entwicklung geht jedoch dahin, dass Luxuskasinos wie *Bellagio* und *Paris* die Buffetpreise auf ein höheres Niveau anheben, sodass hier Feinschmeckerträume wahr werden.

The Buffet, *Bellagio,* 3600 Las Vegas Blvd S, ℡ 791-7111. Das mit Abstand beste Buffet in Las Vegas. Bei anderen Buffets schwärmt man vielleicht vom guten Preis-Leistungs-Verhältnis, bei diesem schwärmt man vom guten Essen. Frühstück $13, Mittagessen $16 (häufig mit Sushi, Sashimi und Dim Sum), Abendessen $25 (mit Köstlichkeiten wie Hummer, frischen Austern und Rehbraten).

Carnival World Buffet*, Rio,* 3700 W Flamingo Rd, ℡ 252-7777. Ausgezeichnetes Essen fürs Geld eine halbe Meile westlich des Strip. Die enorme Vielfalt beinhaltet neben thailändischen, chinesischen, mexikanischen und japanischen Speisen auch (wie üblich) Pasta und Gegrilltes und sogar Fish 'n' Chips. Frühstück $10, Mittagessen $12, Abendessen $17.

Garden Court Buffet*, Main Street Station,* 200 N Main St, ℡ 387-1896. Das Buffet mit dem besten Preis-Leistungs-Verhältnis in Downtown Las Vegas bietet viele Leckereien: Brathähnchen und Mais in der Abteilung „South to Southwest", Tortillas im „Olé" oder Schweinefleisch-Chow-Mein und Austerntofu im „Pacific Rim". Frühstück $5, Mittagessen $7,50, Abendessen meistens $11, freitags $15 wegen zusätzlicher Seafood-Spezialitäten.

Le Village Buffet*, Paris,* 3655 Las Vegas Blvd S, ℡ 967-7000. Vorzügliche französische Küche mit ausgezeichnetem Seafood, fleischigen Brathähnchen und superfrischem Gemüse. Das Ambiente in einem an Disney erinnernden „französischen" Dorf ist ein wenig beengt, aber das Essen ist *magnifique*. Frühstück $12, Mittagessen $19, Abendessen $22.

Todai Seafood Buffet, Desert Passage Mall, *Aladdin,* 3663 Las Vegas Blvd S, ℡ 892-0021. Nicht zu verwechseln mit dem akzeptablen, aber nicht außergewöhnlichen Buffet des *Aladdin*. Die Spezialität sind hervorragende japanische Speisen nach dem Motto *all you can eat*. Himmlisches Seafood mit unbegrenzt Sushi, Sashimi, warmen Hauptgerichten, Nudeln, Gegrilltem, Teriyaki und Fleisch. Mittagessen Mo–Fr $15, Sa–So $17, Abendessen So–Do $26, Fr und Sa $28.

RESTAURANTS – ***America****, New York-New York,* 3790 Las Vegas Blvd S, ℡ 740-6451. Riesiger, 24 Std. geöffneter Diner mit gigantischer 3-D-„Landkarte" der Vereinigten Staaten an der Decke und umwerfender Vielfalt auf der Speisekarte. Hier gibt es zu jeder Tages- und Nachtzeit etwas für jeden Gaumen, und die Qualität ist überraschend gut.

Binion's Horseshoe Coffee Shop*, Binion's Horseshoe,* 128 E Fremont St, ℡ 382-1600. Rund um die Uhr geöffnetes Café der Superlative im Keller eines alteingesessenen Kasinos in Downtown. Von 22–5 Uhr kostet ein Abendessen mit Steak nur $5, und das Frühstück bietet mehr fürs Geld als die meisten Buffets; „Benny Binion's Natural" wird von 2–14 Uhr serviert, kostet $4,99 und besteht aus zwei Eiern, Bacon, Würstchen oder Schinken, Toast, Tee oder Kaffee und hervorragenden Bratkartoffeln.

Commander's Palace, *Aladdin*, 3667 Las Vegas Blvd S, ✆ 892-8272. Der allererste Ableger des besten und teuersten Restaurants in New Orleans liegt vor der Desert Passage Mall am Strip. Die gepflegte Einrichtung verströmt Louisiana-Atmosphäre, das Essen ist aufwändig und üppig. ⏱ tgl. zum Mittag- und Abendessen.

Il Fornaio, *New York-New York*, 3790 Las Vegas Blvd S, ✆ 650-6500. Das italienische Restaurant ist ein wahres Vergnügen und der beste Ort, das Ambiente des Kasinos zu genießen. Pizza um die $12 oder komplette Mahlzeiten wie gemischter Vorspeisenteller ($9,50), gefolgt von Seafood-Linguini ($19) oder Rotisserie-Hühnchen ($16). Das hier servierte leckere Olivenbrot, Gebäck und die unterschiedlichen Espresso-Sorten kann man auch in einem separaten Delikatessengeschäft in der Nähe käuflich erstehen.

Mon Ami Gabi, *Paris*, 3655 Las Vegas Blvd S, ✆ 944-4224. Das einzige große Kasino-Restaurant am Strip mit Sitzplätzen unter freiem Himmel besitzt die Atmosphäre eines französischen Straßenbistros. Tipp zum Mittagessen: herrlich authentische Zwiebelsuppe ($6,50), Miesmuscheln als Vorspeise ($11) bzw. Hauptgericht ($20) oder *steak frites* ($19–21). Zum Abendessen teure Steak- und Fischgerichte.

Mr Lucky's 24/7, *Hard Rock Hotel*, 4455 Paradise Rd, ✆ 693-5000. Stilvolles, rund um die Uhr geöffnetes Café mit offener Küche, Kunstfell-Sitzecken und gedämpftem Anstrich in Braun- und Cremetönen. Die Qualität der Speisen liegt weit über dem Durchschnitt.

Olives, *Bellagio*, 3600 Las Vegas Blvd S, ✆ 693-8181. Das nobelste Restaurant im *Bellagio* ist von der Sorte, wo eine $10-Pizza „im Ofen gebackenes Flachbrot" heißt und das Essen eher vertikal als horizontal drapiert wird, doch das überwiegend mediterrane Speisenangebot ist durchweg vorzüglich und frisch. Hervorragend geeignet zum Mittagessen (unter $20), das Abendessen ist teurer.

Zefferino, Grand Canal Shoppes, *The Venetian*, 3355 Las Vegas Blvd S, ✆ 414-3500. Sehr romantisches, verspieltes italienisches Restaurant mit geschnitzten Balkonen und Blick auf den Canale Grande. Die Hauptgerichte zum Abendessen sind teilweise sehr teuer, z.B. schlichte Ravioli für $25 und Fischsuppe für $45, doch das 3-Gänge-Menü zum Mittagessen für $20 (tgl. außer So) bietet ungewöhnlich viel fürs Geld.

BARS UND CLUBS – Alkohol ist in Las Vegas praktisch allgegenwärtig. Alle Kasinos haben mehrere Bars, doch wem es nach einem Drink gelüstet, der muss nicht groß suchen, denn die Kellnerin mit dem Tablett ist längst da. Die altmodische **Las Vegas Lounge** hat eine massive Wiederbelebung erfahren, sowohl als bewusst retro-gestylte Bar für Rocker zwischen 20 und 30 wie auch als liebevolle Reproduktion für ältere Besucher auf der Suche nach dem ruhigeren Flair vergangener Rat-Pack-Tage. Darüber hinaus hat sich Las Vegas auch mit seinen **Clubs** endlich einen Platz auf der internationalen Landkarte erobert. Nachtschwärmer und Clubgänger werden nicht mehr als besondere Spezies im Gegensatz zu den Touristen angesehen; stattdessen hat der Erfolg von Clubs in den „szenigeren" Kasinos wie *Hard Rock* und *Mandalay Bay* alle größeren Konkurrenten auf den Plan gerufen, ähnliches anzubieten – häufig mit spektakulären Ergebnissen. ***Club-A-Go-Go***, ✆ 1-800/258-2218 oder 🖥 www.clubagogo.com, veranstaltet geführte Touren durch drei angesagte Clubs von Las Vegas einschließlich Party-Bus und sofortigem VIP-Zutritt (Mi, Do und Fr, $40).

Gipsy, 4605 Paradise Rd, ✆ 731-1919. Bekannter schwuler Dance Club, dessen Erfolg die Entstehung des angrenzenden Schwulenviertels begünstigte. Meistens irgendeine Art von Live-Entertainment und an den meisten Abenden „Beer Bust", d.h. billiges Bier fließt in Strömen. ⏱ tgl. außer Mo.

House of Blues, *Mandalay Bay*, 3950 Las Vegas Blvd S, ✆ 632-7600. Das mit einem Hauch Voodoo versehene und mit volkstümlicher Kunst dekorierte *House of Blues* ist die beste Adresse für Live-Musik auf dem Strip und legt eine deutliche, aber nicht ausschließliche Betonung auf Blues, R&B und schwarze Musik. Preise von bis zu $75 für große Namen.

Ra, *Luxor,* 3900 Las Vegas Blvd S, ☎ 262-4400. Trotz der köstlich übertriebenen ägyptischen Motive versprüht das *Ra* die Atmosphäre eines echten Großstadtclubs. Berühmte DJs legen für ein extrem trendbewusstes und äußerst glamouröses Publikum auf. Käfigtänzer(innen) begleiten ein wechselndes Programm spezieller Themenabende. Mo und Di geschlossen.

Rain In The Desert, *The Palms,* 4321 W Flamingo Rd, ☎ 940-7246. Beim Bau des riesigen Clubs für 1200 Gäste im neuesten Kasino der Stadt wurden keine Kosten gescheut. Jede Menge Spezialeffekte, die sich nicht nur auf Wasserfälle und einen Fluss beschränken, sondern auch umherziehende Nebelschwaden beinhalten, ⊙ nur Do–Sa.

rumjungle, *Mandalay Bay,* 3950 Las Vegas Blvd S, ☎ 632-7408. Dem Zutritt in diese Kombination aus Bar, Restaurant und Club geht ein Spießrutenlauf durch Go-Go-Tänzer(innen) und vulkanische Gasdüsen voraus. Das im Leoparden-Look gekleidete Personal serviert preisgünstige Cocktails und eine Riesenauswahl an Rumsorten. Aufgrund der extremen Lautstärke kann man hier nur stumm zugucken oder sich auf die Tanzfläche begeben.

Venus Lounge, *The Venetian,* 3265 Las Vegas Blvd S, ☎ 414-4870. Herrlich kitschige Retro-Lounge direkt am Strip mit Plüschsofas im Hauptsaal. Am Wochenende Live-Musik und Go-Go-Tänzer(innen) in überdimensionalen Martini-Gläsern; das benachbarte *Taboo Cove* ist eine gelungen nachgebildete, spärlich beleuchtete Tiki-Bar. Mo und Di geschlossen.

Unterhaltung

Es gab Zeiten, als ein Auftritt in Las Vegas den absoluten Höhepunkt einer Showbiz-Karriere darstellte. In den frühen 60er Jahren, als Frank Sinatra mit seinem Rat Pack tagsüber erfolgreiche Kinofilme wie das Original von *Ocean's 11* drehte und am Abend auf der Bühne des *Sands* stand, konnte die Stadt von sich behaupten, das Zentrum der internationalen Unterhaltungsindustrie zu sein. Und nicht nur das – Las Vegas war sogar „hip". Heute ist zwar das Geld noch da, doch die Welt des Entertainment ist weitergezogen. Während die großen Stars der Vergangenheit in der Erinnerung verblassen, scheinen nur wenige der bei den traditionellen Vegas-Besuchern beliebten Künstler in der Lage zu sein, eine Show mit längerer Laufzeit auf die Beine zu stellen. Statt dessen ist eine Tendenz zu spektakulären Stunts und Spezialeffekten zu verzeichnen, oder es werden kurze Zeiträume Stars aus dem Rock- und Popgeschäft für engagiert. Während sich einige Vegas-Revuen im alten Stil noch tapfer über Wasser halten, gibt es in diesem Bereich mehr erfrischende zeitgenössische Produktionen, als gemeinhin angenommen wird.

Blue Man Group, *Luxor,* 3900 Las Vegas Blvd S, ☎ 262-4400. Vorhang auf für eine seltsame und unbekannte Welt, in der drei kahlköpfige Performance-Künstler in Blau jeden Abend ein mit 1250 Plätzen ausverkauftes Theater in einer riesigen Pyramide unterhalten. Dabei sind weder Stars zu erwarten noch eine Handlung, ja nicht einmal gesprochene Worte; stattdessen gibt es synchronisiertes Verzehren von Frühstücksflocken zum ohrenbetäubenden und berauschenden Trommeln der blauen Männer samt atemberaubender Spezialeffekte. ⊙ So, Mo, und Mi–Fr 19 und 22, Di 19, Sa 16, 19 und 22 Uhr, Eintritt $79–90.

Celine Dion in A New Day, *Caesars Palace,* 3570 Las Vegas Blvd S, ☎ 731-7865. Celine bietet monumentale Unterhaltung à la Vegas im gigantischen, eigens dafür errichteten Colosseum des *Caesars Palace*. Echte Fans erfreuen sich an dem vortrefflichen Sound – doch viele lässt der „Cirque de Celine" auch kalt. Celine selbst erscheint zwergenhaft auf der kolossalen Bühne, während das Cirque-de-Soleil-Dekor nicht so recht zu den weichgespülten Songs passen will. ⊙ Mi–So 20.30 Uhr, Eintritt $87,50–200.

Lance Burton, *Monte Carlo,* 3770 Las Vegas Blvd S, ☎ 730-7160. Die beste Familienunterhaltung in Las Vegas wird von Starzauberer Lance Burton präsentiert. Ein Großteil des Programms besteht aus traditionellen, aber sehr beeindruckenden Tricks mit Spielkarten, Taschentüchern und Tauben, doch daneben gibt es auch groß angelegte Illusionen zu bestaunen. z.B. das Verschwinden eines ganzen Flugzeugs und eine extrem knappe Flucht vor dem Galgen. ⊙ Di–Sa 19 und 22 Uhr, Eintritt $55 und $60.

Legends in Concert, *Imperial Palace,* 3535 Las Vegas Blvd S, ✆ 794-3261. Vergnügliche Show mit Imitatoren berühmter Künstler von den Righteous Brothers bis Shania Twain. ⌚ tgl. außer So 19.30 und 22.30 Uhr. Eintritt $40 inkl. zweier Getränke, Kinder unter 12 Jahre $25.

Mystère, *Treasure Island,* 3300 Las Vegas Blvd S, ✆ 796-9999. Fabelhafte Vorstellung des Cirque du Soleil mit Akrobaten, Trapez-Artisten, Seiltänzern, Clowns und starken Männern, aber ohne Tiere (abgesehen von einigen Fabelwesen in fantastischen Kostümierungen). ⌚ Mi–So 19.30 und 22.30 Uhr, Eintritt $88, Kinder unter 12 Jahre $35.

O, *Bellagio,* 3600 Las Vegas Blvd S, ✆ 693-7722. Die teuerste Show von Las Vegas belegt eindrucksvoll, was alles möglich ist, wenn Geld keine Rolle spielt. Alle Teile der Bühne können jederzeit auf unterschiedliche Tiefen abgesenkt werden. Während ein Künstler in einem Augenblick über einen bestimmten Punkt schreitet, taucht ein anderer im nächsten Moment per Hechtsprung vom Hochseil in diesen Bühnenteil ein. Von den Synchronschwimmern angefangen, präsentiert der Cirque du Soleil hier das gesamte Spektrum seines überragenden Könnens. ⌚ Mo, Di und Fr–So 19.30 und 22.30 Uhr, Eintritt $93,50 und $121.

Sonstiges

GELD – Nirgendwo lässt sich einfacher Geld jeglicher Währung wechseln als in den zahlreichen Automaten der Kasinos von Las Vegas.

INFORMATIONEN – Zahlreiche kostenlose Broschüren und Magazine bieten detaillierte Informationen über Unterkünfte, Mega-Buffets und Unterhaltung. Außerdem gibt es ein ***Visitor Center*** in der 3150 Paradise Rd, ✆ 892-7575 oder 1-800/332-5333, 🖥 www.vegasfreedom.com, eine halbe Meile östlich des Strip neben dem riesigen Convention Center.

VORWAHL – 702.

Nahverkehrsmittel

Wer von Vegas mehr als den Strip sehen möchte, braucht einen Wagen. Es gibt aber auch öffentliche Verkehrsmittel:

Der ***Las Vegas Strip Trolley***, ✆ 382-1404, verkehrt auf dem Strip zwischen *Mandalay Bay* und *Stratosphere* zum Pauschaltarif von $1,50. Der vergleichbare ***Downtown Trolley***, ✆ 229-0624, pendelt zwischen *Stratosphere* und Downtown für $0,50.

CAT-Busse, ✆ 228-7433, 🖥 www.catride.com, verkehren in der ganzen Stadt; Nr. 301 und 302 verbinden den Strip mit Downtown ($2). Zwischen mehreren Kasinos auf dem Strip verkehren kostenlose **Einschienenbahnen**, die aber nicht untereinander verbunden sind; außerdem muss man bei den meisten vor dem Einsteigen erst das gesamte jeweilige Kasino durchqueren.

Transport

BUSSE – Der Langstreckenbusbahnhof von ***Greyhound*** liegt in der 200 S Main St in Downtown, doch die ankommenden Busse halten auch am Strip, vor dem Stardust.

Amtrak-Züge bedienen Las Vegas nicht mehr, doch *Amtrak* unterhält Anschlussbusse nach Vegas von L.A. und BAKERSFIELD in Kalifornien aus.

FLÜGE – Der betriebsame ***McCarran International Airport***, ✆ 261-5211, liegt nur eine Meile östlich vom südlichen Ende des Strip und vier Meilen von Downtown entfernt.

Einige Hotels bieten einen kostenlosen Shuttlebus vom und zum Flughafen. ***Bell Trans***, ✆ 739-7990, 🖥 www.bell-trans.com, betreibt **Minibusse** vom Strip ($4) und nach Downtown ($5,25). Ein **Taxi** vom Flughafen zum Strip kostet $10 für Kasinos am südlichen Ende und bis zu $20 für die am nördlichen, wobei der Fahrpreis aber auch stark von der benötigten Zeit für die Fahrstrecke abhängt.

Lake Mead und Hoover Dam

Der Lake Mead hat fast genauso viele Besucher zu verzeichnen wie Las Vegas. Der riesige Stausee ca. 30 Meilen südöstlich der Stadt entstand durch den Bau des Hoover Dam. Das blaue, klare Wasser bildet einen reizvollen, fast unwirklichen Kontrast zur umliegenden Wüste, wird allerdings das ganze Jahr über von wahren Touristenmassen heimgesucht.

Die **Lake Mead National Recreation Area** erstreckt sich bis nach Arizona hinein, doch die besten Ausblicke hat man auf der Nevada-Seite. Wer gar nicht wissen will, wo man entlang der 500 Meilen langen Küste überall tauchen, schwimmen, angeln oder Wasserski fahren kann, kann vom *Alan Bible Visitor Center,* 4 Meilen nordöstlich von Boulder City am US-93, ☏ 702/293-8990, 🖥 www.nps.gov/lame, zumindest die grandiose Aussicht genießen. ◷ tgl. 8.30–16.30 Uhr.

Nach weiteren acht Meilen, hinter den zerklüfteten Ausläufern der Black Mountains, gelangt der US-93 zum **Hoover Dam**. Die Wasser des Colorado River werden hier gestaut, um die Städte des Südwestens mit Elektrizität zu versorgen. Es handelt sich um eine der höchsten Staumauern, die je konstruiert wurden (230 m), allein der verwendete Beton würde ausreichen, um einen zweispurigen Highway von New York an die Westküste zu bauen.

Das 1935 fertig gestellte Bauwerk war die erste Stufe eines Projekts des Bureau of Reclamation, das seinen Höhepunkt mit dem Bau des Glen Canyon Dam (s.S. 265) erreichte. Aufgrund der Ereignisse des 11. September 2001 werden keine längeren Führungen hinter die Kulissen des Staudamms mehr veranstaltet, doch es gibt immer noch einen Besucherfahrstuhl zum unterirdischen Turbinenraum. Es lohnt sich, an einer der halbstündigen Führungen teilzunehmen, die beim Hoover Dam Visitor Center auf der Nevada-Seite, ☏ 702/293-1824, beginnen und tgl. zwischen 8.30–17.45 Uhr für $10, plus $5 Parkgebühr, angeboten werden.

Reno

Alle, die es nicht nach Las Vegas schaffen, können sich in Reno, Nevada, einen Eindruck davon verschaffen, wie das Leben in einer von Neonreklamen beleuchteten, ständig aktiven Glücksspielerstadt aussieht.

„Die größte kleine Stadt der Welt", wie sie sich selbst preist, ist tatsächlich so etwas wie eine etwas bescheidene Ausgabe von Las Vegas, mit endlosen Reihen Einarmiger Banditen, Spielstischen, schäbigen Hochzeitskapellen und billigen Scheidungsgerichten. Am I-80 am Fuße der Sierra Nevada gelegen, ist Reno zudem schnell und problemlos zu erreichen und mit seinen preiswerten Restaurants und Unterkunftsmöglichkeiten auch ein guter – und einzigartiger – Anlaufpunkt für alle, die nach einer langen, ermüdenden Bus-, Bahn- oder Autofahrt von der Ost- zur Westküste für kurze Zeit verschnaufen wollen.

Außer den zahllosen Neonreklamen hat die Stadt wenig Reiz, aber sie ist schön gelegen – der Truckee River windet sich zwischen den Straßenzügen hindurch, und in der Ferne grüßen die nicht selten schneebedeckten Gipfel der Sierra.

Wenn das Spielen langweilig wird, kann man immer noch einen angenehmen Nachmittag damit verbringen, in der trockenen Wüstenhitze herumzuschlendern oder eines der mehr oder weniger unterhaltsamen Museen zu besichtigen.

Reno ist auch ein guter Ausgangspunkt für Ausflüge an den Lake Tahoe, s.S. 382.

Kasinos

Reno hat nicht so viele glitzernde Neonfassaden wie Las Vegas, von dessen Weltruf und grenzenlosem Kitsch einmal ganz zu schweigen. In Nord-Nevada gilt die Stadt dennoch als Hauptanziehungspunkt aller Spielwütigen. Etwa ein Dutzend Kasinos gibt es in Downtown, und alle bieten rund um die Uhr Einarmige Banditen, Blackjack (meist mit täglichen oder wöchentlichen Ausscheidungskämpfen), Würfelspiele, Roulette und viele andere Möglichkeiten, sein Glück zu versuchen.

Harold's Club, 250 N Virginia St, wurde 1935 gegründet und gehörte zu den ersten Etablissements, die das Glücksspiel salonfähig machten, denn es stand in dem Ruf, den Spielern tatsächlich eine faire Chance zu bieten.

Heirat (und Scheidung) in Reno Es gibt drei Dinge, mit denen man sich in Reno die Zeit vertreiben kann – man kann spielen, heiraten oder sich scheiden lassen.
Die Kasinos konzentrieren sich um die Downtown entlang der Virginia Street beiderseits der Bahngleise. Die Heiratsbestimmungen sind die gleichen wie in Vegas, s.S. 276, allerdings bekommt man die Heiratsurkunde ($50) beim *Washoe County Court,* Virginia, Ecke Court St, ☏ 328-3260, ◷ tgl. 8–24 Uhr.
Zahllose Hochzeitskapellen offerieren ihre Dienste, einschließlich der *Heart of Reno Wedding Chapel,* 243 S Sierra St, ☏ 786-6882.

Renos neuestes Kasino, **Silver Legacy**, 407 N Virginia St, verfügt über mehr als 1700 Zimmer sowie einen Kuppelbau im Stil eines Planetariums. Ein 40 m hoher Förderturm scheint hier pures Silber aus dem Boden zu holen und in einen Münzregen zu verwandeln – wohl als Anreiz für die auf einen Geldsegen hoffenden Besucher, die Automaten weiterhin zu füttern.

Museen

Ein paar Museen versuchen, die Aufmerksamkeit der Besucher von den Spieltischen abzuziehen. Das größte ist das **National Automobile Museum**, Mill St, Ecke Lake St, in dem eine exzellente Kollektion von Oldtimern zu sehen gibt, die in kunstvoll ausgestatteten Straßenszenen aus verschiedenen Zeiten präsentiert werden. ◐ tgl. 9.30–17.30 Uhr, $7,50.

Kunstfreunde sollten sich die einfallsreichen Ausstellungen der **E. L. Weigand Gallery** und des **Nevada Museum of Art** ansehen, 160 W Liberty St, ◐ Di–Sa 10–16, So 12–16 Uhr, $3.

Auf der anderen Seite des US-395 steht auf dem Campus der University of Nevada das **Nevada Historical Society Museum**, 1650 N Virginia St, das sich auf Ausstellungsstücke der amerikanischen Ureinwohner konzentriert. ◐ Mo–Sa 10–17 Uhr, Eintritt $2.

Daneben befindet sich das **Fleischmann Planetarium**, wo neben den Teleskopen und Ausstellungen von Solarsystemen auch 2–4x tgl. in einem Panoramakino OMNIMAX-Filme gezeigt werden, Informationen unter ✆ 784-4811. ◐ Mo–Fr 8–22, Sa und So 11–22 Uhr, Eintritt $5.

Übernachtung und Essen

Alle Kasinos verfügen über Gästezimmer, am günstigsten sind
Atlantis*, 3800 S Virginia St, ✆ 825-4700 oder 1-800/723-6500, 🖥 www.atlantiscasino.com,
Silver Legacy*, 407 N Virginia St, ✆ 325-7401 oder 1-800/687-7733, 🖥 www.silverlegacyreno.com,
Circus Circus*, 500 N Sierra St, ✆ 329-0711 oder 1-888/682-0147, 🖥 www.circusreno.com,
Eldorado Casino*, 345 N Virginia St, ✆ 786-5700 oder 1-800/648-5966, 🖥 www.eldoradoreno.com. Das beste Buffet von Reno, Frühstück, Mittag- und Abendessen, kaum teurer als die Konkurrenz; ausgezeichnete Mittagsgerichte um $6.

Sonstiges

INFORMATIONEN – *Visitor Center* im *National Bowling Stadium*, 300 N Centre St, ✆ 1-888/HIT-RENO, 🖥 www.renolaketahoe.com, zu erkennen an der silbernen Kuppel, ◐ tgl. 8–18 Uhr.

VORWAHL – 775.

Transport

BUSSE – *Greyhound*-Busse halten am Terminal in der 155 Stevenson St.

EISENBAHN – *Amtrak*-Züge der Strecke San Francisco–Salt Lake City halten tgl. an der 135 E Commercial Row in Downtown, Fahrzeit nach SAN FRANCISCO 6 Std.

FLÜGE – Renos Cannon International Airport liegt ein paar Meilen südöstlich der Innenstadt, 20 Min. mit Stadtbus Nr. 24.

Carson City

Der Hwy-395 verläuft von Reno entlang der zerklüfteten Bergspitzen der High Sierra, am Mono Lake, Mount Whitney und Death Valley vorbei nach Süden.

Nur dreißig Meilen südlich von Reno liegt Carson City, die Hauptstadt Nevadas, wo der Hwy-395 auf dem Weg durch die Stadt kurzzeitig zur Carson Street wird. Im Vergleich zu anderen Hauptstädten ist Carson City ziemlich klein, dennoch gibt es zahlreiche elegante Gebäude, hervorragende historische Museen und einige Kasinos.

Das *Visitor Center* vergibt Stadtpläne für architektonische Stadtwanderungen und -rundfahrten auf eigene Faust mit Besichtigung des State Capitol, der Museen und zahlreicher schöner viktorianischer Holzhäuser und Kirchen im Westteil der Stadt, die aus den 70er Jahren des 19. Jhs. stammen.

Carson City wurde nach dem Pionier und Entdecker **Kit Carson** benannt, und in der Stadt herrscht auch heute noch etwas Wildwest-Atmosphäre.

Das **Nevada State Museum**, Carson, Ecke Caroline St, bietet einen guten Einstieg in die Region. Es ist in einem Gebäude untergebracht, das während des amerikanischen Sezessionskrieges als Münzanstalt errichtet wurde. Eine Ausstellung informiert über Geologie und Natur der Wüste des Great Basin, von der Urzeit bis in die unruhigen 60er Jahre des 19. Jhs., als die Silberminen der nahe gelegenen Comstock Lode noch in Betrieb waren.

Es gibt zahlreiche alte Gewehre und allerlei Utensilien, außerdem eine rekonstruierte Ghosttown, von der man durch einen Tunnel Zugang zum Nachbau eines Bergwerks hat. ⓒ tgl. 8.30–16.30 Uhr; $4.

Übernachtung

Es gibt ein paar preiswerte Motels, z.B.:
Super 8***, 2829 S Carson St, ✆ 883-7800,
Park Inn Hardman House****, 917 N Carson St, ✆ 882-7744.

Sonstiges

INFORMATIONEN – Das *Visitor Center* befindet sich in der 1900 S Carson St, ✆ 687-7410, 🖥 www.carson-city.org, am Südrand der Stadt. ⓒ Mo–Fr 8–17, Sa und So 10–15 Uhr.

VORWAHL – 775.

Transport

Der *Greyhound*-Bus zwischen RENO und LOS ANGELES hält in beiden Richtungen je 1x tgl. vor der 111 E Telegraph Ave.

Virginia City

Ein großer Teil des Reichtums, der zur Entwicklung von Carson City beitrug, kam aus den Silberminen der Comstock Lode, einer sehr ergiebigen, puren Silberader, die 1859 unterhalb des Mount Hamilton, 14 Meilen östlich von Carson City (heute nahe dem Hwy-50) entdeckt wurde. Schon bald danach entstand an den steilen Hängen oberhalb der Silberminen die raue Minenstadt Virginia City, die zum Höhepunkt des Silberbooms 30 000 Einwohner zählte.

Ein junger Schriftsteller namens Samuel Clemens machte sich mit seinem älteren Bruder, dem damaligen Sekretär des Gouverneurs des Nevada Territory, vom Osten her auf den Weg dorthin, um zu sehen, worum so viel Wirbel gemacht wurde. Seine Beschreibungen des wüsten Lebens im Bergarbeiterlager und der verzweifelten Anstrengungen, die Männer unternahmen, um an das wertvolle Erz zu gelangen, wurden Jahre später unter dem Pseudonym **Mark Twain** veröffentlicht. Zwar verbrachte Twain auch einige Zeit in den Goldrauschstädten der kalifornischen Mother Lode auf der anderen Seite der Sierra – die zu der Zeit bereits fast verlassen waren –, aber es sind seine urkomischen Geschichten aus Virginia City, versammelt in dem Buch *Roughing It* (dt. *Durch dick und dünn),* die den Alltag der trinkfesten Bergarbeiter im amerikanischen Westen so eindrucksvoll beschreiben.

Heutzutage macht Virginia City nicht viel her, denn all die alten Ladenfronten sind von Hotdogverkäufern und kitschigen Souvenirständen vereinnahmt worden, aber die Landschaft der trockenen Berge in der Umgebung vermittelt immer noch ein Gefühl der Abgeschiedenheit und Unberührtheit.

Kalifornien

San Diego Zoo In diesem artgerechten und „natürlichen" Zoo lebt eine riesige Zahl seltener Tiere

Getty Center Das moderne Denkmal eines Ölmagnaten beeindruckt mit einer erlesenen Kunstsammlung.

Joshua Tree National Park Die skurrilen Joshua-Bäume mit ihren verdrehten „Armen" locken zahlreiche Besucher in eine längst verlassene Bergbauregion.

Highway 1 Eine aufregende Fahrt führt in Schlangenlinie entlang der Küste mit donnernder Pazifikbrandung und spektakulärem Panorama.

Yosemite National Park Die Landschaft aus gigantischen Mammutbäumen, haushohen Wasserfällen und der kahlen, steilen Felswand des Half Dome ist einfach atemberaubend.

Alcatraz Unheimlich thront das legendäre ehemalige Hochsicherheitsgefängnis auf einer Insel in der Bucht von San Francisco.

Innerhalb weniger Jahrhunderte wurde die Westküste der USA aus der Steinzeit in die Moderne katapultiert. Vielleicht weil die Menschen mit der ständigen Bedrohung des Big One, des prophezeiten großen Erdbebens, leben, mit dem eines Tages der halbe Staat Kalifornien im Pazifik verschwinden soll, lebt man hier mehr als anderswo im Jetzt. Politisch gesehen war die Region schon immer von Extremen geprägt, so hat sie einerseits reaktionäre Figuren wie Ronald Reagan oder Richard Nixon, andererseits aber auch die progressivsten politischen Bewegungen der USA hervorgebracht. Die Protestwelle der sechziger Jahre ist zwar abgeflaut, aber immer noch schlägt an der Westküste das liberale Herz Amerikas. Trotz aller ethnischen und sozialen Konflikte wurden hier Maßstäbe für Toleranz gesetzt, vor allem gegenüber der mittlerweile ungemein selbstbewussten Schwulenbewegung. Wirtschaftlich gesehen ist die Region von entscheidender Bedeutung, nicht nur durch die über alle internationale Konkurrenz erhabene Filmindustrie und die in jüngerer Zeit erblühte Musikbranche, sondern auch auf den einflussreichen Finanzmärkten oder dem großen Immobilienmarkt.

Los Angeles ist die bei weitem größte und aufregendste Stadt Kaliforniens, die man sich wenigstens einmal anschauen sollte. Von L.A. geht es entweder nach Süden zu der geruhsameren, aber aufstrebenden Stadt San Diego oder landeinwärts in die Wüste. Die meisten Reisenden fahren von L.A. an der Küste entlang nach San Francisco, der ältesten Stadt Kaliforniens, mit stark europäischem Einschlag. Der Kontrast zwischen den beiden Städten könnte nicht größer sein. San Francisco stellt einen guten Ausgangspunkt für einen Besuch der Nationalparks im Osten dar, z.B. Yosemite und Sequoia, sowie der verlassenen Goldrauschstädte des Gold Country. Nördlich von San Francisco in Richtung Oregon wird die Landschaft wilder und grüner.

Das Klima von Südkalifornien ist das ganze Jahr über am Tage sonnig und nachts trocken und warm, mit gelegentlich auftretenden, sintflutartigen Überschwemmungen im Winter. Allerdings liegt L.A. vor allem von Juli bis September unter einer drückenden Smogglocke. Entlang der Küste kann es morgens wolkenverhangen sein, besonders im Mai und Juni. In der Bay Area um San Francisco muss man das ganze Jahr auf kühles Wetter gefasst sein, und im Winter kann es wochenlang regnen. Fast jedes Jahr sind die Wanderwege in den Bergen wegen heftigen Schneefalls von November bis Juni gesperrt.

Geschichte

Als Juan R. Cabrillo 1542 die Bucht von San Diego erreichte, lebte ungefähr eine halbe Million Menschen in verstreuten Dörfern an der Westküste. Der Portugiese in spanischen Diensten nannte die Gegend *California* nach einer imaginären paradiesischen Insel aus einem spanischen Roman. 1579 landete der Brite Sir Francis Drake in der Nähe von Point Reyes nördlich von San Francisco. 1602 kam Sebastián Vizcaíno, der den meisten Orten Kaliforniens Namen gab, die bis heute gebräuchlich sind.

Im Frühjahr 1769 begann die spanische Invasion, eine Mischung aus militärischer Gier und missionarischem Eifer. Pater Junípero Serra errichtete zusammen mit 300 Soldaten und Beamten die erste Missionsstation und ein *Presidio* (Fort) in San Diego, bevor er im Juni 1770 nach Monterey kam. 1804 zog sich bereits eine Kette von 21 Missionsstationen, jeweils eine Tagesreise voneinander entfernt, am *El Camino Real* entlang, der „Königlichen Straße" von San Francisco nach San Diego. Die amerikanischen Ureinwohner wurden entweder umgebracht oder zwangsweise zum Katholizismus bekehrt. Einige leisteten dabei erbitterten Widerstand gegen die Invasoren, doch eingeschleppte Krankheiten sorgten schnell für ihre Vernichtung.

Als Mexiko 1821 seine Unabhängigkeit erlangte, wurde ihm theoretisch auch die Kontrolle über Kalifornien zugesprochen, doch die ersten amerikanischen Siedler waren bereits auf dem Weg nach Westen. Da Kalifornien extrem schwierig zu erreichen war – die Seereise um Kap Hoorn oder per Transport über die Landenge von Panama dauerte drei Monate, die Überlandreise mit dem Planwagen vier Monate –, blieb die Zahl der Einwanderer gering; sie lag 1846 bei knapp zehntausend Personen. Dennoch wuchs auf amerikanischer Seite die Überzeugung, die Vereinigten Staaten müssten sich von einer Küste zur anderen erstrecken, was sich in der imperialistischen Politik von Präsident James K. Polk niederschlug und schließlich im Mexikanisch-Amerikanischen Krieg mündete. Die Kampfhandlungen fanden allerdings fast ausschließlich auf texanischem Boden statt. Monterey wurde von der US-Kriegsmarine eingenommen, ohne dass

Pershing Square, Los Angeles; Kalifornien

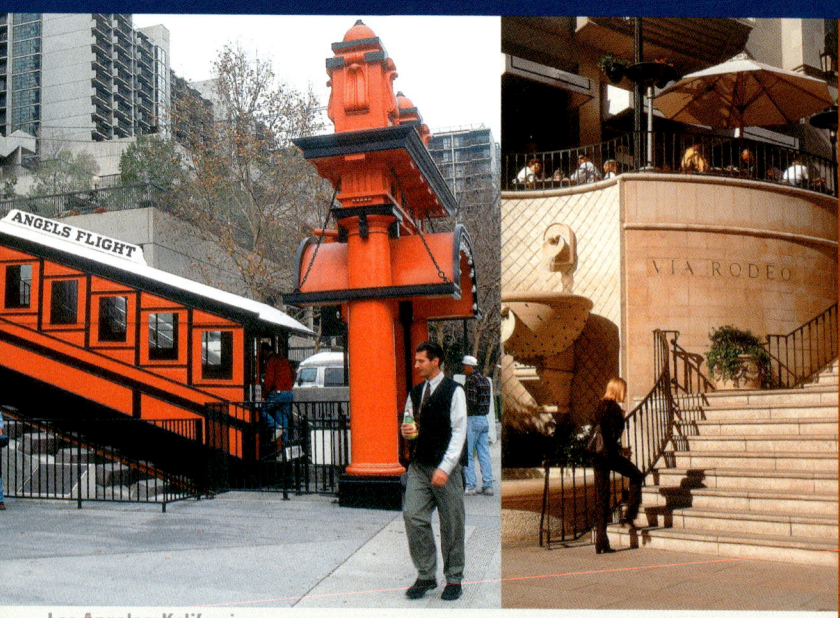

Queen Mary I. Los Angeles; Kalifornien

Los Angeles; Kalifornien

Hare Krishna-Fest in Los Angeles; Kalifornien

Golden Gate Bridge, San Francisco; Kalifornien

Pazifiksaum von San Francisco; Kalifornien

Newport, Oregon

Yosemite National Park; Kalifornien

Crater Lake; Oregon

Indigene Zeremonien; Washington State

Steinadler

Space Needle, Seattle, Washington State

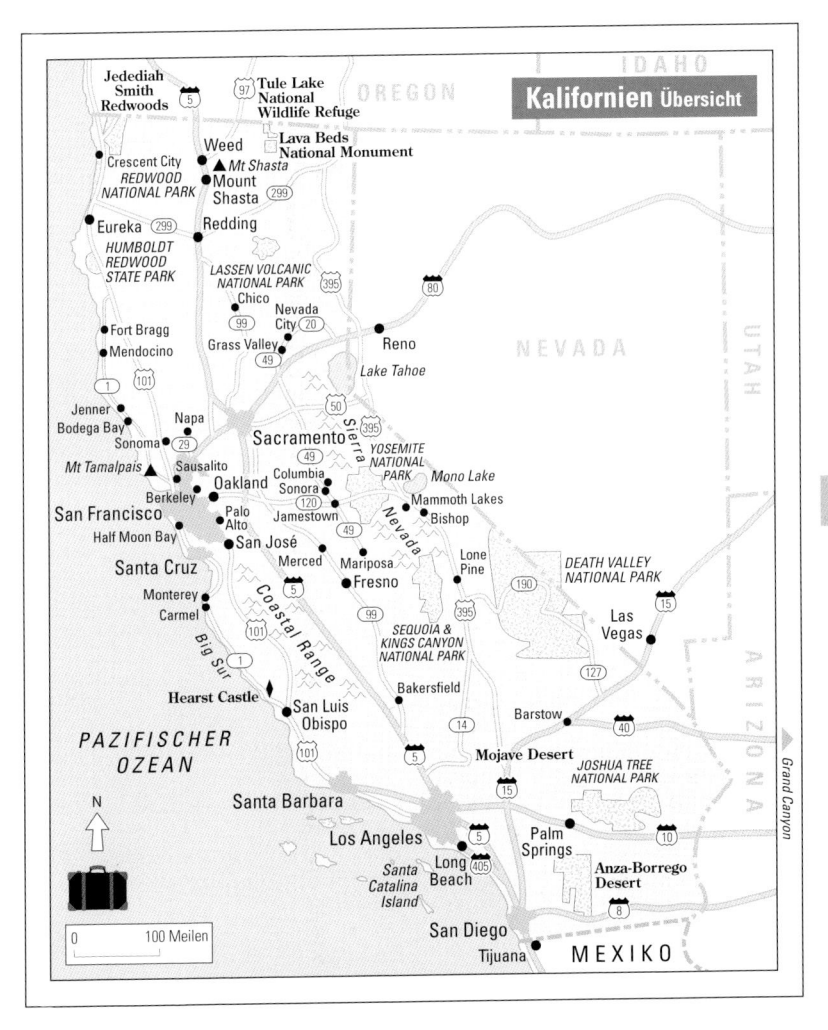

auch nur ein Schuss fiel. Im Januar 1847 kontrollierten die Amerikaner die gesamte Westküste.

Neun Tage vor Vertragsunterzeichnung stießen Arbeiter in der Sierra Nevada zufällig auf Gold. Ein Massenansturm von Glücksrittern aus allen Teilen der Welt setzte ein, wie er in der Geschichte der Goldsucherei einmalig ist, und führte letztlich 1850 zum Beitritt Kaliforniens als 31. Staat der USA. Nach fünfzehn Jahren waren die sichtbaren Goldfelder erschöpft, doch einige Industrielle, darunter Charles Crocker, Leland Stanford und Collis Huntington, häuften einen schier unglaublichen Reichtum an. Auf Betreiben jener Magnate (deren Vermögen größtenteils aus dem Verkauf von Waren und Dienstleistungen an Goldsucher und nicht durch das Goldsuchen selbst stammte) und mit Hilfe staatlicher Subventionen wurde 1869 die transkontinentale Eisenbahn fertig gestellt. Dieses hauptsächlich von chinesischen Arbeitskräften errichtete Wunderwerk der Ingenieurskunst läutete im amerikanischen Westen gesellschaftlich und kulturell ein neues Zeitalter ein. Eine Fahrt von New York dauerte nun nur noch fünf Tage dauerte, zudem waren die Fahrkarten spottbillig. Neuankömmlinge aus den Großen Ebenen wurden scharenweise nach Südkalifornien gelockt und hatten ihren Anteil daran, dass sich Los Angeles zur größten Stadt des jungen Bundesstaates entwickelte.

Jener Migrationswelle, den zeitweise blühenden Immobiliengeschäften und der aufstrebenden Filmindustrie hatte Kalifornien die schnellste Wachstumsrate aller amerikanischen Staaten zu verdanken. Während der Weltwirtschaftskrise in den 30er Jahren packten ganze Familien im *Dust Bowl Midwest* ihr Hab und Gut zusammen und machten sich auf den Weg zu den Farmen des Central Valley, obgleich sie dort häufig unbrauchbares Land vorfanden und alles andere als freundlich aufgenommen wurden. Während des Zweiten Weltkriegs etablierte sich die Schwerindustrie in Form von Schiffswerften und Flugzeugfabriken in der Region, und nach dem Krieg blieben viele Arbeiter – weiße wie schwarze – und Militärangehörige zurück.

Mit den Beatniks in den fünfziger und den Hippies in den sechziger Jahren begann sich in Kalifornien ein unerhörter kultureller Wandel zu vollziehen. Die Ideale der Flower-Power-Generation wurden allerdings jäh erschüttert, als es 1969 bei einem Rock-Konzert im nordkalifornischen Altamont zu Gewaltexzessen kam. Als die Ära der Proteste gegen den Vietnamkrieg mit der Abschaffung der Einberufung zum Wehrdienst schließlich endete, war es auch mit der kreativen Rastlosigkeit in Kalifornien vorbei – abzulesen an der Metamorphose der rebellischen Psychedelik-Szene der 60er zur wesentlich zahmeren und kokainbeseelten „Ich-Generation" der 70er Jahre. Wirtschaftliches Gegenstück dieser Transformation war die Gesetzesvorlage „Proposition 13" von 1978, mit der drastische Steuersenkungen auf Kosten eines gefährlich wachsenden Staatsdefizits beschlossen wurden. In den 80er Jahren kam es zu einem starken Rechtsruck, als mehrere republikanische Gouverneure hintereinander mit ihrer Laisser-faire-Politik eine deutliche Kürzung des Regierungsetats für das Gesundheits- und Bildungswesen zu verantworten hatten. Während zahlreiche neue Gefängnisse gebaut wurden, versetzte die neue harte Linie bei der Kriminalitätsbekämpfung Polizeichefs wie Daryl Gates in Los Angeles in die Lage, ohne große öffentliche Kontrolle Militärpanzer und Eingreiftruppen wie die Spezialeinheit SWAT gegen Straftäter einzusetzen.

Es war voraussehbar, dass jene Politik in den 90ern mit einer Bruchlandung enden musste: wirtschaftliches Chaos, Skandale, ein schwächelnder Immobilienmarkt, steigende Arbeitslosigkeit, Bandenkriminalität, Rassenunruhen in L.A., der Schwindel erregende Aufstieg und Absturz der Hightech-Industrie in San Francisco – das alles waren Probleme, die durch Erdbeben, Dürren und Überschwemmungen noch weiter verschärft wurden.

Das neue Jahrtausend schien zunächst etwas Erholung von den Katastrophen der vorangegangenen Jahrzehnte zu bringen, doch diese Hoffnung wurde durch die Energiekrise von 2001 und die weiter schwindenden Staatsfinanzen schnell wieder zunichte gemacht. Als Folge wurde Gouverneur Gray Davis mittels einer karnevalistisch anmutenden Abberufungswahl aus dem Amt befördert und durch Actionfilmheld Arnold Schwarzenegger ersetzt. In anderen Staaten wären diese absurden Ereignisse praktisch undenkbar gewesen, doch in Kalifornien wirken sie lediglich wie eine weitere launische Wendung in der an Kuriositäten reichen Geschichte des „Golden State".

In letzter Zeit wandern konservativere Kalifornier zwar zunehmend in krisenfestere Gegenden wie Colorado und Arizona ab, doch lockt Kalifornien nach wie vor unzählige Neueinwanderer aus anderen Teilen der USA und aller Welt an. Da ein Großteil der Immigranten aus Lateinamerika kommt, hat sich Spanisch inzwischen zur Verkehrssprache in vielen kalifornischen Gemeinden entwickelt, während die Hispano-Amerikaner zunehmend ihren Teil zum wirtschaftlichen Wachstum und zur kulturellen Vielfalt dieser dynamischen und sich ständig ändernden Region beisteuern.

Transport

Wer Kalifornien kennen lernen möchte, ist mit einem fahrbaren Untersatz am besten dran. Kaliforniens Autovermietungen zählen zu den billigsten der USA. Allerdings sind die öffentlichen Verkehrsverbindungen nicht die schlechtesten. Busse von *Greyhound* und *Green Tortoise* verkehren zwischen allen großen Städten.

Amtrak-Züge fahren von San Diego an der Küste entlang nach L.A. und von dort nach Oakland, dem San Francisco am nächsten gelegenen Bahnhof, und weiter über Sacramento nach Seattle. Eine andere Linie führt von Oakland durch das Central Valley, von wo es aber nur per Bus nach L.A. weitergeht.

Um schnell von einer Großstadt in die andere zu kommen, bietet sich das Flugzeug an, wenngleich infolge der Finanzkrise der Fluggesellschaften viele Routen eingestellt wurden oder nur eingeschränkt bedient werden und die Preise gestiegen sind. Günstige Angebote gibt es aber vor allem außerhalb der Saison nach wie vor.

Wer Kalifornien mit dem Fahrrad erstrampeln möchte, sollte daran denken, dass der Wind im Sommer Richtung Süden weht. Auf dem Hwy-1 entlang der Küste bieten sich atemberaubende Ausblicke, doch ist wegen des dichten Verkehrs, enger Kurven und häufigen Nebels Vorsicht angezeigt.

San Diego

In und um San Diego, der zweitgrößten Stadt des Bundesstaates, zeigt sich Südkalifornien von seiner konservativeren Seite. Hier gibt es so gut wie keinen Smog, kein Freeway-Labyrinth, und auch die Kluft zwischen Arm und Reich ist weniger tief als in anderen amerikanischen Städten. San Diego hat neben seiner wunderschönen Lage an einer sanft geschwungenen Bucht viele eindrucksvolle Museen, eine gut erhaltene Altstadt und ein abwechslungsreiches Programm an Kultur und Unterhaltung zu bieten.

Zwar wurde hier die erste Mission Kaliforniens errichtet, doch richtig in Schwung kam die Stadt erst in den 80er Jahren des 19. Jahrhunderts mit der Ankunft der Santa Fe Railroad. Als Handelszentrum spielte sie lange die zweite Geige hinter Los Angeles. Doch während des Zweiten Weltkriegs wählte die US-Marine die Stadt wegen ihrer vielen geschützten Buchten zur pazifischen Kommandozentrale, und bis heute hängt die Wirtschaft San Diegos neben dem Tourismus entscheidend von der Anwesenheit des Militärs ab.

Downtown

In Downtown ist der Puls der Stadt am deutlichsten zu spüren. Tagsüber ist die Innenstadt relativ sicher, nachts kann es in einigen Straßen allerdings sehr ungemütlich werden. Als Ortsunkundiger sollte man sich nach Einbruch der Dunkelheit, wenn die Geschäfte ihre Pforten schließen, lieber auf den gut beleuchteten und von der Polizei besser überwachten Gaslamp District beschränken.

Wer mit der Bahn in San Diego ankommt, bekommt gleich eine der markantesten Sehenswürdigkeiten zu sehen, das **Santa Fe Railroad Depot** am westlichen Ende des Broadway. Es wurde 1915 als Empfangs-Bahnhof für die Besucher der Panama-California Exposition im Balboa Park errichtet. Maurisch anmutende Bögen vermitteln noch heute den Eindruck von Pracht und Erhabenheit.

In der Nähe ragt die postmoderne Silhouette der **American Plaza** in die Höhe, eine Ansammlung von Bürohochhäusern und glasüberdachten Plätzen. Dort befinden sich auch der Hauptbahnhof des San Diego Trolley und das **Museum of Contemporary Art** (auch MCA San Diego), 1001 Kettner Blvd, ✆ 234-1001, 🖥 www.mcasandiego.org. Neben seiner permanenten Ausstellung, die von amerikanischem Minimalismus, Pop-Art und lateinamerikanischer Kunst beherrscht wird, zeigt das Museum hervorragende Wechselausstellungen. ◷ Do–Di 11–17 Uhr, Eintritt frei.

An den Springbrunnen vor der **Horton Plaza** geht es gemütlich zu, hier trifft sich alltäglich eine bunte Menge. Die Horton Plaza ist ein riesiges Einkaufszentrum mit 137 Geschäften und bildet de facto das Stadtzentrum von San Diego. Die sieben Meter hohe **Jessop-Uhr** im Erdgeschoss, die 1907 für die *California State Fair* gebaut wurde, darf man sich nicht entgehen lassen. ◷ Mo–Fr 10–21, Sa 10–20, So 11–19 Uhr.

Nur wenige Straßenzüge von der Horton Plaza entfernt erstreckt sich der **Gaslamp District** über 16 Blocks zwischen Broadway, K St, 4th und 7th Ave. Hier lag das zwielichtige Zentrum San Diegos, als es noch Grenzstadt war. Heute wird das Straßenbild von eleganten Cafés, Antiquitätenläden und kleinen Galerien bestimmt. Die Gegend macht zwar einen etwas sterilen Eindruck, doch die Ende des 19. Jahrhunderts entstandenen Gebäude sind hübsch anzusehen und lassen sich am besten im Rahmen eines zweistündigen Stadtrundgangs erkunden, der an dem kleinen Kopfsteinpflasterplatz an der Kreuzung von 4th Avenue und Island Avenue beginnt. Führung Sa 11 Uhr, $8, Info ℡ 233-4692.

Coronado

Den Isthmus von Coronado jenseits der San Diego Bay nimmt ein blitzsauberes Viertel mit Ferienhäusern und am westlichen Ende eine große Marinebasis ein. Die Zufahrt bildet die majestätische **Coronado Bay Bridge** (Autos Richtung Süden zahlen $1 Maut), eine geschwungene, fast 3,5 km lange Konstruktion und eines der modernen Wahrzeichen San Diegos. Auf den Brückenpfeilern prangen riesige Wandmalereien mit Szenen aus dem Alltag der lateinamerikanischen Bevölkerung, die am besten vom Park unter der Brücke im Bezirk Barrio Logan zu sehen sind.

Die Siedlung Coronado entwickelte sich einst um das **Hotel del Coronado**, ein extravagantes, mit viktorianischen Türmchen versehenes Bauwerk, das 1888 als Kurhotel errichtet wurde und 1958 der Drehort von *Manche mögen's heiß* war. Das „Del" ist im Rahmen einer einstündigen historischen Führung zu besichtigen, die im Foyer beginnt, Mo-Sa 11 und 13, So 15 Uhr, $15.

Die einfachste und reizvollste Art nach Coronado zu gelangen, bietet sich mit der **San Diego Bay Ferry** ab Broadway Pier; tgl. jede volle Std. zwischen 9 und 21, Fr und Sa bis 22 Uhr, $2 einfach. Ticketverkauf bei *San Diego Harbor Excursion*, 1050 N Harbor Drive, ℡ 234-4111, 🖥 www.sdhe.com.

Balboa Park und die Museen

Im Balboa Park gibt es nicht nur eine der größten Ansammlungen von Museen im Land, auch die über 400 ha große Anlage mit ihren Gärten und Gebäuden im spanischen Kolonialstil ist sehr reizvoll. Man erreicht Balboa Park von Downtown aus mit den Bussen Nr. 7, 16 oder 25. Am ersten Dienstag im Monat ist der Eintritt zu den meisten Museen frei. Ein kostenloser Bus verbindet die Museumskomplexe untereinander und mit den Parkplätzen.

Der *Balboa Park Passport* ($30 oder $55 inkl. Eintritt zum San Diego Zoo) berechtigt zum einmaligen Eintritt in die 13 Museen und den japanischen Garten. Den Pass gibt es im *Visitor Information Center*, ℡ 239-0512, 🖥 www.balboapark.org, das im *House of Hospitality* auf dem Gelände untergebracht ist, ⏲ tgl. 9-16 Uhr.

Die großen Museen liegen am El Prado, einem Fußweg, der den Park von Osten nach Westen durchzieht und der sich in der Mitte des Parks zu einem Platz ausdehnt. Hier liegt die **Timkin Art Gallery**, ℡ 239-5548, 🖥 gort.ucsd.edu/sj/timken, in der eine herausragende Kunstsammlung mit Werken von der frühen Renaissance bis zum 19. Jahrhundert sowie russischen Ikonen zu bewundern ist. ⏲ Okt-Aug Di-Sa 10-16.30, So 13.30-16.30 Uhr, Sep geschlossen, Eintritt frei.

In der Sammlung des **San Diego Museum of Art**, ℡ 232-7931, 🖥 www.sdmart.org, sind zwar alle großen Namen vertreten, aber mit Ausnahme einiger Arbeiten von Hals und Rembrandt aus dem 17. Jahrhundert keine Meisterwerke. Allerdings werden hier die meisten Wanderausstellungen gezeigt. Interessanter als die europäische und amerikanische ist die asiatische Sammlung. ⏲ Di-So 10-18, Do bis 21 Uhr, Eintritt $8.

Draußen lädt der **Sculpture Court and Garden**, ein Skulpturengarten mit Werken von Henry Moore und Alexander Calder zu einem Rundgang ein.

Das **Museum of Man**, ℡ 239-2001, 🖥 www.museumofman.org, das den El Prado überspannt, ist ein teilweise recht bizarres Völkerkundemuseum, das neben Vorführungen über die Herstellung von Tortillas und die mexikanische Webkunst, Nachbildungen riesiger Maya-Steine, interessante Artefakte der amerikanischen Ureinwohner und sogar diverse Relikte aus dem alten Ägypten zeigt. ⏲ tgl. 10-16.30 Uhr, Eintritt $6.

Das **Reuben H. Fleet Science Center**, ℡ 238-1233, 🖥 www.rhfleet.org, zieht in erster Linie Kinder an. Das Space Theater besitzt eine riesige IMAX-Leinwand, und der *Virtual Reality Simulator* nimmt Besucher auf schwindelerregende Reisen ins All mit. ⏲ Mo, Di und Do 9.30-17, Mi und Sa 9.30-20, Fr 9.30-21.30, Sa 9.30-18 Uhr, Eintritt Science Center $6,75, mit Theater oder Simulator $11,75, alle drei $15.

Auf der anderen Seite der Plaza de Balboa liegt das **Natural History Museum**, ℡ 255-0216, 🖥 www.sdnhm.org, mit einer großartigen Fossiliensammlung, interaktiven Exponaten zum Thema Mineralogie und unterhaltsamen Ausstellungsstücken über Dinosaurier und Krokodile. ⏲ Mo-

Downtown San Diego

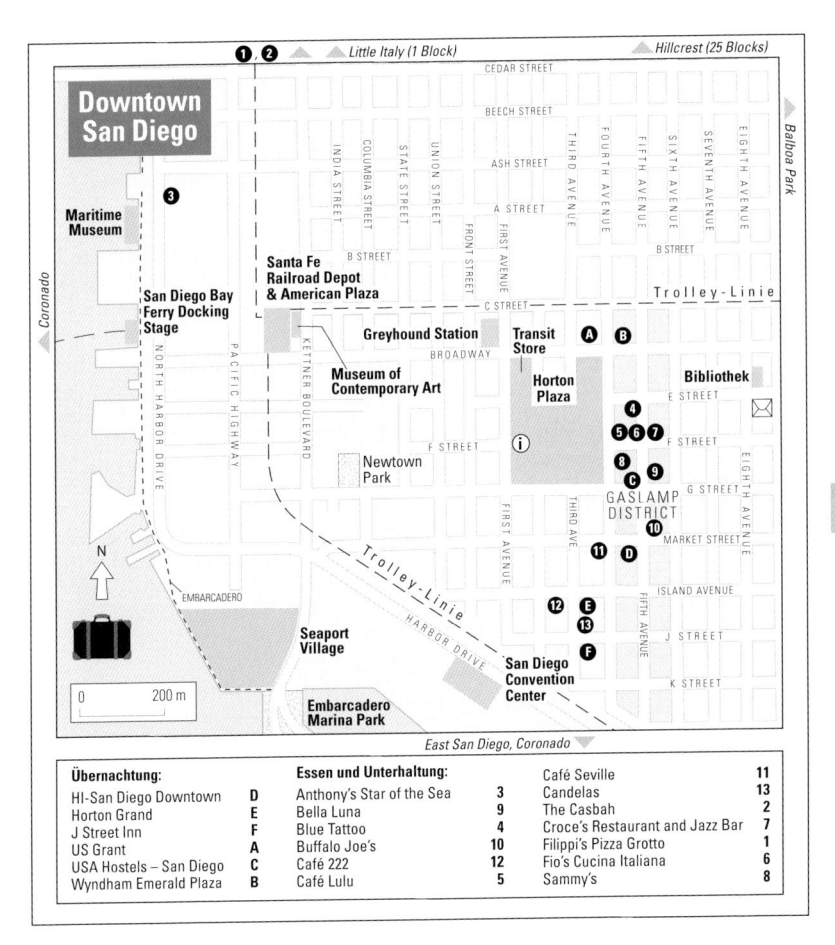

Übernachtung:		Essen und Unterhaltung:		Café Seville	11
HI-San Diego Downtown	D	Anthony's Star of the Sea	3	Candelas	13
Horton Grand	E	Bella Luna	9	The Casbah	2
J Street Inn	F	Blue Tattoo	4	Croce's Restaurant and Jazz Bar	7
US Grant	A	Buffalo Joe's	10	Filippi's Pizza Grotto	1
USA Hostels – San Diego	C	Café 222	12	Fio's Cucina Italiana	6
Wyndham Emerald Plaza	B	Café Lulu	5	Sammy's	8

Mi und Fr–So 9.30–16.30, Do bis 18.30 Uhr; Eintritt $8.

Hinter dem Gebäude kann man im **Spanish Village Arts Center**, 🖥 www.spanishvillageart.com, Kunstmaler, Bildhauer, Töpfer und Glaskünstler in 37 Ateliers und Galerien bei ihrer Arbeit beobachten. ⏲ tgl. 11–16 Uhr, Eintritt frei.

Am südlichen Ende der Pan American Plaza beleuchtet das **Aerospace Museum**, ✆ 234-8291, 🖥 www.aerospacemuseum.org, die Geschichte der Luft- und Raumfahrt anhand von fast 70 Flugzeugen, darunter eine *Spitfire,* eine *Hellcat* und das geheimnisumwitterte Spionageflugzeug *Blackbird*. ⏲ tgl. 10–16.30, im Sommer bis 17.30 Uhr, Eintritt $8.

Im benachbarten **Automotive Museum**, ✆ 231-2886, 🖥 www.sdautomuseum.org, werden diverse Motorräder und klassische Automobile zur Schau gestellt, darunter ein *Tucker Torpedo* Baujahr 1948, von dem es nur noch 50 Exemplare gibt. ⏲ tgl. 10–16 Uhr, Eintritt $7.

San Diego Zoo

Der im Norden an das Museumsgelände grenzende San Diego Zoo, ✆ 234-3153, 🖥 www.

sandiegozoo.org, ist eine der bekanntesten und größten Attraktionen der Stadt und zählt zweifelsohne zu den besten Zoos der Welt. Er beherbergt mehr als 4000 Tiere aus 800 verschiedenen Arten, darunter äußerst seltene chinesische Fasane, Mhorr-Gazellen und eine missgebildete Kornnatter mit zwei Köpfen. Die Tiere sind statt durch Gitter lediglich durch „psychologische Käfige" von den Zuschauern getrennt. ✆ Mitte Juni bis Anfang Sep tgl. 7–22, sonst 9–16 Uhr, letzter Einlass eine Stunde vor Schließung, Eintritt $19,50 inkl. Kinderzoo, Kinder von 3–11 Jahren $11,75. Wer auch eine 35-minütige Busrundfahrt und unbeschränkte Fahrten mit der *Skyfari*-Schwebebahn mitnehmen möchte, kauft das *Deluxe Tour Ticket* für $32, Kinder $19,75. Wer zusätzlich den **Wild Animal Park** des Zoos bei Escondido besuchen möchte, zahlt insgesamt $52,65, Kinder $35,35.

Old Town und Presidio Hill

1769 gründeten die Spanier auf dem heutigen Presidio Hill die erste kalifornische Mission. Als sie aufgegeben wurde, ließen sich die Soldaten am Fuße des Hügels nieder, und aus dieser Siedlung entstand San Diego. Old Town San Diego, zu erreichen von Downtown mit dem Trolley oder Bus Nr. 5, ist heute ein historischer Park mit mehreren original erhaltenen Adobe-Häusern und den unvermeidlichen Souvenirläden. Die meisten Geschäfte und Restaurants haben von 10 bis mindestens 22 Uhr geöffnet, doch die beste Zeit für einen Besuch ist der frühe Nachmittag, denn täglich um 14 Uhr findet eine **kostenlose Führung** durch einige interessante Adobe-Häuser statt. Der Rundgang beginnt an den Seeley Stables an der zentralen Plaza, wo verschiedene Pferdekutschen aus dem 19. Jahrhundert ausgestellt sind. Info im hiesigen *Visitor Center*, 4002 Wallace St, ✆ 220-5422, ✆ tgl. 10–17 Uhr.

Das spanische Gebäude auf dem Presidio Hill vermittelt nur eine ungefähre Ahnung von der Mission, die 1774 hierher verlegt wurde. In ihm befindet sich das **Serra Museum** mit einer faszinierenden Ausstellung über den Pater Junípero Serra, der an der Spitze der spanischen Kolonisierung und katholischen Missionierung Kaliforniens stand. ✆ Fr–So 10–16.30, Eintritt $5.

Die heutige **Mission San Diego de Alcalá**, 10818 San Diego Mission Rd, in einer Wohngegend sechs Meilen weiter nördlich, wurde hierher verlegt, weil es an dieser Stelle Wasser und fruchtbarere Böden gab – und man hier nicht so leicht von aufsässigen Indianern angegriffen werden konnte. Der idyllische Komplex lädt zum Entspannen ein. Ein kleines Museum informiert über die Geschichte der Mission. ✆ tgl. 9–16.45 Uhr, Spende $3. Zu erreichen mit Bus Nr. 43.

Mission Bay, Sea World und La Jolla

Von Downtown nach Nordwesten in Richtung Küste kommt man zur Mission Bay, wo sich San Diegos größte Touristenattraktion befindet: **Sea World**, ✆ 226-3901, 🖥 www.seaworld.com, beherbergt unzählige Meerestiere und bietet Vorführungen (am Eingang gibt es einen Zeitplan), z.B. Delphin- und Killerwal-Shows. Besonders beliebt sind das Haifischhaus *(shark house)*, die antarktische Welt hinter Glas, und die neue Ausstellung Wild Arctic, in der Eisbären und Walrösser den künstlichen Nordpol bevölkern. Spektakuläre Fahrgeschäfte wie das *Haunted Lighthouse* und die *Shipwreck Rapids* lassen aber keinen Zweifel daran, dass es sich hier eher um einen herkömmlichen Vergnügungspark handelt als um ein Aquarium. ✆ Mitte Juni bis August tgl. 9 Uhr bis zum Einbruch der Dunkelheit, sonst ab 10 Uhr, Eintritt $45, Kinder $35, Parkgebühren $7.

Nobel geht es in **La Jolla** zu, dem nördlich angrenzenden eleganten Viertel am Strand, das Krimiautor Raymond Chandler als „ein nettes Plätzchen – für alte Leute und ihre Eltern" bezeichnete. Hier kann man durch sauber gefegte Straßen spazieren, kalifornische Speisen in einem der vielen Straßencafés genießen oder den neuen La Jolla-Ableger und die Erweiterung des **Museum of Contemporary Art**, 🖥 www.mcasandiego.org, 700 Prospect St. besuchen. Es bietet eine riesige, regelmäßig wechselnde Ausstellung von Gemälden und Skulpturen ab 1955. ✆ tgl. 11–17, Do bis 19 Uhr, Eintritt $6.

An der dem Meer zugewandten Seite des Museums befindet sich der kleine, geschmackvoll angelegte **Ellen Scripps Browning Park**, benannt nach der Philanthropin, in deren Haus (ein Entwurf des Architekten Irving Gill) das Museum untergebracht ist. Wo der Park an die Küste grenzt, liegt die beliebte, größtenteils als ökologisches Schutzgebiet ausgewiesene **La Jolla Cove**, deren klares Wasser sich ausgezeichnet zum Schnorcheln eignet – falls man einen Parkplatz findet.

Blick auf San Diego von der Point Loma Peninsula

Übernachtung

Unterkünfte, gerade auch für Rucksackreisende, gibt es in San Diego wie Sand am Meer.

HOTELS, MOTELS UND B&Bs – *Bahia Resort*, $160–200, 998 West Mission Bay Dr, Mission Bay, ✆ 1-888/576-4229 oder 858/488-0551, 🖥 www.bahiahotel.com. Erstklassige Unterkunft am Strand mit Blick aufs Meer, Wassersportmöglichkeiten, Pool und Jacuzzi. Gemütliche, von einem Palmengarten umgebene Zimmer und teurere, zur Bucht hin gelegene Suiten.
*Balboa Park Inn*****, 3402 Park Blvd, Hillcrest, ✆ 298-0823, 🖥 www.balboaparkinn.com. Romantische, thematisch eingerichtete Suiten (z.B. Paris, Impressionismus und Tarzan) mit Kaffeemaschine und Minikühlschrank in einem eleganten, schwulenfreundlichen B&B. Der Balboa Park und die Museen sind zu Fuß zu erreichen.
Beach Haven Inn, $130–160, 4740 Mission Blvd, Pacific Beach, ✆ 858/272-3812 oder 1-800/831-6323, 🖥 www.beachhaveninn.com. Hübsche, klimatisierte Zimmer um einen Pool und Wellness-Bad. Kochnische, Kabel-TV, kleines Frühstück inklusive. Mit das beste Preis-Leistungs-Verhältnis am Strand.
Crystal Pier Hotel and Cottages, $200-250, 4500 Ocean Blvd, Pacific Beach, ✆ 858/483-6983 oder 1-800/748-5894, 🖥 www.crystalpier.com. Wunderschöne Luxus-Cottages direkt am Pacific Beach Pier. Ausnahmslos Suiten mit eigener Terrasse, die meisten mit Kochnische.
Heritage Park B&B, $130–160, 2470 Heritage Park Row, Old Town, ✆ 299-6832 oder 1-800/995-2470, 🖥 www.heritageparkinn.com. Restaurierte Villa in viktorianischem Stil. Frühstück und Nachmittagstee inklusive, jeden Abend werden Filmklassiker gezeigt.
Horton Grand, $130–160, 311 Island Ave, Ecke 3rd Ave, Downtown, ✆ 544-1886 oder 1-800/542-1886, 🖥 www.hortongrand.com. Modernisiertes, 200 Jahre altes Nobelhotel mit Kaminen in den meisten der 108 Zimmer und freundlichem Personal, das in viktorianischer Kleidung auftritt.
Hotel del Coronado, $200–250, 1500 Orange Ave, Coronado, ✆ 522-8000 oder 1-800/468-3533, 🖥 www.hoteldel.com. Das Luxushotel, dem das

Viertel Coronado seine Entstehung zu verdanken hat, ist noch immer die größte Sehenswürdigkeit auf der Halbinsel (s.S. 292).

J Street Inn****, 222 J St, Downtown, ℡ 696-6922. Relativ unbekannte und sehr preisgünstige Unterkunft. Zimmer mit Mikrowelle, Kühlschrank und Kabel-TV. Gaslamp District, Greyhound-Busbahnhof und Uferpromenade sind in der Nähe.

Ocean Beach Motel***, 5080 Newport Ave, Ocean Beach, ℡ 223-7191. Nicht gerade ein Schmuckstück, aber mit Meerblick direkt gegenüber dem Strand. Zimmer z.T. mit Kochnische.

Surf & Sand Motel, $130–160, 4666 Mission Blvd, Pacific Beach, ℡ 858/483-7420. Sauberes und komfortables Strandmotel mit Pool, Kabel-TV und wahlweise Minikühlschrank oder Kochnische.

US Grant Hotel, $160–200, 326 Broadway, gegenüber Horton Plaza, Downtown, ℡ 232-3121 oder 1-800/237-5029, 🖥 www.usgranthotel.com. Seit 1910 ein beliebtes Nobelhotel im klassizistischen Stil mit behaglichen wie geschmackvollen Zimmern, unzähligen Kronleuchtern und Marmorfußböden.

Wyndham Emerald Plaza, $200–250, 400 Broadway, Downtown, ℡ 239-4500, 🖥 www.wyndham.com/emeraldplaza. Exklusives, auf Geschäftsreisende ausgerichtetes Hochhaushotel mit geräumigen Zimmern, Pool, Wellness-Bereich und Fitness Center.

HOSTELS – ***Banana Bungalow*–*****, 707 Reed Ave, Pacific Beach, ℡ 858/273-3060 oder 1-800/5-HOSTEL, 🖥 www.bananabungalow.com/sub/bbsd.html. Wenn man direkt am Strand wohnen möchte, gibt es keine bessere Alternative als dieses freundliche Hostel. Abendveranstaltungen, Gemeinschaftsküche, Dorm-Bett $20, Privatzimmer $49. Anfahrt mit Bus Nr. 34.

HI-San Diego Downtown*–**, 521 Market St, Ecke Fifth Ave, Downtown, ℡ 525-1531 oder 1-800/909-4776, 🖥 www.sandiegohostels.org/downtown.htm. Günstige Lage zum Gaslamp District und zur Horton Plaza. Kaffee und Bagels kostenlos, keine Sperrstunde. Schlafsaal für HI-Mitglieder $18, sonst $25, DZ $44–55.

HI-San Diego Pt Loma/Elliott*, 3790 Udall St, Ocean Beach, ℡ 223-4778 oder 1-800/909-4776, 🖥 www.sandiegohostels.org/pointloma.htm. Ein paar Meilen vom Strand entfernt und ohne die unentwegte Partyatmosphäre anderer Hostels. Große Küche, Innenhof und Gemeinschaftsraum mit TV. Gut geführt und gastfreundlich, Dorm $15–18, Privatzimmer für drei oder mehr Personen $20–25 p.P. Anfahrt von Downtown mit Bus Nr. 35.

USA Hostels – San Diego*–**, 726 5th Ave, Downtown, ℡ 232-3100 oder 1-800/438-8622, 🖥 www.usahostels.com/sandiego/s-index.html. Hostel in guter Lage am Rand des Gaslamp District in einem Gebäude vom Ende des 19. Jhs. Dorm $19, DZ $46, kleines Frühstück. Kostenlose Leihfahrräder, organisierte Ausflüge nach Tijuana, Sea World und zum Zoo. Günstiger Shuttlebus nach L.A.

CAMPING – ***Campland on the Bay***, 2211 Pacific Beach Dr, ℡ 1-800/BAY-FUN, 🖥 www.campland.com. Der am günstigsten gelegene, aber ansonsten wie ein Einkaufszentrum wirkende Campingplatz ist ab Downtown mit dem Bus Nr. 30 zu erreichen. Einfacher Stellplatz $40 (im Sommer $53), die besseren „Super Sites" kosten $90–173 (im Sommer $160–277).

San Elijo Beach State Park, an der Rte-21 südlich von Cardiff-by-the-Sea, ℡ 1-800/444-7275, Stellplatz $17–25. Camping-Erlebnis der ruhigeren Art.

Essen

Überall findet man gute und preiswerte Lokale. Im Gaslamp District, wo sich die meisten Restaurants und Bars befinden, geht es am Freitag- und Samstagabend hoch her. Das beste Seafood bekommt man in Mission Beach und im Gaslamp District, dem Viertel mit der größten Restaurant-Dichte.

Anthony's Star of the Sea, 1360 N Harbor Dr, ℡ 232-7408. Kostspielige franko-kalifornische Seafood-Variationen, denen ob ihrer Frische und Vielfalt zu Recht ein exzellenter Ruf vorauseilt. Gespeist wird auf einer Terrasse am Wasser.

Bella Luna, 748 5th Ave, Downtown, ℡ 239-3222. Das romantische Restaurant, bei dem sich alles um das Thema Mond dreht, bietet seiner lockeren, künstlerisch angehauchten Klientel wunder-

volle italienische Speisen, z.B. deftige Nudelgerichte und fleischige Calamari.
Berta's, 3928 Twiggs St, ℡ 295-2343. Noch unentdecktes Kleinod mit sehr leckeren, preiswerten und authentischen Speisen aus Lateinamerika.
Café 222, 222 Island Ave, Ecke 2nd Ave, Downtown, ℡ 236-9902. Das Café mit Fabrikatmosphäre zählt zu den besten Adressen für Frühstück und Mittagessen in San Diego. Serviert werden hauptsächlich frische Standardgerichte wie Sandwiches, Burger und Salate zu vernünftigen Preisen. ⊙ tgl. 7–13.45 Uhr.
Candelas, 416 Third Ave, Downtown, ℡ 702-4455. Restaurant im Gaslamp District mit fantasievollen und teuren mexikanischen Speisen, darunter ideenreiche Seafood- und Fleischkombinationen, daneben auch köstliche Gerichte aus der kalifornischen Küche.
Casa de Bandini, 2600 Calhoun St, Old Town, ℡ 297-8211. Leckere gemischte Platten und Margaritas, dazu Mariachi-Musik. Großer Andrang. Die besten Plätze bietet der prächtige Innenhof.
Chilango's Mexican Grill, 142 University Ave, ℡ 294-8646. Exquisite und sehr preiswerte mexikanische Küche mit deutlicher Betonung auf vegetarischen Speisen, serviert in sehr kleinen Räumlichkeiten, in denen es abends sehr voll werden kann.
Filippi's Pizza Grotto, 1747 India St, Ecke Date St, Little Italy, ℡ 232-5094. Leckere Pasta und prima Pizza in einem kleinen Raum im hinteren Bereich eines italienischen Lebensmittelgeschäfts.
Fio's Cucina Italiana, 801 5th Ave, Ecke F St, Downtown, ℡ 234-3467. Stilvolles und teures italienisches Restaurant mit erlesenen Speisen wie Hummer-Ravioli oder Ossobuco.
Ichiban, 1449 University Ave, ℡ 299-7203. Unprätentiöses und beliebtes japanisches Restaurant. Die gemischten Platten sind äußerst preisgünstig.
Kono's, 704 Garnet Ave, Pacific Beach, ℡ 858/483-1669. Touristisches, stets gut gefülltes Straßencafé. Zum Frühstück und Mittagessen deftige und preisgünstige Speisen wie Sandwiches, Hamburger, Omelettes.
Living Room Coffeehouse, 1010 Prospect St, La Jolla, ℡ 858/459-1187. Filiale einer lokalen Cafékette mit hervorragenden Sandwiches, Suppen, Quiches und Gebäck in Wohnzimmeratmosphäre.
Mexican Village, 120 Orange Ave, Coronado, ℡ 935/435-1822. Alteingesessener mexikanischer Diner in Ballsaalgröße, gute Adresse für billige mexikanische Standardgerichte, berühmt für seine authentische Musik und die starken Margaritas.
Mission Café and Coffeehouse, 3795 Mission Blvd, Mission Beach, ℡ 858/488-9060. Große Auswahl unterschiedlicher Speisen, von French Toast über Tamales und Tortillas bis zu gefüllten Teigrollen und Pasta, dazu verschiedene Biere, Kaffeespezialitäten, Milchshakes und Fruchtsäfte. ⊙ bis spät abends.
Point Loma Seafoods, 2805 Emerson St, ℡ 223-1109. Über den verdientermaßen beliebten Tresen wandern die frischesten Fish 'n' Chips San Diegos und ein traumhaftes Krabben-Sandwich, bei dem selbst die Einheimischen in Verzückung geraten. Oft voll, besonders am Wochenende.
Sammy's, 770 4th Ave, direkt am Horton Plaza, Downtown, ℡ 230-8888. Erschwingliche kalifornische Speisen in mediterraner Atmosphäre. Pizza, Pasta, Salate, Seafood und Hühnchen sind die Standardgerichte, das Highlight aber sind die großen Eisbecher.
Taste of Thai, 527 University Ave, ℡ 291-7525. Fantastisches, nicht überteuertes Thai-Restaurant im Herzen von Hillcrest, an Wochenenden muss mit Wartezeiten gerechnet werden.

Unterhaltung

Ein besonders aufregendes Nachtleben hat das erzkonservative San Diego nicht zu bieten. Aktuelle Veranstaltungshinweise sind dem kostenlosen *San Diego Reader* zu entnehmen.
Blind Melons, 710 Garnet Ave, Pacific Beach, ℡ 858/483-7844. Studentenkneipe, jeden Abend Rock, Blues und Reggae live.
Blue Tattoo, 835 Fifth Ave, Downtown, ℡ 238-7191. Schicker Danceclub mit „Schaumpartys" und rigider Einlasskontrolle, die sich nur in angesagter Clubwear passieren lässt.
Buffalo Joe's, 600 Fifth Ave, Gaslamp District, ℡ 236-1616. Äußerst beliebter Club mit vielen Touristen und einigen Einheimischen. Breites

Spektrum an Live-Musik, von aggressivem Rock über Funk und Ethno-Tanzbeats bis zu College-Pop.
Café Crema, 1001 Garnet Ave, Pacific Beach, ℡ 858/273-3558. Netter Treffpunkt vor dem Gang in die Disco oder um danach bei einem großen Becher Kaffee wieder einen klaren Kopf zu bekommen. Internet-Zugang, Tische auf dem Gehsteig und lange Öffnungszeiten (am Wochenende bis 4 Uhr).
Café Lulu, 419 F St, Downtown, ℡ 238-0114. Szenetreffpunkt mit ausgefallener Einrichtung und guter Auswahl an Kaffees und Speisen bis 2 Uhr morgens.
Café Sevilla, 555 4th Ave, Downtown, ℡ 233-5979. Im Untergeschoss ein Club mit lateinamerikanisch beeinflusstem House und Funk, oben ein Restaurant mit traditionellen spanischen Gerichten. Wird gerne von trendbewussten Europäern besucht.
Casbah, 2501 Kettner Blvd, Downtown, ℡ 232-4355. Angeschmuddeltes Lokal, in dem regelmäßig Blues-, Funk-, Reggae- und Indie-Bands auftreten.
The Flame, 3780 Park Blvd, Hillcrest, ℡ 295-4163. Begehrtester Lesbenclub der Stadt, bietet Tanz, Billard und Live-Auftritte, ⏰ vom frühen Abend bis in den frühen Morgen. Di ist offene „Boys' Night".
Humphrey's by the Bay, 2241 Shelter Island Dr, Point Loma, ℡ 523-1010. Neben live Funk, Soul, Jazz und R&B bietet das Restaurant auch Disco-Abende und leckere Seafood-Gerichte.
Kensington Club, 4079 Adams Ave, nördlich von Hillcrest, ℡ 284-2848. Gute Adresse für Bier, Wein, Cocktails und Live-Musik – das Spektrum reicht von DJ-Dancetracks über Headbanger-Rock bis zu ruhigeren Ambient-Grooves. Sehr hip, sehr cool.
Live Wire, 2103 El Cajon Blvd, wenig östlich von Hillcrest, ℡ 291-7450. Große Auswahl an Importbieren in einer unkonventionell eingerichteten Kneipe mit Flipper und Poolbillard. Gelegentlich legen DJs auf und stehen einheimische Nachwuchsrocker auf der Bühne.
Rich's, 1051 University Ave, Hillcrest, ℡ 295-2195. Ursprünglich ein Schwulenclub, lockt aber inzwischen am Wochenende auch viele tanzwütige Heteros an.

Thrusters Lounge, 4633 Mission Blvd, Pacific Beach, ℡ 858/483-6334. Gemütliche Bar und Club mit wummernden Dancebeats am Wochenende, unter der Woche gelegentlich Jazz- oder Rockbands.
Winston's Beach Club, 1921 Bacon St, Ocean Beach, ℡ 222-6822. Ehemaliger Bowling-Club nahe dem Pier. An den meisten Abenden spielen Rockgruppen, mitunter auch Reggae- und Sixties-Bands.

Sonstiges

FAHRRÄDER – ***Rent-a-Bike***, 523 Island St, ℡ 232-4700.
Hamel's Action Sport Center, 704 Ventura Place, Mission Beach, ℡ 488-5050.

INFORMATIONEN – *International Visitors Information Center*, 11 Horton Plaza, F St, Ecke 1st Ave, Downtown, ℡ 236-1212, 🖳 www.sandiego.org, ⏰ tgl. 9–17 Uhr.

POST – Schalter für postlagernde Sendungen im *Hauptpostamt*, 2535 Midway Dr, zwischen Downtown und Mission Beach, ℡ 1-800/275-8777, ⏰ Mo 7–17, Di–Fr 8–17, Sa 8–16 Uhr.
Das Postamt in Downtown befindet sich in der 815 E St, ℡ 232-8612, ⏰ Mo–Fr 8.30–17 Uhr.

VORWAHL – sofern nicht anders angegeben: 619

Nahverkehrsmittel

STADTBUSSE – Tagsüber ist es kein großes Problem, sich ohne eigenes Auto fortzubewegen. Im Großraum San Diego gibt es drei große Betreiber öffentlicher Buslinien, vollständige Informationen hierzu im Internet unter 🖳 www.sdcommute.com. Das größte Unternehmen ist die *San Diego Transit Corporation (SDTC)*, ℡ 233-3004 oder 1-800/266-6883, 🖳 www.sandiegotransit.com, mit häufigen und zuverlässigen Verbindungen; Fahrpreis $1,75–2,50, Umsteigen kostenlos, abgezähltes Fahrgeld bereithalten, 1-Dollar-Scheine werden akzeptiert. Die beiden anderen Betreiber sind *North County Transit District*, ℡ 1-800/COMMUTE, 🖳 www.gonctd.com ($1,50) und *County Transit System*,

✆ 874-4001, 🖥 www.sdcounty.ca.gov/dpw/transit ($2).
Im **The Transit Store**, 102 Broadway, ✆ 234-1060, gibt es Fahrpläne und den so genannten *Day Tripper Transit Pass*, der 1–4 Tage gültig ist und $5, $9, $12 bzw. $15 kostet; 🕒 Mo–Sa 8.30–17.30 Uhr.

TROLLEY – Der *Day Tripper Transit Pass* (s.o.) gilt auch für den straßenbahnähnlichen, im Großraum San Diego verkehrenden *San Diego Trolley* (Tickets $1,25–3), der u.a. die 16 Meilen lange Strecke vom Santa Fe Depot zum mexikanischen Grenzübergang San Ysidro befährt. Die Fahrt dauert 45 Minuten (alle 15 Min. 5–24 Uhr) und kostet $4,50 hin und zurück. Samstags verlässt die letzte Bahn den Grenzübergang um 1 Uhr.

Transport

BUSSE – Der *Greyhound*-Busbahnhof liegt zentral am Broadway, Ecke 1st Ave.

EISENBAHN – Das Santa Fe Depot am westlichen Broadway-Ende ist der Hauptbahnhof.

FLÜGE – Der Flughafen Lindbergh Field ist nur zwei Meilen vom Zentrum entfernt. In die Stadt verkehrt Bus Nr. 2 tgl. 6–24 Uhr, $2,25.

Anza-Borrego Desert State Park

Den größten Teil des östlichen San Diego County, das ansonsten überwiegend aus verschlafenen Vorstädten besteht, nimmt die rund 2500 km² große **Anza-Borrego Desert** ein, die fast gänzlich als größter Wüsten-Park der USA ausgewiesen ist (durchgehend geöffnet, Eintritt $5 pro Fahrzeug).

Viele verschiedene Tiere und Pflanzen leben in diesem Gebiet, dessen Geschichte von der Pionierzeit und dem Goldrausch bis in die frühe Indianer-Zeit zurückreicht. Teile des Parks können mit dem Auto befahren werden, aber für die reizvolleren Gegenden braucht man einen Geländewagen. Außerdem wurden über 500 Meilen Wanderwege angelegt, auf denen das Autofahren verboten ist. Die beste Zeit ist zwischen Oktober und März, wenn das Thermometer selten über 30 °C steigt, nachts wird es dafür empfindlich kühl. Am beliebtesten ist die Zeit zwischen März und Mai, wenn viele Wüstenblumen blühen. In den Sommermonaten herrschen Temperaturen von über 38 °C.

Die Kreuzung von Hwy-78 und Hwy-S2 ist **Scissors Crossing**, einst Anlaufpunkt der Butterfield Stage Route, dem 1857 gegründeten, ersten regelmäßig verkehrenden Postkutschendienst zwischen den Oststaaten und dem Wilden Westen. Am S2 nach Südosten stößt man in Blair Valley auf einen Campingplatz und ein paar Geschäfte.

Einige Meilen weiter liegt die **Vallecito Stage Station**, eine alte Adobe-Station aus der Postkutschenzeit, die einen Eindruck davon vermittelt, wie komfortabel Wüstenreisen in früheren Zeiten gewesen sein müssen. 🕒 Sept–Mai 9 Uhr bis Einbruch der Dunkelheit, Eintritt $2.

Borrego Springs am nördlichen Ende des S3 ist die einzige nennenswerte Siedlung im Park. Sechs Meilen östlich davon liegt am Hwy-22 eine Gedenkstätte für Peg Leg Smith, einen einheimischen Lügenbaron aus den Tagen des Goldrausches, der jedes Jahr am ersten Samstag im April mit dem Lügenwettbewerb **Peg Leg Liars Contest** gefeiert wird. Dabei kann jeder vor die Jury treten und flunkern, bis sich die Balken biegen.

Übernachtung

Hotels in **Borrego Springs** sind recht teuer. Einigermaßen erschwinglich und teilweise mit Kochnischen in den Zimmern ausgestattet sind *Oasis*****, 366 W Palm Dr, ✆ 767-5409, und *Hacienda del Sol*****, 610 Palm Dr, ✆ 767-5442. *Borrego Palm Canyon Campground*, nahe dem Visitor Center gelegener Campingplatz, von dem ein 1,5 Meilen langer Wanderweg zu einer kleinen Oase mit Palmen und einem Wasserfall führt. Stellplatz $10–16.

Essen

Krazy Koyote, 2220 Hoberg Rd, ✆ 767-7788. Amerikanische Standardgerichte vor reizvoller Wüstenkulisse.

Pablito's, im Einkaufszentrum *The Center*, ✆ 767-5753. Ordentliche mexikanische Küche.

Fasskakteen im Anza Borrego Desert State Park

Sonstiges

INFORMATIONEN – *Park Visitor Center*, 200 Palm Canyon Dr, ✆ 767-4205. Guter Ausgangspunkt und ergiebige Informationsquelle. ⏲ tgl. 9–17 Uhr, im Sommer nur am Wochenende.

VORWAHL – 760.

Los Angeles

Die ruhelose Metropole liegt wie ein buntes Mosaik aus Eigenheimen, Fast-Food-Läden, Einkaufszentren, Palmen und Swimming Pools, vom Pazifik im Westen und von schneebedeckten Bergen im Osten gesäumt, in einem riesigen Wüstenbecken. Die Stadt kommt einem gleichzeitig surreal und bekannt vor – dank der mächtigen Filmindustrie, die maßgeblich dazu beigetragen hat, das Bild von L.A. in die Welt zu tragen. Der Mythos vom schnellen Erfolg gehört ebenso zu L.A. wie die Aussicht, dass mit der nächsten Überschwemmung, dem nächsten Großbrand oder Erdbeben alles vorbei sein könnte. Es ist dieser widersprüchliche Charakter von L.A., der einen Besuch in dieser Stadt so spannend macht.

Bis Mitte des 19. Jahrhunderts war L.A. eine knapp 50 000 Einwohner zählende Gemeinde, die sich vorwiegend aus amerikanischen Siedlern, armen chinesischen Arbeitern und einigen wenigen wohlhabenden mexikanischen Großgrundbesitzern zusammensetzte. Mit der Fertigstellung der transkontinentalen Eisenbahn in den 80er Jahren des 19. Jahrhunderts begann die Stadt merklich zu wachsen und war damals ein Synonym für gute Gesundheit, eine saubere Umwelt, reichlich Sonne und endlose Zitrusplantagen. Die größte Zuwanderergruppe waren Flüchtlinge aus dem Mittleren Westen, die aus Staaten wie Iowa und Indiana kamen und als neue politische Herrscherklasse die alte mexikanische Elite ablösten. Schon bald wurden die alten Großfarmen parzelliert und wuchs die Bevölkerung. Bereits Mitte des 20. Jahrhunderts war das kleine Vorstadthaus mit Swimming Pool und Doppelgarage zum dauerhaften Symbol der

Stadt geworden. Auch die ab 1910 stark aufstrebende Filmindustrie lockte viele Neuankömmlinge nach L.A., doch der wahre Boom kam erst nach dem Zweiten Weltkrieg mit der Luft- und Raumfahrtindustrie, deren Betriebe durch den Krieg wie Pilze aus dem Boden geschossen waren. Mit dem Ende des Kalten Krieges wurde dieser Zweig jedoch hart getroffen. Arbeitslosigkeit, eine wachsende Kriminalität und Rassenunruhen sind nur einige der Probleme, mit denen die Stadt heute zu kämpfen hat.

Downtown

Nirgendwo sonst in der Stadt prallen die sozialen, ökonomischen und ethnischen Gegensätze so hart aufeinander wie in Downtown L.A. Erst seit ein paar Jahrzehnten zieren auch einige Bürohochhäuser die ehemals niedrige Silhouette der Stadt, deren höchstes Bauwerk bis 1960 die L.A. City Hall von 1928 war. In den Blütejahren nach dem Zweiten Weltkrieg, als immer mehr Unternehmen außerhalb ins Becken von Los Angeles zogen, schien Downtown dem dauerhaften Verfall preisgegeben, doch dieser Prozess konnte durch teure Sanierungs- und Stadterneuerungsprogramme zumindest auf wirtschaftlicher Ebene teilweise aufgehalten werden.

Ende des 18. Jahrhunderts lag der ursprüngliche Stadtkern ungefähr an der Stelle des heute als **The Plaza** bezeichneten Areals im **Pueblo de Los Angeles Historic Park**, 845 N Alameda St, ℡ 213/628-2381, 🖥 www.ci.la.ca.us/elp, Eintritt frei. Die auf dem Platz stehende Kirche **La Placita** ist die älteste der Stadt. Sie dient illegalen Einwanderern aus Zentralamerika als Zufluchtsort und ist Schauplatz der lebendigen sonntäglichen „Mariachi-Messen" (11.30 und 16.30 Uhr). Ob die Einwanderungsbehörde das Recht hat, die Kirche zu betreten oder nicht, ist ein kontroverses Thema in der Stadt.

Die **Olvera Street** (⌚ tgl. 9–17 Uhr, Eintritt frei) ist eine nach dem Vorbild eines mexikanischen Dorfmarktplatzes gestaltete Straße mit Lebensmittel- und Kunstgewerbeständen. Aus dem historischen **Avila Adobe**, dem eigentlich ältesten Gebäude der Stadt, das allerdings in den vergangenen 30 Jahren komplett neu aufgebaut wurde. Weitere lohnenswerte Sehenswürdigkeiten sind das **Sepulveda House**, ein viktorianisches Bauwerk von 1887, in dessen Räumen die verschiedenen Perioden der mexikanisch-amerikanischen Geschichte herausgestellt werden, ⌚ Mo–Sa 10–15 Uhr, Eintritt frei, und das **Garnier Building**, das vor kurzem als **Chinese American Museum**, ℡ 213/626-5240, 🖥 www.camla.org, wiedereröffnet wurde und die Geschichte der hiesigen chinesischen Siedlung, Gesellschaft und Kultur beleuchtet.

Gegenüber der Plaza steht auf der anderen Seite der Alameda Street die **Union Station**, ein schönes Bauwerk im Mission-Revival-Stil. Das Gebäude dient in erster Linie als Bahnhof für *Metrorail* und *Amtrak*. Früher befand sich an dieser Stelle die **Chinatown**, die aber inzwischen ein paar Blocks weiter nach Norden gezogen und vor allem wegen einiger guter Restaurants von Interesse ist.

Südlich der Plaza überragen auf der anderen Seite des Santa Ana Freeway die gesichtslosen Bürogebäude des **Civic Center** den leblosen Platz des Music Center, wo einige der angesehensten kulturellen Institutionen der Stadt angesiedelt sind. Eindeutiges optisches Highlight ist die geschwungene und mit Titanplatten vertäfelte **Disney Hall**, 🖥 www.musiccenter.org/wdch, eine von Frank Gehry entworfene Konzerthalle, in der das Philharmonische Orchester von Los Angeles beheimatet ist.

Eine Straße weiter erinnert die katholische Kirche **Our Lady of the Angels**, 🖥 www.olacathedral.org, von außen an eine Betonfestung, besticht allerdings durch ein grandioses Innere, das u.a. einen großartigen Marmoraltar und hauchdünne, diffuses Licht erzeugende Alabasterfenster umfasst. Führungen Mo–Fr 13 und 15, Sa 11.30 und 14, So 11.30 und 14.30 Uhr, Eintritt frei.

Die zweite Hauptattraktion des Civic Center ist die **City Hall**, ℡ 213/485-4423, mit einer Aussichtsplattform im 28. Stock. Kostenlose Führungen tgl. 10 und 11 Uhr.

Die **California Plaza** an der Grand Avenue war eines der größten und ehrgeizigsten Bauprojekte des gesamten Financial District. Zwischen den extravaganten Büros und Luxusapartmenthäusern steht das **Museum of Contemporary Art (MOCA)**, ℡ 213/626-6222, 🖥 www.moca.org. Der Komplex ist ein verspieltes Arrangement aus rötlichen, geometrischen Blöcken und ein Entwurf des Stararchitekten Arata Isozaki, der ihn als „kleines Dorf im Tal der Wolkenkratzer" bezeichnete. Neben Arbeiten von Franz Kline, Mark Rothko, Robert

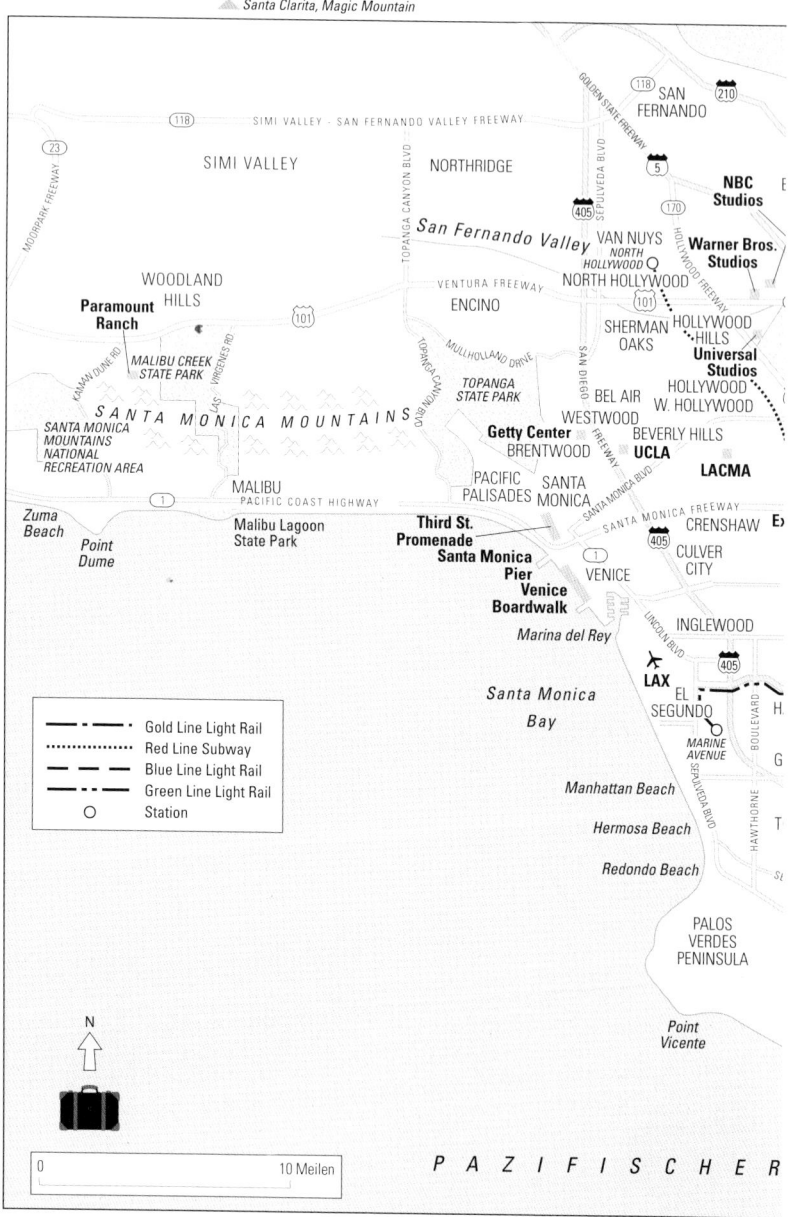

— · — · —	Gold Line Light Rail
················	Red Line Subway
— — —	Blue Line Light Rail
– – – –	Green Line Light Rail
O	Station

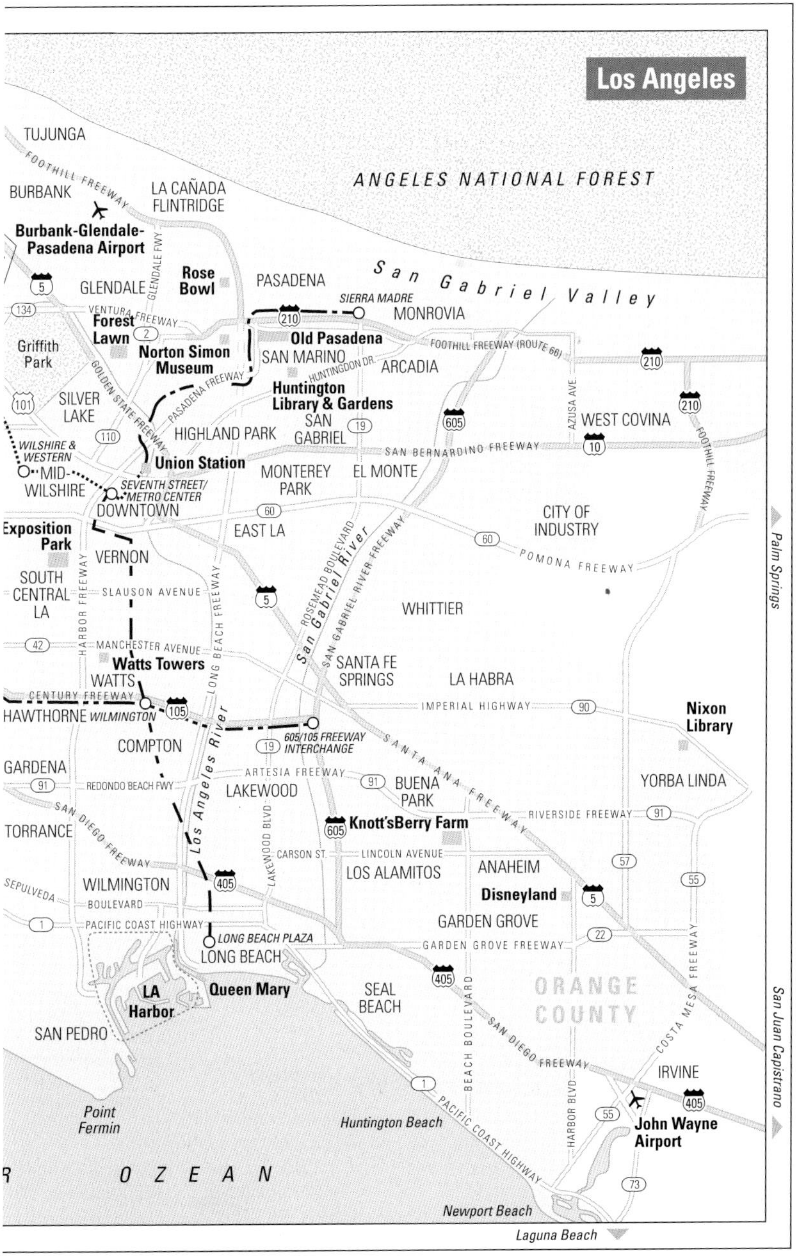
Los Angeles
ANGELES NATIONAL FOREST
TUJUNGA
FOOTHILL FREEWAY
BURBANK
LA CAÑADA
FLINTRIDGE
Burbank-Glendale-
Pasadena Airport
GLENDALE FWY
Rose
Bowl
PASADENA
San Gabriel Valley
GLENDALE
SIERRA MADRE
MONROVIA
VENTURA FREEWAY
Forest
Lawn
Old Pasadena
Griffith
Park
Norton Simon
Museum
SAN MARINO
HUNTINGDON DR.
ARCADIA
FOOTHILL FREEWAY (ROUTE 66)
GOLDEN STATE FREEWAY
PASADENA FREEWAY
Huntington
Library & Gardens
SILVER
LAKE
SAN
GABRIEL
AZUSA AVE.
WEST COVINA
HIGHLAND PARK
SAN BERNARDINO FREEWAY
FOOTHILL FREEWAY
WILSHIRE &
WESTERN
Union Station
MID-
WILSHIRE
MONTEREY
PARK
EL MONTE
SEVENTH STREET/
METRO CENTER
DOWNTOWN
CITY OF
INDUSTRY
Exposition
Park
EAST LA
POMONA FREEWAY
Palm Springs
VERNON
ROSEMEAD BOULEVARD
San Gabriel River
SAN GABRIEL RIVER FREEWAY
SOUTH
CENTRAL
LA
SLAUSON AVENUE
HARBOR FREEWAY
LONG BEACH FREEWAY
WHITTIER
MANCHESTER AVENUE
Watts Towers
WATTS
SANTA FE
SPRINGS
LA HABRA
CENTURY FREEWAY
IMPERIAL HIGHWAY
Nixon
Library
HAWTHORNE
WILMINGTON
COMPTON
605/105 FREEWAY
INTERCHANGE
SANTA ANA FREEWAY
GARDENA
ARTESIA FREEWAY
Los Angeles River
REDONDO BEACH FWY
LAKEWOOD
BUENA
PARK
YORBA LINDA
RIVERSIDE FREEWAY
SAN DIEGO FREEWAY
TORRANCE
LAKEWOOD BLVD
Knott'sBerry Farm
CARSON ST.
LINCOLN AVENUE
LOS ALAMITOS
ANAHEIM
SEPULVEDA
BOULEVARD
WILMINGTON
Disneyland
PACIFIC COAST HIGHWAY
GARDEN GROVE
LONG BEACH PLAZA
LONG BEACH
GARDEN GROVE FREEWAY
LA
Harbor
Queen Mary
SEAL
BEACH
BEACH BOULEVARD
ORANGE
COUNTY
COSTA MESA FREEWAY
SAN PEDRO
SAN DIEGO FREEWAY
IRVINE
San Juan Capistrano
Point
Fermin
Huntington Beach
PACIFIC COAST HIGHWAY
HARBOR BLVD.
John Wayne
Airport
O Z E A N
Newport Beach
Laguna Beach

In L.A. sind die Filmstars allgegenwärtig

Rauschenberg und Claes Oldenburg sowie den beeindruckenden Werken von Antoni Tàpies beherbergt das Museum eine faszinierende Sammlung von Gemälden und Skulpturen einiger aufgehender Sterne am kalifornischen Kunsthimmel, denen man in vielen angesagten Galerien der Stadt erneut begegnet. Di–So 11–17, Do 11–20 Uhr, Eintritt $8, Do 17–20 Uhr kostenlos.

Ein MOCA-Ticket berechtigt am selben Tag auch zum Besuch des weiter östlich gelegenen **Geffen Contemporary**, 152 North Central Avenue, eine ehemalige Reparaturwerkstatt für Polizeiwagen, in der heute die etwas avantgardistischeren Ausstellungen des MOCA gezeigt werden; gleiche Öffnungszeiten.

Gegenüber liegt **Little Tokyo**, eine interessante Ansammlung von historischen Plätzen, Restaurants und Galerien. Hauptattraktion des Viertels ist das große **Japanese American National Museum**, das sich mit sämtlichen Aspekten der japanischen Geschichte und Kultur in der Region Los Angeles beschäftigt. Di–So 10–17 Uhr, Eintritt $6.

Etwas oberflächlicher, aber durchaus unterhaltsam, ist das **Wells Fargo Museum** unter den rotglänzenden Türmen des Wells Fargo Centers, das die Entwicklung dieser größten Bank der Goldgräberzeit dokumentiert. Mo–Fr 9–17 Uhr, Eintritt frei.

Einige Straßen südwestlich liegt das **Westin Bonaventure Hotel** (s.S. 315) mit seinen glänzenden Glasröhren und einem labyrinthartigen Foyer mit spiralförmigen Rampen und Balkonen, in denen eine Orientierung ohne den farbcodierten Gebäudeplan so gut wie unmöglich ist. Sehr zu empfehlen ist die aufregende Fahrt in einem der gläsernen Aufzüge entlang der Außenfassade (berühmt geworden durch den Film *In the Line of Fire* mit Clint Eastwood), bei der sich hervorragende Ausblicke auf Downtown L.A. und darüber hinaus bieten.

Broadway

Der Broadway war einmal die Haupteinkaufsstraße und das Zentrum des Nachtlebens, auch wenn das heutzutage nur noch schwer vorstellbar ist. In viele der alten Filmpaläste und Kaufhäuser sind die geschäftigen Bekleidungs- und Schmuckläden der Hispanics eingezogen. Ein gutes Gefühl für die Ge-

Downtown L.A.

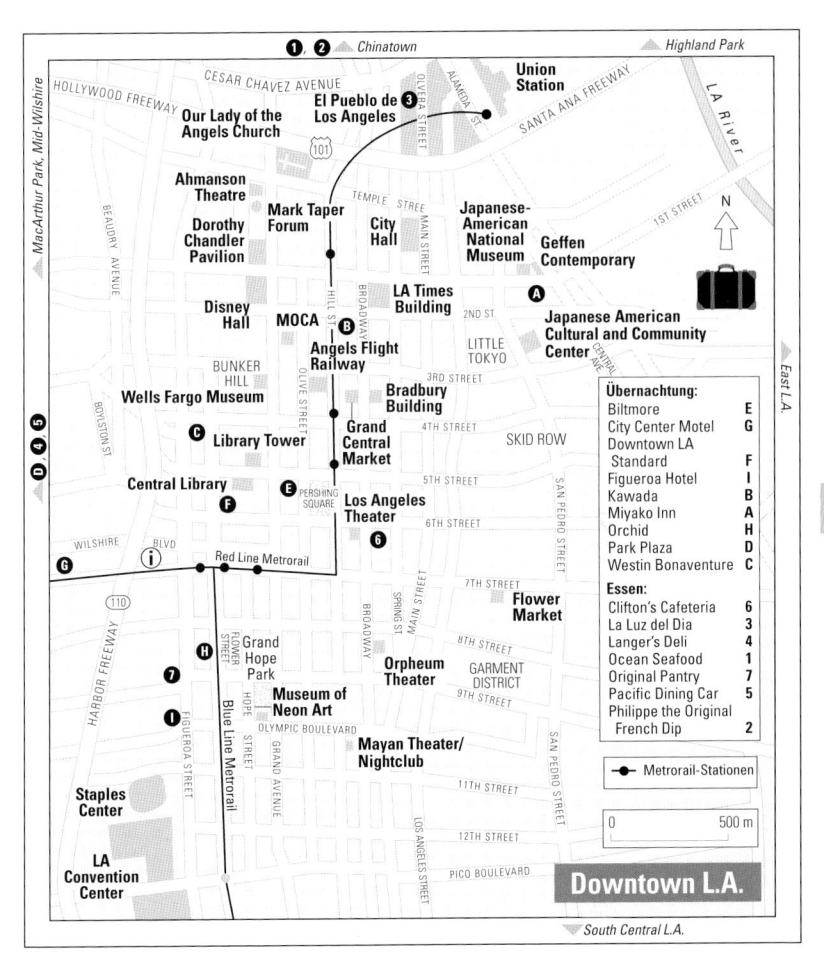

Übernachtung:
Biltmore	E
City Center Motel	G
Downtown LA Standard	F
Figueroa Hotel	I
Kawada	B
Miyako Inn	A
Orchid	H
Park Plaza	D
Westin Bonaventure	C

Essen:
Clifton's Cafeteria	6
La Luz del Dia	3
Langer's Deli	4
Ocean Seafood	1
Original Pantry	7
Pacific Dining Car	5
Philippe the Original French Dip	2

gend bekommt man im **Grand Central Market**, zwischen 3rd und 4th Street, wo von eingelegten Schweinsfüßen bis Schafhirn praktisch alles zu bekommen ist.

Das schönste, was der Broadway zu bieten hat, sind die großen Filmtheater des **Theater District**, die in das Reich der Illusionen einladen. Das 1893 erbaute **Bradbury Building**, Nr. 304, mit seinem herrlichen, sonnendurchfluteten Atrium, stilvollen schmiedeeisernen Balkonen und offenen Fahrstuhlkabinen war in dem Film *Blade Runner* zu sehen, genau wie das benachbarte Kino **Million Dollar Theater** von 1918, das inzwischen einen allgemein zugänglichen Kirchengemeindesaal beherbergt. Das noch extravagantere **Los Angeles Theater**, 615 S Broadway, wurde 1931 in nur 90 Tagen für die Uraufführung von Charlie Chaplins *Lichter der Großstadt* fertig gestellt und lädt jedes Jahr im Juni anlässlich des Filmfestivals *Last Remaining Seats* Cineasten in seinen Vorführsaal (Einzelheiten dazu im Internet unter www.laconservancy.org). Das beste noch regelmäßig genutzte Traditionskino ist das **Orpheum**, Nr. 630, ein prachtvolles Beispiel der Neo-Renaissance mit ausladenden Treppen und prunkvollen Kronleuchtern.

Die sehenswerte Ausstellung des einige Straßen südwestlich angesiedelten **Museum of Neon Art**, 501 West Olympic Boulevard, umfasst klassische Kinoschilder, modernere Neonreklamen und eine Auswahl ausgefallener kinetischer Kunstobjekte. ⊙ Mi–Sa 11–17, So 12–17 Uhr, Eintritt $5.

Neben dem Museum sind es vor allem die zahllosen Bekleidungs- und Textilgeschäfte im **Garment District**, die Besucher anlocken. In dem Viertel, das von der Los Angeles St und San Pedro St sowie von der Seventh und Ninth Ave begrenzt wird, gibt es gute Stoffe schon für $2 den laufenden Meter.

MacArthur Park und Umgebung

Die Hauptverbindungsstraße zwischen Downtown und den 35 km westlich liegenden Stränden von Santa Monica ist der **Wilshire Boulevard**, der durch den zwielichtigen MacArthur Park führt. Dieser ist durch die Verkehrsanbindung an die neue *Red Line Metrorail* das am einfachsten erreichbare Naherholungsgebiet von Downtown.

Das **Ambassador Hotel**, 3400 Wilshire Blvd, kurz hinter der Kreuzung mit der Vermont Ave, inzwischen arg in Mitleidenschaft gezogen, erlebte seine besten Zeiten von den frühen 20er bis in die späten 40er Jahre, als es noch die Winterresidenz nomadisierender Hollywood-Größen und sein *Coconut Grove* ein berühmtes Nachtlokal war. Der Ballsaal und der Nachtclub waren Schauplatz der ersten großen Preisverleihungen und vieler Filmszenen. In der Hotelküche wurde am 5. Juni 1968 Kaliforniens frischgebackener demokratischer Präsidentschaftskandidat Bobby Kennedy erschossen. Das Haus wurde in ein Filmstudio verwandelt und darf nicht betreten werden. Leider droht ihm inzwischen der Abriss – aktuelle Informationen hierzu unter 🖳 www.theambassadorhotel.com.

Südlich des Wilshire Blvd liegt am Olympic Boulevard, zwischen Vermont und Western Ave, **Koreatown**, das fünfmal größer ist als der touristischeren Gegenden von Chinatown und Little Tokyo. Hier lebt die größte koreanische Gemeinde außerhalb Koreas. Abgesehen von einigen authentischen Restaurants gibt es für Besucher hier allerdings nicht viel zu entdecken.

USC-Campus und Exposition Park

Der festungsähnliche USC-Campus liegt nur einige Minuten südlich von Downtown. Bedenkt man, dass es sich, vom Universitätsgelände abgesehen, eigentlich um eine öde Gegend handelt, so ist der Exposition Park auf der anderen Seite des Exposition Blvd direkt ein Lichtblick. Hier befinden sich einige Museen, die durchaus einen Besuch lohnen, z.B. das **California Science Center**, 700 State Drive, nahe Figueroa St, ☏ 323/724-3623, 🖳 www.casciencectr.org. Direkt davor lockt ein **IMAX-Kino** ein überwiegend jugendliches Publikum in seine großformatigen Naturdokumentationen. Näher am Exposition Boulevard, aber immer noch zum Science Center gehörend, befindet sich die kürzlich renovierte **Air and Space Gallery**, zu erkennen an dem schlanken Düsenjet, der an seiner Fassade zu kleben scheint. Ausgestellt sind Satelliten, Teleskope, Flugzeuge, Raketen und ein bedrohlich wirkender Kampfhubschrauber der Polizei von Los Angeles von der Art, wie sie auch ständig am Himmel über der Metropole kreisen. ⊙ tgl. 10–17 Uhr, Eintritt $6, IMAX-Kino $7,50, Kinder $4,50, 3-D-Vorstellungen $1 extra.

Südlich von hier zeigt das **California African American Museum**, 600 State Dr, 🖳 www.caam.ca.gov, eine sehenswerte Ausstellung zur Geschichte, Kunst und Kultur der afroamerikanischen Gemeinden in den USA. ⊙ Di–So 10–17 Uhr, Eintritt frei.

Das Museumsgebäude des **Natural History Museum of Los Angeles County**, 900 Exposition Blvd, ☏ 213/763-3466, 🖳 www.nhm.org, ist mit seinem Marmorfußboden, den spanischen Kuppeln und Travertinsäulen das schönste Bauwerk im Umkreis. Im Wesentlichen sind Saurierknochen und andere Fossilien zu sehen, aber auch vieles, was nicht unbedingt in die Kategorie „Naturkunde" gehört, z.B. Maya-Wandgemälde. ⊙ Mo–Fr 9.30–17, Sa–So 10–17 Uhr, Eintritt $9.

Zu den größeren Sehenswürdigkeiten im Park zählen noch das **LA Coliseum**, Austragungsort der Olympischen Spiele 1932 und 1984, mit den riesigen, kopflosen Statuen davor, sowie der **Rose Garden**, wo im April und Mai 16 000 herrlich duftende Rosenbüsche den Großteil der jährlich 45 000 Besucher anlocken. ⊙ tgl. 10–17 Uhr, Eintritt frei.

Hollywood

Wenn es einen Namen gibt, der Glanz, Geld und Erfolg verkörpert, dann ist es Hollywood. Doch in Wahrheit ist Hollywood eher ein Zentrum der Korruption und der Skandale als jene Traumfabrik, die uns die Filmwelt vorgaukelt. Die wirklich Erfolgreichen verbringen hier so wenig Zeit wie möglich und ziehen sich, sobald sie es sich leisten können, in ihre privaten Refugien an der Küste oder in den Bergen zurück, um Hollywood einer Mischung aus Touristen, Prostituierten, Kleinkriminellen und Freaks vor der Kulisse großartiger alter Kinopaläste und billiger Absteigen zu überlassen. In den letzten Jahren wurden, zumindest an der Oberfläche, einige Sanierungsversuche unternommen, doch eine mystisch verklärte Traumwelt, wie sie in den Köpfen vieler filmbegeisterter Besucher immer noch herumschwirrt, wird Hollywood in Wirklichkeit niemals werden.

Die wenigsten wissen, dass Hollywood einst der Standort einer der größten presbyterianischen Kirchen des Landes war und 1887 als kleine Kolonie von Abstinenzlern begann, die eine Alternative zum verkommenen Leben in L.A. suchten, das zur Jahrhundertwende noch acht Meilen entfernt an anderen Ende einer holperigen Landstraße lag. Zu dieser Zeit war New York noch das Zentrum der Filmindustrie, aber nicht etwa das Gezeter der puritanischen Moralapostel, sondern das sonnige Klima, niedrige Steuern, billige Arbeitskräfte und die große Auswahl an interessanten Drehorten brachten einige Filmemacher dazu, sich in Südkalifornien anzusiedeln. So wurde hier 1911 das erste dauerhafte Studio in Betrieb genommen. Nur drei Jahre später wimmelte es bereits von Regisseuren und Produzenten wie **Cecil B. DeMille**, der eine Scheune in ein Büro umwandelte und dieses mit einem Pferd und anderen angehenden Magnaten teilte, darunter Samuel Goldwyn, Adolph Zukor und Jesse Lasky. Der Ort beherbergt heute eine Ausstellung interessanter und wertvoller Erinnerungsstücke aus der Stummfilmzeit und nennt sich **Hollywood Heritage Museum**, 2100 N Highland Ave, ✆ 323/974-4005, 🖥 www.hollywoodheritage.org, ⊙ Sa–So 10–15.30 Uhr, Eintritt frei.

Der Industriezweig expandierte rasch, brachte schnellen Erfolg und schnelles Geld, und schon überschwemmten viele Hoffnungsvolle die kleine Gemeinde. Doch erst mit D.W. Griffiths rassistischem Stummfilmepos *Die Geburt einer Nation* (1914) entwickelte sich die Filmproduktion zu einem eigenständigen Industriezweig mit entsprechender Technik und Spezialisierung. Kleinere Firmen gingen entweder pleite oder wurden von den großen Studios geschluckt, die in den 30er Jahren beinahe ausnahmslos an neue Standorte weiter außerhalb wie Culver City, Burbank oder West L.A. umzogen. Von den großen Namen blieb nur Paramount in Hollywood.

Für den Niedergang der Studios in den 50er Jahren waren neben der Kartellgesetzgebung der US-Regierung auch die sich erholende Filmindustrie im Ausland nach dem Krieg und natürlich das Fernsehen verantwortlich. Es folgten magere Jahre, bis Regisseure wie Steven Spielberg und George Lucas in den 70ern und 80ern das amerikanische Kino neu erfanden. Sie entwickelten das Konzept des Blockbusters – eines teuer produzierten, vor Spezialeffekten strotzenden Monumentalfilms, der ein so breites Publikum wie möglich ansprechen sollte. Dank jenes Trends und der finanziellen Konsolidierung der US-amerikanischen Medienkonzerne ist Hollywood auch heute noch ein Symbol für den dauerhaften Erfolg des amerikanischen Kinos und professionell produzierte, unterhaltsame Filme mit hinreißenden Schauspielern und Happy End – eine Hightech-Traumfabrik von internationalen Dimensionen.

Die vielen Mythen, Märchen, Fabeln und Fantasien, die sich um die paar Blocks von **Central Hollywood** ranken, sorgen für eine solch nostalgieträchtige Ehrfurcht, dass keine wie auch immer geartete Kommerzialisierung dieses Gefühl jemals schmälern könnte. Zwar wird man bei einem Rundgang mehr Pornokinos als Filmstars antreffen, doch neue Investitionen und Sanierungsmaßnahmen beginnen bereits vielerorts zu greifen, am sichtbarsten im Kino- und Einkaufskomplex Hollywood and Highland an der namensgebenden Kreuzung. Nach Einbruch der Dunkelheit kann es hier aber bisweilen noch recht ungemütlich werden, deshalb immer eine Hand auf der Brieftasche behalten.

Bewegt man sich auf dem Hollywood Boulevard nach Westen, kommt man an die berühmte Kreuzung **Hollywood Blvd / Vine St**. Während der Blütezeit Hollywoods kursierte das Gerücht, dass viel versprechende, junge Talente sich hier nur aufzuhalten bräuchten, um innerhalb weniger Minuten von großen Filmregisseuren entdeckt zu werden, doch heutzutage findet man hier nur noch eine U-Bahn-Station und Gewerberäume zu Billigmieten.

Auf dem Hollywood Blvd findet sich in der lila- und rosafarbenen Nummer 6608 **Frederick's of Hollywood**. Das berühmte Dessous-Geschäft wurde 1947 eröffnet und (ent-)kleidete seitdem alle berühmten Sexgöttinnen Hollywoods sowie weniger unsterbliche Damen.

Auf keinen Fall verpassen sollte man die im Grunde profanen, aber wundervollen Hand- und Fußabdrücke auf dem berühmten *Walk of Fame* vor dem **Chinese Theater**, 6925 Hollywood Boulevard. Seit die Schauspielerin Norma Talmadge bei einem Besuch der Baustelle (angeblich aus Versehen) in den nassen Zement getreten war, erfreut sich diese Praxis andauernder Beliebtheit – von Mary Pickford und Douglas Fairbanks anlässlich der Premiere ihres Films *König der Könige* 1927 bis zur Gegenwart mit Ehrungen für überragende Schauspieler wie Anthony Hopkins. Jahrzehntelang war das Chinese Theater, die seltsame Version eines klassischen chinesischen Tempels mit fernöstlichen Motiven und nach oben geschwungenen Drachenschwänzen, *die* Adresse für Filmpremieren. Leider wurde der Filmpalast vor kurzem von dem kolossalen Komplex **Hollywood and Highland** verschlungen, einer fantasielosen Mall mit teuren Geschäften, immerhin auch mit dem **Kodak Theater**, wo alljährlich der Oscar-Verleihung zelebriert wird.

Ein paar Türen weiter befindet sich das 1927 eröffnete Luxushotel **Hollywood Roosevelt**, 7000 Hollywood Blvd. Es entwickelte sich schnell zum Treffpunkt berühmter Stars und Drehbuchautoren und deren unvermeidlicher Entourage.

Auf der gegenüber liegenden Straßenseite beherbergt das **Hollywood Entertainment Museum**, 7021 Hollywood Blvd, ✆ 323/465-7900, 🖥 www.hollywoodmuseum.com, ein Sammelsurium aus der Film- und Fernsehwelt, lohnenswert vor allem wegen der kompletten Kulisse aus der TV-Serie *Cheers* und der Brücke des Raumschiffs Enterprise. ⏰ Di–So 11–18 Uhr, Eintritt $8,75.

Einige der faszinierendsten Objekte des Museums – nämlich die Max Factor Make-up- und Beauty-Sammlung – befinden sich neuerdings etwas südöstlich im **Hollywood History Museum**, 1660 N Highland Ave, ✆ 323/464-7770. Dort werden auf vier Etagen die Themen Mode, Kulisse, Make-up, Special Effects und Design aus dem Goldenen Zeitalter des Kinos beleuchtet. ⏰ tgl. 10–18 Uhr, Eintritt $7.

Weiter südlich, nahe der Kreuzung Santa Monica Blvd und Gower St, liegt der berühmteste Friedhof der Gegend, der **Hollywood Forever Cemetery**. In einem Mausoleum ruht Rudolph Valentino (Nummer 1205). 10 000 Menschen wohnten dem Begräbnis des großen Stummfilmidols bei, der 1926 im Alter von 31 Jahren verstarb. Alljährlich an seinem Todestag, dem 23. August, ist hier (mindestens) eine trauernde Frau zu sehen, eine Tradition, die 1931 als ein Werbetrick ins Leben gerufen wurde. Die erste *Lady in Black* gab vor, eine Geliebte Valentinos gewesen zu sein, wurde aber später als eine bezahlte Schauspielerin entlarvt. Das pompöseste Grab ist das von Douglas Fairbanks Sr., zu erreichen über einen kleinen Fußweg vom Mausoleum. ⏰ tgl. 8–17 Uhr, Eintritt frei.

Südlich des Friedhofs befinden sich die **Paramount Studios**, 5555 Melrose Avenue, wo aber keine Führungen mehr angeboten werden. Wer möchte, kann noch einen Blick durch das berühmte Studiotor auf das Gelände werfen, es handelt sich jedoch nicht um das inzwischen für die Öffentlichkeit unzugängliche Originaltor, durch das Gloria Swanson einst in *Boulevard der Dämmerung* ritt.

Zwischen Hollywood, Benedict Canyon und Beverly Hills findet sich die merkwürdigste Ansammlung opulenter Landsitze, darunter auch das berühmte Anwesen **Chemosphere** am 776 Torreyson Drive; es sieht aus wie ein UFO, das sein Gleichgewicht auf einem riesigen Sockel zu halten versucht. Vom Bergkamm, auf dem **Mullholland Drive**, kann man hier und da einen Blick auf eines der Anwesen werfen. Leider ist es sehr schwierig, ohne ortskundige Führung oder Auto die millionenschweren Besitztümer von Politikern, TV-Helden oder Filmmogulen in Augenschein zu nehmen, man kann aber an einer Tour teilnehmen, (s. S. 325). Die Häuser können natürlich nicht besichtigt werden.

Ein architektonisches Wahrzeichen von Los Angeles lässt sich hingegen ganz aus der Nähe begutachten, nämlich die noch heute als Konzertbühne genutzte **Hollywood Bowl**, 2301 N Highland Ave, ✆ 323/850-2000, 🖥 www.hollywoodbowl.org. Das in den vergangenen 80 Jahren mehrfach umgebau-

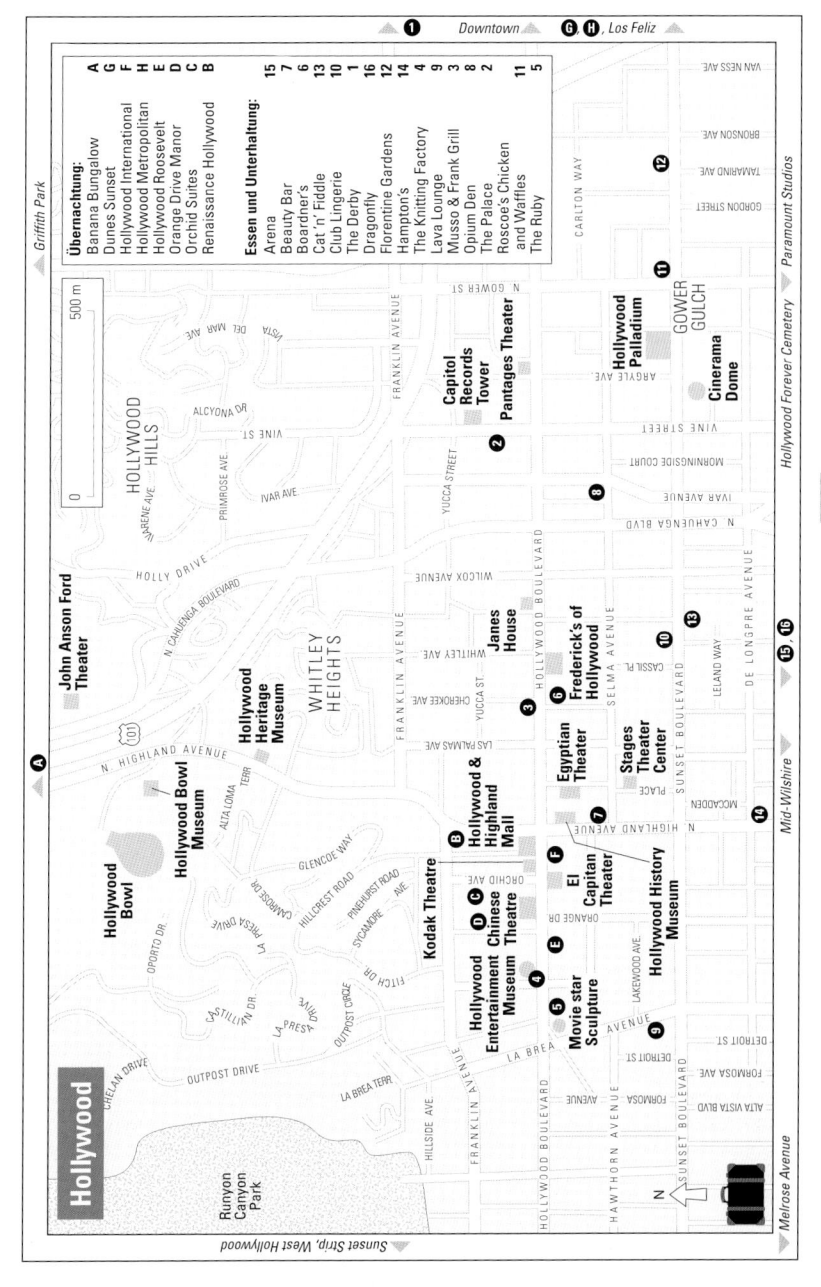

Hollywood

Übernachtung:
- Banana Bungalow — A
- Dunes Sunset — G
- Hollywood International — F
- Hollywood Metropolitan — H
- Hollywood Roosevelt — E
- Orange Drive Manor — D
- Orchid Suites — C
- Renaissance Hollywood — B

Essen und Unterhaltung:
- Arena — 15
- Beauty Bar — 7
- Boardner's — 6
- Cat 'n' Fiddle — 13
- Club Lingerie — 10
- The Derby — 1
- Dragonfly — 16
- Florentine Gardens — 12
- Hampton's — 14
- Lava Lounge — 4
- The Knitting Factory — 9
- Musso & Frank Grill — 3
- Opium Den — 8
- The Palace — 2
- Roscoe's Chicken and Waffles — 11
- The Ruby — 5

Los Angeles – Hollywood 309

te Amphitheater lädt im Sommer regelmäßig zu Klassikkonzerten ein, die allerdings nur selten einem höheren Anspruch genügen.

Das berühmte **Hollywood-Schild**, 1923 als Werbetafel für Grundstücke errichtet, ist von fast allen Ecken der Gegend zu sehen. Man sollte sich keine Mühe geben, auf einer der Sackgassen oder Seitenstraßen näher an das Schild zu kommen als vom Beachwood Drive, der vor einem verschlossenen Tor endet.

West L.A.

Zwischen den Ausläufern der Santa Monica Mountains und dem Santa Monica Freeway, findet man einige der teuersten Adressen der Stadt. Die „Westside" ist das modebewusste L.A., das dem von der Unterhaltungsindustrie projizierten Image der Stadt am nächsten kommt. Hier stellen die Neureichen der Stadt ihr Vermögen am offensichtlichsten zur Schau, von der trendbewussten Enklave West Hollywood über das sagenhaft wohlhabende Bel Air bis zu den luxuriösen Einkaufsstraßen von Beverly Hills.

Die Gegend um den Wilshire Boulevard zwischen Downtown und West L.A. wird etwas schwammig als **Mid-Wilshire** bezeichnet. Westlich der Hauptverbindungsstraße erstreckt sich zwischen der La Brea Avenue und Fairfax Avenue die **Miracle Mile**, der begehrteste Baugrund der Stadt in den 30er Jahren des 20. Jahrhunderts. In die ehemaligen Kaufhäuser des Viertels, von denen sich viele mittlerweile an anderen Standorten neu niedergelassen haben, sind in den letzten Jahren Museen eingezogen. Sie bilden nun als so genannte **Museum Mile** das designierte Kunstzentrum von Los Angeles. Ausgangspunkt sind die **La Brea Tar Pits**, wo ein erstaunlicher Fund prähistorischer Knochen gemacht wurde. Vor mehreren Jahrtausenden versanken zahlreiche Tiere, die von der dünnen Wasserschicht auf der Oberfläche trinken wollten, in der übel riechenden, klebrigen Teermasse und wurden so für die Ewigkeit konserviert. Die Fundstelle ist heute von lebensgroßen Nachbildungen der Urtiere umgeben, darunter auch Mastodons und Säbelzahntiger. Eine Ausstellung mit mehreren rekonstruierten Skeletten befindet sich nebenan im beeindruckenden **George C. Page Museum**, 5801 Wilshire Blvd, ☏ 323/934-7243, 🖥 www.tarpits.org. ⏰ Mo–Fr 9.30–17 Uhr, am Wochenende ab 10 Uhr, Eintritt $6, Studenten $3,50.

An der Westseite der Teergruben von La Brea steht das 1965 erbaute **L.A. County Museum of Art (LACMA)**, 5905 Wilshire Blvd, ☏ 323/857-6000, 🖥 www.lacma.org. Es besitzt einige herausragende Sammlungen, z.B. deutscher Expressionisten und japanischer Kunst. ⏰ Mo, Di und Do 12–20, Fr 12–21, Sa–So 11–20 Uhr, Eintritt $9.

Parallel zum **Santa Monica Boulevard** verläuft die **Melrose Avenue**, mittlerweile eine in ganz L.A. angesagte Einkaufsstraße mit Designer- und Secondhand-Boutiquen und Avantgardegalerien.

Die Ansammlung von Restaurants, Nachtclubs, Reklametafeln und plüschigen Hotels auf den zwei Meilen Sunset Blvd beiderseits des La Cienega Blvd ist der so genannte **Sunset Strip**. Die ersten Etablissements entstanden auf dieser Meile in den 20er Jahren. Mit dem Siegeszug des Fernsehens in den 50er Jahren verlor auch der Sunset Strip an Anziehungskraft. Zur Blütezeit der Flower-Power-Bewegung bildete sich eine Szene um den berühmten *Whiskey-a-Go-Go Club*, Nr. 8901, in dem Größen des Psychedelic Rock wie die Doors, Love und Buffalo Springfield auftraten. In den 70ern drehte sich dann alles um das Hotel *Sunset Hyatt,* Nr. 8401, das berüchtigte „Riot House", wo Led Zeppelin mit Motorrädern durch die Korridore rasten und sich auch andere Rockstars Zügellosigkeiten hingaben. Greta Garbo war nur eine von vielen Stars, die am **Chateau Marmont Hotel**, Nr. 8221, Gefallen fanden. Der eigentümliche normannische Schlossbau aus weißem Beton, der auf der östlichen Seite des Sunset Strip emporragt, wurde 1927 als Luxusapartmenthaus errichtet und war lange Zeit eine beliebte Hollywood-Adresse.

Beverly Hills ist wahrscheinlich die berühmteste Kleinstadt der Welt, was u.a. daran liegt, dass hier eine überdurchschnittlich große Gemeinde von Millionären lebt, die von mehr Polizisten pro Einwohner beschützt wird als jede andere in den USA. Mit edel aufgemotzten Geschäften auf dem **Rodeo Drive**, blitzsauberen Straßen und protzigen Auslagen – vor allem in der auf europäisch gemachten Einkaufsgasse Rodeo Two – rangiert dieses Viertel zweifellos auf L.A.s Spitzenplatz in Sachen Prahlerei. Doch auch in Beverly Hills gibt es einige lohnenswerte und unaufdringliche Sehenswürdigkeiten für Besucher, die sich an den Konsumartikeln satt gesehen haben. So liefert beispielsweise das **Museum of Television and Radio**, ℡ 310/786-1025, 🖳 www.mtr.org, eine interessante Chronik der 50-jährigen Geschichte unserer geliebten Flimmerkiste. ⏰ Mi–So 12–17 Uhr, Eintritt $6.

Der **Beverly Hills Trolley** bietet Touristen eine 40-minütige Rundfahrt durch das Viertel; Abfahrt im Sommer und Dez tgl. 12–17, sonst Sa 12–16 Uhr stündlich an der Ecke Dayton Way und Rodeo Drive, Ticket $5. Für Kunst- und Architekturfreunde wird samstags um 11 Uhr eine spezielle, 50-minütige Trolley-Tour für ebenfalls $5 angeboten, die einige weniger bekannte, aber dennoch faszinierende Sehenswürdigkeiten beinhaltet.

An der Kreuzung Sunset Boulevard und Rodeo Drive erhebt sich eines der berühmtesten Wahrzeichen der Stadt, das pinkfarbene **Beverly Hills Hotel**, dessen prunkvolle Räumlichkeiten und die Bar *Polo Lounge* seit über 90 Jahren ein elitärer Treffpunkt von Lokalgrößen und Hollywood-Stars ist.

In den grünen Canyons und Gebirgsausläufern oberhalb des Sunset Boulevard liegen hinter kunstvoll in das Landschaftsbild eingelassenen Sicherheitszonen die palastartigen Anwesen der Prominenz. Der **Benedict Canyon Drive** schlängelt sich an vielen dieser Anwesen vorbei, einschließlich **Green Acres**, 1740 Green Acres Drive, dem ehemaligen Wohnsitz des Stummfilmkomikers Harold Lloyd. Das Wohnhaus mit seinen geheimen Gängen und einem großen Filmvorführraum ist nach wie vor erhalten, doch das riesige Grundstück, das einst sogar einen Wasserfall und einen kleinen Golfplatz beherbergte, wurde inzwischen in mehrere kleinere Parzellen aufgeteilt.

Unmittelbar an Beverly Hills schließt sich **Century City** an, ein recht unattraktives Areal aus Beton- und Stahlkonstruktionen, wo sich einst das Studiogelände der 20th-Century Fox befand, das heute für Touristen unzugänglich am 10201 Pico Boulevard angesiedelt ist. Etwas weiter östlich liegt das **Museum of Tolerance**, 9786 W Pico Blvd, ℡ 310/553-8403, 🖳 www.wiesenthal.com/mot, wo Video-Interviews eine ungeschminkte Darstellung der Rassenunruhen in L.A. von 1992 nachzeichnen. Das Museum beschäftigt sich mit Hass und Intoleranz in einem breiteren Kontext und umfasst auch eine Ausstellung über den Nationalsozialismus, die ihren grauenvollen Abschluss in dem Nachbau einer Gaskammer findet. ⏰ April–Okt Mo–Do 11.30–18, Fr 11.30–17, So 11–19.30, Nov–März Fr bis 15 Uhr, Eintritt $10.

Westwood, nördlich des Wilshire Blvd und unmittelbar westlich von Beverly Hills, ist eine der ansprechenden Gegenden von L.A. Die niedrigen spanischen Gebäude aus rotem Backstein um die **Broxton Avenue**, die Hauptstraße von Westwood Village, stammen aus den 20er Jahren, genau wie der Campus der University of California Los Angeles (UCLA). An die 30 Filmhäuser drängen sich hier auf engstem Raum. Der Turm am Ende der Straße gehört zum *Fox Westwood Village* von 1931, das zusammen mit dem *Bruin* auf der anderen Straßenseite von den Filmfirmen häufig für so genannte *sneak previews* genutzt wird, mit denen neue Filme vor einem Publikum getestet werden. Aktuelle Hinweise sind der *Calendar*-Beilage der *Los Angeles Times* zu entnehmen.

In einem der Türme am Westwood Blvd, Ecke Wilshire Blvd, befindet sich im **UCLA Hammer Museum**, ℡ 310/443-7000, 🖳 www.hammer.ucla.edu, eine der großen Kunstsammlungen der Stadt. Die ausgestellten Rembrandts und Rubens' sind eher langweilig, aber das 19. Jahrhundert entschädigt dafür, vor allem van Goghs *Das Hospital in Saint Remy*, die Perle des Museums. ⏰ Di, Sa und Sa 12–19, Mi–Fr 12–21 Uhr, Eintritt $5, Parkgebühr $2,75.

Auf der dem Museum gegenüberliegenden Straßenseite des Wilshire Boulevards liegt der kleine Friedhof des **Westwood Memorial Park**, 1218 Glendon Ave, auf dem neben Hammer auch einige Entertainment-Größen begraben sind, u.a. Marilyn Monroe.

Das Getty Center

Nahe dem Sepulveda Pass, nördlich des Wilshire Boulevard, thront hoch oben das Ende 1997 eröffnete **Getty Center**, ℡ 310/440-7300, 🖳 www.getty.edu. Es wurde von Richard Meier für 2 Milliarden Dollar erbaut und ist der jüngste und augenfälligste Versuch L.A.s, einen Meilenstein in der internationalen Kunstszene zu setzen.

Zwei Jahre nachdem 1974 das ursprüngliche J. Paul Getty Museum in Malibu eröffnet wurde, starb der Ölmilliardär und hinterließ sage und schreibe eine Milliarde Dollar, um das Projekt weiter zu finanzieren – für ein Museumsbudget eine unglaubliche Summe, die dafür sorgt, dass die Preise auf dem internationalen Kunstmarkt in die Höhe getrieben werden.

Zahlreiche Räume huldigen dem Frankreich Ludwigs XIV., und obwohl Getty für die Malerei keine übermäßige Begeisterung aufbrachte, hat er doch einige bedeutende Werke der Renaissance und des Barock erstanden, unter anderem von Rembrandt, Rubens und de la Tour. An Gemälden hat das Museum inzwischen viel dazugekauft, die bekannten Meister vom 13. Jh. bis zur Gegenwart sind fast lückenlos vertreten, darunter auch Van Goghs *Iris* und mehrere Porträts von Rembrandt. Das Museum beherbergt außerdem eine gute Fotografie-Ausstellung mit Arbeiten von Man Ray, Moholy-Nagy und anderen bekannten Künstlern sowie eine große Skulpturensammlung mit Werken der Klassik, Renaissance und des Barock; das Paradestück ist Berninis *Junge mit Drache*, die Darstellung eines pummeligen, engelsgleichen Knaben, der mit spielerischer Leichtigkeit das Maul eines Drachen aufreißt. ⊙ tgl. 10–18, Sa–So 10–21 Uhr, Eintritt frei, Parkgebühr $5, an Wochenenden und Feiertagen Parkplatzreservierung erforderlich. *MTA*-Bus Nr. 561 hält am Sepulveda Boulevard.

Venice, Santa Monica, Malibu

Die Santa Monica Bay bietet über 30 km lange, weiße Strände, viele gute Geschäfte, Restaurants, Galerien und jede Menge Unterkünfte – eine ausgezeichnete Basis, um das restliche L.A. zu entdecken Die relativ kleinen Gemeinden sind durch ein effizientes öffentliches Verkehrsnetz miteinander verbunden und vom Flughafen relativ schnell zu erreichen.

Die meisten Besucher zieht Venice Beach an. Nirgends stellt sich L.A. so offen und bunt dar wie am **Venice Boardwalk**, der breiten Promenade, die auch als *Ocean Front Walk* bekannt ist. Hier treffen sich an Wochenenden (im Sommer täglich) Jongleure, Feuerspucker und Hare Krishnas, Rollschuh laufende Gitarrenspieler, Skateboardfahrer und viele, viele Schaulustige. Bei Nacht ist Venice Beach ein gefährlicher Ort, an dem es von Straßenbanden, Dealern usw. wimmelt. Der Aufenthalt am Strand ist nach Sonnenuntergang ohnehin verboten.

Die **Windward Avenue** ist die Hauptstraße von Venice. Sie führt zum Kinney Plaza mit seinen Galerien und dem Postamt, in dem man sich auf einem Wandbild das alte Venice ansehen kann. Von den neoklassizistischen Arkaden an der Kreuzung Pacific Avenue bleibt von Jahr zu Jahr weniger übrig. Nahebei, an den wenigen verbliebenen **Kanälen**, die gerade eine mehrjährige Verschönerungsaktion hinter sich haben, sind noch die renovierten weißen Brücken, einige fußgängerfreundliche Bürgersteige und mehrere sehenswerte Häuser im Stil der Moderne bzw. Postmoderne erhalten geblieben. Am einfachsten erreichbar ist Venice vom Washington Boulevard über die Dell Avenue Richtung Norden.

Das an palmengesäumten Stränden und Hängen über dem Pazifik gelegene **Santa Monica**, unmittelbar nördlich von Venice, ist der älteste, größte und bekannteste Badeort der Metropole. In dem betont gesundheitsbewussten, liberalen Bezirk leben viele Schriftsteller und Rockstars. Anstelle der Kasinoschiffe und Badeclubs machen heute strenge Mietpreiskontrollen und stringente Bauvorschriften Schlagzeilen.

Alles, was für Touristen von Interesse ist, spielt sich innerhalb weniger Blocks am Strand ab. Das *Visitor Information Office* in dem Kiosk unmittelbar südlich des Santa Monica Blvd im Palisades Park ist ein guter Anlaufpunkt, ⊙ tgl. 10–16 Uhr, ☏ 310/393-7593, 🖥 www.santamonica.com.

Die **Third Street Promenade**, zwei Blocks östlich der Ocean Avenue, zwischen Wilshire Blvd und Broadway, ist eine lebendige Fußgängerzone, in der sich fliegende Händler, Straßenkünstler und Wanderprediger produzieren. Hauptattraktion ist das bunte Treiben am Strand um den aufgemöbelten **Santa Monica Pier**, an dem ein hübsch restauriertes Holzkarussell aus dem Jahr 1922 steht.

Die Rummelplatzattraktionen des **Pacific Park**, ☏ 310/260-8744, 🖥 www.pacpark.com, (⊙ im Sommer tgl. 11–23, Sa–So 11–0.30 Uhr, Eintritt $20, Kinder $11) mögen direkt ins Auge fallen, doch eine bessere Investition ist das unmittelbar unterhalb des Piers gelegene **Santa Monica Pier Aquarium**, 1600 Ocean Front Walk, ☏ 310/393-6149, 🖥 www.healthebay.org/smpa. Dort finden sich interessante Ausführungen zum Thema Meeresbiologie und sogar Anemonen und Seesterne zum Anfassen. ⊙ im Sommer Mo–Fr 14–18, Sa–So 12.30–18.30 Uhr, Eintritt $3.

Fünf Meilen nördlich liegt am kurvenreichen **Pacific Coast Highway** (PCH) der Eingang zur

Eingang zum Chiat/Day Bldg. des Architekten Frank O. Gehry in der Main St. in Venice

prunkvollen **Getty Villa**, 17985 PCH, ✆ 310/440-7300, 🖳 www.getty.edu/museum/villa.html, die früher das Getty Museum beherbergte. Der Komplex wird derzeit umgebaut und soll 2005 als Schaukasten für Getty-Antiquitäten wieder seine Pforten öffnen.

Von **Malibu**, zwanzig Meilen nördlich von Santa Monica, hat jeder schon gehört, und auch von den Häusern seiner Strandkolonie, die von Leuten bewohnt werden, die so berühmt sind, dass sie Abgeschiedenheit benötigen, und reich genug, um sie sich leisten zu können. **Surfrider Beach**, südlich des Piers, war in den 50er und frühen 60er Jahren *der* Surfertreffpunkt. Zum Surfen trifft man sich auch heute noch hier.

Ein großer Teil des **Malibu Creek State Park** an der Las Virgenes Road weiter nördlich, unweit des Mulholland Drive, gehörte den Studios der *20th-Century Fox*. In den von immergrünem Gebüsch überwachsenen Hängen wurden viele Tarzan-Filme gedreht. Der 1000 ha große Park lockt mit einem See, mehreren Wasserfällen und Wanderwegen. Weiter westlich liegt die **Paramount Ranch**, 2813 Cornell Rd, ein weiteres altes Studiogelände mit nachgebautem Eisenbahnübergang, Friedhof und intakter Wildwestfilm-Straße.

South Bay und Long Beach

Entlang der Küste südlich von L.A. führt der Pacific Coast Highway vorbei an den Start- und Landebahnen des LAX-Flughafens und den unansehnlichen Ölraffinerien von El Segundo zu einem acht Meilen langen Küstenstreifen mit den ruhigeren und weniger protzigen Stränden der South Bay: Manhattan Beach, Hermosa Beach und Redondo Beach.

Vor nicht allzu langer Zeit war **Long Beach** ein Tummelplatz für Marinesoldaten auf Landurlaub, bekannt für Pornoschuppen und schummrige Kneipen. Im Laufe der letzten zehn Jahre ist aber über eine Milliarde Dollar in Long Beach investiert worden, wodurch u.a. eine Reihe neuer Bürogebäude und Hotels entstand.

Die größte Sehenswürdigkeit von Long Beach, der Dampfer **Queen Mary**, ✆ 562/435-3511, 🖳 www.queenmary.com, wurde eigens hierher verfrachtet, um Touristen anzulocken. Der Luxus-Liner, von den 30er bis zu den 60er Jahren das

Flaggschiff der *Cunard Line,* ist heute ein Nobelhotel. ⏲ tgl. 10–18 Uhr, Eintritt $23, inkl. Ghost and Legends Show.

Auf der anderen Seite der Bucht liegt am Shoreline Drive das **Aquarium of the Pacific**, ✆ 562/590-3100, 🖥 www.aquariumofpacific.org, die einzigartige Einblicke in die Meeresflora und -fauna aus verschiedenen geografischen und klimatischen Zonen der Erde gewährt. ⏲ tgl. 9–18 Uhr, Eintritt $19.

Weiter westlich beherbergt das **Long Beach Museum of Art**, 2300 E Ocean Blvd, ✆ 562/439-2119, 🖥 www.lbma.org, eine der experimentelleren modernen Kunstsammlungen L.A.s ⏲ Di–So 11–17 Uhr, Eintritt $5.

Disneyland

Es gibt wohl kaum einen anderen Ort auf der Welt, der so sehr das Wunschdenken des modernen Amerika verkörpert wie Disneyland. Der berühmteste und am sorgfältigsten durchkonstruierte Themenpark aller Zeiten ist Vorbild für alle ähnlichen Parks auf der ganzen Welt.

Zu den Highlights von Disneyland zählen drei Attraktionen in **Adventureland**: die interaktive archäologische Expedition *Indiana Jones Adventure,* eine Art Wochenschau aus den 30er Jahren mit Schwindel erregender Fahrt durch 750 m lange Gänge mit Totenschädeln, Feuerbällen, herabfallendem Geröll, giftigen Schlangen und dem unvermeidlichen Finale mit herandonnernden Felsbrocken. Die beiden anderen Spektakel sind *Pirates of the Caribbean,* ein unterirdischer Bootstrip durch Piratenhöhlen, und *The Haunted Mansion,* eine Geisterbahn durch ein verhextes Haus.

Im Gegensatz dazu bietet **Frontierland** nur mäßig interessante Karnevalsattraktionen aus dem Wilden Westen, **Fantasyland** langweilt mit veralteten Fahrgeschäften aus dem Märchenland, und **Toontown** ist ein von Zeichentrickfiguren beherrschter Bereich für Kleinkinder. Man kann diese Abschnitte daher ruhigen Gewissens auslassen und direkt das futuristische **Tomorrowland** ansteuern, das u.a. mit der Achterbahn *Space Mountain* eine Fahrt durch das All ermöglicht.

Disneylands jüngste Erweiterung nennt sich **California Adventure** und ist streng genommen ein eigener Vergnügungspark, der von der Architektur, vom Stil und von der Atmosphäre her zu Disney passt, aber längst nicht so viel Spaß macht. Abgesehen von den aufregenderen Achterbahnen und dem etwas besseren Essen ist *California Adventure* lediglich ein neuer, allerdings auch wesentlich größerer und teurerer Abschnitt von Disneyland. Ein einzelnes Tagesticket berechtigt nicht etwa zum Eintritt in beide Parks; wer auch den neuen Bereich sehen will, muss noch einmal $47 hinblättern bzw. eine 2-Tages-Karte für $99 kaufen.

Disneyland liegt in Anaheim, 1313 Harbor Blvd, Informationen unter ✆ 714/999-4565 und 🖥 disneyland.com, ⏲ im Sommer tgl. 8–1 Uhr, sonst Mo–Fr 10–18, Sa 9–24, So 9–22 Uhr, Eintritt $47, Kinder $37, Parkgebühr $8.

Knott's Berry Farm

Wem das schillernde Gepränge Disneylands einfach zu viel des Guten ist, kommt vielleicht besser in den wesentlich bodenständigeren, vier Meilen nordwestlich unweit des Santa Ana Freeway gelegenen Themenparks **Knott's Berry Farm**, 8039 Beach Blvd, ✆ 714/220-5200, 🖥 www.knotts.com. Die Achterbahnen hier sind viel aufregender als alles, was Disneyland zu bieten hat, und von den insgesamt sechs Themenbereichen sind vor allem zwei zu empfehlen: **Fiesta Village** mit dem *Jaguar,* einer in atemberaubender Höhe über den Park hinwegdonnernden Achterbahn, und **Boardwalk** mit einer Reihe von spektakulären wie nervenaufreibenden Fahrten. ⏲ im Sommer So–Do 9–23, Fr–Sa 9–24, sonst Mo–Fr 10–18, Sa 10–22, So 10–19 Uhr, Eintritt $43, Kinder $33.

Knott's ist seit kurzem auch stolzer Betreiber des eigenen Wasserparks **Soak City USA** mit 21 mild aufregenden Fahrgeschäften. ⏲ nur Mai–Sept, unterschiedliche Öffnungszeiten, in der Regel 10–20 Uhr, Eintritt $24, Kinder $17, nach 15 Uhr $13.

Burbank und die Studios

Obwohl der Name Hollywood noch immer synonym für die Filmindustrie steht, sind tatsächlich viele der Studios längst über die Hügel in das ansonsten ziemlich langweilige Burbank abgewandert. Mehrere Film- und Fernsehstudios bieten Führungen an: **NBC** (3000 W Alameda St, ✆ 818/840-3537, ⏲ Mo–Fr 9–16 Uhr, Eintritt $7), und die besonders für Technik-Freaks interessanten **Warner Bros Studios**, 4000 Warner Blvd (Reservierung nur unter ☎ 818/846-1403, 🖥 www.wbstudiotour.com, ⊙ Mai–Sep Mo–Fr 9–15, Okt–April Mo–Fr 9–16 Uhr, Eintritt $33). Nicht für die Öffentlichkeit zugänglich ist dagegen das Animationsgebäude von Disney in der 500 S Buena Vista St.

Das größte Filmgelände befindet sich in Besitz der **Universal Studios**, ☎ 818/508-9600, 🖥 www.universalstudioshollywood.com. Die vierstündige, mit Spezialeffekten gespickte Studio-Tour lehnt sich thematisch an aktuelle Kinofilme an und erinnert mehr an einen Vergnügungspark als an eine Filmproduktionsstätte. Die gebotenen Shows sind ausnahmslos banal, für Fans von Explosionen und spektakulären Stunts aber ein absolutes Muss. ⊙ im Sommer tgl. 8–22, sonst 9–19 Uhr, Eintritt $47, Parkplatz $5,50.

Übernachtung

In L.A. eine Unterkunft zu finden, ist recht einfach. Günstig gelegene und preiswerte Übernachtungsmöglichkeiten sind jedoch selten. In Downtown L.A. gibt es sowohl Luxus- als auch Budget-Hotels, in Hollywood eine große Auswahl an billigen Motels, die Westside und Malibu sind vor allem in der mittleren und oberen Preisklasse interessant. Für Billigreisende sind zahlreiche **Hostels** über die Stadt verteilt, in einigen darf man jedoch nur eine begrenzte Anzahl von Tagen bleiben.

HOTELS, MOTELS UND B&Bs – Da es in L.A. nur wenige Reservierungsbüros gibt und die *Visitor Centers* zwar Informationen und Ratschläge erteilen, aber keine Zimmer vermitteln, bleibt neben der direkten Kontaktaufnahme mit dem Hotel nur die Buchung über ein Reisebüro oder eine entsprechende Website. Es lohnt in jedem Fall, sich nach speziellen Tarifen für das Wochenende oder die Wochenmitte zu erkundigen. Besonders am unteren Ende der Preisskala werden die Hotelzimmer billiger, wenn sie für eine ganze Woche gebucht werden.

Downtown und Umgebung, Vorwahl 213: *Biltmore Hotel*, über $250, 506 S Grand Ave, Ecke 5th St, ☎ 624-1011 oder 1-800/222-8888, 🖥 www.thebiltmore.com. Neoklassizistische Architektur und moderner Luxus vereint zu grandiosem Pomp in einem Gebäude von 1923 mit Blick auf den Pershing Square. Am Wochenende deutlich günstigere Preise.
City Center Motel**, 1135 W 7th St, ☎ 628-7141. Budget-Hotel mit kleinen Zimmern und kitschiger 60er-Jahre-Einrichtung. Kleines Frühstück und kostenloser Shuttle zum Flughafen inklusive.
Downtown LA Standard, $160–200, 550 S Flower St, ☎ 892-8080, 🖥 www.standardhotel.com. Jüngster Ableger der selbst- und trendbewussten Hotelkette im Gebäude einer früheren Ölfirma. Gepflegte, moderne Einrichtung, schrilles Dekor und erstklassige Bar auf der Dachterrasse. Läuft zwar unter „Business Hotel", hat dafür aber eine recht beständige Partyszene.
Figueroa*****, 939 S Figueroa St, ☎ 627-8971 oder 1-800/421-9092, 🖥 www.figueroahotel.com. Mittelklassehotel am Südrand von Downtown mit angenehmen Zimmern, Pool, Jacuzzi und rund um die Uhr geöffnetem Café.
Miyako Inn, $130–160, 328 E 1st St, ☎ 617-2000, 🖥 www.miyakoinn.com. Ungeachtet der finsteren Betonfassade ein angenehmes Hotel. Saubere Zimmer mit Kühlschrank, Wellness-Bereich und Karaoke-Bar.
Orchid Hotel**, 819 S Flower, Ecke 8th St, ☎ 624-5855 oder 1-800/874-5855. Billigste Unterkunft im Herzen von Downtown, nahe Seventh und Flower U-Bahn-Station der *Red Line*. Komfortabel und sicher, auch wenn die Zimmer etwas schlicht sind. Auch Wochenpreise.
Westin Bonaventure, ab $200, 404 S Figueroa St, ☎ 624-1000 oder 1-800/228-3000, 🖥 www.westin.com. Modernes Luxushotel mit fünf Glastürmen, die ausschen wie Cocktailshaker, sechsstöckigem Atrium mit „See" und eleganten Zimmern. Ein atemberaubender Außenfahrstuhl fährt hinauf zur rotierenden Cocktaillounge *Bona Vista*. Suite ab $2000.

Hollywood, Vorwahl 323: ***Chateau Marmont******, 8221 Sunset Blvd, ☎ 656-1010, 🖥 www.chateaumarmont.com. Exklusives Hotel im Gewand eines düsteren Schlosses, das schon allen möglichen Berühmtheiten als Unterkunft diente. Geräumige Suiten und Bungalows.
Dunes Sunset***, 5625 Sunset Blvd, ☎ 467-5171. Akzeptables Motel ohne Schnickschnack in ei-

ner ungemütlichen Ecke im Osten Hollywoods. Gute Anbindung nach Downtown.

Hollywood Metropolitan Hotel***, 5825 Sunset Blvd, ✆ 962-5800 oder 1-800/962-5800, 🖥 www.metropolitanhotel.com. Elegantes Hochhaus mit guten Zimmern, Ausblick und behindertengerechtem Zugang. Für den Preis das beste, was man im Herzen Hollywoods findet.

Hollywood Roosevelt, $130–160, 7000 Hollywood Blvd, ✆ 466-7000, 🖥 www.hollywoodroosevelt.com. Das erste für Filmstars erbaute Hotel aus dem Jahre 1927 gehört inzwischen zur *Clarion*-Kette. Einfache Zimmer, aber viel Atmosphäre. Whirlpool, Fitnessraum, Pool und kleine Ausstellung zur Geschichte Hollywoods.

Orchid Suites**, 1753 Orchid Ave, ✆ 874-9678 oder 1-800/537-3052, 🖥 www.orchidsuites.com. Direkt neben dem riesigen Einkaufszentrum *Hollywood and Highland*. Geräumige, wenngleich spartanisch eingerichtete Suiten mit Kabel-TV und Kochnische. Beheizter Pool und sehr günstige Lage zu den beliebtesten Attraktionen in Hollywood.

Renaissance Hollywood, $160–200, 1755 N Highland Blvd, ✆ 856-1200, 🖥 www.renaissancehollywood.com. Bestandteil des Einkaufskomplexes *Hollywood and Highland* mit Luxuszimmern und -suiten. Erstklassige Lage im Herzen der Traumfabrik.

West L.A., Vorwahl 310 oder 323: *Bel Air*, über $250, 701 Stone Canyon Rd, ✆ 310/472-1211 oder 1-800/648-1097, 🖥 www.hotelbelair.com. Das eindeutig exklusivste Hotel in L.A. – und das einzige in Bel Air – in einem üppig bewachsenen Canyon oberhalb von Beverly Hills. Wer sich hier kein Zimmer leisten kann, gönnt sich vielleicht stattdessen einen Brunch am herrlichen Swan Lake.

Claremont*, 1044 Tiverton Ave, ✆ 310/208-5957. Heiteres kleines Hotel in der Nähe von Westwood Village und der UCLA, erstaunlich günstig für diese Gegend. Die Zimmer sind recht einfach, und die fehlenden Parkmöglichkeiten sind ein Problem.

Culver Hotel***, 9400 Culver Blvd, ✆ 310/838-7963 oder 1-800/888-3-CULVER, 🖥 www.culverhotel.com. Reizend restauriertes, historisches Gebäude, gehalten in Schwarz-Rot-Tönen mit nostalgischen Eisengeländern im Foyer und gemütlichen Zimmern mit gutem Blick auf Culver City, unmittelbar südlich von West L.A.

Grafton, $130–160, 8462 Sunset Blvd, ✆ 323/654-6470, 🖥 www.graftononsunset.com. Kürzlich modernisiertes Boutique-Hotel der mittleren Preisklasse. Hübsch eingerichtet, Zimmer mit Stereoanlage und Videorecorder, außerdem Pool, Fitness-Center und kostenloser Shuttle zu den Einkaufszentren und Geschäften in der Nähe.

Le Montrose, $200-250, 900 Hammond St, ✆ 310/855-1115, 🖥 www.lemontrose.com. Elegantes, im Stil des Art-déco gehaltenes Hotel in West Hollywood mit modern ausgestatteten Suiten, Tennisplatz auf dem Dach, Pool und Jacuzzi.

Santa Monica, Venice, Malibu und Pacific Palisades, Vorwahl 310: *Cadillac*****, 8 Dudley Ave, Ecke Rose, Venice, ✆ 399-8876, 🖥 www.thecadillachotel.com. Stilvoll restauriertes Art-déco-Hotel direkt am Venice Boardwalk, auch Hostel-Bereich mit Dorm-Betten*.

Channel Road Inn, ab $160, 219 W Channel Rd, Pacific Palisades, ✆ 459-1920, 🖥 www.channelroadinn.com. Romantischer Schlupfwinkel im Santa Monica Canyon mit Blick auf den Pazifik, Jacuzzi und kostenlosem Fahrradverleih.

Inn at Venice Beach, $130–160, 327 Washington Blvd, Venice, ✆ 821-2557 oder 1-800/828-0688, 🖥 www.innatvenicebeach.com. Einfache, geschmackvolle Zimmer mit Kühlschrank und Balkon unweit von Venice Beach und den Kanälen.

Malibu Surfer**, 22541 Pacific Coast Hwy, Malibu, ✆ 456-6169, 🖥 www.malibusurfmo.qpg.com. Große Betten, Kühlschrank und TV machen dieses Motel trotz der kitschigen Einrichtung zu einer ausgezeichneten Wahl für den kleinen Geldbeutel.

Shangri-La, $200-250, 1301 Ocean Ave, Santa Monica, ✆ 394-2791, 🖥 www.shangrila-hotel.com. Wunderbar restauriertes Art-déco-Juwel mit Blick auf den Palisades Park und Santa Monica Beach. Einfache, aber saubere und gepflegte Zimmer.

South Bay und Long Beach, Vorwahl 310 oder 562: *Barnabey's*, $130–160, 3501 N Sepulveda

Blvd, Manhattan Beach, ☎ 310/545-8466. Idyllisches viktorianisches Inn mit Belle-Epoque-Flair. Zimmer mit herrschaftlichen Betten und nostalgischer Einrichtung, dazu Pool und Jacuzzi.
Hotel Hermosa, ab****, 2515 Pacific Coast Hwy, Hermosa Beach, ☎ 310/318-6000, 🖥 www.hotelhermosa.com. Luxushotel in einem belebten Stadtteil zwischen Hermosa Beach und Manhattan Beach mit Zimmern zu moderaten Preisen und Suiten bis $350. Nur einen kurzen Spaziergang vom Strand entfernt.
*Seahorse Inn***, 233 N Sepulveda Blvd, Manhattan Beach, ☎ 310/376-7951 oder 1-800/233-8050. Typisches Motel mit sauberen und komfortablen Zimmern, nicht weit vom Strand.
Westin Long Beach, $130–160, 333 E Ocean Blvd, Long Beach, ☎ 562/436-3000, 🖥 www.westin.com. Solide Wahl für Luxus am Strand zu erschwinglichen Preisen (billiger bei Online-Buchung). Direkt am Convention Center mit Wellness- sowie Fitness Center und Pool.

Rund um Disneyland (Anaheim), Vorwahl 714:
*Desert Palm Inn and Suites*****, 631 W Katella Ave, ☎ 1-800/635-5423, 🖥 www.anaheimdesertpalm.com. Große und komfortable Zimmer mit Kühlschrank, Mikrowelle und Video, kleines Frühstück inkl.
Disneyland Hotel, über $250, 1150 W Cerritos Ave, Ecke West St, ☎ 956-6400, 🖥 www.disneyland.disney.go.com/disneylandresort. Einfallslos gestaltete Zimmer ohne Charme, aber für viele dennoch eine unwiderstehliche Wahl. Der Eintritt zum Themenpark ist nicht im Hotelpreis enthalten, aber die Disneyland-Monorail hält direkt vor der Tür.
Disneyland Pacific Pier, $160–200, 1717 S Disneyland Dr, ☎ 956-6425, 🖥 www.disneyland.disney.go.com/disneylandresort/resorthotels. Renovierter Betonkomplex als zusätzliche Unterkunft für Disneyland-Besucher, etwas weiter vom Themenpark entfernt als das Schwesterhotel. Immerhin stehen Shuttlebusse zur Verfügung, und die Zimmer sind bei gleicher Leistung etwas billiger.
*Park Place Inn****, 1544 S Harbor Blvd, ☎ 776-4800, 🖥 www.stovallshotels.com/park-place. Schlichtes *Best Western*-Hotel gegenüber von Disneyland mit sauberen Zimmern.

San Gabriel Valley und San Fernando Valley, Vorwahl 626 oder 818: *Artists Inn*, $160–200, 1038 Magnolia St, South Pasadena, ☎ 626/799-5668 oder 1-888/799-5668, 🖥 www.artistsinns.com. B&B mit 10 Zimmern und Suiten (z.T. mit Jacuzzi), die thematisch nach berühmten Malern und Stilrichtungen gestaltet wurden. Am schönsten ist die italienische Suite mit altertümlichem Bad und sonniger Veranda.
Ritz-Carlton Huntington, $200-250, 1401 S Knoll Ave, Pasadena, ☎ 626/568-3900, 🖥 www.ritzcarlton.com. Berühmtes und luxuriös ausgestattetes Hotel aus dem 19. Jh., diskret versteckt in einem Wohngebiet von Pasadena.
*Safari Inn*****, 1911 W Olive St, Burbank, ☎ 818/845-8586, 🖥 www.anabelle-safari.com. Klassisches 50er-Jahre-Motel, inzwischen renoviert, aber noch immer mit reichlich Anleihen aus der Pop-Architektur. Zimmer mit Kühlschrank, außerdem Pool, Fitnessraum und Transport zum Flughafen Burbank. Auch einige Suiten vorhanden.
Sportsmen's Lodge, $130–160, 12825 Ventura Blvd, Studio City, ☎ 818/769-4700, 🖥 www.slhotel.com. 177 einfache Zimmer mit kitschigem Dekor und 13 Suiten in einem mehrstöckigen Retro-Motel mit Pool, Jacuzzi, Fitnessraum und Restaurant.

HOSTELS – *Banana Bungalow*–**, 2775 Cahuenga Blvd W, Cahuenga Pass, ☎ 213/851-1129 oder 1-800/446-7835, 🖥 www.bananabungalow.com. Große Herberge in den Hollywood Hills, nahe dem Hwy-101. Kostenloser Shuttle Richtung Venice Beach, Magic Mountain und Universal Studios. Party-Atmosphäre und jeden zweiten Abend so viel Bier, wie man trinken kann, für $3. Dorm-Bett $18–20, EZ und DZ ab $61.
*HI-Anaheim/Fullerton**, 1700 N Harbor Blvd, Fullerton, ☎ 714/738-3721, 🖥 www.hostelweb.com/losangeles/fullerton.htm. 5 Meilen nördlich von Disneyland und komfortabel, auf einem ehemaligen Bauernhof. Nur 22 Betten, Reservierung unumgänglich. Einchecken im Sommer 17–23, sonst 16–23 Uhr. Vormittags ⏰ 7.10–12 Uhr. Vor der Tür hält der Bus Nr. 43 von *Orange County Transport Authority*. Mitglieder $15, sonst $18.
*HI-LA/Santa Monica**, 1436 2nd St, Santa Monica, ☎ 310/393-9913, 🖥 www.hostelweb.com/

losangeles/los-angeles.htm. Riesiges Hostel in einem schön restaurierten, alten Gebäude, nur ein paar Schritte vom Strand entfernt. Mitglieder zahlen $25, ansonsten $28, ⏱ 24 Std.

HI-LA/South Bay*–**, 3601 S Gaffey St, Building Nr. 613, ☎ 310/831-8109, 🖥 www.hostelweb.com/losangeles/south-bay.htm. Hostel am LA Harbor mit Blick auf den Pazifik, ⏱ 7–24 Uhr. Mitglieder $15, sonst $18, Privatzimmer für $37 p.P. Ganz in der Nähe hält der *MTA*-Bus Nr. 446, allerdings dauert die Busfahrt von Downtown zwei Stunden. Man kann auch den *SuperShuttle* vom LAX nehmen.

Hollywood International*–**, 6820 Hollywood Blvd, Hollywood, ☎ 323/463-0797 oder 1-800/750-6561, 🖥 www.hollywoodhostels.com. Eines von drei Hostels mit gutem Preis-Leistungs-Verhältnis in Hollywood. Tee und Kaffee gratis, Fitnessraum, Küche, Wäscherei und Innenhof mit Garten. Touren durch Hollywood, zu den Themenparks, nach Las Vegas und Tijuana. Dorm-Bett ab $17, Privatzimmer ab $40.

Hostel California*, 2221 Lincoln, Ecke Venice Blvd, Venice, ☎ 310/305-0250. Erbaut anlässlich der Olympischen Spiele 1984. 6-Bett-Dorms, Großbild-TV, kostenloser Shuttle zum LAX. Dorm-Bett $17, Privatzimmer $34.

Huntington Beach Colonial Inn*, 421 8th, Ecke Pecan St, Huntington Beach, ☎ 714/536-3315, 🖥 www.huntingtonbeachhostel.com. Vier Blocks vom Strand, überwiegend DZ. Schlafsäcke erlaubt. ⏱ 8–23 Uhr. Nach 1 Uhr Schlüsselpfand $1 plus $20 Sicherheitsgarantie. Dorm-Bett $18, Privatzimmer $20 p.P.

Orange Drive Manor*, 1764 N Orange Dr, Hollywood, ☎ 323/850-0350, 🖥 www.orangedrivehostel.com. Zentral gelegenes Hostel direkt hinter dem Chinese Theater. Touren zu den Filmstudios, Themenparks und Villen der Stars. Mitglieder $16, sonst $18, Privatzimmer $36.

Orbit Hotel*–**, 7950 Melrose Ave, West Hollywood, ☎ 323/655-1510 oder 1-877/ORBIT-US, 🖥 www.orbithotel.com. Hotel/Hostel im Pop-Ambiente der 60er Jahre mit neonfarbenen Möbeln. Filmvorführraum, Innenhof, Café, alle Zimmer mit eigenem Bad, Frühstück inkl., Shuttle-Touren, Autovermietung für $20 am Tag. Dorm-Betten $18–20, Privatzimmer $49–55.

Venice Beach Cotel*–**, 25 Windward Ave, Venice, ☎ 310/399-7649, 🖥 www.venicebeachcotel.com. Hostel in einem historischen Gebäude am Strand. Dorm-Betten $15–18, Privatzimmer $35–49.

CAMPINGPLÄTZE – Die L.A. am nächsten gelegenen Campingplätze befinden sich an der Küste von Orange County sowie in den Bergen und an den Stränden in der Umgebung von Malibu. Stellplätze kosten $14–25.

Bolsa Chica, Huntington Beach, ☎ 1-800/444-7275.
Leo Carrillo State Beach, ☎ 1-818/706-1310.
Malibu Creek State Park, ☎ 1-800/706-8809.

Essen

Egal wonach einem der Sinn steht oder wie viel man ausgeben möchte – die Auswahl in L.A. ist schier grenzenlos. Wer es sich leisten kann, sollte sich mindestens ein bis zwei Mahlzeiten in einem der besseren Restaurants gönnen, wo ausgezeichnete Speisen in planvoll kultiviertem Ambiente serviert werden. Am unteren Ende der Preisskala gibt es unzählige Möglichkeiten, darunter erstklassige Burger-Lokale, wo man für wenig Geld satt wird. In L.A. wimmelt es auch von Restaurants, die Prominenten gehören, z.B. *Dive!* oder *Planet Hollywood,* doch wer einen echten Star zu Gesicht bekommen möchte, hat in einem der Nobelrestaurants der Westside bessere Aussichten.

DOWNTOWN (Vorwahl 213) – *Clifton's Cafeteria*, 648 S Broadway, ☎ 627-1673. Klassische Cafeteria im Stil der 30er Jahre mit bizarrer Einrichtung, darunter Redwood-Bäume, ein Wasserfall und sogar eine winzige Kapelle. Das weniger originelle Essen ist auf traditionelle amerikanische Küche mit viel Fleisch und Kartoffeln beschränkt, aber billig.

Dong Il Jang, 3455 W Eighth St, ☎ 383-5757. Gemütliches koreanisches Restaurant mit beständig gutem Essen. Das Fleisch wird am Tisch zubereitet, es gibt auch Tempura-Gerichte und eine Sushi-Bar.

El Cholo, 1121 S Western Ave, ☎ 734-2773. Eines der ersten großen mexikanischen Restaurants in

der Stadt und immer noch eines der besten. Bei köstlichen Enchiladas und Tamales lässt sich auch die Präsenz betrunkener USC-Studenten ertragen.
La Luz del Día, 107 Paseo de la Plaza, ℡ 628-7495. Authentisches mexikanisches Restaurant mit pikanten Burritos, Enchiladas und Eintöpfen in mächtigen Portionen.
Langer's Deli, 704 S Alvarado St, ℡ 483-8050. Eines der besten Delis in L.A. Die ausgezeichnete Auswahl an Speisen zum Mitnehmen und Backwaren umfasst u.a. 20 Varianten des besten Pastrami-Sandwiches der Stadt. ☉ nur tagsüber.
Ocean Seafood, 750 N Hill, ℡ 687-3088. Manchmal etwas überfülltes, chinesisches Restaurant mit hervorragendem, preiswertem Essen. Tipp: Abalonen, Krebse, Garnelen oder Ente.
The Original Pantry, 877 S Figueroa St, ℡ 972-9279. Herzhafte amerikanische Küche in einem klassischen Diner mit deftigen Fleischportionen, lange Schlangen, ☉ rund um die Uhr.
Pacific Dining Car, 1310 W 6th St, ℡ 483-6000. Sehr teure Steaks in einem alten Eisenbahnwaggon mit einer Ausstattung im englischen Club-Stil. Gutes und reichhaltiges Frühstück, ☉ bis 2 Uhr.
Philippe the Original French Dip, 1001 N Alameda Ave, Chinatown, ℡ 628-3781. Berühmtes Café mit langen Tischen und unveränderter Einrichtung seit 1908. Saftige „gedippte" Sandwiches mit Bergen von Truthahn, Schweinefleisch, Rindfleisch oder Lamm.

HOLLYWOOD (Vorwahl 323) – *Casa Carnitas*, 4067 Beverly Blvd, ℡ 667-9953. Leckere und billige mexikanische Mahlzeiten von der Halbinsel Yucatán mit kubanischen und karibischen Einflüssen im Südosten Hollywoods. Viele Seafood-Gerichte.
Fred 62, 1854 N Vermont Ave, Los Feliz, ℡ 667-0062. Klassisches Diner mit langem Tresen und Sitznischen. Standardgerichte in fantasievollen Variationen, dazu eine verführerische Auswahl an Pfannkuchen und Omelettes. ☉ 24 Std.
French Quarter, 7985 Santa Monica Blvd, ℡ 654-0898. Thematisch an New Orleans orientiertes Cajun-Restaurant im French Market Place. Das Essen ist lecker, aber nicht unbedingt authentisch.

Hampton's, 1342 N Highland Ave, ℡ 469-1090. Die herzhaften Hamburger in diesem alteingesessenen und beliebten Restaurant gibt es mit einer Auswahl von über 50 Belägen. Außerdem hervorragende Salat-Bar.
Mexico City, 2121 N Hillhurst Ave, ℡ 661-7227. Spinatgefüllte Enchiladas und andere kalifornische Versionen mexikanischer Standardgerichte, serviert in roten Sitzecken bei toller Aussicht durch eine riesige Fensterfront.
Pink's Hot Dogs, 709 N La Brea Ave, ℡ 931-4223. Hot Dogs in Vollendung, z.B. in Tortilla-Rolle eingewickelter Käse-Chili-Hot-Dog. ☉ bis 2 Uhr, am Wochenende bis 3 Uhr.
Roscoe's Chicken and Waffles, 1514 N Gower St, ℡ 466-7453. Das etablierte Lokal lockt mit Brathähnchen, Salaten, feisten Soßen und dicken Waffeln weniger die Highsociety Hollywoods als eine ganz normale Klientel an.
Yukon Mining Co., 7328 Santa Monica Blvd, ℡ 851-8833. Lebendiger Coffee Shop mit gemischtem Publikum aus Drag Queens, russischen Einwanderern und Ruheständlern. ☉ 24 Std.

WEST L.A. (Vorwahl 213, 310 und 323) –
Apple Pan, 10801 W Pico Blvd, ℡ 310/475-3585. Frischer Kuchen und saftige Hamburger am Tresen neben der Westside Pavilion Mall.
Campanile, 624 S La Brea Ave, ℡ 323/938-1447. Teures norditalienisches Restaurant mit Springbrunnen und köstlichem Gebäck von der *La Brea Bakery* nebenan.
Ca' Brea, 346 S La Brea Ave, ℡ 323/938-2863. Eine der besten Adressen in L.A. für kalifornische und italienische Küche; besonders lecker: Ossobuco und Risotto. Die Tische sind begehrt, eine Reservierung ist daher ratsam. Teuer.
Canter's Deli, 419 N Fairfax Ave, ℡ 213/651-2030. Kellnerinnen in rosa Uniform und Turnschuhen servieren koschere Suppe und Sandwiches in kitschigem Ambiente aus weißem Vinyl bei schrägem Varieté-Programm.
Cobras and Matadors, 7615 Beverly Blvd, ℡ 323/932-6178. Nettes Tapa-Restaurant mit allen möglichen spanischen Spezialitäten in geschmackvollem Ambiente.
El Coyote, 7312 Beverly Blvd, ℡ 323/939-2255. Sehr bekanntes, labyrinthartiges Restaurant, das

schwere mexikanische Speisen in düsterer Umgebung serviert, dazu billige und sehr starke Margaritas.

Gumbo Pot, 6333 W 3rd St, im Farmers Market, ✆ 323/933-0358. Köstliche und spottbillige Cajun-Küche in betriebsamer Atmosphäre. Tipp: Kartoffelsalat mit Früchten oder *gumbo yaya* mit Hühnchen, Garnelen und Würstchen.

Mishima, 8474 W 3rd St, ✆ 323/782-0181. Schickes, beliebtes und preiswertes japanisches Lokal mit leckeren Gerichten mit Udon- und Soba-Nudeln.

Tail o´ the Pup, 329 N San Vicente Blvd, neben der Beverly Center Mall, ✆ 310/652-4517. Eine Ikone der Pop-Architektur in Form eines Hot Dog im Betonbrötchen. Das Speisenangebot ist entsprechend auf pikante Hot Dogs beschränkt.

Tommy Tang´s, 7413 Melrose Ave, ✆ 323/937-5733. Hervorragendes und sehr beliebtes Thai-Restaurant. Zwei Mal in der Woche Drag Night mit aufgetakelten Kellnern.

SANTA MONICA UND PACIFIC PALISADES (Vorwahl 310) – **Bagel Nosh**, 1629 Wilshire Blvd, Santa Monica, ✆ 451-8771. Bei den Einheimischen beliebt wegen des reichhaltigen Frühstücks mit Omelettes und Bagels in Selbstbedienung an einem altmodischen Tresen.

Chinois on Main, 2709 Main St, Santa Monica, ✆ 392-9025. Moderne chinesische Gerichte in einem der berühmtesten und teuersten Restaurants von Los Angeles unter Leitung von Küchenchef Wolfgang Puck.

Inn of the Seventh Ray, 128 Old Topanga Rd, Topanga Canyon, ✆ 455-1311, *das* New-Age-Restaurant überhaupt. Vegetarische und andere Vollwertkost, hervorragende Desserts, relativ ruhig.

Lighthouse Buffet, 201 Arizona Ave, Santa Monica, ✆ 451-2076, All-you-can-eat-Sushi für $10 mittags bzw. $20 abends.

Marix Tex-Mex Playa, 118 Entrada Dr, Pacific Palisades, ✆ 459-8596. Leckere Fajitas und große Margaritas in lärmigem Strandlokal. Filiale in West Hollywood, 1108 N Flores St, ✆ 323/656-8800.

Norm´s, 1601 Lincoln Blvd, Santa Monica, ✆ 450-0074. Typisches L.A.-Diner in einem farbenfrohen Gebäude aus den 50er Jahren. Üppiges Frühstück für $4.

Valentino, 3115 Pico Blvd, Santa Monica, ✆ 829-4313. Für viele das beste italienische Restaurant in den USA. Traditionelle norditalienische Gerichte kalifornisch angehaucht. Vor einem Besuch das Limit der Kreditkarte überprüfen.

SOUTH BAY UND LONG BEACH (Vorwahl 310 und 562) – **Alegria Cocina Latina**, 115 Pine Ave, Long Beach, ✆ 562/436-3388. Tapas, Gazpacho und eine Vielzahl an Hauptgerichten, im Innenhof mit Sangría serviert und am Wochenende live von Flamenco-Rhythmen begleitet. Gute Lage in Hafennähe in Downtown Long Beach.

Johnny Reb´s, 4663 N Long Beach Blvd, Long Beach, ✆ 562/423-7327. Köstliche und preiswerte Südstaatenküche in Riesenportionen.

The Spot, 110 Second St, Hermosa Beach, ✆ 310/376-2355, unglaubliche Auswahl an vegetarischen Gerichten, basierend auf mexikanischer und internationaler Küche. Kein raffinierter Zucker, keinerlei tierische Produkte.

DISNEYLAND UND UMGEBUNG (Vorwahl 714 und 949) – **Angelo´s**, 511 S State College Blvd, Anaheim, ✆ 714/533-1401, Original-50er-Jahre-Drive-in mit Bedienung auf Rollschuhen, Neonschildern und klassischen Autos. Sogar die Hamburger sind gut. Am Wochenende bis 2 Uhr geöffnet.

Knott´s Chicken Dinner Restaurant, 8039 Beach Blvd, bei Knott´s Berry Farm, ✆ 714/220-5080. Die berühmten Brathähnchen gab es hier schon lange vor Disneyland, denn das Restaurant serviert seit über 70 Jahren billige und leckere Mahlzeiten. Eintrittskarte für den Themenpark nicht erforderlich.

Ruby´s, 1 Balboa Pier, Newport Beach, ✆ 949/675-RUBY. Solide Adresse für Burger und Pommes. Das einzige Restaurant an diesem beliebten Pier und eines der wenigen preiswerten Lokale im luxuriösen Newport Beach.

Unterhaltung

KNEIPEN, BARS UND COFFEE HOUSES – Anders als im übrigen Land sind die Kneipen in L.A. nur selten verlotterte Spelunken, was zum Teil an dem sehr ausgeprägten Gesundheitsbewusstsein der Bewohner liegt – ganz zu schweigen von den langen Arbeitstagen im Filmgeschäft, die in der Regel bereits im Morgengrauen beginnen. Dennoch gibt es reichlich Auswahl, von Szeneläden in Hollywood bis zu feinen Etablissements in den schicken Enklaven West L.A. und Santa Monica. Wie überall an der Westküste erfreuen sich Coffee Houses auch in L.A. wachsender Beliebtheit und schießen in der ganzen Stadt wie Pilze aus dem Boden.

Anastasia's Asylum, 1028 Wilshire Blvd, Santa Monica, ℡ 310/394-7113. Gemütliches Lokal mit ebenso kuriosem Dekor wie schräger Kundschaft. Starker Kaffee und Tee, abends Unterhaltungsprogramme unterschiedlicher Qualität.

Barney's Beanery, 8447 Santa Monica Blvd, West Hollywood, ℡ 213/654-2287. Alte Bar mit Billardtischen, beliebt bei ergrautem Rebellentum und mürrischer Jugend. Einige Standardgerichte und über 200 Biersorten.

Beauty Bar, 1638 N Cahuenga Blvd, Hollywood, ℡ 323/464-7676. Szenekneipe, in der sich thematisch alles um Nägel, Haare und Kosmetik dreht. Jede Menge Salonzubehör und -dekor aus den 50er Jahren und entsprechend benannte Cocktails.

Boardner's, 1652 N Cherokee Ave, ℡ 323/462-9621. Nette, etwas ungepflegte Bar mit gemischtem Publikum aus alternden Szeneveteranen und trendbewusstem Nachwuchs.

El Adobe, 5536 Melrose Ave, Mid-Wilshire, ℡ 323/462-9421. Mexikanisches Restaurant mit entspannter südkalifornischer Atmosphäre und bekannt für seine starken Margaritas, während das Essen nicht so berühmt ist.

Gotham Hall, 1431 Third St Promenade, Santa Monica, ℡ 310/394-8865. Die Billardtische mit violettem Filzbelag und die starken Cocktails üben die wohl größte Anziehung auf das vorwiegend junge Publikum aus.

Insomnia, 7286 Beverly Blvd, West L.A., ℡ 323/931-4943. Schicker Laden mit bequemen Sofas, wo man in Ruhe seinen Cappuccino schlürfen und die ausdrucksstarken Arbeiten von Nachwuchskünstlern an den Wänden betrachten kann.

King's Road Espresso House, 8361 Beverly Blvd, West Hollywood, ℡ 213/655-9044. Straßencafé im Zentrum einer belebten Einkaufsmeile. Szenebewusste Stammgäste, unter die sich auch ein paar Touristen mischen.

Lava Lounge, 1533 N La Brea, Hollywood, ℡ 323/876-6612. Geschmacklich grenzwertiges Retro-Dekor und leuchtende Cocktails zu Rock- und Surfmusik, die ab und zu von Brubeck-Jazz und Lounge-Klängen abgelöst wird.

Mr T's Bowl, 5621 N Figueroa Ave, Highland Park, ℡ 323/960-5693. Ehemalige Bowlingbahn direkt nordöstlich von Downtown, heute eine schrille Bar mit trendbewussten Gästen. An Wochenenden Live-Musik mit starkem Surfpunk-Einschlag.

The Novel Cafe, 212 Pier Ave, Santa Monica, ℡ 310/396-8566. Stapelweise Secondhand-Bücher, Holzstühle mit hohen Lehnen und alte, ultrabequeme Sofas im Zwischengeschoss bilden die Kulisse, in der man guten Kaffee, Tee und Gebäck genießen kann.

Tiki-Ti, 4427 W Sunset Blvd, ℡ 213/669-9381. Kleine strohgedeckte Cocktailbar am Rande von Hollywood mit kitschigem Südsee-Ambiente.

Ye Olde Kings Head, 116 Santa Monica Blvd, Santa Monica, ℡ 310/451-1402. Erstklassige Adresse für englische Biere und typisch britische Mahlzeiten.

CLUBS UND DISCOS – Die Clubs von L.A. sind die wildesten im ganzen Land. Hier findet man wirklich alles, von absurd gestylten Schicki-Micki-Treffs bis zu verrauchten Kellern, in denen Musik gespielt wird, die sich wie Baulärm anhört. Die angesagten Läden sind jedoch schwer zu lokalisieren, denn bei nicht wenigen Clubs ändern sich Name und Publikum ca. alle sechs Monate. Am besten blättert man in den entsprechenden Rubriken des Magazins *L.A. Weekly*.

Club Lingerie, 6507 Sunset Blvd 323/466-8557. Alteingesessener, aber kürzlich umgestalteter Danceclub mit intimer Bar. Hip Hop, Dance und R&B.

The Derby, 4500 Los Feliz Blvd, Hollywood, ℡ 323/663-8979. Swing, Rockabilly und Bebop mit Tanzunterricht, um auf die richtige Geschwindigkeit zu kommen. Teure Drinks, aber die kreisrunde Theke und die gewölbte Holzdecke haben zweifelsohne ihren Reiz.

Dragonfly, 6510 Santa Monica Blvd, Hollywood, ✆ 323/466-6111. Bekannter Szeneclub mit zwei großen Tanzflächen und „Augenkontaktbar". Disco, House und ein bisschen Rock.
Mayan, 1038 S Hill St, Downtown, ✆ 746-4287. Nur für Leute, die es schaffen, den Türsteher davon zu überzeugen, dass sie zur coolen Schickeria gehören (Turnschuhe sind tabu). Fantastischer ehemaliger Filmpalast in präkolumbischem Stil. Latin, Salsa und Dancebeats. ☾ nur Fr und Sa.
The Palace, 1735 N Vine St, ✆ 323/462-3000. Einer von L.A.s besseren Clubs mit guten Rock- und Indie-Bands unter der Woche und Disco-Betrieb am Wochenende.
The Ruby, 7070 Hollywood Blvd, ✆ 323/467-7070. Vielseitiges, allabendlich wechselndes Musikprogramm, von Retro-Kitsch über Industrial bis House. ☾ tgl. außer Mo und Di.
Sugar, 814 Broadway, Santa Monica, ✆ 310/899-1989. Elektronische Beats von House bis Hip Hop in elegantem Ambiente aus Glas und Stahl.

LIVE-MUSIK – Bereits seit den 60er Jahren gibt es in L.A. eine ausgezeichnete Rockmusik-Szene, wobei sich Nachwuchsbands traditionell zunächst in den Clubs am Sunset Strip behaupten müssen.
Babe and Ricky's Inn, 4339 Leimert Blvd, South Central, ✆ 323/295-9112. Landesweit bekannte Blues-Größen geben sich die Ehre an einer der Top-Adressen der Stadt für diese Musikrichtung.
Conga Room, 5364 Wilshire Blvd, Mid-Wilshire, ✆ 323/938-1696. Unter der Woche Salsa, kubanische Musik und andere lateinamerikanische Klänge in einem angesagten Club auf der Miracle Mile.
El Rey Theater, 5515 Wilshire Blvd, Mid-Wilshire, ✆ 323/936-4790. Nicht so berühmt wie die Veranstaltungsorte am Sunset Strip, aber eine der besten Adressen, um aufstrebende neue Bands und faszinierende Altstars zu hören. Lädt an manchen Abenden auch als Danceclub.
Foothill Club, 1922 Cherry Ave, Signal Hill, in der Nähe von Long Beach, ✆ 562/984-8349. Wunderbarer alter Country-Schuppen aus den Zeiten, in denen Hillbilly noch als cool galt. Heute Punk, Roots und Surf-Rock, gelegentlich auch Garage und Dancefloor. ☾ Do–Sa.

Gabah, 4658 Melrose Ave, Mid-Wilshire, ✆ 323/664-8913. Gemischte Stilrichtungen von Reggae über Dub und Funk bis Rock. Lohnt, auch wenn der Laden in einem zwielichtigen Viertel liegt.
Golden Sails Hotel, 6285 E Pacific Coast Hwy, Long Beach, ✆ 562/596-1631. Fr und Sa treten in anonymer Hotelatmosphäre einige der besten lokalen (und auswärtigen) Reggae-Bands auf.
Knitting Factory, 7021 Hollywood Blvd, Hollywood, ✆ 323/463-0204. Westküstenableger des berühmten New Yorker Clubs mit abwechslungsreichem, avantgardistisch geprägtem Programm.
Opium Den, 1605 1/2 N Ivar Ave, Hollywood, ✆ 323/466-7800. Auf der winzigen Bühne der ehemaligen Striptease-Bar empfehlen sich talentierte neue Rock- und Punk-Bands.
The Roxy, 9009 Sunset Blvd, West Hollywood, ✆ 310/276-2222, Schaufenster der Musikindustrie, intime Atmosphäre und großartige Akustik.
Rusty's Surf Ranch, 256 Santa Monica Pier, ✆ 310/393-7437. Der bei Touristen beliebte Club am Ende des Piers bietet neben Surfmusik und Karaoke auch Folk und Country live.
Spaceland, 1717 Silver Lake Blvd, Hollywood, ✆ 213/833-2843. Hervorragende Adresse für Konzerte talentierter lokaler und landesweit bekannter Rock-Bands.
Viper Room, 8852 Sunset Blvd, West Hollywood, ✆ 310/358-1881. Herausragende Live-Acts spielen House, Swing, Disco, Jazz u.a.
Whiskey-a-Go-Go, 8901 Sunset Blvd, West Hollywood, ✆ 310/652-4202, jahrelang L.A.s berühmtester Rock 'n' Roll Club. Inzwischen spielen hauptsächlich Hard Rock-Bands.

KLASSIK, OPER, TANZ UND THEATER – Im Vergleich zu den anderen Musikrichtungen ist klassische Musik in L.A. eher unterrepräsentiert. Das *Los Angeles Philharmonic Orchestra*, ✆ 213/850-2000, 🖳 www.laphil.org, dominiert die Szene und gibt das ganze Jahr über regelmäßig Konzerte. Das *Los Angeles Chamber Orchestra*, ✆ 213/622-7001, 🖳 www.laco.org, spielt dagegen nur sporadisch an verschiedenen Orten. Für Opernfreunde präsentiert die *LA Opera*, ✆ 213/972-8001, 🖳 www.laopera.org, von September bis Juni unterschiedliche Produktionen, von schwere und ernsten Inszenierungen bis zu leichten Operetten. Gleiches gilt für die in

Orange County beheimatete **Opera Pacific** in Costa Mesa, ☏ 1-800/34-OPERA, 💻 www.operapacific.org. Das wohl aufregendste Programm der Stadt zeigt die alles andere als provinzielle **Long Beach Opera**, ☏ 562/439-2580, 💻 www.lbopera.com, die anspruchsvolle moderne und weniger bekannte Opern auf die Bühne bringt.
Im Bereich **Tanz** gibt es jedes Jahr im Juni die zweiwöchige Großveranstaltung **UCLA's Dance Kaleidoscope**, ☏ 323/343-5120, 💻 www.performingarts.ucla.edu.
L.A. hat eine äußerst aktive **Theaterszene**. Ticketagenturen wie **Theatre L.A.**, ☏ 213/614-0556, 💻 www.theatrela.org, verkaufen auch ermäßigte Karten und nehmen Vorbestellungen entgegen.

KINOS – In L.A. sind Filme zu sehen, die erst Monate oder sogar Jahre später in europäische Kinos kommen. Viele Multiplex-Kinos sind in Einkaufszentren untergebracht, z.B.
AMC Century 14, 10250 Santa Monica Blvd, Century City, ☏ 310/553-8900,
Beverly Center Cineplex, 8500 Beverly Blvd, West L.A., ☏ 310/652-7760,
Universal City 18, Universal Studios CityWalk, San Fernando Valley, ☏ 818/508-0588.
Wer ein wenig die Atmosphäre der goldenen Jahre Hollywoods schnuppern will, dem seien die historischen Filmpaläste am Broadway in Downtown empfohlen, wo die Kinos selbst eine größere Attraktion darstellen als die gezeigten Action-Filme.
Chinese Theater, 6925 Hollywood Blvd, Hollywood, ☏ 213/468-8111. Das weltberühmte Kino mit wilder asiatischer Innenausstattung zeigt große Hollywoodfilme auf einer Riesenleinwand im 6-Kanal-Stereosound.
Nuart Theater, 11272 Santa Monica Blvd, West L.A., ☏ 310/478-6379. Seltene Klassiker, ausländische Filme, Dokumentationen und manchmal Oscar-Anwärter im Dezember.
Im **Silent Movie**, 611 N Fairfax Ave, West L.A., ☏ 323/655-2510, wie der Name schon sagt, werden Stummfilme von Chaplin, Laurel and Hardy etc. gezeigt, begleitet von einem Organisten.
Village, 961 Broxton Ave, Westwood, ☏ 310/208-5576. Eines der besten Kinos in L.A. mit riesiger Leinwand, guten Sitzen und tollem Sound. Bevorzugte Adresse für Hollywood-Premieren.

Einkaufen

Es überrascht nicht, dass es in einer von Massenkonsum und kolossalen Einkaufszentren geprägten Stadt wie Los Angeles praktisch alles zu kaufen gibt, was man sich vorstellen kann. Die großen **Kaufhäuser**, die exklusiven Boutiquen am **Rodeo Drive** und die gigantischen Malls zählen zu den beliebtesten Anlaufpunkten für Touristen. Die **CityWalk Mall**, Universal Studios, ☏ 818/508-9600, ist ein farbloses, aber dennoch viel besuchtes Einkaufszentrum, ebenso wie das mit Designer-Boutiquen und 14 Kinos ausgestattete **Beverly Center**, Beverly Blvd, Ecke La Cienega Blvd, West Hollywood, ☏ 310/854-0070. An den mittleren und größeren Geldbeutel richten sich die etwas exklusiveren Zentren **Century City Mall**, 10250 Santa Monica Blvd, ☏ 310/553-5300, und das neue **Grove**, 6301 W 3rd St, West L.A., ☏ 323/571-8830. Viele der angesagten Boutiquen der Stadt finden sich in der **Melrose Avenue** zwischen La Brea Ave und Fairfax Ave.

BÜCHER – **Acres of Books**, 240 Long Beach Blvd, Long Beach, ☏ 562/437-6980. Eine Fahrt mit der Blue Line lohnt sich, um L.A.s größte und am schlechtesten geordnete Secondhand-Buchhandlung zu durchforsten. Man findet vielleicht nicht unbedingt das Buch, das man sucht, doch jede Menge andere interessante Titel.
A Different Light, 8853 Santa Monica Blvd, West Hollywood, ☏ 310/854-6601, 💻 www.adlbooks.com. Berühmteste Lesben- und Schwulen-Buchhandlung der Stadt, in der allmonatlich Kunstveranstaltungen, Lesungen und Konzerte stattfinden.
Book Soup, 8818 Sunset Blvd, West Hollywood, ☏ 323/659-3110. Direkt am Sunset Strip und bis unters Dach voll mit Büchern. Der Laden lädt gleichermaßen zum Sichten von Prominenten wie zum Stöbern ein.
Dutton's, 11975 San Vicente Blvd, Brentwood, ☏ 310/476-6263. Eine der besten Buchhandlungen in L.A., wenn auch leicht unübersichtlich. Weitere Filialen gibt es im San Fernando Valley,

5146 Laurel Canyon Blvd, ✆ 818/769-3866, und in Burbank, 3806 W Magnolia Blvd, ✆ 818/840-8003.
Larry Edmunds Book Shop, 6658 Hollywood Blvd, Hollywood, ✆ 323/463-3273, haufenweise Bücher über Film und Theater, außerdem Filmplakate und Standfotos.
Midnight Special, 1318 Third St Promenade, Santa Monica, ✆ 310/393-2923. Ausgezeichnete Auswahl aus den Bereichen linksorientierte Politik, Soziologie und Belletristik. Lange Öffnungszeiten.
Samuel French Theatre & Film Bookshop, 7623 Sunset Blvd, Hollywood, ✆ 323/876-0570. Erstklassiges Sortiment an Büchern über darstellende Künste und Film.
Sisterhood Bookstore, 1351 Westwood Blvd, ✆ 310/477-7300, in Westside. Musik, Postkarten, Schmuck und Bücher zu sämtlichen Aspekten der Frauenbewegung.
Taschen, 354 N Beverly Dr, Beverly Hills. Unterhaltsame, ausgefallene und erbauliche Bücher zu allen möglichen Themen zwischen Renaissancekunst, kitschigen Americana und Fetischfotografie.

Sonstiges

FAHRRÄDER – Es mag sich wahnwitzig anhören, in L.A. Fahrrad fahren zu wollen, doch in manchen Stadtteilen kann es durchaus eines der angenehmeren Fortbewegungsmittel sein. **Radwege** gibt es z.B. zwischen Santa Monica und Redondo Beach und zwischen Long Beach und Newport Beach, ganz abgesehen von lohnenswerten Fahrradtouren im Landesinneren, vor allem in der Gegend um den Griffith Park und in Pasadena. Gewarnt werden muss dagegen vor der zu Recht berüchtigten L.A. River Route, die von Glasscherben übersät und ein beliebter Tummelplatz organisierter Banden ist. Fahrradkarten und Informationen bekommt man über:
AAA, 2601 S Figueroa St, ✆ 213/741-3686, 🖥 www.aaa-calif.com, ⓘ Mo–Fr 9–17 Uhr.
L.A. Department of Transportation (CalTrans), 120 S Spring St, ✆ 213/897-3656, 🖥 www.dot.ca.gov, ⓘ Mo–Fr 8–17 Uhr.
An den Stränden sind die **Fahrradvermietungen** in der Washington St am Venice Pier zu empfehlen, z.B.

Spokes 'n' Stuff, 4175 Admiralty Way, ✆ 310/306-3332, und 1700 Ocean Ave, ✆ 310/395-4748. In den Sommermonaten gibt es auch direkt am Strand Mietfahrräder. Für den Griffith Park:
Woody's Bicycle World, 3157 Los Feliz Blvd, ✆ 213/661-6665. Preise zwischen $10 pro Tag für einen alten Drahtesel und $20 und mehr pro Tag für ein Mountainbike.

GOETHE-INSTITUT – 5750 Wilshire Blvd, Suite 100, ✆ 323/525-3388, 📠 323/934-3597, 🖥 www.goethe.de/losangeles.

INFORMATIONEN – In L.A. gibt es eine Reihe von *Visitor Centers*:
Downtown: 685 S Figueroa St, ✆ 213/689-8822, 🖥 www.lacvb.com, ⓘ Mo–Fr 8–17 Uhr, Sa 8.30–17 Uhr.
Santa Monica: 1400 Ocean Ave, ✆ 310/393-7593, 🖥 www.santamonica.com.
Anaheim: 800 W Katella Ave, ✆ 714/999-8999, 🖥 www.anaheimoc.org, nahe Disneyland, ⓘ tgl. 9–17 Uhr.
Beverly Hills: 239 S Beverly Dr, ✆ 310/248-1015, 🖥 www.beverlyhillscvb.com.
Hollywood: 6541 Hollywood Blvd, nahe Wilcox Ave, im *Janes House*, ✆ 1-800/228-2452.
Long Beach: 1 World Trade Center, Suite 300, ✆ 562/436-3645, 🖥 www.visitlongbeach.com.
Hilfreich ist die *Los Angeles CityMap* ($3) mit vollständigem Straßenindex, von *Gousha Publications* herausgegeben, ebenso wie die kleinformatige Straßenkarte *Streetwise Los Angeles* ($5). Beide Publikationen sind in vielen Buchhandlungen erhältlich.

KONSULATE – *Deutschland*, 6222 Wilshire Blvd, Suite 500, ✆ 323/930-2703; 📠 930-2805, 🖥 www.germany-info.org/losangeles.
Österreich, 11859 Wilshire Blvd, Suite 501, ✆ 310/444-9310, 📠 477-9897.
Schweiz, 11766 Wilshire Blvd, Suite 1400, ✆ 310/575-1145, 📠 575-1982, 🖥 www.eda.admin.ch/la.

POST – Das Hauptpostamt mit Poste-Restante-Schalter befindet sich in Downtown, 760 N Main St, ⓘ Mo–Fr 8–19, Sa 8–16 Uhr, Briefausgabe

Mo–Fr 8–15 Uhr. Zip Code (PLZ) für die Anschrift: 90012.

TOUREN – Der größte Teil von Downtown und zahlreichen anderen Vierteln lässt sich tatsächlich zu Fuß am besten erkunden. Man kann sich auch einer **Stadtführung** anschließen. Zu den besten Anbietern für eine Besichtigung von Downtown L.A. und anderen Vierteln zählt
LA Conservancy, 213/623-CITY, www.laconservancy.org. Die Rundgänge konzentrieren sich auf diverse Aspekte der Architektur, Geschichte und Kultur von Los Angeles; jeden Sa 10 Uhr, 2 1/2 Std., $8.
Black LA Tours, 213/750-9267. Touren zur Geschichte der Afroamerikaner mit Besichtigung der legendären Central Avenue, bedeutenden Museen zur afroamerikanischen Geschichte und kulturellen Sehenswürdigkeiten. Unterschiedliche Preise.
Googie Tours, 213/980-3480. Pilgerfahrten zu den letzten noch verbliebenen Perlen der Pop-Architektur Südkaliforniens, darunter schrille Glas- und Resopal-Diner, extravagante Cocktail-Lounges und klassische Fastfood-Restaurants; $40.
LA Bike Tours, 6729 Hollywood Blvd, Hollywood, 323/466-5890 oder 1-888/775-BIKE, www.labiketours.com. Radtouren zu bedeutenden Attraktionen der Stadt wie dem Getty Center und dem Golden Triangle in Beverly Hills. $50–95, Dauer 1 1/2 Std. bis zu einem ganzen Tag, Fahrrad- und Helmmiete sowie Mittagessen inkl.
Neon Cruises, 501 W Olympic Blvd, Downtown, 213/489-9918, www.neonmona.org/cruise.html. Sehr lohnende Rundfahrt am Abend zu den schönsten Beispielen noch existierender Neonkunst in L.A.; 1x im Monat samstags, $45, 3 Std., sehr beliebt, daher rechtzeitig buchen.

Zu den Touren durch Filmstudios s.S. 314.

VORWAHL – Los Angeles hat verschiedene Area Codes: 213, 310, 323, 562, 626, 714, 818 und 949. Man darf also bei Gesprächen von einer Zone in die andere die jeweils angegebene Vorwahl nicht vergessen.

Nahverkehrsmittel

Ohne Auto scheint ein Vorankommen in einer Stadt solch riesiger Ausmaße kaum machbar, es sei denn, man beschränkt sich auf die zentralen Viertel wie Santa Monica, Pasadena oder Downtown L.A. Auch wenn es im Verkehr oft nur Stoßstange an Stoßstange vorangeht, sind die Freeways die einzige Möglichkeit, große Entfernungen einigermaßen schnell zurückzulegen. Selbstfahrer sollten die Rushhour meiden und sich vor Antritt der Fahrt möglichst genau nach dem Weg erkundigen. Die schnellste Alternative zum Auto sind die Express-Busse.

MTA – Das öffentliche Verkehrsnetz von L.A. unterliegt der *LA County Metropolitan Transit Authority (MTA oder Metro)*, 213/626-4455 oder 1-800/COMMUTE, www.mta.net. Informationen (nicht telefonisch) werden an folgenden drei Standorten erteilt:
515 S Flower St, Level C im Arco Plaza, Downtown, Mo–Fr 7.30–15.30 Uhr,
5301 Wilshire Blvd, Mid-Wilshire, Mo–Fr 9–17 Uhr,
6249 Hollywood Blvd, Hollywood, Mo–Fr 10–18 Uhr.

METRORAIL UND METROLINK – L.A.s U-Bahn *Metrorail* sollte ursprünglich den gesamten Großraum Los Angeles erschließen, besteht aber derzeit lediglich aus vier Linien, die durch unterschiedliche Farben gekennzeichnet sind: Die **Red Line** fährt von der Union Station über Hollywood und North Hollywood ins San Fernando Valley. Die **Green Line** verläuft zwischen den Vororten Hawthorne und Norwalk entlang des Century Freeway, ist aber noch nicht bis zum LAX-Flughafen ausgebaut. Die **Blue Line** führt von Downtown über Watts zur *Pacific Ocean Transit Mall* in Long Beach. Die neue **Gold Line** verbindet die *Blue Line* über Old Pasadena mit dem San Gabriel Valley. Einzelfahrscheine kosten $1,35 bzw. 75¢ von 21–5 Uhr. Die Züge verkehren alle 5–15 Minuten (nachts weniger häufig).
Die Pendlerzüge von ***Metrolink***, 1-800/371-LINK, www.metrolinktrains.com, verkehren hauptsächlich an Wochentagen zwischen ein-

zelnen Vororten sowie zwischen bestimmten Vorstädten und Downtown. Sie sind besonders nützlich für Fahrten zu weiter außerhalb gelegenen Zielen im Orange, Ventura, Riverside oder San Bernardino County; einfache Fahrt $3–10.

STADTBUSSE – Die meisten Busse werden von *MTA* unterhalten. Die großen Buslinien verlaufen von Osten nach Westen (also von Downtown zur Küste) und von Norden nach Süden (von Downtown zur South Bay). In den *MTA*-Büros sind kostenlos zehn verschiedene Broschüren und **Fahrpläne** erhältlich, in den Bussen gibt es Fahrpläne für die jeweilige Route. Busse fahren auf den großen Verbindungsstraßen zwischen Downtown und der Küste von 5–2 Uhr etwa alle 15 Min., andere Routen werden etwas seltener befahren, meist alle halbe Stunde oder stündlich. Dasselbe gilt für **Nachtbusse** auf den Hauptverbindungsstraßen. Bei Nacht sollte man darauf achten, nicht in Downtown hängen zu bleiben und auf einen Anschlussbus warten zu müssen.
Fahrpreise: Ein Einzelfahrschein kostet $1,35. Ein *transfer ticket* für $1,60 berechtigt zum Umsteigen innerhalb einer Stunde.
Express-Busse (ein limitierter Pendlerservice) oder solche, die auf den Freeways fahren, kosten zwischen $1,85 und $3,35. Wer sich länger in L.A. aufhält, kann mit einer **Wochen-** oder **Monatskarte** ($11 bzw. $42) etwas Geld sparen. Außerdem gibt es die **DASH**-Minibusse, betrieben vom *LA Department of Transportation (LADOT)*, 808-2273 (für Vorwahlbereiche 213, 310, 323 und 818), www.ladottransit.com. Eine Fahrt kostet 25¢, es existieren sechs Downtown-Routen, auf denen an Wochentagen alle 5–10 Min. von 6.30–18 Uhr, Sa und So alle 15–20 Min. von 10–17 Uhr Busse verkehren. Weitere DASH-Routen verteilen sich über die gesamte Metropole.

Die wichtigsten **Buslinien**:
Von und zum Flughafen (LAX):
Downtown: Nr. 42 und 439
Getty Center/San Fernando Valley: Nr. 561
Hollywood: Nr. 220 (umsteigen in Nr. 4 am Santa Monica Blvd)
Long Beach: Nr. 232
San Pedro: Nr. 225
West Hollywood: Nr. 220

Von und nach Downtown:
Burbank Studios: Nr. 96
Exposition Park: Nr. 38 und 81
Forest Lawn Cemetery, Glendale: Nr. 90 und 91
Huntington Library, San Marino: Nr. 79 und 379
Long Beach: Nr. 60.
Orange County, Knott's Berry Farm, Disneyland: Nr. 460 (Express)
Pasadena: Nr. 401 und 402
San Fernando Valley: Nr. 424 und 425
San Pedro: Nr. 445, 446 und 447 (alle Express), umsteigen in *DASH*-Bus Nr. 142 Richtung Catalina Terminal.
Santa Monica: Nr. 20, 22, 320, 322 und 434 (Express)
Venice: Nr. 33, 333 und 436 (Express)
Innerhalb der Stadt:
entlang Hollywood Blvd: Nr. 1
entlang Melrose Ave: Nr. 10 und 11
entlang Santa Monica Blvd: Nr. 4 und 304
entlang Sunset Blvd: Nr. 2, 3 und 302
entlang Wilshire Blvd: Nr. 20, 21, 22 und 320 (wenige Haltestellen, aber schneller als Nr. 20)

TAXIS – Die Einschaltgebühr beträgt $2, jede weitere Meile kostet $1,60, bei Abholung vom Flughafen LAX wird eine Gebühr von $2,50 erhoben. Man kann ein Taxi kaum auf der Straße anhalten, aber telefonisch eines bestellen, z.B. bei
Independent Cab Co, 1-800/ 521-8294;
LA Taxi, 1-800/200-1085;
United Independent Taxi, 1-800/411-0303.

Transport

BUSSE – Der *Greyhound*-Terminal liegt in einer der weniger attraktiven Gegenden Downtowns: 1716 E 7th St, 213/629-8401, www.greyhound.com. Da man nur mit gültigem Fahrschein hineingelassen wird, ist der Busbahnhof jedoch kein gefährliches Pflaster.
Weitere *Greyhound*-Stationen:
Hollywood, 1715 N Cahuenga Blvd, 323/466-6384;
Pasadena, 645 E Walnut St, 626/792-5116;
North Hollywood, 11239 Magnolia Blvd, 818/761-5119;
Long Beach, 1498 Long Beach Blvd, 562/218-3011,

Anaheim, 100 W Winston Rd, ✆ 714/999-1256.
Nur der Downtown-Terminal ist rund um die Uhr geöffnet; in allen Bahnhöfen gibt es Toiletten und Gepäckschließfächer.

EISENBAHN – Mit dem Zug kommt man in der eindrucksvollen zentralen Union Station auf der nördlichen Seite Downtowns an, 800 N Alameda St, ✆ 213/624-0171. Dort besteht Anschluss an die *MTA*-Stadtbusse.

FLÜGE – Alle europäischen sowie die meisten Inlandsflüge nutzen den Flughafen LAX, 16 Meilen südwestlich von Downtown an der Santa Monica Bay.
Shuttlebus "C" ("A" und "B" fahren nur zu den Parkplätzen) verkehrt rund um die Uhr zwischen allen Terminals und dem *LAX Transit Center*, Vicksburg Ave, Ecke 96th St. Hier fahren verschiedene Busse in die jeweiligen Bezirke.
LAX Chequer Shuttle, ✆ 1-800/545-7745, 🖥 www.laxchequer.com, und **SuperShuttle**, ✆ 1-800/554-3146 oder 310/782-6600, 🖥 www.supershuttle.com, fahren Downtown und Hollywood an und setzen Passagiere vor der Haustür ab. Richtung Santa Monica and South Bay fährt der **Coast Shuttle**, ✆ 310/417-3988. Der Fahrpreis hängt vom genauen Fahrtziel ab, bewegt sich aber im Allgemeinen um $25–30. Die Shuttlebusse fahren rund um die Uhr an der Straße vor der LAX-Gepäckausgabe ab.
Taxis nach Downtown und West L.A. kosten mindestens $25, nach Hollywood $30 und nach Disneyland $90.
Einige Flüge innerhalb der USA oder von Mexiko landen auf einem der anderen Flughäfen der Stadt: Burbank, ✆ 213/840-8847; John Wayne in Costa Mesa (Orange County), ✆ 714/834-2400; Long Beach, ✆ 310/421-8293, oder Ontario, ✆ 714/785-8838. An jedem dieser Flughäfen sind Autovermietungen vertreten. Wer mit öffentlichen Verkehrsmitteln fahren möchte, ruft am besten *MTA* an, ✆ 213/626-4455 oder 1-800/COMMUTE, von außerhalb L.A.s ✆ 1-800/2-LARIDE.

Die Wüsten

Insgesamt sind etwa ein Viertel Kaliforniens Wüste, die sich in zwei Regionen teilt: die Colorado oder Low Desert im Süden, die sich bis nach Mexiko und Arizona erstreckt, und die Mojave oder High Desert im zentralen Teil Südkaliforniens. Die kalifornischen Wüsten sind überraschend abwechslungsreiche, in ständiger Veränderung begriffene Landschaften und größtenteils als National und State Parks unter Naturschutz gestellt, obwohl es vereinzelt kleine Siedlungen gibt. Von den etwa 10 Millionen Hektar kalifornischer Wüsten werden über eine Million Hektar von der US-Regierung militärisch genutzt.

Wer diesen Landstrich einigermaßen kennen lernen möchte, braucht unbedingt einen fahrbaren Untersatz.

Palm Springs

Palm Springs ist die unumstrittene Wüsten-Hauptstadt und auf dem I-10 der erste Anlaufpunkt östlich von L.A. Jede zweite Quadratmeile in der Umgebung gehört der Agua Caliente (spanisch für „heißes Wasser") Indian Reservation. Der Name weist auf die alten unterirdischen Mineralquellen hin, auf denen Palm Springs erbaut wurde.

Die trockene, saubere Luft und der ständige Sonnenschein haben Palm Springs zum beliebten Kurort der Angelenos und die Cahuilla-Indianer zu reichen Pächtern gemacht. Seitdem hier in den 30er Jahren Hollywoodstars gesichtet wurden, um sich eine Ranch in der Umgebung zuzulegen oder ein paar schöne Tage in einem der Luxushotels zu verbringen, hat die Stadt den Ruf eines Prominententreffs. In den letzten Jahren hat sich Palm Springs außerdem zu einer Art Schwulen-Resort entwickelt.

Downtown erstreckt sich auf einer halben Meile am Palm Canyon Drive, einer breiten, grellen und modernen Einkaufsstraße. Das nobel untergebrachte **Palm Springs Desert Museum**, 101 Museum Drive, ✆ 325-7186, 🖥 www.psmuseum.org, besitzt eine beeindruckende Sammlung indianischer Kunst und solcher aus dem Südwesten der USA ausgestellt. Die einzige ständige Ausstellung ist allerdings eine Sammlung asiatischer und afrikanischer Kunst. Überraschend interessant ist die naturwissenschaftliche Sammlung, die in erster Linie das Tier- und Pflanzenleben der Wüste dokumentiert. Auf dem Museumsgelände befinden sich neben einer modernen Kunstgalerie auch einige hübsche Skulpturen. Zum Komplex gehört außerdem das mit 450 Sitzplätzen ausgestattete **Annenberg Theater**, das als Theater- und Konzertbühne dient (Karten unter ✆ 325-4490). Museum ⊙ Di–Sa 10–17, So 12–17, Ende Juli bis Ende Sep nur Fr–So 10–17 Uhr, Eintritt $7,50.

Das bedeutendste Kulturzentrum in der Wüste ist das **McCallum Theatre**, 73000 Fred Waring Drive, Palm Desert, ✆ 340-2787, 🖥 www.palmsprings.com/mccallumtheatre. Zum Veranstaltungsprogramm gehören Filme, Konzerte, Opern, Ballettvorführungen und Theaterstücke.

Auf keinen Fall verpassen sollte man die **Tramway Gas Station**, 2901 N Palm Canyon Drive, ein klassisches Zeugnis des Pop-Architektur mit einem im Boomerang-Design nach oben geschwungenem Dach. Demnächst soll hier das Visitor Center der Stadt Einzug halten.

In der Nähe des Flughafen präsentiert das **Palm Springs Air Museum**, 745 N Gene Autry Trail, ✆ 778-6262, 🖥 www.palmspringsairmuseum.org, eine beeindruckende Sammlung von Kampfflugzeugen aus dem Zweiten Weltkrieg, darunter *Spitfires, Tomcats* und eine *B-17 Flying Fortress*. ⊙ im Sommer tgl. 9–15, sonst 10–17 Uhr, Eintritt $8.

Übernachtung

In Palm Springs gibt es mehr Luxushotels als preiswerte Übernachtungsmöglichkeiten, doch im Sommer, wenn die Temperaturen steigen, reduzieren einige Hotels ihre Preise um bis zu 70%. In den nördlichen Außenbezirken am Hwy-111 gibt es viele billige Unterkünfte, darunter auch zahllose Motels, die in der Regel mit Pool und Klimaanlage ausgestattet sind. Die nachfolgend aufgeführten Preise beziehen sich auf die Sommersaison; in den anderen Jahreszeiten ist mit $75–100 mehr pro Nacht zu rechnen.

Ballantines, $130–160, 1420 N Indian Canyon Dr, ✆ 320-1178, 🖥 www.ballantineshotels.com. Umgebautes Motel mit modernem Luxus und 50er-Jahre-Design in thematisch gestalteten Zimmern.

Casa Cody***, 175 South Cahuilla Rd, ✆ 320-9346 oder 1-800/231-2639, 🖥 www.casacody.com. Altes 20er-Jahre-B&B mit geschmackvoll eingerichteten Zimmern im Southwestern-Stil und schattigem Garten.

Hampton Inn**, 2000 N Palm Canyon Dr, ✆ 320-0555. Komfortable Zimmer und sehr schöner Pool (ein Muss in der Wüste). Kleines Frühstück inkl.

Ingleside Inn, $130–160, 200 W Ramon Rd, ✆ 325-0046 oder 1-800/772-6655, 🖥 www.inglesideinn.com. Alteingesessenes Hotel in Downtown, das schon Salvador Dalí, Greta Garbo und Marlon Brando zu seinen Gästen zählte. Zur Einrichtung gehören Antiquitäten, Kamine, Jacuzzis und Veranden.

Villa Royale***, 1620 S Indian Trail, ✆ 327-2314, 🖥 www.villaroyale.com. Elegante Unterkunft mit schön eingerichteten Zimmern und Suiten inkl. Jacuzzi. Gutes Restaurant.

The Willows, über $250, 412 W Tahquitz Canyon, ✆ 320-0771, 🖥 www.thewillowspalmsprings.com. Dieses atemberaubende Luxushotel mit tollem Ausblick und opulent ausgestatteten Zimmern war der Grund dafür, dass in den 30er Jahren erstmals auch Filmstars nach Palm Springs gelockt wurden.

Essen

Agua Bar & Grill, im Spa Resort Casino, 110 N Indian Canyon Dr, Downtown, ✆ 778-1515. Gute, gemischte Speisekarte in eleganter Umgebung mit Piano-Bar.

El Gallito, 68820 Grove St, Cathedral City, ✆ 328-7794. Die belebte mexikanische Cantina etwas östlich von Downtown Palm Springs serviert das beste Essen meilenweit, wie die Warteschlangen beweisen.

Las Casuelas, 368 N Palm Canyon Dr, ✆ 325-3213. Seit 1958 angesichts üppiger Portionen und entspannter Atmosphäre florierendes mexikanisches Restaurant mit mehreren Filialen.

Le Vallauris, 385 W Tahquitz Canyon Way, ✆ 325-5059. Serviert in herrlicher Lage neben dem Desert Museum ausgezeichnete, moderne kalifornisch-mediterrane Küche. Mit $80 p.P. ist allerdings zu rechnen. Reservierung erforderlich.

Native Foods, 1775 E Palm Canyon Dr, ✆ 416-0070. Gute und preiswerte vegetarische Gerichte in einem Einkaufszentrum.
Peabody's Café, 134 S Palm Canyon Dr, ✆ 322-1877. Freundliches Lokal mit Live-Jazz, Lesungen und natürlich gutem Kaffee.
Shame on the Moon, 69950 Frank Sinatra Dr, Rancho Mirage, ✆ 324-5515. Fünf Meilen östlich von Downtown. Kalifornische Küche zu moderaten Preisen mit ausgezeichnetem Service. Besonders beliebt bei der schwulen Gemeinde von Palm Springs.
Thai Smile, 651 N Palm Canyon Dr, ✆ 320-5503. Das Ambiente ist nicht hinreißend, wohl aber die authentischen Thai-Currys und Nudelgerichte zu vernünftigen Preisen.

Sonstiges

FAHRRÄDER – Außerhalb der Sommermonate lässt sich Palm Springs auch sehr schön auf dem Fahrrad erkunden.
Bighorn Bicycles, 302 N Palm Canyon Dr, ✆ 325-3367. Je nach Fahrrad $25–35 für einen halben oder ganzen Tag.

INFORMATIONEN – *Visitor Center*, 2781 N Palm Canyon Dr, ✆ 1-800/347-7746, 🖳 www.palm-springs.org. ⏰ tgl. 9–17 Uhr.

TOUREN – *Palm Springs Celebrity Tours*, 4751 E Palm Canyon Dr, ✆ 770-2700, veranstaltet Rundfahrten zu den Anwesen der Schönen und Reichen für $17–23. Mit einem Plan, in dem die Häuser der Stars eingezeichnet sind (für $6 im *Visitor Center* erhältlich), kann man sich auch auf eigene Faust auf den Weg machen.
PS Modern Tours, ✆ 318-6118, ✉ psmoderntours@aol.com. Mehrstündige Touren zu den bemerkenswerten Beispielen modernistischer Architektur von Palm Springs, darunter Bauten von R.M. Schindler und Richard Neutra.

VORWAHL – 760.

Transport

BUSSE – *Greyhound*-Terminal, 311 N Indian Canyon Dr. 10 Busse fahren tgl. nach LOS ANGELES (3–4 Std.). Das lokale Busunternehmen *SunBus*, ✆ 347-9628, 🖳 www.sunline.org, fährt sämtliche Ferienorte der Umgebung an; Betrieb 6–20 Uhr, Fahrschein $1, Tageskarte $3.

EISENBAHN – Pro Woche halten drei *Amtrak*-Züge aus L.A. unmittelbar südlich des I-10 an der North Indian Ave, rund 10 Min. von Downtown.

Die Umgebung von Palm Springs

Die meisten Touristen verlassen niemals die Umgebung ihrer Pools, dabei gibt es weiter außerhalb durchaus Möglichkeiten, einen oder zwei Tage lang etwas zu unternehmen. Am einfachsten erreichbar sind die ca. 15 Meilen langen **Indian Canyons** südöstlich von Palm Springs im Agua-Caliente-Indianerreservat, die Wüstenfreaks zu Fuß oder zu Pferde erforschen können. Um die interessantesten Gegenden zu erreichen, folgt man dem S Palm Canyon Drive ca. 3 Meilen nach Südosten, bis zum Eingang zu den Canyons. Von den drei Schluchten sind der Palm und der Andreas Canyon die schönsten. Zudem gibt es hier die leichtesten Wanderwege. Die beiden Schluchten sind erstaunlich grüne Oasen mit vielen Wasserfällen und Palmen. ⏰ tgl. 8–17 Uhr, im Sommer wechselnde Öffnungszeiten, Eintritt $6, Auskunft unter ✆ 760/325-5673.

Hat einen die Hitze endgültig geschafft, bietet sich von der ausgetrockneten Wüstenebene eine Reise in die schneebedeckten, alpinen Berge um den Mount San Jacinto an. Die Gondelbahn **Palm Springs Aerial Tramway**, Tramway Rd, gleich am Hwy-111, ✆ 760/325-1391, 🖳 www.pstramway.com, fährt auf den nördlich der Stadt zum 3000 m aufragenden Gipfel des Mount San Jacinto und bietet eine spektakuläre Aussicht. ⏰ tgl. 10–21.45 Uhr, Wochenende ab 8 Uhr, $20,80.

Einige Meilen östlich von Downtown Palm Springs erstrecken sich die Kaktus- und Palmengärten der **Living Desert**, 47900 Portola Ave, Palm Desert, ✆ 760/346-5694, 🖳 www.livingdesert.org, eine Kombination aus botanischem Garten und Zoo mit Pflanzen und Tieren aus verschiedenen Wüstenregionen der Erde. Zusätzlich gibt es einen Bereich mit afrikanischen Wildtieren, darunter Giraffen, Zebras, Geparden und Warzenschweine. ⏰ im Sommer tgl. 8.30–13, sonst 9–17 Uhr, Eintritt $10.

Joshua Tree National Park

Der Joshua Tree National Park, der ungewöhnlichste und zugleich faszinierendste aller kalifornischen Nationalparks, liegt nur 20 Meilen Luftlinie von Palm Springs entfernt, mit dem Auto muss man allerdings einen Umweg fahren. Hier zeigt sich die Wüste in fast unberührtem Zustand. Um die Einzigartigkeit der Landschaft zu erhalten, wurde das Gebiet 1936 unter Naturschutz gestellt.

Die bizarren, teilweise über 13 m hohen **Joshua-Bäume**, die allerdings nur in bestimmten Teilen des Parks vorkommen, müssen sich mit extremer Trockenheit und steinigem Untergrund begnügen. Streng genommen handelt es sich auch gar nicht um einen Baum, sondern um eine Agavenart. Auffallend sind auch die riesigen Haufen von Findlingen, die durch die Aktivitäten der direkt darunter verlaufenden Pinto-Mountain-Verwerfung an die Erdoberfläche gedrückt wurden. Die gewaltigen, teilweise über 30 m hohen Felsen wurden während der Jahrhunderte durch Überflutungen und Wüstenwinde geglättet und gerundet.

Am besten kann man diese mystische Landschaft bei Sonnenauf- oder -untergang genießen, wenn der Wüstenboden von rotem Licht überflutet wird. Um die Mittagszeit kann sich die Gegend in einen regelrechten Glutofen verwandeln und die Temperaturen im Sommer auf über 50 °C steigen lassen, in den Abschnitten der *Low Desert* unter 1000 m sogar noch höher. Dessen ungeachtet lockt der Nationalpark mit seiner unberührten Schönheit, den verfallenen Goldminen, uralten Petroglyphen und faszinierenden Felsformationen zahlreiche Tagesausflügler, Camper und Felskletterer an.

Einer der einfachsten Wanderwege (3 Meilen) führt zur **Fortynine Palms Oasis** und beginnt nach 1,5 Meilen auf der Canyon Rd, 6 Meilen vom *Visitor Center* in Twentynine Palms entfernt. Westlich der Oase, rings um den Indian-Cove-Campingplatz, erheben sich Quarzfelsen. Von der östlichen Abzweigung der Straße zum Campingplatz führt ein Pfad zum **Rattlesnake Canyon**, dessen Bäche und Wasserfälle je nach Niederschlagsmenge eine Abwechslung zu der unheimlichen Stille des Parks bieten.

Auf der Fahrt nach Süden zum Hauptteil des Parks kommt man durch das **Wonderland of Rocks**, ein Gebiet mit gewaltigen Felsblöcken, das Kletterer aus aller Welt anlockt. Gut ausgeschilderte Naturpfade führen zum **Hidden Valley** (1 Meile), dem „versteckten Tal", in dem sich einst die Viehdiebe verschanzten, und weiter östlich zum Regenwasserreservoir am **Barker Dam**, der wichtigsten Wasserversorgung des Parks.

Ebenfalls einfach zu meistern ist der 4 Meilen lange Pfad zur 150 m hoch gelegenen **Lost Horse Mine**, einer verlassenen Goldmine. Von **Key's View**, einem mit dem Auto zu erreichenden, über 1700 m hohen Aussichtspunkt, hat man eine herrliche Sicht über den Park.

Übernachtung

El Rancho Dolores**, 73352 Twentynine Palms Hwy, Twentynine Palms, ✆ 367-3528. Einfache und preiswerte Unterkunft; die Preiskategorie gilt für Sep–Juni.
Twentynine Palms Inn*****, 73950 Inn Ave, Twentynine Palms, ✆ 367-3505, 🖥 www.29palmsinn.com. Angenehme Wildwest-Atmosphäre mit Blockhütten und Adobe-Bungalows.
Im Joshua Tree Park gibt es neun **Campingplätze**, die mit Ausnahme der Anlage bei Cottonwood am südlichen Eingang alle im Nordwesten angesiedelt sind. Überall gibt es Holztische, Feuerstellen (Holz muss mitgebracht werden) und Plumpsklos, aber nur zwei – **Black Rock Canyon** ($12) und **Cottonwood** ($10) – verfügen über eine Wasserversorgung. Der **Indian Cove** ist ebenfalls kostenpflichtig ($10), alle anderen sind umsonst. Reservierung von Plätzen auf dem Black Rock und Indian Cove telefonisch beim **National Park Service Reservation Center**, ✆ 1-800/365-2267, 🖥 www.joshuatree.national-park.com/camping.htm. Die übrigen können nicht reserviert werden. Das Sammeln von Feuerholz ist verboten, ein ausreichender Wasservorrat sollte mitgebracht werden.

Essen

Finicky Coyote, 73511 Twentynine Palms Hwy, ✆ 367-2429. Gute Snacks.
Ramona's, 72115 Twentynine Palms Hwy, ✆ 367-1929. Einfache mexikanische Gerichte.
Twentynine Palms Inn, 73950 Inn Ave. Die beste Adresse vor Ort. Selbst gebackenes Brot und frisches Gemüse aus dem eigenen Garten.

Typische Felslandschaft im Joshua Tree National Park

Sonstiges

EINTRITT – Der Nationalpark ist ständig geöffnet, Eintritt $10 pro Fahrzeug, 7 Tage gültig, $5 pro Radfahrer/Wanderer.

INFORMATIONEN – Es lohnt sich, in einem der Besucherzentren kostenlose Landkarten und Reiseführer zu besorgen:
Oasis Visitor Center, 74485 National Park Dr, ✆ 367-5525, 🖥 www.joshuatree.org, ⏰ tgl. 8–17 Uhr.
Cottonwood Visitor Center, sieben Meilen nördlich des I-10 bei der Abfahrt Cottonwood Spring Dr, ✆ 367-5500, ⏰ tgl. 8–16 Uhr.

VORWAHL – 760.

Transport

Der Joshua Tree National Park liegt eine knappe Autostunde nordöstlich von Palm Springs und ist am besten über den Hwy-62 zu erreichen, der vom I-10 abzweigt. Der Westeingang zum Park befindet sich beim Ort Joshua Tree, der Nordeingang bei Twentynine Palms, wo auch das *Oasis Visitor Center* liegt. Im Süden gibt es einen weiteren Eingang, 7 Meilen nördlich des I-10 bei der Abfahrt Cottonwood Spring Drive.
Den Park mit öffentlichen Verkehrsmitteln besuchen zu wollen ist nicht ratsam.
Morongo Basin Transit Authority, ✆ 367-7433 oder 1-800/794-6282, 🖥 www.mbtabus.com, fährt 2x tgl. für $10 (hin und zurück $15) in 1 1/4 Std. von PALM SPRINGS zu den Orten Joshua Tree und Twentynine Palms, nicht jedoch in den Park.

Death Valley National Monument

Death Valley ist eine menschenfeindliche Region, brennend heiß und fast ohne Schatten, von Wasser ganz zu schweigen. Faszinierend sind die scharfen Silhouetten der kahlen Berge und ihre dunklen Schluchten, die in uralten abgelagerten Schlammschichten ausgewaschen wurden und deren Mineralien die Felsen in leuchtenden Regenbogenfarben erstrahlen lassen.

In den Sommermonaten liegt die Lufttemperatur tagsüber bei 45 °C und erreicht am Erdboden fast den Siedepunkt. Wer sich nicht freiwillig einem solchen Klima aussetzen möchte, kommt besser im Frühling, wenn die durchschnittlichen Temperaturen tagsüber bei 28 °C liegen und nachts auf ca. 13 °C absinken. Zwischen Oktober und Mai ist es in der Regel mild und trocken.

Im zentralen, in Nord-Süd-Richtung verlaufenden Tal liegen die beiden wichtigsten Außenposten der menschlichen Zivilisation in dieser Gegend, **Stovepipe Wells** und **Furnace Creek**. Viele der spektakulären Sehenswürdigkeiten liegen südlich von Furnace Creek. Ein guter erster Anlaufpunkt nach 7 Meilen auf dem Hwy-178 (Badwater Road) ist die **Artist's Palette**, mehrere durch Erosion entstandene Berghänge mit natürlichen Mosaiken in Rot, Gold, Schwarz und Grün. Einige Meilen weiter südlich führt eine unbefestigte Straße Richtung Westen zum **Devil's Golf Course**, einem Areal aus bizarren Salzformationen und kleinen Erhebungen, die einen halben Meter aus dem Wüstenboden hervorragen. Weitere 4 Meilen südlich befindet sich **Badwater**, ein etwa 10 m breites Wasserloch und der einzige Lebensraum der *Death Valley Snail*, einer vom Aussterben bedrohten Schneckenart. Das mit Chloriden und Sulfaten angereicherte Wasser ist zwar ungenießbar, aber nicht giftig. Von hier aus kann man vier Meilen durch die heiße, flache Talsohle wandern, um den **tiefsten Punkt der westlichen Hemisphäre** zu erreichen, der 86 m unter dem Meeresspiegel liegt.

Vier Meilen östlich von Furnace Creek erstreckt sich das Ödland um **Zabriskie Point**, von dem aus man Badwater und Artist's Palette überblickt und das durch den gleichnamigen Antonioni-Film von 1970 bekannt wurde. Reizvoller ist aber **Dante's View**, 20 Meilen weiter südlich auf dem Hwy-190, von denen zehn Meilen über eine sehr steile Zufahrtsstraße führen.

Im westlichen Death Valley reihen sich nahe Stovepipe Wells, ca. 30 Meilen nordwestlich von Furnace Creek, **Sanddünen** in endlosen Wellen hintereinander und bilden nördlich des Hwy-190 eine sich stetig wandelnde Landschaft.

Scotty's Castle, Ubehebe Crater und Racetrack Valley

Am nördlichen Rand des Parks, 40 Meilen nördlich von Stovepipe Wells, liegt das beliebte Ausflugsziel **Scotty's Castle**. Das extravagante Schloss in spanischem Stil wurde während der 20er Jahre von dem wohlhabenden Versicherungsmakler Albert Johnson gebaut. Benannt wurde es allerdings nach dem ruhmsüchtigen Cowboy und Goldgräber *Death Valley Scotty*, der eigentlich nur der Bauleiter war. Das 2-Millionen-Dollar-Domizil beherbergt im Innern unter anderem Wasserfälle und ein Pianola mit Fernbedienung. Führungen tgl. 9–17 Uhr zu jeder vollen Stunde, Eintritt $8, Reservierung unter ✆ 786-2392.

Acht Meilen westlich von Scotty's Castle erhebt sich der etwa 1 km breite **Ubehebe Crater**, Überrest eines enormen Vulkanausbruchs vor ungefähr 3000 Jahren. Eine halbe Meile weiter südlich liegt der um 1000 Jahre jüngere **Little Hebe Crater**. Die staubige Straße führt weitere 27 Meilen nach Süden zum **Racetrack Valley**, einer 2,5 Meilen langen, ausgetrockneten Schlammfläche, auf der sich riesige Felsbrocken ein Zeitlupen-Wettrennen liefern.

Übernachtung und Essen

Wer im Death Valley übernachten möchte, sollte so früh wie möglich im Voraus reservieren. **AMFAC**, ✆ 786-2345 oder 1-800/236-7916, 🌐 www.furnacecreekresort.com, betreibt zwei Hotels in den natürlichen Oasen von Furnace Creek: **Furnace Creek Inn**, $160–250, ein herrliches Adobe-Gebäude aus den 20er Jahren, und nicht weit nördlich davon die einfache, aber alles andere als billige **Furnace Creek Ranch**, ab*****. Letztere beherbergt auch zwei Restaurants und eine nette Bar.

Stovepipe Wells Village*, am Hwy-190, 30 Meilen nordwestlich von Furnace Creek ✆ 786-2387, 🌐 www.stovepipewells.com., weitaus günstiger, mit eigener Trinkwasseraufbereitung und Restaurant.

Camping ist bei weitem die billigste Übernachtungsmöglichkeit im Death Valley. Die Campingplätze werden vom National Park Service gewartet. Sie kosten $10–16 pro Nacht.

Furnace Creek, ✆ 1-800/365-2267, wenig nördlich des Orts, ist der einzige Campingplatz, der Reservierungen entgegennimmt.

Sonstiges

EINTRITT – $10 pro Fahrzeug, $5 für Wanderer/Radfahrer, 7 Tage gültig.

INFORMATIONEN – *Furnace Creek Visitor Center*, ✆ 786-2331, 🖥 www.nps.gov/deva, ⓘ tgl. 8–18 Uhr.
Daneben gibt es noch einige *Ranger Stations* an den Parkeingängen.

VORWAHL – 760.

Transport

Das Death Valley ist nur mit eigenem Fahrzeug zu erreichen, ein regulärer Transportservice mit öffentlichen Verkehrsmitteln existiert nicht.

Central Coast

Santa Barbara

Santa Barbara ist eine reiche, wunderschön gelegene Stadt mit langen, palmengesäumten Stränden an einer sanft geschwungenen Bucht und einem ganz in spanischer Architektur gehaltenen Zentrum. Obwohl ein großer Teil der Innenstadt einem weitläufigen und exklusiven Einkaufszentrum weichen musste, hat es Santa Barbara geschafft, sich seine gepflegte und doch legere Atmosphäre zu bewahren.

Dass die Stadt so harmonisch und einheitlich aussieht, ist kein Zufall: nach dem verheerenden Erdbeben von 1925 entschlossen sich die Behörden, das Stadtbild im Stil der Missions-Ära wiederaufzubauen. Die wenigen übrig gebliebenen Original-Bauten aus dieser Zeit stehen als **El Presidio de Santa Barbara**, ✆ 965-0093, 🖥 www.sbthp.org, unter Denkmalschutz. Das Zentrum der Anlage, zwei Blocks östlich der State Street an der 123 Cañon Perdido Street, bildet die 200 Jahre alte Kaserne **El Cuartel** der einstigen Festung. Das zweitälteste Gebäude Kaliforniens beherbergt historische Ausstellungsstücke und ein Modell der ursprünglichen spanischen Siedlung. ⓘ tgl. 10.30–16.30 Uhr, Eintritt $4.

Das nahe gelegene **Santa Barbara Historical Museum**, 136 E De la Guerra St, ✆ 966-1601, 🖥 www.santabarbaramuseum.com, präsentiert andere Aspekte der Vergangenheit, von der Geologie der Eiszeit über Artefakte aus den Siedlungen der Ureinwohner bis zu Fotografien aus der jüngeren Geschichte. ⓘ Di–So 12–17 Uhr, Spende.

Drei Straßen nördlich von El Presidio prunkt das Schmuckstück der Spanish-Revival-Architektur das **County Courthouse**, 1100 Anacapa St. Diese eigenwillige Interpretation des Missions-Stils gilt als eines der schönsten öffentlichen Gebäude in den USA. Interessant sind die abgesenkten Gärten und der 21 m hohe **Glockenturm**, der einen schönen Blick auf die Stadt eröffnet.

Am südlichen Ende der State St liegt die von Pelikanen belagerte **Stearns Wharf**, die 1872 gebaut wurde und damit der älteste Holzpier Kaliforniens ist. Im November 1998 wurde sie beinahe zerstört, als ein Drittel des Piers in Flammen aufging. Nach umfangreichen Restaurierungsarbeiten haben hier inzwischen Souvenirstände und Imbisslokale Einzug gehalten.

In den Hügeln oberhalb der Stadt liegt das faszinierende **Museum of Natural History**, 2559 Puesta del Sol Rd, ✆ 682-4711, 🖥 www.sbnature.org, das die Flora und Fauna Südkaliforniens vorstellt. Der Eingang zum Museum besteht aus dem Skelett eines Blauwals. ⓘ tgl. 10–17 Uhr, Eintritt $7.

Ganz in der Nähe steht die **Mission Santa Barbara**, 🖥 www.sbmission.org, die schönste und beeindruckendste der kalifornischen Missionen. Das **Museum** gibt einen guten Einblick in die Geschichte und den Alltag der Mission. ⓘ tgl. 9–17 Uhr, Eintritt $4.

Übernachtung

Bezahlbare Unterkünfte sind in Santa Barbara dünn gesät. Hilfe bietet *Hot Spots*, 36 State St, ✆ 564-1637 oder 1-800/793-7666, 🖥 www.hotspotsusa.com, ein rund um die Uhr geöffneter Reservierungsservice mit Espresso-Bar, wo Informationen über billige Hotels und Sonderangebote erhältlich sind.

Banana Bungalow Hostel*, 210 E Ortega St, ✆ 963-0154 oder 1-800/3-HOSTEL, 🖳 www.bananabungalow.com. Wer sich an der Nonstop-Partyatmosphäre nicht stört, findet hier billige und bequeme Dorm-Betten für $18.

Bayberry Inn, $160–200, 111 W Valerio St, ✆ 569-3398, 🖳 www.bayberryinnsantabarbara.com. Reizendes kleines B&B mit acht komfortablen, viktorianisch eingerichteten Zimmern, die sich thematisch an diversen Beerensorten orientieren.

The Cheshire Cat B&B, $200-250, 36 W Valerio St, ✆ 569-1610, 🖳 www.cheshirecat.com. Luxuriöses, geschmackvoll um *Alice im Wunderland* eingerichtetes B&B. Jacuzzi, Gästefahrräder, Frühstück unter einer Palme.

Harbor View Inn, $200–250, 28 W Cabrillo Blvd, ✆ 963-0780 oder 1-800/755-0222, 🖳 www.harborviewinnsb.com. Elegante Zimmer mit Meerblick und Kühlschrank in einem lässig-luxuriösen Hotel. Restaurant/Bar, Pool und Jacuzzis.

Montecito del Mar*****, 316 W Montecito St, ✆ 1-888/464-1690, 🖳 www.santabarbarahotel316.com. Eines der günstigsten Hotels der Stadt, erbaut im spanischen Stil mit großer Auswahl an Zimmern, netter Einrichtung, drei Wellness-Bädern und Gratisfrühstück. Hervorragende Lage, nur drei Häuserblocks vom Strand entfernt.

State Street**, 121 State St, ✆ 966-6586. Geschmackvolles, altes Gebäude im Missions-Stil in Strandnähe, Frühstück inkl.

Campingplätze gibt es nur außerhalb der Stadt, darunter **Carpinteria State Beach**, 10 Meilen südlich von Santa Barbara, ✆ 684-2811 oder 1-800/444-7275, und **El Capitan State Beach**, nördlich von Santa Barbara, ✆ 968-1033 oder 1-800/444-7275. Stellplatz auf beiden $18.

Essen und Unterhaltung

Als College-Stadt verfügt Santa Barbara über viele Restaurants und Kneipen, unbestrittenes Zentrum der Aktivitäten ist jedoch die **State Street** mit einer Reihe guter Lokale und Clubs.

Chad's, 625 Chapala St, ✆ 568-1876. Moderne amerikanische Küche in der intimen Atmosphäre eines alten viktorianischen Hauses.

Citronelle, 901 Cabrillo Blvd, ✆ 963-4717. Stilvolles Restaurant, bekannt aus einschlägigen Gourmet-Magazinen. Köstliche Hauptgerichte, großartiger Blick auf die Küste und maßlos teuer.

Coffee Bean & Tea Leaf, 811-A State St, ✆ 966-2442. Solides Café und guter Ort zum abendlichen Beobachten vorbeischlendernder Clubgänger.

El Paseo, 10 El Paseo, ✆ 962-6050. Exklusives mexikanisches Restaurant in einem historischen Haus mit Springbrunnen im farbenfrohen Hof.

Hot Spots Espresso Bar, 36 State St, ✆ 963-4233. Gemütliches, rund um die Uhr geöffnetes Lokal mit gutem Kaffee, Gebäck und kleinen Speisen. Nur eine Straße vom Strand entfernt.

Madhouse, 434 State St, ✆ 962-5516. Entspannt-modernes Ambiente und jede Menge Retro-Cocktails.

Mousse Odile, 18 E Cota St, ✆ 962-5393. Französische Küche mit kalifornischem Flair und Betonung auf Pasta, Steaks und Seafood. Schick, aber gemütlich.

Natural Café, 508 State St, ✆ 962-9494. Leckere vegetarische Mahlzeiten, in idealer Lage zum Leutegucken.

Pascucci, 729 State St, ✆ 963-8123. Etwas hochnäsig, angesichts billiger und köstlicher Pasta, Pizza und Panini aber lohnend.

Sushi-Teri, 1013 Bath St, ✆ 963-1250. Filiale der preiswerten lokalen Sushi-Kette, u.a. mit kräftigen Hühnersuppen und guter Auswahl an Fischplatten.

Zelo, 630 State St, ✆ 966-5792. Schicke Bar mit Restaurant, die zu fortgeschrittener Stunde zunehmend zum Club mutiert. Die ganze Woche über gibt es hier u.a. Dancefloor, lateinamerikanische Musik und Retro-Klänge zu hören.

Sonstiges

INFORMATIONEN – **Visitor Center**, 1 Santa Barbara St, East Beach, ✆ 965-3021, 🖳 www.santabarbara.com, ⊙ Mo–Sa 9–17, So 10–17 Uhr.

Hot Spots, 36 State St, ✆ 963-4233. Sehr gutes Informations- und Reservierungszentrum mit Espressobar, ⊙ 24 Std.

VORWAHL – 805.

Hearst Castle – eines der extravagantesten Anwesen der Welt

Nahverkehrsmittel

Fast alles in Santa Barbara ist zu Fuß erreichbar. Es gibt aber auch einen tagsüber häufig verkehrenden **Shuttlebus** (25¢).
Zu den Zielorten in der weiteren Umgebung fahren bis abends die Busse von ***Santa Barbara Metropolitan Transit District***, 683-3702, www.sbmtd.gov, Einzelfahrschein ($1,25).

Transport

BUSSE – *Greyhound*-Busse fahren von der 34 W Carrillo St, einen Block westlich der State St, mehrmals tgl. nach L.A. und SAN FRANCISCO.

EISENBAHN – *Amtrak*-Züge halten am alten Bahnhof der *Southern Pacific*, 209 State St, einen Block westlich des Hwy-101.

Hearst Castle

Das Domizil des Zeitungsmilliardärs William Randolph Hearst, 45 Meilen nordwestlich von San Luis Obispo und direkt am Pazifik, ist die größte Touristenattraktion weit und breit. Wahrscheinlich ist es eines der extravagantesten Anwesen auf der ganzen Welt, und da es wegen der historischen Anleihen und importierten Kunstgegenstände auch ein „typisch" amerikanisches Phänomen ist, gehört es zu den unbedingten Highlights einer Kalifornien-Reise.

Eigentlich handelt es sich mehr um einen Gebäudekomplex als um ein Schloss: Drei „Gästehäuser" gruppieren sich um eine „Casa Grande" mit über 100 Zimmern. Hearst selbst lebte wie ein König und lud viel Prominenz an seinen Hof, die sich nach Herzenslust an seiner legendären Gastfreundschaft erfreute, u. a. Winston Churchill, Charlie Chaplin und Charles Lindbergh. Ganze Wände, Decken und Fußböden hat Hearst in europäischen Kirchen und Schlössern abbauen lassen, gotische Kamine und maurische Fliesen, mittelalterliche

Wandteppiche und Unmengen antiker Vasen zieren die zahllosen Räume und Hallen. Ironischerweise hat jene Finanzkraft und Sammelleidenschaft, die Hearst dazu trieb, diese Objekte seinem persönlichen Besitz hinzuzufügen, gerade dazu geführt, dass letztlich mehr Menschen diese Kunst sehen können, als es in ihren jeweiligen Heimatländern jemals möglich gewesen wäre.

Die Arbeiten auf der über 1000 km² großen Ranch begannen 1919 unter Leitung der Architektin Julia Morgan, die alle Gebäude und Räume so gestaltete, dass sie den Geist der darin untergebrachten Objekte widerspiegelten. Der Komplex wurde nie wirklich fertig. Wenn Hearst gerade neue Gebäudeteile von einer Europareise mitgebracht hatte, wurden fertig gestellte Räume kurzerhand wieder eingerissen.

Die Hauptfassade ist die Kopie einer Kathedrale im Mudéjar-Stil mit zwei Türmen und erhebt sich hinter dem wohl meistfotografierten Swimming Pool der Welt; das mit Quellwasser gefüllte Becken wird von griechischen Kolonnaden und Marmorstatuen gesäumt. Die einen empfinden das Bauwerk als glanzvollen Triumph der Ästhetik, auf andere wirkt es fürchterlich vulgär. Am spektakulärsten präsentiert sich das Anwesen in den Morgenstunden, wenn die hügelige Umgebung in Küstennebel gehüllt ist und Assoziationen mit dem unheimlichen Schloss Xanadu aus dem Film *Citizen Kane* geweckt werden, das tatsächlich diesem Palast nachempfunden wurde.

Fünf verschiedene, jeweils zweistündige **Führungen** beginnen am *Visitor Center* unweit des Hwy-1. Hearst Castle kann nur im Rahmen einer Führung besichtigt werden, für die eine Reservierung erforderlich ist. Erstmalige Besucher wird die *Experience Tour* ($18) empfohlen, die einen Überblick über das Anwesen verschafft, während die *Garden Tour* ($12) sich auf die Pflanzen- und Blütenpracht der umliegenden Gärten konzentriert und auch das Gästehaus und den Weinkeller mit einschließt. Von April bis Oktober begleitet ortskundiges Personal in historischer Kleidung die Besucher im Rahmen einer *Evening Tour* ($24) durch das Schloss und spricht dabei im Präsens von Hearst. Führungen im Sommer tgl. 8–16, sonst 8.20–15.20 Uhr, ✆ 1-800/444-4445, 🖥 www.hearst-castle.org.

Big Sur

Am schönsten und spektakulärsten ist die kalifornische Küste entlang der 90 Meilen langen Strecke von Big Sur, dort, wo die Santa Lucia Mountains steil aus dem blauen Pazifik emporragen und die Felsen fast senkrecht in das tosende Meer hinabfallen. Hier erwartet den Reisenden eine erhabene Landschaft mit Redwood-Wäldern, engen Flusstälern und schäumender Meeresbrandung. Durch diese wundervolle Landschaft windet sich die atemberaubende Küstenstraße Hwy-1 in 150 m Höhe durch enge Schluchten und an steilen Felswänden entlang.

Die schönsten Sonnentage ohne die üblichen morgendlichen Küstennebel erlebt man vom Frühherbst bis in den November hinein. Im Winter, wenn der größte Teil der Jahresniederschläge fällt, kommen nur wenige Menschen hierher. Schwere Stürme können dann entlang der Küste tosen und große Schäden anrichten. An Sommerwochenenden hingegen sind die Straßen und Campingplätze zum Bersten gefüllt.

Am südlichsten Ende zeigt sich Big Sur mit schönen Sandstränden und ockerfarbenen Felsen von der freundlichen Seite. Je weiter man nach Norden fährt, desto extremer und wilder wird die Landschaft. Im **Julia Pfeiffer Burns State Park**, drei Meilen nördlich vom New-Age-Zentrum Esalen, kann man die schönsten Tageswanderungen unternehmen. Vom Parkplatz führt ein zehnminütiger Fußweg am Hang entlang zu einem Aussichtspunkt, wo unterhalb des Saddle Rock die McWay Falls in eine Bucht stürzen. ⌚ von Sonnenauf- bis Sonnenuntergang, $6 Parkgebühr, Info unter ✆ 667-2315.

Ein kaum begangener Weg führt vom Hwy-1 zwei Meilen nördlich des Wasserfalls durch einen 60 m langen Tunnel zu den Resten einer Anlegestelle an der **Partington Cove**, einer der wenigen Stellen in Big Sur, die Zugang zum Meer bieten.

Die richtige kommerzielle Entwicklung von Big Sur beginnt erst in **Nepenthe**, einem Komplex aus Restaurants und Geschäften auf einer Anhöhe. Jenseits des Highway werden in der **Henry Miller Library**, ✆ 667-2574, 🖥 www.henrymiller.com, Werke des Autors, der hier bis in die 60er Jahre hinein immer wieder für eine gewisse Zeit lebte, ausgestellt und verkauft. ⌚ Mi–Mo 11–18 Uhr, Spende.

Nach zwei Meilen auf dem Hwy-1 nach Norden führt eine schlecht beschilderte Straße nach Westen durch den Sycamore Canyon zum **Pfeiffer Beach**, dem besten Strand von Big Sur. Ein windiger, weißer Sandstrand, dominiert von einem auffälligen Felsrücken, dessen braune Farbe je nach Sonnenstand in Rot oder Orange übergeht. ⊙ tgl. von Tagesanbruch bis zur Abenddämmerung, derzeit ist der Strand jedoch wegen Sanierungsarbeiten geschlossen, ohne dass ein Datum für die Wiedereröffnung bekannt wäre. Aktuelle Informationen bitte unter ℅ 667-2315 erfragen.

Direkt nördlich der Abfahrt zum Pfeiffer Beach fällt der Hwy-1 hinter einem Bergkamm ins **Big Sur River Valley** hinab. Dort befinden sich die meisten Unterkünfte und Restaurants. Am besten informiert man sich zunächst bei der *US Forest Service Ranger Station* (s.u.).

Mitten im Tal liegt der **Pfeiffer Big Sur State Park** mit langen Wanderwegen und schönen Badeplätzen an den Ufern des Big Sur River. Auf dem Boden der steilen, engen Schlucht entstehen zwischen den großen Felsbrocken im späten Frühling und im Sommer tiefe „Schwimmlöcher" mit klarem, sauberem Wasser. Da der Park etwa eine Meile landeinwärts liegt, ist es hier wesentlich wärmer und sonniger als an der nebligen Küste. Der beliebteste Spaziergang führt von hier über eine halbe Meile in einen von Redwood-Bäumen gesäumten Canyon zu den 20 m hohen **Pfeiffer Falls**.

Übernachtung und Essen

Die meisten Übernachtungsmöglichkeiten in Big Sur und Umgebung sind rustikale Blockhütten, die zwar keineswegs preiswert, aber trotzdem immer ausgebucht sind, besonders im Sommer. Im Notfall kann man sich an *Big Sur Reservations*, ℅ 667-2929, wenden, die bei der Suche nach einer passenden Unterkunft behilflich sind.
Big Sur Lodge, ab*****, ℅ 667-3100 oder 1-800/424-4787, 🖥 www.bigsurlodge.com. Feudale Blockhütten mit Veranda und großer Dusche, aber ohne Telefon und TV.
Big Sur Campground and Cabins***, eine Meile nördlich des Pfeiffer Big Sur State Park, ℅ 667-2322. Schlichtere Blockhütten.
Big Sur River Inn Resort, ab****, unmittelbar nördlich des Pfeiffer Big Sur State Park, ℅ 667-2700 oder 1-800/548-3610, 🖥 www.bigsurriverinn.com. Resorthotel mit gutem Restaurant, das wahlweise im Garten am Fluss oder auf der sonnigen Terrasse Seafood und solide amerikanische Speisen serviert.
Deetjen's Big Sur Inn, $130–160, 7 Meilen nördlich des Julia Pfeiffer Burns State Park am Hwy-1, ℅ 667-2377. Unterkünfte im Skihüttenstil aus massivem Redwood-Holz mit Kamin. Gutes Frühstück und Mahlzeiten (Fisch und vegetarisch) im Speisesaal.
Campingplätze findet man fast überall in den Parks von Big Sur, doch sie sind an den Sommerwochenenden häufig ausgebucht. Stellplatz $12–18, Reservierung unter ℅ 667-2315 oder 1-800/444-7275, 🖥 www.reserveamerica.com.
Ventana Campground*, ℅ 667-2712. Privater Campingplatz, der Badehäuser mit Warmwasser und Stromanschlüsse bietet. $25–35 pro Nacht.

Sonstiges

INFORMATIONEN – *Chamber of Commerce*, ℅ 667-2100, 🖥 www.bigsurcalifornia.org. In der *US Forest Service Ranger Station*, ℅ 667-2315, am Parkeingang gegenüber dem Big Sur Post Office, bekommt man die Permits, um in der oberhalb gelegenen Ventana Wilderness wandern zu gehen. Hier ist auch das Informationszentrum für die anderen Parks in der Big-Sur-Region. ⊙ tgl. 8–18 Uhr.

VORWAHL – 831.

Transport

Das einzige öffentliche Verkehrsmittel ist der nur im Sommer verkehrende Bus Nr. 22 von *Monterey-Salinas Transit (MST)*, ℅ 899-2555, 🖥 www.mst.org, der zwischen MONTEREY und NEPENTHE im Süden verkehrt; 2x tgl. in jede Richtung, einfache Fahrt $3,50.

Monterey

Das nördliche Ende von Big Sur bildet 100 Meilen südlich von San Francisco die markante, hügelige Monterey-Halbinsel, die mit ihren schroffen Felsen und knorrigen, windgepeitschten Zypressen weit in den wilden Pazifik hineinragt.

Das geschichtsträchtige Monterey wurde von dem spanischen Kaufmann und „Entdecker" Sebastián Vizcaíno benannt, der 1602 hier landete. Dennoch wurde die Gegend erst um 1770 von den Spaniern kolonisiert. Das Presidio de Monterey der Spanier war das militärische Hauptquartier für ganz Alta California, und auch nach der mexikanischen Unabhängigkeit blieb die Stadt das Verwaltungs- und Handelszentrum eines Gebietes, das sich im Norden bis nach Kanada und im Osten bis zu den Rocky Mountains erstreckte. Als die Vereinigten Staaten das Gebiet Mitte des 19. Jahrhunderts in Besitz nahmen, war Monterey noch tiefe Provinz, doch 1849 wurde hier die Staatsverfassung verhandelt und niedergeschrieben. Schon bald darauf wurde Monterey zur ersten Hauptstadt des Bundesstaates Kaliforniens, bis es später von Sacramento abgelöst wurde.

In Montereys kompaktem Stadtzentrum, vor allem im Bereich des heutigen **Monterey State Historic Park**, finden sich noch schöne architektonische Zeugnisse aus der spanisch-mexikanischen Vergangenheit Kaliforniens. Die meisten der zum historischen Park gehörenden 37 Stätten dürfen nur im Rahmen einer organisierten, 90-minütigen **Historic Walking Tour** betreten werden, die tgl. um 10 und 14 Uhr, Fr–So auch um 11 Uhr am Stanton Center im Park beginnen und pro Person $5 kosten.

Den besten Eindruck vom Leben im alten Monterey vermittelt das **Larkin House** in der Jefferson St, einen Block südlich der Franklin St, das erste zweistöckige Adobe-Gebäude Kaliforniens und nur im Rahmen der Führung zu besichtigen. Es war die Residenz von Thomas Larkin, dem ersten und einzigen amerikanischen Konsul in Kalifornien. Er entwickelte einen eigenen, Monterey-typischen Baustil, der Adobe-Mauern, Balkone im griechischen Stil, wie sie auf Südstaatenplantagen bevorzugt wurden, und eine aus Neuengland bekannte Ornamentik verschmolz. Das Anwesen ist mit Antiquitäten und Erinnerungsstücken im Wert von mehreren Millionen Dollar gefüllt und von herrlichen Gärten umgeben.

Larkin war auch einer der Organisatoren der *Constitutional Convention,* die direkt um die Ecke in der **Colton Hall** stattfand und die Verfassung des angehenden Bundesstaates ausformulierte. Das dortige Museum ist noch immer so eingerichtet wie zur Zeit der Zusammenkunft, mit altmodischen Federkielen auf den Tischen und einer frühen Landkarte der Westküste, anhand derer die Delegierten die Grenzen des 31. Staates festschrieben. ⏰ tgl. 10–12 und 13–17, im Winter bis 16 Uhr, Eintritt frei.

Der Tourismus ist heutzutage einer der Haupterwerbszweige Montereys. Ein großer Teil des Angebots konzentriert sich am Uferbezirk um die recht kitschige **Fisherman's Wharf**, eine Touristenfalle mit nicht mehr genutzten Anlegern und ehemaligen Konservenfabriken, von denen einige zu Boutiquen und Restaurants umgebaut wurden.

Ein Radweg folgt den stillgelegten Eisenbahnschienen vom Pier aus am Ufer entlang bis zur zwei Meilen entfernten Siedlung Pacific Grove. Früher hieß die Straße Ocean View Avenue, wurde aber nach dem Titel eines Romans von John Steinbeck in **Cannery Row** umbenannt. Während des Zweiten Weltkriegs wurden hier in den zahlreichen Konservenfabriken jährlich 200 000 Tonnen Ölsardinen abgepackt. In den 70er Jahren wurden die verwahrlosten Fabriken restauriert und zu Einkaufszentren und teuren Restaurants umfunktioniert, in denen es statt von Fischen nun von Touristen wimmelt.

Lohnendstes Ziel in der Cannery Row ist das **Monterey Bay Aquarium**, 886 Cannery Row, 📞 648-4888 oder 1-800/756-3737, 💻 www.montereybayaquarium.org, eines der größten und spektakulärsten Aquarien der Welt. Es empfiehlt sich, einen ganzen Tag für den Besuch einzuplanen und die Eintrittskarten lange im Voraus zu reservieren. Zu den absoluten Attraktionen zählen der riesige *Kelp Forest Tank,* das Streichelbecken mit glitschigen Rochen, das zweistöckige Becken mit verspielten Seeottern und die dunkle, sehr stimmungsvolle Ausstellung *Jellies: Living Art,* wo in mehreren Räumen bunt schimmernde Quallen vor den Augen der staunenden Besucher durch das Wasser schwingen und gleiten. ⏰ tgl. 10–18, im Sommer ab 9.30 Uhr, Eintritt $17,95, Kinder von 3–12 Jahren $8,95.

Übernachtung

Hotels und B&Bs bewegen sich im Schnitt um $140. Wer nicht von Salinas oder Santa Cruz aus

Monterey Peninsula

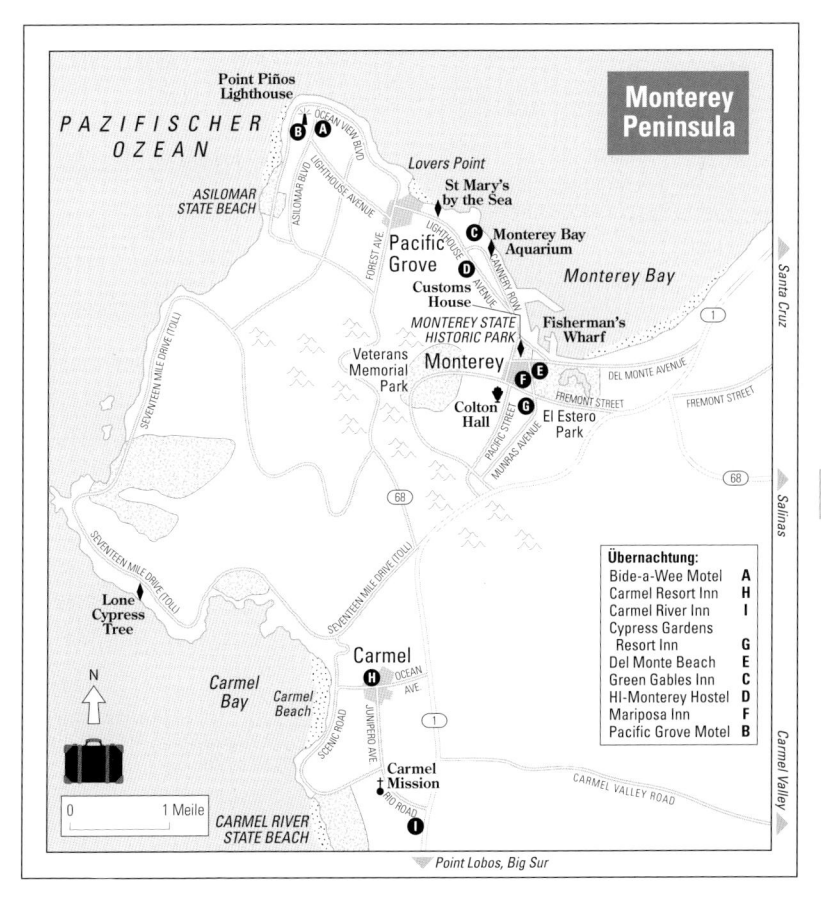

Übernachtung:
Bide-a-Wee Motel	A
Carmel Resort Inn	H
Carmel River Inn	I
Cypress Gardens Resort Inn	G
Del Monte Beach	E
Green Gables Inn	C
HI-Monterey Hostel	D
Mariposa Inn	F
Pacific Grove Motel	B

einen Ausflug hierher machen will, findet ein preisgünstiges Motel noch am ehesten in der Fremont St und in der Munras Ave, zwei Meilen nördlich des Stadtzentrums.

Bide-a-Wee Motel**, 221 Asilomar Blvd, Pacific Grove, ℡ 372-2330. Sauber herausgeputzte Zimmer, einige mit Kochnische und Mikrowelle, nur zwei Minuten vom Strand entfernt. Hervorragendes Preis-Leistungs-Verhältnis für diese Gegend, an Wochenenden verdoppeln sich die Preise jedoch.

Cypress Gardens Resort Inn***, 1150 Munras Ave, ℡ 373-2761, 🖳 www.cypressgardensinn.com. Wirkt wie ein etwas altmodisches Motels, ist aber dennoch eine gute Wahl in zentraler Lage mit Pool und Jacuzzi. Zimmer mit Kühlschrank, Mikrowelle und Balkon.

Del Monte Beach**, 1110 Del Monte Ave, Monterey, ℡ 649-4410. Preisgünstiges B&B in Zentrumsnähe mit den üblichen Annehmlichkeiten. Gemeinschaftsbad und kleines Frühstück.

Green Gables Inn, $130–160, 104 5th St, Pacific Grove, ℡ 375-2095 oder 1-800/722-1774, 🖳 www.foursisters.com/inns/greengablesinn.html. Plüschige DZ in einem der schönsten Häuser dieser bevorzugten Wohnlage, nur ein paar Blocks vom Monterey Bay Aquarium entfernt am Wasser.

Hl-Monterey Hostel*–***, 778 Hawthorne St, ℡ 649-0375, 🖥 www.montereyhostel.org. Standard-Hostel nahe der Cannery Row mit Dorms für $23 und Privatzimmern für $54. Maximal drei Übernachtungen.

Mariposa Inn*****, 1386 Munras Ave, ℡ 649-1414. Das beste Preis-Leistungs-Verhältnis in Monterey. Gemütliche Zimmer mit Kamin, außerdem Jacuzzi und kleines Frühstück.

Pacific Grove Motel****, Lighthouse Ave, Ecke Grove Acre, Pacific Grove, ℡ 372-3218 oder 1-800/858-8997. Einfaches und nettes kleines Motel in herrlicher Umgebung, nur einen Steinwurf vom Meer entfernt. Kühlschrank im Zimmer, beheizter Pool und Jacuzzi.

Einen zu Fuß erreichbaren **Campingplatz** gibt es eine Meile westlich der Stadt im *Veteran's Memorial Park*, Jefferson St, ℡ 646-3865. Nur $3 pro Nacht für Wanderer/Radfahrer, für Autofahrer $15.

Essen

Wer mit kleinem Budget unterwegs ist, findet die besten billigen Lokale im Nordteil von Monterey entlang der Fremont St und südlich der Cannery Row in der Umgebung der Lighthouse Ave.

Bookworks, 667 Lighthouse Ave, ℡ 372-2242. Unprätentiöses Café, das mittags leichte Speisen zu akzeptablen Preise serviert, manchmal auch von Live-Musik begleitet.

Fishwife, 1996 Sunset Dr, Ecke Asilomar Blvd, Pacific Grove, ℡ 375-7107. Seit langem ein Lieblingslokal der Einheimischen mit sehr guten Seafood-Gerichten zu vernünftigen Preisen zwischen $10 und 15.

Papa Chano's, 462 Alvarado St, Monterey, ℡ 646-9587. Leckere, billige mexikanische Burritos und deftige Chorizos. Der gleichnamige Hähnchengrill in Nr. 470, ist auch sehr preiswert.

Pepper's Mexicali Café, 170 Forest Ave, Pacific Grove, ℡ 373-6892. Mexikanische Meeresfrüchte für Feinschmecker auf kalifornische Art. Die Portionen sind anständig, die Preise bleiben im Rahmen.

Sardine Factory, 701 Wave St, ℡ 373-3775. Der Name täuscht, denn hier wird kalifornische Seafood-Küche in französischer Château-Atmosphäre unerwartet günstig serviert. Hauptgericht ab $20.

Schooners, im Monterey Plaza Hotel, 400 Cannery Row, ℡ 372-2628. Lebendiges kalifornisches Bistro in einem alten Hotel mit Blick auf die Bucht.

Unterhaltung

Monterey gilt nicht gerade als Unterhaltungs-Eldorado, allerdings gibt es hier jedes Jahr Mitte September das internationale *Monterey Jazz Festival*, ℡ 1-800/307-3378, 🖥 www.montereyjazzfestival.org, das älteste derartige Festival der Welt.

Aktuelle Veranstaltungshinweise enthalten die Magazine *Go!* und *Coast Weekly*.

Crown and Anchor, 150 W Franklin St, ℡ 649-6496. Schlichte Kneipe im Stil eines englischen Pubs mit Fish 'n' Chips und großer Auswahl an Bieren.

Lallapalooza, 474 Alvarado St, ℡ 645-9036. Schicke Martini-Bar für den entspannten gesellschaftlichen Aufstieg bei guten Cocktails zu saftigen Preisen.

Lighthouse Bar & Grill, 281 Lighthouse Ave, ℡ 373-4488. Freundliche, wenngleich etwas heruntergekommene Schwulenkneipe mit einheimischem Publikum, Poolbillard und sonntäglichem Kampftrinken.

Mucky Duck, 479 Alvarado St, ℡ 655-3031. Das Lokal im altenglischen Stil serviert britische Speisen mit kalifornischem Einschlag. Gelegentlich Live-Musik, hinten im Patio-Bereich legen DJs auf.

Planet Gemini, 625 Cannery Row, ℡ 373-1449. Veranstaltungsort für Comedy und Konzerte (Rock, Rap, Dance). Eintritt $3–10, Mo geschlossen.

Sonstiges

FAHRRÄDER – *Adventures by the Sea*, 201 Alvarado Mall, ℡ 372-1807, 🖥 www.adventuresbythesea.com; $6 pro Std., $24 für zwei Tage.

Bay Bikes, 640 Wave St, vor dem Maritime Museum, ℡ 659-5824, 🖥 www.montereybaybikes.com. $10–15 pro Stunde, $20–30 pro Tag.

INFORMATIONEN – *Chamber of Commerce*, 380 Alvarado St, ✆ 648-5360, 🖥 www.mpcc.com, ⏲ Mo–Fr 8.30–17 Uhr.
Visitor Center, 401 Camino El Estero, Ecke Franklin St, ✆ 649-1770, ⏲ tgl. Mo–Sa 9–18, im Winter bis 17 Uhr, So 9–17, im Winter 10–16 Uhr.

VORWAHL – 831.

Nahverkehrsmittel

Die Busse von *Monterey-Salinas Transit*, ✆ 899-2555, 🖥 www.mst.org, sorgen für ein effizientes Vorankommen auf der Halbinsel und darüber hinaus. Die nützlichsten Linien von Monterey sind die 4 und 5 nach CARMEL, die 21 nach SALINAS, die 1 nach PACIFIC GROVE und die 22 entlang der Big Sur Coast nach NEPENTHE (2x tgl., nur im Sommer). Der Grundpreis beträgt $1,75, für außerhalb gelegene Ziele zahlt man das Zwei- bis Dreifache.

Transport

BUSSE – *Greyhound*-Busse der Strecke L.A. – SAN FRANCISCO halten an der Exxon-Tankstelle, 1042 Del Monte Ave, an der Strandpromenade von Monterey.

EISENBAHN – *Amtrak*-Züge halten nur in SALINAS. Um von hier nach Monterey zu gelangen, gibt es eine stündliche Busverbindung mit dem Regionalbus Nr. 21, der 55 Min. braucht.

Carmel

Auf sanft ansteigenden Hügeln oberhalb der Felsküste liegt das Carmel, das für seine maßlos überzogenen Immobilienpreise, säuberlich aufgereihten Lädchen und idyllischen Häuschen an der Ocean Avenue und die größtenteils unberührte Küste bekannt ist. Doch leider herrscht hier auch eine lähmende Atmosphäre stumpfer Wichtigtuerei mit kitschigen Durchschnittsgalerien und prätentiösen Teesalons völliger Abwesenheit einer authentischen Kleinstadtkultur. Straßenschilder und Postzusteller wird man hier ebenso wenig sehen wie Franchise-Unternehmen, denn die lokalen Gesetze verbieten Derartiges.

Eine der wenigen echten Sehenswürdigkeiten ist die **Carmel Mission Basilica**, 3080 Rio Rd, ✆ 831/624-1271, 🖥 www.carmelmission.org. Sie wurde 1771 als zweite spanische Mission in Kalifornien erbaut und gilt als das romantischste Bauwerk dieser Art. Drei kleine Museen auf dem Gelände beleuchten die Geschichte der Mission, während sich die düstere Seite des zierlichen Bauwerks auf dem angrenzenden Friedhof offenbart, wo über 3000 amerikanische Ureinwohner begraben liegen. ⏲ Mo–Sa 9.30–17.30, So 10.30–17 Uhr, Eintritt $2.

Zwei Meilen südlich der Mission liegt am Hwy-1 das **Point Lobos State Reserve**, ✆ 831/624-4909, 🖥 www.parks.ca.gov. Hier untermauert die Natur auf beeindruckende Weise den Werbeslogan vom „großartigsten Zusammentreffen von Land und Wasser auf dieser Erde". Auf gut 500 ha tummeln sich in der Umgebung der Wanderwege des Schutzgebiets über 250 Vogel- und Tierarten. Die Unterwasserfauna ist eine der reichhaltigsten in ganz Kalifornien, Seeotter und selbst Grauwale können hier gesichtet werden. ⏲ im Sommer tgl. 9–19, sonst 9–17 Uhr, Eintritt pro Fahrzeug $4.

Frische, hausgemachte Pasta in zwangloser Atmosphäre auf der Terrasse bietet das vergleichsweise preiswerte *Paolina's*, San Carlos St, zwischen Ocean St und 7th St, ✆ 831/624-5599. *Robata Grill & Sake Bar*, 3658 The Barnyard, ✆ 831/624-2643, zählt zu den wenigen guten japanischen Restaurants der Stadt, ist aber nicht billig.

Das *Monterey County Visitor Center*, 137 Crossroads Blvd, ✆ 1-888/221-1010, 🖥 www.montereyinfo.org, informiert über die gesamte Halbinsel und ist bei Hotelreservierungen behilflich, ⏲ tgl. 9.30–18 Uhr.

Santa Cruz

Das sympathische, 75 Meilen südlich von San Francisco an der Küste gelegene Santa Cruz bietet eine aufregende Mischung aus Intellekt und Vergnügen.

Die Stadt hat den Ruf einer Hochburg aus den 60er Jahren, denn hier törnten der Schriftsteller Ken Kesey und seine *Merry Pranksters* die Jugendlichen mit LSD an, Jahre bevor der Stoff zum Synonym für eine ganze Generation werden sollte. Ein Erdbeben verwüstete im Oktober 1989 große Teile der Innenstadt von Santa Cruz.

Der **Santa Cruz Boardwalk**, 400 Beach St, 🖥 www.beachboardwalk.com, ist einer der letzten noch intakten Strand-Rummelplätze an der Westküste: Riesenräder, Autoscooter, Schießstände, Spielhallen und als Hauptattraktion die hölzerne Achterbahn **Giant Dipper**, die inzwischen unter Denkmalschutz steht und in Kinofilmen des Öfteren als Double für die Achterbahn von Coney Island an der Ostküste herhalten muss. ⏲ Mai–Aug tgl. 11–22 Uhr, sonst wechselnde Öffnungszeiten, Fahrgeschäfte $1,80–3,60, unbegrenzte Fahrten $24,95.

Die Strände westlich des Boardwalk sind über den West Cliff Drive zu erreichen. Hier verzeichnet man den höchsten Wellengang in ganz Kalifornien, z.B. bei der **Steamer Lane** hinter dem Municipal Pier. **Cowell Beach**, unmittelbar nördlich des Municipal Pier, ist der beste Ort zum Surfen. *Club Ed*, ✆ 459-9283, 🖥 www.club-ed.com, am Parkplatz, verleiht Bretter für $7 pro Stunde oder $20 pro Tag und vermittelt Unterrichtsstunden.

Der alte Leuchtturm an der Landspitze beherbergt heute das **Surfing Museum**; ⏲ Do–Mo 12–16 Uhr, Spende. Ein Radweg führt zwei Meilen weiter zum **Natural Bridges State Beach**, wo die Wellen so an den Klippen genagt haben, dass viele natürliche Bögen entstanden sind. ⏲ tgl. 8 Uhr bis Sonnenuntergang, Eintritt $6 pro Pkw.

In den Hügeln über Santa Cruz thront der regionale Ableger der **University of California** mit der berühmten Bananenschnecke als Maskottchen. Die Uni gilt als progressive Bastion, deren Studenten sogar ihre liberalen Kommilitonen in Berkeley noch als zu karriereorientiert betrachten. Der begrünte Campus ist recht attraktiv, doch für Besucher gibt es hier nur wenig zu besichtigen. Ausgenommen davon ist das **Arboretum**, ✆ 427-2998, 🖥 www.ucsc.edu/arboretum, das für seine experimentellen Anbaumethoden weltberühmt ist und zahlreiche Pflanzen aus allen Teilen der Erde beherbergt; ⏲ tgl. 9–17 Uhr, Eintritt frei. Zu erreichen mit Metro-Bus Nr. 1.

Übernachtung

Capitola Venetian, ab***, 1500 Wharf Rd, Capitola, ✆ 476-6471, 🖥 www.capitolavenetian.com. Die Zimmer des Strandhotels verfügen z.T. über Herd, Kühlschrank, Kamin und Meerblick. Extreme Preisschwankungen, die bei $60 an einem Wochentag im Winter beginnen und bis zu $250 an einem Sommerwochenende reichen.
Capri Motel*, 337 Riverside Ave, ✆ 426-4611. Das billigste von über zehn Motels in der Nähe des Boardwalk. Einfache, aber saubere Zimmer.
Cliff Crest B&B Inn, $160–250, 407 Cliff St, ✆ 427-2609, 🖥 www.cliffcrestinn.com. Baujahr 1887, inmitten reizender Gärten oben auf dem Beach Hill. Fünf elegante Gästezimmer, Frühstück im Wintergarten. Im Sommer höhere Preise.
HI–Santa Cruz*, 321 Main St, ✆ 423-8304, 🖥 www.hi-santacruz.org. Hostel mit mehreren Holzgebäuden in guter Lage, nicht weit vom Strand. Ungezwungene Atmosphäre, oft schon lange im Voraus ausgebucht. Mitglieder $18.
Pleasure Point Inn, $200–250, 2-3665 E Cliff Dr, ✆ 408/291-0299, 🖥 www.pleasurepointinn.com. Stilvolles, modernes B&B mit Blick von der Steilküste auf den Pazifik, Sonnenterrasse und Whirlpool auf dem Dach, Zimmer mit Stereoanlage und Jacuzzi.
Der beste der vielen guten **Campingplätze** der Gegend liegt 3 Meilen südlich von Santa Cruz im ***New Brighton State Beach***, 1500 Park Ave, Capitola, ✆ 464-6330 oder 1-800/444-7275, 🖥 www.reserveamerica.com. Stellplatz $12–14.

Essen

The Crepe Place, 1134 Soquel Ave, ✆ 429-6994. Leckere Crêpes mit variantenreichen Füllungen zu erschwinglichen Preisen.
Gabriella Café, 910 Cedar St, ✆ 457-1677. Stilvolle kalifornische Küche in gemütlicher, rustikaler Atmosphäre. Den Betreibern gehört ein gutes Weingeschäft eine Straße weiter, wo auch leckere Panini verkauft werden.
Miramar, 45 Municipal Wharf, ✆ 423-4441. Seafood-Restaurant mit herrlicher Aussicht auf den Pazifik. Donnerstags Hummer aus Maine für $10.
Pasta House, 431 Front Ave, ✆ 423-1717 Ausgezeichnetes Restaurant mit großzügigen Portionen.
Zoccoli's Deli, 1534 Pacific Ave, ✆ 423-1711. Italienisches Deli mit herzhaften Speisen, darunter eine köstliche Minestrone.

Unterhaltung

Blue Lagoon, 923 Pacific Ave, ✆ 423-7117. Schwulendisco, die am Wochenende mit Techno und Hip Hop ein gemischtes Publikum anlockt.

Kuumbwa Jazz Center, 320 Cedar St, ✆ 427-2227. Freundliches, intimes Lokal, in dem traditioneller und moderner Jazz auf die Bühne kommt. Montags treten die großen Namen auf. Eintritt $1–15.

Rio Theatre, 1205 Soquel Ave, ✆ 423-8209, 🖥 www.riotheatre.com. Historisches Gebäude, in dem Kultfilme gezeigt werden und unterschiedliche Konzerte stattfinden.

Sonstiges

FAHRRÄDER – *Electric Sierra Cycles*, 302 Pacific Ave, ✆ 425-1593, verleiht Fahrräder für ca. $25 pro Tag.

INFORMATIONEN – *Visitor Center*, 1211 Ocean St, ✆ 425-1234 oder 1-800/833-3494, 🖥 www.santacruz.org, ⏱ Mo–Sa 9–17, So 10–16 Uhr.

VORWAHL – 831.

Nahverkehrsmittel

Metro, ✆ 425-8600, 🖥 www.scmtd.com, betreibt das ausgezeichnete öffentliches Busnetz. Eine normale Fahrt kostet $1,50, eine Tageskarte $4,50.

Transport

Greyhound-Busse, ✆ 423-1800, aus und nach SAN FRANCISCO, OAKLAND und SAN JOSE halten 5x tgl. (in beiden Richtungen) in der 425 Front St im Stadtzentrum.

Central Valley

Sequoia und Kings Canyon National Park
Sequoia National Park

Über die besondere Landschaft, die Fauna und Flora des Sequoia National Parks ließe sich viel sagen, aber ein Phänomen stellt alles in den Schatten: die uralten, gigantischen Sequoia-Bäume, die 2500–3000 Jahre alt werden und eine Höhe von über 80 Metern erreichen. Sie wachsen hier in einer Konzentration, wie es sie sonst nirgendwo gibt.

Giant Forest und **Lodgepole** mitten im Sequoia-Wald sind die Zentren des Sequoia National Parks. Hier befinden sich Unterkünfte und beginnen die meisten Wanderwege. Auf ihnen gelangt man bis oberhalb der Baumgrenze, von wo aus man ein wunderbares Bergpanorama genießen kann.

Das neue **Giant Forest Museum** erläutert seinen Besuchern den Lebenszyklus der riesigen Sequoias und welche Maßnahmen zum Schutz der noch vorhandenen Wälder getroffen werden. Die südlich von Giant Forest Village nach rechts abzweigende Straße heißt Crescent Meadow Road. Auf ihr kommt man zunächst am **Auto Log** vorbei, einem umgestürzten Stamm, auf den man sogar mit dem Auto hinauffahren kann. Der spektakuläre **Moro Rock**, ein Granitfelsen, der steil aus den grünen Berghängen aufragt, liegt nur eine knappe Meile weiter südlich. Weiter auf der Crescent Meadow Road fährt man zunächst unter dem **Tunnel Log** hindurch, einem umgefallenen Baumstamm, durch den ein kleiner Tunnel geschnitten wurde. Am Ende der Straße liegt **Crescent Meadow**, eine feuchte Wiese, zu morastig für die Sequoias, die dafür einen eindrucksvollen Hintergrund bilden. Ein Wanderweg (ca. 1,5 Meilen) führt um die Lichtung zur **Log Meadow**, wo einst ein gewisser Hale Tharp im Sommer seine Schafe weiden ließ. Er war der erste Weiße, dem die Ureinwohner die Riesenbäume zeigten. **Tharp's Log**, sein einfaches Baumhaus, kann man am Rand der Lichtung besichtigen.

Ein paar Meilen nördlich von Giant Forest Village, über mehrere Wanderwege auch zu Fuß zu erreichen, steht der 2200 Jahre alte **General Sherman Tree**, der größte lebende Organismus unseres Planeten, 83 m hoch, mit einem Umfang von 11 m.

Die Sequoia-Bäume können über 80 m hoch werden

In **Lodgepole Village**, 3 Meilen nördlich vom Sherman Tree, sollte man auf jeden Fall anhalten und das *Visitor Center* besuchen, wo sehr informative Filme vorgeführt und eine kleine geologische Ausstellung gezeigt werden. ⊙ Juni–Aug tgl. 8–18, Mai und Sep tgl. 9–17, Okt–April Fr–Mo 9–16.30 Uhr.

Lodgepole liegt am Ende des **Tokopah Valley**, eines eiszeitlichen Gletschertals. Man kann problemlos über den Tokopah Falls Trail von Lodgepole durch das Tal bis zu den **Tokopah Falls**, wandern, wo sich der 487 m hohe **Watchtower** erhebt. Vom Gipfel dieses Felsens hat man einen großartigen Blick auf das Tal. Besteigen kann man ihn über den **Lakes Trail**, einen beliebten, 6 Meilen langen Wanderweg.

Kings Canyon National Park

Kings Canyon ist wilder und weniger erschlossen als Sequoia. Eine einzige Straße windet sich in das langgezogene Tal hinunter, und hinter der Siedlung Cedar Grove gibt es nur noch Wanderwege.

Zur Hauptschlucht gelangt man nur durch die kleine Ortschaft **Grant Grove**. Dort gibt es ein auskunftsfreudiges *Visitor Center*, ⊙ Mitte Mai bis Aug tgl. 8–18, sonst 8–17 Uhr. Ganz in der Nähe befindet sich der Big Stump-Parkeingang, wo entlang des 2,5 Meilen langen **Big Stump Trail** die wenigen Sequoias zu sehen sind, die einer Abholzaktion gegen Ende des 19. Jhs. nicht zum Opfer fielen. Mehrere Baumriesen wurden damals gefällt und an die Atlantikküste verfrachtet, um die zynischen Ostküstenbewohner davon zu überzeugen, dass derart große Bäume wirklich existierten.

Der **Kings Canyon Highway** (Hwy-180; ⊙ Mai–Okt) führt von Grant Grove in den Kings Canyon hinein, dessen schroffe Wände von den reißenden Wassermassen des Kings River geformt wurden. Der Granit und bläulich schimmernde Marmor ist besonders im Mai und Anfang Juni mit den gelben Blüten von Yucca-Pflanzen gesprenkelt. An manchen Stellen ist die Schlucht rund 2400 m tief und damit zumindest stellenweise der tiefste Canyon Nordamerikas.

Zur Warnung sei hier gesagt, dass es äußerst gefährlich ist, sich in den Fluss hineinzuwagen, denn schon viele sind von der Strömung unversehens mitgerissen worden.

Sequoia und Kings Canyon National Park 345

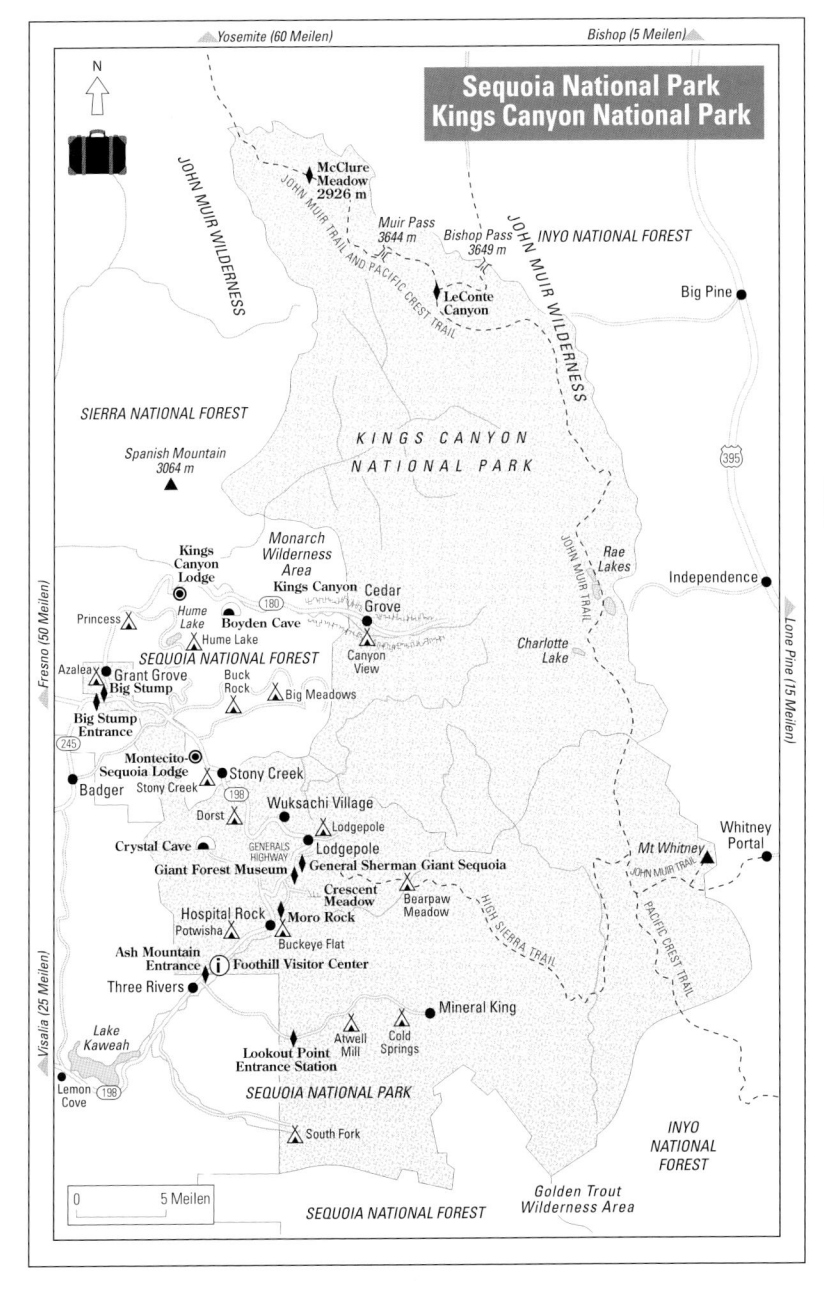

Cedar Grove Village ist die einzige nennenswerte Siedlung im Park. Sie besteht aus ein paar Hütten und der *Cedar Grove Lodge*. Von hier aus kann man sich zu Fuß auf den Weg machen. Auf der anderen Seite des Flusses liegt die *Ranger Station* (⌚ Juni–Aug tgl. 9–17, Mai, Sep und Okt kürzere Öffnungszeiten). Drei Meilen östlich vom Village befinden sich die **Roaring River Falls**. Die längeren, oftmals sieben oder acht Meilen langen Wanderrouten entlang der Bäche können ziemlich anstrengend werden; man sollte auf jeden Fall reichlich Wasser mitnehmen. Eine einfachere Alternative ist ein Spaziergang zur **Zumwalt Meadow**, einer saftigen, einladenden Wiese unterhalb der bedrohlichen, grauen Felswände des **Grand Sentinel** und des **North Dome**.

Am **Copper Creek**, nur eine Meile weiter, ist die Straße zu Ende, und wer zu den Canyons und Gipfeln der Kings River Sierra will, muss sich auf Wanderwegen fortbewegen. Ein Wilderness Permit für das Gebiet gibt es in der *Ranger Station* am Beginn des Trails.

Übernachtung und Essen

Während der Hochsaison von Mai bis Oktober wird der Platz knapp, aber nicht selten sind kurzfristig stornierte Unterkünfte zu bekommen. Die Sommerpreise reichen von $50 für einfache Hütten ohne Bad bis zu $160 für schicke und moderne Hotelzimmer. Im Winter sind die billigeren Blockhütten zu kalt, und nur in Grant Grove sinken die Preise unter $50.

Außerhalb der Parks übernachtet man am billigsten in den Motels entlang der Zufahrtsstraßen, ein paar Meilen von den Eingängen entfernt.

Gateway Lodge*****, Hwy-198, nahe dem Südeingang, ✆ 561-4133, ✉ 561-3656.

Sierra Inn Motel***, ✆ 338-0678, ✉ 338-0789. 14 Meilen westlich des Südeingangs am Hwy-180.

Innerhalb der Parks werden sämtliche Einrichtungen von zwei Organisationen verwaltet: *Kings Canyon Park Services (KCPS)*, ab*****, ✆ 335-5500 oder 1-866/522-6966, 🖥 www.sequoia-kingscanyon.com, unterhält Hütten und Hotelzimmer in Stony Creek, Grant Grove und Cedar Grove.

Delaware North Parks Services (DPNS), $130–200, ✆ 253-2199 oder 1-888/252-5757, 🖥 www.visitsequoia.com. Betreiber der exklusiven Unterkunft *Wuksachi* im Sequoia.

Campingplätze findet man in beiden Parks reichlich. Ein Stellplatz kostet um $14, aber es gibt auch ein paar kostenlose ohne Wasser im National Forest zwischen den Parks. Informationen vom Band unter ✆ 565-3341. Wer in der Wildnis zelten will, benötigt ein kostenloses Permit vom *Visitor Center* oder einer *Ranger Station*. Es sei darauf hingewiesen, dass dies Bärengebiet ist. Offizielle Campingplätze verfügen über entsprechend gesicherte Lebensmittelbehälter, ansonsten verleihen Geschäfte in Cedar Grove, Grant Grove und Lodgepole zweckdienliche Kanister.

In den verschiedenen Ortschaften gibt es teure Lebensmittelmärkte und Cafeterias. Die **Montecito-Sequoia Lodge** im Sequoia National Forest zwischen den beiden Nationalparks bietet preiswerte Buffetmahlzeiten an. Die beste Auswahl an Restaurants in der Nähe hat **Three Rivers** an der Südzufahrt zum Sequoia.

Sonstiges

INFORMATIONEN – Eintritt $10 pro Wagen, $5 pro Fußgänger oder Radfahrer, sieben Tage gültig. Man erhält eine Übersichtskarte für beide Parks sowie das Informationsblatt *Sequoia Bark* mit Einzelheiten zu Unterkünften, geführten Wanderungen und anderen Aktivitäten. Infos unter ✆ 565-3341 oder 🖥 www.nps.gov/seki.

VORWAHL – 559.

Transport

Öffentliche Verkehrsmittel fahren weder nach Sequoia noch nach Kings Canyon. Mit dem Auto sind es auf dem Hwy-198 von VISALIA aus nur 50 Meilen und von FRESNO auf dem Hwy-180 etwas mehr. In den Nationalparks gibt es **keine Tankstelle**.

Sierra National Forest

Der Sierra National Forest erstreckt sich über das weite Gebiet zwischen Kings Canyon und Yosemite und umfasst einige der schönsten Berglandschaften im Inneren Kaliforniens. Wer in völliger Abgeschiedenheit wandern und zelten möchte, ist hier richtig. Dafür ist allerdings eine sorgfältige Planung erforderlich – es gibt keine öffentlichen Transportmittel, und die Straßen und Wege sind oft wegen Schlechtwetters geschlossen. Die beste Anlaufstelle für Informationen ist die *Pineridge Ranger Station* am Hwy-168 bei Prather, 5 Meilen westlich vom Eingang, ✆ 559/855-5360, ⊙ tgl. 8-16.30 Uhr.

Die lohnendste Erkundung verspricht der **Pineridge District**, 40 Meilen östlich von Fresno auf dem Hwy-168 erreichbar. Die gut besuchten Seen **Shaver Lake** und **Huntington Lake**, an denen zahlreiche Campingplätze liegen (im Sommer unter ✆ 1-877/444-6777 reservieren), weichen bald vor der wildromantischen alpinen Landschaft hinter dem 2800 m hohen Kaiser Pass zurück.

Die unberührte Natur der angrenzenden, schroffen **John Muir Wilderness** lässt die Nationalparks wie Feriencamps erscheinen. In den nahe gelegenen **Mono Hot Springs** kann man im Freien baden. Mineralbäder im Haus sowie Hütten für Selbstversorger bietet das *Mono Hot Springs Resort**-*****, ✆ 559/325-1710, 🖵 www.monohotsprings.com, ⊙ Mitte Mai bis Oktober.

Weitere Ranger-Stationen gibt es am Hwy-168 bei Huntington Lake (⊙ Do-Mo 8-16.30 Uhr, im Winter geschlossen) und 15 Meilen weiter östlich am Kaiser Pass (⊙ Mi-Mo 8-16.30 Uhr, im Winter geschlossen). Dort gibt es kostenlose Backcountry Permits sowie Informationen über Campingmöglichkeiten und das richtige Verhalten in der Wildnis.

Yosemite National Park

Wohl kaum ein Ort Kaliforniens ist mit so vielen Superlativen überschüttet worden wie der Yosemite National Park (ausgesprochen „jo-se-mi-tie"). Tatsächlich bietet er eines der spektakulärsten geologischen Szenarios. Verständlich, dass der Touristenandrang dementsprechend groß ist. Das Tal wurde über einen Zeitraum von Abertausenden von Jahren durch Gletscher geformt, die sich durch das Bett des Merced River schoben. Das Eis brach die weicheren Granitschichten ab, während die härteren stehen blieben und jene riesigen Felszacken bildeten, die heute zu sehen sind. Als die Gletscher schmolzen, sammelte sich das Wasser im Tal zu einem See, der aber allmählich versickerte. Yosemite kann man zu jeder Jahreszeit besuchen, selbst im Winter, wenn die Wasserfälle eingefroren und die Wanderwege unter Schneemassen begraben sind.

Die drei Straßen vom Central Valley enden im Yosemite Valley, das ungefähr in der Mitte des gut 3000 km^2 großen Parks liegt und die spektakulärste Landschaft aufweist. Im Süden des Parks führt der Hwy-41 an Mariposa Grove und Wawona vorbei; von hier sind es noch 27 Meilen bis ins Tal. Tuolumne Meadows liegt ca. 60 Meilen nordöstlich vom Valley im höher gelegenen Gebiet, in der Nähe des Eingangs vom Hwy-120 zum Tioga Pass an der Ostseite des Parks.

Das eigentliche Yosemite-Tal ist nur sieben Meilen lang und misst an der breitesten Stelle nicht mehr als eine knappe Meile. Es wird von nahezu senkrechten, fast 1000 m hohen Felswänden umschlossen, von denen Wasserfälle kaskadenartig in die Tiefe stürzen, während die spitzen Gipfel der Felsdome am Horizont eine zerklüftete Silhouette bilden. Am Talboden vervollständigen Eichen-, Zedern- und Kiefernwälder, bunte Wildblumen und üppige Wiesen das märchenhafte Bild. Es gibt viele schöne Spaziergänge zu den Wasserfällen und den Seen sowie anspruchsvolle Wanderwege, die auch auf die Felsen hinaufführen.

Wenn es überhaupt einen Nachteil am Yosemite Valley gibt, dann den, dass dies der geschäftigste und kommerzialisierteste Teil des Yosemite-Parks ist. Zentrum aller Aktivitäten im Tal ist **Yosemite Village**. Hier finden sich alle Versorgungseinrichtungen und das hilfreiche *Visitor Center* (s.u.).

Einer der beliebtesten Wanderwege ist der **Mist Trail** (3 Meilen hin und zurück, 2-3 Std., 300 m Anstieg), der sich so knapp am **Vernal Fall** vorbeiwindet, dass Wanderer während der Schneeschmelze (Mitte April bis Mitte Juni) von Spritzwasser durchnässt, dafür aber mit leuchtenden Regenbögen entschädigt werden. Wie alle Wasserfälle im Tal präsentiert sich auch der Vernal Fall im Frühjahr von seiner schönsten Seite. Im August verkümmern die Fälle zu einem Rinnsal, und einige versiegen sogar vollständig. Eine anstrengende Wanderung (7 Meilen hin und zurück, 4-7 Std.,

Blick über den Merced River auf den Half Dome im Yosemite National Park

820 m Anstieg) führt vom *Sunnyside*-Campingplatz hinter der *Yosemite Lodge* zum **Upper Yosemite Fall**, der fast 460 m in die Tiefe stürzt.

Der über 1000 m hohe **El Capitan** zählt zu den größten frei stehenden Granitformationen der Welt. Ähnlich ist es am **Half Dome**, dem steilsten Felsen Nordamerikas, dem nur einige wenige Grad zur senkrechten Steigung fehlen. Er lässt sich auf einer Eisentreppe von der runden Seite her besteigen (nur Ende Mai–Mitte Okt).

Den besten Blick auf Yosemite hat man vom **Glacier Point**, dem Gipfel eines 975 m hohen, fast senkrechten Felsens, 32 Meilen vom Tal entfernt. Man kann ihn über den sehr steilen **Four-Mile Trail** (4,8 Meilen hin und zurück, 3–4 Std., 975 m Anstieg) erklimmen, der am westlichen Ende des Tals neben dem Hwy-41 beginnt. Bequemere Menschen ziehen es allerdings vor, den Bus nach oben zu nehmen (s.u.) und nur den Abstieg zu Fuß zu machen. Die Straße ist in der Regel von Mitte Mai bis Ende Oktober geöffnet.

Der unweit des südlichen Parkeingangs gelegene **Mariposa Grove** ist die größte und schönste Ansammlung der gigantischen Sequoia-Bäume im Yosemite. Der 2,5 Meilen lange Rundweg beginnt am Parkplatz am Ende der Straße, ein Bus bringt die Besucher kostenlos vom Parkeingang hin. Der bekannteste Riesenbaum in diesem Hain ist der **Grizzly Giant**, der mindestens 2700 Jahre alt sein soll.

Auf den über 2600 m hoch gelegenen **Tuolumne Meadows** am östlichen Parkrand kommt man sich vor, als wäre man auf selber Höhe mit den umliegenden, schneebedeckten Bergen, denn die Luft auf diesen alpinen Wiesen ist kühl, frisch und belebend; ⏲ nur Juni–Okt. Rund um den Campingplatz, der einzigen Unterkunft, die in Reichweite des östlichen Parkeingangs (Tioga Pass, Hwy-120) liegt, kann es zur Hauptreisezeit jedoch zu größeren Kohlenmonoxyd-Konzentrationen kommen. Wer in das Hinterland der High Sierra wandern will, ist hier besser aufgehoben als unten im Tal.

Übernachtung

Informationen zu Hotels sowie Reservierungen unter ☎ 252-4848 oder 🖥 www.yosemitepark.com.

Yosemite National Park

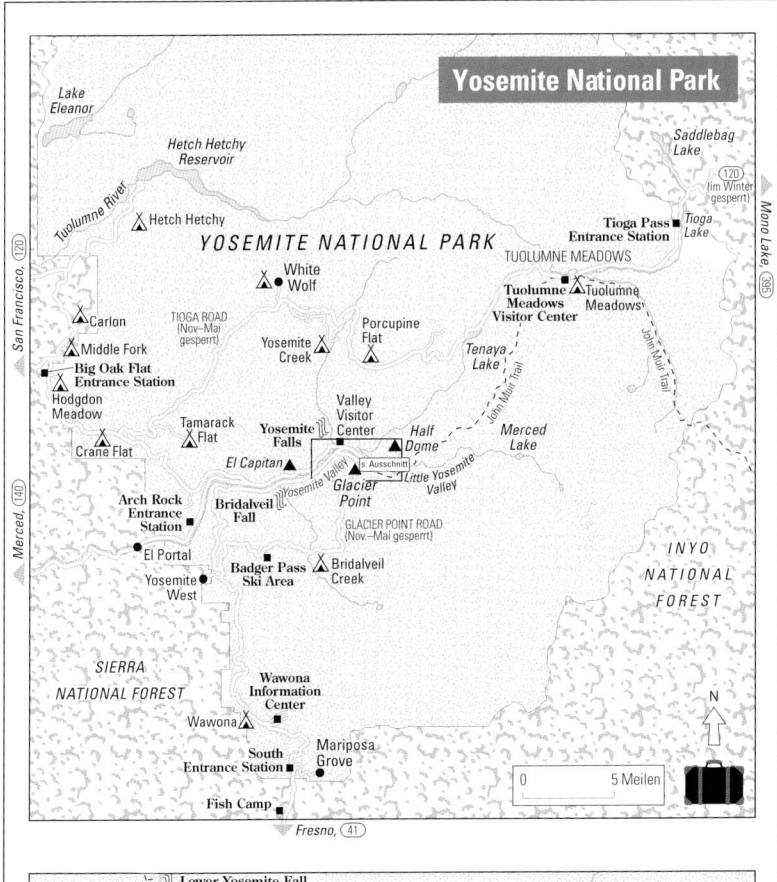

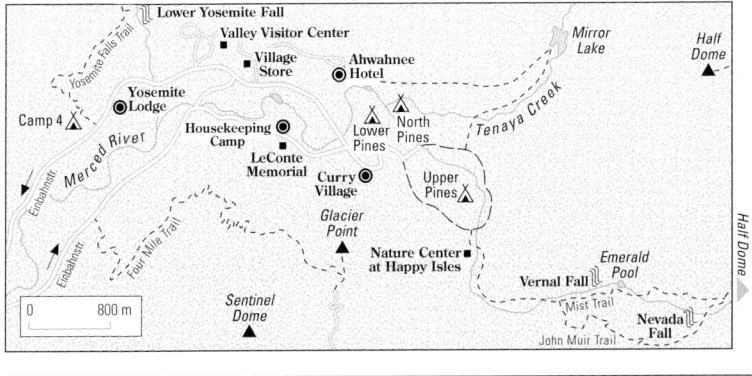

*Yosemite Lodge*****, direkt im Tal, eine halbe Meile westlich von Yosemite Village. Empfehlenswerte, große Unterkunft mit geräumigen Zimmern.

Curry Village***–*****, 1 Meile von Yosemite Village entfernt, bietet Zimmer zu ähnlichen Preisen, außerdem Zelthütten und Blockhütten.

*Tuolumne Meadows Lodge***, Tioga Pass Rd, nahe der östlichen Parkzufahrt. Zelthütten ohne Strom, Gemeinschaftsduschen.

*HI-Merced Home Hostel**, in Merced, außerhalb des Parks, ✆ 725-0407. Gäste werden vom Bahnhof bzw. Busbahnhof abgeholt und am nächsten Morgen für die Weiterfahrt in den Park zur Haltestelle gefahren. Mitglieder $15, sonst $18.

Yosemite Bug Hostel & Lodge*–***, 6979 Hwy-140, ✆ 966-6666 oder 966-6667, 🖥 www.yosemitebug.com. Lebhaftes Hostel etwas näher am Park in Midpines, wo auch der *YARTS*-Bus hält. Ausgezeichnetes Café mit Bar, Dorm-Bett $16, auch Privatzimmer erhältlich.

Camping im Yosemite Valley ist nur auf den offiziellen Campingplätzen erlaubt.

Camp 4 Walk-in, gleich westlich der Yosemite Lodge, ein von Felskletterern bevorzugter und in Szenekreisen bekannter Platz. Es gibt dort keine Duschen, und die Stellplätze ($5 p.P.) können nur tagsüber an der Rezeption vor Ort reserviert werden.

Die anderen Campingplätzen im Tal kosten $18 und können bis zu fünf Monate im Voraus unter ✆ 1-800/436-7275 oder ✆ 301/722-1257, 🖥 reservations.nps.gov, reserviert werden. Es empfiehlt sich, so früh wie möglich zu buchen, selbst wenn es gelegentlich noch freie Plätze nach kurzfristigen Stornierungen gibt.

Tuolumne Meadows Campground, Tioga Rd, im Osten des Parks, ✆ 1-800/436. Stellplatz $18 mit Fahrzeug, $5 p.P. nur mit Zelt.

Wer auf einem der primitiven Campingplätze in der Wildnis außerhalb des Tals kampieren möchte, benötigt ein kostenloses Wilderness Permit, erhältlich bis zu 24 Wochen im Voraus vom *Wilderness Center,* Box 545, Yosemite, CA 95389, ✆ 372-0740, 🖥 www.nps.gov/yose/wilderness, oder nicht mehr als 24 Stunden vorher im nächstgelegenen *Visitor Center.*

Sonstiges

EINTRITT – Yosemite hat immer geöffnet: Eintritt $20 pro Fahrzeug, Radfahrer und Wanderer $10, sieben Tage gültig.

INFORMATIONEN – Das nützlichste *Visitor Center* ist in Yosemite Village, ✆ 372-0299, ⏰ Juni–Sep 8–18, Mitte Okt bis Mai 9–16.30 Uhr.
Infos über Yosemite, Wetter- und Straßenbedingungen auf Band unter ✆ 272-0200, im **Internet** unter 🖥 www.nps.gov/yose. Weitere Informationen zu Führungen, Wanderungen und Ausritten finden sich in der Zeitung *Yosemite Today* oder im Internet unter 🖥 www.yosemitepark.com.

VORWAHL – 209.

Nahverkehrsmittel

Während des Sommers verkehren zwischen 7 und 22 Uhr kostenlose **Shuttlebusse** im Tal. Sie kommen an allen Sehenswürdigkeiten vorbei.

Transport

Die Zufahrtsstraßen von Westen sind das ganze Jahr über geöffnet, nur die Straße von Osten, der Hwy-120 von Lee Vining, ist von Anfang November bis ungefähr Anfang Juni gesperrt. Wer mit dem eigenen Auto anreist, sollte rechtzeitig voll tanken – Benzin ist teuer im Park und im Yosemite Valley überhaupt nicht zu bekommen.

Mit **öffentlichen Verkehrsmitteln** kommt man zunächst nach Merced (s.u.) im Central Valley an und muss dort in einen Bus umsteigen.

BUSSE – Haltestation für die Busse von *Greyhound* ist das *Merced Transport Center* in Merced, 710 W 16th St.
Die Regionalbusse von *YARTS,* ✆ 388-9589 oder 1-877/989-2787, 🖥 www.yarts.com, fahren von MERCED ins Yosemite Valley (4–5x tgl., 2 Std., $10 einfach). *YARTS* bietet im Sommer auch 1x tgl. eine Verbindung über den Tioga Pass nach MAMMOTH LAKES und LEE VINING ($20 hin und zurück).

EISENBAHN – Der *Amtrak*-Bahnhof befindet sich in Merced, 324 W 24th St, Ecke K St. 2x tgl. besteht Anschluss an die Züge nach SAN FRANCISCO.

San Francisco

San Francisco ist die beliebteste und liberalste Stadt der USA. Im Laufe der vergangenen zwanzig Jahre hat sie sich allerdings unaufhaltsam von ihrem Bilderstürmerimage weg zu einer schicken Stadt hin entwickelt, die nach Wohlstand riecht. Aber trotz aller Veränderungen ist San Francisco eine spritzige, individuelle und überraschend kleine Stadt geblieben. Dank seiner Überschaubarkeit ist es eines der wenigen Zentren der USA, in denen man auch ohne Auto bequem zurechtkommt. Die Temperaturen steigen nur selten weit über 20 °C, selbst im Sommer fallen sie manchmal merklich, vor allem, wenn die berühmten Nebelbänke ihre Schleier über die Stadt breiten.

Die Ureinwohner der Region waren die Ohlone. Nach dem Kontakt mit den Spaniern, die unter der Führung von Juan Batista de Anza 1776 ein militärisches Presidio auf der Halbinsel gründeten und die Mission Dolores errichteten, waren sie innerhalb weniger Jahre ausgerottet.

Die eigentliche Geburtsstunde San Franciscos schlug Mitte des 19. Jahrhunderts mit der Entdeckung von Gold zu Füßen der Sierra. So wurde aus dem kleinen, schlammigen Dorf über Nacht ein geschäftiger Umschlagplatz. Im Laufe der Zeit wuchs San Francisco zu einer korrupten Hafenmetropole heran, bis am 18. April 1906 eines der größten Erdbeben Kaliforniens die Stadt in Schutt und Asche legte. Erst in der ersten Hälfte des 20. Jahrhunderts erlebte sie eine neue Glanzzeit, doch zu Beginn des Zweiten Weltkriegs hatte Los Angeles ihr den Rang als wichtigste Stadt der West Coast abgelaufen. Erst die Beatniks in den 50ern und die Hippies in den 60ern – die vor allem den Stadtteil Haight-Ashbury bekannt machten – brachten wieder Bewegung in die Stadt. Die gesamte Bay Area ist ein Stützpfeiler der Demokraten, und auch die zahlenstarke Schwulengemeinde besitzt politischen Einfluss. Freiheit gilt noch immer als ein Schlüsselwort, und trotz aller Schwächen ist San Francisco stolz darauf, anders zu sein als irgendeine andere Stadt auf der Welt.

Union Square

Der Union Square bildet das Zentrum des gleichnamigen Viertels im Herzen San Franciscos, das von nördlich der Market St zwischen Powell St und Stockton St ausdehnt und vor kurzem mit neu angepflanzten Bäumen und Bänken versehen wurde. Die Cable Car rattert an Passanten vorbei, die von den zahlreichen exklusiven Hotels, Kaufhäusern, Boutiquen und Theatern angezogen werden. Eine Statue zur Erinnerung an Admiral Deweys Sieg im Spanisch-Amerikanischen Krieg steht in der Mitte des Platzes, der zu seinem Namen kam, weil er während des Amerikanischen Bürgerkriegs als Versammlungsort diente, an dem unionstreue Redner ihre eindringlichen Appelle kundtaten. Das Modell für die Frauenfigur oben auf der Statue war Alma de Bretteville, eine lokale Berühmtheit, die in die wohlhabende Familie Spreckels einheiratete und ihre Sammlung von Rodin-Skulpturen stiftete, um damit das Museum California Palace of the Legion of Honor zu gründen, s.S. 359. Direkt vor dem **St. Francis Hotel** fand 1975 der Mordversuch an Präsident Gerald Ford statt. Viele Krimis von Dashiell Hammett, z.B. *Der Malteser Falke*, spielen zum Teil im St. Francis, wo Hammett in den 20er Jahren als Detektiv tätig war.

In der Geary Street an der Südseite des Platzes befindet sich der **Theater District**, eine Miniaturausgabe des Broadway, mit Restaurants, Touristenhotels, Theatern und nicht jugendfreien Etablissements.

Financial District

Nördlich der **Market Street**, der Hauptader von Downtown, sind im Laufe der letzten zwanzig Jahre die gläsernen und stählernen Wolkenkratzer des Financial District aus dem Boden gestampft worden, der einzige echte Bezirk mit Hochhäusern. Während der Bürozeiten tummeln sich Angestellte in schicken Anzügen in den Straßen und Cafés, doch nach 18 Uhr werden in diesem Viertel die Bürgersteige hochgeklappt. An der Kreuzung Kearny und Market St steht **Lotta's Fountain**, einer der meistgeliebten öffentlichen Schätze San Franciscos. Benannt ist der Springbrunnen nach Lotta Crabtree, die als eines der ersten Siedlerkinder mit ihrer Familie im Westen ankam. Hier versammelten sich die Menschen, um nach dem verheerenden Erdbeben von 1906 die neuesten Nachrichten auszutauschen, und am Heiligabend 1910 gab die berühmte Sopranistin Luisa Tetrazzini ein kostenloses Konzert auf dem Platz.

Am östlichen Ende der Market Street steht das **Ferry Building**, dessen Turm der Kathedrale von Sevilla abgeguckt wurde. Bevor in den 30er Jahren die Brücken fertiggestellt wurden, war dies der Ankunftsort für 50 000 Pendler aus der Bay Area, die damals Tag für Tag mit der Fähre zur Arbeit nach San Francisco kamen. Nachdem das Gebäude jahrelang als Heimstatt für farblose Büros vor sich hingedümpelt hatte, wurde es endlich einer umfangreichen Sanierung unterzogen, um neue Geschäfte und Cafés anzusiedeln. Erster Neumieter ist der **Ferry Plaza Farmers Market**, ✆ 353-5650, 💻 www.ferryplazafarmersmarket.com, der von seinem alten Standort vor dem Gebäude in die Hallen zog und dort zum Probieren der vielfältigen einheimischen Erzeugnisse einlädt. ⏰ Sa 8–14, Di 10–14, Do 15–19 Uhr.

Die Cable Car Es war die Erfindung der Cable Car, die es der High Society von San Francisco ermöglichte, sich auf den Hügeln der Stadt anzusiedeln. Seit der Schotte Andrew Hallidie 1873 den ersten Kabelzugwagen den Clay Street Hill hinauf zum Portsmouth Square navigierte, sind die Gefährte aus dem Stadtbild nicht mehr wegzudenken. Die Idee zu seiner Erfindung kam Hallidie angeblich, nachdem er beobachtet hatte, wie sich ein Pferd beim Hinaufziehen eines Wagens an einer steilen Straße die Beine gebrochen hatte. Daraufhin entwickelte er eine Art Flaschenzug mit einem starken Drahtseil, das sein Vater sich für den Einsatz in den kalifornischen Goldminen hatte patentieren lassen (als der Goldrausch langsam abebbte, suchten die Hallidies nach einem neuen Einsatzgebiet für ihr Produkt). Ungeachtet der Skepsis der Einheimischen sorgte die Erfindung für eine Revolution des öffentlichen Verkehrswesens in San Francisco. Während des Höhepunkts der Cable-Car-Ära kurz vor dem großen Erdbeben verkehrten über 600 Wagen auf gut 180 km Länge in der ganzen Stadt und erreichten eine Höchstgeschwindigkeit von gut 15 km/h. Im Laufe der Jahre wurde das Streckennetz in Folge der Automobilisierung so beschnitten, dass nostalgische Bürger sich 1964 dafür aussprachen, die restlichen 17 Meilen (heute nur noch 10) und die noch verbliebenen Wagen unter Denkmalschutz zu stellen. Heute gibt es noch drei Cable-Car-Linien: zwei davon, die *Powell & Mason* und die *Powell & Hyde* führen von der Hallidie Plaza am Union Square (Powell, Ecke Market Street) zur Fisherman's Wharf. Die *Powell & Hyde* ist die steilste, zwischen Lombard St und Chestnut St beträgt das Gefälle haarsträubende 21 Grad. Die älteste Linie, die *California*, keucht vom Embarcadero aus die California Street entlang den Nob Hill hoch, an den nobelsten Hotels der Stadt vorbei. Das System wird noch immer von riesigen Motoren getrieben, die man im **Cable Car Museum and Powerhouse**, 1201 Mason St, Ecke Washington St, besichtigen kann, ⏰ tgl. April–Sep 10–18, Okt–März 10–17 Uhr, Eintritt frei, 💻 www.cablecarmuseum.com.

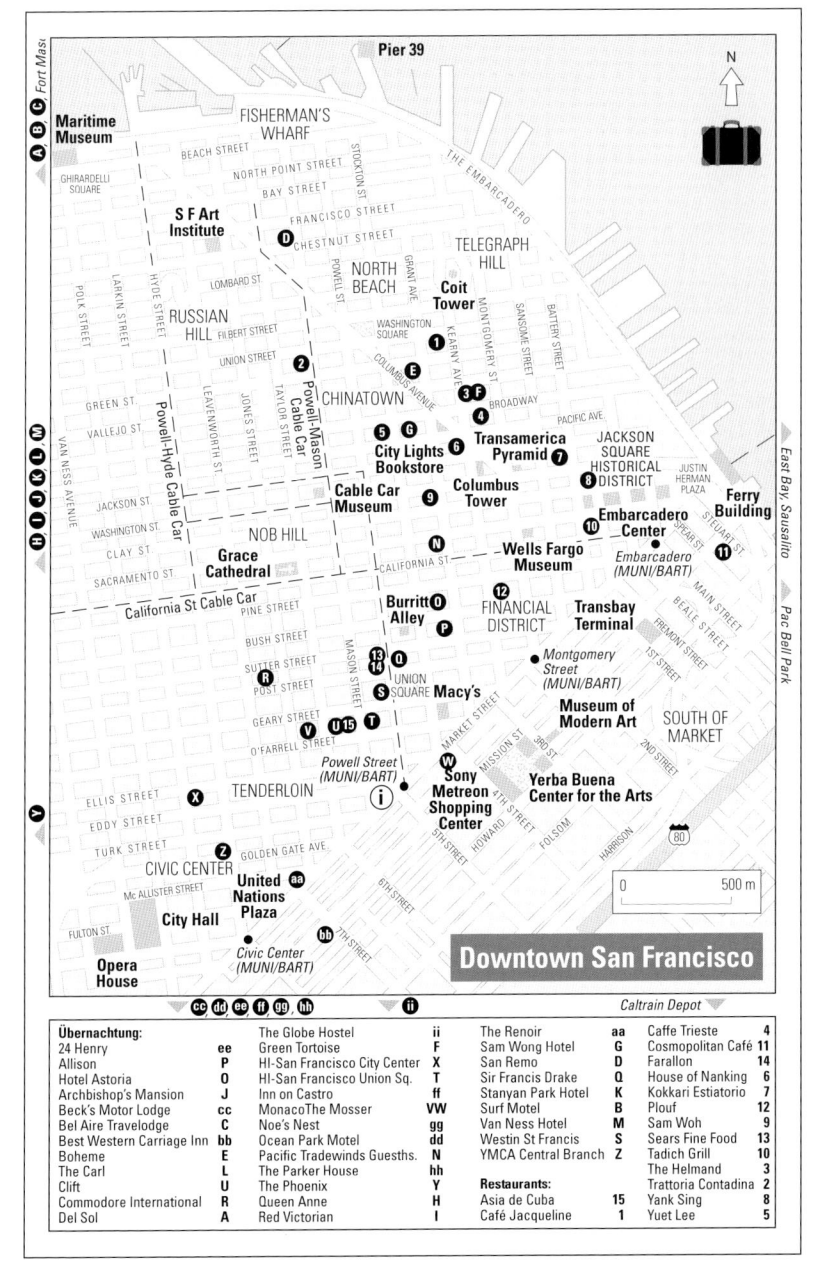

Downtown San Francisco

Übernachtung:					
24 Henry		The Globe Hostel	ii	The Renoir	aa
Allison	ee	Green Tortoise	F	Sam Wong Hotel	G
Hotel Astoria	P	HI-San Francisco City Center	X	San Remo	D
Archbishop's Mansion	O	HI-San Francisco Union Sq.	T	Sir Francis Drake	Q
Beck's Motor Lodge	J	Inn on Castro	ff	Stanyan Park Hotel	K
Bel Aire Travelodge	C	MonacoThe Mosser	VW	Surf Motel	B
Best Western Carriage Inn	cc	Noe's Nest	gg	Van Ness Hotel	M
Boheme	bb	Ocean Park Motel	dd	Westin St Francis	S
The Carl	E	Pacific Tradewinds Guesths.	N	YMCA Central Branch	Z
Clift	L	The Parker House	hh		
Commodore International	U	The Phoenix	Y	**Restaurants:**	
Del Sol	R	Queen Anne	H	Asia de Cuba	15
	A	Red Victorian	I	Café Jacqueline	1

Caffe Trieste	4
Cosmopolitan Café	11
Farallon	14
House of Nanking	6
Kokkari Estiatorio	7
Plouf	12
Sam Woh	9
Sears Fine Food	13
Tadich Grill	10
The Helmand	3
Trattoria Contadina	2
Yank Sing	8
Yuet Lee	5

Downtown San Francisco 353

Gegenüber liegt **The Embarcadero**, ein Viertel, das trotz der riesigen, unattraktiven Embarcadero Center Shopping Mall an der Justin Herman Plaza nicht ohne Charme ist. Von hier sind es nur wenige Blocks auf der Market Street nach Süden zur **Montgomery Street** mit unzähligen Wolkenkratzern. Der bekannteste ist zweifelsohne die **Bank of America** in der 555 California St, Ecke Kearny St, die Zentrale des größten kalifornischen Kreditinstituts. Nach seiner Fertigstellung 1971 war das massive Gebäude zunächst nicht sonderlich gelitten, doch mit der Zeit wuchs die Zuneigung der Bevölkerung für das breitschultrige Monstrum.

Das **Wells Fargo History Museum**, 420 Montgomery St, ✆ 396-2619, 🖥 www.wellsfargo.com, informiert mit Ausstellungsstücken aus den Zeiten des Goldrauschs über die Anfänge des Finanzbooms in San Francisco. ⏲ Mo–Fr 10–17 Uhr, Eintritt frei.

Jackson Square und Barbary Coast

Vor etwa hundert Jahren bezeichnete man die heutige Ostflanke des Financial District noch als Barbary Coast. Seine Entstehung hat das Viertel mehreren hundert Schiffen zu verdanken, die von ihren Besatzungen zurückgelassen wurden, als diese dem Ruf des Goldes ins Landesinnere folgten. Einheimische Geschäftsleute übernahmen die aufgegebenen Schiffe und bauten sie zu Hotels, Bars und Geschäften um. Zu jener Zeit hatte San Francisco jenem wilden Viertel seinen wenig schmeichelhaften Beinamen „Bagdad an der Bay" zu verdanken, denn hier reihten sich Bordelle und Saloons aneinander, wo unselige junge Männer mit manipulierten Drinks betäubt und anschließend bewusstlos auf Schiffe verschleppt wurden, um dort Zwangsarbeit als Matrosen zu verrichten. Die von William Randolph Hearst herausgegebene Zeitung *Examiner* setzte sich mit allen Mitteln für eine Schließung des Viertels ein, woraufhin 1917 ein kalifornisches Gesetz zum Verbot der Prostitution verabschiedet wurde.

Zeugnisse des ursprünglichen, alten San Franciscos sind im **Jackson Square Historic District** zu besichtigen. Dabei handelt es sich nicht um einen einzelnen Platz, sondern um ein kleines Viertel, das von der Washington, Columbus, Sansome und Pacific Street begrenzt wird. Dort stehen die einzigen Gebäude Downtowns, die bei dem katastrophalen Großfeuer von 1906 unversehrt davonkamen. Besonders die Jackson Street vermittelt noch einen Eindruck davon, wie San Francisco in seinen Gründerjahren ausgesehen haben muss. Ein kleiner Umweg über den von roten Ziegelbauten gesäumten Hotaling Place mit seinen antiken Laternen und den Pfosten zum Festbinden von Pferden vermittelt ähnlich nostalgische Eindrücke.

Das höchste Gebäude San Franciscos, die **Transamerica Pyramid** in der Montgomery St, Ecke Columbus St, ✆ 983-4100, 🖥 www.tapyramid.com, hat sich mittlerweile zum Wahrzeichen der Stadt entwickelt. Ein Lift bringt Besucher zum Panoramafenster der Pyramide im 27. Stock. Nebenan liegt der attraktive **Transamerica Redwood Park** mit seinen Springbrunnen, der perfekte Ort für ein Picknick. Von dort gelangt man Richtung Westen über die Jackson oder Pacific Street zum **Columbus Tower**, 906 Kearny St, wo North Beach beginnt. Eigentümer des Gebäudes mit der auffällig grünen Fassade ist der aus San Francisco stammende Regisseur Francis Ford Coppola. Ihm gehört auch das *Niebaum-Coppola Café* im Erdgeschoss, das Sandwiches, Pasta und Wein aus den Kellereien des Napa Valley serviert.

Chinatown

Die hiesige Chinatown ist inzwischen nach der in New York City die zweitgrößte chinesische Siedlung außerhalb Asiens und eine autonome Gemeinschaft mit eigenen Schulen, Banken, Zeitungen, Restaurants und Lebensmittelgeschäften. Ihre Entstehung verdankt sie dem Zustrom chinesischer Arbeiter nach Fertigstellung der transkontinentalen Eisenbahn im Jahre 1869 und zahlreichen chinesischen Seeleuten, die hier von Bord gingen, um vom Goldrausch zu profitieren.

Der Torbogen mit den Drachenmotiven an der Kreuzung Bush St / Grant Ave ist das Eingangstor zu Chinatown. Von hier verläuft die **Grant Avenue** bis zum Broadway. Auf der Touristenmeile schiebt man sich an goldverzierten Eingangstüren und bunten Balkonen, Restaurants und Souvenirläden vorbei. Die **Old St Mary's Church**, 660 California St, Ecke Grant St, ✆ 288-3800, zählt zu den wenigen Gebäuden in San Francisco, die das Erdbeben und Feuer von 1906 unbeschadet überstanden. Am Eingang ist eine gute Fotoausstellung zu besichtigen, die das Ausmaß der damaligen Schäden erahnen lässt.

In der parallel zur Grant Avenue verlaufenden **Stockton Street** findet man exotische Fisch-, Obst- und Gemüsemärkte, Bäckereien und Kräuterläden. Im *Ellison Herb Shop*, 805 Stockton St, Ecke Sacramento St, Chinatowns bestsortierter chinesischer Apotheke, gibt es getrocknete Baumrinde, Haifischflossen, Ginseng und andere traditionelle Medizin, die auf einfachen Handwaagen ausgewogen, den Bedürfnissen entsprechend zusammengestellt und deren Preis auf dem Abakus ermittelt wird.

Das Durcheinander der schmalen Straßen zwischen Grant Avenue und Stockton Street birgt die lohnenswertesten Sehenswürdigkeiten dieser Gegend. Am interessantesten ist **Waverly Place**, ein sich über zwei Blocks erstreckender Straßenzug mit bunt gestrichenen Balkonen, wo sich vor der Katastrophe von 1906 die Bordelle aneinander reihten. Heute kann man hier noch drei ebenso prunkvolle wie geschickt versteckte **Tempel** entdecken: Norras in Hausnummer 109, Jen Sen im 1. Stock von Nr. 146 und Tien Hou im 3. Stock von Nr. 125. Letztgenannter ist ob seines reich mit Gold und Zinnoberrot verzierten Inneren besonders beeindruckend. Alle drei Tempel werden noch aktiv genutzt und sind auch für Besucher zugänglich. Es wird zwar kein Eintritt verlangt, doch empfiehlt es sich, eine kleine Spende zu hinterlegen und im Innern Fotoapparate und Videokameras in der Tasche zu lassen. ⏱ tgl. 10–17 Uhr.

Ein guter Grund, nach Chinatown zu kommen, sind natürlich die über 100 **Restaurants**. Einige haben Geschichte, z.B. das preiswerte, ungehobelte *Sam Wo*, 813 Washington St, Ecke Grant Ave, früher Treffpunkt der Beat-Autoren.

North Beach

Der Bezirk North Beach liegt in der Mulde zwischen Russian Hill und Telegraph Hill zu beiden Seiten der Columbus Avenue. Er ist seit jeher ein Tor für Einwanderer, ganz besonders für Italiener, die während des Goldrauschs in Scharen hier ankamen.

Mitte des 20. Jahrhunderts entwickelte sich das Viertel zum Zentrum der Alternativszene, nachdem der Schriftsteller Lawrence Ferlinghetti hier 1953 seine heute noch existierende Buchhandlung eröffnete, den **City Lights Bookstore**, 261 Columbus Ave, Ecke Broadway, ✆ 362-8193, 🖳 www.citylights.com. Die Buchhandlung ist sieben Tage die Woche bis Mitternacht geöffnet und mit ihrer großen Auswahl an Beat-, Avantgarde- und zeitgenössischer Literatur nach wie vor das Herzstück der örtlichen Literaturszene.

Vesuvio's, gleich neben der Buchhandlung, ist eine alte North-Beach-Bar, in der seinerzeit fast alle bekannten Literaten herumhingen, wie Dylan Thomas und Jack Kerouac. Weiter nach Norden auf der Columbus Avenue nehmen die Leuchtreklamen langsam ab.

Hier beginnt das Zentrum des alten **italienischen Viertels** mit seinen Restaurants, Cafés, Delikatessenläden und ausgefallenen Geschäften. In diesem Viertel stößt man überall in den Seitenstraßen auf alte Szene-Treffs, wie das **Café Trieste**, 601 Vallejo St, Ecke Kearny St, ✆ 982-2605, seit den Zeiten der Beatniks eine Frühstückskneipe für Literaten. Francis Ford Coppola soll dort das Drehbuch für *Der Pate* geschrieben haben. Zu einem gemächlichen Bummel lädt die begrünte Anlage des **Washington Square Park** ein, wo jeden Morgen Dutzende kalifornische Chinesen ihre Tai-Chi-Übungen absolvieren. Die steile Treppe in der Filbert Street führt hinauf nach **Telegraph Hill** und zum **Coit Tower**, ✆ 362-0808, 🖳 www.coittower.org, von dem sich großartige Ausblicke auf die Stadt und ihre Umgebung eröffnen, ⏱ tgl. 10–17 Uhr, Eintritt $3.

Das Viertel westlich der Columbus Avenue ist zu Ehren von sechs unbekannten russischen Seeleuten, die um 1800 während einer Expedition ums Leben kamen und hier begraben liegen, **Russian Hill** benannt.

In der **Lombard Street** wird das Gefälle so steil, dass man den Verkehr trotz der ansonsten gradlinigen Straßenfluchten stellenweise in Serpentinen führen musste. Der Aufstieg lohnt sich auch zu Fuß, denn hier oben befindet sich das **San Francisco Art Institute**, 800 Chestnut St, ✆ 771-7020, 🖳 www.sanfranciscoart.edu, die älteste Kunstschule im Westen. Highlight ist die Diego Rivera Gallery mit einem der berühmten Wandgemälde des mexikanischen Malers. ⏱ tgl. 8–21 Uhr, Eintritt frei.

Über die Jones Street vier Blocks Richtung Süden gelangt man zur **Macondray Lane**, einer Fußgängerzone, die dem Schriftsteller Armistead Maupin angeblich als Inspiration für seinen furiosen Großstadtzyklus *Stadtgeschichten* diente (s.S. 441).

Alcatraz Bevor die vorgelagerte Felseninsel 1934 zum gefürchtetsten Hochsicherheitsgefängnis der USA ausgebaut wurde, hatte sie bereits als Festung und Militärgefängnis gedient. Die Zellen waren nicht größer als 1,50 x 2,70 m und meist ohne Tageslicht. Die Häftlinge, unter ihnen **Al Capone** und **Machine Gun Kelly**, wurden in Einzelhaft unter unmenschlichen Bedingungen gehalten. Eine Flucht durch das eiskalte, unüberwindbare Gewässer war praktisch unmöglich. Insgesamt schafften es nur neun Männer, vom Felsen herunterzukommen, keinem davon war letztlich jedoch die Freiheit vergönnt.

Da die Unterhaltung des Gefängnisses Unsummen verschlang, wurde es 1963 geschlossen. Bis 1969 blieb die Insel völlig den Pelikanen überlassen, dann erhob eine Gruppe Indianer Anspruch auf den Felsen, denn alte Verträge besagen, dass alles bundesstaatliche Land automatisch wieder in das Eigentum der Indianer übergeht, wenn es nicht genutzt wird. Die Regierung bemühte daher alle nur erdenklichen bürokratischen Tricks, bis sie die Indianer 1971 wieder von der Insel verdrängt hatte.

Mittlerweile besuchen 750 000 Touristen jährlich das leere Gefängnis und wandern während der hervorragenden einstündigen Audio-Führung (auch auf Deutsch) durch die Gänge. Der scharfzüngige und anekdotenreiche Kommentar umfasst auch leicht kitschige Schilderungen des Gefängnislebens mit improvisierten Stimmen von Figuren wie Al Capone und Kelly. Der Name der Insel ist das spanische Wort für „Basstölpel", einen Seevogel, doch sie heißt nur so, weil ein leicht zerstreuter britischer Kapitän und Kartograf 1826 die Namen mehrerer Felseninseln in der Bucht verwechselte. Das ursprüngliche Alcatraz war in Wirklichkeit die Insel, die heute unter dem Namen Yerba Buena Island bekannt ist.

Boote fahren von Pier 41 ab (häufige Abfahrten tgl. ab 9.30 Uhr, letztes Boot zurück um 16.30 Uhr Nebensaison, 18.30 Uhr Hochsaison), $13,25 mit Audio-Tour, $9,25 ohne; Abendtouren Mai–Sep Do–So 18.20 und 19.05 Uhr, Rückfahrt 20.45 bzw. 21.30 Uhr, $23,50. Vor allem zur Hochsaison sollte man die Karten unbedingt schon etwa zwei Wochen vorher besorgen, 705-5555, www.nps.gov/alcatraz und www.blueandgoldfleet.com.

Fisherman's Wharf

Der Uferbezirk an der nördlichen Spitze der Stadt rund um die Fisherman's Wharf ist eine Ansammlung von überteuerten Kitsch-, Souvenir- und Fastfood-Läden. Kaum zu glauben, dass diese Touristenfalle einmal ein richtiger Fischerhafen war – muss man nicht gesehen haben. Da empfiehlt es sich eher, Richtung Westen zu den Museen von **Fort Mason** zu wandern und weiter zu den grünen Parks des Viertels **Marina**, von wo sich ausgezeichnete Ausblicke auf die Golden Gate Bridge eröffnen.

Nob Hill

Die vornehmen Hotels und Freimaurerlogen von Nob Hill repräsentieren das „alte Geld" von San Francisco, das Ende des 19. Jahrhunderts Einzug hielt, als sich mehrere Eisenbahnbarone hier ansiedelten, um die Central Pacific Railroad zu bauen. Jenen Industriemagnaten verdankt Nob Hill auch seinen Namen, denn *nob* bedeutet so viel wie „hohes Tier". Das ausschließlich aus prunkvollen Villen bestehende Viertel brannte bei dem verheerenden Brand nach dem Erdbeben vollständig ab. Heute gibt es abgesehen von den tollen Ausblicken auf die Stadt und ihre Umgebung kaum eine Sehenswürdigkeit, die den steilen Aufstieg (bzw. die Fahrt mit der Cable Car) auf den Hügel rechtfertigen würde.

Oben auf dem Hügel thront in der California Street die **Grace Cathedral**, 749-6300, www.gracecathedral.org, eine der größten Gotik-Imitationen der gesamten USA. Man begann kurz nach dem Erdbeben von 1906 mit der Konstruktion, aber der Hauptteil der Kirche wurde erst in den frühen 60er Jahren fertig gestellt. Einen Block östlich vermittelt ein bloßer Blick in das Foyer des **Fairmont Hotel**, 950 Mason St, Ecke Sacramento St, einen Eindruck des Reichtums, der einst in Nob Hill geherrscht haben muss. Von den oberen Stockwerken hat man eine fantastische Aussicht auf San Francisco. Im gegenüberliegenden Sandsteingebäude ist der **Pacific Union Club** untergebracht. Es ist das einzige Originalbauwerk in Nob Hill, das bei dem Großfeuer der Zerstörung entging.

Blick vom Alamo Square auf San Francisco

The Tenderloin, Civic Center und SoMa

Auf weiten Strecken erinnern diese Stadtteile daran, dass das Leben längst nicht für alle Menschen in San Francisco leicht ist, denn die Obdachlosen und die Ausgestoßenen sind hier unübersehbar. Das kleine, wenig einladende Viertel Tenderloin, westlich des Union Square und nördlich der Market Street, ist immer noch der ärmste und schäbigste Teil der Stadt.

Zwischen Tenderloin und South of Market (SoMa) liegt das Civic Center, eine vor allem abends beeindruckende Anlage majestätischer Verwaltungsgebäude, die mit ihren Springbrunnen und Fahnenmasten so gar nicht ins Bild passen will.

Von der *MUNI/BART*-Station aus fällt zunächst die **United Nations Plaza** ins Auge, wo 1949 die UNO gegründet wurde. Die **City Hall**, ℡ 554-4799, 🖥 www.ci.sf.ca.us/cityhall, das imposante Rathaus aus Granit und Marmor am Nordrand des Platzes, wurde keinem geringeren als dem Petersdom in Rom nachempfunden und bildet den Mittelpunkt des Civic Center. Die kürzlich restaurierte, vergoldete Kuppel ist ein beeindruckendes Relikt aus der Ära des Goldrausches. Wer das Gebäude im Rahmen einer interessanten, kostenlosen Führung besichtigen möchte, kann sich beim *Docent Tour Kiosk* an der zur Van Ness Avenue gelegenen Seite des Hauptgebäudes anmelden. Führungen Mo–Fr 10, 12 und 14, Sa–So 12.30 Uhr.

SoMa erlebte in den 90er Jahren eine Renaissance, als zahlreiche Lagerhäuser und Fabrikgebäude in Büros für aufstrebende Start-up-Unternehmen umgewandelt wurden. Doch mit dem Platzen der Internet-Blase ging es auch mit dem Viertel wieder bergab, und inzwischen stehen die meisten Büros leer.

Das hiesige, Anfang 1995 eröffnete **SF Museum of Modern Art**, 151 Third St, Ecke Mission St, ℡ 357-4000, 🖥 www.sfmoma.org, zeigt u.a. Werke von Jackson Pollock, Frida Kahlo und Diego Rivera. Am beeindruckendsten ist vielleicht das lichtdurchflutete Gebäude selbst. ⏲ Fr–Di 11–18, Do 11–21 Uhr; Eintritt $10, Do 18–21 Uhr $5, 1. Di im Monat frei.

Gegenüber dem Museum prunkt ein weiterer Stolz der Stadt, das **Yerba Buena Center for the Arts**, 701 Mission St, Ecke Third St, ℡ 978-2787, www.yerbabuenaarts.org. Der spektakuläre, 44 Millionen Dollar teure Komplex umfasst ein Theater und mehrere Gemäldegalerien. Das Beste daran ist die parkähnliche, gepflegte Anlage – über 2 Hektar groß mit einem 15 m hohen Wasserfall-Denkmal aus Sierragranit zu Ehren von Martin Luther King. Di, Mi, Sa und So 11–18, Do und Fr 11–20 Uhr, Eintritt $6, 1. Di im Monat frei.

In unmittelbarer Nachbarschaft steht der Einkaufskomplex **Sony Metreon**, 369-6000, www.metreon.com, der sich aber nur als gigantische Werbeplattform des japanischen Elektronikriesen entpuppt. Einzige lohnenswerte Attraktion ist hier das Multiplex-Kino wegen seiner günstigen Lage nahe Downtown.

The Mission

Als Hauptanlaufstelle für Einwanderer aus aller Welt stellt The Mission eine Art Mikrokosmos dar. Schon immer haben hier Einwanderer gewohnt, zuerst überwiegend Skandinavier, danach Iren und heute Latinos. Der Name stammt von der **Mission Dolores**, 3321 16th St, Ecke Dolores St, 621-8203, www.graphicmode.com/missiondolores, dem ältesten aller Gebäude, die das Erdbeben von 1906 überstanden. Sie war 1776 die sechste Mission an der amerikanischen Pazifikküste, die den Anspruch der Spanier auf Kalifornien untermauern sollte. Zahlreiche Indianer wurden hier als billige Arbeitskräfte ausgenutzt und starben an eingeschleppten Krankheiten. tgl. 9–16 Uhr, empfohlene Spende $1.

Das hispanische Zentrum des Viertels liegt östlich der Mission Street zwischen 16th und 24th St. Inmitten all der nicaraguanischen, salvadorianischen, costaricanischen und mexikanischen Geschäfte und Restaurants, der Märkte mit tropischen Früchten und der *Panaderias* mit ihren traditionellen lateinamerikanischen Backwaren ist die ursprüngliche Latino-Atmosphäre deutlich spürbar.

Um den angloamerikanischen Puls dieser Gegend zu fühlen, lohnt ein Bummel entlang der nur einen Block westlich verlaufenen Valencia Street. Das reichhaltige Angebot an unabhängigen Buch- und Kuriositätenläden macht die Gegend zu einem Paradies für Schnupper-Shopping, und in der Umgebung der 22nd Street hat sich eine angesagte Restaurantszene etabliert. **Levi Strauss & Co.**, 250 Valencia St, Ecke 14th St, bietet zwar keine Besichtigungen seiner Produktionsstätten für Jeans mehr an, doch sehenswert ist allein schon das riesige gelbe Gebäude, das errichtet wurde, nachdem die ursprüngliche Fabrik bei dem Erdbeben von 1906 zerstört worden war.

Was das Viertel jedoch wirklich von anderen Gegenden unterscheidet, sind die mehr als 200 **Wandgemälde**, die zwar nicht unbedingt von überdurchschnittlicher künstlerischer Begabung, aber von jeder Menge Herzblut zeugen. Die größte Konzentration findet sich in der **Balmy Alley**, zwischen Folsom und Harrison Street, deren politisch motivierte Bilder die Missstände in lateinamerikanischen Ländern anprangern. Detaillierte Erläuterungen der Geschichte dieser Wandmalereien und ihrer Bedeutung vermitteln die Führungen von *Precita Eyes*, 2981 24th St, Ecke Harrison St, 285-2287, www.precitaeycs.org; Beginn Sa und So 13.30 Uhr, $12.

The Castro

Die anerkannte Schwulenhauptstadt Castro ist progressiv und stets in Partylaune, präsentiert sich aber auch zunehmend etabliert und wohlhabend. Ein Besuch in diesem Viertel ist ein Muss, wenn man eine Vorstellung davon bekommen möchte, was das Besondere an San Francisco eigentlich ausmacht. Was sich davon sichtbar auf der Straße abspielt, konzentriert sich auf einige wenige Häuserblocks in der Umgebung der Castro und Market Street, wo es sonntagnachmittags am lebendigsten zugeht und die Straßencafés von den gepflegten Bewohnern des Viertels belagert werden.

Bevor man entlang der Castro Street ins Zentrum des Viertels vorstößt, sollte man einen kurzen Abstecher zum ehemaligen Standort des **Names Project**, 2363A Market St, unternehmen. Die Organisation kreierte *The Quilt*, eine riesengroße Decke, die aus einzelnen, etwa 1 x 2 m großen Stücken zusammengesetzt wird. Jedes Stück trägt den Namen eines Menschen, der an Aids gestorben ist. Die einzelnen Teile, von den Partnern, Freunden und Familienangehörigen hergestellt, werden zusammengenäht und regelmäßig im ganzen Land ausgestellt. Die 54 Tonnen schwere Decke wurde 2001 zusammen mit der Stiftung *Names Project Foundation* an einen dauerhaften Standort in Atlanta verlegt.

Weiter unten markiert die Kreuzung der **Castro und 18th Street** das Zentrum des Viertels mit seinen Buchhandlungen, Kleiderläden, Cafés und Bars.

Haight-Ashbury

Der Ruhm, der den Stadtteil Haight-Ashbury noch immer umweht, steht in keinem Verhältnis zu seiner Größe und Attraktivität. Eigentlich handelt es sich nur um acht Blocks zu beiden Seiten der Kreuzung Haight und Ashbury Street, gleich am Golden Gate Park, zwei Meilen westlich von Downtown. „The Haight" war ein heruntergekommenes viktorianisches Viertel, bis es sich in den 60er Jahren zum Zentrum der amerikanischen Subkultur entwickelte.

Das östliche Ende der Haight Street, um die Kreuzung mit der Fillmore St herum, ist **Lower Haight**. Nachdem das Viertel über Jahrzehnte vorwiegend afroamerikanisch geprägt war, hat es sich in den letzten zehn Jahren durch junge Einwanderer aus Großbritannien zum erfrischenden, vom Hippiemuff befreiten Mittelpunkt der Rave- und Club-Kultur San Franciscos entwickelt, was sich auch in den zahlreichen Plattenläden für DJs widerspiegelt.

Während der absoluten Hochzeiten der „be-ins" im Golden Gate Park 1966 und des so genannten „Summer of Love" im Jahr darauf pilgerten nicht weniger als 75 000 Blumenkinder ins winzige, lebhafte Haight-Ashbury und verwandelten es in das Zentrum der Alternativkultur. Heute erinnert nur noch wenig an die bunte Zeit der Hippies.

Golden Gate Park

Von den zahlreichen Grünanlagen der Stadt ist der Golden Gate Park nicht nur der größte, sondern auch der schönste und sicherste Park. Über eine Länge von fast drei Meilen erstreckt er sich von der Pazifikküste bis zum so genannten Panhandle in Haight-Ashbury. Der Park wurde auf einer ehemals wilden, von angewehtem Sand aufgetürmten Dünenlandschaft eingerichtet. Allein eine Million Bäume wurden gepflanzt und Seen, Wälder, Wasserfälle und Museen angelegt. Bus Nr. 5 fährt vom Transbay Terminal, Nr. 7 vom Ferry Terminal zum Park.

Größtes von mehreren Museen im Park ist das **M. H. de Young Museum**, ✆ 863-3330, 🖳 www.thinker.org, mit einer breit gefächerten Ausstellung von Gemälden und Skulpturen. Das zu kleine und veraltete Gebäude wird gerade abgerissen, und der futuristische Neubau mit Kupferkuppel soll nach der geplanten Wiedereröffnung 2005 doppelt so viel Ausstellungsfläche bieten. Bis dahin ist die Sammlung im California Palace of the Legion of Honor (s. u.) untergebracht.

Die gegenüberliegende **California Academy of Sciences**, ✆ 750-7145, 🖳 www.calacademy.org, mit dem **Steinhart Aquarium** ist wegen umfassender Umbauarbeiten bis Anfang 2008 geschlossen, zeigt aber die interessanten Naturkundeausstellungen und fast seinen gesamten Artenreichtum in einem modernen Ausweichquartier in Downtown, 875 Howard St. ⏰ tgl. 10–17 Uhr, Eintritt $7, am 1. Mi im Monat frei.

Nicht weit westlich der Museen befindet sich der meist überfüllte **Japanese Tea Garden**, ✆ 751-1171. Er wird von einem massiven Buddha aus Bronze dominiert. Brücken, Wege, Bassins voller riesiger, glänzender Karpfen, Bonsai- und Kirschbäume verbreiten eine friedliche Stimmung – am besten gegen 9 Uhr morgens kommen! ⏰ tgl. 9–18 Uhr, Eintritt $3,50.

Golden Gate Bridge

Die Golden Gate Bridge – vielleicht die schönste, mit Sicherheit aber die am meisten fotografierte Brücke der Welt – kann man von fast jedem erhöhten Punkt aus sehen. Von Joseph Strauss entworfen und 1937 eröffnet, war sie die erste wirklich große und mit einer Spannweite von 1280 m bis 1959 auch die längste Hängebrücke der Welt. Sie verbindet den Nordzipfel der Halbinsel mit Marin County und damit auch Süd- und Nordkalifornien und machte so die vorher unvermeidliche Fähre überflüssig. Die rötliche Farbe war ursprünglich nur als Grundierung für den grauen Deckanstrich geplant, doch den Einheimischen gefiel sie so gut, dass die Brücke ihre rostrote Farbe seither behalten hat.

Die Festungsanlage **Fort Point National Historic Site**, um 1850 zum Schutz der Bucht erbaut, gehörte zum Presidio, einem inzwischen aufgegebenen Armeestützpunkt auf der Landspitze.

Der **California Palace of the Legion of Honor**, ✆ 863-3330, 🖳 www.thinker.org, sehr romantisch auf einem Felsüberhang über dem Pazifik gelegen, zählt zu den besten Museen der Stadt. Rodins Bronzeskulptur *Der Denker* thront spektakulär im Zentrum des vorderen Museumshofes auf einem Sockel und bietet einen Vorgeschmack auf die umfangreiche Sammlung von Werken des französischen Bildhauers. Etwas enttäuschend ist die glanzlose Sammlung der Alten Meister, denn bei vielen dieser Arbeiten, darunter auch denen von Giambologna, Cellini und Cranach, handelt es sich nicht um echte Meisterwerke, sondern um Arbeiten, die jenen Künstlern nur zugeschrieben werden oder „aus der Schule von ..." stammen. Die Galerien des Impressionismus und Postimpressionismus sind beeindruckender und umfassen unter anderem Werke von Courbet, Manet und Monet; sehenswert sind auch die ausdrucksstarken Skizzen von Degas und Seurats charakteristische Darstellung des Eiffelturms. ⊙ tgl. außer Mo 9.30–17 Uhr; Eintritt $8, Di frei, Zuschlag für Sonderausstellungen.

Übernachtung

Mit rund 30 000 Hotelzimmern mangelt es San Francisco nicht an Unterbringungsmöglichkeiten, die vorab reserviert werden sollten, bei Reisen im Sommer oder Herbst vorzugsweise mehrere Monate im Voraus.

Infos zu **B&Bs** gibt es bei Spezialagenturen wie z.B. *Bed and Breakfast San Francisco*, ✆ 1-800/452-8249, 🖥 www.bbsf.com, ⊙ Mo–Fr 9.30–17 Uhr. *San Francisco Reservations*, , ✆ 1-800/677-1500, 🖥 www.hotelres.com, vermittelt DZ ab ca. $100, ⊙ Mo–Fr 6–23, Sa–So 8–23 Uhr.

HOTELS, MOTELS UND B&Bs –

Adagio Hotel*****, 550 Geary St, Ecke Jones St, Theater District, ✆ 775-5000, 🖥 www.jdvhospitality.com. Die Einrichtung des Hotels passt zu seiner verzierten Fassade im spanischen Stil mit kräftigen Rot- und Ockertönen. Große Zimmer, und als Bonbon Computer mit kostenlosem Internet-Zugang und Drucker.

Allison**–***, 417 Stockton St, Ecke Sutter St, Chinatown, ✆ 986-8737 oder 1-800/628-6456. Hotel in bester Lage mit unglaublich gutem Preis-Leistungs-Verhältnis und damit eine der besten Budget-Unterkünfte der Stadt mit großen, hellen und tadellos sauberen Zimmern. Wahlweise Gemeinschafts- oder eigenes Bad.

Archbishop's Mansion, $100–130, 1000 Fulton St, Ecke Steiner St, Fillmore, ✆ 563-7872 oder 1-800/543-5820, 🖥 www.thearchbishopsmansion.com. Dieses B&B ist der letzte Schrei in üppiger Eleganz und voll gestopft mit Antiquitäten im Wert von $1 Million, darunter auch der originale Kronleuchter aus dem Tanzsaal von *Vom Winde verweht*.

Astoria***, 510 Bush St, Ecke Grant St, Chinatown, ✆ 434-8889 oder 1-800/666-6696, 🖥 www.hotelastoria-sf.com. Die Einrichtung des direkt neben dem Torbogen am Eingang zu Chinatown gelegenen Hotels ist verspielter als die vieler anderer Budget-Hotels. TV und jeglicher Komfort auf dem Zimmer, kleines Frühstück inkl., verbilligtes Parken in der Nähe ($20 für 24 Std.).

Beck's Motor Lodge****, 2222 Market St, Ecke Sanchez St, Castro, ✆ 621-8212 oder 1-800/227-4360. Die Klientel ist gemischter, als man aufgrund der Lage in Castro erwarten würde, und die in sanften Blautönen gehaltenen Zimmer sind gemütlicher, als es die schreiend gelbe Motelfassade vermuten lässt.

Bel Aire Travelodge***, 3201 Steiner St, Ecke Greenwich St, Cow Hollow, ✆ 921-5162 oder 1-800/280-3242. Die erst kürzlich renovierten Zimmer sind etwas düster, dafür sind die Besitzer umso freundlicher.

Best Western Carriage Inn*****, 140 Seventh St, Ecke Mission St, SoMa, ✆ 552-8600. Riesige und elegante Zimmer mit Sofa und funktionierendem Kamin. Jeden Morgen kostenloses Frühstück auf dem Zimmer und Shuttle-Service zum Union Square. Einziger Nachteil ist die Lage in einer leicht zwielichtigen Gegend von SoMa.

Boheme, $160–200, 444 Columbus Ave, Ecke Vallejo St, North Beach, ✆ 433-9111, 🖥 www.hotelboheme.com. Kleines Hotel mit 15 Zimmern im Zentrum der ehemaligen Hochburg der Beat Generation. Sehr kleine, aber eindrucksvolle Zimmer in satten, dunklen Farben mit Baldachinbetten und Art-déco-Bädern. Auf der Columbus Ave kann es recht laut werden, sodass bei leichtem Schlaf ein Zimmer im hinteren Bereich anzuraten ist.

The Carl***–****, 198 Carl St, Ecke Stanyan St, Haight-Ashbury, ✆ 661-5679 oder 1-888/661-5679, wcarlhotel.citysearch.com. Angesichts der Nähe zum Golden Gate Park ein gutes Angebot. Kleine, hübsch geblümte Zimmer mit Mikrowelle und Kühlschrank. Wahlweise Gemeinschafts- oder eigenes Bad.

Clift, $160–200, 495 Geary St, Ecke Taylor St, Theater District, ✆ 775-4700 oder 1-800/658-5492, 🖥 www.ianschragerhotels.com. Die Zimmer haben einen orientalischen Touch mit schrulligen Details, z.B. Stühle im Louis-XIV.-Stil mit Spiegeln auf Sitzflächen und Rückenlehnen oder schlittenförmigen Betten – schade nur, dass die Bäder so klein sind.

Commodore International*, 825 Sutter St, Ecke Jones St, Theater District, ✆ 923-6800 oder 1-800/338-6848, 🖥 www.thecommodorehotel.com. Die Räume sind in warmen, erdigen Farben gehalten, die im Kontrast zur glänzenden Stahleinrichtung im Art-déco-Stil stehen. Wer in einer Gruppe ab 4 Personen unterwegs ist, sollte nach der ebenso schicken wie großzügigen Suite fragen, die bereits ab $200 zu haben ist.

Del Sol***, 3100 Webster St, Ecke Lombard St, Cow Hollow, ✆ 921-5520 oder 1-877/433-5765, 🖥 www.thehoteldelsol.com. Das ausgefallene, modernisierte Motel mit tropischem Dekor und Pool ist das coolste Budget-Hotel in San Francisco.

Monaco, $175–250, 501 Geary St, Ecke Taylor St, Union Square, ✆ 292-0100 oder 1-800/214-4220, 🖥 www.monaco-sf.com. Eines der neueren, exzentrischen Boutique-Hotels der Stadt in einem historischen Beaux-Arts-Gebäude mit Baldachinbetten in allen Zimmern und einem Goldfisch gegen die Einsamkeit.

The Mosser***, 54 Fourth St, Ecke Market St, SoMa, ✆ 986-4400, 🖥 www.themosser.com. Relativ neues Hotel in einer eigenwilligen Kombination aus viktorianischen Elementen und modernen Ledersofas. Die schokoladenbraunen und olivgrünen Zimmer sind sehr klein, verfügen aber allesamt über eine raffiniert arrangierte Einrichtung inklusive CD-Wechsler.

Ocean Park Motel**, 2690 46th Ave, Ecke Wawona St, Ocean Beach, ✆ 566-7020, 🖥 www.oceanparkmotel.citysearch.com. Großartiges Art-déco-Motel in günstiger Lage zum Strand und Zoo und mit Kinderspielplatz auf dem Gelände. Allerdings ein ganzes Stück von Downtown entfernt (25 Min. mit dem Bus).

Phoenix Hotel***, 601 Eddy St, Ecke Larkin St, Tenderloin, ✆ 776-1380 oder 1-800/248-9466, 🖥 www.thephoenixhotel.com. Das laute Retro-Motel wird von Newcomer-Bands favorisiert, die in San Francisco gastieren. Kleiner Pool und 44 Zimmer mit gemischter Dekoration in tropischen Farben und wechselnden Arbeiten einheimischer Künstler an den Wänden.

Queen Anne, $130–160, 1590 Sutter St, Ecke Octavia St, Fillmore, ✆ 441-2828 oder 1-800/227-3970, 🖥 www.queenanne.com. Verschwenderisch restaurierte viktorianische Villa. Alle Zimmer sind mit goldverzierten Rokoko-Möbeln und Blumensträußen aus Seide ausgestattet. Im Salon, der beinahe überquillt vor antiken Möbeln in Museumsqualität, wird nachmittags Sherry kredenzt.

Red Victorian Bed, Breakfast and Art**, 1665 Haight St, Ecke Cole St, Haight-Ashbury, ✆ 864-1978, 🖥 www.redvic.com. Das verschrobene B&B befindet sich in Besitz von Sami Sunchild und fungiert auch als Galerie für ihre ethnische Kunst. Die Palette der Zimmer reicht von einfach bis feudal, doch das Beste sind die Gemeinschaftsbäder mit Goldfischen im WC-Spülkasten.

San Remo Hotel*, 2237 Mason St, Ecke Chestnut St, North Beach, ✆ 776-8688 oder 1-800/352-7366, 🖥 www.sanremohotel.com. Kauzige Unterkunft in der Nähe der Fisherman's Wharf. Die Zimmer in diesem labyrinthartigen Haus sind gemütlich bis kitschig. Makellos saubere Gemeinschaftsbäder, teilweise Waschbecken auf dem Zimmer.

Sir Francis Drake, $130–160, 450 Powell St, Ecke Sutter St, Union Square, ✆ 392-7755 oder 1-800/227-5480, 🖥 www.sirfrancisdrake.com. Die Lobby ist eine einzige Beschwörung der Geschichte, voll gestopft mit Nachbildungen alter britischer Kostbarkeiten. Zum Glück sind die in grünen Farben gehaltenen Zimmer unaufdringlicher und bieten sämtlichen Komfort.

Stanyan Park Hotel, $130–160, 750 Stanyan St, Ecke Waller St, Haight-Ashbury, ✆ 751-1000, 🖥 www.stanyanpark.com. Kleines Hotel mit Blick auf den Golden Gate Park und 35 luxuriösen Zimmern, reich ausgestattet mit ländlichen Blumenmustern, schweren Vorhängen und viktorianischen Betten.

Surf Motel*, 2265 Lombard St, Ecke Pierce St, Cow Hollow, ✆ 922-1950. Klassisches Motel mit einfachen, hellen und tadellos sauberen Zimmern auf zwei Etagen.

Van Ness Motel ***, 2850 Van Ness Ave, Ecke Chestnut St, Civic Center, ☎ 776-3220 oder 1-800/422-0372, 🖳 www.vannessmotel.citysearch.com. Nüchternes Standard-Motel, dessen einziger Vorzug seine Lage in der Nähe von Fort Mason ist.

Westin St Francis, $200-250, 335 Powell St, Ecke Sutter St, Union Square, ☎ 397-7000 oder 1-800/WESTIN-1, 🖳 www.westin.com. Von Grund auf renoviertes Wahrzeichen mit verschwenderisch gestalteter Eingangshalle, vier Restaurants, Fitness Center und Wellness-Bereich, aber überraschend schlichten Zimmern.

HOSTELS – ***The Globe Hostel****, 10 Hallam Place, SoMa, ☎ 431-0540, 🖳 www.globe-hostel.com. Lebendige Betriebsamkeit, junges Publikum und 33 Zimmer (Dorms und Privatzimmer), keine Sperrstunde. Dorm-Bett $19.

Green Tortoise*, 494 Broadway, Ecke Montgomery St, North Beach, ☎ 834-1000 oder 1-800/867-8647, 🖳 www.greentortoise.com/san.francisco.hostel.2.html. Das entspannte Hostel ist die beste Wahl für den knappen Geldbeutel. Die Dorm-Betten und DZ (mit Gemeinschaftsbad) bieten Platz für 130 Gäste. Beide Varianten beinhalten kostenlosen Internet-Zugang, Benutzung der kleinen Sauna auf dem Gelände und Frühstück. Keine Sperrstunde, Dorm-Bett $19–22.

HI-San Francisco City Center*–***, 685 Ellis St, Ecke Larkin St, Tenderloin, ☎ 474-5721, 🖳 www.norcalhostels.org. Das ehemalige *Atherton Hotel* präsentiert sich nach dem Umbau als schickes, freundliches Hostel in kalifornischer Lässigkeit mit 272 Betten, die in 4-Bett-Dorms jeweils mit eigenem Bad unterteilt sind. Rund um die Uhr geöffnet. Dorm-Bett für Mitglieder $22, sonst $25; Privatzimmer $66 bzw. $69.

HI-San Francisco Fort Mason*, Building 240, Fort Mason, ☎ 771-7277, 🖳 www.norcalhostels.org. Zwischen Golden Gate Bridge und Fisherman's Wharf am Wasser in einer historischen Kaserne aus dem Amerikanischen Bürgerkrieg gelegen und eine gute Wahl für naturverbundene Traveller. Ziemlich ab vom Schuss, aber durch öffentliche Verkehrsmittel mit den wichtigsten Sehenswürdigkeiten verbunden. Dorm-Bett $22,50.

HI-San Francisco Union Square*–***, 312 Mason St, Ecke Geary St, Union Square, ☎ 788-5604. Trotz annähernd 300 Betten ist dieses Hostel während der Hauptsaison stets gut gefüllt. Die 4-Bett-Dorms sind tadellos sauber, 8 Personen teilen sich ein Badezimmer. Dorms für Mitglieder $22, sonst $25; Privatzimmer $60 bzw. $66.

Pacific Tradewinds Guesthouse*, 680 Sacramento St, Ecke Kearny St, Chinatown, ☎ 433-7970 oder (nur Mai–Okt) ☎ 1-800/486-7975, 🖳 www.san-francisco-hostel.com. Das kleine Hostel ist die beste Billigunterkunft im Stadtzentrum und bietet kostenlosen Highspeed-Internet-Zugang, eine saubere Küche und einen großen, gemeinschaftlich genutzten Esstisch, an dem man leicht mit anderen Travellern ins Gespräch kommt. Dorm-Bett $18.

YMCA Central Branch*–***, 220 Golden Gate Ave, Ecke Leavenworth St, Tenderloin, ☎ 885-0460, 🖳 www.centralymcasf.org. Die Zimmer sind recht einfach, ansonsten aber eine ausgezeichnete Option im Stadtzentrum: $12 Parkgebühr pro Nacht, kostenloses Frühstück, Gratisbenutzung des Fitness Centers, Internet-Zugang gegen geringe Gebühr und Wäscherei auf dem Gelände. Nachteil ist die Lage in einer wenig Vertrauen erweckenden Ecke von Tenderloin. Dorm-Bett $24, Zimmer mit Bad $62.

UNTERKÜNFTE FÜR SCHWULE UND LESBEN – ***24 Henry*******, 24 Henry St, Ecke Sanchez St, Castro, ☎ 864-5686 oder 1-800/900-5686, 🖳 www.24henry.com. Das blau-weiße Häuschen liegt etwas versteckt in einer grünen Wohngegend nördlich der Market St und richtet sich vorwiegend an schwule Gäste. Fünf einfache Zimmer, davon eines mit eigenem Bad.

Inn on Castro*****, 321 Castro St, Ecke Market St, Castro, ☎ 861-0321, 🖳 www.innoncastro2.com. Das luxuriöse B&B erstreckt sich über zwei benachbarte Häuser. Die acht Zimmer und drei Apartments mit eigenem Bad und Telefon erstrahlen allesamt in hellen Farben und sind individuell eingerichtet.

Noe's Nest****, 3973 23rd St, Ecke Noe St, Noe Valley, ☎ 821-0751, 🖳 www.noesnest.com. B&B mit sieben Zimmern (davon sechs mit eigenem Bad) in einer ruhigen Straße in Noe Valley. Üppiges Frühstück, Jacuzzi.

The Parker House, ab *****, 520 Church St, Ecke 18th St, Castro, ☎ 621-3222 oder 1-888/520-7275, www.parkerguesthouse.com. Umgebaute, von wunderschönen Gärten umgebene edwardianische Villa mit freundlicher Atmosphäre, die sie auch den großzügigen Gemeinschaftsbereichen verdankt. Sonniger Frühstücksraum, außerdem Sauna auf dem Gelände.

The Renoir***, 45 McAllister St, Ecke Seventh St, Civic Center, ℡ 626-5200 oder 1-800/576-3388, www.renoirhotel.com. Das keilförmige Gebäude ist ein historisches Wahrzeichen mit 135 Zimmern, die erst kürzlich, allerdings etwas sparsam renoviert wurden. Besonders beliebt während des Gay-Pride-Festivals wegen der Aussicht auf den bunten Umzug in der Market Street.

Essen

Essengehen gilt in San Francisco als Kulturveranstaltung, und man kann sich durchaus preisgünstig höchsten Gaumenfreuden hingeben. Allerdings macht die Stadt früh dicht, und nach 22 bzw. 23 Uhr reduziert sich das kulinarische Angebot erheblich.

Essen für Nachtschwärmer Ein warmes Mitternachtsmahl oder ein kräftigender Imbiss frühmorgens ist in folgenden bewährten und rund um die Uhr geöffneten Lokalen zu haben:
Bagdad Café, 2295 Market St, Ecke 16th St, Castro, ℡ 621-4434. Bietet die günstigsten Preise unter den Restaurants in diesem Viertel.
Caffe Greco, 423 Columbus Ave, Ecke Vallejo St, North Beach, ℡ 397-6261. Die beste Adresse für einen schwarzen, starken Espresso, dazu leckeres Gebäck.
El Farolito, 2779 Mission St, Ecke 24th St, Mission, ℡ 824-7877. Taquería mit hervorragendem Essen.
Mario's Bohemian Cigar Store, 566 Columbus Ave, Ecke Union St, North Beach, ℡ 362-0536. Zigarren gibt es hier schon lange nicht mehr, aber das intellektuelle Publikum hat sich nicht verändert. Beliebt sind vor allem die riesigen Sandwiches.
Yuet Lee, 1300 Stockton St, Ecke Broadway, Chinatown, ℡ 982-6020. Traumhaftes chinesisches Seafood bis 3 Uhr; ⏰ tgl. außer Di.

DOWNTOWN UND CHINATOWN – *Asia de Cuba*, im Clift Hotel, 495 Geary St, Ecke Taylor St, Theater District, ℡ 923-2300. Riesige Portionen kubanischer Speisen in sehr schicker Umgebung – eine köstliche Erfahrung, noch verstärkt durch das an eine Opiumhöhle erinnernde Ambiente.
Cosmopolitan Café, 121 Spear St, Unit B-8, im Rincon Center, Financial District, ℡ 543-4001. Das moderne Bistro mit guter amerikanischer Standardkost (Hauptgerichte $18–22) ist eine gute Wahl fürs Abendessen in einer einsamen Gegend. Freundliche und flotte Bedienung.
Farallon, 450 Post St, Ecke Powell St, Union Square, ℡ 956-6969. Nagelneu und wie eine unterirdische Höhle aufgemacht, serviert Miniportionen kreativer Seafood-Gerichte. Wer gerne elegant speist und nicht knausert, ist hier richtig.
House of Nanking, 919 Kearny St, Ecke Jackson St, ℡ 421-1429. Trotz des spärlichen Dekors, der Enge und des langen Wartens auf einen Tisch ist dies eines der beliebtesten China-Restaurants der Stadt, und das zu Recht, denn das Essen ist lecker und billig.
Kokkari Estiatorio, 200 Jackson St, Ecke Front St, Financial District, ℡ 981-0983. Das mit Abstand beste griechische Restaurant in San Francisco serviert klassische Gerichte wie Lammfleisch und Auberginen, sowohl separat als auch in Form von Moussaka.
Plouf, 40 Belden Lane, Ecke Bush St, Chinatown, ℡ 986-6491. Geselliges südfranzösisches Seafood-Bistro mit Tischen im Freien. Bessere Knoblauchmuscheln, die Spezialität des Hauses, hat die ganze Stadt nicht zu bieten.
Sears Fine Food, 439 Powell St, Ecke Post St, Union Square, ℡ 986-1160. Klassische Frühstückskneipe mit herzlicher, altmodischer Atmosphäre. Tipp: der Teller mit 18 winzigen schwedischen Pfannkuchen. Für Gruppen ab sechs Personen empfiehlt sich das *Ranch Breakfast* mit Pancakes, Eiern, Bacon und allem was dazugehört. ⏰ tgl. 6.30–14.30 Uhr.
Sam Woh, 813 Washington St, Ecke Grant St, Chinatown, ℡ 982-0596. Unangenehm voll, mittelmäßiges Essen, ausgesprochen unfreundliche Bedienung – warum sollte man so ein Lokal aufsuchen? Na ja, es hat lange geöffnet und war in den 50ern der Laden, in dem Jack Kerouac, Allen

Ginsberg und die anderen Beatniks abhingen, wenn sie zu aufgedreht waren, um schon ins Bett zu gehen.

Tadich Grill, 240 California St, Ecke Battery St, Financial District, ✆ 391-1849. Halb Diner, halb Gentleman's Club, in dem der Ober im weißen Jackett herzhafte Steaks und Salate serviert.

Yank Sing, 427 Battery St, Ecke Clay St, Financial District, ✆ 781-1111. Geräumiges Restaurant, das regelmäßig die Liste mit den besten Dim Sum der Stadt anführt. Immer rappelvoll zum Mittagessen, doch die Bedienung findet fast immer noch ein freies Plätzchen in dem scheinbar endlosen Labyrinth aus Speisesälen.

Yuet Lee, 1300 Stockton St, Ecke Broadway, Chinatown, ✆ 982-6020. Angenehmes, preiswertes chinesisches Restaurant mit umfangreicher Seafood-Karte. Überraschend gutes Essen bis 3 Uhr früh. Di geschlossen.

NORTH BEACH, EMBARCADERO, FISHERMAN'S WHARF UND MARINA – *Baker Street Bistro*, 2953 Baker St, Ecke Lombard St, Cow Hollow, ✆ 931-1475. Beengtes, aber charmantes Café mit ein paar Tischen unter freiem Himmel. Die schon etwas ältere Kundschaft aus der Nachbarschaft schätzt die von französischem Personal servierten, einfachen Speisen. Die Weine sind preisgünstig, das Abendessen zum Festpreis von $14,50 ist ein sehr günstiges Angebot.

Bistro Yoffi, 2231 Chestnut St, Ecke Pierce St, Marina, ✆ 885-5133. Moderne amerikanische Gerichte in einem attraktiven Bistro. Angesichts der Lage präsentiert sich das Lokal mit seinen Topfpfarnen und bunt gemischten Stühlen erfrischend eigenwillig. Toller Garten hinter dem Haus.

Café Francisco, 2161 Powell St, Ecke North Point St, Fisherman's Wharf, ✆ 397-2602. Das billige, nur wenige Blocks vom Wasser entfernte Café lädt zu einem ausgedehnten Frühstück mit Zeitung oder einem gemütliches Sandwich zur Mittagszeit ein.

Café Jacqueline, 1454 Grant Ave, Ecke Green St, North Beach, ✆ 981-5565. Romantisches Feinschmeckerlokal, das seinen Gästen im Schein von Kerzen ausschließlich die Spezialität des Hauses, herzhafte und süße Soufflés, serviert.

Caffe Trieste, 601 Vallejo St, Ecke Grant St, North Beach, ✆ 392-6739. Kleines, volles und authentisches italienisches Café. Samstagnachmittags ist Opernstunde für Amateure, wenn einheimische Damen für ein wenig Trinkgeld Arien trällern.

Greens, Building A, Fort Mason Center, Marina, ✆ 771-6222. Die Königin unter San Franciscos vegetarischen Restaurants mit herrlichem Blick auf die Bucht. Unbedingt reservieren.

The Helmand, 430 Broadway, Ecke Kearny St, North Beach, ✆ 362-0641. Im Gegensatz zur schlichten und bescheidenen Einrichtung ist das Essen unvergesslich. Auf der Speisekarte stehen würzige afghanische Gerichte wie *Kaddo Borwani* (Karamellkürbis).

Mama's, 1701 Stockton St, Ecke Washington Square, North Beach, ✆ 362-6421. Gemütliches Diner mit leuchtend gelben Tischdecken und freundlichem Personal. Tipp: das Krebsgericht *Crab Benedict* oder die saftigen *French Toast*-Specials. Am Wochenende empfiehlt es sich, ein Buch mitzubringen, damit das Warten nicht zu lang wird.

Trattoria Contadina, 1800 Mason St, Ecke Union St, North Beach, ✆ 982-5728. Winzige Trattoria in Familienbesitz, die hauptsächlich die lokale italienische Gemeinde bewirtet. Die traditionellen Gerichte sind hervorragend, darunter Rigatoni mit Auberginen und geräucherter Mozzarella.

CIVIC CENTER, TENDERLOIN, SOMA UND MISSION – *Asia SF*, 201 9th St, Ecke Howard St, SoMa, ✆ 255-2742. Mehr Showbühne als Restaurant, mit einer allabendlichen „geschlechtsillusionistischen" Nachtrevue des Personals. Die Show ist die eigentliche Attraktion, aber auch die Sushi und Cocktails sind nicht zu verachten.

Betty's Café, 167 11th St, Ecke Howard St, SoMa, ✆ 431-2525. Schlichtes Lokal, bekannt für seine herzhaften und reichhaltigen Frühstücks-Menüs zu $2,65.

Boogaloo's, 3296 22nd St, Ecke Valencia St, Mission, ✆ 824-3211. Das Frühstück ist der Hit: Schwarze Bohnen und Chorizos sind die Hauptzutaten in den hispanisch angehauchten Varianten amerikanischer Diner-Klassiker für $5–7 pro Gericht. Nüchterne Einrichtung, die durch orange und gelbe Tische aufgeheitert wird. ⊙ 8–15.30 Uhr.

Café Flore, 2298 Noe St, Ecke Market St, Castro, ✆ 621-8579. Café mit einer sonnigen und begrünten Terrasse, die zu Kaffee und Kuchen einlädt. Insbesondere am späten Nachmittag intensiviert sich das Cruising-Gebaren der überwiegend schwulen Gäste.

El Farolito, 2779 Mission St, Ecke 24th St, Mission, ✆ 824-7877. Die schlichte und etwas verlotterte, rund um die Uhr geöffnete Taquería ist eine lokale Institution mit hervorragenden und billigen Speisen. Tipp: *Quesadilla Suiza* (cremiger Frischkäse mit Hühnchen).

Fringale, 570 4th St, Ecke Brannan St, SoMa, ✆ 543-0573. Charmantes und unaufdringliches Juwel in einer ruhigen Ecke von SoMa. Der Service ist genauso außergewöhnlich wie das Essen, das vorwiegend aus französischer Küche besteht, aber auch ein paar baskische Tupfer wie Serrano-Schinken aufweist.

Lulu, 816 Folsom St, Ecke 4th St, SoMa, ✆ 495-5775. Berühmtes kalifornisches Restaurant mit einem rustikalen und etwas beengten Speisesaal, in dem italienisch inspirierte Gerichte in familiärer Atmosphäre serviert werden. Hervorragende Weinkarte.

Luna Park, 694 Valencia St, Ecke 18th St, Mission, ✆ 553-8584. Schrilles Lokal, das mit seinen blutroten Wänden und Kronleuchtern wie ein plüschiges Bordell aussieht. Die meisten Hauptgerichte wie Thunfischsalat oder *moules frites* bewegen sich um die $14.

Saigon Sandwiches, 560 Larkin St, Ecke Ellis St, Tenderloin, ✆ 474-5698. Der winzige Laden verkauft hervorragende, nach Wunsch belegte vietnamesische Sandwiches mit gegrilltem Huhn, Schweinefleisch oder Fleischbällchen für $2.

Shalimar, 532 Jones St, Ecke Geary St, Tenderloin, ✆ 928-0333. Eine Perle im heruntergekommenen Tenderloin. Die köstlichen und billigen pakistanischen Gerichte werden vor den Augen der Gäste zubereitet.

Swan Oyster Depot, 1517 Polk, Ecke California St, Polk Gulch, ✆ 673-1101. Preiswerter, schlichter Seafood-Tresen, der offiziell keine kompletten Mahlzeiten anbietet. Wer einen Hocker ergattert hat, sollte gut auf ihn aufpassen, denn es kann sehr voll werden, und die Konkurrenz schläft nicht.

Ti Couz, 3108 16th St, Ecke Valencia St, Mission, ✆ 252-7373. Die gastfreundliche, schicke Crêperie zählte zu den Vorreitern der neuen angesagten Mission-Szene in der Valencia St und ist noch immer eines der besten preiswerten Restaurants der Gegend. Buchweizen-Bohnenkraut-Pancakes für ca. $6.

Truly Mediterranean, 3109 16th St, Ecke Valencia St, Mission, ✆ 252-7482; Filiale 1724 Haight St, Ecke Cole St, Haight-Ashbury. Die in diesem winzigen Schnellrestaurant zubereiteten Falafel in dünnem Knusperbrot drohen sogar den geliebten Burrito als bevorzugten Imbiss der Einheimischen zu verdrängen.

Tu Lan, 8 6th St, Ecke Market St, SoMa/Tenderloin, ✆ 626-0927. Eine Legende, seitdem die Kochgröße Julia Child die vietnamesischen Speisen in diesem engen und düsteren Lokal in einer der zwielichtigsten Gegenden der Stadt probiert hat. Das Essen ist stets lecker und billig.

CASTRO, HAIGHT-ASHBURY UND JAPANTOWN –
Brother-in-Laws Bar-B-Q, 705 Divisadero St, Ecke Grove St, Western Addition, ✆ 931-7427. Service und Atmosphäre sind zum Fürchten, aber trotzdem ist das Lokal immer voll. Tipp: knusprige *short-end ribs* oder geräucherte Rinderbrust.

Chow, 215 Church St, Ecke Market St, Castro, ✆ 552-2469. Unprätentiöse und vertraute Speisen wie Nudeln und Holzofenpizza, teilweise mit asiatischer Note. Spaghetti und Fleischbällchen für $6 sind sehr günstig, die meisten Gerichte kosten aber ohnehin nicht mehr als $10.

EOS, 901 Cole St, Ecke Carl St, Cole Valley, ✆ 566-3063. Die beste Adresse für ein Glas Wein und eurasische Küche. Das Restaurant ist sehr teuer, die benachbarte Weinbar bietet Ähnliches zu günstigeren Preisen.

Frjtz, 579 Hayes St, Ecke Laguna St, Hayes Valley, ✆ 864-7654. Die schicke kleine Frittenbude verkauft knusprige Pommes nach belgischer Art in der Tüte mit Tabasco-Schnittlauch-Ketchup oder scharfer Joghurt-Erdnuss-Soße.

Home, 2100 Market St, Ecke Church St, Castro, ✆ 503-0333. Diner mit einer gemischten Klientel aus Schwulen und Heteros, heimelige Speisen, Hauptgerichte ca. $10–12. Klasse Terrassenbar mit DJs am Wochenende.

Maki, im Japan Center, 1825 Post St, Ecke Webster St, Japantown, ✆ 921-5125. Eines von vielen winzigen Restaurants im Japan Center. Leckere Spezialität: *Wappan Meshi*, ein mit Gemüse, Fleisch und Reis gefüllter Dampfkocher aus Holz.
Rosamunde Sausage Grille, 545 Haight St, Ecke Fillmore St, Lower Haight, ✆ 437-6851. Der kleine Grill mit ein paar Hockern am Tresen serviert frische Grillwürstchen im Sesambrötchen.
Stelline, 330 Gough St, Ecke Hayes St, Hayes Valley, ✆ 626-4292. Billiges und entspanntes Mittagslokal mit rot karierten Tischdecken, handgeschriebener und fotokopierter Speisekarte und freundlichem Personal.
Suppenküche, 601 Hayes St, Ecke Laguna St, Hayes Valley, ✆ 252-9289. Sättigende, leckere deutsche Küche in einem lautstarken Bar-Restaurant, das wie eine bayerische Kneipe gestaltet ist. Unbedingt probieren: Kartoffelpuffer. Diese Vorspeise reicht für ein kleines Mittagsmahl aus.
Thep Phanom, 400 Waller St, Ecke Fillmore St, Lower Haight, ✆ 431-2526. Erlesenes Dekor und wunderschön zubereitete Thai-Gerichte um $8. Mit Wartezeit ist zu rechnen.

SUNSET UND RICHMOND – *Chapeau!*, 1408 Clement St, Ecke 15th Ave, Richmond, ✆ 750-9787. Qualitativ hochwertige französische Küche, stets rappelvoll mit Einheimischen, die auch wegen der entspannten und ruhigen Atmosphäre kommen.
Fountain Court, 354 Clement St, Ecke 5th Ave, Richmond, ✆ 668-1100. Das ungewöhnliche China-Restaurant serviert authentische Gerichte aus Shanghai, die vielleicht nicht so bekannt sind wie die kantonesische Küche, aber ebenso köstlich.
Pizzetta, 211 23rd Ave, Ecke California St, Richmond, ✆ 379-9880. Fantasievolle und ungewöhnliche Pizza bei wöchentlich wechselnder Karte. Was gerade frisch ist und Saison hat, kommt als Belag auf die Pizza (Ei ist aber gewöhnlich bei mindestens einem Belag vertreten).
PJ's Oyster Bed, 737 Irving St, Ecke Ninth St, Sunset, ✆ 566-7775. Das Restaurant bietet in lebendiger Atmosphäre Cajun-Gerichte wie kross gebratenen Catfish und Alligator-Filet. Von Zeit zu Zeit gibt der Besitzer einen Wodka aus.

Wing Lee Bakery, 503 Clement St, Ecke 6th Ave, Richmond, ✆ 668-9481. Einer von mehreren schlichten Anbietern von chinesischen Dim Sums in dieser Gegend. Da kaum Englisch gesprochen wird, ist die Auswahl ein wenig Glückssache, aber die Füllungen sind authentischer als bei den Chinesen in Downtown.

Kneipen, Bars und Clubs

Es ist wichtig, immer den Ausweis dabei zu haben, sonst kommt man an den Türstehern in manchen Clubs und Musiklokalen nicht vorbei.

BARS UND KNEIPEN – *Bambuddha*, im Phoenix Hotel, 601 Eddy St, Ecke Larkin St, Tenderloin, ✆ 885-5088. Elegante Cocktail-Lounge mit Südseedekor, tollen DJs und starken Drinks.
Bigfoot Lodge, 1750 Polk St, Ecke Washington St, Polk Gulch, ✆ 440-2355. Die Bar ist wie eine Skihütte aus den 50ern aufgemacht: jede Menge Holzimitat, Jagdtrophäen und eine riesige Pappmaché-Statue von Bigfoot höchstpersönlich.
Blondie's Bar & No Grill, 540 Valencia St, Ecke 16th St, Mission, ✆ 864-2419. Die stets gut gefüllte und ausgelassene Bar mit großzügiger Terrasse serviert große Cocktails und bietet häufig Live-Musik. Im neu hinzugekommenen Hinterzimmer „Wetspot" darf geraucht werden.
Edinburgh Castle, 950 Geary St, Ecke Polk St, Tenderloin, ✆ 885-4074. Eine ganz normale schottische Bar unter koreanischer Leitung, reichlich geschmückt mit Andenken aus den Highlands, bietet u.a. eine ganz besondere Variante von Fish 'n' Chips!
Gordon Biersch Brewery, 2 Harrison St, Ecke Embarcadero St, SoMa, ✆ 243-8246. Kleine Brauerei am Wasser, untergebracht in einem umgebauten Lagerhaus. Die großartige Auswahl an Bieren lockt eine Kundschaft in ihren Zwanzigern aus Downtown an.
Li Po's Bar, 916 Grant Ave, Ecke Jackson St, Chinatown, ✆ 982-0072. Die nach dem chinesischen Dichter benannte Bar ist ein wenig heruntergekommen, doch gerade das macht auch ihren Charme aus. Eine der wenigen Kneipen in Chinatown.
Mad Dog in the Fog, 530 Haight St, Ecke Fillmore St, Lower Haight, ✆ 626-7279. Passend benannt

von den beiden Jungs aus dem englischen Birmingham, denen der Laden gehört. Darts und englisches Bier sind Trumpf in diesem Pub mit dem treuesten Stammpublikum in Lower Haight.
Persian Aub Zam Zam, 1663 Haight St, Ecke Clayton St, Haight-Ashbury, ℡ 861-2545. Cocktail-Lounge im Kasbah-Stil mit Retrojazz-Jukebox. Der mürrische Gründer lebt nicht mehr, doch seine Stammgäste kauften den Laden kurzerhand auf und versuchen die alte Atmosphäre zu konservieren. Markenzeichen ist der Gin-Martini.
Red Room, im Commodore International Hotel, 827 Sutter St, Ecke Jones St, Theater District, ℡ 346-7666. Angesagtes Lokal, in dem Rot die dominierende Farbe ist, wovon selbst die Gläser und viele der Drinks nicht ausgenommen sind.
The Redwood Room, im Clift Hotel, 495 Geary St, Ecke Taylor St, Theater District, ℡ 775-4700. Die berühmte, an einen Club erinnernde Bar wurde kürzlich komplett umgemodelt. In Leuchtkästen an den Wänden sind abwechselnd verblassende Gemälde zu sehen. Sehr unterhaltsam, solange man sich nicht an den Getränkepreisen verschluckt.
Tonga Room, im *Fairmont Hotel*, 950 Mason St, Ecke California St, Nob Hill, ℡ 772-5278. Die Kellerbar ist einem polynesischen Dorf nachempfunden. Die mit Baströckchen bekleidete Band spielt auf einem Floß in der Mitte schreckliche Pop- und Jazz-Coverversionen. Die Cocktails sind gnadenlos übertreuert, aber die kitschige Atmosphäre ist jeden Cent wert. Eintritt $3 ab 20 Uhr.
Tunnel Top, 601 Bush St, Ecke Stockton St, Union Square, ℡ 986-8900. Die originelle Bar verbirgt sich hinter einer schäbigen Ladenfassade auf dem unter der Stockton Street hindurchführenden Tunnel. Eine der wenigen raucherfreundlichen Kneipen in der Innenstadt.

SCHWULEN- UND LESBENBARS – *Badlands*
4131 18th St, Ecke Castro St, Castro, ℡ 626-9320, 🖥 www.sfbadlands.com. Die kürzlich renovierte Video-Bar lockt ein gut aussehendes Publikum in den Dreißigern an und ist am Wochenende meist rappelvoll.
Cat Club 1190 Folsom St, Ecke 8th St, SoMa, ℡ 431-3332. Der dunkle und laute Club zählt zu den ganz heißen Tipps der lesbischen Szene der Stadt. Die Musik ist teils live, teils aus der Konserve, richtig voll wird es erst zu später Stunde. Eintritt $5–10.
The Eagle Tavern, 398 12th St, Ecke Harrison St, SoMa, ℡ 626-0880. Die klassische Lederbar ist besonders am Sonntag sehr beliebt, wenn am späten Nachmittag Biertrinken für wohltätige Zwecke angesagt ist.
Esta Noche, 3079 16th, Ecke Valencia St, Mission, ℡ 861-5757. Schwule Latino-Drag-Bar, die viel Spaß macht und mit ihren allabendlichen Shows ein junges Publikum unterschiedlicher Hautfarbe anzieht.
Lexington Club, 3464 19th St, Ecke Lexington St, Mission, ℡ 863-2052, 🖥 www.lexingtonclub.com. Der einzige Laden der Stadt mit Frauenüberschuss (Männern wird nur in Begleitung einer Frau Einlass gewährt). Mit ihrer schnörkellosen Einrichtung, der freundlichen Atmosphäre und einer guten Jukebox zieht die betriebsame Lesbenbar ein sehr gemischtes Publikum an.
Liquid, 2925 16th St, Ecke Capp St, Mission, ℡ 431-8889. Man läuft leicht an dem Laden vorbei, ohne ihn zu bemerken, dabei zählt dieser kleine, fröhliche Club zu den besten Lokalen der Stadt zum Tanzen. Gemischtes Publikum aus Schwulen, Lesben und Heteros. Eintritt $2–10.
Martuni's, 4 Valencia St, Ecke Market St, Mission, ℡ 241-0205, 🖥 www.martunis.citysearch.com. Die Piano-Bar zieht ein betuchtes Publikum mittleren Alters an, das mit Inbrunst Klassiker von Judy, Liza und Edith mitsingt.
Midnight Sun, 4067 18th St, Ecke Castro St, Castro, ℡ 861-4186, 🖥 www.midnightsunsf.com. Die lange und schmale Video-Bar ist stets gut gefüllt mit schicken, weißen Jungs, die sich an Filmen auf dem Bildschirm und aneinander ergötzen.
Pilsner Inn, 225 Church St, Ecke Market St, Castro, ℡ 621-7058. In Castros bester Schwulenbar spielt ein gemischtes, schon etwas älteres Publikum Poolbillard und Darts. Hinten eine große und raucherfreundliche Terrasse.
Powerhouse, 1347 Folsom St, Ecke Doré Alley, SoMa, ℡ 861-1790. Die Lederkneipe alter Prägung zählt zu den bekanntesten Anmachschuppen der Stadt und bietet zu diesem Zweck auch jede Menge dunkle Ecken.

The Stud, 399 Folsom St, Ecke 9th St, SoMa, 252-7883. Der legendäre Schwulenclub, dessen Beliebtheit nach wie vor ungebrochen ist, zieht ein gemischtes, energiegeladenes und ungeniertes Publikum an. Sehenswert ist das herrlich schräge Drag-Queen-Cabaret „Trannyshack" dienstagabends. Eintritt $5–8.

CLUBS – San Francisco zehrt noch immer von seinem bereits vor Jahrzehnten erworbenen Ruf als Zentrum des Hedonismus, doch in Wirklichkeit hinken die Diskotheken und Clubs der Stadt vielen anderen amerikanischen Großstädten um Lichtjahre hinterher. Davon abgesehen wird der Besucher jedoch durch vielerlei entschädigt: Die Eintritts- und Getränkepreise halten sich meistens in Grenzen, und wilde Selbstdarstellung oder lange Warteschlangen sind ebenfalls weitgehend Fehlanzeige, wenn man einmal von einigen Großraum-Discos in SoMa am Wochenende absieht. Die größte Dichte an Clubs findet sich in **SoMa** und neuerdings auch in **Mission**. Wer in einen Club hineinmöchte, muss auf jeden Fall einen Ausweis dabeihaben (die meisten gewähren erst ab 21 Jahren Einlass). Im Gegensatz zu den meisten anderen Städten, wo es erst nach Mitternacht so richtig losgeht, schließen viele Clubs in San Francisco unter der Woche bereits um 2 Uhr, sodass die Party in der Regel schon um 23.30 Uhr in vollem Gange ist.

1015 Folsom, 1015 Folsom St, Ecke 6th St, SoMa, 431-1200. Der Superclub auf mehreren Etagen erfreut sich allgemeiner Beliebtheit bei abtanzenden Nachtschwärmern. Gespielt wird hauptsächlich House und Garage, während auf der großen Tanzfläche auch sehr bekannte DJs wie Sasha und Digweed auflegen. Eintritt $10–15.

DNA Lounge, 375 11th St, Ecke Harrison St, SoMa, 626-1409, www.dnalounge.com. Jede Nacht eine andere Musikrichtung, aber immer das gleiche gemischte Stammpublikum aus jungen Homos und Heteros. Eintritt $15–20.

The EndUp, 401 6th St, Ecke Harrison St, SoMa, 357-0827, www.theendup.com. Die bis zum Morgen geöffnete Disco (Alkoholausschank aber nur bis 2 Uhr) lockt homo- und heterosexuelle Hardcore-Clubgänger an, die sich hier auch Stunden nach Schließung der anderen Läden noch auf der beengten Tanzfläche verausgaben. Wer eine Pause von den Beats benötigt, findet draußen eine Terrasse mit jeder Menge Sitzplätzen.

Hush Hush, 496 14th St, Ecke Guerrero St, Mission, 241-9944. Klasse Laden zum Abhängen oder Abtanzen, aber ziemlich versteckt und ohne Schild. Das Publikum ist schon etwas älter, spielt Pool oder tanzt zu Disco mit House-Einschlag und klassischem Funk aus den 70ern. Mi–Sa.

Justice League, 628 Divisadero St, Ecke Hayes St, Western Addition, 289-2038, www.justiceleaguelive.com. Der Club zieht DJs mit großen Namen für seine Hauptmusikrichtungen Hip Hop und Electronica an Land. Abgefahrener Tanzschuppen, auch wegen der großflächigen Graffiti-Kunst an den Wänden. Eintritt $12–15.

The Make-Out Room, 3225 22nd, Ecke Mission St, Mission, 647-2888, www.makeoutroom.com. Der kleine und dunkle Laden dient hauptsächlich dem Trinken an der riesigen Mahagoni-Theke. So und Mo geben regelmäßig einheimische Indie-Bands Konzerte. Eintritt $6–10.

Sno-drift, 1830 3rd St, Ecke 16th St, China Basin, 431-4766. Auf alpine Skihütte getrimmter Club, in dem fast alles igluweiß ist, auch der riesige Tresen aus Vinyl. Die Musik ist gemischt, hauptsächlich aber House. Eintritt $15.

Space 550, 550 Barneveld Ave, Ecke Oakdale St, Hunter's Point, 289-2001. Der Club in einem gigantischen Lagerhaus ist bekannt für seine Trance-Industrial-Musikschiene. Der Weg in das zwiespältige Viertel Hunter's Point ist zwar recht weit, doch echte Clubber wird dies nicht schrecken. Eintritt $5–15.

LIVE-MUSIK – Die kostenlosen Wochenmagazine *San Francisco Bay Guardian* und *SF Weekly* enthalten Veranstaltungshinweise.

Bimbo's 365 Club, 1025 Columbus St, Ecke Chestnut St, North Beach, 474-0365, www.bimbos365.com. Unterschiedliches Angebot erstklassiger Bands von Jazz bis Ska. Eintritt ab $20.

Biscuits and Blues, 401 Mason St, Ecke Geary St, Union Square, 292-2583, www.biscuitandblue.citysearch.com. Beliebter Blues-Supperclub mit preiswerter Südstaatenküche und guten Blues-Acts jeden Abend. Für die Dinnershows empfiehlt sich eine Reservierung. Eintritt $5–15.

Boom Boom Room, 1601 Fillmore St, Ecke Geary St, Japantown, ℡ 673-8000, 🖳 www.boomboomblues.com. Die kleine, intime Bar bietet jeden Abend klassischen Jazz oder Blues. Gehörte einst der verstorbenen Blues-Legende John Lee Hooker. Eintritt $5–12.

Bottom of the Hill, 1233 17th St, Ecke Missouri St, Potrero Hill, ℡ 621-4455, 🖳 www.bottomofthehill.com. Treff für Live-Rock & Country, zieht allabendlich Leute ab Ende 20 an. Auf der Terrasse gibt es sonntags ein All-you-can-eat-Barbecue. Eintritt $5–10.

Café du Nord, 2170 Market St, Ecke Sanchez St, Castro, ℡ 861-5016. 🖳 www.cafedunord.com. Die beliebte Bar fungiert in erster Linie als Jazz-Club, bringt aber auch Swing, Latin und Blues auf die Bühne. Gutes Essen und Poolbillard. Eintritt $3–8.

Elbo Room, 647 Valencia St, Ecke 17th St, Mission, ℡ 552-7788, 🖳 www.elbo.com. Geburtsstätte des Acid Jazz, aber auch World Music im Programm. Eintritt $4–7.

The Fillmore Auditorium, 1805 Geary St, Ecke Fillmore St, Japantown, ℡ 346-6000, 🖳 www.thefillmore.com. Der berühmte Veranstaltungsort der 60er, damals unter Leitung des legendären Bill Graham, wurde 1994 nach mehreren Jahren Unterbrechung wieder eröffnet und veranstaltet Rock- und Klassikrockkonzerte. Eintritt unterschiedlich.

The Great American Music Hall, 859 O'Farrell St, Ecke Polk St, Tenderloin, ℡ 885-0750, 🖳 www.musichallsf.com. Historisches Bordell mit Saloon, heute ein beliebter Veranstaltungsort für Konzerte unterschiedlicher Musikrichtungen, darunter Rock, Blues und Weltmusik. Eintritt $10–20.

The Ramp, 855 China Basin, Ecke Illinois St, China Basin, ℡ 621-2378. Das Restaurant an der Bucht serviert im Sommer sonntagnachmittags Salsa live.

The Up & Down Club, 1151 Folsom St, Ecke 7th St, SoMa, ℡ 626-2388. Mischung aus gut tanzbarer Live-Musik und DJ-Grooves, im Untergeschoss meistens Jazz. Eintritt $5.

Klassik, Ballett und Theater

Die Beilage *Pink Pages* der Sonntagszeitung *Sunday Chronicle* ist die beste Informationsquelle. Auch in den kostenlosen Wochenblättern *Bay Guardian* und *San Francisco Weekly* findet man Veranstaltungshinweise. Die größte Ticketagentur ist ***Ticketmaster***, ℡ 421-8497, 🖳 www.ticketmaster.com, mit Schaltern bei *Tower Records* und *Rite Aid*. Eine Alternative ist ***Tickets.com***, ℡ 776-1999, 🖳 www.tickets.com.

OPER UND KLASSIK – Gratiskonzerte gibt es während der Sommermonate im ***Stern Grove***, 19th Ave, Ecke Sloat Blvd. Ab Juni finden dort an zehn aufeinander folgenden Sonntagen unter freiem Himmel Konzerte des Symphonieorchesters und Aufführungen der Opern- und Ballettensembles statt. Bei knapper Kasse kann man eventuell auf eine Last-Minute-Stehplatzkarte spekulieren.

Die ***San Francisco Opera Association***, Tickets und Info ℡ 864-3330, 🖳 www.sfopera.org, ist seit der Eröffnung im Jahr 1932 im prächtigen ***War Memorial Opera House***, 301 Van Ness Ave, Ecke Grove St, Civic Center, beheimatet und zieht regelmäßig Berühmtheiten wie Placido Domingo und Kiri Te Kanawa an. Die Hauptsaison beginnt Ende September und dauert 13 Wochen, der Eröffnungsabend zählt zu den wichtigsten gesellschaftlichen Ereignissen der Westküste. Hier ist auch das ***San Francisco Ballet***, ℡ 864-3330, 🖳 www.sfballet.org, untergebracht, dessen reguläre Saison im Februar beginnt, zur Weihnachtszeit wird *Der Nussknacker* aufgeführt.

Nebenan, in der ***Louise M. Davies Symphony Hall***, 201 Van Ness Ave, Ecke Hayes St, ℡ 864-6000, 🖳 www.sfsymphony.org, ist das *San Francisco Symphony Orchestra* beheimatet.

THEATER – Die meisten Theater im Theater District von Downtown tun sich nicht gerade durch weltbewegende Aufführungen hervor, doch die Eintrittskarten sind relativ preiswert – bis zu $20 für einen Sitzplatz – und meistens leicht zu bekommen. Der Kartenschalter ***Tix Bay Area***, Powell St am Union Square, zwischen Post und Geary St, hat immer Last-Minute-Tickets fürs Theater mit bis zu 50%iger Ermäßigung sowie Tickets im Vorverkauf, ⊙ Di–Do 11–18, Fr und Sa 11–19, So 10–15 Uhr, Bandansage unter ℡ 433-7827. *Ticketmaster* ist hier ebenfalls vertreten.

American Conservatory Theater (ACT), Geary Theater, 415 Geary St, Ecke Taylor St, Theater District, ✆ 742-2228, 🖥 www.act-sfbay.org. Das Tony-preisgekrönte ACT ist das Flaggschiff unter den Theater-Ensembles von San Francisco und bringt in jeder Saison acht große Stücke auf die Bühne.

Beach Blanket Babylon, Club Fugazi, 678 Green St, Ecke Powell St, North Beach, ✆ 421-4222. Die legendäre Musical-Revue mit Imitatoren berühmter Stars und turmhohen Hüten läuft hier seit 1974. Sehr zu empfehlen, aber unbedingt im Voraus reservieren. Tickets ab $25.

Magic Theatre, Fort Mason Center, Building D, Fort Mason, ✆ 441-8822, 🖥 www.magictheatre.org. Stücke zeitgenössischer amerikanischer Dramatiker und aufstrebender neuer Talente. Sam Shepards neue Werke haben hier regelmäßig Premiere.

New Conservatory Theater Center, 25 Van Ness Ave, Ecke Market St, Civic Center, ✆ 861-8972, 🖥 www.nctscf.org. Das mittelgroße Theater ist besonders für seine Musicals bekannt. Tickets ab $20.

Theater Artaud, 450 Florida St, Ecke Mariposa St, Mission, ✆ 621-7797, 🖥 www.artaud.org/theater/theaterhome.html. Modernes, in einem umgebauten Lagerhaus untergebrachtes Theater, das eingängige Tanz- und Theatervorführungen bietet.

Einkaufen

Wer hinter Designerklamotten her ist oder einfach andere Leute auf dem Konsumtrip beobachten möchte, lenkt seine Schritte zum Union Square. Mitten im Herzen der Stadt finden sich die berühmten Labels und angesagten Geschäfte, in denen man ohne weiteres mehr als ein paar Dollar loswerden kann.

BÜCHER – ***Abandoned Planet Bookstore***, 518 Valencia, Ecke 16th St, Mission, ✆ 861-4695. „Schluss mit der Fernsehsucht!" fordert diese exzentrische und für San Francisco typische Buchhandlung ihre Kunden auf. In den Regalen findet sich eine große Auswahl an linker und anarchistischer Literatur.

Borders Books and Music, 400 Post St, Ecke Powell St, Union Square, ✆ 399-1633. Buchhandlung der Superlative mit über 160 000 Büchern, außerdem CDs, Videos und Software auf vier Etagen. Praktisch, aber unspektakulär.

City Lights Bookstore, 261 Columbus Ave, Ecke Broadway, North Beach, ✆ 362-8193. Erste Paperback-Buchhandlung der USA, Kristallisationspunkt der Beat-Bewegung in den 50ern und immer noch der beste Buchladen in San Francisco mit einer großen Auswahl.

A Clean, Well Lighted Place for Books, Opera Plaza, 601 Van Ness Ave, Ecke Golden Gate St, Civic Center, ✆ 441-6670. Das Angebot orientiert sich heute mehr am Massengeschmack und ist nicht mehr so umfassend wie einst, doch die regelmäßig stattfindenden Autorenlesungen lohnen den Besuch.

Forever After Books, 1475 Haight St, Ecke Ashbury St, Haight-Ashbury, ✆ 431-8299. Sogar die Fenster dieses Ladens sind mit Stapeln von Taschenbüchern gefüllt. Wer es schafft, sich durch die Bücherberge zu wühlen, wird mit dem einen oder anderen Schnäppchen belohnt.

Get Lost, 1825 Market St, Ecke Valencia St, Hayes Valley/Mission, ✆ 437-0529. Der winzige Reisebuchladen führt sowohl ungewöhnliche Titel als auch Standard-Reiseführer.

The Great Overland Bookstore Company, 2848 Webster St, Ecke Union St, Cow Hollow, ✆ 351-1538. Toller alter Laden mit unzähligen Bücherstapeln, bestens erhaltenen Erstausgaben und billigen Taschenbüchern.

Green Apple, 506 Clement St, Ecke 6th Ave, Richmond, ✆ 387-2272. Freundliche Buchhandlung im Herzen Richmonds mit neuen und gebrauchten Büchern, darunter seltene Titel und Standardausgaben, außerdem eine preisgünstige Auswahl an CDs und LPs.

Kayo, 814 Post St, Ecke Leavenworth St, Theater District, ✆ 749-0554. Wunderbarer alter Taschenbuchladen voller preiswerter Klassiker.

MUSIK – ***Amoeba Records***, 1855 Haight St, Ecke Stanyan St, Haight-Ashbury, ✆ 831-1200. Mit über einer Million neuer und gebrauchter Tonträger zählt die Auswahl in diesem riesigen, unabhängigen Platten- und CD-Laden zu den besten überhaupt.

BPM, 573 Hayes St, Ecke Laguna St, Hayes Valley, ✆ 487-8680. Eine der Top-Adressen bei den DJs der Stadt führt die neuesten UK-Importe der großen britischen DJs und hält massenhaft Flyer zur Ankündigung bevorstehender Konzerte bereit.

CD & Record Rack, 3897 18th St, Ecke Castro St, Castro, ✆ 552-4990. Laden mit traumhafter Auswahl an Tanzmusik, darunter auch ein paar Singles aus den 70ern.

Compound Records, 597 Haight St, Ecke Steiner St, Lower Haight, ✆ 864-8309. Schicker Laden, der sich in erster Linie an DJs richtet und bekannt für seine aktuelle Auswahl an Dance Music aus Großbritannien ist.

Groove Merchant Records, 687 Haight St, Ecke Pierce St, Lower Haight, ✆ 252-5766. Sehr gute Auswahl an Secondhand-Platten aus den Bereichen Soul, Funk und Jazz. Hier kann man ohne Scheu Fragen stellen, denn der Besitzer kennt sich aus und ist mit Leidenschaft bei der Sache.

Jack´s Record Cellar, 254 Scott, Ecke Haight St, Lower Haight, ✆ 431-3047. San Franciscos beste Fundgrube für amerikanische Secondhand-Platten – R&B, Jazz, Country und Rock 'n' Roll – besonders viele LPs. So–Di geschlossen.

Mikado, 1737 Post St, Japantown, ✆ 922-9450. Gigantischer japanischer Plattenladen im Japan Center mit umfangreicher Auswahl an asiatischer Musik.

Mission Music Center, 2653 Mission St, Ecke 22nd St, Mission, ✆ 648-1788. Plattengeschäft in Mission, das Musik vom ganzen Doppelkontinent auf Lager hat.

Record Finder, 258 Noe St, Ecke Market St, Castro, ✆ 431-4443. Einer der besten unabhängigen Läden mit großer wie interessanter Auswahl.

Virgin Megastore, 2 Stockton St, Ecke Market St, Union Square, ✆ 397-4525. Bücher, Videos und Musik auf drei Stockwerken und ein Café mit Blick auf die Market Street.

Sonstiges

FAHRRÄDER – ***Bay City Bikes***, 2661 Taylor St, Ecke Beach St, Fisherman's Wharf, ✆ 346-2453, 🖳 www.baycitybike.com. Räder ab $25 pro Tag.

Blazing Saddles, ✆ 202-8888, 🖳 www.blazingsaddlessanfrancisco.com, mit Filialen in der ganzen Stadt, günstig gelegen u.a. im 1095 Columbus Ave, Ecke Francisco St (North Beach) und am Pier 41 an der Fisherman's Wharf. Standard-Fahrrad $7 pro Stunde, $28 pro Tag, Tandem $11 pro Stunde, $48 pro Tag.

GOETHE-INSTITUT – 530 Bush St, ✆ 263-8760, ✉ 391-8715, 🖳 www.goethe.de/sanfrancisco.

INFORMATIONEN – ***San Francisco Visitor Information Center***, untere Ebene der Hallidie Plaza, am Übergang von *BART/MUNI* in der Powell St, an der Schnittstelle der innerstädtischen Nahverkehrsmittel, ✆ 391-2000, 🖳 www.sfvisitor.org. Kostenlose Stadtpläne und Karten der gesamten Bay Area, Hilfe bei der Unterkunftssuche, Reisevorschläge und Informationen. Hier gibt es die kostenlose Broschüre *San Francisco Book* mit detaillierten, wenn auch etwas einseitigen Informationen zum Übernachten, Sightseeing, zu Ausstellungen, Restaurants usw. ⓘ Mo–Fr 9–17, Sa–So 9–15 Uhr.

KONSULATE – **Deutschland:** 1960 Jackson St, ✆ 775-1061, ✉ 775-0187, 🖳 www.germanconsulate.org/sanfranciso, ✉ gksf@pacbell.net.
Österreich (Honorarkonsulat): 220, Montgomery St, Suite 931, ✆ 951-8911, ✉ 916/444-7835.
Schweiz: 456 Montgomery St, Suite 1500, ✆ 788-2272, ✉ 788-1402, 🖳 www.eda.admin.ch/sf.

POST –Die beiden Hauptpostämter von San Francisco mit Telefon- und Paketdienst, befinden sich in der Sutter Street Station, 150 Sutter St, Ecke Montgomery St, Financial District, ⓘ Mo–Fr 8.30–17 Uhr, und in der Rincon Finance Station, 180 Steuart St, Ecke Mission St, SoMa, ⓘ Mo–Fr 7–18, Sa 9–14 Uhr.

TOUREN – In San Francisco werden einige hervorragende Walking Tours angeboten. Beim *Visitor Center* (s.o.) bekommt man eine vollständige Liste aller Angebote, z.B.:
City Guides, ✆ 557-4266, 🖳 www.sfcityguides. org. Hat das beste Angebot an Stadtführungen,

die dank der finanziellen Unterstützung der San Francisco Public Library alle kostenlos sind.
Cruisin' The Castro, 375 Lexington St, ✆ 550-8110, 🖥 www.webcastro.com/castrotour. Faszinierende und witzige Tour durch die Schwulengemeinde. $40 p.P.
Victorian Home Walk, ✆ 252-9485, 🖥 www.victorianwalk.com. Eine Besichtigung der schönsten alten Häuser San Franciscos für $20 p.P.
Barbary Coast Trail, 🖥 www.sfhistory.org. Rundgang in Eigenregie anhand der in die Gehsteige eingelassenen Bronzemedaillen durch die historischen Stadtteile.
Three Babes and a Bus, ✆ 1-800/414-0158, 🖥 www.threebabes.com. Fahrgäste in Partylaune werden in einem Luxusbus von einem Club der Stadt zum nächsten gefahren. Die Angelegenheit ist weniger peinlich, als sie klingt. $35 inkl. sämtlicher Eintrittsgelder.
Es werden auch Touren zu **Wandgemälden** von The Mission angeboten, die sich mit der ungewöhnlichen Straßenkunst des Viertels beschäftigen, Näheres s.S. 358.
Teure, aber eindrucksvolle **Rundflüge** führen mehrere Anbieter durch, z.B. *San Francisco Helicopter Tours*, ✆ 1-800/400-2404, 🖥 www.sfhelicoptertours.com, ab $120 p.P.
Die gemächlichen, einstündigen *Bay Cruises* der **Blue & Gold Fleet**, ✆ 773-1128, 🖥 www.blueandgoldfleet.com, für $20 legen von den Piers 39 und 41 ab – es kann allerdings passieren, dass dichter Nebel die Aussicht verhüllt.

VORWAHL – 415.

Nahverkehrsmittel

San Francisco zählt zu den wenigen amerikanischen Städten, in denen man kein Auto benötigt, um alles zu sehen. Im Gegenteil – angesichts von chronischem Parkplatzmangel in der Innenstadt, grauenhaftem Verkehr und diensteifrigen Politessen ergibt die Fortbewegung ohne eigenes Fahrzeug durchaus Sinn. Mit dem öffentlichen Verkehrsverbund **MUNI** sind alle Stadtbezirke günstig zu erreichen, auch wenn die Einheimischen oft über die unberechenbaren Fahrpläne schimpfen. Auch das Fahrrad ist eine recht gute Alternative dank markierter Fahrradwege mit eigenen Fahrspuren, die an vielen Sehenswürdigkeiten vorbeiführen. Am lohnendsten ist es aber vielleicht, die kompakte Metropole zu Fuß zu erkunden, denn hinter jeder Ecke verbirgt sich eine neue Überraschung in Form eines faszinierenden Gebäudes oder eines lebhaften Marktes. Die steilen Straßen weisen allerdings teilweise mörderische Steigungen von bis zu 30 Grad auf, daher immer auf bequemes Schuhwerk achten!

MUNI – Der öffentliche Nahverkehr wird von der *San Francisco Municipal Railway*, kurz **MUNI** genannt, ✆ 673-6864 🖥 www.sfmuni.com, betrieben. Das System besteht aus einem dichten Netz von Bus-, Trolley- und Cable Car-Linien, wobei Letztere an den steilen Hügeln der Stadt hinauf- und hinunterfahren. Außerdem gibt es U-Bahnen, die zu Straßenbahnen werden, wenn sie das System der Downtown-Metro verlassen und in die Vororte fahren.

Der **Einheitspreis** für Busse und Bahnen beträgt $1,25. Bei jedem Ticketkauf sollte man nach einem kostenlosen Transferticket fragen, das zwei weitere Fahrten im Zug oder Bus und eine 50%ige Ermäßigung auf den Cable Cars innerhalb von 90 Min. ermöglicht. Die einfache Fahrt in Cable Cars kostet $3 (ohne Umsteigen). Auf den meisten Linien (J, K, L, M und N) wird kontrolliert; wer ohne gültigen Fahrschein erwischt wird, muss mit einem empfindlichen Bußgeld rechnen.

Bei einer Fahrt mit dem Zug muss man den Fahrschein kaufen oder den exakten Fahrpreis am Drehkreuz bezahlen, bevor man zu den Bahnsteigen geht; bei Bussen und Trolleys ist der passende Betrag beim Einsteigen zu entrichten.

Ein **Tagespaß** für $9, ein **3-Tage-Paß** für $15 oder ein **7-Tage-Paß** für $20 gilt innerhalb der Stadtgrenzen für alle Strecken der *MUNI* und des Verkehrsverbundes *Bay Area Rapid Transit (BART)* (s.u.).

Die *MUNI*-Züge fahren auch die ganze Nacht über in eingeschränktem Betrieb, ausgenommen ist nur die *M-Ocean View Line*, die gegen 1 Uhr eingestellt wird. Auch die Busse fahren die ganze Nacht hindurch, allerdings nach Mitternacht nur noch selten. Weitere Informationen entnimmt man dem praktischen *MUNI*-Plan, den es beim *Visitor Information Center* (s. o.) oder in Buchhandlungen gibt.

BART – Entlang der Market St im Zentrum San Franciscos teilt sich *MUNI* die Bahnhöfe mit BART, dem supermodernen **Bay Area Rapid Transit System**, ✆ 650/992-2278, 🖥 www.bart.gov, das die wichtigsten Punkte in San Francisco mit der East Bay einschließlich Downtown Oakland, Berkeley und anderen Vororten verbindet.

CALTRAIN – Die *CalTrain*-Züge (Depot: 4th, Ecke King St, SoMa), ✆ 1-800/660-4287, fahren in den Süden der Halbinsel und halten an allen größeren Orten zwischen San Francisco und San Jose.

FÄHREN – Die Schiffe von **Golden Gate Ferry**, ✆ 923-2000, 🖥 www.goldengate.org, legen beim Ferry Building, am Embarcadero, ab und überqueren die Bucht hinter Alcatraz nach SAUSALITO und Larkspur in Marin County.
Fähren von **Blue & Gold Fleet**, ✆ 705-5555, 🖥 www.blueandgoldfleet.com, nach SAUSALITO und TIBURON legen am Pier 41, Fisherman's Wharf, ab.
Die **Alameda-Oakland Ferry**, ✆ 510/522-3300, 🖥 www.transitinfo.org/alaoakferry, verkehrt zwischen Jack London Square in Oakland, Ferry Building, Fisherman's Wharf (Pier 39) und Pac Bell Park ($5 einfach) und fährt im Sommer auch nach Angel Island (tgl. Ende Mai–Okt, $12 hin und zurück).

TAXIS – *Veterans*, ✆ 552-1300; *Yellow Cab*, ✆ 626-2345. Fahrpreis innerhalb der Stadt rund $1,70 für die erste Meile, $1,80 jede weitere Meile, hinzu kommen die üblichen 15% Trinkgeld.

Transport

BUSSE – *Greyhound*-Station ist der **Transbay Terminal**, 425 Mission St, südlich der Market St, nahe dem Embarcadero BART-Bahnhof in SoMa, ✆ 1-800/231-2222, 🖥 www.greyhound.com.
Die Busse von *Green Tortoise* fahren hinter dem Transbay Terminal ab, 1st, Ecke Natoma St, ✆ 1-800/867-8647.

EISENBAHN – *Amtrak*-Züge halten in Richmond, auf der gegenüberliegenden Seite der Bucht. Von hier kommt man mit einem *BART*-Zug nach OAKLAND und von dort mit einem kostenlosen Shuttlebus über die Bay Bridge zum Transbay Terminal nach San Francisco. Emeryville, die letzte Haltestelle vor Oakland, liegt eigentlich näher an San Francisco, doch von dort kommt man nicht immer mit öffentlichen Verkehrsmitteln in die Stadt.

FLÜGE – Alle internationalen und die meisten Inlandsflüge fliegen den ca. 15 Meilen südlich der Stadt gelegenen **San Francisco International Airport** (SFO) an. Es gibt verschiedene Möglichkeiten, von hier in die Stadt zu kommen: Nach der Eröffnung einer **BART**-Station am Flughafen besteht nunmehr eine Direktverbindung nach Downtown San Francisco (30 Min., $4,70).
Die **Busse** von *San Mateo County Transit (SamTrans)*, ✆ 1-800/660-4287 fahren jede halbe Stunde vom Lower Level des Flughafens nach Downtown San Francisco. Die Expresslinie KX ($3) braucht bis zum Transbay Terminal ca. 30 Min., der langsamere Bus Nr. 292 ($1,10) benötigt fast eine Stunde. Allerdings ist im Expressbus nur ein Gepäckstück erlaubt, während im Bus Nr. 7B unbegrenzt Gepäck mitgenommen werden kann, sofern man es ohne fremde Hilfe im Bus verstaut.
Der *SFO Airporter Bus* holt wartende Passagiere jede Viertelstunde an den Gebäuden der Gepäckausgabe ab und fährt bis Union Square und Financial District ($10).
Die **Minibusse** von *SuperShuttle, American Airporter Shuttle* und *Bay Shuttle* sammeln Passagiere alle 5 Min. am Upper Level der Rundstraße ein und liefern sie für $12 p.P. an jedem beliebigen Zielort im Zentrum ab.
Taxis vom Flughafen nach Downtown kosten zwischen $30 und $35, plus Trinkgeld.
Für Selbstfahrer bieten die bekannten Mietwagenfirmen kostenlose Shuttles zu und von ihren Depots, Abfahrt alle 15 Min. vom Upper Level (Gepäck muss selbst eingeladen werden).
Einige amerikanische Fluglinien nutzen den **Oakland International Airport**, auf der anderen Seite der Bucht, darunter *Jet Blue, Southwest* und *United*. Dieser Flughafen liegt näher an San Francisco als der SFO und ist durch den zuver-

lässigen *AirBART* Shuttlebus ($2, Fahrgeld abgezählt bereithalten) mit der Coliseum *BART*-Station verbunden. Steigt man dort in einen der *BART*-Züge nach Daly City um, ist man in ca. 15 Min. in Downtown San Francisco ($2,75).

Bay Area

Oakland

Oakland ist das Arbeitspferd der Bay Area, größter Hafen an der Westküste, gleichzeitig Eisenbahnknotenpunkt und Zentrum des Transportwesens. Das Klima ist mild und angenehm; wenn es in San Francisco noch kalt und nebelig ist, scheint in Oakland oft schon die Sonne. Redwood- und Eukalyptusbäume wachsen auf den Hügeln oberhalb der Stadt, und trotz der Feuersbrunst, die 1991 die Gegend verwüstete, kann man hier herrliche Spaziergänge unternehmen und den schönen Blick weit über die Bay Area genießen.

Seit Jack Londons Zeiten, der hier aufwuchs, war Oakland mehrfach die Keimzelle revolutionärer politischer Bewegungen. In den 60er Jahren z.B. schuf sich hier die schwarze Bevölkerung – in Oakland 50% – mit der militanten Bewegung Black Panther ein Sprachrohr. In den 70er Jahren machte die Symbionese Liberation Army Schlagzeilen, als sie die Millionenerbin Patty Hearst entführte und als Gegenleistung für ihre Freilassung die kostenlose Verpflegung der Armen der Stadt verlangte.

In Oakland gibt es nicht allzu viel zu sehen. Das größte Zugeständnis an den Fremdenverkehr ist der am Ufer gelegene Jack London Square, eine sterile Aneinanderreihung von Geschäften und Restaurants, die nichts mit dem Schriftsteller zu tun haben. Ganz am östlichen Ende der Promenade steht **Heinhold's First and Last Chance Saloon**, eine windschiefe kleine Bar, die 1883 aus dem Rumpf eines Walfängerschiffes gezimmert wurde. Hier hat sich Jack London tatsächlich ein paar Drinks genehmigt, und die vergilbten Porträts an der Wand sind das einzig Authentische, was der Jack London Square in Bezug auf den Schriftsteller zu bieten hat.

Eine halbe Meile entlang dem Broadway vom Ufer Richtung Norden liegt Oaklands restaurierte Innenstadt mit zahlreichen Filialen bekannter Ladenketten und dem gewaltigen **City Center**, einem Komplex aus Büros und Fastfood-Restaurants unter freiem Himmel. In seiner Nachbarschaft erstreckt sich an der Ecke Broadway und 14th St die große Grünanlage **Frank Ogawa Plaza**, die zu einem Picknick einlädt.

Weiter östlich, an der Kreuzung von Tenth St und Oak St, steht das **Oakland Museum of California**, ✆ 238-2200, 🖳 www.museumca.org, mit einer guten Ausstellung zur Geschichte Kaliforniens, die sich auch der Beat Generation widmet. ⏲ Mi–Sa 10–17, So 12–17 Uhr, Eintritt $6, jeden 2. So im Monat frei.

Der *AC Transit*-Bus 64 fährt von Downtown aus durch die Vorstadt-Einöde nach Osten zum **Joaquin Miller Park** hinauf. Hier war das Grundstück des „Poeten der Sierras" Joaquin Miller, der sich um 1870 in den literarischen Salons von London als exzentrischer Westernheld einen Namen machte.

Übernachtung

Jack London Inn**, 444 Embarcadero West, ✆ 444-2032, 🖳 www.jacklondoninn.com. Kitschige Motorlodge im Stil der 50er Jahre in Nachbarschaft des Jack London Square.
Waterfront Plaza Hotel, $160–200, 10 Washington St, ✆ 836-3800 oder 1-800/729-3638, 🖳 www.waterfrontplaza.com. Modernes und vornehmes Hotel am attraktivsten Küstenstreifen.

Essen

The Alley, 3325 Grand Ave, Oakland, ✆ 444-8505. Angejahrte Piano-Bar, von Einheimischen geschätzt, die insbesondere zum Singen hierher kommen. Musik ab 21 Uhr, Mo geschlossen.
Coffee Mill, 3363 Grand Ave, Oakland, ✆ 465-4224. Großes Café, das auch als Kunstgalerie dient und gelegentlich Lesungen veranstaltet.
Fenton's Creamery, 4226 Piedmont Ave, ✆ 658-7000. Ultimative 50er-Jahre-Eisdiele mit entsprechend süßen Verführungen, es sind aber auch Sandwiches, Pommes und andere Snacks erhältlich. ⏲ wochentags bis 23, am Wochenende bis 24 Uhr.

Heinhold's First and Last Chance Saloon, 56 Jack London Square, ✆ 839-6761. Authentische Bar am Meer, die sich seit Anfang des 19. Jahrhunderts, als Jack London hier Stammgast war, kaum verändert hat.

Tropix Backyard Café, 3814 Piedmont Ave, ✆ 653-2444. Große Portionen karibischer Delikatessen zu angemessenen Preisen, dazu Durst löschender Mangosaft. Tische unter freiem Himmel im Innenhof.

Zachary's Chicago Pizza, 5801 College Ave, ✆ 655-6385. Die gefüllte Pizza (auch mit Vollkornteig erhältlich) lockt scharenweise Einheimische an, frühzeitiges Erscheinen ist daher unbedingt anzuraten. ⏰ mittags und abends, Essen auch zum Mitnehmen.

Unterhaltung

Das Live-Musik-Programm ist häufig besser als in San Francisco. Auch die großen Konzerte internationaler Bands finden in Oakland (oder Berkeley) statt. Die dröhnenden R&B- und Tanzschuppen Oaklands sind die heißesten der ganzen Gegend, und nicht selten wird Dance Music live geboten. Daneben pflegen hier viele poppigpunkige Gitarrenbands die Tradition von Green Day und Nirvana weiter.

Stork Club, 2330 Telegraph Ave, ✆ 444-6174, 🖥 www.storkcluboakland.com. Derzeit besonders bei DJs und Indie-Bands angesagt, doch der alteingesessene Club hat auch eine Jukebox mit Country-Songs. Eintritt $5, Mo geschlossen.

Yoshi's World Class Jazz House, 510 Embarcadero West, Jack London Square, ✆ 238-9200, 🖥 www.yoshis.com. Kombination aus Jazz-Club und Sushi-Bar, wo sich regelmäßig Jazz-Größen die Ehre geben.

Sonstiges

INFORMATIONEN – Der kostenlose *East Bay Express* liegt überall aus und bietet die umfassendsten Veranstaltungshinweise.

Oakland CVB, im Erdgeschoss eines riesigen modernen Gebäudes in der 475 14th St, ✆ 839-9000, 🖥 www.oaklandcvb.com, ⏰ Mo–Fr 8.30–17 Uhr.

VORWAHL – 510.

Nahverkehrsmittel

BART – Das Streckennetz des *Bay Area Rapid Transit System (BART)*, ✆ 465-BART, 🖥 www.bart.gov, verbindet San Francisco durch die *Transbay-U-Bahn* mit der East Bay. Die Züge verkehren Mo–Fr von 4 Uhr bis Mitternacht, Sa 6 Uhr bis Mitternacht, So 8 Uhr bis Mitternacht. Der Preis ist von der Strecke abhängig und liegt zwischen $1,10 und $4,70.

STADTBUSSE – In den *BART*-Stationen der East Bay sind kostenlose *transfers* erhältlich, mit denen man 25¢ Ermäßigung auf *AC Transit*-Busse bekommt. Diese kosten ansonsten $1,25 pro Fahrt Die Busse von ***AC Transit***, ✆ 891-4777, 🖥 www.actransit.org, verkehren in der gesamten Bay Area, vor allem aber in Berkeley und Oakland – die einzige Möglichkeit, nachts nach Schließung der *BART* über die Bucht zu kommen.

Transport

BUSSE – Die *Greyhound*-Station liegt in einer ungemütlichen Gegend im Norden der Stadt an der San Pablo Ave, Ecke 21st St.

EISENBAHN – Die *Amtrak*-Züge halten im Westen Oaklands in der Second St, nahe dem Jack London Square, von wo ein kostenloser Shuttlebus nach Downtown San Francisco fährt. Es ist jedoch praktischer, schon in Richmond auf *BART* umzusteigen.

FLÜGE – Der nur wenig außerhalb gelegene ***Oakland Airport***, ✆ 577-4015, Fluginformationen vom Band unter 1-800/992-7433, 🖥 www.oaklandairport.com, liegt näher an Downtown San Francisco als der San Francisco Airport. Die Shuttlebusse von *AirBART* ✆ 510/577-4294) fahren alle 15 Min. für $2 vom Flughafen zur Coliseum *BART*-Station, wo man auf die *BART*-Züge nach Berkeley, Oakland oder San Francisco umsteigen kann. Es gibt auch zahlreiche Tür-zu-Tür-Shuttlebusse wie den *Bridge Airporter Express*, ✆ 481-1050 oder 1-800/300-166. Eine Fahrt nach Downtown Oakland kostet ca. $16, nach San Francisco ca. $30.

Berkeley

Mehr als mit irgendeiner anderen Stadt der USA verbindet sich mit Berkeley die Vorstellung von Widerstand und Protest. Als in den 60er und frühen 70er Jahren die Studenten überall an den amerikanischen Universitäten gegen den Vietnamkrieg protestierten, war es die **University of California** in Berkeley, die die Bewegung anführte. Auf dem Campus und in den Straßen der Stadt kam es während der heißesten Phasen beinahe täglich zu bürgerkriegsähnlichen Straßenschlachten. Seitdem ist es erheblich ruhiger geworden, und inzwischen ist die Universität stolz auf ihr hohes akademisches Ansehen und ihre zahlreichen Nobelpreisträger. Die Studenten von heute skandieren allenfalls Gotteslästerungen und brüllen die Bibeltreuen auf der Sproul Plaza nieder, ohne sich der Ironie bewusst zu sein. Bei einem Bummel über den von schattigen Bäumen bestandenen Campus lässt sich vielleicht noch ein Hauch Widerstand aus längst vergangenen Tagen spüren. Kostenlose, von Studenten geleitete **Führungen** (Mo-Sa 10, So 13 Uhr) beginnen am *Visitor Services Office*, 101 University Hall, ✆ 642-5215.

Studentische Atmosphäre herrscht nicht nur an der Uni mitten im Zentrum, sondern auch in der **Telegraph Avenue**, die vom Campus nach Süden verläuft: Hier liegen Cafés und viele gute Buchläden, derentwegen sich allein schon ein Ausflug nach Berkeley lohnt.

Ältere Semester und weitere Fakultäten bestimmen das Bild an der so genannten **Northside**. Auf einem Stück der Shattuck Avenue, dem „Gourmet-Ghetto", haben sich mehrere erstklassige Restaurants, Delis und Bäckereien niedergelassen. Nördlich von hier auf den Hügeln hat der **Tilden Regional Park** gute Wanderwege und einen schönen Rosengarten zu bieten.

Die **Marina** von Berkeley, einst eine wichtige Anlegestelle für die Fähren der Bucht, ist heute einer der beliebtesten Orte für Freizeitaktivitäten, vor allem Windsurfen.

Übernachtung

In Berkeley ist es noch schwieriger, eine preisgünstige Unterkunft zu finden, als in Oakland.
Bancroft Hotel**, 2680 Bancroft Way, ✆ 549-1000 oder 1-800/549-1002, 🖥 www.bancrofthotel.com. Kleines Hotel mit 22 Zimmern in günstiger Lage und mit gutem Service. Frühstück inkl.
The Claremont Resort & Spa, über $250, 41 Tunnel Rd, ✆ 843-3000 oder 1-800/551-7266, 🖥 www.claremontresort.com. 1915 erbautes Luxushotel mit allen erdenklichen Annehmlichkeiten, Wellness-Behandlungen ab $95 pro Std.
Downtown Berkeley YMCA**-*****, 2001 Allston Way, Ecke Milvia St, ✆ 848-9622, 🖥 www.baymca.org. Die beste preisgünstige Unterkunft in Berkeley, nur einen Block von der *BART*-Station entfernt. EZ ca. $39, DZ ca. $50 inkl. Benutzung von Pool und Fitnessraum.
Hotel Durant, $160–200, 2600 Durant Ave, ✆ 845-8981 oder 1-800/238-7268, 🖥 www.hoteldurant.com. Schickes Hotel mitten im Herzen des Universitätsgeländes mit geräumigen und luftigen Zimmern. Beste Wahl bei entsprechendem Budget.
Shattuck Plaza**, 2086 Allston Way, ✆ 845-7300, 🖥 www.hotelshattuckplaza.com. Gemütliche Zimmer in einem älteren, schön restaurierten und zentral gelegenen Hotel.

Essen

Wie es sich für den Geburtsort der *California cuisine* gehört, sind die Restaurants ebenso vielseitig wie die in San Francisco und nicht weniger attraktiv.
Breads of India, 2448 Sacramento St, ✆ 848-7684. Sehr beliebtes indisches Restaurant, stets gut besucht, besonders zur Mittagszeit. Spezialität des Hauses sind die köstlichen Brote.
Café Intermezzo, 2442 Telegraph Ave, nahe Haste St, ✆ 849-4592. Riesige Sandwiches aus hausgemachtem Brot, üppige Salatteller und ausgezeichneter Kaffee.
Café Rouge, 1782 4th St, ✆ 525-1440. Südfranzösische und norditalienische Küche, spezialisiert auf köstliche Fleischgerichte aus artgerechter Tierhaltung. Eigene Fleischerei. Abendgerichte ca. $18, Mittagsgerichte $9–12.
Cha-Am, 1543 Shattuck Ave, North Berkeley, ✆ 848-9664. Die Treppen führen hinauf zu einem ungewöhnlichen, immer vollen, kleinen Restaurant, das leckere, scharfe Thai-Gerichte zu günstigen Preisen bietet.

Cheeseboard Pizza, 1512 Shattuck Ave, North Berkeley, ✆ 549-3055. Exzellente Pizza für unglaublich billige $2,50 das Stück. Unregelmäßige Öffnungszeiten, in der Regel aber Di–So mittags und abends.

Chez Panisse, 1517 Shattuck Ave, North Berkeley, ✆ 548-5525. Das erste und immer noch beste Restaurant der kalifornischen Küche unter der Leitung der legendären Chefköchin Alice Waters. Abendessen gibt es in zwei Schichten am Abend, Platzierung der Gäste nur zwischen 18–18.30 und 20.30–21.30 Uhr. Gerichte von der Karte zum Festpreis kosten Mo $50, Di–Do $65 und Fr–Sa $75 p.P. Das Café im Obergeschoss ist vergleichsweise preiswert. Reservierung für das Café empfohlen, für das Restaurant unerlässlich.

Juan's Place, 941 Carleton St, West Berkeley, ✆ 845-6904. Das erste mexikanische Restaurant von Berkeley, mit einer großen Auswahl an gutem Essen und einem interessant gemischten Publikum.

La Mediterranee, 2936 College Ave, ✆ 540-7773. Ausgezeichnete Gerichte aus Nahost, ungezwungene Atmosphäre.

La Note, 2377 Shattuck Ave, ✆ 843-1535. Sommerlich leichte Gerichte aus der Provence in kleinen Räumlichkeiten. Studenten und Lehrer des benachbarten Jazz-Konservatoriums besuchen das Lokal regelmäßig und legen ab und zu eine Jamsession ein.

Unterhaltung

Bison Brewing Company, 2598 Telegraph Ave, ✆ 841-7734. Preiswertes Essen und Getränke auf der Terrasse dieser Brauerei, die mit die besten Biere der Bay Area produziert. Am Wochenende lautstarke Live-Bands.

Caffe Mediterraneum, 2475 Telegraph Ave, ✆ 841-5634. Das älteste Café von Berkeley, direkt aus der Zeit der Beat Generation: Bärte und Baskenmützen sind nicht obligatorisch, zerfledderte Taschenbücher gehören aber dazu.

Freight and Salvage, 1111 Addison St, West Berkeley, ✆ 548-1761, 🖥 www.thefreight.org. Sangeskünstler treten hier in Kaffeehausatmosphäre auf, Eintritt $5–20.

Gilman Street Project, 924 Gilman St, West Berkeley, ✆ 525-9926, am äußeren Rand der harten Punk- und Indie-Szene. Der Club war eines der Sprungbretter für Green Day und Sleater-Kinney. Kein Alkohol, keine Altersbeschränkung. Nur am Wochenende geöffnet, Eintritt $5–10.

Jupiter, 2181 Shattuck Ave, ✆ 843-8277. Sehr beliebte Kneipe mit einer Riesenauswahl an Bieren. Am Wochenende Live-Jazz und Biergarten.

Pacific Film Archive, 2575 Bancroft Ave, 🖥 www.bampfa.berkeley.edu, ist für echte Filmfans eines der besten Kinos in ganz Kalifornien. Zeitgenössische Filme aus aller Welt werden genauso gezeigt wie die Wiederaufführungen vergessener Klassiker. Bestellung von Karten ($8) unter ✆ 642-5249.

Pyramid Brewery, 901 Gilman St, ✆ 528-9880. Süffiges Selbstgebrautes in gut besuchter Kneipe in Fabrikambiente; an Wochenenden im Sommer Filmvorführungen unter freiem Himmel.

Starry Plough, 3101 Shattuck Ave, ✆ 841-2082, 🖥 www.starryploughpub.com. Lebendiger Irish Pub mit preisgünstigen Rock- und Country-Konzerten an mehreren Abenden in der Woche.

Sonstiges

INFORMATIONEN – ***Visitor Center***, 2015 Center St, ✆ 549-7040, 🖥 www.visitberkeley.com, ⏰ Mo–Fr 9–17 Uhr.

VORWAHL – 510.

Transport

Das *BART*-System verbindet Berkeley mit SAN FRANCISCO und anderen wichtigen Orten der East Bay. Näheres siehe unter Oakland, Nahverkehrsmittel.

Marin Headlands

Jenseits der Golden Gate Bridge bieten sich grandiose Blicke auf die Skyline von San Francisco. Die erste Abfahrt hinter der Brücke zweigt in die noch weitgehend unbebauten Marin Headlands ab, wo sich noch hier und da Reste von Befestigungsanlagen und Artilleriestellungen finden, von denen aus der Eingang der Bucht überwacht wurde. Die Bunker Hill Road führt nach Westen bis an den Rand der Landspitze, bevor sie einen Knick nach Süden

Richtung Fort Barry und zum breiten Sandstrand **Rodeo Beach** macht, von wo zahlreiche Wanderwege in die Umgebung führen.

Das oberhalb der Rodeo Lagoon gelegene *Marin Headlands Visitor Center*, ✆ 415/331-1540, hat kostenlose Landkarten der Gegend; ⏰ tgl. 9.30–16.30 Uhr. Das größte der alten Festungsgebäude wurde zu einem gemütlichen Hostel umgestaltet, das sich hervorragend als Ausgangspunkt für ausgedehntere Erkundungen der umliegenden Bergketten und Täler eignet: *HI-Marin Headlands**, Bldg 941, Fort Barry, ✆ 415/331-2777 oder 1-800/979-4776, 💻 www.headlandshostel.homestead.com.

Sausalito

Sausalito, unterhalb des Hwy-101 an der Bucht, bietet sich für einen Tagesausflug von San Francisco an. Die Fähren kommen neben dem Jachtclub im Zentrum an. Teure Restaurants und noble Boutiquen bestimmen das Bild an der pittoresken Uferpromenade. Die alten Schuppen und Lagerhäuser aus den Zeiten, in denen Sausalito noch ein Schmugglernest war, sind längst verschwunden oder zu Steakhäusern umgebaut worden.

Abgesehen von den Möglichkeiten zu wandern, einzukaufen und frische Seeluft zu atmen, hat Sausalito auch noch eine einzigartige Sehenswürdigkeit zu bieten: Im **Bay Model Visitor Center**, 2100 Bridgeway, ✆ 415/332-3870, führen erhöhte Stege in einem riesigen Gebäude durch das hydraulisch gesteuerte, maßstabsgetreue Modell der ganzen Bucht mitsamt ihren Deltas und Meeresbewohnern – ein einmaliger Einblick in das Ausmaß und die Vielfalt dieser Region. ⏰ Di–Sa 9–16 Uhr, Spende.

Essen und Unterhaltung

Mikayla, im Casa Madrona Hotel, 801 Bridgeway Ave, ✆ 415/331-5888. Exzellentes Seafood und großartiger Blick auf den Hafen.

No Name Bar, 757 Bridgeway Ave. Gut besuchter, ehemaliger Treffpunkt der Beat Generation, in dem häufig Live-Jazz geboten wird.

Point Reyes National Seashore

Fast schon eine Insel mit Nadelwäldern und sonnigen Wiesen, auf drei Seiten gesäumt von wilder, menschenleerer Felsenküste und Sandstränden, über die der Wind fegt, ragt die Halbinsel merkwürdig aus der geraden Küstenlinie Kaliforniens heraus. Tatsächlich handelt es sich um ein loses Stück Erdkruste, das in den letzten 6 Millionen Jahren von der Stelle, an der jetzt Los Angeles liegt, am Sankt-Andreas-Graben entlang nach Norden bis hierher gewandert ist. Als 1906 das große Erdbeben San Francisco erschütterte, bewegte sich Point Reyes in einem einzigen Augenblick um ganze 5 Meter.

Nördlich des *Visitor Center* führt die Limantour Road nach Westen zum **Limantour Beach**, einem der besten Badestrände der Gegend, von dem man wunderbar die Seevögel an der nahe gelegenen Flussmündung beobachten kann.

Kurz hinter der Limantour Road trifft die Bear Valley Road auf den Sir Francis Drake Boulevard, der dann an der Tomales Bay entlang durch den Ort **Inverness** führt.

Acht Meilen westlich von hier geht es hinunter zum **Drake's Beach**, dem Ort, an dem Sir Francis Drake 1579 gelandet sein soll.

Die Hauptstraße führt noch vier Meilen weiter südwestlich bis **Point Reyes**, wo sich ein recht instabil wirkender **Leuchtturm**, ✆ 669-1534, 💻 www.nps.gov/pore, gegen die donnernde Brandung stemmt. Mit ein wenig Glück lassen sich von oben Seelöwen beobachten und von Mitte März bis April sowie von Ende Dezember bis Anfang Februar auch Grauwale. ⏰ Do–Mo 10–16.30 Uhr, Führungen 1. und 3. Sa im Monat, Eintritt frei.

Übernachtung und Essen

HI-Point Reyes*, ✆ 663-8811, 💻 www.norcalhostels.org, 6 Meilen westlich des *Visitor Center* (s.u.) in einer alten Ranch. 10–16.30 Uhr geschlossen.

Station House Café, 11180 Hwy-1 (Main St), Point Reyes Station, ✆ 663-1515, Frühstück, Mittag- und Abendessen. Ein von Einheimischen bevorzugter Treffpunkt, um gegrilltes Seafood und hervorragende Steaks zu genießen.

Sonstiges

INFORMATIONEN – *Bear Valley Visitor Center*, ℡ 464-5100, 🖥 www.nps.gov/pore, 2 Meilen südwestlich der Point Reyes Station in Olema, bietet Informationen zu Wanderwegen und zeigt eine interessante Ausstellung zur einheimischen Geologie und Naturgeschichte. ◐ Mo–Fr 9–17, Sa–So und Feiertage 8–17 Uhr.

VORWAHL – 415.

Goldgräberland

Sacramento

Sacramento, die Hauptstadt Kaliforniens, liegt im flachen, nördlichen Central Valley. 1839 von dem Schweizer John Sutter gegründet, wurde innerhalb von zehn Jahren aus der kleinen Kolonie ein profitables Viehzucht- und Handelszentrum. Als auf Sutters Ländereien das erste Gold gefunden wurde, fielen Schürfer aus aller Welt in sein Gebiet ein und durchkämmten es ohne Rücksicht auf seinen Besitz nach dem edlen Metall. Sacramento, auf direkten Wasserwegen von der San Francisco Bay aus erreichbar, entwickelte sich nun zum wichtigen Handels- und Versorgungszentrum für die Goldgräber. 1854 avancierte es zur Bundeshauptstadt des jungen Kaliforniens, und auch nach dem Goldrausch blieb es ein wichtiger Verkehrsknotenpunkt.

Die ehemaligen Piers, Lagerhallen, Saloons und Geschäfte im Uferbezirk sind restauriert worden und beherbergen nun Souvenirshops und Restaurants. Im **California State Railroad Museum** sind eine Reihe sorgfältig restaurierter Lokomotiven und prächtig eingerichteter Waggons zu besichtigen. ◐ tgl. 10–17 Uhr, Eintritt $3.

Der alte, einen Block weiter südlich in der Front Street gelegene Bahnhof ist als Teil des Museums restauriert worden. In den Sommermonaten wird am Wochenende zwischen 11 und 17 Uhr eine 7 Meilen lange Fahrt mit einem restaurierten Zug der **Central Pacific Railroad** am Fluss entlang angeboten (45 Min., $6). Die vom Uferbezirk und Old Sacramento nach Osten verlaufende **K Street Mall** bildet das Einkaufszentrum der Stadt. Das **State Capitol**, der Regierungssitz Kaliforniens, steht mit seinem stolzen Kuppelbau inmitten einer weitläufigen Grünfläche einen Block südlich der Mall. ◐ tgl. 9–17 Uhr, stündliche Führungen. Ein Nachbau von Sutter's Fort, der ursprünglichen Siedlung, aus der Sacramento hervorging, befindet sich im **State Historic Park** am östlichen Ende der Stadt, 27th, Ecke L St. In dem Adobe-Gebäude gibt es Ausstellungsstücke aus der Zeit des Goldrauschs zu besichtigen. ◐ tgl. 10–17 Uhr, Eintritt $3.

Übernachtung

In Zentrumsnähe befinden sich zahlreiche Unterkünfte:

Econo Lodge*–****, 711 16th St, ℡ 443-6631 oder 1-800/553-2666, bietet das beste Preis-Leistungs-Verhältnis.

HI-Sacramento*, 900 H St, ℡ 443-1691.

On the Bluffs**, ab***, 9735 Mira Del Rio, ℡ 363-9933, 🖥 www.onthebluffs.com. Zimmer mit Blick auf den Fluss.

Savoyard Bed & Breakfast**, ab***, 3322 H St, ℡ 442-6709 oder 1-800/772-8692, 🖥 www.savoyard.com. Luxuriöse Unterkunft gegenüber dem Rosengarten der Stadt.

***Vizcaya Mansion**, $130–200, 2019 21st St, ℡ 455-5243 oder 1-800/456-2019, 🖥 www.sterlinghotel.com/vizcaya.htm. Luxus in historischem Ambiente in einer ruhigen Wohngegend etwas abseits des Zentrums.

Essen und Unterhaltung

***Centro Cocina Mexicana**, 454 28th St, nahe J St, ℡ 442-2552, innovative kalifornisch-mexikanische Küche.

***Paesano's**, 1806 Capitol Ave, ℡ 447-8646, nicht ohne Grund eine beliebte Pizzeria.

***Tapa the World**, 2115 J St, ℡ 442-4353. Serviert köstliche Tapas bis Mitternacht, häufig begleitet von Flamenco-Gitarren.

Veranstaltungshinweise enthält das kostenlose Wochenmagazin *Sacramento News & Review*.

***Old Ironsides**, 1901 10th St, ℡ 443-9751, Konzertbühne für Alternative Music.

Sonstiges

INFORMATIONEN – *Visitor Center*, 1101 Second St, ✆ 442-7644, ⏱ tgl. 10–17 Uhr.

VORWAHL – 916.

Transport

Die meisten Touristen kommen im eigenen Auto nach Sacramento an und machen hier eine Pause auf ihrer Fahrt entlang der Route 80.

BUSSE – Die *Greyhound*-Station liegt in der 7th St, Ecke L St.

EISENBAHN – Der Bahnhof befindet sich in der 54th, Ecke I (auch „Eye") St, nahe Old Sacramento.

FLÜGE – Der Flughafen liegt 12 Meilen nordwestlich der Stadt. Die Minibusse von *Super-Shuttle Sacramento*, ✆ 1-800/BLUE-VAN, fahren bis zur gewünschten Adresse in Downtown ($12).

Sonora, Columbia, Jamestown und Mariposa

Im Zentrum des südlichen Minengebiets liegt **Sonora**, dessen Bewohner vor allem von der Holzwirtschaft leben. Sehenswert sind die rekonstruierten Fassaden viktorianischer Villen in der **Washington Street** und die kleine, neugotische **St. James Episcopal Church**.

Columbia, vier Meilen nördlich von Sonora an der Parrots Ferry Road, ist ein Paradebeispiel für Stadtentwicklung in der Zeit des Goldrauschs, als es innerhalb weniger Jahre zur zweitgrößten Stadt Kaliforniens anwuchs. Als die Goldvorräte erschöpft waren, verfiel die Stadt zur Ghosttown und steht heute als *State Historic Park* unter Denkmalschutz; Eintritt frei, durchgehend geöffnet.

In **Jamestown**, 3 Meilen südlich von Sonora, zeigt der **Railtown 1897 State Historic Park**, Fifth St, Ecke Reservoir St, eine beeindruckende Sammlung alter Dampflokomotiven, darunter auch die aus dem Filmklassiker *Zwölf Uhr mittags*. ⏱ tgl. 9.30–16.30 Uhr.

Weiter südlich erreicht man nach einer atemberaubenden Fahrt über den Don Pedro Lake und den Merced River **Mariposa**, das Tor zum Yosemite-Nationalpark und eine der letzten Goldgräberstädte am Hwy-49. Das rund eine Meile südlich des historischen Ortskerns gelegene **California State Mining and Mineral Museum** beherbergt neben mehreren hundert Gesteinsproben auch das funktionierende Modell eines Stampfwerks aus den 60er Jahren des 19. Jahrhunderts. ⏱ tgl. Mai–Sep 10–18, Okt–April 10–16 Uhr, Eintritt $1.

Übernachtung und Essen

In **Sonora** stehen das günstig im Zentrum gelegene **Gunn House Hotel****, 286 S Washington St, ✆ 532-3421, und das komfortable, von einem vier Hektar großen Grundstück umgebene B&B **Sterling Gardens*****, 18047 Lime Kiln Rd, ✆ 533-9300, 🖳 www.sterlinggardens.com, zur Auswahl.

Beste Unterkunft in **Columbia** ist das balkonverzierte **City Hotel*****, ✆ 532-1479 oder 1-800/532-1479, 🖳 www.cityhotel.com, im historischen Zentrum.

In der Main Street von **Jamestown** gibt es eine Reihe alter Hotels aus der Zeit des Goldrausches, z.B. das herrliche **Jamestown Hotel**, ab****, ✆ 984-3902 oder 1-800/205-4901, 🖳 www.jamestownhotel.com, mit einem beeindruckenden Restaurant und weiteren guten Speiselokalen ganz in der Nähe, u.a. **Morelia Mexican** auf der anderen Straßenseite.

Sonora besitzt entlang der Washington St eine Reihe von Restaurants:

Alfredo's, 123 S Washington St, Sonora, bei den Einheimischen beliebtes mexikanisches Lokal.

The Old Stan, 177 S Washington St, Sonora, serviert Tapas und mediterrane Gerichte.

Sonstiges

INFORMATIONEN – Das *Tuolumne County Visitors Bureau* in Sonora, 542 West Stockton Rd, am Hwy-49, ✆ 533-4420 oder 1-800/446-1333, 🖳 www.thegreatunfenced.com, ist die beste Informationsquelle.

VORWAHL – 209.

Grass Valley, Nevada City und Downieville

Grass Valley besitzt zwei der interessantesten Bergbaumuseen Kaliforniens. Das **North Star Mining Museum** am südlichen Ende der Mill Street ist mit Abstand das beste Museum im Gold Country. ◐ Mai–Okt tgl. 10–17 Uhr, Spende.

Eines der interessantesten Ausstellungsstücke ist das riesige **Pelton Wheel**, eine der bedeutendsten Erfindungen der Gold-Country-Ingenieure, mit dem Bohrer und Aufzüge in der Mine betrieben wurden. ◐ Mai–Sept. tgl. 10–16 Uhr, Spende.

Die **Empire Mine** war einmal die größte und ergiebigste Mine im ganzen Bundesstaat. Sie steht heute als 200 ha großer Empire Mine State Park unter Denkmalschutz. Zwischen Kiefern stehen viele Minengerätschaften und Maschinen herum. Den Eingang findet man am Hwy-174 (Empire Street Exit), eine Meile südöstlich von Grass Valley. Hier befindet sich auch ein Museum mit einem ausgezeichneten Modell des gesamten Untergrundsystems. ◐ Mai–Aug 9–18, Sept–April 10–17 Uhr, Eintritt $2.

Vier Meilen nördlich von Grass Valley am Hwy-49 liegt das hübschere **Nevada City**. Das **Old Firehouse** in der 214 Main St, ein Stück Zuckerbäckerarchitektur mit einem hohen Glockenturm, wurde restauriert. Es beherbergt ein kleines Museum zur Sozialgeschichte der Region. ◐ Mai–Okt. tgl. 11–16, Nov bis April Do–So 11.30–16 Uhr, Spende.

Eine Autostunde nördlich von Nevada City führt der Hwy-49 durch einen zerklüfteten und landschaftlich sehr schönen Abschnitt des Gold Country, wo von Kiefern und Ahornbäumen gesäumte Wasserfälle über schwarze Felsen in die Tiefe stürzen. Inmitten dieser idyllischen Szenerie liegt der besonders bei Bergwanderern beliebte Ort **Downieville** mit seinem ausgedehnten Netz aus Wanderwegen und mittelschweren bis sehr anspruchsvollen Mountainbike-Strecken. Es handelt sich übrigens um den einzigen Goldgräberort, in dem jemals eine Frau gehenkt wurde; zur Erinnerung an dieses düstere Kapitel Lokalhistorie wurde sogar eigens ein Galgen restauriert und aufgestellt.

Übernachtung

GRASS VALLEY – *Holbrooke Hotel***–******, $70–130, 212 W Main St, ℡ 273-1353 oder 1-800/933-7077, im Zentrum. Neu renoviertes Hotel, in dem einst Mark Twain übernachtete, mit tollen Zimmern und großartiger Bar. Frühstück inkl.
Holiday Lodge***–****, 1221 E Main St, ℡ 273-4406 oder 1-800/742-7125. Schlichte, aber bequeme Unterkunft mit einigen Vorzügen wie Pool, Gratisfrühstück und Ortsgespräche zum Nulltarif.
Swan-Levine House****–*****, 328 S Church St, ℡ 272-1873. Das ehemalige Krankenhaus im viktorianischen Stil mit sonnigen, attraktiv eingerichteten Zimmern wird von zwei Künstlern geleitet.

NEVADA CITY – *Outside Inn***–******, 575 E Broad St, ℡ 265-2233, 🖳 www.outsideinn.com. Ruhiges Motel aus den 40er Jahren mit Pool, nur 10 Min. zu Fuß vom Zentrum entfernt.
The Parsonage, ab****, 427 Broad St, ℡ 265-9478. Rund 100 Jahre altes, viktorianisches B&B in Zentrumsnähe mit zuvorkommenden Gastgebern und tollem Frühstück.

Essen

GRASS VALLEY – *Tofanelli's*, 302 W Main St, ℡ 272-1468. Stilvolles Restaurant mit köstlichen wie vielfältigen Gerichten.

NEVADA CITY – *Broad Street Books & Espresso*, 426 Broad St, ℡ 265-4204. Gebäck, Snacks und Espresso an herrlich schattigen Tischen im Freien.
Café Mekka, 237 Commercial St, ℡ 478-1517. Ungezwungener Coffeeshop, beliebt bei der einheimischen Künstlerszene.
Posh Nosh, 318 Broad St, ℡ 265-6064. Zwangloses Restaurant mit hübschem Innenhof und guter Auswahl an vegetarischen Speisen.

Sonstiges

INFORMATIONEN – *Visitor Center*, 248 Mill St, Grass Valley, ℡ 273-4667 oder 1-800/655-4667, leistet hervorragende Dienste. ◐ Mo–Fr 9.30–17, Sa 10–15 Uhr.

VORWAHL – 530.

Transport

Amtrak Thruway-Busse aus SACRAMENTO und AUBURN halten 5x tgl. an der Sacramento Street in Nevada City und an der West Main Street in Grass Valley.

Zwischen Grass Valley und Nevada City pendeln Mo–Fr von 8–17, Sa von 9.15–17.30 Uhr halbstündlich die Minibusse von *Gold Country Stage*, $1 pro Fahrt, $2 für eine Tageskarte, ✆ 477-0103.

Lake Tahoe

Lake Tahoe ist einer der höchst gelegenen, größten, tiefsten, saubersten, kältesten und schönsten Seen der Welt. Das Wasser ist über 500 Meter tief und so kalt, dass angeblich schon Cowboys, die vor über einem Jahrhundert im See ertranken, in vollkommen erhaltenem Zustand geborgen wurden. Mit seinen sonnigen Stränden im Sommer, den schneebedeckten Hängen im Winter und den ganzjährig ratternden Spielkasinos lockt Lake Tahoe regelmäßig Wochenendausflügler aus der Bay Area und weiter entfernten Gegenden an.

In **South Lake Tahoe**, der größten Ortschaft am See, stehen jede Menge Restaurants, bescheidene Motels und Cottages Seite an Seite mit den hoch aufgeschossenen Spielhöllen in Nevada jenseits der Grenze. Wer sein Geld an den Spieltischen und -automaten verloren hat, kann immer noch kostenlos die wunderbaren Wanderwege, Parks und Strände der Umgebung genießen.

Mitten im Ort liegt die Talstation der Seilbahn **Heavenly Gondola**, die ihre Fahrgäste bis auf eine Höhe von 2785 m bringt. Von dort kann man begleitet von atemberaubenden Ausblicken weiter zum East Peak Lake, East Peak Lookout und zu den Sky Meadows laufen. Die Wanderwege sind von leicht bis schwierig eingestuft. Betrieb im Winter Mo–Fr 9–16, Sa–So 8.30–16, Rest des Jahres bitte telefonisch erfragen unter ✆ 775/586-7000, Gondelfahrt $20, Kinder $12.

Der schönste Abschnitt des Sees liegt am Südwestufer im **Emerald Bay State Park**, zehn Meilen westlich von South Lake Tahoe. Er umfasst eine schmale, von Felsbrocken übersäte Bucht und die einzige Insel des Sees. Vom Parkplatz ist es eine Meile durch den State Park zum **Vikingsholm**, dem Nachbau einer Wikingerburg, die 1929 als Sommerresidenz gebaut wurde und im Rahmen stündlicher Führungen zu besichtigen ist. ◷ im Sommer tgl. 10–16 Uhr, Eintritt $3.

Zwei Meilen nördlich liegt der **Sugar Pine Point State Park** mit dem riesigen **Ehrman Mansion**, das als Kulisse für *Der Pate Teil II* diente. ◷ tgl. 11–16 Uhr; Eintritt $3.

Der Rest der 75-Meilen-Rundfahrt um den See ist landschaftlich recht reizvoll, aber mit Sicherheit nicht die „schönste Strecke Amerikas", als sie von den lokalen Tourismusbroschüren angepriesen wird. Die bessere Aussicht bietet eine **Bootsfahrt** mit dem Schaufelraddampfer *MS Dixie II* ab Zephyr Cove (Abfahrt 3x tgl., Zeiten bitte telefonisch erfragen, ✆ 775/589-4906, 🖥 www.laketahoecruises.com, $25–51), zu erreichen per kostenlosem Shuttle von South Lake Tahoe. Weitere Bootstouren werden auch über die größeren Kasinos angeboten.

Tahoe City, der Verkehrsknotenpunkt am Nordwestufer des Sees, sieht natürlich jede Menge Touristen, hat sich aber dennoch eine ruhigere Kleinstadtatmosphäre als South Lake Tahoe bewahrt. Am einzigen Zufluss des Lake Tahoe, **Truckee River**, trifft der Hwy-89 auf den Hwy-28. Rafting auf dem Truckee ist ein weit verbreitetes Sommervergnügen; verschiedene Verleiher buhlen am Unterlauf des Flusses an der Kreuzung von Hwy-28 und Hwy-89 um Kundschaft.

Ein paar Meilen auf dem Hwy-89 nach Süden, 500 m hinter der Picknickstelle Kaspian, sollte man dem nicht markierten Pfad 10 Min. auf den **Eagle Rock** folgen. Dort bietet sich ein herrlicher Panoramablick auf den königsblauen See. Einige Meilen weiter am Highway befindet sich der beliebte **Chamber's Beach**, der im Sommer zum Sonnenbaden und Schwimmen einlädt und als geselliger Treffpunkt gilt.

Squaw Valley, Austragungsort der Olympischen Winterspiele 1960, liegt 5 Meilen westlich von Tahoe City abseits des Hwy-89. Allerdings ist abgesehen von der Flamme und den Olympischen Ringen von den damaligen Einrichtungen nichts mehr übrig, denn sie wurden von der lawinenartigen Erschließung überrollt, die aus Squaw Valley den größten Wintersportort Kaliforniens gemacht hat. Informationen dazu unter ✆ 1-800/545-4350.

Übernachtung

Die meisten preiswerten Motels konzentrieren sich am Südufer des Sees. Die **South Lake Tahoe Visitors Authority**, ✆ 1-800/288-2463, 🖥 www.virtualtahoe.com, unterhält einen kostenlosen Reservierungsdienst und ist auch bei der Suche von Unterkünften am nördlichen Seeufer und in Reno behilflich.

SOUTH LAKE TAHOE – *Doug's Mellow Mountain Retreat**, 3787 Forest Ave, ✆ 530/544-8065. Einfache Unterkunft im Stil einer Jugendherberge mit Kochgelegenheit und billigem Fahrradverleih.
Forest Inn Suites, ab*****, 1 Lake Parkway, ✆ 530/541-6655 oder 1-800/822-5950, 🖥 www.forestinn.com. Zimmer und Suiten zu vernünftigen Preisen, Fitness Center, Jacuzzi. Etwas besser und auch ruhiger als die Unterkünfte auf der Motelmeile, häufig günstige Pauschalangebote.
Inn at Heavenly, ab****, 1261 Ski Run Blvd, ✆ 530/544-4244 oder 1-800/692-2246, 🖥 www.innatheavenly.com. Freundliche Unterkunft mit gemütlichen, holzvertäfelten Zimmern und Hütten. Kleines Frühstück und Nutzung der Wellness-Einrichtungen im Preis enthalten.
Stardust Lodge, ab****, 4061 Lake Tahoe Blvd, ✆ 530/544-5211 oder 1-800/262-5077, 🖥 www.stardust-tahoe.com. Einfache Suiten und Zimmer mit Kochnische, nur wenige Gehminuten von den Kasinos und vom See entfernt.

TAHOE CITY – *River Ranch*, ab****, Hwy-89, Abfahrt Alpine Meadows Rd, ✆ 530/583-4264 oder 1-800/535-9900, 🖥 www.riverranchlodge.com. Historische Lodge am Truckee River mit lockerer Atmosphäre und einem der besten Restaurants am Lake Tahoe.
Tahoe City Inn**–****, 790 North Lake Blvd, ✆ 530/581-3333 oder 1-800/800-8246, 🖥 www.tahoecityinn.com. Ein einfaches Zimmer in diesem zentral gelegenen Hotel ist in der Nebensaison unter der Woche bereits ab $49 zu haben.
Tamarack Lodge**, ab**, 2311 North Lake Blvd, ✆ 530/583-3350 oder 1-888/824-6323, 🖥 www.tamarackattahoe.com. Eine der preiswertesten Unterkünfte am See mit komfortablen und sauberen Blockhütten und Zimmern.

Essen

SOUTH LAKE TAHOE – *Red Hut Waffle Shop*, 2479 Lake Tahoe Blvd, ✆ 530/541-9024. Zu Recht beliebtes Café, das im Winter morgens von Skifahrern gestürmt wird.
Sprouts, 3123 Lake Tahoe Blvd, nahe Alameda Ave, ✆ 530/541-6969. Fast, aber nicht ganz vegetarisch. Sandwiches, Burritos, Fruchtsäfte etc.
Taj Mahal, im Quality Inn, 3838 Lake Tahoe Blvd, ✆ 530/541-6495. Einfache indische Speisen, tgl. Mittagsbuffet.
Tep's Villa Roma, 3450 Hwy-50, ✆ 530/541-8227. Alteingesessenes Lokal am Südufer, große Portionen herzhafter italienischer Gerichte.

TAHOE CITY – *Lakehouse Pizza*, 120 Grove St, ✆ 530/583-2222. Die beste Pizza von Tahoe, außerdem sehr beliebt für Cocktails bei Sonnenuntergang.
Pierce Street Annex, im rückwärtigen Bereich des Safeway-Komplexes, ✆ 530/583-5800, ist *das* Lokal am Nordufer zum Tanzen und Trinken, wobei die Musik nicht immer überzeugt. Bei Jüngeren beliebt.
River Ranch, Hwy-89, Abfahrt Alpine Meadows Rd, ✆ 530/583-4264 oder 1-800/535-9900. Historische Lodge am Truckee River mit guter und moderner amerikanischer Küche in entspannter Atmosphäre.
Rosie's Café, 571 North Lake Blvd, ✆ 530/583-8504. Freundliches Restaurant mit Kamin; leckere Grillgerichte, Sandwiches und sättigendes Frühstück.
Sunnyside Restaurant and Lodge, 1850 W Lake Blvd, nahe Tahoe City, ✆ 530/583-7200. Einer der beliebtesten Orte für einen Cocktail bei Sonnenuntergang ist die Terrasse mit Seeblick.
Tahoe House Bakery, Hwy-89, eine halbe Meile südlich des Hwy-28, ✆ 530/583-1377. Kleine Kombination aus Bäckerei und Deli, wird von Einheimischen geschätzt.

Sonstiges

FAHRRÄDER – Es gibt zahlreiche Verleiher, u.a.: ***Mountain Sports Center***, im Camp Richardson Resort, South Lake Tahoe, ✆ 530/542-6584, 🖥 www.camprichardson.com.
Olympic Bike Shop, Tahoe City, ✆ 530/581-2500.

INFORMATIONEN – In der Umgebung gibt es vier offizielle Visitor Centers:
Kalifornische Seite: 1156 Ski Run Blvd, South Lake Tahoe, ✆ 530/544-5050 oder 1-800/288-2463, und 245 North Lake Blvd, Tahoe City, ✆ 530/581-6900.
Nevada-Seite: 969 Tahoe Blvd, Incline Village, ✆ 775/832-1606, und am Hwy-50 in Round Hill, gleich hinter der Staatsgrenze, ✆ 775/588-4591, 🖥 www.tahoechamber.org.

VORWAHL – für die kalifornische Seite 530, für Nevada 775.

Transport

Greyhound-Busse aus SAN FRANCISCO und SACRAMENTO halten 4x tgl. beim *Harrah's Casino* in Stateline (Nevada). Von dort fahren lokale *STAGE*-Busse nach Tahoe City und South Lake Tahoe. Mehrmals täglich halten Busse von *Amtrak Thruway* aus Sacramento kommend und fahren weiter nach CARSON CITY.

Nordkalifornien

Das nördliche Drittel Kaliforniens nimmt eine riesige Fläche von 400 Meilen Länge und über 200 Meilen Breite ein. Diese dünn besiedelte Region ist dicht bewaldet, still und nahezu naturbelassen, stellenweise gibt es eine Neigung zu vulkanischen Aktivitäten. Ein ländlicheres Kalifornien kann man sich kaum vorstellen. Tatsächlich ähnelt es viel mehr Oregon und Washington als den dicht bevölkerten, erschlossenen Gebieten im zentralen und südlichen Kalifornien. Die Menschen haben sich überwiegend in kleinen Städten eingerichtet und leben meist von der Fischindustrie oder der Land- und Forstwirtschaft. Zu den Einheimischen hat sich in den letzten Jahren eine wachsende Zahl von New Age-Anhängern, Ex-Hippies und Touristen gesellt. Abgesehen von den paradiesisch einsamen Stränden, stellen die Bäume die Hauptattraktion dar – Tausende von Jahren alt und über hundert Meter hoch beherrschen sie die nebelverhangene Landschaft.

Napa Valley

Mit seinen etwa 30 Meilen sanfter, grüner Berghänge erinnert das Weinanbaugebiet Napa Valley eher an Südfrankreich als an eine pazifische Gebirgsregion. Störend wirkt in diesem landschaftlichen Idyll einzig **Napa** selbst, eine großflächig ausufernde, unansehnliche Stadt mit 60 000 Einwohnern, um die man am besten einen Bogen macht und das Interesse statt dessen auf die Weingüter und kleineren Ortschaften weiter nördlich am Hwy-29 lenkt. Nach 9 Meilen erreicht man **Yountville**, so benannt zu Ehren des großen Pioniers im Napa Valley, George C. Yount. Hauptattraktion des Ortes ist das Einkaufs- und Weinzentrum **Vintage 1870**, 6525 Washington St, in einer umgebauten Weinkellerei, ⊙ tgl. 10.30–17.30 Uhr.

Die interessantesten und am wenigsten auf Verkaufsergebnisse zielenden Führungen und Weinproben von allen südlichen Weingütern veranstaltet **Robert Mondavi**, 7801 St Helena Hwy, Oakville, ✆ 1-888/766-6328, 🖥 www.mondavi.com, ⊙ tgl. 10–17 Uhr, Eintritt $10.

Etwas weiter erstrecken sich jenseits des hübschen Dorfs **St. Helena** direkt am Hwy-29 die **Beringer Vineyards**, 2000 Main St, ✆ 963-7115, 🖥 www.beringer.com. Das Weingut im gotischen Stil zierte bereits die Titel einschlägiger Weinmagazine. Ausgedehnte Rasenflächen und eine vornehme Verkostungsstube mit schwerer Holzeinrichtung sorgen für einen würdigen Rahmen. ⊙ tgl. 10–17 Uhr, Eintritt $5.

Calistoga, am Ende des Tals, ist bei weitem der angenehmste Ort im Napa Valley und bekannt für seine heißen Quellen, seine Bäder und sein Mineralwasser, obwohl seine Winzereien auch nicht zu verachten sind. Südlich der Stadt gelegen, pflegt das Weingut **Clos Pegase**, 1060 Dunaweal Lane, ✆ 942-4981, 🖥 www.clospegase.com, die Verbindung zu den Künsten. Für den exzellenten Skulpturengarten und die postmodernen Gebäude zeichnet der Architekt Michael Graves verantwortlich. ⊙ tgl. 10.30–17 Uhr, Führungen tgl. um 11 und 14 Uhr, Weinprobe $2,50.

An der Tubbs Lane, zwei Meilen nördlich von Calistoga, liegt der **Old Faithful Geyser**, ein sichtbares Zeichen für die sprudelnden unterirdischen Aktivitäten. Alle 40 Minuten schießt kochend heißes Wasser bis zu 12 m aus dem Boden empor. Im Laufe der Zeit haben die Landbesitzer den Geysir

Die im gotischen Stil erbaute Beringer Winery in St. Helena

zu einer einträglichen Touristenattraktion gemacht und gaben ihm den Namen seines berühmten Spuckbruders im Yellowstone-Nationalpark. ⏲ tgl. 9–18 Uhr, $8, ✆ 942-6463

Übernachtung

CALISTOGA – *Comfort Inn*, ab****, 1865 Lincoln Ave, ✆ 942-9400. Preiswerte Unterkunft mit Thermalbad.
Dr Wilkinson's Hot Springs, ab*****, 1507 Lincoln Ave, ✆ 942-4102, 🖥 www.drwilkinson.com. Legendäres Kurhotel.
Mount View Hotel and Spa, ab $130, 1457 Lincoln Ave, ✆ 942-6877 oder 1-800/816-6877, 🖥 www.mountviewhotel.com. Reizvolles historisches Hotel im Zentrum, DZ oder Cottage mit Terrasse und Jacuzzi.

ST. HELENA – *Hotel St Helena*, ab $160, 1309 Main St, ✆ 963-4388. Gemütliche Zimmer mitten in der Stadt.
Sunny Acres Bed & Breakfast, $200-250, 397 Main St, ✆ 963-2826. Drei luxuriöse Zimmer auf einem noch aktiven Weingut mit acht Hektar Anbaufläche.

Essen

CALISTOGA – *Brannan's Grill*, 1374 Lincoln Ave, ✆ 942-2233. Frische Austern, Lachs und Sonoma-Brathähnchen in einem netten Bistro mit Holzeinrichtung.
Wappo Bar Bistro, 1226 Washington St, ✆ 942-4712, kreative Küche, die einmalige Köstlichkeiten wie *chile relleno* mit Walnuss-Granatapfel-Soße hervorbringt.
Calistoga Inn, 1250 Lincoln Ave, ✆ 942-4101. Sehr leckeres Seafood – z.B. in Weizenbier gedämpfte Muscheln – daneben ein umfangreiches Angebot an Weinen, selbst gebrauten Bieren und Desserts.

ST. HELENA – *Pinot Blanc*, 641 Main St, ✆ 963-6191. Gemischte kalifornische Küche.
Wine Spectator Greystone Restaurant, 2555 Main St, ✆ 967-1010. Riesiges Haute-Cuisine-Restaurant mit über 400 verschiedenen Weinsorten.

Sonstiges

TOUREN – *Napa Valley Aloft*, 6525 Washington St, Yountville, ✆ 1-800/944-4408, 🖥 www.nvaloft.com. Spezielle Touren zum Sonnenaufgang durch das Napa Valley.

VORWAHL – 707.

Transport

Von SAN FRANCISCO gelangt man mit **Bustouren** ($55) von *Gray Line*, ✆ 415/558-9400 oder 1-888/428-6937, ins Weingebiet.
Es besteht auch die Möglichkeit, ab San Franciscos Fisherman's Wharf mit einer **Fähre** von *Blue and Gold Fleet*, ✆ 415/705-5555, zu fahren und anschließend eine Busfahrt durch das Napa und Sonoma Valley mit Zwischenstopps bei drei Weinkellereien zu unternehmen ($60).

Sonoma Coast und Russian River

Die schroffe, relativ einsame Sonoma-Küste bietet wunderschöne Wandermöglichkeiten. Der erste Halt ist **Bodega Bay**, der Drehort von Hitchcocks *Die Vögel*. Nördlich von hier führt der Weg zum belebten **Goat Rock Beach** am oberen Ende der Küste, wo der Russian River ins Meer mündet. Der Strand, der beste Bedingungen für das Beobachten von Seehunden und Walen bietet, liegt weniger als eine Meile von der attraktiven Ortschaft **Jenner** entfernt.

Fährt man auf dem Hwy-116 bei Jenner landeinwärts, erreicht man das verhältnismäßig warme **Russian River Valley**. Auf 20 Meilen folgt die Straße dem Flusslauf durch hohe Wälder. Das Zentrum der Region, **Guerneville**, ist seit langem ein Ferienort für stadtmüde Schwule. Guernevilles herausragende landschaftliche Attraktion ist das wunderbare **Armstrong Redwoods State Reserve**, zwei Meilen nördlich, ✆ 707/869-2015. Durch den 175 ha großen, dichten Wald mit enormen Redwood-Bäumen führen Wander- und Reitwege. Eintritt $2 pro Fahrzeug, Fußgänger frei.

Übernachtung

Johnson's Resort*, 16241 First St, Guerneville, ✆ 707/869-2022, 🖥 www.johnsonsbeach.com. Campingplatz, der auch Blockhütten und Zimmer bietet.
The Willows, ab****, 15905 River Rd, Guerneville, ✆ 707/869-2824 oder 1-800/953-2828, 🖥 www.willowsrussianriver.com. Luxuriöse Zimmer am Fluss.

Essen

Main St Station, 16280 Main St, Guerneville, ✆ 707/869-0501. Tolle Pizzeria mit Live-Jazz jeden Abend.
Russian River Resort (Triple R), 16390 Fourth St, Guerneville, ✆ 707/869-0691 oder 1-800/4-1RESORT, 🖥 www.russianriverresort.com. Speisen und alkoholische Getränke bei Karaoke und Comedy.

Mendocino

Das rund 150 Meilen nördlich von San Francisco gelegene Mendocino wirkt wie ein Fischerdorf, das aus Neuengland hierher verpflanzt wurde – von Wind und Wetter reizvoll gezeichnet und mit zahlreichen Kunstgalerien und Boutiquen ausgestattet. Drei Meilen südlich der Stadt gibt es im **Van Damme State Park**, ✆ 937-5804, Eintritt $2–3, den außergewöhnlichen **Pygmy Forest** zu entdecken, einen Zwergwald mit uralten Bäumen, die aufgrund der schlechten Entwässerung und chemischen Zusammensetzung der Böden nur hüfthoch sind. *Lost Coast Kayaking*, ✆ 707/937-2434, veranstaltet zweistündige Kajaktouren durch die Meereshöhlen im Van Damme State Park; 3x tgl., $45.

Übernachtung

The Mendocino Hotel and Garden Suites, ab****, 45080 Main St, ✆ 707/937-0511 oder 1-800/548-0513, 🖥 www.mendocinohotel.com. Recht luxuriöse Zimmer mit antikem Mobiliar.
Sea Gull Inn, ab**, 44960 Albion St, ✆ 707/937-5204 oder 1-888/937-5204, 🖥 www.mcn.org/a/seagull. Ansprechendste der preiswerten Unterkünfte im Zentrum.

Essen

955 Ukiah Street, ✆ 707/937-1955. Eines der besten Restaurants der Stadt. Sehr günstige Haupt-

gerichte für $15–25. ⊙ tgl. ab 18 Uhr, Di geschlossen.
Café Beaujolais, 961 Ukiah St, ✆ 707/937-5614. Das berühmteste Restaurant in Mendocino, spezialisiert auf organische kalifornische Küche.
Bay View Café, 45040 Main St, ✆ 707/937-4197. Preisgünstige und leckere Standardgerichte bei tollem Ausblick.
Tote Féte Bakery, hinter dem gleichnamigen Deli, 10450 Lansing St, ✆ 707/937-3140. Backt köstliches Brot, Gebäck und Muffins, die draußen auf der schattigen Terrasse verzehrt werden können. ⊙ tgl. bis 16 Uhr.

Humboldt Coast

Von allen kalifornischen Küstenbezirken ist das einsame, friedliche, manchmal etwas gespenstische Humboldt County der schönste. Der Hwy-1 umgeht den südlichen Teil der Humboldt-Küste, was die Einsamkeit dieser Gegend verstärkt und ihr den Beinamen *The Lost Coast* eingebracht hat. Um hier hinzukommen, muss man auf dem Hwy-101 durch tiefe Redwood-Wälder nach **Garberville** fahren, einer kleinen Stadt mit einigen guten Bars und einem florierenden Marihuana-Handel. Jedes Jahr im August wird hier das große Festival *Reggae on the River* abgehalten, Informationen unter ✆ 707/923-4583, 🖳 www.reggaeontheriver.com.

Der Hwy-101 führt ein paar Meilen nördlich von Garberville durch den **Humboldt Redwoods State Park**, den größten seiner Art in Kalifornien. Dieser Park umfasst über 20 000 ha hauptsächlich unberührte, vor den Holzgesellschaften gerettete Wälder. Die 33 Meilen lange *Avenue of the Giants* verläuft mehr oder weniger parallel zum Hwy-101 durch dichten Wald, durch den kaum ein Sonnenstrahl dringt, wobei man an mehreren Stellen wieder zurück auf den US-101 schwenken kann. Es lohnt sich, diesen abgeschiedenen Wald zu erforschen. Innerhalb des Parks gibt es drei Campingplätze, die in den Sommermonaten schnell belegt sind, – so früh wie möglich unter ✆ 707/946-2436 reservieren.

Die winzige Siedlung **Samoa** liegt nordwestlich von der uninteressanten Industriestadt Eureka. Hier steht die einzige alte Holzfäller-Kantine des amerikanischen Westens, das *Samoa Cookhouse*, ✆ 707/442-1659, wo einst die Männer nach einem harten Tag in den Redwood-Wäldern riesige Mahlzeiten verzehrten. An den langen Tischen werden bis heute herzhafte Fleischgerichte serviert. ⊙ Mo–Sa 6–15.30 und 17–22, So 6–22 Uhr.

Arcata, zwölf Meilen nördlich von Eureka auf der anderen Seite der Arcata-Bucht, ist mit einer begrünten Plaza im Zentrum und guten Restaurants bei weitem ansprechender als sein größerer Nachbar. Die weißen, windigen Strände nördlich des kleinen College-Ortes gehören zu den schönsten in Nordkalifornien.

Übernachtung und Essen

Hotel Arcata, ab***, 708 Ninth St, Arcata, ✆ 707/826-0217 oder 1-800/344-1221, 🖳 www.hotelarcata.com. Zentrale Unterkunft mit Standardzimmern und schönen Suiten.
Fairwinds Motel**–***, 1674 G St, Arcata, ✆ 707/822-4824. Bietet das beste Preis-Leistungs-Verhältnis in der Stadt.
In der **Humboldt Brewery**, 856 10th St, Arcata, ✆ 707/826-2739, wird noch heute Bier gebraut, es gibt ein preiswertes Restaurant und eine Bar.

Redwood National Park

Das kleine, 30 Meilen nördlich von Arcata gelegene Orick ist der südliche Eingang zum Redwood National Park, den man jederzeit kostenlos besuchen kann. Redwoods sind mit über 100 m die höchsten Bäume, die auf unserer Erde wachsen. Zu finden sind sie nur in den Küstenwäldern Nordkaliforniens und Süd-Oregons. Zwei Meilen nördlich vom Parkeingang liegt der **Tall Trees Grove**, wo u.a. einer der größten Bäume der Welt 111 m hoch in den Himmel ragt. Von der Bald Hill Road bei Orick führt ein 8 1/2 Meilen langer Wanderweg zum Tall Trees Grove. Für die Anfahrt mit dem Auto zu dem Baumriesen sowie fürs Zelten ist ein Permit erforderlich, das es kostenlos im *Information Center* gibt, ✆ 464-6101, ⊙ tgl. 9–17 Uhr.

Der abwechslungsreichste und beliebteste unter den drei State Parks im Gebiet des Redwood-Nationalparks ist **Prairie Creek**. Dort streifen Bären und Elche vor den Augen der Wanderer umher. Interessierte können an einer von Rangern geführten Erkundung der feuchten Wildnis teilnehmen; Ranger Station, ✆ 464-6101, ⊙ im Sommer tgl. 9–18, sonst 9–17 Uhr. Zu den großen Attraktionen zählen die Wiesen der **Elk Prairie**, wo ganze Herden von Roosevelt-Hirschen, riesige und bis zu einer Tonne schwere Tiere, unbehelligt von Wilderern das Gelände bevölkern.

Wunderbare Ausblicke bieten sich im Gebiet um die Mündung des Klamath River, vor allem vom **Klamath Overlook** am Ende der Requa Road. Die Anlage **Trees of Mystery** am US-101 bietet das Vergnügen, über bizarr von der Natur verformte Baumstämme hinwegzuhüpfen oder unter ihnen hindurchzukriechen. Eindrucksvoll ist der **Cathedral Tree**, der aus neun hohen Bäumen besteht, die kreisförmig aus einer einzigen Wurzel emporwachsen. ⊙ im Sommer tgl. 8–20, Winter 9–17 Uhr, Eintritt $12.

Übernachtung

Ganz in der Nähe von Crescent City gibt es am Hwy-101 einige preiswerte Unterkünfte, z.B.: **HI-Redwood National Park Hostel***, ✆ 482-8265, 🖥 www.norcalhostels.org. Dorm-Betten für $16–19.
Überall im Nationalpark gibt es **Campingplätze**. Mit Duschen ausgestattet sind *Prairie Creek*, am US-101, *Mill Creek*, 5 Meilen südlich von Crescent City, und *Jedediah Smith*, 8 Meilen nördlich von Crescent City am Smith River.

Sonstiges

INFORMATIONEN – *Park Headquarters*, Crescent City, 1111 2nd St, ✆ 464-6101, ⊙ tgl. 9–17 Uhr.

VORWAHL – 707.

Chico

Die reizende Kleinstadt Chico liegt ca. 20 Meilen östlich des I-5, etwa auf halber Strecke zwischen Sacramento und Redding. Sie bietet sich als Zwischenstation an, wenn man sich für das Sacramento Valley mehr als einen Tag Zeit nehmen möchte, aber auch als Ausgangsbasis für einen Abstecher zum Lassen Volcanic National Park (s.S. 389). Von Mountainbikern wird die entspannte Stadt und Heimat der **Chico State University** wegen ihrer vielen guten Radstrecken geschätzt. Günstige Zimmer im Zentrum bietet das *Holiday Inn***–*****, 685 Manzanita Court, ✆ 530/345-2491 oder 1-800/310-2491. Es gibt auch einige gute Restaurants, allen voran das mexikanische *La Hacienda Inn*, 2635 Esplanade, ✆ 530/893-8270.

Shasta, die Seen und Mount Shasta

Die Ghosttown Shasta, nur 6 Meilen westlich von Redding am Hwy-299, war einst ein geschäftiges Goldgräberzentrum. Heute zeugen nur noch eine Reihe zerfallender Backsteingebäude vom vergangenen Reichtum der Goldgräber. Das **Courthouse**, das alte Gerichtsgebäude an der Hauptstraße, ist inzwischen zu einem Museum über die Goldgräberzeit umgestaltet worden. ⊙ Mi–So 10–17 Uhr; Eintritt $2.

Von Shasta führt der Hwy-299 weiter zur **Whiskeytown-Shasta-Trinity National Recreation Area**. Das riesige Gebiet mit seinen drei Seen Trinity, Whiskeytown und Shasta, den künstlich angelegten Stränden und Campingplätzen inmitten von Wäldern ist bei Wasserskifahrern, Seglern und Wanderern das ganze Jahr über beliebt.

Vom Lake Shasta führt der schnelle I-5 hinauf zum Mount Shasta. Es ist eine reizvolle Fahrt vor dem Hintergrund von Bergen und Seen. Der Ort Mount Shasta (nicht zu verwechseln mit der Ghosttown Shasta) hat sich zu einem beliebten kalifornischen Esoterikzentrum entwickelt. Er liegt direkt unter dem massiven Berg **Mount Shasta**, mit 4317 m einer der höchsten Vulkane des Landes, der fast das ganze Jahr über schneebedeckt und wunderschön anzusehen ist, aber ein gewaltiges zerstörerisches Potenzial birgt. Obwohl der letzte Vulkanausbruch bereits über 200 Jahre zurückliegt, ist der Berg noch immer nicht zur Ruhe gekommen.

Übernachtung

Alpenrose Cottage Guest House*–***, 204 E Hinkley St, ✆ 926-6724, 🖥 www.snowcrest.net/alpenrose. Ausgezeichnete Unterkunft.
Best Western Tree House Motor Inn****–*****, 111 Morgan Way, ✆ 926-3101 oder 1-800/545-7164.
McCloud Hotel Bed & Breakfast, ab****, 408 Main St, McCloud, ✆ 964-2822 oder 1-800/964-

Blick von der Bergstraße A-10 auf den Mount Shasta

2823, 🖳 www.mchotel.com. Zimmer z.T. mit Jacuzzi.

Sonstiges

INFORMATIONEN – *Mount Shasta Ranger District Office*, 204 W Alma St, Mount Shasta City, ✆ 926-4511. Permits, Wanderkarten und Infos. ⏲ April–Okt Mo–Sa 8–16.30, sonst Mo–Fr 8–16.30 Uhr.
Chamber of Commerce, 300 Pine St, Ecke Lake St, Mount Shasta City, ✆ 926-3696 oder 1-800/926-4865, 🖳 www.mtshastachamber.com, ⏲ im Sommer tgl. 9–17.30, sonst 10–16 Uhr.

VORWAHL – 530.

Transport

Greyhound-Busse halten auf der Route zwischen REDDING und Oregon am N Mount Shasta Blvd in Mount Shasta City, nicht weit von der Chamber of Commerce.

Lassen Volcanic National Park

Die Wälder, kristallgrünen Seen und kochend heißen Quellen des 43 000 ha großen Lassen Volcanic National Parks, etwa 40 Meilen östlich von Redding, bilden eine Welt, die sich mit anderen Gegenden Kaliforniens kaum vergleichen lässt. Das raue Klima mit bis zu 15 Metern Schnee pro Jahr hat zur Folge, dass die Region fast völlig unbewohnt ist.

Der 3187 m hohe **Mount Lassen** galt als ein ruhiger Vulkan, bis 1914 eine Serie von Vulkanausbrüchen begann, die ihren Höhepunkt 1915 erreichte, als eine riesige, pilzförmige Wolke 11 km hoch in den Himmel stieg, die Spitze des Berges explodierte und einzelne Partikel bis nach Reno geschleudert wurden. Wissenschaftler sind der Ansicht, dass Lassen der Vulkan Kaliforniens ist, der am ehesten wieder ausbrechen könnte.

Direkt hinter der nördlichen Parkzufahrt (Eintritt pro Fahrzeug $10) liegt im Wald der **Manzanita Lake**, ein klarer Bergsee, in dem sich der Gipfel des Lassen spiegelt. Die 30 Meilen lange Fahrt auf dem Hwy-89 durch den Park von hier dürfte nicht länger als ein paar Stunden dauern.

Auf dem Weg zur **Devastated Area** lässt man die Baumgrenze hinter sich. Hier wälzte sich nach dem letzten Ausbruch im Jahr 1914 die flüssige Lava den Berg hinab, entwurzelte und verbrannte alle Bäume und vernichtete den Graswuchs, sodass nur noch der nackte Fels übrig blieb. Auf halbem Weg durch den Park ist **Summit Lake** erreicht, ein schöner, eiskalter See in über 2000 m Höhe mit zwei Campingplätzen, Ausgangspunkt der am leichtesten zu bewältigenden Wanderpfade.

Der 2,5 Meilen lange Aufstieg zum **Lassen Peak** beginnt am Parkplatz am Hwy-89 in 2550 m Höhe. Unter normalen Bedingungen kann man in 2 1/2 Stunden den Gipfel erreichen, sollte aber ausreichend Wasser und warme Kleidung mitnehmen und auf die ersten Anzeichen von Höhenkrankheit achten.

Der 3 Meilen lange Rundweg durch die **Bumpass Hell**, das größte geothermisch aktive Gebiet voller dampfender Becken, ist auf einer detaillierten Karte genau eingezeichnet. Er ist gesichert und in etwa 2–3 Stunden zu begehen. Allerdings kann man durch die dünne Kruste, die sich über den Thermalbecken bildet, brechen, und in kochend heißes Wasser fallen – also *nie* die markierten Wege verlassen! Der Pfad um den eisig-grünen, gläsernen **Emerald Lake**, aus dem nur ein schneebedeckter Felsen emporragt, ist ebenso eindrucksvoll.

Bevor man den Park bei Mineral wieder verlässt, sollte man an den **Sulphur Works** anhalten. Aus einer Reihe dampfender Schlote nahe der Straße, die über einen 180 m langen Plankenweg zu erreichen sind, dringt beißender Schwefelgeruch empor. Wer die einsame Wildnis liebt, sollte im östlichen Gebiet rings um den **Juniper Lake** wandern. Man erreicht das Gebiet nur auf einer unbefestigten, 13 Meilen langen Straße ab Chester am Hwy-36, südöstlich vom Park (hier kein Eintritt).

Sonstiges

INFORMATIONEN – Das Hauptquartier des *Park Service* befindet sich in Mineral, PO Box 100, Mineral, CA 96063; 595-4444, www.nps.gov/lavo, Mo–Fr 8–16.30 Uhr. Hier gibt es kostenlose Landkarten, Informationen und den *Lassen Park Guide*. Falls das Büro nicht besetzt sein sollte, gibt es draußen einen Kasten, in dem die Permits für Spätankömmlinge hinterlegt werden. **Visitor Center**, am Manzanita Lake, 595-4444, App. 5180, am Nordeingang, mit dem Loomies Museum, in dem der Eruptionszyklus der Vulkane dokumentiert wird. im Sommer tgl. 9–17 Uhr.

VORWAHL – 530.

Der Nordwesten

Pike Place Market, Seattle, WA Seattles lebendiger Markt bietet zahlreiche Stände mit Meeresfrüchten, Obst und Gemüse, während Akrobaten und Straßenmusiker vor den Cafés für Unterhaltung sorgen.

Quinault Rainforest, WA Herrliche Wanderwege durchziehen die dichten Regenwälder am Lake Quinault im Olympic National Park.

Mount St. Helens, WA Der berühmteste Vulkan des nordamerikanischen Kontinents wirkt auch zwei Jahrzehnte nach seinem letzten Ausbruch gleichermaßen faszinierend wie gespenstisch.

Sandcastle Competition, OR Alljährlich im Sommer erwacht das beliebte Küstenstädtchen Cannon Beach beim Sandburgenwettbewerb zum Leben.

Crater Lake, OR Der stahlblaue Kratersee in einem ausgehöhlten Vulkankegel lockt das ganze Jahr über Besucher an.

Hells Canyon, OR Die abgelegene Schlucht ist tiefer als der Grand Canyon und bietet ausgezeichnete Bedingungen zum Wildwasser-Rafting auf dem Snake River.

Washington und Oregon, die beiden Bundesstaaten im Pazifischen Nordwesten der Vereinigten Staaten, sind sich sehr ähnlich, wenn es um das Klima, die Topographie und die liberale politische Einstellung geht, unterscheiden sich aber beträchtlich bei den Themen Entwicklung und Expansion. Während Washington für unkontrolliertes Wachstum, betriebsame Militärstützpunkte und Verkehrschaos auf den Freeways steht, geht es im Nachbarstaat Oregon wesentlich bedächtiger zu, nicht zuletzt dank der strengen Landnutzungsgesetze und der „urbanen Wachstumsgrenzen", denen die größeren Städte dort unterliegen.

Erheblich kühler als Südkalifornien, bleiben die beiden nördlichen Pazifikstaaten von den schlimmsten Auswirkungen des Massentourismus verschont. Beide werden durch den Gebirgszug der Cascade Mountains in Nord-Süd-Richtung in zwei Hälften geteilt, wobei die westlichen Abschnitte die reizvolleren sind. Obwohl die Regenfälle vom Ozean her diese bergigen Westregionen nicht ununterbrochen heimsuchen, regnet es vor allem im westlichen Washington sehr häufig. Nur im Sommer, von Ende Juni bis September, ist das Wetter warm und der Himmel blau. Doch selbst durch einen grauen Schleier von Nieselregen bleibt die Region zauberhaft. Die regelmäßigen Niederschläge und das insgesamt feuchte Klima haben eine üppige Bergvegetation geschaffen, die auf der Olympic Peninsula in kleine Regenwälder übergeht. Es überrascht nicht, dass diese fruchtbare Region die am dichtesten besiedelte ist, auch wenn sich die wichtigsten Städte nicht an der exponierten Küste befinden, deren raue und von Treibholz übersäte Strände sich besonders in Oregon noch bemerkenswert unberührt präsentieren.

Die Städte Seattle und Portland liegen rund 50 Meilen landeinwärts am I-5, der von Kanada bis nach Kalifornien führt. Seattle, die kommerzielle und kulturelle Hauptstadt des Nordwestens, ist in erster Linie ein wichtiger Hafen am Ufer des Puget Sound, wo sich nicht nur zahlreiche Containerschiffe tummeln, sondern auch viele Personen- und Autofähren verkehren. Portland schließt sich an das reiche Farmland des Willamette Valley an, dem seit langem historischen Zentrum von Oregon.

Jenseits der Cascades und weiter im Osten zeigt sich die Region wesentlich trockener und weniger einladend. Dort herrschen karg bewachsene, wüstenähnliche Gebiete vor, die sehr anfällig für Dürreperioden sind und in den letzten Jahren wiederholt von großen Flächenbränden heimgesucht wurden. Die einzige größere Stadt im Osten der beiden Bundesstaaten ist Spokane in Washington. Ein weitaus attraktiveres Reiseziel stellt der aufstrebende Ferienort Bend in Oregon dar, denn aufgrund seiner Lage in den Ausläufern der Cascades ist er ein idealer Ausgangspunkt für Ausflüge in die Berge, in die Wüste und besonders zur beeindruckenden Columbia River Gorge weiter nördlich. Ebenfalls ein interessantes Ausflugsziel ist die Region zwischen Seattle und Portland um den Vulkan Mount St. Helens, der zuletzt 1980 mit verheerender Wucht ausbrach.

Geschichte

Die ersten Einwohner des Pazifischen Nordwestens kamen möglicherweise vor 12 000 bis 20 000 Jahren, also gegen Ende der letzten Eiszeit, über die Landbrücke der heute zwischen Sibirien und Alaska verlaufenden Beringstraße auf den nordamerikanischen Kontinent. Weiße Einwanderer in größerer Zahl trafen erst im frühen 19. Jh. ein, wobei sich die Neuankömmlinge zunächst auf die Küstenregion konzentrierten, wo sie Handel trieben und unbekannte Gebiete erforschten. Nur wenige ließen sich dauerhaft nieder. Aus dem Norden kamen russische Trapper, und europäische Seefahrer wie James Cook und George Vancouver suchten hier nach der legendären Nordwestpassage, der eisfreien Verbindung zwischen Atlantik und Pazifik.

Es brach eine kurze Periode heftiger Konkurrenz um die beträchtlichen Profite aus dem Pelzhandel an, ein Wettlauf zwischen Glücksrittern aus aller Herren Länder, der erst ein Ende fand, als praktisch alle Pelztiere der Küstenregion ausgerottet waren. Die beiden Jäger Lewis und Clark, die 1804 nahe dem heutigen Astoria die Küste Oregons erreichten, waren die ersten „Bleichgesichter", die das Binnenland des Kontinents durchquerten. Es dauerte keine 40 Jahre, da bevölkerten amerikanische Siedler in Massen den Oregon Trail. Während dieser legendären Einwanderungsperiode erlangten die Vereinigten Staaten de facto die Kontrolle über die Region; die offizielle Bestätigung folgte 1846 mit der Unterzeichnung eines Landabkommens mit Großbritannien, unter dem die Grenze zwischen den USA und Kanada entlang des

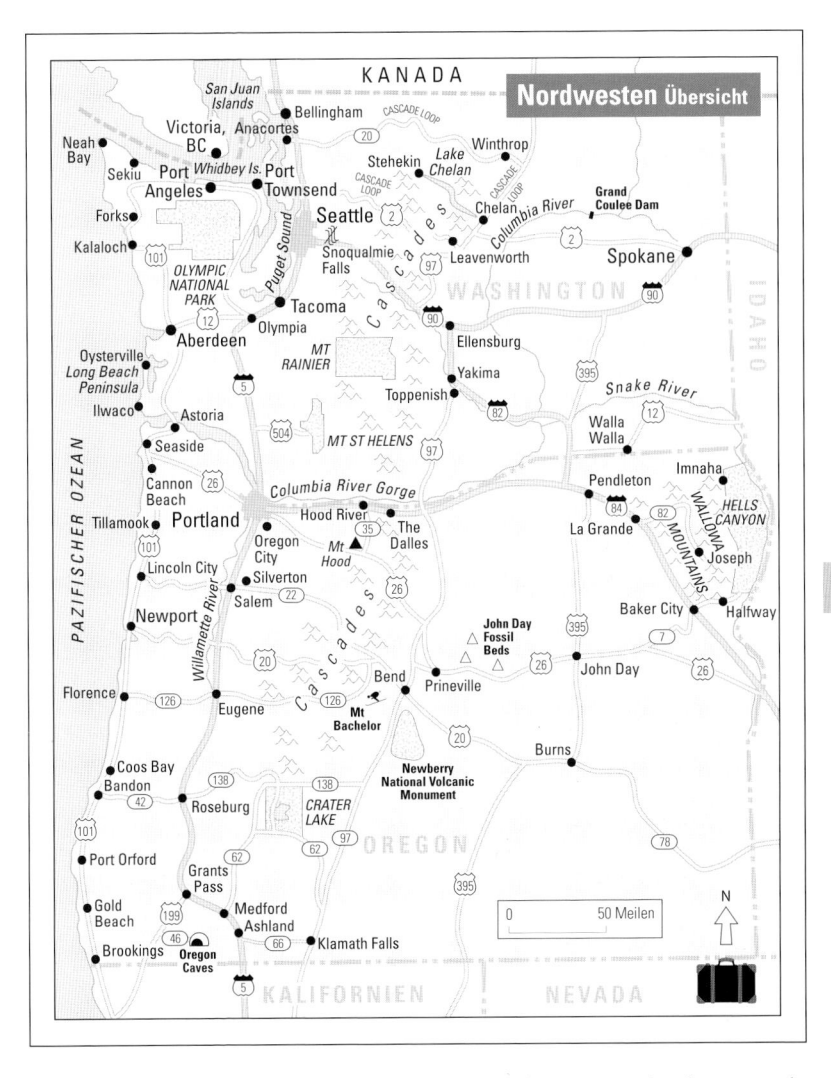

49. Breitengrads festgelegt wurde. 1859 wurde Oregon nach Kalifornien zum zweiten amerikanischen Bundesstaat westlich der Great Plains, und 30 Jahre später trat Washington ebenfalls der Union bei.

Zu jener Zeit erreichte auch die immer weiter nach Westen vordringende Eisenbahn die Städte Portland und Seattle, während Indianerhäuptling Joseph von den Nez Percé einen letzten, vergeblichen Versuch startete, sich gegen die Vertreibung seines Volkes aufzulehnen (s.S. 180). Für Oregon und Washington begann der wirtschaftliche Aufstieg, begünstigt durch den Absatz von Nutzholz sowie im Fall von Seattle durch den blühenden Handel mit Versorgungsgütern für die Glücksritter, die sich im Zuge des Goldrausches am Klondike River auf den Weg nach Alaska machten. Ihren Aufstieg und Fall erlebte im Pazifischen Nordwesten nicht nur die Holz verarbeitende Wirtschaft, sondern in jüngerer Vergangenheit auch die Luft- und Raumfahrtindustrie, ganz zu schweigen vom beinahe totalen Zusammenbruch der Hightech-Industrie, von dem sich die Region bis heute nicht erholt hat. 2003 war der Pazifische Nordwesten die wirtschaftlich am ärgsten gebeutelte Region der USA mit der höchsten Arbeitslosenzahl der gesamten Nation.

Washington
Seattle

Die Stadt an der Elliott Bay mit dem malerischen Lake Washington im Osten und dem fernen, schneebedeckten Gipfel des Mount Rainier am Horizont genießt eine wunderschöne Lage. Die moderne Skyline gläserner Wolkenkratzer, die sich im Wasser der Bucht spiegelt, ist das Resultat einer konsequenten Stadtplanung während der vergangenen 30 Jahre. Seattle ist die unbestrittene Metropole des Pazifischen Nordwestens sowie die bedeutendste Stadt nördlich von San Francisco und westlich von Denver. Dabei handelt es sich keineswegs um einen isolierten Außenposten am äußersten Rand der Vereinigten Staaten, sondern vielmehr um ein attraktives Reiseziel, das seine Besucher mit freundlichem Charme, ausgefallenen Cafés, guten Restaurants und netten Kneipen willkommen heißt.

Nachdem das kleine Holzfäller-Camp am Alki Point (dem heutigen Vorort West Seattle) mehrfach überschwemmt worden war, gab man es auf und errichtete 1850 auf dem schlammigen Boden des heutigen Pioneer Square neue Häuser auf Stelzen, den Historic District. Der Name „Seattle" geht auf den Indianerhäuptling Sealth zurück, der entscheidend dazu beigetragen hatte, die Spannungen zwischen weißen Siedlern und Indianern zu verringern. Während der Wald in der Umgebung allmählich abgeholzt und das Holz hier verarbeitet und verschifft wurde, wuchs der Ort zu einer Hafenstadt heran. Der Goldrausch von 1897 in das alaskische Klondike sicherte ihr endgültig einen Platz auf der Landkarte, denn man propagierte den Hafen von Seattle seinerzeit als *das* Eingangstor zu Alaska.

Seit Beginn des 20. Jhs. hat der Flugzeugbauer *Boeing* als mächtiger Arbeitgeber wichtigen Anteil am wirtschaftlichen Aufstieg der Stadt. Dieser Wohlstand, verstärkt durch den Software-Giganten *Microsoft* und den Internet-Shopping-Riesen *Amazon.com*, zeigt sich auch äußerlich in einer großen Zahl von Nobelrestaurants, Museen und großzügig geförderten kulturellen Einrichtungen. Der Aufschwung ging so weit, dass Seattle einen großen Bevölkerungszustrom erlebte, der sich in einem rasanten Wachstum und zunehmend albtraumhaften Verkehrsverhältnissen niederschlug. In ihren Grundfesten erschüttert wurde die Stadt 1999 durch gewaltsame Demonstrationen gegen die Welthandelsorganisation WTO und durch ein schlimmes Erdbeben im Februar 2001. Ähnlich verheerende Auswirkungen hatte der sich gleichzeitig vollziehende Niedergang der aufgeblasenen Hightech-Industrie von Seattle, in dessen Verlauf unzählige Start-ups Konkurs anmelden mussten und ausgestorbene Büroflächen in der Innenstadt zurückließen. Innerhalb weniger Jahre war die Metropole von einem kraftvollen Vorzeigemodell der New Economy zu einem bedauernswerten Symbol der platzenden Internet-Blase verkommen.

Doch trotz der wirtschaftlichen Achterbahnfahrt haben sich die etablierten Viertel Seattles ihren Charakter erhalten, und überhaupt besticht die Stadt durch ihre angenehme, bodenständige Atmosphäre. Hinzu kommt, dass sich der Besucher wegen des andauernden Überlebenskampfes der lokalen Geschäfte und Unternehmen über viele gute Preisangebote bei Unterkünften, Restaurants und Sightseeingtouren freuen kann.

Der **Pike Place Market** am Ende der Pike Street ist zu Recht eine der größten Attraktionen Seattles. Das Aroma von frischem Kaffee weht aus vielen Cafés auf die Straße hinüber, wo Akrobaten und Musiker ihr Publikum unterhalten. An den Ständen in der ausgedehnten Markthalle werden Hummer, Krebse, Lachs, Gemüse, Obst, Blumen, handgearbeitete Schmuckstücke, Holzschnitzereien und Siebdrucke verkauft, während auf der anderen Straßenseite zahlreiche Läden mit einem riesigen Angebot exotischer Lebensmittel locken.

In der Nähe befindet sich das **Seattle Art Museum**, 100 University, Ecke 1st Ave, 🖥 www.

Downtown Seattle

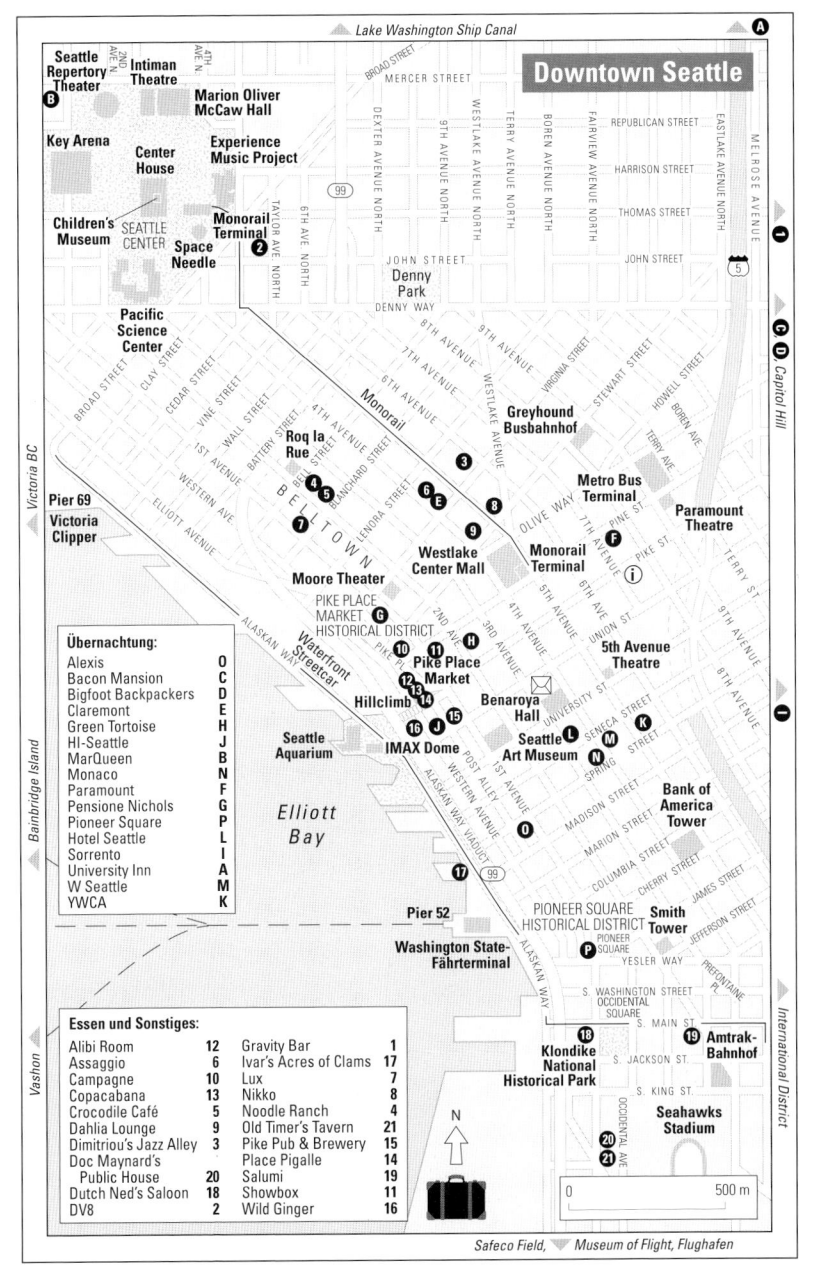

Übernachtung:

Alexis	O
Bacon Mansion	C
Bigfoot Backpackers	D
Claremont	E
Green Tortoise	H
HI-Seattle	J
MarQueen	B
Monaco	N
Paramount	F
Pensione Nichols	G
Pioneer Square	P
Hotel Seattle	L
Sorrento	I
University Inn	A
W Seattle	M
YWCA	K

Essen und Sonstiges:

Alibi Room	12	Gravity Bar	1
Assaggio	6	Ivar's Acres of Clams	17
Campagne	10	Lux	7
Copacabana	13	Nikko	8
Crocodile Café	5	Noodle Ranch	4
Dahlia Lounge	9	Old Timer's Tavern	21
Dimitriou's Jazz Alley	3	Pike Pub & Brewery	15
Doc Maynard's Public House	20	Place Pigalle	14
Dutch Ned's Saloon	18	Salumi	19
DV8	2	Showbox	11
		Wild Ginger	16

DER NORDWESTEN

Seattle 395

seattleartmuseum.org. Gezeigt wird eine sehenswerte Sammlung moderner Kunstwerke und erlesener Stücke indianisch-amerikanischer, afrikanischer und pazifischer Herkunft, dazu eine kleinere Auswahl moderner Kunstgegenstände. ⊙ Di–So 10–17, Do bis 21 Uhr, Eintritt $10 (gilt auch für das Asian Arts Museum); am ersten Do im Monat frei.

Das Geschäftsviertel in Downtown zwischen 2nd und 7th Avenue mit seinen Bürohochhäusern aus Stahl und Glas ist Seattles **Business District**. Dort gibt es einige interessante Sehenswürdigkeiten für diejenigen, die etwas mehr Zeit zur Verfügung haben. Touristenattraktion Nummer eins ist die **Westlake Center Mall**, 400 Pine St, ⊙ tgl. 10–21 Uhr, ein riesiges, mehrstöckiges Einkaufszentrum und südliche Endstation der 1,3 Meilen langen **Monorail**, 🖥 www.seattlemonorail.com. Die zum Seattle Center verkehrende Hochbahn ist ein Überbleibsel der Weltausstellung von 1962 und zählt inzwischen zu den Erkennungsmerkmalen der Stadt (Mo–Fr 7.30–23, Sa und So 9–23 Uhr, einfache Fahrt $3, Kinder $1,50). Weiter südlich strebt in der 701 Fifth Avenue der dunkle **Bank of America Tower** in die Höhe, der wegen seiner Initialen den Spitznamen „The BOAT" trägt. Seine eigentümlich ausgehöhlte Silhouette verdankt das Bauwerk drei konkaven Seitenwänden. Gemessen an der Zahl seiner Stockwerke (76) ist das knapp 300 m hohe Gebäude der größte Wolkenkratzer westlich des Mississippi und wird in der Höhe nur noch vom Library Tower in Los Angeles übertroffen. Von der Aussichtsplattform im 73. Stock bietet sich ein hervorragender Blick über Seattle und die Umgebung. ⊙ Mo–Fr 8.30–16.30 Uhr, Eintritt $5, Kinder $3.

Westlich vom Pike Place Market führen Treppen den **Hillclimb** hinab zum Uferbezirk. **Pier 59**, schräg gegenüber vom Hillclimb, ist einer der alten hölzernen Kais, an denen früher die großen Schiffe anlegten. Hier steht heute ein **Aquarium**, 🖥 www.seattleaquarium.org, mit rund 400 verschiedenen Arten von Fischen, Vögeln, Pflanzen und Meeressäugetieren. Die Anlage ist erfreulich großzügig und übersichtlich gestaltet und umfasst einen schönen Außenbereich am Wasser. ⊙ Juni–Aug tgl. 10–19, sonst 10–17 Uhr, Eintritt $11, Kinder $7. Der Kauf einer Kombi-Karte berechtigt auch zum Eintritt in das angrenzende **IMAX-Kino**, ✆ 622-1868, 🖥 www.seattleimaxdome.com, in dem täglich ab 10 Uhr 3D-Filme im Format 70 mm gezeigt werden (Eintritt $7, jeder weitere Film $2).

Den südlichen **Pier 54** säumen zahlreiche Souvenirläden, Restaurants und Fish & Chips-Stände. Der bekannteste, *Ivar's Acres of Clams,* ✆ 624-6852, 🖥 www.ivars.net, hat eine eigene Straßenbahnhaltestelle, die Clam Central Station. Am **Pier 52** wird es wieder geschäftig, denn am **Coleman Dock** befindet sich die Anlegestelle der *Washington State Ferries* (s.u.).

Von der Fähranlegestelle landeinwärts erreicht man den **Pioneer Square Historical District**, das älteste Viertel von Seattle, das in den 60er Jahren nur knapp seinem Abriss entging. Die Restaurierungsarbeiten sind etwas glanzvoller ausgefallen als am Pike Place Market. Buchhandlungen und Galerien verleihen dem Bezirk eine stilvolle Note. Nachts wird es etwas rauer, dann wird in den so genannten Taverns laute Rock- und Jazzmusik geboten, und Bettler machen die Gegend unsicher. Wohl die interessanteste Art, die düstere Vergangenheit des Viertels kennen zu lernen, dürfte die 90-minütige **Underground Tour** ($6,50) sein; Ausgangspunkt ist *Doc Maynard's Tavern,* 610 1st Ave, ✆ 682-4646, 🖥 www.undergroundtour.com. Auf dem Rundgang erfährt man, wie nach einem verheerenden Feuer im Jahre 1889 das Straßenniveau um ein Stockwerk angehoben und die alten Erdgeschosse als Kellerräume und Kanalisation benutzt wurden. Einen Block östlich steht in der 506 2nd Avenue am Rande vom Pioneer Square-Distrikt der 1914 in weißem Terrakotta erbaute **Smith Tower**, seinerzeit der erste Wolkenkratzer der Stadt und über lange Jahre *das* Wahrzeichen von Seattle, bis es in den 60er Jahren von der Space Needle als wichtigstem Postkartenmotiv abgelöst wurde. Von der Aussichtsplattform im 35. Stock bieten sich hervorragende Ausblicke. ⊙ Sa–So 11–16 Uhr, Eintritt $5.

Der zwei Blocks südlich gelegene **Klondike Gold Rush National Historic Park**, 117 S Main St, 🖥 www.nps.gov/klse, ist eigentlich kein Park, sondern ein kleines Museum, in dem der Klondike-Goldrausch von 1897 dokumentiert wird. ⊙ tgl. 9–17 Uhr, Eintritt frei.

Auf dem großen, gepflasterten **Occidental Square**, zwischen S Main St und S Washington St, stehen vier Totempfähle. Sie sind mit Schnitzereien mythischer Figuren aus den Legenden der nordwestamerikanischen Indianer versehen.

Beliebtes Postkartenmotiv: Die Space Needle in Seattle

Einige Blocks südlich vom Pioneer Square-Distrikt steht das **Seahawks Stadium**, 800 Occidental Ave S, ✆ 1-888/635-4295, 🖳 www.seahawks.com, das eingefleischten Fans des American Football bestens vertraut sein dürfte. Die Baseball-Profis der Major League, die Seattle Mariners, spielen weiter südlich im **Safeco Field**, First Ave, Ecke Atlantic St, ✆ 346-4001, 🖳 www.mariners.mlb.com.

Unmittelbar nördlich vom Pike Street Market erstreckt sich über eine Meile Richtung Seattle Center das schicke **Belltown**. Das auch unter der Bezeichnung „Denny Regrade" bekannte Viertel hat seine alternative Vergangenheit hinter sich gelassen und präsentiert sich heute mit yuppie-freundlichen Cafés, Retro-Boutiquen und Galerien in den fünf Blocks der Second Avenue zwischen Lenora und Battery Street. In Belltown lag Anfang der 90er Jahre mit **Sub Pop Records** die Keimzelle der Grunge-Szene. Die Plattenfirma hat immer noch ein Büro in der 2514 4th Avenue, doch heute ist der Bezirk nicht mehr von Musikern, Künstlern und Szenetypen gekennzeichnet, sondern vielmehr von Touristen, gesellschaftlichen Aufsteigern sowie immer mehr Obdachlosen. Hinweise auf die alte Szene finden sich noch in Clubs wie dem *Crocodile Café,* 2200 Second Ave, ✆ 441-5611, 🖳 www.thecrocodile.com, und in abgefahrenen Galerien wie *Roq La Rue,* 2316 Second Ave, ✆ 374-8977, 🖳 www.roqlarue.com, ⏱ Di-Fr 14–18, Sa 12–16 Uhr, Eintritt frei.

Nördlich von Belltown liegt das **Seattle Center**, 🖳 www.seattlecenter.com, das anlässlich der Weltausstellung „Century 21 Exposition" 1962 erbaut wurde. Seitdem ist der knapp 30 ha große Komplex als Standort von Museen und Veranstaltungsort für Sportereignisse, Konzerte und Festivals das kulturelle Zentrum der Stadt.

Die Monorail endet an der **Space Needle**, 🖳 www.spaceneedle.com. Der spindeldünne Turm, der einer Folge von *Raumschiff Enterprise* entsprungen sein könnte, war das Symbol der Ausstellung und ist inzwischen das Wahrzeichen der Stadt. Er bezaubert vor allem nachts, wenn er hell beleuchtet ist und die Gäste im rotierenden Restaurant speisen. Der Panoramablick von der Aussichtsplattform (mit Bar) ist unübertroffen. ⏱ tgl. 9–23, Sa und So 9–24 Uhr, Eintritt $12, zwei Besuche innerhalb von 24 Std. $18.

Das **Pacific Science Center**, 🖥 www.pacsci.org, ist an seinen modernistischen weißen Bögen und dem seichten, stillen „See" zu erkennen. Der interaktive Abenteuerpark hält eine Fülle technischer und naturwissenschaftlicher Exponate für Kinder bereit und beherbergt außerdem ein Planetarium und ein IMAX-Kino. ⏲ Sep–Mai 10–17, Sa und So 10–18, im Sommer tgl. 10–18 Uhr, Eintritt $9, Kinder $6,50.

Ein weiteres Highlight für den Nachwuchs ist das im Center House Complex untergebrachte **Children's Museum**, 🖥 www.thechildrensmuseum.org. Es bietet viele überaus nette Aktivitäten und Attraktionen wie den künstlichen Bergwald, in dem die Kleinen durch Baumstämme kriechen oder über Felsen klettern können. ⏲ Mo–Fr 10–17, Sa und So 10–18 Uhr, Eintritt $6.

Die jüngste Attraktion im Seattle Center ist das von Frank Gehry entworfene **Experience Music Project**, 🖥 www.emplive.com. Es ist in einem riesigen Baukörper aus Stahl und gebogenem Aluminiumblech mit farbiger Oberfläche untergebracht, in den die Monorail hineinfährt. Das Museum beherbergt eine 80 000 Objekte umfassende Sammlung von Erinnerungsstücken zur Geschichte der Rock- und Popmusik. Eine eigene Galerie ist dem aus Seattle stammenden „Gitarrengott" Jimi Hendrix gewidmet. Das Museum ist gleichzeitig eine Art überdachter Vergnügungspark, in dem Besucher beispielsweise im Sound Lab nach Herzenslust auf Drums und Keyboards eindreschen können. Das EMP widmet sich auch eingehend dem ungezwungenen Spaßfaktor, mit dem die Rock- und Popmusik der 60er Jahre verbunden war. ⏲ tgl. 10–17, Sa und So 10–21 Uhr, Eintritt $20, Kinder $15.

Der Stadtteil **Capitol Hill** östlich von Downtown, den man nach einer 15-minütigen Busfahrt erreicht, sorgte in den 60er und 70er Jahren für Aufregung, als sich hier Schwule, Hippies und andere Außenseiter der Gesellschaft niederließen. Auch heute finden sich hier noch gute Restaurants, Plattenläden und Clubs. In den Geschäften und Cafés in der Umgebung des **Broadway** tummelt sich die intellektuelle Szene zwischen kleinen Espresso-Ständen. Östlich vom Broadway erstreckt sich von der Twelfth Avenue bis zur Ninth Avenue der **Pike/Pine Corridor** mit rund um die Uhr geöffneten Coffee Houses, Konzertclubs und angesagten Bars. Einen Block weiter südlich befindet sich das **Center on Contemporary Art** (CoCA), 1420 11th Ave, ☏ 728-1980, 🖥 www.cocaseattle.org, mit einer kleinen, ständig wechselnden Ausstellung von Arbeiten, die weitaus gewagter sind als das, was die modernen Kunstgalerien in Seattle normalerweise zu bieten haben. ⏲ Di–Do 14–20, Fr–So 12–17 Uhr, $5 Spende.

Einen krassen Gegensatz bildet das nördliche Ende von Capitol Hill mit seinen auffälligen Villen wie dem **Shafer-Baillie Mansion** in der 907 14th Avenue E. In der Nähe liegt der zu Ehren der Veteranen aus dem Spanisch-Amerikanischen Krieg benannte **Volunteer Park**, 1247 15th Ave, ⏲ tgl. 6–23 Uhr. Dort befindet sich der alte **Wasserturm**, der zum Nulltarif einen weiten Blick über Seattle eröffnet, wenn auch durch Maschendraht. Der Park umfasst ferner die Treibhäuser des 1912 erbauten **Conservatory** mit Blumen, Büschen und Orchideen aus so unterschiedlichen Lebensräumen wie Dschungel, Wüste oder Regenwald. ⏲ tgl. 10–16, im Sommer bis 19 Uhr, Eintritt frei. Das **Seattle Asian Art Museum**, 1400 E Prospect St, 🖥 www.seattleartmuseum.org, in einem geschmackvollen Art déco-Gebäude im Volunteer Park untergebracht, beherbergt eine 70 000 Objekte umfassende Sammlung von Keramiken, Jadestücken und Schnupftabakflaschen aus Japan, China, Korea und Südostasien. ⏲ Di–So 10–17, Do bis 21 Uhr, Eintritt $3.

Zehn Blocks östlich vom Volunteer Park erstreckt sich auf der anderen Seite des Capitol Hill das **Washington Park Arboretum**, 🖥 www.depts.washington.edu/wpa, ein üppiger Schaukasten für die indigene Vegetation am Puget Sound mit zahlreichen reizenden Fußwegen und einer großen Vielfalt an regionalen Baumarten. ⏲ tgl. 7 Uhr bis Sonnenuntergang, Eintritt frei. Am südlichen Ende des Parks liegt der perfekte **Japanische Garten**, 🖥 www.seattlejapanesegarden.org, mit kleinen, blumenbegrenzten Teichen, in denen sich exotisch bunte Karpfen tummeln. ⏲ März–Nov tgl. 10 Uhr bis Sonnenuntergang, Eintritt $3.

Vom Washington Park gesehen auf der anderen Seite der Union Bay liegt der **University District**, abgekürzt U-District. Die lebendigen Cafés, Kinos, Textil-, Buch- und Plattenläden sind voll und ganz auf die Bedürfnisse der 35 000 Studenten der University of Washington zugeschnitten. Das Leben konzentriert sich rings um den **University Way** mit dem *University Bookstore*, 4326 University Way NE, ✆ 634-3400, 🖥 www.bookstore.washington.edu, und vielen preiswerten, exotischen Restaurants.

Nördlich von Downtown Seattle erstreckt sich jenseits des großen Kanals der Bezirk **Fremont**, ein ausgesprochenes Szeneviertel mit jeder Menge Secondhand-Buchhandlungen und Künstlercafés. Im Mittelpunkt der Aktivitäten steht der Abschnitt der Fremont Avenue N zwischen N 34th Street und N 37th Street. In unmittelbarer Nähe der N 34th Street liegt der **Fremont Sunday Market**, eine Art Flohmarkt, wo es neuen und gebrauchten Schmuck, Möbel, Kleidung, Tonträger und verschiedene Kuriositäten zu kaufen gibt. ⏱ April–Nov 10–17 Uhr, Eintritt frei.

Einen (lang gezogenen) Block weiter westlich befindet sich neben einem Lagerhaus das **Fremont Outdoor Cinema**, N 35th St, Ecke N Phinney Ave, ✆ 781-4230, 🖥 www.outdoorcinema.com. In dem Freiluftkino läuft von Juli bis August jeden Samstag nach Einbruch der Dunkelheit ein Film, angefangen bei klassischen Hollywood-Streifen über Kultfilme bis zu Musicals zum Mitsingen. $5 Spende.

Eine weitere Hauptattraktion in Fremont sind die schrulligen **öffentlichen Kunstwerke**, die sich über das ganze Viertel verteilen, allen voran der unter der Aurora Bridge hervorspickende **Fremont Troll**, 36th St, Ecke Aurora Ave, der mit seiner Pranke einen echten VW-Käfer umklammert.

Etwas weiter nördlich führt die Aurora Avenue aus Fremont heraus Richtung **Woodland Park Zoo**, N 55th St, Ecke Phinney Ave N, 🖥 www.zoo.org. Der Tierpark zählt zu Seattles Top-Attraktionen und beherbergt auf seinem gepflegten, großzügigen Gelände über 250 Tierarten in artgerechten Gehegen und Käfigen. Die Anlage gliedert sich thematisch in verschiedene Bereiche, die unterschiedliche Klimazonen und Lebensräume repräsentieren, z.B. Asien, tropischer Regenwald, gemäßigte Wälder usw. ⏱ tgl. 9.30–16, im Sommer bis 18 Uhr, Eintritt $10, Kinder $7,50.

Das beste und größte Museum der Stadt ist das **Museum of Flight**, 9404 E Marginal Way, 🖥 www.museumofflight.org. Es ist zum Teil in der 1909 erbauten *Red Barn* untergebracht, der roten Scheune, in der sich ursprünglich die *Boeing*-Fabrik befand. Heute beherbergt sie eine Ausstellung über die Anfangstage der Fliegerei, darunter eine altersschwache *Caproni Ca 20* (Baujahr 1914), das erste Kampfflugzeug der Welt. In der **Great Gallery** sind über 50 Luft- und Raumfahrzeuge in voller Lebensgröße zu besichtigen, von uralten Prototypen bis zu Entwürfen der Gebrüder Wright und von Boeing-Maschinen verschiedener Entwicklungsstufen bis zu einem Nachbau von John Glenns Mercury-Raumkapsel aus dem Jahr 1962. Zu den absoluten Highlights zählt die Besichtigung des Cockpits eines Spionageflugzeugs vom Typ *SR-71 Blackbird*, das seinerzeit in der Rekordhöhe von 25 000 m über den Dschungel von Vietnam hinwegflog. In einem neuen Flügel des Museums ist die jüngst erworbene **Champlin Collection** untergebracht, eine Sammlung von 25 klassischen Kampfflugzeugen aus beiden Weltkriegen. ⏱ tgl. 10–17, Do bis 21 Uhr, Eintritt $11, Kinder $6,50. Zu erreichen mit der Buslinie 174 in ca. 20 Min.

Übernachtung

Auf die Vermittlung von B&Bs in Washington spezialisiert sind *A Pacific Reservation Service*, ✆ 439-7677 oder 1-800/684-2932, 🖥 www.seattlebedandbreakfast.com, *Seattle Bed and Breakfast Association*, ✆ 547-1020 oder 1-800/348-5630, 🖥 www.seattlebandbs.com, und *Travelers' Reservation Service*, 14716 26th Ave NE, Seattle, WA 98155, ✆ 364-5900.

HOTELS, MOTELS UND B&Bs – *Alexis*, $200–250, 1007 1st Ave, Downtown, ✆ 624-4844 oder 1-800/426-7033, 🖥 www.alexishotel.com. Renoviertes altes Hotel zwischen Pike Place Market und Pioneer Square; geboten werden heiße Wannenbäder, Kamin, Beauty- und Wellnesszentrum, Fitnessraum und Zigarrenbar. Fast die Hälfte der Zimmer sind Suiten.

Bacon Mansion****, 959 Broadway E, Capitol Hill, ✆ 329-1864 oder 1-800/240-1864, 🖥 www.baconmansion.com. Elf elegante Zimmer und geräumige Suiten unmittelbar nördlich des belebtesten Broadway-Abschnitts. Die billigsten Zimmer sind recht preiswert für die Gegend, die besten allerdings doppelt so teuer. Zwei Nächte Mindestaufenthalt am Wochenende.

Claremont, $130–160, 2000 4th Ave, Belltown, ✆ 448-8600 oder 1-800/448-8601, 🖥 www.claremonthotel.com. Intimes Hotel im europäischen Stil in Downtown Seattle. Der Wochenendtarif für ein einfaches Zimmer liegt bedeutend niedriger als der für eine Suite unter der Woche. Kleines Frühstück inkl.

Hotel Seattle****, 315 Seneca St, Downtown, ☎ 623-5110. Einfache, saubere Zimmer in zentraler Lage unweit des Seattle Art Museum in modernem, aber keineswegs sterilem Ambiente.

MarQueen, $130–160, 600 Queen Ave N, Seattle Center, ☎ 282-7407 oder 1-800/445-3076, 🖥 www.marqueen.com. Renoviertes Gebäude von 1918 mit 56 Zimmern und Suiten. Antiquitäten, Holzfußböden, Kochnischen, Mikrowelle und Kühlschrank sowie Wellness-Bad auf dem Gelände.

Monaco, $200–250, 1101 4th Ave, Downtown, ☎ 621-1770 oder 1-800/715-6513, 🖥 www.monaco-seattle.com. Von außen farbloses Boutique-Hotel, aber innen luxuriös mit beeindruckendem Foyer, Fitness Center und eleganten Suiten mit CD-Player und Faxgerät – teilweise auch mit Whirlpool.

Paramount, $200–250, 724 Pine St, Downtown, ☎ 292-9500, 🖥 www.westcoasthotels.com/paramount. Luxuriöses Kettenhotel mit schöner Fassade im europäischen Stil, aber die Zimmer lassen angesichts der stolzen Preise zu wünschen übrig. Einige Suiten mit Jacuzzi.

Pensione Nichols*****, 1923 First Ave, Belltown, ☎ 441-7125, 🖥 www.seattle-bed-breakfast.com. Das noble kleine B&B bietet ein hervorragendes Preis-Leistungs-Verhältnis für diese Gegend. Vier aber saubere Zimmer, Gemeinschaftsbad und einfache, geschmackvolle Einrichtung in einem klassischen Gebäude aus dem Jahr 1904. Eine Suite mit Kochnische kostet ca. $75 mehr, bietet aber vier Personen Platz.

Pioneer Square, $130–160, 77 Yesler Way, Pioneer Square, ☎ 340-1234, 🖥 www.pioneersquare.com. Das restaurierte, 1914 von Seattle-Pionier Henry Yesler erbaute Backsteinhotel zählt zu den wenigen Unterkünften der mittleren Preisklasse bei adäquatem Komfort. Saloon und Saftbar im Erdgeschoss.

Sorrento, über $250, 900 Madison St, First Hill, ☎ 622-4400 oder 1-800/426-1265, 🖥 www.hotelsorrento.com. Modernisiertes Hotel mit 76 Zimmern auf der Ostseite des I-5 in Höhe Downtown. Europäisches Flair, stilvolles Dekor und nobles Restaurant. Die hoheitsvolle Fassade umgibt einen kreisrunden, von Palmen gesäumten Hof.

University Inn*****, 4140 Roosevelt Way NE, University District, ☎ 632-5055 oder 1-800/733-3855, 🖥 www.universityinnseattle.com. Auf Geschäftsreisende ausgerichtetes Hotel in Uni-Nähe. Einige Zimmer mit Küche, Frühstück inkl., Swimming Pool und Wellness-Bad auf dem Gelände.

W Seattle, über $250, 1112 4th Ave, Downtown, ☎ 264-6000, 🖥 www.whotels.com. Eleganter Hotelturm mit nettem Personal und gepflegten, gemütlichen Zimmern. Auch das Ambiente lässt keine Wünsche offen, z.B. die schicke Cocktail-Bar mit den meist voll besetzten Sofas im Erdgeschoss.

HOSTELS – *Bigfoot Backpackers*–***, 126 Broadway Ave E, Capitol Hill, ☎ 720-2965 oder 1-800/600-2965. In einer Gasse in der belebtesten Ecke des Viertels. 45 Schlafplätze, darunter viele Dorm-Betten ($17) und ein paar Privatzimmer (EZ $35, DZ $45). Keine Sperrstunde und viele Extras, z.B. Gratisfrühstück, Abholung aus Downtown, Internet-Zugang und Parkplätze.

Green Tortoise*–**, 1525 2nd Ave, zwischen Pike St und Pine St, Downtown, ☎ 340-1222 oder 1-888/424-6783, 🖥 www.greentortoise.net. Das ehemalige Hotel firmiert jetzt als Hostel mit 4-Bett-Dorms ($21) und einigen DZ ($42). Frühstück inkl., Internet-Zugang und Abholung von Bahnhof, Busbahnhof oder Fähre.

HI-Seattle International Youth Hostel*–****, 84 Union St, hinter dem Pike Place Market, Downtown, ☎ 622-5443 oder 1-888/662-5443, 🖥 www.hiseattle.org. Modernes, gut ausgestattetes und auf Familien zugeschnittenes Hostel. Dorm-Bett ab $25, die hotelartigen Privatzimmer kosten bis zu $100. 24 Std. geöffnet, Reservierung im Sommer empfohlen.

YWCA**–***, 1118 5th Ave, Downtown, 3 461-4888, 🖥 www.ywcaworks.org. Zweckmäßige Unterkunft nur für Frauen. Sichere und saubere Wahl für den kleinen Geldbeutel ($35–60). Die teureren Zimmer haben ein eigenes Bad.

Essen

Seattle bietet eine ausgezeichnete Auswahl an kulinarischen Möglichkeiten, vom abgefahrenen

Diner in Capitol Hill bis zu den multikulturellen Restaurants im Uni-Viertel – und natürlich jede Menge Fisch und Seafood, z.B. in den Lokalen um den Pike Place Market, wo u.a. Lachs, Krebse, Forellen, Miesmuscheln und klassische Muschelsuppe angeboten werden.

Assaggio, 2010 4th Ave, Belltown, ✆ 441-1399. Guter Italiener der mittleren Preisklasse mit freundlicher Atmosphäre. Die Speisekarte hält neben Standards wie Pizza, Pasta und Kalbfleischgerichten auch einige Überraschungen bereit, z.B. Fusilli in Sahnesauce mit Korinthen und Pinienkernen.

Café Flora, 2901 E Madison St, Capitol Hill, ✆ 325-9100. Vegetarisches Restaurant mit leckeren Gerichten in guten Portionen. Kreative Hauptspeisen wie Kartoffelbrei-Tacos oder Wildpilz-Curry und leckere Desserts, z.B. Kokos-Ingwer-Reiskuchen.

Café Septieme, 214 Broadway E, Capitol Hill, ✆ 860-8858. Modernes und gut besuchtes Bistro im europäischen Stil mit raffinierter und fantasievoller Hausmannskost zu moderaten Preisen. Tipp: Gemüse-Frittata, Auberginenschnitzel und die tollen Desserts.

Campagne, 1600 Post Alley, Downtown, ✆ 728-2800. Vorzügliche provenzalische Küche Nähe Pike Place Market mit köstlicher Gänseleberpastete und ausgezeichneten Nachspeisen. Der billigere Ableger *Café Campagne* befindet sich im Erdgeschoss und ist häufig rappelvoll mit Feinschmeckern.

Copacabana, 1520 Pike Place, Downtown, ✆ 622-6359. Das gute südamerikanische Restaurant am Markt lockt vor allem mit seiner Garnelensuppe und den Maiskuchen. Die beliebten Tische auf dem Balkon bieten eine gute Aussicht auf die dicht gedrängten Marktbesucher.

Crocodile Café, 2200 2nd Ave, Belltown, ✆ 448-2114. Der vor allem als Indie-Club bekannte Laden fungiert tagsüber auch als Restaurant und serviert ein großes, billiges Frühstück inmitten einer Dekoration aus ausgestopften Tieren, Pappmaschee-Skulpturen und geschmacklosen Plattenhüllen aus dem Billigladen.

Dahlia Lounge, 1904 4th Ave, Belltown, ✆ 682-4142. Wunderschön präsentierte, asiatisch beeinflusste Seafood-Gerichte zu entsprechenden Preisen. Für ein Abendessen muss man pro Nase ca. $50 hinblättern.

Gravity Bar, 415 Broadway E, Capitol Hill, ✆ 325-7186. Speiselokal mit industriellem Chic und postmoderner vegetarischer Küche. Köstliche Reis-Gemüse-Gerichte, Pizzas und fantasievolle Säfte – Tipp: das aus Pfeffer, Knoblauch und Zitronensaft gemixte Gebräu *Liver Flush* („Leberspülung").

Nikko, 1900 5th Ave, Downtown, ✆ 322-4641. Sushi und Grillgerichte sind Trumpf in diesem soliden japanischen Restaurant, wo man ein paar Dollar sparen kann, wenn man sich am Mittagsbuffet selbst bedient.

Noodle Ranch, 2228 2nd Ave, Belltown, ✆ 728-0463. Asiatische Küche für besonders Hungrige mit leckeren Nudel- und Satay-Gerichten ab $10.

Piroshki on Broadway, 124 Broadway E, Capitol Hill, ✆ 322-2820. Kleiderschrankgroßes Lokal, in dem der Besitzer selbst gemachte Piroschki (russische Teigtaschen mit allen möglichen Fleisch- und Gemüsefüllungen) serviert.

Place Pigalle, 81 Pike St, an der Treppe hinter dem Markt, ✆ 624-1756. Tolle Seafood-Angebote (Miesmuscheln, Krebse, Stör) in Kombination mit feiner französischer Küche machen dieses Restaurant trotz der hohen Preise zu einer ausgezeichneten Wahl. Bei gutem Wetter auch Tische auf der Terrasse.

Saigon Deli, 4142 Brooklyn Ave NE, University District, ✆ 634-2866. Winziger Diner mit appetitlichen vietnamesischen Gerichten, größtenteils unter $6, auch zum Mitnehmen.

Salumi, 309 Third Ave S, Pioneer Square, ✆ 621-8772. Klassische Würstchen im leckeren Sandwich aus selbst gebackenem Brot und kochend heiß serviert. Saftige Zutaten wie Ochsenschwanz, Prosciutto, Lamm- und Schweinefleisch.

Wild Ginger, 1400 Western Ave, Downtown, ✆ 623-4450. Äußerst beliebtes, schön gestaltetes Nobelrestaurant mit umfangreicher Speisekarte. Scharfe Gerichte aus Südostasien, Indien und China. Tipp: *Tuna Manada* (gebratener Gelbflossenthunfisch in pikanter indonesischer Sauce).

COFFEE HOUSES – Die in Seattle überall anzutreffenden Coffee Houses sind interessante Treffpunkte einer lebendigen Kulturszene, in denen man sich für wenig Geld die Zeit vertreiben kann (wer im Internet surfen will, sollte den durchschnittlichen Tarif von $0,10 pro Minute im

Auge behalten). Der inzwischen weltweit operierende Kaffeeriese *Starbucks* läutete diese Tradition Anfang der 70er Jahre mit seinem ersten Café am Pike Place Market ein, das übrigens immer noch existiert. Interessanter sind aber die kleinen, lokalen Kaffeeröster oder die über 200 winzigen **Espresso-Stände**, die sich in der ganzen Stadt verteilen, jeder einzelne mit einem farbenfrohen und individuellen Design.

Allegro Espresso Bar, 4214 University Way, ☎ 633-3030. Eine der besseren Adressen zum Probieren einheimischer Kaffeegetränke in der Umgebung der Uni. Extraraum mit Internet-Zugang nur für Gäste, die etwas verzehren.

Bauhaus Books & Coffee, 301 E Pine St, Capitol Hill, ☎ 625-1600. Treffpunkt für eine vorwiegend schwarz gekleidete Kundschaft; große Tische und viel Lesestoff, vorwiegend aus den Bereichen Kunst und Architektur – und natürlich guter Kaffee.

Lux, 2226 First Ave, Belltown, ☎ 443-0962. Dunkles und schwermütiges Café mit kuriosen Objekten und Antiquitäten zwischen großer Kunst und Schleuderware – der Kaffee ist gut zubereitet und wohlschmeckend.

Online Coffee Company, 1720 E Olive Way, Capitol Hill, ☎ 328-3731. Große schwarze Monitore und stilvolle Holzschreibtische für ernsthafte Internet-Surfer. Die ersten 30 Min. sind gratis, wenn man einen Kaffee verzehrt, danach $6 pro Stunde.

Still Life in Fremont, 709 N 35th St, Fremont, ☎ 547-9850. Eines der besten Cafés der Gegend, mit Frühstück-Specials, Sandwiches, Quiches und Tortillas. Schrille Kunstobjekte und kostenlose Live-Musik tragen zur Attraktivität dieses einzigartigen Etablissements bei.

Vivace Espresso, 901 E Denny Way, Capitol Hill, ☎ 860-5869. Großes Café für passionierte Java-Trinker unter Leitung selbst ernannter „Spezialisten in Sachen Espresso-Röstung und -Zubereitung". Die Filiale am 321 Broadway E ist als Straßencafé eine Top-Adresse zum Leute-beobachten.

Unterhaltung

Das Nachtleben von Seattle spielt sich in den Kneipen und Konzertclubs der Stadt ab, wenngleich die einheimische Club-Szene im Vergleich mit Los Angeles oder New York City doch recht trostlos ist. Am lebendigsten (und touristischsten) präsentiert sich die Kneipenszene in **Pioneer Square**, wo ein Ticket für die *Joint Cover Night* (Sa und So $10, Mo–Fr $5) Zutritt zu acht verschiedenen Konzertclubs verschafft. Auch wenn die Blütezeit des Grunge längst vorbei ist, treten in **Belltown** immer noch bekannte Bands auf, z.B. im alten, stimmungsvollen **Moore Theater**, 1932 Second Ave, ☎ 443-1744, 🖥 www.themoore.com, und in Alternativschuppen wie dem *Crocodile Café* (s.S. 401).

Veranstaltungshinweise zu Theater, Kino und Kunst bietet *The Seattle Weekly*, die kostenlos in den Kästen an der Straße sowie in zahlreichen Cafés und Läden ausliegt. Die Zeitungsbeilage der Freitagsausgabe von *The Seattle Post Intelligencer* informiert über das aktuelle Musikgeschehen. Die kostenlosen *The Stranger* und *The Rocket* bieten einen umfassenden Überblick über die regionale Musikszene.

KNEIPEN UND CLUBS – **Alibi Room**, 85 Pike St, ☎ 623-3180. Schickimicki-Martini-Bar, versteckt in einer Gasse hinter dem Pike Street Market. Hervorragendes Essen in Kaffeehaus-Atmosphäre im Obergeschoss, während unten DJs auflegen. Bibliothek mit guter Auswahl an Filmdrehbüchern.

Comet Tavern, 922 E Pike St, Capitol Hill, ☎ 323-9853. Die älteste Bar in Capitol Hill ist eine echte Grunge-Institution und ein entsprechend verräucherter Rockerschuppen mit Billardtischen.

Doc Maynard's Public House, 610 1st Ave S, Pioneer Square, ☎ 682-4649. Der restaurierte Saloon stammt noch aus dem 19. Jh., ist bei Touristen beliebt und bringt laute Rockbands auf die Bühne.

Dutch Ned's Saloon, 201 1st Ave S, Pioneer Square, ☎ 340-8859. Nette Kneipe mit 32 Biersorten vom Fass und Austragungsort des wöchentlichen Wortakrobatikwettbewerbs *Seattle Slam Poetry Night* (Mi 21 Uhr, Eintritt $3).

Kells Irish Pub, 1916 Post Alley, Pike Place Market, ☎ 728-1916. Lockerer Irish Pub mit Restaurant in zentraler Lage. Tische im Innenhof und jeden Abend Live-Musik von irisch angehauchten Folk- und Rockgruppen.

Linda's Tavern, 707 E Pike St, Capitol Hill, ✆ 325-1220. Sehr beliebt bei Musikern wegen der Jukebox mit Klassikern und aktuellen Indie-Rock-Hits. Zwei- bis dreimal pro Woche (meist Di–Do und am Wochenende) legen DJs auf.
Old Timer's Tavern, 620 1st Ave S, Pioneer Square, ✆ 623-9800. Gut besuchte Kneipe mit Blues und R&B (Di und Mi), Karaoke (So und Mo) und wilden Live-Salsa-Nächten am Wochenende.
Pike Pub & Brewery, 1415 First Ave, Downtown, ✆ 622-6044. Kleine Brauerei mit Kneipe, in der eigene und auswärtige Biersorten angeboten werden. Außerdem umfangreiche Weinkarte und Speisen mit Betonung auf Fisch und Pizza.
Pyramid Alehouse, 1201 First Ave S, ✆ 682-3377. Ausgezeichnete regionale Brauerei gegenüber vom Safeco Field-Stadion. In der dazugehörigen Kneipe mit Lagerhaus-Atmosphäre sind über zehn hausgemachte Sorten zu bekommen, darunter auch einige mit Obstgeschmack sowie ein extra bitteres Bier (ESB).

LIVE-MUSIK – ***Baltic Room***, 1207 Pine St E, Capitol Hill, ✆ 625-4444. Konzertclub mit viel Atmosphäre, in dem alles Mögliche auf die Bühne kommt, von Industrial- und Electronica-DJs bis zu Rock- und Jazzbands. In drei verschiedenen Bereichen gibt es Bier, Wein und Zigarren.
Crocodile Café, 2200 2nd Ave, Belltown, ✆ 441-5611. Alternativer Szeneschuppen mit sehr gemischtem Programm zwischen Rock, Avantgarde-Jazz und Wortakrobatik. Außerdem ein guter Diner (s.S. 401).
Dimitriou's Jazz Alley, 2033 6th Ave, Downtown, ✆ 441-9729. Die beste Adresse für Jazz-Liebhaber; Konzerte von arrivierten internationalen Künstlern und jungen „Rohdiamanten". Tickets ab ca. $20.
DV8, 131 Taylor Ave N, ✆ 448-0888. In der umgebauten Rollschuhbahn einige Blocks östlich vom Seattle Center legen meistens DJs auf (House, Garage, Hip Hop, Jungle); gelegentlich spielen auch Live-Bands aus den Bereichen Rock und Dance.
Paramount Theatre, 911 Pine St, Downtown, ✆ 682-1414. Großer Filmpalast Baujahr 1928 mit ungefähr 3000 Plätzen, in dem häufig bekannte Rock 'n' Roll-Bands auftreten. Tickets ca. $30.
Showbox, 1426 1st Ave, Downtown, ✆ 628-3151. Eine gute Adresse für Rockbands aus der Umgebung von Seattle und wesentlich erschwinglicher als die großen Veranstaltungsorte. Vor dem Konzert kann man sich in der benachbarten *Green Room Bar* noch einen Drink genehmigen. Gegenüber vom Pike Place Market.
Tractor Tavern, 5213 Ballard Ave NW, Ballard, ✆ 789-3599. Beliebter Club mit viel Atmosphäre und erstklassigen Bieren aus Kleinstbrauereien. Roots-Musik aller Art, z.B. Zydeco, Irish Folk, Blues und Bluegrass.

KONZERTE UND THEATER – Seattle kann mit mehreren äußerst interessanten Veranstaltungsorten für die darstellenden Künste aufwarten, einige davon am Seattle Center. Die spektakulärste neue Konzerthalle ist die **Marion Oliver McCaw Hall**, eine elegante und moderne Einrichtung und Auftrittsort der ***Seattle Opera***, ✆ 389-7676, 🖥 www.seattleopera.org. Im selben Komplex bringt das ***Pacific Northwest Ballet***, ✆ 441-2424, 🖥 www.pnb.org, von September bis Juni durchschnittlich sieben Stücke aus ihrem insgesamt 70 Werke umfassenden Repertoire auf die Bühne. Spielstätte des ***Seattle Symphony Orchestra*** ist die gläserne Konzerthalle ***Benaroya Concert Hall***, 3rd St, Ecke Union St, ✆ 215-4747, 🖥 www.seattlesymphony.org. Die Konzerte sind meistens ausverkauft, doch am Tag der Vorstellung gibt es manchmal noch Restkarten zum halben Preis für Rentner und Studenten. Auf die längste Theatertradition kann das kleine Ensemble der ***Seattle Repertory Company***, ✆ 443-2222, 🖥 www.seattlerep.org, zurückblicken, die im Seattle Center auftritt. Nebenan finden im ***Intiman Theater***, ✆ 269-1900, 🖥 www.intiman.org, Aufführungen sowohl klassischer als auch innovativer Stücke statt. Etwas weiter nördlich präsentiert ***On the Boards***, 100 W Roy St, ✆ 217-9888, 🖥 www.ontheboards.org, zeitgenössische Inszenierungen. Bevorzugte Adressen für die Premieren großer und bekannter Musicals sind die in Downtown Seattle gelegenen Theater ***Fifth Avenue Theatre***, 1308 5th Ave, ✆ 625-1418, 🖥 www.5thavenuetheatre.org, und ***Paramount***, 911 Pine St, ✆ 682-1414, 🖥 www.theparamount.com.

FESTIVALS – *Bumbershoot*, ✆ 281-7788, 🖥 www.bumbershoot.org. Am langen Labor Day-Wochenende (vor dem ersten Montag im Sep) treten 500 Künstler auf 20 Bühnen in der ganzen Stadt auf.
Northwest Folklife Festival, ✆ 684-7300, 🖥 www.nwfolklife.org. Am Memorial Day (letzter Montag im Mai) reisen Folk-Musiker aus der ganzen Welt an.
Seafair, ✆ 728-0123, App. 108, 🖥 www.seafair.com. Buntes und ausgelassenes Fest Ende Juli/Anfang August mit Flugschauen, Schnellbootrennen und einer Regatta mit originellen „Milchtütenbooten".
Seattle International Film Festival, ✆ 464-5830, 🖥 www.seattlefilm.com. Im Mittelpunkt des Ende Mai stattfindenden Festivals stehen traditionelle Filmtheater in Capitol Hill wie das *Egyptian*, 801 E Pine St, ✆ 323-4978, und das *Harvard Exit*, 807 E Roy St, Höhe Broadway, ✆ 323-8986.

Sonstiges

INFORMATIONEN – *Visitors Bureau*, im Washington State Convention Center, 7th Ave, Ecke Pike St, vom *Greyhound*-Busbahnhof ein paar Blocks Richtung Downtown, ✆ 461-8304, 🖥 www.seeseattle.org, 🕓 Mo–Fr 8.30–17 Uhr, außerdem April–Okt Sa 10–16 und Juni–Aug So 10–16 Uhr.

TOUREN – *Gray Line*, ✆ 626-5208, 🖥 www.graylineofseattle.com, veranstaltet 3-stündige Busrundfahrten durch die Stadt für $29. Die empfehlenswertesten **Bootstouren** unter zahlreichen Veranstaltern bietet *Argosy's Locks Cruise*, Pier 57, ✆ 623-4252, 🖥 www.argosycruises.com (2 1/2 Std., $30).

VORWAHL – 206.

Nahverkehrsmittel

In der Innenstadt verkehren kostenlose **Metro-Busse** innerhalb der so genannten „Downtown Ride Free Area" zwischen Jackson Street und Battery Street sowie 6th Avenue und Ufer. Ansonsten kostet ein Einzelfahrschein für Erwachsene $1,25 (bzw. $1,50–2 während der Hauptverkehrszeiten von Mo–Fr 6–9 und 15–18 Uhr) und für Kinder $0,50; alle Fahrkarten sind eine Stunde gültig. Am Wochenende und an Feiertagen gibt es günstige Tageskarten beim Busfahrer für $2,50, an Wochentagen Sammelkarten für $5 bei der *Customer Service Station*, im Metro Transit Tunnel an der Westlake Station, Fifth Ave, Ecke Vine St, 🕓 Mo–Fr 9.30–17 Uhr, bzw. im *King Street Center*, 201 S Jackson St, ✆ 553-3000, 🖥 www.metrokc.gov/kcdot oder www.transit.metrokc.gov, 🕓 Mo–Fr 8–17 Uhr. Die Sammelkarten gelten auch für die zwischen Downtown und Seattle Center verkehrende **Monorail** ($3, Kinder $1,50) sowie für die **Waterfront Streetcar**, eine Straßenbahn, die entlang dem Ufer der Elliott Bay verkehrt ($1,25 einfach, zu Hauptverkehrszeiten $1,50).

Transport

BUSSE – Der Busbahnhof von *Greyhound*, 8th Ave, Ecke Stewart St, ist von Downtown aus mit dem Bus gut zu erreichen.
Von Seattle Richtung **Süden** zum SEA-TAC AIRPORT (25 Min.); nach TACOMA (45 Min.); OLYMPIA (2 Std.); PORTLAND (2 Expressbusse in 3 1/4 Std., die anderen in 4–5 Std.).
Von Seattle Richtung **Osten** nach LEAVENWORTH (3 Std.); WENATCHEE (3 1/2 Std.); ELLENSBURG (2 Std.); YAKIMA (3 Std.); WALLA WALLA (7 Std.); SPOKANE (8 Std.).
Von Seattle Richtung **Norden** nach MT. VERNON (1 1/2 Std.); BELLINGHAM (2 1/4 Std.); VANCOUVER, British Columbia (3 1/4 Std.–5 Std.); WINSLOW (1 Std.); PORT ANGELES (3 Std.); ANACORTES (2 Std., manchmal über WHIDBEY ISLAND).

EISENBAHN – *Amtrak*-Bahnhof an der 3rd Ave, Ecke Jackson St, 12 Blocks südlich von Downtown, nahe dem International District. Der *Coast Starlight* fährt 1x tgl. von Seattle über TACOMA (1 Std.), OLYMPIA-LACEY (1 3/4 Std.) u.a. Orte sowie in nördlicher Richtung nach VANCOUVER, British Columbia (3 Std.). Der *Empire Builder* fährt in östlicher Richtung Mo, Mi, Fr, Sa u.a. über WENATCHEE (4 1/2 Std.) nach SPOKANE (8 Std.).

FÄHREN – *Washington State Ferries*, 801 Alaskan Way, verbinden Seattle mit VASHON IS-

LAND, BAINBRIDGE ISLAND (35 Min.) und BREMERTON (1 Std.). Fahrkarten ($5–10) gibt es am Pier 52, Colman Dock, ✆ 464-6400, 🖥 www.wsdot.wa.gov/ferries.

FLÜGE – Der internationale Flughafen Sea-Tac von Seattle und Tacoma liegt am Hwy-99, 14 Meilen südlich von Downtown Seattle, ✆ 1-800/544-1965, 🖥 www.portseattle.org/seatac.
Busse von **Gray Line Airport Express**, ✆ 626-6088, 🖥 www.graylineofseattle.com, fahren in ca. 25 Min. zu den Hotels in Downtown (5.20–11.20 Uhr alle 30 Min., $8,50 einfach, $15 hin und zurück). Der **ShuttleExpress**, ✆ 622-1424 oder 1-800/487-RIDE, 🖥 www.shuttleexpress.com, bringt Passagiere für $21 von Tür zu Tür (tgl. 4–24 Uhr). Der **Metro Express City Bus** Nr. 194 fährt in 35 Min. bis zum Transit Tunnel in Downtown ($1,25, Hauptverkehrszeit $2).
Eine Fahrt mit dem **Taxi** in Stadtzentrum kostet $30–35.

WEITER NACH KANADA UND ALASKA – Vom Pier 69 in Seattle sind es mit dem ausschließlich für Passagiere zugelassenen Schnellboot **Victoria Clipper**, ✆ 448-5000, 🖥 www.victoriaclipper.com, nur 2–3 Std. nach VICTORIA auf Vancouver Island. Das Schiff fährt im Sommer 4x tgl., im Winter 1x tgl. (einfache Fahrt $59–79, hin und zurück $99–142).
Andere Fähren von Washington State nach Vancouver Island laufen in Anacortes, Port Angeles (s.S. 411) und Bellingham aus.
Die wesentlich teureren Fähren von **Alaska Marine Highway**, Info per Bandansage ✆ 360/676-0212, Verwaltung ✆ 360/676-8445, 🖥 www.akmhs.com, fahren von **Bellingham** (90 Meilen nördlich von Seattle) nach SKAGWAY in Alaska. Die dreitägige Seereise führt zwischen zahlreichen Inseln an einer von Fjorden zerklüfteten Küste entlang (Winter $270, Sommer $296).
Die Wasserflugzeuge von **Kenmore Air**, ✆ 1-800/543-9595, 🖥 www.kenmoreair.com, fliegen 5x tgl. von Downtown Seattle (Lake Union) nach VICTORIA auf Vancouver Island ($116 einfach, $177–198 hin und zurück) und 6x tgl. auf die SAN JUAN ISLANDS ($98 einfach, $163–194 hin und zurück).

Puget Sound

Die breite, tiefe Meerenge des Puget Sound reicht im Westen weit ins Innere von Washington hinein. Die vielen kleinen Inseln und zerklüfteten Halbinseln sind durch zahlreiche Fähren und Brücken miteinander verbunden. Jachten legen in den malerischen Marinas an, Frachter entladen ihre Container in den Häfen, und die Fischerboote mit ihren Schleppnetzen kehren mit ihrem Fang aus Alaska zurück. Anfänglich erschwerten die dichten Wälder in dieser Region das Vordringen der Siedler, doch schon bald etablierten sich kleine Holzfällergemeinden, und die Meerenge wurde zu einem viel befahrenen Gewässer. Mit der zunehmenden Zahl Siedlungswilliger stieg die Nachfrage nach Land, das im Besitz der Indianer war. Mitte des 19. Jhs. präsentierte man den Stammesoberhäuptern Verträge, wonach die Indianer sich in Reservate zurückzuziehen hätten.

Manche Häuptlinge resignierten und unterschrieben, so auch Chief Sealth vom Stamm der Duwamish-Suquamish; andere weigerten sich jedoch und sprachen von Verrat. Das war nur der Beginn einer langen Reihe von Verstößen gegen die Rechte der Indianer, welche die Gerichtshöfe bis heute beschäftigen.

Whidbey Island

Mit ihren steilen Klippen und rauen Stränden, den schroffen Felsen und der grünen Prärie-Landschaft ist die lang gestreckte Insel nicht nur ein beliebter Erholungsort der Städter, sondern auch die größte Insel innerhalb des US-amerikanischen Festlands. Im Norden von Whidbey Island befindet sich ein großer Flottenstützpunkt, doch ansonsten macht die Insel einen recht friedlichen Eindruck.

Es ist zwar möglich, die Insel mit dem Auto zu erreichen – der vom I-5 abgehende Hwy-20 endet rund 85 Meilen nördlich von Seattle am Nordende von Whidbey –, aber in der Regel ist man mit der Fähre besser bedient. Die *Mukilteo*-Fähre von Seattle legt in der kleinen Stadt **Clinton** an, in der es allerdings nicht viel zu sehen gibt. Ein besserer Anlaufpunkt ist der sechs Meilen weiter nördlich gelegene Ort **Langley** an der Ostküste. Das Zentrum der Insel, **Ebey's Landing**, steht als *National Historic Reserve* unter Naturschutz. Innerhalb der *Re-*

Mukilteo, Abfahrtsstelle der Fähre nach Whidbey Island

serve liegt **Coupeville** mit seinen makellos erhaltenen viktorianischen Villen aus dem 19. Jh., die von wohlhabenden Kapitänen erbaut wurden. Coupeville ist sehr viel hübscher als **Oak Harbor**, die größte Stadt der Insel.

An der Nordspitze der Insel verbindet am **Deception Pass State Park** eine elegante Stahlbrücke Whidbey mit der nur durch einen Kanal vom Festland getrennten Fidalgo Island.

Übernachtung und Essen

Zwei Meilen westlich von Coupeville steht in **Penn Cove** das attraktive **Captain Whidbey Inn**, $130–160, 2072 W Captain Whidbey Inn Rd, 678-4097, www.captainwhidbey.com. Das im nautischen Stil eingerichtete Hotel hat auch eine vorzügliche Küche zu bieten.

Zentraler gelegen ist das **Anchorage Inn*****, 807 N Main St, 678-5581, www.anchorage-inn.com.

Knead & Feed, 4 Front St, 360/678-5431, bietet hausgemachte Brote, Kuchen und Zimtbrötchen aus seiner Bäckerei. Es wird aber auch ein ordentliches Mittag- und Abendessen und am Wochenende Frühstück serviert.

Sonstiges

INFORMATIONEN – **Visitors Center**, 208 Anthes St, Langley, 221-6765, www.langley-wa.com, Mo–Fr 9–17 Uhr. Hier gibt es allgemeine Infos über die Insel.

Bei der **Chamber of Commerce** in Coupeville, 302 North Main St, 678-5434, www.centralwhidbeychamber.com, bekommt man Listen hiesiger B&Bs und anderer Unterkünfte.

VORWAHL – 206.

Transport

Im Norden wird Whidbey durch eine Brücke über den Deception Pass mit FIDALGO ISLAND verbunden, von der die Fähren zu den SAN JUAN ISLANDS abfahren.

Von Seattle erreicht man Whidbey Island am schnellsten über das nördlich der Stadt gelegene MUKILTEO, wo Fähren zum Südzipfel von Whidbey ablegen (Mo–Fr 5–21 Uhr alle 30 Min., 21–1 Uhr stdl.; Sa und So 6–8 Uhr stdl., 8–21 Uhr alle 30 Min., 21–1 Uhr stdl.; Fahrtzeit 20 Min.; Passagiere $3,10 hin und zurück bzw. $5,50 in der Hochsaison, Fahrzeug und Fahrer $7 hin und zurück).

Von Port Townsend auf der Olympic Peninsula (s.S. 410) fährt stdl. eine Fähre nach KEYSTONE, einem Ort im Zentrum der Insel (6.30–20.30 Uhr, Fahrtzeit 30 Min., $2 hin und zurück, Fahrzeug und Fahrer $7 hin und zurück bzw. $8,75 in der Hochsaison) 🖥 www.wsdot.wa.gov/ferries.

San Juan Islands

Nordwestlich von Whidbey liegen im Puget Sound, auf halbem Weg zwischen Seattle und Vancouver, die wunderschönen San Juan Islands, die allerdings nur teilweise über Einrichtungen für Besucher verfügen. Im Sommer kommen mehr Touristen, als die Region vertragen kann, besonders auf die größten Inseln San Juan und Orcas. Eine Vorabreservierung ist dann unerlässlich.

Das Reiseziel der meisten Passagiere, die mit der Fähre aus Anacortes kommen, ist **San Juan Island**, die letzte Station vor Kanada. Man wird in dem kleinen Hafenort **Friday Harbor** abgesetzt, der größten Siedlung der Inseln. Das **Whale Museum**, 62 First St N, 🖥 www.whalemuseum.org, bietet eine interessante Ausstellung zu den äußeren Merkmalen und den Geräuschen der Wale, die in dieser Region anzutreffen sind. ⏰ im Sommer 10–17, sonst 12–17 Uhr, Eintritt $5.

Im Sommer kommen die Wale hierher, um sich an den wandernden Lachsen gütlich zu tun, und lassen sich mindestens einmal pro Tag sehen. *San Juan Tours*, ☎ 378-1323 oder 1-800/450-6858, 🖥 www.sanjuansafaris.com, ist einer von mehreren Veranstaltern, die dreistündige Whale Watching-Touren anbieten (nur Mai–Sep, $49).

Der an der Nordwestspitze der Insel gelegene Ort **Roche Harbor** verdankte seine Entstehung gegen Ende des 19. Jhs. dem Kalksteinhandel. An der Südspitze der Insel liegt der **Nationalpark American Camp**, ☎ 378-2902, 🖥 www.nps.gov/sajh, der einst eine bedeutende Rolle im berüchtigten „Schweinekrieg" von 1859 spielte, einem Grenzkonflikt zwischen den USA und Großbritannien. ⏰ Sonnenaufgang bis 23 Uhr, Eintritt frei.

Attraktiver ist das in Küstennähe gelegene **English Camp**, ☎ 378-2902, 🖥 www.nps.gov/sajh, mit seinen Ahornbäumen und grünen Feldern. Hier wurden vier Gebäude aus den 60er Jahren des 19. Jhs. sowie ein kleiner Garten hübsch hergerichtet.

Die hufeisenförmige **Orcas Island** ist das verführerischste Ziel des Archipels. Einsame Straßen führen durch zerklüftete Hügellandschaften und grüne Wälder, wilde Strände säumen die Ufer, und die Insel erfreut sich einer reichen Tierwelt. Die Hauptstraße schlängelt sich vom kleinen **Orcas**, wo die Fähren anlegen, zum eintönigen Hauptort **Eastsound**, etwa zehn Meilen von der Fährenlegestelle entfernt. Die wirkliche Attraktion der Insel ist der **Moran State Park** am Horseshoe Highway südlich von Eastsound, ☎ 1-800/452-5687, 🖥 www.orcasisle.com/~elc. Im Park gibt es über 30 Meilen Wanderwege durch dichte Wälder und über offene Felder zu verschiedenen Süßwasserseen. Ein steiler, vier Meilen langer Wanderweg und eine asphaltierte Straße führen zum Gipfel des 734 m hohen **Mount Constitution**, dem höchsten Punkt der San Juan Islands. Die Aussicht von hier oben ist traumhaft.

Übernachtung

SAN JUAN ISLAND – Die *Bed & Breakfast Association of San Juan Island*, PO Box 3016, Friday Harbor, WA 98250, ☎ 378-3030, 🖥 www.san-juan-island.net, hilft bei der Zimmersuche. Im Sommer müssen Zimmer vorgebucht werden, besonders während des beliebten *San Juan Island Jazz Festival*, ☎ 378-5509, das Ende Juli stattfindet.

Roche Harbor: *Hotel de Haro******, 248 Reuben Memorial Drive, ☎ 378-2155 oder 1-800/451-8910, 🖥 www.rocheharbor.com. Das elegante, weiße Hotel wurde 1886 oberhalb des Hafens erbaut und diente zunächst der Unterbringung anreisender Kalksteinhändler. Heute bietet es exklusive Suiten, Standardzimmer und urige Cottages.

Friday Harbor: ***Blair House*****, 345 Blair Ave, ℡ 378-5907 oder 1-800/899-3030, 🖳 www.fridayharborlodging.com. Bietet drei von Bäumen umgebene Einheiten mit großer Veranda und heißem Wannenbad.

Friday's**, 35 1st St, ℡ 378-5848 oder 1-800/352-2632, 🖳 www.friday-harbor.com/lodging. Kleines, zentral gelegenes Gästehaus.

Wharfside B&B, $130–160, Slip K-13 (Hafen), ℡ 378-5661, 🖳 www.slowseason.com. Zwei Kajüten auf einem ehemaligen Segelschiff, das heute im Hafen vertäut liegt und zu einem reizenden B&B umgebaut wurde.

Es gibt einen angenehmen Zeltplatz nur für Radfahrer namens **Pedal Inn**, 1300 False Bay Drive, ℡ 378-3049, Stellplatz $5, und den **Lakedale Campground**, 6 Meilen von der Anlegestelle entfernt an der Roche Harbor Rd, ℡ 1-800/617-2267, 🖳 www.lakedale.com, Stellplatz $21. Der Campingplatz ist mit dem Bus zu erreichen und bietet alles vom einfachen Stellplatz über ein Zimmer in der eleganten Lodge bis zur luxuriösen Holzhütte (ab $130).

ORCAS ISLAND – ***Beach Haven Resort*****, am Ende der W Beach Rd, ℡ 376-2288, 🖳 www.beach-haven.com. Eines von mehreren Resort-Hotels, die versteckt in abgelegenen Buchten liegen. Hervorragende Unterkunft mit Holzhütten am Strand in einer dicht bewaldeten Bucht mit Blick auf den Sonnenuntergang.

Doe Bay Village & Resort (AYH)*–**, Star Route 86, 18 Meilen östlich von Eastsound am Horseshoe Hwy, ℡ 376-2291, 🖳 www.doebay.com. Diverse Unterkünfte – vom primitiven Zeltplatz bis zur modernen Hütte – in einer abgeschiedenen Bucht.

Orcas Hotel**, ℡ 376-4300, 🖳 www.orcashotel.com. Die vornehmsten Zimmer des viktorianischen Gebäudes an der Anlegestelle haben Whirlpool, Balkon und Blick auf den Hafen.

Im Moran State Park gibt es vier **Campingplätze** ($15–21), die allerdings im Sommer schon ziemlich früh ausgebucht sind.

Essen

SAN JUAN ISLAND – In Friday Harbor gibt es zahlreiche Lokale, z.B. das
Cannery House, 174 1st St, ℡ 378-2500. Frisches Seafood, Suppen, Sandwiches und selbst gebackene Brote.
Bella Luna, 175 1st St, ℡ 378-4118. Gute italienische Speisen.
Roche Harbor Restaurant, 248 Reuben Memorial Drive, ℡ 378-5757. Eines der wenigen passablen Restaurants im Ort mit Steak und Seafood als Hauptspeisen und einem angenehmen Blick auf die Bucht.
San Juan Donut Shop, 209 Spring St, ℡ 378-5059, tgl. ab 6 Uhr gutes Frühstück.

ORCAS ISLAND – In Eastsound gibt es ein paar kleine Läden und Restaurants, z.B.
Bilbo's Festivo, North Beach Rd, Ecke A St, ℡ 376-4728. Anständige mexikanische Speisen.
Café Olga, ℡ 376-5098, im winzigen Ort Olga, leckere Mahlzeiten und Obstkuchen, aber voll mit Ausflüglern, die die dazugehörige Kunstgalerie besuchen.
Portofino Pizzeria, A St, ℡ 376-2085. Leckere Pizza und Calzone aus eigener Herstellung.

Sonstiges

FAHRZEUGVERMIETUNGEN – Um die Inseln zu entdecken, braucht man einen fahrbaren Untersatz, den man am besten in Friday Harbor auf **San Juan Island** mietet.
Island Bicycles, 380 Argyle St, nur wenige Blocks von der Anlegestelle entfernt, ℡ 1-360/378-4941, 🖳 www.islandbicycles.com, 🕐 Do–Sa, verleiht Fahrräder ($30 pro Tag) und Motorroller ($50 pro Tag).
The Inn, 680 Spring St, ℡ 378-3031 oder 1-800/752-5752, vermietet Autos.
Susie's Mopeds, First St, Ecke A St, ℡ 378-5244 oder 1-800/532-0087, 🖳 www.susiesmopeds.com, verleiht Mopeds ($17 pro Std. bzw. $51 pro Tag). Auf **Orcas** werden in der Umgebung der Anlegestelle Mopeds und Fahrräder vermietet (ca. $25 bzw. $50 pro Tag), mit denen sich die schöne Landschaft der Insel auf angenehme Weise erkunden lässt.

INFORMATIONEN – San Juan Island: *Visitors Center*, 91 Front St, im *Cannery Building* neben dem Anleger, ✆ 378-8887, ⏰ Mo–Fr 9–16.30 Uhr. Hier bekommt man Kartenmaterial, das angesichts der kurvenreichen, schlecht ausgeschilderten Straßen unerlässlich ist.
Weitere Informationen erteilt das Office des *San Juan Island Historical Park*, First St, Ecke Spring St, ✆ 378-2240, 🖥 www.nps.gov/sajh, ⏰ im Sommer tgl. 8–17, sonst 8.30–16.30 Uhr.
Orcas: *Chamber of Commerce*, North Beach Rd, am Eastsound Square, ✆ 376-2273, 🖥 www.orcasisland.org. Landkarten und Tipps über die Sehenswürdigkeiten der Insel.

NAHVERKEHRSMITTEL – Auf San Juan Island verkehren Minibusse von *San Juan Shuttle*, ✆ 378-8887 oder 1-800/887-8387, 🖥 www.sanjuantransit.com, zwischen zwölf Gemeinden und Sehenswürdigkeiten auf der Insel. Die Fahrt geht vom Zentrum in Friday Harbor nach Roche Harbor und führt u.a. auch am Lakedale Campground und am English Camp vorbei ($4 einfach, $7 hin und zurück, Tagesticket $10, Zweitagesticket $17, 25-minütige Bustour mit Kommentar $18).

VORWAHL – 360.

Transport

Washington State Ferries, ✆ 1-888/808-7977, 🖥 www.wsdot.wa.gov/ferries, fahren von ANACORTES (75 Meilen nördlich von Seattle am Ende des Hwy-20) ungefähr 12x tgl. (im Sommer bis zu 15x tgl.) vier der insgesamt 172 Inseln an: Lopez, Shaw, Orcas und San Juan. Im Sommer bilden sich an den Anlegestellen lange Autoschlangen – es lohnt also, früh da zu sein. Fußgänger und Radfahrer kommen meist problemlos mit. Der **Fahrpreis** beträgt hin und zurück $8–9,60 für Fußgänger bzw. $26–36 pro Auto inkl. Fahrer. Die Preise variieren je nach Fahrtziel und Saison und werden schon auf der Hinfahrt kassiert. Auf den zwischen den einzelnen Inseln verkehrenden Fähren ist der Transport für Fußgänger kostenlos (Fahrräder kosten $4). Von den Inseln fahren tgl. eine, im Sommer zwei Fähren nach SIDNEY in British Columbia (Kanada). In den Sommermonaten verkehrt eine Passagierfähre von BELLINGHAM nach Orcas und San Juan.
Kenmore Air, ✆ 1-800/543-9595, 🖥 www.kenmoreair.com, fliegt regelmäßig von Seattle mit einem Wasserflugzeug fünf Häfen auf den San Juan Islands an ($98 einfach, $163–194 hin und zurück). *West Isle Air*, ✆ 293-4691 oder 1-800/874-4434, 🖥 www.westisleair.com, startet von Anacortes und Bellingham nach SAN JUAN ($35 bzw. $45 einfach) und ORCAS (gleicher Preis).

Olympic Peninsula

Westlich des Puget Sound wird Seattle durch die heute zu großen Teilen als Naturschutzgebiet ausgewiesene Landmasse der Olympic Peninsula vom offenen Meer abgeschirmt. An der Küste der Halbinsel liegen einige Siedlungen, während sich im Landesinneren die hohen Olympic Mountains erheben. An dieser Barriere regnen sich die vom Pazifik landeinwärts ziehenden Wolken ab, sodass das ganze Jahr über hohe Niederschläge fallen. Dadurch wachsen in den westlichen Flusstälern der Halbinsel dichte Regenwälder, die mit den übrigen Waldgebieten (vornehmlich Sitkafichte, Hemlocktanne, Douglasie, Erle und Ahorn) und den einsamen Pazifikstränden den natürlichen Lebensraum zahlreicher seltener Pflanzen- und Tierarten bilden.

Ein Großteil der Halbinsel steht unter Naturschutz, weite Flächen Nationalwald umgeben den Olympic National Park. Der Kahlschlag durch die Holzindustrie hat allerdings auch hier schlimme Narben in der Landschaft hinterlassen. Besonders deutlich wird dies, wenn man die Hauptstraßen verlässt und in eine der ökologisch toten Zonen gerät, die durch hässliche Baumstümpfe und erodierte Hänge gekennzeichnet sind.

Der Holzhandel lockte im 19. Jh. die ersten weißen Siedler hierher, und noch immer gibt es in fast jedem Ort ein Sägewerk. Inzwischen befindet sich die Branche jedoch in der Krise, wenngleich die einheimischen Behörden nichts unversucht lassen, der Holz verarbeitenden Industrie neue Türen zu öffnen.

Port Townsend

Helle viktorianische Villen, ansprechende Cafés, eine lebendige Kulturszene und Subkultur belegen, dass Port Townsend schon immer mehr als nur ein forstwirtschaftliches Zentrum sein wollte. Die Geschäfte und freundlichen Cafés konzentrieren sich an der mit stolzen Ziegelbauten gesäumten Water Street. Nachdem in den 60er Jahren die alten Häuser aufgekauft und renoviert worden waren, entwickelte sich die Stadt zu einer Künstlerkolonie mit Hippie-Atmosphäre und einer gehörigen Portion Charme.

Einen detaillierten Einblick in die ereignisreiche Geschichte der Region liefert das Museum der **Jefferson County Historical Society**, 540 Water St, 🖥 www.jchsmuseum.org. Hier findet sich eine bunte Sammlung von Artefakten, darunter ein alter Fotografensessel, der mit Bären- und Büffelfell drapiert ist, sowie ungewöhnliche Harfengitarren mit zwei Hälsen aus der Zeit der Jahrhundertwende. Im Keller sind noch die Zellen des ehemaligen Stadtgefängnisses zu besichtigen. ⊙ tgl. 11–16, So ab 13 Uhr, Eintritt $2.

Ein weiterer Blickfang ist das großartige **Jefferson County Courthouse**, Walker St, Ecke Jefferson St, 🖥 www.co.jefferson.wa.us, ein hoch aufragendes Gebäude im romanischen Stil mit einem Uhrturm, der wie eine mittelalterliche Ausgabe des Big Ben anmutet. ⊙ Mo–Fr 9–17 Uhr.

In Port Townsend herrscht das ganze Jahr über reichlich Betrieb, doch während der diversen **Sommerfestivals** geht es besonders hoch her. Sehr beliebt sind die Veranstaltungen *Jazz Port Townsend* Ende Juli, *American Fiddle Tunes* Anfang Juli und das *Wooden Boat Festival* im September. Austragungsort für einige dieser Feierlichkeiten ist der zwei Meilen nördlich der Stadt gelegene State Park in **Fort Worden**, ✆ 344-4400, 🖥 www.olympus.net/ftworden, wo sich die Ruinen eines alten Armeestützpunktes befinden.

Übernachtung

Ann Starrett Mansion, $130–160, 744 Clay St, ✆ 385-3205 oder 1-800/321-0644, 🖥 www.starrettmansion.com. Historisches Gebäude aus dem Jahr 1889 mit schönen Deckenfresken, einer herrlichen Wendeltreppe und antiken Einrichtungsgegenständen.

Manresa Castle, ab*****, Seventh St, Ecke Sheridan St, ✆ 385-5750 oder 1-800/732-1281, 🖥 www.manresacastle.com. Das beste unter mehreren guten Hotels aus dem 19. Jh. in der Innenstadt. Das 1892 erbaute Gebäude sieht aus wie ein französisches Schloss, und die Bandbreite der 30 Zimmer reicht vom gemütlichen EZ bis zur eleganten Suite im Turm.

Quimper Inn**, 1306 Franklin St, ✆ 385-1060 oder 1-800/557-1060, 🖥 www.olympus.net/quimper. Wunderschönes Haus Baujahr 1888 mit fünf Zimmern und historischer Einrichtung.

HI-Olympic Hostel*, 272 Battery Way, im Fort Worden State Park, ✆ 385-0655 oder 1-800/909-4776, Dorm-Bett $17, DZ $25.

Essen

In Port Townsend gibt es viele gute Restaurants und Kneipen, z.B.

Fountain Café, 920 Washington St, ✆ 379-9343. Seafood- und Pasta-Spezialitäten wie Austerntopf und Wildpilz-Risotto.

Silverwater Cafe, 237 Taylor St, ✆ 385-6448. Gutes und frisches Seafood, u.a. Ahi-Thunfisch im Lavendel-Pfeffer-Mantel.

Sweet Laurette Patisserie, 1029 Lawrence St, ✆ 385-4886. Die beste französische Bäckerei der Stadt kredenzt ebenso raffinierte wie teure Kuchen, die als kleine Kunstwerke daherkommen. Günstiger sind die Kekse und weniger aufwändigen Backwaren mit einheimischen Zutaten.

Sonstiges

INFORMATIONEN – ***Visitor Center***, 2437 E Sims Way, zwölf Blocks südlich vom Fähranleger am Hwy-20, ✆ 385-2722 oder 1-888/365-6978, 🖥 www.ptguide.com, ⊙ Mo–Fr 9–17 Uhr.

VORWAHL – 360.

Transport

Port Townsend ist problemlos auf dem Landweg zu erreichen. *Clallam Transit Buses* unterhält eine Busverbindung mit PORT ANGELES. Darüber hinaus besteht eine Fährverbindung mit KEY-

STONE (Fußgänger $2 hin und zurück, Fahrzeug und Fahrer $7 hin und zurück, Hochsaison $8,75).

Port Angeles

Der 1791 von den Spaniern „Puerto de Nuestra Señora de los Angeles" getaufte Hafen Port Angeles ist der größte Ort der Halbinsel und das beliebteste Eingangstor zum wenige Meilen südlich gelegenen Olympic National Park. Wie viele ähnlich große Städte im Pazifischen Nordwesten ist auch Port Angeles eine seltsame Mischung aus Holzindustrieanlagen und malerischer Idylle. Im Hafen ragen hohe Schornsteine empor, im Hinterland faszinierende Berge. Die Stadt selbst hat nicht viel Sehenswertes zu bieten, ist aber ein guter Ausgangspunkt für einige interessante Ziele in der Umgebung.

Übernachtung

Vorzugsweise sollte man innerhalb des Olympic National Park nächtigen, doch als Alternative hat Port Angeles einige preiswerte Kettenmotels zu bieten.
Best Western Olympic Lodge****, 140 Del Guzzi Drive, ✆ 1-800/600-2993, 🖳 www.portangeleshotelmotel.com.
Domaine Madeleine, $130–250, 146 Wildflower Lane, ✆ 457-4174, 🖳 www.domainemadeleine.com. Recht nobles B&B mit Kunstthema und reizendem, zwei Hektar großem Park.
Traveler's Motel**, 1133 E First St, ✆ 452-2303, 🖳 www.travelersmotel.net.
Im **Olympic National Park** selbst gibt es 16 hervorragende Campingplätze, ✆ 565-3130, 🖳 www.nps.gov/olym, die sich preislich zwischen $8 und $16 bewegen. Der sechs Meilen südlich von Port Angeles an der Hurricane Ridge Road gelegene *Heart O' the Hills* ist einer der besten. Weiter westlich bieten die nicht minder empfehlenswerten Plätze *Elwah* und *Altaire* (im Winter geschlossen) Zugang zu zahlreichen Wanderwegen. Eine Übernachtung auf den drei genannten Plätzen kostet $10.

Essen

Bella Italia, 118 E First St, ✆ 457-5442. Das noble Restaurant empfiehlt sich zum Abendessen mit gutem Seafood und traditioneller italienischer Küche.
First Street Haven, 107 E First St, Ecke Laurel St, ✆ 457-0352. Kleines Frühstücks- und Mittagsrestaurant mit Seafood, Sandwiches und Pasta.
Thai Peppers, 222 N Lincoln St, ✆ 452-4995. Überraschend gute thailändische Gerichte.

Sonstiges

INFORMATIONEN – In Port Angeles erteilt das *Visitors Center*, 121 E Railroad St, neben der Fähranlegestelle, ✆ 452-2363, 🖳 www.portangeles.org, Informationen über die Halbinsel. ⏱ im Sommer tgl. 7–18, im Winter Mo–Fr 10–16 Uhr.

VORWAHL – 360.

Transport

BUSSE – Port Angeles ist der Ort mit den günstigsten Verkehrsanbindungen.
Olympic Bus Lines, ✆ 452-3858, 🖳 www.olympicbuslines.com, fährt tgl. nach SEATTLE ($29) und zum SEA-TAC AIRPORT ($43), während die lokalen Busse von *Clallam Transit*, ✆ 452-4511 oder 1-800/858-3747, 🖳 www.clallamtransit.com, nach Westen zum LAKE CRESCENT, nach NEAH BAY, FORKS sowie in östlicher Richtung nach SEQUIM verkehren ($0,75–1,50). In Sequim besteht Anschluss an die Busse von *Jefferson Transit*, ✆ 385-4777, 🖳 www.jeffersontransit.com, nach PORT TOWNSEND ($0,50–1).

FÄHREN – Die Fähren von *Black Ball Transport*, ✆ 457-4491, 🖳 www.cohoferry.com, bringen Passagiere für $9 einfach und $33,50 pro Fahrzeug über die Meerenge nach VICTORIA in Kanada (2–4x tgl., im Februar kein Verkehr).
Victoria Express, ✆ 452-8088 oder 1-800/633-1589, 🖳 www.victoriaexpress.com, betreibt von Ende Mai bis Mitte Oktober einen schnelleren Service nur für Fußgänger (2–3x tgl., $25 hin und zurück).

Neah Bay

Der Hwy-112 windet sich von Port Angeles an der Küste entlang nach Westen und endet in Neah Bay, einem kleinen Fischerdorf der Makah-Indianer. Der Name, der dem Stamm von seinen Nachbarvölkern gegeben wurde, bedeutet „großzügig mit Essen", doch in jüngerer Vergangenheit steht der Name zunehmend als Symbol für gerichtliche Auseinandersetzungen, denn der Stamm streitet sich seit Jahren mit Umweltschützern über die Rückgabe der **Walfangrechte** auf hoher See.

Die in Vergessenheit geratene Kultur der Makah kam 1970 unerwartet zum Vorschein, als ein Erdrutsch in der Nähe von Cape Alava Teile einer Makah-Siedlung freilegte, die 500 Jahre zuvor verschüttet worden war. Die Ausgrabung **Ozette Dig**, einer der bedeutendsten archäologischen Funde Nordamerikas, brachte Tausende von Überresten zum Vorschein: Harpunen, kunstvolle Knochenschnitzereien, wasserdichte Gefäße, die ohne die Verwendung von Metall gefertigt worden waren, seltsam geformte Schüsseln, Spielzeug und vieles mehr. Die Fundstücke sind im **Makah Cultural and Research Center**, Hwy-112, Höhe Bayview Ave, www.makah.com/museum, zu sehen. Das gut geführte Museum zeigt Meeresdioramen, Einbaumkanus aus Zedernholz, Fischereiausrüstung und die lebensgroße Replik eines Makah-Langhauses. im Sommer tgl. 10–17 Uhr, sonst Mi–So, Eintritt $4.

Olympic National Park

Der faszinierende Olympic National Park, der einen großen Teil des gebirgigen Inneren der Halbinsel sowie einen 57 Meilen langen Küstenstrich am Pazifik umfasst, wurde 1938 unter Franklin D. Roosevelt eingerichtet, zum Teil, um das Überleben des seltenen Roosevelt-Elchs zu gewährleisten; inzwischen lebt hier die größte Herde dieser Art in den USA. Auf über 200 Meilen winden sich wilde Wasserläufe durch den Nationalpark, und auf ausgedehnten Flächen in den Tälern der Flüsse Quinault, Queets und Hoh findet sich **gemäßigter Regenwald**; es handelt sich dabei um eine äußerst seltene Art, die ansonsten nur noch in Patagonien und Neuseeland anzutreffen ist.

Das größte *Visitors Center*, 600 E Park Ave, Port Angeles, 360/452-0330 oder 565-3100, www.nps.gov/olym, vergibt Infobroschüren und Wanderkarten. tgl. 9–16, im Sommer bis 20 Uhr. Das *Wilderness Information Center*, 3002 Mount Angeles Rd, erteilt Auskünfte zu den Bedingungen der Wanderwege in der Umgebung. April–Mai tgl. 8–16.30, Mai–Juni 7.30–18, Juli So–Do 7.30–18, Fr–Sa 7.30–20 Uhr. Kleinere Besucherzentren gibt es bei Hurricane Ridge und Hoh Rainforest. Das Eintrittsgeld beträgt $5 p.P. bzw. $10 pro Fahrzeug; in beiden Fällen ist das Ticket sieben Tage gültig. Das Wetter ist ziemlich tückisch, und es empfiehlt sich daher, einen Regenschutz mitzunehmen. Manchmal liegt bis in den Juni hinein viel Schnee.

Die Straße durch den Nationalpark windet sich an zahlreichen steilen Abhängen entlang, bis sie nach 17 Meilen den imposanten Kamm **Hurricane Ridge** erreicht. Von hier aus überblickt man das gewaltige Panorama der Olympic Mountains. Wo die Straße endet, beginnen die Wanderwege, darunter der Hurricane Hill Trail (3 Meilen hin und zurück), eine moderate Wanderung durch Wildblumenwiesen auf den Gipfel des Berges, der an einem klaren Tag den Blick auf Cape Flattery, die Meerenge von Juan de Fuca, Vancouver Island und die Cascade Mountains freigibt.

Auf dem Hwy-101 weiter nach Westen erreicht man den **Lake Crescent**. Die *Lake Crescent Lodge*, ab****, 360/928-3211, www.lakecrescentlodge.com, liegt wunderbar am Südufer des Sees; sie ist von Mai bis Oktober geöffnet und bietet ein breites Spektrum an Unterkünften, vom einfachen Zimmer bis zum vornehmen Cottage. Eine weitere gute Unterkunft ist das tief im Park gelegene *Sol Duc Hot Springs Resort*****, 12 Meilen vom US-101, 360/327-3583, www.northolympic.com/solduc. Das Hotel ist von März bis Oktober geöffnet und bietet für Gäste freien Zugang zu den **Sol Duc Hot Springs** (sonst $10), drei Becken mit mineralienreichem Wasser, das mit einer Temperatur von 38–42 °C aus dem Boden blubbert.

Hinter der Abzweigung nach Sol Doc führt der US-101 mitten durch den Olympic National Forest zur trostlosen Holzfällersiedlung **Forks**. Nach einer Fahrt von 19 Meilen auf der Upper Hoh River Road, die zwölf Meilen südlich von Forks vom Hwy-101 abzweigt, erreicht man den beliebtesten Regenwald der Gegend, den **Hoh Rainforest**. Am

Visitors Center, ✆ 360/374-6925, ◐ tgl. 9–16, im Sommer bis 18.30 Uhr, beginnen zwei kurze Wanderwege. Ausdauernde Wanderer können auch dem 36 Meilen langen **Hoh River Trail** folgen, der bis zum Fuß des 2428 m hohen Mount Olympus führt.

Nach der Abzweigung der Upper Hoh River Road führt der US-101 hinunter zu den wilden Stränden der Pazifikküste. Schwarze Felsen ragen aus der stürmischen See empor, an deren Küste viele Lunde, Seetaucher und Kormorane leben. Wegen des kalten Wassers, der starken Strömungen und der vielen Felsen eignen sich die Strände nicht zum Schwimmen, sind aber ideal für Strandwanderungen. **Ruby Beach**, der seinen Namen wegen der roten und schwarzen Kieselsteine am Strand trägt, ist das unumstrittene Highlight. Kurz bevor der Küstenabschnitt des Parks endet, findet man in **Kalaloch** einige Campingplätze ($12–16, Reservierung unter ✆ 1-800/365-CAMP) und die beeindruckende *Kalaloch Lodge,* ab****, ✆ 360/962-227, 🖥 www.visitkalaloch.com, mit einfachen Zimmern im Haupthaus, exklusiveren Hütten und einem guten Restaurant. Bei der *Ranger Station,* ✆ 360/962-2283, erhält man Informationen und Tipps für Wanderungen.

Der **Quinault Rainforest** ist der am leichtesten erreichbare Regenwald der Region. Am einfachsten zugänglich ist er rings um den von Gletschern ausgeschliffenen Lake Quinault, der schon um die Jahrhundertwende ein beliebtes Ferienziel war. Die dichten und beeindruckenden Wälder, die sich unmittelbar neben dem US-101 erstrecken, lassen sich entlang einer Reihe von Wanderwegen erkunden. Zu den schönsten gehört der eine halbe Meile lange **Maple Glade Trail**, der am nördlichen Seeufer durch mustergültige Regenwaldvegetation führt. Das beste der drei Hotels am Lake Quinault ist die bezaubernde, 1926 erbaute *Quinault Lodge,* $130–160, ✆ 360/288-2900 oder 1-800/562-6672, 🖥 www.visitlakequinault.com. Die Zimmer haben teilweise Kamin und Blick auf den See, außerdem gibt es ein Schwimmbad und eine Sauna. Am See liegen fünf **Campingplätze** ($11–16), Informationen erteilt die *Ranger Station,* 353 S Shore Road, ✆ 360/288-2525, 🖥 www.olympus.net/onf, ◐ Mo–Fr 8–16.30, Sa und So 9–16 Uhr.

Cascade Mountains

Mount Rainier National Park

Der von Gletschern bedeckte Mount Rainier, mit 4392 m der höchste und leichtesten zugängliche Gipfel der Cascade Mountains, ist ein Wahrzeichen Washingtons. Hier regnet es sehr häufig, und während des langen Winters fällt viel Schnee. Erst im Hochsommer taut der Schnee so weit ab, dass die Straßen wieder passierbar werden. Im Hochsommer bietet der Berg ideale Bedingungen für Wanderungen unterschiedlicher Schwierigkeitsgrade. Das Eintrittsticket in den Park kostet $10 pro Fahrzeug und $5 pro Person und ist eine Woche gültig.

Wer nur einen Tag zur Verfügung hat, kann beispielsweise vom Eingang Nisqually den südöstlichen Teil des Nationalparks in Angriff nehmen, Richtung **Paradise** fahren und dabei einen Abstecher nach **Sunrise** machen. Die atemberaubende, 80 Meilen lange Straße windet sich durch Flusstäler und Flachlandwälder und bietet herrliche Ausblicke auf die vergletscherten Berggipfel. Bei Paradise beginnen zahlreiche **Wanderwege**, darunter der knapp 1,2 Meilen lange Rundwanderweg *Nisqually Vista Trail* und der fünf Meilen lange *Skyline Trail* zum Panorama Point Glacier Overlook, der perfekte Ort für eine Ansicht des beeindruckenden Nisqually-Gletschers. Insgesamt durchzieht ein über 300 Meilen langes Wanderwegenetz den Mount Rainier National Park, angefangen vom kurzen und körperlich anspruchslosen Lehrpfad bis hin zum *Pacific Ocean Crest Trail,* der sich durch den östlichen Abschnitt des Nationalparks windet, oder dem 93 Meilen langen *Wonderland Trail,* der ganz um den Mount Rainier herumführt.

Übernachtung

National Park Inn**,** in Longmire, ✆ 569-2275, 🖥 www.guestservices.com/rainier. Die klassisch-rustikale Lodge mit 25 Zimmern und Restaurant liegt versteckt in einem kleinen Wald.

Paradise Inn**,** in Paradise, ✆ 569-2275. Große Lodge aus Holz (Baujahr 1917), deren Hauptanziehungspunkt die faszinierenden Ausblicke sind – und nicht etwa die auf Funktionalität getrimmten Zimmer. Reservierungen sollten weit im Voraus vorgenommen werden. ◐ Mitte Mai bis Anfang Okt.

Blick auf den von Gletschern bedeckten Mt.Rainier

Whittaker's Bunkhouse*–****, außerhalb des Parks in dem Städtchen Ashford, 30205 SR 706 E, ✆ 569-2439. Die ehemalige Holzfällerherberge mit Schlafsälen und DZ mit Bad ist ein Favorit unter einheimischen Bergsteigern und Wanderern. Für die sechs ordentlichen **Campingplätze** des Parks benötigen Besucher einen Erlaubnisschein, ✆ 569-2211, 🖳 www.reservations.nps.gov, und eine Reservierung (kostenlos unter ✆ 1-800/365-CAMP). Beide Papiere werden bis zu 24 Std. im Voraus von allen *Hiking Centers* im Park ausgestellt. Für mehrtägige Wanderungen ist ein *Wilderness Permit* erforderlich, das kostenlos bei den Rangerstationen in Longmire, White River und Paradise erhältlich ist, ✆ 569-2211.

Sonstiges

INFORMATIONEN – In **Paradise** gibt es ein großes *Visitor Center,* ✆ 569-2211 App. 2328, mit Filmvorführungen und Exponaten zur Naturgeschichte und einem kreisrunden Observatorium zum Beobachten des Berges. ⏲ Mai bis Mitte Okt tgl. 9–19, im Winter Sa und So 10–17 Uhr. Landkarten und Auskünfte über den Zustand der Wanderwege bekommt man in den **Visitor Centers** in Longmire, Ohanapecosh, Paradise und White River bzw. unter 🖳 www.nps.gov/mora.

TOUREN – Die **Besteigung des Mount Rainier** ist nicht ungefährlich und sollte nur von erfahrenen Bergsteigern in Angriff genommen werden, die über eine entsprechende körperliche Fitness und die erforderliche Ausrüstung verfügen. Die alteingesessene Bergführerorganisation ***Rainier Mountaineering***, Paradise, ✆ 360/569-2227, im Winter ✆ 253/627-6242, 🖳 www.rmiguides.com, bietet einen eintägigen Kletterkurs mit anschließendem zweitägigen Aufstieg zum Gipfel für $771 an.

VORWAHL – 360.

Transport

Es gibt vier **Parkeingänge**: **Nisqually** im Südwesten, **Stephen's Canyon** im Südosten, **White**

River im Nordosten und **Carbon River** im Nordwesten. Nur der Nisqually-Eingang ist ganzjährig geöffnet, weil es dort auch Skilanglaufloipen gibt, die übrigen Eingänge sind von Juni bis September zugänglich. Im Sommer sind knapp 240 Meilen Straße rund um den Mount Rainier zu den verschiedenen Eingängen befahrbar.

Der Nisqually-Eingang ist der einzige, der auch von **öffentlichen Verkehrsmitteln** angefahren wird – entweder von Seattle aus im Rahmen eines 10-stündigen Tagesausflugs mit *Gray Line*, ✆ 624-5077 oder 1-800/426-7505, 🖥 www.graylineseattle.com (Mai–Sep, $54), vom Sea-Tac Airport nach Paradise mit *Rainier Shuttle*, ✆ 569-2331, 🖥 www.rainiershuttle.com (Mai–Okt, $46 einfach), oder mit einem Shuttlebus vom *Ashford Mountain Center*, ✆ 569-2604, 🖥 www.ashfordmountaincenter.com (Juni–Sep, unterschiedliche Preise). Innerhalb des Nationalparks verkehren keine öffentlichen Verkehrsmittel.

Mount St. Helens

Die Klickitat-Indianer, die den Mt. St. Helens Tahonelataclah („Feuerberg") nannten, wussten, wovon sie sprachen: Am 18. Mai 1980 brach der Vulkan aus und hinterließ ein verkohltes, fast völlig verwüstetes Gebiet. Langsam aber sicher erholen sich die Wälder, und unter der Asche entwickelt sich neues Leben. Doch noch immer zeugt die Landschaft von der Zerstörung durch die entfesselten Naturkräfte, was den Mount St. Helens zu einem bedeutenden Touristenanziehungspunkt gemacht hat.

Der Berg liegt in einer abgelegenen Ecke des Gifford Pinchot National Forest und ist über drei Anfahrtswege erreichbar. Die meisten Besucher kommen über den Hwy.-504, der vom I-5 ungefähr auf halber Strecke zwischen Olympia und Portland abzweigt. Am Ende der Straße befindet sich das **Johnson Ridge Observatory**, ✆ 360/274-2140, 🕙 Mai–Sep tgl. 10–18 Uhr, das eine spektakuläre Aussicht auf die noch immer dampfenden Kraterwände bietet.

Der Ausbruch des Mount St. Helens Als der Vulkan Ende März 1980 unruhig wurde, richtete sich die Aufmerksamkeit der Nation auf einen der wenigen Herde vulkanischer Aktivität auf dem nordamerikanischen Kontinent. Anwohner und Waldarbeiter wurden evakuiert und Straßen abgeriegelt. Trotz aller Vorhersagen blieb der Vulkan zunächst ruhig, weshalb ungeduldige Anwohner verlangten, in ihre Häuser zurückkehren zu dürfen. Zahlreiche Hausbesitzer warteten gerade darauf, wieder eingelassen zu werden, als der Berg am 18. Mai schließlich doch explodierte. Auslöser waren große Mengen Grundwasser, die durch geothermische Aktivität zum Kochen gebracht worden waren und eine Kettenreaktion auslösten, an deren Ende die Bergspitze nicht nach oben, sondern seitlich weggesprengt und im Nordwesten ein großes Stück aus der Bergflanke herausgerissen wurde. Eine riesige Geröllawine verwandelte den Spirit Lake am Fuße des Gipfels in einen Hexenkessel und ließ den Wasserspiegel um 70 m ansteigen. Die größten Trümmerströme wälzten sich den North Fork Turtle River hinab und lösten eine bis zu 200 m hohe Lawine aus Felsen und Eis aus. Durch das Abschmelzen der Gletscher folgten Schlammströme, der Wasserspiegel der Flüsse stieg dramatisch.

Am Berg starben 57 Menschen. Einige, die offiziell dort forschten, waren das Risiko bewusst eingegangen. Die meisten aber hatten alle Warnungen ignoriert. Weitaus stärker war allerdings die Tierwelt betroffen. Etwa 1,5 Millionen Tiere starben an diesem Tag, darunter Rehe und Wapitis, Bergziegen, Pumas und Bären, während Abertausende von Fischen in den Flüssen eingeschlossen waren, deren Wasser durch ausströmende Lava zu kochen begann. Die Katastrophe hatte auch wirtschaftlich schwer wiegende Folgen, denn der Ascheregen zerstörte im ganzen Staat die Felder, tötete das Vieh und vernichtete wertvolle Waldbestände. Auch heute ist das Ergebnis des vulkanischen Infernos noch gut zu erkennen, und zwar nicht nur aus unmittelbarer Nähe bei der Anfahrt über die Zufahrtsstraßen, sondern auch von weitem. Wenn man aus Portland Richtung Norden schaut, fällt am Horizont die Silhouette einer zerstörten grauen Bergspitze ins Auge – die Überreste eines ehemals lebendigen und romantischen Winterparadieses.

Der einzige echte Nachteil des Hwy-504 für die Anfahrt zum Mount St. Helens ist seine Popularität – bei schönem Wetter quälen sich lange Blechlawinen von Geländewagen und Wohnmobilen über die Zufahrtsstraße, und entsprechend viele Besucher tummeln sich am Observatorium. Alternativ dazu kann man von Portland über den Hwy-503 (oder den I-5) nach **Cougar** an der südlichen Peripherie des Berges fahren. Die Strecke führt durch eine überraschend feuchte und üppig grüne Landschaft, die zuletzt vor 2000 Jahren von einer größeren Eruption heimgesucht wurde. Von dort winden sich die nur im Sommer befahrbaren Waldstraßen USFS-90, -25 und -99 nach **Windy Ridge** an der Nordostflanke des Berges. Da diese Strecke im Vergleich mit der Johnson Ridge-Route nur von sehr wenigen Touristen gewählt wird, eignet sie sich am besten für eine Inspektion der vulkanischen Apokalypse aus nächster Nähe: ganze Hänge ohne Laub und Blätter, kolossale Baumstämme, die wie kleine Zweige verstreut liegen, und riesige Areale toter Landschaft, wo praktisch sämtliches Leben ausgelöscht wurde.

Windy Ridge ist auch von Norden her über **Randle** zugänglich (USFS-25 und -99). Dabei kommt man am Spirit Lake (oder was davon noch übrig ist) vorbei und passiert mehrere Lavaflüsse mit zahlreichen Aussichtspunkten entlang der Strecke.

Der **Monument Pass** für $6 berechtigt zum Betreten sämtlicher Abschnitte des Mount St. Helens National Monument, während der **Site Day Pass** für $3 lediglich Zutritt zu den Besucherzentren Coldwater Ridge und Mount St. Helens sowie zum Johnston Ridge Observatory verschafft.

Übernachtung

Im Bereich des National Monument gibt es keine **Campingplätze**, wohl aber an den Zufahrtsstraßen, z.B. *Seaquest State Park*, am Silver Lake rund fünf Meilen östlich des I-5 am Hwy-504, ✆ 1-800/452-5687, ⊙ im Sommer tgl. 8–20, sonst 8–17 Uhr, Stellplatz $15–21. Eine Alternative sind die privaten Campingplätze in der Umgebung von Cougar, ✆ 503/813-6666, ⊙ Juni–Aug, Stellplatz $15.

Sonstiges

INFORMATIONEN – *Mount St. Helens Volcanic Monument Headquarters*, in Amboy auf dem Weg vom Hwy-503 nach Windy Ridge, ✆ 247-3900, 🖥 www.fs.fed.us/gpnf/mshnvm, ⊙ tgl. 8–17 Uhr. Hier gibt es Landkarten und Informationen.
Mount St. Helens Visitor Center, am I-5 bei Castle Rock, ✆ 274-2103, ⊙ tgl. 9–17 Uhr. Inkl. kleine Ausstellung interessanter Exponate.
Coldwater Ridge Visitor Center, 3029 Spirit Lake Hwy, ✆ 274-2131, ⊙ tgl. 10–18, im Winter 9–16 Uhr. Beschäftigt sich in erster Linie mit dem Thema, wie Pflanzen und Tiere erfolgreich in den Eruptionszonen wieder angesiedelt wurden.

VORWAHL – 360.

Oregon
Portland

Der größte Teil der Bevölkerung Oregons lebt im Willamette Valley – dem sozialen, politischen und kulturellen Herzen des Bundesstaates. Portland, die größte Stadt, ist gemütlich und hat europäisches Flair. Es gibt keine umwerfenden Sehenswürdigkeiten, aber die schwungvolle Atmosphäre, die Galerien, Museen, Parks, Märkte, Cafés und Bars können den Besucher leicht ein paar Tage fesseln. Außerdem bildet die Stadt eine gute Basis für Ausflüge an die nahe gelegene Küste und in die Berge der Umgebung.

Die Lage an einer tiefen, schiffbaren Stelle des Willamette River und zahlreiche fruchtbare Täler in der Umgebung boten 1843 die idealen Voraussetzungen zur Anlage eines Hafens. Der Ort expandierte und prosperierte und entwickelte sich schließlich zu einer wilden, lasterhaften Stadt. Die Lage war so ernst, dass Simon Benson, einer der großen Holzbarone der Region (die Holzindustrie war bis in die zweite Hälfte des 20. Jhs. hinein der wichtigste Garant für den Wohlstand der Stadt), überall in Portland die öffentlichen „Benson Bubblers" aufstellen ließ, um die einheimischen Arbeiter zu ermutigen, auch einmal eine andere Flüssig-

Downtown Portland

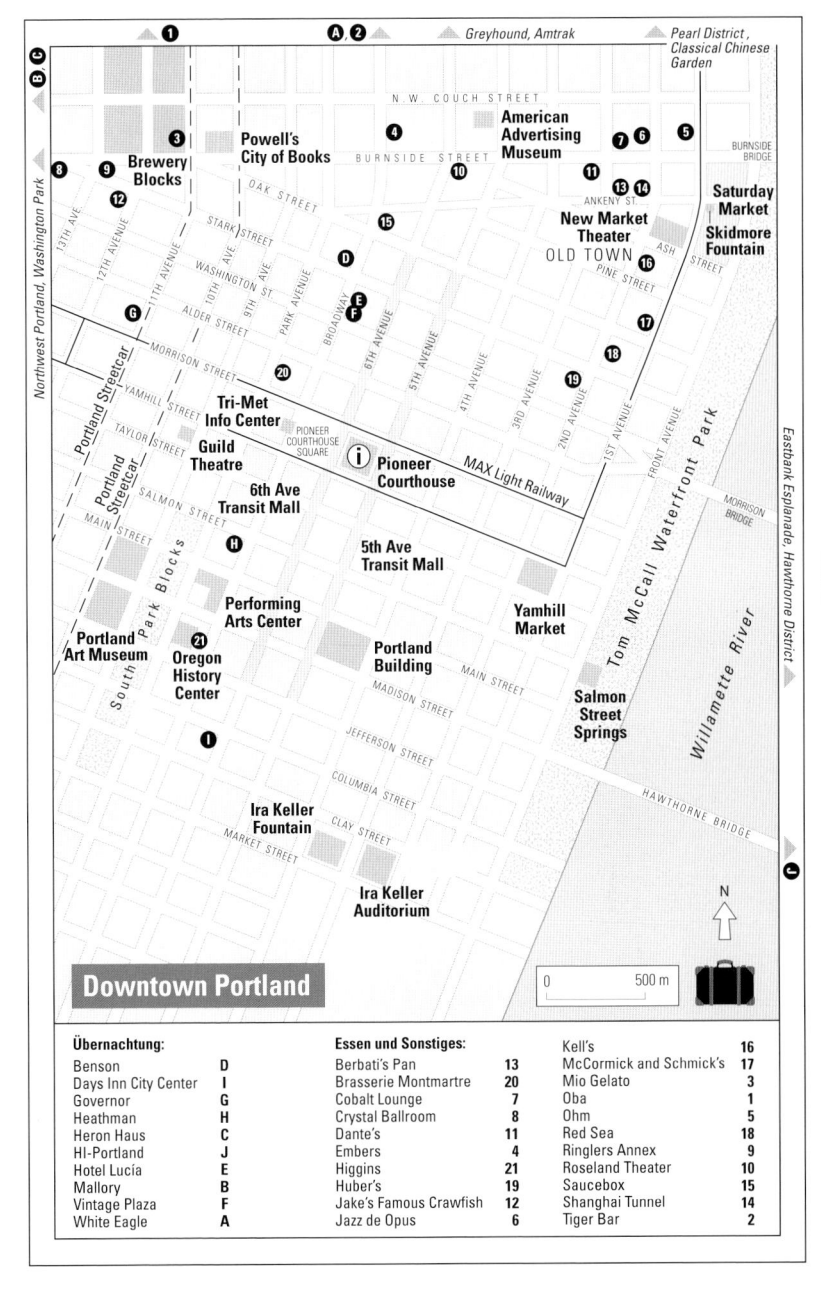

Übernachtung:	
Benson	D
Days Inn City Center	I
Governor	G
Heathman	H
Heron Haus	C
HI-Portland	J
Hotel Lucía	E
Mallory	B
Vintage Plaza	F
White Eagle	A

Essen und Sonstiges:	
Berbati's Pan	13
Brasserie Montmartre	20
Cobalt Lounge	7
Crystal Ballroom	8
Dante's	11
Embers	4
Higgins	21
Huber's	19
Jake's Famous Crawfish	12
Jazz de Opus	6
Kell's	16
McCormick and Schmick's	17
Mio Gelato	3
Oba	1
Ohm	5
Red Sea	18
Ringlers Annex	9
Roseland Theater	10
Saucebox	15
Shanghai Tunnel	14
Tiger Bar	2

keit als Alkohol zu sich zu nehmen. Ob sein Plan Erfolg hatte, erscheint zweifelhaft, doch die ununterbrochen fließenden, vierköpfigen Trinkbrunnen zählen noch heute zu den auffälligsten Merkmalen im Stadtzentrum; dort kann sich jeder auf die Schnelle mit einem Schluck Wasser erfrischen.

Mit der Holz verarbeitenden Industrie ging es langsam bergab, und in den 70er Jahren des 20. Jhs. waren Portlands historische Bauten verwahrlost oder Parkplätzen und Schnellstraßen geopfert worden. In den letzten Jahrzehnten wurde jedoch bei der Stadterneuerung einiges geleistet, um das Vermächtnis der Geschichte zu bewahren. So wurde viel Beton durch Backstein ersetzt, und auch volkstümliche Statuen und Wandgemälde verschönern nunmehr das Stadtbild. Doch ungeachtet jener Sanierungsmaßnahmen und der Einführung einer „urbanen Wachstumsgrenze" zur Eindämmung unkontrollierter Bautätigkeit, die gewiss zu einem verbesserten Image im ganzen Land beigetragen haben, genießt Portland auch den zweifelhaften Ruf des wirtschaftlichen Schlusslichts mit der landesweit höchsten Arbeitslosigkeit, fehlenden Mitteln für die Ausstattung von Schulen und insgesamt miserablen wirtschaftlichen Rahmenbedingungen. Im Gegensatz zu den meisten anderen Städten zogen die Bewohner von Portland allerdings nicht in Scharen weg, und so ergibt sich die kuriose Situation einer nach außen hin lebhaften Stadt, die jedoch finanziell aus dem letzten Loch pfeift. Im Gegensatz zu den meisten anderen US-Bundesstaaten gibt es in Oregon keine Verkaufssteuer (einer der Hauptgründe für die finanziellen Engpässe), was die Waren hier um einiges billiger macht als in den benachbarten Staaten.

Der **Willamette River** teilt Portland in eine Ost- und eine Westhälfte, während die **Burnside Street** den Norden der Stadt vom Süden trennt. Straßennamen und Hausnummern beziehen sich stets auf die Himmelsrichtung der durch diese beiden Trennlinien geschaffenen Quadranten (NE, SE, NW, SW). Downtown Portland erstreckt sich im Südwestquadranten zwischen dem Westufer des Flusses und dem Freeway I-405. Der Nordwesten und die beiden östlichen Viertel sind in erster Linie Wohngegenden.

Unbestrittenes Zentrum der Stadt ist der **Pioneer Courthouse Square** mit dem angrenzenden Pioneer Courthouse, einem gedrungenen Bauwerk aus dem Jahr 1868, das auch heute noch als Gerichtsgebäude dient. Auf den von historischen Terrakottabauten umgebenen, geschwungenen Backsteinterrassen tummeln sich ständig Straßenmusiker und Passanten. In der Nähe befinden sich einige der führenden Sehenswürdigkeiten Portlands, vor allem am SW Broadway und in der Umgebung der South Park Blocks – eine Mischung aus Altem und Neuem, die den verblassenden Stuckfassaden und Keramikreliefs Bauten aus Beton und Glas gegenüberstellt. Interessenten können sich einem zweieinhalbstündigen **Stadtrundgang** anschließen, der am zentralen Platz startet und alle Hauptattraktionen einschließt (Fr–So 10.30 Uhr, $15); Infos unter ✉ www.portlandwalkingtours.com.

Der **Broadway** repräsentiert Portlands Mischung aus alter Pracht und neuem Wohlstand: Luxushotels teilen sich die Straße mit kulturellen Institutionen wie dem großartigen alten Paramount-Filmtheater. Das prunkvolle Gebäude wurde restauriert und beherbergt nun das eindrucksvolle **Portland Center for the Performing Arts**, 1111 SW Broadway, ✉ www.pcpa.com.

Einen Block westlich erstreckt sich das **Portland Art Museum**, 1219 SW Park Ave, ✉ www.pam.org. In seinen großen Räumen wird eine Sammlung verschiedenster Kunstgegenstände dargeboten, von gespenstisch anmutenden Masken der Indianer des Nordwestens über mexikanische Statuen bis zu antiken chinesischen Figuren. Außerdem finden in jährlichem Wechsel höchst erfolgreiche Ausstellungen historischer Kunstobjekte aus verschiedenen Ländern statt, u.a. Russland, Japan und Frankreich. ⊙ Di, Mi und Sa 10–17, Do und Fr 10–20, So 12–17 Uhr, Eintritt $10.

In der Nähe steht das mit riesigen Trompe l'oeil-Wandmalereien dekorierte und frisch renovierte **Oregon History Center**, 1200 SW Park Ave, ✉ www.ohs.org. Es handelt sich in erster Linie um eine Forschungseinrichtung, doch anhand einiger fantasievoller Exponate werden auch verschiedene Facetten der Geschichte des Staates Oregon beleuchtet. ⊙ Di–Sa 10–17, So 12–17 Uhr, Eintritt $6.

Zwischen Museum und Geschichtszentrum verlaufen die **South Park Blocks**, ein zwölf Straßenzüge umfassender Grüngürtel, der zu den beliebtesten Erholungsgebieten Portlands zählt. Hier vertreiben sich Rentner, bummelnde Teenager und Obdachlose die Zeit im Schatten der Statuen von Abraham Lincoln und Theodore Roosevelt, der seinem Sieg bei San Juan Hill entgegenreitet. Zweimal in der Woche findet im Park der beliebte **Farmers Market** statt, 🖳 www.portlandfarmersmarket.org. Dort bieten Obst- und Gemüsebauern aus der Region ihre Erzeugnisse an, außerdem werden Backwaren, Bienenwachskerzen und andere Kunsthandwerksgegenstände verkauft. Samstagmittags gibt es hier kostenlose **Kochvorführungen** von bekannten Küchenchefs der Stadt. ⊙ Mai–Okt Mi 10–14, Mai–Nov Sa 8.30–14 Uhr.

Eines der wenigen Beispiele moderner Architektur ist das **Portland Building**, Madison St, Ecke 5th Ave, ein monumentaler Betonklotz mit „ironischen" blauen Schleifen von Michael Graves, wofür sich allerdings nur Architekturstudenten interessieren dürften. Der Uferbezirk, einige Blocks weiter östlich, wurde vor dem drohenden Untergang gerettet.

Inzwischen hat man auf zwei Meilen Länge den **Tom Mc Call Waterfront Park** angelegt, eine beliebte Oase in der urbanen Wüste, für die in den 70er Jahren ein Highway abgerissen wurde.

Portlands Keimzelle ist die Old Town in der unmittelbaren Umgebung der **Burnside Bridge** – hier wurde 1843 die Stadt gegründet. Allerdings war dieses Gebiet von Überflutungen bedroht, sodass das Stadtzentrum 1883, als die Eisenbahn Portland erreichte, weiter landeinwärts verlegt wurde. Die früheren Prachtbauten wurden zu Lagerhallen umfunktioniert, und der soziale Abstieg war nicht aufzuhalten. Heutzutage finden sich hier Missionen für Obdachlose, Galerien, Kneipen, Boutiquen und viele Clubs, in denen DJs auflegen oder Konzerte stattfinden. Ein Besuch lohnt sich vor allem am Wochenende zwischen März und Dezember, wenn unter der Burnside Bridge und südlich davon der **Saturday Market** abgehalten wird, wo man in erster Linie Kunsthandwerk bekommt. ⊙ Sa 10–17, So 11–16.30 Uhr.

Im Zentrum des Trubels steht der **Skidmore Fountain**, 1st Ave, Ecke Ankeny St, ein bronzenes Bassin, das von Karyatiden über einem Granitbecken getragen wird. Gegenüber dem spitzwinklig zulaufenden Platz mit dem Springbrunnen erstreckt sich entlang des **New Market Theater** eine Kolonnade. Früher diente das Gebäude gleichzeitig als Theater und Gemüsemarkt, inzwischen beherbergt der restaurierte Bau zahlreiche Cafés.

In der Nähe bildet das prunkvolle Tor an der West Burnside Street, Ecke 4th Avenue, den Eingang zu den Relikten von Portlands **Chinatown**. Im ausgehenden 19. Jh. beherbergte das expandierende Portland die zweitgrößte chinesische Gemeinde der USA. Hier wie anderswo kam es jedoch zu rassistischen Übergriffen weißer Arbeitsloser, die chinesischen Arbeiter wurden bedroht, und die meisten waren gezwungen, die Stadt zu verlassen. Dennoch gibt es nach wie vor eine beträchtliche chinesische Gemeinde und dementsprechend viele billige China-Restaurants und Kneipen. Eine der Hauptattraktionen dieser Gegend ist das **American Advertising Museum**, 211 NW 5th Ave, 🖳 www.admuseum.org, mit einer faszinierenden Darstellung des Siegeszugs der Werbung mit Plakaten und Aufnahmen alter Radio- und TV-Reklamespots. ⊙ Mi–So 12–17 Uhr, Eintritt $5.

Eine weitere Sehenswürdigkeit in Chinatown ist der reizende **Classical Chinese Garden**, NW 3rd Ave, Ecke Everett St, 🖳 www.portlandchinesegarden.org, ein klassischer chinesischer Garten mit traditioneller Vegetation, Teichen und Spazierwegen. ⊙ tgl. April–Okt 9–18, Nov–März 10–17 Uhr, Eintritt $7.

Nördlich von Burnside erstreckt sich der schicke **Pearl District**, ein ehemaliges Industriegebiet, das inzwischen durch exklusive Lofts, Galerien, Restaurants und Boutiquen aufgewertet wurde. Am auffälligsten präsentiert sich das Viertel zwischen der NW 10th Avenue und der 12th Avenue sowie zwischen der Glisan Street und der Lovejoy Street. Etwas weiter südlich liegt zwischen der NW 11th Avenue und der 13th Avenue sowie zwischen der Burnside Street und der Davis Street das derzeit ehrgeizigste Sanierungsobjekt, die **Brewery Blocks**. Es handelt sich um ein gewaltiges Renovierungsprojekt, in dessen Verlauf die ehemalige Brauerei Blitz-Weinhard in exklusive Restaurants, Einzelhandelsgeschäfte und Eigentumswohnungen umgewandelt wird. Gegenüber befindet sich die berühmte Buchhandlung **Powell's City of Books**, 1005 W Burnside St, 🖳 www.powells.com. Mit über einer Million neuen und gebrauchten Büchern, darunter auch seltene Exemplare, auf vier Stockwerken nimmt Powell's einen gesamten Straßenblock ein und hat zudem noch mehrere Filialen in der Stadt. Am Eingang werden farbkodierte Lagepläne ausgegeben, damit die Kunden sich nicht verlaufen. ◐ tgl. 9–23 Uhr.

Hauptattraktion des Wohngebietes östlich des Flusses ist das **Oregon Museum of Science and Industry**, 1945 SE Water Ave, 🖥 www.omsi.edu. Das Museum ist vorwiegend auf Kinder ausgerichtet und beinhaltet mehrere Hundert auffällige interaktive Exponate und Spielzeuge zum Thema Wissenschaft und Technik. ◐ Juni–Aug tgl. 9.30–19, sonst Di–So 9.30–17.30 Uhr, Eintritt $8,50.

Übernachtung

Nordöstlich des Zentrums reihen sich an den Interstates und am Sand Boulevard zahlreiche gewöhnliche Motels aneinander, weitaus besser und nur einige Dollar teurer sind jedoch die Unterkünfte in Downtown, darunter Hostels, B&Bs und eine gute, mitunter in eleganten und renovierten Gebäuden untergebrachte Auswahl an Hotels.

HOTELS, MOTELS UND B&BS – *Benson Hotel*, $200–250, 309 SW Broadway, ✆ 228-2000 oder 1-888/523-6766, 🖥 www.bensonhotel.com. Das luxuriöse Hotel mit einem wunderschönen, walnussgetäfelten Foyer von 1912 ist die erste Adresse für anreisende Prominenz und Würdenträger. Moderne und feudale Zimmer, Suiten und sogar Penthouses sind erhältlich.

Days Inn City Center***, 1414 SW 6th Ave, ✆ 221-1611 oder 1-800/899-0248, 🖥 www.daysinn.com. Tadellos gepflegte Motelzimmer in bester Zentrumslage zu außerordentlich günstigen Preisen.

Edgefield*–****, 2126 SW Halsey St, ✆ 669-8610 oder 1-800/669-8610, 🖥 www.mcmenamins.com/edge. Einzigartiges Brauerei-Resorthotel 15 Automin. östlich des Flughafens im eintönigen Vorort Troutdale mit Restaurants, Bars, Weinkellerei, Kino, Gärten und 18 Loch-Golfplatz. Ein eigenes Hostel (Dorm-Bett $20) ist ebenfalls angegliedert.

Governor, $160–200, 611 SW 10th Ave, ✆ 224-3400 oder 1-800/554-3456, 🖥 www.govhotel.com. Eines der besten Hotels der Stadt; bietet elegante Zimmer und Suiten mit Kamin und stilvollem Dekor, Wellness-Bad, Pool und Fitness-Center in zentraler Lage, nur einen Block von S-Bahn und Straßenbahn entfernt.

Heathman, $160–250, 1001 SW Broadway, Ecke Salmon St, ✆ 241-4100 oder 1-800/551-0011, 🖥 www.heathmanhotel.com. Schön restauriertes, klassizistisches Gebäude mit eleganter Inneneinrichtung, Teakholzvertäfelung und viel Marmor und Messing. Vorzügliche Zimmer und Suiten, ausgezeichnetes Restaurant und beliebte Lounge im Foyer, wo man sich unter die Schönen und Reichen mischen kann.

Heron Haus, $130–160, 2545 NW Westover Rd, ✆ 274-1846, 🖥 www.heronhaus.com. Atmosphärisches B&B im Tudor-Stil Baujahr 1904. Große Suiten mit Kamin, Wellness-Bad und gemütlichen Sitzbereichen. Hervorragendes Frühstück und nur ein paar Gehminuten bis zum großen Forest Park.

Hotel Lucía, $130–160, 400 SW Broadway, ✆ 225-1717, 🖥 www.hotellucia.com. Das minimalistische, asiatisch beeinflusste Foyer, Schwarzweiß-Fotografien mit künstlerischem Anspruch in den Fluren und eine insgesamt schicke Einrichtung machen das Haus zu einem der auffälligsten Boutique-Hotels der Stadt, auch wenn die Zimmer etwas beengt sind.

Inn at Northrup Station*****, 2025 NW Northrup St, ✆ 224-0543, 🖥 www.northrupstation.com. Direkt an der Straßenbahnlinie (daher der Name) in Northwest Portland. Mehrere bunte Suiten im auffälligen Retro-Design, einige mit Küche, Terrasse und Bartresen.

Kennedy School*****, 5736 NE 33rd Ave, ✆ 249-3983 oder 1-888/249-3983, 🖥 www.mcmenamins.com/kennedy. 35 B&B-Zimmer in einem renovierten Schulgebäude mit Tafeln, Garderoben und modernem Komfort. Ausgezeichnetes Frühstück, mehrere Kneipen, Kino, Schwimmbad unter freiem Himmel und eine Bar mit dem Namen „Nachsitzen".

Mallory*****, 729 SW 15th Ave, ✆ 223-6311 oder 1-800/228-6857, 🖥 www.malloryhotel.com. Alteingesessenes Hotel mit stilvollem Foyer und eher schlichten (aber erschwinglichen) Zimmern. Gute Anbindung an die S-Bahn MAX, aber westlich der belebten Downtown jenseits des I-405.

Vintage Plaza, $130–160, 422 SW Broadway, ✆ 228-1212 oder 1-800/263-2305, 🖥 www.

Auf dem Willamette River, Portland

vintageplaza.com. Intimes Boutique-Hotel mit sehr geräumigen Zimmern und ruhiger, entspannter Atmosphäre. Nachmittags wird im Foyer Wein ausgeschenkt. Eines der wenigen hundefreundlichen Hotels der Stadt.
White Eagle**, 836 N Russell St, ✆ 282-6810, 🖥 www.mcmenamins.com/eagle. Das mit Abstand beste Preis-Leistungs-Verhältnis in Portland. Das alte Hotel in einem gemischten Gewerbe- und Künstlerviertel wurde renoviert und zu einer originellen Hausbrauerei umgebaut. Die Zimmer mit Gemeinschaftsbad sind schlicht, sauber und überraschend billig. Jeden Abend Live-Musik.

HOSTELS – **HI-Portland***–**, 3031 SE Hawthorne Blvd, ✆ 236-3380 oder 1-866/447-3031, 🖥 www.portlandhostel.com. Freundliches viktorianisches Haus in guter Lage mitten im Hawthorne District. Internet-Zugang, Minibustouren zu den Sehenswürdigkeiten der Stadt, Essen vom Grill und gelegentlich Live-Musik. Dorm-Bett $19, DZ $48.

HI-Portland Northwest*, 1818 NW Glisan St, ✆ 241-2783, 🖥 www.2oregonhostels.com. In einem Haus aus dem 19. Jh. in Northwest Portland, in der Nähe des beliebten *Mission Theatre & Brewpub* und unmittelbar östlich des belebten Viertels zwischen 21st und 23rd St. Espresso-Bar und Familienzimmer. Dorm-Bett $21, DZ mit Bad $52.

Essen

Ähnlich wie in Seattle ist auch Portlands **Northwest Cuisine** ein Mix aus internationaler Küche und frischen regionalen Erzeugnissen. Die Stadt bietet viele ausgezeichnete Restaurants für jeden Geschmack und Geldbeutel, in den zentralen Vierteln Pearl District und Northwest Portland gibt es schnieke Cocktail-Bars, gediegene Bistros, Kneipen mit Hausbrauerei und vegetarische Restaurants mit gemischten Speisen aus dem pazifischen Raum. Auf dem Hawthorne Boulevard finden sich dagegen die besten Fastfood- und multikulturellen Restaurants. In Downtown

Portland verkaufen zahlreiche **Essensstände** mexikanische Speisen, italienische Panini, indische Gerichte und japanische Bento-Reisschüsseln; die meisten konzentrieren sich in der Umgebung von Parkplätzen im Bereich SW 5th St, Ecke Oak St und SW 9th St, Ecke Alder St.

Bangkok Kitchen, 2534 SE Belmont Ave, ✆ 236-7349. Die teuren Thai-Restaurants in Downtown kann man getrost vergessen, denn dieses langweilig aussehende Lokal serviert die besten und billigsten thailändischen Gerichte. Wer die scheußlichen Essnischen aus rotem Vinyl oder die kitschige Einrichtung nicht verträgt, bestellt kurzerhand etwas zum Mitnehmen.

Bombay Cricket Club, 1925 Hawthorne Blvd, ✆ 231-0740. Das Restaurant eine Meile westlich der Hauptessensmeile von Hawthorne serviert exzellente indische Speisen bei allerdings erbärmlichem Service. Tipp: das hochnäsige Gehabe einfach ignorieren und in die köstliche Welt der Vindaloos und Tandooris abtauchen.

Brasserie Montmartre, 626 SW Park Ave, ✆ 224-5552. Das beliebteste französische Bistro der Stadt bietet leckere Pasta und kostenlosen Live-Jazz an den meisten Abenden. Favorisierter Zwischenstopp für Kunden des nahe gelegenen Kaufhauses Nordstrom.

Dot's Café, 2521 SE Clinton St, ✆ 235-0203. Billiges, nicht unbedingt makelloses Café mit langen Öffnungszeiten im Zentrum des kleinen Szeneviertels Clinton. Klassische Burger, vegetarische Burritos und das beste gegrillte Käsesandwich in ganz Portland.

Higgins, 1239 SW Broadway, ✆ 222-9070. Das landesweit bekannte Northwest Cuisine-Restaurant serviert frische einheimische Zutaten und köstliche Nachspeisen in gemütlichen Räumlichkeiten unmittelbar südlich der Hauptsehenswürdigkeiten der Stadt.

Jake's Famous Crawfish, 401 SW 12th Ave, ✆ 226-1419. Das berühmte Restaurant besteht seit über 100 Jahren und offeriert eine unglaubliche Auswahl an frischem Seafood, darunter Stör, Krebse und Langusten. Bei der harmlos klingenden *Bag of Chocolate* handelt es sich um eine köstliche, gürtelsprengende Nachspeise.

McCormick and Schmick's, 235 SW 1st Ave, Ecke Oak St, ✆ 224-7522. Die Keimzelle einer inzwischen landesweiten Kette von Fischrestaurants bietet frische Abendspezialitäten. Gut besuchte Austernbar mit lebhafter Single-Szene; Hauptgericht ca. $15.

Mio Gelato, 25 NW 11th Ave, ✆ 226-8002. Einer der besten italienischen Eissalons im Pazifischen Nordwesten in einem der Brewery Blocks. Fruchtsorten wie Limone, Grapefruit und Kiwi lassen das Wasser im Mund zusammenlaufen.

Oba, 555 NW 12th Ave, ✆ 228-6161. Das schicke Nuevo Latino-Lokal im Pearl District kombiniert Geschmacksrichtungen aus ganz Lateinamerika zu neuartigen Speisen, die man nirgendwo sonst in der Stadt serviert bekommt. Am einladendsten ist die Bar während der Happy Hour, denn dann kosten die leckeren Vorspeisen nur $3–4.

Papa Haydn, 701 NW 23rd Ave, Northwest Portland, ✆ 223-7317. Mindestens eine halbe Stunde Wartezeit muss am Wochenende abends in diesem edlen Restaurant eingeplant werden. Tipp: eines der über 50 Desserts auf der Speisekarte.

Pix Patisserie, 3402 SE Division, ✆ 232-4407. Angesagtes Restaurant mit großer Auswahl an fantasievollen französischen Nachspeisen, die von einem in Paris ausgebildeten Küchenchef namens „Pixie" zubereitet werden. Die hellroten Mauern des Gebäudes sind an einem ansonsten farblosen Abschnitt der Eastside nicht zu verfehlen.

Toney Bento, 1423 SE 37th Ave, Hawthorne, ✆ 234-4441. Das betriebsame japanische Restaurant serviert riesige Schüsseln mit leckeren und preiswerten Nudelkreationen sowie köstliches Sushi – zubereitet von einem Meister seines Fachs.

Wildwood, 1221 NW 21st Ave, Northwest Portland, ✆ 248-9663. Modernes Restaurant mit einladender Einrichtung, freundlicher Bedienung und fantasievollen Gerichten. Verwendet werden frische einheimische Zutaten wie Morcheln, Pazifiklachs und Rindfleisch aus den Painted Hills.

Unterhaltung

Portlands schicke Cocktail-Lounges und Kneipen können es ohne weiteres mit denen von Seattle aufnehmen. Die Stadt ist ein Paradies für Biertrinker mit über 30 lokalen **Kleinbrauereien**, darunter *Rogue Ales Public House*, 1339 NW Flanders St, ✆ 222-5910, und *Bridgeport Brewing,* 1313 NW Marshall St, ✆ 241-3621. Die Brauerei *McMenamins,* 🖥 www.mcmenamins.com, bringt ihr Selbstgebrautes in einzigartiger Umgebung unter die Leute, z.B. in ehemaligen Schulen oder restaurierten Hotels. Auch die **Kaffeehausszene** ist allgegenwärtig (inklusive *Starbucks* natürlich), allerdings ohne die kleinen Espresso-Stände, wie man sie aus Seattle kennt.

BARS, PUBS UND COFFEE HOUSES – *Cobalt Lounge,* 32 NW 3rd Ave, Old Town, ✆ 225-1003. Amüsanter Club mit starken Drinks, Party-Atmosphäre und DJs, die neue House-Beats an abwechselnden Abenden mit Sounds aus den 70ern und 80ern mixen.

Goose Hollow Inn and Tavern, 1927 SW Jefferson St, ✆ 228-7010. Tolle selbst gebraute Biere, das beste Reuben-Sandwich der Stadt und günstige Lage mit Anbindung an die S-Bahn eine Meile westlich von Downtown. Besitzer ist der charismatische Bud Clark, der in der 80er Jahren Bürgermeister von Portland war.

Huber's, 411 SW 3rd Ave, ✆ 228-5686. Die älteste Bar der Stadt ist eine elegante Lokalität mit gewölbtem Buntglasoberlicht, Mahagonivertäfelung und Terrazzo-Fußboden. Bekannt für seine Truthahn-Sandwiches und den starken spanischen Kaffee.

Kell's, 112 SW 2nd Ave, ✆ 227-4057. Alteingesessener Irish Pub mit guter und authentischer Küche (Irish Stew, Soda-Brot usw.), dazu selbst gebraute und importierte Biere und natürlich irischer und schottischer Whisky.

Lucky Labrador, 915 SE Hawthorne Blvd, ✆ 236-3555. Unprätentiöser Pub mit Hausbrauerei gegenüber von Downtown auf der anderen Seite des Flusses in einem großen Lagerhaus mit Innenhof unter freiem Himmel. Frisches Bier, tolle Sandwiches, Grillspezialitäten und köstliche Snacks mit Erdnuss und Curry.

Nocturnal, 1800 E Broadway, ✆ 239-5900. Beliebter und gut besuchter Club mit Kellerbar für jung gebliebene Erwachsene, die wie Teenager aussehen, und einem Konzertsaal im Erdgeschoss für alle Altersgruppen.

Pied Cow, 3244 SE Belmont Ave, ✆ 230-4866. Traditionelle Kaffees, Tees und Desserts in einem stattlichen viktorianischen Haus. Lange Öffnungszeiten, Tische im Grünen und die Möglichkeit, Tabak mit Fruchtgeschmack aus einer Wasserpfeife zu rauchen.

Produce Row, 204 SE Oak St, ✆ 232-8355. Nur wenige Touristen verirren sich in dieses vorwiegend von Einheimischen favorisierte Lokal in glanzloser Lage an den Eisenbahnschienen eines Industriegebiets auf der anderen Seite des Flusses; 30 Biere vom Fass und abwechslungsreiche Live-Musik von Country bis Rock.

Rimsky-Korsakoffee House, 707 SE 12th Ave, ✆ 232-2640. Trotz des schrecklichsten Namens und der wohl schlechtesten Bedienung der Stadt eine ausgezeichnete Adresse, um ein paar Stündchen bei Kaffee und Süßspeisen zu vertrödeln. Extrem beliebt bei Künstlern und anderen Genießern.

Ringlers Annex, 1223 SW Stark St, ✆ 525-0520. Im geräumigen Kellergeschoss des keilförmigen Flatiron Building von 1917 kann man großartig Leute beobachten. Der Ableger *Ringlers* befindet sich zwei Blocks weiter in der 1332 W Burnside St, ✆ 225-0627.

Shanghai Tunnel, 211 SW Ankeny St, ✆ 220-4001. Die Kellerbar ist beliebt bei Szenetypen und serviert auch leckere asiatische Speisen.

Stumptown Roasters, 3356 SE Belmont Ave, ✆ 232-8889. Das interessanteste einer lokalen Kette von drei Coffee Houses mit zweckmäßiger Einrichtung, aber umso „szenigeren" Gästen. Der Kaffee ist eine Mischung aus sieben verschiedenen Sorten Java und für viele der beste der Stadt.

Tao of Tea, 3430 SE Belmont St, ✆ 736-0119. Über 120 verschiedene Teesorten in einem exquisiten Raum mit Zen-artigem Dekor und recht hochnäsiger Atmosphäre. Vornehme vegetarische und indische Mahlzeiten zu erschwinglichen Preisen.

Tiger Bar, 317 NW Broadway, ✆ 222-7297. Gnadenlos hippe und schnieke Lounge mit Tigerstreifenbar und langen Polsterbänken. Dunkel, heiß und raucherfreundlich, Mahlzeiten auch zu später Stunde.

LIVE-MUSIK UND CLUBS – In punkto Live-Musik nimmt Portland einen kleinen, aber festen Platz auf der nationalen Landkarte ein. Unzählige Indie- und Punkbands haben sich in den letzten

Jahren hier niedergelassen. In der Gegend um East und West Burnside konzentrieren sich die coolsten Clubs.

Berbati's Pan, 10 SW 3rd Ave, ✆ 248-4579. Restaurierte europäische Bar aus dem 19. Jh. im hinteren Bereich und jeden Abend Konzerte unterschiedlicher Musikrichtungen – von lokalen bis zu internationalen Bands. Eintritt meistens unter $10.

Crystal Ballroom, 1332 W Burnside St, ✆ 778-5625. Tanzsaal aus dem 19. Jh. direkt über der Bar *Ringlers* mit auf Federn gelagerter, „schwebender" Tanzfläche. Live-Musik von Flower Power bis Hip Hop. Die besten Indie-Bands Portlands legen auch gute DJs in „Lola's Room" im Obergeschoss.

Dante's, 1 SW 3rd Ave, ✆ 226-6630. Eine der angesagtesten Discos der Stadt mit Cabaret und Live-Musik. Markenzeichen des Clubs ist die sonntägliche „Sinferno"-Nacht mit Strip-Show, montags „Karaoke from Hell" und mittwochs Lounge-Punk-Styling bei „Storm and the Balls".

Embers, 11 NW Broadway, ✆ 222-3082. Häufig sehr voller Club mit Drag-Shows im von Schwulen beherrschten vorderen Bereich und High-Energy-Dancing auch für Heteros weiter hinten. Als Tresen fungiert ein cooles Aquarium mit Fischen.

Goodfoot, 2845 SE Stark St, ✆ 239-9292. Wilder Underground-Konzertschuppen und Tanzclub mit 70er-Einflüssen im Dekor. Am Wochenende immer heiß, verraucht und rappelvoll – trotzdem lohnt es sich, die erstklassigen DJs zu erleben, die hier scratchen, bis die Lichter ausgehen.

Jazz de Opus, 33 NW 2nd Ave, ✆ 222-6077. Gemütliche, unaufdringliche Atmosphäre bei ausgezeichnetem Live-Jazz und Grillspezialitäten. Zumeist freier Eintritt.

Ohm, 31 NW 1st Ave, ✆ 223-9919. Top-Adresse für Electronica und Hip Hop mit Live-Bands und DJs in der Nähe des Samstagsmarkts an den Schienen der S-Bahn. Am Wochenende voll und stickig, unter der Woche wesentlich entspannter.

Red Sea, 318 SW 3rd Ave, ✆ 241-5450. Afrikanische und orientalische Küche bei Reggae und afrikanischen Klängen am Wochenende. Gelegentlich auch Bauchtanz.

Roseland Theater, 8 NW 6th Ave, ✆ 224-2038. In einer der finstersten Ecken der Stadt, aber eine Top-Adresse für Rock- und Indie-Bands. Oft die letzte bezahlbare Veranstaltungsort für Fans, bevor die Gruppen nur noch in großen Hallen und Stadien auftreten.

Saucebox, 214 SW Broadway, ✆ 241-3393. Der Laden ist leicht zu verfehlen, daher nach einem Schild mit Eiswürfeln Ausschau halten. Tolle gemischt-asiatische Küche, bunte Cocktails und eine Musikauswahl, die vor allem schwarz gekleidete „Möchtegerne" und echte Szenetypen anlockt.

KLASSIK UND THEATER – Im Zentrum der Kunstszene von Portland steht das **Portland Center for the Performing Arts**, 1111 SW Broadway, ✆ 248-4335 oder 224-4000, 🖳 www.pcpa.com. Es handelt sich um einen Komplex aus zwei Hauptgebäuden, der *Arlene Schnitzer Concert Hall* und dem *New Theater Building* mit dem *Dolores Winningstad Theater* und dem *Newmark Theater*. Das „Schnitz", ein aufwändig restauriertes Varieté- und Filmtheater Baujahr 1928, präsentiert große Inszenierungen aus den Bereichen Musical, Tanz und Theater und ist u.a. Auftrittsort für das **Oregon Symphony Orchestra**, ✆ 228-1353, 🖳 www.orsymphony.org, und das **Oregon Ballet Theater**, ✆ 222-5538, 🖳 www.obt.org. Einige Blocks östlich befinden sich das **Ira Keller Auditorium**, SW 3rd Ave, zwischen Market St und Clay St, ✆ 274-6560, in dem Tournee-Musicals aufgeführt werden, und die klassische **Portland Opera**, ✆ 241-1407, 🖳 www.portlandopera.org. Im Sommer finden **Gratiskonzerte** am Pioneer Courthouse Square, im Tom McCall Waterfront Park, im Zoo und im Amphitheater im International Rose Test Garden statt.

KINO – Die meisten Kinos in Portland gehören der Kette *Regal* an, aber es gibt auch einige ordentliche Alternativen:

Cinema 21, 616 NW 21st Ave, ✆ 223-4515, 🖳 www.cinema21.com. Zeigt internationale und unabhängige Filme.

The Guild, 879 SW 9th Ave, ✆ 221-1156. Filmklassiker und Retrospektiven.

Hollywood Theatre, 4122 NE Sandy Blvd, ✆ 281-4215, 🖳 www.hollywoodtheatre.org. Sehr altes Kino mit äußerst gemischtem Programm.

Sonstiges

INFORMATIONEN – *Visitor Information Center,* 701 SW 6th Ave, am Pioneer Square, ☎ 275-8355 oder 1-877/678-5263, 🖥 www.pova.org, ⓘ Mo–Fr 8.30–17.30, Sa 10–16, So 10–14 Uhr. Reichlich Kartenmaterial sowie Informationen über die Stadt und den Bundesstaat.

Veranstaltungshinweise enthalten das Gratismagazin *Willamette Week,* 🖥 www.wweek.com, das es praktisch an jeder Straßenecke gibt, das kleinere Alternativblatt *Portland Mercury,* 🖥 www.portlandmercury.com, und die Freitagsausgabe der größten Lokalzeitung *The Oregonian,* 🖥 www.oregonian.com. *Just Out,* 🖥 www.justout.com, ist die wichtigste Publikation für die Schwulen- und Lesbenszene.

VORWAHL – 503

Nahverkehrsmittel

Obwohl sich ein Großteil des kompakten Stadtzentrums mühelos zu Fuß oder über das beeindruckende, ausgedehnte Netz von **Fahrradwegen** (Landkarten und Informationen unter 🖥 www.trans.ci.portland.or.us/bicycles) erkunden lässt, verfügt Portland auch über ein ausgezeichnetes Netz an öffentlichen Verkehrsmitteln.

STADTBUSSE – Die *Tri-Met*-Busse fahren von der Transit Mall in Downtown ab. Von der 5th Avenue fahren Busse Richtung Süden und von der 6th Avenue Richtung Norden. Die verschiedenen Bussteige entlang der beiden Haltestellen sind mit Farben markiert, die für die jeweilige Buslinie stehen. Die Mall ist ein wichtiger Verkehrsknotenpunkt, an dem man sich aber nicht länger aufhalten sollte als unbedingt nötig, denn die Gegend hat einen schlechten Ruf als Drogenumschlagplatz. Das *Tri-Met Customer Assistance Office,* Pioneer Square, ☎ 238-7433, Informationen für Behinderte unter ☎ 238-4952, ⓘ Mo–Fr 8.30–17.30 Uhr, 🖥 www.trimet.org, bietet kostenlose Übersichtspläne des öffentlichen Verkehrsnetzes und verkauft sämtliche Zonen umfassende Tageskarten ($4), die 6-Stunden-Karte „Quik Tik" ($3) sowie 10er-Karten ($12,50) und Monatskarten ($47) mit verbilligten Tarifen für behinderte Fahrgäste ($34).

S-BAHN – *MAX,* Portlands S-Bahn, bringt Touristen von Downtown nach Old Town (und zurück), befördert Pendler in die westlichen und östlichen Vororte und führt auch unter dem Washington Park und dem Zoo hindurch.

STRASSENBAHN – Die in hellen Farben lackierten Wagen der *Portland Streetcar,* 🖥 www.portlandstreetcar.org, befahren eine auf Touristen zugeschnittene Route zwischen Portland State University, Pearl District und Northwest Portland und kommen dabei an den meisten Sehenswürdigkeiten in Downtown an NW und SW 10th und 11th Streets vorbei. Innerhalb des so genannten „Fareless Square" sind die Fahrten kostenlos, ansonsten kostet ein Einzelfahrschein $1,30.

TAXI – Taxis können nicht auf der Straße angehalten werden. Entweder vor einem Hotel eines nehmen oder anrufen:
Broadway Cab, ☎ 227-1234;
Portland Taxi Co, ☎ 256-5400.

Transport

BUSSE – Die *Greyhound*-Station, 550 NW 6th Ave, Pearl District, liegt günstig am Rande von Downtown, nahe dem Bereich der kostenlosen städtischen Busse. Bei Ankunft zu nächtlicher Stunde nimmt man besser ein Taxi, da dieser Teil der Stadt nach Einbruch der Dunkelheit nicht der sicherste ist.
Auf dem I-5 geht es nach SEATTLE (10x tgl., 4 Std.) und nach Kalifornien, daneben 2x tgl. auf dem US-101 nach SAN FRANCISCO. Weitere Verbindungen bestehen nach SPOKANE, nach Süd- und Zentral-Oregon und auf dem I-84 nach PENDLETON und weiter Richtung Süden bis nach BOISE in Idaho.

EISENBAHN – Der *Amtrak*-Bahnhof, 800 NW 6th Ave, Pearl District, liegt ebenso wie der *Greyhound*-Bahnhof günstig an Downtown. Nach SEATTLE 3x tgl. (4 1/2 Std.), außerdem 2x tgl. über SALEM (1 1/4 Std.) und EUGENE (2 1/2 Std.) nach OAKLAND (19 Std.).

Hood River: Ein Mekka für Windsurfer

FLÜGE – Der Portland International Airport (PDX) liegt im Nordosten, 30 Autominuten von Downtown.
Der Flughafen-Expressbus von **Gray Line**, 1-888/684-3322, www.grayline.com, setzt Passagiere an den größeren Hotels in Downtown ab (5–24 Uhr alle 45 Min., $15 einfach, $22 hin und zurück).
Die „Red Line" der S-Bahn (4–23 Uhr 3–5x stdl., Ticket $1,60) hält unweit vom Terminal C und benötigt rund 40 Min. bis zum Pioneer Square in Downtown. Ein Taxi vom Flughafen in die Stadt kostet $25–30.

Columbia River Gorge und Mount Hood

In gerader Linie östlich von Portland erreicht man über den Interstate I-84 die Schlucht des Columbia River, eine eindrucksvolle, beinahe Furcht einflößende Kulisse aus windgepeitschter Landschaft, zerklüfteten Felsen und unglaublichen Ausblicken, die an die heroischen Bilder eines Albert Bierstadt erinnern. Die tiefe, U-förmige Schlucht wurde während der Eiszeit von gewaltigen Gletschern ausgeschliffen, die auch den Osten des Staates Washington formten.

In der wilden Naturlandschaft der Schlucht, die als nationales Schutzgebiet ausgewiesen ist, stürzen beeindruckende Wasserfälle über nackte Klippen in die Tiefe, während die Tannen- und Ahornwälder im Herbst in sagenhaften Gold- und Rottönen erstrahlen. Noch im 19. Jh., vor dem Bau der modernen Staudämme, präsentierte sich diese Gegend viel rauer, und sie bildete auch das letzte natürliche Hindernis für die ersten Siedler auf dem Oregon Trail, die mit ihren leichten Holzflößen gefährliche Stromschnellen überwinden mussten, um schließlich die Westküste zu erreichen.

Der spektakulärste Teil der Schlucht, zwischen Troutdale und Hood River, liegt unmittelbar nördlich des schneebedeckten Gipfels Mount Hood, wo die schmale, in Serpentinen verlaufende **Historic Columbia River Highway** (zu erreichen über die Ausfahrten 16 oder 35 vom I-84) im Frühling den Blick auf eine herbromantische, nebelverhangene Flusslandschaft freigibt. Im Sommer nehmen es hier die nur als Farbtupfer zu erkennenden Windsurfer mit den Wellen auf. Der Highway bietet mehrere ausgezeichnete Aussichtspunkte, vor allem das **Vista House** bei **Crown Point**, ein wunderbares, 1917 unter dem Programm der nationalen Arbeitsbeschaffungsbehörde WPA entstandenes Bauwerk, das rund zehn Meilen östlich von Troutdale hoch über der Schlucht thront. Das Gebäude wird derzeit restauriert und schon bald wieder in seiner alten rustikalen Pracht erstrahlen (Einzelheiten unter www.vistahouse.com). Weiter östlich wurden inzwischen einige Straßenabschnitte für den Autoverkehr gesperrt, weil sie den Belastungen durch das hohe Verkehrsaufkommen nicht mehr gewachsen waren; stattdessen wird dort zunehmend eine Infrastruktur für Wanderer und Radfahrer geschaffen.

Der sehenswerteste Wasserfall bei der Anfahrt über den I-84 ist **Multnomah Falls**, der mehr als 160 m von einem Felsen in einen Pool herabstürzt und dann weitere 20 m fällt. Die Zufahrt erfolgt über eine unerwartet auftauchende Abzweigung nach links. tgl. 8–21 Uhr, Eintritt frei.

Weiter östlich liegt die Staumauer des **Bonneville Dam**, ✆ 374-8820, Oregons Äquivalent zum Grand Coulee in Washington. Das riesige New Deal-Projekt dient nicht nur der Stromerzeugung, sondern verfügt auch über eine Kammer, durch die alljährlich die Lachse ihren Weg flussaufwärts finden – auch wenn deren Zahl von Jahr zu Jahr abnimmt. ⏲ tgl. 9–17 Uhr, Eintritt frei.

Südlich von hier erhebt sich als majestätische Kulisse für den Hwy-35 der **Mount Hood**, ein ruhender Vulkan und mit ca. 3350 m der höchste Berg der Oregon Cascades. Die Rundstrecke Mount Hood Loop über die Highways 35 und 26 beinhaltet sowohl den Berg als auch die Schlucht. Kurz nachdem der Hwy-35 auf den US-26 trifft, führt eine Abzweigung in die Berge hinauf zur *Timberline Lodge******, ✆ 503/272-3311 oder 1-800/547-1406, 🖥 www.timberlinelodge.com, die inmitten eines beliebten Skigebiets liegt.

Der Ort **Hood River** ist ein stürmisches Mekka für Windsurfer und Mountainbiker. Das *Visitor Center* befindet sich am östlichen Ortsende am Fluss, Port Marina Park, ✆ 1-800/366-3530, 🖥 www.hoodriver.org.

Durch das Willamette Valley nach Süden

Salem

Salem ist eine kleine, gelassen wirkende Stadt, die den Touristen pflichtbewusst den Weg von einer Attraktion zur nächsten weist. Der Stolz der Stadt ist das 1938 fertig gestellte **State Capitol** in der Court Street südöstlich von Downtown.

Die neben dem Capitol Building gelegene **Willamette University**, 900 State St, ist die älteste Universität im Westen. In der 1313 Mill Street SE lässt sich im historischen **Mission Mill Village** ein Blick auf eine Ansammlung alter Pioniergebäude werfen.

Übernachtung

Marquee House****, 333 Wyatt Court NE, ✆ 391-0837 oder 1-800/949-0837, 🖥 www.marqueehouse.com. Stattliches B&B nahe Downtown.

Phoenix Inn Suites****, 4370 Commercial St SE, ✆ 588-9220, 🖥 www.phoenixinn.com. Eines von vielen ordentlichen Motels in Salem.

Silver Falls State Park, 20024 Silver Falls Highway, ✆ 873-8681, ist ein ansprechender Zeltplatz ($18–21) 26 Meilen östlich von Salem, zu erreichen über Hwy-22 und 214. Da der Park zu Recht der beliebteste in Oregon ist, sollte der Campingplatz bereits Wochen im Voraus gebucht werden.

Sonstiges

INFORMATIONEN – Im Mission Mill Village gibt es ein *Visitor's Center*, 1313 Mill St, ✆ 581-4325 oder 1-800/874-7012, 🖥 www.scva.org.

VORWAHL – 503.

Transport

Greyhound-Station, 450 Church St NE. *Amtrak*-Bahnhof, 13th St, Ecke Oak St.

Eugene

Oregons zweitgrößte Stadt, am südlichen Ende des Willamette Valley gelegen, ist eine bunte Mischung aus Studenten, Facharbeitern, Angestellten und Hippies. Der Campus der **University of Oregon** im Südosten von Eugene verleiht der Stadt etwas jugendliches Flair.

Zu empfehlen ist das **Museum of Art** mit einer guten asiatischen Sammlung sowie zeitgenössischen Gemälden aus dem Nordwesten und den restlichen USA. ⏲ Mi–So 12–17 Uhr, Eintritt frei.

Im modernen Glasbau des **Hult Center**, Sixth Ave, Ecke Willamette St, ✆ 682-5746, 🖥 www.hultcenter.org, haben mehrere angesehene klassische Orchester und Ensembles ihre Spielstätte, darunter Oper, Symphonieorchester und Ballett. Hier wird auch das berühmte Oregon Bach Festival veranstaltet.

Der wöchentliche **Saturday Market**, 8th Ave, Ecke Oak St, 🖥 www.eugenesaturdaymarket.org, findet von April bis Dezember statt. Die seit 30 Jahren bestehende Institution ist eine Art Neo Hippie-Karneval mit Musikern und Straßenkünstlern.

Übernachtung

Campbell House***, 252 Pearl St, ℡ 343-1119 oder 1-800/264-2519, 🖳 www.campbellhouse.com. Elegantes viktorianisches Gästehaus Baujahr 1892 mit 18 Zimmern.
Eugene Hilton, $130–160, 66 E 6th Ave, ℡ 342-2000 oder 1-800/937-6660, 🖳 www.eugene.hilton.com. Zählt zu den besten Hotels in Eugene und ist in der Nähe des Hult Center zu finden.
Eugene International Hostel*, 2352 Willamette St, ℡ 349-0589. Bietet 20 saubere und komfortable Dorm-Betten ($19).
Franklin Inn**, 1857 Franklin Blvd, ℡ 342-4804. Preiswert und günstige Lage zur Universität.
In der Ortschaft **Springfield** jenseits des Flusses gibt es am I-5 (Abfahrt 195A) jede Menge Motels.

Essen

Café Zenon, 898 Pearl St, ℡ 343-3005. Gemischte Speisekarte mit internationalen Gerichten.
Chanterelle, 207 E Fifth Ave, ℡ 484-4065. Intimes französisches Bistro.
Oregon Electric Station, 27 E Fifth St, ℡ 485-4444. Erstklassige *prime ribs* und Seafood in renovierten Eisenbahnwaggons.
Steelhead Brewery & Cafe, 199 E 5th Ave, ℡ 686-BREW. Brauerei-Pub mit leckerer Pizza, Burgern und Salaten.

Sonstiges

INFORMATIONEN – *Visitor Center*, 115 W 8th Ave, ℡ 484-5307 oder 1-800/547-5445, 🖳 www.visitlanecounty.org, ◷ Mo–Fr 8.30–17, Sa 10–16 Uhr.

VORWAHL – 541.

Transport

Greyhound-Station, 987 Pearl St, Ecke 10th Ave.
Amtrak-Bahnhof, 4th Ave, Ecke Willamette, ℡ 485-1092.

Ashland

Der progressive Ort Ashland ist eine herausragende kulturelle Oase im verschlafenen, ländlichen Süden Oregons. Von Februar bis Oktober werden hier seit 1945 im Rahmen des Oregon Shakespeare Festivals unterschiedliche Theaterstücke, vor allem natürlich von Shakespeare, aufgeführt. Heute sind die Souvenirläden mit Shakespeare-T-Shirts und -Tassen gefüllt, und Schauspieler in alten Kostümen locken das Publikum in das **Elizabethan Theatre** im Lithia Park, das dem Fortune Theatre, einem bekannten Londoner Freilichttheater aus dem 16. Jh., nachempfunden wurde. Ashland zeichnet sich zudem durch seine herrliche Lage zwischen den Cascades und den Siskiyou Mountains aus, im Winter bieten sich Skifahrern gute Möglichkeiten, im Sommer ist Rafting angesagt. Hübsche Cafés, Galerien und eine junge, freundliche Atmosphäre runden das stimmungsvolle Bild ab.

Übernachtung

Die vielen Besucher Ashlands können unter mehr als 60 B&Bs (ab****) in reizenden viktorianischen Häusern wählen. Buchungen übernehmen das **Ashland B&B Network**, ℡ 1-800/944-0329, 🖳 www.abbnet.com, oder das **Southern Oregon Reservation Center**, ℡ 1-800/547-8052, 🖳 www.sorc.com, das außerdem auch Theaterkarten besorgt.

Sonstiges

INFORMATIONEN – *Visitor Center*, 110 E Main St, ℡ 482-3486, 🖳 www.ashlandchamber.com, ◷ Mo–Fr 9–17 Uhr. Während der Saison steht ein Informationskiosk mit längeren Öffnungszeiten am Eingang zum Lithia Park zur Verfügung.

THEATER – Das neben dem *Elizabethan Theatre* im Lithia Park angesiedelte **Angus Bowmer Theatre** zeigt sowohl Stücke von Shakespeare als auch modernere Werke. Auf der Bühne des schmucklosen **New Theatre** gibt es vorwiegend Zeitgenössisches zu sehen. Gemeinsame Vorverkaufskasse, 15 S Pioneer St, ℡ 482-4331, 🖳 www.orshakes.org, Kartenpreis ca. $35.

VORWAHL – 541.

Transport

Greyhound-Busse halten am Ortsrand nahe der Auffahrt zum I-5.

Die Küste Oregons

Die Küste bietet eine dramatische Vielfalt an Landschaften, von dichten Wäldern bis zu kilometerlangen Dünen. Dazwischen liegen ein paar Handelshäfen und mehrere kleine Ferienorte, die im Sommer gut besucht, außerhalb der Saison jedoch so gut wie ausgestorben sind. Im Juli oder August findet man nur mit viel Glück ohne Reservierung ein preiswertes Zimmer. Es gibt viele Campingmöglichkeiten und einige Jugendherbergen; ein State Park grenzt an den anderen. Mehrere davon bieten Hütten am Meer ($35) oder Jurten im mongolischen Stil – geräumige, runde Zelte mit Holzboden, Strom und verschließbaren Türen für bis zu fünf Personen für $25 pro Nacht. Infos unter ℅ 1-800/452-5687, 🖳 www.oregonstateparks.org. Der Hwy.-101 verläuft parallel zur Küste bis zur kalifornischen Grenze und bietet viele gute Aussichtspunkte. Auf kleinen, landschaftlich reizvollen Nebenstraßen kann man Schleifen durch die dichten Wälder im Landesinneren oder die Felslandschaften der Küste einbauen. Radfahren bietet auch hier gute Möglichkeiten, die Landschaft zu erleben. Die Fahrradkarte *Coast Bike Route Map* gibt es bei allen größeren Besucherzentren.

Astoria

Die an der Mündung des Columbia River gelegene Stadt Astoria wurde 1811 von dem Millionär John Jacob unter dem Namen Port Astor als Umschlagplatz für den Export von Fellen nach Asien gegründet. Anderthalb Jahre kämpfte „Fort Astoria" mit Naturkatastrophen sowie internen Streitigkeiten und Nachschubproblemen, dann wurde es an die Briten verkauft. An der Kreuzung von 15th und Exchange Street steht ein kleiner Nachbau der ehemaligen **Festung**.

Eine Ausstellung zur Geschichte der Seefahrt beherbergt das riesige **Columbia River Maritime Museum**, 1792 Marine Drive, ℅ 325-2323, 🖳 www.crmm.org, 🕒 tgl. 9.30–17 Uhr, im Winter Mo geschlossen, Eintritt $8.

Oben auf dem Coxcomb Hill steht die **Astoria Column**. An der Außenwand des Turms dokumentiert ein großes Wandgemälde die frühe Geschichte Astorias. Von der Spitze eröffnet sich ein schöner Blick über die Stadt und den Fluss. Im Westen der Stadt steht eines der luxuriösesten Anwesen von Astoria, das 1886 für den meistens über die Weltmeere reisenden Kapitän George Flavel erbaute **Flavel House**, 441 8th St, 🖳 www.clatsophistoricalsociety.org. Die großen Räume wurden als Schaukästen mit historischen Einrichtungsgegenständen gestaltet, interessanter sind aber die achtlos gelagerten Objekte im Keller, darunter alte Kassenfenster aus der Bank, Farmwerkzeuge und Pferdekutschen. 🕒 tgl. 10–17, im Sommer 11–16 Uhr, Eintritt $5.

Einige Meilen südwestlich der Stadt erreicht man das von den Entdeckungsreisenden Lewis und Clark im November 1808 errichtete **Fort Clatsop**, 🖳 www.nps.gov/focl, 🕒 tgl. 8–17, im Sommer bis 18 Uhr, Eintritt $3. Weiter westlich gelangt man über eine Abzweigung von US-101 in den **Fort Stevens State Park**, ℅ 861-1671. Hier finden sich gute Wanderwege und zahlreiche Campingplätze, ein See und meilenlange Strände. Die ersten Befestigungsanlagen wurden während des amerikanischen Sezessionskrieges bei Port Stevens errichtet. Ein Teil der Abwehranlage, Battery Russell, stammt allerdings aus der Zeit des Zweiten Weltkrieges.

Eine entspannte touristische Rundfahrt durch den Uferbezirk in historischen Bahnwaggons verspricht der **Astoria Trolley** (im Sommer Mo–Do 15–21, Fr–So 12–21, sonst Sa und So 12–18 Uhr, Ticket $2).

Übernachtung

Übernachtungsmöglichkeiten bieten die billigen Motels entlang des Marine Drive, besser steigt man in den B&Bs ab, die z.T. in renovierten viktorianischen Villen untergebracht sind, darunter:
Franklin Street Station*******, 1140 Franklin St, ℅ 325-4314 oder 1-800/448-1098, 🖳 www.franklin-st-station-bb.com. Bietet sieben Balkonzimmer mit Blick auf die Stadt.
Rosebriar*****, 636 14th St, ℅ 325-7427 oder 1-800/487-0224, 🖳 www.astoria-usa.com/

rosebriar. Renoviertes Hotel Baujahr 1902 mit tollem Blick auf den Fluss.

Essen

Columbian Café, 1114 Marine Drive, ✆ 325-2233. Gourmet-Seafood, vegetarische Mahlzeiten und jeden Abend Session einheimischer Musiker im *Voodoo Room* (Do–So, Eintritt $5).
Home Spirit Baking Company, 1585 Exchange, ✆ 325-6846. Hausgemachtes Sauerteigbrot und leckere Eiscreme in einem reizenden viktorianischen Haus.
Pig 'n Pancake, 146 W Bond St, ✆ 325-3144, 🖥 www.pignpancake.com. Hier kann man es den Einheimischen nachmachen und sich ein herrlich fettiges Frühstück genehmigen.

Sonstiges

INFORMATIONEN – *Visitor Center*, 111 W Marine Dr, nördlich der großen Brücke, die nach Washington führt, ✆ 325-6311, 🖥 www.oldoregon.com.

VORWAHL – 503.

Transport

Pacific Trails, ✆ 692-4437, fährt 1x tgl. nach PORTLAND.
Der *Greyhound*-Busbahnhof befindet sich am 95 W Marine Drive.
Die Züge von *Amtrak*, 95 W Marine Drive, fahren nur im Sommer nach PORTLAND (Fr–Mo 7.30 Uhr, 4 Std., $40).

Cannon Beach

Während des großartigen Sandburgenwettbewerbs, der **Sandcastle Competition**, 🖥 www.cannon-beach.net/cbsandcastle, im Mai oder Anfang Juni, zeigt sich die Stadt von ihrer lebendigsten Seite. Von dem Spektakel einmal abgesehen ist Cannon Beach ein ruhiges, wohlhabendes Urlaubsdomizil.

Im vier Meilen nördlich gelegenen **Ecola State Park** ziehen sich dichte Nadelwälder über die Basaltklippen am Tillamook Head.

Newport

Newport ist ein aktiver Hafen und gleichzeitig eine Art Erholungsort. Anlaufpunkt für die meisten Touristen ist die **Historic Bayfront** am Bay Boulevard mit ihren Souvenirläden, Seafood-Restaurants und Herden von Seelöwen, die sich am Kai wälzen. Das wahre Highlight aber ist der einsame **Nye Beach**, ein beschauliches Juwel am Pazifik etwas westlich der Stadt.

Südlich des Zentrums liegt jenseits der Brücke das beeindruckende **Oregon Coast Aquarium**, 2820 SE Ferry Slip Rd, 🖥 www.aquarium.org, wo sich u.a. Seeotter, Robben und Papageientaucher vor den Augen der Besucher tummeln. Ein Höhepunkt ist *Passages of the Deep*, ein Unterwassertunnel mit Haifischen im Mittelpunkt. ⏰ im Sommer tgl. 9–18, sonst 10–17 Uhr, Eintritt $10,75.

Unmittelbar nördlich der Stadt liegt die andere Hauptattraktion von Newport, **Yaquina Head**. Dort gibt es ein Meeresbiologiezentrum, einen Leuchtturm und ein künstliches Gezeitenbecken in einem ehemaligen Steinbruch zu besichtigen. ⏰ tgl. von Sonnenauf- bis Sonnenuntergang, Eintritt $5.

Übernachtung

Übernachtungsmöglichkeiten im unteren Preissegment bieten unzählige eintönige Motels am US-101. Doch es gibt auch Alternativen:
Beach House**, 107 SW Coast S, ✆ 866/215-6486 oder 265-9141, 🖥 www.beachhousebb.com. Das beste von mehreren schönen B&Bs in Newport mit drei geräumigen und gut ausgestatteten Einheiten. (Eine Übersicht über B&Bs in Newport bietet die Website 🖥 www.moriah.com/npbba)
Nye Beach Hotel***, ✆ 265-3334, 🖥 www.nyebeach.com. Die unprätentiöse Unterkunft bietet sechs große Zimmer mit Ofenheizung, Balkon, heißem Wannenbad und Blick auf den Pazifik.
Sylvia Beach Hotel, ab****, 267 NW Cliff, ✆ 265-5428, 🖥 www.sylviabeachhotel.com. Bestes Haus am Platz mit Blick auf den Nye Beach. Die 20 Zimmer tragen die Namen berühmter Schriftsteller, daneben gibt es auch Dorm-Betten*. Jeden Abend wird in der Bibliothek im Obergeschoss Glühwein ausgeschenkt, den man zusammen mit anderen selbst ernannten Intellektuellen genießen kann.

Künstlich angelegte Küstenlandschaft im Oregon Coast Aquarium

Essen

April's, 749 NW 3rd St, Nye Beach, ✆ 265-6855. Das beste Restaurant der Stadt bietet feine europäische Küche.

Mo's Original, ✆ 265-2979, und **Mo's Annex**, ✆ 265-7512, beide 600 Bay Blvd. Ordentliche Seafood-Restaurants, die einer beliebten Kette angehören und stets gut mit Touristen gefüllt sind.

Rogue Ales House, 748 Bay Blvd, ✆ 265-3188. Das lebhafteste Lokal zum Essen und Biertrinken in Newport.

Whale's Tale, 452 SW Bay Blvd, ✆ 265-8660. Das Restaurant bietet gutes Seafood und vor allem ein paar freie Plätze.

Sonstiges

INFORMATIONEN – *Chamber of Commerce*, 555 SW Coast Highway, ✆ 265-8801 oder 1-800/262-7844, 🖥 www.newportchamber.org.

VORWAHL – 541.

Transport

Die Haltestelle der *Greyhound*-Busse liegt in der 956 SW 10th St.

Bandon

Der an der Mündung des Coquille River am US-101 gelegene Ort Bandon mit seiner restaurierten Altstadt hat sich zu einem Kunst- und Kunstgewerbezentrum und einem Anziehungspunkt für New Age-Anhänger entwickelt. Hauptattraktion der ehemaligen Indianersiedlung ist der zerklüftete Strand mit seinen ungewöhnlichen Felsformationen. Ein besonders imposantes Bild bietet sich dort bei stürmischem Wetter, wenn riesige Baumstümpfe scheinbar spielerisch aus dem Meer katapultiert werden.

Übernachtung

Sunset Motel, ab***, 1775 Beach Loop Dr, ✆ 347-2453 oder 1-800/842-2407, 🖥 www.sunsetmotel.com. Motelzimmer, Apartments und Cabins am Meer.

Sea Star Guest House***, 370 1st St, ✆ 347-9632, 🖥 www.seastarbandon.com. Die beste Übernachtungsmöglichkeit im Zentrum mit sehr günstigen Zimmern und Suiten.
HI-Sea Star Hostel*, 375 2nd St, ✆ 347-9632. Dem gleichnamigen Guesthouse angegliedert (Dorm-Bett $19), mit freundlichem Café. Zelten kann man zwei Meilen nördlich im **Bullards Beach State Park**, ✆ 347-2209, am restaurierten Leuchtturm.

Essen

Gutes Seafood bieten diverse Restaurants an der 1st und 2nd Street im Zentrum.
Bandon Boatworks, 275 Lincoln Ave SW, ✆ 347-2111. Empfehlenswertes Fischrestaurant westlich der Innenstadt.
Bandon Cheese Factory, 680 E 2nd St, ✆ 347-2456. Leckerer Käse am Stück direkt aus der Fabrik.
Cranberry Sweets, 1st St, Ecke Chicago SE, ✆ 347-9475. Süße und klebrige Leckereien.

Sonstiges

INFORMATIONEN – *Visitor Information Center*, 300 SE Second St, in zentraler Lage, ✆ 347-9616, 🖥 www.bandon.com.

VORWAHL – 541.

Zentral- und Ost-Oregon

Östlich der Cascades weichen die grünen Täler einer Hochwüste mit Beifuß-Sträuchern, Wacholderbüschen, steinigen Hügeln und kahlen Felsformationen. Gelegentlich sieht man auch kleine Kiefernwaldhaine. Vulkanausbrüche haben in vielen Teilen Zentral-Oregons ihre Spuren hinterlassen, teilweise in Form gewaltiger Basaltströme, die bis zu 16 Millionen Jahre alt sind. Zerfurchte Lavabetten, kegelförmige Hügel und tiefe Vulkankrater wie der hübsche Crater Lake prägen die Landschaft weiter im Süden.

Die Felswüsten und Lavafelder Ost-Oregons wurden erst besiedelt, als die Landnahme im Westen abgeschlossen war, was nicht nur grausame Aktionen gegen Indianer, sondern auch blutige *range wars* zwischen Schafzüchtern und terrorisierenden Banden von Viehzüchtern nach sich zog. Mittlerweile grasen Rinder und Schafe friedlich nebeneinander, und in den kleinen Städten gedenkt man mit alljährlichen Rodeos der Wildwest-Vergangenheit.

Bend und Umgebung

Die Stadt auf halber Strecke zwischen den gewaltigen Cascades und der wilden, unheimlichen Lava-Landschaft des Ostens ist der beste Halt auf einer Tour durch Zentral-Oregon, denn sie verschafft nicht nur Zugang zu einer majestätischen Bergwelt und unheimlichen Vulkanlandschaft, sondern auch zu zahllosen Geschäften, Restaurants und Kneipen mit angeschlossener Brauerei. Die Hauptattraktion der Stadt ist zweifelsohne das sechs Meilen südlich gelegene **High Desert Museum**, 59800 US-97, 🖥 www.highdesert.org, eine faszinierende Sammlung von Artefakten der amerikanischen Ureinwohner und frühen Siedler. Daneben finden sich Exponate zur regionalen Tier- und Pflanzenwelt und eine rekonstruierte Pionierfarm mit kleinem Sägewerk hinter dem Haus. ⊙ tgl. 9–17 Uhr, Eintritt $8,50.

Bend ist ein junger und lebendiger Ort, voller Wandervögel im Sommer und Snowboarder im Winter, denn am **Mount Bachelor**, 22 Meilen südwestlich der Stadt, liegt eines der größten Skigebiete des Nordwestens; Informationen unter ✆ 382-2442 oder 1-800/829-2442, 🖥 www.mtbachelor.com, Liftpass $44.

Von Madras bis zum südlichen Fort Rock erstreckt sich ein riesiges Gebiet Zentral-Oregons, das von eigentümlichen Formationen versteinerter Lava geprägt ist. In der Umgebung von Bend zeigt sich diese Landschaft im **Newberry National Volcanic Monument**. Dort finden sich zahlreiche Zeugnisse vulkanischer Aktivitäten – kegelförmige Berge *(buttes)*, steinerne Bäume und zahlreiche Höhlen –, die auf den Ausbruch von Mount Newberry und Mount Mazama vor ca. 7000 Jahren zurückgehen. ⊙ von Sonnenauf- bis Sonnenuntergang, 5-Tage gültiges Parkticket $5.

Das elf Meilen südlich von Bend am Hwy-97 gelegene **Lava Lands Visitor Center**, ✆ 593-2421, ist eine ausgezeichnete Quelle für Landkarten und Informationen zu den Wanderwegen und bietet Zugang zur Hauptattraktion des Volcanic Monument, dem so genannten **Lava Butte**. Der schmale Rand des enormen, über 150 m hohen Schlackekegels ist mit dem Auto erreichbar und kann in 20 Minuten zu Fuß umrundet werden. ⏱ April–Okt tgl. 9–17 Uhr, Eintritt $5.

Eine Meile südlich vom *Visitor Center* liegt östlich vom Hwy-97 die **Lava River Cave**. Durch einen langen, unterirdischen Gang gelangt man in die vulkanische Unterwelt. ⏱ im Sommer tgl. 9–17 Uhr, Eintritt $3 plus $2 für eine Lampe.

Übernachtung

Preiswerte und anonyme Motels, die oft ausgebucht sind, säumen den Hwy-97. Weitaus reizvollere Unterkünfte bietet das kompakte Zentrum, ganz besonders mehrere schicke **B&Bs** in stattlichen Anwesen aus dem frühen 20. Jh., z.B. **Lara House*****, 640 NW Congress St, ✆ 388-4064, 🖥 www.larahouse.com, und **Sather House****, 7 NW Tumalo Ave, ✆ 388-1065 oder 1-888/388-1065, 🖥 www.satherhouse.com.
Bend Cascade Hostel*, 19 SW Century Dr, ✆ 389-3813, bietet Dorm-Betten für $15. Von hier aus ist es nur ein kurzer Fußweg bis zum kostenlosen Ski-Shuttle auf den Mt. Bachelor. Campingmöglichkeiten im Sommer bietet der **Tumalo State Park**, US-20, ✆ 388-6055, in einem bewaldeten Tal am Deschutes River, fünf Meilen nordwestlich von Bend. Dort kann man Jurten und große Segeltuch-Tipis mieten (beide $27).

Essen

In Bend gibt es zahlreiche Lokale, darunter nette Cafés, Diner im Western-Stil, Kneipen mit angeschlossener Brauerei und schicke Restaurants.
Bend Brewing, 1019 NW Brooks St, ✆ 383-1599. Biere aus eigener Herstellung und solide amerikanische Küche.
Cup of Magic, 1304 NW Galveston, ✆ 330-5539. Hervorragender Kaffee und Backwaren.
Deschutes Brewery and Public House, 1044 Bond St, ✆ 385-8606. Die Kneipe mit Hausbrauerei produziert u.a. *Black Butter Porter*, eines der bekanntesten Biere im amerikanischen Nordwesten.
Pine Tavern, 967 NW Brooks St, ✆ 382-5581. Selbst gebraute Ales und Stouts, begleitet von handfesten amerikanischen Speisen.
West Side Café & Bakery, 1005 NW Galveston Ave, ✆ 382-3426. Sättigendes Frühstück.

Sonstiges

INFORMATIONEN – *Central Oregon Welcome Center*, 572 SW Bluff Drive, ✆ 389-8799 oder 1-800/800-8334, 🖥 www.covisitors.com. Hält Broschüren und Listen mit Übernachtungsmöglichkeiten bereit.
Visitor's Center, 63085 N Hwy-97, ✆ 382-8048 oder 1-877/245-8484, 🖥 www.visitbend.org.

VORWAHL – 541.

Transport

Die *Greyhound*-Busse aus PORTLAND und EUGENE halten in der 1315 NE 3rd Street.

Crater Lake National Park

Etwa 100 Meilen südlich von Bend liegt der schönste See des Nordwestens, der blaue, tiefe Crater Lake, 🖥 www.nps.gov/crla (Wochenpass $10). Durch eine Serie von Ausbrüchen war hier im Laufe einer halben Million Jahre ein riesiger, 3600 m hoher Vulkan entstanden, der Mount Mazama. Vor 6800 Jahren kam es zu einer mächtigen Explosion, durch deren Gewalt die Spitze des Berges abgesprengt wurde. Große Mengen von Magma drangen aus dem Erdinneren empor, und der mächtige Vulkan brach in sich zusammen, wodurch sich eine riesige Caldera bildete. Nach weiteren, kleineren Explosionen, bei denen sich die heutigen Inseln im See bildeten, kam der Berg zur Ruhe, und in der ausgekühlten Caldera sammelte sich Wasser. Eine sehr beliebte, aber recht anstrengende Wanderung führt auf den 2454 m hohen **Garfield Peak**, der sagenhafte Ausblicke auf den Pazifik bietet und im Winter besonders beeindruckend (aber auch schwerer zu besteigen) ist. Noch fittere Bergwanderer können sich den höchsten Gipfel des Nationalparks vornehmen, den fast 3000 m hohen **Mount Scott**, von dem sich ebenfalls ein beeindruckendes Panorama eröffnet.

Messstation am Crater Lake

Beim Umrunden des Sees auf dem 33,5 Meilen langen **Rim Drive** im Uhrzeigersinn bieten sich atemberaubende Blicke auf den See und die schneebedeckten Berge. Von Ende Juni bis Mitte September legen tgl. von 10–16 Uhr regelmäßig Ausflugsboote zu Fahrten über den See ab (2 3/4 Std., $19,25).

Den einzigen Zugang zum Seeufer und zur Anlegestelle bietet der steile, eine Meile lange **Cleetwood Cove Trail**.

Übernachtung

Crater Lake Lodge, $130–160, am Rand der Caldera, auf einer Höhe von 2133 m, ℡ 830-8700, 🖥 www.craterlakelodges.com. Vor kurzem aufwändig renovierte, vornehme Lodge aus dem Jahr 1915. ⓒ Mitte Mai bis Mitte Oktober.
Mazama Village Motor Inn*****, sieben Meilen vom Krater entfernt, unter gleicher Leitung wie die *Crater Lake Lodge*. Zum Komplex gehört auch ein **Campingplatz** ($10) in ruhiger Waldlage. ⓒ Anfang Juni bis Mitte Oktober.

Der wesentlich kleinere Zeltplatz *Lost Creek* liegt ebenfalls innerhalb des Nationalparks (Stellplatz $14,75).

Sonstiges

INFORMATIONEN – In **Rim Village** am Südufer des Sees gibt es im **Visitors Center** nahe der *Crater Lake Lodge* Karten, Infos und Permits. ⓒ Juni–Sep 9.30–17 Uhr.
Sitz der Parkverwaltung ist das **Steel Visitors Center**, einige Meilen südlich des Kraterrands auf der Hauptzufahrtsstraße, ℡ 594-3100, 🖥 www.crater.lake.national-park.com, ⓒ Mai–Okt 9–17, sonst 10–16 Uhr.

VORWAHL – 541

Transport

Es ist nicht einfach, den Crater Lake zu erreichen. Der See liegt weit oben in den Bergen inmitten des Nationalparks. Man braucht auf jeden

Fall ein Auto. Vom Hwy-138, der von Roseburg nach Osten führt, geht die nördliche Zufahrt ab, die wegen Schneefalls von Mitte Oktober bis Juni geschlossen ist, ebenso der spektakuläre, 33 Meilen lange Rim Drive. Die südliche Zufahrt vom Hwy-62 ab Medford oder vom Hwy-97 ab Klamath Falls ist dagegen das ganze Jahr über befahrbar.

Joseph und Wallowa Mountains

Das Gebiet ist eines der schönsten im Osten von Oregon und gleichzeitig eines der am wenigsten besuchten. Das winzige Joseph, eine Meile nördlich vom Wallowa Lake, ist inmitten der rauen Berge ein idealer Ort für einen kürzeren Aufenthalt und ein günstiger Ausgangspunkt, um das umliegende Gebiet zu erforschen.

Das **Wallowa County Museum**, 110 S Main St, www.co.wallowa.or.us/museum, beschäftigt sich mit der Geschichte der Indianer vom Volk der Nez Percé (s.S. 180) und zeigt auch eine kleine Sammlung von Artefakten aus der Zeit der ersten Siedler. im Sommer tgl. 10–17 Uhr, Spende erbeten.

In der Hauptstraße von Joseph gibt es zahlreiche Kunsthandwerks- und Antiquitätenläden. Etwa eine Meile südlich des Ortes liegt am Rande der bewaldeten Berge der von Gletschern ausgeschliffene **Wallowa Lake**. Im angrenzenden State Park befindet sich ein Campingplatz, www.wallowalake.net, Stellplatz $18, und die Talstation der Wallowa Lake Tramway, 59919 Wallowa Lake Hwy, www.wallowalaketramway.com. Die Seilbahn befördert Besucher auf den gut 1200 m hohen Mount Howard, wo kurze Wanderwege zu einigen großartigen Aussichtspunkten führen. Juni–Aug tgl. 10–17, Mai und Sep 10–16 Uhr, $19 hin und zurück.

Informationen über Wanderwege und Camping erteilt das *Wallowa Mountains Visitor Center*, 88401 Hwy-82, 426-5546, www.wallowacounty.org, Mo–Fr 8–17 Uhr.

Übernachtung

Bronze Antler***–*****, 309 S Main St, 432-0230, www.bronzeantler.com. Eines der besten von mehreren B&Bs unterschiedlicher Qualität. Rustikales Design mit Kunsthandwerksobjekten und antikem europäischem Mobiliar.
Indian Lodge Motel**, Main St, 432-2651, www.eoni.com/~gingerdaggett. Eines von mehreren preiswerten Motels.

VORWAHL – 541.

Hells Canyon

Östlich von Joseph hat der Snake River, der hier die Grenze zu Idaho bildet, die tiefste Schlucht des Kontinents gegraben: den über 130 Meilen langen Hells Canyon, der um 300 m tiefer als der Grand Canyon ist. Im Gegensatz zu den fast senkrechten Wänden des Grand Canyon fallen die Wände des Hells Canyon jedoch stufenförmig zu einem engen Tal hin ab und wirken weit weniger beeindruckend. Dennoch bietet der Canyon mit dem Snake River und der Kulisse der Bergkette Seven Devils in Idaho einen überwältigenden Anblick. Bekannt wurde der Ort 1974 durch den verunglückten Motorradsprung des waghalsigen Stuntmans Evel Knievel.

Heute gehört das gesamte Gebiet um die Schlucht zur **Hells Canyon National Recreational Area**, www.fs.fed.us/hellscanyon, Tageskarte $5. Teile des Canyons dürfen nur zu Fuß oder mit dem Maultier besucht werden. Zu beachten gilt außerdem, dass die Temperaturen in der Schlucht im Hochsommer regelmäßig auf bis zu 40 °C ansteigen. **Halfway** ist ein guter Ausgangspunkt, um den südlichen Canyon zu erforschen. Von hier windet sich der Hwy-86 über 40 Meilen bis Oxbow Dam, wo er auf den Snake River trifft. Dort führt eine holprige National Forest Road zum Hells Canyon Dam, der Abfahrtsstelle für Boots- und Raftingtouren.

Übernachtung

Clear Creek Farm*****, 48212 Clear Creek Rd (Wegbeschreibung telefonisch erfragen), 742-2233/2238, www.neoregon.com/ccgg. Drei Hütten und fünf Zimmer in einem rustikalen Farmgebäude.
Halfway Motel**, 170 S Main St, 742-5722, www.halfwayor.com/motel-rvpark.

Sonstiges

BOOTSTOUREN – *Hells Canyon Adventures*, 785-3352 oder 1-800/422-3568, www.hellscanyonadventures.com, veranstaltet während des Sommers aufregende Jetboot- und Raftingtouren (2–3 Std., $30–40 p.P., Reservierung erforderlich). Der Veranstalter bietet auch einen *Drop-off Service* an: Man wird an einem Wanderweg im Canyon abgesetzt und zu einer vorher vereinbarten Zeit am selben Tag oder einige Tage später wieder abgeholt ($30 p.P.).

INFORMATIONEN – Infos vor der Anreise bei den Rangers in **Enterprise**, 88401 Hwy-82, 426-5546, oder in **Baker City**, 1550 Dewey Ave, 523-6391.

VORWAHL – 541.

Transport

Von der Oregon-Seite aus hat man zwei Möglichkeiten, den Canyon zu erreichen: Die schwierigere davon führt ausgehend von **Joseph** über den Little Sheep Creek Highway nach Imnaha, von dort gelangt man entlang einer schmalen, extrem steilen Schotterstraße der Forstverwaltung zum höchsten Aussichtspunkt **Hat Point**, wo es einen Campingplatz und einen Aussichtsturm gibt. Dahinter verengt sich die Straße zu einem Pfad, der hinunter in die Schlucht führt und beste Kondition sowie entsprechende Ausrüstung erfordert.

Die andere, wesentlich unbeschwerlichere Möglichkeit ist die Anfahrt von **Baker City** aus in östlicher Richtung über den Hwy-86 bis zum südlichen Ende der Schlucht.

Anhang

- → Literatur 438
- → Film 441
- → Index 446
- → Abkürzungen der Staaten 453
- → Wissenswertes im Kasten 454
- → Kartenverzeichnis 456

Literatur

Es würde den Rahmen des Reiseführers sprengen, an dieser Stelle einen umfassenden Überblick über die amerikanische Literatur geben zu wollen. Die folgende Liste kann daher nur eine subjektive Auswahl von Büchern sein und ist als Orientierungshilfe für interessierte Leser zu verstehen. Mit einem Sternchen (*) gekennzeichnete Bücher sind besonders empfehlenswert.

Geschichte und Gesellschaft

Willi Paul Adams / Peter Lösche (Hg.) **Länderbericht USA** – Detaillierter Überblick bzgl. amerikanischer Geschichte, Politik, Geografie, Wirtschaft, Gesellschaft und Kultur.

*James Baldwin **Eine Straße und kein Name, Sonnys Blues** – Gesammelte Erzählungen, **Zum Greifen nah** u.v.a. Baldwin ist wohl der brillanteste Prosastilist in der amerikanischen Literatur des 20. Jhs. und liefert unglaublich scharfsinnige Beobachtungen über das Leben der schwarzen Bevölkerung in den Städten der USA. Er gilt indes auch als mächtiger Polemiker, der sich gelegentlich von seiner eigenen Rhetorik mitreißen lässt.

Dee Brown **Begrabt mein Herz an der Biegung des Flusses** – Dreißig Jahre nach seiner Erstveröffentlichung ist dieser Roman noch immer die beste Schilderung über die Auswirkungen der weißen Besiedlung des nordamerikanischen Westens auf das Leben der Ureinwohner.

*Mike Davis **City of Quartz** – Der linksliberale Soziologe verwebt Lokalpolitik, Straßenbanden, Gewerkschaften, Film Noir und Religion zu einer preisgekrönten und hyperbolischen Interpretation von Los Angeles.

*W.E.B. DuBois **The Souls of Black Folk** – Die herausragende Sammlung der zum größten Teil autobiografischen Aufsätze untersucht die Rassentrennung in der amerikanischen Gesellschaft zu Beginn des 20. Jhs. Englisch.

Norbert Finzsch / James O. Horton / Lois Horton **Von Benin nach Baltimore. Die Geschichte der African Americans** – Ausgezeichnete Gesamtdarstellung zur Geschichte der Afroamerikaner.

Wolfgang Hälbich u.a. (Hg.) **Briefe aus Amerika. Deutsche Auswanderer schreiben aus der Neuen Welt 1830–1930** – Hervorragend kommentierte Auswahl von Briefen deutscher Auswanderer.

Hans Läng **Kulturgeschichte der Indianer Nordamerikas** – Ausführliche und lesenswerte kulturhistorische Gesamtdarstellung.

Magnus Magnusson **Die Wikinger. Geschichte und Legende** – Wer noch immer glaubt, die Geschichten über die Wikinger als erste Europäer auf dem amerikanischen Kontinent seien nichts als Legenden, wird hier mittels einer minutiösen Aufarbeitung von Einzelheiten eines Besseren belehrt.

James M. McPherson **Für die Freiheit sterben. Die Geschichte des amerikanischen Bürgerkrieges** – Äußerst lesenswerte und präzise Darstellung des amerikanischen Bürgerkriegs unter Einbeziehung und Erläuterung der komplexen gesellschaftlichen, wirtschaftlichen, politischen und militärischen Faktoren.

James Mooney **The Ghost Dance Religion** und **The Sioux Outbreak of 1890** – Der außergewöhnliche Bericht des Bureau of Ethnology wurde erstmals 1890 veröffentlicht, ist aber immer noch als Taschenbuch erhältlich. Mooney überzeugte seine Vorgesetzten in der Regierungsbehörde für Völkerkunde in Washington von seinem Vorhaben, den amerikanischen Westen ausgiebig zu bereisen, um Informationen aus erster Hand sammeln zu können. Er führte sogar ein persönliches Gespräch mit dem indianischen Propheten Wovoka zum Thema Geistertanz. Nur englisch.

Biografien und Oral History

Paul Auster (Hrsg.) **Mohr Sieb – wahre Geschichten aus Amerika** – Eine Sammlung authentischer Geschichten, die Auster für ein öffentliches nationales Radioprojekt zugeschickt bekam. Die thematisch geordnete Anthologie lässt sich am besten quer lesen; zwischen den vielen rührseligen und banalen Geschichten verstecken sich auch immer viele schrullige, bewegende oder schlichtweg durchgeknallte Storys, die das Buch durchaus lesenswert machen.

William F. Cody **Buffalo Bill, der letzte große Kundschafter** – Die imponierende Autobiografie einer der größten Persönlichkeiten des Wilden Westens. In besonderer Erinnerung bleibt der Moment, in sich Cody selbst als „Bison William" bezeichnet.

Frederick Douglass et al **The Classic Slave Narratives** – Sammlung von Autobiografien ehemaliger Sklaven, von Olaudah Equianos Entführung aus Afrika und seiner Odyssee um die halbe Welt bis zu Frederick Douglass, der auf seine sprachgewandte Art die Sklaverei anprangert. Enthalten ist auch die Geschichte der Flucht von Harriet Jacobs aus Edenton in North Carolina. Englisch.

Jill Ker Conway (Hrsg.) **Written by Herself** – Vorzügliche Zusammenstellung weiblicher Autobiografien aus der Mitte des 19. Jhs., u.a. von Afroamerikanerinnen, Wissenschaftlerinnen, Künstlerinnen und Pionierinnen. Englisch.

*U.S. Grant **Personal Memoirs** – Von Mark Twain ermutigt, verfasste der Nordstaatengeneral und spätere Präsident die Autobiografie noch kurz vor seinem Tod, um seine horrenden Schulden wettzumachen (was ihm auch gelang). Zunächst wirkt das Buch seltsam undramatisch, doch mit zunehmender Dauer setzt sich die nüchterne Bescheidenheit des Autors auf überzeugende Weise durch. Englisch.

*Malcolm X, mit Alex Haley **Malcolm X** – Die bewegend ehrliche und packende Lebensgeschichte des radikalen schwarzen Bürgerrechtlers und seines Aufstiegs vom Straßengangster zum politischen Führer. Das Buch entstand im Laufe mehrerer Jahre auf Reisen und porträtiert auch die Entwicklung seines Denkens vor, während und nach seiner Trennung von der Nation of Islam. Extrem quälend ist der Schlussteil, in dem Malcolm X über seine bevorstehende Ermordung schreibt.

Muhammad Ali **Lebensweisheiten einer Legende** – Die mitreißende und unterhaltsame Autobiografie des Jungen aus Louisville (Kentucky), der es bis zum Schwergewichtsweltmeister im Profiboxen brachte. Die denkwürdigsten Passagen handeln von seinem Kampf gegen die Einberufung nach Vietnam und die anschließende Aberkennung seines Weltmeistertitels.

Studs Terkel **American Dreams Lost and Found** – Die Interviews mit ganz normalen Durchschnittsbürgern sorgen für einen Einblick in das amerikanische Leben, wie er aufschlussreicher kaum sein könnte. Englisch.

*Frank Waters **Book of the Hopi** – Die außergewöhnlichen Einsichten in die Traditionen und Glaubensvorstellungen der Hopi-Indianer sind durch mehrjährige Interviews fundiert und wurden von Stammesältesten abgesegnet. Englisch.

Unterhaltung und Kultur

Kenneth Anger **Hollywood Babylon** und **Hollywood Baylon II** – Ebenso boshafter wie temperamentvoller Rundumschlag durch die größten Skandale der Filmmetropole, reich illustriert mit blutrünstigen und abstoßenden Fotografien und stets bereit, die Fakten im Sinne einer guten Story zu verbiegen. Der schlampig recherchierte zweite Band beschäftigt sich mit der jüngeren Vergangenheit.

Charlotte Greig **Will You Still Love Me Tomorrow. Mädchenbands von den 50ern bis heute**. Enthusiastischer Bericht aus feministischen Blickwinkel auf (überwiegend amerikanische) Girl-Groups von den Chantels und den Crystals der 50er Jahre bis zu den Rap-Stars der 80er wie Salt 'n' Pepa. Inzwischen logischerweise etwas veraltet, doch die zahlreichen Fotos und persönlichen Erinnerungen sorgen auch heute noch für großen Lesespaß.

*Peter Guralnick **Lost Highways, Feel Like Going Home** und **Sweet Soul Music** – Die gründlich recherchierten und persönlichen Geschichten aus der Welt der schwarzen Popmusik sind gespickt mit Informationen und Fakten zu den großen Künstlern. In seinen neueren Elvis-Presley-Biografien, **Last Train to Memphis** und **Careless Love**, zeichnet der Autor ohne Sensationsgier, aber in einer dennoch fesselnden dokumentarischen Art den Aufstieg und Fall des „King" nach und setzt sich als einer von Wenigen auch noch ernsthaft mit Elvis als Musiker auseinander. Englisch.

Gerri Hershey **Nowhere To Run: The History of Soul Music** – Überzeugende Darstellung der Entwicklung der Soul-Musik von der Blüte des Gospel in den 40er Jahren über die Musikszenen von Memphis, Motown und Philly bis zu den Black Sounds der frühen 80er. Eine besondere Stärke ist der gesellschaftliche und politische Kontext, den die Autorin auch mit zahlreichen Anekdoten und Interviews beleuchtet. Englisch.

Greil Marcus **Die Legende lebt** – Ungemein unterhaltsame Sammlung der vielen Legenden über Elvis Presley, wenn auch etwas voreilig zusammengeschustert aus bereits zuvor veröffentlichten Artikeln. Das Buch **Mystery Train** des gleichen Autors ist eine intelligente und fesselnde Darstellung der amerikanischen Popmusik, von Robert Johnson über Elvis Presley bis Randy Newman.

*Geoffrey C. Ward, Ken Burns et al **Jazz: A History of America's Music** – Die Geschichte endet kurz nach der Periode des Bebop, doch der äußerst lesenswerte Band (es existiert auch eine entsprechende TV-Serie) zeichnet mit mehreren Hundert Illustrationen und seltenen Fotografien, Berichten aus erster Hand und lebendigen Artikeln ein wunderschönes Porträt von Amerikas ureigener Musik und ihren wichtigsten Protagonisten. Englisch.

Reiseberichte

Edward Abbey **The Journey Home** – Hinreißend komische Reportagen über Wildwasser-Rafting und Wüstenwanderungen im Wechsel mit Aufsätzen des Autors, der als Vorreiter der radikalen Umweltschutzbewegung Earth First! gilt. Abbeys Bücher, allen voran **Desert Solitaire**, eine Art Tagebuch aus seiner Zeit als Ranger im Arches-Nationalpark, sind ausnahmslos großartige Reisebegleiter. Englisch.

Jack Kerouac **Unterwegs** – Der ultimative Roman über die transkontinentalen Streifzüge der Beatniks liest sich heute wie ein seltsam veraltetes Historienstück, ist aber nicht so schwer verständlich, wie manchmal behauptet wird.

James A. MacMahon (Hrsg.) **Audubon Society Nature Guides** – Attraktiv aufgemachte, vollständig illustrierte und einfach zu benutzende Naturführer zur Flora und Fauna von sieben verschiedenen regionalen Ökosystemen in den USA, die sich von Küste zu Küste über das ganze Land erstrecken und vom Grasland bis zum Gletscher reichen. Englisch.

John McPhee **Encounters with the Arch Druid** – In drei miteinander verwobenen Geschichten kämpft David Brower, der verstorbene Umweltaktivist und Gründer von Friends of the Earth, gegen Baufirmen, Bergbauunternehmen und Staudammprojekte bei seinem Versuch, drei unterschiedliche amerikanische Wildnisgebiete zu schützen, nämlich die Atlantikküste, den Grand Canyon und die Kaskadenkette im Pazifischen Nordwesten. Englisch.

Edmund White **States of Desire: Travels in Gay America** – Ein offenherziger Bericht über das Leben in den Schwulengemeinden Amerikas mit besonderem Schwerpunkt auf San Francisco und New York. Englisch.

Belletristik
Amerika allgemein

*Raymond Carver **Würdest du bitte endlich still sein, bitte?** Geschichten aus der amerikanischen Arbeiterklasse, geschrieben in einem auffällig kargen, fast schon trockenen Stil, der möglicherweise von Hemingway inspiriert ist und ganz sicher unzählige moderne amerikanische Schriftsteller beeinflusst hat. Die Geschichten dienten auch als Grundlage für den Film *Short Cuts* von Robert Altman.

Don DeLillo **Weißes Rauschen** und **Spieler** – Der erstgenannte Titel ist das beste Buch des Autors, eine lustige und scharfsinnige Forschungsreise durch die Popkultur. *Spieler* zählt dagegen zu den in den meisten Fällen fehlgeschlagenen Versuchen, das amerikanische Leben des 20. Jhs. in einem einzigen großen Roman zu verpacken, ist aber dennoch lesenswert.

*John Dos Passos **USA** – Ungemein ambitionierter Roman (ursprünglich eine Trilogie), der sich aus allen möglichen Blickwinkeln mit den USA in den ersten Jahrzehnten des 20. Jhs. beschäftigt. Fesselnde Geschichten über Menschen aus einer betont politischen und historischen Perspektive.

William Kennedy **Wolfsmilch** – Eine knappe und rührende Geschichte über ein vom Glück verlassenes Alkoholikerpärchen, das von den Geistern seiner bewegten Vergangenheit heimgesucht wird. Die ausgezeichnete Studie über das Amerika der 30er Jahre des 20. Jhs. ist in der Arbeiterklasse von Albany im Bundesstaat New York angesiedelt.

*Herman Melville **Moby Dick** – Der umfangreiche und spannende Roman zum Thema Walfang im 19. Jh. steckt voller Details über das damalige Leben in Amerika zwischen Neuengland und Pazifik.

Annie Proulx **Das grüne Akkordeon** – Das Meisterwerk kommt dem sagenumwobenen „großen amerikanischen Roman" so nah, wie es nur geht. Als Leitmotiv für die faszinierende Geschichte von Einwanderern in allen Teilen Nordamerikas dient ein ramponiertes sizilianisches Akkordeon.

Rocky Mountains und Südwesten

James Crumley **Schöne Frauen lügen nicht** – Für das Fehlen einer komplexen Handlung entschädigt der Autor reichlich mit seinen Schilderungen der

Landschaft Montanas und des glücklosen Detektivs Milo Milodragonovic, einem Mann mit Alkoholproblem und dem Talent, immer den schwierigeren Weg zu wählen. Leichte und unterhaltsame Lektüre.

A.B. Guthrie Jr. **The Big Sky** – Nach seiner Erstveröffentlichung in den 30er Jahren zerschmetterte der Roman das von Hollywood mythisch verklärte Image des amerikanischen Westens. Erstklassige und realistische Prosaliteratur mit historischem Hintergrund um den Bergbewohner und Flüchtling Boone Caudill, dessen idyllisches Leben in Montana durch die Ankunft der weißen Siedler beendet wird.

Tony Hillerman **Der Wind des Bösen** u.v.a. Die Abenteuer des Navajo-Polizisten Jim Chee in den Reservaten Nord-Arizonas sind verwoben mit den bösen Geistern und geheimnisvollen Riten der Vorfahren der Pueblo-Indianer.

Barbara Kingsolver **Siebengestirn** – Die Schriftstellerin aus Tucson (Arizona) zählt zu den besten Prosastilistinnen Amerikas und liefert hier eine großartige Darstellung der Spannungen und Realitäten im modernen amerikanischen Südwesten.

Kalifornien

*Raymond Chandler **Der große Schlaf** und **Leb' wohl, Liebling** – Die Originale um Philip Marlowe, den typischen harten Kerl und Inbegriff des Privatdetektivs, sind wesentlich komplexer und anspruchsvoller geschrieben, als es die entsprechenden Kinoverfilmungen erahnen lassen. Trivialliteratur vom Feinsten aus der Feder eines Amerikaners, der in London aufwuchs.

Armistead Maupin **Stadtgeschichten** – Umfangreiche Reihe sympathischer und unterhaltsamer Geschichten über das Leben in San Francisco, die auch als Einzelromane überraschend gut funktionieren. Da viele der Schlüsselfiguren homosexuell sind, wurde die Serie über die Jahre zu einer Chronik über die Auswirkungen von AIDS auf die Stadt. Maupins **Maybe the Moon** (nur auf Englisch) ist die ergreifende und authentische Lebensgeschichte seiner Freundin, der kleinwüchsigen Schauspielerin, die den Außerirdischen E.T. verkörperte, ihre wahre Identität aber nie preisgeben durfte.

Thomas Pynchon **Echos Höhle** – Der Roman über Technikfreaks und Kifferbirnen im Kalifornien der 60er Jahre ist kürzer, lustiger und zugänglicher als **Die Enden der Parabel** und enthüllt unter anderem die erotische Seite des Briefmarkensammelns.

John Steinbeck **Früchte des Zorns** – Klassische Erzählung über eine Familie, die den Mittleren Westen verlässt, um in das Gelobte Land zu ziehen. Steinbecks unbeschwerte, aber scharf beobachtete Novelle **Die Straße der Ölsardinen** fängt den Vorkriegsalltag in der Küstenstadt Monterey ein. In seinem wie eine Neufassung der Bibel wirkenden Epos **Jenseits von Eden** beleuchtet Steinbeck die sich über drei Generationen entfaltenden Fehden einer Familie im Salinas Valley.

Pazifischer Nordwesten

David Guterson **Schnee, der auf Zedern fällt** – Der packende und atmosphärisch dichte Kriminalroman fängt auf faszinierende Weise die Spannungen zwischen den Rassen im amerikanischen Nordwesten nach dem Zweiten Weltkrieg ein.

Tobias Wolff **Das Herz ist ein dunkler Wald** – In dieser traurigen Autobiografie, die sich wie ein Roman liest und dadurch aufgelockert wird, dass der Autor auch über sich selbst lachen kann, berichtet Wolff von seiner harten Kindheit in einer Kleinstadt im US-Bundesstaat Washington.

Film

Die folgende Liste beinhaltet bedeutende Filme aus verschiedenen Genres und mit Schauplätzen in den gesamten USA, die dazu beigetragen haben, das Bild von Amerika weltweit zu prägen. Sie zementierten kulturelle Stereotypen oder nationale Symbole wie etwa den Gangster, den Cowboy, das blonde Revuegirl, weite Prärien, endlose Highways, Straßenschluchten mit Wolkenkratzern oder Traumvillen in Vorstädten. Mit einem Sternchen (*) gekennzeichnete Filme sind besonders empfehlenswert.

Musikfilme und Musicals

8 Mile (Curtis Hanson, 2002). In dem mit autobiografischen Elementen durchzogenen Film liefert Eminem ein beeindruckendes Leinwanddebüt als Möchtegern-Rapper Rabbit in den düsteren Straßen von Detroit.

***Du sollst mein Glücksstern sein** (Stanley Donen / Gene Kelly, 1952). Gefeierte musikalische Komödie über Hollywood in den Anfangstagen des Tonfilms mit energiegeladenen Darbietungen des Stars Gene Kelly, des kumpelhaften Donald O'Connor und einer elfengleichen Debbie Reynolds. Songs wie *Make 'Em Laugh* und das Originaltitelstück *Singin' In The Rain* sind unvergessen.

Gimme Shelter (Albert und David Maysles, 1969). Ausgezeichneter Dokumentarfilm über das verhängnisvolle Konzert der Rolling Stones im kalifornischen Altamont. Der eindringliche Blick auf hausgemachte Gewalt in Amerika und das Chaos der Vietnam-Ära Ende der 60er Jahre beinhaltet einen tödlichen Messerstich vor laufender Kamera.

Die Goldgräber von 1933 (Mervyn LeRoy / Busby Berkeley, 1933). Der unterhaltsamste von drei berühmten Filmen aus dem Jahr 1933 (die anderen sind *42nd Street* und *Parade im Rampenlicht*). Choreograf Berkeley verwendete als erster in Hollywood Deckenlaufkräne für Kameraaufnahmen der präzise einstudierten Nummern glamouröser Revuetänzerinnen.

Heute gehn wir bummeln (Stanley Donen / Gene Kelly, 1949). Mitreißende musikalische Reise durch New York City, angeführt von Gene Kelly und Frank Sinatra, der einen Matrosen auf Landurlaub mimt.

Woodstock (Michael Wadleigh, 1969). Das optimistische Gegenstück zu *Gimme Shelter* dokumentiert den musikalischen Höhepunkt der Hippie-Ära. Eine halbe Million angetörnter und matschverschmierter Blumenkinder tanzt friedlich auf einem Farmgelände im Norden des Bundesstaates New York zu Musik von Jimi Hendrix, The Who, Sly and the Family Stone u.v.m.

Stummfilme

Die Geburt einer Nation (D.W. Griffith, 1915). Vielleicht der einflussreichste Film der amerikanischen Kinogeschichte, sowohl wegen seiner bahnbrechenden Technik mit Nahaufnahmen und Kreuzschnitten als auch wegen seiner entsetzlich rassistischen Tendenz, die die Wiederbelebung des Ku-Klux-Klan und der Lynchjustiz im ganzen Land zur Folge hatte.

***Der General** (Buster Keaton, 1926). Eine gute Einführung in Keatons akrobatische Slapsticks und seine einfallsreiche Regie. In der Komödie spürt der Mann mit dem steinernen Gesichtsausdruck seine im Amerikanischen Bürgerkrieg entführte Lokomotive wieder auf.

Gier (Erich von Stroheim, 1923). Die gewagte Szene-für-Szene-Adaption des Romans *Gier nach Gold* von Frank Norris ist eine tragische Geschichte von Liebe und Rache in San Francisco Ende des 19. Jhs. Das durch MGM von zehn auf zweieinhalb Stunden zusammengestauchte Werk ist und bleibt ein Triumph für das Kino wegen seiner bemerkenswerten Kompositionen, seinem monumentalen Drama und dem wahrhaft herzschütterndem Ende.

Goldrausch (Charlie Chaplin, 1925). Chaplins bester Film zeigt den Tramp, wie er während eines Schneesturms in Alaska in einer Hütte festsitzt. In der anrührenden Geschichte bringt er die Mischung aus viel Gefühl und großer Komödie in eine nahezu perfekte Balance.

Intoleranz – Die Tragödie der Menschheit (D.W. Griffith, 1916). Das größte Debakel der Stummfilm-Ära trug als gigantischer Flop zum unfreiwilligen Ende von Griffiths Karriere bei, fasziniert aber nach wie vor durch seine verschachtelten Handlungsstränge, eine schelmische Melodramatik und die atemberaubende babylonische Kulisse, von der ein Nachbau in einem Einkaufszentrum in Hollywood errichtet wurde.

Sonnenaufgang – Lied von zwei Menschen (F.W. Murnau, 1927). In einer der schönsten Hollywood-Produktionen aller Zeiten beeindruckt der aus Deutschland stammende Regisseur durch bemerkenswerte Lichteffekte, komplexe Kamerafahrten und überzeugende Darsteller. Die Geschichte handelt von einem Jungen vom Lande, der wegen einer Femme Fatale aus der Großstadt auf die schiefe Bahn gerät.

Western

Der Mann aus dem Westen (Anthony Mann, 1958). In diesem verstörenden Meisterwerk von einem der größten Regisseure des Genres fällt der geläuterte Outlaw Gary Cooper seiner ehemaligen, von dem Psychopathen Lee J. Cobb angeführten Bande in die Hände.

McCabe und Mrs. Miller (Robert Altman, 1971). In diesem wegen seiner eintönig-verschneiten Landschaften, weichgezeichneten Bilder und unromantischen Haltung häufig als Anti-Western bezeichneten Film führt Entrepreneur Warren Beatty die Prostitution in einer Kleinstadt im Staat Washington ein und versucht sich selbst als Revolverheld neu zu erfinden.

Panik am roten Fluss (Howard Hawks, 1948). Emporkömmling Montgomery Clift kämpft während des ersten großen Viehtriebs durch den Mittleren Westen gegen den Rindfleischbaron John Wayne. Typische Hawks-Geschichte vom Aufeinanderprallen zweier starker Charaktere und coolen Profis auf dem weiten Weideland.

*Der schwarze Falke (John Ford, 1956). Vielleicht der symbolhafteste der zahlreichen Western unter Fords Regie. Die äußerst einflussreiche Produktion mit starker Kinotechnik und monumentalen Ausmaßen zeigt John Wayne als gnadenlosen Jäger eines Indianerhäuptlings, der für das Massaker an seiner Familie und seinen Freunden verantwortlich war.

Spiel mir das Lied vom Tod (Sergio Leone, 1968). Der Inbegriff des Spaghetti-Western wurde von einem italienischen Regisseur in Spanien gedreht und ist durchsetzt mit knorrigem Individualismus und anderen amerikanischen Mythen wie der quasi gottgewollten Bestimmung zur Ausdehnung der Siedlungsgebiete nach Westen.

The Wild Bunch – Sie kannten kein Gesetz (Sam Peckinpah, 1969). Ein Film, der genauso viel über das chaotische Ende der 60er Jahre des 20. Jhs. aussagt wie über den Wilden Westen. Eine Bande von Killern jagt den Frauen und einem Schatz hinterher und endet in einem Blutbad, wie es die Filmgeschichte bis dahin noch nicht gesehen hatte.

Americana

*Citizen Kane (Orson Welles, 1941). Der wohl beste amerikanische Spielfilm aller Zeiten stellt die Geschichte „vom Tellerwäscher zum Millionär" auf den Kopf: Ein armer Junge vom Lande stürzt ins blanke Elend, nachdem er ein Vermögen geerbt hat.

Denn sie wissen nicht, was sie tun (Nicholas Ray, 1955). Die Apotheose der Existenzangst Heranwachsender mit einem James Dean, der sich gegen die Heuchelei der heilen Welt in der Familie auflehnt und in allerlei Raufhändel, tödliche Beschleunigungsrennen und nächtliche Prügeleien mit der Polizei verwickelt wird.

E.T. – Der Außerirdische (Steven Spielberg, 1982). Großer Kinohit aus der Reagan-Ära als gefühlsduselige Variation der Monsterfilme aus den 50er Jahren unter Leitung eines Regisseurs mit einer hartnäckigen Vorliebe für abwesende Väter, Vorstadtfantasien und extraterrestrische Erlöser. Ein gutes Beispiel für die endlose Suche des amerikanischen Kinos nach der verlorenen Unschuld.

Mr. Smith geht nach Washington (Frank Capra, 1939). Demagogisch-populistischer Film, der wegen seines rosaroten Glaubens an das Gute in „Otto Normalverbraucher", seiner düsteren Darstellung der politischen Elite und seiner aufrichtigen Hoffnung auf eine wunderbare Zukunft Amerikas noch immer die Gemüter bewegt. Der weniger bekannte Film **Hier ist John Doe** desselben Regisseurs ist eine pessimistischere Variante der gleichen Geschichte.

Nashville (Robert Altman, 1975). Langer, sentimentaler und monumentaler Film im typischen Altman-Stil über 24 Menschen, die sich in der Hauptstadt der Country Music auf einer politischen Kundgebung treffen und unerwartet Zeugen eines Mordes werden.

Der unsichtbare Dritte (Alfred Hitchcock, 1959). Nicht nur ein aufregender Verfolgungsfilm, in dem der internationale Verbrecher James Mason den Werbemann Cary Grant jagt, sondern auch ein filmischer Reisebericht, der auf der New Yorker Madison Avenue beginnt und bei den Klippen von Mount Rushmore in South Dakota endet.

Der Zauberer von Oz (Victor Fleming, 1939). Der Meilenstein für Kinematografie und fantastische Technicolor-Inszenierung zeigt Hollywood auf seinem Zenit, romantisiert das kleinstädtische Leben im Mittleren Westen und liefert unglaubliche Fantasy-Bilder von guten und bösen Hexen, tanzenden Zwergen, fliegenden Affen und einer Judy Garland mit rubinroten Schuhen auf der gelben Pflasterstraße.

Roadmovies

Asphaltrennen (Monte Hellman, 1971). Langsame, hypnotische Erzählung mit den Musikern James Taylor und Dennis Wilson als Typen mit großer Leidenschaft für Beschleunigungsrennen und völliger Gleichgültigkeit gegenüber dem gut gebauten Mädchen in ihrem Auto oder dem trotteligen Rennfahrer Warren Oates.

Badlands – Zerschossene Träume (Terrence Malick, 1973). Martin Sheen als einsamer Loser aus dem Mittleren Westen mit seiner Freundin Sissy Spacek auf Amok-Tour in einer fesselnden Reise durch das amerikanische Herzland. Düsterer Blick auf das Leben *on the road* als Synonym einer sinnlosen Existenz.

*****Easy Rider** (Dennis Hopper, 1969). Peter Fonda und Regisseur Hopper entdecken Amerika auf verrückt zurechtgemachten Bikes, lesen unterwegs den dämlichen Jack Nicholson auf, werfen auf einem Friedhof in New Orleans LSD-Trips ein und werden schließlich von bewaffneten Rednecks getötet. Ein Roadmovie als Metapher für einen politischen und kulturellen Konflikt.

Kopfüber in Amerika (Albert Brooks, 1985). Irrsinnig komischer Film über die unerträgliche Leichtigkeit des Yuppie-Daseins. Ein Pärchen tauscht alles gegen ein Wohnmobil, den endlosen Highway und eine Verabredung mit dem Schicksal in Las Vegas.

Thelma und Louise (Ridley Scott, 1991). Ein Roadmovie als feministisches Manifest, in dem sich die Freundinnen Susan Sarandon und Geena Davis auf der Flucht befinden, nachdem eine von ihnen einen Vergewaltiger getötet hat. Viele eindrucksvolle Bilder aus dem amerikanischen Südwesten.

Film Noir und Gangsterfilme

Bonnie und Clyde (Arthur Penn, 1967). Warren Beatty und Faye Dunaway spielen zwei Gangster während der Weltwirtschaftskrise in einem Film, der einen erheblichen Beitrag zur Eliminierung von Hollywoods Zensurkodex leistete, indem er eine filmische Ära der freien Sexualität und ungeschönten Blut- und Gewaltszenen einläutete.

Chinatown (Roman Polanski, 1974). Jack Nicholson ist Jake Gittes, ein moralisch integrer Privatdetektiv, dessen hartnäckige Ermittlungen zur Aufdeckung von Korruption, Rassismus und Inzest in Los Angeles führen. Ein düsterer Ableger des Film Noir, in dem der Held ebenso viele Probleme heraufbeschwört wie er löst.

*****Frau ohne Gewissen** (Billy Wilder, 1944). In vielerlei Hinsicht der Inbegriff des Film Noir mit kunstvoll-dunkler Fotografie und bemerkenswert fatalistischem Ende. Der weichherzige Versicherungsvertreter Fred MacMurray wird von der Femme Fatale Barbara Stanwyck ins Unglück gestürzt.

Gangs of New York (Martin Scorsese, 2002). Scorseses atemberaubende Schilderung der von Banden beherrschten Straßen New Yorks unmittelbar vor Ausbruch des Amerikanischen Bürgerkriegs mit einer unvergesslichen Leistung von Daniel Day-Lewis als „der Schlächter".

*****Der Pate** (Francis Ford Coppola, 1972). Der Kultfilm sorgte für eine moderne Wiederbelebung des Gangster-Genres, indem er auf die karikaturhaft gezeichneten Banditen und eiskalten Killer seiner Vorbilder verzichtete und sich stattdessen auf die Familienhierarchien des organisierten Verbrechens und deren tiefe Verwurzelung in allen Schichten der amerikanischen Gesellschaft konzentrierte.

Rattennest (Robert Aldrich, 1955). Befremdliches Porträt des bösartigen Antihelden Mike Hammer, der als Privatdetektiv in Los Angeles auf der Suche nach dem großen „Dingsbums" zänkische Weibsbilder und schwachsinnige Schlägertypen malträtiert, bis sein Weg schließlich in einem radioaktiven Feuerball am Strand endet.

Scarlet Street (Fritz Lang, 1945). In diesem weniger bekannten Film Noir, der zu den besten seines Genres zählt, spielt Edward G. Robinson einen frustrierten Maler, der mit einer derben Hure (Joan Bennett) und ihrem gewalttätigen Zuhälter (Dan Duryea) in den moralischen Abgrund gezogen wird. Das Ende ist erbarmungslos.

Sprung in den Tod (Raoul Walsh, 1949). Mischung aus Gangsterfilm und Film Noir mit James Cagney als mutterfixiertem Kriminellen, der wiederholt von dem vermeintlich netten Typen Edmond O'Brien übers Ohr gehauen wird und oben auf einer brennenden Industrieanlage endet, nachdem er noch gerufen hat: „Schau mich an, Ma! Ich bin ganz oben!"

Die Spur des Falken (John Huston, 1941). Vorbild für eine ganze Reihe von Film-Noir-Produktionen der späten 40er Jahre. Humphrey Bogart spielt seine Paraderolle Philip Marlowe, einen coolen und berechnenden Detektiv im Kampf gegen die verführerische Intrigantin Mary Astor, den Gangster Peter Lorre und den bösartigen Dickwanst Sydney Greenstreet.

Independent- und Kultfilme

Blue Velvet (David Lynch, 1986). Ein junger Mann (Kyle Maclachlan) blickt hinter Amerikas fröhliche Apfelkuchenfassade und findet eine düstere Unterwelt mit gefolterten Barsängerinnen, brutalen Sexspielen und narkotische Substanzen inhalierenden Perverslingen.

Bowling For Columbine (Michael Moore, 2002). Regisseur Moore kassierte einen Oscar für seine Augen öffnende Dokumentation über die US-amerikanische Schusswaffenkultur.

Fargo (Joel Coen, 1996). Schrullige, in der verschneiten Landschaft von Nord-Minnesota und North Dakota angesiedelte Geschichte eines Autoverkäufers, dessen Plan, die eigene Ehefrau zu entführen und das Lösegeld zu kassieren, fürchterlich schief geht. Für viele der beste Film der Coen-Brüder (Ethan Coen ist Koautor und Produzent).

Originalschauplätze im Westen der USA

Viele denkwürdige Filmszenen wurden an Orten gedreht, die entweder nicht für die Öffentlichkeit zugänglich oder nur im Rahmen von Führungen durch die großen Filmstudios zu besichtigen sind. Daneben existieren aber auch unzählige Drehorte, die teilweise vollmundig Kapital aus ihrer Rolle als Kulisse für berühmte Hollywood-Streifen zu schlagen versuchen, während andere ihre Besucher ohne großes Brimborium willkommen heißen. Es ließe sich ohne weiteres ein ganzer Urlaub damit verbringen, von einem Drehort zum nächsten zu reisen.

2001: Odyssee im Weltraum (Stanley Kubrick, 1968). Monument Valley, Arizona.
Blade Runner (Ridley Scott, 1982). Los Angeles: Union Station, Bradbury Building.
Boulevard der Dämmerung (Billy Wilder, 1950). Hollywood: Paramount Studios, Sunset Boulevard.
Chinatown (Roman Polanski, 1974). Los Angeles: Santa Catalina Island, Biltmore Hotel.
Citizen Kane (Orson Welles, 1941). Hearst Castle, Kalifornien, als Inspiration für das „Xanadu" im Film.
Der Clou (George Roy Hill, 1973). Santa Monica Pier, Kalifornien.
Denn sie wissen nicht, was sie tun (Nicholas Ray, 1955). Griffith Observatory, Los Angeles.
Das Ding aus einer anderen Welt (Christian Nyby / Howard Hawks, 1951). Glacier National Park, Montana.
Du sollst mein Glücksstern sein (Stanley Donen / Gene Kelly, 1952). Chinese Theatre, Hollywood.
Easy Rider (Dennis Hopper, 1969). Sunset Crater, Arizona (und Friedhöfe in New Orleans).
Ein Mann sucht sich selbst (Bob Rafelson, 1970). San Juan Islands, Washington.
Ein Fremder ohne Namen (Clint Eastwood, 1972). Mono Lake, Kalifornien.
Früchte des Zorns (John Ford, 1940). Petrified Forest, Arizona.
Galaxy Quest – Planlos durchs Weltall (Dean Parisot, 1999). Goblin Valley, Utah.
Gier (Erich von Stroheim, 1923). Death Valley, Kalifornien.
Im Zeichen des Bösen (Orson Welles, 1958). Venice, Kalifornien.
Intoleranz – Die Tragödie der Menschheit (D.W. Griffith, 1916). „Babylon"-Kulisse, Hollywood, Kalifornien.
Manche mögen's heiß (Billy Wilder, 1959). Coronado Hotel, San Diego.
Parallax View – Zeuge einer Verschwörung (Alan J. Pakula, 1974). Space Needle, Seattle.
Planet der Affen (Franklin J. Schaffner, 1968). Page, Arizona, Lake Powell, Utah.
Die Rückkehr der Jedi-Ritter (Richard Marquand, 1983). Redwood National Park, Kalifornien.
Der schwarze Falke (John Ford, 1956). Monument Valley, Arizona.
Shining (Stanley Kubrick, 1980). Timberline Lodge, Oregon.
Thelma und Louise (Ridley Scott, 1991). Arches National Park, Utah.
Twin Peaks (David Lynch / ABC-TV, 1990–1991). Snoqualmie Falls / Salish Lodge, Washington.
Vertigo – Aus dem Reich der Toten (Alfred Hitchcock, 1958). San Francisco: Golden Gate Bridge, Fairmont Hotel, Nob Hill.
Die Vögel (Alfred Hitchcock, 1963). Bodega Bay, Kalifornien.
Zabriskie Point (Michelangelo Antonioni, 1969). Death Valley, Kalifornien.
Zurück in die Zukunft (Robert Zemeckis, 1985). Gamble House, Pasadena.

Pulp Fiction (Quentin Tarantino, 1994). Stilvoller, dreister und mit viel Verve inszenierter Meilenstein des amerikanischen Independent-Kinos mit drei genial ineinander verwobenen Handlungssträngen.

Schatten (John Cassavetes, 1967). Frühes Beispiel eines Filmemachers, dessen Prinzipien von denen des Hollywood-Zirkus' abweichen. Der teilweise improvisierte Film wird von weniger bekannten, aber sehr guten Schauspielern getragen und erzählt eine starke Geschichte von den schrecklichen Auswirkungen des Rassismus auf eine Geschwisterbeziehung.

Slacker (Richard Linklater, 1990). Dieses Highlight des Independent-Kinos ist ein Sinnbild für die Übersättigung der Generation X in den 90er Jahren und bringt das Kunststück fertig, 96 Figuren mit episodenhaften Monologen über einen Zeitraum von 24 Stunden in der texanischen Stadt Austin unter einen Hut zu bringen. Unvergesslich schon allein wegen seiner paranoiden Schimpftiraden über vermeintliche Verschwörungen.

*Taxi Driver (Martin Scorsese, 1976). Robert De Niro als unvergesslicher psychotischer Einzelgänger und Möchtegern-Attentäter Travis Bickle, der in eine jugendliche Prostituierte (Jodie Foster) vernarrt ist. Im wirklichen Leben diente der Film als Inspiration für ein versuchtes Attentat auf Ronald Reagan fünf Jahre später.

Index

11. September 2001	78
Ácoma Pueblo	205
Adobe	188
Ajax Mountain	136
Albuquerque	201
– Indian Pueblo Cultural Center	202
– Old Town	202
– Sandia Crest	203
Algodones	201
American Football	43, 45
Amerikanische Revolution	61
Anasazi State Park	254
Anasazi	193
Ancestral Puebloans	193
Anreise	14
Anza-Borrego Desert	299
Arbeiten	52
Arches National Park	258
Arizona	211
Ashland	428
Aspen	134
Astoria	429
Au pair	52
Auslandskrankenversicherung	15
Austin	99
Ausweise	52
Bandelier National Monument	192
Bandon	431
Banken	19
Barbecue	29
Bären	43
Bargeld	18
Barker Dam	330
Bars	30
Baseball	43, 44
Basketball	44
Bay Area	374
Bear Lake	133
Beartooth Mountains	161
Bed and Breakfast	25
Behinderte	21
Behindertenorganisationen	22
Bend	432
Bergwandern	41
Berkeley	376
Berthoud Pass	132
Betatakin	239
Bier	31
Big Bend National Park	115
Big Sur	336
Bighorn Mountains	154
Biosphere 2	216
Bisbee	219
Black Canyon of the Gunnison National Park	146
Bluff	264
Boise	178
Bonneville Dam	427
Book Cliff View	141
Boone, Daniel	64

Borrego Springs	299
Borreliose	41
Botschaften	10
Boulder	254
Bright Angel Trail	236
Brown, John	67
Brunch	28
Bryce Canyon National Park	252
Bryce Canyon	253
Buffalo Bill	156
Bürgerkrieg	66, 67
Bürgerrechtler	74
Bürgerrechtsbewegung	74
Bush, George	77
Busse	33
Cajun-Küche	29
Calf Creek	254
California cuisine	29
Cameron	238
Camping	26
Cannon Beach	430
Canyon de Chelly	241
Canyon del Muerto	241
Canyonlands National Park	256
Capitol Reef National Park	254, 255
Capitol Reef	253
Carlsbad Caverns National Park	206
Carmel	341
Carson City	285
Carter, Jimmy	75, 76
Cartier, Jacques	58
Cascade Canyon	164
Cascade Mountains	413
Cassidy, Butch	155
Cathedral Valley	255
Cedar Breaks National Monument	250
Central Coast	333
Central Valley	343
Chaco Canyon	205
Chama	201
Chapin Mesa	149
Chesler Park	257
Cheyenne	151
Chico	388
Chimayó	196
Clinton	405
Clinton, Bill	77
Cody	156
Colorado National Monument	140, 141
Colorado Springs	141
Colorado	122
Columbia River Gorge	426
Columbia	380
Coolidge, Calvin	71
Coronado State Monument	201
Corpus Christi	90
Cortez	148
Cougar	416
Coupeville	406
Crater Lake National Park	433
Craters Of The Moon National Monument	176
Crazy Horse	69
Crested Butte	147
Crown Point	426
Cumbres and Toltec Scenic Railroad	201
Custer, General George	69
Dallas	105
– Deep Ellum	108
– Die City	106
– Fair Park	108
– Southfork Ranch	108
Dance Hall Rock	254
Datum	52
Davis, Jefferson	67
de Coronado, Francisco Vázquez	58
Dead Horse Point	257
Death Valley National Monument	331
Deception Pass State Park	406
Deli	28
Denver	122
Deutsche Sender	52
Devils Tower	154
Devisen	10
Double Arch Alcove	248
Downieville	381
Driveaway	32
Drogen	52
Durango	143
Eastsound	407
Ebey's Landing	405
Ein- und Ausreiseformalitäten	10
Eintrittskarten	53
Einwanderung	57, 69
Eisenbahn	34
Eisenhower, Dwight D.	73

ANHANG

Index 447

El Paso	116	Geschichte	56	
Elektrizität	53	Gesundheit	15	
E-Mail	50	Getränke	30	
Emerald Pools	248	Gewichte	47	
Energiekrise	76	Giardiasis	41	
English Camp	407	Gila Cliff Dwellings National Monument	211	
Eriksson, Leif	58	Glacier National Park	172	
Erster Weltkrieg	71	Glen Canyon National Recreation Area	265	
Escalante	254	Glenwood Springs	139	
Essen	27	Goblin Valley State Park	256	
Essen, mexikanisches	30	Goblin Valley	255	
Estes Park	131	Goethe-Institute	53	
Eugene	427	Goldgräberland	379	
Euroscheckkarte	18	Goldrausch	66	
		Goosenecks State Reserve	264	
Feiertage	46	Gore, Al	77	
Feste	46	Grand Canyon	230	
Film	441	Grand Junction	140	
Fish and Chips	28	Grand Lake	132	
Flagstaff	224	Grand Mesa	141	
Flugdauer	14	Grand Teton Mountain	164	
Flughafengebühren	53	Grand Teton National Park	164	
Flugzeug	36	Grand Wash	255	
Ford, Gerald	76	Grass Valley	381	
Forks	412	Great Sand Dunes National Park	143	
Fort Worden	410	Green River	256	
Fort Worth	111			
Fortynine Palms Oasis	330	**H**alfway	435	
Fotoversicherung	17	Halloween	46	
Four Corners Monument	148	Hardin	170	
Franzosen	60	Harding, Warren	71	
Frauen unterwegs	20	Hauptgerichte	29	
Fredericksburg	104	Havasu Falls	237	
Fremdenverkehrsämter	11	Havasupai Indian Reservation	236	
Fremont Petroglyphs	255	Hearst Castle	335	
Friday Harbor	407	Helena	170	
Frieden von Paris	63	Hells Canyon National Recreational Area	435	
Frühstück	27	Hells Canyon	435	
Fruita	140	Hidden Canyon	248	
Führerschein	31	Hidden Falls	164	
		Hidden Valley	330	
Gallup	206	Highway	12 253	
Galveston	88	Hockey	44	
Garden of the Gods	142	Hoh Rainforest	412	
Geistertanzbewegung	69	Holländer	60	
Geld	18	Hood River	427	
Geldkarten	18	Hoover Dam	283	
Georgetown	131	Hopi-Mesas	243	
Geronimo	69	Hopi-Zeremonien	244	

Horseshoe Canyon	256	Kolob Arch	248
Hostels	25	Kolob Canyons	248
Hotels	24	Kolumbus, Christoph	58
Houston	82	Kommunikation	48
– Downtown	82	Konsulate	10
– Galleria	84	Koreakrieg	73
– Montros	84	Kreditkarten	18
– Museum District	83	Krieg von 1812	65
– Rice University Area	83	Kriminalität	50
Hovenweep National Monument	264	Kubakrise	74
Hualapai Hilltop	236		
Humboldt Coast	387	**L**a Sal Mountains	257
Hurricane Ridge	412	Lake McDonald	172
		Lake Mead	283
Idaho	175	Lake Powell	265
Imbissstände	28	Lake Tahoe	382
Impfungen	15	Lamar Valley	160
Independence Day	46	Landkarten	12
Indian Canyons	329	Langley	405
Indian Country	239	Laramie	153
Indianerkriege	69	Laredo	92
Industrialisierung	69	Las Vegas	271
Internet	15, 50	– Aladdin	275
Interstate Highways	33	– Bellagio	275
Iran-Contra-Affäre	76	– Heiraten	276
Irokesenbund	61	– Paris	275
Island In The Sky	256, 257	Lassen Volcanic National Park	389
		Lesben	53
Jackson	166	Lincoln	209
Jackson, Andrew	65	Lincoln, Abraham	67
Jamestown	380	Literatur	438
Jenny Lake Scenic Loop	164	Little Bighorn Battlefield	170
Jerome	227, 229	Living Desert	329
Johnson Space Center	88	Los Alamos	193
Johnson, Lyndon B.	75	Los Angeles	300
Joseph	435	– Beverly Hills	310
Joshua Tree National Park	330	– Broadway	304
		– Burbank und die Studios	314
Kaffee	28	– Chinatown	301
Kalaloch	413	– Disneyland	314
Kalifornien	287	– Downtown	301
Kalter Krieg	73	– Exposition Park	306
Kartchner Caverns State Park	218	– Garment District	306
Kennedy, John F.	74	– Getty Center	311
Kennedy, Robert	75	– Hollywood	307
Kinder	20	– Koreatown	306
King, Martin Luther	74	– Little Tokyo	304
Kings Canyon National Park	344	– Long Beach	313
Klima	13	– MacArthur Park	306

– Malibu	312
– Pueblo de Los Angeles Historic Park	301
– Santa Monica	312
– Theater District	305
– Venice	312
– West L.A.	310
– Westwood	311
Lupine Meadows	164
Malcolm X	74
Mammoth Hot Springs	160
Marin Headlands	377
Mariposa	380
Maroon Bells	136
Marshallplan	73
Maße	47
McCarthy, Joseph	73
Mendocino	386
Mesa Verde National Park	149
Mexican Hat	264
Mexikanischer Krieg	65
Mietwagen	31
Missouri-Kompromiss	66
Mittagessen	28
Moab	260
Mobiltelefone	49
Montana	169
Monterey	337
Montezuma Castle National Monument	229
Monticello	263
Monument Valley	240
Monuments	40
Mooney Falls	237
Mormonen	69
Motels	24
Mount Hood	426
Mount Moran	164
Mount Rainier National Park	413
Mount Shasta	388
Mount St. Helens	415
Mount Washburn	160
Mountain Village	145
Multnomah Falls	426
Napa Valley	384
NASA	88
National Parks	40
Nationalitätenküchen	29
Nationalpark American Camp	407
Natural Bridges National Monument	262
Navajo National Monument	239
Neah Bay	412
Nevada City	381
Nevada	270
New Deal	71
New Mexico	185
Newport	430
Newspaper Rock	257
Nez Percé-Indianer	180
Nixon, Richard	75
Nogales	217
Nordkalifornien	384
Nordwesten	391
Norris Geyser Basin	160
North Rim	238
Notrufnummer	15
Oak Creek Canyon	227
Oak Creek	254
Oak Harbor	406
Oakland	374
Old Faithful	160
Olympic National Park	412
Olympic Peninsula	409
Operation Wüstensturm	77
Orcas Island	407
Oregon	416
Ost-Oregon	432
Ozette Dig	412
Padre Island National Seashore	91
Painted Desert	224
Painted Wall	146
Palm Springs	327
Panguitch	250
Panhandle	114
Parade of the Monoliths	141
Paradise	413
Pass	51
Petrified Forest	224
Phantom Ranch	236
Phoenix	220
Pikes Peak	142
Point Reyes National Seashore	378
Poison Oak	41
Port Angeles	411
Port Townsend	410
Portland	416

Post	48	**S**acramento	379
Preiskategorien	25	Salem	427
Prickly Pear Valley	170	Salt Lake City	266
Prohibition	71	– Capitol Hill	268
Pueblo-Indianer	193	– Downtown	266
Pueblos	194	– Temple Square	266
Puget Sound	405	San Antonio	93
		– Mission Trail	94
Quinault Rainforest	413	– Stadtrundgang	94
		– The Alamo	93
Racetrack Valley	332	San Diego	291
Radfahren	37	– Balboa Park	292
Randle	416	– Coronado	292
Rassentrennung	74	– Downtown	291
Rattlesnake Canyon	330	– La Jolla	294
Rawlins	153	– Mission Bay	294
Reagan, Ronald	76	– Old Town	294
Red Mountain Pass	144	– Presidio Hill	294
Red Rock Country	227	– Sea World	294
Redwood National Park	387	– Zoo	293
Refrigerator Canyon	248	San Francisco Volcanic Field	227
Reiseführer	12	San Francisco	351
Reisegepäckversicherung	17	– Alcatraz	356
Reisekosten	19	– Barbary Coast	354
Reisekrankenversicherung	16	– Cable Car	352
Reiserücktrittsversicherung	17	– Chinatown	354
Reisechecks	18	– Civic Center	357
Reno	284	– Financial District	351
– Heiraten	284	– Fisherman's Wharf	356
– Kasinos	284	– Golden Gate Bridge	359
– Museen	285	– Golden Gate Park	359
Repräsentantenhaus	66	– Haight-Ashbury	359
Restaurantketten	28	– Jackson Square	354
Revere, Paul	62	– Nob Hill	356
Rim Drives	241	– North Beach	355
Rim Rock Drive	141	– South of Market (SoMa)	357
Roaming	49	– The Castro	358
Roaring Fork River	136	– The Mission	358
Roche Harbor	407	– The Tenderloin	357
Rocky Mountain National Park	131	– Union Square	351
Roosevelt Areas	160	San Jacinto Battleground	88
Roosevelt, Franklin Delano	72	San Juan Islands	407
Roswell	208	Santa Barbara	333
Royal Gorge	142	Santa Cruz	341
Rückbestätigung	15	Santa Fe	185
Ruidoso	209	– Museen	189
Russian River	386	– Plaza	186
		– Style-Küche	30
		Sausalito	378

Schweinebucht	74
Schwule	53
Scotty's Castle	332
Seattle	394
Sedona	227
Senat	66
Sequoia National Park	343
Shasta	388
Shrine of the Red Rocks	228
Sieben Städte von Cíbola	58
Siebenjähriger Krieg	61
Sierra National Forest	347
Signal Mountain	164
Silver City	210
Silverton	144
Sitting Bull	69
Skifahren	45
Sklaven	59
Sklaverei	66
Sleeping Ute Mountain	148
Sonoma Coast	386
Sonora	380
Soul Food	29
South Rim	230
Spanisch-Amerikanischer Krieg	70
Sport	43
Sprague Lake	133
St George	247
State Highways	33
State Tourist Offices	12
Steuer	54
Stockwerke	54
Straßenverkehr	33
Studieren	54
Südwesten	181
Sun Valley	176
Sundance Kid	155
Sunrise	413
Sunset Crater	227
Supai	237
Superstition Mountains	224
Tabak	59
Taos	196
– Millicent Rogers Museum	197
– Plaza	196
– Ranchos de Taos	198
– Taos Pueblo	198
Tecumseh	65

Tee	28
Teegesetz	62
Telefon	48
Telluride	145
Temple of Sinawava	248
Thanksgiving Day	47
The Maze	256, 258
The Narrows	248
The Needles	256, 257
Toiletten	54
Tombstone	218
Trail of Tears	65
Trampen	37
Transport	31
Travellers Cheques	51
Trinkgelder	54
Tucson	212
– Historischer Kern	212
– Mission San Xavier del Bac	214
– Saguaro National Park	214
Turquoise Trail	201
Twain, Mark	70, 286
Ubehebe Crater	332
Überfälle	51
Übernachtung	24
Überweisungen	19
Unabhängigkeitserklärung	63
US Highways	33
Utah	246
Vallecito Stage Station	299
Vegetarier	30
Verfassung	64, 66
Verrazano, Giovanni	58
Versicherungen	16
Versicherungspakete	17
Virginia City	286
Visa	10
Vorwahlen	49
Währung	18
Wale	47
Wallowa Mountains	435
Walnut Canyon National Monument	227
Wandern	41
Washington D.C.	63
Washington	394
Washington, George	63

Waterton Lakes National Park	172	**Y**ellowstone Lake	161
Wechselkurs	18	Yellowstone National Park	157
Wein	31	YMCA	25
Weltwirtschaftskrise	71	Yosemite National Park	347
Wetherill Mesa	149	YWCA	25
Wettervorhersage	14		
Whidbey Island	405	**Z**ecken	41
White Sands National Monument	210	Zeitunterschied	16
Willamette Valley	427	Zeitzonen	54
Window Rock	243	Zentral-Oregon	432
Windy Ridge	416	Zentral-Texas	93
Wohnmobile	32	Zigaretten	54
Wonderland of Rocks	330	Zion Canyon	248
Wounded Knee	69	Zion National Park	247
Wupatki	227	Zoll	10
Wüsten	327	Zweiter Weltkrieg	72
Wüstenwandern	41		
Wyoming	151		

Abkürzungen der Staaten

AK	Alaska	ID	Idaho	MT	Montana	RI	Rhode Island
AL	Alabama	IL	Illinois	NC	North Carolina	SC	South Carolina
AR	Arkansas	IN	Indiana	ND	North Dakota	SD	South Dakota
AZ	Arizona	KS	Kansas	NE	Nebraska	TN	Tennessee
CA	California	KY	Kentucky	NH	New Hampshire	TX	Texas
CO	Colorado	LA	Louisiana	NJ	New Jersey	UT	Utah
CT	Connecticut	MA	Massachusetts	NM	New Mexico	VA	Virginia
DC	Washington	MD	Maryland	NV	Nevada	VT	Vermont
DE	Delaware	ME	Maine	NY	New York	WA	Washington
FL	Florida	MI	Michigan	OH	Ohio	WI	Wisconsin
GA	Georgia	MN	Minnesota	OK	Oklahoma	WV	West Virginia
HI	Hawaii	MO	Missouri	OR	Oregon	WY	Wyoming
IA	Iowa	MS	Mississippi	PA	Pennsylvania		

Wissenswertes im Kasten
Vegetarier 30
Greyhound Discovery Pass 33
Rail Passes 34
Baseball – die Regeln 44
American Football – die Regeln 45
Feste und Festivals 46
Die Verfassung 64
Über die Grenze nach Mexiko 92
Der Mord an Präsident Kennedy 106
Butch Cassidy und Sundance Kid 155
Buffalo Bill 156
Die Geschichte des Yellowstone Nationalparks 158
Generallleutnant Custer und die Schlacht von Little Bighorn 170
Die Nez Percé-Indianer 180
Adobe 188
Die Vorfahren der Pueblo-Indianer 193
Die Pueblos 194
Die Fledermäuse von Carlsbad 207
Vortex-Touren im Red Rock Country 228
Entstehung und Geschichte des Grand Canyons 232
Geschichtliches zum Canyon de Chelly 242
Hopi-Zeremonien 244
Aktivurlaub im Südosten Utahs 262
Rainbow Bridge National Monument 265
Heiraten in Las Vegas 276
Heirat (und Scheidung) in Reno 284
Die Cable Car 352
Alcatraz 356
Der Ausbruch des Mount St. Helens 415
Originalschauplätze bekannter Filme im Westen der USA 445

Die orangen *Stefan Loose Travel Handbücher*
für die spannendsten Fernreiseziele

Ägypten
Muriel Brunswig und Martin Schemel, 480 Seiten

Australien
Anne Dehne, 832 Seiten

Australien – Der Osten
Anne Dehne, 608 Seiten

Bali – Lombok
Stefan Loose u.a., 304 Seiten

China
Jeremy Atiyah u.a., 1296 Seiten

China – Der Osten
Jeremy Atiyah u.a., 664 Seiten

Florida
Jeffrey Kennedy u.a., 448 Seiten

Guatemala
Frank Herrmann, 440 Seiten

Indien
David Abram u.a., 1312 Seiten

Indien – Der Nordwesten
David Abram u.a., 704 Seiten

Indien – Der Süden
David Abram u.a., 736 Seiten

Indonesien
Stefan Loose u.a., 800 Seiten

Jamaika
Peter Lukowski, 276 Seiten

Japan
Chris Rowthorn u.a., 760 Seiten

Java – Bali – Lombok
Stefan Loose u.a., 524 Seiten

Kalifornien
Jeff Dickey u.a., 736 Seiten

Kambodscha
Beverley Palmer, 328 Seiten

Kanada – Der Osten
Tim Jepson u.a., 540 Seiten

Kanada – Der Westen
Tim Jepson u.a., 616 Seiten

Kenya
Richard Trillo, 684 Seiten

Kenya – Nationalparks/Strände
Richard Trillo, 376 Seiten

Kuba
Fiona McAuslan, Matthew Norman, 544 Seiten

Laos
J. Düker, A. Monreal, 400 Seiten

Malaysia – Singapore – Brunei
Stefan Loose u.a., 704 Seiten

Marokko
Mark Ellingham u.a., 632 Seiten

Mexiko
John Fisher u.a., 800 Seiten

Myanmar (Birma)
markand u.a., ca. 512 Seiten

Namibia
Livia und Peter Pack, 424 Seiten

Nepal
David Reed, 560 Seiten

Neuseeland
Laura Harper u.a., 832 Seiten

New York
Martin Dunford u.a., 488 Seiten

Peru
Frank Herrmann, ca. 600 Seiten

Südafrika
Barbara McCrea u.a., 800 Seiten

Südostasien – Die Mekong-Region
Hrsg. Jan Düker, 800 Seiten

Thailand – Der Süden
Richard Doring u.a., 760 Seiten

Thailand
Richard Doring u.a., 848 Seiten

Trinidad – Tobago – Grenada
Christine De Vreese, 332 Seiten

USA (gesamt)
Samantha Cook u.a., 824 Seiten

USA – Der Osten
Samantha Cook u.a., 552 Seiten

USA – Der Westen
Samantha Cook u.a., 456 Seiten

Vietnam
Jan Dodd u.Mark Lewis, 640 Seiten

Zimbabwe – Botswana
Friedrich Köthe u.a., 512 Seiten

Stefan Loose Travel Handbücher – mit vielen aktuellen Reisetipps!

Kartenverzeichnis

Arches National Park	259
Aspen	135
Austin	101
Colorado Rockies	123
Dallas, Downtown	107
Denver, Downtown	125
Grand Canyon	231
Grand Teton National Park	165
Hollywood	309
Houston, Downtown	83
Kalifornien	289
Las Vegas	273
Los Angeles	302/303
– Downtown	305
Monterey Peninsula	339
Nordost-Arizona	237
Nordwesten	393
Phoenix, Downtown	221
Portland, Downtown	417
Rocky Mountains	121
Salt Lake City	267
San Antonio	95
San Diego, Downtown	293
San Francisco, Downtown	353
Santa Fe, Downtown	187
Seattle, Downtown	395
Sequoia & Kings Canyon National Park	345
Stätten der Vorfahren der Pueblo-Indianer	194
Süd-Utah	251
Südwesten	182/183
Taos, Downtown	197
Texas	81
Tucson, Großraum	213
Yellowstone National Park	159
Yosemite National Park	348
Zion Canyon	249